CB050691

ANÁLISE DE INVESTIMENTOS

Copyright da tradução e desta edição © 2022 by Edipro Edições Profissionais Ltda.

Título original: *Security Analysis*. Publicado pela primeira vez nos Estados Unidos em 1934 por Whittlesey House, McGraw-Hill Book Co. Traduzido com base na 6ª edição.

Todos os direitos reservados. Nenhuma parte deste livro poderá ser reproduzida ou transmitida de qualquer forma ou por quaisquer meios, eletrônicos ou mecânicos, incluindo fotocópia, gravação ou qualquer sistema de armazenamento e recuperação de informações, sem permissão por escrito do editor.

Grafia conforme o novo Acordo Ortográfico da Língua Portuguesa.

1ª edição, 1ª reimpressão 2023.

Editores: Jair Lot Vieira e Maíra Lot Vieira Micales
Consultor para obras de Finanças e Economia: Luigi Micales
Coordenação editorial: Fernanda Godoy Tarcinalli
Produção editorial: Carla Bettelli
Edição de textos: Marta Almeida de Sá
Assistente editorial: Thiago Santos
Preparação de texto: Cátia de Almeida
Revisão: Renato Potenza Rodrigues
Diagramação: Estúdio Design do Livro
Capa: Vicente Pessôa

Dados Internacionais de Catalogação na Publicação (CIP)
(Câmara Brasileira do Livro, SP, Brasil)

Graham, Benjamin.

    Análise de investimentos: princípios e técnicas / Benjamin Graham e David L. Dodd ; tradução de Lourdes Sette. — São Paulo : Edipro, 2022.

    Título original: Security Analysis.
    ISBN 978-65-5660-075-8 (impresso)
    ISBN 978-65-5660-076-5 (e-pub)

    1. Especulação (Finanças) 2. Investimentos – Análise 3. Títulos (Finanças) – Estados Unidos I. Dodd, David L. II. Título.

21-90419   CDD-332.6

Índice para catálogo sistemático:
1. Análise de investimentos : Economia 332.6

Cibele Maria Dias – Bibliotecária – CRB-8/9427

edipro

São Paulo: (11) 3107-7050 • Bauru: (14) 3234-4121
www.edipro.com.br • edipro@edipro.com.br
@editoraedipro   @editoraedipro

O livro é a porta que se abre para a realização do homem.

Jair Lot Vieira

BENJAMIN GRAHAM E DAVID L. DODD

ANÁLISE DE INVESTIMENTOS
PRINCÍPIOS E TÉCNICAS

TRADUÇÃO
LOURDES SETTE

Doutora e mestra em Letras na área de Estudos da Linguagem pela PUC-Rio, instituição onde tem também formação e especialização em Tradução (inglês-português) e leciona Tradução de Não Ficção, Tradução Técnico-Científica e Teorias de Tradução para a graduação e para a pós-graduação *lato sensu* em Tradução.
É tradutora desde 1987; tem mais de cinquenta livros traduzidos.

edipro

BENJAMIN GRAHAM e DAVID DODD mudaram para sempre a teoria e a prática dos investimentos com a publicação, em 1934, de *Análise de investimentos*. A nação — e na verdade o resto do mundo — estava nas garras da Grande Depressão, um período que trouxe uma reviravolta sem precedentes para o mundo financeiro. Em 1940, os autores republicaram com uma revisão abrangente. A segunda edição de *Análise de investimentos* é considerada, por muitos investidores, como a palavra definitiva dos filósofos de investimento mais influentes de nossa era.

Em todo o mundo, *Análise de investimentos* ainda é considerado como um texto essencial para a análise de ações e títulos. Também é tido como a bíblia do investidor de valor.

Usando o texto da segunda edição, de 1940, revista e ampliada pelos autores, esta edição apresenta ensaios espirituosos e práticos, escritos por uma equipe estelar que inclui os principais investidores de valor da época, um acadêmico proeminente e importantes escritores da área de finanças e investimentos. O resultado é um manual contemporâneo do investimento de valor.

*Muitos ainda renascem depois de cair enquanto caem
aqueles que hoje têm glória.*
                              HORÁCIO, *ARS POETICA*

SUMÁRIO

Prefácio • por Warren E. Buffett 13

Prefácio à sexta edição | A sabedoria eterna
de Graham e Dodd • por Seth A. Klarman 15

Prefácio à segunda edição 41

Prefácio à primeira edição 43

ANÁLISE DE INVESTIMENTOS

Introdução à sexta edição | Benjamin Graham e *Análise
de investimentos*: o cenário histórico • por James Grant 47

Introdução à segunda edição | Problemas da política
de investimento 65

PARTE I. PESQUISA E ABORDAGEM

Introdução à parte I | Lições essenciais • por Roger Lowenstein 83
1. Abrangência e limites da análise de investimentos:
   Conceito de valor intrínseco 103
2. Elementos fundamentais no problema da análise:
   fatores quantitativos e qualitativos 117
3. Fontes de informação 131
4. Distinções entre investimento e especulação 143
5. Classificação dos ativos 157

PARTE II. INVESTIMENTOS DE RENDA FIXA

Introdução à parte II | Libertando os títulos
• por Howard S. Marks 167
6. Seleção dos investimentos de renda fixa 183
7. Seleção dos investimentos de renda fixa:
   Segundo e terceiro princípios 197

8. Normas específicas para investimento em títulos 213
9. Normas específicas para investimento em títulos: Dispositivos de obrigação 225
10. Normas específicas para investimento em títulos: Relação do valor da propriedade com a dívida financiada 243
11. Normas específicas para investimento em títulos: Relação entre capitalização acionária e dívida em obrigações 253
12. Fatores especiais na análise de títulos de ferrovias e de empresas prestadoras de serviços públicos 267
13. Outros fatores especiais na análise de títulos 289
14. Teoria das ações preferenciais 297
15. Técnica de escolha das ações preferenciais para investimento 311
16. Títulos de renda e ativos garantidos 323
17. Ativos garantidos (*continuação*) 335
18. Dispositivos de proteção e recursos dos detentores de ativos privilegiados 351
19. Dispositivos de proteção (*continuação*) 365
20. Dispositivos de proteção das ações preferenciais: manutenção de capital subordinado 377
21. Supervisão das participações de investimento 391

PARTE III. ATIVOS PRIVILEGIADOS COM CARACTERÍSTICAS ESPECULATIVAS

Introdução à parte III | "Sangue e julgamento"
• por J. Ezra Merkin 403
22. Ativos privilegiados 425
23. Características técnicas dos ativos privilegiados com prioridade de pagamento 435
24. Aspectos técnicos dos ativos conversíveis 449
25. Ativos privilegiados com garantias: ativos com direitos de participação — trocas e cobertura 459
26. Ativos privilegiados de segurança questionável 471

PARTE IV. TEORIA DO INVESTIMENTO EM AÇÕES ORDINÁRIAS: O FATOR DOS DIVIDENDOS

Introdução à parte IV | Siga o fluxo • por Bruce Berkowitz 487
27. Teoria do investimento em ações ordinárias 495
28. Cânones mais recentes do investimento em ações ordinárias 515

29. O fator dos dividendos na análise das ações ordinárias 525
30. Dividendos de ações 541

PARTE V. ANÁLISE DA CONTA DE RECEITAS: O FATOR DOS LUCROS NA AVALIAÇÃO DAS AÇÕES ORDINÁRIAS

Introdução à parte V | Busca pelo investimento racional
• por Glenn H. Greenberg 555
31. Análise da conta de receitas 567
32. Prejuízos extraordinários e outros itens especiais na conta de receitas 583
33. Artifícios enganosos na conta de receitas: lucros das subsidiárias 595
34. Relação entre depreciação e encargos semelhantes com lucratividade 613
35. Políticas de depreciação das prestadoras de serviços públicos 633
36. Encargos de amortização do ponto de vista do investidor 649
37. Significado do histórico de lucros 675
38. Motivos específicos para questionar ou rejeitar o registro histórico 689
39. Índices preço-lucro para ações ordinárias: ajustes para mudanças na capitalização 697
40. Estrutura de capitalização 709
41. Ações ordinárias de preço baixo: análise das fontes de receitas 723

PARTE VI. ANÁLISE DE BALANÇOS: IMPLICAÇÕES DO VALOR DOS ATIVOS

Introdução à parte VI | Desconstruindo o balanço patrimonial • por Bruce Greenwald 739
42. Análise do balanço: significado do valor contábil 749
43. Significado do valor do ativo circulante 761
44. Implicações do valor de liquidação: relacionamento entre administradores e acionistas 777
45. Análise do balanço patrimonial (*conclusão*) 793

PARTE VII. ASPECTOS ADICIONAIS DA ANÁLISE DE TÍTULOS FINANCEIROS: DISCREPÂNCIAS ENTRE PREÇO E VALOR

Introdução à parte VII | A grande ilusão do mercado acionário e o futuro do investimento de valor • por David Abrams 819
46. Garantias de opções de compra de ações 833
47. Custo de financiamento e gestão 845

48. Alguns aspectos das pirâmides empresariais.. 857
49. Análise comparativa de empresas do mesmo ramo 867
50. Discrepâncias entre preço e valor.. 883
51. Discrepâncias entre preço e valor (*continuação*).. 903
52. Análise de mercado e análise de títulos financeiros....................................... 913

PARTE VIII. INVESTIMENTO FUNDAMENTALISTA GLOBAL

Uma volta ao mundo com Graham e Dodd • *por Thomas A. Russo*................. 931

APÊNDICES

Apêndice A 943
Apêndice B 945
Apêndice C 949
Apêndice D 1007
Apêndice E 1021
Apêndice F 1027
Apêndice G 1073
Apêndice H 1075

Sobre esta edição 1085

Agradecimentos 1087

Sobre os colaboradores 1089

Sobre os autores 1093

Índice 1095

PREFÁCIO
por Warren E. Buffett

Existem quatro livros em minha biblioteca abarrotada que são muito especiais para mim, cada um deles foi escrito há mais de cinquenta anos. Mesmo assim, todos seriam de enorme valor para mim se eu os lesse hoje pela primeira vez; sua sabedoria perdura embora suas páginas desbotem.

Dois desses livros são as primeiras edições de *A riqueza das nações* (1776),[1] de Adam Smith, e *O investidor inteligente* (1949),[2] de Benjamin Graham. O terceiro é um exemplar original do livro que você tem nas mãos, *Análise de investimentos*, de Graham e David L. Dodd. Estudei *Análise de investimentos* enquanto cursava a Universidade Columbia, em 1950 e 1951, quando tive a extraordinária boa sorte de ter Ben Graham e Dave Dodd como professores. Juntos, o livro e os homens mudaram minha vida.

Do ponto de vista utilitário, o que aprendi se tornou a base a partir da qual todas as minhas decisões de investimento e negócios foram tomadas. Muito antes de conhecer Ben e Dave, eu já era fascinado pelo mercado acionário. Antes de comprar minha primeira ação, aos 11 anos — levou esse tempo todo para que eu conseguisse juntar os 115 dólares necessários para comprá-la —, eu tinha lido todos os livros relacionados ao mercado acionário disponíveis na biblioteca pública de Omaha, Nebraska (Estados Unidos). Achei muitos deles fascinantes e muito interessantes. Mas nenhum foi realmente útil.

Minha odisseia intelectual terminou, no entanto, quando conheci Ben e Dave, primeiro por meio de seus escritos e depois em pessoa. Eles estabeleceram um roteiro de investimentos que tenho seguido há 57 anos. Não tive motivo para procurar outro.

Além das ideias que Ben e Dave me deram, eles me deram sua amizade, me encorajaram e me encheram de confiança. Eles não esperavam nenhuma reciprocidade — em se tratando de um jovem estudante, simplesmente queriam oferecer uma via benéfica de mão única. Em última análise, é isso que, provavelmente, mais admiro nesses dois homens. Quando eles nasceram, foi decretado que seriam brilhantes; eles escolheram ser generosos e gentis.

---

1. Adam Smith. *A riqueza das nações*. São Paulo: Edipro, 2021. (N.E.)
2. *The wealth of nations* (1776) e *The intelligent investor* (1949), no original. (N.E.)

Os misantropos teriam ficado intrigados com o comportamento deles. Ben e Dave instruíram, literalmente, milhares de potenciais concorrentes, jovens como eu, que viriam a comprar ações baratas ou se envolver em transações de arbitragem, competindo diretamente com a Graham-Newman Corporation, que era a empresa de investimentos de Ben. Além disso, eles usavam exemplos de investimentos atuais em sala de aula e em seus escritos; na verdade, faziam nosso trabalho por nós. A maneira como se comportavam causou uma impressão tão grande em mim — e em muitos de meus colegas de turma — quanto suas ideias. Estávamos sendo ensinados não apenas a investir com sabedoria como também a viver com sabedoria.

O volume de *Análise de investimentos* que guardo na minha biblioteca e que usei na Universidade Columbia é a edição de 1940. Eu o li, tenho certeza, pelo menos, quatro vezes, e obviamente ele é especial.

Vamos falar, no entanto, sobre o quarto livro que mencionei, que é ainda mais precioso. Em 2000, Barbara Dodd Anderson, filha única de Dave, deu-me um exemplar da edição de *Análise de investimentos*, de 1934, que pertencera a seu pai, com centenas de anotações nas margens. Tais anotações tinham sido feitas por Dave, enquanto se preparava para publicar a edição revisada de 1940. Nenhum outro presente significou tanto para mim.

PREFÁCIO À SEXTA EDIÇÃO
A SABEDORIA ETERNA DE GRAHAM E DODD
por Seth A. Klarman

Setenta e cinco anos após Benjamin Graham e David L. Dodd escreverem *Análise de investimentos*, um grupo crescente de modernos investidores de valor ainda tem uma imensa dívida com eles. Graham e David eram dois pensadores originais e extraordinariamente perspicazes que procuravam organizar o caos da selva financeira, em grande parte inexplorada, de sua época. Eles acenderam uma chama que tem iluminado o caminho dos investidores de valor desde então. Hoje, *Análise de investimentos* continua sendo um guia de valor inestimável para os investidores, à medida que navegam por mercados financeiros imprevisíveis, muitas vezes voláteis e, às vezes, traiçoeiros. Com frequência chamado de "bíblia do investimento de valor", *Análise de investimentos* é extremamente completo e detalhado, repleto de sabedoria para qualquer época. Apesar de muitos dos exemplos serem obviamente datados, suas lições são atemporais. E, embora a prosa, às vezes, pareça seca, os leitores ainda podem descobrir ideias valiosas em quase todas as páginas. Desde 1934, os mercados financeiros se transformaram de maneira quase inimaginável, mas a abordagem de Graham e Dodd ao investimento permanece extremamente pertinente hoje.

Atualmente, o investimento de valor, como na época de Graham e Dodd, significa a prática de comprar títulos financeiros ou ativos por menos do que valem — o proverbial "comprar um dólar por 50 centavos". Investir em ativos a preços de pechincha fornece uma "margem de segurança" — espaço para erro, imprecisão, má sorte ou vicissitudes da economia e do mercado acionário. Embora alguns possam considerar, de forma equivocada, que o investimento de valor é uma ferramenta mecânica para identificar pechinchas, na verdade, é uma filosofia de investimento abrangente que enfatiza a necessidade de fazer análises fundamentalistas aprofundadas, buscar resultados do investimento a longo prazo, limitar o risco e resistir a seguir as multidões.

Um número demasiadamente grande de pessoas chega ao mercado acionário querendo ganhar muito dinheiro em pouco tempo. Tal orientação envolve especulação, e não investimento, e baseia-se na esperança de que os preços das ações subam independentemente de sua avaliação. Os especuladores, em geral, consideram que as ações são pedaços de papel a serem negociados, com rapidez, entre uma parte e outra, tolamente separando-as da realidade dos negócios e dos critérios de avaliação. As abordagens especulativas — que prestam pouca ou nenhuma atenção ao risco de queda — são muito populares nos mercados em ascensão. Em tempos difíceis, poucos são suficientemente disciplinados para manter padrões rígidos de avaliação e de aversão ao risco, sobretudo quando a maioria daqueles que abandonam esses padrões está enriquecendo rápido. Afinal, é fácil confundir genialidade com mercado altista.

Nos últimos anos, algumas pessoas tentaram expandir a definição de investimento para incluir qualquer ativo que tenha recentemente subido de preço ou que possa em breve subir: obras de arte, selos raros ou uma coleção de vinhos. Uma vez que esses itens não possuem um valor fundamental mensurável, não geram fluxo de caixa presente ou futuro e seus preços dependem totalmente dos caprichos dos compradores, fica muito claro que constituem especulações, não investimentos.

Em contraste com a preocupação do especulador com ganho rápido, os investidores em valor demonstram sua aversão ao risco ao se esforçar para evitar perdas. Um investidor avesso ao risco é aquele para quem o benefício percebido de qualquer ganho não compensa o custo percebido de uma perda equivalente. Em geral, quando qualquer um de nós acumula um mínimo de capital, o benefício adicional de ganhar mais é eclipsado pela dor de ter menos.[1] Imagine como você responderia à proposta de jogar cara ou coroa para dobrar seu patrimônio líquido ou exterminá-lo. Sendo avessas ao risco, quase todas as pessoas, de forma respeitosa, recusariam tal aposta. Essa aversão ao risco está profundamente arraigada na natureza humana. No entanto, muitos, sem perceber, deixam de lado sua aversão ao risco quando as sirenes da chamada especulação do mercado tocam.

Os investidores de valor consideram os ativos não como instrumentos especulativos, mas como propriedade fracionária, ou títulos de dívida, das empresas subjacentes. Essa orientação é imprescindível para o investimento de valor. Quando uma pequena fatia de uma empresa é oferecida a preço de banana, é útil avaliá-la como se o negócio inteiro estivesse sendo vendido. Essa âncora

---

1. Perder dinheiro, como observou Graham, também pode ser psicologicamente perturbador. A angústia causada por prejuízos financeiros, provocados por perdas recentes experimentadas ou pelo medo de sofrer mais perdas, pode prejudicar significativamente nossa capacidade de aproveitar a próxima oportunidade que se avizinha. Se uma ação subvalorizada cai pela metade, enquanto se verifica que os fundamentos — após exame e reexame — permanecem inalterados, devemos aproveitar a oportunidade para comprar muito mais "na liquidação". No entanto, se nosso patrimônio líquido diminui com o preço das ações, pode ser psicologicamente difícil aumentar ainda mais nossa posição.

analítica ajuda os investidores de valor a permanecer focados na busca de resultados a longo prazo, e não na lucratividade de seu registro diário de transações.

Na raiz da filosofia de Graham e Dodd está o princípio de que os mercados financeiros são, em última instância, criadores de oportunidades. Às vezes, os mercados cotam o preço dos ativos corretamente, outras vezes, não. De fato, a curto prazo, o mercado pode ser bastante ineficiente e apresentar grandes desvios entre preço e valor subjacente. Notícias inesperadas, incerteza crescente e fluxos de capital podem aumentar a volatilidade do mercado a curto prazo, com preços se movimentando exageradamente em todas as direções.[2] Nas palavras de Graham e Dodd, "O preço [de um ativo] é, muitas vezes, um elemento essencial para que uma ação [...] possa ter o mérito de investimento em um nível de preço, mas não em outro". Como Graham nos instruiu, aqueles que enxergam o mercado como uma balança — um avaliador de valores preciso e eficiente — fazem parte do rebanho emocionalmente motivado. Aqueles que consideram o mercado como uma máquina de votação — um concurso de popularidade focado em sentimentos — estarão bem-posicionados para tirar uma vantagem adequada dos extremos do sentimento do mercado.

Embora possa parecer que qualquer um pode ser um investidor de valor, é bem possível que as características essenciais desse tipo de investidor — paciência, disciplina e aversão ao risco — sejam geneticamente determinadas. Quando aprende sobre a abordagem fundamental, você se identifica com ela ou não. Você consegue se manter disciplinado e paciente, ou não. Como Warren Buffett disse em seu artigo famoso "The superinvestors of Graham-and-Doddsville":

> Para mim, é extraordinário que a ideia de comprar notas de um dólar por 40 centavos atraia de imediato as pessoas ou não as atraia de jeito nenhum. É como uma vacina. Se essa ideia não pegar uma pessoa de imediato, acho que se pode falar com ela por anos e mostrar-lhe registros, mas não fará nenhuma diferença.[3, 4]

---

2. A longo prazo, no entanto, à medida que os investidores realizam análises fundamentalistas, e os administradores de empresa explicam suas estratégias e gerenciam suas estruturas de capital, os preços das ações, em geral, migram para seu valor comercial subjacente. Em particular, as ações cotadas significativamente abaixo do valor subjacente atraem os caçadores de pechinchas e, por fim, os compradores institucionais, reforçando a tendência para a eficiência dos preços das ações a longo prazo. Essa tendência, no entanto, está sempre sujeita a interrupções, a curto prazo, provocadas pelas forças da ganância e do medo.

3. Warren E. Buffett, "The superinvestors of Graham-and-Doddsville". *Hermes* (revista da Columbia Business School), 1984, p. 9.

4. Minha experiência foi exatamente aquela que Buffett descreve. Meu trabalho no verão de 1978, na Mutual Shares, um fundo mútuo sem taxas de administração e com base de valor, definiu o

Se *Análise de investimentos* lhe diz algo — se você pode resistir à especulação e, às vezes, ser paciente — talvez tenha uma predisposição para o investimento de valor. Caso contrário, ao menos o livro vai ajudá-lo a entender onde se encaixa no contexto dos investimentos e dar uma ideia sobre o que a comunidade de investidores de valor pode estar pensando.

IGUALMENTE RELEVANTE AGORA

O feito mais excepcional de *Análise de investimentos*, publicado pela primeira vez em 1934 e revisado na aclamada edição de 1940, talvez seja a atemporalidade de suas lições. Gerações de investidores de valor adotaram os ensinamentos de Graham e Dodd e os implementaram, com sucesso, em cenários de mercado, em países e em classes de ativos extremamente diversos. Isso agradaria os autores, que esperavam estabelecer princípios que resistiriam "ao teste do futuro sempre enigmático".

Em 1992, a Tweedy, Browne Company LLC, uma conhecida empresa de investimento de valor, publicou uma compilação de 44 estudos de caso intitulada *What has worked in investing*. O estudo descobriu que o que funcionou é bastante simples: as ações baratas (medidas pela relação entre o preço e o valor contábil, índice preço-lucro ou o rendimento dos dividendos) superam, de maneira consistente, as ações mais caras, e as ações com desempenho inferior (em períodos de três e cinco anos) acabam superando aquelas que tiveram um bom desempenho no passado recente. Em outras palavras, o investimento de valor funciona! Não conheço nenhum praticante de longa data que se arrependa de aderir a uma filosofia de investimento de valor; poucos investidores que abraçam os princípios fundamentais abandonam essa abordagem de investimento por outra.

Hoje, quando você lê Graham e Dodd descreverem como navegaram pelos mercados financeiros da década de 1930, temos a impressão de que eles estavam detalhando uma era estranha, alienígena e antiquada de depressão econômica, aversão extrema a risco e negócios obscuros e obsoletos. No entanto, tal exploração é consideravelmente mais valiosa do que parece. Afinal, cada novo dia tem o potencial de trazer consigo um ambiente estranho e

---

caminho da minha carreira profissional. A liquidação planejada da Telecor e a cisão de sua subsidiária Electro Rent, em 1980, gravou, para sempre, em minha mente, o mérito da análise de valor de investimentos. Um comprador de ações da Telecor estava efetivamente criando um investimento nas ações da Electro Rent, uma empresa de aluguel de equipamentos em rápido crescimento, a um preço extremamente barato e equivalente a cerca de uma vez o fluxo de caixa. O primeiro investimento de valor ninguém esquece.

alienígena. Os investidores tendem a supor que os mercados futuros se parecerão muito com os de hoje e, na maioria das vezes, isso é correto. Entretanto, de vez em quando,[5] a sabedoria convencional vira de cabeça para baixo, o raciocínio circular se desfaz, os preços voltam à média e o comportamento especulativo é exposto. Nesses momentos, quando hoje não se parece com ontem, a maioria dos investidores ficará paralisada. Nas palavras de Graham e Dodd: "esforçamo-nos por proteger o aluno contra a ênfase excessiva no superficial e no passageiro", que é "a ilusão e a nêmese do mundo das finanças". Durante os períodos tumultuados uma filosofia de investimento de valor é particularmente benéfica.

Em 1934, Graham e Dodd haviam testemunhado, ao longo de cinco anos, o melhor e o pior dos tempos nos mercados — a corrida para o pico de 1929, o *crash* de outubro de 1929 e o desgaste implacável da Grande Depressão. Eles estabeleceram um plano para que os investidores, em qualquer ambiente, pudessem classificar centenas ou milhares de ações ordinárias, ações preferenciais e títulos e identificar aquelas que mereciam investimento. É importante destacar que sua abordagem é essencialmente a mesma que os investidores de valor empregam hoje. Os mesmos princípios aplicados às ações e aos mercados americanos das décadas de 1920 e 1930 se aplicam aos mercados de capitais globais do início do século XXI para classes de ativos menos líquidos, como imóveis e *private equity*, e até para instrumentos derivativos que quase não existiam quando *Análise de investimentos* foi escrito.

Embora fórmulas, como o teste clássico de "capital de giro líquido", sejam necessárias para apoiar a análise de investimento, o investimento de valor não é um exercício mecânico.[6] Sempre são necessários ceticismo e bom senso. Em primeiro lugar, nem todos os elementos que afetam o valor são capturados nos demonstrativos financeiros das empresas — os estoques podem se tornar obsoletos e as contas a receber podem ficar incobráveis; às vezes, os passivos não são registrados e o valor das propriedades é exagerado ou subvalorizado. Em segundo lugar, a avaliação é uma arte, não uma ciência. Isso porque o valor de uma empresa depende de muitas variáveis; ela pode tipicamente ser avaliada apenas na forma de uma faixa de preços. Terceiro, os resultados de todos os investimentos dependem, em certa medida, do futuro,

---

5. A contração de crédito provocada pelas perdas hipotecárias *subprime*, iniciadas em julho de 2007, é um exemplo recente e dramático.

6. Graham e Dodd recomendaram que os investidores comprassem ações negociadas por menos de dois terços do "capital de giro líquido", definido como capital de giro menos todos os outros passivos. Muitas ações se enquadravam nesse critério durante os anos da Grande Depressão; hoje, muito menos ações podem ser consideradas dessa forma.

o qual não pode ser previsto com certeza; por esse motivo, mesmo alguns investimentos cuidadosamente analisados não alcançam resultados lucrativos. Às vezes, uma ação fica barata por uma boa razão: um modelo de negócios quebrado, passivos ocultos, litígios prolongados ou gestão incompetente ou corrupta. Os investidores devem sempre agir com cautela e humildade, procurando incansavelmente por informações adicionais e sempre conscientes de que nunca vão saber tudo sobre uma empresa. Por fim, os investidores de valor mais bem-sucedidos combinam pesquisa de negócios detalhada e trabalho de avaliação com disciplina e paciência sem fim, uma análise de sensibilidade bem abalizada, honestidade intelectual e anos de experiência analítica e em investimento.

Curiosamente, os princípios de investimento de valor de Graham e Dodd se aplicam a outras áreas além dos mercados financeiros — incluindo, por exemplo, o mercado de talentos de beisebol, conforme eloquentemente capturado em *Moneyball, best-seller* de Michael Lewis, publicado em 2003.[7] O mercado de jogadores de beisebol, como os mercados acionário e de títulos, é ineficiente — e por muitas das mesmas razões. Tanto nos investimentos como no beisebol, não existe uma maneira única de determinar valor nem uma métrica que dê conta de tudo. Em ambos, existem montanhas de informações e não há amplo consenso sobre como avaliá-las. Os tomadores de decisão, em ambas as áreas, interpretam mal os dados disponíveis, direcionam equivocadamente suas análises e chegam a conclusões imprecisas. No beisebol, como no mercado financeiro, muitos pagam demais porque temem destoar da multidão e ser criticados. Com frequência, costumam tomar decisões por razões emocionais, não racionais. Tornam-se exuberantes; entram em pânico. Às vezes, sua orientação tem um foco exagerado em atitudes a curto prazo. Deixam de entender o que é reversão de tendência e o que não é. Os investidores de valor do beisebol, da mesma forma que os investidores de valor do mercado financeiro, alcançaram um desempenho superior ao longo do tempo. Embora Graham e Dodd não tenham aplicado os princípios do investimento em valor ao beisebol, a aplicabilidade de suas ideias ao mercado de talentos do esporte atesta a universalidade e a atemporalidade dessa abordagem.

---

7. Há também o filme *Moneyball* (com o título em português *O homem que mudou o jogo*), de 2011, baseado no livro. (N.E.)

INVESTIMENTO DE VALOR HOJE

Durante a Grande Depressão, o mercado acionário e a economia nacional eram extremamente arriscados. Movimentos de queda dos preços das ações e da atividade comercial surgiam subitamente e podiam ser severos e prolongados. As circunstâncias provaram constantemente que os otimistas estavam enganados. Ganhar, em certo sentido, significava não perder. Os investidores conseguiam alcançar uma margem de segurança ao comprar ações de empresas com um grande desconto em relação a seu valor subjacente e precisavam de uma margem de segurança por causa de tudo o que poderia — e, muitas vezes, era isso o que acontecia — dar errado.

Mesmo nos piores mercados, Graham e Dodd permaneceram fiéis a seus princípios, incluindo sua ideia de que a economia e os mercados, às vezes, passam por ciclos dolorosos, que precisam simplesmente ser suportados. Expressaram confiança, naqueles dias sombrios, de que a economia e o mercado acionário acabariam se recuperando: "Enquanto escrevíamos, tivemos de combater a convicção generalizada de que a calamidade financeira seria a ordem permanente".

É claro que, assim como os investidores precisam lidar com ciclos de baixa, quando os resultados dos negócios se deterioram e as ações baratas se tornam ainda mais baratas, também precisam suportar ciclos de barganhas escassas e de capital de investimento abundante. Nos últimos anos, os mercados financeiros tiveram um desempenho extremamente bom segundo os padrões históricos, atraindo capital novo substancial, o qual necessitava de gerentes. Hoje, uma parcela significativa desse capital — provavelmente totalizando trilhões de dólares no mundo todo — é investida de acordo com uma abordagem de investimento em valor. Isso inclui inúmeras empresas de gestão de valor de ativos e fundos mútuos, vários dos cerca de 9 mil fundos multimercados que hoje existem e alguns dos maiores e mais bem-sucedidos *endowments* de universidades e escritórios de investimento familiares.

É importante observar que nem todos os investidores de valor são iguais. Em "The superinvestors of Graham-and-Doddsville", mencionado anteriormente, Buffett descreve diversos investidores de valor bem-sucedidos cujas carteiras guardam pouca semelhança entre si. Alguns investidores de valor mantêm as *pink-sheet shares* [ações obscuras], enquanto outros se concentram no universo das empresas de grande capitalização. Alguns se tornaram globais, enquanto outros se concentraram em um setor de mercado único, como imóveis ou energia. Alguns usam telas de computador para identificar empresas estatisticamente baratas, enquanto outros avaliam o "valor de mercado privado" — o valor que um comprador do ramo pagaria pela empresa como um todo. Alguns são ativistas que lutam agressivamente por mudanças corporativas, enquanto outros buscam ativos subvalorizados com um catalisador já existente — como uma cisão, venda de ativos, plano de recompra de ações ou nova equipe de administração — para a realização parcial ou completa do valor subjacente. E, é claro, como em qualquer profissão, alguns investidores de valor são simplesmente mais talentosos que outros.

Em geral, a comunidade de investimento de valor não é mais aquele grupo muito pequeno de adeptos de muitas décadas atrás. A concorrência pode ter um poderoso efeito corretivo nas ineficiências e nas avaliações incorretas do mercado. Hoje, com muitos investidores bastante capitalizados e qualificados, quais são as perspectivas do profissional de investimento de valor? Melhor que se poderia esperar, por várias razões. Primeiro, mesmo com uma comunidade crescente de investidores de valor, existem muito mais participantes do mercado com pouca ou nenhuma orientação nessa área. A maioria dos analistas — incluindo os investidores em alto crescimento (*growth investors*) e em movimentos a curto prazo (*momentum investors*) e os indexadores de mercado — presta pouca ou nenhuma atenção nos critérios fundamentalistas. Em vez disso, concentram-se quase isoladamente na taxa de crescimento dos lucros de uma empresa, na direção dos movimentos da cotação de suas ações ou, simplesmente, na inclusão dessa cotação em um índice de mercado.

Segundo, quase todos os analistas financeiros atualmente, incluindo alguns desafortunados analistas de valores, são forçados, por pressões de desempenho (reais ou imaginárias) do setor de investimentos, a trabalhar com um horizonte de investimento absurdamente curto, às vezes tão breve quanto um trimestre, um mês ou menos ainda. Uma estratégia de investimento de valor é de pouca utilidade para o investidor impaciente, pois geralmente demora para dar lucro.

Enfim, a natureza humana nunca muda. Manias do mercado de capitais surgem, com frequência, em grande escala: as ações japonesas no final dos anos 1980, as ações de Internet e das empresas de tecnologia em 1999 e 2000, os empréstimos hipotecários *subprime* em 2006 e 2007 e os investimentos alternativos na atualidade. É sempre difícil adotar uma abordagem contrária à da maioria. Até investidores extremamente capazes podem se intimidar diante da implacável mensagem do mercado de que estão errados. As pressões para ceder são enormes; muitos gerentes de investimento temem perder negócios se destoarem muito da maioria. Alguns também não conseguem investir nos fundamentos porque se impuseram (ou os clientes impuseram a eles) restrições que os impedem de comprar ações vendidas a preços baixos em dólares; *small caps* [ações de pequena capitalização]; ações de empresas que não pagam dividendos ou que estão perdendo dinheiro; ou instrumentos de dívida classificados com grau de investimento inferior.[8] Muitos também praticam técnicas de gerenciamento de carreira, como "enfeitar" suas carteiras no final de cada trimestre, ou vender títulos "perdedores" (mesmo que estejam subvalorizados) enquanto compram "vencedores" (mesmo que supervalorizados). Claro, para aqueles investidores de valor que realmente buscam algo a longo prazo, é maravilhoso que muitos concorrentes em potencial sejam tolhidos por restrições que os tornam incapazes ou indispostos a competir efetivamente.

Outra razão pela qual o aumento da concorrência talvez não atrapalhe os investidores de valor contemporâneos é o ambiente de investimentos mais amplo e diversificado no qual operam. Graham tinha pela frente um elenco limitado de empresas de capital aberto e ativos de dívida americanos comercializados abertamente. Hoje, existem muitos milhares de ações negociadas apenas nos Estados Unidos e muitas dezenas de milhares no mundo inteiro, além de milhares de títulos corporativos e de dívida garantidos por ativos mobiliários. Ativos anteriormente ilíquidos, como os empréstimos bancários, agora são negociados regularmente. Os investidores também podem escolher entre um número quase ilimitado de instrumentos derivativos, incluindo contratos feitos sob encomenda e projetados para atender qualquer necessidade ou palpite.

No entanto, 25 anos de desempenho historicamente forte do mercado acionário o alçaram longe dos preços de pechincha. As avaliações altas e a concorrência intensificada aumentam a perspectiva de retornos mais baixos para os investidores de valor como um todo. Além disso, algumas empresas de investimento de valor tornaram-se muito grandes, e o tamanho pode ser o inimigo do desempenho do investimento, pois a tomada de decisões é retardada pela burocracia e porque as oportunidades menores deixam de exercer qualquer atração.

---

8. Outro tipo de restrição envolve a "regra do homem prudente", um conceito legal que separa os investimentos permitidos dos inadmissíveis. Na segunda metade da década de 1970, muitos interpretaram essa regra como um impedimento para uma exposição significativa às ações. Desde então, a prudência tornou-se um alvo em movimento, à medida que investidores, ao se sentir confortáveis, com o passar do tempo, com os atos de seus pares, passaram a investir em classes de ativos mais exóticos e cada vez mais ilíquidos.

Ademais, uma vez que um número crescente de analistas competentes voltados para a compra ou a venda está operando com o auxílio de sofisticados instrumentos de tecnologia da informação, provavelmente muito menos ativos vão passar despercebidos a ponto de se tornarem extremamente subvalorizados.[9] É pouco provável que os investidores de valor contemporâneos encontrem oportunidades armados somente de um guia Value Line ou apenas folheando as páginas de cotação das ações. Embora as pechinchas ainda apareçam ocasionalmente, é mais provável que os ativos de nossos tempos fiquem com preços incorretos por terem sido, acidentalmente, desprezados ou deliberadamente evitados. Como consequência, os investidores de valor tiveram de concentrar atenção maior no foco de suas análises. No início dos anos 2000, por exemplo, os investidores ficaram tão desiludidos com os procedimentos de alocação de capital de muitas empresas sul-coreanas que poucos as consideravam candidatas a receber investimentos. Como resultado, as ações de muitas empresas da Coreia do Sul foram negociadas com grandes descontos com relação às cotações internacionais existentes: duas ou três vezes o fluxo de caixa, menos da metade do valor comercial subjacente e, em vários casos, menor que o valor do numerário (líquido de dívidas) apresentado em seus balanços. Ativos baratos, como Posco e SK Telecom, atraíram muitos candidatos a fazer investimentos de valor; Warren Buffett supostamente lucrou muito com essas empresas sul-coreanas.

Os investidores de valor de hoje também encontram oportunidades em ações e títulos de empresas que são estigmatizadas em Wall Street devido a seu envolvimento em litígios prolongados, escândalos, fraudes contábeis ou dificuldades financeiras. Os ativos dessas empresas, às vezes, são negociados em níveis de barganha, tornando-se bons investimentos para aqueles que conseguem permanecer firmes diante das más notícias. Por exemplo, a dívida da Enron, talvez a empresa mais estigmatizada do mundo após um escândalo contábil ter forçado sua falência em 2001. Ela foi negociada a apenas 10 centavos por cada dólar de dívida; espera-se que a taxa de recuperação final seja seis vezes maior. Da mesma forma, nos últimos anos, as empresas com exposição ao tabaco ou ao amianto sofreram, periodicamente, uma forte pressão de venda devido à possibilidade de haver litígios e ao risco resultante de

---

9. As grandes inovações em tecnologia disponibilizaram muito mais informações e recursos analíticos a todos os investidores. No entanto, essa democratização não melhorou a vida dos investidores de valor. Com informações disponíveis, de maneira mais ampla e barata, algumas das maiores ineficiências do mercado foram corrigidas. Desenvolver fontes inovadoras de ideias e informações, como aquelas disponibilizadas pelos consultores de negócios e especialistas do setor, tornou-se cada vez mais importante.

problemas financeiros corporativos. Em geral, é mais provável que as empresas que decepcionam ou surpreendem seus investidores — por causa de resultados abaixo do esperado; mudanças bruscas de gestão; problemas contábeis ou rebaixamentos de classificação — sejam fontes de oportunidade em vez daquelas que têm um desempenho consistentemente forte.

Quando as barganhas são escassas, os investidores de valor precisam ser pacientes; baixar os padrões é um comportamento que tem tudo para dar errado. Novas oportunidades vão surgir, ainda que não saibamos quando nem onde. Na ausência de uma oportunidade atraente, manter, pelo menos, uma parte da carteira em ativos equivalentes a dinheiro (por exemplo, as letras do Tesouro dos Estados Unidos) e aguardar um posicionamento futuro é, às vezes, a opção mais sensata. Recentemente, Buffett afirmou que ele tem mais dinheiro disponível para investir que bons investimentos. Como todos os investidores de valor devem fazer, de tempos em tempos, Buffett espera pacientemente.

Ainda assim, os investidores de valor são analistas de baixo para cima, bons em avaliar ativos, um de cada vez, com base nos fundamentos. Eles não precisam que o mercado inteiro esteja com preço de pechincha, basta que vinte ou 25 ativos não tenham relação uns com os outros — número suficientemente grande para diversificar o risco. Mesmo em um mercado caro, os investidores de valor devem continuar analisando os ativos e as empresas, adquirindo conhecimento e experiência que vão ser úteis no futuro. Os investidores de valor, portanto, não devem tentar acertar o tempo de intervir no mercado ou adivinhar se subirá ou cairá a curto prazo. Em vez disso, devem confiar em uma abordagem de baixo para cima, analisando os mercados financeiros em busca de barganhas e, em seguida, comprá-las, independentemente do nível ou da direção recente do mercado ou da economia. Somente quando não conseguem encontrar pechinchas devem manter dinheiro em caixa.

UMA ABORDAGEM FLEXÍVEL

Uma vez que os fundadores dos Estados Unidos não puderam prever — e sabiam que não poderiam — as mudanças tecnológicas, sociais, culturais e econômicas que o futuro traria, escreveram uma constituição flexível que, mais de dois séculos depois, ainda nos orienta. Da mesma forma, Graham e Dodd reconheceram que não podiam antecipar o que aconteceria com os negócios, a economia, as mudanças tecnológicas e competitivas que varreriam o mundo dos investimentos nos anos seguintes. No entanto, também escreveram um tratado que nos fornece as ferramentas para funcionar em um cenário de investimentos que estava — e permanece — destinado a sofrer mudanças profundas e imprevisíveis.

Hoje, por exemplo, as empresas vendem produtos que Graham e Dodd nunca poderiam ter imaginado. De fato, existem empresas e indústrias inteiras que eles nem sequer poderiam imaginar que surgiriam. *Análise de investimentos* não oferece exemplos de como avaliar operadoras de telefonia celular, empresas de *software*, fornecedores de televisão por satélite ou *sites* de busca. Entretanto, o livro fornece as ferramentas analíticas para avaliar quase qualquer empresa, para aferir o valor de seus ativos negociáveis e para determinar a existência de uma margem de segurança. Questões de solvência, liquidez, previsibilidade, estratégias de negócios e risco perpassam empresas, nações e tempo.

Graham e Dodd não abordaram especificamente como avaliar as empresas privadas ou como determinar o valor de uma empresa inteira em vez de dar o valor de uma participação fracionária pela propriedade de suas ações.[10] Seus princípios analíticos, no entanto, se aplicam igualmente bem a essas questões diferentes. Os investidores ainda precisam perguntar: Quão estável é a empresa e quais são suas perspectivas futuras? Quais são seus lucros e fluxo de caixa? Qual é o risco de baixa se a comprarmos? Qual é seu valor de liquidação? Qual é o grau de capacidade e honestidade de seus gestores? Quanto pagaria pelas ações dessa empresa se fosse pública? Quais fatores podem fazer o proprietário dessa empresa vender o controle a preço de banana?

Da mesma forma, a dupla nunca abordou como analisar a compra de um prédio de escritórios ou de apartamentos. As pechinchas imobiliárias surgem pelas mesmas razões que as barganhas de ativos — uma necessidade urgente de dinheiro; a incapacidade de realizar uma análise adequada; uma visão pessimista; aversão ou negligência dos investidores. Em um cenário imobiliário negativo, critérios mais rigorosos de concessão de empréstimos podem fazer com que propriedades atraentes sejam vendidas a preços baixos. Os princípios de Graham e Dodd — como a estabilidade do fluxo de caixa, a suficiência dos rendimentos e a análise do risco de prejuízo — permitem identificar investimentos imobiliários com uma margem de segurança em qualquer cenário de mercado.

Mesmo derivativos complexos, inimagináveis no passado, podem ser examinados com o olhar do investidor de valor. Embora, hoje, os negociantes,

---

10. Eles avaliaram os méritos relativos do controle corporativo desfrutados pelo dono de uma empresa privada, em contraste com o valor negociável de uma ação listada em bolsa.

em geral, cotem as opções de compra e venda pela fórmula de Black-Scholes, podem-se usar os preceitos do investimento de valor — potencial de lucro, risco de prejuízo e probabilidade de ocorrência de cada um entre vários cenários possíveis — para analisar esses instrumentos. Uma opção de baixo custo pode, na verdade, ter as características favoráveis de risco-retorno de um investimento de valor — independentemente do que o modelo Black-Scholes ditar.

INVESTIMENTO INSTITUCIONAL

Talvez a mudança mais importante no cenário de investimentos nos últimos 75 anos seja a ascensão do investimento institucional. Na década de 1930, os investidores individuais dominavam o mercado acionário. Hoje é diferente, a maioria das atividades no mercado é conduzida por investidores institucionais — grandes volumes de capital de pensões, *endowments* e capital individual agregado. Embora o advento dessas grandes reservas de capital quase permanentes pudesse ter resultado na adoção, em larga escala, de uma abordagem a longo prazo, na verdade, isso não ocorreu. Em vez disso, o investimento institucional evoluiu para uma competição de desempenho a curto prazo, o que torna difícil para os gerentes institucionais assumir posições contrárias à maioria ou a longo prazo. De fato, em vez de se destacarem da multidão e, possivelmente, obterem resultados decepcionantes a curto prazo, o que pode levar os clientes a retirar seu capital, os investidores institucionais geralmente preferem o porto seguro do desempenho medíocre, o qual só pode ser alcançado se seguirem a manada de perto.

Os investimentos alternativos — uma categoria abrangente que inclui *venture capital*,[11] *buyouts* alavancadas, *private equity* e fundos multimercados — são a moda institucional da atualidade. Nenhum tratado de investimento escrito hoje poderia deixar de tecer comentários sobre essa novidade.

Alimentados por pressões de desempenho e por uma expectativa cada vez maior de retornos baixos (e inadequados) dos investimentos tradicionais em ações e instrumentos de dívida, os investidores institucionais buscaram retornos altos e diversificação por meio da alocação de uma parcela crescente de seus *endowments* e fundos de pensão em instrumentos alternativos. Em *Pioneering portfolio management*, publicado em 2000 por David Swensen, o gerente de inovação do Departamento de Investimentos da Yale University

---

11. É um tipo de investimento que financia empresas em fase inicial. Essa modalidade de negócio envolve alto risco de perda, mas também apresenta altos potenciais de retorno em caso de sucesso. (N.T.)

apresenta um argumento forte a favor dos investimentos alternativos. Na obra, Swensen aponta para a precificação historicamente ineficiente de muitas classes de ativos,[12] para os retornos ajustados ao risco historicamente altos obtidos por muitos gerentes alternativos, e para a correlação de desempenho limitada entre os investimentos alternativos e as outras classes de ativos. Destaca a importância da seleção de gerentes alternativos, observando a grande dispersão dos retornos alcançados entre os desempenhos do quartil superior e do terceiro quartil. Muitos gerentes de patrimônio emularam Swensen, seguindo-o em seu profundo comprometimento com os investimentos alternativos, quase certamente em condições piores e em meio a um ambiente mais competitivo que quando entrou nessa área.

Graham e Dodd ficariam muito preocupados com o comprometimento de praticamente todos os *endowments* das principais universidades em um tipo de investimento alternativo: *venture capital*. Os autores da abordagem de margem de segurança ao investimento não encontrariam tal margem em todo o universo de *venture capital*.[13] Embora, muitas vezes, exista uma perspectiva de ganhos substanciais em *venture capital*, também existe um risco muito alto de fracasso. Mesmo com a diversificação fornecida por um fundo de risco (*venture fund*), a análise dos investimentos subjacentes para determinar se o retorno potencial justifica o risco não é clara. O investimento em *venture capital* deveria, portanto, ser caracterizado como pura especulação, sem nenhuma margem de segurança.

Os fundos multimercados — um setor de crescente interesse institucional e com quase 2 trilhões de dólares em ativos sob sua gestão — são conglomerados de capital que variam amplamente em suas táticas, mas que possuem uma estrutura de remuneração que, em geral, paga ao gerente de 1% a 2% ao ano dos ativos sob gestão e 20% (às vezes, mais) de qualquer lucro gerado. Eles começaram na década de 1920, quando o próprio Graham administrou um dos primeiros fundos multimercados.

---

12. Muitos investidores cometem o erro de pensar nos retornos das classes de ativos como se fossem permanentes. Os retornos não são inerentes a uma classe de ativo; eles resultam dos fundamentos das empresas emitentes *e* do preço pago pelos investidores por instrumentos afins. O capital que flui para determinada classe de ativo, reflexivamente, pode prejudicar a capacidade de quem investe nessa classe de ativos de continuar a gerar os retornos antecipados e historicamente atraentes.

13. Não encontrariam uma margem de segurança nas *buyouts* alavancadas, por meio das quais as empresas são compradas a preços elevados usando, principalmente, financiamento de dívida e uma camada fina de capital próprio. A única justificativa do ponto de vista do investimento de valor para *venture capital* ou as *buyouts* alavancadas é que estes podem ser considerados opções de compra com preços incorretos. Mesmo assim, não está claro se essas áreas constituem um bom valor.

O que Graham e Dodd diriam sobre os fundos multimercados que operam nos mercados de hoje? Provavelmente, desaprovariam os fundos multimercados que realizam investimentos com base em avaliações macroeconômicas ou que buscam estratégias especulativas a curto prazo. Tais fundos, ao evitar ou até mesmo ao vender ativos subvalorizados para participar de uma ou outra loucura, inadvertidamente criam oportunidades para os investidores de valores. A falta de liquidez, a ausência de transparência, o tamanho gigantesco, a alavancagem embutida e as taxas de administração altas de alguns fundos multimercados sem dúvida provocariam desconfiança. No entanto, Graham e Dodd provavelmente aprovariam os fundos multimercados que praticam uma seleção de investimentos baseada nos fundamentos.

É importante ressaltar que, embora Graham e Dodd tenham enfatizado a limitação do risco em cada investimento, também acreditavam que a diversificação e a cobertura (*hedging*) poderiam oferecer proteção contra o potencial de baixa da carteira como um todo. É isso que a maioria dos fundos multimercados tenta fazer. Embora detenham títulos individuais que, considerados isoladamente, podem envolver um grau desconfortável de risco, tentam compensar os riscos da carteira como um todo por meio da venda a descoberto de ativos similares, porém com maior valor, por meio da compra de opções de venda sobre instrumentos financeiros individuais ou índices de mercado e por meio de uma diversificação adequada (embora muitos sejam culpados de superdiversificar, mantendo bem pouco de suas ideias realmente boas e muito das medíocres). Dessa maneira, a carteira de um fundo multimercados poderia (em teoria, pelo menos) ter as características de um retorno potencial bom com um risco limitado, o qual seus componentes individuais podem não ter.

ACONTECIMENTOS MODERNOS

Conforme já mencionado, a análise das empresas e dos instrumentos financeiros tornou-se cada vez mais sofisticada ao longo dos anos. As planilhas eletrônicas, por exemplo, permitem uma modelagem muito mais sofisticada do que era possível mesmo uma geração antes. O lápis de Graham, claramente um dos mais bem apontados de sua época, talvez não fosse tão pontudo hoje. Por outro lado, é fácil utilizar mal a tecnologia; a modelagem computacional requer uma série de premissas sobre o futuro que podem levar a uma precisão espúria da qual Graham teria sido bastante cético. Embora ele estivesse interessado em empresas que geravam lucros consistentes, a análise, em sua época, era menos sofisticada em relação aos motivos pelos quais os lucros de certas empresas podem ser mais consistentes que os de outras. Hoje, os analistas examinam as empresas, mas também seus modelos de negócios; o impacto final das mudanças nas receitas, as margens de lucro, a combinação de seus produtos e outras variáveis são cuidadosamente estudados por gerentes e analistas financeiros. Os investidores sabem que as empresas não existem no vácuo; os atos de concorrentes, fornecedores e clientes podem impactar bastante a lucratividade da empresa e devem ser levados em consideração.[14]

Outra mudança importante no foco, ao longo do tempo, é que, embora Graham considerasse os lucros corporativos e os pagamentos de dividendos como barômetros da saúde de uma empresa, a maioria dos investidores de valor atuais analisa o fluxo de caixa livre. Este é o dinheiro gerado anualmente pelas operações de uma empresa, após levar em consideração todos os gastos de capital e as mudanças no capital de giro. Os investidores voltaram-se, cada vez mais, para essa métrica, porque os lucros declarados podem ser uma ficção contábil, mascarando o dinheiro gerado por uma empresa ou dando a entender uma geração positiva de dinheiro quando não há nenhuma. Os investidores de hoje concluíram, com razão, que, seguir o dinheiro — como o gerente de uma empresa deve fazer — é o meio mais confiável e revelador de avaliar uma empresa.

Além disso, muitos investidores de valor hoje não consideram a análise do balanço tão importante quanto pensavam algumas gerações anteriores. Com retornos para o capital muito maiores no presente do que no passado, a maioria das ações é negociada muito acima de seu valor contábil; a análise de balanços é menos útil para se entender o potencial de alta ou o risco de baixa das ações cotadas a esses níveis. Os efeitos da inflação contínua ao longo do tempo também causaram estragos na precisão da avaliação dos ativos com base em seu custo histórico; isso significa que duas empresas que possuem ativos idênticos podem relatar valores contábeis muito diferentes. Obviamente, os balanços ainda precisam ser cuidadosamente examinados. Os astutos observadores dos balanços corporativos são, muitas vezes, os primeiros a perceber

---

14. O professor Michael Porter, da Harvard Business School, em seu livro seminal *Competitive strategy*, de 1980 (*Estratégia competitiva*, Elsevier, 2005), estabelece as bases para uma análise mais intensiva, abrangente e dinâmica das empresas e dos setores industriais na economia moderna. Uma ampla análise setorial tornou-se particularmente necessária como resultado da aprovação, em 2000, do regulamento *Fair Disclosure* (FD), que regula e restringe as comunicações entre uma empresa e seus acionistas reais ou potenciais. Os analistas de Wall Street, por enfrentarem uma escassez de informações sobre as empresas que cobrem, foram forçados a expandir suas áreas de investigação.

deterioração ou vulnerabilidade das empresas à medida que os estoques e as contas a receber aumentam, a dívida cresce e o dinheiro evapora. E, para os investidores em ações e em dívidas de empresas com baixo desempenho, a análise do balanço continua sendo uma maneira, em geral, confiável de avaliar a proteção contra uma possível baixa.

A globalização tem afetado cada vez mais o cenário de investimentos e feito a maioria dos investidores procurar oportunidades e diversificação fora de seus países de origem. Os princípios de Graham e Dodd aplicam-se, de forma ampla, aos mercados internacionais, que estão, possivelmente, ainda mais sujeitos às vicissitudes dos sentimentos dos investidores — e, portanto, cotados de maneira mais ineficiente — que o mercado dos Estados Unidos está hoje. Os investidores devem estar cientes dos riscos do investimento internacional, incluindo a exposição a moedas estrangeiras e a necessidade de levar em conta maneiras de se proteger contra suas oscilações. Entre os outros riscos, estão a instabilidade política, a legislação de títulos financeiros e de proteção ao investidor diferentes (ou ausentes), as normas contábeis díspares e a disponibilidade limitada de informações.

Curiosamente, apesar dos 75 anos de sucesso alcançados pelo investimento de valor, um grupo de observadores ignora ou descarta essa disciplina: os acadêmicos. Eles tendem a criar teorias elegantes que pretendem explicar o mundo real, mas de fato o simplificam demais. Uma dessas teorias, a hipótese do mercado eficiente (HME), afirma que os preços dos ativos sempre e imediatamente refletem todas as informações disponíveis, uma ideia profundamente contrária à noção de Graham e Dodd de que a análise de valores de títulos financeiros tem um valor alto. O modelo de precificação de ativos financeiros (*capital asset pricing model* [CAPM]) relaciona o risco ao retorno esperado, mas sempre confunde a volatilidade, ou beta, com o risco. A teoria moderna do portfólio (TMP) aplaude os benefícios da diversificação na construção de uma carteira ideal. No entanto, ao insistir que o retorno maior esperado é sempre acompanhado de um risco maior, a TMP repudia veementemente toda a filosofia de investimento de valor e seus registros de desempenho superior nos investimentos ajustados pelo risco a longo prazo. Os investidores de valor desdenham essas teorias e, em geral, as ignoram.

As pressuposições feitas por essas teorias — incluindo os mercados contínuos, a informação perfeita e os custos de transação baixos ou inexistentes — não são realistas. De maneira geral, os acadêmicos estão tão apegados a suas teorias que não conseguem aceitar que o investimento de valor funciona. Em vez de iniciar uma série de estudos para entender o histórico notável de cinquenta anos de investimentos construído por Buffett, os acadêmicos o descartam como uma aberração. Recentemente, deu-se mais atenção à economia comportamental, um campo que reconhece que os indivíduos nem sempre agem racionalmente e têm vieses cognitivos sistemáticos que contribuem para as ineficiências do mercado e para o erro na precificação dos ativos. Esses ensinamentos — que Graham não estranharia — ainda não entraram na esfera acadêmica, mas estão ganhando terreno.

Os acadêmicos defenderam variações sutis de suas teorias defeituosas por várias décadas. Ensinaram a inúmeros de seus alunos que a análise de investimento é inútil, que risco é igual a volatilidade e que os investidores devem evitar um excesso de concentração nas boas ideias (uma vez que as boas ideias não podem existir em mercados eficientes) e, portanto, devem diversificar por meio da adoção de ideias medíocres ou ruins. Obviamente, para os investidores de valor, a propagação dessas teorias acadêmicas tem sido profundamente gratificante: a lavagem cerebral de gerações de jovens investidores produz as mesmas ineficiências que os especialistas inteligentes podem explorar.

Outro fator importante a ser levado em consideração pelos investidores de valor é a crescente propensão do Federal Reserve (Fed) a intervir nos mercados financeiros ao primeiro sinal de problemas. Em meio a turbulências severas, o Fed, com muita frequência, reduz as taxas de juros para sustentar o preço dos ativos e restaurar a confiança dos investidores. Embora a intenção dos funcionários do Fed seja manter ordenados os mercados de capitais, alguns analistas veem a intervenção do Fed quase como uma licença para especular. As táticas agressivas do Fed, às vezes referidas como a "opção de venda de Alan Greenspan" (agora a "opção de venda de Ben Bernanke"),[15] criam um risco moral que incentiva a especulação enquanto prolonga a supervalorização. Contanto que os investidores de valor não se deixem enganar por uma falsa sensação de segurança, desde que possam manter um horizonte a longo prazo e garantir seu poder nesse mesmo período, os deslocamentos de mercado causados pela ação do Fed (ou pela expectativa do investidor de que ocorra), em última análise, podem ser uma fonte de oportunidades.

---

15. Alan Greenspan é um economista americano que foi presidente do Sistema de Reserva Federal dos Estados Unidos (o banco central americano) de 11 de agosto de 1987 até 31 de janeiro de 2006. Depois de se aposentar, ele aceitou um cargo honorário no departamento do tesouro britânico. Benjamin Shalom Bernanke é um economista americano de origem judaica, ex-presidente da Reserva Federal, o banco central dos Estados Unidos. Ele assumiu esse posto em fevereiro de 2006 em substituição a Alan Greenspan. Economista formado em Harvard, obteve seu ph.D. pelo Massachusetts Institute of Technology. (N.E.)

Outro acontecimento moderno relevante é a cobertura onipresente do mercado acionário pela televisão a cabo. Essa loucura frenética exacerba a orientação, que já é de curto prazo, da maioria dos investidores. Fomenta a visão de que é possível — ou até mesmo necessário — ter uma opinião sobre tudo o que se refere aos mercados financeiros, ao contrário da abordagem paciente e altamente seletiva endossada por Graham e Dodd. Essa cultura de frases de efeito reforça a impressão popular de que investir é fácil, e não rigoroso e meticuloso. Os animadores de torcida diários, travestidos de especialistas, exultam com as subidas das cotações e as altas recordes e lamentam as quedas do mercado; os espectadores ficam com a impressão de que a subida é a única direção racional do mercado e de que vender ou esperar constitui um comportamento quase antipatriótico. O conteúdo histórico é exacerbado a cada momento. Por exemplo, a CNBC costuma usar uma tela formatada que atualiza constantemente o nível dos principais índices de mercado em sintonia com um relógio digital. Não se trata apenas de exibir o tempo em horas, minutos, segundos, mas em centésimos de segundos completamente inúteis, os números piscam tão rapidamente (como os décimos de centavo em uma bomba de gasolina) que são completamente ilegíveis. O único objetivo concebível para isso é prender a atenção dos espectadores e aumentar a adrenalina ao máximo.

Os canais de negócios da televisão a cabo levam a mentalidade de rebanho da multidão para dentro da sala de estar dos espectadores, tornando muito mais difícil para eles se destacarem das massas. Somente em programas de televisão a cabo sobre finanças, um comentarista com uma personalidade enlouquecida pode se tornar uma celebridade, fazendo pronunciamentos que movimentam, a toda hora, os mercados. Em um mundo em que as diferenças entre investir e especular são frequentemente pouco nítidas, o absurdo visto nos canais a cabo apenas agrava o problema. Graham ficaria horrorizado. A única graça salvadora é que os investidores de valor prosperam às custas daqueles que se enquadram no perfil dos especialistas desses canais. Enquanto isso, a natureza humana praticamente garante que nunca haverá um canal de televisão de Graham e Dodd.

PERGUNTAS NÃO RESPONDIDAS

Os investidores de hoje ainda se digladiam, como Graham e Dodd fizeram em sua época, com uma série de questões importantes sobre investimentos. Uma delas é se devemos nos concentrar no valor relativo ou absoluto. O valor relativo envolve a avaliação de que um papel é mais barato que outro, de que a Microsoft é uma pechincha melhor que a IBM. O valor relativo é mais fácil de determinar que o valor absoluto, ou seja, a avaliação bidimensional que determina se um ativo é mais barato que outros *e* se ele é barato o suficiente para valer a pena ser comprado. Os investidores de valor mais intrépidos que se especializam no valor relativo administram fundos multimercados em que compram ativos relativamente baratos e vendem a descoberto os relativamente caros. Isso lhes permite, potencialmente, lucrar nas duas pontas, a longo e curto prazos. Evidentemente, também os expõe a perdas duplicadas, caso estejam errados.[16]

É mais difícil pensar em valor absoluto que em valor relativo. Quando uma ação é barata o suficiente para ser comprada e mantida em carteira, sem que haja uma venda a descoberto a título de proteção? Uma maneira de proceder é comprar quando um papel é negociado com um desconto considerável — por exemplo, 30%, 40% ou mais — sobre seu valor subjacente, calculado como seu valor de liquidação, valor de continuidade operacional ou valor de mercado privado (o valor que uma pessoa bem-informada pagaria, racionalmente, pelo negócio como um todo). Outra maneira é investir quando um ativo oferece um retorno aceitável e atraente para um detentor a longo prazo, como um título de baixo risco cotado para render 10% ou mais, ou uma ação com fluxo de caixa livre de 8% a 10% ou mais, no momento em que os títulos "livres de risco" do governo americano geram retornos nominais de 4% a 5% e retornos reais de 2% a 3%. Critérios tão exigentes praticamente garantem que o valor absoluto será bastante difícil de encontrar.

Outra dificuldade dos investidores é tentar definir o que constitui um bom negócio. Alguém já definiu o melhor negócio possível como uma caixa postal para a qual as pessoas enviam dinheiro. Essa ideia foi, certamente, eclipsada pela criação dos *sites* de assinatura que aceitam cartões de crédito. Os negócios mais lucrativos de hoje são aqueles em que você vende uma quantidade fixa de produtos de trabalho — digamos, um programa de computador ou uma música de sucesso —, milhões e milhões de vezes, a um custo marginal muito baixo. Em geral, consideram-se negócios bons aqueles com fortes barreiras a sua entrada, requisitos de capital limitados, clientes confiáveis, baixo risco de obsolescência tecnológica, possibilidades de crescimento abundantes e, portanto, um fluxo de caixa livre, significativo e crescente.

As empresas também estão sujeitas a mudanças em seu cenário tecnológico e competitivo. Por causa da internet, o fosso competitivo em torno do setor jornalístico — considerado um negócio muito bom há apenas uma década

---

16. Muitos fundos multimercados também usam um grau de alavancagem significativo para aumentar ainda mais seus retornos, o que é um tiro no pé quando a análise é deficiente ou a avaliação, falha.

— se deteriorou mais rápido do que quase todos previam. Em uma época de rápidas mudanças tecnológicas, os investidores devem ficar sempre vigilantes, mesmo com relação às empresas que não estão envolvidas com tecnologia, mas simplesmente são afetadas por ela. Em resumo, os bons negócios de hoje podem não ser os bons negócios de amanhã.

Os investidores também despendem esforços consideráveis tentando avaliar a qualidade da gestão de uma empresa. Alguns gerentes são mais capazes ou escrupulosos que outros, e alguns podem ser capazes de gerenciar certas empresas e certos cenários melhor que outros. No entanto, como Graham e Dodd observaram: "Os testes objetivos para aferir a capacidade gerencial são poucos e estão longe de ser científicos" (p. 126). Não se engane: perspicácia, previsão, integridade e motivação dos gestores fazem uma diferença enorme no que tange ao retorno dos acionistas. No momento atual de engenharia financeira corporativa agressiva, os gerentes têm muitas alavancas a sua disposição para impactar, de maneira positiva, os retornos, incluindo as recompras de ações, o uso prudente da alavancagem e uma abordagem das aquisições baseada na avaliação. Os gerentes que não estão dispostos a tomar decisões favoráveis aos acionistas arriscam ter suas empresas percebidas como "armadilhas de valor": investimentos de baixo custo, mas, em última análise, fracos, uma vez que seus ativos são subutilizados. Tais empresas costumam atrair investidores ativistas que buscam desarmar essa armadilha de valor. Uma dificuldade adicional é que os investidores devem decidir se querem correr o risco de investir — a qualquer preço — em equipes de gestão que nem sempre trataram bem os acionistas. As ações de tais empresas podem ser negociadas com descontos acentuados, mas talvez esses descontos sejam válidos; o valor que hoje pertence aos acionistas pode amanhã ter desaparecido ou sido desperdiçado.

Uma dificuldade milenar para os investidores é determinar o valor do crescimento futuro. No prefácio da primeira edição de *Análise de investimentos*, os autores disseram exatamente isto: "Algumas questões de importância vital, por exemplo, a determinação das perspectivas futuras de uma empresa, receberam pouco espaço, porque pouco de valor definitivo pode ser apresentado sobre esses temas".

Claramente, uma empresa que lucrará (ou terá um fluxo de caixa livre) 1 dólar por ação hoje e 2 dólares por ação em cinco anos vale consideravelmente mais que uma empresa com lucros atuais por ação idênticos e sem qualquer crescimento. Isso é especialmente verdade quando é esperado que o crescimento da primeira empresa perdure e não esteja sujeito a grande variabilidade. Outra complicação é que as empresas podem crescer de muitas maneiras diferentes — por exemplo, pela venda do mesmo número de unidades a preços mais altos; pela venda de mais unidades com preços iguais (ou até mais baixos); pela alteração da carteira de produtos (vender proporcionalmente mais produtos com maior margem de lucro); ou pelo desenvolvimento de uma linha de produtos inteiramente nova. É óbvio que algumas formas de crescimento valem mais a pena que outras.

Existe uma desvantagem significativa em pagar pelo crescimento ou, pior, em ser obcecado por isso. Graham e Dodd observaram astutamente: "A análise envolve, sobretudo, valores que são apoiados em fatos e não valores que dependem, em especial, das expectativas". Com forte preferência pelo real em vez do possível, consideraram o "futuro das empresas como um risco que suas [do analista] conclusões devem levar em conta e não como a fonte de sua justificação". Os investidores devem tomar muito cuidado para não se concentrarem apenas no crescimento, acima de tudo, o que pode incluir o risco de pagar um preço excessivo. Mais uma vez, Graham e Dodd acertaram na mosca ao avisar: "Levado ao extremo lógico, isso significava que nenhum preço poderia ser alto demais para uma ação boa e que tal ativo era igualmente 'seguro', depois de ter subido para 200 dólares, como era a 25 dólares". Precisamente esse erro foi cometido quando os preços das ações tiveram um aumento estratosférico durante a época das *Nifty Fifty*,[17] no início dos anos 1970, e da bolha da internet, entre 1999 e 2000.

A deficiência dessa abordagem de crescimento a qualquer preço se torna óbvia quando o crescimento previsto não se concretiza. Quando o futuro decepciona, o que os investidores devem fazer? Esperar que o crescimento retorne? Ou desistir e vender? De fato, as ações de crescimento fracassadas são, com frequência, tão agressivamente vendidas por seus detentores decepcionados que seus preços despencam para níveis em que se tornam atraentes para os investidores de valor — que teimosamente pagam pouco ou nada pelas características de crescimento —, os quais se tornam grandes detentores. Esse foi o caso de muitas ações de tecnologia que sofreram grandes quedas depois do estouro da bolha da internet, na primavera de 2000. Em 2002, centenas de

---

17. O termo *Nifty Fifty* era uma designação informal para as cinquenta ações mais populares de grande capitalização na Bolsa de Valores de Nova York nas décadas de 1960 e 1970, que eram amplamente consideradas como ações sólidas de compra e manutenção de crescimento, ou ações "Blue-chip". Essas cinquenta ações são creditadas por historiadores por impulsionar o mercado em alta do início dos anos 1970, enquanto sua subsequente queda e seu baixo desempenho no início dos anos 1980 são um exemplo do que pode ocorrer após um período durante o qual muitos investidores, influenciados por um sentimento positivo do mercado, ignoram métricas fundamentais de avaliação de ações. (N.E.)

ações de tecnologia que haviam despencado foram negociadas por menos que o dinheiro em caixa em seus balanços, o sonho de qualquer investidor de valor. Uma dessas empresas foi a Radvision, uma fornecedora israelense de produtos de voz, vídeo e dados, cujas ações subiram de menos de 5 dólares para mais de 20 dólares após as vendas urgentes terem diminuído e os investidores terem se concentrado nos fundamentos.

Outro dilema para os investidores de valor é saber quando vender. A compra de pechinchas é o sonho dos investidores de valor, apesar de ser possível discutir qual seria o desconto mínimo aceitável. Vender é mais difícil porque envolve ativos que estão mais próximos do preço "cheio". Assim como na hora da compra, os investidores precisam de disciplina na hora da venda. Primeiro, as metas de venda, uma vez definidas, devem ser ajustadas periodicamente para refletir todas as informações disponíveis no momento. Segundo, os investidores individuais devem considerar as consequências fiscais. Terceiro, o fato de um investidor ter ou não comprometido todo o seu dinheiro pode tornar premente levantar dinheiro pela venda de uma participação acionária à medida que se aproxima da avaliação "cheia". A disponibilidade de pechinchas melhores também pode tornar mais disposto um vendedor. Finalmente, os investidores de valor devem vender imediatamente um ativo no momento em que atinge seu valor "cheio"; possuir ativos supervalorizados é o domínio dos especuladores. Os investidores de valor geralmente começam a vender seus títulos a níveis 10% a 20% inferiores ao valor subjacente e fazem isso com base na liquidez dos papéis, na possível presença de um catalisador para a realização de valor, na qualidade dos gestores, no risco e na alavancagem desse negócio e no nível de confiança dos investidores com relação às premissas subjacentes ao investimento.

Finalmente, os investidores precisam lidar com o tema complexo do risco. Conforme mencionado anteriormente, acadêmicos e muitos investidores profissionais passaram a definir o risco com a letra grega beta, que usam como uma medida da volatilidade do preço das ações no passado: uma ação historicamente mais volátil é vista como sendo mais arriscada. No entanto, os investidores de valor, que tendem a pensar no risco como a probabilidade e o montante potenciais de perda, consideram esse raciocínio absurdo. De fato, uma ação volátil pode se tornar profundamente subvalorizada, tornando-a um investimento de risco muito baixo.

Uma das perguntas mais difíceis para os investidores de valor é sobre quanto risco correr. Uma faceta dessa pergunta envolve o tamanho da posição e seu impacto sobre a diversificação da carteira. Quanto, do total de oportunidades mais atraentes, você pode possuir sem se preocupar? É natural que os investidores desejem lucrar o máximo possível com suas boas ideias. No entanto, esse desejo é enfraquecido pelo medo de ser azarado ou de estar errado. Entretanto, os investidores de valor devem concentrar seu dinheiro em suas melhores ideias; se você consegue distinguir um investimento bom de um mau, também consegue distinguir um ótimo de um bom.

Investidores também devem ponderar sobre os riscos de investir em países politicamente instáveis, bem como sobre as incertezas que envolvem moedas, taxas de juros e oscilações econômicas. Quanto de seu capital deseja deixar preso na Argentina ou na Tailândia, ou na França ou na Austrália, não importando o quanto subvalorizadas as ações podem estar nesses mercados?

Com relação ao risco, os investidores de valor, assim como todos os investidores, precisam pensar se devem ou não se alavancar. Embora alguns fundos multimercados especializados na análise de valores e até mesmo os *endowments* usem a alavancagem para melhorar seus retornos, eu me alinho àqueles que não estão dispostos a correr os riscos adicionais que acompanham a dívida marginal. Assim como a alavancagem aumenta o retorno dos investimentos bem-sucedidos, amplia as perdas dos malsucedidos. Mais importante ainda, a dívida marginal aumenta o risco para níveis inaceitáveis por ameaçar sua solidez. Uma reflexão sobre o risco deve ser primordial e estar acima de todas as outras: a capacidade de dormir bem à noite, confiante de que sua posição financeira está segura, qualquer que seja o futuro.

PENSAMENTOS FINAIS

Em um mercado ascendente, todo mundo ganha dinheiro, e uma filosofia de investimento de valor é desnecessária. No entanto, uma vez que não há como prever como o mercado se comportará, é preciso seguir uma filosofia de investimento de valor em todos os momentos. Ao controlar os riscos e limitar as perdas por meio de extensa análise fundamental, disciplina rigorosa e paciência sem fim, investidores de valor podem esperar bons resultados com um risco de perdas limitado. Você pode não ficar rico rapidamente, mas vai conservar o que tem e, se o futuro do investimento de valor se assemelhar a seu passado, é provável que fique rico lentamente. Como estratégia de investimento, isso é o máximo que qualquer investidor razoável pode esperar.

O verdadeiro segredo para investir é que não existe segredo para investir. Todos os aspectos importantes do investimento de valor foram disponibilizados ao público muitas vezes, começando em 1934 com a primeira edição de

Análise de investimentos. O fato de muitas pessoas não conseguirem seguir essa abordagem atemporal e quase infalível permite que aqueles que a adotam continuem a ser bem-sucedidos. Os pontos fracos da natureza humana que resultam na busca em massa pela riqueza instantânea e pelo lucro fácil parecem nos fazer companhia para sempre. Enquanto houver pessoas sucumbindo a esse aspecto de sua natureza, o investimento de valor permanecerá, como é o caso há 75 anos, sendo uma abordagem sólida e de baixo risco para o investimento a longo prazo bem-sucedido.

SETH A. KLARMAN
Boston, Massachusetts, maio de 2008

PREFÁCIO À SEGUNDA EDIÇÃO

O lapso de seis anos desde a primeira publicação desta obra fornece a desculpa, se não a necessidade, para esta revisão abrangente. As coisas acontecem rápido demais no mundo da economia para permitir que os autores descansem confortavelmente por muito tempo. O impacto de uma grande guerra acrescenta um aspecto especial ao nosso problema. Na medida em que lidamos com política de investimento, podemos, na melhor das hipóteses, apenas especular sobre o significado da guerra para o futuro. Quanto à análise de títulos em si, as novas incertezas podem complicar o assunto, mas não devem alterar seus fundamentos ou métodos.

Revisamos nosso texto com vários objetivos em vista. Havia fraquezas a serem corrigidas e algumas novas reflexões a serem incluídas. Os recentes desenvolvimentos da esfera financeira devem ser levados em consideração, sobretudo os efeitos da regulamentação pela Securities and Exchange Commission dos Estados Unidos.[1] A persistência de taxas de juros baixas justifica uma nova abordagem para esse tema; por outro lado, a reafirmação da crença de Wall Street na *tendência* nos leva a fazer uma crítica mais ampla, embora não essencialmente diferente, dessa filosofia moderna de investimento.

Embora uma insistência exagerada em exemplos atualizados possa provocar um efeito bumerangue, à medida que os anos passam rapidamente, usamos novas ilustrações que ocorreriam para autores que estivessem escrevendo em 1939 e 1940. No entanto, sentimos também que muitos dos exemplos antigos, que desafiaram o futuro quando foram sugeridos pela primeira vez, podem agora possuir certa utilidade como verificadores das técnicas propostas. Assim, tomamos emprestado uma de nossas ideias e nos aventuramos para ver a sequência de todos os nossos exemplos pertinentes de 1934, como um "teste de laboratório" da análise prática dos investimentos. A referência a cada um desses casos, no texto ou nas notas, pode permitir que o leitor aplique determinados testes próprios às pretensões do analista financeiro.

O tamanho aumentado do livro resulta, em parte, de um número maior de exemplos e, em parte, da adição de material esclarecedor em muitos pontos; talvez sobretudo do tratamento expandido da análise das ferrovias e do

---

1. Corresponde à Comissão de Valores Mobiliários no Brasil. (N.E.)

acréscimo de muitos materiais estatísticos novos sobre os resultados de todas as indústrias listadas na Bolsa de Valores de Nova York. O formato geral da obra foi mantido, embora alguns que a usam como livro didático tenham sugerido o contrário. Confiamos, no entanto, que a ordem dos capítulos possa ser alterada durante a leitura, sem muita dificuldade, para a conveniência daqueles que preferem começar, digamos, com a teoria e a prática da análise de ações ordinárias.

Benjamin Graham e David L. Dodd
Nova York, Nova York, maio de 1940

PREFÁCIO À PRIMEIRA EDIÇÃO

Este livro é destinado a todos aqueles que têm um interesse sério em ativos. Não é dirigido ao novato completo, no entanto, pois pressupõe algum conhecimento da terminologia e dos conceitos de finanças mais simples. O escopo da obra é mais amplo que o título pode sugerir. Trata não apenas dos métodos de análise de títulos individuais como também do estabelecimento de princípios gerais de seleção e proteção de carteiras de ativos. Portanto, muita ênfase foi colocada na distinção entre o investimento e a abordagem especulativa, na definição de testes de segurança sólidos e práticos e no entendimento dos direitos e interesses reais dos investidores em ativos com privilégios de pagamento e dos proprietários de ações ordinárias.

Ao dividir nosso espaço entre vários tópicos, o critério principal, porém não exclusivo, foi o de importância relativa. Algumas questões de importância vital, por exemplo, a determinação das perspectivas futuras de uma empresa, receberam pouco espaço, porque pouco de valor definitivo pode ser apresentado sobre esses temas. Outros são tratados de maneira superficial porque são muito bem entendidos. Por outro lado, enfatizamos a técnica para descobrir *ativos que são pechinchas* para além de sua importância relativa no campo do investimento como um todo, pois nessa atividade os talentos próprios do analista de títulos financeiros encontram, talvez, sua expressão mais frutífera. De maneira semelhante, abordamos, com bastante detalhe, as características dos instrumentos privilegiados (conversíveis, entre outros), uma vez que a atenção dada a esses instrumentos nos livros didáticos comuns agora é bastante inadequada dado seu desenvolvimento intenso nos últimos anos.

Nosso objetivo principal, no entanto, foi tornar este livro um trabalho crítico, em vez de descritivo. Estamos preocupados, sobretudo, com conceitos, métodos, critérios, princípios e, acima de tudo, com raciocínio lógico. Enfatizamos a teoria, não por seus próprios méritos, mas por seu valor prático. Tentamos evitar prescrever critérios que sejam rigorosos demais para serem seguidos ou métodos técnicos que demandam mais trabalho do que vale seu resultado.

O principal problema desta obra foi o de perspectiva — misturar as experiências divergentes do passado recente com as do mais remoto, fazendo uma síntese que resistirá ao teste do futuro sempre enigmático. Enquanto escrevíamos, tivemos de combater a convicção generalizada de que a calamidade financeira seria a ordem permanente; enquanto publicamos, já vemos ressurgir a antiga fragilidade do investidor — a de que o seu dinheiro faz um buraco em seu bolso. Entretanto, é o investidor conservador que precisará, acima de tudo, ser relembrado, constantemente, das lições de 1931 a 1933 e dos colapsos anteriores. O que chamamos de *investimentos de renda fixa* podem ser seguramente escolhidos apenas se forem abordados — como na frase de Espinosa — "do ponto de vista da calamidade". Ao lidar com outros tipos de investimento em ativos, esforçamo-nos por proteger o aluno contra a ênfase excessiva no superficial e no passageiro. Vinte anos de experiências variadas em Wall Street ensinaram ao autor sênior que essa ênfase excessiva é, ao mesmo tempo, a ilusão e a nêmese do mundo das finanças.

Nossos sinceros agradecimentos aos muitos amigos que nos incentivaram e ajudaram na preparação desta obra.

Benjamin Graham e David L. Dodd
Nova York, Nova York, maio de 1934

ANÁLISE DE INVESTIMENTOS

INTRODUÇÃO À SEXTA EDIÇÃO
BENJAMIN GRAHAM E *ANÁLISE DE INVESTIMENTOS*: O CENÁRIO HISTÓRICO
Por James Grant

O mundo estava distraído quando a McGraw-Hill lançou, com estrondo, a primeira edição de *Análise de investimentos*, em julho de 1934. De Berlim (Alemanha), chegavam notícias sobre mudanças no mais alto escalão do governo alemão. "Todo o trabalho do Führer ficará imensamente simplificado se ele não precisar primeiro perguntar a alguém se pode fazer isso ou aquilo", afirmou a Associated Press, citando um informante, em 1º de agosto, que falava sobre a ascensão de Adolf Hitler de chanceler a ditador. Nesse processo histórico, um livro didático de 727 páginas sobre refinados aspectos do investimento de valor deve ter parecido um candidato improvável a *best-seller*, naquele momento ou mais tarde.

Em sua autobiografia publicada postumamente, *The memoirs of the dean of Wall Street* (1996), Benjamin Graham (1894-1976) agradeceu à sorte por ter entrado no ramo de investimentos no momento certo. O momento parecia não ser tão propício no ano da primeira edição de *Análise de investimentos*, ou, de fato, no da segunda edição — ampliada e revisada — seis anos mais tarde. Desde o pico de 1929 até o fundo do poço em 1932, o índice Dow Jones perdera 87% de seu valor. No ponto mínimo do ciclo, em 1933, a taxa nacional de desemprego superou 25%. Na avaliação abalizada dos peritos da National Bureau of Economic Research, a Grande Depressão terminara em 1933. No entanto, milhões de americanos — incluindo os relativamente poucos que tentavam ganhar a vida em uma Wall Street sem lucro — tinham motivos para duvidar disso.

O mercado pessimista e a liquidação de crédito do início dos anos 1930 levaram a uma depuração, de cima para baixo, das instituições financeiras americanas. O que sobrou delas foi então submetido a um tratamento duro pela primeira administração de Franklin Roosevelt. Graham aprendeu seu ofício em Wall Street em meados da década de 1910, uma era de mercados pouco regulamentados. Ele começou a trabalhar em *Análise de investimentos* enquanto a administração de Herbert Hoover estava dando ao país um primeiro exemplo de intervenção federal abrangente na economia em tempos de paz. Ele corrigia as provas do livro enquanto a administração de Roosevelt implementava suas primeiras incursões radicais no gerenciamento macroeconômico. Em 1934, havia leis para instituir a regulamentação federal dos mercados de ativos, um seguro federal dos depósitos bancários e controles federais de preços (não para colocar um teto nos preços, como em tempos inflacionários posteriores, mas para lhes dar um piso). Para tentar sustentar os preços, a administração desvalorizou o dólar. A prova de que o pensamento de Graham tem qualidade duradoura, para não mencionar a resiliência dos mercados financeiros americanos, é que *Análise de investimentos* não perdeu relevância alguma mesmo enquanto a economia estava sendo virada do avesso e de cabeça para baixo.

Somente cinco meses após a publicação da primeira edição Louis Rich a resenhou no *New York Times*. Quem sabe por quê? Talvez o crítico consciente tenha lido todas as páginas. De qualquer forma, Rich fez uma resenha entusiasmada, embora ligeiramente pesarosa, do livro. Em 2 de dezembro de 1934, escreveu:

> Supondo que, apesar dos desastres da história recente, ainda existam pessoas cujo dinheiro queima no bolso, espera-se que elas leiam este livro. Ele é o resultado elaborado, maduro, meticuloso e totalmente meritório da pesquisa acadêmica e da sagacidade prática. Embora expressa na forma e no espírito de um livro didático, a apresentação é dotada de todas as qualidades passíveis de atrair o interesse mais animado do leigo.[1]

A cada ano da era pouco próspera que sucedeu ao colapso, Wall Street foi percebendo, cada vez mais fortemente, a existência de um número limitado de leigos interessados em investimentos. Quando parecia que o volume de negociações não poderia ficar menor, que os preços dos assentos na Bolsa de Valores de Nova York não poderiam cair ainda mais ou que as cotações das ações não poderiam ficar mais absurdamente baratas, um novo recorde desanimador era estabelecido. Foi preciso um esforço enorme dos editores da publicação interna da bolsa, a revista *Exchange*, para manter um semblante otimista. "*É preciso haver* um fim para o progresso?", foi a manchete questionadora que se referia ao ensaio do economista sueco Gustav Cassel, publicado na época do lançamento da segunda edição de Graham e Dodd (o professor achava que não).[2] Os editores levantaram a questão: "Por que os corretores de títulos financeiros permanecem no negócio?". E a responderam com presteza:

---

1. Louis Rich, "Sagacity and securities". *New York Times*, 2 dez. 1934, p. BR13.
2. Gustav Cassel, "Must there be an end to progress?". *Exchange*, jan. 1940.

Apesar de ter havido uma letargia exaustiva por longos períodos, existe uma grande confiança de que, quando o público reconhecer plenamente o valor das medidas de proteção que, nos últimos tempos, foram implementadas com relação aos procedimentos de mercado, o interesse em investir em ativos aumentará.[3]

A *Exchange* não achou nada engraçado quando um magistrado da cidade de Nova York ridicularizou a profissão financeira ao censurar, sarcasticamente, no tribunal, um grupo de réus, trazidos pela polícia por estarem jogando dados na calçada: "Logo, logo, vocês acabarão como os corretores de Wall Street, com iates e casas de campo em Long Island".[4]

De maneiras agora difíceis de imaginar, a lei de Murphy era a ordem do dia; o que poderia dar errado, dava. A "Depressão" era mais que um estado prolongado dos assuntos econômicos. Tornara-se uma visão de mundo. Os expoentes acadêmicos da "estagnação secular", sobretudo Alvin Hansen e Joseph Schumpeter, ambos professores de economia na Harvard University, previram um longo declínio no crescimento populacional americano. Essa desaceleração, Hansen argumentou em seu ensaio de 1939, "acompanhada da falta de quaisquer inovações de magnitude que sejam realmente importantes para absorver grandes despesas de capital, é uma explicação muito convincente para o fracasso da recente recuperação em alcançar o pleno emprego".[5]

Nem Hansen nem seus leitores tinham maneira de saber que um *baby boom* estava a caminho. Nada poderia parecer mais improvável para um mundo preocupado com uma nova guerra na Europa e o evidente declínio e queda do capitalismo. Certamente, as ideias de Hansen devem ter encontrado eco entre os corretores e comerciantes cronicamente subempregados no sul de Manhattan. Como empresa, a Bolsa de Valores de Nova York estava operando a um ritmo constante de perdas. De 1933, ano em que começou a reportar seus resultados financeiros, até 1940, a bolsa registrou lucro (e, mesmo assim, nominal) em apenas um ano, 1935. Quando, em 1937, Chelcie C. Bosland, um professor assistente de economia na Brown University, lançou um livro intitulado *The common stock theory of investment*, observou, como se estivesse repetindo algo já sabido, que a economia americana atingira seu pico duas décadas antes, na época do que ainda não se chamava Primeira Guerra Mundial. O professor acrescentou, citando autoridades anônimas, que o crescimento

---

3. "Why do securities brokers stay in business?". *Exchange*, set. 1940.
4. Ibidem.
5. James Grant, *The trouble with prosperity*. Nova York, Random House, 1996, p. 84.

populacional americano pararia em 1975.⁶ Não é de admirar nem um pouco que Graham tenha escrito que o teste ácido de um emissor de títulos era sua capacidade de cumprir suas obrigações, não em um período de prosperidade mediana (os atuais títulos lastreados em hipotecas residenciais têm dificuldade para passar nesse teste modesto), mas em uma época de depressão. De modo geral, um investidor naquela época era aconselhado a se manter alerta. "A combinação de um nível recorde de títulos", escreveu Graham na edição de 1940, "com um histórico de dois colapsos catastróficos de preços nos vinte anos anteriores e uma grande guerra em andamento não justifica a confiança irrefletida no futuro".

Wall Street, que não é um lugar tão grande assim, até mesmo durante o *boom* da década de 1920, ficou consideravelmente menor durante a queda subsequente. Graham, junto com seu sócio Jerry Newman, foi uma engrenagem muito pequena dessa máquina de baixa potência. Os dois dirigiam um negócio de investimentos especializados em Wall Street, n. 52. Seus pontos fortes eram arbitragem, reestruturações, falências e outros assuntos complexos. Um desenho esquemático do distrito financeiro, publicado pela *Fortune*, em 1937, não fez qualquer referência aos escritórios de Graham-Newman. Por outro lado, as sedes de sociedades e empresas que mereceram um ponto no mapa de Wall Street eram elas próprias — pelos padrões das finanças do século XXI — bastante compactas. Um andar, em Wall Street, n. 40, foi suficiente para abrigar todo o escritório da Merrill Lynch & Co. E um único andar, em Wall Street, n. 2, era todo o espaço necessário para abrigar a Morgan Stanley, líder disparado na subscrição de ativos privados, em 1936, que subscreveu lançamentos com um valor total de 195 milhões de dólares. A remuneração acompanhava o ritmo lento dos negócios, sobretudo na base da escada corporativa.⁷ Após o aumento de 20% no novo salário mínimo federal, a partir de outubro de 1939, os funcionários da corretora ganhavam nada menos que trinta centavos por hora.⁸

Em março de 1940, a *Exchange* documentou, com todos os detalhes (e, talvez, muito mais), que seus leitores poderiam desejar o colapso da participação pública no mercado acionário. Nas três primeiras décadas do século XX, o volume anual de transações tinha excedido quase invariavelmente a quantidade de ações listadas em circulação, às vezes, por uma ampla margem. E, em apenas um ano entre 1900 e 1930, o volume anual fora inferior a 50% das

---

6. Chelcie C. Bosland, *The common stock theory of investment*. Nova York, Ronald Press, 1937, p. 74.
7. "Wall Street, itself", *Fortune*, jun. 1937.
8. *New York Times*, 3 out. 1939, p. 38.

ações listadas — com exceção de 1914, ano em que a bolsa fechou por quatro meses e meio para permitir a assimilação do choque da eclosão da Primeira Guerra Mundial. Depois vieram os anos 1930, e o volume anual de transações, como porcentagem das ações em circulação, teve dificuldade em atingir um nível tão alto quanto 50%. Em 1939, apesar de uma onda passageira de transações por causa da eclosão da Segunda Guerra Mundial na Europa, a taxa de rotatividade caiu para um nível surpreendentemente baixo de 18,4%. (Para comparação, em 2007, a relação entre o volume negociado e as ações listadas em bolsa totalizou 123%.) "Talvez", suspirou o autor do estudo, "seja justo dizer que, se a agricultura mostrasse um desempenho semelhante, subsídios do governo teriam sido votados há muito tempo. Infelizmente para Wall Street, ela parece ter muito pouca influência no governo."[9]

Se a esperança de um leitor repousasse na ideia de que as coisas estavam tão ruins que dificilmente poderiam piorar, estaria condenado a mais uma decepção. A segunda edição de *Análise de investimentos* fora publicada apenas meses antes, quando, em 19 de agosto de 1940, o volume de ações transacionadas na bolsa totalizou apenas 129.650. Foi uma das sessões mais sonolentas, desde o marco de 49 mil ações estabelecido em 5 de agosto de 1916. Para todo o ano calendário de 1940, o volume de negócios totalizou 207.599.749 ações — um volume de negócios de duas horas não muito movimentado até o momento em que escrevo isso e 18,5% do volume de negócios de 1929, aquele ano de prosperidade aparentemente irrecuperável. O custo de ser membro ou de ser proprietário de um assento na bolsa de valores afundou com o volume de negócios e com os principais índices de preços. No ponto mais baixo, em 1942, um assento foi vendido por apenas 17 mil dólares. Foi o menor preço desde 1897, e 97% abaixo do preço recorde de 625 mil dólares estabelecido — naturalmente — em 1929.

Em seu livro engraçado e sábio *Where are the customers' yachts?* (que, como a segunda edição do livro de Graham, apareceu em 1940), Fred Schwed Jr. brincou dizendo que "os 'Cleaners'[10] não eram um daqueles clubes exclusivos; em 1932, todos aqueles que já tinham tentado especular haviam sido admitidos como membro".[11] E, se um investidor conseguiu, de alguma forma, evitar sofrer uma faxina completa durante a Grande Depressão, formalmente assim designada, isso não significava que escapara ileso. Em agosto de 1937,

---

9. *Exchange*, mar. 1940.

10. Literalmente, "os faxineiros". Contudo, trata-se de um trocadilho com a expressão idiomática "*to be taken to the cleaners*", ou seja, perder todo o dinheiro ou sofrer uma faxina completa. (N.T.)

11. Fred Schwed Jr., *Where are the customers' yachts?* Nova York, Simon and Schuster, 1940, p. 28.

o mercado iniciou uma violenta liquidação que levaria os índices a cair 50% até março de 1938. A parcela não financeira da economia se saiu um pouco melhor que o lado financeiro. Em apenas nove meses, a produção industrial caiu 34,5%, uma contração ainda mais acentuada que durante a depressão de 1920 a 1921; uma queda que, para a geração de Graham, parecera definir o padrão para o maior dano econômico no menor espaço de tempo decorrido.[12] O governo Roosevelt insistia em afirmar que a queda de 1937 a 1938 não fora uma depressão, mas uma "recessão". Em 1938, a taxa nacional de desemprego foi, em média, de 18,8%.

Em abril de 1937, quatro meses antes da queda profunda do mercado acionário, pela segunda vez, em dez anos, Robert Lovett, sócio da empresa de investimentos Brown Brothers Harriman & Co., alertou o público americano nas páginas do semanário *Saturday Evening Post*. Lovett, um membro do círculo mais íntimo do poder de Wall Street, se propôs a demonstrar que as ações e os títulos não traziam segurança financeira alguma. A essência do argumento de Lovett era de que, no capitalismo, o capital é consumido e as empresas são tão frágeis e mortais como as pessoas que as possuem. Ele convidou seus milhões de leitores a examinar a história, como ele havia feito:

> Se, em 31 de dezembro de 1901, um investidor tivesse comprado cem de cada uma das vinte ações mais populares que pagavam dividendos e as tivesse mantido até 1936 — acrescentando, entretanto, todos os benefícios na forma de dividendos em ações e de desdobramentos de ações, e exercido todos os valiosos direitos de subscrição de ações adicionais —, o valor de mercado agregado de sua posição, em 31 de dezembro de 1936, teria mostrado uma redução de 39% em comparação com o custo original de seu investimento. Em termos simples, o investidor médio teria pagado US$ 294.911,90 por itens que valiam US$ 180.072,06 em 31 de dezembro de 1936. Isso representa uma grande deterioração do valor em dólares em qualquer idioma.[13]

Nos dias inocentes antes da quebra, as pessoas falavam despreocupadamente de "investimentos permanentes". "De nossa parte", escreveu um sócio de um eminente banco privado de Wall Street, "estamos convencidos de que o único investimento permanente é aquele que se tornou uma perda total e irrecuperável".[14]

---

12. Benjamin M. Anderson, *Economics and the public welfare*. Nova York, Van Nostrand, 1949, p. 431.
13. Robert A. Lovett, "Gilt-edged insecurity". *Saturday Evening Post*, 3 abr. 1937.
14. Ibidem.

Lovett acabou por ser um profeta. No nadir do mercado baixista, em 1937 e 1938, uma em cada cinco indústrias listadas na Bolsa de Valores de Nova York foi avaliada, no mercado, por menos do que seu ativo circulante líquido. Se subtraíssemos todos os passivos de dinheiro e o ativo circulante, o saldo seria maior que o valor de mercado da empresa. Em outras palavras, o valor do negócio era negativo. A Great Atlantic & Pacific Tea Company (A&P), uma espécie de Walmart daquela época, foi uma dessas empresas rejeitadas. No fundo do poço de 1938, o valor de mercado das ações ordinárias e preferenciais da A&P de 126 milhões de dólares era inferior ao valor de seu caixa, estoques e contas a receber, os quais eram avaliados, de forma conservadora, em 134 milhões de dólares. Nas palavras de Graham e Dodd, a empresa ainda lucrativa estava sendo negociada pelo "valor de sucata".

UMA WALL STREET DIFERENTE

Poucos vestígios institucionais dessa Wall Street permanecem. Hoje em dia, as grandes corretoras mantêm até 1 trilhão de dólares de ativos em estoque; nos dias de Graham, não costumavam ter nenhum estoque. Atualmente, as grandes corretoras estão em uma competição constante e frenética para ver qual delas pode levar o maior número de ofertas públicas iniciais (*initial public offerings* [IPOs]) ao mercado público. Na época de Graham, nenhuma das corretoras mais conceituadas se atreveria a fazer uma oferta pública inicial de ações ao grande público, pois riscos e recompensas para esse tipo de oferta eram reservados aos profissionais. A regulamentação federal dos ativos, na década de 1930, foi uma novidade. O que precedera a Securities and Exchange Commission dos Estados Unidos fora um regime de sanções tribais. Algumas coisas eram simplesmente inaceitáveis. Durante e imediatamente após a Primeira Guerra Mundial, nenhuma corretora-membro da Bolsa de Valores de Nova York que se respeitasse facilitaria a troca de títulos de guerra por alternativas potencialmente mais lucrativas, ainda que menos patrióticas. Não havia qualquer lei contra algo desse tipo. No entanto, de acordo com Graham, isso simplesmente não era feito.

Muitas coisas não eram feitas em Wall Street nos anos 1930. Os reguladores recém-habilitados resistiam à inovação financeira, os custos de transação eram altos, a tecnologia era (pelo menos pelos padrões digitais de hoje) primitiva e os investidores estavam desmoralizados. Depois do mercado baixista cruel, que durou de 1937 a 1938, não foram poucos os que decidiram que bastava. Qual era o objetivo de tudo aquilo? "Em junho de 1939", escreveu Graham em uma nota da segunda edição sobre uma discussão a respeito das finanças corporativas, "a Securities and Exchange Commission estabeleceu um precedente salutar ao se recusar a emitir 'debêntures de renda de capital' como parte da reestruturação da Griess-Pfleger Tanning Company, com o argumento de que a criação de novos tipos de ativos híbridos fora longe demais". Na mesma linha conservadora, expressa sua aprovação da instituição da "lista legal", um documento compilado pelas secretarias bancárias estaduais para estipular quais títulos os bancos de poupança regulamentados poderiam possuir com segurança. A própria ideia de tal lista vai de encontro a todas as noções milenares sobre as boas práticas regulatórias. Porém, Graham defende-a assim: "Uma vez que foi demonstrado que a escolha de títulos de alta qualidade é, em grande medida, um processo de exclusão, presta-se razoavelmente bem à aplicação de regras e normas definidas, elaboradas para desqualificar ativos inadequados". Nada de dívidas colateralizadas e lastreadas em hipotecas *subprime* para o pai do investimento de valor!

A década de 1930 deu início a uma revolução na transparência financeira. Novas leis federais de ativos obrigaram as empresas de propriedade de investidores a prestar informações a seus acionistas a cada trimestre e ao final do ano. Entretanto, os novos padrões não eram imediatamente aplicáveis a todas as empresas listadas em bolsa, e muitas delas continuaram a fazer negócios à moda antiga, sem mostrar suas cartas. Uma das vozes destoantes no quesito fornecimento de informações foi nada mais nada menos que a Dun & Bradstreet (D&B), a empresa de informações financeiras. Graham pareceu apreciar a ironia de a D&B se recusar a revelar "seus lucros aos próprios acionistas". No geral, pelos padrões do século XXI, as informações no tempo de Graham eram tão lentas quanto escassas. Não havia teleconferências, planilhas automatizadas nem notícias ininterruptas de mercados distantes — de fato, não havia muito contato com o mundo fora dos cinquenta estados americanos. *Análise de investimentos* reconhece apenas superficialmente a existência de mercados estrangeiros.

Dificilmente tal cenário institucional favorecia o desenvolvimento de "mercados eficientes", como os economistas hoje os chamam — mercados em que a informação é disseminada rapidamente, os seres humanos a processam perfeitamente e os preços a incorporam instantaneamente. Graham teria zombado de tal ideia. Da mesma forma, teria ironizado a descoberta — tão tardia na evolução da espécie humana — de que havia um lugar na economia para uma subdisciplina chamada "finança comportamental". Ao lermos *Análise de investimentos*, somos forçados a nos indagar qual faceta do investimento não é comportamental. Graham via que o mercado acionário também é uma fonte de valor de entretenimento, assim como investimento de valor:

[...] mesmo quando o motivo subjacente da compra é mera ganância especulativa, a natureza humana deseja ocultar esse impulso desagradável por trás de uma parede de lógica aparente e de bom senso. Para adaptar o aforismo de Voltaire, pode-se dizer que, se não existisse a análise de ações ordinárias, seria necessário falsificá-la.

As anomalias de subavaliação e supervalorização — de subestimação e de exagero — abundam nessas páginas. Graham ficou perplexo, mas não chocado, com o fato de que tantas empresas pudessem ser valorizadas no mercado acionário por menos que seus ativos circulantes líquidos, mesmo durante o *boom* do final da década de 1920, ou que, nas oscilações do mercado de títulos imediatamente após a Primeira Guerra Mundial, os investidores ficaram tão desorientados a ponto de atribuir um preço mais alto e um rendimento mais baixo para as ações preferenciais da Union Pacific de 4% em comparação com as ações da Fourth Liberty de 4,25% do Tesouro americano. Graham escreve sobre a "tendência inveterada do mercado acionário ao exagero". Ele não teria exagerado muito se, em vez disso, tivesse escrito "todos os mercados".

Embora não dedicasse muita atenção aos ciclos financeiros, Graham estava certamente ciente deles. Ele entendia que as ideias, assim como os preços e as categorias de ativos de investimento, tinham suas estações. A discussão em *Análise de investimentos* sobre a extinção do negócio de garantias hipotecárias no início da década de 1930 é uma miniatura perfeita da competição muitas vezes ruinosa em que as instituições financeiras volta e meia se envolvem. Escreve Graham sobre seu tempo e também o nosso:

> A ascensão de organizações de títulos imobiliários mais novas e mais agressivas teve um efeito muito infeliz nas políticas das empresas mais antigas. Pela força da concorrência, foram levadas a relaxar seus padrões de concessão de empréstimos. Hipotecas novas foram concedidas em uma base cada vez mais liberal, e quando as hipotecas antigas amadureciam, eram frequentemente renovadas por um valor maior. Além disso, o valor nominal das hipotecas garantidas subiu para um múltiplo tão alto do capital das empresas fiadoras que deveria ser óbvio que a garantia proporcionaria apenas uma proteção irrisória, no caso de uma queda generalizada dos preços.

A análise de investimento em si é um fenômeno cíclico; também entra e sai de moda, observa Graham. Ela possui um apelo forte e intuitivo para o tipo de empresário que pensa nas ações da maneira como pensa no próprio negócio familiar. Por que essa fonte de tanto bom senso se importaria com a dinâmica dos lucros ou com os palpites pseudocientíficos de Wall Street sobre o futuro econômico? Esse investidor, ao avaliar uma ação ordinária, preferiria saber qual é o valor da empresa por trás dela. Em outras palavras, gostaria de estudar seu balanço. Bem, como Graham relata neste livro, esse tipo de análise saiu de moda quando as ações começaram a levitar sem referência a nada, exceto à esperança e à profecia. Assim, por volta de 1927, a cartomancia e a astrologia haviam deslocado a disciplina de investimento de valores com a qual ele e seu sócio estavam prosperando. É uma característica de Graham a crítica comedida e não maldosa aos métodos de investimento da "nova era". A abordagem antiga e conservadora — a dele — tinha sido bastante voltada para o passado, Graham admite. Dava mais ênfase ao passado que ao futuro, ao poder de lucro estável em vez de às perspectivas de lucros futuros. No entanto, novas tecnologias, novos métodos e novas formas de organização empresarial haviam introduzido novos riscos na economia após a Primeira Guerra Mundial. Esse fato — a "crescente instabilidade da empresa típica" — abrira um pequeno buraco na abordagem analítica mais antiga que enfatizava o poder dos lucros estáveis em detrimento do crescimento previsto dos lucros. Além dessa consideração atenuante, no entanto, Graham não se dispôs a ir. A abordagem da nova era, "que considerava a tendência dos lucros como o único critério de valor [...], estava fadada a acabar em um desastre terrível". O que, é claro, aconteceu e — nos mercados do século XXI turbinados pela CNBC — continua a acontecer periodicamente hoje.

UM HOMEM DE MÚLTIPLOS TALENTOS

Benjamin Graham nasceu Benjamin Grossbaum em 9 de maio de 1894, em Londres (Inglaterra), e foi para Nova York com a família antes de completar 2 anos. O jovem Benjamin era um prodígio em matemática, línguas clássicas, línguas modernas, escrita expositiva (como os leitores deste volume poderão comprovar) e qualquer outra coisa que as escolas públicas tivessem a oferecer. Ele tinha uma memória duradoura e um amor pela leitura — uma aptidão certeira para o sucesso acadêmico, naquela época ou mais tarde. A morte do pai, aos 35 anos, deixou a família — ele, dois irmãos e a mãe — em uma situação social e financeira precária. Benjamin aprendeu cedo a trabalhar e a viver sem muitas coisas.

Não é necessário fazer um perfil biográfico do principal autor de *Análise de investimentos*: as próprias memórias de Graham cobrem esse terreno deliciosamente. Basta dizer que o gênio do ensino médio entrou na Columbia University com uma bolsa oferecida pelos ex-alunos, em setembro de 1911, aos

17 anos. Ele já absorvera tantos conhecimentos que começou a faculdade um semestre adiantado, "o máximo avanço possível".[15] Misturou os estudos com diversos empregos, em meio expediente e em tempo integral. Após a formatura, em 1914, começou a trabalhar como assistente de corretor na Newberger, Henderson & Loeb, uma empresa com assento na Bolsa de Valores de Nova York. Em um ano, o assistente já estava astutamente tirando vantagem da liquidação da Guggenheim Exploration Company, ao comprar ações dessa empresa e a vender a descoberto ações das empresas em que a Guggenheim fizera um investimento minoritário, enquanto seus colegas mais experientes, sem dúvida confusos, observavam: "O lucro foi realizado exatamente conforme calculado; e todo mundo ficou feliz, principalmente eu".[16]

Análise de investimentos não surgiu do nada. Graham havia complementado seu modesto salário escrevendo artigos para a *Magazine of Wall Street*. Suas produções são inconfundivelmente as de um financista autoconfiante e extremamente instruído de Wall Street. Não havia necessidade de citar a opinião de especialistas. Ele e os documentos que interpretava eram toda a autoridade de que precisava. Seus tópicos favoritos eram aqueles que desenvolveu posteriormente no livro que você tem em mãos. Ele tinha uma predileção pelas situações especiais em que a Graham-Newman se tornaria tão bem-sucedida. Assim, quando a American International Corp., voando nas alturas e extremamente complexa, despencou do céu em 1920, Graham conseguiu mostrar que suas ações eram baratas em relação ao valor evidente de sua carteira diversificada de ativos de investimento (não muito bem divulgados).[17] A insolvência chocante da Goodyear Tire and Rubber atraiu sua atenção em 1921. "A queda da Goodyear é um incidente notável, mesmo na atual plêiade de desastres empresariais", escreveu ele, em uma sentença típica de Graham (quantos jornalistas financeiros, naquela época ou mais tarde, tinham "plêiade" na ponta da língua?). Ele julgou astutamente que a Goodyear seria uma sobrevivente.[18] No verão de 1924, abordou um tema que ecoaria por *Análise de investimentos*: a evidente falta de lógica das ações avaliadas pelo mercado a valores inferiores ao valor de liquidação das empresas que as emitiram. "Oito

---

15. Benjamin Graham, *Memories of the dean of Wall Street*. Ed. Seymour Chatman. Nova York, McGraw-Hill, 1996, p. 106.

16. Ibidem, p. 145.

17. Benjamin Graham, "The 'collapse' of American international". *Magazine of Wall Street*, 11 dez. 1920, p. 175-176, 217.

18. Benjamin Graham, "The goodyear reorganization". *Magazine of Wall Street*, 19 mar. 1921, p. 683-685.

pechinchas de ações pouco conhecidas", era a manchete sobre a assinatura de Graham: "Ações cobertas principalmente por dinheiro ou seu equivalente — Nenhum título ou ação preferencial acima desses ativos — Um grupo de títulos sumamente interessante". Em um desses casos, o da Tonopah Mining, os ativos líquidos de US$ 4,31 por ação superavam largamente um preço de mercado de apenas US$ 1,38 por ação.[19]

Para Graham, uma era de doce razoabilidade na análise dos investimentos pareceu terminar por volta de 1914. Antes desse período, o investidor típico era um empresário que analisava uma ação ou um título como se estivesse comprando uma participação em um negócio privado. Ele — em geral era um homem — tentaria, naturalmente, determinar o que a empresa emissora do ativo possuía, livre e desimpedido de qualquer ônus. Se o investimento potencial fosse um título — e geralmente era — o empresário-investidor procuraria garantias de que a empresa tomadora tinha força financeira para superar uma depressão.

"Não é falsa modéstia", escreveu Graham em suas memórias, "dizer que me tornei uma espécie de geniozinho em minha área específica".[20] Sua especialidade era o investimento incomum cuidadosamente analisado: ações ou títulos desprezados, liquidações, falências, arbitragem. Desde, pelo menos, o início da década de 1920, Graham pregava o sermão da "margem de segurança". Uma vez que o futuro é um livro fechado, ele insistia em seus escritos, um investidor, por legítima defesa contra o desconhecido, deveria encontrar uma maneira de pagar menos que o valor "intrínseco (subjacente)". O valor intrínseco, conforme definido em *Análise de investimentos*, é o "valor justificado pelos fatos, por exemplo, ativos, lucros, dividendos, perspectivas definidas, em contraste com, digamos, cotações de mercado estabelecidas por manipulação ou distorcidas por excessos psicológicos".

Ele próprio passara do ridículo para o sublime (e vice-versa) na condução da própria carreira em investimento. Sua rápida e fácil compreensão da matemática fizera dele um praticante natural da arbitragem. Ele vendia uma ação e, ao mesmo tempo, comprava outra. Ou comprava ou vendia ações em operações paralelas com títulos conversíveis da mesma empresa emissora. Assim, garantia um lucro que, se não fosse certo, era o mais próximo possível do certo permitido pelas vicissitudes financeiras. Como exemplo, no início dos anos 1920, explorou uma ineficiência no relacionamento entre a DuPont e a então

---

19. Benjamin Graham, "Eight stock bargains off the beaten track". *Magazine of Wall Street*, 19 jul. 1924, p. 450-453.

20. Benjamin Graham, op. cit., 1996.

popularíssima General Motors (GM). A DuPont detinha uma participação considerável na GM. E era apenas por causa desse vínculo que o mercado valorizava a grande empresa química. Por definição, o restante do negócio não valia nada. Para explorar essa anomalia, Graham comprou ações da DuPont e vendeu a descoberto uma quantidade apropriada de ações da GM. Quando o mercado se deu conta e a discrepância de preço entre a DuPont e a GM aumentou na direção esperada, Graham embolsou seu lucro.[21]

Graham, no entanto, assim como muitos outros investidores de valor depois dele, às vezes se desviava dos preceitos austeros do investimento seguro e barato. Um Graham apenas um pouco mais jovem que o mestre que vendeu a GM e comprou a DuPont se deixou enganar por um promotor inescrupuloso de uma empresa que parece não ter existido na realidade — pelo menos em qualquer coisa próxima ao estado de prosperidade brilhante descrito pelo gerente do consórcio ao qual Graham confiou seu dinheiro. Uma placa em néon no Columbus Circle, em Upper West Side, Manhattan, realmente ostentava o nome do objeto da confiança equivocada de Graham, Savold Tire. No entanto, como o autor de *Análise de investimentos* confessou em suas memórias, essa talvez tenha sido a única marca tangível da existência da empresa. "Além disso, até onde eu sei", acrescentou Graham, "ninguém reclamou, no escritório da promotoria pública, do roubo descarado do dinheiro do público pelo escroque". Certamente, de acordo com seu relato, Graham não o fez.[22]

Em 1929, aos 35 anos, Graham já estava bem encaminhado rumo à fama e à fortuna. A esposa e ele mantinham um esquadrão de serviçais, inclusive — pela primeira e única vez em sua vida — com um criado só para ele. Com Jerry Newman, Graham compilara um histórico de investimentos tão invejável que o grande Bernard M. Baruch[23] o procurou. Graham fecharia seu negócio para administrar o dinheiro de Baruch? "Respondi", escreveu Graham, "que eu estava muito lisonjeado — espantado, de fato — com sua proposta, mas não poderia encerrar tão abruptamente as relações estreitas e extremamente

---

21. Ibidem, p. 188.
22. Ibidem, p. 181-184.
23. Bernard Mannes Baruch (1870-1965) foi um influente especulador financeiro e conselheiro presidencial democrata. Baruch cunhou o termo Guerra Fria em 1947, mais exatamente em 16 de abril, para expressar o momento de tensão entre os Estados Unidos da América e a União Soviética. Começou a trabalhar em Wall Street, eventualmente chegando a ser um "corretor" e depois um "sócio" da A. A. Housman and Company. Com os seus indicadores e comissões, ele comprou um lugar na Bolsa de Valores de Nova York. Acumulou uma fortuna antes dos 30 anos de idade por meio de especulação no mercado de açúcar. Em 1903, ele tinha uma corretora e ganhara a reputação de ser "o lobo solitário de Wall Street", em consequência de ter se recusado a se juntar a qualquer outra instituição financeira. (N.E.)

satisfatórias que tinha com meus amigos e clientes".[24] Essas relações logo se tornaram bem menos satisfatórias.

Graham relata que, embora estivesse preocupado com o pico do mercado, deixou de agir com base em seu palpite baixista. A sociedade Graham-Newman entrou na quebra de 1929 com um capital de 2,5 milhões de dólares. E controlava cerca de 2,5 milhões de dólares em posições cobertas — ações compradas eram compensadas por ações vendidas a descoberto. A sociedade tinha, além disso, cerca de 4,5 milhões de dólares em posições compradas sem qualquer cobertura. Já era suficientemente ruim estarem alavancados, como Graham depois veio a perceber. Exacerbando esse erro tático, havia a convicção arraigada de que as ações que possuíam eram baratas o suficiente para suportar qualquer golpe imaginável.

Eles passaram pelo *crash* de forma digna: sofrer uma queda de apenas 20% foi um feito quase heroico no último trimestre de 1929. Entretanto, perderam 50% em 1930, 16% em 1931 e 3% em 1932 (outro desempenho relativamente excelente), totalizando uma perda acumulada de 70%.[25] Escreveu Graham:

> Não me culpei tanto pelo fato de não ter conseguido me proteger do desastre que eu previra, mas por ter adotado um estilo de vida extravagante que eu não tinha temperamento ou capacidade de desfrutar. Rapidamente me convenci de que a verdadeira chave da felicidade material está em um padrão de vida modesto que poderia ser alcançado com pouca dificuldade em quase todas as condições econômicas.[26]

Eis aí a ideia da margem de segurança aplicada às finanças pessoais.

Não se pode dizer que o mundo acadêmico adotou imediatamente *Análise de investimentos* como a elucidação definitiva do investimento de valor ou de qualquer outra coisa. O levantamento antes mencionado, sobre o campo em que Graham e Dodd deram sua contribuição significativa, *The common stock theory of investment* (1937), de Chelcie C. Bosland, publicado três anos após o surgimento da primeira edição de *Análise de investimentos*, citou 53 fontes distintas e 43 autores diferentes. Nenhum deles se chamava Graham ou Dodd.

Edgar Lawrence Smith, no entanto, recebeu a atenção total e respeitosa de Bosland. *Common stocks as long term investments*, de Smith, publicado em 1924, desafiou a opinião, de longa data, de que os títulos eram inatamente

---

24. Ibidem, p. 253.
25. Ibidem, p. 259.
26. Ibidem, p. 263.

superiores às ações. Por um lado, Smith argumentou, o dólar (até mesmo a edição de 1924, garantida por ouro) estava sujeito à inflação, o que significava dizer que os credores eram inerentemente desfavorecidos. Não era o caso dos proprietários de ações ordinárias. Se as empresas nas quais investiram obtivessem lucro, se as administrações dessas empresas retivessem uma parte desse lucro nos negócios e se esses lucros retidos, por sua vez, produzissem lucros no futuro, o valor principal da carteira de um investidor tenderia a "aumentar de acordo com a operação dos juros compostos".[27]

A escolha de Smith para o momento da publicação foi impecável. Menos de um ano após o lançamento de seu livro, o grande mercado altista de Coolidge entrou em erupção. *Common stocks as long term investments*, com apenas 129 páginas, forneceu uma justificativa útil para correr atrás da alta do mercado. Na verdade, o fato de que as ações tendem a se destacar a longo prazo entrou para o cânone do pensamento americano sobre os investimentos como uma verdade revelada (parecia algo nada óbvio nos anos 1930). Graham discordou fortemente da tese de Smith ou, mais exatamente, de sua aplicação acrítica e otimista. Uma coisa era pagar dez vezes os lucros por um investimento em ações, ele observa, outra bem diferente era pagar de vinte a quarenta vezes os lucros. Além disso, a análise de Smith não entrava na questão importante do valor dos ativos que estavam por trás das ações que as pessoas negociavam de maneira tão febril e acrítica. Finalmente, incorporada ao argumento de Smith, estava a suposição de que se poderia contar com o mesmo rendimento das ações no futuro que ocorrera no passado. Graham não acreditava nisso.

Embora fosse um crítico duro, Graham também era generoso. Em 1939, foi incumbido de fazer uma resenha de *The theory of investment value*, de John Burr Williams, para o *Journal of Political Economy* (uma grande honra para um autor praticante de Wall Street). A tese de Williams era tão importante quanto concisa. Ele propôs que o valor do investimento em uma ação ordinária era o valor presente de todos os seus dividendos futuros. Williams não subestimou o significado dessas palavras pesadas. Armado com esse conhecimento crítico, o autor se aventurou a ter a esperança de que os investidores evitariam jogar a cotação das ações novamente para a estratosfera. Graham, em cujo cérebro elástico habitavam os talentos tanto do especialista financeiro quantitativo como os do comportamental, expressou suas dúvidas sobre essa previsão. O problema, como ele apontou, era que, para aplicar o método de Williams, era necessário fazer algumas premissas muito amplas sobre a evolução futura das taxas de juros, o crescimento dos lucros e o

---

27. James Grant, op. cit., 1996, p. 43.

valor terminal das ações quando o crescimento cessa. "Devemos nos perguntar", pensou Graham, "a respeito da possibilidade de haver uma discrepância grande entre a natureza necessariamente imprevisível dessas premissas e o tratamento matemático extremamente refinado ao qual elas estão sujeitas".[28] Graham encerrou seu ensaio com uma nota caracteristicamente generosa e espirituosa, elogiando Williams pelo equilíbrio inovador de sua abordagem e acrescentando: "O conservadorismo não está muito implícito nas fórmulas do autor; mas se o investidor puder ser persuadido pela álgebra superior a adotar uma atitude sensata em relação ao preço das ações ordinárias, este resenhista se manifestará fortemente a favor da álgebra avançada".[29]

Por si só, as realizações técnicas de Graham na análise de ativos dificilmente poderiam ter sustentado *Análise de investimentos* ao longo de suas cinco edições. É a humanidade e o bom humor do livro que, para mim, explicam sua longevidade, assim como a lealdade de certa confraria de leitores a Graham, entre os quais eu me incluo. Algum dia já houve um financista bem-sucedido de Wall Street que fosse mais versado que Graham em línguas, literatura clássica *e* história financeira de sua própria época? Eu apostaria que "não", com toda a confiança de um investidor de valor que deposita dinheiro para comprar uma ação extraordinariamente barata.

Esse grande filósofo de investimentos foi, no entanto, até certo ponto, prisioneiro de seu tempo. Ele conseguia enxergar que as experiências pelas quais passara eram únicas, que a Grande Depressão fora, de fato, uma grande anomalia. E, se alguém entendeu a loucura de projetar a experiência atual no futuro imprevisível, esse alguém foi Graham. No entanto, esse rei-filósofo do investimento, que usou 727 páginas (sem incluir a mina de ouro que é o apêndice) para descrever como um investidor cuidadoso e avesso ao risco pode prosperar em todas as condições macroeconômicas, chegou a uma conclusão notável.

"E o investidor institucional?", ele pergunta. "Como deveria investir?" No começo, Graham timidamente evita a pergunta — quem é ele para prescrever aos financistas experientes à frente das instituições educacionais e filantrópicas da América? Entretanto, em seguida, dá um salto surpreendente:

> [...] uma instituição que consegue se sustentar com a renda baixa proporcionada por ativos de renda fixa de alta qualidade deve, em nossa opinião, limitar suas participações a essa área. Duvidamos que o melhor desempenho

---

28. Benjamin Graham, "Review of John Burr William's *The theory of investment value* [Cambridge, Mass.: Harvard University Press, 1938]". *Journal of Political Economy*, v. 47, n. 2, p. 276-278, abr. 1939.

29. Ibidem.

dos índices de ações ordinárias no passado justifique, por si só, as responsabilidades pesadas e as incertezas recorrentes que são inseparáveis de um programa de investimento em ações ordinárias.

O maior investidor de valor poderia ter dito isso? O homem que tolerou perdas estrondosas nos anos da Grande Depressão e continuou a compilar um recorde notável de investimentos a longo prazo quis realmente dizer que as ações ordinárias não valiam a pena? Em 1940, com um nova guerra mundial estimulando as políticas fiscal e monetária do governo Roosevelt, os títulos corporativos de alto grau rendiam apenas 2,75%, enquanto as ações de primeira linha rendiam 5,1%. Graham quis dizer que os títulos eram uma proposta mais segura que as ações? Bem, ele realmente disse isso. Se o grande Homero às vezes cochilava, Graham também podia cochilar — e o restante de nós também pode, seja lá quem somos. Que isso sirva de lição.

INTRODUÇÃO À SEGUNDA EDIÇÃO
PROBLEMAS DA POLÍTICA DE INVESTIMENTO

Embora, rigorosamente falando, a análise de ativos possa ser realizada sem referência a qualquer programa ou padrão definido de investimento, tal especialização de funções seria bastante irrealista. O exame crítico de balanços e contas de receitas, as comparações de ativos relacionados ou semelhantes, os estudos dos termos e dispositivos de proteção por trás dos títulos e das ações preferenciais — todas essas atividades, típicas do analista de investimento, são invariavelmente realizadas com alguma ideia prática de compra ou venda em mente, e elas devem ser vistas em um contexto mais amplo de princípios de investimento ou talvez de preceitos especulativos. Neste trabalho, não nos esforçaremos para estabelecer uma demarcação precisa entre a teoria do investimento e a técnica analítica, mas, às vezes, combinaremos os dois elementos na relação estreita que têm no mundo das finanças.

Parece melhor, portanto, preceder nossa exposição com uma revisão concisa dos problemas de política que confrontam o comprador de ativos. Tal discussão deve ser influenciada, pelo menos em parte, pelas condições prevalecentes na época em que este capítulo foi escrito. Contudo, espera-se que haja certa tolerância para a possibilidade de mudança, para que nossas conclusões despertem mais que um interesse fugaz e não tenham um valor passageiro. De fato, consideramos esse elemento de mudança como um fato central no universo das finanças. Para uma melhor compreensão desse ponto, apresentaremos, em forma sinóptica, alguns dados selecionados para ilustrar os altos e baixos nos valores e padrões desenvolvidos ao longo do último quarto de século.

Os três períodos de referência (1911 a 1913, 1923 a 1925, 1936 a 1938) foram escolhidos para representar as aproximações mais parecidas com a estabilidade "normal" ou relativa que poderiam ser encontradas, em intervalos, ao longo do último quarto de século. Entre o primeiro e o segundo triênio, tivemos o colapso provocado pela guerra e pela prosperidade frenética, seguida de hesitação do pós-guerra, inflação e profunda depressão. Entre 1925 e 1936, tivemos o "*boom* da nova era", o colapso e a Grande Depressão, e uma recuperação um tanto irregular rumo à normalidade. Porém, se examinarmos os triênios, não podemos deixar de ficar impressionados com a crescente tendência à instabilidade, mesmo em tempos relativamente normais. Isso é demonstrado vividamente no alargamento progressivo dos gráficos (ver gráfico A, p. 70) que mostra as oscilações dos preços das ações como um todo e as das indústrias durante os anos em questão.

66 | ANÁLISE DE INVESTIMENTOS

DADOS FINANCEIROS E ECONÔMICOS PARA TRÊS PERÍODOS DE REFERÊNCIA

Período	1911-1913			1923-1925			1936-1938		
	Alta	Baixa	Média	Alta	Baixa	Média	Alta	Baixa	Média
Índice de negócios*	118,8	94,6	107,9	174,9	136	157,9	164,9	106	137
Rendimentos dos títulos*	4,22%	4,02%	4,09%	4,82%	4,55%	4,68%	3,99%	3,36%	3,65%
Índice de preços das ações industriais*	121,6	92,2	107,6	198,6	128,6	153,4	293,4	124,8	211,1
Índice industrial Dow Jones (por unidade):									
Faixa de variação de preços	94	72	82	159	86	112	194	97	149
Lucros	US$ 8,69	US$ 7,81	US$ 8,12	US$ 13,54	US$ 10,52	US$ 11,81	US$ 11,41	US$ 6,02	US$ 9,14
Dividendos	5,69	4,50	5,13	7,09	5,51	6,13	8,15	4,84	6,66
Índice preço-lucro**	11,6x	8,9x	10,1x	13,5x	7,3x	9,5x	21,2x	10,6x	16,3x
Rendimentos de dividendos**	5,5%	7,1%	6,3%	3,9%	7,1%	5,5%	3,4%	6,9%	4,5%
U. S. Steel:***									
Faixa de variação de preços	82	50	65	139	86	111	178	53	96
Lucro por ação	US$ 11	US$ 5,70	US$ 7,53	US$ 16,40	US$ 11,80	US$ 13,70	US$ 11,22	(d) US$ 5,30	US$ 3,33
Dividendo por ação	5	5	5	7	5,25	6,42	1,40	0	0,42
Índice preço-lucro**	10,9x	6,6x	8,6x	10,1x	6,3x	8,1x	53,4x	15,9x	28,8x
Rendimentos de dividendos**	6,1%	10%	7,7%	4,6%	7,5%	5,8%	0,2%	0,8%	0,4%
General Electric:§									
Faixa de variação de preços	196	142	172	524	262	368	1.580	664	1.070
Lucro por ação	US$ 16,72	US$ 12,43	US$ 14,27	US$ 32,10	US$ 27,75	US$ 30,35	US$ 53,50	US$ 23,40	US$ 38
Dividendo por ação‡	10,40	8	8,80	19,80	19,80	19,80	53,50	21,85	38,90
Índice preço-lucro**	13,7x	10x	12,1x	17,2x	8,6x	13,8x	41,5x	17,5x	28,2x
Rendimentos de dividendos**	4,5%	6,2%	5,1%	3,8%	7,6%	5,4%	2,5%	5,9%	3,6%

American Can:†								
Faixa de variação de preços	47	9	25	297	74	150	828	414	612
Lucro por ação	US$ 8,86	US$ 0,07	US$ 4,71	US$ 32,75	US$ 19,64	US$ 24,30	US$ 36,48	US$ 26,10	US$ 32,46
Dividendo por ação	0	0	0	7	5	6	30	24	26
Índice preço-lucro**	10x	1,9x	5,3x	12,2x	3x	6,2x	25,5x	12,7x	18,8x
Rendimentos de dividendos**	0	0	0	2%	8,1%	4%	3,1%	6,3%	4,2%
Pennsylvania R.R.:								
Faixa de variação de preços	65	53	60	55	41	46	50	14	30
Lucro por ação	US$ 4,64	US$ 4,14	US$ 4,33	US$ 6,23	US$ 3,82	US$ 5,07	US$ 2,94	US$ 0,84	US$ 1,95
Dividendo por ação	3	3	3	3	3	3	2	0,50	1,25
Índice preço-lucro**	15x	12,2x	13,8x	10,9x	8,1x	9,2x	25,6x	7,2x	15,5x
Rendimentos de dividendos**	4,6%	5,7%	5%	5,5%	7,3%	6,5%	2,5%	8,9%	4,1%
American Tel. & Tel.:								
Faixa de variação de preços	153	110	137	145	119	130	190	111	155
Lucro por ação	US$ 9,58	US$ 8,64	US$ 9,26	US$ 11,79	US$ 11,31	US$ 11,48	US$ 9,62	US$ 8,16	US$ 9,05
Dividendo por ação	8	8	8	9	9	9	9	9	9
Índice preço-lucro**	16,5x	11,9x	14,8x	12,6x	10,4x	11,3x	21x	12,3x	17,1x
Rendimentos de dividendos**	5,2%	7,3%	5,8%	6,2%	7,6%	6,9%	4,7%	8,1%	5,8%

* Índices Axe-Houghton de atividade comercial e de preços de ações industriais, ambos não ajustados para a tendência; lucros sobre dez ações de ferrovias de alta qualidade — todos cortesia da E. W. Axe & Co., Inc.

** As médias de preços altos, baixos e médios são comparadas com o lucro *médio* e os dividendos em cada período.

*** Números de 1936-1938 ajustados para refletir 40% dos dividendos de ações.

§ Números ajustados para refletir vários dividendos e desdobramentos de ações entre 1913 e 1930, equivalente, em última instância, a cerca de 25 ações em 1936 por uma ação em 1912.

‡ Exceto por uma ação da Electric Bond and Share Securities Corporation distribuída como dividendo em 1925.

† Números de 1936-1938 ajustados para refletir um desdobramento de seis ações por uma em 1926.

Seria imprudente deduzir desses acontecimentos que devemos esperar uma instabilidade ainda maior no futuro. No entanto, seria da mesma forma imprudente minimizar a importância do que aconteceu e voltar irrefletidamente à confortável convicção de 1925 de que estávamos caminhando com firmeza em direção a maior estabilidade e prosperidade. Os tempos parecem exigir cautela antes de se adotar qualquer teoria a respeito do futuro e favorecer políticas de investimento flexíveis e desprovidas de preconceitos. Com essas advertências para nos guiar, passemos a uma discussão breve de certos tipos de problemas de investimento.

A. INVESTIMENTO EM TÍTULOS E AÇÕES PREFERENCIAIS DE ALTA QUALIDADE

Hoje, o investimento em títulos apresenta muitos problemas mais intrigantes que parecia ser o caso em 1913. A questão principal, naquela época, era como obter o maior rendimento compatível com a segurança; e se o investidor estivesse satisfeito com os ativos padrões de baixo rendimento (quase todos constituídos de títulos lastreados em hipotecas de ferrovias), ele poderia, hipoteticamente, "comprá-las de olhos fechados, trancá-las na gaveta e esquecê-las". Agora o investidor se depara com um problema triplo: a segurança dos juros e do principal, o futuro dos rendimentos dos títulos e dos preços, e o valor futuro do dólar. Descrever o dilema é fácil; resolvê-lo satisfatoriamente parece quase impossível.

1. Segurança dos juros e do principal. Duas depressões grandes nos últimos vinte anos e o colapso de um volume enorme de papéis de ferrovias que antes eram considerados absolutamente seguros sugerem que o futuro pode trazer choques ainda mais violentos para o investidor complacente em títulos. A antiga ideia de "investimentos permanentes", livres de alterações e de preocupação, sem dúvida desapareceu para sempre. No entanto, nossos estudos nos levam a concluir que, por meio de modelos de seleção suficientemente rigorosos e revisões razoavelmente frequentes, o investidor deve ser capaz de escapar à maioria das perdas grandes que o distraíram no passado para que sua arrecadação de juros e principal constitua uma taxa de retorno satisfatória, mesmo em tempos de depressão. A seleção cuidadosa deve incluir a devida consideração das perspectivas futuras, mas não achamos que o investidor precise ser clarividente ou que deva se limitar a empresas que detêm uma perspectiva excepcional de expansão dos lucros. Essas observações se referem a ações preferenciais (realmente) de alto grau, bem como a títulos.

2. Futuro das taxas de juros e dos preços dos títulos. Os baixos rendimentos inusitados, oferecidos pelos títulos a curto e longo prazos, podem causar preocupação ao investidor por outros motivos que não uma insatisfação natural com o baixo retorno que seu dinheiro lhe traz. Se essas taxas baixas forem temporárias e seguidas de um retorno aos patamares anteriores, os preços dos títulos a longo prazo podem perder cerca de 25%, ou mais, de seu valor de mercado. Tal queda de preço seria equivalente à perda de uns dez anos de juros. Em 1934, sentimos que essa possibilidade deveria ser levada a sério, uma vez que as baixas taxas de juros da época podem muito bem ter sido um fenômeno de negócios subnormais, sujeitos a uma melhora radical com o retorno da atividade comercial. No entanto, a persistência dessas taxas baixas por tantos anos e diante da considerável expansão dos negócios em 1936-1937 argumentaria fortemente a favor da aceitação dessa condição como um resultado bem estabelecido da abundância de capital, da política fiscal governamental ou de ambos.

Uma nova incerteza foi injetada nessa questão pela eclosão de uma guerra europeia em 1939. A Primeira Guerra Mundial provocou um aumento forte nas taxas de juros e uma queda severa correspondente nos preços dos títulos de alta qualidade. Existem semelhanças e diferenças suficientes entre as situações de 1914 e 1939 para tornar qualquer previsão arriscada demais para oferecer alguma tranquilidade. Obviamente, o perigo de uma queda substancial nos preços dos títulos (do nível do início de 1940) ainda é real; no entanto, uma política de não investimento na espera da ocorrência de tal contingência está sujeita a muitas objeções práticas. É possível que a preferência por vencimentos inferiores a, digamos, quinze anos após a data da compra possa ser a reação mais lógica a essa situação incerta.

Para o pequeno investidor, os títulos de poupança do governo dos Estados Unidos apresentam uma solução para esse problema (assim como para o anterior), uma vez que o direito de resgate por *opção do titular* o protege de um preço mais baixo. Como mostraremos em uma discussão mais detalhada, o advento desse tipo de título provocou uma verdadeira revolução na posição da maioria dos compradores de ativos.

Gráfico A

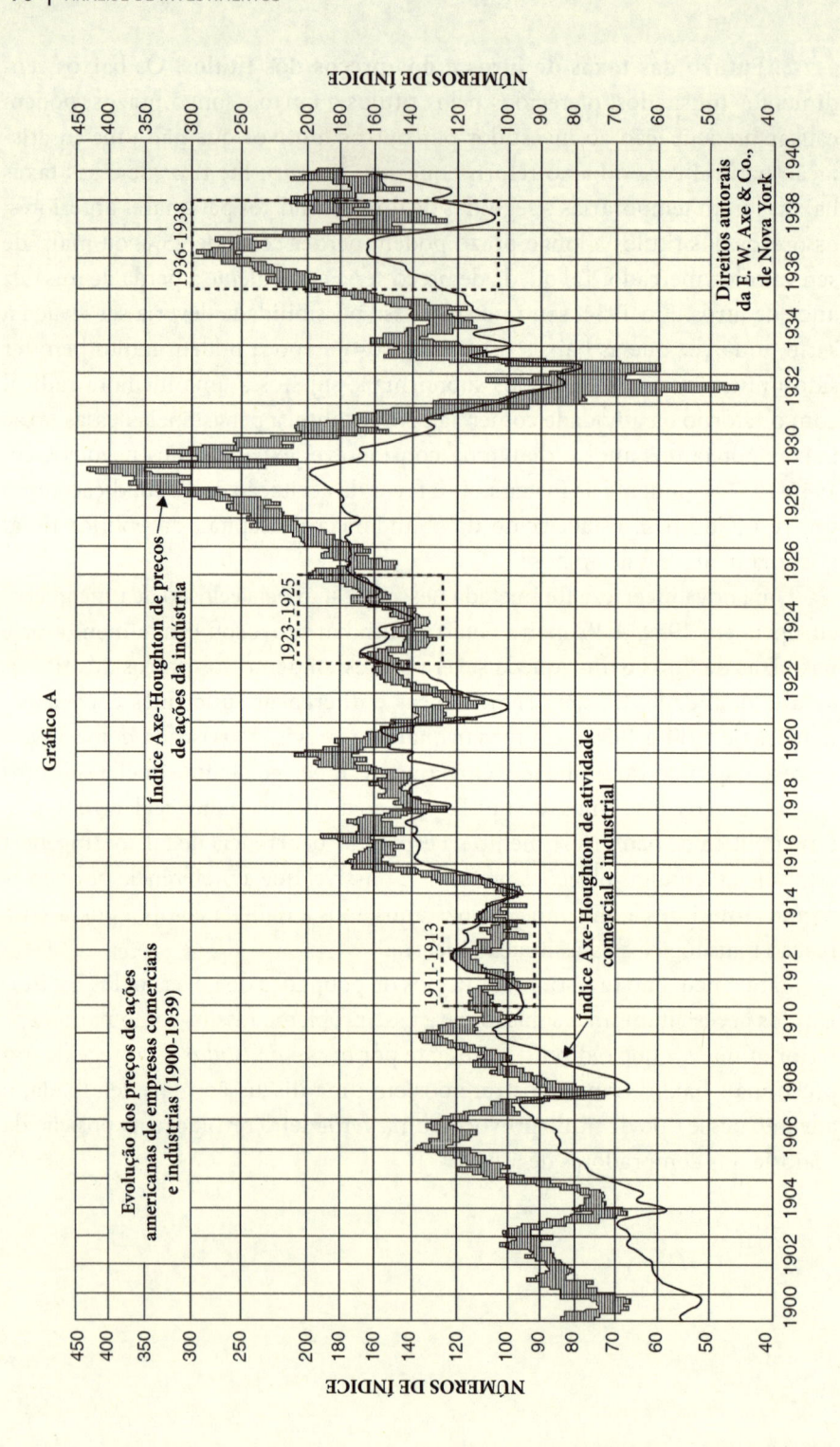

Evolução dos preços de ações americanas de empresas comerciais e indústrias (1900-1939)

Índice Axe-Houghton de preços de ações da indústria

Índice Axe-Houghton de atividade comercial e industrial

Direitos autorais da E. W. Axe & Co., de Nova York

INTRODUÇÃO À SEGUNDA EDIÇÃO | 71

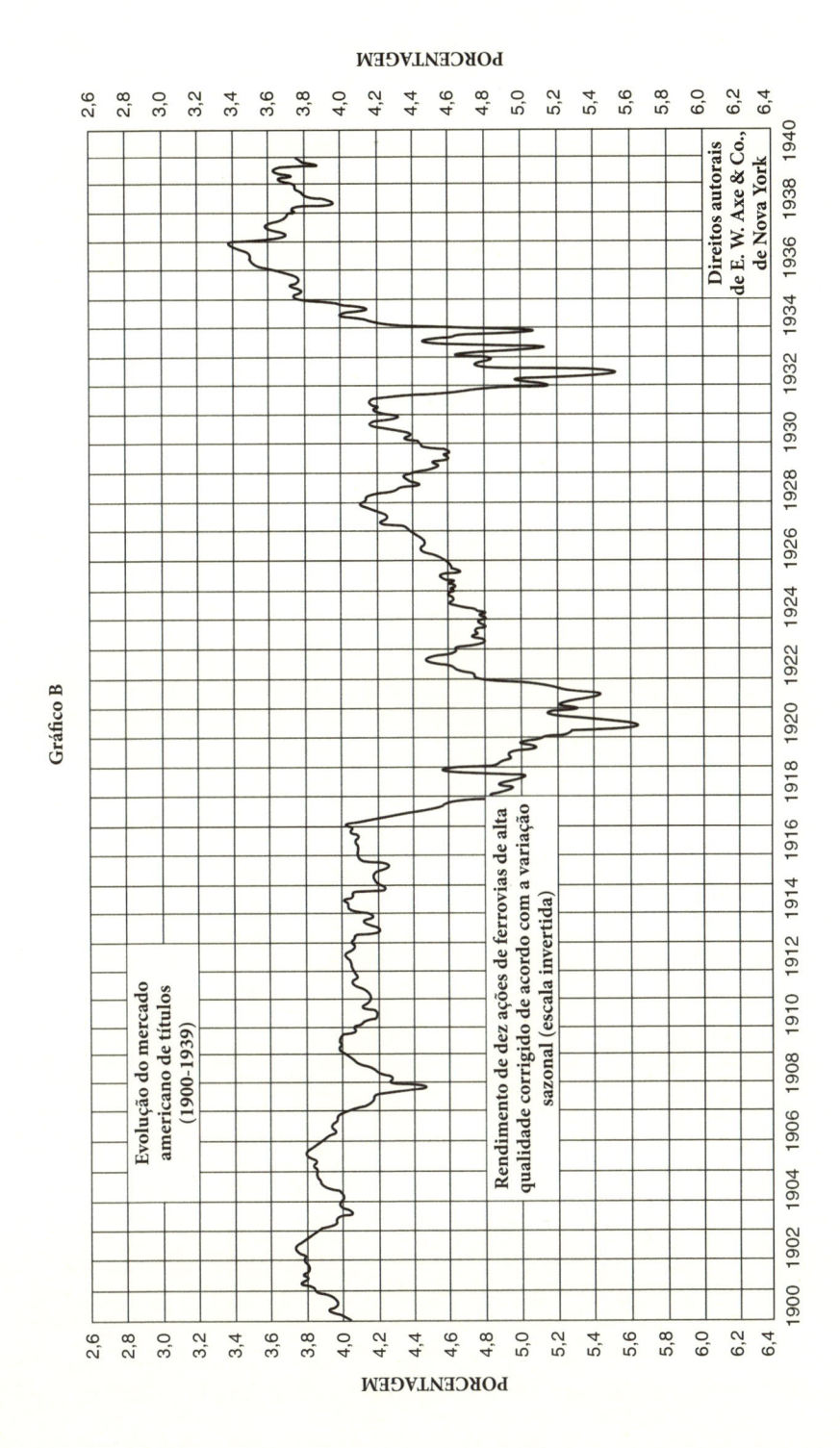

Gráfico B

Evolução do mercado americano de títulos (1900-1939)

Rendimento de dez ações de ferrovias de alta qualidade corrigido de acordo com a variação sazonal (escala invertida)

Direitos autorais de E. W. Axe & Co., de Nova York

3. O valor do dólar. Se o investidor tem certeza de que o poder aquisitivo do dólar vai cair bastante, sem dúvida vai preferir adquirir ações ordinárias ou *commodities* em vez de títulos. Na medida em que a inflação, no sentido comumente empregado, permanece uma possibilidade, a política de investimento do típico comprador de títulos torna-se mais difícil. Os argumentos a favor e contra a eventual inflação são incomumente substanciais, e devemos nos recusar a escolher qualquer um deles. A evolução do nível de preços desde 1933 parece contradizer o medo da inflação, mas o passado não é necessariamente um guia conclusivo para o futuro. A prudência pode sugerir algum meio-termo na política de investimento, de modo a incluir um componente de ações ordinárias ou ativos tangíveis, projetado para oferecer certa proteção contra uma queda grande no valor do dólar. Essa política híbrida envolveria problemas difíceis por si só; e, em última análise, cada investidor deve decidir qual dos riscos alternativos prefere correr.

B. TÍTULOS E AÇÕES PREFERENCIAIS ESPECULATIVAS

Os problemas relacionados a essa grande classe de ativos não são inerentes à classe em si, mas derivam dos títulos de investimento e das ações ordinárias, entre as quais se encontra. Os princípios gerais subjacentes à compra de ações especulativas com prioridade de pagamento permanecem, em nossa opinião, como sempre foram: (1) o risco de perda do principal pode não ser compensado apenas por um rendimento mais elevado, mas deve ser acompanhado de uma oportunidade proporcional de lucro sobre o principal; (2) é mais sensato, em geral, tratar esses ativos como se fossem ações ordinárias, mas reconhecendo seus direitos limitados, do que as considerar como um tipo inferior de ativo com prioridade de pagamento.

C. PROBLEMA DO INVESTIMENTO EM AÇÕES ORDINÁRIAS

A especulação com ações ordinárias, como o termo sempre foi amplamente entendido, não é tão difícil de compreender como de praticar com sucesso. O especulador admite que arrisca seu dinheiro com base em seu palpite ou em sua avaliação do mercado em geral, na evolução de uma ação específica ou, possivelmente, em algum desenvolvimento futuro dos negócios da empresa. Sem dúvida, os problemas do especulador mudaram um pouco com o passar dos anos, mas nos alinhamos com a perspectiva de que as qualidades e o treinamento necessários para alcançar o sucesso, bem como as probabilidades matemáticas contra ele, não são muito diferentes hoje do que eram antes. Contudo, a especulação com ações, como tal, não se enquadra no escopo deste livro.

Prática atual. Estamos preocupados, no entanto, com o *investimento* em ações ordinárias, que definiremos, provisoriamente, como compras baseadas na análise de valor e controladas por critérios definidos de segurança do principal. Se procurarmos na prática atual discernir quais são esses critérios, descobriremos pouco além do conceito indefinido de que "uma boa ação é um bom investimento". As ações "boas" são aquelas de (1) empresas líderes com históricos satisfatórios, uma combinação que se prevê produzirá resultados favoráveis no futuro; ou de (2) qualquer empresa bem financiada em que se acredite que tenha perspectivas especialmente atraentes de aumento dos lucros futuros. (Desde o início de 1940, podemos citar a Coca-Cola como exemplo de (1), a Abbott Laboratories como exemplo de (2) e a General Electric como um exemplo de ambos.)

Contudo, embora o mercado acionário tenha ideias muito definidas e aparentemente lógicas sobre a *qualidade* das ações ordinárias que compra para fins de investimento, seus critérios *quantitativos* — que governam a relação entre o preço e o valor determinável — são tão indefinidos que chegam a ser quase inexistentes. Os valores de balanço são considerados totalmente irrelevantes. Os lucros médios têm pouco significado quando existe uma tendência acentuada. O chamado "índice preço-lucro" é aplicado de várias maneiras: ao passado, ao presente e ao futuro próximo. Entretanto, o índice em si dificilmente pode ser chamado de um critério, pois é controlado pela prática de investimento, em vez de a controlar. Em outras palavras, o índice preço-lucro "certo" para qualquer ação é aquele que o mercado diz que é. Não encontramos nenhuma evidência de que, em qualquer momento, desde 1926 até a presente data, os investidores em ações ordinárias como uma classe venderam suas participações porque os índices preço-lucro eram altos demais.

O fato de a prática atual dos investidores em ações ordinárias — incluindo aqueles dos fundos de investimento quase sem exceção — poder ser adequadamente denominada *investimento*, tendo em vista essa ausência virtual de padrões de controle, está além de nossa capacidade de imaginação. Seria muito mais lógico e útil chamar isso de "especulação com ações de empresas fortes". Certamente, os resultados no mercado acionário de tais "investimentos" têm sido indistinguíveis daqueles da especulação dos velhos tempos, exceto, talvez, no que se refere ao elemento margem. Encontraremos uma confirmação impressionante dessa declaração, aplicada aos anos posteriores à quebra de 1929, se compararmos a faixa de variação dos preços da General Electric, desde 1930, com a das ações ordinárias em geral. Os números seguintes mostram que o preço de mercado da ação ordinária da General Electric, que é talvez o principal e, indubitavelmente, o mais popular instrumento de investimento no setor industrial hoje em dia, oscilou mais amplamente que a grande maioria das ações ordinárias.

FAIXA DE VARIAÇÃO DOS PREÇOS DAS AÇÕES ORDINÁRIAS DA GENERAL ELETRIC, DO ÍNDICE INDUSTRIAL DOW JONES E DO ÍNDICE INDUSTRIAL STANDARD STATISTICS (1930-1939)

Ano	General Electric		Índice industrial Dow Jones		Índice industrial Standard Statistics*	
	Alta	Baixa	Alta	Baixa	Alta	Baixa
1930	95,375	41,52	294,1	157,5	174,1	98,2
1931	54,75	22,875	194,4	73,8	119,1	48,5
1932	26,125	8,5	88,8	41,2	63,5	30,7
1933	30,25	10,5	108,7	50,2	92,2	36,5
1934	25,25	16,875	110,7	85,5	93,3	69,3
1935	40,875	20,5	148,4	96,7	113,2	72,8
1936	55	34,5	184,9	143,1	148,5	109,1
1937	64,875	34	194,4	113,6	158,7	84,2
1938	48	27,25	158,4	99	119,3	73,5
1939	44,625	31	155,9	121,4	118,3	86,7

* Índice semanal de preços (1926 = 100) de 350 ações de indústrias em 1939 e 347 ações nos anos anteriores.

Chega às raias do absurdo o mercado acionário dizer que, em 1937, a General Electric Company valia 1,87 bilhão de dólares e que valia apenas 784 milhões de dólares quase exatamente um ano depois. Certamente nada aconteceu em doze meses para destruir mais da metade do valor dessa empresa poderosa nem os investidores poderiam fingir que a queda nos lucros, entre 1937 e 1938, tivera algum impacto duradouro sobre o futuro do empreendimento. A General Electric foi negociada a US$ 64,875 porque o público estava em um estado de espírito otimista e a US$ 27,25 porque as mesmas pessoas estavam pessimistas. Dizer que esses preços são representativos de "valores de investimento" ou da "avaliação de investidores" significa agredir o idioma ou ofender o senso comum, ou ambos.

Quatro problemas. Presumindo que um comprador de ações ordinárias fosse buscar padrões de investimento definidos pelos quais guiar suas operações, ele faria bem em direcionar sua atenção para quatro pontos: (1) o futuro geral dos lucros das empresas; (2) o diferencial de qualidade entre um tipo de empresa e outro; (3) a influência das taxas de juros nos dividendos ou lucros que deve exigir; e, finalmente, (4) até que ponto suas compras e vendas devem ser regidas pelo fator tempo em vez de pelo fator preço.

O futuro geral dos lucros corporativos. Se estudarmos esses pontos à luz da experiência passada, é provável que nossa reação mais forte se concretize em um ceticismo saudável quanto à solidez da avaliação feita pelo mercado acionário com relação a todos os assuntos relacionados ao futuro. Os dados de nossa primeira tabela mostram claramente que o mercado subestimou a atratividade das ações ordinárias de indústrias como um todo nos anos anteriores a 1926. Em geral, seus preços representavam uma avaliação bastante cautelosa dos lucros passados e atuais, sem sinais de pagamento de qualquer prêmio pelas perspectivas de crescimento inerentes às empresas líderes de uma sociedade em rápida expansão. Em 1913, as ações ferroviárias e de tração constituíam a maior parte dos títulos e das ações para fins de investimento. Em 1925, grande parte do investimento em ferrovias urbanas estava ameaçada pelo desenvolvimento do automóvel, mas, mesmo assim, ainda não havia motivo para temer uma ameaça semelhante às ferrovias a vapor.

O amplo reconhecimento do fator de crescimento futuro das ações ordinárias se manifestou primeiro como uma influência no mercado acionário no momento em que, de fato, os fatores mais dinâmicos em nossa expansão nacional (desenvolvimento territorial e rápido crescimento populacional) não estavam mais operantes e nossa economia estava prestes a enfrentar graves problemas de instabilidade decorrentes desses mesmos obstáculos ao fator de crescimento. As supervalorizações dos anos da nova era abrangeram quase todos os títulos que tinham um período até mesmo curto de lucros crescentes para recomendá-los, mas uma preferência especial foi concedida aos grupos das empresas prestadoras de serviços públicos e de cadeias de lojas. Mesmo tão tarde quanto 1931, os preços altos pagos por esses ativos não mostravam qualquer percepção de suas limitações inerentes, da mesma maneira que cinco anos depois o mercado ainda não conseguira apreciar as mudanças críticas que estavam ocorrendo na posição dos títulos e das ações das ferrovias.

Diferenciais de qualidade. O mercado acionário de 1940 tem suas características bem definidas, fundamentadas principalmente na experiência do passado recente e nas perspectivas bastante óbvias do futuro. A tendência para favorecer as empresas maiores e mais fortes talvez esteja mais pronunciada que nunca. Isso é apoiado por registros desde 1929, que indicam, acreditamos, uma melhor resistência à depressão e uma recuperação mais completa da lucratividade no caso das empresas líderes que no caso das secundárias. Existe também a preferência usual por certos setores industriais, incluindo as empresas menores neles incluídas. Mais destacadas ainda são as ações dos setores químico e aeronáutico — o primeiro, por causa de seu impressionante histórico de crescimento, por causa de pesquisas, realmente notável; o segundo, por causa da enxurrada de compras de material bélico.

Entretanto, essas preferências do mercado acionário atual, embora facilmente entendidas, podem levantar algumas questões para os céticos. A primeira a ser considerada é a disparidade extraordinária entre os preços das ações mais destacadas e das menos populares. Se os lucros médios entre 1934 e 1939 são considerados como parâmetro, as "ações boas" parecerão estar sendo negociadas a um nível cerca de duas a três vezes mais alto que as outras. Em termos do valor dos ativos, a divergência é muito maior, pois obviamente os ativos populares tiveram um retorno muito maior sobre o capital investido. O desprezo pelo valor dos ativos atingiu um estágio em que até os ativos circulantes recebem muito pouca atenção, de modo que é provável que mesmo uma empresa com sucesso moderado seja negociada consideravelmente abaixo do seu valor de liquidação, se for rica em capital de giro.

A relação entre as "ações boas" e as outras ações deve ser considerada à luz do que se espera das empresas americanas como um todo. Qualquer previsão sobre este último ponto seria extremamente imprudente; mas isso serve para ressaltar que o histórico dos últimos quinze anos em si não fornece a base para a expectativa de um movimento ascendente a longo prazo de volume e lucros. Na medida em que julgamos o futuro pelo passado, devemos reconhecer uma transformação bastante completa na perspectiva *aparente* de 1940, em comparação com a de 1924. No primeiro ano, um aumento secular da produção e uma subida constante no número considerado "normal" eram aceitos com naturalidade. No entanto, até onde podemos ver agora, a média de 1923 a 1925 da produção industrial, anteriormente tomada como cem no índice do Federal Reserve,[1] ainda deve ser considerada um nível normal tão alto quanto temos direito de prognosticar. Desnecessário dizer que o investidor não negará a *possibilidade* de um aumento secular renovado, mas o ponto importante para ele é que não poderá contar com isso.

Se esta for a hipótese de trabalho do mercado de ações atual, isso significa que os compradores de ações esperam, em geral, um maior crescimento nos ganhos das grandes empresas às custas das menores e de indústrias situadas favoravelmente às custas de todas as outras. Tal expectativa parece ser a base

---

1. Em 1940, o conselho revisou esse índice. Novos componentes foram adicionados e a média de 1935-1939 foi adotada como base.

teórica para o preço alto de um grupo e para os preços baixos encontrados em outros lugares. Não é preciso dizer que as ações com tendências boas no passado e perspectivas favoráveis valem mais que as outras. Entretanto, não é possível que Wall Street tenha levado sua parcialidade longe demais, nesse e em muitos outros casos? Não seria verdade que a empresa típica, grande e próspera, poderia estar sujeita a uma dupla limitação: primeiro, seu tamanho impede um crescimento espetacular no futuro; segundo, sua alta taxa de lucros sobre o capital investido a torna vulnerável a ataques, se não pela concorrência, então pela regulamentação?

As empresas menores e as indústrias menos populares, como uma classe, talvez também possam estar subvalorizadas, tanto em termos absolutos como em relação aos títulos mais procurados. É certo que isso pode ser verdade em teoria, pois a *algum* nível de preço, as ações boas acabam sendo negociadas a um preço alto demais e as outras, a um preço baixo demais. Existem razões fortes, se não conclusivas, para argumentar que esse nível tenha sido atingido em 1940. Os dois possíveis pontos fracos das "ações boas" caminham em paralelo às possibilidades favoráveis correspondentes das outras. As numerosas ações vendidas abaixo do valor líquido do ativo circulante, mesmo em mercados normais, são uma indicação poderosa de que o favoritismo de Wall Street foi exagerado. Finalmente, se levarmos essa análise às últimas consequências, devemos perceber que as empresas menores listadas em bolsa são representantes de centenas de milhares de empresas privadas, de todos os tamanhos, de todo o país. Wall Street, aparentemente, está prevendo o declínio contínuo de *todas* as empresas, exceto as maiores entre elas, que devem florescer vigorosamente. Em nossa opinião, um resultado como esse não parece economicamente provável ou politicamente possível.

Dúvidas semelhantes podem ser expressas com relação à ênfase do mercado acionário em alguns setores favoritos. Isso é algo que, pela natureza do fenômeno, acaba sempre sendo exagerado — uma vez que não existem freios quantitativos para segurar o entusiasmo do público pelo que gosta. O mercado não apenas invariavelmente leva seu otimismo longe demais como também mostra uma aptidão surpreendente para favorecer setores que logo se revelam confrontados com conjunturas adversas. (Observe as ações das panificadoras em 1925, as de rádio e refrigeração em 1927, as das prestadoras de serviços públicos e das cadeias de lojas em 1928-1929, e as de empresas de bebidas em 1933.) É interessante comparar a ânsia do "investidor" em comprar a Abbott Laboratories em 1939 e sua indiferença com relação à American Home Products — a primeira, empresa farmacêutica considerada um negócio com perspectivas brilhantes; a segunda, apenas com perspectivas medíocres. Essa distinção pode provar ter sido sólida e astutamente elaborada; mas o aluno que se lembra do entusiasmo, não tão remoto, do mercado pela American Home Products e seus pares (sobretudo a Lambert), em 1927, dificilmente tem muita confiança no resultado.[2]

Taxa de juros. Chegando agora ao terceiro ponto importante, a saber, a relação entre as taxas de juros e os preços das ações ordinárias, fica claro que, se o atual rendimento baixo dos títulos for permanente, deverá gerar um declínio correspondente no rendimento médio das ações e uma subida no valor de um dólar de lucratividade prevista, em comparação com a situação, digamos, que vigorava em 1923-1925. A avaliação mais liberal dos lucros em 1936-1938, conforme mostrado pelos dados relativos ao índice industrial Dow Jones, parece, portanto, ter sido justificada pela mudança na taxa de juros a longo prazo. A questão desconcertante que se apresenta, no entanto, é a possibilidade de a queda nas taxas de juros estar intimamente ligada à interrupção da expansão secular dos negócios e ao declínio na rentabilidade média do capital investido. Nesse caso, os fatores negativos nos valores das ações em geral podem superar a influência positiva das taxas de juros baixas, e um dólar típico de poder aquisitivo em 1936-1938 talvez não tenha apresentado um valor real superior ao que deveria ter valido uma década e meia antes.

O fator tempo. Uma importância crescente tem sido atribuída, nos últimos anos, à conveniência de comprar e vender no momento certo, diferentemente de fazê-lo ao preço certo. Em períodos anteriores, quando os preços das ações de investimento não costumavam oscilar em uma faixa muito ampla, o tempo de compra não era considerado como de especial importância. Entre 1924 e 1929, uma confiança confortadora, porém bastante enganadora, desenvolveu-se no crescimento futuro ilimitado das ações sólidas, de modo que qualquer erro em termos do tempo de compra seria, certamente, retificado pela recuperação do mercado em níveis cada vez mais altos. A década passada foi marcada por oscilações muito amplas sem uma tendência ascendente a longo prazo, exceto em um número relativamente pequeno de ativos. Nessas condições, não surpreende que o investimento bem-sucedido pareça, da mesma maneira que a especulação bem-sucedida, estar vinculado inevitavelmente à escolha do momento certo para comprar e vender. Concluímos, portanto, que a previsão das grandes oscilações do mercado parece agora ser parte integrante da arte do investimento em ações ordinárias.

A validade dos métodos de previsão do mercado acionário é assunto para pesquisa profunda e, talvez, controvérsia vigorosa. Neste momento, devemos

---

2. Para os dados referentes a essas três empresas, ver apêndice A, nota 1, p. 943-944.

nos contentar com uma avaliação sumária, que pode refletir nossos preconceitos e nossas pesquisas. É nossa opinião que definir o tempo certo do mercado acionário não pode ser feito, com grande sucesso, a menos que o momento da compra esteja relacionado a um nível de preço atraente, medido pelas normas analíticas. Da mesma forma, o investidor deve avaliar a hora de vender observando um avanço no nível de preços além do ponto justificado pelos critérios objetivos de valor, e não, principalmente, pelos chamados sinais técnicos do mercado. Pode ser que, dentro desses limites primordiais, haja refinamentos na técnica do mercado de ações que podem contribuir para um momento melhor e para um conjunto geral de resultados mais satisfatórios. No entanto, não podemos evitar a conclusão de que o princípio da negociação do tempo mais geralmente aceito — ou seja, que as compras devem ser feitas apenas *depois* que uma recuperação tenha sido definitivamente anunciada — é basicamente oposto à natureza essencial do investimento. Tradicionalmente, o investidor tem sido uma pessoa com paciência e coragem sustentada por suas convicções, alguém que está disposto a comprar quando o especulador atormentado ou desanimado está vendendo. Se o investidor agora tem de esperar até que o próprio mercado o encoraje, como vai se distinguir do especulador? E até que ponto ele merece uma sorte melhor que a do especulador comum?

Conclusão. Nossa busca por critérios definidos de investimento para o comprador de ações ordinárias tem produzido mais alertas que sugestões concretas. Fomos levados ao princípio antigo de que o investidor deve aguardar períodos de negócios e níveis de mercado deprimidos para comprar ações ordinárias representativas, uma vez que é improvável que consiga adquiri-las em outros momentos, exceto a preços que no futuro podem causar arrependimento. Por outro lado, as milhares de chamadas "empresas secundárias" deveriam oferecer, pelo menos, um número moderado de verdadeiras oportunidades de investimento em todas as condições, exceto talvez no pico de um mercado altista. Esse campo amplo, mas pouco popular, talvez apresente o desafio mais lógico para o interesse do investidor de boa-fé e para os talentos do analista de investimento.

PARTE I
PESQUISA E ABORDAGEM

INTRODUÇÃO À PARTE I
LIÇÕES ESSENCIAIS
Por Roger Lowenstein

Se perguntassem ao leitor moderno o que têm em comum os títulos especulativos (*junk bonds*) dos anos 1980, as ações da internet no final dos anos 1990 e, mais recentemente, as várias carteiras de hipotecas *subprime* da década de 2000, a primeira resposta correta é que cada uma caiu de um preço altamente inflado para um mais próximo de zero. Além desses exemplos, você pode acrescentar o valor patrimonial líquido e a reputação do fundo multimercado mais inteligente no mundo, a Long-Term Capital Management (LTCM). A segunda resposta certa é que cada uma delas foi um desastre de investimento cujos perigos poderiam ter sido evitados pela leitura paciente de *Análise de investimentos*. Benjamin Graham e David Dodd escreveram a primeira edição em 1934 e a revisaram pela primeira vez em 1940 — cerca de quatro décadas antes de Michael Milken[1] se tornar um nome familiar e sessenta anos antes do frenesi das hipotecas com taxas de juros variáveis e sem necessidade de documentação para obter crédito. Os autores advogaram mais que apenas um ceticismo generalizado. Prescreveram (como veremos) uma série de diretrizes específicas, cada uma das quais teria servido como profilaxia contra um ou mais dos fiascos mencionados e seus modismos de investimento associados.

Embora o livro tenha sido recebido pelos investidores sérios como um clássico instantâneo, não posso afirmar que abrandou a tendência especulativa de Wall Street ou do público. Se posso arriscar um palpite sobre o porquê, é que mesmo o investidor experiente parece, muitas vezes, um adolescente que dirige um automóvel pela primeira vez. Ele ouve os conselhos sobre a necessidade de tomar cuidado, evitar as superfícies geladas, entre outros, e transfere-os para aquela parte remota de seu cérebro reservada às instruções

---

1. Michael Milken foi um investidor americano conhecido por sua atuação na área de investimentos de alto risco e um dos responsáveis pelo crescimento dessa área no mercado financeiro. Executivo do banco de investimentos Drexel Burnham Lambert durante a década de 1980, ele usou *junk bonds* de alto rendimento para financiamento corporativo e fusões e aquisições. Acumulou uma enorme fortuna e foi indiciado em 1989 por um júri federal, quando se declarou culpado por cometer fraudes no mercado mobiliário; por isso, acabou passando quase dois anos na prisão. Embora seja conhecido como o precursor do mercado de dívidas de alto rendimento, ele foi banido para sempre do setor de valores mobiliários. (N.E.)

parentais arquivadas. Certamente não quer destruir o carro da família, mas evitar um acidente é uma prioridade baixa, uma vez que não acha que isso pode acontecer com ele. No caso de nosso investidor: ele está focado em ganhar dinheiro, não em evitar os inúmeros desastres em potencial no cenário dos investimentos. E suspeito que Graham e Dodd tenham sido ignorados por aqueles que sofrem da ideia equivocada de que tentar ganhar muito dinheiro exige que se corra riscos altos. Na realidade, o inverso é verdade. Evitar perdas grandes é uma *condição* prévia para conseguir uma taxa alta de crescimento composto.

Atuando há 25 anos como jornalista financeiro, praticamente todos os investidores que este escritor conhece que, consistentemente, obtiveram lucros superiores foram seguidores de Graham e Dodd. O mais famoso, claro, é Warren Buffett, e ele é também o mais representativo. Buffett tornou-se aluno e discípulo de Graham em 1950, quando com 20 anos de idade e esquelético confidenciou a um amigo que estaria estudando sob a orientação de dois "feras" (ou seja, Benjamin Graham e seu assistente David Dodd) na Columbia Business School.[2] E foi também ele, anos depois, o primeiro a admitir que tinha ido além das ações que estavam na esfera de conhecimento de seu mestre. Buffett foi um adaptador; não imitou seu mentor, passo a passo. Ele começou com ações do tipo Graham, como a Berkshire Hathaway, que era então um fabricante têxtil com dificuldades, e passou para Walt Disney e American Express, que possuíam menos ativos tangíveis, e mais em valor econômico. No entanto, sua *abordagem* permaneceu consistente (mesmo que a escolha dos títulos que produziu não tenha sido).

É essa abordagem, aplicada com êxito por uma minoria dedicada de outros investidores profissionais e individuais, que tornou *Análise de investimentos* um guia duradouro. E continua sendo a bíblia para evitar aquelas superfícies geladas — talvez isso pareça óbvio —, mas é também um manual de instruções para identificar investimentos superiores e seguros.

Isso era conhecido, sem dúvida, pelos investidores que trabalhavam no mercado financeiro e se matriculavam nas aulas de Graham, alguns dos quais saíam correndo das palestras em auditório para passar a seus corretores os nomes das ações que o professor Graham usara como exemplo. Um corretor que obteve sucesso mais tarde afirmou que as dicas de Graham tinham sido tão valiosas que aquela matéria acabou pagando seu curso inteiro. Qualquer que seja a verdade literal, Graham foi aquele raro tipo de

---

2. Roger Lowenstein, *Buffett: the making of an American capitalist*. Nova York, Random House, 1995, p. 35.

acadêmico que era teórico e praticante. Algumas informações breves sobre o homem elucidam sua abordagem.[3] No nível pessoal, Graham era a caricatura do professor distraído, um devoto dos clássicos, um estudante de latim e grego e tradutor de poesia espanhola, que poderia sair para o trabalho calçando um sapato diferente do outro e que demonstrava pouco interesse por dinheiro. No entanto, sua curiosidade intelectual era incomparável. Quando se formou em Columbia, em 1914, recebeu ofertas para lecionar inglês, matemática e filosofia. Seguindo o conselho de um reitor da faculdade, foi para Wall Street, que tratou como outro ramo qualquer da academia — ou seja, como uma disciplina sujeita a princípios lógicos e testáveis (embora esses testes ainda não tivessem sido descobertos). Acabou indo para a gestão de dinheiro, ramo no qual se destacou, combinando-o, mais tarde, com a escrita e o ensino. Graham levou vinte anos — isto é, um ciclo completo, do mercado altista dos prósperos anos 1920 até os dias deprimidos, quase ruinosos, do início dos anos 1930 — para refinar sua filosofia de investimento em uma disciplina que era tão rigorosa quanto os teoremas euclidianos que estudara na faculdade.

UMA DISCIPLINA ANALÍTICA

Essa abordagem analítica é evidente no primeiro capítulo; de fato, é a pedra angular da parte I, na qual Graham e Dodd expõem os fundamentos. Eles prometem usar "princípios estabelecidos e lógica sensata", ou aquilo que os autores denominam "método científico"; no entanto, reconhecem que, como na advocacia ou na medicina, investir não é uma ciência exata, mas uma disciplina na qual tanto a habilidade como o acaso desempenham um papel. *Análise de investimentos* é a receita para maximizar a influência da primeira e minimizar a do último. Se você deseja confiar sua carteira à sorte, este não é o livro indicado para você. Ele é dirigido principalmente ao *investidor*, em contraste com o especulador, e a distinção que Graham e Dodd fizeram entre esses termos continua sendo a essência do livro.

Os investidores dos dias de Graham, é claro, operavam em um ambiente muito diferente do atual. Eles sofreram depressões econômicas periódicas e, muitas vezes, graves, distintas das recessões ocasionais e, em geral, leves que têm sido a regra nos últimos tempos. Tinham menos fé no fato de que o futuro traria prosperidade e tinham informações menos confiáveis sobre títulos específicos. Por essas razões, estavam mais propensos a investir nos títulos

---

3. Ibidem, p. 37.

que em ações e, na maioria das vezes, em títulos de renomadas indústrias. E os nomes das principais empresas não mudavam muito de ano para ano ou mesmo de década para década. A indústria americana estava cada vez mais regulamentada e não era tão dinâmica quanto tem sido mais recentemente. Wall Street era um clube exclusivo, e investir era jogo para ricos, não o esporte popular que se tornou. O leque de possibilidades de investimento também era menor. Quanto aos "investimentos alternativos", basta dizer que investir em uma *start-up* que ainda não gerara lucros certamente teria sido considerado uma loucura.

As mudanças no mercado foram tão profundas que pode parecer surpreendente que um manual de investimento escrito na década de 1930 tenha alguma relevância hoje. A natureza humana, no entanto, não muda. As pessoas ainda oscilam entre as altas maníacas e as profundezas da depressão, e os investidores modernos são muito parecidos com seus avós, e até mesmo com seus bisavós, pela avidez por lucros instantâneos, assim como pela aversão ao trabalho árduo do estudo sério e ao pensamento independente. Naquela época, como agora, era preciso disciplina para dominar os demônios (em grande parte emocionais) que tolhem a maioria dos investidores. E o essencial da análise de investimentos não mudou muito.

Na década de 1930, havia uma ideia geral de que os títulos eram seguros — adequados para "investimento" —, enquanto as ações não eram seguras. Graham e Dodd rejeitaram essa regra mecânica e descartaram, de maneira geral, a noção de confiança na *forma* de qualquer ativo. Eles reconheceram que os vários ativos na cadeia alimentar corporativa (títulos com preferência de pagamento, dívida subordinada, ações preferenciais e ações ordinárias) não eram muito diferentes, mas parte de um contínuo. E, embora o detentor do título certamente tenha uma prioridade econômica e também jurídica sobre o acionista, não é a obrigação contratual que dá segurança ao titular, destacam os autores, mas a "capacidade de a empresa devedora honrar seus compromissos". E segue-se que (deixando de lado a proteção fiscal fornecida pelas despesas com juros) os direitos dos detentores de títulos não podem valer mais que aquilo que o patrimônio líquido da empresa valeria para um proprietário que fosse seu detentor livre de qualquer dívida.

Isso pode parecer óbvio, mas não ficou nada claro para os credores da Federated Department Stores (que operava a Bloomingdale's e outras lojas de varejo sofisticadas) durante a mania dos títulos especulativos do final dos 1980. Os bancos de investimento descobriram, sem qualquer pudor, que poderiam vender títulos especulativos a um público crédulo, independentemente da capacidade dos emissores de pagá-las. Em 1988, a Federated concordou com uma aquisição alavancada organizada pelo promotor imobiliário e especulador canadense Robert Campeau, que comprometia a empresa a pagar juros anuais de 600 milhões de dólares daquele momento em diante. Era um montante bastante interessante uma vez que os lucros da Federated eram de apenas 400 milhões de dólares.[4] Assim, os títulos da Federated violaram a regra de que os credores nunca podem extrair mais de uma empresa do que ela de fato possui. (Eles também violavam o senso comum.) Menos de dois anos depois, a Federated entrou com um pedido de falência e seus títulos despencaram. Desnecessário dizer que os investidores não haviam lido Graham e Dodd.

De acordo com os costumes de sua época, *Análise de investimentos* dedica mais tempo aos títulos que se faria hoje (outro sinal de sua origem na época da Grande Depressão é que há pouca menção dos riscos a que a inflação expõe os detentores de títulos). Entretanto, o argumento geral contra a avaliação de valores mobiliários com base em seu tipo ou classificação formal continua tão perspicaz quanto era anteriormente. Os investidores podem ter superado (até demais) o medo das ações, mas caem em armadilhas igualmente simplistas, como supor que investir em um índice do mercado acionário é sempre e eternamente prudente — ou inclusive, até recentemente, que o setor imobiliário "nunca cai". A réplica de Graham e Dodd era atemporal: *a determinado preço*, qualquer ativo pode constituir um investimento adequado, mas, repito, nenhum é seguro apenas por causa de sua forma. Nem o fato de uma ação ser *blue chip* (isto é, amplamente respeitada e disponível no mercado) protege os investidores das perdas. Graham e Dodd citaram a AT&T, que caiu de US$ 494 por ação em 1929, para US$ 36 no meio da Grande Depressão. Os leitores modernos logo pensarão na prole notória da Ma Bell, a Lucent Technologies, que, no final dos anos 1990, foi a mais azul das *blue chips* — queridinhas dos investidores institucionais — até despencar de 80 dólares para menos de 1 dólar.

Graham e Dodd usaram a AT&T e a loucura generalizada do final da década de 1920 para argumentar que a norma para um investimento não poderia se basear em fatores "psicológicos", como popularidade ou renome — pois isso permitiria ao mercado inventar novas normas a cada instante. O paralelo com a bolha da internet no final dos anos 1990 é assustador, uma vez que inventar normas é exatamente o que os chamados investidores fizeram. Os promotores alegavam que as ações não precisavam mais de lucros, e a nata de Wall Street — empresas como Morgan Stanley, Goldman Sachs e Merrill

---

4. Louis Lowenstein, em palestra na Columbia University na primavera de 1989.

Lynch — não hesitava em vender ativos de empresas que não tinham a mínima chance de realizar lucros.

CUIDADO COM A CAPITALIZAÇÃO DA ESPERANÇA

Quando Graham e Dodd alertaram contra "a capitalização de perspectivas futuras inteiramente hipotéticas", poderiam estar se referindo à saga *fin de siècle* do Internet Capital Group (ICG), que fornecia capital inicial para empresas *start-ups* da internet, a maioria das quais tentava iniciar negócios *on-line*. Colocou dinheiro em cerca de 47 dessas empresas incipientes e seu investimento total foi de cerca de 350 milhões de dólares. Então, em agosto de 1999, o próprio ICG abriu seu capital ao preço de US$ 6 por ação. No final do ano, em meio ao frenesi das ações da internet, estava sendo negociado a US$ 170. A esse preço, o ICG era avaliado em, precisamente, 46 bilhões de dólares. Como a empresa tinha pouco valor além de seus investimentos em *start-ups*, o mercado estava presumindo que, em média, suas 47 empresas novatas proporcionariam um retorno médio superior a cem para um. Isso é o que se chama capitalizar a esperança! A maioria dos investidores não obtém um retorno de cem para um nem uma vez em suas vidas. Infelizmente, poucos anos depois, as ações do ICG foram reavaliadas pelo mercado a 25 centavos.

Tais exemplos, apesar de úteis e divertidos, são meramente prescritos; eles nos dizem o que *não* fazer. Somente quando, após considerável discussão, Graham e Dodd delineiam a fronteira entre investimento e especulação, obtemos nosso primeiro vislumbre *do que fazer*. "Uma operação de investimento", dizem em uma frase cuidadosamente escolhida, "é aquela que, após análise minuciosa, promete segurança do principal e retorno satisfatório".

A palavra operativa, nesse caso, é "promete". Ela não pressupõe uma garantia incondicional (algumas promessas, afinal, são quebradas, e alguns investimentos perdem dinheiro). No entanto, pressupõe um grau alto de certeza. Ninguém diria que o ICG "prometia" segurança. No entanto, esse talvez seja um caso demasiadamente fácil. Vamos examinar uma ação mais estabelecida e, de fato, com preço mais razoável: a Washington Mutual. Presumiu-se que a maioria de seus acionistas, no final de 2006, teria se intitulado "investidor". O banco era grande e geograficamente diverso; havia aumentado os lucros nove anos seguidos antes de cair, apenas ligeiramente, em 2006. Ao longo desses dez anos, suas ações muito mais que dobraram.

É verdade que a WaMu, como é conhecida, tinha uma carteira grande de hipotecas, incluindo hipotecas *subprime*. Em todos os cantos dos Estados Unidos, essas hipotecas haviam sido estendidas de maneira cada vez mais precária (isto é, a mutuários de crédito duvidoso), e a inadimplência começara a aumentar. No entanto, a WaMu era muito bem-conceituada. Dizia-se que usava as ferramentas mais sofisticadas de avaliação de risco, e suas declarações públicas eram tranquilizadoras. A carta de fim de ano do presidente elogiou sua empresa por estar "posicionada [...] para proporcionar um desempenho operacional mais forte em 2007". O investidor casual no mercado acionário, até mesmo o profissional, não teria problemas para descrever a WaMu como um "investimento".

Graham e Dodd, no entanto, insistiam que "a segurança deve se basear em estudo e normas", sobretudo o estudo dos balanços publicados. Para 2006, o relatório anual da WaMu indicava um saldo de 20 bilhões de dólares em empréstimos *subprime*, que (embora a publicação da WaMu não fizesse essa conexão) era igual a 80% de seu patrimônio líquido total. Além disso, a carteira *subprime* dobrara em quatro anos. A WaMu adotara a prática de retirar tais empréstimos do balanço, ao securitizá-los e vendê-los a investidores, mas, conforme observado no relatório, se as taxas de inadimplência subissem, o apetite dos investidores pelos empréstimos *subprime* poderia arrefecer e a WaMu poderia acabar sendo obrigada a mantê-los em carteira. E as taxas de inadimplência *estavam* subindo. Os empréstimos *subprime* classificados como "inadimplentes" haviam aumentado 50% no ano anterior, e triplicado em quatro anos. O risco de não pagamento era especialmente agudo, porque a WaMu emitira muitos empréstimos acima do limite tradicional de 80% do valor do imóvel — o que significava que, se o mercado imobiliário enfraquecesse, alguns clientes ficariam devendo mais que o valor de suas casas.

A WaMu tinha uma carteira muito maior, cerca de 100 bilhões de dólares, de hipotecas tradicionais (aquelas com classificação superior a *subprime*). Entretanto, até mesmo muitos desses empréstimos não eram verdadeiramente "tradicionais". Em 60% das hipotecas de sua carteira total, a taxa de juros deveria ser reajustada dentro de um ano, o que significava que seus clientes poderiam enfrentar taxas muito mais altas — e potencialmente impagáveis. A WaMu informou que essas pessoas haviam sido poupadas da possibilidade de execução da hipoteca pelo aumento constante dos preços dos imóveis. Essa era uma afirmação um tanto audaciosa, sobretudo porque, conforme observou o banco, "os níveis de apreciação experimentados nos últimos cinco anos podem não persistir". De fato, a queda do setor imobiliário estava se tornando uma notícia nacional. A WaMu apostara tudo em um mercado ascendente e, agora, o mercado estava afundando.

Analisar essas informações pode parecer um esforço muito grande (o relatório da WaMu tem 194 páginas) e, de fato, implica trabalho. No entanto, ninguém que tenha se dado ao trabalho de ler o relatório anual da WaMu teria concluído que ela prometia segurança. O investidor do tipo Graham e Dodd teria, portanto, sido poupado da dor que todos sentiram quando os preços dos imóveis despencaram e os prejuízos com as hipotecas *subprime* aumentaram acentuadamente. Essas perdas logo se mostraram catastróficas. No final de 2007, a WaMu abandonou o negócio *subprime* e demitiu milhares de funcionários. No quarto trimestre, registrou um prejuízo de quase 2 bilhões de dólares e, ao longo do ano, suas ações sofreram uma queda de 70%.

Uma vez que (como a WaMu descobriu), as tendências do mercado podem mudar rapidamente, Graham e Dodd aconselharam os leitores a investir em uma base mais sólida, ou seja, fundamentada no valor intrínseco de um ativo. Eles nunca — surpreendentemente — definem o termo, mas é fácil compreender seu significado. "Valor intrínseco" significa o valor de uma empresa para quem a possui "para sempre". Logicamente, esse valor deve se basear no fluxo de caixa que fluiria a longo prazo para um proprietário contínuo, diferentemente de uma avaliação especulativa de seu valor de revenda.

A premissa subjacente requer um pouco de fé. De vez em quando, as ações e os títulos são negociados por um valor inferior ao intrínseco, daí, as oportunidades. No entanto, mais cedo ou mais tarde — é aqui que a fé entra em cena — tais títulos devem reverter para seu valor intrínseco (caso contrário, por que investir neles?). Para resumir o ponto central da parte I em linguagem simples, Graham e Dodd disseram aos investidores que deviam procurar títulos que estivessem sendo negociados com um grande desconto em relação ao que de fato valem.

UMA FAIXA DE VALORES

O problema, na época e agora, é como calcular esse valor. Suspeito que os autores se abstiveram deliberadamente de definir valor intrínseco, para que não transmitissem a impressão enganosa de que o valor de um ativo pode ser determinado com precisão. Dados os limites práticos da capacidade das pessoas de fazerem previsões (um relatório de lucros, um romance, o clima ou qualquer outra coisa), os autores recomendam que os investidores pensem em termos de uma gama de valores. Felizmente, isso basta para os objetivos dos investidores. Para citar Graham e Dodd: "é perfeitamente possível decidir visualmente que uma mulher tem idade suficiente para votar sem saber sua idade ou que um homem pesa mais que deveria sem saber seu peso exato".

De qualquer forma, a precisão é desnecessária porque o objetivo é pagar bem *menos* que o valor intrínseco, para que haja uma margem de segurança.

Assim como seria um desafio à sorte atravessar uma ponte carregando o peso máximo admissível, a compra de uma ação por seu valor "cheio" envolveria "um componente especulativo" (uma vez que o cálculo do valor pode estar errado).

Uma nota de advertência um tanto semelhante é que as probabilidades a seu favor não vão conferir ao apostador o elemento de segurança necessário para investir. Graham e Dodd usaram o exemplo de uma roleta imaginária cujas probabilidades haviam sido mudadas para dezenove a dezoito a favor do cliente. Observam os autores: "se o jogador apostar todo o seu dinheiro em um único número, as probabilidades menores a seu favor são de pequena importância". De fato, o investidor seria mal aconselhado a arriscar tudo em uma única rodada, mesmo que as chances estivessem *fortemente* a seu favor.

O fundo multimercado LTCM fez exatamente essa aposta, ou uma série de apostas, em 1998. Cada um de seus negócios foi calculado matematicamente (havia dois vencedores do prêmio Nobel na equipe do fundo), e sua experiência anterior sugeria que as probabilidades estavam a seu favor em cada um desses negócios. No entanto, o LTCM, que era alavancado demais, arriscou muito mais que poderia perder. E suas várias apostas, embora superficialmente não relacionadas, estavam ligadas tematicamente (cada uma era uma aposta de que os prêmios relativos aos riscos dos títulos diminuiriam). Quando uma transação deu errado, todas deram errado, e o lendário fundo foi destruído.

Então, estamos de volta à questão do que *se qualifica* como um investimento. Existe um mito bem disseminado de que Graham e Dodd confiavam exclusivamente no valor contábil de uma empresa para determinar um patamar seguro. Enquanto o valor intrínseco mede o potencial econômico — o que um proprietário pode esperar *tirar* de um ativo —, o valor contábil é um cálculo aritmético daquilo que *foi investido* nele.[5] No entanto, o valor contábil por si só não pode ser determinante. Se você investiu uma quantia igual em, digamos, duas montadoras de automóvel, uma administrada pela Toyota e outra comandada pela General Motors, os valores contábeis seriam iguais, mas seus valores intrínsecos ou econômicos seriam muito diferentes. Graham e Dodd *não* caíram nesse erro; eles declararam claramente que, em termos de previsão da evolução dos preços das ações, o valor contábil era "quase inútil como uma questão prática".

---

5. Tecnicamente, o valor contábil é igual à soma daquilo que foi investido em uma empresa, mais os lucros acumulados, menos os dividendos pagos. Uma definição alternativa, mas matematicamente equivalente, é que o valor contábil é igual ao total dos ativos menos o total dos passivos.

Graham, no entanto, frequentemente encontrou títulos que, apenas com base em seus ativos, depois de estudá-los muito, passavam pelo teste de segurança do principal. Na década de 1930, os mercados estavam tão deprimidos que não era incomum que as ações fossem negociadas por menos do que o valor de seu dinheiro em caixa, mesmo depois de subtrair suas dívidas. (Era como comprar uma casa por menos que a quantidade de dinheiro existente no cofre do quarto e conseguir ficar com o cofre também.) Tais investimentos hiperbaratos são mais escassos hoje devido ao interesse mais amplo no mercado acionário e aos exércitos de investidores, muitas vezes armados com telas de computador, sempre à procura de pechinchas.

CAÇA A PECHINCHAS

No entanto, elas existem. Ações individuais geralmente ficam baratas quando um setor inteiro ou um conjunto de títulos financeiros é vendido indiscriminadamente. No início dos anos 1980, por exemplo, o setor de poupança e empréstimos estava deprimido, e por boa razão. Após a eliminação dos limites regulamentares sobre as taxas de juros, as instituições de poupança e empréstimos foram forçadas a pagar taxas mais altas pelos depósitos a curto prazo do que recebiam pelos empréstimos a longo prazo. Os bancos de poupança mútua (pertencentes a seus depositantes) começaram a abrir seu capital para atrair mais recursos e, à medida que faziam isso, suas ações alcançaram valores muito baixos. O United Savings Bank of Tacoma, por exemplo, foi negociado a apenas 35% do valor contábil. Embora muitas instituições de poupança da época fossem fracas, o Tacoma era rentável e bem capitalizado. "As pessoas não os entendiam", disse um investidor que entendia. "Eles tinham acabado de se converter [de propriedade mútua], eram pequenos, estavam fora do radar das pessoas." Em um ano, o investidor quintuplicou seu dinheiro.

Outra oportunidade surgiu em 1997, após o colapso contagioso dos mercados asiáticos de ações e câmbio. Mais uma vez, as vendas foram indiscriminadas — arruinaram empresas boas e más. Os investidores seguidores de Graham e Dodd responderam oportunisticamente, reservando voos para Hong Kong, Cingapura e Kuala Lumpur. Greg Alexander, que administra dinheiro para a Ruane Cunniff & Goldfarb, leu o relatório anual de todas as empresas asiáticas de que ouvira falar e determinou que a Coreia do Sul, que anteriormente desencorajara o investimento estrangeiro e, portanto, enfrentava uma escassez de capital especialmente aguda, oferecia as melhores pechinchas. Ele voou para Seul e, embora ainda afetado pelo fuso horário, percebeu que estava em um paraíso dos seguidores de Graham e Dodd. Ações baratas estavam penduradas no mercado como frutas maduras. A Shinyoung Securities, uma corretora local que havia comprado um grande número de títulos de alto rendimento do governo sul-coreano quando as taxas de juros estavam no pico, estava sendo negociada a menos de metade do valor contábil. Surpreendentemente, mesmo em 2004, as ações da Daekyo Corp., uma empresa de aulas particulares, estavam sendo negociadas por apenas US$ 20, embora cada uma representasse US$ 22,66 em dinheiro, além de uma parcela dos negócios em andamento. Nos termos de Graham e Dodd, essas ações prometiam segurança porque estavam sendo vendidas por menos que seu valor tangível. Alexander comprou uma dúzia de ações sul-coreanas; o valor de cada uma aumentou várias vezes em um prazo relativamente curto.

A competição por esses valores é mais acirrada nos Estados Unidos, mas podem ser encontrados, sobretudo, de novo, quando alguma tendência mais ampla pune um setor inteiro do mercado. Em 2001, por exemplo, as ações de energia estavam baratas (como estava o preço do petróleo). Graham e Dodd não teriam aconselhado especular com o preço do petróleo — que depende de inúmeros fatores incertos que abrangem, entre outros, a Organização dos Países Exportadores de Petróleo (Opep), a taxa de crescimento da economia chinesa e o clima. Entretanto, como o setor estava deprimido, as empresas de perfuração estavam sendo negociadas por menos do que o valor de seus equipamentos. A Ensco International estava sendo negociada por menos de US$ 15 por ação, enquanto o valor de reposição de suas plataformas era estimado em US$ 35. A Patterson-UTI Energy possuía cerca de 350 plataformas com valor de US$ 2,8 bilhões. No entanto, suas ações estavam sendo negociadas por apenas 1 bilhão de dólares. Os investidores estavam comprando os ativos com um grande desconto. Embora o aumento subsequente do preço do petróleo tenha tornado essas ações um gol de placa, o ponto principal é que os investimentos não dependiam do preço do petróleo. Os investidores seguidores de Graham e Dodd compraram essas ações com uma margem de segurança substancial.

Um tipo mais comum de jogo de ativos envolve desvendar a estrutura corporativa ao focar as várias subsidiárias: às vezes, a soma das peças é maior que o todo. Um caso interessante foi a Xcel Energy em 2002. A Xcel possuía cinco subsidiárias; portanto, a análise das ações exigia alguma desconstrução matemática (Graham tinha uma afinidade natural com cálculos desse tipo). Quatro das subsidiárias eram empresas prestadoras de serviços públicos lucrativas; a outra era uma fornecedora de energia alternativa sobrecarregada de dívidas e aparentemente falida. A controladora não era responsável pela dívida da subsidiária. No entanto, após o colapso da Enron,[6] as companhias com participação em empresas de serviços públicos foram evitadas pelos investidores. "Foi uma época estranha", lembrou um analista de fundos multimercados. "As pessoas estavam vendendo primeiro e examinando depois. O mercado era irracional."

Os títulos da Xcel eram negociados a US$ 0,56 (assim, era possível comprar um título de US$ 1.000 da controladora por apenas US$ 560). E os títulos pagavam uma taxa de juros atraente de 7%. A questão era se a Xcel tinha meios de *pagar* os juros. O investidor de fundo multimercado descobriu que a Xcel tinha 1 bilhão de dólares desses títulos em circulação e que o valor contábil de suas subsidiárias saudáveis era de 4 bilhões de dólares (esse é um exemplo do tipo de número infinitamente útil que pode ser desenterrado dos relatórios das empresas). No papel, portanto, seus ativos eram suficientes para resgatar os títulos com bastante sobra. O investidor de fundo multimercado comprou todos os títulos que conseguiu encontrar.

Quando não havia mais títulos disponíveis, o investidor começou a examinar as ações da Xcel, que estavam deprimidas pelo mesmo motivo de seus títulos. As ações não eram tão seguras (em uma falência, os detentores de títulos têm prioridade para receber). Ainda assim, os cálculos do investidor o convenceram de que a controladora não pediria falência. E as subsidiárias superavitárias estavam lucrando 500 milhões de dólares, mais de 1 dólar por ação. A ação estava sendo negociada a 7 dólares, ou menos de sete vezes os lucros. Então o investidor comprou a ação também.

A subsidiária fraca acabou entrando com um pedido de falência, mas, conforme esperado, isso não reduziu o valor da controladora. Em um ano, o pânico de tais empresas de serviços públicos diminuiu e Wall Street reavaliou a Xcel. Os títulos passaram de US$ 56 a US$ 105. As ações também subiram. O investidor dobrou seu dinheiro em cada uma de suas transações com a Xcel. Nenhuma das duas tinha sido uma transação arriscada; ao contrário, era possível demonstrar, do ponto de vista quantitativo, que cada uma era um investimento Graham e Dodd. "Era um setor seguro e estável", concordou

---

6. A Enron era uma empresa de comercialização de energia e serviços públicos com sede em Houston, Texas, que perpetrou uma das maiores fraudes contábeis da história. Os executivos da Enron empregaram práticas contábeis que inflaram de forma fraudulenta as receitas da empresa e, por algum tempo, a tornaram a sétima maior corporação dos Estados Unidos. Assim que a fraude veio à tona, a empresa rapidamente se desfez e pediu concordata. As ações da Enron chegaram a US$ 90,56 antes da descoberta da fraude, mas despencaram para cerca de US$ 0,25 após a revelação. A ex-queridinha de Wall Street rapidamente se tornou um símbolo do crime corporativo moderno. (N.E.)

o investidor. "Não havia uma porção de riscos ligados ao ciclo de negócios. Acho que Graham teria aprovado."

Por mais intrigantes que sejam os quebra-cabeças tipo Xcel, a maioria das ações é avaliada simplesmente com base em seus lucros. Na realidade, o processo não é "simples". A avaliação de ações envolve calcular o que uma empresa deve ser capaz de ganhar a cada ano, dali para a frente, e não envolve apenas tirar uma fotografia instantânea dos ativos que possui naquele momento. Graham e Dodd, relutantemente, endossaram esse exercício — "relutantemente", pois o futuro nunca é tão certo quanto o presente.

PREVISÃO DE FLUXOS

Prever lucros com qualquer grau de confiança é muito difícil. O melhor guia pode ser apenas aquilo que uma empresa lucrou no passado. No entanto, o capitalismo é dinâmico. Graham e Dodd franziram o cenho ao tentar estimar os lucros das empresas de "natureza inerentemente instável". Devido à rápida evolução da tecnologia, muitas empresas de alta tecnologia são instáveis por natureza ou, pelo menos, imprevisíveis. No final dos anos 1990, a Yahoo! estava vulnerável ao risco de alguém inventar uma ferramenta de pesquisa melhor (alguém fez isso: o Google). McDonald's não corre esse risco. Seu negócio depende, em grande parte, de sua marca, cuja força provavelmente não variará muito de um ano para o outro. E ninguém vai reinventar o hambúrguer. Note-se, no entanto, que o McDonald's não pode ficar parado; a empresa recentemente introduziu o café *espresso* em seu menu, em parte para se defender de concorrentes como Starbucks.

Alguns seguidores contemporâneos de Graham e Dodd (talvez porque Buffett tenha uma aversão notória à alta tecnologia) têm uma noção equivocada de que toda tecnologia é impossível de ser analisada e, portanto, está fora dos limites. Essa regra tão inflexível viola o preceito de Graham e Dodd de que os analistas devem fazer uma análise específica da empresa e dos fatos determinantes. Um exemplo de uma empresa de alta tecnologia que se presta ao tipo de análise de Graham é a Amazon.com. Embora faça negócios exclusivamente pela internet, a Amazon é essencialmente um varejista e pode ser avaliada da mesma maneira que Walmart e Sears, entre outras empresas. A questão, como sempre, é: a empresa fornece uma margem de segurança adequada a determinado preço de mercado? Durante a maior parte da vida curta da Amazon, a ação foi muito cara. Contudo, quando a bolha da internet estourou, os títulos do setor entraram em colapso. O próprio Buffett comprou títulos da Amazon com um desconto considerável após a quebra, quando houve muitas conversas assustadoras de que a Amazon estava indo à falência. Os títulos subiram posteriormente até alcançarem seu valor nominal, e Buffett ganhou uma fortuna. Outro exemplo é a Intel, hoje uma fabricante relativamente madura, cujo volume de *chips* varia com o desempenho da economia, assim como acontecia com a General Motors em épocas anteriores. De fato, hoje a Intel existe há muito mais tempo que a GM existia quando Graham e Dodd estavam escrevendo este livro.

Para estimar os lucros futuros (de qualquer tipo de negócio), *Análise de investimentos* fornece duas regras vitais. Uma, conforme observado, aponta que as empresas com lucros estáveis são mais fáceis de prever e, portanto, preferíveis. Como o mundo se tornou mais instável, esse preceito poderia ser modestamente atualizado da seguinte maneira: quanto mais voláteis os lucros de uma empresa, mais cautelosos devemos ser na estimativa de seu futuro e mais tempo passado deve ser analisado. Graham e Dodd sugeriram dez anos.

A segunda regra refere-se à tendência de os lucros oscilarem, pelo menos até certo ponto, em um padrão cíclico. Portanto, Graham e Dodd fizeram uma distinção vital (e, muitas vezes, desprezada). Os lucros *médios* de uma empresa podem fornecer um guia aproximado para o futuro; a *tendência* dos lucros é muito menos confiável. Qualquer fã de beisebol sabe que, apenas porque um rebatedor com média de .250 passa a acertar .300 durante uma semana, não se pode supor que necessariamente vai rebater tão bem assim pelo resto da temporada. E mesmo que o faça, é provável que volte à forma antiga no ano seguinte. No entanto, os investidores são seduzidos pela tendência; talvez queiram ser seduzidos, pois, como observaram Graham e Dodd, "as tendências levadas a um ponto bem longe no futuro trarão qualquer resultado desejado".

Para entender a distinção entre média e tendência, vamos analisar os lucros por ação da Microsoft na segunda metade da década de 1990. (Cada ano significa o período de doze meses encerrado em junho.)

1995	US$ 0,16
1996	US$ 0,23
1997	US$ 0,36
1998	US$ 0,46
1999	US$ 0,77
2000	US$ 0,91

Embora a média para o período seja de US$ 0,48, os resultados mais recentes são mais altos, e a tendência ascendente é inconfundível. Ao projetar a tendência para o futuro, um analista qualquer, na virada do século, poderia ter calculado números como estes:

US$ 1,10
US$ 1,30
US$ 1,55

Com variações de alguns centavos a mais ou a menos, é exatamente isso que os chamados analistas andaram fazendo. No início de 2000, as ações estavam sendo negociadas acima de US$ 50, com base na expectativa de que os lucros continuariam a aumentar. Entretanto, 2000 foi o pico do ciclo de encomendas de computadores novos. À medida que pedidos novos diminuíram, os lucros da Microsoft despencaram. Em 2001, a empresa lucrou US$ 0,72. No ano seguinte, lucrou apenas US$ 0,50, praticamente igual a sua média em meados da década de 1990. O preço da ação caiu para pouco mais de US$ 20.

A Microsoft, no entanto, não era uma companhia novata da internet. Por mais de vinte anos, sempre fora rentável e, a não ser pela baixa cíclica de 2001-2002, seus lucros aumentavam constantemente. É possível que os investidores tenham exagerado na reação à crise da mesma maneira que, no passado, exageraram as notícias favoráveis. Eles ficaram com medo de que a Google invadisse o território da Microsoft, embora essa preocupação fosse extremamente especulativa. A Microsoft continuou a dominar os sistemas operacionais (de fato, tem quase o monopólio nesse ramo) e gera um fluxo de caixa prodigioso. Além disso, uma vez que tem pouca necessidade de reinvestimento, está livre para empregar seu dinheiro como quiser. (Por outro lado, uma empresa de aviação precisa reinvestir continuamente em aviões novos.) Nesse sentido, a Microsoft é uma empresa inerentemente boa. No ano fiscal de 2007, estava sendo negociada a um múltiplo de apenas quinze vezes o lucro, bem menos que suas características intrínsecas justificavam, dada a força da marca. Quando Wall Street despertou para o fato, suas ações rapidamente subiram 50% de seu ponto mais baixo. Isso demonstra a relação íntima entre preço e valor. A um preço alto, a Microsoft era especulação pura; em baixa, era um bom investimento.

A menção ao fluxo de caixa aponta para uma área na qual *Análise de investimentos* está verdadeiramente ultrapassado. Na década de 1930, as empresas não precisavam divulgar um relatório de fluxo de caixa e praticamente nenhuma delas fazia isso. Hoje, são necessários demonstrativos detalhados do fluxo de caixa, que são indispensáveis para os investidores sérios. O demonstrativo de resultados apresenta o lucro contábil da empresa; o relatório do fluxo de caixa mostra o que aconteceu com seu dinheiro.

Empresas que tentam manipular sua contabilidade, como a Enron ou a Waste Management, sempre podem maquiar o demonstrativo de resultados, pelo menos por um tempo. No entanto, não podem fabricar dinheiro. Assim, quando o demonstrativo de resultados e o demonstrativo do fluxo de caixa começam a divergir, é um sinal de que algo está errado. Na Sunbeam, a popular empresa de eletrodomésticos administrada por "Chainsaw" Al Dunlap, as vendas (pelo menos conforme relatadas pela empresa) de liquidificadores estavam, supostamente, indo de vento em popa, mas o fluxo de caixa não estava. Descobriu-se que Dunlap estava envolvido em uma fraude de grande porte. Embora tenha vendido a empresa, ela entrou em colapso logo depois, e "Chainsaw" foi proibido pela Securities and Exchange Commission de trabalhar como administrador ou diretor de empresa pública daquele momento em diante.

Da mesma forma, quando as ações da Lucent estavam no auge, na verdade, não estava recebendo dinheiro pelos muitos sistemas telefônicos que fornecia, sobretudo para os clientes de países em desenvolvimento. Na verdade, estava emprestando-os enquanto aguardava o pagamento. Embora essas "vendas" fossem contabilizadas no lucro, mais uma vez, a demonstração do fluxo de caixa não mentia.

Essa é uma manobra que Graham teria descoberto, uma vez que um item não recolhido entra no balanço como uma conta a receber, e Graham adorava ler balanços. Graham e Dodd prestavam mais atenção aos balanços, que registram um momento no tempo financeiro, que aos demonstrativos de resultados e aos relatórios de fluxo de caixa, que descrevem a mudança no trimestre ou no ano anterior, porque essas informações não estavam disponíveis ou não eram muito detalhadas. A exigência de publicação dos lucros trimestrais era uma inovação em 1940, e as declarações de lucros não eram divulgadas, como é o caso hoje, com notas de rodapé detalhadas e discussões sobre riscos significativos.

Graham complementava os dados financeiros publicados (embora esses fossem sua fonte principal) com uma mistura extremamente eclética de publicações comerciais e governamentais. Ao pesquisar uma ação de carvão, ele consultava os relatórios da United States Coal Commission; no setor de automóveis, pesquisava o *Cram's Auto Service*. Para os investidores contemporâneos, *na maioria dos casos*, os dados financeiros publicados são exaustivos e confiáveis. Além disso, hoje, os dados dos ramos industriais estão mais amplamente disponíveis.

Um investidor em títulos financeiros dos Estados Unidos enfrenta, portanto, um desafio inimaginável para Graham e Dodd. Enquanto estes sofriam uma escassez de informações, os investidores de hoje enfrentam um excesso. Os demonstrativos financeiros das empresas são mais densos, e as informações na internet são, obviamente, ilimitadas — um fato preocupante, dada a sua qualidade desigual. O desafio é eliminar o que é irrelevante, insignificante ou simplesmente errado, ou melhor, identificar o que é especificamente importante. Isso significaria identificar os problemas de fluxo de caixa da Lucent ou, no caso da WaMu, a exposição às hipotecas *subprime* antes das ações apresentarem problemas.

Como regra geral, os investidores devem dedicar a maior parte de seu tempo aos demonstrativos financeiros do ativo em estudo e necessitam gastar um tempo significativo nos relatórios dos concorrentes. A questão não é apenas memorizar os números, mas entendê-los; como vimos, tanto o balanço como o demonstrativo de fluxo de caixa lançam luz significativa sobre o número importante para Wall Street: os lucros reportados.

Não pode haver uma recomendação absoluta em relação às fontes dos investidores, uma vez que as pessoas aprendem de maneiras diferentes. Walter Schloss,[7] um empregado de Graham que, mais tarde, fez fama como investidor atuando por conta própria, e seu filho e associado Edwin compartilhavam um único telefone para que nenhum deles gastasse tempo demais usando o aparelho. (Os Schloss trabalhavam em um escritório que foi comparado a um armário.) Como os Schloss, muitos investidores trabalham melhor em equipe. Por outro lado, Buffett, que trabalha em um escritório despretensioso em Omaha, é famoso por ser solitário. Seu parceiro, Charlie Munger, reside em Los Angeles, a 2.400 quilômetros de distância e, no dia a dia, Buffett opera, em grande parte, sozinho. Enquanto alguns investidores confiam estritamente nos relatórios financeiros publicados, outros fazem um trabalho braçal substancial. Eddie Lampert, analista de fundos de *hedge*, visitou dezenas de pontos de venda de revendedores de autopeças AutoZone, antes de adquirir uma participação controladora na empresa. Essa foi a maneira que Lampert encontrou para entrar em sua zona de conforto.

---

7. Embora não fosse um "típico corretor" de Wall Street, cercado de computadores por todos os lados, Schloss se tornou uma lenda do mercado. Ele foi responsável por gerir, durante mais de quatro décadas, um fundo de investimento, o WJS Partnership, que teve início em 1955 e garantiu um lucro médio anual de 16% aos seus clientes. Ele estreou em Wall Street ainda jovem, aos 18 anos, no Carl M. Loeb & Co, como corretor. No ano seguinte, tomou gosto pelo mercado financeiro ao ler a obra *Security Analysis* (esta, *Análise de investimentos*) de Benjamin Graham. Discípulo de Graham, Schloss trabalhou ao lado de seu "mentor" na Graham-Newman Partnership até 1955. Durante sua passagem pela Graham-Newman, conheceu um jovem que também começava no mercado e que se tornaria seu grande amigo: Warren Buffett. (N.E.)

INFORMAÇÕES A UM PRÊMIO

Em geral, a maior dispersão da informação pública atualmente valoriza a informação que é exclusiva. A fonte mais provável de informações exclusivas (que me desculpe Schloss) é o telefone. Alguns fundos mútuos contratam ex-jornalistas para encontrar informações "de cocheira". Eles chamam ex-funcionários dos concorrentes para uma avaliação franca da administração; conversam com fornecedores e concorrentes. Um fundo mútuo descobriu que o recém-nomeado *chief executive officer* (CEO) de uma importante empresa financeira havia confessado a um associado que estava nervoso por aceitar o emprego porque não sabia interpretar os informes financeiros. O fundo, que estava analisando as ações, imediatamente perdeu o interesse. Embora nem todos tenham recursos para contratar um detetive particular, algumas pesquisas são eminentemente acessíveis. Um corretor de bolsa empreendedor acompanhava uma de suas ações, a Jones Soda, conversando com os baristas da Starbucks, um dos estabelecimentos onde a Jones era vendida. Quando disseram que a Starbucks estava largando a marca, ele vendeu as ações de imediato. Além disso, existe um tipo específico de convicção que pode ser obtido apenas das respostas dos gestores a perguntas espontâneas. É bom levar em consideração, no entanto, que alguns executivos mentem.

Graham desconfiava particularmente dos executivos (ele não gostava de visitar os analistas por esse motivo). Ele e Dodd advertiram: "Os testes objetivos para aferir a capacidade gerencial são poucos". Assim como é difícil atribuir o devido crédito a um técnico vencedor, é difícil dizer quanto do sucesso de uma empresa é atribuível a seus executivos. Os investidores costumam atribuir à destreza gerencial aquilo que pode ter sido o resíduo de condições favoráveis (ou simplesmente de boa sorte). Os lucros da Coca-Cola estavam subindo acentuadamente no início e em meados dos anos 1990, e o CEO da empresa, Roberto Goizueta — que gostava de se promover agressivamente —, foi homenageado na capa da revista *Fortune*. Goizueta era talentoso, mas seu talento estava totalmente refletido nos lucros da Coca-Cola, e os lucros estavam refletidos no preço das ações. Os investidores, no entanto, deram um passo adiante, elevando a ação a um preço astronômico, equivalente a 45 vezes os lucros, devido a sua fé na capacidade da administração para aumentar os lucros. Graham e Dodd se referiam a isso como "dupla contagem" — ou seja, os investidores compram a ação com base em sua fé na administração e, depois, vendo que a ação subiu, consideram isso como uma prova adicional dos poderes da administração e aumentam o preço da ação ainda mais. Em 1997, um analista da Oppenheimer estava tão apaixonado por Goizueta, que faleceu mais tarde naquele mesmo ano, que escreveu que a Coca-Cola tinha "controle absoluto sobre seus resultados a curto prazo".[8]

Essa fé foi mal colocada por três razões. Primeira, o talento de Goizueta já estava refletido no preço da ação. Segunda, a noção de que a administração tinha "controle absoluto" era um mito, como foi demonstrado quando o crescimento desaqueceu. Terceira, a "administração" dos lucros, na medida em que os gestores tinham controle deles, foi feita com a ajuda de artifícios contábeis duvidosos. Por exemplo, a Coca-Cola costumava vender participações em engarrafadoras e contabilizar os ganhos nos lucros operacionais para gerar seus resultados. A sugestão de que Goizueta era um guru magicamente talentoso foi um sinal de alerta. Em vez de provar que Goizueta tinha o poder de fazer aumentar os lucros no futuro, isso levantava questões sobre a qualidade dos lucros que alcançara no passado. À medida que a realidade atingiu a Coca-Cola, suas ações entraram em um declínio que durou uma década.

Tais exemplos deveriam demonstrar que investir hoje dificilmente é menos arriscado que na época de Graham e Dodd e que o espírito humano continua vulnerável à tentação e ao erro. A complexidade de nossos mercados acentuou ainda mais a necessidade de uma cartilha de investimentos direta, lógica, detalhada e, sobretudo, prudente. Isso e não mais que isso foi o objetivo dos autores. Assim, a parte I apresenta um guia sobre valor intrínseco, uma reflexão sobre o contraste entre o investimento e a especulação e uma introdução à abordagem de Graham e Dodd, sua filosofia, seus estratagemas e orientação e suas ferramentas.

---

8. Roger Lowenstein, *Origins of the crash: the great bubble and its undoing.* Nova York, Penguin Press, 2004, p. 70.

CAPÍTULO 1
ABRANGÊNCIA E LIMITES DA ANÁLISE DE INVESTIMENTOS: CONCEITO DE VALOR INTRÍNSECO

A palavra "análise" tem o sentido conotativo de estudo cuidadoso dos fatos disponíveis e a tentativa de tirar conclusões com base em princípios estabelecidos e em lógica sensata. Analisar faz parte do método científico. Entretanto, ao aplicar a análise ao campo dos títulos financeiros, deparamos com o obstáculo sério de que o investimento não é, por natureza, uma ciência exata. Isso também se aplica, no entanto, ao direito e à medicina, pois neles também a habilidade individual (talento) e o acaso são fatores importantes na determinação do sucesso ou do fracasso. No entanto, nessas profissões, a análise não é apenas útil como indispensável, então é possível que seja verdade para o campo do investimento e, possivelmente, para o da especulação também.

Nas últimas três décadas, o prestígio da análise de investimentos em Wall Street experimentou uma ascensão brilhante e uma queda humilhante — uma história relacionada, mas de modo algum paralela, à evolução dos preços das ações. O avanço da análise de investimentos prosseguiu ininterruptamente até cerca de 1927, cobrindo um longo período em que uma atenção crescente foi dedicada, por todas as partes, aos relatórios financeiros e aos dados estatísticos. No entanto, a "nova era" que começou em 1927 trouxe, no fundo, o abandono da abordagem analítica; e embora alguma ênfase ainda tenha sido, aparentemente, colocada em fatos e números, estes eram manipulados por uma espécie de pseudoanálise de modo a apoiar os delírios do período. O colapso do mercado, em outubro de 1929, não surpreendeu os analistas que não haviam se deixado contagiar pelo entusiasmo generalizado, mas a extensão do colapso dos negócios que posteriormente ocorreu, com seus efeitos devastadores sobre a lucratividade vigente, novamente distorceu seus cálculos. Portanto, o resultado final foi que a análise séria sofreu um duplo descrédito: o primeiro — antes da quebra — devido à persistência de valores imaginários; o segundo — após a quebra — devido ao desaparecimento de valores reais.

As experiências de 1927 a 1933 foram de uma natureza tão extraordinária que dificilmente constituem um critério válido para julgar a utilidade da análise de investimentos. Quanto aos anos desde 1933, talvez haja espaço para uma opinião diferente. No campo de títulos e ações preferenciais, acreditamos que os princípios sólidos de seleção e rejeição encontraram ampla justificativa. Na arena das ações ordinárias, as preferências do mercado tenderam a confundir o ponto de vista conservador, e, de maneira inversa, muitos ativos que pareciam baratos, após análise, apresentaram um desempenho decepcionante. Por outro lado, a abordagem analítica teria dado fortes motivos para acreditar que os preços de ações representativas eram muito altos no início de 1937 e muito baixos um ano depois.

TRÊS FUNÇÕES DA ANÁLISE
1. FUNÇÃO DESCRITIVA

As funções da análise de investimentos podem ser divididas em três categorias: descritiva, seletiva e crítica. Em sua forma mais óbvia, a análise descritiva consiste em organizar os fatos importantes relacionados a uma questão e apresentá-los de maneira coerente e compreensível. Essa função é desempenhada adequadamente para toda a gama de títulos corporativos negociáveis por vários manuais, entre os quais Standard Statistics e Fitch. Um tipo de descrição mais detalhada procura revelar os pontos fortes e fracos na posição de um ativo, comparar seu desempenho com o de outros, de caráter semelhante, e avaliar os fatores que provavelmente influenciarão seu desempenho futuro. Uma análise desse tipo é aplicável a quase todos os ativos privados e pode ser considerada um complemento não apenas ao investimento como também à especulação inteligente, na medida em que fornece uma base factual organizada para a aplicação do raciocínio.

2. FUNÇÃO SELETIVA DA ANÁLISE DE INVESTIMENTOS

Em sua função seletiva, a análise de investimentos vai além e expressa avaliações específicas e próprias. Procura determinar se um ativo deve ser comprado, vendido, retido ou trocado por outro. Que tipos de títulos financeiros ou situações se prestam melhor a essa atividade mais positiva do analista e a quais desvantagens ou limitações ela está sujeita? Pode ser interessante começar com um grupo de exemplos de avaliações analíticas, as quais, mais tarde, poderiam servir de base para uma investigação mais abrangente.

Exemplos de avaliações analíticas. Em 1928, foi oferecida ao público uma grande emissão de ações preferenciais não cumulativas de 6% da St. Louis-San

Francisco Railway Company ao preço de US$ 100. O registro mostrava que, em nenhum ano na história da empresa, os lucros haviam sido equivalentes a 1,5 vez a combinação de encargos fixos e dividendos preferenciais. A aplicação de normas de seleção bem estabelecidas aos fatos, nesse caso, levaria à rejeição do ativo como insuficientemente protegido.

Um exemplo contrastante: em junho de 1932, era possível comprar títulos de 5% da Owens-Illinois Glass Company, com vencimento em 1939, a US$ 70, rendendo 11% até o vencimento. Os lucros da empresa eram muitas vezes superiores a seu compromisso de pagamento de juros — não apenas em tempos normais como também naquele momento de depressão severa. A emissão de títulos estava amplamente coberta apenas pelo ativo circulante, e era seguida por ações ordinárias e preferenciais com um valor de mercado agregado muito alto, considerando-se suas cotações mais baixas. Aqui, a análise teria levado à recomendação desse ativo como um investimento forte e com um preço atraente.

Vamos apresentar um exemplo retirado do campo das ações ordinárias. Em 1922, antes do *boom* dos títulos aeronáuticos, as ações da Wright Aeronautical Corporation eram negociadas na Bolsa de Valores de Nova York por apenas US$ 8, embora estivessem pagando um dividendo de US$ 1, por algum tempo, lucrado mais de US$ 2 por ação e mostrassem mais de US$ 8 por ação em ativos de dinheiro em caixa. Nesse caso, a análise teria estabelecido prontamente que o valor intrínseco do ativo era substancialmente superior a seu preço de mercado.

Agora, consideremos o mesmo ativo em 1928, quando seu preço subira para US$ 280. Na época, os lucros correspondiam a US$ 8 por ação, contra US$ 3,77 em 1927. O rendimento de dividendos era de US$ 2; o valor dos ativos líquidos era inferior a US$ 50 por ação. Um estudo desse quadro deveria ter mostrado, conclusivamente, que o preço de mercado representava, em grande parte, a capitalização de perspectivas futuras inteiramente hipotéticas — em outras palavras, que o valor intrínseco era muito inferior à cotação de mercado.

Um terceiro tipo de conclusão analítica pode ser ilustrado por uma comparação entre os títulos Interborough Rapid Transit Company First and Refunding de 5% e as Collateral Notes de 7%, quando ambas as emissões estavam sendo vendidas ao mesmo preço (digamos, US$ 62) em 1933. As notas de 7% valiam consideravelmente muito mais que as notas de 5%. Cada nota de US$ 1.000 foi garantida por um depósito de US$ 1.736 de valor nominal de 5%. O principal das notas estava vencido; tinham direito ao pagamento total ou à venda da garantia em seu benefício. Os juros anuais recebidos sobre a garantia eram iguais a cerca de US$ 87 por cada nota de 7% (valor este que estava sendo efetivamente distribuído aos detentores de notas), de modo que a receita corrente das notas de 7% era consideravelmente maior do que a das notas de 5%. Quaisquer que sejam os aspectos técnicos que possam ser invocados para impedir os detentores das notas de fazer valer seus direitos contratuais de modo imediato e integral, era difícil imaginar condições em que as notas de 7% não valessem intrinsecamente muito mais que as de 5%.

Uma comparação mais recente do mesmo tipo geral poderia ter sido feita entre as Paramount Pictures First Convertible Preferred, que eram negociadas a US$ 113 em outubro de 1936, e as ações ordinárias negociadas simultaneamente a US$ 15,87. As ações preferenciais eram conversíveis, por opção de seus detentores, em sete vezes o mesmo número de ações ordinárias e carregavam dividendos acumulados de cerca de US$ 11 por ação. Obviamente, a preferencial era mais barata que a ordinária, uma vez que teria de receber dividendos muito substanciais antes que a ordinária recebesse qualquer coisa; também devido ao privilégio de conversão, compartilharia plenamente qualquer subida da ordinária. Se um detentor de ações ordinárias tivesse aceitado essa análise e trocado suas ações por um sétimo do número de preferenciais, como muitos preferiram fazer, logo teria percebido um grande ganho tanto em dividendos recebidos como em valor principal.[1]

Valor intrínseco *versus* preço. A partir dos exemplos anteriores, afirmamos que o trabalho do analista de títulos financeiros pode render resultados concretos de considerável valor prático e que é aplicável a uma gama ampla de situações variadas. Em todos esses casos, ele parece estar preocupado com o valor intrínseco do ativo e, mais particularmente, com a descoberta de discrepâncias entre o valor intrínseco e o preço de mercado. Devemos reconhecer, no entanto, que o valor intrínseco é um conceito ilusório. Em termos gerais, entende-se ser esse valor justificado pelos fatos, por exemplo, ativos, lucros, dividendos, perspectivas definidas, em contraste com, digamos, cotações de mercado estabelecidas por manipulação ou distorcidas por excessos psicológicos. Entretanto, é um erro imenso imaginar que o valor intrínseco é tão definido e tão determinável quanto é o preço de mercado. Algum tempo atrás, o valor intrínseco (no caso de uma ação ordinária) era considerado o mesmo que o "valor contábil", ou seja, era igual aos ativos líquidos da empresa, com um preço justo. Essa

---

1. Para os desdobramentos dos seis exemplos apresentados, ver apêndice B, nota 1, p. 945.

visão do valor intrínseco era bem definida, mas se mostrou quase inútil como uma questão prática, uma vez que nem os lucros médios nem o preço médio de mercado evidenciavam qualquer tendência a serem determinados pelo valor contábil.

Valor intrínseco e "lucratividade". Essa ideia foi substituída por uma visão mais recente, a saber, que o valor intrínseco de uma empresa era determinado por sua lucratividade. No entanto, a palavra "lucratividade" deve implicar uma expectativa bastante confiante em certos resultados futuros. Não basta saber as médias anteriores ou que demonstrem uma tendência definida de crescimento ou de declínio. Deve haver motivos plausíveis para acreditar que essa média ou essa tendência é um guia confiável para o futuro. A experiência mostrou com muita clareza que, em muitos casos, isso está longe de ser verdade. Isso significa que o conceito de "lucratividade", expresso como um número definido, e o conceito derivado de valor intrínseco, indicado como algo igualmente definido e determinável, não podem ser aceitos com segurança como *premissa geral* da análise de investimentos.

Exemplo: Para tornar esse raciocínio mais claro, consideremos um exemplo concreto e típico. O que queremos dizer com o valor intrínseco da ação ordinária da J. I. Case Company, conforme analisada, digamos, no início de 1933? O preço de mercado era de US$ 30; o valor dos ativos por ação era de US$ 176; nenhum dividendo estava sendo pago; o lucro médio nos últimos dez anos fora de US$ 9,50 por ação; os resultados de 1932 mostravam um *déficit* de US$ 17 por ação. Se seguimos o método habitual de avaliação, podemos considerar o lucro médio por ação ordinária nos últimos dez anos, multiplicar essa média por dez e chegar a um valor intrínseco de US$ 95. Entretanto, vamos examinar os números individuais que compõem essa média de dez anos. Eles são apresentados na tabela (p. 108). A média de US$ 9,50 é obviamente nada além do resultado aritmético de dez números não relacionados. Dificilmente se pode sugerir que essa média seja, de alguma forma, representativa das condições *típicas* do passado ou representativa daquilo que pode ser esperado no futuro. Portanto, qualquer número de valor "real" ou intrínseco derivado dessa média deve ser caracterizado como igualmente acidental ou artificial.[2]

---

2. Entre 1933 e 1939, a lucratividade das ações ordinárias da Case variou entre um déficit de US$ 14,66 e lucros de US$ 19,20 por ação, com média de US$ 3,18. O preço variou entre US$ 30,50 e US$ 191,75, fechando, em 1939, a US$ 73,75.

LUCROS POR AÇÃO ORDINÁRIA DA J. I. CASE (em dólares)

1932	17,40*(d)*
1931	2,90*(d)*
1930	11,00
1929	20,40
1928	26,90
1927	26,00
1926	23,30
1925	15,30
1924	5,90*(d)*
1923	2,10*(d)*
Média	9,50

(d) Déficit.

Papel do valor intrínseco no trabalho do analista. Deixe-nos tentar formular uma declaração do papel do valor intrínseco no trabalho do analista que concilie as implicações bastante conflitantes de nossos vários exemplos. O ponto essencial é que a análise de investimentos não procura determinar o valor intrínseco de determinado ativo com exatidão. É preciso apenas estabelecer se o valor é *adequado* — por exemplo, para proteger um título ou justificar a compra de ações — ou se o valor é consideravelmente superior ou inferior ao preço de mercado. Para tais fins, uma medida indefinida e aproximada do valor intrínseco pode ser suficiente. Fazendo uma comparação grosseira, é perfeitamente possível decidir visualmente que uma mulher tem idade suficiente para votar sem saber sua idade ou que um homem pesa mais que deveria sem se saber seu peso exato.

Essa declaração do caso pode ser esclarecida ainda mais por meio de um breve retorno a nossos exemplos. A rejeição das ações preferenciais da St. Louis-San Francisco não exigia um cálculo exato do valor intrínseco dessa rede ferroviária. Bastou mostrar, muito simplesmente, a partir do registro de lucros, que a margem de valor acima dos direitos prévios dos detentores de títulos e de ações preferenciais era estreita demais para garantir segurança. Exatamente o oposto era verdade no caso das Owens-Illinois Glass de 5%. Nesse caso, também, sem dúvida, teria sido difícil chegar a uma avaliação justa do negócio; mas seria muito fácil concluir que esse valor, em qualquer hipótese, excedia em muito o valor da dívida da empresa.

No exemplo da Wright Aeronautical, a primeira situação apresentou um conjunto de fatos que demonstrava que a empresa valia substancialmente mais que US$ 8 por ação ou US$ 1.800.000. No ano mais recente, os fatos foram igualmente conclusivos quanto à empresa não ter um valor razoável de US$ 280 por ação ou de 70 milhões de dólares no total. Teria sido difícil para o analista determinar se a Wright Aeronautical realmente valia US$ 20 ou US$ 40 por ação em 1922 — ou se realmente valia US$ 50 ou US$ 80 em 1929. No entanto, felizmente, não foi necessário decidir sobre esses aspectos para concluir que as ações eram atraentes a US$ 8 e pouco atraentes, do ponto de vista intrínseco, a US$ 280.

O exemplo da J. I. Case ilustra a situação muito mais típica da ação ordinária, na qual o analista não consegue chegar a uma conclusão confiável quanto à relação do valor intrínseco com o preço de mercado. Entretanto, mesmo aqui, *se o preço fosse suficientemente baixo ou alto*, seria possível tirar uma conclusão embasada. Para mostrar a incerteza do cenário, poderíamos dizer que era difícil determinar, no início de 1933, se o valor intrínseco das ações ordinárias da Case era mais próximo de US$ 30 ou de US$ 130. No entanto, se as ações tivessem sido vendidas a um preço tão baixo quanto US$ 10, o analista teria, sem dúvida, razão em declarar que o valor intrínseco era superior ao preço de mercado.

Flexibilidade do conceito de valor intrínseco. A discussão anterior deve indicar o grau de flexibilidade do conceito de valor intrínseco aplicado à análise de investimentos. Nossa noção de valor intrínseco pode ser mais ou menos definida, dependendo do caso específico. O grau de indefinição pode ser expresso por uma "faixa de valor aproximado" bastante hipotética, que aumentaria mais à medida que a incerteza do ambiente aumentasse, por exemplo, de US$ 20 a US$ 40 para a Wright Aeronautical, em 1922, comparado com US$ 30 a US$ 130 para a Case em 1933. Deduz-se que mesmo uma ideia muito indefinida do valor intrínseco pode ainda justificar uma conclusão se o preço atual está muito acima da avaliação máxima ou muito abaixo da avaliação mínima.

Conceito mais definido em casos especiais. O exemplo da Interborough Rapid Transit permite uma linha de raciocínio mais precisa que qualquer uma das outras. Nesse caso, determinado preço de mercado para os títulos de 5% resulta em uma avaliação bem definida para as notas de 7%. Se tivéssemos certeza de que as garantias que embasam as notas seriam adquiridas pelos detentores de notas e distribuídas entre eles, então a relação matemática, ou seja, US$ 1.736 de valor para as de 7% contra US$ 1.000 de valor para as de 5%, acabaria sendo estabelecida pelo mercado com base nessa relação. No entanto, devido a complicações quase políticas no cenário, esse procedimento normal não poderia ser previsto com certeza. Como uma questão prática, portanto, não é possível dizer que os títulos de 7% valem realmente 74% a mais que os de 5%, mas pode-se dizer com certeza que os de 7% valem *substancialmente mais* — o que é uma conclusão muito útil quando os dois ativos estão sendo negociados pelo mesmo preço.

Os ativos da Interborough são um exemplo de um grupo bastante especial de situações em que a análise pode chegar a conclusões mais definidas a respeito do valor intrínseco do que no caso comum. Essas situações podem envolver uma liquidação ou originar operações técnicas conhecidas como "arbitragem" ou "*hedging*". Embora, do ponto de vista abstrato, sejam provavelmente o campo mais satisfatório para o trabalho do analista, sua natureza especializada e sua raridade as tornam relativamente pouco importantes do ponto de vista mais amplo da teoria e da prática de investimentos.

Principais obstáculos ao sucesso do analista. *a. Dados inadequados ou incorretos.* Desnecessário dizer que o analista não pode acertar o tempo inteiro. Além disso, uma conclusão pode estar logicamente correta, mas funcionar mal na prática. Os principais obstáculos para o sucesso do trabalho do analista são três: (1) dados inadequados ou incorretos; (2) incertezas do futuro; e (3) comportamento irracional do mercado. A primeira dessas desvantagens, embora grave, é a menos importante das três. A falsificação deliberada de dados é rara; a maior parte da deturpação decorre do uso de artifícios contábeis que um analista capaz deve conseguir detectar. A ocultação é mais comum que a distorção. Entretanto, a extensão dessa ocultação foi bastante reduzida como resultado da regulamentação, primeiro pela Bolsa de Valores de Nova York e depois pela Securities and Exchange Commission, que exige uma divulgação mais completa e explicações bem detalhadas das práticas contábeis. Se, ainda assim, as informações sobre um ponto importante não forem divulgadas, a experiência e a habilidade do analista devem levá-lo a observar esse defeito e fazer os ajustes necessários para compensá-lo — se, de fato, não puder obter os fatos mediante pesquisas e pressão adequadas. Em alguns casos, sem dúvida, a ocultação escapa à detecção e dá origem a uma conclusão incorreta.

b. Incertezas do futuro. Mais importante ainda é o elemento das mudanças no futuro. Uma conclusão justificada pelos fatos e pelas perspectivas aparentes pode ser modificada por novos desenvolvimentos. Isso levanta a questão do quanto antecipar alterações nas condições é função da análise de investimentos. Adiaremos a consideração desse ponto até nossa discussão sobre os vários fatores que entram nos processos de análise. Está claro, no entanto, que as mudanças futuras são geralmente imprevisíveis e que a análise de investimentos deve prosseguir normalmente com base no pressuposto de que o registro passado oferece, pelo menos, um guia aproximado para o futuro. Quanto mais questionável essa suposição, menos valiosa é a análise. Portanto, essa técnica é mais útil quando aplicada aos títulos com preferência de pagamento (que são protegidos contra mudanças) do que às ações ordinárias; mais útil quando aplicada a uma empresa de natureza inerentemente estável do que a uma sujeita a amplas variações; e, finalmente, mais útil quando realizada em condições gerais razoavelmente normais do que em tempos de grande incerteza e mudança radical.

c. Comportamento irracional do mercado. O terceiro obstáculo à análise de investimentos é encontrado no próprio mercado. Em certo sentido, o mercado e o futuro apresentam o mesmo tipo de dificuldade. Nenhum dos dois pode ser previsto ou controlado pelo analista, mas seu sucesso depende, em grande parte, de ambos. Pode-se pensar que as principais atividades do analista de investimentos envolvem pouca ou nenhuma preocupação com os preços de mercado. Sua função típica é a seleção de títulos de renda fixa de alta qualidade que, mediante investigação, ele considera seguros no que tange aos juros e ao principal. Espera-se que o comprador não preste atenção nas oscilações subsequentes do mercado, mas esteja interessado apenas em saber se os títulos continuarão sendo bons investimentos. Em nossa opinião, essa visão tradicional da atitude do investidor é imprecisa e um tanto hipócrita. Os proprietários de títulos, qualquer que seja sua natureza, estão interessados nas cotações de mercado. Esse fato é reconhecido pela ênfase que a prática do investimento sempre coloca na *liquidez*. Se é importante que um ativo seja prontamente negociável, é ainda mais importante que obtenha um preço satisfatório. Embora, por razões óbvias, o investidor em títulos de alta qualidade tenha uma preocupação menor com as oscilações do mercado que o especulador, estas ainda exercem forte efeito psicológico, se não financeiro, sobre ele. Mesmo nesse campo, portanto, o analista deve levar em conta quaisquer influências que possam afetar adversamente o preço de mercado, bem como aquelas que incidem sobre a segurança básica do ativo.

Com relação às atividades do analista relacionadas à descoberta de títulos subvalorizados e, talvez, supervalorizados, está mais diretamente preocupado com os preços de mercado. Neste ponto, a justificativa para a avaliação deve ser encontrada, em grande parte, no comportamento de mercado do ativo, no final. Pode-se dizer que esse campo de trabalho analítico se baseia em dois pressupostos: primeiro, que o preço de mercado está frequentemente desalinhado do valor real; segundo, que existe uma tendência inerente para essas disparidades se corrigirem. Quanto à veracidade da primeira declaração, pode haver muito pouca dúvida — embora Wall Street às vezes fale levianamente do "julgamento infalível do mercado" e afirme que "uma ação vale o preço pelo qual você pode vendê-la — nem mais nem menos".

Risco de um ajuste tardio do valor. O segundo pressuposto é igualmente verdadeiro na teoria, mas sua aplicação, na prática, é com frequência muito insatisfatória. As subavaliações causadas por negligência ou preconceito podem persistir por um período inconvenientemente longo, e isso também se aplica a preços inflados causados pelo excesso de entusiasmo ou por estimulantes artificiais. O perigo específico para o analista é o surgimento, devido a essa demora, de novos fatores determinantes antes que o preço de mercado se ajuste ao valor que ele calculou. Em outras palavras, no momento em que o preço finalmente reflete o valor, esse valor pode ter mudado consideravelmente, e os fatos e o raciocínio em que sua decisão se baseou podem não ser mais aplicáveis.

O analista deve procurar se proteger contra esse perigo da melhor maneira possível: em parte, ao lidar com aquelas situações que, preferivelmente, não estão sujeitas a mudanças repentinas, em parte, ao favorecer aqueles títulos em que o interesse popular seja grande o suficiente para prometer uma resposta bastante rápida aos elementos de valor, os quais o analista é o primeiro a reconhecer; em parte, ao ajustar suas atividades à situação financeira geral — dando mais ênfase à descoberta de títulos subvalorizados quando as condições de negócios e de mercado estão bem equilibradas e procedendo com maior cautela em tempos de estresse e incerteza anormais.

Relação entre valor intrínseco e cotação de mercado. A questão geral da relação entre o valor intrínseco e a cotação de mercado pode ser esclarecida pelo diagrama a seguir, que apresenta as várias etapas que culminam na cotação de mercado. Ficará evidente, no diagrama, que a influência daquilo que chamamos de fatores analíticos sobre a cotação de mercado é *parcial* e *indireta* — parcial, porque, muitas vezes, compete com fatores puramente especulativos que influenciam o preço na direção oposta; indireta, porque age por intermédio dos sentimentos e das decisões das pessoas. Em outras palavras, o mercado não é uma *balança*, na qual o valor de cada ativo é registrado por um mecanismo exato e impessoal, de acordo com suas qualidades específicas. Ao contrário, devemos dizer que o mercado é uma *máquina de votação*, em que incontáveis indivíduos registram suas escolhas que são produto, em parte, da razão e, em parte, da emoção.

RELAÇÃO ENTRE FATORES DE VALOR INTRÍNSECO E COTAÇÃO DE MERCADO

I. *Fatores gerais de mercado.*
II. *Fatores individuais.*

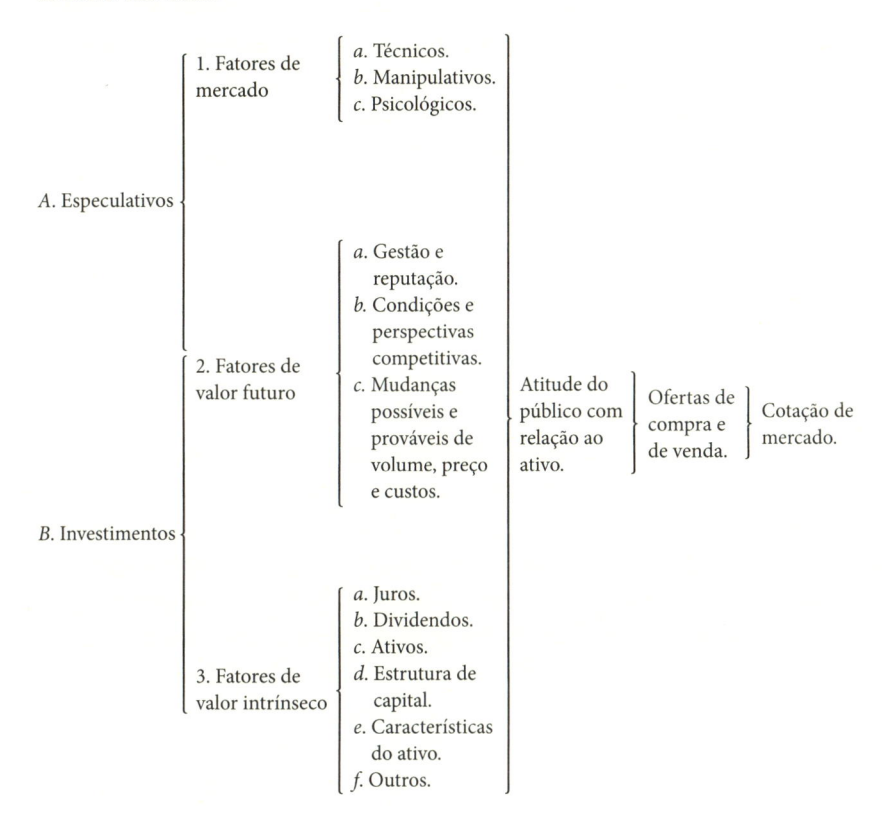

A. Especulativos
- 1. Fatores de mercado
  - a. Técnicos.
  - b. Manipulativos.
  - c. Psicológicos.

B. Investimentos
- 2. Fatores de valor futuro
  - a. Gestão e reputação.
  - b. Condições e perspectivas competitivas.
  - c. Mudanças possíveis e prováveis de volume, preço e custos.
- 3. Fatores de valor intrínseco
  - a. Juros.
  - b. Dividendos.
  - c. Ativos.
  - d. Estrutura de capital.
  - e. Características do ativo.
  - f. Outros.

Atitude do público com relação ao ativo. → Ofertas de compra e de venda. → Cotação de mercado.

ANÁLISE E ESPECULAÇÃO

Pode-se pensar que a análise sólida produza resultados bem-sucedidos em qualquer situação, incluindo aquelas que são confessadamente especulativas, ou seja, aquelas sujeitas a incertezas e riscos substanciais. Se a seleção de ativos especulativos é baseada no estudo especializado da posição das empresas, essa abordagem não ofereceria ao comprador uma vantagem considerável? Admitindo que os eventos futuros sejam incertos, não seria de esperar que os eventos positivos e negativos anulassem uns aos outros, mais ou menos, de modo que a vantagem inicial proporcionada pela análise sólida levaria, na média, a um lucro eventual? Esse é um argumento plausível, porém enganoso, e sua aceitação acrítica contribuiu muito para enganar os analistas. Vale a pena, portanto, detalhar vários argumentos válidos contra a ideia de dar prioridade à análise em situações especulativas.

Em primeiro lugar, aquilo que pode ser chamado de mecânica da especulação envolve sérias desvantagens para o especulador, as quais podem exceder os benefícios conferidos pelo estudo analítico. Essas desvantagens incluem o pagamento de comissões e de juros e o chamado "*spread* de mercado" (a diferença entre os preços das ofertas de compra e venda); acima de tudo, inclui também uma tendência inerente ao prejuízo médio de exceder o lucro médio, a menos que certa técnica de negociação seja seguida, o que contraria a abordagem analítica.

A segunda objeção é que os fatores analíticos subjacentes nas situações especulativas estão sujeitos a alterações rápidas e repentinas. O perigo, já mencionado, de que o valor intrínseco pode mudar antes do preço de mercado refletir esse valor é, portanto, muito mais sério nas situações especulativas que nas de investimento. Uma terceira dificuldade surge das circunstâncias que cercam os fatores desconhecidos, os quais são necessariamente excluídos da análise de investimentos. Em teoria, esses fatores desconhecidos deveriam ter probabilidades iguais de serem favoráveis ou desfavoráveis, portanto, devem neutralizar um ao outro a longo prazo. Por exemplo, muitas vezes é fácil determinar, por meio de análise comparativa, que uma empresa está sendo negociada a um índice preço-lucro muito mais baixo que outra no mesmo ramo, embora ambas aparentemente tenham perspectivas semelhantes. No entanto, é bem possível que o baixo preço do ativo aparentemente atraente se deva a certos fatores desfavoráveis importantes que, embora não divulgados, são conhecidos por aqueles identificados com a empresa — e vice-versa, no caso do ativo sendo negociado a um preço aparentemente superior a seu valor relativo. Nas situações especulativas, os que estão "por dentro" costumam ter uma vantagem desse tipo, o que anula a premissa de que as boas e más mudanças no cenário devem compensar umas às outras e coloca em desvantagem o analista que trabalha com desconhecimento de alguns dos fatos.[3]

Valor da análise diminui à medida que o elemento de sorte aumenta. A objeção final é baseada em fundamentos mais abstratos; no entanto, sua importância prática é muito grande. Mesmo se admitimos que a análise pode conferir ao especulador uma vantagem matemática, ela não garante um lucro. Seus alvos de investimento continuam perigosos; em qualquer caso individual, um prejuízo pode ocorrer; após a conclusão da operação, fica difícil determinar se a contribuição do analista foi positiva ou negativa. Portanto, a posição deste último no

---

3. Para o resultado de um estudo do comportamento do mercado de "ações com índice preço-lucro alto" em comparação com "ações com índice preço-lucro baixo", ver apêndice B, nota 2, p. 946.

campo especulativo é, na melhor das hipóteses, incerta e desprovida de dignidade profissional. É como se o analista e a Fortuna[4] estivessem tocando um dueto no piano da especulação, com a deusa inconstante ditando o ritmo.

De acordo com outra comparação menos imaginativa, poderíamos mostrar, de maneira mais convincente, por que a análise é inerentemente mais adequada aos investimentos que às situações especulativas. (Antecipando uma investigação mais detalhada que faremos em capítulo posterior, presumimos, ao longo deste capítulo, que o investimento implica segurança e que a especulação está ligada a riscos reconhecidos.) Em Monte Carlo, as probabilidades são de 19 contra 18 a favor do titular da roleta, de modo que, em média, ele ganha um dólar em cada 37 apostas feitas pelo público. Isso pode dar uma ideia das probabilidades contra o investidor ou especulador não treinado. Vamos supor que, por meio de algum equivalente de análise, um jogador de roleta seja capaz de reverter as probabilidades de um número limitado de apostas, de modo que agora sejam de 18 contra e de 19 a seu favor. Se ele distribuir suas apostas uniformemente por todo os números, então, qualquer que seja o número que apareça, com certeza ganhará um montante moderado. Essa operação pode ser comparada a um programa de investimentos baseado em análise sólida e realizada em condições gerais propícias.

Entretanto, se o jogador apostar todo o seu dinheiro em um único número, as probabilidades menores a seu favor são de pequena importância em comparação com a questão crucial de saber se o acaso elegerá o número que escolheu. Sua "análise" lhe permitirá ganhar um pouco mais se tiver sorte, porém, não terá valor algum quando a sorte estiver contra ele. Talvez, de forma um pouco exagerada, isso descreva a posição do analista que lida com operações essencialmente especulativas. A mesma vantagem matemática que praticamente assegura bons resultados no campo dos investimentos pode ser totalmente ineficaz em uma situação em que a sorte é a influência dominante.

Pareceria prudente, portanto, considerar a análise como um *complemento* ou um *auxiliar*, em vez de um *guia* na especulação. É apenas onde o acaso desempenha um papel reduzido que o analista pode falar com propriedade, com voz de autoridade, e aceitar a responsabilidade pelos resultados de seus raciocínios.

---

4. No original em inglês, "Dame Fortune". Fortuna era a deusa romana do acaso, da sorte (boa ou má), do destino e da esperança. Corresponde à divindade grega Tique. Era representada com um vaso na mão em forma de chifre, com frutas e flores (antigo símbolo da fertilidade, da riqueza e abundância), e um timão, que simbolizavam a distribuição de bens e a coordenação da vida dos homens, e geralmente estava cega ou com a vista tapada (como a moderna imagem da justiça), pois distribuía seus desígnios aleatoriamente. (N.E.)

3. FUNÇÃO CRÍTICA DA ANÁLISE DE INVESTIMENTOS

Os princípios de investimento financeiro e os métodos de financiamento corporativo necessariamente se enquadram na esfera da análise de investimentos. Raciocínios analíticos são baseados na aplicação de padrões aos fatos. O analista está preocupado com a solidez e a praticidade dos critérios de seleção. Também está interessado no fato de os ativos, sobretudo os títulos e as ações preferenciais, serem emitidos com elementos de proteção adequados e — mais importante ainda — de os métodos adequados de execução dessas garantias fazerem parte da prática financeira aceita.

É muito importante para o analista que os fatos sejam apresentados de uma maneira isenta, e isso significa que deve ser extremamente crítico dos métodos contábeis. Finalmente, deve se preocupar com todas as políticas corporativas que afetam os proprietários de ativos, pois o valor do ativo que analisa pode ser, em grande medida, dependente dos atos da administração. Nessa categoria estão incluídas as questões de estrutura de capitalização, de dividendos e políticas de expansão, a remuneração dos gestores e até mesmo a continuidade ou a liquidação de um negócio não lucrativo.

Sobre esses assuntos de importância variada, a análise de investimentos tem competência para criticar, buscando evitar erros, corrigir abusos e melhor proteger os proprietários de títulos ou ações.

CAPÍTULO 2
ELEMENTOS FUNDAMENTAIS NO PROBLEMA DA ANÁLISE: FATORES QUANTITATIVOS E QUALITATIVOS

No capítulo anterior, abordamos alguns dos conceitos e materiais da análise do ponto de vista de sua influência sobre aquilo que o analista pode esperar alcançar. Vamos agora imaginar o analista no trabalho e perguntar o que são as considerações gerais que fundamentam a abordagem adotada para resolver determinado problema e também qual deve ser sua atitude geral em relação aos vários tipos de informações com os quais precisa lidar.

QUATRO ELEMENTOS FUNDAMENTAIS

O objetivo da análise de investimentos é responder ou ajudar a responder certas questões de natureza muito prática. Dessas, talvez as mais frequentes sejam as seguintes: quais títulos devem ser comprados para determinado objetivo? O ativo S deve ser comprado, vendido ou mantido em carteira?

Nessas perguntas, pode-se dizer que quatro fatores principais estão inseridos, implícita ou explicitamente. São eles:

1. estabilidade;
2. preço;
3. tempo;
4. pessoa.

De forma mais completa, a segunda pergunta típica seria: o ativo S deve ser comprado (ou vendido ou mantido) ao preço P, neste momento M, pelo indivíduo I? Alguma discussão a respeito do significado relativo desses quatro fatores é, portanto, pertinente, e é conveniente considerá-los em ordem inversa.

Elemento pessoal. Este elemento está envolvido, em uma proporção maior ou menor, em cada compra de ativos. O aspecto mais importante é, em geral, a posição financeira do comprador potencial. O que pode ser uma especulação atraente para um empresário não deve, em circunstância alguma, ser tentado por um administrador ou uma viúva com renda limitada. Mais uma vez, os títulos da United States Liberty com taxa de 3,5% não deviam ter sido comprados por aqueles que não se beneficiam da isenção completa de impostos desse título, quando um rendimento bem maior podia ser obtido de ativos governamentais sujeitos à tributação parcial.[1]

Outras características pessoais que, de vez em quando, podem influenciar, de forma apropriada, a escolha de ativos por um indivíduo são seu treinamento financeiro, temperamento, competência e preferências. Contudo, por mais vitais que essas considerações, às vezes, possam acabar sendo, não são, em geral, fatores determinantes na análise. A maioria das conclusões derivadas da análise pode ser expressa em termos impessoais, ou seja, como sendo aplicável à classe dos investidores ou dos especuladores.

Tempo. O momento em que um ativo é analisado pode afetar a conclusão de diversas maneiras. O desempenho da empresa pode ser melhor, ou suas perspectivas podem parecer melhores, em determinado momento, e essas mudanças de circunstância tendem a exercer uma influência variável sobre a percepção do ativo pelo analista. Além disso, os títulos são selecionados com base na aplicação de critérios de qualidade e de rendimento; e ambos — sobretudo o último — vão variar de acordo com as condições financeiras em geral. Um título ferroviário da mais alta qualidade, com rendimento de 5%, parecia atraente em junho de 1931, uma vez que o retorno médio sobre esse tipo de título era de 4,32%. No entanto, a mesma oferta feita seis meses mais tarde não seria tão atraente, pois nesse meio-tempo, os preços dos títulos haviam caído drasticamente e o rendimento desse grupo aumentara para 5,86%. Por fim, quase todos os compromissos de ativos, em certa medida, são influenciados pela visão atual das perspectivas financeiras e dos negócios. Nas operações especulativas, essas considerações são de importância primordial; e embora se espere que, em condições normais, o investimento conservador desconsidere esses elementos, não devem ser ignorados em momentos de estresse e incerteza.

A análise de investimentos, como campo de estudo, deve necessariamente se preocupar, na máxima medida possível, com princípios e métodos válidos em todas as circunstâncias — ou, pelo menos, em todas as condições comuns. Deve-se ter em mente, no entanto, que as aplicações práticas da análise são feitas contra um pano de fundo amplamente influenciado pela mudança dos tempos.

---

1. Em 1927, o rendimento desses títulos de 3,5% foi de 3,39%, enquanto os títulos de 4,5% da United States Liberty, com vencimento, aproximadamente, na mesma época, rendiam 4,08%.

Preço. O preço é parte integrante de toda avaliação abrangente relacionada aos títulos financeiros. Na seleção dos títulos de investimento de alta qualidade, o preço é, em geral, um fator menor, não por uma questão de indiferença, mas porque, na prática, o preço raramente é alto demais. Em consequência, quase toda a ênfase é colocada na questão de saber se o ativo possui garantias adequadas. No entanto, em um caso especial, como a aquisição de títulos *conversíveis* de alta qualidade, o preço pode ser um fator tão importante quanto o grau de segurança. Esse ponto é ilustrado pelos títulos conversíveis de 4,5% da American Telephone and Telegraph Company, com vencimento em 1939, que foram negociados acima de US$ 200 em 1929. O fato de que o principal (à paridade) e os juros tinham garantias, sem dúvida alguma, não impediu o ativo de ser uma compra arriscada demais *a esse preço* — o que, de fato, foi seguido pela perda de mais de metade de seu valor de mercado.[2]

No campo das ações ordinárias, a necessidade de levar em consideração o preço é mais imperativa, uma vez que o perigo de pagar o preço errado é quase tão grande quanto o de comprar um ativo errado. Vamos destacar, adiante, que a teoria de investimento da nova era excluía o preço dos cálculos e que essa omissão gerou consequências desastrosas.

Ativo: natureza da empresa e características do compromisso. Os papéis desempenhados pelo ativo e seu preço em uma decisão de investimento podem ser definidos com mais clareza se postularmos o problema de uma forma um pouco diferente. Em vez de perguntar (1) em que ativo e (2) a que preço, vamos perguntar (1) em que empresa e (2) quais as características das obrigações propostas. Essa perspectiva nos dá um contraste maior e mais equilibrado entre dois elementos básicos da análise. Por *características* do investimento ou especulação, entendemos não apenas o preço como também os dispositivos do ativo e seu *status* ou desempenho no momento.

Exemplo de uma obrigação com características pouco atraentes. Um investimento no tipo mais sólido de empresa pode ser baseado em termos pouco

---

2. As médias anuais de preço para as conversões da American Telephone and Telegraph Company de 4,5%, com vencimento em 1939, eram as seguintes:

Ano	Alta	Baixa
1929	227	118
1930	193,375	116
1931	135	95

sólidos e desfavoráveis. Antes de 1929, o valor dos imóveis urbanos vinha crescendo constantemente por décadas; por isso, passaram a ser considerados, por muitos, como o meio "mais seguro" de investimento. Entretanto, a compra de uma ação preferencial em um empreendimento imobiliário na cidade de Nova York, em 1929, poderia ter envolvido *características* de investimento tão completamente desvantajosas a ponto de eliminar todos os elementos de solidez da proposta. Uma dessas ofertas de ações poderia ser resumida da seguinte forma:[3]

1. *Dispositivos do ativo*. Uma ação preferencial, com classificação subordinada a uma primeira hipoteca substancial e sem direitos absolutos a pagamentos de dividendos ou valor principal. Era classificada à frente de uma ação ordinária que não representava investimento em dinheiro, de modo que os acionistas ordinários não tinham nada a perder, mas muito a ganhar, enquanto os acionistas preferenciais tinham tudo a perder e apenas uma pequena participação no possível ganho.
2. *Status do ativo*. Uma obrigação de um prédio novo, construído a um custo extremamente alto, sem reservas ou capital subordinado aos quais recorrer em caso de surgir algum problema.
3. *Preço do ativo*. Ao par, o retorno de dividendos foi de 6%, muito menor do que o rendimento obtido em *real-estate second mortgages*[4] (segundas hipotecas imobiliárias), com muitas outras vantagens sobre essas ações preferenciais.[5]

Exemplo de uma obrigação com características atraentes. Temos apenas que examinar o setor de energia elétrica e iluminação nos últimos anos para encontrar inúmeros exemplos de títulos financeiros pouco sólidos em uma

---

3. O método de financiamento descrito é aquele utilizado pelas empresas controladoras separadas, organizadas e patrocinadas pela Fred F. French Company e pelas empresas afiliadas, com exceção de algumas das últimas unidades de Tudor City, em cujo financiamento os títulos, conversíveis na paridade em ações preferenciais à opção da empresa, foram substituídas por ações preferenciais no plano financeiro. Ver *The French plan* (10. ed., dez. 1928), publicado e distribuído pela Fred F. French Investing Company, Inc. Ver também "Banks and finance", *Moody's Manual*, 1933, p. 1703-1707.

4. Como consta do original, este termo, *real-state second mortgage*, é um tipo de hipoteca subordinada, feita enquanto a hipoteca original ainda está em vigor. Em caso de inadimplência, a hipoteca original receberia todo o valor da liquidação do imóvel. Em outras palavras, o credor tem o direito de assumir o controle de sua casa se você não pagar o empréstimo. (N.E.)

5. O empreendimento imobiliário de onde tiramos este exemplo deu um bônus de ações ordinárias com as ações preferenciais. As ações ordinárias não tinham valor imediato, mas tinham um valor potencial que, *em condições favoráveis*, poderiam ter viabilizado a compra. Do ponto de vista do investimento, no entanto, as ações preferenciais dessa empresa estavam sujeitas a todas as objeções que detalhamos. Desnecessário dizer que os compradores desses títulos se saíram muito mal em quase todos os casos.

indústria fundamentalmente atraente. Para estabelecer uma comparação, citemos o caso dos títulos Brooklyn Union Elevated Railroad First de 5%, com vencimento em 1950, que eram negociados, em 1932, a US$ 60, de modo a render 9,85% até o vencimento. São títulos do Brooklyn-Manhattan Transit System. O ramo da tração, ou das ferrovias elétricas, há muito tempo é considerado de forma negativa, sobretudo por causa da concorrência com o automóvel, mas também em virtude das dificuldades com a regulamentação e com o contrato de tarifas. Portanto, esse ativo representa um *tipo* de empresa comparativamente pouco atraente. Entretanto, as *características* do investimento encontradas aqui podem muito bem torná-lo um compromisso satisfatório, conforme demonstrado a seguir:

1. *Dispositivos do ativo.* De acordo com o contrato entre a empresa operadora e a cidade de Nova York, este título tinha prioridade absoluta sobre os lucros das redes de metrô e das linhas elevadas da rede, de propriedade da empresa e da cidade, representando um investimento muitas vezes maior que o tamanho dessa emissão.
2. *Status do ativo.* Além da proteção específica muito excepcional, descrita anteriormente, os papéis eram títulos de uma empresa com lucratividade futura estável e aparentemente muito adequada.
3. *Preço do ativo.* Podia ser comprado de modo a render um pouco mais que os títulos de 6% da Brooklyn-Manhattan Transit Corporation, com vencimento em 1968, que ocupavam uma posição subordinada. (No preço mínimo de US$ 68 para o último ativo em 1932, seu rendimento foi de 9%, contra 9,85% dos títulos de 5% da Brooklyn Union Elevated.[6])

Importância relativa das características do título e da natureza da empresa. Nossa distinção entre o caráter da empresa e os termos do compromisso nos leva a questionar qual elemento é o mais importante. É melhor investir em uma empresa atraente em termos pouco atraentes ou em uma empresa não atraente em termos atraentes? A visão popular prefere, sem hesitar, a primeira alternativa, e o faz de forma instintivamente correta, embora não lógica. A longo prazo, a experiência irá, sem dúvida, mostrar que menos dinheiro foi perdido pelo conjunto de investidores que pagaram um preço muito alto por títulos das

---

6. Em 1936, o preço dos títulos de 5% da Brooklyn Union Elevated havia subido para US$ 115,50. Depois de 1937, os lucros da Brooklyn-Manhattan Transit Corporation diminuíram, e o preço desse título caiu para US$ 59. Na compra do sistema pela cidade de Nova York em 1940, no entanto, a forte posição desse título foi reconhecida e seu preço subiu novamente para US$ 92.

empresas mais conceituadas do que aqueles que tentaram garantir uma renda maior ou lucro superior com obrigações em empresas de menor qualidade.

Do ponto de vista da análise, no entanto, esse resultado empírico não fecha a questão. Apenas exemplifica uma regra aplicável a todos os tipos de mercadoria, a saber, que o *comprador não treinado* se sai melhor comprando bens do mais alto valor, mesmo que pague um preço comparativamente alto. Entretanto, é desnecessário dizer que essa não é uma regra para guiar o comprador especialista em bens, pois espera-se que avalie a qualidade por meio de um exame e não apenas por sua reputação, e às vezes ele pode até sacrificar certos graus definidos de qualidade se aquilo que obtiver for adequado a seu propósito e atraente no preço. Essa distinção se aplica tanto à compra de títulos financeiros como à compra de tintas ou relógios. Isso resulta em dois princípios de natureza bastante opostos: aquele adequado para o investidor não treinado e aquele útil apenas para o analista.

1. Princípio para o comprador não treinado de ativos: *não coloque dinheiro em uma empresa de nível baixo, quaisquer que sejam os termos.*
2. Princípio para o analista de títulos financeiros: *quase qualquer ativo pode ser barato em uma faixa de preço e caro em outra.*

Criticamos a colocação de ênfase exclusiva na escolha da empresa com base no argumento de que, muitas vezes, isso induz ao pagamento de um preço demasiadamente alto por um bom ativo. Uma segunda objeção é que a própria empresa pode acabar sendo uma escolha imprudente. É natural e adequado preferir uma empresa grande e bem gerenciada, com um histórico bom e que se espera que mostre lucros crescentes no futuro. No entanto, essas expectativas, embora aparentemente bem fundamentadas, muitas vezes deixam de ser atendidas. Muitas das principais empresas do passado estão hoje em segundo plano. Amanhã é provável que se possa contar uma história semelhante. O exemplo mais impressionante é fornecido pelo declínio persistente na posição relativa dos investimentos no ramo das ferrovias ao longo das duas últimas décadas. A posição de uma empresa é, em parte, uma realidade e, em parte, uma questão de opinião. Nos últimos anos, a opinião dos investidores vem se mostrando extraordinariamente volátil e inconstante. Em 1929, a Westinghouse Electric and Manufacturing Company era considerada, por quase todos, como uma empresa que desfrutava de uma posição industrial extraordinariamente favorável. Dois anos depois, suas ações foram vendidas por muito menos que o ativo líquido circulante sozinho, presumivelmente indicando uma dúvida generalizada quanto a sua capacidade de obter *qualquer* lucro no futuro. A Great Atlantic and Pacific Tea Company, considerada um empreendimento quase milagroso em 1929, caiu de US$ 494 naquele ano para US$ 36 em 1938. Na segunda data, a ação ordinária foi vendida por menos que os ativos em caixa, sendo a preferencial amplamente coberta por outros ativos circulantes.

Essas considerações não contradizem o princípio de que os investidores não instruídos devem limitar-se às empresas mais conceituadas. Deve-se perceber, contudo, que essa preferência lhes é imposta por causa do maiores riscos que enfrentam vindos de outras direções, e não porque os ativos mais populares sejam necessariamente os mais seguros. O analista deve prestar uma atenção respeitosa ao julgamento do mercado e às empresas que ele privilegia fortemente, mas deve manter um ponto de vista crítico e independente. E também não deveria hesitar em condenar o popular e defender o impopular quando existirem razões suficientemente importantes e convincentes.

FATORES QUALITATIVOS E QUANTITATIVOS DA ANÁLISE

Analisar um ativo envolve analisar a empresa. Tal estudo pode envolver um nível ilimitado de detalhes; portanto, deve-se pensar de forma prática para determinar até onde esse processo deve ir. As circunstâncias influenciarão, naturalmente, esse ponto. Um comprador de um título de US$ 1.000 não consideraria que vale a pena fazer uma análise tão completa de um ativo como faria uma grande seguradora que considera a compra de um bloco de 500 mil dólares desse mesmo ativo. O estudo desta última ainda seria menos detalhado que o feito pelos banqueiros de investimento envolvidos no processo de abertura de capital. De outro ângulo, uma análise menos intensiva deve ser feita no momento da seleção de um título de alta qualidade com rendimento de 3% do que na tentativa de encontrar um ativo com garantias seguras e rendimento de 6% ou uma *barganha inquestionável* no campo de ações ordinárias.

Técnica e extensão da análise devem ser limitadas pela natureza e pelos propósitos do título. As habilidades do analista devem incluir um senso de proporção ao usar sua técnica. Ao escolher e lidar com os materiais de análise, deve considerar não apenas a importância e a confiabilidade deles como também a questão da acessibilidade e da conveniência. Não deve ser enganado pela disponibilidade de uma massa de dados — por exemplo, os relatórios fornecidos pelas ferrovias para a Interstate Commerce Commission (ICC) — para preparar estudos elaborados de aspectos não essenciais. Por outro lado, ele deve, com frequência, resignar-se à falta de informações significativas, porque estas só podem ser asseguradas com um dispêndio de mais esforço do que se tem disponível ou do que o problema requer. Isso se aplica, com frequência, a alguns dos elementos envolvidos em uma "análise de empresa" completa — por exemplo, até que ponto uma empresa depende de proteção de patentes ou vantagens geográficas ou condições favoráveis de mão de obra que talvez não perdurem.

Valor dos dados varia de acordo com o tipo de empresa. Acima de tudo, o analista deve reconhecer que o valor de um tipo específico de dado varia muito dependendo do tipo de empresa que está sendo estudada. O histórico de cinco anos de lucros brutos ou líquidos de uma ferrovia ou de uma grande rede de lojas pode oferecer, pelo menos, uma base razoavelmente sólida, talvez conclusiva, para medir a segurança dos ativos com preferência de pagamento e a atratividade das ações ordinárias. Entretanto, as mesmas estatísticas fornecidas por uma pequena empresa produtora de petróleo podem muito bem ser mais enganosas que úteis, uma vez que são, principalmente, o resultado de dois fatores, a saber, preço recebido e produção, os quais, é provável, serão radicalmente diferentes no futuro em comparação com o passado.

Elementos quantitativos *versus* qualitativos da análise. Às vezes, é conveniente classificar os elementos que entram em uma análise em duas categorias: quantitativa e qualitativa. A primeira pode ser chamada de demonstrativo estatístico da empresa. Incluídos nela estariam todos os itens úteis do demonstrativo de receitas e do balanço, bem como os dados específicos adicionais que podem ser fornecidos com relação à produção e aos preços unitários, aos custos, à capacidade, aos pedidos não atendidos etc. Esses vários itens podem ser subclassificados sob os títulos: (1) capitalização; (2) lucros e dividendos; (3) ativos e passivos; e (4) estatísticas operacionais.

Os fatores qualitativos, por outro lado, tratam de assuntos como: a natureza do negócio; a posição relativa da empresa individual na indústria; suas características físicas, geográficas e operacionais; a natureza da gerência; e, finalmente, as perspectivas para a unidade, para a indústria e para os negócios em geral. Perguntas desse tipo não são contempladas normalmente nos demonstrativos financeiros das empresas. O analista deve procurar as respostas em diversas fontes de informação com diferentes graus de confiabilidade — incluindo uma grande dose de pura opinião.

De um modo geral, os fatores quantitativos se prestam muito mais à análise aprofundada que os fatores qualitativos. Os primeiros estão disponíveis em menor número, são mais fáceis de obter e muito mais adequados à formação de conclusões definidas e confiáveis. Além disso, os próprios resultados financeiros resumem muitos dos elementos qualitativos, de modo que um estudo detalhado destes últimos pode não acrescentar qualquer elemento significativo ao quadro. A análise típica de um ativo — como feita, digamos, na circular de uma corretora ou em um relatório emitido por um serviço de estatística — tratará os fatores qualitativos de forma superficial ou resumida e dedicará a maior parte de seu espaço aos números.

Fatores qualitativos: natureza da empresa e suas perspectivas futuras. Os fatores qualitativos sobre os quais se coloca mais ênfase são a natureza da empresa e o caráter da administração. Esses elementos são extremamente importantes, mas também são muito difíceis de abordar de maneira inteligente. Vamos considerar, primeiro, a natureza da empresa, conceito em que se insere a ideia geral de suas perspectivas futuras. A maioria das pessoas tem noções bastante definidas sobre o que é e o que não é "um bom negócio". Esses pontos de vista baseiam-se, em parte, nos resultados financeiros, em parte, no conhecimento de condições específicas da indústria e, em outra parte ainda, em suposições ou preconceito.

Durante grande parte do período de prosperidade geral que vigorou de 1923 a 1929, várias indústrias importantes estavam antiquadas; entre elas, as indústrias de charutos, carvão, artigos feitos de algodão, fertilizantes, couro, madeira serrada, processamento de carne, papel, navegação, ferrovias urbanas, açúcar e artigos de lã. A causa subjacente do atraso dessas indústrias era, em geral, o desenvolvimento de produtos ou serviços competitivos (por exemplo, carvão, produtos feitos de algodão, ferrovias urbanas) ou o excesso de produção e práticas comerciais desleais (por exemplo, papel, madeira serrada, açúcar). Durante o mesmo período, outras indústrias eram muito mais prósperas que a média. Entre elas, estavam as de fabricação de latas, cadeias de lojas, fabricação de cigarros, cinema e empresas prestadoras de serviços públicos. A principal causa desses desempenhos superiores pode ser encontrada no crescimento excepcional da demanda (cigarros, cinema), na ausência ou controle de concorrência (serviços públicos, fabricantes de latas) ou na capacidade de atrair negócios de outros ramos (cadeias de lojas).

É natural supor que as indústrias que se saíram pior que a média estão "desfavoravelmente situadas" e, portanto, devem ser evitadas. O inverso seria presumível, é claro, para aquelas com histórico superior. No entanto, essa conclusão pode, muitas vezes, ser bastante errônea. Condições anormalmente boas ou ruins não duram para sempre. Isso se aplica não apenas aos negócios em geral como também a setores específicos. Forças corretivas são, com frequência, acionadas e tendem a restaurar os lucros onde desapareceram ou a reduzi-los onde são excessivos em relação ao capital.

As indústrias especialmente favorecidas por uma demanda crescente podem se desmoralizar por causa de um crescimento ainda mais rápido da oferta. Isso também ocorre com relação a rádio, aviação, refrigeração elétrica, transporte rodoviário e meias de seda. Em 1922, as lojas de departamentos eram vistas com muito bons olhos por causa de seu excelente desempenho na depressão de 1920-1921, mas não mantiveram essa vantagem nos anos seguintes. As prestadoras de serviços públicos foram impopulares no *boom* de 1919, por causa de seus altos custos; tornaram-se as favoritas dos especuladores e dos investidores em 1927-1929; em 1933-1938, o medo da inflação, a regulamentação tarifária e a concorrência governamental direta minaram, de novo, a confiança do público nelas. Em 1933, por outro lado, a indústria de produtos de algodão — há muito em depressão — avançou mais rápido do que a maioria.

Fator de gestão. Nossa avaliação da importância da seleção de uma "indústria boa" dever ser atenuada pela percepção de que isso não é, de maneira alguma, tão fácil quanto parece. Uma dificuldade semelhante quando se procura selecionar uma equipe gestora com capacidade incomum. Os testes objetivos para aferir a capacidade gerencial são poucos e estão longe de ser científicos. Na maioria dos casos, o investidor deve confiar em uma reputação que pode ou não ser merecida. A prova mais convincente de uma administração capaz está em um histórico comparativo superior ao longo de um período. Entretanto, isso nos traz de volta para os dados quantitativos.

Existe uma forte tendência no mercado de ações para incluir o fator de gestão duas vezes em seus cálculos. Os preços das ações refletem os grandes ganhos que a boa administração produziu, *além* de um substancial incremento para a "boa gestão" considerada em separado. Isso equivale a uma "dupla contagem", o que é uma causa frequente da supervalorização.

Tendência dos lucros futuros. Nos últimos anos, uma importância crescente tem sido atribuída à *tendência dos lucros*. É desnecessário dizer que um histórico de lucros cada vez maiores é um sinal favorável. A teoria financeira foi além, entretanto, e tem procurado estimar os lucros futuros por meio da projeção no futuro de tendências passadas e, em seguida, usar essa projeção como base para avaliar a empresa. Uma vez que esse processo usa números, as pessoas erroneamente acreditam que seja "matematicamente sólido". No entanto, enquanto uma tendência mostrada no passado é um fato, uma "tendência futura" é apenas uma suposição. Os fatores que mencionamos anteriormente que influenciam contra a manutenção de prosperidade ou depressão anormais são, em geral, igualmente opostos à continuação indefinida de uma tendência ascendente ou decrescente. No momento em que a tendência se torna claramente perceptível, as condições para uma mudança podem estar maduras.

Pode-se contrapor que, no que diz respeito ao futuro, é tão lógico esperar que uma tendência passada se mantenha quanto esperar que uma média passada se repita. É provável que isso seja verdade, mas não significa que a tendência seja mais útil à análise que os números individuais ou médios do passado. A análise de investimentos não presume que uma média passada vai ser repetida, mas apenas fornece um índice *aproximado* do que pode ser esperado do futuro. Uma tendência, no entanto, não pode ser usada como um índice aproximado; ela representa uma previsão definida de resultados melhores ou piores e pode estar certa ou errada.

Essa distinção, importante em relação à atitude do analista, pode ser esclarecida com o uso de exemplos. Vamos supor que, em 1929, uma ferrovia mostrava lucros iguais a três vezes seus encargos de juros, em média, nos sete anos anteriores. O analista teria atribuído grande importância a isso, como uma indicação de que seus títulos eram sólidos. É um julgamento baseado em dados e padrões quantitativos. No entanto, não implica uma previsão de que os ganhos, nos próximos sete anos, serão, em média, três vezes superiores aos pagamentos de juros; sugere apenas que não é provável que os lucros caiam tanto abaixo desse padrão de três vezes as despesas com juros a ponto de colocar em risco os títulos. Em quase todos os casos reais, tal conclusão teria sido comprovada, apesar do colapso econômico que ocorreu a seguir.

Agora, vamos considerar um raciocínio semelhante baseado, sobretudo, na tendência. Em 1929, quase todos os sistemas de serviços públicos mostravam um crescimento contínuo dos lucros, mas os encargos fixos de muitos eram tão pesados — em razão das estruturas piramidais de capital — que consumiam quase todo o lucro líquido. Os investidores compraram muitos títulos desses sistemas com base na teoria de que a margem de segurança estreita não era uma desvantagem, uma vez que os lucros certamente continuariam a crescer. Estavam fazendo, portanto, uma previsão de futuro bem definida, e a justificativa de seus investimentos dependia da correção dessa previsão. Se suas previsões estivessem erradas — como ficou provado que estavam —, certamente arcariam com grandes prejuízos.

Tendência é essencialmente um fator qualitativo. Em nossa discussão sobre a avaliação de ações ordinárias, mais adiante neste livro, salientaremos que colocar uma forte ênfase na tendência provavelmente resultará em erros de superavaliação ou subavaliação. Isso é verdade porque nenhum limite pode ser fixado com relação a quanto tempo à frente a tendência deve ser projetada; e, portanto, o processo de avaliação, embora aparentemente matemático, é, na realidade, psicológico e bastante arbitrário. Por esse motivo, consideramos a tendência como fator *qualitativo* em suas implicações práticas, mesmo que seja declarada em termos quantitativos.

Fatores qualitativos resistem a avaliações razoavelmente precisas. A tendência é, de fato, uma declaração das perspectivas futuras na forma de uma previsão exata. De maneira semelhante, a principal importância das conclusões sobre a natureza da empresa e as habilidades da administração reside em sua influência sobre as perspectivas. Todos esses fatores qualitativos têm, portanto, a mesma natureza geral. Todos envolvem a mesma dificuldade básica para o analista, a saber, que é impossível julgar até que ponto podem se refletir adequadamente no preço de determinado ativo. Na maioria dos casos, nas vezes em que são reconhecidos, tendem a ser enfatizados em excesso. Vemos a mesma influência constantemente em funcionamento no mercado geral. Os excessos recorrentes de suas subidas e quedas são devidos, em última análise, ao fato de que, quando os valores são determinados principalmente pelas perspectivas, as avaliações resultantes não estão sujeitas a qualquer controle matemático e são quase inevitavelmente levadas a extremos.

A análise envolve, sobretudo, valores que são apoiados em fatos e não valores que dependem, em especial, das expectativas. Nesse aspecto, a abordagem do analista é diametralmente oposta à do especulador, ou seja, aquele cujo sucesso depende de sua capacidade de previsão ou de adivinhar acontecimentos futuros. Desnecessário dizer que o analista deve levar em consideração possíveis mudanças futuras, mas seu objetivo principal não é *lucrar* com elas, mas se *proteger* delas. *Grosso modo*, ele vê o futuro das empresas como um risco que suas conclusões devem levar em conta e não como a fonte de sua justificação.

Estabilidade inerente, um fator qualitativo importante. Assim, resulta que o fator qualitativo em que o analista deveria estar mais interessado é o da *estabilidade inerente*. Estabilidade significa resistência à mudança e, portanto, maior confiabilidade nos resultados apresentados no passado. A estabilidade, como a tendência, pode ser expressa em termos quantitativos — por exemplo, declarar que os lucros da General Baking Company durante 1923-1932 nunca foram inferiores a dez vezes os encargos de juros de 1932, ou que os lucros operacionais de Woolworth entre 1924 e 1933 variaram apenas entre US$ 2,12 e US$ 3,66 por ação ordinária. Contudo, em nossa opinião, a estabilidade é, na verdade, uma característica qualitativa, uma vez que deriva, em primeira instância, da natureza da empresa e não de seu registro estatístico. Um registro estável sugere que a empresa é inerentemente estável, mas essa sugestão pode ser refutada por outras considerações.

Exemplos: Esse aspecto pode ser visto pela comparação de duas ações preferenciais no início de 1932, a saber, as da Studebaker (motores) e as da First National Stores (mercearia), ambas negociadas acima do valor nominal. Os dois casos eram semelhantes, pois ambos divulgavam uma margem continuamente satisfatória acima dos requisitos de dividendos preferenciais. Os números da Studebaker eram mais impressionantes, no entanto, como a tabela a seguir indica:

NÚMERO DE VEZES EM QUE O DIVIDENDO PREFERENCIAL FOI COBERTO

First National Stores		Studebaker	
Período	Número de vezes cobertos	Ano calendário	Número de vezes cobertos
Ano calendário: 1922	4,0	1922	27,3
Ano calendário: 1923	5,1	1923	30,5
Ano calendário: 1924	4,9	1924	23,4
Ano calendário: 1925	5,7	1925	29,7
15 meses, encerrado em 31 de março de 1927	4,6	1926	24,8
Ano terminado em 31 de março de 1928	4,4	1927	23,0
Ano terminado em 31 de março de 1929	8,4	1928	27,3
Ano terminado em 31 de março de 1930	13,4	1929	23,3
Média anual	6,3		26,2

Porém, o analista precisa ir além dos meros números e considerar a natureza inerente dos dois negócios. O negócio de cadeia de supermercados continha em si muitos elementos de relativa estabilidade, como demanda estável, locais diversificados e giro de estoque rápido. Uma grande empresa típica desse campo, desde que se abstivesse de políticas imprudentes de expansão, provavelmente não sofreria oscilações muito grandes em seus lucros. No entanto, a situação da montadora de automóveis típica era bem diferente. Apesar da estabilidade razoável do setor como um todo, as empresas individuais estavam sujeitas a variações extraordinárias, devido, sobretudo, aos caprichos da preferência popular. A estabilidade dos lucros da Studebaker não podia ser sustentada por nenhuma lógica convincente que demonstrasse que essa empresa desfrutava de imunidade, especial e permanente, às vicissitudes às quais a maioria de seus concorrentes havia se mostrado vulnerável. A solidez das preferenciais da Studebaker repousava, portanto, em grande parte, em uma demonstração estatística estável que se encontrava em desacordo com a natureza geral da indústria, no que diz respeito a suas empresas individuais. Por outro lado, o histórico satisfatório das preferenciais da First National Stores estava em consonância estreita com o que, em geral, pensava-se ser a natureza inerente do negócio. Esta última consideração deveria ter tido um grande peso para o analista e deveria ter feito as preferenciais da First National Stores parecerem intrinsecamente mais sólidas como um investimento de renda fixa que as preferenciais da Studebaker, apesar de o registro *estatístico* da empresa automobilística ser mais impressionante.[7]

Resumo. Para resumir esta discussão dos fatores qualitativos e quantitativos, podemos enfatizar que as conclusões do analista devem sempre repousar nos números e em testes e critérios estabelecidos. Esses números por si só não são *suficientes*; eles podem ser completamente anulados por considerações qualitativas com implicações contrárias. Um ativo pode ter um desempenho estatístico satisfatório, mas as dúvidas quanto ao futuro ou a desconfiança com relação à administração podem, corretamente, causar sua rejeição. Mais uma vez, é provável que o analista atribua uma importância primordial ao elemento qualitativo de *estabilidade*, uma vez que sua presença significa que conclusões baseadas em resultados passados, provavelmente, não serão contraditos por acontecimentos inesperados. É verdade também que estará muito mais confiante ao selecionar um ativo se puder contar com um demonstrativo quantitativo adequado aliado a fatores qualitativos extraordinariamente favoráveis.

No entanto, sempre que a obrigação depende, em grau substancial, desses fatores qualitativos — ou seja, sempre que o preço for consideravelmente superior ao que os números por si só justificariam —, é porque falta a base analítica para aprovação. Na frase matemática, uma demonstração estatística satisfatória é uma *condição necessária*, embora de forma alguma suficiente, para uma decisão favorável do analista.

---

7. Desde então, a First National Stores mostrou pouca variação em sua lucratividade; a ação preferencial foi resgatada em 1934 e nos anos posteriores. Os lucros da Studebaker caíram após 1930; um administrador judicial foi nomeado em 1933; e a ação preferencial perdeu quase todo o seu valor.

CAPÍTULO 3
FONTES DE INFORMAÇÃO

É impossível discutir ou mesmo listar todas as fontes de informação que o analista pode considerar vantajosa consultar em um momento ou outro durante seu trabalho. Neste capítulo, apresentamos um resumo conciso das fontes mais importantes, bem como algumas observações críticas sobre elas; também procuramos transmitir, por meio de exemplos, uma ideia da natureza e da utilidade da grande variedade de fontes especiais de informação.

DADOS SOBRE AS CARACTERÍSTICAS DO ATIVO

Vamos supor que, no caso típico, o analista busque dados sobre: (1) as características do ativo específico, (2) a empresa e (3) o setor. Os dispositivos do ativo em si estão resumidos nos manuais de ativos ou dos serviços estatísticos. Para obter informações mais detalhadas sobre o contrato de um título, o analista deve consultar a escritura de emissão (ou escritura fiduciária), uma cópia que pode ser obtida ou inspecionada no escritório do agente fiduciário. Os termos das respectivas emissões de ações de uma empresa são dispostos em sua carta constitucional (ou contrato social) e nos estatutos. Se a ação é listada em bolsa, esses documentos estão arquivados na Securities and Exchange Commission e na bolsa de valores em questão. No caso, tanto dos títulos como das ações, pedidos de registro — que são facilmente obtidos — contêm quase todos os dispositivos significativos. Os prospectos de lançamento de ativos novos também contêm esses dispositivos.

DADOS SOBRE A EMPRESA

Relatórios aos acionistas (incluindo comunicados provisórios à imprensa). Passando agora à *empresa*, a principal fonte de dados estatísticos é, naturalmente, os relatórios divulgados aos acionistas. Esses relatórios variam muito com respeito a frequência e abrangência, como o resumo a seguir mostra.

Todas as ferrovias importantes fornecem dados *mensais*, incluindo o lucro líquido após os aluguéis (lucro operacional líquido da ferrovia). A maioria carrega os resultados para baixo por causa dos dividendos (lucro líquido). Muitas publicam números de uso de vagões *semanalmente*, e algumas publicam lucros brutos semanalmente. Os relatórios anuais publicam dados financeiros e operacionais com detalhes consideráveis.[1]

O prazo usual de divulgação de relatórios das empresas prestadoras de serviços públicos varia entre *trimestral* e *mensal*. Os dados incluem, regularmente, o lucro bruto, o lucro líquido após impostos e o saldo de dividendos. Algumas empresas divulgam apenas uma média móvel de doze meses — por exemplo, a American Water Works and Electric Company (mensal) e a North American Company (trimestral). Muitas fornecem valores de quilowatt-hora vendidos *semanal* ou *mensalmente*.

Indústrias. As práticas seguidas pelas indústrias são, em geral, uma questão de política individual. Em alguns ramos industriais, existe uma tendência para a maioria das empresas seguirem a mesma abordagem.

1. Demonstrativos mensais. A maioria das cadeias de lojas divulga suas vendas mensais em dólares. Antes de 1931, os produtores de cobre publicavam regularmente sua produção mensal. A General Motors publica vendas mensais em unidades.

Entre 1902 e 1933, a United States Steel Corporation publicou sua carteira de pedidos não atendidos todo mês, mas, em 1933, substituiu esse número por entregas mensais em toneladas. A Baldwin Locomotive Works divulga dados mensais de despachos, novos pedidos e pedidos não atendidos em dólares. O Standard Oil Group, de empresas de oleodutos, publica estatísticas mensais de operações em barris.

De tempos em tempos, empresas individuais publicam dados mensais de lucro líquido, mas essas práticas tendem a ser esporádicas ou temporárias (por exemplo, Otis Steel, Mullins Manufacturing, Alaska Juneau).[2] Existe uma tendência a inaugurar extratos mensais durante períodos de melhoria e descontinuá-los quando ocorre uma queda nos lucros. Às vezes, dados mensais são incluídos nos demonstrativos trimestrais — por exemplo, a United States Steel Corporation antes de 1932.

2. Demonstrativos trimestrais. A publicação de resultados trimestrais é considerada o procedimento padrão em quase todas os ramos. A Bolsa de Valores de Nova York vem pedindo relatórios trimestrais com vigor crescente e, em geral, tem conseguido que suas demandas sejam atendidas nos

---

1. Algumas ferrovias enviam a todos os acionistas um relatório anual condensado, mas também oferecem o envio de um relatório mais abrangente, caso seja solicitado.

2. Os dados da Alaska Juneau — um tanto abreviados — continuaram a ser divulgados de 1925 ao final de 1939. Em 1938, a Caterpillar Tractor começou a publicar mensalmente um demonstrativo de receita completa e um balanço. Isso não é, de fato, um feito tão extraordinário, pois a maioria das empresas fornece esses dados a seus diretores.

casos de listagem de títulos novos ou adicionais. Certos tipos de empresas são considerados — ou se consideram — isentos dessa exigência por causa da natureza sazonal de seus resultados. Esses ramos incluem produção de açúcar, fertilizantes e implementos agrícolas. As oscilações sazonais podem ser ocultadas por meio da publicação trimestral de médias móveis de doze meses dos lucros. Este é o procedimento adotado pela Continental Can Company.[3]

Não é fácil entender por que todos os grandes fabricantes de cigarros e a maioria das lojas de departamentos deixem de publicar seus resultados durante um ano inteiro. É inconsistente também que uma empresa como a Woolworth publique dados mensais de faturamento, porém não divulgue demonstrativos de lucros líquidos em intervalos inferiores a um ano. Muitas empresas individuais, pertencentes a praticamente todos os ramos da indústria, ainda não publicam relatórios trimestrais. Em quase todos os casos, dados de períodos intermediários estão disponíveis para os gestores, mas são negados aos acionistas sem justificativa alguma.

Os dados apresentados nas demonstrações trimestrais variam desde o simples valor de lucros líquidos (às vezes, sem levar em consideração a depreciação ou os impostos federais) até uma apresentação muito detalhada do demonstrativo de receita e do balanço, com as observações do presidente anexadas. A General Motors Corporation é um exemplo excelente desta última prática.

3. *Relatórios semestrais.* Estes não parecem ser uma prática padrão para qualquer ramo industrial, exceto, possivelmente, as empresas de borracha. Algumas empresas individuais apresentam relatórios semestrais, por exemplo, American Locomotive e American Woolen.

4. *Relatórios anuais.* Toda empresa cotada em bolsa emite um relatório anual de algum tipo. O demonstrativo anual é, em geral, mais detalhado que aqueles que cobrem períodos intermediários. Muitas vezes, contém comentários — nem sempre esclarecedores — do presidente ou do presidente do conselho, relacionados aos resultados do ano anterior e às perspectivas futuras. O destaque do relatório anual, no entanto, é que apresenta, invariavelmente, a posição do balanço.

As informações fornecidas no demonstrativo de receita variam bastante em extensão. Alguns relatórios fornecem apenas os lucros disponíveis para

---

3. Em março de 1936, a Bolsa de Valores de Nova York sugeriu que todas as empresas listadas seguissem esse procedimento em vez de publicarem os lucros trimestrais usuais. Essa sugestão despertou grande oposição e foi retirada no mês seguinte.

dividendos e o valor dos dividendos pagos, por exemplo, os relatórios da United States Leather Company.[4]

Demonstrativo de receitas. Em nossa opinião, um demonstrativo de receitas anual não é razoavelmente completo, a menos que contenha os seguintes itens: (1) faturamento, (2) lucro líquido (antes dos itens a seguir), (3) depreciação (e esgotamento), (4) encargos de juros, (5) receita não operacional (em detalhes), (6) impostos, (7) dividendos pagos, (8) ajustes no excedente (em detalhes).

Antes da promulgação da Securities Exchange Act (Lei de Valores Mobiliários),[5] infelizmente era verdade que menos da metade de nossas indústrias fornecia esse conjunto bastante modesto de informações. (Por outro lado, os dados relativos às ferrovias e às empresas prestadoras de serviços públicos têm sido uniformemente adequados.) Os regulamentos da Securities and Exchange Commission exigem agora que praticamente todas essas informações sejam publicadas no formulário de registro original Form 10[6] e nos relatórios anuais

---

4. A Pocohantas Fuel Company parece ter sido a única empresa que, embora listada na Bolsa de Valores de Nova York, publicava apenas um balanço anual e não fornecia demonstrativos de resultados de qualquer tipo. Seus títulos foram retirados da listagem em outubro de 1934. As negociações na New York Curb incluem uma série de "ativos não listados" — datados dos dias anteriores ao estabelecimento da Securities and Exchange Commission — que não estão sujeitos a suas exigências. Entre esses papéis estão empresas como a American Book, que não publica um demonstrativo de receitas, e a New Jersey Zinc, que publica um demonstrativo de receitas, mas nenhum balanço. Empresas cujos ativos são comercializados diretamente no mercado de balcão e, portanto, não estão sujeitos à regulamentação da Securities and Exchange Commission, costumam publicar apenas relatórios anuais. Estes tendem a ser menos detalhados que os demonstrativos de empresas listadas, sendo especialmente propensos a omitir o valor de faturamento e os números de depreciação. A grande maioria fornece um balanço e um demonstrativo de receita, mas as exceções são bastante numerosas. Um exemplo divertido é o da Dun & Bradstreet Corporation. Esse fornecedor de informações financeiras não revela seus lucros aos próprios acionistas. Outras empresas que omitem os demonstrativos de receitas são Bemis Brothers' Bag, Joseph Dixon Crucible (desde 1935), Glenwood Range, Goodman Manufacturing, Perfection Stove, Regal Shoe, etc.

5. O Securities Exchange Act (SEA) de 1934 foi criado para regulamentar as operações de títulos no mercado secundário, após a emissão, garantindo mais transparência e precisão financeira e menos fraude ou manipulação. A SEA autorizou a formação da Securities and Exchange Commission (SEC), o braço regulador da SEA. A SEC tem o poder de supervisionar os valores mobiliários — ações, títulos e valores mobiliários de balcão — bem como os mercados e a conduta dos profissionais de finanças, incluindo corretores, distribuidores e consultores de investimento. Também monitora os relatórios financeiros que as empresas de capital aberto são obrigadas a divulgar. (N.E.)

6. Form 10 é um arquivo da Securities and Exchange Commission, também conhecido como Formulário Geral para Registro de Títulos. É usado para registrar uma classe de títulos para negociação potencial nas bolsas de valores dos Estados Unidos. Qualquer empresa com mais de 10 milhões de dólares em ativos totais e 750 ou mais acionistas deve apresentar um Form 10 à SEC. Qualquer empresa abaixo desses limites pode preencher um Form 10 voluntariamente. A declaração de registro do Form 10 entra automaticamente em vigor sessenta dias após o arquivamento. (N.E.)

dos anos seguintes (Form 10-K).⁷ Um grande número de empresas solicitou à comissão que seus volumes de faturamento fossem mantidos confidenciais, com o argumento de que a divulgação seria prejudicial para a empresa. A maioria desses pedidos foi retirada ou negada.⁸

O padrão de *completude razoável* dos relatórios anuais, sugerido anteriormente, de modo algum inclui todas as informações que poderiam ser apresentadas aos acionistas. Os relatórios da United States Steel Corporation podem ser considerados como um modelo de abrangência. Os dados fornecidos pela empresa, além de nossos requisitos padrões, incluem os seguintes itens:

1. Produção e vendas em unidades. Taxa de capacidade operacional.
2. Divisão de faturamento entre:
   - doméstico e estrangeiro.
   - intercompanhia e terceiros.
3. Detalhes das despesas operacionais:
   - salários, tabelas de salários e número de funcionários.
   - impostos estaduais e locais pagos.
   - vendas e despesas gerais.
   - detalhes e valor de gastos com manutenção.
4. Detalhes das despesas de capital durante o ano.

---

7. *Form 10-K* é um relatório anual exigido pela Securities and Exchange Commission (SEC) que fornece uma visão abrangente dos negócios da empresa e da condição financeira e inclui demonstrações financeiras auditadas. O *10-K* inclui informações como histórico da empresa, estrutura organizacional, remuneração de executivos, patrimônio líquido, subsidiárias e demonstrações financeiras auditadas, entre outras informações. (N.E.)

8. Algumas empresas, por exemplo, a Celanese Corporation of America, conseguiram obter um *status* confidencial para seu valor de faturamento por alguns anos, antes de 1938. Em alguns dos casos, possivelmente na maioria, pedidos posteriores foram negados, e os volumes de vendas acabaram sendo publicados posteriormente. Nosso estudo dos relatórios de 1938 de praticamente todas as indústrias listadas na Bolsa de Valores de Nova York (648 empresas) mostrou que apenas oito haviam deixado de revelar seu valor de faturamento até o final do ano seguinte. A Securities and Exchange Commission aconselhou que o tratamento confidencial do valor de faturamento fosse concedido a uma empresa (United Fruit) e que nenhuma decisão fosse tomada em relação às outras sete (American Sumatra Tobacco, Bon Ami, Collins & Aikman, Mathieson Alkali, Mesta Machine, Sheaffer Pen, United Engineering and Foundry), até dezembro de 1939. Vários ativos, por exemplo, a Trico Products Corporation, deixaram de ser registrados e foram retirados da lista dos cotados na bolsa, presumivelmente, pela recusa em fornecer o valor do faturamento. A retirada da Marlin Rockwell Corporation da lista, em 1938, pode ser atribuída à mesma razão. As bolsas de valores apoiaram uma emenda à legislação com o intuito de exigir transparência abrangente no caso dos ativos negociados no mercado de balcão, para acabar com o que consideram uma vantagem injusta. Muitas empresas ainda fornecem a seus acionistas, em seus relatórios anuais, muito menos informações do que registram na Securities and Exchange Commission. O Corporation Records Service, da Standard Statistics, no entanto, regularmente publica os dados da comissão como dados suplementares.

5. Detalhes dos estoques.
6. Detalhes dos ativos próprios.
7. Número de acionistas.

A planilha de balanço. O formato do balanço é mais padronizado que o do demonstrativo de receitas e não costuma oferecer motivos para críticas. Anteriormente, um defeito generalizado dos balanços era a falta de separação dos ativos fixos intangíveis dos tangíveis, mas isso agora é bastante raro no caso dos ativos listados. (Entre as empresas que, desde 1935, divulgaram o valor do patrimônio de marca (*goodwill*),[9] anteriormente incluído entre seus ativos, estão American Steel Foundries, American Can, Harbison Walker Refractories, Loose-Wiles Biscuit e United States Steel. Em quase todos esses casos, foi dada baixa no patrimônio de marca contra os excedentes.)

É justo criticar a prática de muitas empresas de declarar apenas o valor *líquido* da conta de ativos, sem mostrar a dedução da depreciação. Outras deficiências, por vezes encontradas, são a falta de indicação do valor de mercado dos títulos possuídos, por exemplo, a Oppenheim Collins and Company em 1932; a identificação de "investimentos" como comercializáveis ou não líquidos, por exemplo, a Pittsburgh Plate Glass Company; a avaliação do inventário pelo menor custo ou preço de mercado, por exemplo, a Celanese Corporation of America em 1931; a declaração da natureza de reservas diversas, por exemplo, a Hazel-Atlas Glass Company; e a indicação da quantidade de títulos próprios da empresa mantidos em tesouraria, por exemplo, a American Arch Company.[10]

Relatórios periódicos para órgãos públicos. As ferrovias e a maioria das prestadoras de serviços públicos são obrigadas a fornecer informações a várias comissões federais e estaduais. Uma vez que esses dados são, em geral, mais detalhados que os demonstrativos para os acionistas, oferecem uma fonte suplementar útil de material. Algumas ilustrações práticas do valor desses relatórios para comissões podem ser pertinentes.

---

9. *Goodwill* é um valor reconhecido pela contabilidade financeira e pode aparecer quando ocorre a venda de uma empresa ou de parte dela. Também pode ser conhecido como ágio. Um *goodwill* ocorre quando o valor oferecido na compra da empresa é maior do que o valor contábil ou o valor justo dela. Esse adicional fica registrado como um ativo intangível. (N.E.)

10. Vários desses pontos fizeram parte de uma prolongada disputa entre a Bolsa de Valores de Nova York e a Allied Chemical and Dye Corporation, que foi encerrada, para a satisfação da Bolsa, em 1933. Entretanto, os relatórios anuais da empresa para os acionistas ainda são inadequados, na medida em que não fornecem volumes de vendas, despesas ou depreciação.

Por muitos anos antes de 1927, a Consolidated Gas Company of New York (depois Consolidated Edison Company of New York) era uma "ação misteriosa" em Wall Street, porque fornecia muito pouca informação a seus acionistas. Os especuladores davam grande ênfase ao valor não revelado de suas participações em inúmeras empresas subsidiárias. No entanto, dados completos operacionais e financeiros relacionados à empresa e às suas subsidiárias sempre estiveram disponíveis nos relatórios anuais da Comissão de Serviços Públicos de Nova York. A mesma situação ocorreu durante um longo período com a Mackay Company, controladora da Postal Telegraph and Cable Corporation, que não divulgava detalhes aos seus acionistas, mas fornecia informações consideráveis à Comissão de Comércio Interestadual. Existe um contraste semelhante entre as demonstrações pouco esclarecedoras da Fifth Avenue Bus Securities Company aos seus acionistas e as informações completas arquivadas por sua subsidiária operacional na Comissão de Trânsito de Nova York.

Por fim, podemos mencionar o Standard Oil Group, de empresas de oleodutos, que vem sendo bastante cauteloso com as informações que divulga aos seus acionistas. No entanto, as empresas do grupo estão sob a jurisdição da Comissão de Comércio Interestadual e são obrigadas a registrar relatórios anuais em Washington. O exame desses relatórios em anos passados teria revelado fatos impressionantes sobre o patrimônio em dinheiro e os títulos financeiros dessas empresas.

Os volumosos dados contidos na *Survey of Current Business*, publicados mensalmente pelo Departamento de Comércio dos Estados Unidos, incluem o volume de vendas de cadeias de lojas individuais, dados que não receberam grande publicidade — por exemplo, Waldorf System, J. R. Thompson, United Cigar Stores, Hartman Corporation etc. Informações estatísticas atuais sobre empresas específicas estão, em geral, disponíveis em publicações ou serviços comerciais.

Exemplos: Cram's Auto Service apresenta os números semanais de produção de cada montadora de automóveis. Willett e Gray publicam várias estimativas de produção de açúcar pelas empresas durante o ano-safra. *Oil and Gas Journal* apresenta, com frequência, dados sobre a produção de campos importantes por empresas. Railway Age fornece informações detalhadas sobre encomendas de equipamentos. A Dow, Jones and Company estima, toda semana, a taxa de produção da United States Steel.

Pedidos de registro em bolsa. Antes da Securities and Exchange Commission, essas eram as fontes mais importantes de informação não periódicas. Os relatórios exigidos pela Bolsa de Valores de Nova York, como uma condição para a negociação em lista, são muito mais detalhados que aqueles geralmente apresentados aos acionistas. Os dados adicionais podem incluir vendas em dólares, produção em unidades, quantidade de impostos federais, detalhes das operações das subsidiárias, base e quantidade de encargos de depreciação e exaustão. Informações valiosas também podem ser fornecidas sobre os ativos possuídos, os termos de contratos e os métodos contábeis seguidos.

O analista achará muito úteis esses pedidos de registros. É lamentável que apareçam em intervalos irregulares e, portanto, não possam ser considerados uma fonte constante de informação.

Declarações de registro e prospectos. Como resultado da legislação e dos regulamentos da Securities and Exchange Commission, as informações disponíveis sobre todos os títulos financeiros listados e todos os *novos* títulos financeiros (listados ou não) são muito mais abrangentes do que até agora. Esses dados estão contidos em pedidos de registro depositados na comissão, em Washington, e disponíveis para inspeção, ou pode-se obter uma cópia mediante pagamento de uma taxa. As informações mais importantes na declaração de registro devem ser incluídas no prospecto de lançamento fornecido pelos subscritores aos compradores que pretendem adquirir novos ativos. Declarações de registro semelhantes devem ser depositadas na Securities and Exchange Commission de acordo com os termos da Public Utility Holding Company Act (Prestadora de Serviços Públicos), de 1935,[11] que se aplica às empresas controladoras, algumas das quais podem não estar sujeitas a outras leis. Embora seja verdade que as declarações de registro são, sem dúvida, volumosas demais para serem lidas pelo investidor típico e, embora seja duvidoso que tenha até mesmo o cuidado para digerir o material no prospecto abreviado (que mesmo assim pode exceder cem páginas), não há dúvida de que esse material é de imenso valor para o analista e para o público investidor.

Relatórios oficiais diversos. Informações sobre empresas individuais podem ser encontradas em vários tipos de documentos oficiais. Alguns exemplos

---

11. A Public Utility Holding Company Act (PUHCA), de 1935, também conhecida como Wheeler-Rayburn Act, era uma lei federal dos Estados Unidos que dava à SEC (Securities and Exchange Commission) autoridade para regulamentar, licenciar e desmembrar empresas *holding* de serviços de eletricidade. Limitou as operações da *holding* a um único Estado, sujeitando-as, assim, a uma regulamentação estadual efetiva. Também separou quaisquer *holdings* com mais de duas camadas, forçando desinvestimentos para que cada uma se tornasse um único sistema integrado atendendo a uma área geográfica limitada. Outro objetivo da PUHCA era impedir que as empresas *holding* de serviços públicos envolvidos em negócios regulamentados também se envolvessem em negócios não regulamentados. (N.E.)

dão uma ideia de sua natureza diversa. O relatório da United States Coal Commission, em 1923 (finalmente publicado como um documento do Senado em 1925), apresentou dados financeiros e operacionais das empresas de antracito que não haviam sido publicados anteriormente. Relatórios da Federal Trade Commission forneceram, recentemente, uma riqueza de informações, até agora não disponíveis, sobre a operação e manutenção das empresas prestadoras de serviços públicos e de gás natural e tubulação, reveladas em uma investigação laboriosa que se estendeu por um período de cerca de nove anos. Em 1938 e 1939, a comissão publicou relatórios detalhados sobre os fabricantes de implementos agrícolas e de automóveis. Em 1933, um estudo amplo sobre as empresas de oleodutos foi publicado sob a direção do House Committee on Interstate and Foreign Commerce. Muitos estudos realizados sobre o American Telephone and Telegraph System emanaram da investigação realizada pela Federal Communications Commission, em conformidade com uma resolução do Congresso adotada em 1935.[12] Alguns dos pareceres da Interstate Commerce Commission contêm material de grande valor para o analista. Pelos termos da escritura, os agentes fiduciários de hipotecas talvez precisem divulgar certas informações. Esses dados podem ser significativos. Por exemplo, relatórios compilados e não publicados do agente fiduciário responsável pelos títulos de 4% da Mason City and Fort Dodge Railroad Company revelaram que os juros dos títulos não estavam sendo auferidos, que seu pagamento estava sendo mantido pela Chicago Great Western Railroad Company apenas como uma questão política e, portanto, que os títulos estavam em uma posição muito mais vulnerável que, em geral, se suspeitava.

Publicações estatísticas e financeiras. A maioria das informações exigidas pelo analista de títulos financeiros em seu trabalho diário pode ser encontrada, de forma conveniente e adequada, em diversos serviços estatísticos. Estes incluem manuais abrangentes publicados anualmente com suplementos periódicos (Poor's, Moody's); cartões descritivos de ações e títulos e manuais revisados com frequência (Standard & Poor's, Fitch); e resumos diários de notícias relacionadas a empresas individuais (Standard

---

12. Esses relatórios foram publicados, respectivamente, como Sen. Doc. 92, pts. 1-84D, 70º Congresso, 1ª Sessão (1928-1937); House Doc. 702, pts. 1 e 2, 75º Congresso, Sessão 3d (1938); House Doc. 468, 76º Congresso, 1ª Sessão (1939); House Report n. 2192, pts. 1 e 2, 72º Congresso, 2ª Sessão (1933); House Doc. 340, 76º Congresso, 1ª Sessão (1939) — junto com relatórios suplementares mencionados nas páginas 609-611 — e o relatório proposto, Telephone Investigation Pursuant to Public Resolutions n. 8, 74º Congresso (1938).

Corporation Records, Fitch).[13] Esses serviços promoveram um grande progresso nos últimos vinte anos na abrangência e na precisão com que apresentam os fatos. No entanto, não se pode depender deles para fornecer todos os dados disponíveis nas várias fontes originais descritas. Algumas dessas fontes passam completamente despercebidas por eles e, em outros casos, podem deixar de reproduzir itens importantes. Conclui-se, portanto, que, em qualquer estudo aprofundado de uma empresa individual, o analista deve consultar os relatórios originais e outros documentos sempre que possível e não confiar em resumos ou transcrições.

No campo dos periódicos financeiros, menção especial deve ser feita a *The Commercial and Financial Chronicle*, uma publicação semanal com numerosos suplementos estatísticos. Seu tratamento das questões financeiras e do campo industrial é incomumente abrangente e seu mais notável recurso talvez seja a reprodução detalhada de relatórios de empresas e de outros documentos.

Pedidos de informação feitos diretamente à empresa. As informações publicadas podem, muitas vezes, ser complementadas, em grande medida, por consultas particulares ou entrevistas com a gestão. Não há razão para que os acionistas não solicitem informações sobre pontos específicos e, em muitos casos, pelo menos parte dos dados solicitados será fornecida. Nunca devemos esquecer que um acionista é o *proprietário* da empresa e um *empregador* de seus diretores. Ele não apenas tem o direito de fazer perguntas legítimas como também de tê-las respondidas, a menos que haja alguma razão persuasiva para que isso não ocorra.

Prestou-se muito pouca atenção a esse ponto tão importante. Os tribunais, em geral, consideram que um acionista de boa-fé tem o mesmo direito a receber informações completas quanto o sócio de uma empresa privada. Esse direito não pode ser exercido em detrimento da empresa, mas cabe à gerência o ônus da prova, ao mostrar uma motivação imprópria por trás da solicitação ou que a divulgação das informações prejudicaria a empresa.

Obrigar uma empresa a fornecer informações envolve custos legais substanciais e, portanto, poucos acionistas estão em posição de defender seus direitos até o limite. A experiência mostra, no entanto, que demandas vigorosas por informações legítimas são, muitas vezes, aceitas, mesmo pelas administrações mais resistentes. Isso é verdade sobretudo quando as informações solicitadas

---

13. Durante 1941, a Poor's Publishing Company e a Standard Statistics Company foram incorporadas pela Standard & Poor's Corp. Os serviços separados da Poor's foram descontinuados.

não são mais que aquilo que é publicado com regularidade por outras empresas do mesmo ramo.

INFORMAÇÕES RELATIVAS À INDÚSTRIA

Dados estatísticos referentes a ramos industriais como um todo estão disponíveis em abundância. O *Survey of Current Business*, publicado pelo Departamento de Comércio dos Estados Unidos, fornece dados mensais sobre produção, consumo, estoques, pedidos não atendidos etc., de muitos ramos diferentes. Dados anuais estão contidos no *Statistical Abstract*, no *World Almanac* e em outros compêndios. Números mais detalhados estão disponíveis em *Biennial Census of Manufactures*.

Muitos números resumidos importantes são publicados em intervalos frequentes em várias revistas especializadas. Nessas publicações também é encontrada uma imagem contínua e detalhada do estado atual e das perspectivas futuras do ramo. Assim, geralmente é possível para o analista adquirir sem dificuldade indevida uma base de conhecimento bastante completo da história e dos problemas da indústria com a qual está lidando.

Nos últimos anos, as principais agências de estatística desenvolveram serviços adicionais contendo pesquisas básicas dos principais ramos industriais, as quais são complementadas, com frequência, por dados atuais projetados para manter atualizadas as pesquisas.[14]

---

14. Para uma descrição desses serviços, consultar o periódico *Handbook of Commercial and Financial Services*, Nova York, 1939.

CAPÍTULO 4
DISTINÇÕES ENTRE INVESTIMENTO E ESPECULAÇÃO

Conotações gerais do termo "investimento". Investimento ou investir, da mesma maneira que "valor", no famoso ditado do juiz Louis Brandeis,[1] é "uma palavra com muitos significados". Destes, três nos interessam aqui. O primeiro significado, ou conjunto de significados, refere-se a colocar ou ter dinheiro em um negócio. Um homem "investe" US$ 1.000 na abertura de uma mercearia; o "retorno sobre o investimento" na indústria siderúrgica (incluindo a dívida vinculada e os lucros retidos) foi, em média, 2,4% entre 1929 e 1938.[2] O sentido aqui é puramente descritivo; não faz distinção alguma nem veicula qualquer juízo. Observe, no entanto, que ele aceita, em vez de rejeitar, o elemento de risco — diz-se que o investimento empresarial normal é feito "com o risco do negócio".

O segundo conjunto de usos aplica o termo com um sentido semelhante ao campo das finanças. Nesse entendimento, todos os títulos financeiros são "investimentos". Temos negociantes ou corretores de investimento, sociedades de investimento[3] ou fundos fiduciários e listas de investimentos. Aqui, novamente, nenhuma distinção real é feita entre o investimento e outros tipos de operações financeiras, como a especulação. Trata-se de uma palavra "guarda-chuva" conveniente, talvez com uma pitada de eufemismo — isto é, um desejo de conferir alguma respeitabilidade a transações financeiras de naturezas diversas.

Com esses dois usos indiscriminados do termo "investimento", sempre houve uma terceira e mais limitada conotação: a do investimento em contraste com a especulação. O fato de que essa distinção é útil, em geral, é senso

---

1. Louis Dembitz Brandeis foi um advogado americano associado à Justiça da Suprema Corte dos Estados Unidos no Supremo Tribunal dos Estados Unidos de 1916 a 1939. Ele nasceu em Louisville, Kentucky, e era filho de imigrantes judeus da Boêmia, que o criaram em um ambiente secular. (N.E.)

2. *Dollars behind steel*, panfleto do American Iron and Steel Institute, Nova York, 1939.

3. Observe que, em outubro de 1939, a Securities and Exchange Commission listou sob o título de "Investment Company" a oferta de ações da The Adventure Company, Ltd., uma empresa nova promovida pela The Discovery Company, Ltd. O fato de ações com valor nominal de US$ 0,01 terem sido oferecidas a US$ 10, embora não seja realmente significativo, pode parecer apropriado, em virtude dos nomes aventureiros das empresas.

comum. É normal pensar que o investimento, nesse sentido especial, é bom para todos e em todos os momentos. A especulação, por outro lado, pode ser boa ou ruim, dependendo das condições e da pessoa que especula. Portanto, deve ser essencial que qualquer pessoa envolvida em operações financeiras saiba se está investindo ou especulando e, no caso deste último, assegurar que sua especulação seja justificada.

A diferença entre investimento e especulação, quando os dois são assim contrastados, é entendida, de uma maneira geral, por quase todos; mas quando tentamos formulá-la com precisão, deparamos com dificuldades desconcertantes. De fato, não devemos descartar de antemão a definição de um cínico de que um investimento é uma especulação bem-sucedida e uma especulação é um investimento malsucedido. Pode-se afirmar que os títulos financeiros do governo dos Estados Unidos são um meio de investimento, enquanto as ações ordinárias, por exemplo, da Radio Corporation of America — que, entre 1931 e 1935, não possuíam dividendos, lucros ou ativos tangíveis — certamente eram uma especulação. Contudo, operações de natureza definitivamente especulativa podem ser realizadas com títulos do governo dos Estados Unidos (por exemplo, por especialistas que compram grandes blocos na esperança de uma subida rápida de preços); por outro lado, em 1929, as ações ordinárias da Radio Corporation of America eram consideradas por muitos como um investimento, ao ponto de serem incluídas nas carteiras de "fundos de investimento" de destaque.

Certamente é desejável que alguma definição exata e aceitável dos dois termos seja estabelecida, até mesmo porque devemos, tanto quanto possível, saber do que estamos falando. Uma razão mais forte, talvez, possa ser a afirmação de que a falha em fazer uma diferenciação adequada entre investimento e especulação foi, em grande parte, responsável pelos excessos do mercado de 1928 a 1929 e pelas calamidades que se seguiram — assim como, pensamos, por muita confusão contínua nas ideias e políticas dos possíveis investidores. Por esse motivo, daremos a essa questão um estudo mais aprofundado do que costuma receber. O melhor procedimento talvez seja, primeiro, examinar criticamente os diversos significados comumente implícitos no uso das duas expressões e, com base neles, tentar cristalizar uma única concepção sólida e definitiva de investimento.

Distinções comumente traçadas entre os dois termos. As principais distinções de uso comum podem ser listadas no quadro a seguir:

Investimento	Especulação
1. Em títulos.	Em ações.
2. Compras à vista.	Compras com uso de margem.
3. Para retenção permanente.	Para "retorno rápido".
4. Para receita.	Para lucro.
5. Em títulos seguros.	Em ativos arriscados.

As quatro primeiras distinções têm a vantagem de ser bastante definidas, e cada uma delas também estabelece uma característica aplicável ao investimento ou à especulação *em geral*. Todas estão abertas à objeção de que, em numerosos casos individuais, não seria adequado aplicar o critério sugerido.

1. Títulos *versus* ações. Ao examinar a primeira distinção, descobrimos que ela corresponde à ideia comum de investir, em vez de especular, e que também existe, pelo menos, uma autoridade no campo dos investimentos que insiste que apenas os títulos pertencem a essa categoria.[4] Esta última afirmação, no entanto, contraria a aceitação quase universal das ações preferenciais de alta qualidade como meio de investimento. Além disso, é muito perigoso considerar que a forma do título possui, inerentemente, as credenciais de um investimento, pois um título com garantias precárias pode não apenas ser especulativo ao extremo como também pode ser a forma menos atraente de especulação. É logicamente infundado, além do mais, negar a classificação de investimento a uma ação ordinária forte apenas porque possui perspectivas de lucro. Até mesmo a perspectiva popular reconhece esse fato, uma vez que certas ações ordinárias sólidas sempre foram classificadas como ativos de investimento e seus compradores sempre foram considerados investidores e não especuladores.

2 e 3. Compras à vista *versus* compras alavancadas; retenção permanente *versus* temporária. A segunda e terceira distinções dizem respeito ao *método* e à *intenção* usuais, e não à natureza inata dos investimentos e das operações especulativas. Deveria ser óbvio que a compra à vista de uma ação não transforma, *ipso facto*, a transação em um investimento. Na verdade, os ativos mais especulativos, por exemplo, as "ações de mineração (*penny stock*)",[5] *precisam*

---

4. Lawrence Chamberlain e William W. Hay, *Investment and speculation*. Nova York, H. Holt and Company, 1931, p. 8.

5 *Penny stock* normalmente se refere a ações de uma pequena empresa que é negociada por menos de US$ 5 por ação. No passado, as *penny stocks* eram consideradas quaisquer ações negociadas a

ser compradas à vista, uma vez que ninguém emprestará dinheiro para que sejam adquiridas. Por outro lado, quando o público americano foi instado, durante a guerra, a comprar Liberty Bonds com dinheiro emprestado, essas compras foram, no entanto, universalmente classificadas como investimentos. Se uma lógica rigorosa fosse aplicada às operações financeiras — uma hipótese muito pouco provável! —, a prática comum seria revertida: os ativos mais seguros (de investimento) seriam considerados mais adequados para a compra alavancada, e os compromissos mais arriscados (especulativos) seriam pagos à vista.

Da mesma forma, a distinção entre posse permanente e temporária pode ser feita apenas de uma maneira generalizante e pouco precisa. Uma autoridade em ações ordinárias definiu um investimento como qualquer compra efetuada com a intenção de mantê-la por um ano ou mais; mas essa definição é reconhecidamente sugerida por sua conveniência e não por sua penetração.[6] A inexatidão dessa regra proposta é demonstrada pelo fato de que o investimento a *curto prazo* é uma prática bem estabelecida. A especulação a *longo prazo* é igualmente bem estabelecida como um fato lamentável (quando o comprador mantém um título em carteira na esperança de compensar um prejuízo) e praticada, até certo ponto, como uma decisão intencional.

4 e 5. Renda *versus* lucro; segurança *versus* risco. A quarta e quinta distinções também são afins uma à outra e, assim, juntas, sem dúvida, chegam mais próximo que as outras a uma compreensão racional e popular do tema. Certamente, por muitos anos antes de 1928, o investidor típico se interessava, sobretudo, na segurança do principal e na continuidade de uma renda adequada. No entanto, a doutrina de que as ações ordinárias são os melhores investimentos a longo prazo resultou em uma transferência de ênfase da renda atual para a renda futura e, portanto, inevitavelmente, para o aumento futuro do valor principal. O estilo de investimento da nova era — conforme

---

menos de um dólar por ação. A Securities and Exchange Commission (SEC), dos Estados Unidos, modificou a definição para incluir todas as ações negociadas abaixo de cinco dólares. As *penny stocks* são geralmente associadas a pequenas empresas, e são negociadas com pouca frequência, o que significa que há falta de liquidez ou compradores prontos no mercado. Como resultado, os investidores podem achar difícil vender ações, pois talvez não haja compradores em determinado momento. Em virtude da falta de liquidez, de amplos *spreads* de compra e venda ou cotações de preços e empresas de pequeno porte, essas ações de baixo custo são em geral consideradas altamente especulativas. Em outras palavras, os investidores podem perder uma quantia considerável ou a totalidade de seu investimento. (N.E.)

6. Laurence H. Sloan, *Everyman and his common stocks*. Nova York, Whittlesey House/McGraw-Hill, 1931, p. 8-9, 279 ss.

exemplificado na política geral dos fundos de investimento — é praticamente indistinguível da especulação pela completa subordinação do elemento de renda ao desejo de lucro e também por depositar confiança primordial em acontecimentos favoráveis esperados no futuro. De fato, esse assim chamado "investimento" pode ser definido com precisão como especulação nas ações ordinárias de empresas com bases sólidas.

Seria, sem dúvida, um passo saudável retornar à ideia aceita de renda como motivo central do investimento, deixando o objetivo de lucro ou a valorização do capital como uma característica típica da especulação. Entretanto, é duvidoso que a verdadeira natureza do investimento esteja mesmo baseada nessa distinção. Examinando as práticas padrões do passado, encontramos alguns casos em que a renda atual não era o principal interesse de uma operação de investimento *bona fide* (de boa-fé). Isso acontecia regularmente, por exemplo, nas ações bancárias, as quais até pouco tempo eram consideradas como província exclusiva do investidor rico. Esses ativos geravam um rendimento de dividendos menor que os títulos de alta qualidade, mas eram comprados na expectativa de que o crescimento constante dos lucros e dos superávits resultaria em distribuições especiais e aumento no valor do principal. Em outras palavras, eram os lucros acumulados para o crédito do acionista, em vez de aqueles distribuídos em forma de dividendos, o que motivavam sua compra. No entanto, não parece ser sensato chamar essa atitude de especulativa, pois deveríamos ter de argumentar que apenas as ações bancárias que distribuíam a maior parte de seus lucros em dividendos (e, portanto, davam um retorno atual adequado) poderiam ser consideradas um investimento, enquanto as ações dos bancos que seguem a política conservadora de aumentar seu excedente deveriam, portanto, ser consideradas especulativas. Essa conclusão é, obviamente, paradoxal; por esse fato, deve-se admitir que um investimento em uma ação ordinária talvez seja fundamentado em seus lucros futuros, sem referência aos pagamentos atuais de dividendos.

Isso nos leva de volta à teoria do investimento da nova era? Devemos concluir que a compra de ações industriais com baixo rendimento, em 1929, tinha o mesmo direito de ser chamada de investimento que a compra de ações bancárias de baixo rendimento nos dias anteriores à guerra? A resposta a essa pergunta deve nos levar ao final de nossa busca, mas para lidar com ela adequadamente, devemos voltar nossa atenção para a quinta e última distinção em nossa lista — entre segurança e risco.

Essa distinção expressa um conceito mais amplo que todos aqueles subjacentes ao termo *investimento*, mas sua utilidade prática é prejudicada por várias deficiências. Se a segurança deve ser julgada pelo resultado, estamos praticamente respondendo à nossa pergunta e chegando perigosamente perto da definição do cínico de que um investimento é uma especulação bem-sucedida.[7] Naturalmente, a segurança deve ser postulada com antecedência, mas aqui novamente há espaço para muito do que é indefinido e puramente subjetivo. Aquele que aposta em cavalos, arriscando em um "palpite certeiro", está convencido de que seu dinheiro está seguro. O "investidor" em ações ordinárias aos preços altos de 1929 também se considerava seguro ao confiar no crescimento futuro para justificar até mais que o valor que ele havia pagado.

Padrões de segurança. O conceito de segurança pode ser de fato útil apenas se for baseado em algo mais tangível que as estratégias do comprador. A segurança deve ser garantida ou pelo menos fortemente indicada por meio da aplicação de padrões definidos e bem estabelecidos. Foi esse ponto que distinguiu o comprador de ações bancárias em 1912 do investidor em ações ordinárias em 1929. O primeiro comprou a níveis de preços que considerava conservadores à luz da experiência; com base em seu conhecimento dos recursos e da lucratividade dos bancos, estava satisfeito por ter pagado um preço justo. Se um forte mercado especulativo resultasse em subidas de preço a um nível desalinhado com esses padrões de valor, ele venderia suas ações e aguardaria o retorno de um preço razoável antes de recomprá-las.

Se o comprador de ações ordinárias tivesse adotado a mesma atitude em 1928-1929, o termo *investimento* não teria sido o trágico erro de nomenclatura que foi. Entretanto, ao aplicar orgulhosamente a designação *blue chips* aos ativos de alto preço mais populares, o público inconscientemente revelou o elemento aposta no cerne de suas supostas seleções de investimentos. Estes diferiam das compras antigas de ações bancárias em um aspecto vital na medida em que o comprador não havia determinado que as ações valiam o preço pago pela aplicação de padrões de valor firmemente estabelecidos. O mercado foi criando novos padrões ao longo do tempo, aceitando o preço atual — por mais alto que fosse — como a única medida de valor. Qualquer ideia de segurança baseada nessa abordagem acrítica era claramente ilusória e repleta de perigo. Levado ao extremo lógico, isso significava que nenhum preço poderia ser alto demais para uma ação boa e que tal ativo era igualmente "seguro", depois de ter subido para US$ 200, como era a US$ 25.

---

7. Para uma sugestão séria nesse sentido, ver Felix I. Shaffner, *The problem of investment*. Nova York, Wiley & Sons, 1936, p. 18-19.

Uma proposta de definição de investimento. Essa comparação sugere que não é suficiente identificar investimentos com a segurança esperada; a expectativa deve estar baseada em estudos e padrões. Ao mesmo tempo, o investidor não precisa necessariamente estar interessado no rendimento atual; ele pode, por vezes, legitimamente, basear sua compra em um retorno que está acumulando a seu favor e será por ele realizado depois de uma espera mais longa ou mais curta. Com estas observações em mente, sugerimos a seguinte definição de investimento que está em harmonia com a compreensão popular do termo e com requisitos de precisão razoáveis:

> *Uma operação de investimento é aquela que, após análise minuciosa, promete segurança do principal e retorno satisfatório. As operações que não atendem a esses requisitos são especulativas.*

Certas implicações dessa definição merecem discussão adicional. Falamos de uma *operação de investimento* e não de um ativo ou de uma compra, por vários motivos. É inútil pensar sempre em natureza de investimento como algo inerente a um ativo *em si*. O preço é, muitas vezes, um elemento essencial para que uma ação (e até um título) possa merecer investimento a determinado nível, mas não em outro. Além disso, um investimento pode ser justificado se feito em um grupo de ativos, o qual não seria suficientemente seguro se feito em qualquer um deles individualmente. Em outras palavras, a diversificação pode ser necessária para reduzir o risco envolvido em ativos individuais a um mínimo compatível com os requisitos de investimento. (Isso seria verdade, em geral, no caso das compras de ações ordinárias para investimento.)

Em nossa opinião, também é apropriado considerar como operações de investimento certos tipos de transações de arbitragem e *hedging* que envolvem a venda de um ativo e a compra de outro. Nessas operações, o elemento de segurança é fornecido pela combinação de compra e venda. Trata-se de uma extensão do conceito comum de investimento, mas que parece aos autores inteiramente lógico.

As expressões *análise minuciosa, promete segurança* e *retorno satisfatório* são todas carregadas de indefinição, mas o ponto importante é que seus significados são claros o suficiente para evitar mal-entendidos sérios. Por *análise minuciosa*, entendemos, é claro, o estudo dos fatos à luz de padrões estabelecidos de segurança e valor. Uma "análise" que recomendasse o investimento em ações ordinárias da General Electric a um preço quarenta vezes maior que os lucros mais altos registrados apenas por causa de suas excelentes perspectivas seria claramente descartada como desprovida de qualquer qualidade de rigor.

A *segurança* buscada no investimento não é absoluta ou completa; a palavra significa, antes, proteção contra perdas sob todas as condições ou variações normais ou razoavelmente possíveis. Um título seguro, por exemplo, é aquele que está sujeito a sofrer inadimplência somente em circunstâncias excepcionais e extremamente improváveis. Da mesma forma, uma ação segura é aquela que contém todas as perspectivas de valer o preço pago, exceto em contingências bastante improváveis. Nos casos em que estudo e experiência indicam que uma probabilidade considerável de prejuízo precisa ser reconhecida e levada em consideração temos uma situação especulativa.

Um *retorno satisfatório* é uma expressão mais abrangente que *renda adequada*, pois permite valorização ou lucro do capital, bem como juros atuais ou rendimentos de dividendos. "Satisfatório" é um termo subjetivo; cobre qualquer taxa ou valor de retorno, por mais baixo que seja, que o investidor esteja disposto a aceitar, desde que aja com inteligência razoável.

Pode ser útil elaborar nossa definição de um ângulo um pouco diferente, que enfatizará o fato de que o investimento deve sempre levar em consideração o *preço*, bem como a *qualidade* do ativo. Rigorosamente falando, não existe um "ativo de investimento" no sentido absoluto, ou seja, que implique ser um investimento independentemente do preço. No caso dos títulos de alta qualidade, esse ponto pode não ser importante, pois é raro que os preços sejam inflacionados a ponto de apresentar riscos sérios de perda de principal. Contudo, no campo das ações ordinárias, esse risco pode, muitas vezes, ser criado por uma subida extraordinária no preço — tanto que, de fato, em nossa opinião, a grande maioria das ações ordinárias de empresas fortes deve ser considerada especulativa durante a maior parte do tempo, apenas porque seu preço é alto demais para garantir a segurança do principal em qualquer sentido inteligível da frase. Devemos advertir o leitor de que a opinião predominante em Wall Street não concorda conosco nesse ponto, devendo decidir qual de nós está errado.

No entanto, incorporaremos nosso princípio no seguinte critério adicional de investimento:

> *Uma operação de investimento é aquela que pode ser justificada tanto em termos qualitativos como em bases quantitativas.*

Na medida em que a distinção entre investimento e especulação pode depender de fatores subjacentes, incluindo o elemento preço, em vez de qualquer generalização fácil, isso pode ser demonstrado, de uma forma um tanto extrema, por dois exemplos contrastantes baseados na General Electric (ou seja, ações preferenciais), que ocorreram em meses sucessivos.

Exemplo 1: Em dezembro de 1934, esse ativo foi negociado a US$ 12,75. Pagava 6% sobre o valor nominal de US$ 10 e podia ser resgatado em qualquer data de dividendo a US$ 11. Apesar da qualidade destacada desse ativo no que diz respeito à segurança dos dividendos, aquele que comprou a US$ 12,75 *especulava* a um ponto superior a 10% de seu principal. Estava praticamente fazendo uma aposta de que o ativo não seria *resgatado* nos anos seguintes.[8] Por acaso, o ativo foi resgatado naquele mesmo mês a US$ 11 por ação, em 15 de abril de 1935.

Exemplo 2: Após o ativo ser chamado para resgate, o preço imediatamente caiu para US$ 11. Naquela época, o ativo oferecia uma oportunidade incomum para um rentável *investimento a curto prazo alavancado*. Os corretores que compraram as ações a US$ 11 (sem pagar comissão), digamos, em 15 de janeiro de 1935, poderiam ter tomado emprestado US$ 10 por ação a uma taxa de juros não superior a 2% ao ano. Essa operação teria rendido um retorno seguro a uma taxa de 40% ao ano sobre o capital investido, como mostra o seguinte cálculo:

> Custo de mil ações a US$ 11 líquidos .... US$ 11.000
> Resgate em 15 de abril de 1935 a US$ 11 mais dividendo .... US$ 11.150
> Lucro bruto .... US$ 150
> Menos juros de três meses a 2% sobre US$ 10.000 .... US$ 50
> Lucro líquido .... US$ 100

O lucro líquido de US$ 100 sobre US$ 1.000 em três meses equivale a um retorno anual de 40%.

Desnecessário dizer que a segurança e a natureza de *investimento* resultante dessa operação pouco comum derivam unicamente do fato de o titular poder confiar, com certeza absoluta, no resgate das ações em abril de 1935.

O conceito de investimento proposto é mais amplo que a maioria daqueles em uso. De acordo com ele, o investimento pode ser concebivelmente — embora, em geral, não seja — feito em ações, compradas com dinheiro emprestado e com o interesse principal em obter um lucro rápido. Nesses aspectos, esse conceito seria contrário às quatro primeiras distinções que listamos no início. Entretanto, para compensar essa aparente falta

---

8. Nos últimos anos, muitos títulos financeiros a curto prazo do governo dos Estados Unidos foram comprados a preços que renderiam menos que nada até o vencimento, na expectativa de que os detentores receberiam privilégios valiosos para trocar os títulos por ativos novos. De acordo com nossa definição, todas essas compras devem ser consideradas especulativas, levando em consideração o prêmio pago acima da paridade e dos juros no vencimento.

de consistência, insistimos em uma garantia satisfatória da segurança após uma análise adequada. Assim, somos levados à conclusão de que o ponto de vista da análise e o ponto de vista do investimento são, em grande medida, idênticos em seu escopo.

OUTROS ASPECTOS DE INVESTIMENTO E ESPECULAÇÃO

Relação do futuro com o investimento e a especulação. Pode-se dizer, com alguma segurança, que o investimento está fundamentado no passado, enquanto a especulação olha principalmente para o futuro. Entretanto, essa afirmação está longe de ser completa. Investimento e especulação devem passar pelo teste do futuro; estão sujeitos às suas vicissitudes e ao seu veredicto. No entanto, o que dissemos sobre o analista e o futuro se aplica igualmente bem ao conceito de investimento. Para o investimento, o futuro é essencialmente algo do qual precisa ser protegido, em vez de algo que o beneficiará. Se o futuro trouxer vantagens, melhor; mas o investimento como tal não pode ser fundamentado em nenhuma expectativa significativa de melhoria. A especulação, por outro lado, pode sempre usar adequadamente os eventos futuros que diferem do desempenho passado para servir de base e justificativa.

Tipos de "investimento". Supondo que o aluno tenha adquirido um conceito bastante claro de investimento no sentido específico que acabamos de desenvolver, a confusão quanto ao uso predominante do termo com os significados mais amplos mencionados no início deste capítulo ainda permanece. Talvez seja útil empregar algum adjetivo descritivo regularmente, sempre que houver necessidade de tomar cuidado, para designar o significado específico pretendido. Vamos sugerir provisoriamente o seguinte:

1. Investimento na empresa: refere-se ao dinheiro colocado ou mantido em uma empresa

2. Investimento financeiro ou investimento em geral: refere-se aos títulos financeiros em geral.

3. Investimento protegido: refere-se a títulos financeiros considerados como sujeitos a riscos menores por seus direitos privilegiados sobre os lucros ou porque se apoiam em um poder de taxação adequado.

4. Investimento do analista:	refere-se a operações que, após estudo aprofundado, prometem segurança do principal e retorno adequado.

Evidentemente, esses diferentes tipos de investimento não são mutuamente exclusivos. Um bom título, por exemplo, se enquadraria nas quatro categorias. A menos que especifiquemos de outra forma, empregaremos palavras como "investimento" e outras afins no sentido de "investimento do analista", conforme desenvolvido neste capítulo.

Tipos de especulação. A distinção entre especulação e jogatina assume importância quando as atividades de Wall Street são submetidas ao escrutínio crítico. A posição mais ou menos oficial da Bolsa de Valores de Nova York é que "jogos de azar" representam a criação de riscos que não existiam anteriormente — por exemplo, as apostas em hipódromos —, enquanto "especulação" significa assumir os riscos implícitos em uma situação, os quais, portanto, precisam ser assumidos por alguém. Uma distinção formal entre "especulação inteligente" e "especulação não inteligente" está, sem dúvida, aberta a fortes objeções teóricas, mas acreditamos que ela tem utilidade prática. Portanto, sugerimos o seguinte:

1. Especulação inteligente:	assumir risco que parece justificável após uma avaliação cuidadosa dos prós e contras.
2. Especulação não inteligente:	assumir risco sem estudo adequado da situação.

No campo dos negócios em geral, as empresas mais bem conceituadas pertenceriam à categoria das especulações inteligentes, além de representar "investimentos em negócios" no sentido popular. Se o risco de prejuízo for muito pequeno — uma ocorrência excepcional —, um empreendimento específico pode ser classificado como um investimento de analista em nosso sentido especial. Por outro lado, muitos negócios mal concebidos devem ser denominados especulações não inteligentes. Da mesma forma, no campo das finanças, quando uma grande quantidade de ações ordinárias é comprada com cuidado razoável, essa compra pode ser denominada especulação inteligente; muitas outras também são compradas sem uma avaliação adequada e por razões insensatas e, portanto, deveriam ser chamadas de não inteligentes. Em casos excepcionais, uma ação ordinária pode ser comprada em termos qualitativos e quantitativos tão atraentes que minimizam o risco inerente e justificam a designação de investimento de analista.

Investimento e componentes especulativos. Uma proposta de compra que não se qualifica como um "investimento do analista" se enquadra automaticamente na categoria especulativa. Entretanto, às vezes, pode ser útil visualizar essa compra de uma forma diferente e dividir o preço pago em um componente de investimento e em um especulativo. Assim, o analista, considerando a ação ordinária da General Electric ao preço médio de US$ 38 em 1939, poderia concluir que o preço até, digamos, US$ 25 por ação seria justificado do ponto de vista estrito do valor do investimento. Os US$ 13 restantes por ação representariam a avaliação média do mercado acionário das excelentes perspectivas a longo prazo da empresa, incluindo aí, talvez, um forte viés psicológico em favor desse empreendimento excepcional. Com base nesse estudo, o analista declararia que o preço de US$ 38 para a General Electric poderia incluir um componente de investimento de cerca de US$ 25 por ação e um componente especulativo de cerca de US$ 13 por ação. Se isso estiver correto, o passo seguinte seria que, a um preço de US$ 25 ou menos, as ordinárias da General Electric constituiriam um "investimento de analista" em sua expressão mais ampla; mas, acima desse valor, o comprador precisaria reconhecer que estaria pagando determinado preço pelas possibilidades especulativas bastante reais da empresa.[9]

Valor de investimento, valor especulativo e valor intrínseco. A discussão anterior sugere uma ampliação do que foi dito no capítulo 1 sobre o conceito de "valor intrínseco", que foi definido como "valor justificado pelos fatos". É importante reconhecer que tal valor não está de forma alguma limitado ao "valor de investimento" — ou seja, ao componente de investimento do valor total —, mas pode ser correto incluir um componente substancial do valor especulativo, desde que esse valor especulativo seja avaliado de maneira inteligente. Portanto, pode-se dizer que o preço de mercado excede o valor intrínseco apenas quando esse preço claramente reflete a especulação não inteligente.

De um modo geral, é função do mercado acionário, e não do analista, avaliar os fatores especulativos das ações ordinárias em determinada conjuntura.

---

9. Intencionalmente, e correndo o risco de arrependimento futuro, usamos aqui um exemplo de natureza bastante controversa. Quase todo mundo em Wall Street consideraria a ação da General Electric como um "ativo de investimento" independentemente do seu preço de mercado e, mais especificamente, consideraria o preço médio de US$ 38 bem justificado do ponto de vista de um investimento. No entanto, estamos convencidos de que considerar a qualidade do investimento como algo independente do preço é um erro básico e perigoso. Há espaço para divergências bastante significativas a respeito do ponto em que o valor do investimento da General Electric cessa e seu valor especulativo começa. Nosso número é apenas ilustrativo.

Nesse aspecto importante, o mercado, e não o analista, determina o valor intrínseco. A faixa de variação de tais avaliações pode ser muito ampla, conforme ilustrado por nossa sugestão anterior de que o valor intrínseco da ação ordinária da J. I. Case, em 1933, poderia concebivelmente ter sido tão alto quanto US$ 130 ou tão baixo quanto US$ 30. Em qualquer ponto entre esses limites amplos, teria sido necessário aceitar o veredicto do mercado — mutável como era no dia a dia — como representante da melhor determinação disponível do valor intrínseco desse ativo volátil.

CAPÍTULO 5
CLASSIFICAÇÃO DOS ATIVOS

Os ativos costumam ser divididos em dois grupos principais: títulos e ações, sendo estas últimas subdivididas em preferenciais e ordinárias. A primeira divisão básica reconhece e está em conformidade com a distinção legal e fundamental entre as posições dos credores e a dos sócios. O detentor de um título tem um direito fixo e prioritário ao principal e aos juros; o acionista assume os principais riscos e participa dos lucros gerados ao adquirir a ação. Conclui-se que um grau maior de segurança deve ser um aspecto inerente dos títulos como uma categoria, enquanto a maior oportunidade de ganhos especulativos — para compensar o risco maior — pode ser encontrada no campo das ações. É esse contraste, tanto no *status* legal como na natureza do investimento, entre os dois tipos de ativos, que constitui o ponto de partida da abordagem usual dos livros didáticos aos títulos financeiros.

Objeções às categorias convencionais: 1. Ações preferenciais agrupadas com as ordinárias. Embora essa abordagem seja consagrada pela tradição, está sujeita a várias objeções sérias. Entre elas, a mais óbvia é que combina as ações preferenciais com as ações ordinárias, embora, no que se refere à prática de investimento, as primeiras sejam semelhantes, sem dúvida, aos títulos. As ações preferenciais típicas, ou padrão, são compradas por gerar uma renda fixa (dividendos) e garantir a segurança do valor principal. Seu proprietário não se considera um sócio da empresa, mas o detentor de um direito e que está à frente dos interesses dos sócios, ou seja, os acionistas ordinários. Os acionistas preferenciais são sócios ou proprietários do negócio apenas no sentido técnico e legal, mas assemelham-se aos detentores de títulos no que se refere ao propósito e aos resultados esperados de seus investimentos.

2. Estrutura do título identificado como segurança. Uma objeção maior, embora menos evidente, à separação radical entre títulos e ações é que tende a identificar a *forma de título* com a ideia de segurança. Por essa razão, os investidores são levados a acreditar que o próprio nome "título" contém alguma garantia especial contra perdas. Essa atitude é basicamente insensata e, em muitas ocasiões, responsável por erros e perdas graves. O investidor tem sido poupado de sofrer penalidades ainda maiores por esse erro pelo fato bastante acidental de que os promotores de ativos fraudulentos raramente aproveitam o prestígio associado à forma dos títulos.[1] Sem dúvida, é verdade que os títulos em geral gozam de um grau de segurança claramente superior à ação média. Entretanto, essa vantagem não é resultado de qualquer virtude essencial da forma dos títulos; é resultado do fato de que a típica empresa americana é financiada com alguma honestidade e inteligência e não assume títulos fixos sem uma expectativa razoável de poder cumpri-los. No entanto, não é o título que cria a segurança nem os recursos legais do detentor do título, em caso de inadimplência. *A segurança depende e é medida inteiramente pela capacidade de a empresa devedora honrar seus compromissos.*

O título de uma empresa sem ativos ou perspectivas de lucro seria, em todos os aspectos, tão desprovido de valor quanto uma ação do mesmo empreendimento. Títulos que representam todo o capital colocado em um novo empreendimento não são mais seguros que seriam as ações ordinárias e são consideravelmente menos atraentes. A razão é que o detentor de títulos não tem qualquer oportunidade de tirar mais proveito da empresa em virtude de seu direito fixo que poderia se fosse o dono dela toda, de maneira clara e desimpedida.[2] Esse princípio simples parece óbvio demais para merecer menção; no entanto, por causa da associação tradicional da forma dos títulos a uma segurança superior, o investidor, muitas vezes, é convencido de que, pelo simples fato de ter limitado seu retorno, obteve uma garantia contra o prejuízo.

3. Falha dos nomes ao descrever os ativos com precisão. A classificação básica dos títulos financeiros em títulos e ações — ou mesmo em três classes principais: títulos, ações preferenciais e ações ordinárias — está aberta a uma terceira objeção, uma vez que, em muitos casos, esses nomes não fornecem uma descrição precisa do ativo. Essa imprecisão é uma consequência da parcela crescente de títulos que não se encaixam nos padrões convencionais; mas, em vez disso, modifica ou combina os dispositivos costumeiros.

---

1. Para um exemplo de vendas fraudulentas de títulos, consultar a Securities Act de 1933, Release n. 2112, de 4 de dezembro de 1939, sobre a condenação de várias partes em conexão com a venda de títulos da American Terminals and Transit Company e de cédulas da Green River Valley Terminal Company.

2. Para uma fase da liquidação da United States Express Company, que ilustra esse ponto, e um exemplo mais recente da Tribunal-Livingston Corporation, ver apêndice B, nota 3, p. 947.

Resumidamente, estes são os padrões convencionais:

I. O padrão dos títulos engloba:
   A. O direito não qualificado ao pagamento de juros fixos em certas datas fixas.
   B. O direito não qualificado ao reembolso de um montante do principal fixo em uma data fixa.
   C. Nenhum direito adicional aos ativos ou lucros e nenhuma voz na gestão.
II. O padrão das ações preferenciais engloba:
   A. Uma taxa declarada de dividendos com prioridade sobre qualquer pagamento para as ordinárias. (Portanto, o pagamento integral dos dividendos preferenciais é obrigatório para que as ordinárias recebam algum dividendo, mas se nada for pago às ordinárias, então o dividendo preferencial fica a critério da diretoria.)
   B. O direito a uma quantia do principal declarada em caso de dissolução, com prioridade sobre qualquer pagamento às ações ordinárias.
   C. Nenhum direito de voto ou poder de voto compartilhado com as ordinárias.
III. O padrão das ações ordinárias engloba:
   A. Propriedade *pro rata* dos ativos da empresa que excedam suas dívidas e emissões de ações preferenciais.
   B. Uma participação proporcional em todos os lucros que excedam as deduções anteriores.
   C. Um voto *pro rata* para a eleição da diretoria e para outros fins.

Títulos e ações preferenciais em conformidade com esses padrões, às vezes, são chamados de *títulos diretos* ou *ações preferenciais diretas*.

Inúmeros desvios da norma padrão. No entanto, quase qualquer variação concebível da norma padrão pode ser encontrada, em maior ou menor profusão, nos mercados financeiros contemporâneos. Entre as variações, as mais frequentes e importantes são identificadas pelas seguintes designações: títulos de *renda*; títulos e ações preferenciais *conversíveis*; títulos e ações preferenciais com *garantias de compra de ações* anexadas; ações preferenciais *participantes*; ações ordinárias com *características preferenciais*; e ações ordinárias sem voto. Na última década, surgiram dispositivos para que os juros de títulos ou os dividendos preferenciais se tornassem pagáveis em dinheiro ou em ações ordinárias à *opção* do detentor. O *recurso de resgate* encontrado hoje na maioria dos títulos também pode ser considerado uma pequena divergência do dispositivo padrão de um vencimento fixo do principal.

A variedade de desvios menos frequentes, e talvez singulares, das normas padrões, é quase infinita. Mencionaremos aqui apenas o exemplo flagrante da ação preferencial da Great Northern Railway que, por muitos anos, tem sido, para todos os propósitos, uma ação ordinária, bem como o recurso da Associated Gas and Electric Company ao dispositivo, insidioso e extremamente reprovável, de títulos conversíveis em ações preferenciais à *opção da empresa*, papéis que, portanto, não constituem títulos verdadeiros.

Mais impressionante ainda é o surgimento de tipos completamente distintos de títulos financeiros tão diferentes dos padrões tradicionais de títulos ou ações que exigem uma nomenclatura completamente diferente. Desses tipos, o mais significativo é a *warrant*[3] — um dispositivo que durante os anos anteriores a 1929 virou um instrumento financeiro de grande importância e com um tremendo poder de criação de problemas. Os warrants emitidos por uma única empresa — a American and Foreign Power Company — alcançaram, em 1929, um valor de mercado agregado superior a *1 bilhão de dólares*, um montante superior ao da dívida pública nacional em 1914. Diversos outros tipos de ativos, portando nomes como certificados de atribuição e participações em dividendos, poderiam ser mencionados.[4]

As peculiaridades e complexidades encontradas na lista atualizada de ativos são argumentos adicionais contra a prática tradicional de categorizar e generalizar os títulos financeiros de acordo com seus *nomes*. Embora esse procedimento tenha o mérito de ser conveniente e ter certa validade, achamos que deveria ser substituído por uma base de classificação mais flexível e precisa. Em nossa opinião, o critério mais útil para fins de estudo seria o *comportamento normal* do ativo após a compra — em outras palavras, suas características de risco e lucro, das quais o comprador ou proprietário, com razão, teria ciência.

Nova classificação sugerida. Com esse ponto de vista em mente, sugerimos que os títulos sejam classificados nestas três categorias:

---

3. Uma *warrant* dá ao detentor o direito de comprar ações de uma empresa a um preço específico e em uma data específica. A *warrant* é emitida diretamente pela empresa em questão; quando um investidor exerce um bônus de subscrição, as ações que cumprem a obrigação não são recebidas de outro investidor, mas diretamente da empresa. (N.E.)

4. Em junho de 1939, a Securities and Exchange Commission estabeleceu um precedente salutar ao se recusar a emitir "debêntures de renda de capital" como parte da reestruturação da Griess--Pfleger Tanning Company, com o argumento de que a criação de novos tipos de ativos híbridos fora longe demais. Ver a publicação *Corporate Reorganization Release*, n. 13, da Securities and Exchange Commission, de 16 de junho de 1939. Infelizmente, o tribunal não conseguiu entender o tema da mesma maneira e aprovou a emissão do novo ativo.

Classe	Ativo representativo
I. Títulos do tipo renda fixa	Um título ou ação preferencial de alta qualidade.
II. Títulos financeiros com prioridade de pagamento do tipo rendimento variável.	
A. Ativos bem protegidos com possibilidades de lucro.	Um título conversível de alta qualidade.
B. Ativos inadequadamente protegidos.	Título de qualidade mais baixa ou ação preferencial.
III. Tipo ação ordinária	Uma ação ordinária.

Podemos nos aproximar dessa classificação usando termos mais familiares, como estes:

    I. Títulos e ações preferenciais de investimento.
    II. Títulos e ações preferenciais especulativas.
        A. Conversíveis etc.
        B. Ativos com preferência de pagamento de baixa qualidade.
    III. Ações ordinárias.

As designações um tanto inovadoras que empregamos são necessárias para tornar nossa classificação mais abrangente. Essa necessidade ficará mais clara, talvez, a partir da descrição e da discussão de cada grupo que faremos a seguir.

Características principais dos três tipos. A primeira categoria inclui os ativos, com qualquer nome, em que uma possível mudança de valor tem, de acordo com uma avaliação razoável, menor importância.[5] O interesse predominante do proprietário reside na segurança de seu principal e seu único objetivo em assumir o compromisso é obter uma renda estável. Na segunda

---

5. As oscilações reais no preço dos títulos de investimento a longo prazo, desde 1914, foram tão grandes (ver gráfico na p. 71) que se chegou a sugerir que essas mudanças de preço certamente tinham uma importância significativa. É verdade, no entanto, que o investidor age, habitualmente, como *se* fossem de menor importância para ele, de modo que, pelo menos subjetivamente, nosso critério e título são justificados. Com relação à objeção de que isso é conivente com a ilusão do investidor, podemos responder que, no todo, é provável que ele se saia melhor se ignorar as variações de preço dos títulos de alta qualidade que se tentar tirar proveito delas e, assim, transformar-se em um negociante.

categoria, mudanças futuras no valor do principal têm um significado real. No tipo A, o investidor espera obter a segurança de um investimento direto, com uma possibilidade adicional de lucro, em razão de um direito de conversão ou de algum privilégio semelhante. No tipo B, é reconhecido um risco definido de prejuízo, que é presumivelmente compensado por uma oportunidade correspondente de lucro. Os títulos financeiros incluídos no grupo IIB diferirão da categoria das ações ordinárias (grupo III) em dois aspectos: (1) desfrutam de uma prioridade efetiva sobre algum ativo subordinado, o que lhes confere, portanto, certo grau de proteção; (2) suas possibilidades de lucro, ainda que substanciais, têm um limite bastante definido, em contraste com a porcentagem ilimitada de possível lucro associada teórica ou otimistamente a uma transação feliz com ações ordinárias.

Os ativos do tipo renda fixa incluem todos os títulos e ações preferenciais de alta qualidade negociados a um preço normal. Além desses, pertencem a essa categoria:

1. Ativos conversíveis sólidos em que o nível de conversão é remoto demais para influenciar a compra. (Da mesma forma que os ativos com preferência de pagamento participantes ou com garantias.)
2. Ações ordinárias garantidas com grau de investimento.
3. Ações "classe A" ou ordinárias com prioridade que ocupam o *status* de ações preferenciais diretas de alta qualidade.

Por outro lado, um título com grau de investimento que é negociado a um preço indevidamente baixo pertenceria ao segundo grupo, pois o comprador pode ter motivos para esperar uma apreciação de seu valor de mercado e estar interessado nessa possibilidade.

Exatamente em que ponto a questão da oscilação de preços se torna material em vez de pouco significante é naturalmente impossível prescrever. O nível de preço em si não é o único fator determinante. Um título a longo prazo de 3% negociado a US$ 60 poderia ser classificado na categoria de renda fixa (por exemplo, as Northern Pacific Railway de 3%, com vencimento em 2047, entre 1922 e 1930), enquanto um título com vencimento em um ano e qualquer taxa de juros negociado a US$ 80 *não* poderia ser classificado nessa categoria, uma vez que, em um prazo relativamente pequeno, deve ser resgatado com uma elevação de vinte pontos ou se tornar inadimplente e, provavelmente, sofrer um declínio severo em seu valor de mercado. Devemos estar preparados, portanto, para encontrar casos marginais em que a classificação (entre grupo I e grupo II) vai depender do ponto de vista pessoal do analista ou do investidor.

Qualquer ativo que exiba as características principais de uma ação ordinária pertence ao grupo III, seja ele intitulado "ação ordinária", "ação preferencial" ou "título". O caso, já citado, dos títulos conversíveis de 4,5% da American Telephone and Telegraph Company, quando negociadas a cerca de 200 dólares, fornece um exemplo apropriado. Na prática, o comprador ou detentor do título a um patamar tão alto fazia um negócio com ações comuns, pois o título e a ação não apenas evoluiriam juntos como também declinariam juntos em uma faixa de preço extremamente larga. Uma ilustração ainda mais definitiva desse ponto foi fornecida pelas debêntures participantes da Kreuger and Toll no momento de sua venda ao público. O preço de oferta era tão superior ao valor de seu direito prioritário que seu nome não tinha significância alguma, só podendo ter sido enganoso. *Esses "títulos" eram definitivamente do tipo ação ordinária.*[6]

A situação oposta ocorre quando ativos com prioridade de pagamento são vendidos a preços tão baixos que os títulos subordinados, obviamente, não possuem qualquer patrimônio real, ou seja, participação acionária na empresa. Nesses casos, os títulos ou ações preferenciais de baixo preço assumem virtualmente a posição de ações ordinárias e devem ser considerados como tais para fins de análise. Uma ação preferencial negociada a 10 centavos por cada dólar de valor nominal, por exemplo, deve ser vista não como uma ação preferencial, mas como uma ação ordinária. Por um lado, falta-lhe o requisito principal de um ativo com prioridade de pagamento, a saber, que deve ter prioridade sobre um investimento subordinado de valor substancial. Por outro lado, carrega todas as características de lucro de uma ação ordinária, uma vez que o valor do ganho possível a partir do nível atual é, na prática, ilimitado.

A linha divisória entre os grupos II e III é tão indefinida quanto a existente entre os grupos I e II. No entanto, os casos limítrofes podem ser tratados sem maiores dificuldades, sendo considerados do ponto de vista de uma das categorias ou de ambas. Por exemplo, uma ação preferencial de 7% negociada a 30 dólares é considerada um ativo com prioridade de pagamento de preço baixo ou o equivalente a uma ação ordinária? A resposta a essa pergunta dependerá, em parte, do desempenho da empresa e, em parte, da atitude do comprador potencial. Se um valor real acima do valor de paridade da ação preferencial pode, concebivelmente, existir, o ativo pode ser considerado como tendo parte do *status* privilegiado de um ativo com preferência de pagamento. Por outro lado, se o comprador deve ou não considerá-lo da mesma maneira que uma ação ordinária também dependerá de ficar ou não amplamente satisfeito com

---

6. Para os termos desse ativo, ver apêndice B, nota 4, p. 948.

uma possível apreciação de 250% ou de estar em busca de ganhos especulativos ainda maiores.[7]

Com base nessa discussão, a verdadeira natureza e propósito de nossa classificação deve agora estar mais evidente. Sua base não é o nome do ativo, mas o significado prático de seus termos e *status* específicos para o proprietário. A ênfase principal também não é colocada sobre aquilo que o proprietário tem direito de exigir, do ponto de vista legal, mas sobre aquilo que ele, provavelmente, obterá ou razoavelmente pode esperar obter em condições que parecem prováveis no momento da compra ou análise.

---

7. Havia muitas ações preferenciais desse tipo em 1932 — por exemplo, as preferenciais da Interstate Department Stores que foram negociadas a um preço médio de cerca de US$ 30 em 1932 e 1933 e, depois, aumentaram para US$ 107 em 1936 e 1937. Uma observação semelhante se aplica aos títulos de baixo preço, como os mencionados na tabela da p. 478.

PARTE II
INVESTIMENTOS DE RENDA FIXA

INTRODUÇÃO À PARTE II
LIBERTANDO OS TÍTULOS
por Howard S. Marks

Meu primeiro contato com *Análise de investimentos* ocorreu em 1965. Quando estudei na Wharton School da University of Pennsylvania, fui incumbido de ler trechos da obra-prima de Benjamin Graham e David Dodd (acompanhados, naquela época, pelo editor Sidney Cottle).

Estamos falando dos primórdios, quando uma carreira em gestão de investimentos significava, na maioria das vezes, trabalhar em um banco, uma empresa fiduciária ou uma seguradora. A primeira butique de investimento institucional da qual me recordo — a Jennison Associates — seria fundada alguns anos mais tarde. Os investidores em ações ordinárias usavam como referência o índice industrial Dow Jones, não o S&P 500, e não se falava em quartil ou decil. De fato, somente alguns anos antes, no Center for Research in Security Prices da University of Chicago, é que os preços diários do mercado acionário desde 1926 haviam sido digitalizados, permitindo o cálculo do retorno histórico de 9,2% sobre as ações.

O termo "investimento em ações de crescimento" era relativamente novo (e, em sua ausência, não havia necessidade de usar o termo contrastante "investimento de valor"). A invenção do fundo multimercado ainda não tinha sido reconhecida, e não tenho certeza de que essa descrição já existia. Ninguém nunca ouvira falar de um fundo de *venture capital*,[1] fundo de *private equity*,[2] fundo de índice, fundo quantitativo ou fundo de mercados emergentes. E, curiosamente, o termo "investidor famoso" era, em grande medida, uma contradição — o mundo ainda não ouvira falar de Warren Buffett, por exemplo, e apenas um pequeno círculo conhecia seu professor na Columbia University, Ben Graham.

O mundo da renda fixa tinha pouca semelhança com o de hoje. Não havia como evitar incertezas quanto à taxa em que os pagamentos de juros poderiam

---

1. É um tipo de investimento que financia empresas em fase inicial. Esse negócio possui alto risco de perda, mas também apresenta os altos potenciais de retorno em caso de sucesso.

2. É um tipo de investimento que financia empresas de médio porte ainda não listadas em bolsa. Em geral, esse negócio possui menor risco e menor potencial de retorno em relação ao *venture capital*.

ser reinvestidos, uma vez que os títulos de cupom zero[3] não haviam sido inventados. Não era possível emitir títulos classificados abaixo do grau de investimento como tal, e aqueles anjos caídos que permaneciam em circulação ainda estavam por ser rotulados como títulos de "alto risco" ou "alto rendimento". Claro, não havia empréstimos alavancados, ativos garantidos por hipotecas residenciais (*residential mortgage-backed securities*, RMBSs) ou títulos, dívidas e empréstimos com garantias colaterais. E os profissionais de títulos de hoje talvez devam refletir um pouco sobre como seus predecessores calculavam os rendimentos até o vencimento antes da existência de computadores, calculadoras ou terminais da Bloomberg.

Entretanto, tive sorte de ter começado meus estudos em meados da década de 1960, uma vez que a teoria das finanças e do investimento que eu viria a aprender na escola de administração da University of Chicago era nova e ainda não havia se espalhado amplamente. Assim, minha experiência universitária não incluiu a exposição à hipótese do mercado eficiente, que ensinaria às gerações futuras de estudantes de finanças que *Análise de investimentos* era totalmente inútil: um guia para a tarefa impossível de superar um mercado ineficiente.

* * *

Aprendi muito com este livro, que era considerado, por muitos, em 1965, como a bíblia da análise de investimentos. E, no entanto, também tive uma reação negativa, por sentir que continha uma profusão exagerada de dogmas e fórmulas que incorporavam constantes numéricas como "multiplique por x" ou "conte apenas y anos".

Minha leitura mais recente dos capítulos sobre ativos de renda fixa na edição de 1940 de *Análise de investimentos* serviu para me lembrar de algumas dessas regras que eu achava rígidas demais. Entretanto, este livro também me mostrou a vasta riqueza de senso comum menos quantitativo e mais flexível nele contida, assim como algumas de suas previsões sobre o futuro.

Na minha opinião, alguns dos aspectos mais interessantes do livro — e da evolução do mundo dos investimentos nas últimas décadas — são encontrados nas perspectivas de Graham e Dodd sobre o desenvolvimento dos padrões de investimento.

---

3. Em inglês, *zero-coupon bond*: é um título de dívida que não paga juros, porém é negociado com grande desconto, gerando lucro no vencimento quando o título é resgatado pelo seu valor nominal total. Foram introduzidos pela primeira vez em meados da década de 1960, mas tornaram-se populares somente na década de 1980. (N.E.)

- Pelo menos até 1940, havia padrões bem aceitos e bem específicos do que era apropriado e do que não era, sobretudo em se tratando de renda fixa. Regras e atitudes direcionavam o comportamento dos fiduciários e as coisas que podiam e não podiam fazer. Nesse ambiente, um agente fiduciário que perdesse o dinheiro de seus beneficiários em um investimento não qualificado poderia ser "sobretaxado" — forçado a compensar as perdas — sem referência a quão bem ele fez seu trabalho no geral, ou se todo o portfólio rendeu dinheiro.
- Havia o conceito do "homem prudente", baseado em um processo judicial do século XIX. Essa operação era algo que uma pessoa prudente faria, se fosse julgada à luz das circunstâncias sob as quais a decisão havia sido tomada e no contexto da carteira como um todo? Assim, o fato de alguns investimentos perderem não necessariamente geraria penalidades se as decisões e os resultados do agente fiduciário fossem aceitáveis em seu conjunto.
- Como parte do desenvolvimento da teoria financeira atribuída à "escola de Chicago", nos anos 1950, Harry Markowitz contribuiu com a noção de que, com base no entendimento da correlação, a inclusão de um "ativo arriscado" em uma carteira poderia reduzir o risco geral da carteira ao aumentar sua diversificação.
- Finalmente, a contribuição mais importante da escola de Chicago veio por meio da afirmação de que a "qualidade" de um investimento — e de um histórico de desempenho — precisava ser avaliada com base na relação entre seu risco e seu retorno. Um investimento seguro não é um bom investimento, e um investimento arriscado não é um investimento ruim. Perspectivas de desempenho suficientemente boas podem compensar o risco de um investimento arriscado, tornando-o atraente e prudente.

Assim, hoje em dia vemos poucas regras de investimento que sejam absolutas. Na verdade, é difícil pensar em qualquer coisa que esteja fora dos limites, e a maioria dos investidores fará quase qualquer coisa para ganhar dinheiro. A edição de 1940 de *Análise de investimentos* marca uma reviravolta interessante em direção ao que consideraríamos um pensamento muito moderno — faz referência a alguns padrões absolutos, mas descarta muitos outros e reflete uma atitude avançada em relação ao investimento prudente em instrumentos de renda fixa.

DITAMES ABSOLUTOS DO INVESTIMENTO

A edição de 1940 certamente contém declarações que parecem definitivas. Aqui estão alguns exemplos:

III. A segurança deficiente não pode ser compensada por uma taxa de juros anormalmente alta.
IV. A escolha de todos os títulos para investimento deve estar sujeita a regras de exclusão e a testes quantitativos específicos [...].

[...] se os títulos subordinados de uma empresa não são seguros, então, seus títulos de primeira hipoteca não são um investimento de renda fixa desejável. A razão é que, se a segunda hipoteca não é segura, a própria empresa é fraca e, grosso modo, não podem existir obrigações de alta qualidade de uma empresa fraca.

[...] os títulos de indústrias pequenas não são bem qualificados para serem considerados como investimentos de renda fixa.

Quando comecei a negociar títulos de alto rendimento em 1978, a maioria das carteiras institucionais era regida por regras que limitavam os portadores de títulos a um "grau de investimento" (BBB ou melhor) ou "A ou melhor". Regras como estas, que tornavam certos ativos proibidos para a maioria dos compradores, tiveram o efeito de disponibilizar pechinchas para aqueles que não estavam sujeitos a tantas restrições. À primeira vista, os ditames de Graham e Dodd pareciam se enquadrar nessas regras.

INVESTIMENTO *VERSUS* ESPECULAÇÃO

Ao reler os capítulos que são objeto desta atualização, deparei com uma série de declarações como estas, a saber, de que algum título é ou não é apropriado para investimento. Nenhuma menção de preço ou rendimento; apenas sim ou não, bom ou ruim. Para alguém cuja carreira em gestão de carteiras lidou quase exclusivamente com ativos de qualidade especulativa, isso pode parecer descartar seções inteiras do universo do investimento. As ideias de que o retorno potencial pode compensar o risco e que a dívida de um empresa com problemas financeiros pode ficar tão barata que é uma compra óbvia parecem desafiar os princípios dos autores.

Então me dei conta de que Graham e Dodd estavam dizendo uma coisa e eu estava lendo outra. Eles não queriam dizer que algo não deveria ser comprado, mas, em vez disso, que não deveria ser comprado, usando uma frase deles, "em uma base de investimento". Hoje, as pessoas atribuem a palavra "investimento" a qualquer coisa comprada para fins de ganho financeiro — em contraste com algo comprado para uso ou consumo. Atualmente, as pessoas não investem apenas em ações e em títulos, mas também em joias, casas de veraneio (de campo ou de praia), itens colecionáveis e obras de arte. Contudo, 75 anos atrás, investir significava comprar ativos financeiros que, por sua natureza intrínseca, atendiam aos requisitos de conservadorismo, prudência e, acima de tudo, segurança.

Ativos eram considerados investimentos com base em sua qualidade, não nas perspectivas de retorno. Eram elegíveis para investimento ou não eram. Em um extremo, havia regras rígidas, como aquelas promulgadas por cada um dos estados para seus bancos de poupança. Em Nova York, por exemplo, os bancos de poupança poderiam comprar títulos ferroviários, de gás e de energia elétrica, mas não os títulos de empresas de bonde ou de água. Os títulos garantidos por primeiras hipotecas de imóveis eram classificados como investimentos, mas — surpreendentemente — os títulos industriais não eram.

Os investimentos que seguiam os padrões aceitos eram "seguros" (e provavelmente à prova de litígios para o agente fiduciário que os comprara); em contrapartida, especulação era considerada um risco. Era essa atitude rígida, excludente e preto no branco com relação à correção do investimento que, provavelmente, levou John Maynard Keynes à sua observação perspicaz de que "um especulador é aquele que corre riscos dos quais está ciente e um investidor é aquele que corre riscos dos quais não tem conhecimento".

Portanto, uma atitude mais moderna — e, como a de Keynes, bem à frente de seu tempo — seria basear-se na noção de que quase qualquer ativo pode ser um bom investimento se comprado com conhecimento e a um preço baixo o suficiente. O oposto também é algo que insisto ser verdade: não existe nenhum ativo tão bom que não possa ser um investimento ruim se comprado a um preço alto demais. Todos agora percebem que a inclusão em uma lista de "investimentos aceitáveis" certamente não oferece proteção contra perdas. Se você não concorda com essa afirmação, tente procurar aqueles títulos que foram classificados como AAA há algumas décadas ou como títulos lastreados em hipotecas que passaram de AAA para o status de alto risco em 2007.

Em *Análise de investimentos*, o princípio desenvolvido e reiterado é que "uma taxa de juros alta não constitui uma compensação adequada para assumir um risco substancial do principal". Essa declaração parece excluir o investimento em títulos de alto rendimento, que tem sido realizado com sucesso nos últimos trinta anos, com retornos, em termos absolutos e ajustados ao risco, bem superiores aos dos títulos com grau de investimento. Uma leitura mais profunda, porém, mostra que os ativos que os autores dizem que não devem ser comprados "em uma base de investimento" ainda podem ser considerados "para especulação". Mesmo assim, hoje a afirmação abrangente de

Graham e Dodd certamente parece doutrinária — sobretudo porque faz uma distinção que quase deixou de existir.

A afirmação de que certos ativos são ou não adequados para compra como investimento é, provavelmente, uma das frases às quais eu reagi negativamente 43 anos atrás. Porém, agora, nesta releitura, pude ver além.

REALISMO DE INVESTIMENTO

Nas últimas quatro ou cinco décadas, o mundo dos investimentos viu o que poderia ser descrito como o desenvolvimento de uma abordagem muito mais pragmática para se ganhar dinheiro: julgar o mérito do investimento não com base em noções absolutas de qualidade e segurança, mas, em vez disso, com base na relação entre o retorno e o risco esperados. Como alternativa, é claro, isso poderia ser descrito como um rebaixamento de padrões; o que aconteceu com conceitos como dever fiduciário e preservação do capital?

Graham e Dodd parecem operar em algo como um meio-termo. Eles defendem requisitos absolutos para as compras que são consideradas investimentos, mas também admitem que não se deve esperar que apenas a qualidade e a segurança aparentes façam alguns investimentos bem-sucedidos ou excluam outros por si só. Aqui estão vários exemplos:

> [Uma vez que os ativos de renda fixa não têm o potencial positivo das ações] a essência da escolha adequada de títulos consiste, portanto, na obtenção de fatores de segurança específicos e convincentes para compensar a renúncia à participação nos lucros.

> A concepção de penhor hipotecário como garantia de proteção independentemente do sucesso da empresa em si é, na maioria dos casos, uma falácia completa. [...] a prática estabelecida de declarar o custo original ou o valor avaliado da propriedade penhorada como um incentivo à compra de títulos é totalmente enganadora.

> [...] as debêntures de uma empresa forte são, sem dúvida, investimentos mais sólidos que os ativos hipotecários de uma empresa fraca.

> É claro [...] que o investidor que escolhe as hipotecas da Cudahy de 5% [rendimento de 5,5 *versus* as subordinadas de 5,5 com rendimento superior a 20%] está pagando um prêmio de cerca de 15% ao ano (a diferença de

rendimento) apenas para ter um seguro *parcial* contra perdas. Nessa base, ele está, sem dúvida, abrindo mão de mais do que recebe em troca.

[Por outro lado, nos] casos em que o título de primeira hipoteca rende apenas um pouco menos, é, sem dúvida, sensato pagar um prêmio de seguro pequeno para se proteger contra problemas inesperados.

[Ao analisar o colapso dos títulos das ferrovias entre 1931 e 1933,] o fracasso parece estar ligado ao fato de que a estabilidade do setor de transportes foi superestimada, de modo que os investidores ficaram satisfeitos com uma margem de proteção que se mostrou insuficiente. *Não se tratou de desconsiderar imprudentemente padrões de segurança antigos e arraigados [...] mas, em vez disso, de se contentar com os padrões antigos quando as condições exigiam requisitos mais rigorosos [...]* Se o investidor tivesse exigido que seus títulos ferroviários fossem aprovados nos mesmos testes aplicados aos ativos industriais, teria sido obrigado a limitar sua escolha a um número relativamente pequeno de ferrovias bem situadas. Como se viu, quase todas conseguiram suportar a tremenda perda de tráfego a partir de 1929 sem qualquer ameaça para seus encargos fixos. (grifos nossos)

Estas citações e muitas outras mostram claramente que Graham e Dodd insistem na primazia da substância sobre a forma e da lógica sobre as regras. O que importa é quanto, provavelmente, um título pagará, não como é rotulado. Os padrões de crédito não devem ser fixos, mas precisam evoluir. As hipotecas não são automaticamente melhores que as debêntures não garantidas. Os títulos mais seguros não são necessariamente compras melhores que aqueles a elas subordinadas. O rendimento superior pode aumentar a atração dos ativos mais arriscados.

Uma leitura completa deixa claro que Graham e Dodd são verdadeiros pragmáticos do investimento. Mais ecoando Keynes do que divergindo dele, eles defendem uma análise minuciosa seguida por uma admissão inteligente de riscos (em contraste com uma aversão quase automática ao risco).

NOSSA METODOLOGIA DE INVESTIMENTO EM TÍTULOS

Para examinar a relevância de *Análise de investimentos* para os investimentos de renda fixa, revisei o processo de Graham e Dodd para investimento em títulos e comparei a abordagem deles àquela aplicada por minha empresa, a Oaktree Capital Management, L.P.

O ponto principal é que, embora os pensamentos de Graham e Dodd possam estar expressos de forma diferente, a maioria é bastante aplicável ao mundo do investimento contemporâneo. De fato, são muito parecidos com a abordagem e a metodologia desenvolvida e aplicada na área dos títulos de alto rendimento nos últimos trinta anos por meu sócio, Sheldon Stone, e eu.

1. *Toda a nossa abordagem é baseada no reconhecimento da assimetria que perpassa todos os investimentos em títulos de alta qualidade.* Os ganhos são limitados ao rendimento prometido com o acréscimo de, talvez, alguns pontos de apreciação, enquanto as perdas de crédito podem causar o desaparecimento da maior parte do principal ou de todo ele. Assim, a chave do sucesso está em evitar os perdedores, não em procurar os vencedores. Como Graham e Dodd observam:

    Em vez de associar os títulos, acima de tudo, à presunção de *segurança* — como tem sido a prática há muito tempo —, seria mais prudente começar com o que não é presunção, mas fato; a saber, que um título (direto) é um investimento com *retorno limitado*. [...]

    Nossa concepção primária de título como um compromisso com retorno limitado nos leva a outro ponto de vista importante para o investimento em títulos. Uma vez que a ênfase principal deve ser colocada na prevenção de prejuízos, a escolha de títulos é, sobretudo, uma arte negativa. É um processo de exclusão e rejeição, e não de pesquisa e aceitação.

2. *Nossas carteiras de títulos de alto rendimento são focadas.* Trabalhamos, sobretudo, naquela parte da curva em que podem ser obtidos rendimentos saudáveis em títulos com classificação B e em que o risco de inadimplência é limitado. Para nós, o rendimento dos títulos de qualidade mais alta é insuficiente, e os títulos com classificação mais baixa carregam muita incerteza. Essa zona B é onde nossos clientes esperam que operemos.

    Seria um procedimento mais razoável começar com padrões mínimos de segurança, os quais todos os títulos devem ser forçados a cumprir para, depois, ser objeto de uma análise mais aprofundada. Os ativos que não atendem a esses requisitos mínimos devem ser automaticamente desqualificados como investimentos diretos, independentemente de seus rendimentos altos, perspectivas atraentes ou outros motivos de parcialidade. [...] essencialmente, a escolha de títulos deve envolver uma elevação baseada em padrões mínimos definidos, em vez de um declínio, de maneira aleatória, com base em algum nível ideal, porém inaceitável, de segurança máxima.

3. *O risco de crédito decorre, sobretudo, do* quantum *de alavancagem e da instabilidade básica da empresa, cuja interação em tempos difíceis pode corroer a*

margem pela qual a cobertura de juros excede os requisitos de serviço da dívida. Uma empresa com fluxos de caixa muito estáveis pode suportar uma alavancagem alta e um serviço de dívida pesado. Da mesma forma, uma empresa com alavancagem limitada e requisitos de serviço da dívida modestos pode sobreviver a fortes oscilações em seu fluxo de caixa. Entretanto, a combinação de alavancagem alta e fluxo de caixa pouco confiável pode resultar na incapacidade de pagar o serviço da dívida, e os investidores serão lembrados disso, dolorosamente, de tempos em tempos. Graham e Dodd citam os mesmos elementos.

Ao estudar os registros de 1931 a 1933, observamos que os colapsos de preços [entre os títulos industriais] não ocorreram, principalmente, por causa de estruturas financeiras pouco sólidas, como no caso dos títulos das prestadoras de serviços públicos, nem por erros de cálculo por parte dos investidores com relação à margem de segurança necessária, como no caso dos títulos ferroviários. Em muitos casos, somos confrontados com um súbito desaparecimento de lucratividade e com uma dúvida desconcertante a respeito da capacidade de sobrevivência da empresa.

4. *A análise de ativos individuais exige uma abordagem multifacetada.* Desde 1985, minha equipe de analistas vem aplicando um processo de análise de crédito de oito fatores desenvolvido por Sheldon Stone. A maioria dos elementos é refletida em — talvez, em última análise, foi inspirada por — aspectos do pensamento de Graham e Dodd. Nossas preocupações são com o ramo da indústria, a posição da empresa, a administração, a cobertura de juros, a estrutura de capital, as fontes alternativas de liquidez, o valor de liquidação e dispositivos contratuais. *Análise de investimentos* reflete muitas dessas mesmas preocupações.

Sobre a posição da empresa: "A experiência da década passada indica que o tamanho dominante ou, pelo menos, substancial oferece um elemento de proteção contra os riscos de instabilidade".

Sobre a cobertura dos juros: "O investidor atual está acostumado a considerar a relação entre os lucros e os encargos com juros como o teste de segurança específico mais importante".

Sobre a estrutura de capital: "A empresa de grande porte pode ser a mais fraca se sua dívida financiada por títulos for desproporcionalmente grande".

5. O investimento do tipo "compra e manutenção em carteira" é inconsistente com as responsabilidades do investidor profissional, e a capacidade creditícia de todas as empresas emissoras representadas na carteira deve ser revisada, pelo menos, uma vez por trimestre.

[...] mesmo antes do colapso do mercado em 1929, o perigo decorrente da negligência de investimentos anteriormente feitos e a necessidade de escrutínio ou supervisão periódica de todas as participações haviam sido reconhecidos como um novo cânone em Wall Street. Esse princípio, diretamente contrário à prática anterior, costuma ser resumido no ditado "Não existem investimentos permanentes".

6. *Não se envolva com* market timing *com base em previsões de taxas de juros.* Em vez disso, limitamos nossos esforços a "conhecer o conhecível", o que pode resultar somente de esforços superiores para entender indústrias, empresas e ativos.

    É duvidoso que a negociação de títulos, para tirar vantagem das oscilações do mercado, possa ser realizada com sucesso pelo investidor. [...] Somos céticos quanto à capacidade de qualquer agência paga fornecer previsões confiáveis da evolução do mercado de títulos ou de ações. Além disso, estamos convencidos de que qualquer esforço conjunto para dar conselhos sobre a escolha de investimentos individuais de alta qualidade e sobre a evolução dos *preços* dos títulos é, fundamentalmente, ilógico e confuso. Por mais que o investidor goste de poder comprar no momento certo e vender quando os preços estão prestes a cair, a experiência mostra que ele, provavelmente, não terá um sucesso estrondoso com tais esforços e que, ao injetar esse elemento de negociação em suas operações de investimento, perturbará a rentabilidade de seu capital e, inevitavelmente, mudará seu foco para direções especulativas.

7. *Apesar dos nossos melhores esforços, as inadimplências se infiltrarão em nossas carteiras, devido a falhas na análise de crédito ou à má sorte.* Para que o rendimento incremental obtido ao assumir riscos exceda com regularidade as perdas incorridas como resultado da inadimplência, as participações individuais precisam ser pequenas o suficiente para que um único caso de inadimplência não dissipe uma grande parcela do capital da carteira. Sempre pensamos em nossa abordagem sobre risco como sendo semelhante à de uma seguradora. Para que o processo atuarial funcione, o risco deve ser distribuído entre muitas pequenas participações e o retorno esperado deve ter tempo para se revelar. Assim, não se deve investir em títulos de alto rendimento a menos que seja possível atingir um alto grau de diversificação.

    O investidor não pode, prudentemente, transformar-se em uma seguradora e correr o risco de perder seu principal em troca de prêmios anuais na forma de pagamentos de juros extraordinariamente altos. Uma objeção a tal política é que a prática de seguro sólida requer uma distribuição muito ampla de riscos, a fim de minimizar a influência da sorte e permitir o máximo de influência das leis da probabilidade. O investidor pode tentar alcançar esse objetivo por meio da diversificação de suas participações, mas, na prática, não pode chegar perto da distribuição de riscos realizada por uma seguradora.

Para encerrar a questão da abordagem de investimento, consideramos que a assunção bem-sucedida de risco creditício no universo de renda fixa depende de uma avaliação bem-sucedida da capacidade de a empresa pagar suas dívidas. A análise rigorosa dos demonstrativos financeiros não é tão importante quanto alguns julgamentos bem fundamentados sobre as perspectivas da empresa.

> A seleção de um ativo de renda fixa para atingir um retorno de renda limitado deve ser, relativamente, pelo menos, uma operação simples. O investidor deve certificar-se, por meio de testes quantitativos, de que os lucros têm sido muito superiores aos encargos de juros e de que o valor atual da empresa excede em muito suas dívidas. Além disso, deve estar satisfeito com a própria avaliação de que a natureza da empresa é tal que promete sucesso contínuo no futuro ou, mais precisamente, torna a inadimplência uma ocorrência muito improvável.

Por fim, porém, divergimos de Graham e Dodd de uma maneira importante. Ao selecionar os títulos para compra, fazemos julgamentos sobre as perspectivas dos emissores, e o motivo é o seguinte: quando comecei a analisar e gerenciar títulos de alto rendimento em 1978, a visão amplamente aceita era de que investir em títulos e avaliar o futuro eram fundamentalmente incompatíveis e que o investimento prudente em títulos deveria basear-se em inferências sólidas com base em dados do passado, em contraste com a especulação sobre eventos futuros. Contudo, o risco creditício é um risco potencial e, portanto, um risco creditício substancial pode ser suportado, de forma inteligente, apenas com base na avaliação qualificada do futuro.

Em grande parte, a antiga posição representava um preconceito: a compra de ações — uma proposição inerentemente mais arriscada — poderia ser feita de maneira inteligente e com base em julgamentos sobre o futuro, mas depender desses mesmos julgamentos no mundo mais conservador do investimento em títulos simplesmente não estava certo. Algumas das maiores — e mais rentáveis — ineficiências de mercado que encontrei resultaram de preconceitos que impediram que certas oportunidades fossem um "investimento adequado"... E assim foram deixadas para que investidores flexíveis a comprassem a um valor muito abaixo do preço justo. Esse parece ser um desses preconceitos.

Uma das razões pelas quais criei a carteira de títulos de alto rendimento do First National City Bank em 1978 foi minha experiência imediatamente anterior como diretor de pesquisa de ações. Na época, apenas precisei aplicar o processo orientado para o futuro, usado na análise das ações ordinárias, ao universo dos títulos com classificação inferior a BBB.

Poucas fronteiras entre os vários ramos de análise sobrevivem no mundo dos investimentos contemporâneo, e é amplamente compreendido que a análise prospectiva pode ser aplicada com proveito a instrumentos de todos os tipos. Essa lição ainda não havia sido aprendida em 1940.

SENSO COMUM

Grande parte do valor de *Análise de investimentos* não está em suas instruções específicas, mas em seu senso comum. Várias de suas lições têm relevância específica para o presente. Mais importante, o *insight* e o processo de reflexão de Graham e Dodd mostram como os investidores devem tentar ir além das respostas superficiais e costumeiras às perguntas de investimento.

> Os preços e rendimentos dos ativos não são determinados por nenhum cálculo matemático preciso do risco esperado, mas dependem bastante da *popularidade* do ativo. [Os mercados não são clinicamente eficientes.]

> Pode-se salientar ainda que a suposta computação atuarial dos riscos de investimento está fora de questão na teoria e na prática. Não existem tabelas de experiência disponíveis por meio das quais a esperada "mortalidade" de vários tipos de ativos possa ser determinada. Mesmo que tais tabelas fossem elaboradas, com base em estudos longos e exaustivos dos registros históricos, é duvidoso que tivessem alguma utilidade real para o futuro. Nos seguros de vida, a relação entre idade e taxa de mortalidade é bem definida e muda apenas gradualmente. Isso também é verdade, em uma extensão muito menor, na relação entre os diversos tipos de estruturas e o perigo de incêndio a eles associados. Contudo, a relação entre diferentes tipos de investimentos e o risco de perda é totalmente indefinida e muito variável conforme a mudança das condições, para permitir uma formulação matemática sólida. Isso é sobretudo verdade porque os prejuízos de investimento não são distribuídos bastante uniformemente ao longo do tempo, mas tendem a se concentrar em certos intervalos, ou seja, durante os períodos de depressão geral. Portanto, o risco típico de investimento é quase semelhante ao risco de um incêndio ou uma epidemia, que é um fator excepcional e incalculável nos seguros contra incêndio ou nos seguros de vida. [Vemos aí o ceticismo com relação aos modelos quantitativos confiáveis.]

Entre [os aspectos do quadro de lucros aos quais o investidor deve prestar atenção] estão a *tendência*, o valor *mínimo* e o valor *atual*. A importância de cada um desses fatores não pode ser negada, mas não se prestam, de forma eficaz, à aplicação de regras rígidas.

O investidor [...] será *atraído* por (*a*) uma tendência crescente nos lucros, (*b*) um desempenho atual especialmente bom e (*c*) uma margem satisfatória sobre os encargos de juros em *cada* ano durante o período estudado. Se um título é deficiente em qualquer um desses três aspectos, o resultado não deve ser, necessariamente, condenar o ativo, mas, em vez disso, exigir uma cobertura dos lucros médios bem superior ao mínimo e uma atenção maior aos elementos gerais ou qualitativos da situação.

Se [uma proporção de] US$ 1 de ação para US$ 1 de títulos é considerada a exigência "normal" para uma indústria, não seria correto demandar, digamos, uma relação de US$ 2 para US$ 1 quando os preços das ações estão inflados e, inversamente, ficar satisfeito com uma proporção de US$ 0,50 para US$ 1 quando as cotações estão muito abaixo dos valores intrínsecos? Contudo, essa sugestão é impraticável por duas razões. A primeira é que isso implica que o comprador de títulos é capaz de reconhecer um nível de preços de ações indevidamente alto ou baixo, o que é uma suposição por demais otimista. A segunda é que isso requereria que os investidores em títulos agissem com cautela especial quando o mercado estivesse subindo e com maior confiança em tempos difíceis. Esse é um conselho de perfeição que não é da natureza humana seguir. Os compradores de títulos são pessoas, e não se pode esperar que escapem inteiramente do entusiasmo dos mercados altistas ou das apreensões de uma depressão severa.

"No campo puramente especulativo, a objeção a pagar por conselhos significa que, se o consultor *soubesse* o que fala, não precisaria ser consultor." Não é muito diferente da observação de Buffett de que "Wall Street é o único lugar para onde as pessoas vão de Rolls-Royce para obter conselhos daqueles que andam de metrô".[4]

Há muitos casos em que Graham e Dodd oferecem conselhos de bom senso ou, ainda mais interessante, em que refutam as regras de investimento existentes, colocando o senso comum no lugar da "sabedoria aceita", aquele grande paradoxo. Para mim, isso representa o ponto forte da seção sobre os

---

4. *Los Angeles Times Magazine*, 7 abr. 1991.

ativos de renda fixa. No final, Graham e Dodd nos lembram que a "teoria de investimento deve tomar cuidado com as generalizações fáceis".

ANÁLISE DE INVESTIMENTOS AO LONGO DOS ANOS

Muitas das ideias específicas de Graham e Dodd resistiram ao teste do tempo e, de fato, foram adotadas e desenvolvidas por outros.

- A observação de que "um investidor pode rejeitar um número ilimitado de títulos bons sem praticamente nenhuma penalidade" pode ter inspirado Buffett, que faz uma comparação bastante adequada com os rebatedores de beisebol. Buffett nos lembra que um jogador de beisebol é eliminado quando não consegue rebater um de três arremessos na zona de *strike*, enquanto um investidor pode deixar passar qualquer oportunidade de investimento sem sofrer penalidade.
- Da mesma forma, Graham e Dodd sustentavam que o "melhor critério que somos capazes de oferecer para esse fim [o objetivo de avaliar a margem de ativos sobre endividamento] é a proporção entre o *valor de mercado* do patrimônio líquido e o total da dívida financiada". Isso foi imitado precisamente pelo índice de dívida ajustada pelo mercado (*market-adjusted debt*, MAD), popularizado por Michael Milken, quando foi pioneiro na emissão de títulos de alto rendimento na Drexel Burnham Lambert, nas décadas de 1970 e 1980. Os valores de mercado estão longe de ser perfeitos, mas os dados contábeis são puramente históricos e, portanto, estão, muitas vezes, desatualizados na melhor das hipóteses e são irrelevantes na pior delas.
- Importante, Graham e Dodd destacam a estabilidade do fluxo de caixa para determinar a capacidade de uma empresa de pagar suas dívidas em um cenário adverso.

Uma vez admitido — como sempre deve ser — que o setor pode sofrer *alguma* redução nos lucros, o investidor é obrigado a estimar a possível extensão da queda e compará-la com o excedente acima dos encargos de juros. Ele, portanto, encontra-se [...] visceralmente preocupado com a capacidade de a empresa atender às vicissitudes do futuro.

Essa consideração contribuiu para o fato de que, em sua infância, em meados da década de 1970, o setor de *buyouts* alavancadas restringiu suas compras a empresas não cíclicas. Claro, como todos os princípios de investimento importantes, esse princípio é, muitas vezes, ignorado nos mercados ascendentes; entusiasmo e otimismo ganham poder de influência, e a regra do fluxo de caixa estável pode ser facilmente esquecida.

MAIS ALGUNS PENSAMENTOS

Ao considerar a relevância, 68 anos mais tarde, da edição de 1940 de *Análise de investimentos*, uma série de observações adicionais deve ser feita.

Primeiro, a maior parte da questão do tempo de mercado que interessava a Graham e Dodd envolvia as "depressões" e seu impacto na solvência. Eles citam três depressões — 1920 a 1922, 1930 a 1933, 1937 a 1938 —, enquanto hoje falamos que houve apenas uma naquele século: a Grande Depressão. Claramente, Graham e Dodd estão falando daquilo que denominamos "recessões".

Segundo, eles não estavam preocupados em prever oscilações nas taxas de juros. A razão principal para isso pode ser que as taxas de juros não mudavam muito naqueles dias. Uma tabela (p. 200) mostra, por exemplo, que nos treze anos entre 1926 e 1938 — um período que incluiu um *boom* famoso entre duas "depressões" — o rendimento de quarenta títulos de empresas prestadoras de serviços públicos moveu-se apenas entre 3,9% e 6,3%. Na época em que a edição de 1940 foi publicada, as taxas de juros eram baixas e razoavelmente estáveis.

Terceiro, é importante observar que várias das advertências de Graham e Dodd contra a aceitação de riscos não são direcionadas aos profissionais, mas aos investidores individuais, que parecem ter sido o público-alvo dos autores.

> Por uma questão prática, não é muito fácil distinguir antecipadamente entre os títulos subjacentes que passam incólumes por uma reestruturação e aqueles que sofrem tratamento drástico. Por essa razão, o investidor comum pode muito bem descartar esses ativos de antemão e continuar a se pautar pela regra de que apenas as empresas fortes têm títulos fortes.
>
> O indivíduo não está qualificado para ser uma seguradora. Não é sua função ser pago por riscos incorridos; pelo contrário, é do seu interesse pagar a terceiros por um seguro contra perdas. [...]
> [...] Contudo, mesmo partindo do pressuposto de que o pagamento de taxas altas de juros [pelos ativos com maior rendimento], em grande parte, mais que compensa, em termos *atuariais*, os riscos aceitos, tais títulos ainda são investimentos indesejáveis do ponto de vista *pessoal* do investidor típico.

Portanto, a preocupação com a segurança dos investidores não profissionais parece ser a fonte de muitos dos ditames mais rígidos de *Análise de investimentos*. Eu não contestaria a hipótese de que o investimento direto em dívidas de empresas em dificuldades e títulos de alto rendimento deve ser deixado para os profissionais.

NO FUTURO

Poucos livros podem ser lidos quase setenta anos após sua publicação com a expectativa razoável de que tudo o que afirmam — e como o afirmam — estará completamente atualizado. A sabedoria e alguns *insights* em forma de pérolas, em geral, são o máximo que se pode esperar. Qualquer um que queira saber como a edição de 1940 de *Análise de investimentos* se enquadra nesse aspecto precisa considerar apenas a discussão de Graham e Dodd sobre o investimento em hipotecas à luz da experiência das hipotecas *subprime* e das obrigações de dívida colateralizadas (*collateralized debt obligation*, CDO) de 2007:

> Durante a grande e desastrosa evolução dos negócios com títulos de hipotecas imobiliárias entre 1923 e 1929, o único dado habitualmente apresentado para apoiar as ofertas costumeiras de títulos — além de uma estimativa dos lucros futuros — era uma declaração do *valor avaliado* da propriedade, que quase sempre correspondia a algo em torno de 66,66% a mais que o valor da emissão de hipotecas. Se essas avaliações correspondessem a valores de mercado que os compradores experientes ou os credores de imóveis atribuiriam às propriedades, teriam sido de grande utilidade na escolha de títulos imobiliários sólidos. Infelizmente, porém, eram avaliações puramente artificiais, às quais os avaliadores estavam dispostos a vincular seus nomes em troca de um honorário e cuja única função era enganar o investidor quanto à proteção que estava recebendo.
> [...]
> Todo esse esquema de financiamento imobiliário era cravejado das fraquezas mais evidentes; e o fato de que tenha sido permitido que alcançasse proporções gigantescas antes do colapso inevitável [...].

Avaliações de imóveis (e classificações de ativos) pagas que geraram uma confiança imerecida — e, portanto, a admissão de riscos desinformados — por parte de investidores ignorantes: o que poderia descrever melhor os eventos recentes? E que melhor comprovação poderia haver da relevância da edição de 1940 de *Análise de investimentos* para as décadas posteriores à sua publicação e para as décadas que ainda virão?

CAPÍTULO 6
SELEÇÃO DOS INVESTIMENTOS DE RENDA FIXA

Tendo sugerido uma classificação de ativos baseada em sua natureza, e não em seu nome, abordamos agora, em ordem, os princípios e métodos de seleção aplicáveis a cada grupo. Já declaramos que o grupo de renda fixa inclui:

1. títulos e ações preferenciais diretas de alta qualidade.
2. ativos privilegiados de alta qualidade, em que o valor do privilégio é remoto demais para contar como um fator na seleção.
3. ações ordinárias que, por meio de uma garantia ou um *status* preferencial, ocupam a posição de um ativo com prioridade de pagamento de alta qualidade.

Atitude básica com relação às ações preferenciais de alta qualidade. Ao colocar as ações preferenciais e os títulos de alta qualidade em um único grupo, indicamos que a mesma atitude de investimento e o mesmo método geral de análise são aplicáveis a ambos os tipos de títulos. A inferioridade bem definida dos direitos legais dos acionistas preferenciais é deixada de lado pela razão lógica de que a solidez dos melhores investimentos não deve residir nos direitos ou recursos legais, mas na ampla capacidade financeira do empreendimento. A confirmação desse ponto de vista é encontrada na atitude do investidor em relação a ativos, como as ações preferenciais da National Biscuit Company que, durante quase quarenta anos, foram consideradas como possuidoras da mesma natureza *de investimento essencial* de um título de boa qualidade.[1]

Ações preferenciais não equivalentes, em geral, a títulos em termos de mérito de investimento. No entanto, é preciso salientar desde logo que os ativos com histórico e *status* das ações preferenciais da National Biscuit Company constituem uma parcela muito pequena de todas as ações preferenciais. Portanto, não estamos, de forma alguma, afirmando a equivalência do investimento em títulos e ações preferenciais *de modo geral*. Pelo contrário, mais adiante, teremos algumas dificuldades para mostrar que o ativo preferencial *médio* merece uma classificação inferior à do título médio e, além disso, que

---
1. Para dados complementares, ver apêndice C, nota 1, p. 949.

as ações preferenciais têm sido aceitas com entusiasmo exagerado pelo público investidor. A maioria desses ativos não foi suficientemente bem protegida para assegurar a continuidade dos dividendos *além de qualquer dúvida razoável*. Eles pertencem corretamente, portanto, à classe de ativos privilegiados variáveis ou especulativos (grupo II) e, nesse campo, as diferenças contratuais entre os títulos e as ações preferenciais costumam assumir grande importância. Uma distinção clara, portanto, precisa ser feita entre a ação preferencial típica e a excepcional. É apenas esta última que merece ser classificada como investimento de renda fixa e ser vista da mesma maneira que um bom título. Para evitar problemas de expressão nesta discussão, usaremos, com frequência, os termos "títulos de investimento" ou apenas "títulos" para representar todos os ativos pertencentes à classe de renda fixa.

O investimento em títulos é lógico? Na edição de 1934 deste livro, consideramos, com certa seriedade, a possibilidade das oscilações financeiras e industriais extremas dos anos anteriores haverem prejudicado a lógica fundamental do investimento em títulos. Teria valido a pena para o investidor limitar seu retorno e renunciar a qualquer perspectiva de ganhos especulativos se, apesar desses sacrifícios, ainda precisasse se sujeitar a um risco sério de ter prejuízo? Sugerimos em resposta que os fenômenos de 1927-1933 foram tão anormais que não constituem uma base justa para uma teoria e uma prática de investimentos. As experiências subsequentes parecem ter confirmado nosso ponto de vista, mas ainda há incertezas suficientes confrontando o comprador de títulos que acabaram, talvez por muito tempo, com sua antiga sensação de absoluta segurança. A combinação de um nível recorde de títulos (em 1940), um histórico de dois colapsos catastróficos de preços nos vinte anos anteriores e uma grande guerra em andamento não justificam a confiança irrefletida no futuro.

Forma dos títulos inerentemente não atrativa: garantia quantitativa de fundamentos da segurança. Essa situação exige, claramente, uma atitude mais crítica e rigorosa em relação à seleção de títulos do que anteriormente considerado necessário por investidores, casas emissoras ou autores de livros didáticos sobre investimento. Já aludimos aos perigos inerentes à aceitação da *forma* dos títulos como garantia de segurança ou até mesmo de um risco menor que aquele encontrado nas ações. Em vez de associar os títulos, acima de tudo, à presunção de *segurança* — como tem sido a prática há muito tempo —, seria mais prudente começar com o que não é presunção, mas fato, a saber, que um título (direto) é um investimento com *retorno limitado*. Em troca de limitar sua participação nos lucros futuros, o detentor de um título obtém um direito prioritário e uma promessa de pagamento definida, enquanto o detentor de ações preferenciais obtém apenas a prioridade, sem a promessa. Entretanto, nem prioridade nem promessa são, em si mesmas, uma *garantia* de pagamento. Essa garantia reside na capacidade de a empresa honrar seus compromissos e deve ser procurada em sua posição financeira, seu histórico e suas perspectivas futuras. A essência da escolha adequada de títulos consiste, portanto, na obtenção de fatores de segurança específicos e convincentes para compensar a renúncia à participação nos lucros.

Ênfase principal na prevenção de prejuízos. Nossa concepção primária do título como um compromisso com retorno limitado nos leva a outro ponto de vista importante para o investimento em títulos. Uma vez que a ênfase principal deve ser colocada na prevenção de prejuízos, a escolha de títulos é, sobretudo, uma arte negativa. É um processo de exclusão e rejeição, e não de pesquisa e aceitação. Nesse sentido, o contraste com a escolha de ações ordinárias é de natureza fundamental. O potencial comprador de determinada ação ordinária é influenciado, mais ou menos igualmente, pelo desejo de evitar prejuízos e pelo desejo de obter lucro. A penalidade por rejeitar um ativo por engano pode concebivelmente ser tão grande quanto a penalidade por aceitá-lo por engano. No entanto, um investidor pode rejeitar um número ilimitado de títulos bons sem praticamente nenhuma penalidade, desde que não acabe aceitando um ativo problemático. Portanto, *grosso modo*, não existe tal coisa como ser indevidamente capcioso ou exigente na aquisição de investimentos de renda fixa. A observação que Walter Bagehot dirigiu aos banqueiros comerciais é igualmente aplicável à escolha dos títulos de investimento. "Se houver qualquer dificuldade ou dúvida, o ativo deve ser recusado."[2]

Quatro princípios para a escolha de ativos do tipo renda fixa. Após o estabelecimento dessa abordagem geral para o nosso problema, podemos agora postular quatro princípios adicionais de natureza mais específica, os quais são aplicáveis à escolha de ativos individuais:

I. *A segurança não é medida por qualquer penhor específico ou por outros direitos contratuais, mas pela capacidade do emissor de cumprir todas os seus compromissos.*[3]

---

2. *Lombard Street*, Nova York, 1892, p. 245.

3. Trata-se de uma regra geral aplicável à maioria dos títulos do tipo renda fixa, mas está sujeita a várias exceções que serão discutidas posteriormente.

II. Essa capacidade deve ser medida em condições de recessão, e não de prosperidade.
III. A segurança deficiente não pode ser compensada por uma taxa de juros anormalmente alta.
IV. A escolha de todos os títulos para investimento deve estar sujeita a regras de exclusão e a testes quantitativos específicos correspondentes àqueles estabelecidos por lei para reger os investimentos dos bancos de poupança.

Uma técnica de escolha de títulos baseada nesses princípios diferirá em aspectos significativos da atitude e dos métodos tradicionais. Ao afastar-se de conceitos antigos, porém, esse tratamento representa não uma inovação, mas o reconhecimento e a defesa de pontos de vista que vêm ganhando terreno, pouco a pouco, entre investidores inteligentes e experientes. A discussão que se segue foi elaborada para esclarecer tanto a natureza como a justificativa das ideias mais recentes.[4]

I. SEGURANÇA NÃO SE MEDE POR UM PENHOR, MAS PELA CAPACIDADE DE PAGAMENTO

A diferença básica nos confronta desde o início. No passado, a ênfase principal foi dada ao ativo específico, ou seja, a natureza e o suposto valor da propriedade sobre a qual os títulos mantêm um penhor. Do nosso ponto de vista, essa consideração é bastante secundária; a força e a solidez da empresa devedora devem ser o elemento dominante. Existe aqui uma distinção clara entre dois pontos de vista. Por um lado, o título é considerado como um direito sobre uma *propriedade*; por outro lado, é visto como um direito sobre a *empresa*.

O ponto de vista mais antigo era lógico o suficiente em sua origem e propósito. Ele desejava tornar o detentor de um título independente dos riscos do negócio dando-lhe uma ampla garantia para usar no caso do empreendimento se mostrar um fracasso. Se a empresa não puder pagar o direito dele, poderia tomar o controle da propriedade hipotecada e usá-la para se ressarcir. Esse arranjo seria excelente se funcionasse, mas, na prática, raramente prova ser viável. Existem três razões para tal:

1. O encolhimento dos valores da propriedade quando o empreendimento é um fracasso.

---

4. Essas ideias não eram tão novas nem tão incomuns em 1940 como em 1934, mas duvidamos que ainda sejam consideradas um padrão.

2. A dificuldade em fazer valer os direitos legais presumidos dos detentores de títulos.
3. Os atrasos e outras desvantagens decorrentes de uma concordata.

Penhor não é garantia contra a diminuição de valores. A concepção de penhor hipotecário como garantia de proteção independentemente do sucesso da empresa em si é, na maioria dos casos, uma falácia completa. Na situação típica, o valor da propriedade penhorada depende vitalmente da lucratividade da empresa. Em geral, o detentor de um título tem um penhor sobre uma ferrovia, instalações e equipamentos industriais, usinas de energia e outras propriedades de prestadores de serviços públicos ou, talvez, uma ponte ou uma estrutura hoteleira. Essas propriedades raramente são adaptáveis a usos diferentes daqueles para quais foram construídas. Portanto, se a empresa fracassar, seus ativos fixos sofrem, geralmente, uma redução terrível no valor de venda. Por esse motivo, a prática estabelecida de declarar o custo original ou o valor avaliado da propriedade penhorada como um incentivo à compra de títulos é totalmente enganadora. O valor dos ativos dados em garantia assume importância prática apenas em caso de inadimplência e, em qualquer caso desse tipo, os valores contábeis são quase invariavelmente considerados não confiáveis e irrelevantes. Isso pode ser ilustrado pelo título da principal hipoteca da Seaboard-All Florida Railway de 6%, negociada a 1 centavo por dólar em 1931, logo após a conclusão da ferrovia.[5]

Impraticabilidade de fazer valer os direitos legais básicos do titular do penhor. Nos casos em que a propriedade hipotecada realmente vale tanto quanto a dívida, raramente é permitido ao detentor do título tomar posse dela e usá-la para se ressarcir. Deve-se reconhecer que o procedimento após o descumprimento dos compromissos financeiros do título de uma empresa difere materialmente daquele habitual no caso de uma hipoteca sobre uma propriedade privada. Os direitos legais básicos do detentor do penhor são, supostamente, iguais em ambas as situações. No entanto, na prática, encontramos uma má vontade evidente por parte dos tribunais em permitir que os detentores de títulos assumam o controle de propriedades, para fazer valer seu penhor, no caso de qualquer possibilidade de que esses ativos tenham um valor justo acima do valor dos direitos deles.[6] Aparentemente, é considerado injusto

---

5. Para dados de suporte, ver apêndice C, nota 2, p. 949.
6. A falha em executar as Interborough Rapid Transit Secured de 7% por sete anos após o não pagamento do principal (isso foi discutido na p. 696) ilustra bem esse ponto.

liquidar os acionistas ou detentores de títulos subordinados que tenham um interesse potencial na propriedade, mas não estão em posição de protegê-lo. Como resultado dessa prática, raramente, se é que o fizeram alguma vez, os detentores de títulos tomaram posse, de fato, da propriedade penhorada, a não ser que seu valor, na época, tenha sido substancialmente inferior ao de seus direitos. Na maioria dos casos, são obrigados a receber ativos novos da empresa reestruturada. Às vezes, a inadimplência nos juros é sanada e o ativo é restabelecido.[7] Em ocasiões extremamente raras, um ativo inadimplente acaba sendo pago na íntegra, mas somente após um atraso longo e vexatório.[8]

Atrasos são cansativos. Esse atraso constitui a terceira objeção a confiar em propriedades hipotecadas como proteção para os investimentos em títulos. Quanto mais valiosos os ativos dados em garantia em relação ao valor do penhor, mais difícil é assumir controle deles após a execução da hipoteca e maior o tempo necessário para elaborar uma divisão "equitativa" das participações de diversas emissões de títulos e ações. Vamos considerar o tipo mais favorável de cenário para um detentor de títulos no caso de uma concordata. Ele teria posse de uma primeira hipoteca comparativamente pequena seguida de um penhor subordinado substancial, cujos requisitos tornaram a empresa insolvente. É bem possível que a força da posição do proprietário de um título de primeira hipoteca seja tal que, em nenhum momento, exista alguma chance real de ele sofrer uma perda eventual. Entretanto, as dificuldades financeiras da empresa, em geral, têm um efeito baixista sobre o preço de mercado de todos os seus ativos, mesmo aqueles presumivelmente intactos em termos de seu valor real. À medida que a concordata se prolonga, o declínio do mercado se acentua, uma vez que os investidores, em seu temperamento, são avessos a comprar em uma situação adversa. Por fim, os títulos da primeira hipoteca podem passar pela reestruturação incólumes. Contudo, durante um período cansativo e prolongado, os proprietários terão enfrentado uma diminuição significativa na cotação de suas posses e, pelo menos, algum grau de dúvida e preocupação com o resultado final. Exemplos típicos dessa experiência podem ser encontrados nos casos da Missouri-Kansas-Texas Railway Company First de 4% e da Brooklyn Union Elevated de 5%.[9] O tema da concordata e da prática da

---

7. Para dados complementares, ver apêndice C, nota 3, p. 950.

8. Para dados complementares, ver apêndice C, nota 4, p. 950.

9. Para dados complementares, ver apêndice C, nota 5, p. 950. Com relação aos atrasos na execução dos direitos dos detentores de títulos, deve-se salientar que, com até um terço da quilometragem

reestruturação, principalmente por seus efeitos sobre os detentores dos títulos, receberá consideração mais detalhada em um capítulo posterior.

O princípio básico é evitar problemas. A discussão anterior deve apoiar nossa posição enfática de que o principal objetivo do comprador de títulos deve ser evitar problemas e não se proteger em caso de problemas. Mesmo nos casos em que a garantia específica se mostra, de fato, vantajosa, esse benefício é realizado sob condições que contrariam o próprio significado de um investimento em *renda fixa*. Em função do forte declínio no preço de mercado quase invariavelmente associado às concordatas, o mero fato de que o investidor precisa fazer valer seus direitos indica que seu investimento foi imprudente ou infeliz. A proteção que a propriedade hipotecada lhe oferece pode constituir, na melhor das hipóteses, uma atenuação de seu erro.

Resultados deste primeiro princípio. 1. *Ausência de penhor é de pouca importância.* Do primeiro princípio, seguem-se vários resultados com aplicações práticas importantes. Desde que o penhor específico seja de importância subordinada na escolha dos títulos de alta qualidade, a ausência de uma garantia também é de relevância menor. As debêntures,[10] ou seja, os títulos não garantidos de uma empresa forte, amplamente capaz de atender a seus encargos de juros, podem ser classificadas como aceitáveis quase tão prontamente quanto um título garantido por hipoteca. Além disso, as debêntures de uma empresa forte são, sem dúvida, investimentos mais sólidos que os ativos hipotecários

---

ferroviária do país em processo de falência, nenhuma ferrovia saiu da concordata nos seis anos seguintes à aprovação da emenda Sec. 77 à Lei de Falências, em 1933, uma medida projetada para *acelerar* a reestruturação.

10. O termo "debênture", na prática financeira americana, tem o significado consagrado de "título ou nota não garantida". Por nenhuma boa razão, às vezes o nome é dado a outros tipos de ativos sem aparentemente significar algo específico. Houve uma quantidade de "debêntures garantidas", por exemplo, as Chicago Herald and Examiner Secured de 6,5%, com vencimento em 1950, e as Lone Star Gas de 3,5%, com vencimento em 1953. Além disso, vários ativos preferenciais são denominados ações preferenciais de debêntures ou apenas ações de debêntures, por exemplo, as debêntures da DuPont (resgatadas em 1939); as debêntures preferenciais da General Cigar (resgatadas em 1927). Às vezes, as emissões de debêntures, apropriadamente assim nomeadas por serem originalmente não garantidas, mais tarde adquirem uma segurança específica pela operação de uma cláusula de proteção, por exemplo, as debêntures da New York, New Haven and Hartford Railroad Company, discutidas no capítulo 19. Outro exemplo foram as debêntures de 6,5% da Fox New England Theatres, Inc., reestruturadas em 1933. Essas debêntures adquiriram como garantia um bloco de títulos de primeira hipoteca da mesma empresa, que foram entregues pelo vendedor da rede de cinemas por não haver cumprido uma garantia de lucros futuros. Deve-se observar que não existe uma distinção clara entre um "título" e uma "nota" que não seja o fato de que esta última geralmente significa uma obrigação a curto prazo, isto é, uma obrigação com vencimento em um prazo, digamos, não superior a dez anos após a emissão.

de uma empresa fraca. Nenhum título de primeira garantia, por exemplo, goza de uma classificação de investimento melhor que a debênture de 3% da Standard Oil of New Jersey com vencimento em 1961. Um exame da lista de títulos mostra que as emissões de debêntures de empresas que não possuem qualquer dívida garantida são classificadas como tendo grau de investimento, pelo menos em pé de igualdade com um título hipotecário médio, uma vez que uma empresa deve desfrutar uma classificação de crédito alta para captar recursos sem garantias em seus títulos a longo prazo.[11]

2. *A teoria da compra do título de maior rendimento de uma empresa sólida.* Segue-se também que, se algum título de uma empresa merece ser classificado como um investimento de renda fixa, todos os seus títulos devem ser classificados da mesma forma. Em contrapartida, se os títulos subordinados de uma empresa não são seguros, seus títulos de primeira hipoteca não são um investimento de renda fixa desejável. A razão é que, se a segunda hipoteca é insegura, a própria empresa é fraca e, *grosso modo*, não podem existir obrigações de alta qualidade de uma empresa fraca. O procedimento teoricamente correto para o investimento em títulos, portanto, é primeiro escolher uma empresa que atenda a todos os testes de força e solidez e, depois, comprar seu título de maior rendimento, o que, em geral, significaria seus títulos subordinados, e não seus títulos de primeiro penhor. Presumindo que nenhum erro foi cometido na escolha da empresa, esse procedimento funcionaria muito bem na prática. Quanto maior a chance de erro, no entanto, mais razão temos para sacrificar o rendimento, a fim de reduzir a perda potencial no valor do capital. Entretanto, devemos reconhecer que, ao favorecer o ativo de primeira hipoteca com rendimento mais baixo, o comprador de títulos está de fato expressando uma falta de confiança em seu julgamento com relação à solidez da empresa — que, se levado às últimas consequências, colocaria em questão a conveniência de fazer um investimento em *qualquer* um dos títulos daquela empresa específica.

Exemplo: Consideremos as primeiras hipotecas da Cudahy Packing Company de 5%, com vencimento em 1946, e as debêntures de 5,5% da mesma empresa, com vencimento em 1937. Em junho de 1932, as primeiras hipotecas de 5% foram negociadas a US$ 95 com um rendimento de cerca de 5,5%, enquanto as subordinadas de 5,5% foram negociadas a US$ 59, de modo a render mais de 20% no vencimento. A compra dos títulos de 5%

---

11. Este ponto é enfaticamente substanciado pelo financiamento dos títulos industriais entre 1935 e 1939. Durante esses anos, quando apenas ativos de alta qualidade podiam ser vendidos, a maior parte do total foi representada por *debêntures*.

próximo a um valor nominal só poderia ser justificada pela crença de que a empresa permaneceria solvente e razoavelmente próspera; caso contrário, os títulos sofreriam, sem dúvida, uma queda acentuada em seu preço de mercado. No entanto, se o investidor confia no futuro da Cudahy, por que não deveria comprar as debêntures e obter um retorno muito maior para seu dinheiro? A única resposta pode ser que o investidor deseja a proteção superior da primeira hipoteca no caso de sua avaliação se mostrar incorreta e a empresa enfrentar dificuldades. Nesse caso, é possível que perca menos como proprietário de um título de primeira hipoteca que com a compra do ativo subordinado. Mesmo nesse quesito, vale ressaltar que, se por acaso a Cudahy Packing Company sofresse os reveses que ocorreram com a Fisk Rubber Company, a perda no valor de mercado dos títulos de primeira hipoteca seria tão grande quanto aquelas sofridas pelas debêntures; em abril de 1932, a Fisk Rubber Company de 8% estava sendo negociada a um preço menor que US$ 17 contra US$ 12, para as notas sem garantia de 5,5%. É claro, de qualquer forma, que o investidor que escolhe as primeiras hipotecas da Cudahy de 5% está pagando um prêmio de cerca de 15% ao ano (a diferença de rendimento) apenas para ter um seguro *parcial* contra perdas. Nessa base, ele está, sem dúvida, abrindo mão de mais do que recebe em troca. A conclusão parece inevitável: ele não deve investir nos títulos da Cudahy ou deveria comprar o ativo subordinado com seu rendimento mais alto.[12] Essa regra pode ser estabelecida como aplicável no caso geral em que um título de primeira hipoteca é vendido a um preço de valor fixo (por exemplo, próximo do valor nominal) e ativos subordinados da mesma empresa podem ser comprados de modo a fornecer um retorno muito maior.[13]

3. *Os penhores com prioridade de pagamento devem ser preferidos, a menos que as obrigações subordinadas ofereçam vantagem substancial.* Obviamente, um penhor subordinado deve ser preferido apenas se a vantagem nos rendimentos for substancial. Nos casos em que o título de primeira hipoteca rende apenas um pouco menos, é, sem dúvida, sensato pagar um prêmio de seguro pequeno para se proteger contra problemas inesperados.

Exemplo: Este ponto é ilustrado pelos preços relativos de mercado das Atchison Topeka and Santa Fe Railway Company General (primeira hipoteca) de 4% e das Adjustment (segunda hipoteca) de 4%, com vencimento em 1995.

---

12. Ambos os ativos da Cudahy foram resgatados a US$ 102,50 em 1935.

13. Exceções a essa regra podem ser justificadas nos casos raros em que a segurança com prioridade de pagamento tem um *status* preferido muito forte — por exemplo, um título ferroviário subjacente e muito forte. No entanto, ver p. 194-196.

PREÇOS DAS ATCHISON GENERAL DE 4% E DAS ADJUSTMENT DE 4% EM VÁRIAS DATAS

Data	Preço das General de 4%	Preço das Adjustment de 4%	Diferença
2 jan. 1913	97,5	88	9,5
5 jan. 1917	95,5	86,75	8,75
21 maio 1920	70,25	62	8,25
4 ago. 1922	93,5	84,5	9
4 dez. 1925	89,25	85,25	4
3 jan. 1930	93,25	93	0,25
7 jan. 1931	98,5	97	1,5
2 jun. 1932	81	66,5	14,5
19 jun. 1933	93	88	5
9 jan. 1934	94,25	83	11,25
6 mar. 1936	114,625	113,5	1,125
26 abr. 1937	103,5	106,75	3,25
14 abr. 1938	99,25	75,25	24
29 dez. 1939	105,75	85,25	20,5

Antes de 1924, os títulos da Atchison General de 4% eram negociados, em geral, entre 7 e 10 pontos acima das Adjustment de 4% e rendiam cerca de 0,5% a menos. Uma vez que ambos os ativos eram considerados completamente seguros, teria sido mais lógico comprar o ativo subordinado por um custo 10% menor. Após 1923, esse ponto de vista se afirmou, e a diferença de preços diminuiu paulatinamente. Durante 1930 e parte de 1931, o ativo subordinado foi vendido, em inúmeras ocasiões, a praticamente o mesmo preço que as General de 4%. Essa relação foi ainda mais ilógica do que a diferença indevidamente grande que vigorou entre 1922 e 1923, uma vez que a vantagem das Adjustment de 4%, em termos de preço e rendimento, era insignificante demais para justificar a aceitação de uma posição subordinada, mesmo presumindo segurança inquestionável para ambas as garantias.

Em pouco tempo, essa verdade bastante óbvia foi marcada, enfaticamente, pelo aumento da diferença de preços para mais de 14 pontos durante as condições desmoralizadas do mercado de títulos, em junho de 1932. Levando em conta o histórico em 1934, pode-se inferir que um diferencial razoável entre os dois ativos seria de cerca de 5 pontos e que um alargamento substancial ou um desaparecimento virtual dessa diferença apresentaria uma oportunidade para uma troca vantajosa de um ativo por outro. Duas dessas oportunidades apareceram, de fato, em 1934 e 1936, conforme demonstrado em nossa tabela.

Entretanto, esse exemplo é mais útil ainda para ilustrar a disseminação generalizada da mudança e a necessidade de levá-la em consideração na análise dos títulos. Em 1937, a incapacidade de recuperação dos lucros da Atchison mais aproximada de seus níveis normais do passado e a inadequação real da margem acima das necessidades de pagamento de juros, conforme avaliada por padrões conservadores, deveriam ter alertado o investidor de que o elemento "ajuste" (ou seja, contingente) no ativo subordinado não poderia ser ignorado com segurança. Assim, uma relação de preço que era lógica na época em que a segurança dos juros nunca esteve em dúvida não podia ser digna de confiança nas novas condições. Em 1938, os lucros pequenos obrigaram a ferrovia a adiar o pagamento dos juros sobre os títulos de ajuste em 1º de maio, razão pela qual seu preço caiu para US$ 75,25 e a diferença entre os preços aumentou para 24 pontos. Embora os juros tenham sido integralmente pagos mais tarde e o preço tenha subido para US$ 96 em 1939, pareceria imprudente para o investidor aplicar os padrões anteriores a 1932 a esses títulos.

Um penhor subordinado da Empresa X pode ser preferido a um título de primeira hipoteca da Empresa Y, em uma de duas bases:

1. a proteção para a dívida total da Empresa X é adequada e o rendimento do penhor subordinado é substancialmente mais alto que o do ativo da Companhia Y; ou
2. se não houver vantagem substancial em termos de rendimento, a proteção indicada para a dívida total da Empresa X deve ser consideravelmente melhor que a da Empresa Y.

Exemplo de 2:

Ativo	Preço em 1930	Múltiplo dos encargos fixos lucrado, 1929
Preferenciais da Pacific Power and Light Co. de 5%, vencimento em 1955	101	1,53 vez
Debêntures da American Gas and Electric Co. de 5%, vencimento em 2028	101	2,52 vezes

* Resultados médios aproximadamente iguais.

A cobertura consideravelmente mais alta dos encargos totais pela American Gas and Electric justificaria a preferência de seus títulos subordinados aos ativos de primeira hipoteca da Pacific Power and Light, quando ambos estavam sendo negociados a, aproximadamente, o mesmo preço.[14]

***Status* especial de "títulos subjacentes".** No setor ferroviário, supõe-se que, em geral, a classificação de investimento especial deve ser associada àquelas que são conhecidas como "títulos subjacentes". Esses papéis representam ativos de um tamanho relativamente pequeno garantidos por um penhor de partes especialmente importantes do sistema devedor e, muitas vezes, seguido de uma série de "hipotecas abrangentes".[15] O título subjacente, em geral, goza de um primeiro penhor, mas pode até ser um ativo de segunda ou terceira hipoteca, desde que os ativos com prioridade de pagamento também sejam relativamente pequenos em magnitude.

Exemplo: As New York and Erie Railroad Third Mortgage Extended de 4,25%, com vencimento em 1938, são subordinadas a dois pequenos penhores com prioridade mais alta, cobrindo uma parte importante da linha principal da ferrovia Erie. São seguidas por quatro hipotecas abrangentes sucessivas no sistema e desfrutam regularmente dos benefícios de um título subjacente.

Acredita-se que os títulos desse tipo sejam totalmente seguros, independentemente do que acontece com o sistema como um todo. Quase sempre, passam incólumes por uma reestruturação; e, mesmo durante uma concordata, os pagamentos de juros, em geral, são continuados quase automaticamente, uma vez que a soma envolvida é proporcionalmente bastante pequena. Não estão isentas, no entanto, de quedas bastante acentuadas no valor de mercado se a insolvência assolar o sistema.

Exemplos: No caso das New York and Erie Third de 4,5% (que tinham, voluntariamente, sido prorrogadas no vencimento em 1923 e, de novo, em 1933), o principal e os juros não foram pagos em março de 1938, após a falência da Erie dois meses antes. O preço das ofertas de compra caiu para um nível abaixo de US$ 61. Contudo, todos os vários planos de reestruturação registrados até o final de 1939 incluíram o pagamento integral do principal e dos juros para esse ativo.

As Chicago and Eastern Illinois Consolited de 6%, com vencimento em 1934, foram finalmente pagas, na íntegra, em 1940, com juros adicionais de 4% — mas não antes que seu preço caísse para US$ 32 em 1933.

---

14. Em 1937, o preço mínimo das Pacific Power and Light de 5% era US$ 51, contra um mínimo de US$ 104 das debêntures da American Gas and Electric.

15. Em inglês, *blanket mortgages*: refere-se a uma única hipoteca que cobre dois ou mais imóveis. O imóvel é mantido como garantia da hipoteca, mas suas partes individuais podem ser vendidas sem que toda a hipoteca seja cancelada. Isso facilita a obtenção de financiamento para diversas propriedades e descarta a obrigatoriedade de fazer várias hipotecas. (N.E.)

As Pacific Railway of Missouri First, de 4%, as Second, de 5%, e as Missouri Pacific Railway Third, de 4%, todas prorrogadas desde o vencimento original até 1938, são títulos subjacentes do sistema Missouri Pacific. Continuaram a receber juros e não foram afetadas durante a concordata de 1915. Após a segunda falência, em 1933, continuaram a receber juros até a data de vencimento. Naquela data, o pagamento do principal não foi efetuado, mas os pagamentos de juros continuaram até 1939. Os vários planos de reestruturação praticamente resguardaram essas obrigações na íntegra, ao oferecer-lhes direitos com garantia prioritária e taxas de juros fixas da nova empresa. No entanto, desde 1931, o preço desses três ativos declinou, e eles passaram a ser negociados a US$ 65, US$ 60 e US$ 53, respectivamente.

Outros títulos, no entanto, anteriormente considerados ativos subjacentes, não se saíram tão bem após a insolvência.

Exemplo: As Milwaukee, Sparta and Northwestern First, de 4%, com vencimento em 1947, eram classificadas como um título subjacente da Chicago and North Western Railway e, por muitos anos, seu preço não foi muito inferior aos preços das conceituadas Union Pacific First de 4%, com vencimento no mesmo ano. No entanto, a concordata da Chicago and North Western Railway foi seguida de inadimplência dos juros desse ativo em 1935 e do colapso de seu preço para o mínimo abismal de US$ 8,12 em 1939.

Pelo exposto, poderia parecer que, *em determinados casos*, os títulos subjacentes podem ser vistos como exceções à nossa regra de que um título não é sólido a menos que a empresa seja sólida. Na maior parte, tais títulos pertencem a instituições ou a grandes investidores. (As mesmas observações podem ser aplicadas a determinados títulos de primeira hipoteca das subsidiárias operacionais de sistemas de empresas controladoras de prestadoras de serviços públicos.)

Nos títulos ferroviários desse tipo, a localização e o valor estratégico da quilometragem coberta são de importância crucial. Os títulos de primeira hipoteca sobre partes não essenciais e não lucrativas do sistema, algumas vezes denominadas "penhores divisionais", não são verdadeiros títulos subjacentes no sentido em que acabamos de usar o termo. Os primeiros penhores divisionais em quilometragem mal localizada podem receber tratamento muito menos favorável em uma reestruturação que os títulos hipotecários abrangentes, propositadamente subordinados a eles.

Exemplo: Dizia-se que as Central Branch Union Pacific Railway First de 4%, com vencimento em 1938, eram "subjacentes" à hipoteca da Missouri Pacific First and Refunding, que previa o resgate delas. No entanto, todos os planos de reestruturação apresentados até o final de 1939 ofereceram melhor tratamento para a Missouri Pacific First and Refunding de 5% do que para os títulos da Central Branch ostensivamente prioritários.

Por uma questão prática, não é muito fácil distinguir antecipadamente entre os títulos subjacentes que passam incólumes por uma reestruturação e aqueles que sofrem tratamento drástico. Por essa razão, o investidor comum pode muito bem descartar esses ativos de antemão e continuar a se pautar pela regra de que apenas as empresas fortes têm títulos fortes.

CAPÍTULO 7
SELEÇÃO DOS INVESTIMENTOS DE RENDA FIXA: SEGUNDO E TERCEIRO PRINCÍPIOS

II. TÍTULOS DEVEM SER COMPRADOS COM BASE NA DEPRESSÃO

A regra de que um investimento sólido deve ser capaz de aguentar adversidades parece óbvia o suficiente para ser chamada de dogma. Qualquer título pode apresentar um desempenho bom quando as condições são favoráveis; é apenas sob o teste ácido da depressão que as vantagens dos ativos fortes sobre os fracos se tornam manifestas e de vital importância. Por esse motivo, os investidores prudentes sempre favoreceram os títulos de empresas estabelecidas e que demonstraram sua capacidade de superar momentos ruins e bons.

Presunção de segurança com base na natureza do setor ou na quantidade de proteção. A confiança na capacidade de uma emissão de títulos de suportar uma depressão pode ser baseada em duas razões distintas. O investidor pode acreditar que a empresa específica está imune a uma contração drástica de sua lucratividade ou que a margem de segurança é tão grande que pode sofrer uma queda desse tipo sem perigo resultante. Os títulos das empresas de luz e energia elétrica foram favorecidos, sobretudo, pela primeira razão, enquanto os das subsidiárias da United States Steel Corporation foram favorecidos pela segunda. A compra se justifica, no primeiro caso, pela *natureza* da indústria; no segundo, pela *quantidade* de proteção. Dos dois pontos de vista, aquele que tenta evitar os perigos da depressão atrai mais o comprador típico de títulos. Parece muito mais simples investir em uma empresa à prova de depressão do que precisar confiar na força financeira da empresa para pagar seus títulos durante um período de resultados adversos.

Nenhum setor industrial é totalmente à prova de depressão. A objeção a essa teoria de investimento é, obviamente, que não existe um setor industrial à prova de depressão, ou seja, um ramo imune ao perigo de *qualquer* declínio na lucratividade. É verdade que as empresas Edison se mostraram sujeitas a apenas uma pequena queda nos lucros, em comparação, digamos, com as siderurgias. No entanto, mesmo uma queda pequena pode acabar sendo fatal se a empresa estiver comprometida no limite de seus lucros em uma época de prosperidade. Uma vez admitido — como sempre deve ser — que o setor pode sofrer *alguma* redução nos lucros, o investidor é obrigado a estimar a possível extensão da queda e compará-la com o excedente acima dos encargos de juros. Ele, portanto, encontra-se na mesma posição que o titular de qualquer outro tipo de título, visceralmente preocupado com a capacidade de a empresa atender às variabilidades do futuro.[1]

A distinção a ser feita, portanto, não é entre indústrias que estão *livres* da depressão e aquelas que são *afetadas* por ela, mas antes entre as que estão mais e as que estão menos sujeitas a oscilações. Quanto mais estável o tipo de empresa, mais adequado é o financiamento por meio de títulos e maior a parcela dos lucros supostamente normais que pode ser consumida pelos encargos de juros. À medida que a instabilidade aumenta, deve ser compensada por uma margem de segurança maior para assegurar que os encargos de juros sejam pagos; em outras palavras, uma parcela menor do capital total deve ser representada por títulos. Se houver tal falta de estabilidade inerente que torne duvidosa a sobrevivência da empresa em condições desfavoráveis constantes (uma questão que surge, com frequência, no caso das indústrias de tamanho menor), a emissão de títulos não pode atender aos requisitos do investimento em renda fixa, mesmo que a margem de segurança — medida pelo desempenho passado — seja bastante grande. Esse título passa no teste quantitativo, mas não no qualitativo; porém, ambos são essenciais ao nosso conceito de investimento.[2]

Prática de investimento reconhece a importância da natureza do setor industrial. Essa concepção de margens de segurança diferentes tem sido solidamente fundamentada na prática dos investimentos por muitos anos. A tríplice classificação das empresas — como ferrovias, prestadoras de serviços públicos ou indústrias — visava refletir diferenças inerentes em sua estabilidade relativa e, consequentemente, na cobertura a ser exigida acima dos encargos de juros de seus títulos. Os investidores apreciavam, por exemplo, qualquer ferrovia que tivesse um lucro superior ao dobro dos

---

1. Deve-se observar que um número grande de ativos de empresas controladoras de prestadoras de serviços públicos (e até mesmo algumas operadoras com excesso de títulos) se tornou inadimplente em 1931-1932, enquanto os títulos subsidiários da United States Steel Corporation mantiveram uma classificação de investimento alta, apesar dos resultados operacionais muito ruins.

2. Para ver exemplos desse ponto importante, consultar nossa discussão sobre as ações preferenciais da Studebaker (p. 129) e as ações preferenciais da Willys-Overland Company de 6,5% (p. 1003).

encargos de juros de seus títulos, mas a mesma margem era, em geral, considerada inadequada no caso de um título industrial. Na década entre 1920 e 1930, o *status* da categoria das prestadoras de serviços públicos passou por algumas mudanças radicais. Uma separação nítida foi introduzida entre os serviços de luz, calefação e energia elétrica, por um lado, e as linhas de bonde, por outro, embora, anteriormente, os dois tivessem estado intimamente ligados. As empresas de bonde, por causa de seu desempenho fraco, foram tacitamente excluídas do alcance do termo "prestadora de serviços públicos", conforme usado nos círculos financeiros; e, no conceito popular, essa denominação ficou restrita a empresas de energia elétrica, gás, água e telefonia. (Mais tarde, os promotores procuraram explorar a popularidade das prestadoras de serviços públicos, aplicando esse título a empresas envolvidas em todo tipo de negócio, incluindo gás natural, gelo, carvão e até armazenamento.) O progresso constante do grupo de prestadoras de serviços públicos, mesmo diante de pequenos contratempos industriais em 1924 e 1927, levou a um avanço impressionante em sua posição entre os investidores, de modo que, em 1929, gozava de uma classificação creditícia igual à das ferrovias. Na depressão que se seguiu, essas empresas registraram uma contração muito menor no lucro bruto e líquido que o setor de transportes, e parece lógico esperar que os títulos de empresas de luz e energia elétrica capitalizados vão substituir os títulos de ferrovias de alta qualidade como o tipo principal de investimento empresarial. (Isso parece verdadeiro para os autores, apesar da queda notável na popularidade dos títulos e das ações das prestadoras de serviços públicos iniciada em 1933, devido a uma combinação de reduções tarifárias, concorrência governamental e possíveis ameaças da inflação.)

Desempenho em tempos de depressão como teste de mérito. Vamos voltar nossa atenção agora para o comportamento desses três grupos de investimento em dois testes de depressão recentes: de 1931 a 1933 e de 1937 a 1938. Destes, o primeiro foi de uma gravidade tão inédita que pode parecer injusto e impraticável pedir que qualquer investimento, agora em consideração, seja medido por seu desempenho naqueles tempos desastrosos. Sentimos, no entanto, que as experiências de 1931 a 1933 podem ser proveitosamente vistas como um "teste de laboratório" dos padrões de investimento que envolvem graus de estresse que não se espera das adversidades comuns do futuro. Muito embora as condições prevalecentes nesses anos não devam ser replicadas, o comportamento de vários tipos de ativos, naquela época, deve ser útil para esclarecer certos problemas de investimento.

COMPARAÇÃO DE RECEITA BRUTA E LÍQUIDA DE FERROVIAS E PRESTADORAS DE SERVIÇOS PÚBLICOS COM O RENDIMENTO MÉDIO DE TÍTULOS DE ALTA QUALIDADE DE FERROVIAS E PRESTADORAS DE SERVIÇOS PÚBLICOS, 1926-1938 (UNIDADE: US$ 1 MILHÃO)

Ano	Ferrovias			Prestadoras de serviços públicos		
	Bruto[1]	Receita líquida de operação da ferrovia[2]	Rendimento dos títulos da ferrovia (%)[3]	Bruto[4]	Líquido (índice %)[5]	Rendimento dos títulos de prestadoras de serviços públicos (%)[3]
1926	6,383	1,213	5,13	1,520	100,0	5,11
1927	6,136	1,068	4,83	1,661	106,8	4,96
1928	6,112	1,173	4,85	1,784	124,0	4,87
1929	6,280	1,252	5,18	1,939	142,5	5,14
1930	5,281	869	4,96	1,991	127,7	5,05
1931	4,188	526	6,09	1,976	123,5	5,27
1932	3,127	326	7,61	1,814	96,6	6,30
1933	3,095	474	6,09	1,755	98,2	6,25
1934	3,272	463	4,96	1,832	88,1	5,40
1935	3,452	500	4,95	1,912	92,9	4,43
1936	4,053	667	4,24	2,045	120,7	3,88
1937	4,166	590	4,34	2,181	125,8	3,93
1938	3,565	373	5,21	2,195	106,0	3,87

1. Receitas operacionais de todas as ferrovias de classe I nos Estados Unidos (Interstate Commerce Commission).
2. Receita líquida operacional das mesmas ferrovias (Interstate Commerce Commission).
3. Rendimentos médios de quarenta títulos de ferrovias e quarenta de prestadoras de serviços públicos, respectivamente, conforme compilados pela Moody's.
4. Receitas de venda de energia elétrica para consumidores finais, compiladas pelo Edison Electric Institute. Dados de 90% do setor foram ajustados para cobrir 100% do setor (*Survey of Current Business*).
5. Índice de lucros corporativos de quinze prestadoras de serviços públicos, compilado pela Standard Statistics Company, Inc. Os números são médias anuais de trimestres relativos para os quais 1926 é o ano base.

Várias causas de fracasso dos títulos. *1. Excesso de dívida financiada das prestadoras de serviços públicos.* Se estudarmos as emissões de títulos que fracassaram no período pós-bolha, observaremos que causas diferentes estão por trás dos problemas de cada grupo. As inadimplências das prestadoras de serviços públicos foram causadas não pelo desaparecimento dos lucros, mas pela incapacidade das estruturas com endividamento excessivo de suportar um revés relativamente moderado. As empresas capitalizadas em bases razoavelmente sólidas, de acordo com os padrões antigos, encontraram pouca dificuldade para pagar os juros de seus títulos. Isso não aconteceu no caso de muitas empresas controladoras com estruturas de capital em forma de pirâmide, que tinham gastado quase todos os dólares dos lucros obtidos em anos de pico com o pagamento de seus encargos fixos e, portanto, não tinham quase nenhuma margem disponível no caso de uma redução dos lucros. As dificuldades generalizadas das prestadoras de serviços públicos não se deveram a nenhum fracasso dos *negócios* de energia elétrica e luz, mas à extravagância imprudente de seus métodos de financiamento. As perdas dos investidores com os títulos das prestadoras de serviços públicos poderiam, em grande parte, ter sido evitadas se simplesmente tivesse havido prudência na escolha deles. Por outro lado, os métodos de financiamento pouco confiáveis que acabaram sendo empregados resultaram em fracassos individuais, mesmo no curso normal do ciclo comercial. Em consequência, a teoria do investimento em títulos sólidos de prestadoras de serviços públicos não parece, em sentido algum, ter sido abalada pela experiência de 1931 a 1933.

2. *A estabilidade dos lucros das ferrovias é superestimada.* No caso das ferrovias, encontramos uma situação um pouco diferente. Aqui o fracasso parece estar ligado ao fato de que a estabilidade do setor de transportes foi superestimada, de modo que os investidores ficaram satisfeitos com uma margem de proteção que se mostrou insuficiente. Não se tratou de desconsiderar imprudentemente padrões de segurança antigos e arraigados, como no caso das prestadoras de serviços públicos mais fracas, mas, em vez disso, de se contentar com os padrões antigos quando as condições exigiam requisitos mais rigorosos. Em retrospectiva, podemos ver que o fracasso da maioria das transportadoras em aumentar seus lucros durante o forte crescimento do país, desde os tempos anteriores à guerra, era um sinal de enfraquecimento da posição relativa, que exigia uma atitude mais cautelosa e rigorosa por parte do investidor. Se o investidor tivesse exigido que seus títulos ferroviários fossem aprovados nos mesmos testes aplicados aos ativos industriais, teria sido obrigado a limitar sua escolha a um número relativamente pequeno de ferrovias bem situadas.[3] Como se viu, quase todas conseguiram suportar a tremenda perda de tráfego a partir de 1929 sem qualquer ameaça para seus encargos

---

3. Se, por exemplo, o investidor tivesse restringido sua atenção aos títulos de ferrovias que, no ano próspero de 1928, tivessem coberto os encargos fixos por um fator igual ou superior a 2,5 vezes, teria confinado suas escolhas aos títulos de: Atchison; Canadian Pacific; Chesapeake & Ohio; Chicago, Burlington and Quincy; Norfolk and Western; Pere Marquette; Reading; Union Pacific. (Com exceção da Pere Marquette, os títulos dessas ferrovias tiveram um desempenho relativamente bom durante a Grande Depressão. Deve-se observar, no entanto, que o teste anterior talvez seja mais rigoroso que aquele que proporemos mais tarde: lucros *médios* = duas vezes encargos fixos.)

fixos. Se esse é um caso ou não de sabedoria, após o evento é irrelevante para nossa discussão. Tomando a experiência passada como uma lição para o futuro, podemos ver que a *escolha de títulos ferroviários com base em tempos de depressão* significaria exigir uma margem maior de segurança em tempos normais daquela que antes era considerada necessária.

A experiência de 1937-1938. Essas conclusões em relação aos títulos ferroviários e das prestadoras de serviços públicos são apoiadas pelo comportamento dos dois grupos na recessão de 1937-1938. Quase todos os ativos que atendiam a testes quantitativos razoavelmente rigorosos no início de 1937 passaram pela queda posterior com um declínio relativamente pequeno do mercado e nenhum enfraquecimento de sua posição inerente. Por outro lado, em 1936, os títulos de ambos os grupos que apresentavam uma cobertura de lucros abaixo do padrão sofreram, na maioria dos casos, graves perdas de cotação, que em algumas instâncias acabaram funcionando como precursores de dificuldades financeiras para o emissor.[4]

3. *Desempenho dos títulos industriais em tempos de depressão.* No caso dos títulos industriais, os padrões de 1937 a 1938 e de 1931 a 1933 foram bastante diferentes, de modo que a atitude do investidor em relação a esse tipo de ativo pode depender, em certo grau, de considerar necessário assumir uma proteção contra um grau de depressão mais ou menos grave. Ao estudar os registros de 1931 a 1933, observamos que os colapsos de preços não ocorreram, principalmente, por causa de estruturas financeiras pouco sólidas, como no caso dos títulos das prestadoras de serviços públicos, nem por erros de cálculo por parte dos investidores com relação à margem de segurança necessária, como no caso dos títulos ferroviários. Em muitos casos, somos confrontados com um súbito desaparecimento de lucratividade e com uma dúvida desconcertante a respeito da capacidade de sobrevivência da empresa. Uma empresa como a Gulf States Steel, por exemplo, teve um lucro igual ou superior a 3,5 vezes seus encargos de juros em 1929 em todos os anos de 1922 a 1929. Contudo, em 1930 e 1931, os prejuízos operacionais foram tão grandes a ponto de ameaçarem sua solvência.[5] Muitas indústrias de produtos de base, como os produtores cubanos de açúcar e nossas minas de carvão, estavam enfraquecidas antes do fiasco de 1929. No passado, esses eclipses acabaram sempre sendo temporários, e os investidores se sentiram justificados em manter em

---

4. Para um resumo do desempenho de títulos representativos de ferrovias e prestadoras de serviços públicos, entre 1937 e 1938, com relação à cobertura de lucros de 1936, ver apêndice C, nota 6, p. 951.

5. Para dados complementares e outros exemplos, ver apêndice C, nota 7, p. 953.

carteira os títulos dessas empresas na expectativa de uma recuperação rápida. Contudo, nesse caso, a continuidade de condições adversas, além de todas as experiências anteriores, invalidou seus cálculos e destruiu os valores por trás de seus investimentos.

Nesses casos, devemos concluir que mesmo uma margem de segurança grande, nos bons tempos, pode se mostrar ineficaz contra uma sucessão de perdas operacionais causadas pela adversidade prolongada. As dificuldades enfrentadas pelos títulos industriais, portanto, não poderão ser evitadas no futuro apenas pela instituição de requisitos mais rigorosos relacionados à cobertura dos juros de títulos em anos normais.

Se examinarmos mais de perto o comportamento da lista de títulos industriais em 1932-1933 (considerando todos os ativos listados na Bolsa de Valores de Nova York), observaremos que a parcela que manteve um preço que refletia uma confiança razoável na segurança do ativo foi limitada a apenas dezoito entre cerca de duzentas empresas.[6]

A maioria dessas empresas exercia um papel de grande importância em seus respectivos ramos de atuação. Esse ponto sugere que ter um *tamanho grande* é uma vantagem considerável quando lidamos com acontecimentos excepcionalmente desfavoráveis no mundo industrial, o que pode significar, por sua vez, que os investimentos industriais devem ser restritos às grandes empresas. Essa evidência, no entanto, pode ser objeto de contestação por ter sido fundamentada em uma experiência reconhecidamente anormal. O teste menos drástico de 1937-1938 aponta, ao contrário, para a conclusão convencional de que podemos confiar que os ativos fortemente sustentados por lucros passados suportarão depressões.[7] Se, no entanto, recuarmos um período mais longo — digamos, 1915 —, encontraremos evidências persistentes da instabilidade na lucratividade das indústrias. Mesmo no período supostamente próspero de 1922 a 1929, os títulos de pequenas indústrias não se mostraram um meio de investimento confiável. Houve muitos casos em que uma lucratividade aparentemente bem fundamentada sofreu uma queda súbita.[8] De fato, essas

---

6. Essas companhias eram: American Machine and Foundry, American Sugar Refining Company, Associated Oil Company, Corn Products Refining Company, General Baking Company, General Electric Company, General Motors Acceptance Corporation, Humble Oil and Refining Company, International Business Machine Corporation, Liggett and Myers Tobacco Company, P. Lorillard Company, National Sugar Refining Company, Pillsbury Flour Mills Company, Smith (A.O.) Corporation, Socony-Vacuum Corporation, Standard Oil Company of Indiana, Standard Oil Company of New Jersey e United States Steel Corporation.

7. Para um resumo do desempenho dos títulos industriais entre 1937 e 1938, com relação aos ganhos de um período encerrado em 1936, ver apêndice C, nota 8, p. 954.

8. Ver apêndice C, nota 9, p. 955.

variações imprevisíveis foram suficientemente numerosas para sugerir a conclusão de que existe uma falta inerente de estabilidade nas indústrias de médio ou grande porte, o que as torna inadequadas para serem financiadas por meio de títulos. Um reconhecimento tácito dessa fraqueza foi responsável, em parte, pela crescente adoção de privilégios de conversão e de garantias de subscrição em conexão com o financiamento de títulos industriais.[9] Até que ponto esses enfeites podem compensar a segurança insuficiente será discutido nos capítulos sobre ativos com prioridade de pagamento e características especulativas. Contudo, de todo modo, o amplo recurso a esses artifícios de participação nos lucros parece confirmar nossa ideia de que os títulos de indústrias pequenas não são bem qualificados para ser considerados investimentos de renda fixa.

Falta de títulos sólidos não constitui desculpa para comprar os ruins. No entanto, se recomendamos que o investimento em títulos diretos do ramo industrial seja confinado a empresas de tamanho dominante, deparamos com a dificuldade de que essas empresas são poucas em número e muitas delas não possuem títulos em circulação. Outra objeção é que tal atitude prejudicaria seriamente o financiamento de empresas legítimas de porte menor e teria um efeito prejudicial sobre as atividades dos bancos de investimento. A resposta a essas críticas deve ser que nenhum raciocínio pode justificar a compra de títulos pouco sólidos a um preço de investimento. O fato de que não existem bons títulos disponíveis não constitui uma desculpa para emitir ou aceitar as ruins. Desnecessário dizer que o investidor nunca é forçado a comprar um ativo de qualidade inferior. Com algum sacrifício no rendimento, ele sempre pode encontrar ativos que atendam a seus requisitos, por mais rigorosos que sejam; e, como apontaremos mais tarde, é provável que as tentativas de aumentar o rendimento em detrimento da segurança acabem não sendo rentáveis. Do ponto de vista das empresas e de seus especialistas em investimento, deve-se concluir que, se seus ativos não podem ser corretamente classificados como investimentos diretos, devem ter a capacidade de gerar lucros suficientes para compensar o comprador pelos riscos que corre.

Pontos de vista conflitantes sobre o financiamento por meio de títulos. Nesse sentido, são necessárias observações sobre duas ideias amplamente aceitas sobre o financiamento de títulos. A primeira é que as emissões de títulos são um elemento de fraqueza na posição financeira das empresas, de modo

---

9. Ver nota 3, p. 426.

que a eliminação da dívida financiada é sempre um objetivo desejável. A segunda é que, quando as empresas não conseguem se financiar com a venda de ações, é apropriado captar recursos por meio da emissão de títulos. Na opinião dos autores, essas duas noções bastante difundidas são totalmente incorretas. Caso contrário, nunca haveria uma base realmente sólida para qualquer financiamento por meio de *bonds*, uma vez que implicam que apenas as empresas fracas deveriam estar dispostas a vender *bonds* — o que, se verdadeiro, significaria que os investidores não deveriam estar dispostos a comprá-las.

Teoria adequada do financiamento por meio de títulos. A teoria adequada do financiamento por meio de títulos, no entanto, é de importância bastante diferente. Uma quantidade razoável de dívida financiada é uma vantagem para uma empresa próspera, uma vez que os acionistas podem obter um lucro acima dos encargos de juros usando o capital dos compradores de títulos. Tanto para a empresa como para o investidor é desejável que o endividamento seja limitado a um montante que possa ser tranquilamente pagável em qualquer condição. Portanto, do ponto de vista das finanças sólidas, não há conflito de interesse básico entre a empresa forte que emite títulos e o público que os compra. Por outro lado, sempre que um elemento de relutância ou compulsão afeta a criação de uma emissão de títulos por uma empresa, esses títulos são *ipso facto* de qualidade secundária e não é aconselhável comprá-los em uma base de investimento direto.

Políticas inadequadas seguidas na prática. As políticas financeiras seguidas pelas empresas e aceitas pelo público têm, há muitos anos, violado esses princípios lógicos. As ferrovias, por exemplo, financiam a maior parte de suas necessidades por meio da venda de títulos, resultando em um desequilíbrio entre a dívida financiada e o capital social. Essa tendência tem sido lamentada, repetidamente, por todas as autoridades, mas aceita como inevitável, uma vez que os lucros baixos tornaram impraticável a venda de ações. Porém, se isso fosse verdade, também tornariam desaconselháveis as compras de títulos. Ficou bem claro que os investidores foram imprudentes ao emprestar dinheiro a transportadoras que reclamavam da necessidade de pedir emprestado.

Enquanto os investidores estavam emprestando dinheiro, sem lógica, a mutuários fracos, muitas empresas fortes estavam saldando suas dívidas por meio da venda de ações adicionais. Contudo, mesmo que haja uma base bem sólida para a solicitação de empréstimos pelas empresas, esse procedimento também deve ser considerado imprudente. E se uma quantidade razoável de capital emprestado, obtida a baixas taxas de juros, é vantajosa para o acionista, a substituição dessa dívida por um aumento do capital social significa uma renúncia a essa vantagem. A eliminação da dívida simplificará, naturalmente, os problemas da administração, mas, sem dúvida, deve existir algum momento em que também se leve em consideração o retorno aos acionistas. Se não fosse assim, as empresas estariam, constantemente, levantando dinheiro com seus proprietários, mas nunca pagariam qualquer parte de volta em forma de dividendos. Deve-se ressaltar que a mania do resgate de dívidas, de 1927 a 1929, teve um efeito perturbador sobre nossa situação bancária, uma vez que eliminou a maioria dos bons tomadores de empréstimo comerciais e os substituiu por riscos comerciais de segunda categoria e por empréstimos com garantia colateral de ações, repletos de possibilidades de danos.

Importância do exposto para o investidor. A análise anterior da evolução dos empréstimos por meio de títulos industriais nos últimos quinze anos não é irrelevante para o tema deste capítulo, a saber, a aplicação de padrões dos tempos de depressão à seleção dos investimentos de renda fixa. Tendo em vista a necessidade de reconhecer os critérios de escolha ultrarrigorosos no setor industrial, o comprador de títulos depara com um estreitamento adicional de ativos elegíveis devido à eliminação da dívida financiada por muitas das empresas mais fortes. Claramente, sua reação não deve ser aceitar ativos de empresas menos desejáveis, na ausência de melhores, mas abster-se de fazer quaisquer compras em uma base de investimento se papéis adequados não estiverem disponíveis. Parece ser um axioma financeiro: sempre que existe dinheiro para ser investido, ele acaba sendo investido; e se o proprietário não consegue encontrar um ativo bom com um retorno justo, invariavelmente, compra um ruim. Entretanto, um investidor prudente e inteligente deve ser capaz de evitar essa tentação e se reconciliar com a ideia de aceitar um rendimento menos atraente dos títulos melhores, em vez de arriscar seu principal em ativos de segunda categoria em busca de rendimentos de juros altos.

Resumo. A regra de que os títulos devem ser comprados com base em sua capacidade de suportar tempos de depressão faz parte de uma antiga tradição do investimento. Essa regra foi quase esquecida no período próspero que culminou em 1929, mas sua importância ficou dolorosamente evidente durante o colapso que se seguiu e demonstrada, de novo, na recessão de 1937-1938. Os títulos das empresas de energia elétrica e gás razoavelmente capitalizadas tiveram um desempenho satisfatório durante essa década, e isso também ocorre — em grau menor — com relação ao número relativamente pequeno de ferrovias que mantinham uma margem grande acima dos encargos de juros antes de 1930. Na lista industrial, no entanto, mesmo um excelente registro histórico se mostrou, em muitos casos, pouco confiável, sobretudo quando a empresa tem porte pequeno ou médio. Por esse motivo, o investidor parece obter proteção melhor contra acontecimentos adversos ao confinar suas escolhas industriais a empresas que atendam aos dois critérios de (1) tamanho dominante e (2) margem substancial de lucros sobre os juros dos títulos.

III. TERCEIRO PRINCÍPIO: INCORRETO SACRIFICAR SEGURANÇA EM FAVOR DE RENDIMENTO

Na teoria tradicional do investimento em títulos, existe supostamente uma relação matemática entre a taxa de juros e o grau de risco incorrido. O rendimento dos juros é dividido em dois componentes, o primeiro constitui "juros puros" — isto é, a taxa obtida *sem* qualquer risco de prejuízo — e o segundo representa o prêmio obtido para compensar o risco assumido. Se, por exemplo, presumimos que a "taxa de juros pura" é 2%, então um investimento de 3% deve envolver uma chance em cem de prejuízo, enquanto o risco incorrido em um investimento de 7% seria cinco vezes maior, ou um em vinte. (Presume-se que o risco deve ser um pouco menor que o indicado, para permitir um "lucro do seguro.")

Essa teoria implica que as taxas de juros dos títulos são muito semelhantes aos prêmios de seguro e que medem o grau de risco em alguma base atuarial razoavelmente precisa. A conclusão lógica dessa teoria seria que, em geral, os retornos dos investimentos de alto e baixo rendimento tendem a se igualar, pois aquilo que o primeiro ganhasse de rendimento seria neutralizado por uma porcentagem maior de perdas do principal, e *vice-versa*.

Nenhuma relação matemática entre rendimento e risco. Essa visão, no entanto, parece guardar pouca relação com as realidades do investimento em títulos. Os preços e rendimentos dos ativos não são determinados por nenhum cálculo matemático preciso do risco esperado, mas dependem bastante da *popularidade* do ativo. Essa popularidade reflete, de uma maneira geral, a visão dos investidores quanto ao risco envolvido, mas também é amplamente influenciada por outros fatores, como o grau de familiaridade do público com a empresa e o ativo e a facilidade com que o título pode ser negociado.

Pode-se salientar ainda que a suposta computação atuarial dos riscos de investimento está fora de questão na teoria e na prática. Não existem tabelas de experiência disponíveis por meio das quais a esperada "mortalidade" de vários tipos de ativos possa ser determinada. Mesmo que tais tabelas fossem elaboradas, com base em estudos longos e exaustivos dos registros históricos, é duvidoso que tivessem alguma utilidade real para o futuro. Nos seguros de vida, a relação entre idade e taxa de mortalidade é bem definida e muda apenas gradualmente. Isso também é verdade, em uma extensão muito menor, na relação entre os diversos tipos de estruturas e o perigo de incêndio a eles associados. Contudo, a relação entre os diferentes tipos de investimentos e o risco de perda é totalmente indefinida e variável conforme as mudanças das condições para permitir uma formulação matemática sólida. Isso é sobretudo verdade porque os prejuízos de investimento não são distribuídos bastante uniformemente ao longo do tempo, mas tendem a se concentrar em certos intervalos, ou seja, nos períodos de depressão geral. Portanto, o risco típico de investimento é aproximadamente semelhante ao risco de um incêndio ou uma epidemia, que é um fator excepcional e incalculável nos seguros contra incêndio ou de vida.

Autosseguro geralmente não é possível em investimentos. Se presumíssemos que existe uma relação matemática precisa entre rendimento e risco, o resultado dessa premissa deveria ser inevitavelmente recomendar os títulos de menor rendimento — e, portanto, mais seguros — a todos os investidores. O indivíduo não está qualificado para ser uma seguradora. Não é sua função ser pago para sujeitar-se a riscos; pelo contrário, é do seu interesse pagar a terceiros por um seguro contra perdas. Vamos presumir que um comprador de títulos tenha a opção de investir US$ 1 mil com rendimento de US$ 20 ao ano, sem risco, ou por US$ 70 ao ano, com uma chance em vinte, a cada ano, de que seu principal seja perdido. A receita adicional de US$ 50 no segundo investimento é matematicamente equivalente ao risco envolvido. No entanto, em termos de *requisitos pessoais*, um investidor não pode se dar ao luxo de arriscar perder US$ 1 mil de capital em troca de US$ 50 adicionais de renda. Esse procedimento seria o oposto direto do procedimento padrão de *pagar* quantias anuais pequenas para proteger os valores das propriedades contra perdas por incêndio e roubo.

O fator dos riscos cíclicos. O investidor não pode, prudentemente, transformar-se em uma seguradora e correr o risco de perder seu principal em troca de prêmios anuais na forma de pagamentos de juros extraordinariamente altos. Uma objeção a tal política é que a administração correta de seguros exige uma distribuição de riscos ampla, a fim de minimizar a influência da sorte e permitir o máximo de influência das leis da probabilidade. O investidor pode tentar alcançar esse objetivo por meio da diversificação de suas participações, mas, na prática, não pode chegar perto da distribuição de riscos realizada por uma seguradora. Mais importante ainda é o perigo de muitos investimentos arriscados fracassarem em tempos de depressão, e, nesse caso, o investidor em ativos de alto rendimento encontra um período de rendimentos altos (que ele provavelmente vai gastar), seguido, de repente, de um dilúvio de perdas de capital.

Pode-se afirmar que os ativos com rendimento mais alto, como um todo, devolvem um prêmio maior, acima dos "juros puros", que o grau de risco requer; em outras palavras, em troca por assumir o risco, os investidores a longo prazo obtêm um *lucro* acima das perdas sofridas no principal. É difícil dizer, com firmeza, se isso é verdade ou não. Contudo, mesmo partindo do pressuposto de que o pagamento de taxas altas de juros, em grande parte, mais que compensa, em termos *atuariais*, os riscos aceitos, tais títulos ainda são investimentos indesejáveis do ponto de vista *pessoal* do investidor típico. Nossos argumentos contra o investidor se transformar em uma seguradora permanecem válidos mesmo se as operações de seguro como um todo sejam rentáveis. O comprador de títulos não está nem financeira nem psicologicamente equipado para realizar transações complexas que envolvam a constituição de reservas retiradas das receitas regulares para absorver prejuízos de valor substancial sofridos em intervalos irregulares.

Risco e rendimento são incomensuráveis. A discussão anterior nos leva a sugerir o princípio de que o retorno da renda e o risco do principal devem ser considerados *incomensuráveis*. Na prática, isso significa que os riscos reconhecidos de perda do principal não devem ser compensados apenas pelo pagamento de uma taxa de juros alta, mas podem ser aceitos apenas em troca de uma probabilidade correspondente de melhoria do principal, por exemplo, por meio da compra de títulos a um desconto substancial do valor nominal ou, possivelmente, pela obtenção de privilégios de conversão muito atraentes. Embora possa não existir uma diferença *matemática* real entre compensar os riscos de prejuízo com uma renda maior ou com uma chance de lucro, a diferença *psicológica* é muito importante. O comprador de títulos de baixo custo tem plena consciência do risco que está correndo; é mais provável que faça uma investigação profunda do ativo e avalie, com cuidado, as probabilidades de prejuízo e de lucro; finalmente — o mais importante de tudo —, ele está preparado para quaisquer perdas que possa sofrer, e seus lucros estão disponíveis para cobrir suas perdas. A experiência real de investimento, portanto, não favorecerá a compra de títulos típica com taxas de juros altas oferecidas, aproximadamente, por seu valor nominal, em que se pode pensar que um retorno de juros de 7% compensa a qualidade claramente inferior do ativo.[10]

Falácia do "investimento de empresário". No mundo financeiro, um ativo desse tipo costuma ser chamado de "investimento de empresário" e é supostamente adequado para aqueles que podem se dar ao luxo de correr certo risco. A maioria dos títulos de outros países emitidos entre 1923 e 1929 pertencia a essa categoria. Isso também se aplica à grande maioria das emissões de ações preferenciais diretas. Em nossa opinião, esses "investimentos de empresário" são um tipo de compromisso ilógico. O comprador de ativos que pode se dar ao luxo de correr certo risco deve procurar uma oportunidade proporcional de aumento de preço e prestar uma atenção apenas secundária no rendimento obtido.

Reversão do procedimento habitual recomendado. Revendo a questão de maneira mais abrangente, seria bom que os investidores invertessem sua atitude habitual em relação ao retorno dos rendimentos. Ao selecionar o grau de títulos adequado à sua situação, os investidores tendem a começar no topo da lista, onde a segurança máxima é combinada com um rendimento mais baixo; em seguida, calculam o tamanho da concessão à segurança ideal que estão dispostos a fazer em troca de um rendimento mais atraente. Desse ponto de vista, o investidor comum se acostuma à ideia de que o tipo de ativo adequado a suas necessidades deve ser inferior ao melhor, um estado de espírito que, provavelmente, levará à aceitação de títulos definitivamente ruins, seja por causa de seu alto retorno de renda ou por se renderem às bajulações do vendedor de títulos.

Seria um procedimento mais razoável começar com padrões mínimos de segurança, os quais todos os títulos devem ser forçados a cumprir para, depois, ser objeto de uma análise mais aprofundada. Os ativos que não atendem a esses requisitos mínimos devem ser automaticamente desqualificados como investimentos diretos, independentemente de seus rendimentos altos, de suas perspectivas atraentes ou de outros motivos de parcialidade. Tendo assim delimitado o campo dos investimentos elegíveis, o comprador pode, em seguida, aplicar os processos seletivos adicionais que considere adequados. Ele pode desejar obter elementos de segurança muito além dos mínimos aceitos e, nesse caso, deve, em casos normais, fazer algum sacrifício em termos de seu

---

10. Em um ano excepcional, como 1921, foram oferecidos títulos fortes com taxas de juros de 7%, devido às altas taxas de juros vigentes.

rendimento. Também pode satisfazer suas preferências quanto à natureza da empresa e da qualidade de sua administração. Entretanto, essencialmente, a escolha de títulos deve envolver uma elevação baseada em padrões mínimos definidos, em vez de um declínio, de maneira aleatória, com base em algum nível ideal, porém inaceitável, de segurança máxima.

CAPÍTULO 8
NORMAS ESPECÍFICAS PARA INVESTIMENTO EM TÍTULOS

IV. QUARTO PRINCÍPIO: NORMAS DE SEGURANÇA DEFINIDAS PRECISAM SER APLICADAS

Uma vez que foi demonstrado que a escolha de títulos de alta qualidade é, em grande medida, um processo de exclusão, presta-se razoavelmente bem à aplicação de regras e normas definidas, elaboradas para desqualificar ativos inadequados. De fato, tais normas foram estabelecidas, em muitos estados, por meio de decretos legislativos para nortear os investimentos feitos por bancos de poupança e por fundos fiduciários. Na maior parte desses estados, uma agência do governo prepara, todo ano, uma lista de ativos que parecem estar em conformidade com essas normas e que são, portanto, considerados "legais", ou seja, elegíveis para compra de acordo com a legislação.

É nossa opinião que a ideia subjacente de padrões e níveis mínimos fixos deve ser estendida a todo o campo do investimento direto, ou seja, investimento apenas para fins de receita. Essas restrições legislativas visam a promover um alto nível na média da qualidade de investimento e proteger os depositantes e beneficiários contra perdas de valores mobiliários inseguros. Se tais regulamentos são desejáveis no caso de instituições, parece lógico que os indivíduos também os sigam. Questionamos, anteriormente, a ideia predominante de que o investidor comum pode se dar ao luxo de correr riscos de investimento maiores que um banco de poupança correria e, portanto, não precisa ser tão exigente em relação à solidez de seus ativos de renda fixa. Desde 1928, a experiência enfatiza, sem dúvida, a necessidade de um maior rigor dos padrões de investimento, e um método simples de atingir esse objetivo pode ser limitar todas as escolhas de títulos diretos àqueles que atendam aos testes legais de elegibilidade para os bancos de poupança ou para os fundos fiduciários. Tal procedimento pareceria estar em consonância direta com nosso princípio fundamental de que os investimentos devem ser feitos apenas em ativos de solidez irrepreensível e de que ativos de qualidade inferior devem ser comprados apenas em bases admitidamente especulativas.

Legislação dos bancos de poupança de Nova York como ponto de partida. Por uma questão de *política prática*, é provável que um comprador individual de títulos obtenha resultados razoavelmente satisfatórios ao se sujeitar às restrições que regem o investimento dos recursos dos bancos de poupança. Entretanto, esse procedimento não pode ser seriamente sugerido como um *princípio geral de investimento*, uma vez que os dispositivos legislativos são imperfeitos demais para garantir sua aceitação como os melhores padrões teóricos disponíveis. As legislações dos vários estados são amplamente divergentes; a maioria delas é antiquada no que diz respeito a aspectos importantes; nenhuma é inteiramente lógica ou científica. Os legisladores não realizaram sua tarefa com a intenção de estabelecer critérios de investimentos sólidos para uso universal; consequentemente, eles se sentiram livres para impor restrições arbitrárias aos bancos de poupança e aos fundos fiduciários que hesitariam em prescrever para os investidores em geral. A legislação de Nova York, considerada por muitos como a melhor de sua classe, é, no entanto, marcada por uma série de defeitos evidentes. Na formulação de padrões de investimento abrangentes, essa legislação pode ser mais bem utilizada, portanto, como um guia ou ponto de partida, e não como uma autoridade final. A discussão que se segue acompanhará, razoavelmente de perto, o padrão estabelecido nos dispositivos estatutários (como existiam em 1939), mas serão criticados, rejeitados ou ampliados, sempre que uma emenda parecer desejável.

CRITÉRIOS GERAIS PRESCRITOS PELA LEGISLAÇÃO DE NOVA YORK

Os critérios específicos impostos pela legislação aos investimentos em títulos podem ser classificados em sete categorias, que enumeramos abaixo e discutiremos a seguir:

1. A *natureza* e a *localização* da empresa ou do governo.
2. O *tamanho* da empresa ou do ativo.
3. Os *termos* do ativo.
4. O *histórico* de solvência e de pagamentos de dividendos.
5. A relação dos *lucros* com os encargos de juros.
6. A relação do *valor* da propriedade com a dívida financiada.
7. A relação da capitalização de *ações* com a dívida financiada.

NATUREZA E LOCALIZAÇÃO

A característica mais marcante das leis que regem os investimentos dos bancos de poupança é a exclusão completa de títulos de determinadas categorias amplas. Os dispositivos do estado de Nova York relativos às classes permitidas e proibidas podem ser resumidos da seguinte forma (sujeitos a uma emenda de 1938 que será discutida):

Admitidas	Excluídas
Títulos dos governos federal, estaduais e municipais dos Estados Unidos.	Títulos de empresas e governos de outros países.
Títulos de ferrovias e de hipoteca de energia elétrica, gás e telefone.	Títulos de ferrovias e água. Debêntures de prestadoras de serviços públicos.
Títulos garantidos por primeiras hipotecas sobre propriedades.	Todos os títulos industriais.
	Títulos de empresas financeiras (fundos de investimento, estabelecimentos de crédito, etc.).

Falácia das proibições gerais. Os legisladores eram, evidentemente, da opinião de que os títulos pertencentes às categorias excluídas são, em essência, instáveis demais para serem adequados ao investimento por um banco de poupança. Se essa opinião estiver totalmente correta, a consequência do raciocínio anterior seria de que todos os ativos nesses grupos são inadequados para os investimentos conservadores em geral. Tal conclusão envolveria mudanças revolucionárias no campo das finanças, uma vez que grande parte do capital regularmente levantado hoje em dia junto ao mercado de investimentos teria de ser buscado numa base admitidamente especulativa.

Em nossa opinião, as experiências insatisfatórias dos investidores em títulos, durante um período bastante longo, exigem, de fato, um estreitamento considerável da categoria de investimento. No entanto, existem fortes objeções à aplicação dos tipos de proibições gerais agora em discussão. A teoria de investimento deve tomar cuidado com as generalizações fáceis. Mesmo se dermos o devido reconhecimento, por exemplo, às tendências instáveis dos títulos de indústrias, conforme abordado no capítulo 7, a eliminação de todo esse grande grupo da consideração do investimento não pareceria algo prático nem desejável. A existência de um número razoável de ativos industriais (mesmo que seja uma parcela pequena do total) que mantiveram um *status* de investimento indubitável, mesmo após passar pelos testes mais severos, impediria os investidores, em geral, de adotar uma política tão drástica. Além disso, a restrição da demanda por investimentos a alguns tipos elegíveis de empresa poderia resultar em escassez e, portanto, na aceitação de ativos inferiores apenas porque se enquadram nesses grupos. Este tem sido, de fato, um dos resultados infelizes das atuais restrições legislativas.

A força individual pode compensar a fraqueza inerente de uma classe. Poderia parecer que um princípio mais sólido, portanto, seria exigir um desempenho mais forte do título *individual* para compensar qualquer fraqueza supostamente inerente a sua *classe*, em vez de procurar admitir todos os títulos de certos grupos favorecidos e excluir todos os títulos de outros. Um título industrial pode, apropriadamente, precisar mostrar uma margem maior de ganhos acima dos encargos de juros e uma proporção menor de dívida em relação ao valor de uma empresa em funcionamento do que seria exigido de um título de uma empresa de gás ou energia elétrica. Isso também se aplicaria aos títulos de empresas de bondes. Com respeito à exclusão dos *títulos de companhias de água* pelo estatuto de Nova York, observamos que esse grupo é considerado pela maioria dos outros estados em pé de igualdade com as obrigações de empresas de gás, energia elétrica e telefonia. Parece não haver uma boa razão para sujeitá-las a critérios mais rigorosos, como é o caso de outros tipos de ativos das prestadoras de serviços públicos.

Emenda de 1938 à Lei Bancária. Em 1938, a legislatura de Nova York, reconhecendo a validade dessas objeções a questões categóricas de exclusões, decidiu aliviar a situação de uma maneira bastante peculiar. Decretou que o conselho bancário poderia autorizar os bancos de poupança a investir em obrigações pagadoras de juros que não fossem elegíveis para investimento, contanto que um pedido por tal autorização fosse feito por, pelo menos, vinte bancos de poupança ou por uma empresa fiduciária, cujo capital social fosse de propriedade de, pelo menos, vinte bancos de poupança. (Tratava-se da Savings Bank Trust Company of New York.)

Claramente, essa emenda vai muito além de um mero alargamento das categorias de investimento dos bancos de poupança. O que faz, na verdade, é substituir — potencialmente, pelo menos — todos os requisitos específicos da lei (exceto a insistência primária em títulos pagadores de juros) pelo juízo combinado dos próprios bancos de poupança e do conselho bancário. Isso significa que, em teoria, todos os sete critérios impostos pela lei poderiam ser anulados por um acordo entre as partes. Obviamente, não existe qualquer perigo, na prática, de que a sabedoria legislativa da lei seja completamente desprezada. De fato, os investimentos autorizados em virtude desse novo dispositivo, até o final de 1939, são todos de natureza corriqueira. Incluem as emissões de debêntures anteriormente inelegíveis de empresas telefônicas e industriais muito fortes. (Curiosamente, nenhum título de hipoteca industrial foi aprovado ainda, mas isso pode servir para confirmar nossa afirmação anterior de que os títulos industriais bons, provavelmente, tomarão a forma de debêntures.)

Até agora, os resultados da emenda de 1938 representaram um desvio louvável das restrições indevidamente rigorosas da lei em si, as quais criticamos antes. Não estamos, de forma alguma, convencidos, no entanto, de que a legislação como é agora apresenta uma forma realmente satisfatória. Parece haver algo pueril em decretar uma longa lista de regras e depois permitir que um órgão administrativo desautorize tantas quanto lhe parecer apropriado. Não seria melhor prescrever alguns critérios realmente importantes que devem ser seguidos em todos os casos e conceder ao Conselho Bancário poder discricionário para *excluir* ativos que atendam a esses critérios mínimos, mas que ainda não são sólidos o suficiente, segundo sua opinião conservadora?

Obrigações de governos de outros países. Argumentamos contra quaisquer exclusões amplas de categorias inteiras de títulos. Contudo, ao lidar com as dívidas de governos de outros países, um tipo diferente de raciocínio pode concebivelmente ser justificado. Tais ativos respondem em grau muito pequeno à análise financeira, e o investimento neles é geralmente baseado em considerações gerais, como a confiança na estabilidade econômica e política do país, e na crença de que se empenhará fielmente em cumprir seus compromissos. Em um plano mais amplo, portanto, do que no caso de outros títulos, uma opinião com relação à *conveniência geral* dos títulos de governos de outros países para investimento em renda fixa pode ser justificada ou mesmo necessária.

O fator de conveniência política. Ao considerar objetivamente o histórico dos investimentos em títulos de outros países nos Estados Unidos desde que esse tipo de investimento assumiu importância pela primeira vez durante a Primeira Guerra Mundial, é difícil escapar de uma conclusão desfavorável a esse respeito. Em última análise, uma dívida de um governo de outro país é um contrato impraticável. Se o pagamento for negado, o detentor de títulos não tem disponível qualquer recurso direto. Mesmo que receitas ou ativos específicos sejam dados em garantia, o investidor fica praticamente impotente se as promessas não forem cumpridas.[1] Segue-se que, embora uma obrigação de um governo de outro país seja, em teoria, um direito sobre todos os recursos da nação, até que ponto esses recursos serão realmente utilizados para atender ao ônus da dívida externa depende, em grande parte, da conveniência

---

1. Entre os numerosos exemplos desse fato infeliz, podemos mencionar a promessa de receitas específicas por trás do empréstimo Dawes (do governo alemão) de 7%, com vencimento em 1949, e das São Paulo Secured de 7%, com vencimento em 1956. Após a inadimplência desses dois empréstimos em 1934 e 1932, respectivamente, nada foi feito ou poderia ter sido feito para fazer valer os direitos sobre as receitas prometidas.

política. Os graves transtornos internacionais do período pós-guerra tornaram inevitável algumas inadimplências e forneceram um pretexto para outras. De qualquer forma, na medida em que a inadimplência se tornou um fenômeno familiar, sua frequência removeu grande parte da vergonha resultante. Em consequência, o investidor aparentemente tem menos razão do que no passado para confiar nos esforços hercúleos que estão sendo feitos por um governo estrangeiro para cumprir suas obrigações em tempos difíceis.

O argumento do comércio exterior. Em geral, argumenta-se que uma renovação em larga escala dos empréstimos internacionais é necessária para restaurar o equilíbrio mundial. Mais concretamente, esses empréstimos parecem ser um complemento indispensável à restauração e ao desenvolvimento de nosso comércio exportador. Contudo, não se deve esperar que o investidor assuma compromissos insensatos por razões idealistas ou em benefício dos exportadores americanos. Como uma *operação especulativa*, a compra de títulos de outros países a preços baixos, como aqueles vigentes em 1932, pode ser bem justificada pelas oportunidades de lucro associadas; mas essas cotações tremendamente depreciadas são, em si mesmas, um potente argumento contra compras posteriores de novas emissões estrangeiras a um preço próximo a 100% do valor nominal, não importa quão alta a taxa de cupom possa ser definida.

O argumento do histórico individual. Pode-se argumentar, no entanto, que o investimento em títulos de outros países é, em essência, semelhante a qualquer outra forma de investimento, na medida em que exige discriminação e discernimento. Alguns países merecem uma classificação de crédito alta com base em seu desempenho no passado, e têm direito à preferência de investimento no mesmo grau que as empresas nacionais com históricos satisfatórios. As legislaturas de vários estados reconheceram a posição superior do Canadá ao autorizar seus bancos de poupança a comprar as obrigações daquele país, e Vermont aceitou também os títulos denominados em dólares de Bélgica, Dinamarca, Grã-Bretanha, Holanda e Suíça.

Um forte argumento na direção contrária é fornecido pela lista a seguir dos vários países com dívidas pagáveis em dólares, categorizados de acordo com a classificação de crédito indicada pelo desempenho no mercado de seus títulos durante o teste severo de 1932.

1. Países cujos títulos foram vendidos com base em grau de investimento: Canadá, França, Grã-Bretanha, Países Baixos, Suíça.
2. Países cujos títulos foram vendidos de forma especulativa: Alemanha, Argentina, Austrália, Áustria, Bolívia, Brasil, Bulgária, Chile, China, Colômbia, Costa Rica,

Cuba, Tchecoslováquia, Dinamarca, El Salvador, Estônia, Finlândia, Grécia, Guatemala, Haiti, Hungria, Iugoslávia, Japão, México, Nicarágua, Panamá, Peru, Polônia, República Dominicana, Romênia, Rússia, Uruguai.
3. Países limítrofes: Bélgica, Irlanda, Itália, Noruega, Suécia.

Dos cinco países do primeiro grupo, aqueles com grau de investimento, o crédito de dois deles, a saber, França e Grã-Bretanha, foi considerado especulativo na depressão anterior de 1921-1922. Dos 42 países representados, portanto, apenas três (Canadá, Holanda e Suíça) desfrutaram de um grau de investimento inquestionável durante os doze anos que findaram em 1932.

Objeção dupla à compra de títulos de governos de outros países. Essa evidência sugere que a compra de títulos de governos de outros países está sujeita a uma objeção dupla de natureza *genérica*: teórica, na medida em que a base para o crédito é fundamentalmente intangível; e prática, pelo fato de que a experiência com o grupo de outro país tem sido, em grande parte, insatisfatória. Aparentemente, será preciso uma melhoria considerável das condições mundiais, demonstrada por um período razoavelmente longo de cumprimento pontual dos compromissos internacionais, para fazer merecer uma revisão dessa atitude desfavorável em relação aos títulos de outros países como uma classe.

Os ativos canadenses podem, sem dúvida, ser excluídos dessa condenação generalizada, tanto por seu desempenho histórico como pelo relacionamento estreito entre o Canadá e os Estados Unidos. Investidores individuais, por razões pessoais ou estatísticas, podem estar igualmente convencidos da alta capacidade de crédito de vários outros países e, portanto, estar dispostos a comprar suas obrigações como investimentos de alto nível. Tais compromissos podem vir a ser plenamente justificados pelos fatos; porém, por alguns anos, pelo menos, seria bom se o investidor os abordasse como *exceções* a uma regra geral para evitar os títulos de outros países e exigir que apresentassem evidências excepcionalmente fortes de estabilidade e segurança.[2]

Títulos de empresas de outros países. Em *teoria*, os títulos de uma empresa, ainda que próspera, não poderiam gozar de uma segurança melhor que os

---

2. A seção anterior, relativa a títulos de governos de outros países, é reproduzida sem alterações na edição de 1934 deste livro. As condições de guerra, existentes em 1940, acrescentam ênfase às nossas conclusões. Deve-se observar que, no final de 1939, apenas os títulos em dólares de Argentina, Canadá e Cuba estavam sendo negociados a uma base superior a 6% em nossos mercados. (Certos títulos cubanos estavam sendo negociados com rendimento acima de 6%. Deve-se observar também que Grã-Bretanha, Países Baixos, Suécia e Suíça não tinham títulos denominados em dólar em circulação.) Para obter informações sobre a inadimplência de títulos estrangeiros, consultar os vários comunicados de imprensa e os relatórios do Foreign Bondholders' Protective Council, Inc.

títulos do país em que a corporação está localizada. O governo, por meio de seu poder de tributação, tem um direito prioritário ilimitado sobre os ativos e lucros do negócio; em outras palavras, pode tirar a propriedade do detentor de títulos privado e utilizá-la para quitar a dívida nacional. Porém, na realidade, a conveniência política impõe limites claros sobre o exercício do poder tributário. Consequentemente, encontramos casos de empresas que cumprem suas obrigações em dólares, mesmo quando seu governo está inadimplente.[3]

Os títulos de empresas de outros países têm uma vantagem sobre os títulos governamentais, na medida em que o titular goza de recursos legais específicos em caso de não pagamento, como o direito à execução de uma hipoteca. Consequentemente, é provável que seja verdade que uma empresa de outro país esteja sob maior *compulsão* para pagar sua dívida que uma nação soberana. No entanto, deve-se reconhecer que as condições que resultam no descumprimento das obrigações do governo certamente afetarão adversamente a posição do detentor de títulos da empresa. Restrições sobre a transferência de recursos podem impedir o pagamento dos juros em dólares, embora a empresa possa permanecer totalmente solvente.[4] Além disso, a distância que separa o credor da propriedade e os obstáculos interpostos por decretos governamentais podem destruir o valor prático de uma garantia hipotecária. Por esses motivos, as conclusões desfavoráveis com relação às obrigações de governos de outros países, como investimentos de renda fixa, devem também ser consideradas aplicáveis aos títulos de empresas estrangeiras.

TAMANHO

Os títulos de empresas pequenas estão sujeitos a objeções que os desqualificam como um meio para o investimento conservador. Uma empresa de tamanho relativamente pequeno é mais vulnerável que outras a acontecimentos inesperados e, provavelmente, será prejudicada pela falta de conexões com bancos fortes ou de recursos técnicos. Empresas muito pequenas, portanto, nunca conseguiram obter financiamento público e dependem do capital privado; aqueles que fornecem os recursos recebem o duplo incentivo de participação nos lucros e de uma voz direta na administração. As objeções aos títulos de empresas de tamanho menor também se aplicam a cidades muito pequenas ou a municípios microscópicos, e o investidor em obrigações municipais cuidadoso geralmente evita locais com uma população abaixo de determinado nível.

---

3. Ver apêndice C, nota 10, p. 956.
4. Ver apêndice C, nota 11, p. 956.

O estabelecimento de tais requisitos mínimos de tamanho envolve, necessariamente, a determinação de linhas de demarcação arbitrárias. Não há meios matemáticos de determinar exatamente em que ponto uma empresa ou um município se torna grande o suficiente para justificar a atenção do investidor. A mesma dificuldade se aplica à definição de outros padrões quantitativos, como a margem de ganhos acima dos juros ou a relação dos valores de ações ou de propriedade com a dívida financiada por títulos. Deve-se ter em mente, portanto, que todos esses "pontos críticos" são necessariamente decisões tomadas com base na experiência, e o investidor é livre para usar outros valores se esses o atraírem mais. Contudo, por mais arbitrários que os padrões selecionados possam ser, eles são, sem dúvida, de grande utilidade prática para proteger o comprador de títulos de emissões que tenham proteção inadequada.

Dispositivos da legislação de Nova York. A legislação de Nova York estabeleceu vários padrões quanto ao tamanho mínimo, ao definir os investimentos elegíveis para os bancos de poupança. No que se refere aos títulos municipais, é necessária uma população não inferior a 10 mil pessoas para os estados adjacentes a Nova York e 30 mil pessoas para outros estados. As ferrovias devem possuir 800 quilômetros de linha de bitola padrão ou ter receitas operacionais não inferiores a US$ 10 milhões ao ano. Títulos não garantidos e de receita das empresas ferroviárias são admitidos apenas se (entre outros requisitos especiais) o *lucro líquido* disponível para dividendos é de US$ 10 milhões. Para as empresas de gás e energia elétrica, a receita bruta deve ter sido, em média, US$ 1 milhão por ano durante os cinco anos anteriores; mas no caso dos títulos de telefonia, esse valor deve ser de US$ 5 milhões. Existem outros dispositivos no sentido de que o tamanho da própria emissão de títulos não deve ser inferior a US$ 1 milhão para as empresas de gás e energia elétrica e não inferior a US$ 5 milhões no caso das obrigações de telefonia.

Algumas críticas a esses requisitos. Os valores de receita bruta mínima não parecem bem escolhidos do ponto de vista do investimento nos títulos em geral. As distinções quanto às exigências da população dificilmente são atraentes para investidores do país inteiro. Os testes alternativos para as ferrovias, baseados em quilometragem ou receita, são confusos e desnecessários. O requisito bruto de US$ 10 milhões por si só é muito alto; isso teria eliminado, por exemplo, a Bangor and Aroostook Railroad, uma das poucas ferrovias a mostrar um desempenho satisfatório durante a depressão de 1930-1933, assim como em anos anteriores. Igualmente injustificada é a exigência de US$ 5 milhões em faturamento bruto para as empresas de telefonia, contra apenas

US$ 1 milhão para os serviços de gás e energia elétrica. Esse dispositivo teria excluído os títulos da Tri-State Telephone and Telegraph Company antes de 1927, embora fossem, na época (e desde então), títulos de mérito inquestionável. Acreditamos que as exigências a seguir, propostas para o tamanho mínimo, embora, por necessidade, arbitrariamente escolhidas, estão em concordância razoável com as realidades do investimento sólido:

	Exigência de tamanho mínimo
Municipalidades	População de 10 mil pessoas
Empresas prestadoras de serviços públicos	Faturamento bruto de US$ 2 milhões
Sistemas de ferrovias	Faturamento bruto de US$ 3 milhões
Indústrias	Faturamento bruto de US$ 5 milhões

Títulos industriais e fator tamanho. Uma vez que os títulos industriais não são elegíveis para os bancos de poupança de acordo com a legislação de Nova York, nenhum tamanho mínimo está prescrito. Somos da opinião de que as obrigações industriais podem ser incluídas entre os investimentos de alta qualidade, desde que atendam a testes de segurança rigorosos. A experiência da década passada indica que o tamanho dominante ou, pelo menos, substancial oferece um elemento de proteção contra os riscos de instabilidade aos quais as indústrias estão mais sujeitas que as ferrovias ou as prestadoras de serviços públicos. Um investidor cauteloso, buscando lucrar com as lições recentes, aparentemente teria justificativa ao decidir restringir suas compras de títulos de renda fixa a, talvez, meia dúzia de empresas líderes em cada ramo industrial e ao adicionar o requisito mínimo sugerido de US$ 5 milhões em faturamento anual.

Tais padrões mínimos podem ser criticados como sendo indevidamente rigorosos, na medida em que, se fossem aplicados de maneira universal (o que é, de qualquer forma, improvável), tornariam impossível que empresas sólidas, prósperas e de tamanho médio se financiassem por meio de emissões de títulos diretos. É possível que uma estabilização geral das condições industriais nos Estados Unidos possa invalidar as conclusões derivadas das variações extremas dos últimos dez anos. Contudo, até que tal tendência na direção da estabilidade realmente seja comprovada, devemos adotar uma atitude bastante rigorosa em relação à compra de títulos industriais em *níveis de investimento*.

Tamanho grande não garante segurança por si só. As recomendações sobre o tamanho mínimo não implicam que enormes dimensões sejam, em si mesmas, uma garantia de prosperidade e força financeira. A maior empresa pode ser a mais fraca, se sua dívida financiada por títulos for desproporcionalmente grande. Além disso, nos grupos de ferrovias, prestadoras de serviços públicos e municípios, nenhuma vantagem prática pode ser atribuída às unidades de grande porte em comparação com as de tamanho médio. É muito provável que o fato de o faturamento bruto de um empresa de energia elétrica ser 20 milhões ou 100 milhões não tem qualquer efeito material sobre a segurança de suas obrigações; da mesma forma, uma cidade de 75 mil habitantes pode merecer uma classificação de crédito melhor que uma cidade com uma população de vários milhões. É apenas no campo industrial que sugerimos que as obrigações de uma empresa muito grande podem ser inerentemente mais desejáveis que as de empresas de médio porte; contudo, mesmo aqui, um desempenho estatístico muito satisfatório de uma grande empresa é necessário para tornar essa vantagem confiável.

Outros dispositivos rejeitados. A legislação de Nova York inclui um requisito adicional em relação aos títulos ferroviários não garantidos, a saber: o lucro *líquido* após os encargos de juros deve superar US$ 10 milhões. Isso não nos parece justificado, uma vez que já rejeitamos anteriormente a atribuição de um significado especial à posse ou à falta de uma garantia hipotecária. Existe certa falácia lógica também na exigência adicional de um tamanho mínimo para as emissões de títulos, no caso das prestadoras de serviços públicos. Se a empresa for grande o suficiente, conforme medido por sua receita bruta, então, quanto menor a emissão de títulos, mais fácil vai ser atender aos encargos de juros e do principal. É provável que a legislatura desejasse evitar a liquidez inferior associada emissões muito pequenas. Em nossa opinião, o elemento de liquidez, em geral, recebe uma ênfase excessiva por parte dos investidores; nesse caso, não favorecemos o cumprimento do requisito legal em relação ao tamanho da emissão como uma regra geral para o investimento em títulos.

CAPÍTULO 9
NORMAS ESPECÍFICAS PARA INVESTIMENTO EM TÍTULOS

DISPOSITIVOS DE OBRIGAÇÃO

Estão inseridas, neste tema, características como a segurança dos títulos, as condições que afetam o pagamento de juros e a data de vencimento. A conversão e os privilégios semelhantes especificados na escritura do título são, é claro, importantes, mas não têm um papel na determinação dos padrões para a seleção de investimentos em renda fixa.

De acordo com a legislação de Nova York, apenas títulos garantidos por hipotecas são elegíveis no grupo das prestadoras de serviços públicos.[1] No entanto, as obrigações de debêntures (sem garantia) das ferrovias são admitidas, desde que os juros e o histórico de dividendos atendam a requisitos mais rígidos que os estabelecidos para as emissões de hipotecas. A legislação também permite a compra de obrigações de renda (ou seja, aquelas em que a obrigação de pagar juros depende do lucro) na mesma base que as debêntures.

Restrições obsoletas e ilógicas. Em nossa opinião, esse conjunto de restrições está completamente defasado e é ilógico. Com base em nosso argumento enfático, exposto no capítulo 6, contra atribuir importância predominante à segurança específica, deve estar claro que não favorecemos a exclusão de qualquer grupo de emissões de títulos não garantidos, *por si só*, ou mesmo a criação de quaisquer normas ou requisitos *rigidamente definidos* que favoreçam as obrigações garantidas em detrimento das debêntures.

Se uma empresa tem uma única emissão de obrigações, pode parecer fazer pouca diferença se essa é uma primeira hipoteca ou uma debênture, desde que a última esteja protegida contra a subordinação em emissões futuras. É desnecessário dizer que um título de debênture subordinado a uma primeira hipoteca não é tão atraente quanto o título de primeira hipoteca em si, mesmo que a principal fonte de confiança do investidor em ambos os casos seja a mesma — ou seja, a capacidade de a empresa honrar todos os seus

---

1. Passamos a nos referir a dispositivos específicos da legislação, sem prejuízo da arbitrariedade do conselho bancário para renunciar a eles, em parte ou no todo.

compromissos. Mas essa distinção seria igualmente aplicável a um título de segundas hipotecas e, portanto, não é pertinente às debêntures como categoria. Já discutimos os aspectos práticos da seleção de garantias privilegiadas e subordinadas (p. 190-193) e vamos nos referir a esse ponto novamente ao abordar a cobertura de juros.

Títulos de renda em posição mais fraca que debêntures. Enquanto a legislação de Nova York é rígida demais na sua exclusão categórica de todos os títulos sem garantia das prestadoras de serviços públicos, sua aceitação dos títulos de *renda* das ferrovias nas mesmas bases que as *debêntures* das ferrovias é igualmente censurável pela razão oposta. Os dispositivos dos títulos de renda variam muito entre emissões diferentes; a distinção básica é entre aqueles em que os juros *precisam* ser pagos caso exista um lucro e aqueles sobre os quais os diretores têm um grau maior ou menor de critério. De modo geral, os títulos de renda estão mais próximos das ações preferenciais que das obrigações fixas típicas. Abordaremos esses títulos, portanto, no capítulo sobre as ações preferenciais, em que definiremos a necessidade de cuidado e rigor especiais na seleção desse tipo de título para o *investimento direto*.

Padrões de segurança não devem ser relaxados em razão da proximidade do vencimento. Os investidores estão inclinados a dar grande importância à *data de vencimento* de uma emissão, pelo fato de isso determinar se o título é a curto ou longo prazo. Um vencimento a curto prazo que traz consigo o direito de reembolso logo após a compra é considerado uma característica vantajosa do ponto de vista da segurança. Por essa razão, os investidores estão propensos a ser menos exigentes em suas normas ao comprar notas ou títulos com vencimento no futuro próximo (digamos, até três anos) que em suas outras seleções de títulos.

Em nossa opinião, essa distinção é incorreta. Um vencimento próximo significa um problema de refinanciamento para a empresa, bem como um privilégio de reembolso para o investidor. O detentor de títulos não pode contar com o mero vencimento para garantir o reembolso de seu investimento. A empresa deve ter o dinheiro disponível (o que é, relativamente, raro) ou, de outra forma, uma lucratividade e uma posição financeira que permitirá que tenha acesso a recursos novos. Muitas vezes, as empresas vendem títulos a curto prazo porque seu crédito é ruim demais, naquele momento, para lançar um título a longo prazo a uma taxa razoável. Tal prática frequentemente resulta em problemas para a empresa e, portanto, para o investidor, no vencimento.

Exemplos: A Fisk Rubber Company vendeu US$ 10 milhões de títulos de 5,5% com prazo de cinco anos em 1926. Em 1929, foram negociados a US$ 96 por causa da proximidade de seu vencimento, embora o demonstrativo dos lucros da empresa fosse insatisfatório. Mas o principal não foi pago no vencimento em 1931, a empresa entrou em concordata e o preço das notas caiu para US$ 10,75 naquele ano.

Em 1929, a New York, Chicago and St. Louis Railway (Nickel Plate) vendeu US$ 20 milhões em notas de 6% de três anos. São, sucessivamente, prorrogadas, mas apenas com grande dificuldade e mediante ameaça de insolvência no caso de os detentores recusarem a extensão. (Em 1936, foram negociadas por um valor inferior a US$ 26,75.)

Um exemplo recente de parcialidade aparentemente injustificada concedida pelo mercado de obrigações a um título com vencimento próximo é fornecido pela Pennsylvania-Dixie Cement Company First, de 6%, com vencimento em setembro de 1941, que, no início de 1939, foram negociadas acima do valor nominal. A empresa emissora mal tinha coberto os encargos de juros (em uma base de depreciação reduzida) em 1937 e 1938 e tinha declarado prejuízos nos seis anos anteriores. Os ativos líquidos circulantes eram menores que as obrigações em circulação. Era possível, claro, que as condições em 1941 permitissem o pagamento desses títulos, mas aqueles que os compraram ao preço cheio em 1939 correram, sem dúvida, um risco desnecessário de sofrer uma severa diminuição no valor do principal.

Distinções entre vencimentos a curto e longo prazos da mesma emissão. Houve vários casos em que os investidores estiveram dispostos a pagar preços muito mais altos por um título de curto prazo do que por um título de longo prazo igualmente garantido da mesma empresa. Em quase todos os casos, isso se revelou um erro, porque (1) o crédito da empresa melhorou e, nesse caso, o título com vencimento mais distante teve um aumento muito maior no preço, ou porque (2) a empresa foi incapaz de pagar o título a curto prazo, na data do vencimento.

Exemplos de (1):

	Preço mínimo em 1932
Lehigh Valley Coal Company First Refunding, de 5%, vencimento em 1934	US$ 96,50
Lehigh Valley Coal Company First Refunding, de 5%, vencimento em 1944	US$ 35

A empresa foi capaz de pagar um título de 1934 no vencimento, mas nesse ínterim as de 5% com vencimento em 1944 haviam subido para US$ 91. Veja também o exemplo (2) a seguir.

	Preço mínimo em 1932
U. S. Rubber Company Secured, de 6,5%, vencimento em 1933	US$ 94
U. S. Rubber Company Secured, de 6,5%, vencimento em 1935	US$ 43

O título de 1933 foi pago no vencimento, assim como o título de 1935, que, naturalmente, se mostrou, de longe, a melhor compra.

Exemplos de (2):

	Preço máximo em 1938
Lehigh Valley Coal Company First Refunding, de 5%, vencimento em 1944	US$ 99,87
Lehigh Valley Coal Company First Refunding, de 5%, vencimento em 1954	US$ 45

Os juros não foram pagos em janeiro de 1939, e o preço do título com vencimento em 1944 caiu para US$ 36, contra US$ 20 do papel com vencimento em 1954.

	Preço mínimo em 1932
Pressed Steel Car debêntures de 5%, vencimento em 1933	US$ 82
Pressed Steel Car debêntures de 5%, vencimento em 1943	US$ 40

Ambos os papéis se tornaram inadimplentes em 1º de janeiro de 1933 e foram, em última análise, tratados da mesma forma na reorganização.

	Preço máximo em 1934
Standard Gas and Electric debêntures de 6%, vencimento em 1935	US$ 94
Standard Gas and Electric debêntures de 6%, vencimento em 1951	US$ 60

A empresa não conseguiu pagar o papel que venceu em 1935. Na reorganização resultante, as várias emissões de debêntures foram tratadas de forma praticamente igual e, em 1939, todas foram negociadas ao mesmo preço.

Com base na discussão e nos exemplos fornecidos anteriormente, desaconselhamos fazer distinções entre títulos a longo e curto prazos que podem resultar em qualquer relaxamento das normas de segurança na seleção de títulos de prazo mais curto.[2]

---

2. Em um caso excepcional, um título a curto prazo pode ser comprado a um preço de investimento, mesmo que o demonstrativo de rendimentos seja inadequado, desde que a posição de capital de giro seja tão forte que garanta o pagamento sem dificuldade. Esse investimento corresponderia a um empréstimo feito por um banco comercial. *Exemplo:* isso se aplica aos títulos da Central Steel Company

HISTÓRICO DE PAGAMENTOS DE JUROS E DIVIDENDOS

Os títulos compradas em uma base de investimento devem ter um histórico suficientemente longo de operação bem-sucedida e de estabilidade financeira por parte do emitente. As empresas novas e as recém-saídas de dificuldades financeiras não têm direito a uma classificação de crédito alta, o que é essencial para justificar um investimento em renda fixa.[3] A mesma desqualificação se aplicaria logicamente a estados ou municípios que deixaram de cumprir seus compromissos pontualmente durante um período de anos anterior.

Disposições da legislação de Nova York. A legislação do estado de Nova York reconhece esse critério e lhe dá expressão concreta, como segue: títulos de outros estados são elegíveis se não apresentaram inadimplência de juros ou do principal durante os últimos *dez anos*. Para os municípios fora do estado de Nova York, o período é de *25 anos*; para ferrovias, *seis anos*; para empresas de gás, eletricidade e telefonia, *oito anos*.

Com respeito aos títulos de empresas, no entanto, as exigências quanto à *cobertura de lucros*, a serem abordadas no tópico a seguir, devem adequadamente levar em consideração a questão do histórico. O tempo coberto pelas exigências de lucros é apenas um pouco menor que os períodos antes sugeridos e, portanto, pareceria uma complicação desnecessária exigir um teste de solvência no passado, além de um teste de lucros.

As obrigações civis, por outro lado, não são vendidas com base em um histórico de lucros. Assim, o investidor é compelido a atribuir importância primordial a um histórico satisfatório de pagamentos pontuais. A exigência, nesse quesito estabelecido na legislação de Nova York, sem dúvida pareceria razoável para o investidor médio.

Não podemos recomendar essa regra de investimento, no entanto, sem considerar os resultados que se seguiriam como consequência de sua adoção generalizada. Se *todas as* compras de títulos municipais exigissem um histórico limpo de 25 anos, como poderia um município lançar uma emissão de títulos durante o primeiro quarto de século de sua existência? E, da mesma

---

First, de 8%, assumidos pela Republic Steel Corporation, com vencimento em 1º de novembro de 1941, e negociados, em novembro de 1939, por US$ 109, para um rendimento de 3,31%. Deve-se observar também que uma preferência pode, apropriadamente, ser dada a prazos curtos, por vezes, como uma questão de *política de investimento*, mas não a ponto de relaxar os padrões de segurança.

3. Essa afirmação pode não se aplicar nos casos em que as dificuldades financeiras são resultado de um endividamento excessivo causado por uma reorganização que reduziu a um valor que teria sido amplamente coberto pelos lucros anteriores.

forma, se um estado ou cidade tivesse sido levado à inadimplência, como se financiaria durante os dez ou 25 anos, respectivamente, necessários para restaurar suas obrigações para constar na lista elegível? No caso de empresas, tal financiamento pode ser realizado em uma base especulativa, por meio da venda de ações, de títulos conversíveis, ou até de títulos com um grande desconto. Mas esses métodos não estão abertos aos municípios. Na prática real, a dificuldade é superada por meio da elevação da taxa de cupom sobre as obrigações dos estados ou municípios com crédito inferior. Por exemplo, uma cidade que emerge de uma dificuldade financeira pode ser capaz de atrair novos recursos ao oferecer uma taxa de cupom de 5%, em contraste com os 2% pagos pelo estado de Nova York.[4] Mas essa solução do problema vai contra o princípio, anteriormente desenvolvido, de que uma taxa de juros alta não constitui uma compensação adequada para assumir um risco substancial do principal. Em outras palavras, seria um erro comprar uma obrigação municipal por seu rendimento alto se fosse reconhecida como inferior em grau e sujeita a uma possibilidade mais que nominal de inadimplência.

Um dilema e uma solução sugerida. Somos confrontados, portanto, por um dilema, uma vez que a atitude teoricamente correta do comprador de títulos tornaria impossível o financiamento necessário de muitos municípios. Vendo o assunto de forma realista, observa-se que sempre haverá um número suficiente de investidores pouco criteriosos e dispostos a absorver os títulos de qualquer cidade ou vila que ofereça uma taxa aparentemente atrativa. Portanto, o comprador de títulos racional e cuidadoso pode evitar tais títulos sem resultados fatais para os mutuários com crédito de segunda categoria.

Essa resolução do dilema é cínica demais para ser inteiramente satisfatória. É provável que a solução ideal resida na criação de alguns testes quantitativos, bastante rigorosos, para compensar a falha da municipalidade em atender à exigência de 25 anos de pontualidade nos pagamentos. Se uma cidade passa por dificuldades financeiras, deve se reabilitar por meio da redução de seus gastos ou elevação das alíquotas de taxa de impostos e de outras receitas, ou possivelmente por meio de um reescalonamento obrigatório de sua dívida, que é correspondente à reorganização de uma empresa. Por tais meios, a cidade pode colocar suas finanças em uma base inteiramente nova e

---

4. Deve-se observar que, em novembro de 1939, as obrigações da cidade de Detroit com vencimento em 1954 (que estavam inadimplentes em 1933) foram negociadas a uma base de rendimento de 3,7%, contra um retorno de cerca de 2% sobre os títulos semelhantes de municípios menores com um histórico bom.

sólida, dando a ela o direito de uma classificação de crédito satisfatória, apesar de sua inadimplência anterior. Mas o investidor prudente vai conceder tal classificação de crédito só depois de um estudo cuidadoso do demonstrativo financeiro, incluindo itens como a relação entre as despesas e o total de dívida, de um lado, e a população, o valor das propriedades e das receitas, do outro. O comprador de títulos deve esperar obter um rendimento superior ao usual nas obrigações municipais dessa natureza *não por assumir um risco especial, mas pelo esforço necessário para se sentir satisfeito com relação à solidez do título.*

Uma atitude semelhante deve ser adotada em relação aos órgãos civis recém-organizados, em que apenas um breve histórico de serviço de dívida está disponível.[5]

O histórico de dividendos. A legislação que rege os investimentos legais tem, tradicionalmente, colocado grande ênfase no histórico satisfatório de pagamento de dividendos pela empresa emissora. Na maioria dos estados, um título é elegível apenas se a empresa pagou dividendos regulares em determinados valores mínimos por, no mínimo, cinco anos. É evidente que essa exigência é baseada na teoria que destaca que, uma vez que as empresas existem para pagar dividendos, apenas aquelas que, de fato, pagam dividendos podem ser consideradas realmente bem-sucedidas e, portanto, adequadas para o investimento em títulos.

Histórico de dividendos não constitui prova conclusiva de força financeira. Não pode ser negado que as empresas que pagam dividendos são, como uma classe, mais prósperas que aquelas que não pagam. Mas esse fato não justificaria, por si só, a condenação sumária de todas as obrigações das empresas não pagadoras de dividendos. Um argumento extremamente forte *contra* essa regra reside no fato de que o pagamento de dividendos é apenas uma *indicação* de solidez financeira, e não algo que apenas deixa de oferecer qualquer *vantagem direta* ao detentor do título, mas pode, muitas vezes, ser prejudicial a seus interesses ao reduzir os recursos da empresa. Na prática real, os dispositivos relativos a dividendos da legislação que rege os investimentos legais

---

5. A técnica de análise das finanças estaduais ou municipais é elaborada e não se presta a atalhos confiáveis. Um tratamento adequado do assunto estaria fora do alcance deste livro ou da competência dos autores. Remetemos o leitor para obras sobre investimento: Hastings Lyon, *Investment*. Nova York, Houghton Mifflin, 1926, p. 56-179; Ralph E. Badger e Harry G. Guthmann, *Investment: principles and practices*. Nova York, Prentice-Hall, 1936, p. 735-780; Associação de Bancos de Nova York, *Proceedings of the Conferences on Bond Portfolios*. Nova York, 1939, p. 136-158; Comissão de Administração de Bancos da Associação de Bancos Americanos, *Commercial bank management: investment standards and procedure*. Nova York, n. 19, 1937; A. M. Hillhouse, *Municipal bonds: a century of experience*. Nova York, Prentice-Hall, 1936.

teve, de tempos em tempos, consequências diretamente contrárias àquelas pretendidas. As empresas de ferrovias em uma posição financeira fraca continuaram, imprudentemente, a pagar dividendos com o objetivo especial de manter suas obrigações na lista elegível, de modo que a própria prática que supostamente indicaria força por trás da obrigação tem, na realidade, minado sua segurança.[6]

Papel do histórico de dividendos no investimento em títulos. A evidência dada pelo balanço e pelo demonstrativo de receita deve ser considerada como um indício mais confiável da solidez de uma empresa que o histórico de pagamento de dividendos. Parece melhor, portanto, dispensar todas as regras rígidas relativas ao último ponto para determinar a adequação das emissões de títulos para o investimento direto. Contudo, o fato de uma empresa deixar de pagar os dividendos quando os lucros parecem satisfatórios deve corretamente levar o potencial comprador de títulos a examinar a situação com mais cuidado que o habitual, a fim de descobrir se a política da diretoria é resultado de elementos fracos na situação da empresa que ainda não estão refletidos no demonstrativo de receita. Podemos também apontar, incidentalmente, que os títulos das empresas que pagam dividendos possuem certa vantagem mecânica, na medida em que seus detentores podem receber um aviso definido e talvez oportuno de problemas iminentes, quando deixam de pagar o dividendo; sendo assim alertados, podem conseguir se proteger contra perdas graves. Os títulos de empresas que não pagam dividendos estão em certa desvantagem nesse aspecto, mas, em nossa opinião, pode ser adequadamente compensada pelo exercício de uma cautela maior por parte do investidor.

A legislação de Nova York é um pouco mais progressiva que a de outros estados no que se refere a seu tratamento da questão dos dividendos. As ferrovias devem, alternativamente, ter pagado dividendos de certo montante em cinco dos últimos seis anos, ou, na falta disso, atender a exigências mais rigorosas quanto à cobertura dos encargos fixos. As prestadoras de serviços públicos precisam pagar determinados dividendos em cada um

---

6. Confira o testemunho do presidente da New Haven, em dezembro de 1936, na investigação da Interstate Commerce Commission sobre aquela ferrovia; ele admite que os dividendos foram pagos em 1931 para manter seus títulos "legais" e apresenta listas de outras estradas que pagaram dividendos não ganhos, presumivelmente pela mesma razão (ver *New York Times*, 3 dez. 1936). Para um exemplo muito anterior sobre o pagamento de dividendos não ganhos pela Boston and Maine Railroad, de 1911 a 1913, para manter suas obrigações legais, consultar Arthur S. Dewing, *Financial policy of corporations*, 3. ed. rev. Nova York, The Ronald Press Co., p. 609. Também ver nossa referência a Wabash-Ann Arbor, em 1930.

dos cinco anos anteriores ou ganhar um montante igual a ele. Esse dispositivo cai no erro dos outros estatutos por, possivelmente, encorajar o pagamento de dividendos não recebidos. A ideia progressiva aparece no lado inverso do dispositivo, que renuncia o pagamento de dividendos, contanto que sejam ganhos.

RELAÇÃO DOS LUCROS COM OS REQUISITOS DE JUROS

O investidor atual está acostumado a considerar a relação entre os lucros e os encargos com juros como o teste de segurança específico mais importante. É de esperar, portanto, que qualquer legislação detalhada sobre a seleção de investimentos em títulos certamente incluiria requisitos mínimos em relação a esse fator cardinal. No entanto, a maioria dos estatutos cobre esse ponto apenas de forma fragmentada e inadequada. As legislaturas têm confiado, em grande medida, em seus requisitos com relação ao histórico de dividendos da empresa para assegurar uma lucratividade satisfatória.[7] Como acabamos de apontar, esse critério está sujeito a sérias objeções. A superioridade da legislação de Nova York é manifesta, principalmente, em duas disposições: em primeiro lugar, seu reconhecimento da importância primordial de um histórico de lucros adequado; em segundo lugar, seu tratamento consistente dos encargos fixos *totais* de uma empresa como uma unidade indivisível.

Requisitos da legislação de Nova York. Os requisitos da legislação de Nova York com respeito à *cobertura de lucros* podem ser resumidos da seguinte forma:

- No caso dos títulos de hipotecas de ferrovia (ou títulos de garantia colateral equivalentes a elas) e das obrigações de equipamentos ferroviários, a empresa precisa ter auferido um lucro equivalente a 1,5 vez seus encargos fixos em cinco dos seis anos imediatamente anteriores e também no ano mais recente. Se os dividendos não foram pagos conforme estipulado, então o período é fixado em nove dos dez anos anteriores.
- No caso de outros tipos de títulos de ferrovias, por exemplo, debêntures, obrigações de renda, etc., o lucro deve ser equivalente a *2 vezes* os encargos fixos

---

7. O estado americano de Vermont, por exemplo, permite o investimento em títulos de ferrovias da Nova Inglaterra sem qualquer teste de juros; no caso de outras ferrovias, os encargos fixos não devem exceder 20% do faturamento *bruto*. Um histórico de pagamentos ininterruptos de dividendos é necessário em ambos os casos.

(mais juros sobre os títulos de renda, se houver) no último ano e em cinco dos seis anos anteriores. Nessa categoria, a exigência de pagamento de dividendos é aparentemente absoluta, e não deve admitir nenhum substituto.

- No caso das obrigações de gás, eletricidade e telefonia, os lucros *médios* para os últimos cinco anos devem ser equivalentes ao *dobro* dos encargos *médios* com juros totais, e a mesma cobertura deve ter sido verificada no ano mais recente.

Três fases da cobertura de juros: 1. Método de computação. Ao analisar esses dispositivos legais, três elementos merecem consideração. O primeiro é o *método* de cálculo da cobertura de lucros; o segundo é a *quantidade* de cobertura necessária; o terceiro é o *período* necessário para o teste.

Método das deduções prévias. Vários métodos são comumente usados para calcular e divulgar a relação entre os lucros e os encargos de juros. Um deles (que pode ser chamado de método das deduções prévias) é muito questionável. No entanto, antes de 1933, foi seguido pela maioria das casas emissoras em suas circulares, que ofereciam títulos subordinados para venda, porque ajudava a mostrar um demonstrativo enganosamente forte. O procedimento consiste, primeiro, em deduzir os encargos privilegiados dos lucros e, em seguida, calcular o número de vezes que os requisitos subordinados são cobertos pelo saldo. O esquema a seguir mostra o método em si e seu absurdo inerente:

Empresa A tem US$ 10 milhões de obrigações de primeira hipoteca de 5% e US$ 5 milhões de obrigações de debêntures de 6%.

Seus lucros médios são de	US$ 1,4 milhão
Deduzir os juros sobre as privilegiadas de 5%	US$ 500.000 ganhos 2,8 vezes
Saldo para debêntures de 6%	US$ 900.000
Juros sobre debêntures de 6%	US$ 300.000 ganhos 3 vezes

É provável que a circular que oferecia a emissão de debêntures de 6% afirmasse que, "conforme demonstrado anteriormente", os encargos de juros eram cobertos três vezes. Deve-se notar, no entanto, que os juros sobre as privilegiadas de 5% são cobertos apenas 2,8 vezes. Esses números implicariam que o título subordinado é mais bem protegido do que o título privilegiado, o que é claramente absurdo. O fato é que os resultados mostrados para os títulos subordinados por esse método de deduções anteriores são completamente desprovidos de valor e enganosos. Um dos resultados favoráveis da Lei de Títulos Financeiros de 1933 foi o abandono desse método indefensável de declarar a cobertura de juros em novas ofertas de títulos. Essa mudança não teve relação, aparentemente, com a proibição específica feita pela legislação ou com os regulamentos da Securities and Exchange Commission, mas sim com o desejo de evitar penalidades por propaganda enganosa.

Algumas circulares de lançamento de títulos canadenses ainda usam o método de deduções prévias. *Exemplo:* títulos fiduciários e suplementares da Canadian Corporation, Ltd., série A, oferecidos por volta de junho de 1936.

Método das deduções cumulativas. O segundo procedimento pode ser chamado de método das deduções cumulativas. De acordo com esse método, os juros de um título subordinado são sempre considerados em conjunto com os encargos privilegiados e seus equivalentes. No exemplo apresentado anteriormente, os juros sobre as debêntures de 6% seriam computados como se tivessem rendido 1,75 vez, calculados por meio da divisão dos encargos combinados de *ambos* os títulos, ou seja, US$ 800 mil, pelos rendimentos disponíveis de US$ 1,4 milhão. Os juros da primeira hipoteca, no entanto, seriam considerados com resultados de 2,8 vezes, desde que os juros dos títulos *subordinados* à emissão analisada fossem desconsiderados nesse método. A maioria dos investidores consideraria esse ponto de vista como inteiramente razoável, tendo o procedimento sido especificamente prescrito, por alguns estados, nos decretos que regem a elegibilidade de títulos para o investimento feito pelos bancos de poupança.[8]

Método de deduções totais ou método "abrangente". Anteriormente, enfatizamos a importância primordial da capacidade de uma empresa de atender a *todos* os seus compromissos fixos, uma vez que a insolvência resultante da inadimplência em um penhor subordinado invariavelmente tem um efeito negativo sobre os detentores de títulos de hipotecas privilegiadas. Um investidor pode estar certo de sua posição somente se os encargos totais dos juros estão bem cobertos. Assim, a maneira conservadora e aconselhável de calcular a cobertura dos juros deve sempre ser pelo método de deduções totais, ou seja, o valor de controle deve ser o número de vezes em que *todos* os encargos fixos são cobertos. Isso significaria que o *mesmo índice de cobertura de lucros seria utilizado na análise de todos os títulos com taxas de juros fixas de qualquer*

---

8. Ver, por exemplo, a legislação revisada do Maine, seção 27, capítulo 57, conforme emendado pelo capítulo 222 das leis públicas de 1931, incisos VI, VII e VIII, que tratam das obrigações de ferrovias a vapor, concessionárias de serviços públicos e empresas de telefonia. Dispositivos semelhantes podem ser encontrados na legislação de Vermont sobre títulos das prestadoras de serviços públicos. New Hampshire permite o método de deduções cumulativas para títulos de ferrovias e de empresas prestadoras de serviços públicos, no entanto, estranhamente, o estado exige o método de deduções totais no caso de títulos de empresas de telefonia e telégrafos.

empresa, privilegiados ou subordinados. No exemplo anterior, a proporção seria de 1,75, conforme aplicado a qualquer uma entre as privilegiadas de 5% ou as debêntures de 6%. Nas circulares de lançamento de obrigações e de relatórios anuais, esse método passou a ser comumente chamado de "base abrangente" para o cálculo da cobertura de juros.[9]

É importante levar em consideração que os encargos fixos excluem os juros das obrigações de renda, que são um encargo *contingente*. Os termos "encargos de juros" e "dívida das obrigações" também são usados, por conveniência, para se referir apenas às obrigações de juros fixos, a menos que o contexto indique o contrário.

Não há nenhuma razão, é claro, para que a cobertura de uma obrigação privilegiada não seja calculada também pelo método de dedução cumulativa; se essa cobertura é muito grande, pode, de forma adequada, ser considerada um argumento adicional em favor do título. Contudo, recomendamos que, ao aplicar qualquer requisito *mínimo* projetado para testar a força da empresa, os encargos fixos totais devem sempre ser levados em consideração. A legislação de Nova York mantém essa posição consistentemente e, em nossa opinião, merece ser aprovada e seguida.

2. Requisitos mínimos para cobertura de lucros. A preferência concedida pela legislação de Nova York às obrigações das ferrovias em relação às obrigações das prestadoras de serviços públicos não é mais justificada, e o histórico mais recente de ambos os grupos sugere que suas posições relativas devem ser invertidas. É necessário, também, adicionar um número mínimo às obrigações industriais, que devem ser claramente definidas em um patamar mais alto que o das prestadoras de serviços públicos ou das ferrovias. Levando esses fatores em consideração, recomendamos os seguintes requisitos mínimos para a cobertura dos encargos fixos totais:

Prestadoras de serviços públicos .... 1,75 vez

Ferrovias .... 2 vezes

Indústrias .... 3 vezes

---

9. As expressões "índice de rendimentos", "vezes os juros ganhos" e "cobertura de rendimentos" têm o mesmo significado. A afirmação de que "os juros são cobertos 1,75 vez" é mais facilmente entendida que a expressão equivalente, por vezes utilizada, de que "o fator de segurança é de 75%"; aconselhamos o uso consistente da primeira expressão. Algumas fontes (por exemplo, o *Manual of investments* da Moody's anterior a 1930) usavam a expressão "margem de segurança" para indicar a razão entre o saldo após os juros e os lucros disponíveis para os juros. *Exemplo:* Se os juros são cobertos 0,75 vez, a margem de segurança torna-se 0,75 ÷ 1,75 = 42,857%.

3. Período abrangido pelo teste de lucros. Nosso resumo dos dispositivos de Nova York com relação à cobertura de receitas apontou que a média de cinco anos é usada no caso dos ativos das prestadoras de serviços públicos. Para os títulos de ferrovias, no entanto, a margem mínima estipulada precisa ser superada em cinco anos distintos dos seis mais recentes. Em todos os casos, o mínimo deve ser atendido no ano imediatamente anterior à data do investimento.

Requisitos como esses dois últimos são fáceis de promulgar, mas são mal adaptados às realidades do investimento em obrigações em um mundo econômico sujeito a anos recorrentes de depressão séria. Se fosse caraterístico dos negócios em geral experimentar oito anos prósperos ou médios seguidos de dois anos deficitários, o efeito dessas regras seria encorajar o investimento em obrigações (a preços elevados), durante os tempos bons e encorajar sua venda (a preços baixos) durante as depressões.[10]

Em nossa opinião, a única aplicação prática *rígida* de um padrão de lucro mínimo deve se referir aos resultados *médios* durante determinado período. Uma média de cinco anos, conforme prescrito pela legislação, no caso das obrigações das prestadoras de serviços públicos, pareceria um período curto demais em muitas circunstâncias; assim, sugeriríamos um *período de sete anos* como um padrão normal mais adequado. Mas isso pode ser reduzido um pouco para excluir anos claramente anormais. (Por exemplo, o período de seis anos, de 1934 a 1939, provavelmente forneceria um momento de teste mais justo que o período de sete anos, de 1933 a 1939.)

Se o teste tivesse sido feito, digamos, em 1934 ou 1935, teria sido melhor usar um período de dez ou até doze anos para evitar atribuir um peso indevido aos anos de depressão grave. Considerações práticas sugerem também que incluir na média os grandes prejuízos experimentados por algumas indústrias durante 1931-1933 pode produzir uma cobertura muito baixa dos lucros para constituir uma representação justa da situação atual, mesmo que uma média a longo prazo fosse utilizada. Essa dificuldade pode ser resolvida, arbitrariamente, ao considerar os lucros em anos deficitários como zero, em vez do número negativo real.

Exemplo: A cobertura de juros das debêntures de 4% da Fairbanks Morse Company, com vencimento em 1956, no início de 1938.

---

10. A impraticabilidade desses dispositivos da legislação de Nova York é mais bem evidenciada pelo fato de que emendas anuais foram consideradas necessárias entre 1931 e 1937, sendo seu efeito a exclusão dos resultados de 1931 a 1936 do teste de juros. Essa "moratória" terminou em abril de 1938, quando mais de US$ 3 bilhões de valor nominal de títulos de ferrovia foram removidos da lista de elegíveis. Uma nova moratória retém os títulos de transportadoras que receberam juros *uma vez*, no último ano, e em cinco dos últimos seis anos.

Encargos de juros, 1937 .... US$ 232.000

Lucro após juros e impostos 2.148.000

Lucros (vezes os juros), 1937 .... 10,2 vezes

Lucros totais após juros, 1928-30 e 1934-1937 .... 11.740.000

Prejuízos totais após juros, 1931-1933 .... 8.873.000

Lucros anuais após juros, 1928-1937 .... 287.000

Cobertura indicada de dez anos para encargos de juros em 1937 .... 2,2 vezes

Base alternativa para cálculo da cobertura de dez anos:

    Lucros médios de dez anos após juros, contando anos 1931-1933 como zero .... US$ 1.174.000

    Cobertura revisada de dez anos para taxas de juros de 1937 .... 6,1 vezes

Índice de ações/patrimônio social .... US$ 3,42 de ações ao preço de mercado para cada
US$ 1 de obrigações na paridade

A segunda média, ou revisada, deve ser considerada como uma indicação mais realista da lucratividade da empresa que a média direta de dez anos, que não atende ao nosso requisito mínimo. Acreditamos, no entanto, que a partir de 1940 em diante, será possível usar as médias de sete anos, ou até mais longas, sem encontrar um problema semelhante.

Outras fases do histórico de lucros. Há, claro, vários outros aspectos dos lucros aos quais o investidor deveria prestar atenção. Entre eles estão a *tendência*, o valor *mínimo* e o valor *atual*. A importância de cada um deles não pode ser negada, mas não se prestam, de forma eficaz, à aplicação de regras rígidas. Nesse caso, como no da segurança da hipoteca previamente discutido, uma distinção precisa ser feita entre os poucos fatores que podem, com sucesso, ser englobados por regras definidas e universalmente aplicáveis e os muitos outros fatores que resistem a tal formulação exata, mas que devem, no entanto, ser *julgados* pelo investidor.

Fatores desfavoráveis podem ser compensados. A maneira prática de lidar com elementos do último tipo pode ser ilustrada nesse caso do demonstrativo de lucros. O investidor deve *exigir* uma média, pelo menos, igual ao padrão mínimo. Além disso, será *atraído* por (*a*) uma tendência crescente dos lucros, (*b*) um demonstrativo atual especialmente bom e (*c*) uma margem satisfatória sobre os encargos de juros em *cada* ano durante o período estudado. Se um título é deficiente em qualquer um desses três aspectos, o resultado não deve ser, necessariamente, condenar o ativo, mas, em vez disso, exigir uma cobertura dos lucros médios bem superior ao mínimo e uma atenção maior aos elementos gerais ou qualitativos da situação. Se a tendência é desfavorável ou os números mais recentes sozinhos são decididamente ruins, o investidor certamente não deve aceitar a obrigação a menos que os lucros médios tenham sido substancialmente superiores às exigências mínimas — *e, a menos que também ele tenha motivos razoáveis para acreditar ser provável que a tendência de queda ou a crise atual não continue indefinidamente.* É desnecessário dizer que o *montante* que a média precisa aumentar para compensar uma tendência ou um desempenho recente desfavorável é um assunto a ser determinado pelo investidor, e não se presta a ser transformado em um conjunto de fórmulas matemáticas.

Relação entre a taxa de cupom e a cobertura dos juros. A teoria da cobertura dos juros é complicada porque varia em sentido inverso à taxa de juros. Dados os mesmos lucros, os juros sobre uma emissão de obrigações de 3% seriam ganhos duas vezes mais que se a taxa fosse de 6%. Considere a seguinte comparação:

	Empresa prestadora de serviços públicos *A*	Empresa prestadora de serviços públicos *B*
Lucros para juros	US$ 600.000	US$ 600.000
Encargos de juros	(3% sobre US$ 10.000.000)	(5,5% sobre US$ 10.000.000)
	300.000	550.000
Juros ganhos	2	1,09

A diferença nas taxas de cupom por si só faz a empresa *A* passar em nosso teste de cobertura de lucros, enquanto a empresa *B* mal aufere um lucro suficiente para cobrir seus juros. Esse ponto pode também levantar várias questões: (1) Pode uma obrigação ser considerada "segura" apenas porque carrega uma taxa de cupom baixa? (2) Qual seria o efeito, sobre essa segurança, de um aumento geral na taxa de juros? (3) As obrigações da empresa *A* são uma compra mais sólida para investimento que as da empresa *B*? Vamos tentar responder a essas questões brevemente na ordem.

1. *Efeito da taxa de cupom na segurança.* A segurança, no sentido técnico da garantia do pagamento continuado dos juros, pode certamente ser criada ou destruída pela variação da taxa de cupom. Não é viável pensar em um título de 5,5% como seguro quanto aos juros de 3% e inseguro quanto aos 2,5% adicionais. A segurança dos juros é um conceito indivisível e deve aplicar-se à totalidade dos encargos de juros, pois a incapacidade de pagar parte dos

juros contratuais — ou até mesmo dos juros subordinados — resultará em dificuldades financeiras. Isso, por sua vez, significa a destruição, pelo menos temporariamente, do *status* de investimento.

A segurança, no sentido da manutenção do valor principal, pode também ser "criada" por uma taxa de juros baixa, desde que essa taxa seja considerada permanente, ou seja, que dure até o vencimento ou por muitos anos no futuro. Se a taxa de 3% for permanente, os lucros de US$ 600 mil deverão permitir à empresa A refinanciar seus títulos no vencimento e manter seu preço de mercado não muito distante do valor nominal.

Deve-se levar em consideração o fato de que a taxa de juros tende a variar inversamente à capacidade da empresa de pagá-la. Uma empresa forte toma dinheiro emprestado a uma taxa baixa, embora tenha uma capacidade de pagamento superior à de uma empresa fraca. Isso significa que o "crédito bom" por si só produz "crédito melhor" por meio de sua economia nos encargos de juros, enquanto o oposto é igualmente verdadeiro. Embora isso possa parecer paradoxal e injusto, deve ser aceito como um fato na análise de investimentos.

2. *Efeito de um aumento nas taxas de juros sobre a segurança.* Uma subida generalizada das taxas de juros não afetaria a capacidade de uma empresa de atender a seus encargos de juros durante a vida de uma emissão de títulos com taxa baixa. Mas se tem o vencimento em um prazo curto, a empresa depara com o problema de refinanciamento a uma taxa mais alta, então seus lucros devem apresentar uma margem adequada acima dessa taxa superior. Por outro lado, se a maturidade está distante, o preço do mercado dessa e de outras obrigações cai substancialmente caso a taxa geral de juros apresente uma alta acentuada. (Observe que o índice Dow Jones de preços de obrigações caiu cerca de 30% entre 1917 e 1920, refletindo um aumento nas taxas de juros.)

Assim, a segurança do principal, que se refere à manutenção do valor de mercado, certamente vai ser afetada, no caso das obrigações a longo prazo, por uma elevação acentuada na taxa de juros.[11] A segurança do principal da dívida a curto prazo *pode* ser afetada adversamente por tal aumento nas taxas de juros, se a cobertura de lucros não exceder nosso mínimo por uma margem confortável.

A conclusão prática deve ser: se o investidor considerar provável um aumento nas taxas de juros, não deve comprar títulos a longo prazo com cupom baixo, por mais forte que seja a empresa, e deve comprar títulos a curto prazo apenas se lucros cobrirem uma taxa de cupom mais alta e tiverem uma margem adequada. Caso, no entanto, esteja convencido de que as taxas de juros

---

11. Seriam exceções os títulos de cupom alto cujo preço foi mantido baixo por um dispositivo de resgate.

permanecerão baixas por um bom tempo, pode aceitá-las da mesma forma como as taxas mais elevadas foram anteriormente aceitas. Se estiver indeciso quanto ao futuro das taxas de juros, a melhor política pode ser restringir as compras a obrigações com vencimento razoavelmente próximo (digamos, não superior a dez anos) e aumentar sua exigência de cobertura de lucros para compensar a taxa de cupom baixa.

3. *Atratividade relativa das duas obrigações.* Nossa terceira questão refere-se à atração comparativa entre os títulos de 3% da empresa A e os títulos de 5,5% da empresa B. *Grosso modo,* o título de 5,5% deve ser certamente preferível ao título de 3%, uma vez que o detentor do título de 5,5% pode sempre interpretar seu direito aos 2,5% adicionais como sendo contingente e, assim, colocar a margem da empresa acima dos encargos *fixos,* igual à da empresa A. Mas, na prática, é provável que tal redução dos juros fixos seja feita só depois de o emitente ter caído em dificuldades financeiras, as quais, por sua vez, causariam um declínio substancial no preço de mercado do título. Como uma questão prática, é possível que o detentor da obrigação de 3% se saia melhor que o proprietário da obrigação de 5,5%.

No entanto, a anomalia evidente em nosso exemplo deve servir de alerta ao investidor para que não pague um preço próximo ao valor nominal por uma obrigação de 3% no demonstrativo da empresa A, a não ser que esteja absolutamente convencido da permanência de taxas de juros muito baixas. (Também indica que há certas oportunidades especulativas inerentes em uma obrigação do tipo da empresa B, se está sendo negociada a um preço muito baixo por causa da margem pequena acima de seus encargos altos, sobretudo se é esperada a continuação de taxas de juros baixas.)

CAPÍTULO 10
NORMAS ESPECÍFICAS PARA INVESTIMENTO EM TÍTULOS

RELAÇÃO DO VALOR DA PROPRIEDADE COM A DÍVIDA FINANCIADA

Em discussão anterior (no capítulo 6), destacamos que a solidez do investimento típico em títulos depende da capacidade da empresa devedora de honrar suas dívidas, e não do valor da propriedade sobre a qual os títulos possuem um penhor. Esse princípio amplo nos distancia, naturalmente, do estabelecimento de quaisquer testes *gerais* de segurança dos títulos com base no valor dos ativos hipotecados, em que esse valor é considerado separado do sucesso ou do fracasso da própria empresa.

Em outras palavras, não acreditamos que, no caso dos títulos corporativos comuns — de ferrovias, prestadoras de serviços públicos ou indústrias —, seja vantajoso estipular qualquer relação mínima entre o valor da propriedade física penhorada (ao custo original ou de reprodução) e o valor da dívida. A esse respeito, estamos em desacordo com os dispositivos legais em muitos estados (incluindo Nova York), que refletem uma ênfase tradicional no valor das propriedades. A legislação de Nova York, por exemplo, não considera elegível um título de gás, energia elétrica ou telefonia, a menos que seja garantida por uma propriedade cujo valor exceda em 66,66% o valor da emissão de títulos. Presume-se que esse valor se refira ao valor contábil, o que pode ser o custo original em dólares menos a depreciação ou um valor mais ou menos artificial estabelecido como resultado de transferências ou reavaliações.

Tipos especiais de obrigações: 1. Obrigações de equipamentos. Em nossa opinião, o valor contábil das propriedades das prestadoras de serviços públicos — das ferrovias e também da instalação industrial típica — não é adequado para determinar a segurança das emissões de títulos garantidas. Existem, no entanto, diversos tipos *especiais* de obrigações, cuja segurança é, em grande medida, dependente dos ativos que as garantem, diferentemente do valor da empresa, como um todo, ao longo do tempo. A mais característica dessas obrigações talvez seja o certificado de um fundo de equipamentos ferroviários, garantido pela propriedade de locomotivas, vagões de carga ou de passageiros e pelo penhor do contrato de arrendamento usado pelo equipamento da ferrovia. O desempenho histórico de investimento dessas obrigações de equipamentos é muito satisfatório, sobretudo porque, até pouco tempo atrás, até as mais sérias dificuldades financeiras da ferrovia emissora raramente impediram o pagamento tempestivo de juros e principal.[1] A razão principal desses bons resultados é que a propriedade específica penhorada é removível e utilizável por outras ferrovias. Consequentemente, goza de um valor negociável independente, semelhante a automóveis, joias e outros bens móveis que garantem os empréstimos pessoais. Mesmo quando ocorre uma dificuldade grande na venda do material circulante para outra ferrovia a um preço razoável, essa mobilidade ainda confere à obrigação de equipamentos uma vantagem grande sobre as hipotecas da própria ferrovia. Ambos os tipos de propriedade são essenciais para a operação da linha, mas o detentor de um título ferroviário não tem outra alternativa a não ser permitir que o recebedor opere sua propriedade, enquanto o detentor do penhor do equipamento pode, pelo menos, ameaçar retirar o material circulante. É a posse dessa *alternativa* que, na prática, provou ser de valor primordial para os proprietários dos fundos de investimento em equipamentos, porque praticamente obrigou os detentores de outros títulos da ferrovia, até as primeiras hipotecas, a subordinar seus direitos aos dele.

O resultado é que o detentor de um certificado de um fundo de equipamentos possui duas fontes de proteção distintas, a primeira é o crédito e o êxito da ferrovia devedora e a segunda é o valor do material circulante penhorado. Se o último valor for suficientemente superior ao empréstimo garantido por ele, o detentor pode ignorar completamente o primeiro, ou fator creditício, da mesma maneira que um penhorista ignora a situação financeira do indivíduo a quem ele empresta dinheiro e se contenta em confiar exclusivamente na propriedade empenhada.

As condições sob as quais os fundos de investimento em equipamentos, em geral, são criadas conferem um grau substancial de proteção ao comprador. As formas legais foram projetadas para facilitar a aplicação dos direitos do detentor do penhor em casos de não pagamento. Em praticamente todos os casos, pelo menos 20% do custo do equipamento é fornecido pela ferrovia e, consequentemente, a quantidade das obrigações do equipamento é, inicialmente, inferior a 80% do valor da propriedade garantida por eles. O principal é, em geral, pagável em quinze parcelas anuais iguais, começando um ano

---

1. Para informações sobre o desempenho histórico do investimento em tais ativos, ver apêndice C, nota 12, p. 957.

após a emissão, de modo que o valor da dívida é reduzido mais rapidamente que a depreciação ordinária exigiria.

A proteção conferida por esses acordos ao participante em um fundo de investimento em equipamentos diminuiu um pouco nos últimos anos, devido, em parte, à queda nos preços das *commodities*, que levou os valores de reprodução (e, portanto, venda) para muito abaixo do custo original e acarretou redução da demanda por equipamentos, novos ou usados, devido à diminuição do tráfego. Desde 1930, certas ferrovias em concordata (por exemplo, a Seaboard Air Line e a Wabash) exigiram que os titulares de obrigações de equipamentos que estavam por vencer estendessem os vencimentos por um prazo curto ou as trocassem por certificados do agente fiduciário ou administrador da concordata com uma taxa de juros inferior. No caso singular de um ativo da Florida East Coast Railway (série "D"), os administradores da concordata permitiram aos fundos de investimento em equipamentos tomar posse dos equipamentos penhorados e vendê-los, pois pareciam ser menos valiosos que aqueles dados em garantia a outras séries. Nesse caso, os detentores obtiveram apenas US$ 0,43 por cada dólar com a venda e conseguiram uma decisão judicial (de valor duvidoso) contra a ferrovia para conseguir ficar com o saldo. Tais manobras e prejuízos sugerem que as reivindicações de "segurança quase absoluta", frequentemente feitas em favor dos problemas com equipamentos, precisam ser moderadas; entretanto, não se pode negar que essa forma de investimento possui uma vantagem positiva e substancial por causa da liquidez dos ativos dados em garantia.[2] (Essa conclusão pode ser apoiada por uma referência concreta à venda, em novembro de 1939, das obrigações de 2,5% do Chicago and North Western New Equipment Trust, com vencimento em 1940-1949, a preços com rendimento entre 0,45% e 2,35% apenas, apesar de todos os ativos hipotecários dessa ferrovia estarem, na época, inadimplentes.)

2. Títulos com garantia colateral. Os títulos com garantia colateral são obrigações garantidas pelo penhor de ações ou outros títulos. No caso típico, a garantia consiste em títulos da própria empresa devedora ou em títulos ou ações de suas empresas subsidiárias. Consequentemente, o valor realizável da garantia depende, em geral, em grande parte, do sucesso da empresa como um todo. Entretanto, no caso dos ativos com garantia colateral das empresas de investimento, uma novidade dos últimos anos, pode-se dizer que o detentor tem um interesse primário no valor de mercado do título dado em garantia,

---

2. Para comentários e dados de suporte, ver apêndice C, nota 13, p. 960.

de modo que é bem possível que, em virtude das condições dos dispositivos de proteção da escritura, possa ser completamente protegido no caso de condições que significam a extinção quase total para os acionistas. Esse tipo de título com garantia colateral pode, portanto, ser classificado, com as obrigações de equipamentos, como exceções à nossa regra geral de que o comprador de títulos deve depositar sua principal confiança no sucesso da empresa e não na propriedade especificamente penhorada.

Explorando a substância por trás da forma, podemos salientar que essa característica também é essencialmente verdadeira com relação aos compromissos das *debêntures* dos fundos de investimento. Por isso, faz pouca diferença prática se a carteira é fisicamente penhorada junto a um agente fiduciário, na forma de uma escritura fiduciária, ou se é detida pela empresa sujeita aos direitos dos detentores das debêntures. Em geral, as debêntures são protegidas por dispositivos adequados contra o aumento do endividamento e, muitas vezes, também por um compromisso que exige que o preço de mercado dos ativos da empresa seja mantido em uma porcentagem estipulada acima do valor nominal dos títulos.

Exemplo: As debêntures de 5% da Reliance Management Corporation, com vencimento em 1954, são um exemplo do funcionamento desses dispositivos de proteção. A empresa como um todo foi muito malsucedida, conforme vividamente demonstrado pelo declínio no preço de suas ações de US$ 69, em 1929, para US$ 1 em 1933. No caso de uma emissão de títulos típica, tal colapso no valor das ações teria significado uma inadimplência quase certa e uma grande perda de capital. No entanto, nesse caso, o fato de os ativos poderem ser prontamente transformados em dinheiro deu significado aos acordos de proteção por trás das debêntures. Tal fato possibilitou e obrigou a empresa a recomprar mais de três quartos dos ativos e obrigou os acionistas a contribuir com capital adicional para compensar uma deficiência de ativos inferior aos requisitos contratuais. Isso levou os títulos a um patamar tão alto quanto US$ 88 em 1932, quando as ações eram negociadas por apenas US$ 2,50. O saldo da emissão foi resgatado a US$ 104,25 em fevereiro de 1937.

No capítulo 18, dedicado aos dispositivos de proteção, apresentamos a história de uma emissão de títulos com garantia colateral de uma empresa de investimento (Financial Investing Company) e salientamos que a força intrínseca de tais obrigações é, muitas vezes, prejudicada — desnecessariamente, em nossa opinião — pela hesitação em afirmar os direitos dos detentores de títulos.

3. Títulos imobiliários. De muito maior importância que qualquer um dos dois tipos de ativos que acabamos de discutir é o grande setor das hipotecas e dos títulos imobiliários por elas lastreados. Estas últimas representam participações de tamanho conveniente em hipotecas individuais de grande porte. Não há dúvida de que, no caso de tais obrigações, o valor dos terrenos e edifícios penhorados é de suma importância. O empréstimo imobiliário típico, feito por um investidor experiente, baseia-se principalmente em suas conclusões sobre o valor justo do imóvel oferecido em garantia. Parece-nos, no entanto, que, em um sentido amplo, os valores por trás das hipotecas imobiliárias são *valores de empresas em funcionamento*; isto é, derivam fundamentalmente da lucratividade da propriedade, real ou presumida. Em outras palavras, o valor do ativo penhorado não é algo *separado* do sucesso da empresa (como pode ser o caso de um certificado de um fundo de equipamento ferroviário), mas em vez disso é *idêntico* a ele.

Esse argumento pode ser esclarecido com uma referência à forma mais típica de empréstimo imobiliário: uma primeira hipoteca em uma típica casa de família. Sob condições normais, uma casa com valor de US$ 10 mil teria um valor de aluguel (ou um valor equivalente para um proprietário-inquilino) de cerca de US$ 1.200 por ano e geraria uma renda líquida de cerca de US$ 800 após impostos e outras despesas. Um empréstimo de primeira hipoteca de 5% na base feita pelos bancos de poupança, ou seja, 60% do valor, ou US$ 6 mil, seria, portanto, protegido por uma *lucratividade* normal superior a duas vezes os encargos de juros. Em outras palavras, o valor do aluguel pode sofrer uma redução de mais de um terço antes que a capacidade de pagar os encargos de juros seja prejudicada. Portanto, o credor da hipoteca raciocina que, independentemente da capacidade do proprietário do imóvel de pagar os juros, poderia sempre encontrar um inquilino ou comprador novo que alugasse ou comprasse o imóvel a uma base, pelo menos, suficiente para cobrir seu empréstimo de 60%. (Por outro lado, pode-se apontar que uma *instalação industrial* típica, com valor de US$ 1 milhão e US$ 600 mil de garantia, provavelmente não seria vendida ou alugada por um valor suficiente para cobrir a hipoteca de 5%, no caso de falência da empresa emissora.)

Valores e lucratividade intimamente relacionados. Esse exemplo mostra que, em condições normais obtidas no ramo de *residências*, *escritórios* e *lojas*, os valores da propriedade e os valores do aluguel andam de mãos dadas. Nesse sentido, é, em grande parte, irrelevante se o credor encara uma propriedade hipotecada desse tipo como algo com valor negociável ou como algo com lucratividade, o equivalente a uma empresa em funcionamento. Até certo ponto, isso também se aplica a terrenos baldios e casas ou lojas desocupadas, uma vez que o valor de mercado delas está intimamente relacionado ao aluguel *esperado* quando reformados ou alugados. (No entanto, isso não é absolutamente verdade no caso dos edifícios que foram construídos para um fim especial, como fábricas etc.)

Natureza enganosa das avaliações. A discussão anterior é importante por ter relação com a atitude correta que o investidor potencial em títulos imobiliários deve adotar sobre os valores de propriedades que se afirma haver por trás dos ativos que lhe foram submetidos. Durante a grande e desastrosa evolução dos negócios com títulos de hipotecas imobiliárias entre 1923 e 1929, o único dado habitualmente apresentado para apoiar as ofertas costumeiras de títulos — além de uma estimativa dos lucros futuros — era uma declaração do *valor presumido* da propriedade, que quase sempre correspondia a algo em torno de 66,66% a mais que o valor da emissão de hipotecas. Se essas avaliações correspondessem a valores de mercado que os compradores experientes ou os credores de imóveis atribuiriam às propriedades, teriam sido de grande utilidade na escolha de títulos imobiliários sólidos. Infelizmente, porém, eram avaliações puramente artificiais, às quais os avaliadores estavam dispostos a vincular seus nomes em troca de um honorário e cuja única função era enganar o investidor quanto à proteção que estava recebendo.

O método seguido por essas avaliações foi a capitalização de forma liberal do aluguel que se esperava receber pelo imóvel. Dessa maneira, um edifício típico que custasse US$ 1 milhão, incluindo encargos de financiamento liberais, receberia imediatamente um "valor presumido" de US$ 1,5 milhão. Portanto, uma emissão de títulos poderia ser negociada por quase o custo inteiro do empreendimento, de modo que os construtores ou promotores retivessem o patrimônio (ou seja, a propriedade) do edifício sem investirem um centavo, além de, em muitos casos, terem um bom lucro em dinheiro.[3] Todo esse esquema de financiamento imobiliário era cravejado das fraquezas mais evidentes; e o fato de que tenha sido permitido que alcançasse proporções gigantescas antes do colapso inevitável é um triste exemplo da falta de princípios, de penetração e de bom senso por parte de todos os envolvidos.[4]

Aluguéis anormais usados como base de avaliação. De fato, era verdade que os patamares de aluguéis predominantes em 1928-1929 gerariam uma taxa de rendimento bastante alta sobre o custo de um empreendimento imobiliário

---

3. A 4th Avenue Corporation (Bowker Building) fez uma emissão de títulos de US$ 1,23 milhão, em 1927, com um capital social integralizado de apenas US$ 75 mil. (Pelo processo familiar, o terreno e o edifício, que custaram cerca de US$ 1,3 milhão, foram avaliados em US$ 1.897.788.) A inadimplência e a liquidação, em 1931-1932, foram inevitáveis.

4. Para o relatório do Real Estate Securities Committee, da Investment Bankers Association of America, sobre as inadimplências nesse setor, ver apêndice C, nota 14, p. 961.

novo. No entanto, essa condição não pode ser adequadamente interpretada como algo que imediatamente torna o valor de um prédio recém-construído 50% superior a seu custo real. Essa lucratividade alta certamente seria apenas temporária, uma vez que não poderia deixar de estimular cada vez mais construções, até que um excesso de oferta de espaço construído causasse um colapso nos patamares dos aluguéis. Essa construção excessiva era ainda mais inevitável porque era possível executá-la sem riscos por parte do proprietário, que levantava todo o dinheiro necessário junto ao público.

Dívida baseada em custos excessivos de construção. Um resultado colateral desse excesso de construção foi um aumento no custo de construção para níveis anormalmente altos. Portanto, mesmo um empréstimo aparentemente conservador, feito em 1928 ou 1929, em um valor que não excedesse dois terços do *custo real*, não gozava de um grau adequado de proteção, uma vez que havia um risco evidente (posteriormente tornado real) de que uma queda acentuada nos custos de construção reduziria os valores fundamentais para abaixo do valor do empréstimo.

Fraqueza de edifícios especializados. Uma terceira fraqueza geral do investimento em títulos imobiliários residia na falta total de discriminação entre os vários tipos de projetos de construção. O empréstimo imobiliário típico ou padrão era feito, anteriormente, para a compra de unidade habitacional, e sua virtude peculiar residia no fato de que havia um número indefinidamente grande de compradores ou inquilinos em potencial a quem recorrer, de modo que sempre pudesse ser negociado com algum desconto moderado sobre os atuais níveis de valores. Uma situação bastante semelhante é geralmente verificada no prédio de apartamentos, loja ou edifício de escritórios comum. Porém, quando uma estrutura é construída para algum propósito *especial*, como um hotel, uma oficina mecânica, um clube, um hospital, uma igreja ou uma fábrica, perde a qualidade de alienação rápida e *seu valor fica vinculado ao sucesso daquela empresa específica para a qual seu uso foi originalmente destinado*. Portanto, os títulos hipotecários baseados nesses tipos de edificação não são realmente títulos imobiliários no sentido estrito do termo, mas *empréstimos concedidos a uma empresa*; consequentemente, sua segurança deve ser avaliada por todos os testes rigorosos que envolvem a compra de uma obrigação industrial.

Este ponto foi completamente esquecido no período de prosperidade do financiamento imobiliário que precedeu o colapso dos valores dos imóveis. Foram lançados títulos para construir hotéis, oficinas mecânicas e até hospitais, em bases bastante semelhantes às dos empréstimos feitos para prédios de apartamentos. Em outras palavras, uma avaliação que mostrava um "valor"

50% a 66% superior ao valor da emissão de títulos foi considerada quase suficiente para estabelecer a segurança do empréstimo. No entanto, quando esses novos empreendimentos não tiveram sucesso comercial e foram incapazes de pagar seus encargos de juros, os detentores de títulos "imobiliários" ficaram em uma posição pouco melhor que a dos detentores de uma hipoteca em uma ferrovia não lucrativa ou em uma propriedade industrial.

Valores baseados em locações iniciais são enganosos. Outra fraqueza deve ser apontada em relação ao financiamento de prédios de apartamentos. A receita de aluguéis usada na determinação do valor presumido era baseada nos aluguéis a serem cobrados logo no início. No entanto, os inquilinos de apartamentos estão acostumados a pagar um prêmio substancial por espaço em um prédio novo e o consideram uma estrutura antiga, ou pelo menos não mais exatamente moderna e desejável, após alguns anos de existência. Logo, em condições normais, os aluguéis recebidos nos primeiros anos são substancialmente maiores que aqueles que se pode esperar, de forma conservadora, durante a vigência dos títulos.[5]

Falta de informações financeiras. Um defeito relacionado aos discutidos anteriormente, mas de natureza diferente, foi o fracasso quase universal em fornecer dados operacionais e financeiros ao comprador de títulos após sua aquisição. Essa desvantagem, em geral, aplica-se às empresas que vendem títulos ao público, mas cujas ações são de capital fechado — um arranjo característico dos financiamentos imobiliários. Como resultado, não apenas a maioria dos detentores de títulos não estava ciente do mau desempenho do empreendimento até que a inadimplência tivesse realmente ocorrido como — ainda mais sério — nesse momento descobriam, com frequência, que grandes volumes de impostos não haviam sido pagos enquanto os proprietários estavam "ordenhando" o empreendimento, ou seja, retirando todo o dinheiro disponível.

Regras de procedimento sugeridas. A partir desta análise detalhada dos defeitos nos financiamentos de títulos imobiliários na década passada, várias regras de procedimento específicas podem ser desenvolvidas para orientar o investidor no futuro.

No caso das residências familiares, os empréstimos costumam ser feitos diretamente ao proprietário da casa pelo detentor da hipoteca, ou seja, sem a intermediação de um *título* de hipoteca imobiliária vendido por uma empresa emissora. Entretanto, muitos negócios também foram feitos por empresas de hipotecas (por exemplo, a Lawyers Mortgage Company e a Title Guarante

---

5. Para um exemplo (Hudson Towers), ver apêndice C, nota 15, p. 963.

and Trust Company) em hipotecas garantidas e certificados de participação em hipotecas, garantidos por tais residências.[6]

Ao fazer tais investimentos, o credor deveria se certificar de que: (a) o valor do empréstimo não exceda 66,66% do valor do imóvel, conforme demonstrado pelo custo recente real ou o valor que um corretor experiente considere um preço justo a ser *pago* pela propriedade; (b) esse custo ou preço justo não reflita inflação especulativa recente e não exceda em muito os níveis de preços existentes por um longo período no passado. Nesse caso, uma redução adequada deve ser feita na relação máxima entre o valor da dívida hipotecária e o valor atual.

O *título* de hipoteca imobiliária mais comum representa a participação em uma primeira hipoteca em um prédio de apartamentos ou de escritórios novo. Ao considerar tais ofertas, o investidor deve ignorar os "valores presumidos" convencionais apresentados e exigir que o custo real, apresentado de forma justa, exceda o valor da emissão de títulos em, pelo menos, 50%. Em segundo lugar, deve exigir um demonstrativo de receitas estimado, calculado de forma conservadora para refletir as perdas referentes a unidades vazias e ao declínio nos níveis dos aluguéis à medida que o prédio envelhece. Esse demonstrativo de receitas deve prever uma margem de, pelo menos, 100% sobre os encargos dos juros, após dedução dos lucros de uma quantia para cobrir a depreciação a ser efetivamente gasta em um fundo de amortização para o resgate gradual da emissão de títulos. O mutuário deve concordar em fornecer demonstrativos operacionais e financeiros, com regularidade, aos detentores de títulos.

Os ativos denominados "títulos hipotecários de primeiro *arrendamento*" são, na verdade, segundas hipotecas. São emitidos contra edifícios erguidos em terrenos arrendados, e o aluguel do terreno opera, com efeito, como uma primeira garantia ou encargo prévio contra a propriedade como um todo. Na análise de tais ativos, o aluguel do terreno deve ser adicionado aos requisitos de pagamento de juros dos títulos para chegar ao total dos encargos de juros da propriedade. Além disso, deve-se reconhecer que, no campo das obrigações imobiliárias, a vantagem de uma primeira hipoteca sobre uma garantia subordinada é muito mais clara que de uma empresa comercial comum.[7]

---

6. Desde 1933, o financiamento imobiliário em residências familiares típicas foi assumido de forma tão substancial pelo governo federal, por meio da Federal Housing Administration (FHA), que praticamente nenhum título imobiliário desse tipo foi vendido a investidores. O financiamento de edifícios maiores tem sido bastante restrito. Praticamente tudo foi fornecido por instituições financeiras (seguradoras, etc.), e não houve quase nenhuma venda de ativos imobiliários ao público em geral (até o final de 1939).

7. Para mais exemplos e comentários, ver apêndice C, nota 16, p. 964.

Além dos testes quantitativos mencionados, o investidor deve estar convencido de que a localização e o tipo do edifício atraem inquilinos e minimizam a possibilidade de uma grande perda de valor por conta de mudanças desfavoráveis na natureza da vizinhança.[8]

Não devem ser feitos empréstimos imobiliários com base em edifícios construídos para fins específicos ou limitados, como hotéis, oficinas mecânicas, etc. Compromissos desse tipo devem ser feitos no próprio empreendimento, considerado como uma empresa individual. Após nossa discussão anterior sobre os padrões aplicáveis a uma compra de títulos industriais de alto nível, é difícil ver como qualquer emissão de títulos em um hotel novo, ou similar, poderia, logicamente, ser comprada em base de investimento direto. Todas essas empresas devem ser financiadas, desde o início, por capital privado e, somente depois de mostrarem vários anos de operações bem-sucedidas, seus títulos ou ações devem ser oferecidos ao público.[9]

---

8. Nota de rodapé da edição de 1934: "Um dos poucos exemplos de títulos imobiliários financiados de forma conservadora ainda existente em 1933 são os Trinity Buildings Corporation de New York de 5,5%, com vencimento em 1939, garantidos por dois prédios comerciais bem localizados no distrito financeiro da cidade de Nova York. Esse ativo tinha um valor em circulação de US$ 4,3 milhões e era garantido por um primeiro penhor sobre terrenos e edifícios avaliados para fins tributários em US$ 13 milhões. Em 1931, seus lucros brutos foram de US$ 2,23 milhões e os lucros líquidos após a depreciação eram iguais a cerca de seis vezes o juro dos títulos de primeira hipoteca. Em 1932, a renda dos aluguéis caiu para US$ 1,653 milhão, mas o saldo dos juros da primeira hipoteca ainda era cerca de 3,5 vezes o exigido. Em setembro de 1933, esses títulos foram negociados quase na paridade". Esta nota de rodapé e os acontecimentos posteriores ilustram bem a importância do fator de localização citado no texto. Apesar da melhoria nas condições gerais dos negócios desde 1933, a queda de atividade no distrito financeiro resultou na perda de inquilinos e em um grave declínio nos níveis dos aluguéis. Os lucros líquidos da Trinity Building Corporation deixaram de cobrir os custos de depreciação em 1938 e foram inferiores aos encargos de juros, mesmo ignorando a depreciação; principal e juros deixaram de ser pagos no vencimento em 1939; a garantia da United States Realty and Improvement Company, empresa controladora, mostrou-se inadequada; e os detentores foram confrontados com a necessidade de terem seu principal prorrogado e de serem forçados a aceitar uma redução na taxa de juros fixa. Nesse caso, uma configuração financeira, sem dúvida alguma, conservadora (um *fator quantitativo*) não se mostrou forte o suficiente para compensar um declínio no valor dos aluguéis na vizinhança (um fator *qualitativo*).

9. O assunto dos ativos de hipotecas imobiliárias garantidas é abordado no capítulo 17.

CAPÍTULO 11
NORMAS ESPECÍFICAS PARA INVESTIMENTO EM TÍTULOS

RELAÇÃO ENTRE CAPITALIZAÇÃO ACIONÁRIA E DÍVIDA EM OBRIGAÇÕES

A quantidade de ações e o excedente, subordinados a uma emissão de obrigações, expressam o mesmo fato que o excesso de recursos sobre o endividamento. Isso pode ser visto de imediato no típico balanço condensado a seguir:

Ativos, menos passivos atuais (ativos líquidos) .... US$ 1.000.000	Dívida em obrigações .... US$ 600.000
US$ 1.000.000	Ações e excedente (patrimônio líquido) 400.000
	US$ 11.000.000

A fórmula simples resultante é a seguinte:

$$\frac{\text{Patrimônio líquido}}{\text{Dívida em obrigações}} = \frac{\text{ativos líquidos}}{\text{Dívida em obrigações}} - 1$$

Padrões estabelecidos pela legislação de Nova York. Se estamos estudando os números do balanço, podemos olhar para os ativos líquidos e para o patrimônio líquido para determinar a cobertura indicada ou a margem acima do montante do principal da dívida. A legislação de Nova York que rege os investimentos de bancos de poupança emprega ambas as abordagens em seus regulamentos referentes às obrigações das prestadoras de serviços públicos. Estipula (1) que a dívida hipotecária em questão, além de toda a dívida hipotecária subjacente, não deve exceder 60% do valor da propriedade hipotecada e (2) que o capital social deve ser igual a, pelo menos, dois terços da dívida hipotecária. Pode-se observar, com base no balanço típico apresentado antes, que essas duas exigências são basicamente equivalentes. Entretanto, quando uma empresa tem um endividamento não garantido substancial, pode atender ao requisito (1) e não ao requisito (2), de modo que, em tais casos, a segunda estipulação fornece uma proteção adicional. Esse ponto pode ser ilustrado pelo seguinte exemplo:

Propriedade hipotecada............. US$ 10.000.000	Dívida hipotecária......................... US$ 6.000.000
Capital de giro.............................. US$ 1.000.000	Debêntures..................................... US$ 3.000.000
	Capital social e excedente............. US$ 2.000.000
US$ 11.000.000	US$ 1.000.000

Nesse caso, a dívida hipotecária é apenas 60% da propriedade penhorada, mas o capital social é muito inferior a dois terços da dívida hipotecária. Portanto, essas últimas obrigações não seriam elegíveis.

Deve ser observado que a legislação de Nova York considera unicamente o valor nominal ou declarado das emissões de ações (incluindo, claro, as ações preferenciais e as ordinárias) e não dá qualquer crédito ao excedente contábil, que constitui parte do capital social. A teoria por trás dessa restrição pode indicar que o excedente é legalmente distribuível para os acionistas e não pode, portanto, ser considerado uma proteção permanente para os detentores de obrigações. Na realidade, entretanto, grande parte do excedente de uma prestadora de serviços públicos é quase invariavelmente investida em ativos fixos e não é distribuível em dinheiro. Assim, se testes desse tipo devem ser exigidos, os números do *capital social e excedente* parecem mais lógicos que a emissão de ações por si só.

Teste de equivalência patrimonial de mérito duvidoso no caso das prestadoras de serviços públicos. Somos propensos a questionar se qualquer vantagem substancial é obtida no caso comum de aplicação do teste das propriedades ou do índice de patrimônio para as prestadoras de serviços públicos. É improvável que forneça qualquer indicação de segurança ou insegurança ainda não demonstrada pelo histórico dos lucros. É possível que, em um número pequeno de casos, o demonstrativo de receitas seja satisfatório e a cobertura dos ativos seja indevidamente pequena; este último ponto pode sugerir que, uma vez que a empresa aufere um lucro excepcionalmente alto sobre seu investimento, ela fica vulnerável à regulação tarifária desfavorável. A dificuldade principal, no entanto, tem sido a falta de confiança nos dados relativos ao valor das propriedades declaradas no balanço (e, portanto, no patrimônio social), como uma indicação do investimento real em dinheiro e do valor de reprodução que pode ser designado como a base para cálculo das tarifas. No entanto, em anos recentes, as atividades das comissões estaduais e da Securities and Exchange Commission têm brindado o público com balanços muito mais precisos que no passado. Mesmo levando em consideração essa melhoria, não parece ser razão suficiente para exigir o teste de valor de propriedade ou de índice patrimônio para as obrigações das prestadoras de serviços públicos e nenhum teste para as obrigações das ferrovias.

Não há, é claro, objeção alguma contra a aplicação desse teste do índice de patrimônio (com base nos dados contábeis) em obrigações de ferrovias e de prestadoras de serviços públicos como uma precaução adicional, quer regularmente, quer em casos especiais em que existe razão para duvidar da confiabilidade do histórico dos lucros como um parâmetro para medir a capacidade futura de pagamento dos juros do título. Se esse teste for aplicado, deve-se destacar que uma proporção máxima de 60% de dívida para 40% de patrimônio líquido e excedente é, proporcionalmente, mais grave que um índice mínimo de lucro de 1,75 vez os encargos de juros. Seria mais consistente, portanto, admitir uma dívida de obrigações tão alta quanto 75% do valor do imóvel ou três vezes a soma do patrimônio líquido e do excedente.

Importância de uma cobertura de valor real por trás de uma emissão de obrigações. Nossa objeção principal ao critério do valor das propriedades surge do fato indiscutível de que as *avaliações contábeis dos ativos fixos* são muito pouco confiáveis como indicadores da segurança de um título. Contudo, por outro lado, estamos convencidos de que uma margem substancial de *valor da entidade em continuidade operacional* sobre a dívida financiada não é apenas importante como vitalmente necessário para assegurar a solidez de um investimento de valor fixo. Antes de pagar o preço padrão pelas obrigações de qualquer empresa, seja uma ferrovia, seja uma companhia telefônica, seja uma loja de departamentos, o investidor precisa estar convencido de que o negócio vale muito mais que deve. A esse respeito, o comprador de obrigações deve ter a mesma atitude de quem empresta dinheiro para a compra de uma casa ou um anel de diamante, com a diferença importante de que é *o valor da empresa como uma entidade em continuidade operacional* que o investidor deve em geral levar em consideração, e não aquele dos ativos separados.

Valor de entidade em continuidade operacional e lucratividade. "O valor da empresa como uma entidade" é, na maioria das vezes, inteiramente determinado por sua lucratividade. Isso explica a importância predominante atribuída ao demonstrativo de resultados, pois revela não apenas a capacidade de a empresa arcar com seus encargos de *juros* como também a medida em que se espera que o valor da empresa, como entidade em continuidade operacional, exceda o *principal* da emissão de obrigações. É por essa razão que a maioria dos investidores passou a considerar o histórico dos lucros como o único teste estatístico ou quantitativo necessário na seleção das emissões de obrigações. Todos os outros critérios comumente empregados são qualitativos ou subjetivos (ou seja, envolvem pontos de vista pessoais sobre os gestores, as perspectivas, etc.).

Embora seja desejável fazer os testes de segurança das obrigações, que são muito simples e poucos, sua redução a único critério da margem dos lucros sobre os encargos de juros parece ser uma simplificação excessiva e perigosa da questão. Os lucros durante o período verificado podem não ser representativos, seja porque resultaram de condições, definitivamente, passageiras, favoráveis ou desfavoráveis, seja porque foram apresentados de modo a não refletir a receita verdadeira. Essas condições são particularmente suscetíveis de ocorrerem no caso das indústrias, que estão sujeitas a maiores vicissitudes individuais e a um grau menor de supervisão contábil daquele exigido das ferrovias e das prestadoras de serviços públicos.

Patrimônio líquido de acionistas medido pelo valor de mercado das emissões de ações: um teste complementar. Consideramos, portanto, que é essencial, pelo menos no caso das obrigações industriais, complementar o teste de lucros com algum outro índice quantitativo da margem do valor da empresa como entidade em continuidade operacional acima da dívida financiada. O melhor critério que somos capazes de oferecer para esse fim é a proporção entre o *valor de mercado* do patrimônio líquido e o total da dívida financiada. Podemos esperar fortes objeções contra o uso do preço de mercado de emissões de ações como prova de qualquer coisa, em função de variações extremas e sem sentido, às quais as cotações das ações são notoriamente submetidas. No entanto, com todas as suas imperfeições, o valor de mercado das emissões de ações é, em geral, reconhecido como um índice melhor e mais justo do valor da empresa como entidade em funcionamento que aquele proporcionado pelos números do balanço ou por uma avaliação comum.[1]

Observe, com cuidado, que estamos propondo o uso dos preços das ações com o propósito restrito de verificar se existe ou não um patrimônio substancial por trás da emissão do título. Isso não significa, de forma alguma, afirmar que o preço é sempre uma medida exata do valor justo ou intrínseco. O teste do preço de mercado é sugerido como um *índice aproximado*, ou uma pista dos valores existentes, e deve ser empregado apenas como um suplemento — porém um suplemento importante — dos dados mais cuidadosamente examinados fornecidos pelo histórico de lucros.[2]

---

1. O valor de liquidação, proveniente principalmente do ativo circulante líquido, pode, às vezes, exceder o preço de mercado, mas esse ponto raramente é significativo na seleção de *investimentos de alto grau*.

2. Observe que os testes de segurança sugeridos pela Associação de Bancos de Nova York, em colaboração com Standard Statistics Company, incluem, no caso das obrigações de ferrovias e indústrias, o preço de mercado do patrimônio líquido, designado como "indicador mais realista da posição

A utilidade do teste do preço de mercado em casos extremos é inquestionável. A presença de um patrimônio líquido com valor de mercado muitas vezes superior à dívida total carrega uma forte garantia da segurança da emissão de obrigações;[3] inversamente, um patrimônio líquido extremamente pequeno aos preços de mercado deve levantar sérias questões sobre a solidez do título. A determinação do valor de mercado do patrimônio líquido e sua comparação com o montante total de dívida financiada são recursos bem estabelecidos na análise das obrigações; eram também anteriormente incluídas nas circulares de oferta de obrigações (quando o desempenho apresentado era satisfatório). Recomendamos que esse cálculo seja um elemento padrão no processo de seleção de obrigações, sobretudo para as emissões industriais, e que requisitos mínimos, com esse título, sejam estabelecidos para servir de teste quantitativo secundário de segurança.

Padrões mínimos para teste de índice patrimônio. Qual deve ser a relação mínima normal entre o valor das ações e a dívida financiada? É difícil responder a essa pergunta de forma satisfatória com base na experiência real, por causa das grandes oscilações nos preços das ações e das variações nos demonstrativos das empresas individuais. Uma regra teórica pode ser formulada ao se assumir, um tanto arbitrariamente, que as ações das ferrovias e das prestadoras de serviços públicos devem auferir um lucro correspondente a uma porcentagem cerca de 1,5 vez maior que seu preço com relação à taxa de juros sobre suas obrigações, enquanto as ações industriais devem auferir um lucro duas vezes superior à taxa de juros de suas obrigações. Esses pressupostos produziriam a seguinte relação aritmética[4] entre a cobertura de juros mínima, de um lado, e o índice patrimônio, do outro.

Na página 194, apresentamos um demonstrativo resumido de uma empresa prestadora de serviços públicos, uma ferrovia e uma indústria, datado de 31 de dezembro de 1938, que sustenta, de forma geral, as relações sugeridas anteriormente.

---

da dívida" — ou seja, do valor do capital subordinado. Para uma discussão mais detalhada desses testes, ver apêndice C, nota 17, p. 965.

3. Para uma discussão sobre as notas de 6% da Fox Film Corporation, em dezembro de 1933, ver apêndice C, nota 18, p. 969.

4. Para colocar os dois testes na mesma base aritmética, o índice patrimônio deve, na verdade, ser expresso como a relação entre *capitalização total* (obrigações ao valor nominal mais ações ao preço de mercado) e obrigações. Assim calculada, a "cobertura de capitalização" mínima necessária seria, respectivamente, 1,5, 1,66 e 2. O estudante pode usar qualquer um dos dois métodos que pareça mais conveniente para ele; suas implicações são, é claro, idênticas.

EXEMPLOS DA RELAÇÃO NORMAL ENTRE COBERTURA DE JUROS E ÍNDICE PATRIMÔNIO

Item	North American Co.	Union Pacific R. R. Co.	United Biscuit Co. of America
Ano encerrado	31 dez. 1938	31 dez. 1938	31 dez. 1938
Saldo para encargos de juros	US$ 37.663.000	US$ 32.964.000	US$ 1.327.000
Encargos de juros	22.554.000*	14.263.000	297.000
Ganhos	1,67	2,31	4,47
Saldo para dividendos	US$ 15.109.000	US$ 18.701.000	US$ 1.030.000
Dividendos preferenciais	1.819.000	3.982.000	77.000
Saldo para ordinárias	13.290.000	14.719.000	953.000
Por ação	US$ 1,55	US$ 6,62	US$ 2,08
Média por ação em 1934-1938	1,53	6,82	2,00
Dívida em obrigações	US$ 438.000.000*	US$ 355.000.000	US$ 6.150.000
Ações preferenciais no mercado	606.000 ações a US$ 56 — US$ 34.000.000	995.000 ações a US$ 83 — US$ 83.000.000	11.400 ações a US$ 118 — US$ 1.345.000
Ações ordinárias no mercado	8.571.000 ações a US$ 23 — US$ 187.000.000	2.220.000 ações a US$ 98 — US$ 218.000.000	459.000 ações a US$ 161,50 — US$ 7.570.000
Total de ações a preço de mercado	US$ 221.000.000	US$ 301.000.000	US$ 8.915.000
Proporção entre ações e obrigações	0,51 a 1	0,85 para 1	1,45 para 1

* Inclui ações preferenciais de empresas subsidiárias e seus requisitos (ver capítulo 13).

Tipo de empresa	Número mínimo de vezes que o lucro cobre os juros fixos (cobertura média de juros)	Relação mínima entre valor das ações e dívida em obrigações (índice patrimônio)
Prestadoras de serviços públicos	1,75	US$ 1 de ações a US$ 2 de obrigações
Ferrovias	2	US$ 1 de ações a US$ 1,50 de obrigações
Indústrias	3	US$ 1 de ações a US$ 1 de obrigações

Obrigações de renda equivalentes ao patrimônio líquido. No capítulo 9, apontamos que, uma vez que os juros sobre as obrigações de renda não são um encargo fixo, não precisam ser incluídos nos encargos totais sobre os quais a cobertura deve ser calculada. Da mesma forma, o montante do principal de tais obrigações não deve ser incluído no total da dívida financiada que é comparado com o patrimônio líquido. Isso não é apenas verdadeiro como também um fato que as obrigações de renda subordinadas (com vencimento distante) são tão parecidas por natureza com as ações preferenciais que seu valor de mercado pode, adequadamente, ser considerado como parte do patrimônio líquido (ou, em vez disso, mais bem descrito como "obrigações de renda e patrimônio líquido") subordinado às obrigações de juros fixos e as protegendo.

Exemplo:

Colorado Fuel and Iron General (Preferencial) de 5%, com vencimento em 1943, preço de US$ 103,50 em 30 de junho de 1939, com rendimento de 3,90%

Montante em circulação		US$ 4.483.000
Obrigações de renda e patrimônio líquido em 30 de junho de 1939:		
US$ 11.035.000 rendimento de 5% com vencimento em 1970	a US$ 45	4.966.000
564 mil ações ordinárias	a US$ 12,50	7.050.000
315 mil garantias de compra de ações a	a US$ 4,25	1.339.000
Patrimônio total		US$ 13.355.000

Nesse caso, a posição técnica das hipotecas preferenciais de 5% é totalmente diferente em virtude do fato de que a garantia subordinada é uma obrigação de renda do que seria se esta última pagasse juros fixos. Mostramos a verdade desse fato, de modo impressionante, fazendo referência à situação anterior à reorganização de 1936. Na configuração anterior, os títulos de 5% foram seguidos por uma grande emissão de títulos com juros fixos, cujos requisitos (incluindo seu vencimento) precipitaram uma concordata em 1933, depois da qual os títulos de 5% foram vendidos por apenas US$ 30.

Significância de um índice patrimônio excepcionalmente grande. Como apontamos, se o índice patrimônio fosse sempre proporcional à cobertura dos juros, da maneira sugerida na tabela anterior, não haveria nenhuma razão para aplicar ambos os testes, uma vez que o atendimento a um deles asseguraria o atendimento ao outro. Entretanto, esse não é o caso, e por essa razão devemos considerar o que está implícito quando o índice patrimônio dá uma indicação substancialmente diferente daquela dada pela cobertura de juros. Vamos supor, primeiro, que o quadro dos lucros não seja totalmente convincente, mas que o índice patrimônio seja consideravelmente superior ao nosso requisito mínimo.

Exemplo: Com referência ao exemplo da Fairbanks-Morse (capítulo 9), o investidor ficaria impressionado com o fato de que, ao preço mínimo de mercado em 1938, o índice patrimônio era superior a dois por um (cerca de US$ 12 milhões de valor de mercado das ações em comparação com US$ 5,6 milhões de obrigações). É bem possível que essa evidência de solidez pudesse dissipar qualquer dúvida decorrente da inadequação da média de dez anos.

Significância de um índice patrimônio abaixo do normal. O caso oposto é aquele em que a cobertura de juros pode ser considerada satisfatória, mas o índice patrimônio é substancialmente inferior ao mínimo exigido.

Exemplos: O problema aqui pode ser mais bem compreendido pelo uso de dois exemplos contrastantes: um extraído do meio de uma depressão e o outro do pico de uma recuperação.

O primeiro exemplo é o das Inland Steel de 4,5%, com vencimento em 1978, que foram negociadas a US$ 82 em setembro de 1932 para render 5,6%. Os dados relevantes aparecem na próxima tabela, junto com valores correspondentes das Crucible Steel de 5%, com vencimento em 1940, que são fornecidos para efeitos de comparação.

Veremos que o ativo da Inland Steel passou em nosso teste de lucros (com base em uma média de 6,5 anos), mas não conseguiu passar no nosso teste de índice patrimônio. A maioria dos investidores consideraria que a obrigação era um investimento muito bom e atraente na época, uma vez que (1) a Inland Steel era uma das melhores empresas do setor siderúrgico, com um bom histórico pré-depressão e que (2) os dados de 1932, tanto em termos dos lucros como dos preços das ações, eram tão anormais que não constituíam nenhum guia para a segurança da emissão de obrigações. O fato de que os lucros da empresa se recuperaram mais tarde e que as obrigações foram resgatadas a um prêmio, em 1936, pode ser destacado como uma confirmação da solidez desse ponto de vista.

DEMONSTRATIVO COMPARATIVO DE DUAS EMISSÕES DE OBRIGAÇÕES, SETEMBRO DE 1932

Item	Inland Steel de 4,5%, com vencimento em 1978 e 1981 Preço US$ 82, rendimento 5,6%	Crucible Steel de 5%, vencimento em 1940 Preço US$ 60, rendimento 13,4%
Encargo de juros anual	US$ 1.890.000	US$ 675.000
Lucro para juros por anos:		
1932 (primeira metade)	496.000 (d)	1.348.000 (d)
1931	3.126.000	1.339.000 (d)
1930	7.793.000	4.542.000
1929	13.042.000	8.364.000
1928	10.569.000	5.849.000
1927	7.482.000	5.844.000
1926	7.851.000	6.787.000
Média de 6,5 anos	US$ 7.595.000	US$ 4.400.000
Cobertura do juros	4,6 vezes*	7,1 vezes*
Dívida vinculada	US$ 42.000.000	US$ 13.500.000
Valor das ações:		
Preferenciais		250.000 ações a US$ 30 = US$ 7.500.000
Ordinárias	1.200.000 ações a US$ 20 = US$ 24.000.000	450.000 ações a US$ 17 = US$ 7.650.000
Valor total das ações	US$ 24.000.000	US$ 15.100.000
Índice patrimônio	0,57 para 1	1,12 para 1

* Ajustado pela variação da dívida financiada durante o período.

Entretanto, a fraqueza desse raciocínio está em requerer determinadas suposições quanto ao futuro que não deveriam ser necessárias para justificar a compra de uma obrigação para fins de investimento. (Observe que, nas condições de 1932, o preço de US$ 82 das Inland Steel de 4,5% as coloca, claramente, na classe de investimentos.) Isso deve ficar claro se compararmos os desempenhos dos títulos da Inland com os da Crucible. Veremos que a cobertura de lucros e o índice patrimônio foram melhores no caso da emissão da Crucible, no entanto, o rendimento desta última foi duas vezes superior à obrigação da Inland. O comprador da Inland Steel de 4,5% teria de pressupor não apenas que as condições de 1932 fossem transitórias — pressuposição necessária para justificar *qualquer* compra de títulos — como também (1) que o preço das ações da Inland Steel era demasiado baixo e (2) que o preço das emissões de ações da Crucible Steel era muitíssimo alto. A razão é que, a menos que as ações da Inland estivessem sendo negociadas a um preço muito baixo, suas obrigações não poderiam ser consideradas seguras; a menos que as ações da Crucible estivessem sendo negociadas a um preço muito alto, o investidor teria sido mais bem aconselhado a comprar as obrigações da Crucible a preços mais baixos. Isso poderia parecer uma base complicada e duvidosa demais para um investimento direto em obrigações.

É também verdade, como uma regra geral, que nenhum investimento em obrigações deve ser feito se exigir a suposição de que a ação ordinária está sendo negociada a um preço baixo demais na ocasião. Se o investidor está certo nessa avaliação do valor da ação, certamente é mais rentável comprar a ação que as obrigações. Se está errado quanto ao valor da ação, corre um risco grande de ter feito uma compra de obrigações ruim.

O fato de as obrigações da Inland Steel terem sido posteriormente pagas após uma subida de cerca de vinte pontos não invalida nossa lógica, mas, em vez disso, a confirma; no mesmo intervalo, o valor das ordinárias da Inland subiu mais de quatro vezes e as da Crucible Steel de 5% subiram de US$ 60 para US$ 102. Lembramos, uma vez mais, nosso princípio supremo de que o investimento em obrigações é uma arte negativa. Essa discussão não teve a intenção de insinuar que as Inland Steel de 4,5% eram um investimento ruim — muito pelo contrário —, mas desejamos salientar que um exame lógico da situação, na época, não teria levado a uma opinião positiva desse ativo, sobretudo em vista dos investimentos alternativos oferecidos.

Um segundo exemplo: podemos acrescentar ainda mais peso a nosso argumento, uma ilustração do tipo oposto — as Brooklyn Manhattan Transit (BMT) de 4,5%, com vencimento em 1966, as quais foram negociadas a US$ 104 para render 4,27%, em janeiro de 1937. A cobertura dos lucros médios foi apenas adequada, com base em nosso padrão mínimo para as obrigações de ferrovias. No entanto, o índice patrimônio — mesmo no alto nível geral de mercado então vigente — mostrava menos de US$ 0,40 de ações para cada dólar de obrigações. Isso significava, em essência, que o mercado acionário não estava suficientemente otimista quanto às perspectivas da BMT para avaliar suas emissões de ações em nosso patamar mínimo em relação à dívida total. O melhor conselho recebido pelo comprador de obrigações teria sido considerar a deficiência nesse teste secundário como um sinal para procurar outro lugar para colocar seus investimentos de 4,5%. (Em dezembro daquele mesmo ano, as obrigações tinham caído para US$ 44.)

Nossa referência à avaliação do mercado acionário das perspectivas futuras da BMT sugere que o teste do índice patrimônio *não é apenas um critério adicional de segurança quantitativo das* obrigações como ainda, em grande medida, um indicador qualitativo. A terceira função do índice patrimônio pode ser levantar uma dúvida justificável com relação à precisão geral dos dados de lucros relatados. No caso da BMT, um estudo cuidadoso do prospecto de oferta teria revelado uma diferença grande entre os encargos de depreciação e amortização, conforme mostrados nos relatórios para os detentores de títulos e informados nas declarações de imposto de renda. A base de depreciação mais conservadora teria reduzido a cobertura de juros para um nível bem inferior a nosso mínimo sugerido.

Índice patrimônio para ferrovias e prestadoras de serviços públicos. No caso das indústrias, o índice patrimônio pode ser calculado facilmente. As ferrovias e as prestadoras de serviços públicos, no entanto, podem apresentar várias complicações. Além da dívida em obrigações apresentada no balanço, também pode ser necessário considerar os compromissos de arrendamento equivalentes à dívida e às ações preferenciais de subsidiárias com prioridade sobre as obrigações das empresas controladoras. Essas dificuldades militam, até certo ponto, contra o uso do teste do índice patrimônio para as obrigações de ferrovias e prestadoras de serviços públicos. No entanto, acreditamos que um investidor cuidadoso deve aplicar o teste do índice patrimônio nesses campos, bem como no industrial. Como apontaremos no próximo capítulo, o teste do índice patrimônio teria sido de grande utilidade na proteção contra a compra equivocada de muitas obrigações de ferrovias a preços elevados durante 1935-1937. No próximo capítulo também descreveremos o procedimento de *capitalização dos encargos fixos* para chegar a uma estimativa justa da dívida total, quando o balanço patrimonial pode não ser totalmente transparente.

Teste de índice patrimônio não deve ser modificado para refletir mudanças nas condições de mercado. Surge a pergunta: até que ponto o teste de índice patrimônio deve ser modificado para refletir as mudanças nas condições do mercado? Pareceria adequado esperar e, portanto, exigir um valor de mercado com maior valor relativo para a ação subjacente a uma emissão de obrigações em tempos melhores que durante uma depressão. Se US$ 1 de ação para US$ 1 de obrigações é considerado a exigência "normal" para uma indústria, não seria correto demandar, digamos, uma relação de US$ 2 a US$ 1 quando os preços das ações estão inflados e, inversamente, ficar satisfeito com uma proporção de US$ 0,50 para US$ 1 quando as cotações estão muito abaixo dos valores intrínsecos? Contudo, essa sugestão é impraticável por duas razões. A primeira é que isso implica que o comprador de obrigações é capaz de reconhecer um nível de preços de ações indevidamente alto ou baixo, o que é uma suposição por demais otimista. A segunda é que isso requereria que os investidores em obrigações agissem com cautela especial quando o mercado estivesse subindo e com maior confiança em tempos difíceis. Esse é um conselho de perfeição que não é da natureza humana seguir. Os compradores de obrigações são pessoas, e não se pode esperar que escapem inteiramente do entusiasmo dos mercados altistas ou das apreensões de uma depressão severa.

Não devemos propor uma regra, portanto, de acordo com a qual os investidores devam exigir um índice patrimônio maior que o normal quando os preços estão altos; pois tal preceito não vai ser seguido. (Entretanto, se o comprador de obrigações está convencido de que os preços das ações estão em níveis perigosamente altos, é sábio insistir em uma cobertura do índice patrimônio bem superior a nossas proporções mínimas.) Da mesma forma, não devemos propor a regra oposta para os mercados baixistas, sobretudo porque, por meio de uma busca diligente, será sempre possível encontrar alguns investimentos que atendam a todos os testes normais, mesmo em condições deprimidas.[5]

RESUMO DE REQUISITOS QUANTITATIVOS MÍNIMOS
SUGERIDOS PARA INVESTIMENTO DE VALOR FIXO

1. Tamanho do devedor:

    Municípios: população 10.000

    Prestadoras de serviços públicos: faturamento bruto .... US$ 2.000.000

    Ferrovias: faturamento bruto .... US$ 3.000.000

    Indústrias: faturamento bruto .... US$ 5.000.000

2. Cobertura de juros:

    Obrigações de empresas prestadoras de serviços públicos: (média de 7 anos) .... 1,75 vez

    Obrigações ferroviárias: (média de 7 anos) .... 2 vezes

    Obrigações industriais: (média de 7 anos) .... 3 vezes

    Obrigações imobiliárias: (estimativa confiável) .... 2 vezes

---

5. Por exemplo: em setembro de 1932, as General Baking de 5,5% poderiam ter sido negociadas para render 6%. A cobertura média dos lucros era vinte vezes maior que os encargos dos juros; na primeira metade de 1932, os juros foram cobertos catorze vezes. O índice patrimônio era de seis para um.

3. Valor da propriedade:

   Obrigações imobiliárias: valor justo da propriedade (com base em vendas reais em um mercado não inflado) deve ser 50% superior ao montante da emissão do título.

   Obrigações de fundos de investimento: relação semelhante usando o valor de mercado dos ativos.

4. Valor de mercado das emissões das ações:

   Prestadoras de serviços públicos .... 50% da dívida em obrigações

   Ferrovias .... 66,66% da dívida em obrigações

   Indústrias .... 100% da dívida em obrigações

CAPÍTULO 12
FATORES ESPECIAIS NA ANÁLISE DE TÍTULOS DE FERROVIAS E DE EMPRESAS PRESTADORAS DE SERVIÇOS PÚBLICOS

ANÁLISE DE FERROVIAS

A seleção de obrigações ferroviárias pode ser um processo extremamente complexo. Os relatórios das operadoras para a Interstate Commerce Commission contêm dados volumosos sobre a condição financeira e física das ferrovias, que fornecem material para que uma análise elaborada seja feita. Um estudo bem detalhado do relatório de uma ferrovia dedicaria atenção aos seguintes itens, entre outros:

1. Financeiro:
   a. composição e evolução da receita operacional;
   b. proporção entre despesas de manutenção e despesas brutas;
   c. quantidade e tendência relativas das despesas de transporte;
   d. natureza das "outras receitas";
   e. cobertura dos juros e de outras deduções e crescimento relativo deles.
2. Físico:
   a. localização;
   b. quantidade de vias com linha de circulação dupla e tripla;
   c. peso do trilho;
   d. natureza do lastro;
   e. quantidade e capacidade dos equipamentos possuídos.
3. Operacional:
   a. natureza e densidade do tráfego;
   b. carga média e tarifa média recebida;
   c. carga por trem;
   d. custos de combustível;
   e. custos operacionais por quilômetro com trens e vagões;
   f. taxas de manutenção por unidade de equipamento.

Além desses itens que afetam a ferrovia como um todo, um estudo especial pode ser feito sobre a quilometragem coberta pela garantia hipotecária em consideração.[1]

Técnica elaborada de análise desnecessária para seleção de obrigações de alta qualidade. Análises abrangentes desse tipo são, de fato, feitas pelos departamentos de investimento das grandes instituições financeiras que compram as obrigações ferroviárias. Esse tipo de trabalho está, no entanto, não só claramente além da competência do investidor individual como, em nossa opinião, é muito difícil que seja consistente com a verdadeira natureza do investimento em obrigações de alta qualidade. A seleção de um título de renda fixa para atingir um retorno de renda limitada deve ser, relativamente, pelo menos, uma operação simples. O investidor deve certificar-se, por meio de testes quantitativos, de que os lucros têm sido amplamente superiores aos encargos de juros e de que o valor atual da empresa excede muito suas dívidas. Além disso, deve estar satisfeito com a própria avaliação de que a natureza da empresa é tal que promete sucesso contínuo no futuro ou, mais precisamente, torna a inadimplência uma ocorrência muito improvável.

Esses testes e essa avaliação não devem exigir uma técnica de análise altamente apurada. Se o investidor em obrigações ferroviárias precisa pesar fatores como uma tendência favorável das cargas de trem em contraste com uma diversificação precária do tráfego transportado, deve ter uma capacidade de penetração e uma habilidade desproporcionais à recompensa oferecida, ou seja, um retorno de rendimento fixo entre 2,75% e 4,5%. Certamente seria aconselhado comprar obrigações do governo dos Estados Unidos que produzem um retorno inferior, mas são, sem dúvida, seguras, ou, de outra forma, deixar um dos grandes bancos de poupança investir seu dinheiro com o auxílio de seus numerosos analistas estatísticos.

Procedimento recomendado. As complexidades associadas com a análise das obrigações ferroviárias têm surgido, naturalmente — mas, em nossa opinião,

---

1. Uma representação gráfica elaborada dos gravames de hipotecas ferroviárias, dos trilhos específicos cobertos, etc., acompanhada de dados e descrições de apoio, é fornecida pelo *Atlas and digest of railroad mortgages*, publicado pela White and Kemble, que cobre todas as ferrovias de grande importância nos Estados Unidos. Um estudo mais exaustivo do tipo e do volume de tráfego originado em seções específicas das ferrovias e transportados ao longo delas, as quais servem de garantia para títulos de hipoteca individuais, é imensamente facilitado pelo exame de "Freight traffic density charts" e dos dados reunidos pela H. H. Copeland and Son, de Nova York, que são distribuídos, de forma privada, pela empresa a um conjunto grande de instituições de investimento.

de uma forma um tanto ilógica —, da riqueza de dados disponíveis para estudo. A disponibilidade de uma quantidade de dados não significa que seja necessário, ou mesmo vantajoso, dissecá-los. Recomendamos que o comprador de obrigações ferroviárias de alta qualidade limite sua pesquisa quantitativa à cobertura dos encargos fixos (com a devida atenção para a tendência dos lucros e para a adequação das despesas de manutenção) e ao montante do patrimônio líquido. Se deseja ser muito cuidadoso, é provável que o melhor conselho seja *aumentar* seus requisitos mínimos desses dois pontos, em vez de estender seus testes estatísticos aos inúmeros outros dados disponíveis nos relatórios anuais.

Nosso ponto de vista pode ficar mais claro se acrescentamos que tais análises elaboradas podem, em certos momentos, ser de real valor para o comprador de obrigações ou de ações ferroviárias *especulativas*, como elementos para ajudar a formar sua avaliação sobre o que o futuro reserva. Mas toda a *raison d'être* do investimento em *renda fixa* se opõe a qualquer dependência *primária* em suposições relacionadas ao futuro, uma vez que o campo para exercitar tal avaliação está logicamente entre as emissões que oferecem possibilidades de ganhos como recompensa por acertar proporcionais às penalidades associadas a errar.

Aspectos técnicos da análise da receita das ferrovias. A aplicação do teste de cobertura de juros aos títulos ferroviários envolve certas questões técnicas que requerem atenção. As ferrovias têm vários tipos de encargos fixos que são compromissos equivalentes a juros de obrigações e que, claramente, devem ser incluídos nesses juros quando do cálculo da margem de segurança. Há também determinadas deduções que compartilham, em certa medida, as características dos encargos fixos e as das despesas operacionais. Além disso, existem créditos designados como "outras receitas", como os juros de obrigações recebidos, que podem, adequadamente, ser considerados compensações pelos juros pagos — pelo menos se a finalidade for a comparação com outras ferrovias. Na lista a seguir, alocamos os itens mais importantes desse tipo, os quais são encontrados nos demonstrativos das ferrovias.

1. Juros de títulos e encargos equivalentes.
    a. Juros sobre dívida financiada e não financiada.
    b. Aluguel de vias alugadas.
    c. Aluguel de instalações compartilhadas (débito líquido).

2. Deduções intermediárias entre encargos fixos e despesas operacionais.
   a. Aluguel de equipamentos (débito líquido).[2]
   b. Rendas diversas e deduções diversas.
3. Créditos que podem ser parcialmente compensados com juros de obrigações (em ordem de confiabilidade).
   a. Juros de obrigações recebidos; aluguel de vias alugadas; aluguel de instalações compartilhadas (crédito líquido).
   b. Aluguel de equipamentos (crédito líquido); dividendos recebidos.
   c. Receitas não operacionais diversas.

Métodos de cálculo da cobertura de encargos fixos. É possível nos engajarmos em um debate acirrado acerca da maneira mais científica de lidar com todos esses itens para chegar à melhor formulação dos encargos fixos. O assunto pode ser simplificado, no entanto, ao ter em mente que o comprador de obrigações não está interessado em exatidão, mas em uma precisão razoável. Afinal, os dados com os quais está lidando representam a história passada e o único valor deles serve de dica ou pista para o futuro. Para tal fim, o refinamento do cálculo é de pouco benefício. Sugerimos que, para as obrigações ferroviárias, as necessidades do caso com relação à cobertura dos juros podem ser satisfeitas por meio da definição de um teste duplo e pela exigência de que a margem mínima seja atendida por cada um deles. O método proposto é o seguinte:

Teste A. Número de vezes em que os encargos fixos são ganhos:

Encargos fixos = lucro bruto − lucro líquido.

$$\text{Número de vezes de encargos fixos ganhos} = \frac{\text{lucro bruto}}{\text{lucro bruto} - \text{lucro líquido}}$$

Nota: "Lucro bruto" é o mesmo que "líquido após aluguel" mais "outras receitas". "Lucro líquido" é o saldo disponível para pagamento de dividendos.[3]

---

[2]. Desde 1º de janeiro de 1936, a definição de "encargos fixos" da Interstate Commerce Commission para as contas de receita das ferrovias inclui o aluguel pago pela utilização de equipamentos. Mas essa definição não é adotada, ainda, no cálculo da cobertura de encargos fixos por manuais e serviços financeiros.

[3]. O valor para encargos fixos calculado pela Standard Statistics Company exclui alguns dos itens menores, que são antes subtraídos da renda bruta, sob a rubrica de "deduções diversas". Nosso método é mais simples, mas o cálculo da Standard Statistics Company dá um resultado quase igual, de modo que, se seus resultados estiverem disponíveis, também podem ser usados.

Teste B. Número de vezes em que as deduções líquidas são ganhas:

Deduções líquidas = lucro operacional ferroviário − lucro líquido.

$$\text{Número de vezes de deduções líquidas ganhas} = \frac{\text{lucro operacional ferroviário}}{\text{lucro operacional ferroviário} - \text{lucro líquido}}$$

Nota: "Lucro operacional ferroviário" é o mesmo que "líquido após impostos", ou seja, receitas brutas menos despesas operacionais e impostos.

CÁLCULO DA MARGEM DE SEGURANÇA PARA OBRIGAÇÕES FERROVIÁRIAS (UNIDADE: US$ 1.000; ANO CIVIL: 1931)

Item	Chesapeake & Ohio	Chicago Great Western	Northern Pacific
1. Receita bruta	US$ 119.552	US$ 20.108	US$ 62.312
2. Líquido após impostos (receita operacional ferroviária)	35.417	4.988	3.403
3. Aluguel de equipamentos e instalações compartilhadas	dr. 88	dr. 2.417	cr. 3.398
4. Líquido após aluguel (receita operacional líquida ferroviária)	35.329	2.571	6.801
5. Outras receitas	2.269	196	16.853
6. Lucro bruto	US$ 37.598	US$ 2.767	US$ 23.654
7. Juros e outros encargos fixos	10.902	1.866	14.752
8. Saldo para dividendos (lucro líquido)	US$ 26.696	US$ 901	US$ 8.902

Chesapeake & Ohio, 1931

O lucro bruto excede o líquido após os impostos. Portanto, deve-se usar o teste de encargos fixos (Teste A).

$$\text{Encargos fixos ganhos} = \frac{(6)}{(6)-(8)} = \frac{37.598}{10.902} = 3,45 \text{ vezes}$$

Chicago Great Western, 1931

O líquido após os impostos excede o lucro bruto. Portanto, deve-se usar o teste de deduções líquidas (Teste B).

$$\text{Deduções líquidas ganhas} = \frac{(2)}{(2)-(8)} = \frac{4.988}{4.087} = 1,22 \text{ vez}$$

Northern Pacific, 1931

O lucro bruto excede o líquido após os impostos. Portanto, deve-se usar o teste de encargos fixos (Teste A).

$$\text{Encargos fixos ganhos} = \frac{23.654}{14.752} = 1,6 \text{ vez}$$

NOTAS SOBRE OS TESTES APRESENTADOS

1. A Chesapeake & Ohio representa o demonstrativo típico, em que os resultados de ambos os testes teriam apontado para a mesma conclusão — nesse caso, para a presença de uma margem satisfatória de segurança para as obrigações.

2. No caso da Chicago Great Western, o Teste A, aquele que é geralmente aplicado, não refletiria adequadamente o fardo das deduções de aluguel excepcionalmente grandes. Seu efeito é mostrado pelo Teste B e, em conformidade com nossa sugestão, esse resultado menos favorável deve ser aquele considerado pelo investidor.

3. A Northern Pacific apresenta a situação oposta. Suas receitas diversas têm sido excepcionalmente grandes em comparação com os juros das obrigações, de modo que, na maioria dos anos, os dados das deduções líquidas geram um crédito. No presente caso, o investidor deve seguir os resultados do Teste A, e considerar o Teste B como um indicador de solidez secundário.

É necessário aplicar apenas um desses dois testes, ou seja, o mais rigoroso, que pode ser facilmente identificado por meio de inspeção. A regra é a seguinte: se o lucro bruto exceder o líquido após os impostos, deve-se aplicar o teste de encargos fixos (Teste A). Se o lucro líquido após impostos exceder o lucro bruto, deve-se aplicar o teste de deduções líquidas (Teste B). A aplicação desses testes alternativos ficará clara com os exemplos apresentados nas páginas 270-271.

Os relatórios da Pennsylvania Railroad oferecem um caso excepcional, na medida em que a maior parte de suas outras receitas substanciais é uma compensação direta pelos encargos fixos. Esses outros itens de receitas consistem em juros e dividendos garantidos, recebidos dos títulos mobiliários do próprio sistema, os quais são de propriedade da controladora, de modo que os mesmos itens aparecem mais tarde como juros e aluguéis pagos. Em 1938, esses valores compensatórios totalizaram cerca de US$ 30.298.074,00. Deveriam ser devidamente eliminados da declaração. O efeito de sua inclusão foi reduzir a cobertura indicada no teste de encargos fixos, conforme mostrado a seguir:

1938	Teste de encargos fixos		Teste de deduções líquidas
	Conforme reportado	Conforme corrigido	
Receita bruta	US$ 93.559.000	US$ 63.261.000	Líquido após impostos US$ 66.112.000
Encargos fixos	82.513.000	52.215.000	Deduções líquidas 55.066.000
Ganho	1,13	1,21	1,20
Ganho, média de dez anos	1,42	1,67*	1,68

* Montante de correção estimado para anos anteriores a 1932.

No presente caso, o teste de deduções líquidas proporcionou um critério mais justo que o teste dos encargos fixos não corrigidos. Nos casos em que é necessário fazer uma análise especialmente cuidadosa, os números comunicados devem ser ajustados conforme indicado, com base nos fatos disponíveis.

Impacto das despesas de manutenção na cobertura de encargos fixos. Há dois itens importantes na contabilidade das ferrovias que estão sujeitos, até certo ponto, à determinação arbitrária dos gestores, e podem, portanto, ser tratados em qualquer ano de tal maneira que produzem resultados enganosamente favoráveis ou desfavoráveis. O primeiro deles é a conta de manutenção. Se quantias indevidamente pequenas forem gastas na manutenção das vias e dos equipamentos, os lucros líquidos serão, assim, aumentados à custa da propriedade, e o saldo declarado como disponível para encargos fixos não representará com justiça a lucratividade durante o período em análise. Os compradores de obrigações devem examinar a proporção da manutenção (ou seja, o percentual da receita bruta gasto na manutenção da via e do material circulante) para se certificar de que não esteja suspeitosamente abaixo do padrão. Infelizmente, é difícil determinar com qualquer grau de segurança o que deve ser considerado taxa de manutenção padrão para diferentes grupos de transportadores. Antes de 1931, uma cifra de cerca de 33% da receita operacional bruta foi tão geral, e consistentemente relatada, que, sem dúvida, podia ser considerada uma norma; e qualquer grande desvio dessa cifra merece um estudo especial.[4] Desde 1930, no entanto, tem ocorrido um declínio moderado nesse percentual e, ao mesmo tempo, uma grande retração nas receitas operacionais brutas com base nas quais é calculado. Como resultado, as despesas reais de manutenção, em dólares, foram cortadas quase pela metade. (Surpreende um pouco que o custo em dólares da manutenção das vias — o qual, presumivelmente, não está sujeito à redução por causa da queda no tráfego — tenha sofrido um declínio de 51%, em 1933-1937, em comparação com 1926-1930, ao passo que o custo de manutenção dos equipamentos foi reduzido em 39%.)

Por outro lado, deve ser levado em consideração a indubitável melhoria da tecnologia na manutenção, conforme mostrado no uso maior de métodos mais eficientes e materiais mais duráveis.[5] O custo da manutenção,

---

4. As diferenças geográficas, que anteriormente resultavam em variações bastante amplas na taxa de manutenção habitual, não foram de grande importância entre 1926 e 1930. Para material sobre esse assunto e outros relacionados à manutenção ferroviária, ver apêndice C, nota 19, p. 970.

5. Muitos exemplos detalhados sobre este ponto são apresentados em um discurso de L. A. Downs, presidente da Illinois Central Railroad, proferido em 3 de dezembro de 1936, reimpresso pela Association of American Railroads.

em condição adequada, das propriedades das ferrovias é agora substancialmente inferior ao que era antes de 1931. Mas o valor exato não podemos afirmar com certeza; daí a dificuldade em determinar se a proporção média de cerca de 30,5% sobre a receita bruta reduzida de 1933-1937 (mostrada por todas as ferrovias da classe I) é suficiente para confortar o comprador de obrigações pela existência de uma manutenção inadequada. Nossa avaliação se inclina para a perspectiva de que esse número é bastante baixo[6] e que um índice um pouco maior — digamos 32% — deve ser considerado como norma pelo investidor.

Se essa sugestão for aceita, significa que, ao avaliar as obrigações de uma ferrovia que gasta menos de 32% de seu lucro bruto total em manutenção, o investidor vai (1) fazer um estudo mais detalhado para se convencer de que a taxa mais baixa é adequada ou (2) ajustar os lucros reportados para uma proporção hipotética de 32%, reduzindo a cobertura dos lucros correspondentemente. Se a cobertura for satisfatória após essa correção, pode-se presumir que a possível manutenção inadequada não é em si um fator sério o suficiente para prejudicar a segurança do título.

Receitas de dividendos não recorrentes. Um segundo item que, às vezes, vale um exame minucioso é o dos dividendos recebidos. Quando uma ferrovia controla subsidiárias, é possível sacar lucros acumulados, em intervalos irregulares, na forma de dividendos especiais pagos à controladora. O efeito de tais transações é o de superestimar a lucratividade real da empresa controladora para o ano em que o dividendo especial da subsidiária foi recebido.[7]

Manutenção excessiva e lucros não distribuídos das subsidiárias. Os relatórios das ferrovias também podem, às vezes, revelar a situação oposta, ou seja, excesso de despesas com manutenção ou existência de grandes lucros acumulados das empresas controladas não repassados à empresa controladora.

---

6. Essa conclusão é apoiada pelas respostas das próprias ferrovias a uma circular da Interstate Commerce Commission, datada de 12 de dezembro de 1938, em que se estimava a existência de um total de US$ 283,8 milhões para manutenção postergada em suas vias no final de 1938. As respostas, em geral, faziam uma distinção entre a manutenção suficiente para uma operação segura e econômica, que afirmavam ter sido realizada, e a manutenção necessária para elevar a propriedade a um padrão de engenharia satisfatório. (Ver o resumo das respostas em *Statistical Series Circular* 26, publicada como declaração 3.911 pela agência de estatísticas da Interstate Commerce Commission, em março de 1939.)

7. Essa e outras fases contábeis relacionadas a receitas de natureza não recorrente são mais bem elaboradas nos capítulos 31 a 33 (ver especialmente capítulo 31, que apresenta vários exemplos).

O efeito desse tipo de contabilidade é o de subestimar a verdadeira lucratividade da operadora examinada. Assuntos desse tipo são de interesse considerável na análise do valor das ações, mas a preocupação do comprador de obrigações com tais fatores é de natureza secundária. Em geral, não deve permitir reverter um veredicto que era desfavorável sobre a segurança do título, mas deve reconhecer que a presença desses lucros não distribuídos confere uma atratividade adicional àquelas emissões de obrigações que já mostram segurança adequada sem levá-los em consideração.[8]

Análise das obrigações ferroviárias de preço baixo. Um estudo das obrigações ferroviárias com preços especulativos incluirá, de forma apropriada, muitos fatores, além daqueles que acabamos de abordar. De acordo com os princípios gerais de estrutura de nosso livro, esse assunto deveria ser adiado para o capítulo seguinte, sobre obrigações privilegiadas especulativas. Entretanto, parece preferível lidar com esse tema aqui, mas não desejamos interromper o tratamento da análise das obrigações ferroviárias. Muitos compradores de títulos também podem ser levados a analisar as questões de investimento além do que sugerimos ser necessário, e podem ser guiados em sua seleção entre todas as emissões elegíveis por considerações mais detalhadas das estatísticas operacionais, financeiras e de tráfego.

Um estudo mais exaustivo de uma emissão de obrigações ferroviárias abordará duas questões: (1) o desempenho e as perspectivas da ferrovia como um todo e (2) a posição da emissão individual de obrigações.

Na primeira categoria se enquadram, além dos pontos básicos já definidos, assuntos como o tipo de tráfego e a eficiência operacional.

Natureza do tráfego. Nesse aspecto, uma mudança significativa de ponto de vista foi imposta ao investidor nos últimos anos. Anteriormente, a ênfase principal era colocada na diversificação do tráfego e em uma porcentagem grande de classes de bens que pagavam melhor — por exemplo, carregamentos diversificados e de lotes menores que um vagão. Acontecimentos mais recentes provaram que esse ponto de vista não é bom. As classes de tráfego com tarifas mais altas revelaram-se muito vulneráveis à competição dos caminhões, e algumas das ferrovias com qualidade de tráfego mais "seletiva" estão muito atrás das outras desde 1929. No outro extremo, constatamos que as poucas transportadoras consistentemente rentáveis têm sido, principalmente, as linhas de carvão do leste — Chesapeake & Ohio, Norfolk and Western, Virginian e (em menor medida) Western Maryland —, que se concentraram

---

8. Para mais exemplos, ver apêndice C, nota 20, p. 972.

na movimentação de um único tipo de carga de tarifas baixas, o qual foram capazes de transportar com uma economia extraordinária.[9]

Em contraste, as transportadoras de antracito têm passado por momentos muito decepcionantes e difíceis, devido a um grave declínio no uso de carvão por causa da concorrência com o óleo combustível. A mudança radical na posição relativa das transportadoras de carvão leve e duro, entre 1923 e 1938, é mostrada na tabela a seguir e constitui um sinal de alerta para que o comprador de títulos não aceite o presente ou o passado como uma garantia do futuro. (Esse aviso pode ser aplicável às próprias ferrovias de carvão leve, cuja prosperidade poderia, concebivelmente, desaparecer, como aconteceu com as transportadoras de antracito. O contraste entre a crise contínua da indústria de betume e a prosperidade estonteante das transportadoras de carvão leve pode fazer sentido no futuro.)

ESTATÍSTICAS FINANCEIRAS DE TRANSPORTADORES DE CARVÃO DURO E LEVE, EM 1923-1927 E 1934-1938 (".000" OMITIDOS)

	1923-1927	1934-1938
Carvão leve Pocahontas:[1]		
Receita operacional total	US$ 1.334.162	US$ 1.097.739
Receita operacional líquida da ferrovia	330.036	381.364
Lucro líquido (saldo para dividendos)	250.465	315.053
Carvoeiras:[2]		
Receita operacional total	2.393.777	1.374.607
Receita operacional líquida da ferrovia	401.784	195.975
Lucro líquido (saldo para dividendos)	289.608	18.615 (d)

1. Totais para Virginian; Chesapeake & Ohio; Norfolk and Western.
2. Totais para Central Railroad of New Jersey; Delaware and Hudson; Delaware, Lackawanna and Western; Erie; Lehigh Valley; Reading.

Por causa da perda do tráfego leve para os caminhões motorizados e do tráfego de passageiros para os automóveis e ônibus, as ferrovias como um todo se tornaram mais dependentes que eram anteriormente do tráfego pesado — por exemplo, carvão, ferro e aço, outros minerais, pedras, areia, etc.

---

9. O índice operacional da Chesapeake & Ohio, em 1937, foi de apenas de 56,95%, em comparação com 74,87% de todas as ferrovias de classe I. Essa característica coloca os carregadores de carvão leve do leste em um grupo à parte — quase em um setor diferente. A propósito, foram muito favorecidos pelo crescimento da produção de suas transportadoras — principalmente no campo da Pocahontas — em razão de minas de custo mais alto em outros lugares.

Sua prosperidade é mais vinculada que antes às atividades das indústrias de bens de capital. Assim, tomadas como um todo, agora são prejudicadas por uma diminuição definitiva de seu tráfego médio e por um grau adicional de variabilidade ano a ano no tráfego remanescente.

Talvez não seja difícil obter uma visão clara da situação do tráfego como se desenvolveu nas ferrovias em geral e em linhas individuais. Mas a aplicação desse conhecimento ao futuro e à seleção de obrigações específicas, ou às emissões de ações baseadas nelas, está longe de ser um processo simples.[10] Pode-se presumir que a evolução do tráfego, até o momento, está plenamente refletida nos resultados operacionais e nos preços dos títulos. Será que o investidor pode ir mais longe e fazer uma avaliação confiável de quais classes de negócios devem sofrer perdas ainda maiores para os concorrentes, quais são relativamente imunes e quais podem até aumentar ou se recuperar? É, sem dúvida, parte da função do especulador chegar a conclusões sobre questões como essas. Mas devemos questionar se os fatos e suas implicações estão suficientemente definidos para formar uma base para o que pode ser, apropriadamente, chamado de *avaliação de investimento*. Portanto, devemos reiterar nossa visão de que a compra de obrigações ferroviárias para investimento deve ser motivada, sobretudo, por uma margem de segurança adequada e efetivamente demonstrada e que as expectativas quanto ao desenvolvimento futuro do tráfego devem desempenhar apenas um papel preventivo.

Eficiência operacional. As medidas de eficiência operacional mais utilizadas são: índice operacional; índice de transporte; média de carga por trem e por vagão; média de milhas de vagão por dia; proporção entre milhagem vazia e milhagem total; consumo de combustível por milhagem de locomotiva.

O índice operacional é a proporção entre as despesas operacionais como um todo, excluindo impostos, e a receita bruta. O índice de transporte se aplica apenas aos custos classificados como "despesas de transporte". Em nossa opinião, um critério mais útil que qualquer um desses seria a relação entre as despesas operacionais brutas, exceto as de manutenção, mas que incluísse os impostos, e o lucro líquido. Isso pode ser chamado de "índice de outras despesas operacionais". Os gastos com manutenção são separados porque são, em geral, considerados como uma indicação da liberalidade e não da eficiência

---

10. Ver, por exemplo, "Why railroads show diverse trends", escrito por E. S. Adams e publicado na *Barron's*, em 21 de novembro de 1938. Sugere-se que "tendências de tráfego a longo prazo devem receber mais peso na avaliação dos méritos de investimento das emissões individuais". Mas o próprio artigo faz pouco mais que apontar as razões pelas quais certas mudanças nos valores relativos ocorreram no *passado*.

dos gestores. Deve-se considerar, claro, os requisitos de manutenções menores de alguns transportadores em relação a suas receitas — por exemplo, as transportadoras de carvão leve. Pode-se também tentar realizar alguns estudos para determinar se certa estrada está realizando uma unidade física de manutenção de forma barata ou cara, mas esse é um assunto que pode não trazer conclusões confiáveis.

Os outros itens são autoexplicativos. Uma carga média alta por comboio e por vagão, uma quilometragem de vagão alta por dia, baixa quilometragem de "vazios" e baixo consumo de combustível são itens óbvios e desejáveis. No entanto, a utilidade desses dados é diminuída pelo fato de que estão todos muito bem refletidos no índice de transporte, de modo que se deve tomar cuidado para não enfatizar o mesmo ponto duas vezes. Pode também ser possível que uma ferrovia que tenha um desempenho bastante fraco nesses aspectos apresente uma oportunidade mais atraente, uma vez que essas desvantagens se refletem plenamente no preço de seus títulos — pois pode ser mais fácil produzir melhorias no futuro precisamente porque seu desempenho é inferior.

Essas observações são aplicadas também a dois fatores intermediários: densidade do tráfego (toneladas transportadas por quilômetro de estrada) e média do comprimento do trajeto por tonelada. Esses números se referem ao tipo de tráfego, mas sua influência se mostra, em grande parte, no índice operacional.

Título específico. Contanto que pareça certo que uma ferrovia vá permanecer solvente e ter amplas margens de segurança, todas as suas obrigações podem ser vistas quase como uma unidade, e a diferença no valor entre um título de valor fixo e outro é relativamente pequena. Ao primeiro sinal de problema, essa diferença passa a ter grande importância. Em seguida, a atenção é dirigida (1) para o tipo de quilometragem penhorada para garantir a obrigação e (2) para as prioridades sobre essas garantias. A necessidade de um estudo cuidadoso, em tais casos, sobre a posição específica das chamadas "obrigações subjacentes" e dos "ônus divisionais" foi enfatizada no final do capítulo 6. Em estudos desse tipo, os "Freight traffic density charts"[11] são de grande valia, embora devamos mencionar que não são facilmente acessíveis aos analistas comuns. As ferrovias insolventes são, muitas vezes, obrigadas a segregar as receitas e despesas aplicáveis aos diversos penhores hipotecários para determinar a contribuição de cada emissão para a lucratividade do

---

11. Ver nota 1, p. 268.

sistema. Tais dados são, em geral, a base do tratamento a ser concedido a essas ações no plano de reestruturação.[12]

No apêndice C, apresentamos uma análise de certos títulos da Chicago, Milwaukee, St. Paul and Pacific Railway, em 31 de dezembro de 1939, para ilustrar a técnica de análise de títulos, conforme aplicado a obrigações ferroviárias especulativas. Chamamos também a atenção do leitor para as três análises ferroviárias mais antigas reproduzidas na mesma nota. Pode-se acrescentar que essas análises e toda a discussão anterior são igualmente aplicáveis às *ações* ferroviárias, assim como às obrigações especulativas.

ANÁLISE DAS OBRIGAÇÕES DAS PRESTADORAS DE SERVIÇOS PÚBLICOS

A popularidade das obrigações das prestadoras de serviços públicos entre 1926 e 1929 resultou em um aumento enorme no valor desse tipo de financiamento, mas esse aumento foi acompanhado de um grande retrocesso nos padrões de qualidade e nos métodos de apresentação empregados pelas casas emissoras. Os banqueiros de investimento, incluindo alguns da mais alta reputação, seguiram práticas totalmente indefensáveis em suas circulares de oferta, a fim de fazer com que as emissões parecessem mais seguras que realmente eram. Entre os artifícios questionáveis, os mais importantes eram: (1) a aplicação do termo "prestadora de serviços públicos" a operações industriais; (2) o uso do método das deduções prévias no cálculo da cobertura de lucros; e (3) o desprezo pela depreciação no cálculo do lucro líquido disponível para os juros das obrigações.

1. Abuso do termo "prestadora de serviços públicos". O que constitui, exatamente, uma empresa prestadora de serviços públicos pode ser objeto de alguma controvérsia. Em sua definição estrita, seria qualquer empresa que fornece um serviço essencial para o público, sujeito aos termos de uma concessão e a uma regulação contínua pelo Estado. (Enquanto as ferrovias a vapor são, de fato, empreendimentos prestadores de serviços públicos, é conveniente e habitual colocá-las em uma categoria separada.) Do ponto

---

12. Para segregações desse tipo, ver os números relativos aos vários penhores de hipoteca da Chicago and Northwestern em 1937. O primeiro plano de reestruturação da ferrovia (datado de 1936) baseou seu tratamento das diferentes ações nos *preços* relativos de um período anterior, mas isso foi substituído pela determinação mais precisa de seus valores relativos. Dados semelhantes se tornaram a base do tratamento das obrigações da Chicago, Rock Island and Pacific, conforme explicado em seu plano de reestruturação, datado de 15 de julho de 1936. Deve-se observar, no entanto, o tratamento especial que pode ser concedido às St. Paul and Kansas City Short Line de 4,5%, por razões que não são os resultados operacionais.

de vista do investimento, a ideia mais importante associada a uma prestadora de serviços públicos é a de *estabilidade*, com base, em primeiro lugar, na prestação de um serviço indispensável (e, em geral, exclusivo) para um grande número de clientes e, em segundo lugar, no direito legal a cobrar uma tarifa de compensação que seja suficiente para gerar um retorno justo sobre o capital investido.

Não se pode esquecer que essa estabilidade é relativa, em vez de absoluta, uma vez que não está imune a mudanças básicas ou às vicissitudes inesperadas. Vinte anos atrás, o principal tipo de serviço público era a ferrovia urbana, mas essa indústria agora está sujeita a uma concorrência tão severa por parte de outras formas de transporte local que, na maioria das comunidades, não é praticável definir uma tarifa que seja alta o suficiente para gerar um retorno razoável sobre o investimento real. Além disso, durante o período de inflação da guerra, entre 1918 e 1920, as empresas de eletricidade e energia sofreram intensamente com o aumento dos custos de mão de obra e materiais e com dificuldades e atrasos na obtenção de permissão para o aumento proporcional das tarifas. Essas dificuldades tiveram, por um tempo, um efeito adverso sobre a popularidade de qualquer investimento em serviços públicos, mas a expansão posterior brilhante dos lucros brutos e líquidos das empresas de gás, eletricidade, água e telefone restauraram, rapidamente, a popularidade de seus títulos.

Os investimentos em prestadoras de serviços públicos pelos bancos de poupança estão restritos pela legislação de Nova York a três desses serviços, ou seja, gás, eletricidade e telefone. Observamos anteriormente que essa categoria pode ser devidamente ampliada para incluir empresas que fornecem água para comunidades de tamanho significativo.

Pseudoprestadoras de serviços públicos. Entretanto, no apogeu dos lançamentos de obrigações de prestadoras de serviços públicos, esse rótulo popular foi usado pelos bancos para promover a venda de muitas emissões que compartilhavam, apenas em parte, na melhor das hipóteses, a verdadeira natureza dos serviços públicos e que podem muito bem ser estigmatizadas como "pseudoprestadoras de serviços públicos". Empresas de venda de gelo, operadoras de táxis ou proprietárias de frigoríficos tornaram-se, de repente, "afetadas por um interesse público" de tal maneira que lhes foi permitido emitir obrigações para a maior parte de seus investimentos em propriedades e vender tais obrigações aos investidores como títulos de prestadoras de serviços públicos. Na maioria dos casos, as empresas financiadas representavam uma combinação de estabelecimentos pequenos de gás, eletricidade ou telefonia com negócios de gelo ou frigoríficos, que chegava ao ponto de confundir ou enganar o público sobre a verdadeira natureza do investimento oferecido. Um precedente notável e infeliz para essa forma híbrida de organização foi definido muitos anos atrás pela Cities Service Company, que combinava uma grande rede de serviços públicos *bona fide* com um empreendimento igualmente grande em produção, refino e comercialização de petróleo.

Gás natural. O período anterior ao *crash* de 1929 foi marcado também pela súbita transmutação do gás natural de um ramo da indústria do petróleo em "um dos principais serviços de utilidade pública do país". Até então, o gás natural era utilizado, principalmente, como combustível industrial e matéria-prima para a produção de gasolina e carbono negro. Avanços na técnica de construção dos dutos permitiram o transporte desse gás por longas distâncias até os centros urbanos, onde substituiu quantidades consideráveis de gás manufaturado. Promotores e bancos foram rápidos em explorar o apelo popular desse novo "serviço público" e, com essa designação, um montante enorme de financiamento de obrigações de gás natural foi empurrado ao público com sucesso. Como no caso das fábricas de gelo, muitos apelaram para o mecanismo da combinação do desenvolvimento de gás natural com pequenas propriedades de serviços públicos legítimos. Em muitos casos, a venda dessas obrigações, sob o pretexto de investimentos em serviços públicos, foi um enorme abuso da confiança do público, uma vez que a maior parte da produção de gás natural estava sendo transportada para uso industrial e o negócio estava sujeito a todos os riscos da indústria de combustíveis.[13]

Essa exposição deve deixar claro que existem serviços públicos e "serviços públicos" e que os investidores não devem achar que a estabilidade é certa apenas porque uma ação é comercializada com esse rótulo popular. Acima de tudo, devem evitar essas misturas híbridas de serviços elétricos ou de telefonia com atividades *industriais*, porque, no fundo, toda combinação desse tipo representa uma tentativa de trapaça.[14]

2. Uso do método de deduções prévias para o cálculo da cobertura. Já indicamos no capítulo 9 a falácia envolvida no cálculo da cobertura de juros após a dedução de encargos privilegiados. Esse método enganoso parece agora ter

---

13. A Hamilton Gas Company foi um exemplo de empresa de natureza quase inteiramente industrial financiada como se fosse uma prestadora de serviços públicos. O resultado foi a falência e uma queda pavorosa no valor dos títulos.

14. Para mais exemplos, ver apêndice C, nota 22, p. 992.

sido abandonado, mas o investidor deve se precaver contra seu retorno. Além disso, como apontamos no capítulo 15, a prática, que ainda existe, de declarar os lucros sobre as *ações preferenciais* de investimentos como sendo certa quantidade em dólares por ação, sem referência aos encargos de juros privilegiados, é, em essência, idêntica ao método de deduções prévias que declara a cobertura de juros.

3. Omissão dos encargos de depreciação no cálculo da cobertura. Nenhuma razão satisfatória pode ser proposta para o fracasso, no passado, de muitas circulares que ofereciam obrigações em deduzir o encargo de depreciação antes de calcular a cobertura de juros. A depreciação é um elemento real e vital no custo de operação de uma prestadora de serviços públicos. No caso da típica empresa bem estabelecida, uma boa parte da reserva para cobertura de depreciação anual é realmente gasta na renovação de equipamentos desgastados ou obsoletos, de modo que não é possível afirmar que a depreciação é um mero conceito contábil que não necessita ser levado a sério. Há, naturalmente, espaço para divergências de opinião com relação ao valor apropriado de depreciação a ser cobrado em qualquer situação; porém, se atenção adequada é dada ao elemento extremamente importante da redução da vida útil, é muito improvável que a provisão estabelecida pela empresa controladora típica vai ser considerada excessiva, mas na verdade é mais provável que esteja subestimando a verdadeira depreciação.[15]

Em nossa opinião, a omissão descabida dos encargos de depreciação na declaração de lucros aplicáveis aos juros das obrigações chega, perigosamente, próximo da deturpação flagrante dos fatos.[16] Um dispositivo igualmente enganoso é ilustrado pela oferta, em 1924, das Cities Service Power and Light Company de 6%, com vencimento em 1944. Nesse caso, a escritura foi redigida de forma a exigir um encargo *mínimo* para a depreciação e

---

15. Para comentários pungentes sobre esse assunto, ver William Z. Ripley, *Main Street and Wall Street*. Boston, Little, Brown, and Company, 1927, p. 172-175, 333-336 (em especial). Ver também o capítulo 35 do texto para uma discussão mais aprofundada dos encargos de depreciação das prestadoras de serviços públicos.

16. Essa prática perniciosa é encorajada, entretanto, pelos dispositivos mal redigidos que regem os investimentos dos bancos de poupança nas obrigações de prestadoras de serviços públicos em vários estados, os quais aplicam o teste de rendimentos antes de deduzir a depreciação. Em Vermont, por exemplo, a depreciação é deduzida na determinação do lucro líquido das empresas de telefonia, mas *não* no caso das empresas de gás, eletricidade, água e transporte urbano. Para as recomendações de vários comitês da Investment Bankers Association of America sobre como lidar com as despesas de depreciação em circulares de obrigações, ver apêndice C, nota 23, p. 993.

a manutenção em um valor muito inferior às quantias efetivamente gastas e reservadas pelas várias subsidiárias operacionais. No prospecto das obrigações, os lucros foram determinados após deduções de depreciação presumidas, com base nas taxas, na escritura que assegura essas obrigações, o que, em linguagem simples, significava que a verdadeira depreciação foi muito subestimada no cálculo da margem de segurança existente por trás da emissão da obrigação.[17] Esse exemplo de financiamento é comentado adiante.

Procedimento recomendado. Recomenda-se, enfaticamente, que o comprador potencial de uma emissão de obrigações de uma empresa prestadora de serviços públicos se certifique de que uma despesa de depreciação normal foi deduzida dos lucros, antes de aceitar a declaração relatada de cobertura de juros. Com base nos relatórios de muitas dessas empresas, parece que uma provisão inferior a 10% do valor bruto pode ser vista com suspeita, por ser provavelmente inadequada. Na verdade, um analista conservador poderia justificar a aplicação de um mínimo de 12% do lucro bruto. A depreciação realmente deve ser provisionada, claro, como um percentual da conta de propriedade e não da conta de receita. Entretanto, uma vez que existe uma relação razoavelmente constante entre o investimento e o faturamento bruto (cerca de US$ 4 de propriedade para US$ 1 de faturamento), a adequação da provisão de depreciação pode ser convenientemente julgada por referência ao faturamento bruto.

Exemplos que mostram a necessidade de um exame crítico das circulares de oferta. O seguinte exemplo real ilustra, de maneira bastante extrema, as práticas anteriormente seguidas nas circulares dos banqueiros que oferecem obrigações de prestadoras de serviços públicos.

Os títulos da Utilities Service Company Convertible Debenture, de 6,5%, com vencimento em 1938, oferecidos em 1928 a US$ 99,50, e rendimento de 6,55%, em sua apresentação, na circular da oferta, podem ser resumidos da seguinte forma:

---

17. Essa empresa e outras, quase todas, que anteriormente usavam a base escritural para cálculo do encargo de depreciação da emissão em suas circulares de oferta de títulos e até mesmo em seus relatórios anuais, desistiram dessa política questionável. No entanto, o prospecto da Alabama Gas Company, de 15 de setembro de 1936, calcula a provisão para aposentadorias com base na escritura.

Valor da emissão.................. US$ 3.000.000

Negócio............................... Operadora de vinte empresas de telefonia e quatro companhias de gelo.

Valor da propriedade.......... US$ 12.500.000 após a depreciação, igual a US$ 1.650 por título de US$ 1.000 após dedução de compromissos privilegiados.

Lucros	Ano encerrado em 31 de maio de 1928
Bruto	US$ 3.361.000
Líquido antes da depreciação	969.000
Deduções privilegiadas	441.000
Saldo para debêntures	528.000
Juros das debêntures	195.000
Saldo para ações	333.000

"O saldo é igual a 2,71 vezes os juros sobre esta emissão."

Críticas a essa circular de oferta.

1. O *negócio* é uma combinação de serviços públicos (telefonia) e operações industriais (gelo), mas tem uma dívida em obrigações maior que uma empresa 100% prestadora de serviços públicos poderia, com segurança, sustentar, sendo a dívida total de 84% do valor presumido da propriedade. O negócio de gelo contribui com uma proporção dos lucros bruto e líquido que não é declarada e deve, portanto, ser presumida como sendo substancial.[18]

2. A omissão do encargo de depreciação do demonstrativo de lucros é tão enganosa que parece quase fraudulenta. As reservas de depreciação das companhias telefônicas absorvem uma porcentagem substancial do faturamento bruto. No caso da American Telephone and Telegraph System, essa porcentagem é, em média, de cerca de 15%.[19] Essa mesma dedução foi, de fato, feita pela principal subsidiária da Utilities Service Company (Lima Telephone Company). Se a depreciação à taxa de 15% do bruto fosse debitada do faturamento total, o valor a ser deduzido seria de US$ 500 mil, e *não deixaria praticamente nenhum lucro disponível para os juros das debêntures*. Em outras palavras, em vez de cobrir os juros das debêntures 2,71 vezes, conforme declarado, a empresa deixaria de ganhar os encargos de juros por uma diferença grande.

---

18. Dados posteriormente publicados mostram que o negócio de gelo representava mais da metade do negócio total.

19. Há algumas evidências (em decisões judiciais e no relatório de 1939 da Federal Communications Commission) de que as taxas de depreciação da American Telephone and Telegraph foram excessivamente liberais, mas isso dificilmente afetaria nosso raciocínio anterior.

As operações de gelo teriam um encargo de depreciação inferior a 15% do bruto, mas essa vantagem deveria ser compensada por uma margem de segurança maior necessária a um negócio industrial. Além disso, se a avaliação líquida de US$ 12,5 milhões, atribuídos à propriedade, for aceita, então, em qualquer caso, a dedução da depreciação anual não deve ser inferior a 4% ou a US$ 500 mil.

3. O cálculo da cobertura de juros na circular, feito de acordo com o método das deduções prévias, indicaria que as debêntures estavam mais protegidas que as garantias anteriores. (Eles "ganharam juros" 2,71 vezes, enquanto os juros privilegiados foram cobertos 2,2 vezes.)

Presumindo um encargo de depreciação *baixo*, de US$ 300 mil ao ano, e apresentando as deduções de juros de forma correta, o demonstrativo dessa oferta de título deveria ser reapresentado da seguinte maneira:

Lucro bruto	US$ 3.361.000
Líquido antes da depreciação	969.000
Depreciação (estimada)	300.000
Saldo para juros	669.000
Encargos de juros totais	636.000
Saldo para dividendos	33.000
Encargos de juros ganhos	1,05 vez

4. A declaração de que havia US$ 1.650 em valor de propriedade por trás de cada debênture de US$ 1.000 é baseada em um método igualmente enganoso. O agregado da dívida em obrigações era de US$ 10,5 milhões contra US$ 12,5 milhões de valor presumido, de modo que a avaliação mostrava apenas US$ 1.190 de valor por trás de cada US$ 1.000 de dívida *total*.[20]

Outro exemplo: Também pode ser esclarecedor fazer um exame crítico semelhante do anúncio que oferece os títulos da Cities Service Power na Light Company Secured, de 6%, com vencimento em 1944, a US$ 96, para render 6,35%, conforme publicado em abril de 1926. Os dados dos lucros que cobrem o ano calendário de 1925 foram apresentados substancialmente da seguinte forma:

---

20. Em 1932, a Utilities Service Company pediu concordata, e os detentores de debêntures perderam todo o investimento que fizeram.

Bruto, incluindo outras receitas .... US$ 49.662.000

Líquido após despesas operacionais e impostos 19.096.000

Deduzir:

Encargos fixos e dividendos preferenciais de subsidiárias 10.102.000

Depreciação (assumida com base nas taxas da escritura que garante essas obrigações) 1.574.000

Participação minoritária 209.000

Renda aplicável aos juros das Cities Service Power and Light 7.211.000

Juros sobre essa obrigação 1.466.000

A receita aplicável aos encargos de juros, conforme mostrado, foi mais de 4,9 vezes superior aos requisitos de juros anuais máximos sobre as obrigações da série A de US$ 1.466.250 e mais de 4,1 vezes superior aos encargos de juros anuais máximos de US$ 1.736.250 de todas as dívidas financiadas em aberto da Cities Service Power and Light Company.

Essa circular era enganosa em dois aspectos importantes: primeiro, ao empregar o método de deduções prévias para calcular a cobertura de lucros das obrigações oferecidas; segundo, no uso de uma base de depreciação artificial e totalmente inadequada. Um estudo da aplicação para listar essa emissão na Bolsa de Valores de Nova York mostra que as subsidiárias operacionais realmente fizeram provisões para substituições no valor de 5,214 milhões de dólares para o ano encerrado em 30 de junho de 1925. Isso foi quase quatro vezes as taxas arbitrárias criadas na escritura. A revisão da circular de oferta, para atender à real situação com relação à depreciação e apresentar o método adequado de declarar a cobertura de juros, mostra o seguinte demonstrativo:

Bruto .... US$ 49.662.000

Líquido, após participação minoritária 18.887.000

Depreciação para o ano findo em 30 de junho de 1925 .... 5.214.000

Saldo para encargos fixos 13.673.000

Juros e dividendos preferenciais de subsidiárias 10.102.000

Encargos de juros da empresa controladora 1.736.000

Encargos fixos totais 11.838.000

Saldo para os dividendos da empresa controladora 1.835.000

Encargos fixos ganhos .... 1,16 vez

Esse demonstrativo é muito diferente de uma cobertura de 4,1 vezes ou 4,9 vezes os juros, conforme indicado na circular da oferta.

Dedução de impostos federais no cálculo da cobertura de juros. O imposto de renda federal é cobrado sobre os lucros após a subtração dos juros pagos. Portanto, os lucros disponíveis para os juros devem ser devidamente apresentados antes da dedução do imposto federal. Em relatórios corporativos para acionistas, é costume reverter essa ordem e, em muitos casos, o valor do imposto não aparece. Entretanto, ao analisar o demonstrativo de uma emissão de obrigações, não deveria ser necessário rever as declarações de renda e acrescentar novamente os impostos federais, reais ou estimados. Isso porque seria muito raro o resultado produzido por tal revisão apresentar uma diferença a ponto de afetar a aparente elegibilidade da emissão de obrigações para fins de investimento. Além disso, tal erro tende à subestimação — o que não é, de maneira geral, questionável na seleção das obrigações de investimento. Em geral, o analista deve abster-se de fazer cálculos ou ajustes elaborados que não sejam necessários para chegar à conclusão que está procurando.

Na oferta apresentada nas circulares de obrigações, a receita disponível para os juros é, em geral, declarada antes da dedução dos impostos federais, com vistas a exibir o melhor demonstrativo possível. Isso não pode ser questionado de forma apropriada, exceto, às vezes, no caso das ofertas de emissões de obrigações das empresas controladoras de prestadoras de serviços públicos. Tais obrigações são, em geral, subordinadas às ações preferenciais das empresas subsidiárias, e o imposto federal deve ser calculado e deduzido antes que tais dividendos sejam pagos. Assim, pode-se fazer uma objeção razoável contra apresentações como a da circular das Cities Service Power and Light Debentures de 5,5%, de novembro de 1927, na qual os lucros aplicáveis para os juros das obrigações da empresa controladora foram declarados antes da dedução dos impostos federais do sistema.

CAPÍTULO 13
OUTROS FATORES ESPECIAIS NA ANÁLISE DE TÍTULOS

"Apenas empresa controladora" *versus* **retorno consolidado.** As circulares que oferecem obrigações e os relatórios anuais quase invariavelmente apresentam demonstrativo de um sistema controlador de empresas prestadoras de serviços públicos de uma forma *consolidada*. Em outras palavras, começam com as receitas brutas das subsidiárias operacionais e ajustam por despesas operacionais, depreciação, encargos fixos e dividendos preferenciais de subsidiárias até chegarem ao saldo disponível para os encargos de juros da empresa controladora e, finalmente, ao montante ganho para as ações ordinárias. É também publicado, em grande parte como uma formalidade, o demonstrativo de receita empresa controladora isoladamente, que começa com os dividendos recebidos por ela das subsidiárias operacionais e, portanto, não mostra os juros e os pagamentos de dividendos preferenciais destas ao público. A cobertura de juros mostrada pelo demonstrativo de receita da empresa controladora, isoladamente, é um exemplo do método de deduções prévias, e, consequentemente, quase sempre vai apresentar um desempenho melhor das obrigações da empresa controladora daquele que vai ser encontrado no relatório consolidado. O investidor não deve prestar nenhuma atenção nos números da "empresa apenas controladora" e deve insistir em ver um demonstrativo de receita completamente consolidado.

Exemplo: O caso a seguir ilustrará este ponto:

STANDARD GAS AND ELECTRIC SYSTEM, 1931

Item	"Apenas empresa controladora"	Resultados consolidados
Faturamento bruto	US$ 16.790.000	US$ 159.070.000
Saldo para encargos fixos	16.514.000	57.190.000
Encargos fixos	4.739.000	42.226.000
Saldo para ações da empresa controladora	11.775.000	14.964.000
Encargos fixos ganhos	3,48 vezes	1,36 vez

A empresa controladora não recebe em dividendos a quantia total ganha por suas subsidiárias, mas, mesmo com essa renda menor, o método de deduções prévias resulta em uma cobertura indicada muito maior para os juros do título da empresa controladora na base de seus resultados que em uma base consolidada.

Dividendos sobre ações preferenciais de subsidiárias. Em um sistema de empresa controladora, as ações preferenciais das subsidiárias operacionais importantes desfrutam de uma prioridade efetiva sobre as obrigações da empresa controladora, desde que os juros sobre elas sejam obtidos, principalmente, dos dividendos pagos para as ações ordinárias das subsidiárias. Por esse motivo, os dividendos das ações preferenciais de subsidiárias são sempre incluídos nos encargos fixos de uma empresa controladora de um sistema de prestação de serviços públicos. Em outras palavras, esses encargos fixos consistem nos seguintes itens, em ordem de prioridade:

1. juros de obrigações das subsidiárias;
2. dividendos preferenciais das subsidiárias;
3. juros de obrigações da empresa controladora.

Essa declaração presume que todas as empresas subsidiárias têm uma importância relativa substancialmente igual para o sistema. Uma subsidiária individual que não seja rentável pode interromper o pagamento dos dividendos preferenciais e até mesmo dos juros de obrigações, enquanto, ao mesmo tempo, os lucros das outras subsidiárias podem permitir à empresa controladora continuar seus pagamentos de juros e dividendos. Em tal caso, que é bastante excepcional, os encargos da subsidiária deficitária realmente não têm prioridade sobre os títulos financeiros da empresa controladora. Esse ponto é discutido no final do capítulo 17.

Para serem corretos, os encargos fixos também devem incluir quaisquer aluguéis anuais pagos por imóveis alugados que sejam equivalentes a juros de obrigações ou a dividendos garantidos. Na maioria dos relatórios de empresas controladoras, essa prática é adotada (por exemplo, a Public Service Corporation, de New Jersey).

O detentor de ações preferenciais de uma subsidiária operacional importante possui, para todos os fins, um direito que é tão fixo e executável sobre os lucros do sistema quanto o dos detentores das obrigações da empresa controladora. No entanto, se a empresa controladora se torna insolvente, então, os detentores das ações preferenciais subjacentes deixam de ocupar a posição estratégica do detentor de obrigações, uma vez que não têm como obrigar a subsidiária operacional a continuar pagando seus dividendos preferenciais.

Exemplo: Podem ser citados, neste caso, como exemplo, os títulos da New York Water Service Corporation Preferred. A empresa é uma subsidiária operacional da Federal Water Service Corporation, que por sua vez era subsidiária da Tri-Utilities Corporation. Os dividendos dessa emissão e os das preferenciais da Federal Water Service são classificados como encargos fixos do sistema Tri-Utilities. Quando esta última empresa não conseguiu pagar os juros de suas debêntures e entrou em concordata em agosto de 1931, os dividendos sobre esses títulos preferenciais subjacentes foram imediatamente interrompidos, embora ambos tivessem sido aparentemente ganhos e o lucro da New York Water Service Corporation realmente tivesse mostrado um aumento em relação ao ano anterior.

Participações minoritárias nas ações ordinárias das subsidiárias. Os lucros aplicáveis às participações minoritárias são, em geral, deduzidos do demonstrativo de receita *após* os juros das obrigações da empresa controladora e, portanto, o item anterior não reduz a margem de segurança, conforme geralmente calculado. Preferimos subtrair os juros das participações minoritárias *antes de* calcular a cobertura de juros. O tratamento exato exigiria um rateio de deduções, mas isso envolve a necessidade de cálculos desnecessariamente onerosos. Quando os juros das participações minoritárias são pequenos, como ocorre na maioria dos casos, a diferença entre os vários métodos é irrelevante. Quando os juros minoritários são bastante altos, a análise mostra que o procedimento habitual confere uma margem de segurança um pouco maior daquela que é estritamente necessária, ao passo que nosso método erra moderadamente na direção oposta e, por isso, deve ser preferido por investidores conservadores.[1]

"Capitalização de encargos fixos" para ferrovias e prestadoras de serviços públicos. No capítulo anterior, apontamos algumas dificuldades no caminho para chegar a um demonstrativo justo da proporção relativa entre patrimônio social e dívida, no caso das ferrovias e das prestadoras de serviços públicos. A dívida pode ser representada não apenas por emissões de obrigações como também por ações garantidas, compromissos de aluguel anuais e, efetivamente, por ações preferenciais não garantidas de subsidiárias operacionais.

---

1. Para um cálculo com os três métodos aplicados ao relatório da United Light and Railways Company para 1938, ver apêndice C, nota 24, p. 994.

Ao computar a cobertura de juros, esses itens são levados em consideração ao se usar o montante total de encargos fixos, em vez de apenas os juros das obrigações. O valor do principal de todos esses compromissos é, em geral, declarado, de forma bastante clara, no balanço patrimonial de uma empresa prestadora de serviços públicos; no entanto, isso pode não ser verdade no caso de uma empresa ferroviária, sobretudo porque seus compromissos com aluguéis podem não estar refletidos no balanço patrimonial.

Sugerimos, portanto, que a dívida "verdadeira" ou "efetiva" de uma ferrovia seja calculada pela multiplicação dos encargos fixos por um valor adequado, digamos 22. Isso equivale a capitalizar os encargos fixos a uma taxa estimada de 4,5% — em outras palavras, a presumir que a dívida verdadeira seja esse valor, 4,5%, a partir do qual se produz os encargos fixos anuais. (O valor de 4,5% reflete a taxa de juros atual real prevalecente sobre o endividamento das ferrovias como um todo em 1938.)[2]

Técnica ilustrada. Temos sugerido que a cobertura de lucros para as ferrovias seja aplicada às deduções líquidas ou aos encargos fixos (conforme anteriormente definidos), o que for maior. Da mesma maneira, o maior desses dois itens deve ser usado como base para o cálculo da quantidade principal da "dívida efetiva" da ferrovia. A técnica a ser usada é ilustrada a seguir:

Exemplos:

New York, New Haven and Hartford Railroad

A. Deduções líquidas (1932)	US$ 18.511.000
B. Encargos fixos (1932)	17.403.000
Deduções líquidas capitalizadas a 4,5%	US$ 408.000.000
(Dívida financiada apresentada no balanço patrimonial — US$ 258 milhões)	
Ações preferenciais: 490 mil ações a US$ 50 (julho de 1933)	US$ 24.500.000
Ações ordinárias: 1.570.000 ações a US$ 22 (julho de 1933)	34.500.000
Total do valor de mercado das emissões de ações	US$ 59.000.000
Proporção de ações para obrigações — 1 a 6-9	
Deduções líquidas ganhas, 1932	0,93 vez
Deduções líquidas ganhas, média de sete anos	1,57 vez

---

2. Nos poucos casos em que uma *prestadora de serviços públicos* possui pagamentos de aluguel não refletidos no balanço, seria suficiente capitalizar tal locação a, digamos, 4,5% e adicionar esse valor ao total dos títulos privilegiados.

Chesapeake & Ohio Railway

A. Deduções líquidas (1932) .... US$ 9.870.000

B. Encargos fixos (1932) 10.760.000

Encargos fixos capitalizados a 4,5% .... US$ 239.000.000

Dívida em obrigações mostrada no balanço patrimonial 222.000.000

Ações ordinárias: 7.650.000 ações a 38 (julho de 1933) 291.000.000

Proporção de ações a obrigações — 1 a 0,82 (ou seja, US$ 1 de ações para US$ 0,82 de obrigações)

Encargos fixos ganhos, 1932 .... 3,21 vezes

Encargos fixos ganhos, média de sete anos .... 3,80 vezes

Conclusões com base no exemplo anterior. A "dívida efetiva" da New Haven foi calculada a partir das deduções líquidas (que são maiores que os encargos fixos, uma vez que incluem um débito substancial referente a aluguéis de equipamentos, etc.). Essa dívida efetiva é bastante superior àquela apresentada no balanço. Com as ações ordinárias e preferenciais sendo negociadas juntas, em julho de 1933, por menos que um sexto da dívida verdadeira, é evidente que as obrigações tinham um patrimônio social insuficiente na época. Se as *perspectivas* tivessem sido favoráveis, poderia ter havido um bom motivo para comprar as ações ordinárias por causa da maior apreciação do capital. Mas essa possibilidade não existia no caso das obrigações de 6%, que foram negociadas a US$ 92, portanto, a compra dessa emissão não poderia ser apoiada por uma análise sólida.

O demonstrativo da Chesapeake & Ohio, por outro lado, fornece uma relação de patrimônio para valor que confirma, plenamente, o desempenho satisfatório da cobertura de lucros. Se o investidor está satisfeito com as perspectivas dessa ferrovia, ele tem razões para comprar suas obrigações (por exemplo, as Refunding and Improvement de 4,5%, que eram negociadas a US$ 92,50) uma vez que atendem aos dois testes quantitativos de modo satisfatório.

CAPITAL DE GIRO NA ANÁLISE DAS OBRIGAÇÕES INDUSTRIAIS

Pelas razões já explicadas, a declaração de *ativos fixos* de uma empresa não tem, em geral, muita influência na determinação da solidez de suas obrigações. Mas a *posição dos ativos circulantes* exerce uma influência importante sobre a solidez financeira de quase todas as indústrias e, portanto, o comprador potencial de obrigações deve prestar muita atenção a ela. É verdade que as obrigações industriais que atendem aos testes rigorosos já descritos apresentam, em quase todos os casos, um demonstrativo de capital de giro satisfatório também, mas uma verificação em separado é, no entanto, desejável para se precaver contra o caso excepcional.

Os ativos circulantes (também chamados de ativos "líquidos", "rápidos" ou "de giro") incluem dinheiro, títulos negociáveis, contas a receber e estoque de mercadorias.[3] Esses itens são diretamente equivalentes a dinheiro ou espera-se que sejam transformados em dinheiro, por meio de venda ou de cobrança, no curso normal dos negócios. Para realizar suas operações de uma forma eficaz, uma indústria deve ter um excesso substancial de ativos circulantes em comparação com os passivos circulantes, sendo os últimos todas as dívidas pagáveis a curto prazo. Esse excesso é denominado capital de giro ou ativo circulante líquido.

Três requisitos sobre capital de giro. Ao examinar a situação dos ativos circulantes, um comprador de obrigações industriais deve se satisfazer com três pontos:

1. as reservas de caixa são amplas;
2. a proporção entre os ativos circulantes e os passivos circulantes é forte;
3. o capital de giro tem uma proporção adequada com relação à dívida financiada.

Não é viável estabelecer requisitos mínimos definitivos para qualquer um desses três fatores, sobretudo porque a situação normal do capital de giro varia amplamente entre os tipos diferentes de empresas. Em geral, os ativos circulantes devem ser, pelo menos, o dobro do passivo circulante, e uma proporção menor, sem dúvida, clama por uma investigação mais aprofundada. Sugerimos um requisito padrão adicional para as indústrias típicas, ou seja, que o capital de giro seja, pelo menos, igual ao valor da dívida em obrigações. Esse é, reconhecidamente, um critério arbitrário e, em alguns casos, pode ser indevidamente severo. Mas é interessante observar que, no caso de cada uma das ações industriais que mantiveram o grau de investimento, do ponto de vista do mercado, ao longo de 1932 (conforme listado na p. 203), o capital de giro ultrapassou o total das obrigações.[4]

---

3. Algumas autoridades excluem os estoques de "ativos rápidos" e os incluem entre os "ativos circulantes". Essa distinção é útil e sugerimos que seja adotada como padrão. Ela foi adotada no "Census of American Listed Corporations", da Secutity and Exchange Comission-W.P.A., uma série de estudos publicados entre 1938 e 1940.

4. A General Baking alcançou essa posição *durante* 1932. Incluindo a General Baking, treze das dezoito empresas mostraram ativos de *caixa* que, por si só, excediam sua dívida financiada. Certos

Em contraste com a ênfase colocada sobre a posição dos ativos circulantes nas indústrias, relativamente pouca atenção tem sido dada ao capital de giro apresentado pelas ferrovias e nenhuma ao das prestadoras de serviços públicos. Há uma dupla razão para isso. Nem as ferrovias nem as prestadoras de serviços públicos têm de financiar a produção, carregar estoques de mercadorias ou conceder créditos volumosos aos clientes. Além disso, essas empresas estão acostumadas a levantar capital novo, periodicamente, para fins de expansão, momento em que reabastecem, prontamente, sua conta em dinheiro, caso esteja esgotada. Uma vez que financiamentos novos podem ser obtidos, com facilidade, por empresas prósperas desse tipo, até mesmo um excesso de passivos circulantes sobre os ativos circulantes não tem sido considerado um problema sério. A experiência recente indica a conveniência da manutenção de um caixa substancial pelas ferrovias para atender a emergências, e o comprador de obrigações acertaria em dar preferência àquelas empresas prestadoras de serviços públicos que também mantêm uma posição confortável de capital de giro.

---

tipos de indústrias — por exemplo, panificação, gelo e restaurantes —, geralmente, requerem uma quantidade relativamente pequena de capital de giro em relação ao total de ativos e negócios. Para tais empresas, o requisito de cobertura de 100% do ativo circulante líquido para obrigações seria excessivamente rígido. Para uma discussão sobre cláusulas de escritura que requerem manutenção de capital de giro como proteção para emissões de obrigações, ver capítulo 19.

CAPÍTULO 14
TEORIA DAS AÇÕES PREFERENCIAIS

O fato de as ações preferenciais típicas representarem uma *forma* de contrato de investimento pouco atraente dificilmente é questionável. Por um lado, o valor de seu principal e de seu retorno de renda são limitados; por outro lado, o detentor não tem um direito fixo e executável ao pagamento do principal ou da renda. Pode-se dizer que as ações preferenciais combinam as limitações do credor (obrigações) com os riscos do sócio (ações ordinárias). No entanto, apesar dessas fortes objeções teóricas, a ação preferencial se tornou um fator importante em nosso mercado financeiro e tem, evidentemente, atraído o investidor americano. Em 1939, havia cerca de 420 ações preferenciais diferentes listadas na Bolsa de Valores de Nova York, contra cerca de 830 ações ordinárias. Em 1929, o valor das ações preferenciais listadas excedia US$ 8,5 bilhões e correspondia a cerca de metade do valor das obrigações corporativas listadas em bolsa.[1]

Veredicto do mercado. No colapso subsequente do mercado, o preço dessas ações sofreu uma retração drástica, uma experiência que se repetiu, em menor escala, em 1937-1938. Os números comparativos a seguir contam uma história interessante:

MÉDIA DE TODOS OS TÍTULOS LISTADOS NA BOLSA DE VALORES DE NOVA YORK

Tipo de título	Preço máximo em 1929	Preço mínimo em 1932	Preço máximo em 1937	Preço mínimo em 1938	Preço em 30 dez. 1939
Obrigações corporativas dos Estados Unidos	95,33	52,68	90,89	65,82	74,60
Ações preferenciais	84,99	25,38	75,15	46,50	61,55
Ações ordinárias	89,94	10,59	43,29	20,44	30,16

---

1. No final de 1939, o valor de todas as ações preferenciais listadas foi de cerca de US$ 6,25 bilhões, em comparação com cerca de US$ 14,25 bilhões de todas as obrigações corporativas listadas (totais da Bolsa de Valores de Nova York).

Esses números estabelecem que, embora as obrigações e as ações preferenciais tenham se mostrado vulneráveis a condições adversas, não há dúvida de que as ações preferenciais como um todo estão sujeitas a uma maior queda percentual. Certamente, existe um contraste entre a fraqueza teórica e o desempenho insatisfatório das ações preferenciais, de um lado, e sua ampla aceitação popular, de outro. Uma análise minuciosa seria necessária para determinar os verdadeiros méritos das ações preferenciais como um meio prático de investimento.

Diferença básica entre ações preferenciais e obrigações. A diferença essencial entre as ações preferenciais e as obrigações é que o pagamento dos dividendos preferenciais está sujeito à inteira discrição dos diretores, enquanto o pagamento dos juros dos títulos é obrigatório. Os dividendos preferenciais precisam, de fato, ser pagos, desde que quaisquer desembolsos sejam feitos com relação às ações ordinárias, mas, uma vez que os diretores têm o poder de suspender os dividendos ordinários a qualquer momento, o direito do acionista preferencial à receita é, no fundo, inteiramente contingente. No entanto, se os lucros de uma empresa forem regularmente muito superiores aos requisitos dos dividendos preferenciais, o pagamento, em geral, é feito naturalmente; em tais casos, a ausência de um direito executável sobre os dividendos não parece ser de real importância. Isso explica a existência de um número relativamente pequeno de ações preferenciais de alta qualidade que são consideradas equivalentes, em suas características, às obrigações de boa qualidade e que são negociadas a preços comparáveis.

No extremo oposto, estão os casos em que as empresas não *conseguem pagar nada*, seja sobre as obrigações, seja sobre as ações preferenciais. Em tais situações, o direito legal dos detentores de obrigações de receber juros não resulta no pagamento, mas na falência. Conforme já indicado anteriormente, o valor prático desse recurso é duvidoso e, na maioria dos casos, pode-se dizer que a posição de uma obrigação inadimplente é pouco melhor que a de uma ação preferencial cujos dividendos não são pagos e que não apresenta obrigações com prioridade sobre ela.

Em ambos os extremos, portanto, a superioridade contratual das obrigações sobre as ações preferenciais não tem valor substancial. Esse fato levou muitos investidores a acreditar que, *como uma regra geral*, a forma de obrigação não tem qualquer vantagem efetiva sobre a forma de ações preferenciais. A linha de raciocínio deles é: "Se a empresa é boa, suas ações preferenciais são tão boas quanto uma obrigação; se a empresa é ruim, suas obrigações são tão ruins quanto as ações preferenciais".

Fraqueza por causa do direito facultativo de omitir dividendos. Esse ponto de vista é muito impreciso, uma vez que não leva em consideração a ampla região intermediária ocupada pelas empresas que não são inqualificavelmente "boas" nem inqualificavelmente "ruins", mas sujeitas a variações e incertezas em todas as direções. Se pudéssemos pressupor que os diretores pagariam dividendos preferenciais sempre que *possível* (e, portanto, suspenderiam o pagamento somente em condições que obrigassem a inadimplência dos juros se o título fosse uma obrigação), então, mesmo nas situações intermediárias, o *status* do acionista preferencial não seria muito inferior ao do detentor de obrigações. Mas, na verdade, esse não é o caso, pois os diretores frequentemente exercem seu arbítrio para reter dividendos preferenciais, quando o pagamento está longe de ser impossível, mas é simplesmente inconveniente ou complicado. Considera-se uma política financeira correta sacrificar a renda atual do acionista preferencial em prol do que lhe é dito ser seu bem-estar futuro; em outras palavras, manter dinheiro disponível para dividendos em caixa para o caso de emergências futuras ou, até mesmo, para usá-lo em uma expansão futura.

Mesmo que seja aceito que tal prática pode, em última análise, ser vantajosa para o acionista preferencial, permanece o fato de que condiciona seu rendimento a um risco ausente no caso de uma obrigação em situação semelhante. Se tal risco tem alguma possibilidade de se concretizar, automaticamente desqualifica a ação preferencial como um investimento de valor fixo, uma vez que a essência de tais investimentos é a renda ser considerada como certa. Em outras palavras, o valor de mercado de qualquer ação preferencial sujeita a um risco real de redução ou de suspensão de dividendos oscilará muito. Vale mencionar que, em todos os casos em que o dividendo *poderia* ser continuado, mas, em vez disso, é retido "em benefício da vantagem futura para os acionistas", o preço citado sofre um grave declínio, o que indica que o mercado de investimento não concorda com os diretores sobre o que é realmente melhor para os acionistas preferenciais.

Conflitos de interesse. Quase todos os investidores prefeririam ter sua renda continuada, mesmo que isso implique um possível risco futuro do negócio. Há, evidentemente, uma discordância básica, quase beirando uma contradição lógica, entre o que o investidor considera ser sua vantagem individual (a saber, a continuação de sua renda a qualquer custo) e o que parece disposto a admitir ser uma política corporativa válida (a saber, a suspensão de dividendos em prol do futuro). No presente contexto, a questão de um possível conflito de interesse entre os detentores de ações preferenciais e os de ações ordinárias é de importância inegável. Reter os dividendos preferenciais pode ser uma nítida vantagem para as ações ordinárias. Por lei, os diretores são obrigados a representar os interesses de todos os acionistas de forma imparcial; contudo, uma vez que, na verdade, são mais frequentemente eleitos pelos acionistas ordinários, tendem a agir, sobretudo, no interesse deles. Os gestores também se acostumaram a considerar os interesses da empresa como uma entidade separada dos interesses dos seus proprietários — ou seja, os acionistas — e, com frequência, buscam políticas com objetivo e resultado aparentes de fortalecimento da empresa às custas de seus proprietários. Esse ponto de vista paradoxal talvez possa ser explicado, em parte, pela conexão estreita entre os diretores da empresa e os executivos assalariados.[2]

Forma de contrato preferencial, muitas vezes, implica verdadeira desvantagem. Qualquer que seja o motivo ou a justificativa, permanece o fato de que os acionistas preferenciais estão sujeitos ao risco de interrupção do pagamento de dividendos em condições que não ameaçam seriamente o pagamento dos juros das obrigações. Isso significa que a *forma* do contrato do acionista preferencial, muitas vezes, implica uma verdadeira desvantagem.

Exemplo: Um exemplo impressionante desse fato pode ser observado no caso das preferenciais da United States Steel Corporation, que são, provavelmente, a maior emissão privilegiada no mundo e foram, por muitos anos, representantes típicas dessas ações preferenciais que desfrutavam de uma classificação de investimento elevada. Em 1931 — embora a depressão estivesse bem avançada — esse título foi negociado a um preço cujo rendimento implícito era de apenas 4,67%, e acreditava-se que ocupava uma posição insuperável como resultado do acúmulo de enormes somas derivadas dos lucros, durante os trinta anos anteriores, e de sua aplicação na melhoria das instalações de manufatura, no aumento do capital de giro e no resgate de quase toda a dívida em obrigações. No entanto, logo depois, um único ano de prejuízos operacionais ameaçou os dividendos preferenciais, de tal forma que destruiu cerca de dois terços de seu preço de mercado e minou completamente sua posição como um investimento de primeira linha. No ano seguinte, o dividendo foi reduzido para US$ 2 anualmente.

Esses acontecimentos desastrosos se deram, é claro, a prejuízos inéditos ocorridos de 1932 a 1933. Mas, se não fosse pela fraqueza da *forma* de ação preferencial, o detentor de tais ações poderia ter tido pouca razão para temer a

---

2. Ver nossa discussão adicional sobre relacionamentos entre acionistas e gestores no capítulo 44.

descontinuidade de sua renda. Em outras palavras, se ele possuísse um direito *fixo* a receber juros, em vez de uma reivindicação contingente a dividendos, poderia ter confiado, com tranquilidade, nos enormes recursos da empresa para cuidar de suas obrigações. Em apoio a essa contenção, faremos uma breve comparação do comportamento, no mercado, das ações preferenciais da Inland Steel, de 4,5% (previamente discutidas), e das ações preferencias da United States Steel.

Período	Ações preferenciais da United States Steel		Títulos da Inland Steel de 4,5%, com vencimento em 1978	
	Preço	Rendimento, %	Preço	Rendimento, %
Preço máximo em 1931	150	4,67	97,75	4,62
Preço mínimo em 1932	51,5	13,59	61	7,54
Preço máximo em jan. 1933	67	10,45	81	5,67

Ambos os títulos estiveram sujeitos às mesmas condições de negócios adversas, mas a fraqueza *contratual* das ações preferenciais da United States Steel foi responsável pela perda de uma posição de investimento, a qual as obrigações da Inland puderam reter sem uma dificuldade séria (exceto durante um breve período de desmoralização total do mercado de obrigações).

Direitos de voto são salvaguarda potencial, mas, em geral, ineficazes. A fraqueza contratual das ações preferenciais, em comparação com as obrigações, poderia ser bastante reduzida se os acionistas preferenciais exercessem um *controle efetivo sobre os votos* que controlam a empresa tão logo quaisquer dividendos ou pagamentos de fundos de amortização fossem suspensos. Apontaremos, em nossos capítulos posteriores sobre dispositivos protetivos, que tal controle sobre os votos, devidamente exercido, pode constituir o melhor mecanismo de proteção e solução *tanto* para as obrigações *quanto* para as ações preferenciais. Isso implicaria que, *dados os dispositivos protetores adequados e inteligentemente aplicados*, a posição prática dos detentores de obrigações e acionistas preferenciais não seria significativamente diferente. Em nossa opinião, uma boa parte da nítida inferioridade das ações preferenciais em relação às obrigações é imputável à falha dos acionistas preferenciais em tomar o controle de voto prontamente e em exercê-lo de forma inteligente após a suspensão dos dividendos. No entanto, nossa análise do *status* de investimento das ações preferenciais deve ser baseada no fato indubitável de que, nas condições em que estão, o detentor individual de ações preferenciais não pode confiar em seus direitos de voto para obter a proteção integral de seus interesses.

Rendimento e risco. Voltando ao desempenho real das ações preferenciais na última década, seu histórico insatisfatório como classe pode muito bem nos fazer pensar se não deveriam ser completamente evitadas como um investimento de renda fixa. Contudo, como refutação a essa hipótese, pode-se apontar que poucas ações preferenciais mantiveram uma classificação de investimento mesmo nos piores momentos de 1932, e um número muito maior manteve durante a recessão severa de 1938. Os detentores das ações preferenciais argumentarão, além disso, que, sob variações *normais* nas condições de mercado, o rendimento mais alto desse grupo compensará a inferioridade de sua segurança em comparação com as obrigações. Esse é um argumento que sempre agrada ao investidor em tempos bons, quando o aumento da renda é uma realidade e o risco do principal parece uma contingência remota. Em tempos ruins, há uma tendência oposta de considerar apenas o encolhimento do principal sofrido e esquecer a renda mais alta recebida nos anos anteriores.

Para apresentar uma visão mais ampla dessa questão, voltamos à nossa discussão anterior sobre as obrigações com diferentes graus de segurança, em que estabelecemos o princípio de que o risco e o retorno de renda são, em última análise, *incomensuráveis*. Se essa declaração é válida para as obrigações, deve ser aplicada, com igual força, às ações preferenciais. Isso significa que não é um procedimento saudável comprar uma ação preferencial a um preço de investimento (ou seja, próximo ao valor nominal) quando a presença de um risco substancial do principal é reconhecida, mas quando se espera que esse risco seja compensado por um retorno de dividendos atraente. Desse princípio, deduz-se que a única ação preferencial que pode, corretamente, ser comprada para fins de investimento seria aquela que, na opinião do comprador, não apresenta qualquer risco apreciável de suspensão de dividendos.

Qualificação das ações preferenciais de alta qualidade. Quais devem ser as qualificações de uma ação preferencial desse tipo? Em primeiro lugar, deve atender a todas as exigências mínimas de uma obrigação segura. Em segundo lugar, deve exceder esses requisitos mínimos por certa margem agregada para compensar a característica arbitrária do pagamento de dividendos; ou seja, a margem de segurança deve ser tão grande que os diretores precisam sempre declarar o dividendo como algo normal. Em terceiro lugar, a estipulação de estabilidade inerente da empresa isoladamente deve ser mais rigorosa que no caso de um investimento em obrigações, uma vez que uma empresa, sujeita a oscilações entre lucros volumosos e prejuízos temporários, pode suspender os dividendos preferenciais durante os últimos períodos, muito embora seus lucros *médios* possam exceder, em muito, as necessidades anuais.

O raciocínio anterior sugere conclusões que correspondem ao comportamento real das ações preferenciais em 1932-1933. Essas conclusões não implicam que as ações preferenciais devam, por si mesmas, ser excluídas da categoria de investimento, mas sim que requisitos específicos muito severos devem ser impostos a elas de modo a diminuir, comparativamente, o número de títulos elegíveis. A lista abrange todas as ações preferenciais na Bolsa de Valores de Nova York que mantiveram um preço semelhante a um retorno igual ou superior a 7% o tempo inteiro, durante 1932 e 1933.[3] Também há alguns dados quantitativos sobre o grau de segurança de cada uma dessas emissões.

Ações preferenciais sólidas como exceções. Essa lista de ações preferenciais compreende apenas 5% do total do número de emissões listadas na Bolsa de Valores de Nova York em 1932. Essa porcentagem pequena comprova nossa tese de que as ações preferenciais sólidas, embora não sejam uma impossibilidade, são um fenômeno excepcional. Podem ser chamadas de excepcional não apenas no sentido numérico como também de um ponto de vista mais teórico. Em praticamente todos os casos apresentados antes, as ações preferenciais poderiam ser substituídas por uma emissão de obrigações, sem afetar, em qualquer medida, a solidez da estrutura de capital da empresa. Isso significa que a empresa em si não obtém nenhuma vantagem importante por ter ações preferenciais em circulação em vez de títulos, mas, por outro lado, implica que sofreu desvantagens importantes com relação ao imposto de renda e também por causa do maior custo de seu capital privilegiado.[4] Em outras palavras, para que as ações preferenciais possam ser bem sólidas, o fardo que impõem deve ser tão leve a ponto de a empresa poder, com igual facilidade, carregá-lo como um compromisso em forma de obrigações.

---

3. Excluímos as preferenciais da Standard Oil Export Corporation, de 5%, as da Pittsburgh, Fort Wayne e da Chicago Railway, de 7%, e outras ações preferenciais garantidas por ocuparem, substancialmente, a posição de debêntures do garantidor.

4. Os juros das obrigações são dedutíveis dos ganhos antes de se chegar ao lucro sujeito ao imposto de renda, mas os dividendos preferenciais não podem ser deduzidos dessa forma.

AÇÕES PREFERENCIAIS LISTADAS QUE MANTIVERAM NÍVEL DE PREÇO DE INVESTIMENTO EM 1932-1933

Nome da empresa	Preço mínimo em 1932-1933	Taxa em dólares	Rendimento ao preço mínimo (%)	Dívida financiada	Número de vezes em que os dividendos preferenciais (e encargos fixos) foram ganhos em 1927-1931		Relação entre o menor valor de mercado das ordinárias e as preferenciais e obrigações combinadas
					Média	Mínimo	
General Electric (Valor nominal US$ 10) (Cum.)	11,66	0,60	5,6	Sim	19,19	13,75	5,09
Eastman Kodak (Cum.)	104,75	6	5,7	Não	51,91	36,25	12,3
Duquesne Light (Cum.)	85	5	5,9	Sim	3,67	3,19	*
Public Service Electric & Gas (Cum.)	83	5	6,0	Sim	2,58	2,02	†
United States Tobacco (Não cum.)	115	7	6,1	Não	9	6,67	8,42
Procter & Gamble (2ª preferencial) (Cum.)	81	5	6,2	Sim	17,96‡	15,35 ‡	4,59
Norfolk & Western R. R. (Não cum.)	65	4	6,2	Sim	5,96	4,57	0,69
G. W. Helme (Não cum.)	113,66	7	6,2	Não	8,12	7,67	2,61
American Tobacco (Cum.)	95,25	6	6,3	Sim	10,48§	7,26§	3,87 ||
Ingersoll-Rand (Cum.)	94	6	6,4	Não	39,5	(def.)	6,06
Standard Brands (Cum.)	110	7	6,4	Não	18	15,86	9,9
Kansas City Power & Light (Cum.)	90,50	6	6,6	Sim	2,92	1,99	**
Otis Elevator (Cum.)	90	6	6,7	Não	17,25	11,32	3,08

American Snuff (Não cum.)	90	6	6,7	Não	8,46	7,98	2,55
National Biscuit (Cum.)	101	7	6,9	Não	11,31	9,37	4,76
Consolidated Gas Co. of New York (Cum.)	72,50	5	6,9	Sim	2,92	2,70	0,7
Liggett & Myers (Cum.)	100	7	7	Sim	7,06	6,20	2,09
Brown Shoe (Cum.) (Fundo de amortização)	100	7	7	Não	5,63	5,04	1,65
Pacific Telephone & Telegraph (Cum.)	85,50	6	7	Sim	1,96	1,61	0,72
Corn Products Refining (Cum.)	99,50	7	7	Sim	6,90	5,73	2,18
Island Creek Coal (Par $ 1) (Cum.)	85	6	7,06	Não	13,58	9,28	2,62

* Não calculado. Todas as ações ordinárias de propriedade da Philadelphia Company. Sem mercado.
† Não calculado. Todas as ações ordinárias de propriedade da Public Service Company of New Jersey.
‡ Exercícios fiscais encerrados em 30 de junho. Incluindo o ano encerrado em 30 de junho de 1932, a média teria sido de 14,75 e o mínimo de 6,34.
§ Tratando o aluguel anual de US$ 2,5 milhões pagáveis à Tobacco Products Corporation (NJ) como uma despesa operacional. Tratando esse aluguel como um encargo fixo, a média teria sido de 6,33 e o mínimo de 4,52.
|| Títulos de 6,5% da Tobacco Products Corporation (NJ) 6,5%, com vencimento em 2022, garantidos por contrato de arrendamento de marcas para America Tobacco Company, não incluído na dívida financiada da última empresa. Incluindo este item como dívida financiada da American Tobacco, o índice de valor das ações seria de 2,31:1.
¶ Média para 2,5 anos desde a organização da empresa.
** Não calculado. Todas as ações ordinárias de propriedade da Continental Gas and Electric Corporation.

Somos levados, portanto, à conclusão de que as ações preferenciais sólidas não apenas são excepcionais como, em certo sentido, devem ser chamadas de anomalias ou erros, uma vez que são ações preferenciais que deveriam realmente estar em circulação como obrigações. Portanto, a *forma* da ação preferencial carece de justificativa básica, do ponto de vista de investimento, na medida em que não oferece vantagens mútuas, tanto para o emissor como para o proprietário. Sempre que a empresa emissora gozar de um verdadeiro benefício de seu direito arbitrário para suspender os dividendos, o proprietário não terá um investimento de renda fixa. E, inversamente, quando o título é de alta qualidade, o emissor não gozará de tal benefício.

Ações preferenciais de alto grau, geralmente emissões lançadas há algum tempo. Em apoio às conclusões anteriores, deve ser observado que as ações preferenciais industriais de alta qualidade quase sempre alcançam essa posição como resultado de muitos anos de crescimento próspero da empresa *após* a criação da ação preferencial. Muito poucas ações preferenciais são tão fortemente enraizadas no *momento da venda original* a ponto de atender a exigências rigorosas necessárias para serem classificadas com algum grau de investimento. Quando uma empresa é capaz de apresentar um demonstrativo tão forte quanto o que exigimos, quase sempre preferirá fazer o seu financiamento por meio de uma emissão de obrigações relativamente pequena, a uma taxa de juros baixa e com uma economia de imposto de renda substancial. Isso não se aplica às empresas prestadoras de serviços públicos, uma vez que, por razões provavelmente relacionadas ao estado de "investimento legal" de suas emissões de obrigações, preferem manter uma parte do seu financiamento privilegiado em forma de ações. (Assim, quatro das cinco ações preferenciais de alta qualidade das prestadoras de serviços públicos incluídas na lista anterior foram lançadas nos últimos anos.) Contudo, as ações preferenciais *industriais* nessa lista apresentam um quadro totalmente diferente. Apenas uma em quinze emissões foi realmente vendida ao público nos últimos vinte anos, e mesmo essa exceção (as preferenciais da Procter and Gamble de 5%) foi lançada para substituir, a uma taxa de dividendos menor, uma ação preferencial antiga. As ações privilegiadas da General Eletric foram o resultado de um plano de dividendos de ações, mas as outras treze ações foram originadas há muito tempo e devem seu *status* de investimento aos anos prósperos que se seguiram.

Financiamento de ações preferenciais de 1935 a 1938. Nossa visão de que a forma da ação preferencial carece de lógica inerente deve ser postulada com a ressalva de que não é compartilhada pelos banqueiros de investimento. Nos últimos anos, os financiamentos novos incluíram um número considerável de ofertas de ações preferenciais. Muitas têm sido ações privilegiadas (conversíveis etc.) e, como tal, estão excluídas da presente discussão. Mas também houve lançamentos de preferenciais industriais convencionais — pelo menos oito títulos novos desse tipo foram listados na Bolsa de Valores de Nova York entre 1935 e 1938.[5] Todos, com uma exceção, teriam passado em nossos rigorosos testes de segurança e, portanto, não poderiam ser considerados inseguros. Mas, em nossa opinião, poderiam igualmente ter sido lançados como obrigações.

Origem da popularidade das ações preferenciais. No início desta discussão, nós nos referimos ao papel destacado que as ações preferenciais têm desempenhado no financiamento das empresas americanas. Entretanto, se nossa análise subsequente está correta, por concluir que essa forma de investimento direto é fundamentalmente incorreta, podemos ser questionados a respeito da razão dessa inconsistência não ter sido, há muito tempo, convincentemente demonstrada pela experiência dos investidores. A resposta é que a grande popularidade das ações preferenciais é fruto de um período de quinze anos que, um tanto por acidente, favoreceu o típico acionista preferencial em contraste com o típico detentor de obrigações. No início desse período, pouco antes da Primeira Guerra Mundial, a maioria das ações preferenciais era do ramo industrial e era reconhecidamente de caráter especulativo e negociada com descontos substanciais ao valor nominal. A prosperidade e o crescimento enormes de nossas principais empresas durante a guerra e nos anos seguintes a 1922 provocaram uma grande melhoria no *status* e, portanto, no preço de mercado de muitas das principais ações preferenciais industriais. Nesse mesmo período, as obrigações das empresas de ferrovia e de tração, que constituíam a parte principal da *lista de obrigações*, foram submetidas a influências, de um modo geral, adversas. Os investidores, observando que as ações preferenciais típicas estavam se comportando melhor que os títulos típicos, fizeram a inferência natural, porém errônea, de que as ações preferenciais, em geral, eram intrinsecamente tão sólidas quanto os títulos.

Histórico ruim mostrado por estudo abrangente de ações preferenciais. Uma investigação mais detalhada mostrará que a popularidade das ações preferenciais se baseava no excelente desempenho de um *número* comparativamente *pequeno* de ações industriais antigas e proeminentes. Durante a última

---

5. Foram emitidos por Champion Paper and Fiber, Continental Can, DuPont, General Foods, Loose--Wiles Biscuit, Monsanto Chemical, G. C. Murphy e Scott Paper.

parte do período em análise, os lançamentos *novos*, muito mais numerosos, de ações preferenciais industriais, vendidas com base nessa mesma popularidade, não tiveram um desempenho tão bom. Um estudo feito pela Harvard School of Business Administration cobriu todas as novas ofertas de ações preferenciais, realizadas entre 1º de janeiro de 1915 e 1º de janeiro de 1920, com valor entre US$ 100 mil e US$ 25 milhões (607 ações no total). Mostrou que o preço médio das 537 ações, para as quais foram obtidas cotações em 1º de janeiro de 1923, tinha caído a 28,8% abaixo do preço da oferta original (de US$ 99 para US$ 70,50), de modo que a redução do principal foi maior que a receita total recebida por seus compradores. As conclusões tiradas desse estudo indutivo foram muito desfavoráveis para as ações preferenciais como uma forma de investimento direto.[6]

Um estudo mais recente. Uma investigação mais recente, publicada pela Bureau of Business Research da University of Michigan, leva seu autor a uma opinião bastante diferente.[7] Os "testes" de ações preferenciais *subordinadas a emissões de obrigações* (ferroviárias e industriais) indicam claramente que ações privilegiadas desse tipo não oferecem um meio satisfatório de investimento. No entanto, com respeito às ações preferenciais industriais *não subordinadas a obrigações*, os testes do autor levam à conclusão oposta. Ele afirma que "parecem atender aos mais exigentes testes de investimento" e que o investimento diversificado em tais títulos pareceria "fornecer um grau de segurança para o principal e um retorno de renda maior que o obtido pelas obrigações industriais ou de ferrovias".

A dedução de que é melhor comprar ações preferenciais não subordinadas a obrigações, em vez do contrário, é, sem dúvida, válida, uma vez que o último grupo é claramente mais vulnerável a acontecimentos adversos. Mas, em nossa opinião, os métodos seguidos por esse estudo estão sujeitos a objeções que diminuem significativamente o valor prático de suas outras conclusões. Uma característica do estudo, no entanto, merece um comentário especial. Os números detalhados mostram, de forma impressionante, que a *estabilidade* de

---

6. Cotações não estavam disponíveis, mesmo nas casas emissoras, para setenta das 607 ações. Assim, o prejuízo do investidor foi, sem dúvida, maior que aquele indicado pelos 537 casos estudados estatisticamente. Para obter mais detalhes sobre esse estudo, consultar Arthur S. Dewing, "The role of economic profits in the return on investments". *Harvard Business Review*, v. I, p. 451, 461-462; Arthur S. Dewing, *Financial policy of corporations*. Nova York, The Ronald Press Company, 1926, livro VI, cap. 2, p. 1198-1199.

7. Robert G. Rodkey, *Preferred stocks as long-term investments*. Ann Arbor, University of Michigan, 1932.

quase todas as ações preferenciais consideradas era diretamente dependente de um *aumento* no valor das ações ordinárias. O acionista preferencial tinha um investimento satisfatório apenas enquanto a ação ordinária se mostrava uma especulação rentável. Quando o valor de mercado de qualquer ação ordinária caiu abaixo do preço original, o valor das ações preferenciais fez o mesmo.

Um investimento sujeito a tais condições é claramente imprudente. É um caso de "cara, o acionista ordinário ganha; coroa, o acionista preferencial perde". Um dos princípios básicos do investimento é que a segurança de um título com retorno limitado nunca deve depender, principalmente, da *expansão* futura dos lucros. Se o investidor tem certeza absoluta de que essa expansão ocorre, deve, obviamente, comprar a ação ordinária e participar em seus lucros. Se, como geralmente deve ser o caso, ele não pode ter tanta certeza da prosperidade futura, então, não deve expor seu capital a um risco de perda (ao comprar ações preferenciais) sem compensar as oportunidades de aumento.

CAPÍTULO 15
TÉCNICA DE ESCOLHA DAS AÇÕES PREFERENCIAIS PARA INVESTIMENTO

Nossa discussão sobre a teoria das ações preferenciais levou à conclusão prática de que um ativo preferencial de investimento deve atender a todos os requisitos de um bom título, com uma margem adicional de segurança para compensar suas desvantagens contratuais. Ao analisar uma ação com prioridade de pagamento, portanto, os mesmos testes devem ser aplicados, como sugerimos e descrevemos anteriormente no caso dos títulos.

Requisitos mais rigorosos sugeridos. Para fazer testes quantitativos mais rigorosos, é necessário algum aumento na cobertura de lucros mínimos acima daqueles prescritos para os diversos grupos de títulos. Os critérios que propomos são os seguintes:

COBERTURA MÍNIMA DE LUCROS MÉDIOS

Classe de empreendimento	Para títulos	Para ações preferenciais de investimento
Prestadoras de serviços públicos	1,75 vez encargos fixos	2 vezes encargos fixos mais dividendos preferenciais
Ferrovias	2 vezes encargos fixos	2,5 vezes encargos fixos mais dividendos preferenciais
Industriais	3 vezes encargos fixos	4 vezes encargos fixos mais dividendos preferenciais

Esses aumentos na cobertura dos lucros sugerem que uma subida correspondente deve ser feita na relação valor-ação. Pode-se argumentar que, na medida em que este é um teste secundário, dificilmente seria necessário alterar o número. Entretanto, a consistência de tratamento exigiria que a cobertura mínima valor-ação fosse aumentada de alguma maneira, conforme mostrado na tabela a seguir.

As margens de segurança sugeridas são significativamente superiores àquelas até agora aceitas como adequadas e pode-se contestar que estamos impondo exigências de um rigor irracional e proibitivo. É verdade que essas exigências desqualificariam grande parte dos financiamentos de ações preferenciais realizados nos anos anteriores a 1931, mas essa severidade teria sido benéfica para o público investidor. Uma estabilização geral das condições comerciais e financeiras pode justificar uma atitude mais leniente no futuro com relação à cobertura dos lucros mínimos, mas até que essa estabilização seja constatada por um período considerável, a atitude dos investidores com relação às ações preferenciais deve permanecer extremamente crítica e exigente.

Tipo de empreendimento	Índice ação-valor mínimo atual	
	Para títulos de investimento	Para ações preferenciais de investimento
Prestadoras de serviços públicos	US$ 2 de títulos para US$ 1 de ações	US$ 1,50 de títulos e preferenciais para US$ 1 de ações subordinadas
Ferrovias	US$ 1,50 de títulos para US$ 1 de ações	US$ 1 de títulos e preferenciais para US$ 1 de ações subordinadas
Industriais	US$ 1 de títulos para US$ 1 de ações	US$ 1 de títulos e ações preferenciais para US$ 1,50 de ações subordinadas

Com referência à lista de ações preferenciais apresentada no capítulo 14 (p. 304-305), observe que, no caso de todos os ativos *industriais*, o índice valor-ação em seu ponto mais baixo excedeu 1,6 a 1 e que a cobertura média dos lucros excedeu 5,6.[1]

A simples presença de dívida financiada não desqualifica as ações preferenciais para fins de investimento. É apropriado ponderar se uma classificação de investimento deveria ser confinada às ações preferenciais que não são subordinadas a títulos. É desnecessário dizer que a ausência de dívida financiada é uma característica desejável para um ativo preferencial; é uma vantagem semelhante a ter a primeira hipoteca de uma propriedade, em vez da segunda. Não surpreende, portanto, que as ações preferenciais sem títulos à sua frente têm, *como classe*, apresentado um desempenho melhor que as das empresas com dívida financiada. Porém, desse fato bastante óbvio, não se segue que *todas* as ações preferenciais subordinadas a títulos sejam investimentos insensatos, assim como não se pode dizer que *todos* os títulos de segunda hipoteca tenham qualidade inferior a *todos* os títulos de primeira hipoteca. Tal princípio implicaria a rejeição de todas as ações preferenciais das prestadoras de serviços públicos — uma vez que invariavelmente são subordinadas

---

1. Não consideramos necessário sugerir um aumento no *tamanho* mínimo acima dos valores recomendados para os títulos de investimento.

a títulos —, embora estes sejam mais considerados como um grupo do que as ações preferenciais das indústrias "sem títulos". Além disso, no teste extremo de 1932, uma parcela substancial dos ativos preferenciais que não tiveram um desempenho ruim era subordinada à dívida financiada.[2]

Teria sido o auge do absurdo condenar ativos tão fortes quanto as preferenciais da General Electric em 1933 por terem uma emissão de títulos de tamanho minúsculo à sua frente. Esse exemplo deve ilustrar, enfaticamente, a insensatez inerente de sujeitar a escolha de investimentos a regras rígidas de natureza *qualitativa*. Em nossa opinião, a presença de títulos com prioridade de pagamento sobre uma ação preferencial é um fato que o investidor deve considerar com cuidado, levando-o a ter uma cautela maior que, de outro modo, poderia exercer; contudo, se o desempenho da empresa for suficientemente destacado, as ações preferenciais ainda poderão receber uma classificação de investimento.

Base de cálculo recomendada usando deduções totais. No cálculo da cobertura dos lucros para as ações preferenciais com títulos privilegiados é absolutamente essencial que os juros dos títulos e os dividendos preferenciais sejam considerados *em conjunto*. A prática quase universal de declarar os lucros das ações preferenciais em separado (em dólares por ação) é exatamente igual e tão falaciosa quanto o método de deduções anteriores para cálculo da margem acima dos encargos de juros em um título subordinado. Se a emissão de ação preferencial for muito menor que a dívida financiada, o lucro por ação indicará que o dividendo preferencial é auferido mais vezes que os juros dos títulos. Tal declaração pode não ter nenhum significado ou indica que o dividendo das preferenciais é mais seguro que os juros das obrigações da mesma empresa — um absurdo total.[3] (Ver os exemplos na p. 315.)

As ações de classe A da West Penn Electric Company são, na realidade, um segundo ativo preferencial. Neste exemplo, o demonstrativo costumeiro faz com que o dividendo preferencial pareça mais seguro do que os juros do título; e como a emissão da classe A é pequena, faz com que o segundo ativo preferencial aparente seja muito mais seguro que os títulos ou a primeira preferencial. O demonstrativo correto mostra que os requisitos da classe A são cobertos 1,26 vez em vez de 7,43 vezes — uma diferença enorme. É provável

---

2. Dos 21 ativos listados no capítulo 14, onze eram precedidos por títulos, a saber, cinco prestadoras de serviços públicos, uma ferrovia e cinco (entre quinze) indústrias.

3. Para comentários sobre a negligência desse ponto feitos por escritores de livros didáticos de investimentos, ver apêndice C, nota 25, p. 995.

que o método errôneo de declarar a cobertura dos ganhos tenha sido responsável, em grande parte, pelo preço alto em que as ações da classe A foram negociadas em 1937 (US$ 108). É interessante observar que, embora as ações da classe A tenham caído para US$ 25 em 1932, mais tarde, foram negociadas várias vezes a um preço mais alto que o da ação preferencial de 7%. Evidentemente, alguns investidores continuaram a ser enganados pelos dados de lucros por ação e imaginaram que a segunda preferencial fosse mais segura que a primeira preferencial.

Uma aparente contradição explicada. Nossos princípios de cobertura de dividendos preferenciais levam a uma aparente contradição: os acionistas preferenciais de uma empresa precisam de uma cobertura mínima maior que os detentores dos títulos da mesma empresa, embora, pela própria natureza do caso, a cobertura real precise ser menor. Para qualquer empresa, os juros dos títulos considerados isoladamente são obviamente auferidos com uma margem maior que os juros dos títulos e dos dividendos preferenciais combinados. Esse fato criou a impressão entre os investidores (e entre alguns autores) de que os testes de uma ação preferencial sólida podiam ser menos rigorosos que os de um título sólido.[4] Entretanto, isso não é verdade. O ponto importante é que, quando uma empresa possui títulos e ações preferenciais, as ações preferenciais podem ser suficientemente seguras *apenas se os títulos forem muito mais seguros que o necessário.* Por outro lado, se os títulos forem apenas seguros o suficiente, a ação preferencial não pode ser sólida. Isso é ilustrado por dois exemplos apresentados a seguir.

---

4. Ver, por exemplo, as seguintes citações de Ralph E. Badger e Harry G. Guthmann: "Da mesma forma, é uma regra geral que, em média, os juros dos títulos industriais sejam cobertos, pelo menos, três vezes, para que sejam considerados seguros"; "Do ponto de vista dos autores, uma ação preferencial industrial deve ser considerada especulativa, a menos que os encargos combinados e os requisitos de dividendos sejam auferidos, pelo menos, por um múltiplo de dois ao longo de um período de vários anos"; "Provavelmente, é seguro afirmar que, quando os encargos combinados são auferidos duas vezes, incluindo os juros sobre os títulos da *holding*, a presunção é a favor da solidez de tal ativo da empresa controladora. Da mesma forma, quando os encargos anteriores combinados e os requisitos de dividendos preferenciais são auferidos 1,5 vez as ações preferenciais da empresa controladora serão consideradas favoravelmente" (Ralph E. Badger e Harry G. Guthmann, *Investment principles and practices.* Nova York, Prentice-Hall, 1941, p. 316, 319, 421). Floyd F. Burtchett exige maior cobertura de encargos fixos nos títulos que nas ações preferenciais de empresas varejistas (Floyd F. Burtchett, *Investments and investment policy.* Nova York, Longmans, Green and Co., 1938, p. 325).

EXEMPLOS DE MÉTODOS CORRETOS E INCORRETOS DE CÁLCULO DA COBERTURA DE LUCROS DAS AÇÕES PREFERENCIAIS

A. Colorado Fuel and Iron Company..Dados de 1929

Lucros para juros dos títulos..US$ 3.978.000

Encargos de juros..US$ 1.628.000

Dividendos preferencias..US$ 160.000

Saldo para ordinárias..US$ 2.190.000

Declaração costumeira mas incorreta	Declaração correta
Encargos de juros ganhos........ 2,4 vezes	Encargos de juros ganhos........ 2,4 vezes
Dividendos preferenciais ganhos .... 14,7 vezes	Juros e dividendos preferenciais ganhos .... 2,2 vezes

Ganho por ação preferencial......... US$ 117,50

Nota: A declaração precedente de lucros sobre as ações preferenciais não significa nada ou é perigosamente enganadora.

B. Warner Bros. Pictures, Inc. ....Ano terminado em 28 de agosto de 1937

Lucros para juros..US$ 10.760.000

Encargos de juros..US$ 4.574.000

Dividendos preferenciais..US$ 397.000

Saldo para ordinárias..US$ 5.789.000

Declaração costumeira mas incorreta	Declaração correta
Encargos de juros ganhos........ 2,35 vezes	Encargos de juros ganhos........ 2,35 vezes
Dividendos preferenciais ganhos .... 14,8 vezes	Juros e dividendos preferencias ganhos .... 2,1 vezes

Ganho por ação preferencial................ US$ 56,99

C. West Penn Electric Company..Dados de 1937

Bruto..US$ 40.261.000

Líquido antes dos encargos..US$ 13.604.000

Encargos fixos (incluindo dividendos preferenciais de subsidiárias)..................US$ 8.113.000

Dividendos sobre ativos preferenciais de 7% e 6%.....................US$ 2.267.000

Dividendos sobre ações classe *A* (subordinadas às preferencias de 6% e 7%)............US$ 412.000

Saldo para classe *B* e ordinárias..US$ 2.812.000

Declaração costumeira mas incorreta		Declaração correta
Juros ou dividendos ganhos	Lucro por ação	Cobertura de juros
Encargos fixos.............. 1,68 vez		Encargos fixos................ 1,68 vez
Preferenciais de 6% e 7% (combinadas)... 2,42 vezes	US$ 16,11	Encargos e dividendos preferenciais...... 1,31 vez
Dividendos classe *A*.............. 7,43 vezes	US$ 54,79	Encargos fixos, dividendos preferenciais e dividendos classe *A*........ 1,26 vez

A cobertura de dividendos preferenciais da Liggett e Myers (também incluindo, claro, os juros de seus títulos) está substancialmente acima de nossa sugestão de quatro vezes. A cobertura dos juros dos títulos, portanto, supera em muito o fator mínimo sugerido de três vezes. Por outro lado, a cobertura dos encargos fixos da Commonwealth and Southern, em 1930, estava perto do mínimo proposto de 1,75 vez. Isso significava que, embora os vários títulos *pudessem* ser classificados como investimentos, as ações preferenciais de 6% não poderiam, e a compra desse ativo a um preço acima do valor nominal, em 1930, foi um erro óbvio.

	Liggett & Myers Tobacco Co.		Commonwealth & Southern Corp.	
Ano	Número de vezes juros ganhos	Número de vezes juros e dividendos pref. ganhos	Número de vezes encargos fixos ganhos	Número de vezes encargos fixos e dividendos pref. ganhos
1930	15,2	7,87	1,84	1,48
1929	13,9	7,23	1,84	1,55
1928	12,3	6,42	1,71	1,44
1927	11,9	6,20	1,62	1,37
1926	11,2	5,85	1,52	1,31
1925	9,8	5,14	1,42	1,28

Fórmula enganosa de "dólares por ação". Quando uma ação preferencial não está subordinada a qualquer título, os lucros podem ser apresentados tanto em dólares por ação como na forma de um múltiplo dos encargos de dividendos. A segunda forma é claramente preferível por duas razões. A mais importante é que, nos casos em que não há títulos, o uso da fórmula "dólares por ação" provavelmente incentiva seu uso nos casos em que tais títulos existem. Os analistas de ativos e investidores inteligentes devem envidar esforços especiais para evitar e depreciar esse método enganoso de declarar a cobertura de dividendos preferenciais, e isso pode ser mais bem realizado pelo descarte total da forma de cálculo de dólar por ação. Como segundo ponto, deve-se notar que a importância dos dólares ganhos por ação depende do preço de mercado das ações preferenciais. Ganhos de US$ 20 por ação seriam muito mais favoráveis para um ativo preferencial negociado a US$ 80 do que para um título preferencial negociado a US$ 125. No primeiro caso, os ganhos são de 25% e, no outro, apenas 16% sobre o preço de mercado. O valor em dólares por ação perde todo seu valor comparativo quando o valor nominal é inferior a US$ 100 ou quando há ações sem valor nominal com uma taxa baixa de dividendos por ação. Os lucros de US$ 18,60 por ação, em 1931, das ações preferenciais de 6% da S. H. Kress and Company (valor nominal de US$ 10) são, claro, muito mais favoráveis do que os lucros de US$ 20 por ação de algumas ações preferenciais de 7%, com valor nominal de US$ 100.

Cálculo do índice ação-valor. A técnica de aplicação desse teste para as ações preferenciais é, em todos os aspectos, semelhante ao teste de cobertura dos lucros. Os títulos, caso existam, e as ações preferenciais devem ser considerados em conjunto, e o total deve ser comparado com o preço de mercado apenas das ações ordinárias. Ao calcular a proteção por trás de um título, o ativo preferencial faz parte do patrimônio líquido; contudo, ao calcular a proteção por trás das ações preferenciais, as ações ordinárias são agora, é claro, o único ativo subordinado. Nos casos em que há um primeiro e um segundo ativo preferencial, o segundo preferencial é acrescentado às ações ordinárias no cálculo do patrimônio subordinado ao primeiro preferencial.

EXEMPLO DE CÁLCULO DO ÍNDICE AÇÃO-VALOR PARA AÇÕES PREFERENCIAIS DA PROCTER AND GAMBLE COMPANY

Capitalização	Valor nominal	Preço mínimo em 1932	Valor ao preço mínimo de 1932
Títulos	10.500.000		
Preferenciais de 8% (1ª pref.)	2.250.000	@140	3.150.000
Preferenciais de 5% (2ª pref.)	17.156.000	@81	13.900.000
Ordinárias	6.140.000*	@20	128.200.000

* Número de ações.

A. Índice valor-ação dos títulos
$$\frac{3.150.000 + 13.900.000 + 128.200.000}{10.500.000} = 13,8:1$$

B. Índice valor-ação das 1ªˢ preferenciais
$$\frac{13.900.000 + 128.200.000}{10.500.000 + 3.150.000} = 10,4:1$$

C. Índice valor-ação das 2ªˢ preferenciais
$$\frac{128.200.000}{10.500.000 + 3.150.000 + 13.900.000} = 4,6:1$$

O valor de mercado das ações ordinárias deveria ser comparado com o valor *nominal* ou com o valor de *mercado* das preferenciais? Na maioria dos casos, o número usado não fará uma diferença vital. Existe, no entanto, um número crescente de preferenciais sem valor nominal (e algumas como as ações preferenciais da Island Creek Coal e as da Remington Rand, Inc., secundárias, em que o verdadeiro valor nominal é totalmente diferente do valor declarado).[5] Nesses casos, um equivalente teria de ser calculado com base na taxa de dividendos. Por causa de tais instâncias e também aquelas em que o preço de mercado tende a diferir materialmente do valor nominal (por exemplo, as preferenciais de 4% da Norfolk and Western Railway Company em 1932 ou as preferenciais de 6% da Eastman Kodak em 1939), pode parecer que o melhor procedimento seria usar o *preço de mercado* das ações preferenciais regularmente no cálculo dos índices de ação-valor. Por outro lado, o uso regular do *valor nominal* das emissões de títulos, em vez de preço de mercado, é recomendado porque é muito mais conveniente e não envolve as objeções às ações preferenciais que acabamos de discutir.

Ativos não cumulativos. A desvantagem teórica de uma ação preferencial não cumulativa em comparação com um ativo cumulativo é muito semelhante à inferioridade geral das ações preferenciais em comparação com os títulos. A desvantagem de não ser capaz de obrigar o pagamento de dividendos às ações preferenciais, em geral, é quase igual à desvantagem dos ativos não cumulativos de não poderem receber no futuro os dividendos retidos no passado. Este último arranjo é tão evidentemente injusto que os novos compradores de ativos (que se sujeitarão a quase qualquer coisa) se opõem aos ativos não cumulativos, e, por muitos anos, as ofertas novas de ações preferenciais diretas quase sempre tiveram a característica cumulativa.[6] Os ativos não cumulativos, em geral, surgiram como resultado de planos de reestruturação em que antigos detentores de ativos foram praticamente obrigados a aceitar qualquer tipo de segurança que lhes fosse oferecida. No entanto, nos últimos anos, os ativos preferenciais criados por meio de reestruturações foram preponderantemente cumulativos, embora, em alguns casos, esse dispositivo passe a vigorar apenas após determinado intervalo de tempo. As

---

5. As preferenciais da Island Creek Coal possuem um valor declarado de US$ 1 e as preferenciais de segunda classe da Remington Rand, Inc. têm um valor nominal declarado de US$ 25, mas ambos os ativos têm um dividendo de US$ 6 e direito a US$ 120 por ação e US$ 100 por ação, respectivamente, no caso de liquidação. Seu verdadeiro valor nominal é, evidentemente, US$ 100. Isso também vale para as preferenciais da American Zinc Lead and Smelting de US$ 5 selecionadas antes e as de US$ 6 (secundárias); o valor nominal de cada uma é US$ 25.

6. A única ação preferencial não cumulativa "direta" importante, vendida aos acionistas ou ao público desde a guerra, foi a St. Louis-San Francisco Railway. No caso das preferenciais da Illinois Central Railroad Company não cumulativas, o privilégio de conversão foi o fator de persuasão preponderante no momento da emissão.

preferenciais da Austin Nichols de 5%, por exemplo, foram emitidas sob um plano de reajuste em 1930 e se tornaram cumulativas em 1934. As preferenciais da National Department Stores, criadas em 1935, tornaram-se totalmente cumulativas em 1938.

Objeção principal aos dispositivos não cumulativos. Uma das principais objeções aos dispositivos não cumulativos é que permitem que os diretores retenham dividendos mesmo nos bons anos, quando são amplamente auferidos e, portanto, o dinheiro assim economizado redunda para o benefício dos acionistas ordinários. A experiência mostra que os dividendos não cumulativos raramente são pagos, a menos que sejam necessários pelo desejo de declarar dividendos nas ordinárias; e se o dividendo das ordinárias é posteriormente descontinuado, o dividendo preferencial é, quase invariavelmente, suspenso logo em seguida.[7]

Exemplo: A St. Louis-San Francisco Railway Company oferece um exemplo típico. Nenhum dividendo foi pago no (antigo) ativo preferencial entre 1916 e 1924, embora o dividendo tenha sido integralmente ganho na maioria desses anos. Os pagamentos não foram iniciados até logo antes dos dividendos serem iniciados nas ordinárias; e eles continuaram (nas novas preferenciais) menos de um ano após a suspensão do dividendo ordinário em 1931.

A injustiça evidente desse tipo de arranjo levou os tribunais de Nova Jersey (no caso United States Cast Iron Pipe)[8] a decidir que, se dividendos são ganhos em ações preferenciais não cumulativas, mas não pagos, o titular tem o direito de receber esses valores mais tarde, antes que algo possa ser pago às ordinárias. Isso significava que, em Nova Jersey, uma ação preferencial não cumulativa recebeu um direito cumulativo sobre os dividendos na medida em que haviam sido ganhos. A Suprema Corte dos Estados Unidos, no entanto, emitiu uma decisão contrária (no caso Wabash Railway),[9] declarando que, embora o dispositivo não cumulativo pudesse causar grandes

---

7. As preferenciais não cumulativas de 4% da Kansas City Southern Railway Company, que pagaram dividendos entre 1907 e 1929, enquanto as ordinárias nada receberam, é uma excelente exceção a essa declaração. As preferenciais não cumulativas de 5% da St. Louis Southwestern Railway Company receberam dividendos completos entre 1923 e 1929, enquanto nenhum pagamento foi feito às ordinárias; entretanto, por um prazo ainda mais longo, os dividendos preferenciais, embora auferidos, foram total ou parcialmente retidos (e, portanto, perdidos para sempre).

8. Ver processo *Day versus United States Cast Iron Pipe and Foundry Company*, 94 NJ Eq. 389, 124 Atl. 546 (1924), *aff'd.* 96 NJ Eq. 738, 126 Atl. 302 (1925); *Moran versus United States Cast Iron Pipe and Foundry Company*, 95 NJ Eq. 389, 123 Atl. 546 (1924), *aff'd*, 96 NJ Eq. 698, 126 Atl. 329 (1925).

9. Ver processo *Wabash Railway Company versus Barclay*, de 1930, 280 U.S. 197, revertendo a *Barclay versus Wabash Railway*, de 1929, 30 Fed. (2d) 260. Ver discussão em Adolf A. Berle Jr. e Gardiner C.

transtornos ao titular, ele havia concordado com isso ao aceitar o ativo. Essa é, sem dúvida, uma decisão jurídica correta, mas as objeções inerentes aos dispositivos não cumulativos são tão grandes (sobretudo por causa das oportunidades que abrem para o estabelecimento de políticas injustas por parte dos diretores) que pareceria aconselhável que as legislaturas dos vários estados adotassem a decisão de Nova Jersey e assim proibissem a criação de ações preferenciais completamente não cumulativas, exigindo que sejam cumulativas, pelo menos, na medida em que os dividendos são ganhos. Esse resultado foi alcançado em várias instâncias individuais por meio da inserção de dispositivos legais apropriados.[10]

Características da lista de 21 ativos preferenciais com grau de investimento. Das 440 ações preferenciais listadas na Bolsa de Valores de Nova York em 1932, apenas quarenta, ou 9%, não eram cumulativas. Dessas, 29 eram de ferrovias ou vias de bonde e apenas onze eram ativos industriais. O leitor vai se surpreender ao descobrir, no entanto, que das 21 ações preferenciais negociadas, continuamente, com grau de investimento em 1932, nada menos que quatro não eram cumulativas. Outras peculiaridades podem ser encontradas nessa lista de favorecidos e podem ser resumidas da seguinte forma:

1. Tanto o número de ativos não cumulativos quanto o número de ações preferenciais subordinadas a títulos são proporcionalmente mais altos entre as 21 empresas "boas" que na lista da bolsa de valores como um todo.
2. O setor mais bem representado é o ramo do tabaco, com três empresas.
3. Particularidades diversas:
    a. Apenas um ativo possui um dispositivo de fundo de amortização.
    b. Um ativo é a segunda preferencial (Procter and Gamble).
    c. Um ativo tem um valor nominal de apenas US$ 1 (Island Creek Coal).
    d. Um ativo era resgatável por quase o menor preço de mercado de 1932 a 1933 (General Electric).

Means, *The modern corporation and private property*. Nova York, The Macmillan Company, 1932, p. 190-192.

10. Ver, por exemplo, os dispositivos das ações conversíveis de US$ 3 da George A. Fuller Company; as preferenciais classe A de 6% da Aeolian Company; as preferenciais conversíveis de segunda classe da United States Line Company. Uma tendência na direção das ações preferenciais com esse tipo de dispositivo pode ser vista em diversos planos recentes de reestruturação de ferrovias. Ver também vários planos apresentados em 1936-1938 para as Chicago and Eastern Illinois Railroad, Missouri Pacific Railroad, Erie Railroad, St. Louis-San Francisco Railroad. Um dos primeiros exemplos desse tipo de preferencial é o da Pittsburgh, Youngstown and Ashtabula Railway. No entanto, aqui, o dividendo se torna cumulativo somente se a taxa total de US$ 7 for ganha e um valor inferior tiver sido pago.

Questões de forma, nome ou direito legal relativamente irrelevantes. Confiamos que nenhum expoente excessivamente zeloso do método indutivo concluirá com base nesses números que: (1) as ações preferenciais não cumulativas são superiores aos ativos cumulativos; (2) as preferenciais subordinadas a títulos são superiores àquelas sem títulos; (3) o ramo do tabaco apresenta a oportunidade mais segura de investimento. O real significado desses resultados inesperados é, ao contrário, a impressionante confirmação que oferecem à nossa tese básica de que essas questões de forma, nome ou direito legal são relativamente imateriais e que o desempenho do ativo individual é de suma importância. Se sempre foi possível esperar que uma ação preferencial pagasse seu dividendo sob qualquer hipótese, então o fato de ser cumulativa ou não cumulativa viraria uma questão apenas acadêmica, da mesma maneira que os direitos contratuais inferiores de uma ação preferencial em comparação com um título deixariam de ter um significado prático. Uma vez que os dividendos das preferenciais da United States Tobacco Company foram ganhos mais de dezesseis vezes durante o ano de depressão de 1931 — e, além disso, a empresa estava disposta a recomprar grande parte do ativo preferencial a preços que chegavam a US$ 125 por ação —, a falta de um dispositivo cumulativo não causou preocupação alguma aos detentores. É claro que esse exemplo deve ser considerado excepcional; como um ponto da política prática de investimento, sugeriríamos que, por mais impressionante que seja o desempenho de uma ação preferencial não cumulativa, seria melhor escolher um ativo cumulativo para comprar de modo a aproveitar melhor a proteção em caso de algum revés imprevisto.[11]

Importância da quantidade, em vez de mera presença, de obrigações subordinadas. O número relativamente grande de empresas em nossa lista com títulos em circulação também é interessante, pois demonstra que não é a mera *presença* de títulos, mas o *montante* da dívida com prioridade que é de grande

---

11. Ver, por exemplo, o histórico das preferenciais não cumulativas de 7% da American Car and Foundry Company. Por muitos anos antes de 1928, esse ativo foi negociado a um valor superior ao das preferenciais não cumulativas de 7% da United States Tobacco Company. Em 1929, essa empresa completou trinta anos ininterruptos de pagamento de dividendos e, durante os últimos vinte, seu preço de mercado nunca caiu abaixo de US$ 100. No entanto, em 1932, o dividendo não foi pago e a cotação tombou para US$ 16. Da mesma forma, as preferenciais da Atchison, Topeka and Santa Fe Railway Company, um ativo não cumulativo de 5%, pagaram dividendos integrais entre 1901 e 1932 e foram consideradas, durante muito tempo, um investimento de ótimo nível. Em 1931, o preço atingiu US$ 108,25, *a meio ponto do nível mais alto de sua história*, e um rendimento de apenas 4,6%. No ano seguinte, o preço caiu para US$ 35 e, um ano depois, o dividendo foi reduzido para uma base de US$ 3. Mais tarde, foi restaurado para 5%, mas em 1938 o dividendo foi inteiramente omitido. Essa história pode ser ponderada por aqueles investidores dispostos a pagar US$ 112 pelas preferenciais não cumulativas de 4% da Norfolk and Western em 1939.

importância. Em três casos, apenas uma quantia nominal de títulos estava em circulação, como resultado do fato de quase todas essas empresas terem uma longa história, de modo que algumas delas carregavam pequenos resíduos de financiamento de títulos antigos.[12]

Por coincidência, todas as três ações preferenciais industriais não cumulativas em nossa lista pertencem a empresas do ramo do tabaco. Esse fato é interessante, não porque comprova a primazia do investimento em tabaco, mas por causa do forte lembrete que oferece de que o investidor não pode julgar, com segurança, os méritos ou deméritos de um ativo com base em uma reação pessoal ao tipo de negócio em que esse título esteja envolvido. Um histórico excelente de um prazo longo no passado, fortes evidências de estabilidade inerente e ausência de qualquer razão concreta para esperar uma piora substancial no futuro oferecem, provavelmente, a única base sólida disponível para a escolha de um investimento de *renda fixa*. As diversas peculiaridades em nossa lista (mencionadas no ponto 3, acima) também são indicações úteis de que questões de forma ou desvantagens menores não exercem uma influência fundamental na qualidade de um investimento.

---

12. As empresas eram General Electric, American Tobacco e Corn Products Refining. O estudo da University of Michigan, realizado por Rodkey, reconhece esse ponto, em parte, ignorando certas emissões de títulos que representavam menos de 10% do capital e do excedente.

CAPÍTULO 16
TÍTULOS DE RENDA E ATIVOS GARANTIDOS

I. TÍTULOS DE RENDA

A posição contratual de um título de renda (às vezes, chamada de título de ajuste) fica no meio do caminho entre a posição de um título direto e a de uma ação preferencial. Quase todas as obrigações de renda têm um vencimento definido, de modo que o titular tem direito não qualificado ao reembolso de seu principal em uma data fixa. Nesse aspecto, sua posição é igual àquela do detentor de um título convencional. No entanto, deve-se ressaltar que os títulos de renda quase sempre têm uma data de vencimento distante, de modo que é provável que o direito ao reembolso não tenha importância prática no caso típico sob análise. De fato, descobrimos apenas uma instância em que detentores de títulos de renda realmente receberam o reembolso integral de seu principal como consequência da maturidade.[1]

Pagamento de juros, às vezes, totalmente arbitrário. Com relação ao pagamento de juros, alguns títulos de renda estão quase precisamente na mesma posição de uma ação preferencial, porque os diretores têm liberdade de ação praticamente completa sobre os valores a serem pagos aos detentores de títulos. Os dispositivos costumeiros exigem que os juros sejam pagos na medida em que um lucro esteja disponível, mas muitos contratos permitem que os diretores reservem qualquer parcela dos lucros que desejarem para despesas de capital ou para outros fins, antes de chegar ao saldo "disponível". No caso das debêntures de renda "série B" da Green Bay and

---

1. Foi um ativo de US$ 500 mil da Milwaukee Lake Shore and Western Income de 6%, emitido em 1881, assumido pela Chicago and Northwestern em 1891 e pago no vencimento em 1911. As St. Louis-San Francisco Railway Company Income de 6% e as Adjustment de 6% foram ambas *chamadas* para reembolso ao valor nominal em 1928, que eram 32 e 27 anos, respectivamente, antes de seu vencimento. Isso foi uma sorte para os detentores de títulos uma vez que a ferrovia entrou em concordata em 1932. A história da 'Frisco, entre a sua saída da concordata, em 1916, e sua subsequente recaída em concordata em 1932, é um exemplo extraordinário da negligência de investidores e especuladores, induzidos por uma melhora moderada apresentada em alguns anos de prosperidade geral a atribuir uma classificação alta aos ativos de uma ferrovia com histórico anterior problemático e uma estrutura de capital muito pesada.

Western Railroad Company, os valores pagos entre 1922 e 1931, inclusive, somaram apenas 6%, embora os lucros fossem apenas um pouco inferiores a 22%. Obrigações mais recentes (por exemplo, as Colorado Fuel and Iron Company Income de 5%, com vencimento em 1970) tendem a colocar limites definidos na parcela dos lucros que os detentores de títulos de renda possam, dessa maneira, deixar de receber; mas um grau considerável de amplitude é, em geral, reservado aos diretores. Pode-se dizer que emissões individuais de títulos de renda podem ser usadas para ilustrar quase todos os passos no intervalo de variação entre as ações diretas preferenciais e os títulos convencionais.

Baixa classificação dos títulos de renda como classe. Uma vez que os direitos contratuais dos títulos de renda são sempre mais ou menos superiores aos das ações preferenciais, pode-se achar que uma proporção maior dos títulos de renda que das ações preferenciais mereceria a classificação de investimento. Esse não é o caso, no entanto. De fato, sabemos de apenas uma obrigação de renda que manteve o grau de investimento continuamente por um longo período, a saber, as Atchison, Topeka and Santa Fe Railway Company Adjustment de 4%, com vencimento em 1995.[2] Temos aqui um contraste entre teoria e realidade, razão pela qual, é claro, os títulos de renda foram emitidos quase exclusivamente em conexão com reestruturações societárias e, portanto, foram associadas a empresas com uma capacidade de crédito inferior. O próprio fato de que os pagamentos de juros dependem dos lucros implica a probabilidade de que possam ser insuficientes. Os dividendos das ações preferenciais são igualmente dependentes dos lucros, mas a mesma implicação não está associada a eles. Em consequência, o *status* geral de investimento dos títulos de renda como uma classe é visto como ditado pelas

---

2. Após mais de quarenta anos de pagamento ininterrupto de juros, esse ativo caiu em desgraça, temporariamente, em 1938. Os juros de 1º de maio (para os títulos com direito a juros semestrais) foram postergados, mas pagos seis meses mais tarde. O preço caiu de US$ 103,25 para US$ 75,125, mas se recuperou para US$ 96,25 — tudo no ano de 1938. Essa recuperação é um comentário marcante sobre a ânsia dos investidores pelos chamados "títulos de primeira linha". Alguns títulos de renda garantidas de ferrovias arrendadas mantiveram um grau de investimento alto, de forma semelhante ao das ações garantidas das ferrovias. *Exemplo:* As Elmira and Williamsport Railroad Income de 5%, com vencimento em 2862, garantidas pela Pennsylvania Railroad e por uma importante subsidiária. (Observar o vencimento milenar). Ver ainda a posição superior das Chicago, Terre Haute and Southeastern Income de 5%, garantidas pela Chicago, Milwaukee, St. Paul and Pacific Railroad, na reestruturação dessa rede. Da safra mais nova de títulos de renda, uma foi classificada como um ativo de investimento quase desde o início: as Allied Owners Corporation de 4% a 5%, praticamente garantidas pela Loews, Inc. Na opinião dos autores, não havia qualquer desculpa para transformar esse título em um título de renda na reestruturação de 1936.

circunstâncias em que foram criados, e não pelos direitos legais que lhes são inerentes. Para usar uma analogia: se tivesse sido a prática geral nos Estados Unidos, como existe na Inglaterra, de evitar os ativos hipotecários sempre que possível, usando-os apenas em situações em que o crédito duvidoso torna necessário esse tipo de proteção, poderíamos afirmar que os títulos hipotecários, em geral, ocupariam uma posição de investimento claramente inferior à das debêntures.[3]

Provável aumento do volume de títulos de renda. Olhando adiante, pode ser verdade que, no futuro, as obrigações de renda apresentem uma proporção de ativos com grau de investimento maior daquela que será encontrada entre as ações preferenciais. As numerosas reestruturações decorrentes dos anos de depressão entre 1930 e 1933 e a debilidade contínua dos lucros ferroviários criaram uma grande e nova safra de títulos de renda, e algumas dessas empresas podem, mais tarde, melhorar sua posição de tal maneira que suas obrigações de renda sejam classificadas com grau de investimento, como aconteceu com a Atchison, Topeka and Santa Fe após sua reestruturação em 1895. Existe também um aspecto, até agora quase desprezado, de que os títulos de renda geram uma economia substancial nos impostos de pessoa jurídica em comparação com as ações preferenciais, sem desvantagens compensadoras importantes. Algumas empresas fortes podem, um dia, ser levadas a substituir suas ações preferenciais atuais — ou fazer novos financiamentos — por obrigações de renda, em prol dessa economia de impostos, da mesma forma como estão agora criando valores nominais artificialmente baixos para suas ações a fim de reduzirem os impostos que incidem sobre suas transferências. Um acontecimento desse tipo no futuro poderá resultar em um número respeitável de títulos de renda que merecem ser classificados como investimentos de renda fixa.[4]

---

3. Isso realmente provou ser o caso no financiamento *industrial* de 1937 a 1939. Praticamente todos os títulos emitidos eram debêntures que foram vendidas a taxas de juros extraordinariamente baixas. Pode-se dizer que acreditamos que as debêntures *industriais* agora têm a conotação de um tipo de ativo mais elevado que os títulos hipotecários industriais.

4. A Associated Gas and Electric Company utilizou o dispositivo de "títulos" conversíveis em ações preferenciais *por opção da empresa* e obteve essa economia de impostos sem o ônus de um título convencional. A forma dos títulos de renda teria sido muito menos enganosa para o investidor típico do que essa invenção extraordinária. Os títulos de renda têm sido favorecidos em detrimento das ações preferenciais nas reestruturações de ferrovias devido às restrições legais das seguradoras, que as impedem de tomar posse de ações preferenciais no lugar de seus títulos antigos. É concebível que essa consideração, bem como a economia fiscal, possa induzir as empresas a realizar financiamentos *novos* por meio de títulos de renda em vez de ações preferenciais.

Cálculos de margens de segurança para títulos de renda. A técnica de analisar o desempenho de um título de renda é idêntica à de uma ação preferencial. Cálculos dos lucros sobre a obrigação, tomados em separado, devem, é claro, ser rigorosamente evitados, embora tais cálculos sejam feitos pelas agências de estatística.

Sugerimos que a cobertura mínima de lucros recomendada no capítulo anterior para as ações preferenciais também seja exigida dos títulos de renda quando selecionadas como investimentos de renda fixa.

Exemplo: A análise a seguir do demonstrativo de receitas da Missouri-Kansas-Texas Railroad Company para 1930 ilustra o método adequado para lidar com todos os ativos privilegiados de uma empresa que tenha títulos de ajuste. Essa análise também mostra como os dois métodos para calcular os encargos fixos de um sistema ferroviário (discutidos no capítulo 12) são aplicados à análise dos títulos de renda e das ações preferenciais.

MISSOURI-KANSAS-TEXAS RAILROAD COMPANY, ANO CALENDÁRIO 1930
(TODOS OS DADOS EM DÓLARES ESTÃO EM MILHARES)

Receita bruta .... US$ 45.949

Lucro operacional da ferrovia (líquido após impostos) .... US$ 13.353

   Lucro bruto (líquido após aluguéis, mais outras receitas) .... US$ 12.009

   Encargos fixos (juros fixos e outras deduções) .... US$ 4.230

   Saldo para juros de ajustes .... US$ 7.779

   Juros de ajustes .... US$ 696

   Saldo para dividendos (lucro líquido) .... US$ 7.083

   Dividendos preferenciais .... US$ 4.645

   Saldo para ordinárias .... US$ 2.438

Líquido após impostos excede o lucro bruto. Logo, use o teste de deduções líquidas.

Deduções líquidas = diferença entre o líquido após impostos e saldo para os juros de ajuste
    = US$ 13.353 − US$ 7.779.

		Ganhos	
Deduções líquidas	= 5.574	$\dfrac{13.353}{5.574}$	= 2,40
Deduções líquidas e juros de ajuste	= 6.270	$\dfrac{13.353}{6.270}$	= 2,14
Deduções líquidas, juros de ajuste e dividendos preferenciais	= 10.195	$\dfrac{13.353}{10.195}$	= 1,22

Observe que os juros sobre os títulos de renda de ajuste não fazem parte dos encargos de juros totais no cálculo da cobertura para os títulos com *juros fixos*. Nesse sentido, a posição de um título de renda é igual à de uma ação preferencial. Observe também que a declaração feita pelos serviços estatísticos de que um rendimento de 57,29% foi obtido pelas M-K-T Adjustment de 5% (ou seja, os "juros foram cobertos" mais de onze vezes) é desprovida de qualquer valor ou enganosa.

O significado desses números para o investidor no início de 1931. Os ganhos da década de 1930 foram um pouco inferiores à média de dez anos e poderiam, aparentemente, ser vistos como uma indicação válida da lucratividade normal da M-K-T. A cobertura para as ações preferenciais era claramente inadequada de qualquer ponto de vista de investimento. A cobertura dos juros dos títulos de ajuste, calculada da forma mais conservadora (método das deduções líquidas), estava abaixo de nosso requisito mínimo de 2,5 vezes, assim esse ativo não se qualificaria como investimento. A cobertura dos juros dos títulos fixos permaneceu substancialmente acima do mínimo, indicando um grau de proteção satisfatório.

Naturalmente, o declínio desastroso dos lucros entre 1931 e 1933 não poderia ter sido previsto nem completamente evitado. O preço de mercado das obrigações fixas da M-K-T sofreu uma queda considerável em 1932; entretanto, uma vez que a estrutura do endividamento da empresa era relativamente conservadora, não chegou tão perto da insolvência quanto a maioria das outras ferrovias. De fato, foram pagos os juros de 1932 a 1934 sobre os títulos de ajuste, embora esse pagamento não fosse obrigatório.

Vale a pena descrever os acontecimentos subsequentes em razão de sua relação prática com o investimento em títulos. A tabela a seguir deve ser instrutiva:

Ano	Saldo para juros	Deduções líquidas lucradas, vezes	Faixa por ano	
			4,5% 1978	Ajustes de 5%
1930	11.999.000	2,40	92,5–101	86–108,5
1931	5.579.000	1,22	43,5–98	34–95
1932	4.268.000	1,01	36–70,75	13–60
1933	3.378.000	0,86	55–77,5	32,75–65
1934	2.093.000	0,65	63,125–83,75	29–62,5
1935	2.457.000	0,71	28,5–64	11,25–36,5
1936	4.773.000	1,09	52,5–83	30,75–74,75
1937	3.274.000	0,86	38–79,75	18,5–80
1938	1.120.000	0,49	25–45,75	10–24

Veremos que os lucros de 1930 não provaram, de fato, ser uma indicação da futura lucratividade normal da M-K-T. No entanto, esse erro não precisaria ter sido muito oneroso para um investidor individual que comprou os títulos com juros fixos em 1931. Apesar do declínio nos lucros e na qualidade do investimento, teve várias oportunidades de vender sua posição com vantagem durante os seis anos seguintes. Como apontaremos mais adiante (capítulo 21), a técnica de investimento adequada teria obrigado essa venda, tendo em vista a alteração no desempenho.

Após 1934, os juros dos títulos de ajuste foram pagos apenas em 1937. A faixa de preço desse ativo é interessante, sobretudo como reflexo da negligência dos compradores de títulos. Observe que, nas máximas de 1937, pagaram o mesmo preço pelos ajustes de 5% que para os de 4,5%, apesar da cobertura de ganhos totalmente inadequada e do fato de que, em 1932, 1934 e 1935, o ativo privilegiado tenha sido negociado a um preço duas vezes superior ao das obrigações de ajuste.

Títulos de renda com prioridade de pagamento. Existem alguns exemplos de títulos de renda que têm uma garantia superior a outros títulos com juros fixos. As correções da Atchison de 4% são o exemplo mais conhecido, seguidas das emissões de debêntures com juros fixos de 4%, que foram negociados, com regularidade, a um preço mais baixo, com uma exceção breve em 1938. A situação também se aplica às St. Louis Southwestern Railway Company Second Income de 4%.[5] Embora o *status* teórico desses títulos seja bastante confuso, o procedimento prático exigido é, obviamente, tratar os juros sobre eles como parte dos *encargos fixos* da empresa ao analisar o sistema como um todo.

II. ATIVOS GARANTIDOS

Nenhuma qualidade de investimento especial é atribuída aos ativos garantidos como tais. Os investidores inexperientes podem imaginar que a

---

5. Os vários planos de reestruturação dessa ferrovia (1936-1939) oferecem um tratamento muito melhor para as Second Income de 4% que os ativos subordinados de juros fixos. Um caso raro é o das Wabash Railway Noncumulative Income Debenture de 6%, com vencimento em 1939, cujos juros eram pagos "com base no lucro líquido". Embora sejam denominadas debêntures, são garantidas por um penhor direto e têm prioridade sobre as Wabash Railroad Refunding and General Mortgage. Embora tenham direito, em função de seus termos, apenas a juros não cumulativos e dependentes de rendimentos, esses juros foram pagos, com regularidade, de 1916 a 1938, apesar de a empresa ter entrado em concordata em 1931 e ter deixado de pagar os juros (fixos) da hipoteca subordinada em 1932. Esse ativo também recebeu um tratamento privilegiado nos vários planos de reestruturação da Wabash registrados até o final de 1939.

palavra "garantido" traz uma garantia absoluta de segurança, mas é desnecessário dizer que o valor de qualquer garantia depende, estritamente, da condição financeira do garantidor. Se o garantidor não tem nada, a garantia não tem valor. Em contraste com a atitude do iniciante em finanças, Wall Street mostra uma tendência a *subestimar* o valor de uma garantia, conforme demonstrado pelos preços mais baixos muitas vezes pagos por ativos garantidos em comparação com as debêntures ou com as ações preferenciais do garantidor. Essa desconfiança sofisticada das garantias remonta ao caso da Kanawha and Hocking Coal and Coke Company em 1915, quando a ferrovia garantidora tentou escapar de suas responsabilidades ao alegar que a garantia, feita em 1901, estava além de seus poderes corporativos e era, portanto, nula. Essa tentativa de evasão, incentivada pelo resultado de ações legais antitruste nos tribunais federais e de Ohio, acabou sendo inteiramente malsucedida; porém, lançou uma sombra sobre o valor de todas as garantias, das quais ainda não emergiram completamente, mesmo após 25 anos.[6] Não conhecemos nenhum caso importante em que uma empresa solvente tenha escapado das consequências de sua garantia pelo recurso a aspectos técnicos legais.[7]

***Status* dos ativos garantidos.** Se uma empresa garantir o pagamento de juros, dividendos ou principal, o descumprimento dessa obrigação a exporá à insolvência. O direito sobre a garantia é classificado em pé de igualdade com uma dívida não garantida da empresa, de modo que os ativos garantidos merecem a mesma classificação que um título de debênture do garantidor e uma melhor classificação que suas ações preferenciais. Um ativo garantido também pode ter direito a uma classificação de investimento em razão de sua posição e lucratividade, independentemente da garantia. Nesses casos, a garantia pode

---

6. Para uma história resumida desse famoso caso, ver apêndice C, nota 26, p. 996.

7. No entanto, a forma mal definida de "insolvência", prevista no capítulo XI da Lei Chandler (de Falência Federal), foi utilizada para induzir os detentores de ativos garantidos a modificar seu contrato sem um sacrifício da parte da empresa garantidora e forçar a aceitação de termos modificados por parte dos detentores minoritários. *Exemplo*: Modificação da garantia das Trinity Building de 5,5% pela United States Realty and Improvement, proposta em março de 1939. Deve-se comparar isso com o pagamento integral, em outubro de 1932, da parte não comprada das debêntures da Savoy Plaza Corporation de 5,5%, que também haviam sido garantidas pela United States Realty and Improvement. Naquela época, os títulos de *primeira hipoteca* sem garantia da Savoy Plaza estavam sendo negociados a um valor menor que US$ 5. É preciso observar também o pagamento integral, em 1939, das ações preferenciais da Utica, Clinton and Binghamton Railroad de 5% por meio de recursos fornecidos pela Delaware and Hudson Railroad, a garantidora, embora ela não operasse a ferrovia havia muitos anos.

aumentar sua segurança, mas não pode prejudicá-la, mesmo que a própria empresa garantidora enfrente dificuldades.

Exemplos: Os títulos da Brooklyn Union Elevated Railroad, de 5%, eram garantidos pela Brooklyn Heights Railroad Company, que entrou em concordata em 1919; porém, o título passou ileso pela reestruturação por causa de sua posição preferida no Brooklyn Rapid Transit System. Da mesma forma, os dividendos das preferenciais da U. S. Industrial Alcohol Company eram garantidos pela Distilling Company of America, que faliu, mas a Alcohol Company conseguiu, com facilidade, continuar a pagar o dividendo com seus lucros e, depois, resgatar o ativo preferencial a US$ 125.

Uma ação ordinária ou preferencial com garantia total de outra empresa tem o *status* de uma emissão de títulos do ponto de vista do garantidor. Se a garantia se mostrar inútil, naturalmente, retorna à posição de uma ação — em geral, um ativo fraco, mas talvez forte, como no caso das preferenciais da U. S. Industrial Alcohol Company, que acabamos de mencionar. Uma situação semelhante ocorre em relação aos títulos de renda de uma empresa garantida por outra (por exemplo, as preferenciais da Terre Haute, de Chicago, e da Southeastern Railway Company Income de 5%,[8] *garantidas* pela St. Paul and Pacific Railroad Company).

O valor de uma garantia, às vezes, fica bem evidente quando parte de um ativo é garantida e parte não é.

Exemplo:

ANACOSTIA AND POTOMAC RIVER RAILROAD AÇÕES
PREFERENCIAIS DE 5%, COM VENCIMENTO EM 1949

US$ 500.000 garantidos pela Washington Ry. & Elec. Co............................ preço de US$ 110 em 1939

US$ 2.100.000 sem garantia ....preço de US$ 80 em 1939

Nesse caso, a cobertura de lucros da empresa Anacostia era inadequada (1,36 vez em 1938), mas a da companhia garantidora era alta (mais de quatro vezes em 1938 em uma base consolidada e mais de onze vezes naquele ano em sua condição de controladora única, inclusive juros pelos quais tinha responsabilidade contingente).

---

8. Os pagamentos de juros foram mantidos para os títulos de renda (até 1939), apesar da concordata da empresa garantidora em 1935 e da inadimplência de todas as suas obrigações. Isso não se deveu à garantia, mas à importância estratégica e aos lucros substanciais da divisão da Terre Haute. Observe que, nesse caso, um *título divisional de renda de segunda hipoteca* teve um desempenho substancialmente melhor que a primeira hipoteca da linha principal do sistema. *Não são os termos, mas os fatos, que determinam o desempenho do investimento.*

Os termos exatos da garantia são importantes. Os termos exatos de uma garantia obviamente exercem uma influência vital sobre seu valor. Uma garantia apenas de juros provavelmente será muito menos significativa do que uma garantia de principal.

Exemplos: No caso das ações preferenciais da Philippine Railway Company de 4%, com vencimento em 1937, apenas os juros eram garantidos pelo governo filipino. Os lucros da ferrovia em si eram baixos. Os juros foram pagos com regularidade até o vencimento, mas o principal ficou inadimplente. O preço do título refletia essa situação, sendo negociado, no máximo, a US$ 39 desde 1929.[9]

Os títulos da Minneapolis, St. Paul and Saulte Marie Railroad First Consolidated, de 4% e 5%, com vencimento em 1938: todos os títulos de 4% e cerca de metade daqueles de 5% eram garantidos apenas com relação aos juros pela Canadian Pacific Railway. O principal ficou inadimplente no vencimento, e a Canadian Pacific deixou de pagar os juros, tendo o preço dos títulos caído para US$ 6.[10]

Por outro lado, os títulos First and Refunding, série *B*, de 5,5%, da empresa acima citada, com vencimento em 1978 — um penhor subordinado —, também são garantidos quanto aos juros pela Canadian Pacific e, de acordo com essa garantia, continuaram a receber juros após o descumprimento do penhor com prioridade de pagamento. Esses títulos foram negociados a US$ 64 em 1939, enquanto os ativos privilegiados foram vendidos a US$ 6. Observe que, em 1931, foram negociadas a apenas US$ 35, enquanto as Consolited Garanteed, de 5%, com vencimento em 1938, eram vendidas a US$ 45 e as debêntures da Canadian Pacific (sem garantia), a US$ 56,87. Fica claro que o valor da garantia a *longo prazo* da Canadian Pacific não foi devidamente estimado em 1931.

Uma desvantagem semelhante se aplica a uma garantia de dividendos válida por um período limitado.

Exemplos: Um exemplo real desse tipo de situação foi mostrado no caso das ações ordinárias da American Telegraph and Cable Company, cujos dividendos eram garantidos até 5% (apenas) por cinquenta anos, a partir de 1882, pela Western Union Telegraph Company, com um contrato de arrendamento com vencimento em 1932. Por causa do longo histórico de pagamentos de

---

9. Os esforços feitos por um comitê protetor para induzir o governo das Filipinas a comprar os títulos ou a assumir a responsabilidade pelo principal resultaram apenas em um escândalo e uma sentença de prisão para o presidente do comitê em 1939. Os títulos foram negociados a US$ 7 em 1939.

10. Os detentores de títulos entraram com uma ação legal, em 1939, para obrigar a Canadian Pacific a continuar pagando juros até que o principal fosse saldado.

dividendos, os investidores acabaram por considerar o dividendo como um elemento fixo e, em 1922, as ações foram negociadas a US$ 70. Entretanto, enquanto isso, o valor estratégico ou comercial das empresas de cabos arrendados estava diminuindo com muita rapidez, de modo que o valor das ações ao término do contrato de arrendamento, provavelmente, era muito pequeno. Foi feito um acordo, em 1930, com a Western Union, segundo o qual os acionistas da American Telegraph and Cable receberam o equivalente a cerca de US$ 20 pelo principal de suas ações.[11]

Um exemplo bastante insólito da importância dos termos exatos de uma garantia foi fornecido pelas preferenciais da Pratt and Whitney (resgatadas em 1928). De acordo com os índices financeiros, os dividendos sobre esse ativo eram "garantidos" por sua empresa controladora, Niles-Bement-Pond. A empresa Niles, de fato, concordou em compensar os dividendos não pagos das preferenciais da Pratt and Whitney apenas na medida em que a Niles tivesse lucros disponíveis após o pagamento de seus dividendos preferenciais. Portanto, os detentores das preferenciais da Pratt and Whitney não receberam dividendos de novembro de 1924 a junho de 1926, e nenhuma medida podia ser tomada contra a Niles-Bement-Pond. Tendo em vista a possibilidade de tais dispositivos especiais, deve-se ter cuidado especial e obter informações completas dos termos de uma garantia antes de adquirir qualquer ativo com base em sua força.

Garantias conjuntas e individuais. Tais garantias são dadas por mais de uma empresa para cobrir o mesmo ativo, e cada empresa aceita a responsabilidade não apenas por sua participação proporcional como também pela participação de qualquer outro garantidor que venha a deixar de efetuar pagamentos. Em outras palavras, cada empresa garantidora é, potencialmente, responsável pelo valor inteiro do ativo. Uma vez que dois ou mais garantidores são melhores que um, é provável que os títulos com garantias conjuntas e individuais gozem de vantagens especiais.

Exemplo: A classe mais familiar de ativos apoiada por esse tipo de garantia é a dos títulos coletivos das estações ferroviárias. Um exemplo notável é fornecido pelos títulos da Kansas City Terminal Railway Company First, de 4%, com vencimento em 1960, que são garantidos em conjunto e individualmente por não menos que doze ferrovias, as quais utilizam as instalações da

---

11. Um investidor atento poderia ter tomado nota dessa possibilidade com base em declarações contidas nos relatórios anuais da Western Union, a partir de 1913, em que se verificava redução anual da participação da empresa em ações da American Telegraph and Cable, com um valor estimado de US$ 10 por ação em 1932.

empresa. As doze garantidoras são as seguintes: Atchison, Alton, Burlington, St. Paul, Great Western, Rock Island, Kansas City Southern, M-K-T, Missouri Pacific, 'Frisco, Union Pacific e Wabash.

O valor de cada uma dessas garantias individuais variou muito de ferrovia para ferrovia e de tempos em tempos, mas, pelo menos, três das empresas mantiveram, de maneira consistente, uma força financeira suficiente para garantir a um detentor da Terminal Railway que sua obrigação seria paga sem dificuldade. Os investidores não apreciaram, em sua plenitude, a proteção superior conferida pela responsabilidade combinada das doze transportadoras em comparação com a responsabilidade individual de qualquer uma delas. O registro de preços mostra que as Kansas City Terminal Railway Company de 4% são, muitas vezes, negociadas a preços não mais altos que ativos representativos de suas empresas garantidoras individuais que, mais tarde, se revelaram questionáveis, enquanto, em nenhum momento, a segurança dos títulos da Terminal Railway foi colocada em dúvida.[12]

Pareceria uma boa política para os investidores, portanto, privilegiar títulos desse tipo, que englobam a garantia de *uma série* de empresas substanciais, em detrimento das obrigações de uma única empresa.

Títulos dos Federal Land Banks. Um aspecto um pouco diferente da garantia conjunta e individual aparece no caso importante dos títulos dos Federal Land Banks, que são garantidos por depósitos de hipotecas rurais. As obrigações de cada um dos doze bancos individuais são garantidas pelos outros onze, de modo que cada título de um Federal Land Bank é, na realidade, um passivo do sistema como um todo. Quando esses bancos foram organizados, foi criado, ao mesmo tempo, um grupo de Joint Stock Land Banks que também emitira títulos, mas as obrigações de um Joint Stock Land Bank não eram garantidas pelos outros.[13] Ambos os conjuntos de bancos rurais operavam sob a supervisão do governo dos Estados Unidos, e os títulos de ambos eram isentos de impostos federais. Quase todas as ações dos Federal Land Banks foram subscritas, originalmente, pelo governo dos Estados Unidos (que, no entanto, não assumiu qualquer responsabilidade pelos compromissos dos bancos); as ações dos Joint Stock Land Banks eram de propriedade privada.

---

12. Para dados complementares, ver apêndice C, nota 27, p. 996.

13. A palavra "*joint*" (conjunto) referia-se à propriedade das ações por várias partes, mas pode ter causado a impressão infeliz entre os investidores de que havia uma responsabilidade conjunta do grupo de bancos pelos passivos de cada um. Para uma descrição e crítica abrangente desses bancos, consultar Carl H. Schwartz, "Financial study of the Joint Stock Land Banks", Washington, 1938.

No início desse sistema duplo, os investidores estavam dispostos a considerar a supervisão federal e a isenção de impostos como uma garantia virtual da segurança dos títulos dos *Joint Stock* Land Banks, e, portanto, estavam dispostos a comprá-los com um rendimento apenas 0,5% superior ao retorno dos títulos dos *Federal* Land Banks. Ao comparar os títulos dos Joint Stock Land Banks não garantidos com os títulos federais mutuamente garantidos, as seguintes observações poderiam muito bem ter sido feitas:

1. Em caso do sucesso completo do sistema de empréstimos rurais, a garantia seria supérflua, pois cada emissão de títulos teria desfrutado, separadamente, de ampla proteção.
2. Em caso de uma quebra completa do sistema, a garantia não teria qualquer valor, pois todos os bancos estariam igualmente insolventes.
3. Para qualquer estágio intermediário entre esses dois extremos, a garantia conjunta e individual poderia ser extremamente valiosa. Isso seria particularmente verdadeiro no caso dos títulos de um distrito de crédito agrícola sujeitos a condições extremamente adversas de caráter *local*.

Considerando que o sistema de empréstimos rurais era um empreendimento novo e inédito, os investidores deveriam ter garantido, a si mesmos, a maior medida possível de proteção. Aqueles que, em seu anseio pelo rendimento adicional de 0,5%, dispensaram a garantia conjunta, cometeram um erro de avaliação óbvio.[14]

---

14. Várias emissões de títulos dos Joint Stock se tornaram inadimplentes de 1930 a 1932, uma grande parte foi negociada a preço de concordata e todas caíram para um nível de preços especulativo. Por outro lado, além de não haver inadimplência entre os títulos federais do Land Bank, seus preços sofreram uma retração relativamente moderada, permanecendo consistentemente em um nível de investimento. Essa experiência muito mais satisfatória do investidor em títulos dos Federal Land Banks deveu-se, em grande parte, ao capital adicional subscrito pelo governo dos Estados Unidos nesses bancos e à supervisão mais próxima a que estavam sujeitos, mas as garantias conjuntas e individuais, sem dúvida, acabaram constituindo um benefício considerável. Deve-se observar também que os títulos dos Joint Stock Land Banks se tornaram investimentos legais para os fundos fiduciários em muitos estados e permaneceram assim após 1932, apesar de sua segurança indubitavelmente inadequada. Em maio de 1933, os Joint Stock Land Banks foram proibidos de assumir novos negócios.

CAPÍTULO 17
ATIVOS GARANTIDOS (*CONTINUAÇÃO*)

HIPOTECAS IMOBILIÁRIAS E TÍTULOS DE HIPOTECA GARANTIDAS

A prática de garantir ativos atingiu seu patamar máximo de desenvolvimento no campo das hipotecas imobiliárias. Essas garantias são de dois tipos diferentes: a primeira é concedida por uma empresa envolvida na venda de hipotecas ou participações em hipotecas (ou por uma afiliada); a segunda e mais recente forma é a garantia dada por uma empresa fiadora independente que assume o passivo contingente mediante o recebimento de uma taxa.

A ideia subjacente às garantias de hipotecas imobiliárias é, evidentemente, a de um seguro. É vantajoso para o detentor da hipoteca proteger-se, a certo custo em termos de rendimento, contra a possibilidade de acontecimentos adversos que afetem sua propriedade específica (como uma mudança na natureza da vizinhança). Está dentro da esfera das boas práticas de seguro conceder essa proteção em troca de um prêmio adequado, desde que, é claro, todas as fases do negócio sejam tratadas com prudência. Esse acordo terá chances melhores de sucesso se:

1. os empréstimos hipotecários forem feitos de maneira conservadora em primeira instância.
2. a empresa garantidora ou fiadora for grande, bem administrada, independente da agência que vende as hipotecas, e possuir uma diversificação de negócios em outros ramos que não o dos imóveis.
3. as condições econômicas não sofrerem oscilações de intensidade anormal.

O colapso dos valores imobiliários após 1929 foi tão extremo que violou a terceira dessas condições. Em consequência, o comportamento das garantias de hipotecas imobiliárias, durante esse período, pode não oferecer uma orientação realmente justa com relação a seu valor futuro. No entanto, algumas das características que elas revelaram são dignas de comentário.

O negócio algum dia foi administrado de maneira conservadora. Em primeiro lugar, pode-se estabelecer um contraste impressionante entre a maneira pela qual os negócios de garantia de hipotecas foram conduzidos antes de 1924 e os métodos frouxos que se desenvolveram desde então, durante o mesmo período em que esse setor financeiro atingia sua maior importância.

Se considerarmos as políticas das principais instituições da cidade de Nova York que garantiam hipotecas imobiliárias (por exemplo, Bond and Mortgage Guarantee Company e Lawyers Mortgage Company), é justo dizer que o negócio foi administrado de forma conservadora durante muitos anos. O montante de cada hipoteca era limitado a não mais de 60% do valor, cuidadosamente determinado; grandes hipotecas individuais eram evitadas; e foi alcançada uma diversificação justa do risco, do ponto de vista da localização. É verdade que as empresas fiadoras não eram independentes das empresas vendedoras nem possuíam outros tipos de negócios de garantia. É verdade também que a prática geral de garantir hipotecas com vencimento apenas três a cinco anos após sua emissão continha a possibilidade, mais tarde concretizada, de uma enxurrada de obrigações vencendo em um momento extremamente inconveniente. No entanto, a conduta prudente de suas atividades lhes permitiu resistir a depressões imobiliárias severas, como as ocorridas em 1908 e 1921.

Práticas novas e menos conservadoras desenvolvidas. O *boom* de construção que se desenvolveu durante a "nova era" foi marcado por um crescimento enorme do negócio de hipotecas imobiliárias e pela prática de garantir obrigações desse tipo. Novas pessoas, novo capital e novos métodos entraram em campo. Várias pequenas empresas locais que já estavam ativas há muito tempo foram transformadas em organizações bastante agressivas, com negócios gigantescos e em âmbito nacional. Grande ênfase foi dada ao longo histórico de sucesso no passado, e o público ficou devidamente impressionado — sem perceber que o tamanho, os métodos e o pessoal haviam mudado tanto que estavam, na verdade, lidando com uma instituição diferente. Anteriormente, mostramos como os métodos de financiamento de empreendimentos imobiliários foram imprudentemente incorretos durante esse período. A fraqueza das próprias hipotecas se aplicava igualmente às garantias que frequentemente eram anexadas a elas por um valor adicional. As empresas fiadoras eram meras subsidiárias das vendedoras de títulos. Portanto, quando chegou a depressão, tanto o valor das propriedades quanto a empresa de títulos imobiliários e a empresa fiadora afiliada entraram em colapso.

Efeitos negativos da concorrência e do contágio. A ascensão de organizações de títulos imobiliários mais novas e mais agressivas teve um efeito muito infeliz nas políticas das empresas mais antigas. Pela força da concorrência, foram levadas a relaxar seus padrões de concessão de empréstimos. Hipotecas novas foram concedidas em uma base cada vez mais liberal, e quando as hipotecas antigas amadureciam, eram frequentemente renovadas por um valor maior. Além disso, o valor nominal das hipotecas garantidas subiu para um múltiplo tão alto do capital das empresas fiadoras que deveria ser óbvio que a garantia proporcionaria apenas uma proteção irrisória, no caso de uma queda generalizada dos preços.

Quando o mercado imobiliário quebrou em 1931, a primeira consequência foi o colapso total de praticamente todas as empresas de títulos imobiliários mais novas e suas empresas subsidiárias fiadoras. À medida que a depressão persistiu, as instituições mais antigas também sucumbiram. Os detentores de hipotecas ou de participações garantidas por elas (constituindo cerca de 3 bilhões de dólares garantidos apenas pelas empresas de títulos e hipotecas de Nova York) descobriram que a garantia era um mero nome e que eram inteiramente dependentes do valor das propriedades subjacentes. Na maioria dos casos, haviam sido hipotecadas em um nível muito mais alto que a prudência razoável teria indicado. Aparentemente, apenas uma fração muito pequena das hipotecas pendentes em 1932 foi criada sob as condições e os princípios conservadores que haviam prevalecido, digamos, até oito anos antes.

Garantias de empresas fiadoras independentes. Durante o período de 1924 a 1930, várias empresas independentes de garantia e fidelidade ampliaram suas operações de modo a incluir a garantia de hipotecas imobiliárias mediante o recebimento de uma taxa ou um prêmio. Teoricamente, isso deveria ter representado o método mais correto de conduzir essas operações. Além da solidez e da experiência geral da empresa fiadora, havia o fato importante de que esse fiador, sendo totalmente independente, presumivelmente teria uma atitude bastante crítica com relação aos ativos apresentados para sua garantia. No entanto, essa vantagem teórica foi compensada, em grande parte, pelo fato de as empresas de fiança terem dado início à prática de garantir títulos hipotecários imobiliários muito pouco tempo antes de sua derrocada e terem sido incentivadas pelo excesso de otimismo geral da época a cometer erros de avaliação graves. Na maioria dos casos, as perdas resultantes para as fiadoras foram maiores que conseguiam suportar; várias empresas foram forçadas a pedir concordata (principalmente a National Surety Company), e os detentores de títulos com tais garantias não conseguiram obter uma proteção abrangente.[1]

---

1. Contudo, no caso das empresas fiadoras independentes, as garantias provaram ter um valor substancial, mesmo que parcial. A massa falida da National Surety Company rendeu um grande pagamento em dinheiro aos detentores dos títulos por ela garantidos. Algumas das outras empresas conseguiram permanecer solventes ao chegar a um tipo de composição, com os detentores de títulos, que envolvia a emissão de novos títulos com garantias de juros a taxas bastante baixas, embora não

OBRIGAÇÕES DE ARRENDAMENTO EQUIVALENTES A GARANTIAS

As propriedades de uma empresa são, frequentemente, arrendadas a outra por meio de um aluguel anual fixo suficiente para pagar juros e dividendos sobre os ativos da primeira. Muitas vezes, o arrendamento é acompanhado de uma garantia específica de tais pagamentos de juros e dividendos e, de fato, a maioria das emissões empresariais garantidas se origina dessa maneira.[2] No entanto, mesmo se não há uma garantia explícita, um arrendamento ou outro contrato que forneça pagamentos anuais fixos constituirá o equivalente a uma garantia sobre os ativos da empresa arrendatária.

Exemplos: Um exemplo excelente do valor de um acordo desse tipo é oferecido pelas obrigações de 5,5% da Westvaco Chlorine Products Corporation, emitidas em 1927 e com vencimento em 1937. A Westvaco Company concordou em vender parte de sua produção a uma subsidiária da Union Carbide and Carbon Corporation, e essa empresa garantiu que pagamentos mensais suficientes para cobrir os juros e o resgate dos títulos de 5,5% seriam feitos ao agente fiduciário. De fato, esse acordo foi uma garantia dos juros e do principal do ativo da Westvaco pela Union Carbide and Carbon, uma empresa muito forte. Em razão dessa proteção e das compras contínuas de resgate efetuadas com base nela, o preço do ativo se manteve em US$ 99 ou mais em 1932-1933. Isso contrasta com um declínio no preço das ações ordinárias da Westvaco de US$ 116,50 em 1929 para US$ 3,00 em 1932. (Toda a emissão de títulos foi resgatada a US$ 100,50 em setembro de 1935.)

Outro exemplo interessante é fornecido pelas obrigações de 6,5% da Tobacco Products Corporation of New Jersey, com vencimento em 2022. As propriedades dessa empresa foram arrendadas à American Tobacco Company sob um contrato de 99 anos, que também expira em 2022 e prevê pagamentos anuais de 2,5 milhões de dólares (com o arrendador tendo o direito a encerrar o contrato mediante pagamento de uma quantia equivalente ao valor presente do aluguel, com desconto de 7% ao ano). Por meio de um dispositivo de fundo de amortização, esses pagamentos de aluguel foram calculados para serem suficientes para resgatar toda a emissão de títulos antes do vencimento, além de cobrir os juros. Essas obrigações de 6,5% da Tobacco Products eram equivalentes às obrigações fixas da American Tobacco Company. Como tal, tinham prioridade sobre as

---

do principal. Exemplos: Metropolitan Casualty Company, Maryland Casualty Company, United States Fidelity and Guaranty Company.

2. Por exemplo, as ações preferenciais da Fort Wayne de Pittsburgh e da Chicago Railway Company recebem dividendos de 7% de acordo com um contrato de arrendamento de 999 anos com a Pennsylvania Railroad Company. Esses dividendos também são garantidos pela Pennsylvania.

preferenciais da American Tobacco; os dividendos sobre as quais, é claro, não constituem um encargo fixo. Quando os títulos foram criados em 1931, o público investidor estava cético em relação à validade do arrendamento ou — mais provavelmente — não estava familiarizado com essa situação, pois as preferenciais da American Tobacco foram negociadas a um preço relativo muito mais alto que os títulos da Tobacco Products. Ao preço mínimo de US$ 73 em 1932, os títulos rendiam 8,9%, enquanto as preferenciais da American Tobacco eram negociadas a US$ 95, para render 6,32%. Em janeiro de 1935, o arrendamento foi encerrado por meio de um pagamento fixo, resultando no resgate dos títulos de 6,5% da Tobacco Products ao valor nominal.

Importância dos termos específicos de arrendamento.
Exemplo:
Da mesma forma que no caso dos ativos garantidos, os detalhes do contrato de arrendamento podem ter uma influência vital sobre o *status* da emissão que dele se beneficia. Alguns dos elementos aqui envolvidos são ilustrados pelo exemplo a seguir. Os títulos da Georgia Midland Railway First, de 3%, com vencimento em 1946, não eram garantidos, mas havia uma propriedade arrendada à Southern Railway até 1995, com um aluguel igual ao valor dos juros atuais dos títulos. (Preço em janeiro de 1939, US$ 35.)

Nesse caso, o contrato de arrendamento equivale integralmente à garantia de juros até o vencimento e muito além. O valor da garantia em si depende da solvência da Southern Railway. O *status* da emissão de títulos no vencimento, em 1946, também depende de vários outros fatores:

1. O valor de mercado de um contrato de arrendamento a longo prazo da Southern Railway. Se as taxas de juros forem baixas o suficiente e se o crédito da Southern Railway for alto o suficiente, a emissão poderá ser refinanciada à mesma taxa de juros de 3%, por um prazo mais longo. (Isso parece muito pouco provável em 1939.)
2. O valor da quilometragem das linhas da Georgia Midland. Se essa quilometragem realmente gerar lucros substancialmente mais altos que o aluguel pago, é provável que a Southern Railway faça um esforço especial para pagar os títulos no vencimento, por medo de perder o controle da propriedade. Isso envolveria um acordo para pagar um aluguel (ou seja, taxa de juros) mais alto, conforme necessário para permitir a prorrogação ou refinanciamento do vencimento do título. (No entanto, dados de densidade de tráfego em mãos particulares, em 1939, indicavam que essa quilometragem não era uma parte valiosa do Southern Railway System.)

3. Pagamento possível por razões de conveniência etc. Se a Southern Railway for próspera em 1946, poderá pagar esse título no vencimento apenas para evitar a insolvência de parte do sistema. Existe também a possibilidade técnica de que, pelos termos de sua hipoteca central de desenvolvimento "abrangente" (de acordo com a qual títulos suficientes são reservados para refinanciar os papéis de 3% da Georgia Midland no vencimento), a Southern Railway possa ser considerada como tendo assumido um compromisso de fazer provisões para pagar esses títulos em 1946. (Nesse caso também, assim como nos dois parágrafos anteriores, o detentor de títulos, em 1939, não poderia ter muita confiança na solidez de sua posição).

A discussão anterior talvez forneça uma explicação adequada para o baixo preço das Georgia Midland de 3% no início de 1939. É interessante observar, como um elemento da análise de investimentos, que o fato principal nessa situação — a natureza deficitária da milhagem coberta — não era uma questão de registro público, mas exigia verificação por meio de fontes de informação suplementares.

Ativos garantidos frequentemente subvalorizados. O exemplo da Tobacco Products ilustra a subvalorização bastante frequente dos ativos garantidos ou quase garantidos em comparação com outros ativos da empresa fiadora. Um exemplo bem conhecido foi o dos títulos da San Antonio and Aransas Pass Railway Company First, de 4%, com vencimento em 1943, garantidas quanto ao principal e aos juros pela Southern Pacific Company. Embora gozassem de uma garantia hipotecária, além dessa garantia, foram negociadas regularmente a preços que produziam retornos mais altos que os compromissos não garantidos da Southern Pacific.[3]

Exemplos: Um contraste mais marcante foi proporcionado pelo preço das ações preferenciais e secundárias, respectivamente, da Barnhart Bros. e da

---

3. Arthur S. Dewing faz as seguintes observações com relação aos títulos garantidos: "No entanto, pode haver casos em que uma *holding* ou empresa controladora pague os juros ou contratos de arrendamento relacionados a títulos de uma subsidiária não rentável por razões estratégicas". (Aqui são apresentados exemplos, incluindo detalhes sobre as ações principais da San Antonio and Aransas Pass de 4%, com vencimento em 1943, mostrando a incapacidade do emissor em cobrir seus encargos na maioria dos anos.) "No entanto, sua importância [da San Antonio and Aransas Pass Railway] para as linhas da Southern Pacific Company é tal que a empresa sabiamente cobre o déficit de juros dos títulos [...] Apesar de tais casos, a regra certa é que quase sempre a solidez de um título garantido não é maior do que a da empresa que o emite e a lucratividade da propriedade diretamente coberta por ele" (Arthur S. Dewing, *A study of corporation securities*. Nova York, Ronald Press Co., 1934, p. 293-297). Parece claro para nós que essas declarações interpretam mal a natureza essencial da obrigação sob garantia. A Southern Pacific cobriu o déficit de juros dos títulos da San Antonio and Aransas Pass não por "sabedoria", mas por compulsão. A solidez de um título garantido *pode ser muito maior que* a da empresa que a emite, uma vez que essa solidez repousa no direito duplo do detentor sobre a empresa emissora e a fiadora.

Spindler Company (ambas garantidas quanto ao principal e aos dividendos pela American Type Founders Company) em relação ao preço das ações preferenciais da própria fiadora, que não era um compromisso fixo. Exemplos adicionais disso podem ser dados pelo preço das preferenciais da Huylers of Delaware, Inc., garantidas pela Schulte Retail Stores Corporation, em comparação com o preço das preferenciais da Schulte, e pelo preço das preferenciais garantidas da Armour and Company of Delaware, em comparação com as ações preferenciais da garantidora, a Armour and Company of Illinois. Algumas cotações comparativas relacionadas a esses exemplos são fornecidas a seguir.

PREÇOS COMPARATIVOS E RENDIMENTOS DOS
ATIVOS GARANTIDOS E DA FIADORA*

Ativo	Data	Preço	Rendimento (%)
San Antonio & Aransas Pass 1ª 4%/1943 (gar.)	2 jan., 1920	56,25	8,30
Southern Pacific Co. Debenture 4%/1929	2 jan., 1920	81	6,86
Barnhart Bros. & Spindler 7% 1ª pref. (gar.)	preço mínimo em 1923	90	7,78
Barnhart Bros. & Spindler 7% 2ª pref. (gar.)	preço mínimo em 1923	80	8,75
American Type Founders 7% pref.	preço mínimo em 1923	95	7,37
Huyler's of Delaware 7% pref. (gar.)	11 abril, 1928	102,5	6,83
Schulte Retail Stores 8% pref.	11 abril, 1928	129	6,20
Armour of Delaware 7% pref. (gar.)	13 fev., 1925	95,125	7,36
Armour of Illinois 7% pref.	13 fev., 1925	92,56	7,54

* Se o leitor acompanhar a história subsequente dos diversos ativos nesta tabela, encontrará uma grande variedade de destinos, incluindo a admissão por meio de fusão (San Antonio and Aransas Pass Railroad), resgate (Barnhart Bros. and Spindler) e inadimplência (Huylers of Delaware, Inc.). Contudo, o fato de que os ativos garantidos estavam relativamente subvalorizados fica demonstrado pela trajetória futura de cada caso.

É óbvio que, em casos desse tipo, trocas vantajosas podem ser feitas, de um ativo com rendimento menor por um com rendimento maior, sem comprometimento da segurança, ou para um ativo muito mais garantido, com um sacrifício pequeno de rendimento e, às vezes, com um ganho real.[4]

---

4. Para uma discussão concisa de certas fases interessantes de garantias e arrendamentos, conforme ilustrado pelas situações da New York & Harlem Railroad e da Mobile & Ohio Railroad, ver apêndice C, nota 28, p. 997.

INCLUSÃO DE GARANTIAS E ARRENDAMENTOS NO CÁLCULO DOS ENCARGOS FIXOS

Todos os compromissos equivalentes aos juros de títulos devem ser incluídos nos encargos de juros de uma empresa na hora de calcular a cobertura para suas emissões de títulos. Isso já foi explicado com alguns detalhes em relação aos encargos fixos das ferrovias e foi abordado, brevemente, em nossa discussão sobre os títulos das prestadoras de serviços públicos. O procedimento nesses grupos não apresenta dificuldades especiais. Porém, no caso de certos tipos de indústrias, o tratamento dos arrendamentos e das garantias pode apresentar variações confusas. Essa questão é de importância especial no caso de empresas varejistas, companhias de teatro, etc., nas quais os aluguéis ou outros compromissos relacionados a edifícios ocupados podem ser um elemento importante no quadro geral. O edifício pode ser de propriedade da empresa e pago por meio de uma emissão de títulos, caso em que o compromisso será plenamente divulgado no balanço patrimonial e no demonstrativo de receita. Porém, se outra empresa ocupa um edifício semelhante com um contrato de arrendamento a longo prazo, nenhuma medida separada do compromisso de aluguel aparecerá no demonstrativo de receitas e nenhuma indicação disso será encontrada no balanço patrimonial. A segunda empresa pode parecer mais sólida que a primeira, mas isso é apenas porque seus compromissos não foram revelados; em essência, ambas as empresas estão carregando um fardo semelhante. Por outro lado, a propriedade das instalações sem qualquer ônus traz uma vantagem importante (sobretudo do ponto de vista das ações preferenciais) sobre a operação de um arrendamento a longo prazo, embora a estrutura de capitalização não revele essa vantagem.

Exemplos: Se as ações preferenciais da Interstate Department Stores tivessem sido comparadas com as da The Outlet Company em 1929, os dois demonstrativos poderiam ter parecido bastante semelhantes; a cobertura dos lucros foi, em média, igual, e nenhuma empresa demonstrava qualquer passivo relacionado a títulos ou hipotecas. Entretanto, a posição da Outlet era, na realidade, de longe a mais forte, uma vez que era dona de seus terrenos e edifícios, enquanto os locais da Interstate (com uma pequena exceção) eram arrendados. O efeito real dessa situação foi estabelecer um compromisso fixo substancial com privilégios sobre as ações preferenciais da Interstate Department Stores, o que não existia no caso da Outlet. No campo das lojas de departamentos, uma observação semelhante se aplicaria a uma comparação entre as preferenciais da J. C. Penney e as da S. H. Kress em 1932, pois a última empresa era dona de mais da metade de suas lojas, enquanto quase todos os locais da Penney eram arrendados.

Passivos de arrendamentos geralmente desprezados. A questão das responsabilidades derivadas dos arrendamentos a longo prazo recebeu muito pouca atenção do mundo financeiro, até que seu significado foi enfatizado de maneira contundente em 1931 e 1932, quando os níveis altos de aluguel assumidos nos anos de *boom* anteriores se mostraram intoleravelmente onerosos para muitas empresas varejistas.

Exemplo: A influência desse fator sobre um suposto ativo com grau de investimento é demonstrada com força impressionante no caso das preferenciais da United Cigar Stores. Esse ativo e seu antecessor demonstraram por muitos anos todos os sinais de estabilidade e foram negociados a um preço consistentemente elevado. Em 1928, a empresa reportou que não havia "dívida financiada" e que seus lucros eram iguais a cerca de sete vezes os dividendos preferenciais. No entanto, os passivos relativos a seus contratos de arrendamento a longo prazo (e à cobertura de propriedades adquiridas por suas subsidiárias) eram tão esmagadores que foi preciso recorrer à falência em 1932, e as ações preferenciais foram ameaçadas de extinção.

Tais passivos complicam a análise. Deve-se admitir que, no caso das empresas em que o fator arrendamento é importante, sua presença dificulta bastante toda a questão da análise dos títulos ou ações preferenciais. Felizmente, o investidor agora possui alguns dados sobre a extensão de tais compromissos de arrendamento mercantil, uma vez que agora precisam ser resumidos nas declarações de registro informadas à Securities and Exchange Commission e os pagamentos efetivos dos contratos de arrendamento devem ser declarados a cada ano (no Formulário 10-K).[5] Contudo, permanece o problema de saber se esses arrendamentos devem ou não ser tratados, no todo ou em parte, como o equivalente a encargos fixos. Até certo ponto, certamente, assemelham-se mais às despesas gerais fixas — por exemplo, depreciação, impostos, despesas gerais —, as quais não se convenciona agregar aos juros dos títulos para determinar uma margem de segurança. Um tipo de solução é óbvio: se a empresa atender ao teste dos lucros, mesmo depois de adicionar os arrendamentos pagos aos juros dos títulos, a situação do arrendamento não precisa preocupar o investidor.

---

5. Os formulários da Securities and Exchange Commission agrupam aluguéis e *royalties*, mas no caso típico todo esse item se refere a arrendamentos e pode ser tratado como tal.

Exemplo:

SWIFT COMPANY DE 3,75%, COM VENCIMENTO EM 1950

	Resultados médios 1934-1938
Saldo para dividendos	US$ 8.630.000
Juros pagos	US$ 2.107.000
Arrendamentos pagos	US$ 996.000
Lucros/juros	5,1 vezes
Lucros/juros e arrendamentos	3,8 vezes

Acreditamos, no entanto, que não seria justo nem praticável exigir que toda empresa cumpra um teste tão severo. Pode-se propor uma sugestão intermediária baseada em alguns estudos de demonstrativos reais, a saber: (1) que um terço dos aluguéis anuais (para área construída) sejam incluídos com os encargos fixos (e dividendos preferenciais), para entrar no cálculo da cobertura dos lucros; e (2) que, no caso de estabelecimentos varejistas (cadeias de lojas, lojas de departamentos), a cobertura mínima exigida para juros mais um terço dos aluguéis seja reduzida de três para dois. Essa redução reconheceria a estabilidade relativa dos negócios de varejo após um ajuste para os encargos especiais associados ao fator de arrendamento. A cobertura correspondente necessária para as ações preferenciais de uma empresa de varejo seria reduzida de 4 vezes para 2,5 vezes.

Exemplos:

(A) EMISSÃO DE TÍTULOS DE 3,5% DA NÃO VAREJISTA LOEW'S, INC., COM VENCIMENTO EM 1946

	Resultados médios entre agosto de 1934 e agosto de 1938
Saldo para dividendos	US$ 10.097.000
Juros (e dividendos pref. de subsidiárias) pago	US$ 2.614.000
Um terço de arrendamentos pagos	US$ 1.107.000
Lucros, etc./juros	4,86 vezes
Lucros/juros e um terço de arrendamentos	3,71 vezes

(B) AÇÕES PREFERENCIAIS DE EMPRESAS VAREJISTAS

	Resultados médios entre 1934 e 1938	
	McCrory Stores Corp.	McLellan Stores Co.
	Preferenciais de 6%	Preferenciais de 6%
Saldo para ordinárias	US$ 1.682.000	US$ 1.148.000
Juros sobre títulos	cerca de US$ 200.000	
Um terço de arrendamentos	US$ 770.000*	US$ 434.000
Dividendos preferenciais	US$ 300.000	US$ 180.000
Lucros/dividendos preferenciais (e juros)	4,36 vezes	7,38 vezes
Lucros/dividendos preferenciais, juros e um terço dos arrendamentos	2,33 vezes	2,87 vezes

* média em 1935-1938.

Conclusões: Os títulos de 3,5% da Loew's passam em nosso teste quantitativo para emissões de títulos não varejistas. As preferenciais da McLellan passam, mas as preferenciais da McCrory não passam em nosso teste sugerido para ações preferenciais de varejistas.

Os quatro exemplos anteriores ilustram uma técnica simplificada para medir a cobertura dos lucros. Em vez de calcular primeiro o valor disponível para os encargos, dividimos os encargos (e os dividendos preferenciais) pelo saldo após encargos (e dividendos preferenciais) e adicionamos um ao quociente.

O leitor deve se precaver de que esses padrões sugeridos e os cálculos que os ilustram são submetidos com certa hesitação. Representam uma novidade no método analítico; os dados dos pagamentos dos arrendamentos são encontrados apenas após algum esforço; o mais grave de tudo, os padrões aritméticos propostos são arbitrários e talvez não sejam os melhores que podem ser criados. Podemos salientar, ainda, que esse teste novo pode produzir alguns resultados inesperados. Observe que as preferenciais da McLellan foram negociadas (em 1939) a um preço mais baixo que as da McCrory — um ponto que pode ser justificado por outros fatores. Observe ainda que, se o mesmo cálculo acima fosse aplicado às preferenciais da W. T. Grant de 5% — uma emissão de preço alto, cujos lucros superaram os dividendos em quase dez vezes em 1934-1938 —, descobriríamos que o dividendo preferencial mais um terço dos arrendamentos foi coberto um pouco menos de 2,5 vezes.[6]

---

6. Essas ações, com valor nominal de US$ 20, foram negociadas a US$ 25 em 1939, embora fossem resgatáveis a US$ 22.

***Status* das obrigações garantidas.** Algumas observações adicionais podem apropriadamente ser feitas quanto ao cálculo da cobertura dos lucros no caso das obrigações garantidas. No caso típico, as propriedades envolvidas na garantia fazem parte da empresa como um todo; então, tanto os lucros como os pagamentos garantidos são incluídos em um único demonstrativo de resultados.

Exemplo: As Neisner Realty Corporation de 6%, com vencimento em 1948, são garantidas pela Neisner Brothers, Inc. As operações da empresa e seus encargos de juros estão incluídos na demonstração consolidada da controladora.

Quando o ativo garantido é vinculado a uma propriedade operada em separado, sua posição pode depender de seus resultados ou dos resultados do fiador. Portanto, é necessário que o ativo passe apenas em um dos três testes alternativos, com base em (1) lucros da empresa emissora, independentemente da garantia, (2) lucros e encargos combinados das empresas emissora e fiadora ou (3) lucros da empresa fiadora aplicados a seus encargos mais suas garantias.

Exemplos: a. As Indiana Harbor Belt General de 4% e 4,5%, com vencimento em 1957. Garantidas quanto ao principal e aos juros pela New York Central Railroad e uma subsidiária importante. O Standard Statistics Bond Guide fornece como cobertura de juros aquela do fiador, o New York Central System. Contudo, o desempenho da própria empresa é muito melhor, por exemplo:

	Lucros como encargos ganhos	
	New York Central System	Indiana Harbor Belt
1938	0,59 vez	2,98 vezes
1937	1,12 vez	3,81 vezes

b. Essa é a situação típica em que a cobertura é calculada com base em um demonstrativo de receitas consolidado, incluindo as operações da controladora (fiadora) e de suas subsidiárias garantidas.

c. As Minneapolis, St. Paul and Sault Sainte Marie de 5,5%, com vencimento em 1978, garantidas quanto aos juros pela Canadian Pacific Railway. A "linha Soo" apresenta lucros que cobrem apenas uma pequena parte dos encargos totais de juros. A cobertura para esse ativo pode ser mais bem calculada aplicando-se os lucros da Canadian Pacific Railway ao total de seus encargos de juros acrescidos dos juros garantidos nessas e em outros títulos garantidos pela Canadian Pacific Railway.

TÍTULOS DE EMPRESAS SUBSIDIÁRIAS

Os títulos da subsidiária de uma empresa forte são, em geral, considerados bem protegidos, com base na teoria de que a empresa controladora cuidará de todos os compromissos de seus integrantes. Esse ponto de vista é incentivado pelo método comum de estabelecimento de demonstrativos de receitas consolidados, segundo as quais todos os juros dos títulos das subsidiárias aparecem como um encargo sobre todos os lucros combinados, com prioridade sobre as ações preferenciais e ordinárias da controladora. Se, no entanto, a empresa-mãe não for contratualmente responsável pelos títulos das subsidiárias, por garantia ou arrendamento (ou por assumi-las diretamente), essa forma de demonstrativo poderá ser enganosa. Se uma subsidiária específica se mostra deficitária, é possível que os juros de seus títulos não sejam pagos pela controladora, que pode estar disposta a perder seu investimento nessa parte de seus negócios e entregá-lo aos detentores dos títulos da subsidiária. Esse acontecimento não é comum, mas sua possibilidade foi demonstrada enfaticamente, em 1932-1933, pela história das obrigações de 5% da United Drug Company, com vencimento em 1953.

Exemplos: A United Drug era uma subsidiária importante da Drug, Inc., que regularmente recebia e pagava dividendos volumosos, ganhou principalmente com a fabricação de medicamentos patenteados e outras drogas. Na primeira metade de 1932, o demonstrativo de receitas consolidado apresentou lucros iguais a dez vezes os juros das obrigações de 5% da United Drug, e o desempenho, em anos anteriores, foi ainda melhor. Embora esse ativo não tenha sido assumido ou garantido pela Drug, Inc., os investidores consideraram o desempenho conjunto tão favorável a ponto de garantir a segurança das United Drug de 5%. No entanto, a United Drug possuía, como parte de seus ativos e negócios, ações da Louis K. Liggett Company, que operava um grande número de drogarias e estava sobrecarregada em razão de um problema com aluguéis altos, semelhante ao da United Cigar Stores. Em setembro de 1932, a Liggett notificou seus locadores de que, a menos que os aluguéis fossem reduzidos, ela seria forçada a pedir falência.

Esse anúncio mostrou aos investidores de maneira enfática o fato de que a ainda próspera Drug, Inc. não estava disposta a assumir a responsabilidade pelos passivos de sua subsidiária (indireta), a Liggett, e eles imediatamente ficaram nervosamente conscientes do fato de que a Drug, Inc. também não era responsável pelos pagamentos dos juros das United Drug de 5%. Como resultado dessa descoberta, os preços desses títulos caíram de US$ 93, no início do ano, para US$ 42. Neste último valor, os US$ 40 milhões das United

Drug de 5% estavam sendo cotados a apenas US$ 17 milhões, embora as ações da controladora ainda estivessem sendo negociadas por mais de US$ 100 milhões (3,5 milhões de ações a cerca de US$ 30). No ano seguinte, a Drug, Inc., System foi voluntariamente dissolvida em suas partes componentes — um acontecimento pouco comum — e a United Drug Co. retomou sua existência totalmente separada. (Desde então, tem apresentado uma cobertura inadequada para os títulos de 5%.)

As ações preferenciais consolidadas da Traction Company, de New Jersey, de 5%, eram títulos de uma subsidiária grande, porém deficitária, da Public Service Corporation, de New Jersey. Os títulos não eram garantidos pela controladora. Quando venceram em 1933, muitos dos detentores aceitaram uma oferta de US$ 65 feita pela controladora por seus títulos.

As Saltex Looms, Inc., 1ª de 6%, com vencimento em 1954, eram obrigações de uma subsidiária da Sidney Blumenthal & Co., Inc., mas de forma alguma garantidas pela controladora. Os demonstrativos contábeis consolidados da Blumenthal deduziam regularmente os juros dos títulos da Saltex antes de mostrar o valor disponível para suas ações preferenciais. No entanto, os juros dos títulos deixaram de ser pagos em 1939; em 1940, os títulos foram negociados a US$ 7, enquanto as preferenciais da Blumenthal eram cotadas acima de US$ 70.

Análise separada da cobertura dos juros das subsidiárias é essencial. Esses exemplos sugerem que, assim como os investidores tendem a subestimar o valor de uma garantia dada por uma empresa forte, às vezes, cometem o erro oposto e atribuem importância indevida ao fato de uma empresa ser controlada por outra. Do ponto de vista do investimento de renda fixa, nada de importante pode ser considerado garantido. Portanto, um título de uma subsidiária não deve ser adquirida com base no desempenho de sua empresa controladora, a menos que esta assuma a responsabilidade direta pelo título em questão. Em outros casos, o desempenho da subsidiária em si pode oferecer a única base para a aceitação de suas emissões de títulos.[7]

Se essa discussão for comparada à discussão da página 221, pode-se verificar que os investidores em títulos de uma *holding* devem insistir em uma

---

7. Por uma questão prática, o interesse financeiro da controladora em sua subsidiária e outras razões comerciais podem resultar na proteção dos títulos da última, mesmo que isso não seja obrigatório. Isso seria uma consideração válida, no entanto, apenas para decidir sobre uma compra de forma *especulativa* (ou seja, com uma oportunidade de lucro sobre o principal), mas não justificaria a compra do título pelo preço de investimento total. Concretamente, isso poderia ter tornado as United Drug de 5% uma excelente especulação a US$ 45, mas eram um investimento fraco a US$ 93.

demonstrativo de receitas consolidado, na qual os juros das subsidiárias — garantidos ou não — são apresentados como um encargo prévio; porém, os compradores de títulos não garantidos de *subsidiárias* não podem aceitar esses relatórios consolidados como uma demonstração de sua segurança e devem exigir um demonstrativo que cubra apenas a subsidiária. Esses demonstrativos podem ser obtidos com alguma dificuldade, como era o caso das United Drug de 5%, mas devem ser exigidos.

CAPÍTULO 18
DISPOSITIVOS DE PROTEÇÃO E RECURSOS DOS DETENTORES DE ATIVOS PRIVILEGIADOS

Neste e nos dois capítulos seguintes, analisaremos os dispositivos geralmente implementados para proteger os direitos dos detentores de títulos e de ações preferenciais contra a deterioração de seus bens e as várias linhas de atuação que podem ser seguidas em caso de não cumprimento dos compromissos pela empresa. Nosso objetivo aqui, como em todo este livro, não é fornecer informações facilmente disponíveis em outros lugares, mas sujeitar as práticas atuais a um exame crítico e sugerir melhorias viáveis nelas em benefício dos detentores de ativos como uma classe. Nesse sentido, também pode ser encontrado um exame dos acontecimentos recentes no campo dos procedimentos de reestruturação.

Dispositivos escriturais ou de contratos sociais projetados para proteger o detentor de ativos privilegiados. O contrato entre uma empresa e os proprietários de seus títulos é um documento chamado escritura de fideicomisso ou contrato social. Os acordos correspondentes, relativos aos direitos dos acionistas preferenciais, estão estabelecidos nos artigos, ou certificado, de incorporação. Esses instrumentos costumam conter dispositivos destinados a impedir atos por parte da empresa que sejam prejudiciais aos detentores de ativos privilegiados e a fornecer recursos em caso de acontecimentos desfavoráveis. As ocorrências mais importantes para as quais tais dispositivos são projetados podem ser listadas nos seguintes tópicos:

1. No caso dos títulos:
   a. Falta de pagamento de juros, principal ou fundo de amortização.
   b. Inadimplência com outros compromissos ou concordata.
   c. Emissão de novas dívidas garantidas.
   d. Diluição de um privilégio de conversão (ou subscrição).
2. No caso das ações preferenciais:
   a. Falta de pagamento de dividendos preferenciais (cumulativos) por um período.
   b. Criação de dívida financiada ou de uma emissão de ações privilegiada.
   c. Diluição de um privilégio de conversão (ou subscrição).

Um dispositivo frequente, mas menos comum, exige a manutenção do capital de giro em certa porcentagem da dívida financiada por títulos no caso de indústrias. (No caso de títulos de fundos de investimento ou *holdings*, é o valor de mercado de todos os ativos que está sujeito a esse dispositivo.)

Os recursos fornecidos aos detentores de títulos nos casos de 1a e 1b são razoavelmente bem padronizados. Qualquer um desses acontecimentos indesejáveis é designado como um "evento de inadimplência" e permite ao agente fiduciário declarar o principal da emissão de títulos vencido e pagável antes da data de vencimento especificada. Os dispositivos nas escrituras relacionados a isso são conhecidos como "cláusulas de aceleração". Seu objetivo principal é permitir que os detentores de títulos afirmem a totalidade de seus direitos em concorrência com os outros credores.

Aspectos contraditórios dos direitos legais dos detentores de títulos. Ao considerar esses dispositivos de um ponto de vista crítico, devemos reconhecer que existem aspectos contraditórios na questão dos direitos legais dos detentores de títulos. Concordata[1] é uma palavra temida em Wall Street; sua ocorrência costuma significar uma queda drástica no preço de todos os ativos da empresa, incluindo os títulos em "benefício" das quais a concordata foi instituída. Como vimos antes, a avaliação do mercado de um título inadimplente não é maior, em geral, e talvez seja menor que a de uma ação preferencial sem pagamento de dividendos de uma empresa solvente.

Surge, portanto, a questão de saber se os detentores de títulos não estariam em uma situação melhor se não tivessem qualquer direito executório sobre o principal ou os pagamentos de juros *se as condições fossem tais que impossibilitassem o pagamento imediato*. Nessas ocasiões, os direitos legais do detentor de títulos aparentemente funcionam apenas para arruinar a empresa sem beneficiar o detentor do título. Se os juros ou principal não forem pagos de qualquer maneira, não seria do interesse dos detentores de títulos adiar a data do pagamento e manter a empresa longe dos tribunais?

---

1. Antigamente, o termo "concordata" era conveniente, sendo aplicado a todo tipo de dificuldade financeira que envolvia os tribunais. Como resultado da Lei Chandler (Lei de Falências de 1938), os administradores foram, em grande parte, substituídos por comissários. Sem dúvida, a palavra "falência" vai continuar sendo usada — pelo menos durante algum tempo —, uma vez que os termos "comissário" e "falência" não são satisfatórios, sendo o primeiro um tanto ambíguo e o segundo carregado de conotação de seriedade excessiva. "Insolvência" é uma palavra adequada, mas difícil de usar às vezes. Os chamados "receptores de patrimônio" ainda vão ser nomeados, no futuro, em conexão com ações judiciais de acionistas, liquidações voluntárias e outros assuntos especiais.

Insolvência e reestruturação societária. Essa questão nos leva ao campo amplo da insolvência e das reestruturações de empresas. Devemos tentar, o mais breve possível, primeiro, descrever o procedimento seguido antes do surgimento das emendas à legislação em 1933; segundo, resumir as mudanças provocadas pelos estatutos recentes; e, finalmente, avaliar a posição do detentor de títulos como aparece agora. (Esta última será bastante difícil, uma vez que as novas leis ainda não tiveram tempo de mostrar seus méritos ou deficiências na prática.)

O antigo padrão de reestruturação societária costumava ser o seguinte: a incapacidade de pagar juros ou o principal da dívida levava a uma solicitação de instalação de um administrador pela própria empresa.[2] Era costume selecionar um tribunal "amigo"; o administrador da concordata costumava ser o presidente da empresa; os interesses dos detentores de títulos eram representados por comitês de proteção geralmente formados pelos bancos de investimento que haviam colocado os ativos no mercado. Um plano de reestruturação era acordado pelos comitês e depois aprovado pelo tribunal. O plano costumava representar um meio-termo entre os interesses conflitantes dos diversos tipos de detentores de ativos e, de acordo com ele, de um modo geral, todos mantinham alguma participação na empresa nova e todos faziam algum sacrifício. (Em numerosos casos, no entanto, ativos pequenos e bem estabelecidos no topo da escala eram pagos ou não eram atingidos; em situações desesperadoras, as ações eram, por vezes, completamente exterminadas.) A mecânica real da reestruturação se dava por meio de uma venda de execução de hipoteca ou de falência. As propriedades eram compradas em nome dos detentores de ativos que concordavam; e os credores que se recusassem a participar recebiam em dinheiro sua parcela proporcional, caso houvesse, do preço de venda. Esse preço era, em geral, tão baixo que era melhor para todos participar do plano e receber ativos novos, em vez de ficar de fora e receber dinheiro.

Entre 1933 e 1939, esse procedimento foi completamente transformado por uma série de leis corretivas, das quais a mais importante foi a Lei Chandler. Essa lei foi concebida para remediar duas situações: por um lado, a necessidade de pagar os detentores de títulos que não concordavam com o plano se transformara em um dilema; por outro lado, os preços indevidamente baixos

---

2. Outros "eventos de inadimplência" — por exemplo, a incapacidade de atender às exigências de fundos de amortização ou de capital de giro — raramente resultavam em liquidação. Quase sempre, os detentores de títulos preferem ignorar ou negociar esses assuntos, em vez de se prejudicarem ao jogar a empresa nos tribunais.

de "crise", ou mínimos, de venda de execuções hipotecárias eram malvistos pelos tribunais, enquanto o pagamento de um preço justo muitas vezes envolvia um problema insuperável que era encontrar dinheiro. Mais sério foi o fato de que toda a mecânica de reestruturação tendia a manter o domínio completo da situação nas mãos do antigo grupo controlador — que pode ter sido ineficiente ou até desonesto e que certamente tinha interesses especiais para defender.

A partir das mudanças de 1933, foi estabelecida uma técnica de reestruturação segundo a qual um plano aceito por dois terços dos credores e pela maioria dos acionistas (se tivessem algum "patrimônio") e aprovado pelo tribunal vinculava todos os detentores de ativos. Isso acabou com o dispositivo pesado e questionável das vendas de execuções hipotecárias. Conforme aperfeiçoado pela Lei Chandler e pela Lei de Escrituras de 1939, o novo procedimento para outras empresas que não as ferrovias inclui os seguintes pontos importantes adicionais:[3]

1. A empresa deve ser transferida para, pelo menos, um comissário imparcial. Esse comissário deve decidir se alguma reclamação precisa ser feita contra a antiga administração e também se a empresa deve ou não continuar funcionando.
2. A responsabilidade pela elaboração de um plano de reestruturação recai sobre três agências imparciais: (1) o comissário, que deve apresentar o plano em primeira instância; (2) a Securities and Exchange Commission (quando o passivo exceder US$ 3 milhões), que pode submeter um parecer consultivo sobre o assunto; (3) e o juiz, que deve aprová-lo oficialmente. Embora os detentores de ativos e seus comitês de proteção possam fazer sugestões, sua aceitação não é solicitada até que as agências imparciais tenham concluído seu trabalho. Além disso, foram agora concedidos poderes aparentemente amplos aos tribunais para forçar as classes de detentores que não aprovaram o plano na porcentagem necessária a fazê-lo; porém, a extensão exata desses poderes ainda é incerta.

---

3. Os dispositivos 1 a 4 que aparecem no capítulo X da Lei Chandler são uma consequência da famosa seção 77B, adicionada à antiga lei de falências em 1933. As reestruturações das ferrovias são regidas pela seção 77, a qual foi incorporada intacta pela Lei Chandler, e pelo capítulo XV, adicionado em 1939. Existe também um processo com base no capítulo XI, nos termos da Lei Chandler, referente a "acordos" somente de dívida não garantida. Pode-se observar o recurso a esses procedimentos pela Haytian Corporation, em 1938, e pela United States Realty and Improvement Company, em 1939. No último caso, o único dispositivo afetado foi a garantia das Trinity Buildings Corporation de 5,5%, e a empresa procurou manter sua estrutura inalterada. Dificuldades surgiram, e os processos foram substituídos por outros.

3. O plano de reestruturação deve atender a vários padrões de justiça prescritos nos estatutos, incluindo dispositivos relativos ao poder de voto, publicação de relatórios, etc. O tribunal deve especificamente aprovar a nova administração.
4. As atividades dos comitês de proteção estão sujeitas a escrutínio e supervisão rigorosos. Os custos de reestruturação de todos os tipos, incluindo qualquer espécie de compensação, devem receber aprovação judicial.
5. Em comparação com o procedimento de reestruturação propriamente dito, a Lei de Escrituras de Fideicomisso estipula uma série de exigências para os comissários que atuam de acordo com as escrituras de títulos. Elas são projetadas para evitar certos conflitos de interesse que causaram muitas reclamações no passado e também para assegurar uma atitude mais ativa por parte do comissário em benefício dos detentores de títulos.

Não temos dúvida de que, no caso típico, a legislação recente[4] será muito benéfica. Deve eliminar vários dos abusos anteriormente associados a concordatas e reestruturações. Precisa também acelerar, materialmente, o processo de reajuste. Isso deve ser verdade, sobretudo, depois que padrões mais definidos de equidade nos planos de reestruturação forem estabelecidos, para que não haja tanto espaço como existiu até agora para disputas prolongadas entre os diferentes tipos de detentores de ativos.[5]

Solução alternativa sugerida. Apesar dessas reformas indubitáveis nas técnicas de reestruturação, seremos bastante ousados para arriscar afirmar que o procedimento de proteção ideal para os detentores de títulos será encontrado em recursos mais simples. Em nossa opinião — dada uma estrutura de dívida suficientemente simples — a melhor solução para todos os danos sofridos pelos detentores de títulos é conferir-lhes o controle imediato dos

---

4. Legislação análoga à mecânica dos dispositivos da seção 77B e da Lei Chandler foi aplicada aos reajustes imobiliários por meio das Leis Schackno e Burchill, aprovadas pelo Legislativo do estado de Nova York, em 1933. No mesmo ano, a Lei de Arranjo dos Credores das Companhias, adotada no Canadá, dispunha que as empresas canadenses insolventes poderiam escapar aos procedimentos previstos na Lei de Falências e fazer acordos com os credores com a aprovação do tribunal. Quando aprovados adequadamente, tais acordos vinculam os grupos minoritários. Ver William S. Lighthall, *The dominion companies act, 1934*. Montreal, Southam Press Montreal Limited, 1935, p. 289, 345 ss.

5. As decisões da Securities and Exchange Commission e as conclusões da Interstate Commerce Commission sobre as reestruturações de ferrovias têm sido fortemente direcionadas a eliminar os acionistas, quando parece não haver chance de que os lucros vão cobrir os encargos de juros do passado. Para uma discussão sobre esse ponto, ver Benjamin Graham, "Fair reorganization plans under chapter X of the Chandler Act", *Brooklyn Law Review*, dez. 1938. Apesar das melhorias na lei, as reestruturações de ferrovias vêm sofrendo atrasos extraordinários desde 1933. No entanto, em nossa opinião, isso não se deve tanto às fraquezas remanescentes da lei, mas ao problema gigantesco de conceber planos equitativos para estruturas empresariais extremamente complexas, quando a questão da lucratividade futura era altamente controversa e de importância crítica.

votos da empresa, aliado a um mecanismo adequado para assegurar o exercício inteligente de tal controle. Em muitos casos, os credores eram capazes de administrar os recursos e lucros da empresa para sua proteção, de modo a evitar o recurso a processos judiciais caros e prolongados.

Nossa sugestão se divide em duas partes: primeiro, o controle dos votos pelos detentores de títulos constituiria, pelos termos da escritura, o único remédio imediato para qualquer evento de inadimplência, incluindo a falta de pagamento de juros ou principal. Durante esse controle, juros ou principal não pagos estariam sujeitos a um período de carência. No entanto, os diretores que representam os detentores de obrigações devem ter o direito de solicitar a instalação de um comissário nos termos da Lei Chandler, se acharem que uma reestruturação abrangente é preferível a uma continuação indefinida da moratória e do controle. Segundo, esse controle dos votos poderia ser mais bem implementado por meio do agente fiduciário da escritura — uma instituição grande e com experiência financeira, competente para representar os detentores de obrigações em geral e recomendar a eles candidatos adequados para as diretorias controladoras. Os interesses dos acionistas devem continuar a ser representados no conselho por diretores minoritários.

Esse acordo efetivamente pode significar a transformação de um título de renda fixa em um título de renda durante o período de controle dos detentores de títulos; e o adiamento da dívida vencida até que a prorrogação ou o refinanciamento voluntário se torne viável ou até que a liquidação ou a venda seja determinada como a conclusão desejável. Deve também ser possível estender a técnica básica e o princípio da recapitalização voluntária por estatuto (agora aplicável apenas às várias emissões de ações) para incluir uma emissão de títulos, quando o plano emana de representantes dos detentores de títulos que têm a alternativa de manter o controle e apenas esperar.

É óbvio, no entanto, que o controle conferido aos credores não deve funcionar bem quando estes pertencem a várias classes com interesses conflitantes. Nesses casos, seria necessário utilizar os procedimentos da Lei Chandler para cortar o nó górdio. Contudo, pelo menos em teoria, é possível um acordo de controle de votos com um penhor simples privilegiado e um simples subordinado. Se a inadimplência ocorre apenas com relação ao penhor subordinado, o controle dos votos passa para esse ativo. Se a inadimplência afeta o penhor privilegiado, este assume o controle como uma única classe.

Embora essas sugestões possam inspirar dúvidas por causa de sua novidade, deve-se ressaltar que a ideia do voto pelos detentores de títulos é antiga e está em voga. Embora, no passado, fosse um arranjo excepcional, agora descobrimos que muitos planos de reestruturação que preveem a emissão de títulos de renda conferem poder de voto a esses ativos, geralmente exigindo o controle da diretoria até que toda ou a maior parte da emissão seja resgatada ou no caso de os juros não serem pagos integralmente.[6] Além disso, muitas escrituras que cobrem títulos com juros fixos agora permitem o voto dos detentores de títulos em casos de emendas à escritura.[7] É também comum que as escrituras de fideicomisso canadenses prevejam reuniões dos detentores de títulos para alterar termos de escrituras, incluindo até o adiamento ou a mudança de juros ou do principal.[8] Essas reuniões podem ser convocadas pelo agente fiduciário, por uma proporção determinada dos detentores de títulos ou, em certos casos, pela própria empresa.

Pode-se objetar que o acordo sugerido realmente não conferiria a um detentor de títulos direitos legais melhores que aqueles de um acionista preferencial e, assim, o relegaria à posição insatisfatória de ter seus juros limitados e uma reivindicação que nunca será atendida. Nossa resposta deve ser que, se o dispositivo de controle puder ser formulado de uma maneira adequada, fornecerá uma solução apropriada para os detentores de títulos e ações preferenciais. Nesse caso, a vantagem contratual básica dos títulos sobre as ações preferenciais desapareceria, exceto se os títulos tivessem direito ao reembolso em uma data fixa. Para concluir, repetimos o argumento levantado em nossa discussão sobre a teoria das ações preferenciais, de que a desvantagem contratual das ações preferenciais não é, no fundo, apenas uma questão de direitos legais inerentes como também de procedimento empresarial prático e das deficiências do próprio investidor.

---

6. *Exemplos:* O plano de reestruturação da New York State Railways (Syracuse System), de fevereiro de 1939, dispõe que os titulares das novas notas de renda vão ter o direito de eleger dois terços dos diretores até que, pelo menos, 80% das notas sejam resgatadas. As debêntures comerciais da Mackay Corporation, com vencimento em 1967, elegem um terço dos diretores até que todos os títulos sejam resgatados. Os títulos de 6% do Hotel Nacional de Cuba, com vencimento em 1959 (emitidos em 1929), receberam o controle do voto em caso de inadimplência dos juros de um ano. Exemplos mais antigos de direitos de voto dados aos detentores de títulos são: Erie Railroad Prior Lien de 4% e General de 4%, Mobile e Ohio Railroad General de 4% e Third Avenue Railway Adjustment de 5%. A reestruturação de 1934 da Maple Leaf Milling Company, Ltd. (Canadá) dispõe que o agente fiduciário da escritura de emissão de 5,5%, com vencimento em 1949 (prorrogado posteriormente para 1958), exerça controle efetivo sobre a empresa pela propriedade (em confiança) de duas em cada três ações de administração ou com direito a voto.

7. Geralmente excluídas desse dispositivo estão as mudanças nas datas de vencimento do principal ou dos juros, a taxa de juros, o preço de resgate e a taxa de conversão. *Exemplos*: as debêntures de 4% da Richfield Oil Corporation, com vencimento em 1952. As ações principais da Industrial Rayon de 4,5%, com vencimento em 1948, são incomuns, pois a escritura permite um voto de dois terços dos detentores de títulos para adiar o pagamento de juros. No entanto, a Bolsa de Valores de Nova York exigiu o compromisso de não invocar essa cláusula como condição para listar o ativo.

8. Ver o relatório da Securities and Exchange Commission de 1936 sobre o estudo e a investigação de trabalhos, atividades, pessoal e funções dos comitês de proteção e reestruturação (p. VI, 135-177, em especial p. 138-143, 164-177).

Tendência dos ativos de empresas insolventes a vender abaixo de seu valor justo. Alguns aspectos adicionais da questão da reestruturação societária merecem atenção. O primeiro diz respeito ao comportamento do mercado dos ativos de empresas insolventes. No passado, as concordatas geraram uma incerteza enorme e generalizada, que ameaçava a extinção dos acionistas e não prometiam algo específico aos detentores de títulos. Como resultado, houve uma tendência de os ativos das empresas em concordata serem negociados abaixo do seu valor justo no agregado e também uma tendência a estabelecer relações ilógicas entre o preço de uma emissão de títulos inadimplentes e o preço das emissões de ações subordinadas.

Exemplos: O caso da Fisk Rubber Company é um excelente exemplo do primeiro ponto; a situação da Studebaker Corporation, em setembro de 1933, ilustra o último.

VALOR DE MERCADO DOS ATIVOS DA FISK RUBBER, EM ABRIL DE 1933

US$ 7.600.000 nas ações principais de 8% a US$ 16	US$ 1.200.000
US$ 8.200.000 debêntures de 5,5% a US$ 11	US$ 900.000
Ações	Nominal
Valor de mercado total da empresa	US$ 2.100.000

BALANÇO EM 30 DE JUNHO DE 1932

Dinheiro	US$ 7.687.000
Contas a receber (menos reserva de US$ 1.425.000)	US$ 4.838.000
Estoque (menor entre valor de custo e de mercado)	US$ 3.216.000
	US$ 15.741.000
Contas a pagar	US$ 363.000
Ativo circulante líquido	US$ 15.378.000
Ativos fixos (menos US$ 8.4000.000 depreciação)	US$ 23.350.000

Os ativos da empresa em conjunto estavam sendo negociados por menos de um terço do dinheiro isoladamente e por apenas um sétimo do ativo circulante líquido, sem atribuir nenhum valor aos ativos fixos.[9]

---

9. Conforme apontado no capítulo 50, as Fisk Rubber de 8% mais tarde provaram valer quase US$ 100 e as de 5,5%, mais de US$ 70.

STUDEBAKER CORPORATION, SETEMBRO DE 1933

Ativo	Valor nominal	Preço de mercado	Valor de mercado
Notas de dez anos a 6% e outros passivos	US$ 22.000.000	40	US$ 8.800.000
Ações preferenciais	5.800.000	27	US$ 1.500.000
Ações ordinárias (*2.464.000* ações)		6	14.700.000
Valor total das ações			US$ 16.200.000

A dívida da empresa, vendida a US$ 0,40 por dólar, tinha o direito de solicitar o *pagamento imediato e integral* antes que o acionista recebesse alguma coisa. No entanto, o mercado atribuiu um valor muito maior às emissões de ações que às dívidas privilegiadas.

Planos voluntários de reajuste. A constatação das desvantagens manifestas da concordata muitas vezes levou os detentores de títulos a aceitar sugestões da administração para reduzir, de forma voluntária, seus direitos contratuais. Acordos como esses variaram do tipo antiquado de "composição" (em que os credores prorrogaram ou até reduziram seus direitos, enquanto os acionistas mantiveram seus interesses intactos) a casos em que os detentores de títulos receberam uma parte substancial das ações.

Exemplos: No final de 1931, a Radio-Keith-Orpheum Corporation, precisando de recursos para cumprir compromissos prementes, considerou impossível o financiamento normal. Os acionistas ratificaram um plano segundo o qual, na realidade, abriram mão de 75% de sua participação acionária que, por sua vez, foi dada como um bônus àqueles que forneceram os 11,6 milhões de dólares exigidos por meio da compra de notas de debênture. (Grandes perdas constantes, no entanto, forçaram a empresa a pedir concordata um ano mais tarde.)

Em 1933, a Fox Film Corporation efetuou uma recapitalização do mesmo tipo. Os acionistas abriram mão de mais de 80% de suas participações, e essas ações foram *trocadas* por quase todos os aproximadamente 40 milhões de dólares em notas de cinco anos e em dívida bancária.

O plano de reajuste da Kansas City Public Service Company, também consumado em 1933, foi projetado para atender ao problema mais simples de reduzir os encargos de juros durante um período supostamente temporário de lucros abaixo do normal. O plano estabeleceu que a taxa de juros dos títulos de primeira hipoteca de 6% fosse reduzida para 3% durante os quatro anos de 1933 a 1936, restaurada a 6% de 1937 a 1938 e erguida a 7% de 1939 a 1951, compensando assim os 12% perdidos nos anos anteriores. Um fundo de amortização substancial, sujeito aos lucros, foi montado para resgatar o ativo gradualmente e melhorar sua posição no mercado.

Era óbvio que os detentores dos títulos da Kansas City Public Service estavam em uma situação melhor ao aceitar temporariamente os 3% que poderiam ser pagos, em vez de insistir em 6% que não poderiam ser pagos e, assim, precipitar uma concordata. (A concordata anterior da empresa, concluída em 1926, durara seis anos.) Nesse caso, os acionistas não eram obrigados a abrir mão de qualquer parte de seus direitos subordinados em favor dos detentores de títulos em troca das concessões feitas. Embora alguns sacrifícios e transferências fossem, em teoria, justos, não eram de muita importância prática nesse caso, uma vez que qualquer bônus de ações concedido aos detentores de títulos teria um valor de mercado muito pequeno.[10] No entanto, deveria ser reconhecido como princípio que a renúncia a qualquer direito importante, por parte dos detentores de títulos, dá a eles direito a alguma compensação por parte dos acionistas — na forma de uma contribuição em dinheiro para a empresa ou de uma transferência de parte de seus direitos sobre os lucros futuros para os detentores de títulos.[11]

Em 1939 foi adotada legislação adicional de natureza temporária, projetada para facilitar as chamadas "reestruturações voluntárias" das ferrovias, tornando-as vinculadoras para todos os detentores de ativos.[12] Esse estatuto era especificamente destinado a ajudar as ferrovias Baltimore and Ohio e Lehigh Valley, que já haviam proposto planos de reestruturação voluntária. Foram projetados para reduzir os encargos de juros fixos e prorrogar os vencimentos atuais e próximos. Os acionistas, em cada caso, manteriam seus interesses intactos.

---

10. Em 1936, a empresa efetuou um segundo rearranjo voluntário, de acordo com o qual a taxa de juros foi fixada em 4%, e os detentores de títulos receberam um bônus bastante insignificante de ações ordinárias. Em 1939, foi aceita ainda uma terceira modificação voluntária, na qual os detentores de títulos receberam 30% em dinheiro e 70% em ações preferenciais para seus títulos — o dinheiro foi adiantado como um empréstimo pela R.F.C.

11. A reestruturação da Industrial Office Building Company, em 1932-1933, é um exemplo notável da conversão de títulos de renda fixa em títulos de renda sem sacrifício de nenhum tipo por parte dos acionistas. Para uma discussão detalhada dessa instância, ver apêndice C, nota 29, p. 999.

12. Trata-se da Lei Chandler de Reajuste das Ferrovias de 1939, que na verdade acrescenta o capítulo XV à Lei de Falências. A ação devia ser iniciada antes de 31 de julho de 1940 e precisava ser substancialmente concluída dentro de um ano após seu início. Quanto à técnica de reestruturação, não é significativamente diferente do disposto na seção 77. Em ambos os casos, é necessária a aprovação da Interstate Commerce Commission, de um tribunal e de uma porcentagem adequada dos detentores de ativos. A diferença importante é que, segundo o novo capítulo XV, não há falência no senso jurídico complexo. A empresa continua administrando seus negócios e nenhum contrato ou outras obrigações são afetados, exceto o que especificamente foi incluído no plano de reajuste.

Como dissemos anteriormente, acreditamos que os planos de reajuste voluntários são desejáveis em si mesmos, mas devem ser propostos após o controle dos votos sobre a empresa ter sido transferido aos detentores de títulos e estes estarem em posição de escolher entre vias de ação alternativas.

Mudança no *status* dos agentes fiduciários de títulos. Outro elemento importante da legislação corretiva promulgada desde 1933 é a Lei de Escrituras de Fideicomisso de 1939. Essa lei se compromete a corrigir uma série de inadequações e abusos na administração das funções dos agentes fiduciários de títulos. A principal crítica ao comportamento dos agentes de escrituras no passado é que não agiam como agentes das escrituras, mas apenas como agentes dos detentores de títulos. Isso significava que, como regra geral, não atuavam por iniciativa própria, mas apenas quando instruídos a fazê-lo e eram totalmente indenizados por certa porcentagem dos detentores de títulos.[13] As escrituras não diziam quase nada sobre os deveres de um agente fiduciário, mas muito sobre suas imunidades e indenizações.

O estatuto de 1939 aborda essa situação insatisfatória diretamente, após a inclusão do seguinte dispositivo (na seção 315):

> Deveres do agente fiduciário em caso de inadimplência
> (c) A escritura a ser qualificada deve conter disposições que exijam que o agente fiduciário exerça, em caso de inadimplência (da forma como tal termo é definido na escritura), os direitos e poderes que lhe são conferidos por tal escritura e use o mesmo grau de cuidado e habilidade em seus exercícios, como um homem prudente exerceria ou usaria nas circunstâncias da conduta de seus próprios negócios.

Existem outros dispositivos que limitam o uso das chamadas "cláusulas exculpatórias", que no passado impossibilitaram a responsabilização de um agente fiduciário por qualquer coisa, exceto fraude comprovada ou negligência tão grosseira ao ponto de ser equivalente a isso.

Outra causa de reclamação surgiu do fato de que o agente da escritura muitas vezes era um credor do devedor (por exemplo, uma empresa fiduciária detentora de suas notas promissórias) ou era controlado pelas mesmas partes. Essas situações criavam conflitos de interesse ou falta de vontade de agir com imparcialidade e vigor, o que prejudicava muito os detentores de títulos. A Lei

---

13. Para uma discussão mais aprofundada e um exemplo desse ponto que aparece na primeira edição deste livro, ver apêndice C, nota 30, p. 1001.

de Escrituras de Fideicomissos de 1939 contém dispositivos rigorosos destinados a acabar com esses abusos.[14]

O problema do comitê de proteção. Reformas no *status* dos agentes de escritura podem levar a uma solução do problema incômodo do comitê de proteção. Desde 1929, o *status* geral dos comitês de proteção tornou-se incerto e insatisfatório. Antigamente, era aceito sem discussão que os banqueiros de investimento que haviam colocado o ativo no mercado organizariam um comitê protetor em caso de inadimplência. No entanto, nos últimos anos, tem havido uma tendência crescente a questionar a adequação ou a conveniência de tal comportamento. Os detentores de títulos podem não ter confiança na casa emissora ou podem questionar sua capacidade de representá-los imparcialmente em razão de outros interesses ou conexões com a empresa; podem ainda até considerar os subscritores como legalmente responsáveis pelas perdas incorridas. Os argumentos a favor da representação *competente* por *outras* agências que não as casas subscritoras são, portanto, bastante convincentes. A dificuldade reside, no entanto, em conseguir essa representação competente. Com as casas emissoras originais fora de cena, qualquer um pode se nomear presidente de um comitê de proteção e passar a aceitar depósitos. Todo o procedimento tornou-se não padronizado e aberto a abusos graves. Comitês duplicados costumam aparecer; com isso, ocorre uma disputa indigna pelos depósitos; pessoas com reputação e motivos indesejáveis podem facilmente se intrometer na situação.

A nova legislação de falências de 1938 introduziu algumas melhorias nessa situação ao sujeitar as atividades e a compensação dos comitês de proteção ao escrutínio judicial. (No caso das ferrovias, um comitê não pode participar de um processo sem a permissão prévia do Interstate Commerce Commission.) É provável que seja promulgada uma legislação adicional que regule com mais detalhes a formação e a subsequente conduta dos comitês de proteção.

Uma reforma recomendada. Todo o procedimento pode ser prontamente esclarecido e padronizado agora que o agente fiduciário, de acordo com a escritura, deve assumir o dever de proteger *ativamente* a emissão de títulos.

---

14. A legislação corretiva resultou de um estudo sobre escrituras de fideicomisso realizado pela Securities and Exchange Commission e foi muito estimulada pela opinião do juiz Rosenman, em 1936, que negou as reivindicações dos titulares das debêntures da National Electric Power (garantidas) de responsabilizar o agente fiduciário da emissão pelas enormes perdas por eles sofridas. O juiz sustentou que as cláusulas exculpatórias salvavam o agente fiduciário nesse caso, mas acrescentou que todo o sistema de administração fiduciária precisava de uma reforma radical.

As grandes instituições que ocupam esses cargos têm as instalações, a experiência e a boa reputação necessárias para o desempenho bem-sucedido dessa função. Parece não haver uma boa razão, no caso típico, para que o agente fiduciário não organize o comitê de proteção, com um de seus diretores executivos como presidente e os outros membros selecionados dentre os maiores detentores de títulos ou seus nomeados. Após análise, o possível conflito de interesses entre o agente, como representante de todos os detentores de títulos, e o comitê de proteção, como representante apenas dos detentores depositantes, é considerado um fator técnico que raramente tem consequências técnicas maiores. Esse conflito, se surgir, pode ser resolvido com a submissão da questão ao tribunal. Não há dificuldade em conceder uma remuneração adequada ao agente fiduciário e a seus advogados por seu trabalho e suas realizações em prol dos detentores de títulos.

Esse acordo prevê uma cooperação efetiva entre o agente e um grupo de detentores de títulos que, na opinião do fiduciário, estão qualificados para representar a emissão como um todo. O melhor arranjo pode ser estabelecer esse grupo de detentores de títulos no momento em que a emissão é vendida, ou seja, sem esperar que um evento de inadimplência ocorra, a fim de que haja, desde o início, alguma agência responsável e interessada em acompanhar os assuntos da empresa do ponto de vista dos detentores de títulos e fazer objeções, caso necessário, a políticas que possam parecer ameaçar a segurança do ativo. Uma compensação razoável por esse serviço deve ser paga pela empresa. Isso seria equivalente, em parte, à representação dos detentores de títulos no conselho de administração. Caso o grupo venha a atuar como um comitê de proteção em nome desses detentores, sua familiaridade com os negócios da empresa deve ser vantajosa.

CAPÍTULO 19
DISPOSITIVOS DE PROTEÇÃO (*CONTINUAÇÃO*)

Proibição de penhores privilegiados. É desejável apresentar uma discussão breve sobre certos dispositivos de proteção que não sejam aqueles relacionados aos eventos comuns de inadimplência. (A questão de salvaguardar a conversão e outros privilégios de participação contra a diluição será abordada nos capítulos que tratam dos ativos privilegiados com características especulativas.) Ao lidar primeiro com os títulos hipotecários, constatamos que as escrituras quase sempre proíbem o estabelecimento de qualquer garantia privilegiada nova sobre uma propriedade. Às vezes, são feitas exceções no caso de títulos emitidos sob um plano de reestruturação, quando se reconhece que uma hipoteca privilegiada pode ser necessária para permitir a captação de capital novo no futuro.

Exemplo: Em 1926, a Chicago, Milwaukee, St. Paul and Pacific Railroad Company emitiu 107 milhões de dólares em títulos de hipoteca da série A de 5% e, subordinadas a elas, 185 milhões em hipotecas de ajustes conversíveis de 5%, em troca de ativos da falida Chicago, Milwaukee and St. Paul Railway Company. As escrituras permitiram a emissão posterior de um valor indeterminado dos principais títulos hipotecários reembolsáveis, que teriam prioridade sobre as hipotecas da série A de 5%.[1]

Cláusula de segurança de igualdade e imparcialidade. Quando uma emissão de títulos não é garantida, quase sempre é previsto que compartilhará igualmente qualquer penhor hipotecário posteriormente vinculado à propriedade.

Exemplo: A New York, New Haven and Hartford Railroad Company vendeu várias emissões de debêntures entre 1897 e 1908. Esses títulos não eram originalmente garantidos, mas as escrituras previam que deveriam ser garantidos de igual para igual com qualquer hipoteca subsequentemente colocada sobre a propriedade. Em 1920, uma primeira hipoteca refinanciada foi autorizada pelos acionistas; em consequência, as emissões anteriores foram igualmente garantidas com os títulos emitidos sob a nova hipoteca.

---

1. Em 1933, a St. Paul recebeu permissão para emitir alguns dos novos títulos privilegiados e refinanciados, que deviam ser mantidos como garantia para empréstimos a curto prazo efetuados pelo governo dos Estados Unidos.

Ainda carregam o título de "debêntures", mas este agora é um nome impróprio. Existe, no entanto, uma emissão de debêntures de 4%, com vencimento em 1957, que não possuía esse dispositivo e, portanto, não tem prioridades em relação aos outros títulos. Em 1939, as debêntures de 4% (sem garantia), com vencimento em 1957, foram negociadas a um terço do preço das debêntures de 4% (com garantia), com vencimento em 1956, isto é, US$ 5 *contra* US$ 16.[2]

Hipotecas de dinheiro de compras. É costumeiro permitir, sem restrição, o acolhimento de *hipotecas de dinheiro de compras*. Esses penhores se referem apenas a propriedades novas adquiridas posteriormente, e não considera que seu acolhimento afete a posição dos outros detentores de títulos. Esta última suposição não é necessariamente válida, é claro, uma vez que é possível, dessa forma, aumentar a proporção da dívida total da empresa em relação ao patrimônio líquido total de uma maneira que pode comprometer a posição dos detentores de títulos existentes.

Subordinação de emissões de títulos à dívida bancária em caso de reestruturação. No caso de títulos ou notas emitidas sob um plano de reestruturação, às vezes, é previsto que seus direitos sejam subordinados a empréstimos bancários atuais ou futuros. Isso é feito para facilitar empréstimos bancários que, de outra forma, só poderiam ser efetuados mediante o penhor de recebíveis ou de estoques como garantia. Um exemplo desse tipo de arranjo é fornecido pelas notas da Aeolian Company Secured de 6%, com vencimento em 1937, emitidas sob um plano de reajuste de capital em troca parcial pelas ações preferenciais garantidas de 7% da empresa. As notas estavam subordinadas a 400 mil dólares em empréstimos bancários que acabaram sendo pagos.

Salvaguardas contra a criação de montantes adicionais da mesma emissão. Quase todos os títulos ou ações preferenciais gozam de salvaguardas adequadas em relação à criação de montantes adicionais da mesma emissão. Os dispositivos habituais exigem uma margem substancial de lucros acima dos requisitos da emissão, após ampliada. Por exemplo, títulos adicionais hipotecários garantidos da New York Edison Company não podem ser

---

2. Em casos excepcionais, as obrigações das debêntures têm direito a uma garantia privilegiada sobre a propriedade, no caso de uma hipoteca subsequente ser estabelecida. *Exemplo*: As debêntures de 6,5% da National Radiator Corporation, com vencimento em 1947, e as debêntures da renda da empresa sucessora de 5%, com vencimento em 1946. Em uma segunda reestruturação, realizada em 1939, essas debêntures foram substituídas por ações. Este é um excelente exemplo da pouca importância relativa dos dispositivos de proteção em comparação com operações lucrativas.

emitidos exceto para fins de refinanciamento, a menos que o lucro líquido consolidado, em um período recente de doze meses, tenha sido, pelo menos, 1,75 vez os encargos de juros anuais sobre o endividamento agregado em títulos da empresa, incluindo os títulos a serem emitidos. No caso dos títulos de primeira hipoteca da Wheeling Steel Corporation, a proporção exigida é de duas vezes.[3]

No entanto, dispositivos desse tipo com referência à cobertura de lucros são praticamente inexistentes no setor ferroviário. Os títulos de ferrovias do tipo hipoteca geral costumam restringir a emissão de títulos adicionais por meio de um dispositivo que prevê que o endividamento total financiado não deve exceder certa proporção em relação ao capital social em circulação e de uma limitação à emissão de novos títulos a determinada porcentagem do valor *justo* ou do *custo* das propriedades recém-adquiridas. (Veja, por exemplo, os títulos Baltimore and Ohio Railroad Company Refunding and General Mortgage e os títulos Northern Pacific Railway Company Refunding and Improvement.) Nas emissões de títulos mais antigas, era costume encerrar a hipoteca com um valor fixo relativamente pequeno, exigindo, assim, que recursos adicionais fossem levantados com a venda de ativos subordinados. Esse dispositivo deu origem a "títulos subjacentes" com posição favorável, aos quais fizemos referências no capítulo 6.

No caso típico, emissões adicionais de títulos de hipoteca podem ser feitas apenas contra o penhor de propriedades novas cujo valor excede consideravelmente o aumento da dívida. (Ver, por exemplo, as Youngstown Sheet and Tube Company First Mortgage, segundo as quais mais títulos podem ser emitidos para financiar 75% do custo de adições ou melhorias nas propriedades hipotecadas; as New York Edison Company, Inc., First Lien and Refunding Mortgage, de acordo com as quais títulos podem ser emitidos em quantias adicionais para financiar adições e melhorias em até 75% de suas despesas reais e razoáveis; os títulos da Pere Marquette Railway Company First-Mortgage, que podem ser emitidas por até 80% do custo ou valor justo, o que for menor, dos imóveis recém-construídos ou adquiridos.)

Essas salvaguardas são logicamente concebidas e quase sempre são cuidadosamente observadas. Sua importância prática é menor do que parece, no entanto, uma vez que, em geral, o desempenho estipulado seria necessário de qualquer maneira para atrair compradores para a emissão adicional.

---

3. Para entender melhor dispositivos semelhantes, no caso de ações preferenciais, ver as preferenciais de US$ 5 da Consolidated Edison Company of New York, as da General Foods Corporation de US$ 4,50 e as da Gotham Silk Hosiery Company de 7%.

Exigências de capital de giro. Os dispositivos para manter o capital de giro em determinada porcentagem da dívida financiada por títulos e em certa proporção entre o ativo circulante e o passivo circulante não são de forma alguma padronizados. Eles aparecem apenas nas escrituras de títulos industriais.[4]

As porcentagens exigidas variam, e as penalidades pela não observância também. Na maioria dos casos, o resultado é apenas a proibição de distribuição de dividendos até que o nível ou a proporção adequada de capital de giro seja restaurado. Em alguns casos, o principal da emissão de títulos pode ser declarado como devido.

Exemplos: 1. Única penalidade, proibição de dividendos. Os títulos B.F. Goodrich First, de 4,25%, com vencimento em 1956, e as Wilson and Company First, de 4%, com vencimento em 1955, exigem que o ativo circulante seja igual ao endividamento total, ou seja, o ativo circulante líquido deve igualar a dívida financiada. No caso da West Virginia Pulp and Paper, de 4,5%, com vencimento em 1952, as ações preferenciais subsidiárias são incluídas na dívida financiada.

Os dispositivos da Fairbanks, Morse and Company Debenture, de 4%, com vencimento em 1956, exigem que o ativo circulante seja igual a (a) 110% do passivo total e (b) 200% do passivo circulante. No caso das Wheeling Steel First de 4,5%, com vencimento em 1966, e das Republic Steel General de 4,5%, com vencimento em 1956, o ativo circulante deve ser igual a 300% do passivo circulante e o ativo circulante líquido deve ser igual a 50% da dívida financiada.

2. O descumprimento da exigência é um caso de inadimplência. Skelly Oil Debentures, 4%, com vencimento em 1951, e suas Serial Notes, com vencimento em 1937-1941. Nesses casos, a empresa concorda em manter o ativo circulante igual a, pelo menos, 200% do passivo circulante.

No caso das Continental Steel de 4,5%, com vencimento em 1946, a proporção necessária é 115%.

Entre os exemplos anteriores, podemos citar as American Machine and Foundry de 6%, com vencimento em 1939, que dispunham de dois dispositivos: o primeiro proibia dividendos, a menos que o ativo circulante líquido fosse igual a 150% da emissão de títulos em circulação, e o segundo exigia incondicionalmente que o ativo circulante líquido fosse mantido em 100% do valor nominal dos títulos em circulação. No caso das United States Radiator Corporation de 5%, com vencimento em 1938, a empresa

---

4. As ações principais da Ashland de 4,5%, com vencimento em 1961, são um ativo de uma *prestadora de serviços públicos* com um dispositivo peculiar e bastante fraco com relação aos ativos circulantes líquidos.

concordou em manter o capital de giro líquido igual a 150% da dívida financiada em aberto.

Parece ser uma teoria fundamentada exigir regularmente alguns dispositivos de proteção sobre o capital de giro no caso de títulos industriais. Já sugerimos que uma proporção adequada entre os ativos circulantes líquidos e a dívida financiada seja considerada como um dos critérios específicos na seleção de títulos industriais. Geralmente, esse critério deve ser estabelecido na própria escritura da emissão, para que o detentor de título tenha direito à *manutenção* de uma proporção satisfatória ao longo da vida da emissão e a um recurso adequado se o valor cair abaixo do ponto apropriado.

A proibição do pagamento de dividendos nessas condições é apropriada e praticável. Entretanto, a penalidade mais rigorosa, que define uma deficiência no capital de giro como um "evento de inadimplência", provavelmente não será eficaz ou benéfica para o detentor de títulos. A objeção de que a concordata prejudica, em vez de ajudar os credores, aplica-se com força especial nesse sentido. Referindo-se às United States Radiator de 5%, mencionadas anteriormente, podemos destacar que o balanço de 31 de janeiro de 1933 mostrou uma inadimplência com a exigência de 150% de capital de giro. (O ativo circulante líquido era de US$ 2.735, ou apenas 109% da emissão de títulos de US$ 2.518.) Mesmo assim, o agente fiduciário não tomou medidas para declarar o principal devido nem foi solicitado a fazê-lo pelo número necessário de detentores de títulos. Com toda probabilidade, uma concordata invocada por esse motivo teria sido considerada muito prejudicial aos interesses dos detentores de títulos. No entanto, essa atitude significaria que o dispositivo em questão nunca deveria ter sido incluído na escritura.[5]

Controle dos votos como recurso. Anteriormente, discutimos a sugestão de que o direito dos detentores de títulos à nomeação de agentes fiduciários no caso de qualquer inadimplência poderia muito bem ser substituído por um direito de receber o controle dos votos sobre a empresa. Qualquer que seja a opinião do leitor quanto à consistência dessa sugestão aplicada à inadimplência

---

5. Situações semelhantes ocorreram em 1933 com as obrigações de 7,5% da G. R. Kinney Company (empresa de sapatos), com vencimento em 1936, e as ações principais da Budd Manufacturing Company de 6%, com vencimento em 1935. No início de 1934, a United States Radiator Corporation solicitou aos detentores de debêntures que modificassem os dispositivos referentes à manutenção do capital de giro e aos pagamentos ao fundo de amortização. Não foram oferecidas compensações substanciais em troca dessas concessões. Caracteristicamente, a razão apontada pela própria empresa para essa mudança não foi que os detentores de títulos tivessem direito a alguma ação corretiva, mas que a "inadimplência técnica de acordo com a escritura" interferia nos empréstimos bancários projetados pela empresa.

no pagamento de juros ou do principal, imaginamos que concordará conosco que tem mérito no caso de inadimplências "secundárias", por exemplo, o descumprimento da exigência de manter o nível acordado de capital de giro ou pagar fundos de amortização, pois as alternativas atuais — precipitar a insolvência ou não fazer absolutamente nada — são, da mesma forma, completamente insatisfatórias.

Dispositivos de proteção para ativos de fundos de investimento. Acreditamos que os títulos dos fundos de investimento pertencem a uma categoria especial, uma vez que, por sua natureza, se prestam à aplicação de dispositivos de soluções rigorosas. Esses títulos são, essencialmente, semelhantes aos empréstimos garantidos por bancos em ativos negociáveis. Como proteção para esses empréstimos bancários, é necessário que o valor de mercado das garantias seja mantido em determinada porcentagem que exceda o valor devido. Da mesma forma, os emprestadores de dinheiro para um fundo de investimento devem ter o direito de exigir que o valor da carteira exceda, de forma contínua, o valor dos empréstimos em uma porcentagem adequada, por exemplo, 25%. Se o valor de mercado cair abaixo desse nível, o fundo de investimento deve ser obrigado a agir como qualquer outro mutuário agiria contra ativos negociáveis. Deveria investir mais dinheiro (ou seja, levantar mais capital dos acionistas) ou vender ativos e resgatar dívidas com os recursos recebidos, em um montante suficiente para restaurar a margem adequada.

As desvantagens inerentes ao investimento em títulos costumam justificar a insistência do comprador de títulos em obter todas as salvaguardas possíveis. No caso dos títulos de fundos de investimento, uma medida muito efetiva de proteção pode ser assegurada por meio de um compromisso para manter o valor de mercado da carteira acima da dívida financiada por títulos. Portanto, os investidores em ativos de fundos de investimento devem exigir esse tipo de dispositivo de proteção e, o que é igualmente importante, sua aplicação rigorosa. Embora essa posição imponha dificuldades aos acionistas quando os preços de mercado caem, tal situação faz parte do acordo original, no qual os acionistas concordaram em correr a maior parte do risco em troca dos lucros excedentes.[6]

---

6. Se o valor de mercado dos ativos cair abaixo de 100% da dívida financiada, uma condição de insolvência parece ter sido criada, o que autoriza os detentores de títulos a insistir em medidas corretivas imediatas. Caso contrário, os acionistas poderiam especular sobre o futuro com aquilo que, essencialmente, é o capital dos detentores de títulos. Contudo, mesmo esse ponto aparentemente simples não deixa de ter dificuldades. Em 1938, os detentores das Reynolds Investing Company de 5% procuraram nomear um comissário de concordata por motivos de insolvência, mas os acionistas

Uma pesquisa sobre as escrituras dos títulos dos fundos de investimento revela uma falta de uniformidade marcante com relação a esses dispositivos de proteção. A maioria deles exige certa margem de valor dos ativos acima da dívida como condição para a venda de títulos adicionais. A proporção necessária entre ativos líquidos e dívida financiada varia de 120% (por exemplo, as General American Investors) a 250% (por exemplo, as Niagara Shares Corporation). Os números mais comuns são 125% ou 150%. Uma restrição semelhante é aplicada ao pagamento de dividendos em dinheiro. A proporção exigida para esse fim varia de 125% (por exemplo, as Domestic and Foreign Investors) a 175% (que deve ser demonstrado para permitir o pagamento de dividendos em dinheiro às ações ordinárias da Central States Electric Corporation). O valor modal é provavelmente 140% ou 150%.

Entretanto, a maioria das emissões não exige a manutenção incondicional de um excedente mínimo de valor dos ativos acima do endividamento vinculado em todos os momentos. Exemplos de dispositivos desse tipo podem, de fato, ser apresentados: por exemplo, as General Public Service Corporation Convertible Debenture, de 5%, com vencimento em 1953; as American European Securities Company Collateral, de 5%, com vencimento em 1958; e as Affiliated Fund, Inc., Secured Convertible Debenture, de 4,5% e 4%, com vencimento em 1949, todas requerem a manutenção de uma relação de 125% entre o valor dos ativos a preço de mercado e a dívida financiada. No caso das Affiliated Fund, a solução prevista é a venda imediata, pelo comissário, das garantias dadas e o resgate de títulos até que a relação exigida seja restaurada. Nos outros casos, invocam-se mecanismos mais elaborados para declarar toda a emissão vencida e pagável. Sugerimos que dispositivos desse tipo — de preferência os de aplicação mais simples — sejam um requisito padrão para as emissões dos títulos de fundos do investimento.[7]

---

alegaram que o preço de mercado de certos títulos de grande porte era menor do que seu valor real. Após considerável atraso, foram nomeados comissários, como resultado de um acordo entre as diversas partes. Deve-se observar que as Guardian Investors Corporation de 5%, com vencimento em 1948, estavam abaixo do nível necessário quase todo o tempo desde 1932 e foram negociadas a um preço abaixo de US$ 24 sem que medidas corretivas fossem tomadas.

7. Outro tipo de recurso apareceu na escritura que garante as Reynolds Investing Company de 5%, que previa que, a qualquer momento em que o valor líquido dos ativos caísse abaixo de 110% da emissão do título, este se tornaria vencido e pagável na próxima data de pagamento de juros. A mesma dificuldade surgiu na aplicação desse dispositivo como na solvência discutida anteriormente. Deve-se observar também o caso das ações suplementares da Alleghany Corporation de 5%, com vencimento em 1949. A circular da oferta indicava que uma cobertura de 150% seria obrigatória. No entanto, a escritura previa que a falta de manutenção dessa margem não constituiria um evento de inadimplência, mas resultaria apenas na proibição de dividendos e na apreensão, pelo fiduciário, da renda das garantias dadas em penhor.

FUNDOS DE AMORTIZAÇÃO

Em sua forma moderna, um fundo de amortização prevê o resgate periódico de determinada parte de um ativo privilegiado por meio de pagamentos feitos pela empresa. O fundo de amortização adquire o ativo por chamadas, por meio de leilões com envelope fechado ou por compras no mercado aberto efetuadas pelo agente fiduciário ou pela empresa. Neste último caso, a empresa devolve os títulos, em vez de dinheiro, ao fundo de amortização. O fundo de amortização costuma operar uma ou duas vezes por ano, mas dispositivos para pagamentos trimestrais e até mensais não são incomuns. No caso de muitas emissões de títulos, aqueles adquiridos pelo fundo de amortização não são realmente resgatados, mas "mantidos vivos", ou seja, recebem juros, e esses montantes de juros também são usados para as compras do fundo de amortização, aumentando, portanto, este último a uma taxa composta.

Exemplo: Um caso importante desse tipo de arranjo foram as duas emissões de United States Steel Sinking Fund de 5%, totalizando originalmente 504 milhões de dólares. Os títulos da emissão subordinada, listados na Bolsa de Valores de Nova York, eram conhecidos no mercado de títulos como *steel sinkers*.[8] Ao adicionar os juros sobre os títulos no fundo, os pagamentos anuais aumentaram de 3,04 milhões, em 1902, para 11,616 milhões de dólares em 1928. (No ano seguinte, todos os montantes pendentes dessas emissões foram resgatados ou provisionados.)

Benefícios. Os benefícios de um fundo de amortização têm natureza dupla. A redução contínua do tamanho da emissão contribui para aumentar a segurança e o reembolso mais fácil do saldo no vencimento. Igualmente importante é o apoio dado à emissão no mercado, por meio da atuação periódica de uma demanda de compra substancial. Quase todas as emissões de títulos industriais têm fundos de amortização; o grupo das prestadoras de serviços públicos tem títulos com e sem esses fundos; na lista das ferrovias, os fundos de amortização são uma exceção. Porém, nos últimos anos, foi dada ênfase crescente à conveniência de um fundo de amortização, e poucas emissões privilegiadas a longo prazo de qualquer tipo são oferecidas sem esse dispositivo hoje em dia.[9]

---

8. Trocadilho entre *sinking fund*, isto é, fundo de amortização ou, literalmente, fundo de afundamento, e *steel sinkers*, que são pesos de metal usados na pesca. (N.T.)

9. Durante 1933, a Interstate Commerce Commission recomendou fortemente que as ferrovias adotassem fundos de amortização para amortizar suas dívidas existentes. A Chicago and North Western Railway anunciou um plano desse tipo, cujos detalhes não eram muito impressionantes.

Indispensável em alguns casos. Sob algumas circunstâncias, um fundo de amortização é absolutamente necessário para a proteção de um título. Isso é verdade, em geral, quando o principal suporte da emissão consiste em ativos consumíveis. Os títulos das empresas de mineração, invariavelmente, possuem um fundo de amortização, geralmente de proporções substanciais e baseado na tonelagem extraída. Um fundo de amortecimento de menor tamanho relativo é fornecido regularmente para os títulos de hipotecas imobiliárias. Em todos esses casos, a teoria é que reservas anuais de esgotamento ou depreciação devem ser aplicadas à redução da dívida financiada.

Exemplos: Um caso de importância especial foi a grande emissão das Interborough Rapid Transit Company First and Reembolsing de 5%, com vencimento em 1966, garantidas principalmente pelo arrendamento de propriedades pertencentes à cidade de Nova York. Obviamente, era essencial estabelecer, por meio de um fundo de amortização, o resgate de toda a emissão no momento em que o contrato expirasse em 1967, uma vez que a empresa seria privada da maioria de seus ativos e de sua lucratividade. O mesmo aconteceu com as Tobacco Products de 6,5%, com vencimento em 2022, que dependiam totalmente do valor dos pagamentos anuais de 2,5 milhões de dólares efetuados pela American Tobacco Company com um contrato de arrendamento com vencimento em 2022.

A ausência de um fundo de amortização com condições desse tipo invariavelmente gera problemas.

Exemplos: a Federal Mining and Smelting Company proporcionou o espetáculo incomum de uma empresa de mineração com uma grande emissão de ações preferenciais (12 milhões de dólares); além disso, as ações preferenciais não tinham fundo de amortização. A declaração de um dividendo de US$ 10 sobre as ações ordinárias em 1926 levou a uma ação judicial para proteger as ações preferenciais contra a ameaça de degradação de sua posição por meio do esgotamento das minas, junto com a distribuição dos ganhos em dinheiro às ações subordinadas. Como resultado do litígio, a empresa absteve-se de pagar dividendos comuns adicionais até 1937 e dedicou seus lucros excedentes à redução da emissão preferencial, que foi resgatada por inteiro em 1939.

As Iron Steamboat Company General Mortgage de 4%, com vencimento em 1932, não possuíam fundo de amortização, embora os barcos que constituíam o penhor estivessem obviamente sujeitos a uma perda de valor constante. Esses títulos com valor de 500 mil dólares foram emitidos em 1902 e constituíam um segundo penhor sobre toda a propriedade da empresa (composta principalmente de sete pequenos barcos a vapor que operavam entre Nova York e Coney Island), subordinados a 100 mil dólares em títulos de primeira hipoteca. Entre 1909 e 1925, inclusive, a empresa pagou dividendos sobre as ações ordinárias no valor de mais de 700 mil dólares e, em 1922, havia resgatado todos os títulos da primeira hipoteca por meio da operação do fundo de amortização para essa emissão. Nesse ponto, as de 4%, em 1932, tornaram-se o primeiro penhor de toda a propriedade. Em 1932, quando a empresa faliu, toda a emissão continuava pendente. A propriedade hipotecada foi vendida em leilão em fevereiro de 1933 por 15.050 dólares, valor que resultou no pagamento de menos de US$ 0,01 por dólar aos detentores de títulos. Um fundo de amortização adequado poderia ter resgatado a emissão inteira usando os lucros distribuídos aos acionistas.

Quando a empresa é considerada permanente, a ausência de um fundo de amortização não necessariamente condena a emissão. Isso vale não apenas para a maioria dos títulos de ferrovias de alta qualidade e para muitos títulos de prestadoras de serviços públicos de alta qualidade como também para a maior parte do seleto grupo de ações preferenciais industriais da velha guarda que fazem por merecer o grau de investimento, por exemplo, as preferenciais da National Biscuit, que não possuem fundo de amortização. Do ponto de vista mais amplo, portanto, os fundos de amortização podem ser caracterizados como invariavelmente desejáveis e, às vezes, mas nem sempre, indispensáveis.

Vencimentos em série como alternativa. O objetivo geral buscado por um fundo de amortização pode ser obtido pelo uso de vencimentos em série. O resgate de parte da emissão, a cada ano, em razão do vencimento, corresponde à redução por meio das compras de um fundo de amortização. Os vencimentos em série são relativamente pouco frequentes, e a principal objeção a eles repousa, provavelmente, no grande número de cotações de mercado distintas que implicam. No campo dos fundos de equipamento, no entanto, são a regra geral. Essa exceção pode ser explicada pelo fato de as seguradoras e outras instituições financeiras serem os principais compradores das obrigações de equipamentos, e, para suas necessidades especiais, a variedade de datas de vencimento é conveniente. Os vencimentos em série também são, frequentemente, empregados em financiamentos estaduais e municipais.

Problemas de execução. As execuções de dispositivos de fundo de amortização de uma emissão de títulos apresentam o mesmo problema das cláusulas para manutenção do capital de giro. A falta de pagamento do fundo de amortização costuma ser caracterizada na escritura de emissão como um evento de inadimplência, o que permitiria ao agente fiduciário declarar o principal devido e, dessa forma, forçar a concordata. As objeções a essa "solução" são óbvias, e não nos lembramos de nenhum caso em que a omissão de pagamento de um fundo de amortização, desacompanhada da inadimplência no pagamento de juros, foi realmente seguida da aplicação dos dispositivos da escritura. Quando a empresa continua a pagar juros, mas alega não poder atender ao fundo de amortização, não é incomum que o agente fiduciário e os detentores de títulos deixem de agir e apenas aceitem o acúmulo de atrasados. Situação mais comum é a empresa solicitar formalmente aos detentores de títulos o adiamento dos pagamentos do fundo de amortização. Essa solicitação é quase sempre atendida pela grande maioria dos detentores de títulos, uma vez que a alternativa é sempre colocada como sendo a insolvência. Esse foi o caso das Interborough Rapid Transit de 5%, para as quais — como observamos — o fundo de amortização era um elemento de proteção essencial.[10]

A sugestão feita em relação aos dispositivos de capital de giro, a saber, que o controle dos votos seja transferido aos detentores de títulos em caso de inadimplência, é igualmente aplicável a dispositivos de fundo de amortização. Em nossa opinião, isso seria claramente preferível ao arranjo atual segundo o qual o detentor de títulos não deve fazer nada para se proteger nem dar o passo drástico e calamitoso de pedir falência.

A ênfase que colocamos no tipo apropriado de dispositivos de proteção para os títulos industriais não deve levar o leitor a acreditar que a presença de tais dispositivos traz uma garantia de segurança. Isso está longe de ser o caso. O sucesso de um investimento em títulos depende, principalmente, do sucesso da empresa e, apenas em grau muito secundário, dos termos da escritura. Daí o aparente paradoxo de que os ativos privilegiados que se saíram melhor na depressão têm, em geral, dispositivos de escritura ou contrato social bastante insatisfatórios. A explicação é que as melhores emissões, como classe, eram as mais antigas e datam de momentos em que menos atenção foi dada, do que atualmente, aos dispositivos de proteção.

No apêndice C, nota 31 (p. 1003), apresentamos dois exemplos do tipo oposto (as Willys-Overland Company First de 6,5%, com vencimento em

---

10. O plano de reajuste voluntário proposto em 1922 adiou os pagamentos dos fundos de amortização desses títulos por um prazo de cinco anos. Cerca de 75% da emissão seguiu essa modificação. Os pagamentos de fundos de amortização foram suspensos sem penalidade no caso de inúmeras emissões imobiliárias sob os dispositivos de várias leis estaduais de moratória de hipotecas. *Exemplo*: as principais da Harriman Building de 6%, com vencimento em 1951. Nenhum pagamento ao fundo de amortização foi feito entre 1934 e 1939 em virtude da Lei de Moratórias de Nova York.

1933, e as Berkey e Gay Furniture Company First de 6%, vencendo em 1941), em que a combinação de um forte desempenho estatístico com todos os dispositivos de proteção padrão não conseguiu proteger os detentores contra enormes perdas subsequentes. Contudo, embora os dispositivos de proteção que apresentamos não *garantam* a segurança da emissão, eles a *aumentam* e, por essa razão, vale a pena insistir neles.

CAPÍTULO 20
DISPOSITIVOS DE PROTEÇÃO DAS AÇÕES PREFERENCIAIS: MANUTENÇÃO DE CAPITAL SUBORDINADO

As ações preferenciais quase sempre recebem certas salvaguardas contra o lançamento de novas ações com prioridade sobre elas. O dispositivo padrão proíbe a emissão de ações ou obrigações hipotecárias com privilégios sobre elas, exceto mediante a aprovação, por voto, de dois terços ou três quartos das ações preferenciais. Essa proibição não é absoluta, pois sempre existem condições em que os acionistas preferenciais podem achar vantajoso autorizar a criação de um título privilegiado. Isso pode acontecer porque um financiamento novo, por meio de uma emissão de obrigações, é necessário para evitar a concordata. Um exemplo foi proporcionado pela Eitingon-Schild Company em 1932. De acordo com os dispositivos das ações preferenciais de 6,5%, a empresa não podia criar um penhor, hipoteca ou encargo sobre qualquer de suas propriedades, exceto compromissos de compra em dinheiro, extensões de hipotecas existentes e penhores de ativos líquidos para garantir empréstimos feitos no andamento normal dos negócios. Em função da situação financeira precária da empresa em 1932, os acionistas preferenciais autorizaram certos rearranjos financeiros, incluindo a criação de uma emissão de 5,5 milhões de dólares de debêntures de 5% contendo certos dispositivos, cujo efeito era criar um encargo especial contra as propriedades fixas.

Proteção contra a criação de dívida sem garantia é desejável. Trata-se de uma prática comum não dar aos acionistas preferenciais qualquer controle sobre a criação de *dívidas sem garantia*. Um exemplo é a American Metal Company, que, em 1930, emitiu 20 milhões de dólares de notas de debêntures sem o voto dos acionistas preferenciais, mas, em 1933, foi obrigada a pedir a aprovação deles para o possível estabelecimento de uma garantia para refinanciar as notas quando do vencimento. Essa distinção parece-nos incorreta, uma vez que a dívida sem garantia é uma ameaça para as ações preferenciais e um título de hipoteca. Parece ilógico dizer, como geralmente acontece, que os acionistas preferenciais podem proibir a emissão de novas ações preferenciais que são classificadas com prioridade sobre sua emissão ou são equivalentes a elas e a emissão de qualquer endividamento garantido, e que não têm nada a opinar sobre a criação de uma emissão de obrigações de debêntures, por maior que seja.

Presume-se que essa exclusão surgiu do desejo de permitir empréstimos bancários para fins comerciais comuns, mas isso poderia ser resolvido com uma estipulação específica para tal efeito — da mesma forma que o dispositivo padrão utilizado hoje em dia permite ao penhor de ativos garantir "empréstimos feitos no andamento normal dos negócios", sem exigir o consentimento dos acionistas preferenciais.[1]

Muitas vezes, recorre-se ao voto dos acionistas preferenciais para autorizar a emissão de um título, com classificação igual ou até mesmo privilegiada, que vai ser trocado pela própria ação preferencial de acordo com um plano de recapitalização; o novo título, em geral, é projetado para descartar os dividendos acumulados. Ao dar ao novo título igualdade ou prioridade sobre o anterior, os acionistas que, de outra forma, estariam inclinados a rejeitar a composição são quase obrigados a aceitá-la.

Exemplos: Em 1930, a Austin Nichols and Company tinha ações preferenciais de 7% em circulação para as quais haviam sido acumulados dividendos de US$ 21 por ação. A empresa ofereceu trocar cada ação por uma Ação preferencial Série A Cumulativa de 5% mais 1,2 ação ordinária. Pelo voto dos acionistas preferenciais que aceitaram o plano, a nova ação Série A tornou-se privilegiada frente à preferencial antiga. Como resultado, cerca de 99% destas últimas foram entregues em troca. A International Paper e a Fisk Rubber fizeram ajustes semelhantes de dividendos acumulados sobre as preferenciais em 1917 e 1925, respectivamente. Nesses casos, a ação preferencial adicional emitida foi classificada em igualdade com as ações antigas.[2]

---

1. Deve-se notar, no entanto, que existe uma tendência crescente, nos últimos anos, de proteger os acionistas preferenciais da criação de obrigações de debêntures, ao se exigir a aprovação deles para a emissão de quaisquer "obrigações, notas, debêntures, ou outros tipos de endividamento com vencimento em um prazo superior a um ano, a partir da data de sua emissão". Ver, por exemplo: as preferenciais da Kendall de 6% e as da A. M. Byers de 7%. Entre as emissões mais antigas, as preferenciais da Loose-Wiles Biscuit de 7% tinham esse tipo de proteção.

2. Leis mais recentes de alguns estados americanos permitiram que as empresas obrigassem *todos* os acionistas preferenciais a aceitar um plano de recapitalização mediante um voto afirmativo de dois terços. *Exemplo:* A recapitalização da International Paper and Power, em 1937 (de acordo com as leis de Massachusetts), substituiu as preferenciais originais de 6% e as preferenciais sucessoras de 7% (junto com seus dividendos acumulados) por uma nova preferencial conversível de 5%, mais um bônus de ações ordinárias. No entanto, o efeito foi que várias decisões judiciais sustentaram que, no caso das sociedades formadas antes da promulgação dessas leis, a reivindicação de dividendos acumulados é um direito adquirido que não pode ser retirado pelo voto dos acionistas.

Fundos de amortização de ações preferenciais. Muito poucas emissões de ações preferenciais de prestadoras de serviços públicos ou de ferrovias têm um dispositivo de fundo de amortização. Contudo, no caso das ofertas de ações preferenciais industriais, os fundos de amortização tornaram-se a regra geral. As vantagens que as obrigações derivam de um fundo de amortização são igualmente aplicáveis às ações preferenciais. Além disso, em função da posição contratual fraca das ações preferenciais, o que temos enfatizado com frequência, existem mais razões para que o comprador insista em arranjos de proteção especiais desse tipo. No entanto, embora um fundo de amortização seja, por diversos motivos, uma característica extremamente desejável de uma ação preferencial, sua presença não é nenhuma garantia nem sua ausência implica uma falta de segurança adequada. A lista de 21 ações preferenciais (apresentada no capítulo 14) que mantiveram um *status* de investimento durante todo o período entre 1932 e 1933 contém apenas uma emissão com um dispositivo de fundo de amortização. Conforme explicado anteriormente, esse paradoxo se deve ao fato de que quase todas as preferenciais industriais fortes são ações estabelecidas há bastante tempo, e o fundo de amortização é um fenômeno relativamente recente.

O montante do fundo de amortização é, em geral, fixado em determinada porcentagem da quantidade máxima de ações preferenciais em circulação a qualquer momento, 3% sendo talvez o número mais frequente. Com menos frequência, o valor é baseado em uma porcentagem dos lucros. Existe uma série de variações e tecnicismos de natureza descritiva, a qual não vamos detalhar. Na maioria dos casos, o pagamento do fundo de amortização é obrigatório, desde que (1) os dividendos preferenciais tenham sido pagos integralmente ou "provisionados" e (2) restem lucros excedentes iguais às exigências do fundo de amortização.

Algumas poucas ações preferenciais são protegidas por um acordo para manter os ativos líquidos atuais em um nível determinado, geralmente igual a 100% das ações preferenciais ou 100% das ações preferenciais mais as emissões de obrigações. Em alguns casos, a penalidade pela não observância é apenas a proibição do pagamento de dividendos ordinários (por exemplo, a Sidney Blumenthal and Company), enquanto, em outros casos, o controle dos votos passa para as ações preferenciais (por exemplo, as da A. G. Spalding and Brothers de 7%, de acordo com as quais era obrigatório que o capital de giro fosse mantido em um nível igual a 125% das ações preferenciais).[3]

---

3. Em 1939, as preferenciais de 7% foram substituídas por obrigações de renda, preferenciais e ordinárias novas.

Poder de voto no caso de não pagamento de dividendos. O segundo tipo comum de dispositivo de proteção para as ações preferenciais refere-se ao poder de voto resultante no caso de falta de pagamento de dividendos. Até onde sabemos, essas estipulações se aplicam apenas às emissões cumulativas. O arranjo varia em relação ao momento em que o poder de voto se torna efetivo e ao grau de controle concedido. Em certos casos (por exemplo, as preferenciais da Kaufmann Department Stores de 7% e as da Royal Baking Powder Company de 6%), o direito de voto se torna efetivo depois da omissão de um dividendo. No outro extremo, o direito torna-se efetivo somente após oito pagamentos trimestrais inadimplentes (por exemplo, a Brunswick-Balke-Collender Company). O atraso normal permitido é de um ano. O direito conferido à ação preferencial pode ser (1) votar exclusivamente na eleição do conselho de diretores; (2) eleger em separado uma maioria do conselho; (3) eleger em separado uma minoria do conselho; (4) votar em pé de igualdade (ação por ação) com as ações ordinárias.

Exemplo de (1): As preferenciais da McKesson e da Robbins, Inc. receberam o direito isolado de eleger os diretores quando da omissão do dividendo referente ao quarto trimestre, em dezembro de 1932.

Exemplo de (2): Em 1933, as ações da Hahn Department Stores Preferred ganharam o direito de eleger uma maioria no conselho, por causa da omissão de quatro dividendos trimestrais.

Exemplo de (3): As preferenciais da Universal Pictures têm o direito de eleger dois diretores em caso da falta de pagamento de seis dividendos trimestrais. As da Brooklyn and Queens Transit Corporation podem eleger um terço do conselho se todas as dívidas não forem pagas em um ano após a omissão de qualquer dividendo trimestral.

Exemplo de (4): As preferenciais da City Ice and Fuel votam em pé de igualdade ação por ação com as ordinárias no caso de falta de pagamento de quatro dividendos trimestrais.[4]

O valor do último arranjo pareceria depender, em grande medida, do número de ações preferenciais ser maior ou menor que as ordinárias. Caso fosse maior, o direito de voto ação por ação poderia conceder controle efetivo à emissão; entretanto, na maioria dos casos, a emissão preferencial é menor em número, portanto, é provável que esse direito de voto se mostre ineficaz.

---

4. Uma variação incomum dessa ideia foi encontrada no caso das "Ações Debêntures sem Direito a Voto" (uma emissão preferencial) da DuPont, resgatadas em 1939. Os detentores receberam o direito de votar em igualdade com as ações ordinárias no caso de, em qualquer ano civil, os lucros caírem abaixo de 9% na emissão de debêntures. Receberiam poder de voto exclusivo se os dividendos estivessem inadimplentes por seis meses.

Direitos compostos. As West Penn Power Preferred, de 4,5%, e as Wisconsin Gas and Electric Preferred, de 4,5%, ambas emitidas em 1939, têm os seguintes direitos de voto: (1) um voto ação por ação com as ordinárias, a menos que (2) o dividendo esteja inadimplente há um ano, nesse caso, os acionistas preferenciais têm o direito de eleger dois diretores adicionais, e (3) os dividendos estejam inadimplentes há três anos, nesse caso, têm o direito de eleger a maioria do conselho. As North American Company Preferred Stock, de 6%, sempre podem eleger um quarto do conselho. Se os dividendos estão atrasados há três anos, elas têm o direito de eleger a maioria dos conselheiros.

Emissões não cumulativas requerem proteção maior. As práticas descritas anteriormente merecem algumas críticas de natureza mais geral. Em primeiro lugar, embora seja costumeiro pensar que esses dispositivos especiais de voto devem se aplicar apenas às ações preferenciais cumulativas, a exclusão das emissões não cumulativas nos parece ser bastante ilógica. Seus detentores têm, certamente, uma razão maior para demandar representação em caso de inadimplência, uma vez que não têm direito algum de recuperar, no futuro, os dividendos perdidos. Acreditamos que deve ser estabelecido como um princípio financeiro que *qualquer* ação preferencial cujo dividendo pleno não esteja sendo pago em dia precisa ter alguma representação separada no conselho de diretores.

Por outro lado, não consideramos adequado privar as ações ordinárias de toda representação quando os dividendos preferenciais não são pagos. O domínio completo do conselho pelos acionistas preferenciais pode levar a algumas práticas bastante injustas para as ações ordinárias, como a perpetuação do controle de ações preferenciais ao se evitar, desnecessariamente, pagar os dividendos atrasados na íntegra. Uma minoria alerta no conselho de diretores, muito embora impotente em termos de poder de voto, pode conseguir prevenir práticas injustas ou inadequadas.

Cânone geral no que se refere ao poder de voto. Com base na discussão anterior, um cânone geral com respeito ao poder de voto pode ser facilmente formulado. O arranjo padrão deve dar a cada emissão preferencial e a cada emissão ordinária o direito separado de *eleger alguns diretores em todas as circunstâncias.*[5] Seria lógico que as ações ordinárias elegessem a maioria dos

---

5. Até onde conseguimos determinar, tais emissões são comparativamente raras. Ver, entretanto, as preferenciais da North American Company e as novas ações preferenciais da Ogden Corporation (sucessora da Utilities Power and Light Corporation). Parece provável que mais

conselheiros, contanto que os dividendos preferenciais sejam pagos com regularidade; seria igualmente lógico que, sempre que o total dos dividendos não seja pago, em qualquer uma das emissões preferenciais cumulativas ou não cumulativas, o direito de escolher a maioria do conselho passasse para os acionistas preferenciais.[6]

A proteção adequada para as ações preferenciais deve exigir que o controle dos votos passe para seus detentores no caso não apenas da falta de pagamento dos dividendos como também da falta de pagamento do fundo de amortização ou do fracasso em manter o capital de giro no nível estipulado. Algumas escrituras, por exemplo, as de Bayuk Cigars e A. G. Spalding, concedem esse triplo direito de recurso aos detentores das ações preferenciais. Em nossa opinião, essa prática deveria ser padrão e não uma exceção.

Valor do controle de voto pelas ações preferenciais pode ser questionado. Analisando a questão de forma realista, deve-se admitir que a aquisição do controle de voto pelos detentores de uma ação preferencial não necessariamente os beneficia. Em alguns casos, talvez, nenhum uso eficaz desse privilégio pode ser feito; em outros casos, os detentores são muito inertes — ou muito mal aconselhados — para proteger seus interesses, embora tenham poder para fazê-lo. Essas limitações práticas podem ser ilustradas pela Maytag Company.

Em 1928, essa empresa (fabricante de máquinas de lavar) foi recapitalizada e emitiu os seguintes títulos:

      100.000 ações preferenciais cumulativas de 6%.
      320.000 ações cumulativas secundárias de 3%.
      1.600.000 ações ordinárias.

Cerca de 80% de todas essas ações foram recebidas pela família Maytag. Por meio de banqueiros de investimento, venderam ao público suas participações nas preferenciais de primeira e segunda classe. Isso rendeu-lhes, individualmente (ou seja, não à empresa), um montante de cerca de 20 milhões de

---

emissões desse tipo vão surgir sob os auspícios da Securities and Exchange Commission. Com relação ao tema geral do direito de voto dos acionistas preferenciais, ver W. H. S. Stevens, "Voting rights of capital stock and shareholders". *The Journal of Business of the University of Chicago*, v. 11, n. 4, p. 311-348, out. 1938.

6. A seção 216-12 (*a*) do capítulo X da Lei de Falências de 1938 aponta que as ações preferenciais emitidas ao abrigo dessa seção têm o direito de eleger *alguns* diretores no caso de *qualquer* inadimplência nos dividendos.

dólares. Eles mantiveram o controle do negócio por meio da posse de ações ordinárias. A escritura estabelecia que nenhuma das ações preferenciais deveria ter direito a voto, a menos que quatro dividendos trimestrais estivessem inadimplentes em qualquer uma delas. Nesse caso, ambas as ações, votando em conjunto como uma única classe, teriam o direito de eleger uma maioria dos conselheiros. Em 1932, os dividendos foram omitidos em ambas as classes de ações preferenciais. Assim, o controle do voto passou para os detentores dessas ações no início de 1933.

Curiosamente, a única mudança feita no conselho de diretores, durante o período de 1932 a 1933, foi a *renúncia* do único membro que — por ser sócio de uma das casas emissoras —, presumivelmente, representava os acionistas preferenciais. Todos os cinco diretores restantes eram funcionários executivos e se identificavam estreitamente com os proprietários das ações ordinárias. Nesse meio-tempo, o preço das duas ações preferenciais caiu para US$ 15 e US$ 3,12, respectivamente, em comparação com os preços originais de lançamento de US$ 101 e US$ 50.

Ao rever a situação, vimos os proprietários particulares de um negócio vendendo um direito preferencial sobre seus lucros por um montante muito grande, o qual retiveram individualmente. Para proteger a participação do público na empresa, as ações preferenciais receberam controle de votação, no caso do não pagamento de dividendos em uma base contínua. Esse evento ocorreu e, com ele, um declínio catastrófico no valor das ações. Mas o novo controle do voto não foi exercido, e o conselho de administração permaneceu dominado, ainda mais completamente do que antes, pelos proprietários das ações ordinárias.

A atitude de Wall Street com relação a esse incidente foi dizer que, uma vez que a administração da empresa era honesta e capaz, uma mudança na diretoria seria desnecessária e até imprudente. Em nossa opinião, esse raciocínio não leva em consideração um ponto básico. Sem dúvida, a *gestão operacional* deve permanecer inalterada; é possível, embora não certo, que os diretores que representavam as ações preferenciais adotassem as mesmas políticas financeiras nas questões sobre as ações privilegiadas, como seriam adotadas por um conselho identificado com as ações ordinárias. Porém, o cerne da questão é que essas decisões deveriam, na verdade, ser tomadas por um conselho administrativo com maioria selecionada pelos acionistas preferenciais, no exercício de seus direitos. Independentemente de a mudança no conselho resultar ou não em qualquer mudança na política, os diretores deveriam ser escolhidos de acordo com os dispositivos do contrato social. De outra forma, o dispositivo de votação é totalmente desprovido de valor. Torna-se apenas uma frase para persuadir o comprador de ações preferenciais a acreditar que possui salvaguardas que, na verdade, não existem.[7]

Procedimento recomendado em tais casos. Do ponto de vista dos autores, os procedimentos em casos como o da Maytag são perfeitamente claros. Os acionistas preferenciais, individualmente, não dispõem de meios satisfatórios para realizar a nomeação e a eleição de conselheiros para representá-los. Essa responsabilidade deve recair sobre as casas emissoras, que deveriam cumpri--la com afinco. Elas deveriam (1) obter uma lista dos acionistas preferenciais registrados; (2) aconselhá-los sobre seus novos direitos de voto; (3) recomendar-lhes uma chapa de diretores e pedir a eles procurações para votar a favor desses nomeados. Os diretores sugeridos devem, claro, ser o mais bem qualificados possível para suas posições. Devem estar livres de qualquer grande interesse ou afiliação próxima com as ações ordinárias, e seria desejável que fossem proprietários de um número substancial de ações preferenciais. (No caso das ações preferenciais emitidas de acordo com os termos de uma reestruturação, pode não haver nenhuma casa emissora para tomar a iniciativa, mas isso pode ser feito pelas mesmas agências anteriormente ativas em nome dos detentores de títulos na reestruturação em si.)

É bastante possível, contudo, que os diretores escolhidos pelos acionistas preferenciais sejam incompetentes ou, por outras razões, deixem de representar seus interesses de maneira adequada. Entretanto, este não é um argumento válido contra a posse e o exercício do poder de voto pelos acionistas preferenciais. A mesma objeção se aplica aos direitos de voto dos acionistas ordinários — e aos dos cidadãos. A solução não é a privação de direitos, mas a educação. Como apontamos anteriormente, uma combinação de dispositivos adequados de controle de voto para as ações preferenciais e de seu uso imediato e eficaz poderia superar, em grande parte, as desvantagens inerentes à ausência de um direito legal irrestrito para receber dividendos. Contudo, até que *ambas* as condições sejam atendidas, devemos continuar a enfatizar a superioridade prática para os investidores da *forma* de obrigação sobre a forma de ação preferencial.

Manutenção de capital subordinado adequado. Gostaríamos de chamar a atenção, finalmente, para um requisito de proteção para os detentores de títulos e acionistas preferenciais que é tecnicamente de grande importância, mas que, muitas vezes, não é atendido nas escrituras ou nos dispositivos de contratos sociais. O ponto em questão é a manutenção de um montante adequado de

---

7. Deve-se acrescentar que os dividendos das preferenciais da Maytag de 6% foram retomados em outubro de 1933 e os acumulados foram pagos em 1934.

capital subordinado. Já enfatizamos o princípio de que esse capital subordinado é uma condição indispensável para qualquer investimento em renda fixa. Nenhum empréstimo poderia ser feito, de maneira prudente, a uma empresa com juros de 3% ou 4%, a menos que a empresa tivesse um valor bem superior ao montante emprestado. Isso é elementar e bem compreendido. Entretanto, em geral, não se percebe que a legislação das sociedades permite a *retirada*, de forma substancial, de todo o capital e do excedente *após* um empréstimo ter sido realizado. Isso pode ser feito por meio de um processo legal de redução do capital a um valor nominal e de distribuição do valor da redução aos acionistas. Os credores são impotentes para evitar tal manobra, a menos que tenham incluído proteções específicas em seu contrato de empréstimo.

Perigo no direito de reduzir o capital declarado. Deixe-nos tentar esclarecer esse ponto com um exemplo hipotético. Uma empresa está envolvida no negócio de emprestar dinheiro em parcelas. Ela tem 2,1 milhões de dólares de capital e de excedente. Ostensivamente, com o objetivo de expandir suas operações, ela toma emprestado 2 milhões de dólares por meio da venda de uma emissão de títulos de dívida de vinte anos a 5%. Os lucros e o patrimônio social parecem fornecer proteção suficiente para os títulos. Posteriormente, os negócios perdem seu vigor e a empresa tem uma quantidade substancial de dinheiro não utilizado. Os acionistas votam para reduzir o capital para 100 mil dólares (em teoria, poderia ser reduzido para 1 dólar) e recebem de volta 2 milhões de dólares em dinheiro, como uma devolução de seu capital.

Com efeito, os acionistas recuperaram seu capital com o dinheiro fornecido pelos detentores de obrigações, mas mantiveram a propriedade e o controle da empresa com o direito de receber todos os lucros acima de 5%. Os detentores de obrigações encontram-se na posição absurda de ter fornecido todo o capital social e, assim, assumido todo o risco de prejuízo, sem qualquer participação nos lucros acima dos juros costumeiros. Tal acontecimento seria muito injusto, mas, aparentemente, poderia ser realizado de forma legal, a menos que a escritura da emissão de obrigações o tenha impedido, especificamente, ao estipular que nenhuma distribuição poderia ser feita aos acionistas que reduzisse o capital e o superávit abaixo de certo valor.

A remoção do "colchão" dos detentores de obrigações por meio de sua retirada direta em dinheiro — como em nosso exemplo hipotético — é uma ocorrência rara, talvez inédita. Contudo, uma situação correspondente surge, na prática, por meio de uma combinação de grandes prejuízos operacionais seguidos de uma redução no capital para eliminar o déficit consequente no balanço.

Exemplos: No capítulo 38, nós nos referimos a um exemplo extraordinário desse tipo: o caso da Interborough-Metropolitan. Nesse exemplo, o capital declarado foi reduzido pela atuação dos acionistas para eliminar um enorme déficit de lucros e prejuízos. Após essa medida, os lucros de natureza distintamente temporária foram desembolsados em forma de dividendos, em vez de serem conservados para o benefício dos detentores de obrigações, que mais tarde sofreram um prejuízo tremendo. Para reduzir o capital, segundo as leis então vigentes, recorreu-se a uma "fusão" com uma empresa fictícia. O mesmo artifício foi utilizado várias vezes desde então e em conexão com esquemas de recapitalização, como a Central Leather Company em 1926 e a Kelly-Springfield Tire Company em 1932.

Como resultado dos prejuízos sofridos durante a depressão dos anos 1930, numerosas reduções de capitalização foram votadas pelos acionistas. Essas decisões foram tomadas sem consultar os detentores de obrigações. A maioria dessas reduções foi afetada por mudanças de ações sem valor nominal para ações de baixo valor nominal. Muitas vezes, isso foi acompanhado de baixas nos ativos intangíveis ou de remarcações dos ativos fixos. Tais reduções no valor dos ativos, em um lado do balanço, e do capital, do outro lado, não são de significância especial, do ponto de vista dos detentores de obrigações, exceto, talvez, pelo fato de que podem permitir uma depreciação indevidamente baixa e, portanto, pagamentos de dividendos indevidamente liberais. No entanto, na maioria dos casos, uma soma substancial também foi efetivamente transferida do capital para o excedente e, portanto, disponibilizada para absorver prejuízos operacionais no futuro e facilitar a retomada de dividendos antes que os prejuízos anteriores tivessem sido recuperados.

Por exemplo, a Remington Rand Inc. transformou suas ações ordinárias sem valor nominal para US$ 1 e, assim, com o cancelamento das ações detidas pela própria empresa, reduziu o valor declarado das ações ordinárias de 17,133 milhões de dólares para 1,291 milhão de dólares. Ela aplicou 7,8 milhões dessa redução para dar baixa em seus ativos intangíveis, usou 2,3 milhões adicionais para remarcar para baixo a sua conta de fábrica e destinou 400 mil para diversas baixas contábeis e para reservas. Isso liberou cerca de 5,35 milhões de dólares para serem efetivamente transferidos do capital social ao excedente. Da mesma forma, o valor nominal das ações preferenciais da Lexington Utilities de 6% foi reduzido, em 1935, de US$ 100 para US$ 25 por ação, sem mudança alguma no dividendo ou em outros direitos significativos e com o único propósito de eliminar o déficit de capital e permitir a retomada dos dividendos preferenciais. Essa ação eliminou cerca de três quartos da margem acima da dívida financiada que os detentores de obrigações tinham o direito de manter antes dos dividendos poderem ser pagos. Nos anos subsequentes, grandes somas foram desembolsadas em dividendos preferenciais que, de outra forma, teriam sido mantidas ou investidas para restaurar o "colchão" dos detentores de obrigações.

Reduções semelhantes foram feitas por New York Shipbuilding Corporation; Servel, Inc.; Warner Brothers Pictures, Inc.; H. F. Wilcox Oil and Gas Company; e Thermoid Company. A National Acme Company reduziu o valor nominal de seu patrimônio social duas vezes, de US$ 50 para US$ 10, em 1924, e de US$ 10 para US$ 1, em 1933. O resultado foi um encolhimento de seu capital declarado, de 25 milhões para 500 mil dólares. No caso da Capital Administration Company, não apenas reduziu o valor declarado das ações ordinárias como também as ações preferenciais cumulativas de US$ 3 receberam um valor nominal fictício de US$ 10.

Alguns títulos protegidos contra esse risco. Felizmente para os detentores de obrigações, em alguns desses casos, as escrituras contêm dispositivos que proíbem o pagamento de dividendos ou de serem feitas outras distribuições aos acionistas a não ser que haja uma margem adequada de recursos acima do endividamento. No caso das debêntures da Remington Rand Debentures de 5,5%, uma proteção tripla foi fornecida pelos termos da escritura:

1. os dividendos em dinheiro podem ser pagos apenas com o excedente ganho;
2. os dividendos em dinheiro podem ser pagos unicamente se os ativos tangíveis líquidos, após a dedução dos dividendos em questão, forem iguais ou superiores a 175% da dívida financiada;
3. nenhuma ação pode ser resgatada, com excesso de 3,5 milhões de dólares, exceto com o capital integrado ou com o excedente ganho.

O último dispositivo é voltado contra a redução do capital subordinado por meio da recompra de ações preferenciais ou ordinárias. Seria mais satisfatório se proibisse a *aquisição* (em vez de *resgate*) das ações da própria empresa.

Dispositivos de proteção de vários tipos aparecem em muitas escrituras, mas não em todas. (Estão ausentes, por exemplo, no caso das obrigações de Lexington Utilities, New York Shipbuilding e Servel, para citar três das empresas que reduziram seu capital declarado por meio do voto dos acionistas.) A partir da discussão anterior, deve ficar claro que esses dispositivos são essenciais para a proteção adequada de uma emissão de título. As casas emissoras conscienciosas e os investidores inteligentes devem insistir em sua inclusão em todas as escrituras.[8]

---

8. Desde que isso foi estabelecido, em 1934, passou a ser prática comum incluir tais salvaguardas nos contratos de obrigações novos. Não só existe uma proibição contra a redução do capital declarado

Posição anômala das ações preferenciais na questão da manutenção do capital subordinado adequado. A posição das ações preferenciais nessa questão é um tanto peculiar. Seus detentores têm o mesmo interesse que os detentores de obrigações na manutenção de um montante adequado de capital subordinado. Mas as perdas resultantes de um déficit no balanço impedem legalmente o pagamento não apenas dos dividendos ordinários como também dos dividendos preferenciais. Assim, é provável que os acionistas preferenciais anseiem por uma redução no valor declarado da ação ordinária, o que eliminaria o déficit na conta de lucros e os prejuízos e permitiria a retomada dos dividendos sobre suas ações. Em tais casos, o interesse na manutenção de uma quantidade adequada de capital subordinado é compensado pelo desejo maior de possibilitar os dividendos. (No final de 1921, por exemplo, as perdas assumidas pela Montgomery Ward tinham criado um déficit na conta de lucros e prejuízos de 7,7 milhões de dólares, o que obrigou a suspensão do dividendo preferencial. Assim, os detentores desse título viram com bons olhos uma redução no valor declarado das ações ordinárias, de 28,3 milhões para 11,4 milhões de dólares, a qual eliminou o déficit no balanço e, assim, permitiu a retomada dos dividendos preferenciais e o pagamento dos acumulados.)

Essa situação foi explorada por acionistas ordinários para forçar grandes concessões de acionistas preferenciais em conexão com déficit de lucros e prejuízos. Um exemplo notório é o plano de reorganização da Central Leather, que resultou na formação de uma empresa sucessora, a United States Leather. Em compensação por seu voto a favor da redução do capital declarado, os acionistas ordinários forçaram os acionistas preferenciais a renunciar a seus dividendos atrasados e reduzir seu direito cumulativo a dividendos futuros.[9]

---

como também existe uma tendência de "congelar" o *excedente* a partir do momento da emissão da obrigação, embora, muitas vezes, com alguma margem de manobra. *Exemplos:* As escrituras das ações da Youngstown Sheet and Tube de 4% e as debêntures de 3,5% limitam as distribuições de dinheiro, para os acionistas, aos lucros desde 31 de dezembro de 1935, acrescidos de 5 milhões de dólares. No caso das ações principais e secundárias da Koppers Company de 4%, com vencimento em 1951, as distribuições são limitadas aos lucros desde 1º de janeiro de 1936, além das receitas da venda de ações adicionais.

9. A recapitalização da International Paper and Power Company, realizada em 1937 envolveu um sacrifício semelhante por parte dos acionistas preferenciais. Foi aprovada pela Securities and Exchange Commission com reticência considerável e considerada pelo comissário Frank como um exemplo deplorável em sua vigorosa e prolongada dissidência da ordem da comissão, de 30 de janeiro de 1939, que aprovou a emissão das preferenciais da North American Company de 6%. Em seu parecer divergente, faz a interessante sugestão de que os acionistas preferenciais poderiam escapar do dilema que discutimos se o valor declarado das ordinárias fosse reduzido a um valor baixo e se um grande excedente de capital especial fosse assim criado, contra o qual poderiam ser cobrados prejuízos que, de outra forma, resultariam em uma redução do capital. Junto com esse dispositivo está a sugestão

Ações preferenciais precisam de dispositivos protetores específicos e de poder de voto para sua proteção. Essas considerações confirmam nossas críticas expressas com relação à *forma* de ação preferencial como um meio de investimento. Não é muito difícil salvaguardar essas ações contra a *retirada* de capital subordinado; isso é feito com frequência, e sempre deve ser feito.[10] No entanto, lidar satisfatoriamente, do ponto de vista dos acionistas preferenciais, com condições que resultem em um déficit na conta de lucros e prejuízos é uma questão difícil. Isso requer, acima de tudo, o controle completo das políticas da empresa por diretores que representam as ações preferenciais. Serve para enfatizar a importância do poder de voto adequado para os acionistas preferenciais, no caso de não pagamento de dividendos.

---

de que, quando uma redução substancial nesse excedente de capital especial ocorre, o controle do voto deve passar para as ações preferenciais.

10. Por exemplo, o contrato social da General American Investors Company, Inc. proíbe qualquer divisão ou qualquer outra distribuição às ações ordinárias que reduza os ativos líquidos abaixo de US$ 150 por ação preferencial. O contrato social da Interestadual Department Stores, Inc. exige o consentimento dos detentores de dois terços das ações preferenciais para qualquer distribuição, aos detentores das ações ordinárias, de capital ou de um excedente resultante de qualquer redução estatutária do capital social.

CAPÍTULO 21
SUPERVISÃO DAS PARTICIPAÇÕES DE INVESTIMENTO

Conceito tradicional de "investimento permanente". Uma geração atrás, "investimento permanente" era uma das frases feitas do mundo financeiro. Era aplicada à compra típica feita por um investidor conservador e pode-se dizer que englobava três ideias: (1) intenção de manter por um período indeterminado; (2) interesse apenas na receita anual, sem referência a oscilações no valor do principal; e (3) despreocupação com acontecimentos futuros que pudessem afetar a empresa. Por definição, um investimento sólido poderia ser comprado, engavetado e esquecido, exceto nas datas de pagamento dos juros ou dividendos.

Essa visão tradicional dos investimentos de alta qualidade foi seriamente posta em questão, pela primeira vez, por causa das experiências insatisfatórias durante a depressão de 1920-1922. Ativos que seus detentores haviam considerado seguros e, por isso, dispensavam qualquer exame, deram prejuízos enormes. Os sete anos seguintes, embora em geral prósperos, afetaram diferentes grupos de ativos de investimento de maneiras tão divergentes que a antiga sensação de segurança absoluta — à qual o termo *gilt-edged securities* (ativos com bordas douradas) foi associado — sofreu uma erosão crescente. Portanto, mesmo antes do colapso do mercado em 1929, o perigo decorrente da negligência de investimentos anteriormente feitos e a necessidade de escrutínio ou supervisão periódica de todas as participações haviam sido reconhecidos como um novo cânone em Wall Street. Esse princípio, diretamente contrário à prática anterior, costuma ser resumido no ditado "Não existem investimentos permanentes".

Inspeção periódica das participações é necessária — porém problemática. O fato de a nova perspectiva ser justificada pelas realidades do investimento de renda fixa dificilmente pode ser questionado. Entretanto, também precisa ser francamente reconhecido que essa mesma necessidade de supervisão de todas as participações em ativos implica uma denúncia bastante séria de todo o conceito de investimento de renda fixa. Se, após o processo rigoroso de escolha inicial, o risco de prejuízo somente puder ser minimizado pelo exercício de uma supervisão constante, esse investimento não terá se tornado tão problemático que não valerá mais a pena mantê-lo? Vamos supor que o investidor típico, seguindo os padrões conservadores de seleção aqui recomendados, tenha, em média, um rendimento de 3,5% em uma lista diversificada de ativos de empresas. Esse retorno de 3,5% parece substancialmente superior aos 2,5% obtidos com os títulos a longo prazo do governo dos Estados Unidos e também mais atraente que os 2% ou 2,5% oferecidos pelos bancos de poupança. No entanto, se levarmos em conta não apenas o esforço necessário para fazer uma seleção adequada como também os esforços adicionais decorrentes de verificações repetidas no futuro, e se acrescentarmos a isso o risco ainda inevitável de depreciação ou perda definitiva, poderemos argumentar, de uma forma bastante plausível, contra a conveniência dos investimentos de renda fixa em geral. A ideia antiga de propriedades permanentes e isentas de problemas estava baseada no sentimento lógico de que, se um investimento de retorno limitado não pudesse ser considerado isento de problemas, não valia a pena fazê-lo.

Superioridade dos títulos de poupança dos Estados Unidos. Objetivamente considerada, a experiência de investimento da última década, sem dúvida, se afasta do campo dos ativos de renda fixa e caminha na direção de (1) títulos do governo dos Estados Unidos, ou depósitos em bancos de poupança; (2) operações reconhecidamente especulativas, com o objetivo de reduzir riscos e aumentar lucros por meio de um esforço habilidoso; ou (3) uma busca pela combinação excepcional de segurança do principal com uma possibilidade de lucro substancial. Para todas as pessoas com recursos moderados, os títulos de poupança dos Estados Unidos oferecem, sem dúvida, o meio mais adequado para o investimento de renda fixa. De fato, somos inclinados a declarar categoricamente que, com base nos rendimentos de juros de 1940, sua superioridade em relação a outras emissões as torna a única compra sensata desse tipo. A razão, claro, é que não é possível obter um retorno significativamente maior com os ativos de investimento (exceto por algumas exceções obscuras) sem injetar um elemento de risco do principal, o que torna o compromisso insatisfatório. Além disso, o direito do detentor de resgatá-las antes do vencimento é uma característica muito valiosa desses títulos. Se os pequenos investidores como uma classe rejeitassem categoricamente os vários tipos de "planos de poupança" — com seus nomes variados, agora sendo oferecidos ostensivamente como um "retorno de renda seguro" de 4% a 6% — e alegremente tirassem vantagem dos 2,9% disponíveis nos títulos de poupança dos Estados Unidos, estamos convencidos de que economizariam uma quantidade enorme de dinheiro, problemas e desgostos.

Contudo, mesmo que os problemas comuns de investimento da maioria dos investidores pudessem ser simplesmente eliminados, muitos investidores permaneceriam, os quais deveriam considerar outros tipos de investimento de valor fixo. Entre eles: (1) os investidores institucionais de todos os tipos, como os bancos comerciais e de poupança, seguradoras, instituições educacionais e filantrópicas; (2) outros grandes investidores, por exemplo, empresas e pessoas abastadas; e (3) aqueles com uma renda moderada derivada integralmente de investimentos, uma vez que o rendimento anual máximo que pode ser obtido, em última instância, dos títulos de poupança dos Estados Unidos é limitado a US$ 2.500 por ano.[1] É verdade também que muitos investidores menores, por um motivo ou outro, preferem colocar parte de seus recursos em outros tipos de investimento de renda fixa.

A segunda alternativa, a saber, especular em vez de investir, é perigosa demais para uma pessoa que está construindo seu capital com economias ou lucros comerciais. As desvantagens da ignorância, da ganância humana, da psicologia das massas, dos custos de negociação e da influência de pessoas manipuladoras e com informações privilegiadas[2] vão, em conjunto, desequilibrar bastante a superioridade puramente teórica da especulação, na medida em que oferece possibilidades de lucro em troca da aceitação de riscos. É verdade que argumentamos repetidas vezes contra a aceitação de um risco admitido do principal sem a presença de uma oportunidade compensatória de lucro. Ao fazê-lo, no entanto, não defendemos a especulação no lugar do investimento, mas apenas a preferência pela especulação inteligente no lugar de formas de investimento obviamente não sólidas e não aconselhadas. Estamos convencidos de que o público em geral obterá resultados muito melhores com investimentos de renda fixa, quando selecionados com muito cuidado, que com operações especulativas, mesmo que possam ser auxiliados por uma perícia considerável em questões financeiras. É bem possível que os resultados do investimento sejam decepcionantes, mas, nesse caso, os resultados da especulação terão sido desastrosos.

A terceira alternativa — buscar um investimento com méritos combinado com uma oportunidade de lucro — apresenta, acreditamos, um campo fértil para os talentos do analista financeiro. No entanto, esse é um objetivo perigoso para um investidor inexperiente. Ele pode ser facilmente persuadido a acreditar que existe segurança onde há apenas promessa ou, inversamente, que um desempenho estatístico atraente é, por si só, suficiente para garantir a compra.

---

1. Isso está baseado no máximo de US$ 7.500 permitido a cada ano para um indivíduo. Após o décimo ano de investimento contínuo, uma receita anual de US$ 2.500 seria acumulada pelo vencimento de uma unidade de US$ 10.000 por ano e sua substituição por uma nova obrigação de US$ 7.500.

2. Esse fator foi bastante reduzido pela operação da Lei das Bolsas de Valores de 1934.

Assim, considerando as três políticas alternativas abertas àqueles com recursos de capital, vemos que o investimento de renda fixa no campo tradicional dos títulos de alta qualidade e das ações preferenciais continua sendo uma atividade necessária e desejável para muitos indivíduos e entidades empresariais. É claro também que é necessário reexaminar periodicamente as participações em investimentos para reduzir o risco de perda. Quais são os princípios e métodos práticos a serem seguidos durante essa supervisão?

Princípios e problemas da supervisão sistemática; trocas. Em geral, entende-se que o investidor deve examinar suas participações periodicamente para verificar se todas ainda podem ser consideradas totalmente seguras e que, se a consistência de qualquer ativo se tornar questionável, deverá trocá-lo por um melhor. Ao fazer essa "troca", o investidor precisa estar preparado para aceitar uma perda moderada na participação que vende, que deve ser abatida de suas receitas totais de investimento.

Nos primeiros anos da supervisão sistemática de investimentos, essa política funcionou bastante bem. Ativos estabelecidos de alta qualidade tendiam a se fixar tenazmente a seus níveis de preços históricos e, muitas vezes, deixavam de refletir uma deterioração progressiva em sua posição intrínseca até algum tempo após a descoberta dessa degradação por meio da análise. Era possível, portanto, que o investidor atento vendesse tais participações a alguma vítima desatenta e desavisada, atraída pela reputação do ativo e pelo ligeiro desconto oferecido para comprá-lo em comparação com outros ativos da mesma classe. A natureza impessoal do mercado de ativos alivia esse procedimento de qualquer estigma ético, e isso é considerado meramente como um prêmio adequado pela astúcia e uma penalidade merecida pela falta de cuidado.

Maior sensibilidade dos preços dos ativos. Em anos mais recentes, no entanto, os ativos com grau de investimento perderam o que poderia ser denominado "inércia de preço", e suas cotações passaram logo a refletir qualquer acontecimento materialmente adverso. Esse fato coloca um obstáculo grande no caminho de uma política de trocas eficazes para manter o grau de investimento. No momento em que qualquer problema real com o ativo se manifesta, o preço do ativo pode ter caído para um nível não apenas especulativo, mas ainda mais baixo que a queda nos lucros pareceria justificar.[3] (Uma razão para esse declínio excessivo de preços é que uma *tendência* aparente e desfavorável passou a influenciar os preços, até mais

---

3. Muitos títulos de ferrovias provaram ser uma exceção a essa declaração desde 1933. Deve-se observar, por exemplo, que as ações principais da Baltimore and Ohio Railroad de 4%, com vencimento

severamente que os números absolutos dos lucros fariam.) A relutância natural do proprietário em aceitar um prejuízo substancial é reforçada pela crença razoável de que estaria vendendo o ativo a um preço indevidamente baixo, e é provável que se veja obrigado, inevitavelmente, a assumir uma posição especulativa com relação a esse ativo.

Margens excepcionais de segurança como um seguro contra a incerteza. O único meio eficaz de enfrentar essa dificuldade é seguir os conselhos de perfeição na hora de fazer o investimento original. O grau de segurança desfrutado pelo ativo, conforme demonstrado por medidas quantitativas, deve *exceder* de tal maneira os padrões mínimos que uma grande queda pode ocorrer sem que sua posição seja posta em questão. Essa política deve reduzir para um tamanho muito pequeno a proporção de participações sobre as quais o investidor posteriormente terá dúvida. Isso também permitiria que efetuasse trocas quando o desempenho do ativo fosse comparativamente forte e, portanto, houvesse uma probabilidade maior de que o preço de mercado tivesse sido mantido.

Exemplo e conclusão. Como exemplo concreto, suponhamos que o investidor adquira uma emissão como as Liggett and Myers Tobacco Company Debenture, de 5%, com vencimento em 1951, que apresentaram lucros, em média, quase vinte vezes superiores aos encargos de juros no período de 1934 a 1938, em comparação com a exigência mínima de três vezes. Se um declínio nos lucros reduzisse a cobertura para quatro vezes, o investidor poderia preferir migrar para outro ativo (se isso fosse possível) com lucros oito a dez vezes superiores a seus encargos de juros. Com base nessas premissas, teria uma boa chance de obter um preço "cheio" para o ativo da Liggett and Myers, pois ainda estaria apresentando um desempenho impressionante. Porém, se a influência da tendência de queda dos lucros deprimir a cotação de modo a criar um desconto grande, talvez decida reter o ativo em vez de aceitar um prejuízo considerável. Ao fazer isso, o investidor teria a grande vantagem de poder sentir que a segurança do investimento ainda não sofrera uma ameaça real.

Essa política de exigir margens de segurança muito altas obviamente teria sido muito benéfica no caso de um período de depressão aguda e de turbulência do mercado. Não é possível, no entanto, recomendar essa política como uma prática padrão para todos os investidores, uma vez que a disponibilidade

---

em 1948, foram negociadas a US$ 109,50 em 1936, embora a margem sobre os encargos de juros totais fosse bastante pequena havia muito tempo. Em 1938, esses títulos foram negociados a US$ 34,25.

de ativos bem fortes é muito limitada e porque, além disso, é contrário à natureza humana que os investidores tomem precauções extremas contra colapsos futuros, quando as condições atuais geram otimismo.[4]

Política em tempos de depressão. Supondo que o investidor tenha exercido uma cautela apenas razoável na escolha de suas participações de renda fixa, como se sairá e que política deverá seguir em tempos de depressão? Se a depressão é moderada, seus investimentos devem ser apenas levemente afetados pelo mercado e sua posição intrínseca menos ainda. Se as condições são similares àquelas vigentes entre 1930 e 1933, não pode esperar escapar de uma queda severa nas cotações e de um desconforto considerável com relação à segurança de suas participações. No entanto, qualquer política bem fundamentada de investimento em renda fixa presume que distúrbios da amplitude de 1930-1933 são de natureza não recorrente e que não é preciso se proteger contra eles no futuro. Se as experiências de 1921 a 1922 e de 1937 a 1938 são aceitas como típicas de uma "depressão grave recorrente", uma carteira de investimentos cuidadosamente selecionada deve ter um desempenho razoavelmente bom nesse período. O investidor não deve se sentir obrigado a vender ativos com um histórico forte por causa de um declínio atual nos lucros. Contudo, é provável que preste mais atenção do que o habitual à questão de melhorar a qualidade de seus ativos e, em muitos casos, deve ser possível obter alguns benefícios por meio de trocas de títulos cuidadosamente avaliadas.

As experiências da "recessão" de 1937-1938 corroboraram fortemente a análise anterior. Praticamente todos os ativos privilegiados que atenderiam aos nossos requisitos rigorosos no final de 1936 passaram pelo revés que se seguiu sem danos sérios em termos de seu valor de mercado. Entretanto, os títulos negociados a níveis altos, apesar de uma cobertura inadequada de lucros — sobretudo um grande número de ativos de ferrovias — , sofreram uma enorme queda de valor.

Fontes de aconselhamento e supervisão de investimentos. A supervisão de ativos financeiros envolve a questão de quem deve fazer isso e como. Os investidores têm várias instâncias à disposição para esse fim, das quais as mais importantes são as seguintes:

---

4. No entanto, devemos advertir o leitor contra a suposição de que uma cobertura muito grande dos encargos de juros é, por si só, uma garantia absoluta de segurança. Um prejuízo operacional elimina a margem de segurança, por mais alta que seja. Portanto, a estabilidade inerente é um requisito essencial, como enfatizamos em nosso exemplo da Studebaker, apresentado no capítulo 2.

1. o próprio investidor;
2. seu banco comercial;
3. um banco de investimento (ou de subscrição);
4. uma corretora da Bolsa de Valores de Nova York;
5. o departamento consultivo de uma grande empresa fiduciária;
6. um conselheiro de investimento ou serviço de supervisão independente.

Os dois últimos cobram taxas por seus serviços, enquanto os três primeiros fornecem consultoria e informações gratuitas.[5]

Conselhos de banqueiros comerciais. O investidor não deve ser seu único consultor, a menos que tenha treinamento e experiência suficientes que o qualifiquem a aconselhar outras pessoas profissionalmente. Na maioria dos casos, deve, pelo menos, complementar sua avaliação com consultas a terceiros. A prática de consultar o próprio banco sobre investimentos é generalizada e inegavelmente de grande benefício, sobretudo para o investidor de porte menor. Se essa prática fosse seguida de forma consistente, proporcionaria proteção quase completa contra as artimanhas hipnóticas do vendedor de ações de alta pressão e seus títulos fantasiosos e desprovidos de valor.[6] É duvidoso, no entanto, que um banqueiro comercial seja o consultor mais adequado para um investidor com recursos. Embora sua avaliação costume ser sensata, é provável que seus conhecimentos sobre ativos sejam um tanto superficiais, e não se pode esperar que dedique o tempo necessário a uma análise aprofundada das participações e dos problemas de seus clientes.

Conselho de bancos de investimento. Há objeções de outra natureza aos serviços de consultoria de um banco de investimento. Não se pode esperar que uma instituição com ativos próprios para vender forneça uma orientação totalmente imparcial. Por mais éticos que sejam seus objetivos, a força imensa do interesse próprio certamente afetará sua avaliação. Isso é ainda mais verdadeiro quando o conselho é fornecido por um vendedor de títulos cujo emprego depende de sua capacidade de convencer seus clientes a comprar os ativos que sua empresa possui "nas prateleiras". É verdade que as instituições de subscrição respeitáveis se consideram vinculadas, em algum grau, por uma

---

5. Um número crescente de empresas da bolsa de valores fornece consultoria sobre investimentos mediante o pagamento de uma taxa.

6. Sob supervisão da Securities and Exchange Commission, os títulos "fantasiosos" da velha escola desapareceram, em grande medida, do comércio interestadual, e seu lugar foi ocupado por empresas pequenas, mas presumivelmente legítimas, que os vendem ao público a preços excessivamente altos. Muitos outros tipos de fraude continuam sendo bastante comuns, como pode ser visto no relatório de 1938 publicado pelo Better Business Bureau de Nova York.

responsabilidade fiduciária a seus clientes. O esforço para dar-lhes conselhos bons e vender-lhes ativos adequados decorre não apenas dos ditames das boas práticas comerciais, mas, de maneira mais convincente, dos compromissos de um código de ética profissional.

No entanto, a venda de ativos não é uma profissão, mas um negócio, e é necessariamente encarada como tal. Embora na transação típica seja vantajoso para o vendedor dar ao comprador valor e satisfação completos, podem surgir condições que coloquem seus interesses em sério conflito. Portanto, é impraticável e, de certa maneira, injusto exigir que as instituições bancárias de investimento atuem como consultores imparciais dos compradores de ativos; de um modo geral, não é aconselhável que o investidor confie principalmente nos conselhos dos vendedores desses ativos.

Conselho das corretoras da Bolsa de Valores de Nova York. Os departamentos de investimento das grandes corretoras da Bolsa de Valores de Nova York apresentam um quadro um pouco diferente. Embora também tenham interesse monetário nas transações de seus clientes, é muito mais provável que seus conselhos sejam meticulosos e completamente imparciais. Geralmente, as corretoras da bolsa de valores não possuem ativos para venda. Embora, às vezes, participem de operações de venda que oferecem um retorno maior que as comissões comuns do mercado, seu interesse em promover esses ativos individuais é menos vital que o das empresas de subscrição que realmente os possuem. No fundo, o negócio de investimentos ou o departamento de títulos das corretoras da bolsa é talvez mais importante para elas como um símbolo de respeitabilidade que pelos lucros produzidos. Os ataques feitos contra elas, como agências de especulação, podem ser rebatidos, em parte, pelo fato de prestarem serviços necessários aos investidores conservadores. Logo, é possível que o investidor que consulta uma grande corretora da bolsa a respeito de uma pequena compra de títulos provavelmente receba tempo e atenção totalmente desproporcionais à comissão envolvida. É certo que, por fim, essa prática seja lucrativa, como uma proposta comercial nua e crua, uma vez que determinada parcela dos clientes de títulos posteriormente se transforma em negociantes ativos de ações. A favor das corretoras da bolsa, deve ser dito que não fazem nenhum esforço para convencer seus clientes de títulos a especular em ações, mas a atmosfera de uma corretora talvez não esteja isenta de sua influência sedutora.

Conselho de um consultor de investimentos. Embora a ideia de fornecer consultoria de investimento com base em honorários não seja nova, desenvolveu-se como uma atividade financeira importante apenas no passado recente. O trabalho está sendo realizado atualmente por departamentos especiais de grandes empresas fiduciárias, por uma divisão dos serviços de estatística e por empresas privadas que se intitulam conselheiros ou consultores de investimentos. A vantagem de tais agências é que podem ser completamente imparciais, por não terem qualquer interesse na venda de ativos ou em ganhar comissões sobre as transações de seus clientes. A principal desvantagem é o custo do serviço, que equivale, em média, a 0,5% ao ano do principal envolvido. Quando aplicada estritamente aos fundos de investimento, essa cobrança equivaleria a cerca de 0,14% ou 0,125% da receita anual, o que deve ser considerado substancial.

Para que seus honorários pareçam menos onerosos, alguns consultores de investimentos privados tentam prever a evolução do mercado de títulos e aconselhar seus clientes sobre a hora de comprar ou vender. É duvidoso que a negociação de títulos, para tirar vantagem das oscilações do mercado, possa ser realizada com sucesso pelo investidor. Se a evolução do mercado de obrigações pudesse ser prevista, também seria possível prever o mercado acionário, e haveria vantagens técnicas indubitáveis na negociação de ações e não de títulos. Somos céticos quanto à capacidade de qualquer agência paga fornecer previsões confiáveis da evolução do mercado de títulos ou de ações. Além disso, estamos convencidos de que qualquer esforço conjunto para dar conselhos sobre a escolha de investimentos individuais de alta qualidade e sobre a evolução dos *preços* dos títulos é, fundamentalmente, ilógico e confuso. Por mais que o investidor goste de poder comprar no momento certo e vender quando os preços estão prestes a cair, a experiência mostra que ele, provavelmente, não terá um sucesso estrondoso com tais esforços e que, ao injetar esse elemento de negociação em suas operações de investimento, perturbará a rentabilidade de seu capital e, inevitavelmente, mudará seu foco para direções especulativas.

Ainda não está claro se o aconselhamento com base em honorários funcionará satisfatoriamente no campo dos investimentos de alto padrão, devido a sua rentabilidade relativamente baixa. No campo puramente especulativo, a objeção a pagar por conselhos significa que, se o consultor *soubesse* o que fala, não precisaria ser consultor. Pode ser que a profissão de consultor de ativos encontre seu campo de atuação mais viável na região intermediária, em que o consultor lida com os problemas decorrentes de investimentos depreciados, propõe trocas vantajosas e recomenda ativos em oferta que são negociados a preços consideravelmente inferiores a seu valor intrínseco.

PARTE III
ATIVOS PRIVILEGIADOS COM CARACTERÍSTICAS ESPECULATIVAS

INTRODUÇÃO À PARTE III
"SANGUE E JULGAMENTO"
por J. Ezra Merkin[1]

Se os nomes de Benjamin Graham e David Dodd são um talismã para os investidores de valor, são praticamente um sacramento para aqueles que se concentram em empresas falidas. Afinal de contas, investir em falências ou empresas em dificuldade talvez seja a forma mais pura de investimento de valor, o destino natural para quem leva Graham e Dodd a sério. Com efeito, o investimento em empresas em dificuldade é uma forma de investimento de valor com um desconto substancial. Frank Borman, ex-astronauta e *chief executive officer* (CEO) de companhia aérea, comentou que "o capitalismo sem falência é como o cristianismo sem o inferno". A falência não é apenas uma característica inerente ao cenário de risco, mas o termo "investimento em empresas em dificuldade" pode, em última hipótese, ser redundante para o verdadeiro discípulo de Graham e Dodd. Uma vez que o observador médio não considera os ativos de empresas falidas ou quase falidas como um porto seguro clássico, precisamos entender um pouco mais o que os autores chamam de "investimento" e como isso se encaixa nas características do investimento em empresas em dificuldade. Nessa perspectiva, ficará evidente que o investimento em empresas em dificuldade é uma disciplina clássica de Graham e Dodd.

Atualmente, você pode, com facilidade, conectar-se à internet e comprar cem ações da Microsoft ou da Apple, e diríamos que quem agiu assim investiu nessas empresas. Graham e Dodd discordariam. Eles veem *investimento* como "uma palavra 'guarda-chuva' conveniente, talvez com uma pitada de eufemismo — isto é, um desejo de conferir alguma respeitabilidade a transações financeiras de naturezas diversas". Para os autores, *investimento* deve ser contrastado com *especulação*, e afirmam: "Portanto, deve ser essencial que qualquer pessoa envolvida em operações financeiras saiba se está investindo ou especulando e, no caso deste último, assegurar que sua especulação seja justificada".

---

[1]. Sou profundamente grato a Jerome Balsam, consultor jurídico do Gabriel Capital Group, por sua assistência durante a preparação desta introdução.

Assim, os autores advertem que "títulos devem ser comprados com base na depressão", uma vez que um investimento não pode ser sólido a menos que possa suportar a verdadeira adversidade. Pense nisso! — com base na *depressão*. Ademais, embora Graham e Dodd favoreçam o leitor com estas tantas páginas de análises, exemplos, gráficos e conselhos, eles alertam que a "especulação em ações", ou seja, provavelmente a maioria das compras e vendas de ativos feitas pelos americanos hoje em dia, "não se enquadra no escopo deste livro". Após quase sete décadas da segunda edição de Graham e Dodd, e ainda mais distante da Grande Depressão de 1929, a linguagem, sem falar no estado de espírito permanente, da austeridade disciplinada, não é fácil para o investidor contemporâneo (muito menos para o especulador). Muitos repetem os mantras do investimento de valor; poucos — mesmo entre aqueles que apreciam sua sabedoria — são os que os praticam consistentemente. É fácil se deixar levar pela multidão quando o mercado está em franca expansão, muito difícil é pensar quanto os ativos realmente valem.

A tentação para especular se repete periodicamente, quando os espíritos animais elevam os mercados a níveis que ultrapassam as avaliações que seriam justificadas pelos fundamentos. Não é fácil ficar nas margens enquanto outros estão ocupados enriquecendo. Em nossa geração, talvez o exemplo mais enfático de especulação por especulação tenha surgido com o *boom* da internet. É nessas ocasiões que a prudência e a cautela cedem lugar à excitação e que proposições que geralmente soariam ridículas se tornam estranhamente plausíveis. É como quando Big Julie, no clássico musical da Broadway *Guys and dolls*, desafia Nathan Detroit para um jogo de dados jogado com dados que não tinham números, a não ser aqueles que Big Julie alegava que podia ver.

No início de 2000, próximo ao pico do mercado, Arthur J. Samberg, presidente do bem-conceituado fundo multimercado Pequot Capital Management e um destacado investidor em tecnologia, compartilhou suas quatro ações favoritas no *Barron's Roundtable*. (Eram Critical Path, Double Click, Kana Communications e Message Media.) Graham e Dodd, que advertiram que a "noção de que a atratividade de uma ação ordinária era totalmente independente de seu preço parece inerentemente absurda", teriam empalidecido quando Samberg disse:

> Não vou fornecer números. Não vou fornecer preços. Não vou dizer quais vão se dar bem ou fracassar. Acho que todas são empresas muito boas e, se comprar um pacote dessas ações, nos próximos três a quatro anos, você se sairia muito bem. [...] Ouço essas coisas o tempo inteiro, que é uma bolha, isso é ridículo. Se você usar apenas os números para fazer esse tipo de coisa,

em primeiro lugar, nem compraria essas ações, o que provavelmente é uma coisa boa para certas pessoas. Entretanto, nunca entenderá a quantidade de mudanças que está acontecendo e o que ainda está para acontecer.

Como os autores teriam protestado! *Não vou fornecer números?* Mas os números são a matéria-prima da busca de Graham e Dodd pelo valor. *Não vou fornecer preços?* Se um ativo é uma compra boa ou não, isso é uma função do seu preço em relação ao seu valor. Quase qualquer ativo, independentemente de suas características, pode ser barato ou caro: tudo depende do quanto você precisará pagar por ele.[2]

Os investidores em empresas com dificuldades, inevitavelmente, declaram sua lealdade a Graham e Dodd. Eles se confortam com a postura ascética dos autores e acreditam em seus mantras. Não sonham com *ten-baggers*,[3] embora, em raras ocasiões, possam surgir. A ideia é encontrar ativos valiosos ou empresas inerentemente lucrativas que, no entanto, se alavancaram a níveis de endividamento incompatíveis com seus fluxos de caixa.[4]

A margem de segurança de Graham e Dodd estimula os investidores a examinar o balanço e os lucros projetados. Eles desempenham a função analítica que os autores endossam, aplicam as mesmas habilidades, estudam os mesmos documentos. Para eles, o balanço é o item principal, muito mais que os lucros, até por necessidade, uma vez que a maioria das empresas falidas não tem mais lucros. Graham e Dodd dedicam a parte VI da edição de 1940 à análise de balanços. No contexto do investimento em ações, os autores valorizam aquelas que vendem abaixo do valor atual de seus ativos ou de liquidação. Eles pregam: "Quando uma ação ordinária é negociada persistentemente abaixo de seu valor de liquidação, então o preço está baixo demais ou a empresa deve

---

2. Mason Hawkins e Staley Cates, da família de fundos Longleaf, que estão entre os mais bem-sucedidos acólitos de Graham e Dodd de nossa época, enfatizam o que chamam de relação preço-valor das ações que compram. Eles "falam com tanta frequência sobre a compra de empresas com '60%, ou menos', de valor intrínseco que soa quase como um canto religioso. No entanto, o método deles funciona" (Steven Goldberg, "Want to win at fund investing? Learn with Longleaf". *Kiplinger*, 22 maio 2007).

3. As ações *ten-baggers* são ações que oferecem um retorno equivalente a dez vezes o valor do investimento realizado. Outra maneira de explicar é que são ações que têm potencial para uma valorização de 900% ou mais. O termo *ten-bagger* foi criado por Peter Lynch em seu livro *One Up on Wall Street*. Lynch criou esse termo com base em referências do beisebol, esporte do qual é fã. No beisebol, *ten-bagger* é uma jogada muito bem-sucedida. Da mesma forma, no mundo dos investimentos, aplicar dinheiro em ações *ten-baggers* é uma jogada de sucesso, pois garante ao investidor um elevado retorno. (N.E.)

4. Isso é especialmente verdadeiro no caso das reestruturações, mais que no caso das liquidações, uma distinção que abordarei adiante.

ser liquidada". Se você comprar um ativo abaixo do valor de liquidação, não deverá sair machucado, mesmo que a liquidação esteja próxima. Isso é verdade para os acionistas; e vale ainda mais para os credores, que precedem os acionistas na hierarquia de direitos de indenização.

TIPOS DE FALÊNCIAS

Gostaria de sugerir uma tipologia de investimento em falências, consistente, acredito, com a abordagem de Graham e Dodd. Descobriremos que existem dois tipos de falência, que são, na verdade, três. Primeiro, existem (1) *liquidações*, que são o exercício mais puro de Graham e Dodd, uma vez que o investidor compra um ativo para atingir um resultado que é inteiramente (ou quase inteiramente) em dinheiro. É uma jogada de taxa de retorno, pois o investidor avalia que o balanço é capaz de sustentar distribuições em dinheiro acima daquelas implícitas nos preços atuais dos ativos. Além disso, essas distribuições serão recebidas em um prazo tão curto que criam uma taxa de retorno que justifica o risco envolvido. Em segundo lugar, existem *reestruturações*, que se apresentam de duas formas: (2) aquelas que produzem uma mistura de dinheiro e ativos e (3) aquelas nas quais o objetivo do investidor é ganhar controle da empresa reestruturada. No segundo tipo de falência, "dinheiro e ativos" podem consistir em uma variedade desconcertante de papéis: dívida privilegiada, dívida subordinada sênior, dívida *mezzanine*, dívida subordinada, ações preferenciais e ações. O terceiro tipo de falência, em que o investidor busca ganhar controle, é o oposto extremo de uma liquidação, na medida em que a esperança é lucrar com o controle de uma empresa em funcionamento, em vez de colher o produto da venda de suas partes. O primeiro e o terceiro tipos de falência são, em teoria, mais simples de estruturar, diferentemente das reestruturações de dinheiro em caixa e de ativos, que têm um objetivo intermediário (sacar algum dinheiro do negócio desde o início e depois esperar que se mostre lucrativo no futuro), mas uma complexidade estrutural maior.

Em quase todos os casos de investimentos em empresas com dificuldades, os períodos de manutenção começam em um ou dois anos e podem se estender por mais tempo — consideravelmente mais tempo quando o investidor assume uma posição de controle na empresa. Embora Charles Dickens tenha escrito, certa vez, a um amigo que o personagem que mais gostava de descrever era "o malandro que se transforma em um piscar de olhos e, assim, instantaneamente ganha sua recompensa eterna", não é da natureza de um investimento em uma empresa com dificuldades realizar seus objetivos em um piscar de olhos ou mesmo em um trimestre ou dois. O processo é, necessariamente, demorado, e os investidores não podem esperar facilmente até o final do processo para comprar porque o produto costuma ser ilíquido, ainda mais quando o investidor deseja acumular um número suficiente de ativos para tomar o controle.

Com efeito, o investidor em falências atua como uma incubadora, comprando girinos e vendendo sapos. Nas liquidações, os sapos são muito verdes: o investidor recebe dinheiro e, às vezes, uma pequena quantidade de dívida privilegiada; nas reestruturações, por outro lado, o investidor pode receber uma mistura, ou aquilo que gosto de chamar de "sacola de surpresas", de dinheiro, dívida privilegiada, dívida subordinada e ações novas em uma empresa reestruturada. No extremo, onde os sapos são os mais verdes — em casos de liquidação —, o investidor está basicamente criando dinheiro com um desconto, ponderado pelo tempo e pelo risco. À medida que o investidor passa da liquidação para a reestruturação e para o controle da reestruturação, afasta-se da análise de balanço clássica de Graham e Dodd e aproxima-se de empreendimentos mais especulativos.

Os investidores em empresas em dificuldade combinam uma análise financeira da estrutura de capital do negócio com uma análise legal dos direitos e prerrogativas dos detentores de títulos em cada nível de sua estrutura de capital. Como os autores observaram, litígios podem ser necessários. Nesses casos, seria necessário utilizar os procedimentos da Lei Chandler para "cortar o nó górdio" quando os "credores [...] pertencem a várias classes com interesses conflitantes". Combinar a análise financeira com a jurídica é crucial. Quando os investidores em empresas em dificuldade contemplam um investimento, sua flexibilidade financeira é definida e limitada pelos recursos legais disponibilizados por cláusulas específicas e pela legislação mais abrangente de contratos e falências; simultaneamente, seus direitos legais são circunscritos ao que é financeiramente viável.[5] Em outras palavras, os investidores em empresas em dificuldade fazem referências cruzadas entre o que é legalmente permitido e o que é financeiramente possível. Quando encontram a combinação desejada, investem.

Alguns exemplos de sucessos recentes (e não tão recentes) em investimentos em empresas em dificuldade dão uma ideia do que ocorre no setor. Esses

---

5. Quando Graham e Dodd escreveram *Análise de investimentos*, a Lei de Falências, de 1898, também conhecida como Lei Nelson, era a lei dos Estados Unidos. Embora o procedimento de falência tenha mudado, com a adoção do Código de Falências, em 1978, e algumas alterações subsequentes, mais recentemente, a Lei de Prevenção de Abuso de Falências e de Proteção ao Consumidor, de 2005, essas mudanças legais não contrariam os princípios gerais estabelecidos pelos autores.

exemplos também sugerem que, embora os investidores individuais possam ter sucesso na escolha de ações, é muito mais difícil para eles participar de investimentos em empresas em dificuldade. O bom desempenho no processo de falência, em geral, implica um gasto de tempo e recursos que está além de sua capacidade.

LIQUIDAÇÕES

TEXACO: UMA QUASE FALÊNCIA

Na liquidação padrão, os credores privilegiados são pagos da melhor forma que os ativos da empresa permitirem; às vezes, os credores quirografários têm sorte suficiente de também receberem uma distribuição significativa. Nos raros casos em que até credores quirografários são pagos integralmente, o capital social não desaparece. A história insólita da Texaco — fundada em 1901 como Texas Fuel Company e, por fim, incorporada à Chevron um século depois — oferece lições úteis sobre liquidações, mesmo que a Texaco não tenha sido liquidada e, apesar de seus pedidos de falência, nunca tenha ficado insolvente. Por fim, a Texaco é mais significativa como um exemplo do uso do Código de Falências como uma saída de emergência para evitar passivos legais ou contratuais.[6]

Em geral, o investimento em empresas em dificuldade envolve a compra de instrumentos de dívida de uma empresa problemática, uma vez que, na maioria das falências, o patrimônio líquido é exterminado. Contudo, esse nem sempre é o caso e, às vezes, um investidor astuto pode encontrar riquezas no patrimônio de uma empresa em dificuldade, conforme demonstrado por Carl Icahn no caso da Texaco. Aqui está o que levou aquele gigante do petróleo à falência.

Em 1984, a Texaco adquiriu a Getty Oil Company, mas foi processada pela Pennzoil, que alegou que a Texaco interferira em seu contrato anterior de compra de parte da Getty. No ano seguinte, um júri determinou que a Texaco estava errada e concedeu 10,3 bilhões de dólares à Pennzoil. Para recorrer da sentença, a Texaco teria de dar uma garantia com valor de vários bilhões de dólares, o que não podia fazer. Portanto, em 1987, a Texaco entrou com um pedido de proteção contra seus credores nos termos do capítulo 11 do Código de Falências. Não se tratava de uma falência verdadeira, mas de um uso quase *sui generis* da Lei de Falências para afastar as obrigações legais. Embora a Texaco

---

6. "Bankruptcy as an escape hatch". *Time*, 5 mar. 1984.

estivesse legalmente falida, nunca foi insolvente. Logo após o registro, as ações da Texaco caíram de quase US$ 32 para US$ 28,50, antes de voltar a subir para US$ 31,25. Como um analista de petróleo disse na época: "Embora a Texaco possa pedir falência, ela não será uma empresa falida".[7] A revista *Time* resumiu os benefícios para a Texaco dessa falência não convencional:

> Aproveitando-se das leis de falência liberalizadas, promulgadas em 1978, que não exigem mais que as empresas demonstrem sua insolvência,[8] o gigante do petróleo está imune, no momento, a muito mais do que a debilitante decisão judicial dos títulos. A Pennzoil não poderá mais instituir penhores, como se divulgou que estava se preparando para fazer, em até 8 bilhões de dólares dos ativos da Texaco. Com 3 bilhões já reservados, a Texaco não precisa mais pagar 630 milhões de dólares em juros anuais sobre 7 bilhões de dólares de dívidas comerciais normais. Tampouco é necessário pagar dividendos para as 242,3 milhões de ações ordinárias em circulação, uma economia estimada este ano em quase 727 milhões de dólares.[9]

Mais tarde, a Texaco conseguiu chegar a um acordo com a Pennzoil pela quantia enorme, porém pelo menos administrável, de 3 bilhões de dólares, e saiu da falência.[10] A maior parte da comunidade de investidores em empresas em dificuldade estava focada nos ativos privilegiados da Texaco, como as ações preferenciais e os títulos. Icahn, que possuía ações da Texaco antes da falência, aumentou sua participação drasticamente após o registro de concordata, elevando sua participação para 16,6% da empresa. Obviamente, ele acreditava que a reestruturação da Texaco não acabaria com o patrimônio dos acionistas. Foi uma decisão muito esperta. Após conduzir uma disputa por procuração infrutífera e tentar controlar toda a empresa, Icahn negociou com sucesso um dividendo especial de US$ 8 por ação para os acionistas, num total de 1,9 bilhão de dólares. Além disso, a Texaco anunciou uma

---

7. Janice Castro, "A break in the action". *Time*, 27 abr. 1987.

8. A Texaco é apenas um exemplo de como a Lei de Falências pode ser usada como uma saída de emergência. No caso de NLRB *versus* Bildisco & Bildisco, 465 U.S. 513 (1984), o Supremo Tribunal decidiu que uma empresa poderia usar a seção 365(a) da lei, que permite que o administrador da falência assuma ou rejeite contratos executórios, para escapar dos termos de um acordo coletivo trabalhista ao qual esteja vinculado.

9. Janice Castro, "A break in the action". *Time*, 27 abr. 1987.

10. Para uma visão geral da falência da Texaco e da disputa subsequente entre Icahn e a empresa, consultar Mark Potts, "With Icahn agreement, Texaco emerges from years of trying times". *Washington Post*, 5 fev. 1989, p. H2.

recompra de ações com valor de 500 milhões de dólares. No final, Icahn faturou 1,1 bilhão de dólares, ou um retorno superior a 75%.[11]

A situação incomum da Texaco pode ser resumida em uma frase, muitas vezes repetida por um discípulo de Graham e Dodd, Warren Buffett: uma grande oportunidade de investimento ocorre quando um negócio maravilhoso se depara com um problema enorme, porém solucionável. A história também serve como exemplo de como as percepções mudaram desde os dias de Graham e Dodd. Esse era um caso de falência em que o patrimônio não estava destruído — e ninguém esperava que fosse destruído —, mas Graham e Dodd afirmavam que seria melhor que os detentores de títulos não impusessem seus direitos na medida máxima possível porque a "concordata" (para não dizer a palavra "falência") era tão temida em Wall Street que "sua ocorrência costuma significar uma queda drástica no preço de todos os ativos da empresa, incluindo os títulos em 'benefício' dos quais a concordata foi instituída". Ao focar em falências, eles as tornaram menos assustadora. Essa mudança de percepção não desacredita os autores. De fato, é provável que tenham sido indispensáveis a essa mudança, à luz de seu papel na educação do público investidor. Chame isso de efeito Heisenberg de Graham e Dodd. Após Graham e Dodd, o jogo mudou, até chegarmos a Icahn. O efeito pode estar igualmente presente na discussão relativamente concisa dos autores sobre os investimentos em empresas em dificuldade. Sua brevidade é prontamente compreensível, não apenas porque o campo cresceu desde a publicação da obra de Graham e Dodd, mas porque os temas abordados ao longo de seu trabalho são inerentemente aplicáveis a esse modo de investimento, de maneira que dedicar um capítulo ao investimento em empresas em dificuldade seria quase supérfluo.

REESTRUTURAÇÕES DO TIPO "SACOLA DE SURPRESA"

Na terminologia de Graham e Dodd, deixamos de investir e voltamos para a especulação quando mudamos o foco das liquidações para as reestruturações que incluem dinheiro e um conjunto de ativos. No final do processo de reestruturação, o investidor pode acabar detendo vários tipos de papel, cada um dos quais pode ser avaliado de forma diferente.

---

11. Michael Arndt, "Texaco, Icahn make a deal". *Chicago Tribune*, 30 jan. 1989, p. C3. Talvez ser advogado no caso que leva uma empresa à falência seja o melhor investimento em falência de todos. A *Forbes* calcula o patrimônio líquido de Joseph Jamail Jr., advogado do demandante no caso Pennzoil *versus* Texaco, em 1,5 bilhão de dólares.

ADELPHIA COMMUNICATIONS

Uma vez que as empresas, em geral, emitem diversas classes de dívidas, o litígio de falência, em geral, envolve uma batalha entre as diferentes classes de credores. A falência da Adelphia Communications oferece um exemplo de conflito entre credores e de como uma projeção precisa do resultado pode gerar retornos descomunais.

Em 1952, John Rigas, filho de imigrantes gregos, fundou a Adelphia, que acabou se tornando uma das maiores empresas de tevê a cabo dos Estados Unidos. Rigas foi um pioneiro da indústria, tendo sido eleito para o *hall* da fama da tevê a cabo em 2001. Ele também se tornou bilionário, proprietário da equipe de hóquei no gelo Buffalo Sabres e herói filantrópico de Coudersport, na Pensilvânia, onde seu império comercial começou. À medida que a empresa crescia, Rigas não foi um administrador cuidadoso. A certa altura, a dívida da Adelphia alcançou onze vezes sua capitalização de mercado, em comparação com os índices de 1,28 da Comcast e 0,45 da Cox Communications.[12] Toda a fachada desabou quando um analista de investimentos descobriu que a empresa era responsável por 2,3 bilhões de dólares em empréstimos fora do balanço para membros da família Rigas, montante que havia sido usado para comprar ações da Adelphia. Por fim, a empresa entrou com o pedido de acordo com base no capítulo 11 da Lei de Falências e, em agosto de 2007, Rigas foi para a prisão federal por conspiração, fraude financeira e fraude bancária.

A falência da Adelphia apresentou disputas entre credores com relação aos ativos. Mesmo depois que os bens da empresa foram vendidos para a Time Warner e a Comcast — sendo essa uma reestruturação, não uma liquidação —, ainda havia intenso litígio entre os detentores de títulos da empresa controladora Adelphia e de uma subsidiária importante, a Century Communications. Por fim, os detentores de títulos da Century concordaram com uma redução de 3% no valor de sua recuperação em troca do apoio de vários grandes detentores de títulos para o plano de reestruturação. Em grande medida, o plano manteve a integridade estrutural dos títulos da Century, permitindo que a Adelphia emergisse da falência. O plano foi finalmente aprovado, apesar de ainda encontrar oposição dos detentores de títulos da Adelphia. Um aumento contemporâneo na avaliação das empresas de tevê a cabo, bem como os resultados fortes dos líderes do setor Time Warner e Comcast, ajudaram a Adelphia a obter os votos necessários para aprovar o plano. Aqueles que compraram títulos da Century

---

12. Para esses números e alguns outros detalhes, ver Devin Leonard, "The Adelphia story". *Fortune*, 12 ago. 2002.

na baixa e os mantiveram durante um processo legal contencioso e prolongado tiveram um retorno de mais de 400%. Em geral, os credores receberam uma combinação de dinheiro e ações ordinárias classe A da Time Warner Cable, com recuperações percentuais em 31 de agosto de 2007, variando de 100% para certos pedidos de indenização comerciais, 99,6% para notas subordinadas sênior, 94,7% para algumas notas sênior, 83,7% para notas de desconto sênior, 70,7% para outras notas seniores e várias outras porcentagens a 0% para ações ordinárias, ações preferenciais e ações preferenciais conversíveis da Adelphia.[13]

WINN-DIXIE STORES

Quando solicitou falência, em fevereiro de 2005, a Winn-Dixie era o oitavo maior varejista de alimentos dos Estados Unidos, com faturamento de 9,9 bilhões de dólares. A empresa foi fundada por William Milton Davis em 1914 e, na época da falência, os herdeiros de Davis ainda eram donos de 35% das ações ordinárias. O pedido de concordata da Winn-Dixie foi precipitado pela expansão excessiva e pela concorrência forte, alimentada, sobretudo, pela Publix Super Markets e pela Walmart Stores. Havia dúvida se a empresa sediada na Flórida poderia sair da falência, mas também havia razões para otimismo. O novo CEO era o respeitado Peter Lynch, ex-presidente e diretor de operações da Albertson. À medida que ele se firmava na liderança e estabilizava as operações, os fornecedores apoiavam cautelosamente o plano de reestruturação. A empresa fechou ou vendeu um terço de suas lojas, enquanto reduzia as operações de distribuição e o número de funcionários.

Ainda assim, os fornecedores relutavam em conceder crédito à Winn-Dixie, de modo que a empresa não conseguia aproveitar a disponibilidade de caixa típica dos supermercados que conseguem girar seu estoque antes de precisar pagar por ele. Alguns investidores concluíram que a empresa provavelmente receberia crédito, acessaria o capital de giro reprimido e, novamente, tiraria proveito da disponibilidade de caixa à medida que emergisse da falência. Além disso, contavam com a capacidade da empresa, como parte do setor de supermercados, de operar com capital de giro negativo e receber remuneração significativa por espaço nas prateleiras. Além disso, a Winn-Dixie possuía contratos de arrendamento a longo prazo com aluguéis abaixo do mercado. A estratégia da gerência, que incluía arrendamento de espaço para a Boston Markets, em vez de operar seus balcões de frango assado, fazia sentido para os investidores. Assim,

---

13. Informações sobre distribuição para determinadas classes de pedidos de indenização (disponível em: www.adelphiarestructuring.com, acesso em: 10 mar. 2021).

aqueles que investiram na Winn-Dixie estavam menos preocupados que grande parte de Wall Street com a possibilidade de a empresa queimar seu dinheiro em caixa. Durante o segundo trimestre de 2006, os títulos da Winn-Dixie estavam disponíveis a menos de US$ 0,60 por cada dólar do valor nominal, uma vez que a empresa era efetivamente avaliada em menos de 450 milhões de dólares, ou aproximadamente 5% de seu faturamento. Tratava-se de um exemplo contemporâneo raro de poder comprar uma empresa por seu capital de giro líquido ou uma cujo valor a preço de mercado fosse inferior a 10% das receitas. Graham e Dodd certamente teriam aprovado. A Winn-Dixie emergiu da falência em dezembro de 2006. No final do segundo trimestre de 2007, logo após haver saído da falência, o valor da empresa triplicara para 1,4 bilhão de dólares.

BRADLEES

Na conclusão de uma reestruturação tipo "sacola de surpresa", os credores podem encontrar-se em uma posição muito diferente daquela que ocupavam no início. Como observam Graham e Dodd, o controle dos votos sobre a empresa pode passar, durante o processo de falência, aos detentores de títulos, que se tornarão detentores de ativos da nova entidade que desfruta um novo começo estatutário. Assim, embora a maioria dos investimentos em empresas em dificuldade tome a forma de dívida e não de ações, existe um importante componente de capital social na falência. (Os autores apontam que a dívida também pode, é claro, ser trocada por ações sob planos de reestruturação voluntária.)

Um exemplo foi a Bradlees, uma varejista que saiu da falência no início de 1999. Os detentores de títulos receberam dinheiro, notas novas e ações. As ações haviam sofrido uma derrocada após a diminuição da demanda por todos os ativos das empresas em dificuldade no final de 1998. No fundo do poço, a Bradlees tinha quase US$ 138 de faturamento por ação ordinária, em contraste com os US$ 31 da Walmart, reconhecidamente mais bem-sucedida. No segundo trimestre de 1999, Wall Street tomou nota da disparidade, e Bradlees foi a ação de balcão [em inglês, *over-the-counter* [OTC]) com o melhor desempenho do trimestre. Os novos títulos também tiveram um aumento súbito de valor. Em julho, o pacote inteiro de ativos pós-falência da Bradlees atingiu um valor agregado de US$ 1,55 (ver tabela), em contraste com o mínimo em março de US$ 0,62. Em agosto de 1999, as ações da Bradlees por si só valiam muito mais que os títulos antigos. Como mostra a tabela, a parcela das ações nessas "sacolas de surpresa" pode ser volátil, mas pode ser recompensadora para o investidor paciente.

DADOS DA "SACOLA DE SURPRESA" DA BRADLEES

Data	30 6 1998	31 12 1998	5 2 1999	15 3 1999	31 3 1999	6 5 1999	21 5 1999	26 5 1999	3 6 1999	23 6 1999	30 6 1999	8 7 1999
Títulos antigos	0,78	0,50	-	-	-	-	-	-	-	-	-	-
Dinheiro	-	-	0,20	0,20	0,20	0,20	0,20	0,20	0,20	0,20	0,20	0,20
Certificados	-	-	0,06	0,06	0,06	0,06	0,06	0,06	0,06	0,06	0,06	0,06
Notas novas	-	-	0,22	0,22	0,22	0,22	0,26	0,26	0,26	0,27	0,27	0,27
Ações	-	-	0,26	0,14	0,20	0,53	0,58	0,51	0,57	0,84	0,86	1,02
Total	0,78	0,50	0,74	0,62	0,68	1,01	1,10	1,03	1,09	1,37	1,39	1,55

A maioria dos investidores em empresas em dificuldade não manteve sua posição até o fim, pois sabia que a Bradlees não era como a Walmart, mas não podiam prever quando Wall Street reconheceria as deficiências da Bradlees. Como nossos mestres ensinavam, é difícil manter uma ação com mais de 200% de lucro "sem uma rendição perigosa à 'psicologia do mercado ascendente'". Dito de outra forma, seja um investidor, não um especulador. Mais tarde, a concorrência alcançou a Bradlees, que apresentou um segundo pedido de falência em dezembro de 2000 e, dessa vez, foi liquidada.[14]

REESTRUTURAÇÃO COMO VIA PARA CONTROLE

À medida que baixamos mais os padrões, partindo dos clássicos investimentos de Graham e Dodd para algo que se aproxima da especulação, analisamos as reestruturações que levam ao controle da empresa. Buffett costuma comprar dívidas por uma taxa de retorno, e não pela criação de patrimônio e obtenção de controle. Ele parece relutante em concluir a viagem e se tornar um investidor de falências integrado. Outros, no entanto, foram além e envidaram esforços para obter propriedade e controle.

GUINNESS PEAT AVIATION

Para Graham e Dodd, os títulos de baixa qualidade, junto com as ações preferenciais, eram os órfãos de Wall Street. "O investidor [no sentido Graham e Dodd do termo] não deve comprá-las, e o especulador, em geral, prefere dedicar sua atenção às ações ordinárias". E, no entanto, os autores observam

---

14. "Bradlees files for bankruptcy". *Reuters*, 26 dez. 2000.

que a grande oferta desses ativos e a falta de demanda podem tornar seu preço atraente.

Um exemplo de um título de baixo grau atraente e um estudo de caso fascinante da evolução do investimento em empresas em dificuldade é a Guinness Peat Aviation (GPA), que serviu como precursora das falências pré-embaladas comuns de hoje. É um acordo no qual o devedor e seus credores acertam um plano de reestruturação *antes* do pedido de falência, tornando muito mais fácil e mais econômico apresentar um pedido de falência e obter confirmação judicial. No caso da GPA, o pedido de falência jamais foi necessário.

A GPA era uma empresa de vendas e arrendamento de aeronaves comerciais sediada na Irlanda, fundada em 1975. Em seu auge, possuía 280 aeronaves arrendadas para 83 linhas aéreas. Em 1990, a empresa fez uma encomenda impressionante de setecentas novas aeronaves, avaliadas em 17 bilhões de dólares. A GPA, no entanto, foi vítima de um mau momento. Tentou abrir o capital em 1992, durante a desaceleração do setor aeronáutico, que se seguiu à Guerra do Golfo, em 1991. A abertura de capital não foi concluída, e a GPA, com uma dívida de 10 bilhões de dólares graças à encomenda enorme, enfrentava sérios problemas. Sua dívida chegou a cerca de metade do seu valor nominal, que é o momento em que os investidores em empresas em dificuldade entram no jogo. Eles adquiriram títulos com rendimentos entre 700 e 950 pontos-base acima dos papéis do Tesouro porque gostavam do valor das garantias dos aviões. Mais tarde, a GPA foi salva por seu maior concorrente, a GE Commercial Aviation Services. Foi um grande negócio para esta última, pois poderia refinanciar a dívida da GPA com o benefício de sua classificação AAA. Foi um grande negócio para os investidores em empresas em dificuldade porque, quando a GE assumiu os compromissos da GPA, os títulos da GPA se tornaram uma dívida não garantida com prioridade baixa no balanço da GE e ainda eram negociadas quase na paridade. De um dia para outro, os títulos quase dobraram de valor.

MCI WORLDCOM

Um dos colapsos mais espetaculares de uma empresa no início deste século ocorreu com a WorldCom, a única e eterna MCI. Desde, pelo menos, 1999 até o começo de 2002, os diretores financeiros da empresa de telecomunicações categorizaram custos comerciais de rotina como despesas de capital, o que subestimou as despesas e, portanto, resultou em uma superestimação da receita em, pelo menos, 9 bilhões de dólares. "Em poucos anos, a WorldCom perdeu 200 bilhões de dólares em valor de mercado e eliminou milhares de empregos.

Em julho de 2002, as agências supervisoras de fraude e negligência forçaram a WorldCom a pedir falência."[15]

Em dezembro de 2002, Michael Capellas foi contratado como novo CEO da empresa, para tentar reestruturá-la. Um tribunal federal que supervisionou o processo da Securities and Exchange Commission contra a MCI WorldCom nomeou um ex-presidente da comissão, Richard Breeden, como "monitor corporativo" da empresa. Assim, Capellas e sua equipe de gestão precisaram lidar, ao mesmo tempo, com restrições regulatórias, limpeza de erros e fraudes de seus antecessores e tentativa de tocar o negócio em um mercado extremamente competitivo.

Mark Neporent, diretor de operações da Cerberus Capital Management, um dos investidores em empresas em dificuldade envolvidos na falência, atuou como presidente do Official Creditors' Committee.[16] Enquanto os concorrentes da MCI em processo de reestruturação tentavam excluir a empresa de contratos federais, Neporent testemunhou para o comitê jurídico do Senado a respeito dos benefícios do processo de reestruturação:

> É indubitável que o plano de reestruturação da MCI oferece aos credores uma oportunidade muito maior de recuperação que a liquidação, que literalmente jogaria fora bilhões de dólares em valor. O valor da MCI em funcionamento é estimado entre 12 bilhões de dólares e 15 bilhões de dólares, enquanto seu valor de liquidação é de apenas 4 bilhões. Não é de surpreender que representantes de 90% da dívida da MCI tenham resolvido rápida e eficientemente suas diferenças internas — exatamente conforme contemplado pela Lei de Falências — e tenham apoiado o plano de reestruturação proposto pela MCI.[17]

Em 2005, a MCI reestruturada estava novamente de pé, e seus proprietários pós-falência venderam a empresa à Verizon por cerca de 8,4 bilhões de dólares, confortavelmente superior ao valor de liquidação evitado pela reestruturação. A MCI foi um caso em que a reestruturação como forma de obter controle ajudou a liberar o valor dos ativos da empresa.

---

15. Stephanie N. Mehta, "MCI: is being good good enough?". *Fortune*, 27 out. 2003.
16. Graham e Dodd estavam preocupados com o fato de os comitês de proteção organizados pelos especialistas em investimentos não conseguirem proteger os interesses dos investidores de maneira imparcial. Eles saudaram a legislação sobre falências de 1938, que sujeitou as atividades e a remuneração dos comitês de proteção ao escrutínio judicial. Hoje, é claro, as atividades dos comitês de credores, que desempenham um papel importante nas reestruturações, são supervisionadas com rigor.
17. O testemunho de Mark Neporent está disponível em: judiciary.senate.gov, acesso em: 10 mar. 2021.

INVESTIMENTO EM EMPRESAS EM DIFICULDADE

Uma questão fundamental sobre o investimento de valor em geral e o investimento em empresas em dificuldade em particular é a razão da existência das pechinchas. Se o mercado é eficiente, conforme sustentaria a teoria acadêmica, por que o preço atual não é, necessariamente, o melhor palpite sobre o verdadeiro valor de um ativo? Embora fossem professores, Graham e Dodd enfocavam a prática e não a teoria e rejeitaram a hipótese de mercado eficiente (HME), desenvolvida na University of Chicago, antes de possuir um nome, antes ainda de haver um acrônimo. É famosa sua visão do mercado como uma *máquina de votação*, produzindo resultados derivados, em parte, da razão e, em parte, da emoção, em vez de como uma *balança* exata e impessoal. Os autores se basearam "em dois pressupostos: primeiro, que o preço de mercado está frequentemente desalinhado do valor real; segundo, que existe uma tendência inerente para essas disparidades se corrigirem". Antes que alguém da escola de Chicago tenha um ataque cardíaco, vamos ler um pouco mais de Graham e Dodd sobre a primeira hipótese: "Quanto à veracidade da primeira declaração, pode haver muito pouca dúvida — muito embora Wall Street fale, com frequência, do 'raciocínio infalível do mercado' e afirme que 'uma ação vale aquilo pelo que você pode vendê-la — nem mais nem menos'".

Se o mercado entende "errado" o preço "correto" de um investimento comum, esse erro ocorre com mais frequência ainda no caso de investimento em empresas em dificuldade. Como está implícito na própria expressão *investimento em empresas em dificuldade*, os compradores de ativos em dificuldade buscam pechinchas disponibilizadas pela infelicidade dos vendedores que compraram esses ativos em tempos mais felizes. Nos dias de Graham e Dodd, quando uma ação deixava de pagar dividendos, muitos acionistas institucionais eram obrigados, por seus estatutos, a vender. Atualmente, isso também se aplica aos títulos, quando o emissor deixa de pagar os juros. Assim, quando uma empresa enfrenta alguma dificuldade, existem muitos vendedores que são forçados a sair correndo pelas portas estreitas de saída e não há compradores suficientes para alargar a porta e manter o preço "correto". Mesmo as instituições que não são legalmente obrigadas a vender quando os juros deixam de ser pagos, em geral, fazem isso de qualquer maneira. Em muitas instituições, a ideia de um departamento de reestruturação é o telefone: pegue-o e venda o ativo. Nesse contexto, o especialista em empresas em dificuldade está fazendo uma avaliação de que os ativos retêm um valor maior que aquele que lhes é atribuído pelo mercado ou mesmo por seus atuais proprietários.

Além disso, Wall Street é constitucionalmente predisposta ao exagero. O estereótipo de Wall Street é que é povoada por touros (altistas) e ursos (baixistas). Na realidade, o mercado em si não é um touro nem um urso, mas um tubarão, mudando constantemente de rumo em uma eterna busca por comida. Esse processo de alimentação envolve grandes realocações de capital, que, inevitavelmente, às vezes, é mal alocado. Como dizem ter afirmado Sir John Templeton, "os mercados altistas nascem no pessimismo, crescem com ceticismo, amadurecem com otimismo e morrem com euforia".[18] O investidor em falências vive desses erros de alocação. Ele ou ela é o produto a jusante daquilo que o tubarão de Wall Street quer vender. Em tempos bons, Wall Street permite o aumento do endividamento e, portanto, o resgate de ações, levando a um *boom* de aquisições. A euforia na máquina de criação de dívida de Wall Street leva a um colapso, e é aí que o investidor em falências fornece novas ações e resgata dívidas, frequentemente com um desconto.

É verdade que as coisas mudaram desde a época de Graham e Dodd. Pode-se afirmar que os avanços tecnológicos e a democratização das finanças tornaram o mercado mais eficiente. Afinal, em 1940, não era possível rastrear, instantaneamente, os preços de uma infinidade de ativos por meio de um terminal da Bloomberg ou pela internet. Não era possível construir planilhas de Excel sofisticadas e ajustar, instantaneamente, todos os números ao alterar apenas um deles. Você não podia receber alertas por *e-mail* sempre que houvesse notícias sobre as empresas que você acompanha. E não havia milhares de profissionais debruçados sobre terminais de computadores, durante o dia inteiro, competindo por pechinchas de investimentos. O falecido e lendário Leon Levy aconselhou os novatos no negócio a pensar que as decisões que estão tomando hoje estão sendo simultaneamente replicadas por outros em centenas de escritórios em todo o país. Como resultado, existe um argumento bom a favor da ideia de que os mercados são mais racionais hoje que na época em que Graham e Dodd escreveram seu livro. De fato, o próprio Graham afirmou isso no último ano de sua vida. "Antigamente, qualquer analista de investimentos bem treinado poderia fazer um trabalho profissional bom ao selecionar ativos desvalorizados após estudos detalhados", disse ele a um entrevistador em 1976, "mas à luz da enorme quantidade de pesquisas que estão sendo realizadas, duvido que, na maioria dos casos, esforços tão grandes gerem escolhas suficientemente superiores para

---

18. Bill Miller, "Good times are coming!". *Time*, 8 mar. 2005.

justificar seu custo."[19] Em outras palavras, o professor Graham temia que seu trabalho tivesse tido tanto sucesso a ponto de se tornar obsoleto. Não é bem assim. Mal sabia o professor que ele estava apenas começando.

GRAHAM E DODD HOJE

Graham e Dodd reconheceram que as coisas mudam. No parágrafo de abertura de seu prefácio à segunda edição, seis anos após a primeira, observaram que as "coisas acontecem rápido demais no mundo da economia para permitir que os autores descansem confortavelmente por muito tempo". Às vezes, os autores ficavam inquietos, parecendo estar décadas à frente de seu tempo.

VISÃO DE RISCO

Um excelente exemplo da presciência de Graham e Dodd encontrou aplicação prática em um setor importante dos mercados modernos de ativos. Embora os autores, céticos como sempre com relação à racionalidade dos mercados, tenham dito que os "preços e rendimentos dos ativos não são determinados por nenhum cálculo matemático preciso do risco esperado, mas dependem bastante da *popularidade* do ativo", também estabeleceram a base teórica sobre a qual o edifício foi construído, décadas depois, para os investimentos de alto rendimento. Foram os autores que disseram:

> Se presumirmos que uma proporção razoavelmente grande de um grupo de títulos de baixo preço cuidadosamente selecionados escapará da inadimplência, a receita derivada do grupo como um todo, ao longo de um período, sem dúvida, excederá em muito o retorno dos dividendos sobre ações ordinárias com preços semelhantes. (p. 474-475)

Outros se apropriaram dessa ideia para ajudar a vender títulos especulativos, sobretudo os títulos de emissão original de baixa qualidade que de repente assolaram Wall Street nos anos 1980. No entanto, há poucas dúvidas de que Graham e Dodd não teriam aprovado tais títulos. Uma coisa é comprar anjos caídos — títulos que originalmente tinham grau de investimento, mas cujos emissores haviam caído em tempos difíceis. Esses eram, em geral, ativos

---

19. Kenneth L. Fisher, *100 minds that made the market*. Nova York, Wiley, 2007, p. 61. Fisher prossegue com um comentário sobre essa conversão tardia: "Por ironia, a adoção de Graham de 'mercado eficiente' ocorreu pouco antes de testes computadorizados levantarem muitas dúvidas sobre aquela teoria".

privilegiados que, mesmo em caso de falência, tinham direitos sobre alguns ativos. Os ativos de alto risco de emissão original não tinham esse apoio. Se esses títulos sofressem um tropeço, talvez não houvesse qualquer recuperação.

Durante os anos 1980, uma parcela significativa do mercado de títulos de alto rendimento consistia em ativos que nunca haviam sido vendidos diretamente a investidores, mas que formavam partes de pacotes de ativos e de dinheiro dados aos acionistas vendedores em casos de aquisições. O banco de investimento Drexel Burnham Lambert aperfeiçoou essa estratégia, criando instrumentos como os títulos de cupom zero (sem juros por, digamos, cinco anos) ou as "preferenciais pagas na mesma moeda" (*pay-in-kind*, PIK), que, em vez de pagarem juros em dinheiro, acabavam por emitir mais ações preferenciais. Quase ninguém pensou que esses ativos valiam seu valor nominal, mas os acionistas vendedores, em geral, aprovavam essas transações. No final da década, no entanto, o mercado de títulos especulativos entrou em colapso, assim como vários negócios da Drexel. Esses problemas, junto com as dificuldades legais da Drexel com a Securities and Exchange Commission e os promotores, levaram ao pedido de falência da empresa em 1990. Jeffrey Lane, ex-presidente da Shearson Lehman Hutton, observou: "Essa é a natureza do negócio de serviços financeiros. Você entra em um declínio constante e depois despenca de um penhasco".

Uma coisa é comprar anjos caídos, títulos que antigamente tinham grau de investimento, cujas emissões caíram em tempos difíceis, e outra bem diferente é emitir um anjo que nunca teve asas. Os anjos caídos eram, em geral, ativos privilegiados que sempre podiam ter direito a alguns ativos, mesmo no caso de uma falência. Os ativos projetados pela Drexel e que foram dados em troca careciam até dessa graça salvadora. É provável que tenham sido exemplos muito bons daquilo que Graham e Dodd mais desaprovavam nos mercados financeiros. No colapso que se seguiu, a maioria não mostrou qualquer sinal de recuperação.

Graham e Dodd descobriram que a diferença entre a taxa de retorno livre de risco e os rendimentos oferecidos pelos ativos de risco variável criava oportunidades de investimento, sobretudo se uma carteira diversificada pudesse assegurar retornos altos e reduzir o risco geral. Em quase qualquer tipo de investimento, os retornos têm, pelo menos, *alguma* (embora não matematicamente exata) conexão com a taxa de retorno livre de risco, e os investidores exigem retornos cada vez mais altos à medida que o risco aumenta. O prêmio que os investidores exigem pelos títulos de alto rendimento sobre a segurança dos fundos governamentais (*fed funds*) oferece um bom retrato do apetite do mercado pelo risco, conforme observado nesta pesquisa de duas décadas:

VOCÊ ESTÁ SENDO PAGO PARA ASSUMIR RISCOS?

Diferença entre o índice de alto rendimento da Merrill Lynch e a taxa dos fundos governamentais (fed funds)

Uma pesquisa de duas décadas sobre a diferença entre o índice de alto rendimento da Merrill Lynch (*Merrill Lynch high yield*, MLHY) e a taxa dos fundos governamentais. Quando a diferença é grande, diz-se que os títulos de rendimento alto estão baratos.

O gráfico mostra essa diferença, ao longo do tempo, por meio da subtração da taxa dos fundos governamentais, livres de risco, do índice de alto rendimento do Merrill Lynch (*Merrill Lynch high yield*, MLHY), mais arriscado. A diferença serve de medida *dos retornos disponíveis para o capital oportunista, inclusive no ramo do investimento em empresas em dificuldade.* Ao contrário, digamos, do *venture capital*,[20] com o qual o investidor está buscando um pote de ouro (embora com certa diversificação para que o vencedor ocasional compense os perdedores), o gráfico é relevante para o grande segmento de qualquer carteira projetada para criar uma taxa de retorno para o capital oportunista. Essa taxa de retorno disponível está efetivamente atrelada à taxa livre de risco, e a diferença mostrada no gráfico é a medida mais simples, talvez melhor, de como os mercados a avaliaram nas duas últimas décadas.

Os rendimentos se movem em paralelo na maioria das vezes, mas oportunidades concretas surgem quando se movem em direções opostas — isto é, quando a diferença entre os dois se expande, é hora de comprar; quando contrai, é hora de vender. Pode-se observar a vasta expansão da diferença de 1989 a 1991, que refletia certa fraqueza na economia e resultou na derrota

---

20. É um tipo de investimento que financia empresas em fase inicial. Esse negócio possui alto risco de perda, mas também apresenta os altos potenciais de retorno em caso de sucesso.

de George H. W. Bush em sua tentativa de reeleição, embora as coisas tivessem começado a melhorar antes das eleições de 1992. A diferença era muito estreita durante o *boom* do mercado acionário em 1998, começou a se expandir quando a bolha "ponto com" atingiu seu pico e explodiu após o rompimento da bolha. A diferença, que havia se expandido para pouco menos de 1.200 pontos-base no final de 2002, tinha caído para cerca de 700 pontos-base no final de 2003, menos de 400 no início de 2006 e menos de 200 no início de 2007. Essa poderosa compressão das taxas de rendimento serviu de trampolim para uma reavaliação de todas as classes de ativos para as quais o índice de alto rendimento constitui um indicador.

Quando a diferença é mais ampla, como em 1991 ou 2002, os investidores são remunerados generosamente pelo risco. Quando a diferença está em seu ponto mais estreito, como no início de 2007, o mercado fica otimista demais quanto ao risco e aí chega a hora de vender. É óbvio que é muito difícil prever para onde a diferença se dirigirá amanhã ou na próxima semana, mas os investidores oportunistas reconhecem desvios da norma. Quando a diferença é muito ampla, vão pescar; quando é muito estreita, ficam perto de casa e consertam suas redes.

A maneira como a vida funciona, é claro, mostra que, nos momentos de diferença mais ampla, com enormes oportunidades disponíveis para os investimentos alternativos, é extremamente difícil levantar capital nessa área. Dessa maneira, quando a diferença diminui e as oportunidades são menores, o dinheiro flui para as alternativas. Como Leon Levy costumava dizer: quando você tem as ideias, não consegue o dinheiro; quando consegue o dinheiro, não tem as ideias. Nesse sentido, os investidores do setor de investimento em empresas em dificuldade não se comportam de maneira tão diferente dos investidores varejistas no mercado acionário.

PRIMEIROS PRINCÍPIOS E MUDANÇAS DE PARADIGMA

É fácil reconhecer que regras aparentemente imutáveis podem se tornar obsoletas, mas é difícil saber quando esse é o caso. Na primavera de 1951, o índice industrial Dow Jones beirava 250. O professor Graham disse à sua turma na Business School da Columbia University que Dow havia sido negociado abaixo dos 200 pontos em algum momento durante cada ano desde seu estabelecimento, em 1896. Com o melhor aluno de Graham — supostamente o único em toda a história a receber a nota máxima do mestre — prestes a se formar naquele semestre, o professor sugeriu que talvez o aluno se beneficiasse com o adiamento de sua carreira de investidor até que Dow concluísse seu declínio previsível para menos de 200, o que ainda não acontecera em 1951. Mostrando o quanto ele merecia aquela nota, Buffett recusou o conselho, e isso foi bom porque Dow não voltou a 200 naquele ano nem em nenhum ano desde então.[21] "Eu tinha cerca de dez mil dólares" quando o professor Graham deu o conselho, Buffett disse ao *Wall Street Journal*. "Se eu tivesse seguido o conselho dele, provavelmente ainda teria cerca de dez mil dólares."[22]

Alguns anos depois, em 1958, os rendimentos dos dividendos das ações caíram abaixo dos rendimentos dos títulos pela primeira vez. Um investidor sensato que tivesse colocado seu dinheiro para trabalhar naquela época dificilmente poderia atribuir a mudança a uma nova realidade permanente. Pelo contrário, deve ter parecido um mandato para vender no mercado acionário a descoberto. Pense em todo o dinheiro perdido ao longo dos anos pelos verdadeiros crentes que argumentaram: "Desta vez é diferente". No entanto, os profissionais experientes da época estavam cautelosos e errados, e os otimistas irreverentes estavam certos. Dessa vez, foi realmente diferente. Da perspectiva segura de meio século mais tarde, parece incontestável que um novo marco de avaliação havia sido estabelecido.

Então, quando alguém pode concluir com segurança que "desta vez é diferente", sobretudo à luz de todos os momentos em que realmente *não* foi diferente? Em 1951, a regra de 200 do professor Graham vinha se mantendo por 55 anos. Uma vez violada, nunca mais se mostrou verdadeira, mas quem teria a previsão e a audácia de Buffett para concluir que poderia ser ignorada com segurança? O investidor de 1958 que esperava o reestabelecimento da relação secular entre os rendimentos dos dividendos e os rendimentos do mercado de títulos continua esperando. Uma vez revertido, o relacionamento entre eles se afastou cada vez mais.

Ainda assim, mesmo que a bíblia de Graham e Dodd não possa ser entendida hoje sem comentários, a *atitude* incorporada neste trabalho é atemporal. Enquanto os investidores permanecerem humanos e, portanto, sujeitos à ganância, ao medo, à pressão, à dúvida e a toda a gama de emoções humanas, haverá dinheiro a ser ganho por aqueles que se esforçam para superar as emoções. Enquanto persistir a tendência humana de marchar em rebanhos, haverá

---

21. Kenneth Lee, *Trouncing the Dow*: a value-based method for making huge profits. Nova York, McGrawHill, 1998, p. 1-2.

22. No relatório anual de 2000 da Berkshire Hathaway, Buffett relatou sua experiência na aula de Graham e afirmou que "algumas horas aos pés do mestre se mostraram muito mais valiosas para mim que dez anos de pensamento supostamente original".

oportunidades para os "do contra" que não têm medo de ficar sozinhos. Pense em Graham e Dodd como personificação do espírito de Hamlet, príncipe da Dinamarca, que declarou: "Abençoados aqueles cujo sangue e julgamento tão bem comungam, pois não são brinquedos nos dedos da fortuna, tão volúveis, dançando ao seu prazer".[23]

---

23. William Shakespeare, *Hamlet*. Tradução de Bárbara Heliodora. São Paulo: Nova Aguilar, 2017, ato III, cena 2. (N.T.)

CAPÍTULO 22
ATIVOS PRIVILEGIADOS

Chegamos agora à segunda grande categoria de nossa classificação revisada dos ativos, a saber, os títulos e as ações preferenciais presumidos pelo comprador como sujeitos a alterações substanciais no valor do principal. Em nossa discussão introdutória (capítulo 5), subdividimos essa categoria em dois grupos: os ativos que são especulativos por uma falta de segurança adequada e aqueles que são especulativos por terem um privilégio de conversão ou semelhante que possibilita variações substanciais em seu preço de mercado.[1]

ATIVOS COM PRIORIDADE DE PAGAMENTO E PRIVILÉGIOS ESPECULATIVOS

Além de usufruir de um direito prioritário sobre uma quantia fixa do principal e da receita, um título ou ação preferencial também pode receber o direito de compartilhar os benefícios associados às ações ordinárias. Esses privilégios são de três tipos, designados da seguinte forma:

1. Conversão: confere o direito de trocar o ativo privilegiado por ações ordinárias em termos estipulados.
2. Participação: de acordo com a qual uma renda adicional pode ser paga ao detentor do ativo privilegiado dependendo, em geral, do valor dos dividendos ordinários declarados.
3. Subscrição: pela qual os detentores de títulos ou ações preferenciais podem comprar ações ordinárias a preços, em valores e em períodos estipulados.[2]

---

1. Na edição de 1934, tínhamos aqui uma seção sobre os ativos privilegiados de qualidade de investimento disponíveis como pechincha. Embora tenham sido abundantes no período de 1931 a 1933, posteriormente se tornaram muito escassos — mesmo no declínio do mercado entre 1937 e 1938. Para economizar espaço, portanto, agora omitimos essa seção.

2. Ainda existe um quarto tipo de acordo de participação nos lucros, menos importante que os três que acabam de ser descritos, o qual apareceu, pela primeira vez, durante o mercado altista de 1928 a 1929. Chama-se título ou ação preferencial "opcional". A opção consiste em receber pagamentos de juros ou dividendos em forma de uma quantidade fixa de ações ordinárias (ou seja, a um preço fixo por ação), em vez de dinheiro. Por exemplo, as ações preferenciais conversíveis da Commercial Investment Trust de US$ 6, série opcional de 1929, davam ao detentor a opção de receber seu dividendo à taxa anual de 0,0769... de uma ação ordinária, em vez de US$ 6 em dinheiro. Isso equivalia a um preço de US$ 78 por ação ordinária, o que significava que a opção seria valiosa sempre que

Uma vez que o privilégio de conversão é o mais familiar dos três, usaremos, com frequência, o termo "ativos conversíveis" para nos referirmos aos ativos privilegiados em geral.

Tais ativos são atraentes por sua forma. Por meio de qualquer um desses três dispositivos, um ativo privilegiado pode gozar de quase todas as oportunidades de lucro associadas às ações ordinárias da empresa. Tais ativos devem, portanto, ser considerados os mais atraentes de todos em termos de sua *forma*, uma vez que permitem a combinação de segurança máxima com a oportunidade de uma apreciação ilimitada do valor. Um título que atenda a todos os requisitos de um investimento sólido e, além disso, possua um privilégio de conversão interessante, sem dúvida constituiria uma aquisição extremamente desejável.

Histórico de investimento não invejável: razões. Apesar desse argumento poderoso a favor dos ativos privilegiados como *forma* de investimento, devemos reconhecer que a experiência real com essa classe, em geral, tem sido pouco satisfatória. Dois tipos de razões diferentes podem ser propostos para essa discrepância entre promessa e desempenho.

A primeira razão é que apenas uma pequena fração dos ativos privilegiados realmente cumpriu as exigências rigorosas de um bom investimento. O recurso de conversão costuma ser oferecido para compensar uma segurança inadequada.[3] Essa fraqueza foi mais pronunciada durante o período de maior popularidade dos ativos conversíveis, entre 1926 e 1929.[4] Durante esses anos, foi

---

a ação fosse vendida acima de US$ 78. Da mesma forma, as debêntures conversíveis da Warner Brothers Pictures, de 6%, com vencimento em 1939, emitidas em 1929, davam ao proprietário a opção de receber seus pagamentos de juros à taxa anual de uma ação ordinária, em vez de US$ 60 em dinheiro. Pode-se dizer que esse acordo opcional é uma forma modificada do privilégio de conversão, de acordo com o qual os valores de juros ou dividendos são convertidos separadamente em ações ordinárias. Na maioria desses ativos, possivelmente na totalidade, o principal também é conversível. A conversibilidade separada dos pagamentos de renda acrescenta um pouco, mas não muito, à atratividade do privilégio.

3. O *Report of the Industrial Securities Committee of the Investment Bankers Association of America* de 1927 cita, presumivelmente de forma positiva, uma sugestão de que, uma vez que certa porcentagem de ativos privilegiados de indústrias de tamanho moderado "é suscetível a mostrar perdas substanciais durante um período de cinco ou dez anos", os investidores desses títulos deveriam receber uma participação nos lucros futuros por meio de uma conversão ou de outro privilégio para compensar esse risco. Ver *Proceedings of the Sixteenth Annual Convention of the Investment Bankers Association of America*, 1927, p. 144-145.

4. Antes do documento *Release n. 208 (Statistical Series)*, de 16 de fevereiro de 1939, da Securities and Exchange Commission, nenhuma compilação abrangente do volume de dólares de ativos privilegiados foi elaborada e atualizada regularmente. Esse comunicado forneceu dados trimestrais para o período de 1º de abril de 1937 a 31 de dezembro de 1938, e dados trimestrais adicionais foram

verdade incontestável que as indústrias fortes arrecadaram dinheiro por meio da venda de ações ordinárias, enquanto as mais fracas — ou fracamente capitalizadas — recorreram a ativos com prioridade de pagamento privilegiados.

O segundo motivo está relacionado às condições sob as quais o privilégio de conversão pode resultar em lucro. Embora de fato não exista um teto de preço que um título conversível possa atingir, há uma limitação muito real no montante de lucro que o detentor pode obter enquanto ainda mantém uma *posição de investimento*. Após um ativo privilegiado ter subido com as ações ordinárias, seu preço logo se torna dependente, *em ambas as direções*, de alterações na cotação das ações e, nesse aspecto, a manutenção continuada de ativos privilegiados se torna uma operação *especulativa*. Um exemplo deixará isso claro.

Vamos supor a compra de um título de alta qualidade de 3,5% por seu preço nominal, conversível em duas ações ordinárias para cada título de US$ 100 (isto é, conversível em ações ordinárias a US$ 50). As ações ordinárias estão sendo negociadas a US$ 45 no momento da compra do título.

Primeira etapa: (1) Se a ação cair para US$ 35, o título poderá permanecer próximo da paridade. Isso ilustra a vantagem técnica acentuada de um ativo conversível sobre as ações ordinárias. (2) Se a ação subir para US$ 55, é provável que o preço do título aumente para US$ 115 ou mais. (Seu "valor imediato de conversão" seria US$ 110, mas um prêmio seria justificado por causa de sua vantagem sobre as ações.) Isso ilustra as indubitáveis possibilidades especulativas de tal ativo conversível.

Segunda etapa: As ações sobem mais ainda até US$ 65. O valor de conversão do título agora é de US$ 130 e será vendido a esse valor, ou um pouco mais. Nesse ponto, o comprador original depara com um problema. Dentro de limites amplos, o preço futuro de seu título depende inteiramente do rumo das ações ordinárias. Para buscar um lucro maior, deve arriscar a perda do lucro já em mãos, o que de fato constitui uma parte substancial do valor atual de mercado de seu ativo. (Uma queda no preço das ações ordinárias poderia, com facilidade, induzir uma queda no título de US$ 130 para US$ 110.) Se optar por manter o ativo em carteira, ele se coloca, em grande medida, na posição de um acionista, e essa semelhança aumenta rapidamente à medida que o preço sobe mais ainda. Se, por exemplo, ainda mantém o título em um nível, digamos, de US$ 180 (US$ 90 por ação), assume, para todos os efeitos práticos, o *status* e os riscos de um acionista.

---

publicados desde então pela comissão. Mais evidências do volume desse tipo de financiamento ao longo de um período mais longo são apresentadas no apêndice D, nota 1, p. 1007.

Lucro ilimitado em ativos identificados com a posição do acionista. As possibilidades ilimitadas de lucro de um ativo privilegiado são, portanto, num sentido importante, ilusórias. Devem ser identificadas não com a propriedade de um título ou ação preferencial, mas com a assunção da posição de um acionista normal — a qual qualquer detentor de um ativo não conversível pode fazer ao trocar seu título por uma ação. Na prática, o leque de oportunidades de lucro para um ativo conversível, *enquanto ainda mantém a vantagem de um investimento*, em geral, deve ser limitado a algo entre 25% e 35% do seu valor nominal. Por esse motivo, os compradores originais de ativos privilegiados geralmente não os mantêm em carteira por mais de uma pequena fração dos ganhos máximos de mercado registrados pelos mais bem-sucedidos entre eles e, consequentemente, não conseguem realmente atingir esses lucros possíveis bastante elevados. Assim, os lucros obtidos podem não compensar as perdas ocasionadas por compromissos insensatos nesse ramo.

Exemplos de ativos atraentes. As duas objeções que acabamos de discutir devem moderar, bastante, nosso entusiasmo pelos ativos privilegiados com prioridade de pagamento como uma classe, mas, de maneira alguma, anulam suas vantagens inerentes nem as possibilidades de explorá-las com razoável sucesso. Embora a *maioria* das novas ofertas conversíveis possa ter sido inadequadamente protegida,[5] existem exceções bastante frequentes à regra, e essas exceções devem ser de interesse primário para o investidor alerta. Incluímos três exemplos de tais oportunidades, extraídos do setor de prestadoras de serviços públicos, ferrovias e indústrias.

1. *Commonwealth Edison Company Convertible Debentures de 3,5%, com vencimento em 1958.* Esses títulos foram oferecidos aos acionistas em junho e setembro de 1938 à paridade. O histórico estatístico da empresa assegurava que as debêntures eram um compromisso sólido a esse preço. Elas eram conversíveis em quarenta ações ordinárias até o vencimento ou o resgate prévio.

Em setembro de 1938, as debêntures poderiam ter sido compradas na Bolsa de Valores de Nova York à paridade enquanto a ação era negociada a US$ 24,50. A esses preços, os títulos e as ações estavam sendo negociados muito perto da paridade, e uma pequena subida no preço das ações permitiria ao detentor do título vender com lucro. Menos de um ano depois (julho de 1939), as ações haviam subido para US$ 31,375 e os títulos para US$ 124,75.

---

5. Essa crítica não se aplica aos títulos conversíveis emitidos desde 1933; a maioria dos quais atende a nossos padrões de investimento.

2. *Chesapeake and Ohio Railway Company Convertibles de 5%, com vencimento em 1946.* Esses títulos foram originalmente oferecidos aos acionistas em junho de 1916. Eram conversíveis em ações ordinárias a uma relação de 75 até 1º de abril de 1920; a 80, desde a última data até 1º de abril de 1923; a 90, desde a última data até 1º de abril de 1926; e a 100, desde a última data até 1º de abril de 1936.

No final de 1924, poderiam ter sido comprados em base de paridade (isto é, sem o pagamento de um prêmio pelo privilégio de conversão) a preços próximos à paridade. Especificamente, em 28 de novembro de 1924, foram negociados a US$ 101, enquanto as ações eram vendidas a US$ 91. Naquela época, os lucros da empresa mostravam melhorias contínuas e indicavam que os títulos tinham garantias adequadas. (Os encargos fixos foram cobertos duas vezes em 1924.) O valor do privilégio de conversão foi demonstrado pelo fato de as ações serem vendidas a US$ 131 no ano seguinte, fazendo os títulos valerem US$ 145.

3. *Rand Kardex Bureau Inc., de 5,5%, com vencimento em 1931.* Esses títulos foram primeiro oferecidos em dezembro de 1925 a US$ 99,50. Eram dotados de garantias de compra de ações (destacáveis após 1º de janeiro de 1927) que autorizavam o detentor a comprar 22,5 ações ordinárias de classe A a US$ 40 por ação em 1926, a US$ 42,50 por ação em 1927, a US$ 45 por ação em 1928, a US$ 47,50 por ação em 1929 e a US$ 50 por ação em 1930. (As ações classe A eram, na realidade, um ativo preferencial com direito de participação.) Os títulos poderiam ser entregues ao valor de paridade em pagamento pelas ações compradas com as garantias, um dispositivo que praticamente tornava os títulos conversíveis em ações.

Os títulos pareciam ter garantias adequadas. Os demonstrativos passados (com base nos lucros das empresas antecessoras) mostraram a seguinte cobertura para os juros no caso da nova emissão de títulos:

Ano	Número de vezes de juros cobertos
1921 (ano de depressão)	1,7
1922 (ano de depressão)	2,3
1923	6,7
1924	7,2
1925 (9 meses)	12,2

Os ativos circulantes líquidos excedem o dobro do valor nominal da emissão de títulos.

Quando os títulos foram oferecidos ao público, as ações da classe A eram cotadas em cerca de US$ 42, indicando um valor positivo imediato para as garantias de compra de ações. No ano seguinte, as ações subiram para US$ 53 e os títulos para US$ 130,50. Em 1927 (quando a Rand Kardex se fundiu com a Remington Typewriter), as ações subiram para US$ 76 e os títulos para US$ 190.

Exemplo de uma emissão pouco atraente. Em contraste com esses exemplos, forneceremos outro de uma oferta conversível superficialmente atraente, porém basicamente insensata, como aquelas que caracterizaram o período de 1928 a 1929.

National Trade Journals, Inc., Convertible Notes de 6%, com vencimento em 1938. A empresa foi organizada em fevereiro de 1928 para adquirir e publicar cerca de uma dúzia de periódicos comerciais. Em novembro de 1928, vendeu 2,8 milhões de dólares das notas acima ao preço de US$ 97,50. As notas eram inicialmente conversíveis em 27 ações ordinárias (a US$ 37,03 por ação) até 1º de novembro de 1930, em 25 ações (a US$ 40 por ação) desde a última data até 1º de novembro de 1932 e tinham preços que aumentavam progressivamente até chegar a US$ 52,63 por ação nos últimos dois anos de vida dos títulos.

Esses títulos poderiam ter sido adquiridos no momento da emissão e, por vários meses, a preços apenas ligeiramente acima do seu valor nominal, em comparação com o valor de mercado das ações equivalentes. Mais especificamente, poderiam ter sido compradas a US$ 97,50 em 30 de novembro, quando as ações eram negociadas a US$ 34,125, o que significava que precisariam avançar apenas dois pontos para assegurar um lucro na conversão.

No entanto, em nenhum momento os títulos pareciam ter garantias adequadas, apesar da imagem atraente apresentada no folheto da oferta. Tal folheto apresentava os lucros "estimados" da empresa predecessora, com base nos 3,5 anos anteriores, como sendo, em média, 4,16 vezes os encargos sobre a emissão de títulos. No entanto, esperava-se que quase metade desses lucros estimados derivasse de economias previstas como resultado da consolidação na forma de redução de salários, etc. O investidor conservador não teria justificativa em considerar esses "lucros" como garantidos, sobretudo em um negócio perigoso e competitivo desse tipo, com uma quantidade relativamente pequena de ativos tangíveis.

Eliminando os "lucros" estimados, mencionados no parágrafo anterior, o demonstrativo no momento da emissão e posteriormente foi o seguinte:

Ano	Faixa de preço dos títulos	Faixa de preço das ações	Preço de conversão prevalecente	Múltiplo dos juros ganhos	Lucro por ação ordinária
1925				1,73*	US$ 0,78*
1926				2,52*	1,84*
1927				2,80*	2,20*
1928	100-97,5	35,875-30	US$ 37,03	1,69†	1,95
1929	99-50	34,625-5	37,03	1,86†	1,04
1930	42-10	6,375-0,5	US$ 37,03-40	0,09†	1,68(d)
1931	10,5-5	1	40	Sindicância	

* Empreendimento predecessor. Números antes da ação já com impostos federais estimados.
† Lucros reais para os últimos dez meses de 1928 e os anos calendários subsequentes.

Os responsáveis pela concordata foram nomeados em junho de 1931. As propriedades foram vendidas em agosto daquele ano, e os detentores de títulos posteriormente receberam cerca de US$ 0,85 por cada dólar investido em valor nominal.

Princípio derivado. Com base nesses exemplos contrastantes, pode ser desenvolvido um princípio de investimento que deve fornecer um guia valioso para a seleção de ativos com prioridade de pagamento privilegiados. O princípio é o seguinte: *um ativo com prioridade de pagamento privilegiado, negociado próximo ou acima de seu valor nominal, deve atender aos requisitos de um investimento convencional de valor fixo ou de uma especulação direta em ações ordinárias e ser comprado levando em conta uma ou outra dessas exigências.*

A alternativa apresentada fornece duas abordagens diferentes para a compra de um ativo privilegiado. Pode ser comprado como um investimento sólido, com uma chance *incidental* de lucro por meio de uma melhoria do principal, ou pode ser comprado *principalmente* como uma forma atraente da especulação em ações ordinárias. De um modo geral, não deve existir meio-termo. O *investidor* interessado na segurança do principal não deve baixar seus padrões em troca de um privilégio de conversão; o *especulador* não deve ser atraído para uma empresa com promessa medíocre por causa da pseudossegurança fornecida pelo contrato do título.

Nossa oposição a qualquer meio-termo entre a atitude puramente de investimento e aquela admitidamente especulativa baseia-se, sobretudo, em fundamentos subjetivos. Nos casos em que uma posição intermediária é adotada, o resultado costuma ser confusão, pensamento nebuloso e autoengano.

O investidor que relaxa seus padrões de segurança para obter um privilégio de participação nos lucros não está, muitas vezes, bem preparado, do ponto de vista financeiro ou mental, para a perda inevitável se o empreendimento não for bem-sucedido. É provável que o especulador que deseja reduzir seu risco ao operar em ativos conversíveis divida seu principal interesse entre a própria empresa e os termos do privilégio, e provavelmente ficará em dúvida sobre se é, afinal, acionista ou detentor de título. (Os ativos privilegiados *vendidos com descontos substanciais ao valor nominal* não estão, em geral, sujeitos a esse princípio, uma vez que pertencem à segunda categoria de ativos com privilégios especulativos a ser discutida mais tarde.)

Voltando aos nossos exemplos, veremos imediatamente que as Commonwealth Edison de 3,5% poderiam ter sido adquiridas corretamente como um investimento, sem levar em consideração o recurso de conversão. A forte possibilidade de que esse privilégio fosse valioso tornava o título singularmente atraente no momento da emissão. Afirmações semelhantes poderiam ser feitas com relação ao títulos da Chesapeake and Ohio e da Rand Kardex. Qualquer um desses três ativos também deveria ser atraente para um especulador que estivesse convencido de que o preço das ações ordinárias relacionadas estavam prestes a subir.

Por outro lado, as National Trade Journals Debentures não tinham como passar por rigorosos testes qualitativos e quantitativos de segurança. Portanto, deveriam ter sido apropriadamente interessantes apenas para uma pessoa que tivesse total confiança no valor futuro das ações. No entanto, é pouco provável que a maior parte das compras desse ativo tenha sido motivada pelo desejo primário de investir ou especular nas ações ordinárias da National Trade Journals, mas se baseou nos termos atraentes do privilégio de conversão e no sentimento de que o ativo era "razoavelmente seguro" como um investimento em títulos. É exatamente esse meio-termo, entre o investimento verdadeiro e a especulação verdadeira, que desaprovamos, em especial porque o comprador não tem uma ideia clara do objetivo de seu compromisso ou do risco que está correndo.

Regras relativas à retenção ou à venda. Tendo declarado um princípio básico para orientar a *escolha* de ativos privilegiados, perguntamos a seguir quais regras podem ser estabelecidas com relação à sua posterior retenção ou venda. Os ativos conversíveis adquiridos, principalmente, como uma forma de compromisso com as ações ordinárias podem alcançar um lucro maior que aqueles adquiridos do ponto de vista do investimento. Se um título da classe anterior sobe de US$ 100 para US$ 150, o prêmio substancial não precisa, por si só, ser uma razão decisiva para vender; ao contrário, o proprietário deve ser guiado por seus pontos de vista sobre a elevação suficiente das ações ordinárias para justificar a retirada de seu lucro. No entanto, quando a compra é feita, acima de tudo, como um investimento em um título seguro, então a limitação no tamanho do lucro que, de forma conservadora, pode ser esperado entra diretamente em jogo. Pelas razões explicadas em detalhes anteriormente, o comprador conservador de ativos privilegiados geralmente não os detém por uma elevação maior que 25% a 35%. Isso significa que uma operação de investimento realmente bem-sucedida no campo dos ativos conversíveis não cobre um longo período. Portanto, tais ativos devem ser comprados com a *possibilidade* de manutenção por um prazo longo em mente, mas com a *esperança* de que o lucro potencial seja realizado em breve.

A discussão anterior resulta na declaração de outra regra de investimento, a saber:

> *No caso típico, um título conversível não deve ser convertido pelo investidor. Deve ser mantido ou vendido.*

É verdade que o objeto do privilégio é promover tal conversão quando parecer vantajoso. Se o preço do título subir substancialmente, seu rendimento atual cairá para um valor pouco atraente, e em geral haverá um ganho substancial de receita a ser obtido por meio da troca em ações. No entanto, quando o investidor troca seus títulos por ações, abandona a prioridade e o direito não qualificado sobre o principal e os juros sobre os quais a compra original se baseou. Se, após a conversão, as coisas correrem mal, suas ações poderão cair a um valor muito abaixo do custo original de seu título, e ele perderá não apenas seu lucro como também parte de seu principal.

Além disso, ele corre o risco de deixar se ser um investidor em títulos e se transformar — em geral e em casos específicos — em um especulador de ações. É preciso reconhecer que existe algo de insidioso até mesmo em uma bom título conversível; isso pode, com facilidade, acabar sendo uma armadilha cara para os incautos. Para evitar essa ameaça, o investidor deve se apegar com determinação a um ponto de vista conservador. Quando o preço de seu título ultrapassar a faixa de investimento, deverá vendê-lo; o mais importante de tudo, não deve considerar que seu julgamento foi impugnado se o título posteriormente subir para um nível muito mais alto. O comportamento de mercado do ativo, uma vez que tenha entrado na faixa especulativa, é tão irrelevante para o investidor quanto as oscilações de preço de qualquer ação especulativa, sobre a qual não sabe nada.

Se a linha de ação aqui recomendada for seguida pelos investidores em geral, a conversão dos títulos se realizará apenas por meio de suas compras para esse fim específico realizada por pessoas que decidiram, de forma independente, adquirir essas ações para fins de especulação ou suposto investimento.[6] Os argumentos contra a conversão de ativos do investidor aplicam-se com igual força contra o exercício de garantias de compra de ações vinculadas a títulos comprados para fins de investimento.

Uma política contínua de investimento em ativos privilegiados exigiria, em condições favoráveis, a retirada bastante frequente de lucros e a substituição por novos ativos que não estivessem sendo negociados a um prêmio excessivo. Em termos mais concretos, um título comprado a US$ 100 seria vendido, digamos, a US$ 125 e substituído por outro ativo conversível de boa qualidade, que poderia ser adquirido por, aproximadamente, seu preço nominal. Não é provável que oportunidades satisfatórias desse tipo estejam sempre disponíveis ou que o investidor tenha meios de localizar todas aquelas que estão à mão. Entretanto, a tendência de financiamento nos últimos anos oferece alguma esperança de que um número razoável de ativos conversíveis realmente atraentes possa de novo aparecer. Após o período de 1926 a 1929, marcado por uma enxurrada de ativos privilegiados, quase todos de baixa qualidade, e o período de 1930 a 1934, em que a ênfase na segurança causou o desaparecimento quase total dos privilégios de conversão das ofertas novas de títulos, houve um balanço notável do pêndulo em direção a um ponto médio, em que os dispositivos de participação são, às vezes, empregados para facilitar a venda de ofertas de obrigações sólidas.[7] A maioria dos títulos vendidos entre 1934 e 1939 trazia taxas de juros muito baixas ou saltou imediatamente para um prêmio proibitivo. Entretanto, tendemos a achar que é provável que o investidor criterioso e cuidadoso encontrará, de novo, um número razoável de oportunidades atraentes nesse setor.

---

6. Na prática, as conversões, em geral, resultam também de operações de arbitragem que envolvem a compra do título e a venda simultânea da ação por um preço ligeiramente superior à "paridade de conversão".

7. Para dados sobre a frequência relativa das emissões privilegiadas entre 1925 e 1938, ver apêndice D, nota 1, p. 1007, e as estatísticas divulgadas pela Securities and Exchange Commission mencionadas em nota de rodapé, p. 426-427.

CAPÍTULO 23
CARACTERÍSTICAS TÉCNICAS DOS ATIVOS PRIVILEGIADOS COM PRIORIDADE DE PAGAMENTO

No capítulo anterior, os ativos privilegiados com prioridade de pagamento foram examinados em sua relação com os princípios mais amplos de investimento e especulação. Para alcançar um conhecimento adequado do lado prático desse grupo de ativos, é necessário examinar suas características em mais detalhes. Esse estudo pode ser realizado, convenientemente, a partir de três pontos de vista sucessivos: (1) considerações comuns a todos os três tipos de privilégios — conversão, participação e subscrição (ou seja, "garantia"); (2) os méritos relativos de cada tipo, em comparação com os outros; (3) aspectos técnicos de cada tipo, considerados individualmente.[1]

CONSIDERAÇÕES GERAIS APLICÁVEIS AOS ATIVOS PRIVILEGIADOS

A atratividade de um dispositivo de participação nos lucros depende de dois fatores principais, que não guardam qualquer relação entre si: (1) os *termos* do arranjo e (2) as *perspectivas* dos lucros a serem compartilhados. Para usar um exemplo simples:

Empresa *A*	Empresa *B*
Título de 4% negociado a US$ 100	Título de 4% negociado a US$ 100
Conversível em ações a US$ 50 (isto é, duas ações por cada título de US$ 100)	Conversível em ações a US$ 33,33 (isto é, três ações por cada título de US$ 100)
Ação negociada a US$ 30	Ação negociada a US$ 30

Termos do privilégio *versus* perspectivas da empresa. Os *termos* do privilégio de conversão são evidentemente mais atraentes no caso do título *B*, pois as ações precisam subir apenas um pouco mais de três pontos para gerar um lucro, enquanto as ações *A* precisam avançar mais de vinte pontos para tornar

---

1. Este assunto é tratado de uma forma que pode ser considerada desproporcional, em razão da importância crescente dos ativos privilegiados e da ausência de uma discussão aprofundada nos livros didáticos descritivos.

lucrativa a conversão. No entanto, é bem possível que o título A acabe sendo a compra mais vantajosa. É concebível que a ação B não consiga subir, enquanto a ação A pode dobrar ou triplicar de preço.

Entre esses dois fatores, é indubitavelmente verdade que é mais lucrativo selecionar a *empresa* certa que selecionar o ativo com os *termos* mais desejáveis. Certamente, não existe base matemática por meio da qual a atratividade da empresa possa ser compensada pelos termos de um privilégio, dessa forma alcançando um equilíbrio entre esses dois elementos de valor totalmente dissociados. No entanto, ao analisar os ativos privilegiados com grau de investimento, os *termos* do privilégio devem receber mais atenção, não porque são mais importantes, mas porque podem ser tratados de maneira mais conclusiva. Pode parecer relativamente fácil determinar que uma empresa é mais promissora que outra. Contudo, não é tão fácil estabelecer que uma ação ordinária a determinado preço é claramente preferível a outra ação a seu preço atual.

Voltando ao nosso exemplo, se fosse bastante certo, ou mesmo razoavelmente provável, que a ação A tivesse mais probabilidade de subir para US$ 50 que a ação B para US$ 33, então, ambos os ativos não estariam sendo cotados a US$ 30. A ação A, é claro, estaria valendo mais. O que argumentamos é que o preço de mercado, em geral, *já reflete* qualquer superioridade que uma empresa tenha demonstrado em relação a outra. O investidor que prefere o título A porque espera que suas ações relacionadas subam muito mais rapidamente que a ação B está fazendo um julgamento independente em um campo em que há pouca segurança e erros são muito frequentes. Por esse motivo, duvidamos de que uma política bem-sucedida de compra de ativos privilegiados *do ponto de vista da abordagem de investimento* possa se basear, acima de tudo, na opinião do comprador em relação à expansão futura dos lucros da empresa. (Ao declarar esse ponto, estamos apenas repetindo um princípio previamente estabelecido no campo do investimento de valor fixo.)

Se uma abordagem especulativa for seguida, ou seja, se o ativo for comprado principalmente como um método desejável de adquirir uma participação nas ações, fica bastante lógico, é claro, atribuir um peso preponderante ao julgamento do comprador quanto ao futuro da empresa.

Três elementos importantes. *1. Extensão do privilégio.* Ao examinar os *termos* de um privilégio de participação nos lucros, são vistos três elementos componentes. São eles:

> a. a *extensão* da participação nos lucros ou no interesse especulativo por cada dólar de investimento;

b. a *proximidade* do privilégio a um lucro realizável no momento da compra; e
c. a *duração* do privilégio.

O interesse especulativo associado a um ativo privilegiado conversível ou com garantia é igual ao valor atual de mercado do número de ações cobertas pelo privilégio. Mantendo todas as outras coisas iguais, quanto maior a quantidade de interesse especulativo por dólar de investimento, mais atraente o privilégio.

Exemplos: As Rand Kardex de 5,5%, descritas anteriormente, possuíam garantias para comprar 22,5 ações de classe *A* inicialmente a US$ 40. O preço atual das ações de classe *A* era US$ 42. O "interesse especulativo" era de 22,5 × US$ 42, ou US$ 945 por título de US$ 1.000.

As Reliable Stores Corporation de 6%, emitidas em 1927, possuíam garantias para a compra de apenas cinco ações ordinárias, inicialmente a US$ 10. O preço atual das ações ordinárias era US$ 12. Portanto, o "interesse especulativo" era de 5 × US$ 12, ou apenas US$ 60 por título de US$ 1.000.

As Intercontinental Rubber Products Co. de 7% ofereceram um exemplo extraordinário de um grande interesse especulativo associado a um título. Como resultado de dispositivos peculiares em torno de sua emissão em 1922, cada nota de mil dólares era conversível em cem ações e também possuía o direito de comprar quatrocentas ações adicionais a US$ 10. Quando as ações foram negociadas a US$ 10 em 1925, o interesse especulativo por nota de mil dólares totalizava 500 × US$ 10, ou 5 mil dólares. Se as notas fossem negociadas, digamos, a 120 dólares, o interesse especulativo seria igual a 417% do investimento em títulos — ou setenta *vezes* maior que no caso da oferta da Reliable Stores.

A importância prática do interesse especulativo pode ser ilustrada pela comparação a seguir, cobrindo os três exemplos anteriores.

Item	Reliable Stores de 6%	Rand Kardex de 5,5%	Intercontinental Rubber de 7%
Número de ações cobertas por cada título de US$ 1.000,00	5	22,5	500
Preço base	US$ 10	US$ 40	US$ 10
Aumento no valor do título à medida que a ação sobe:			
25% acima do preço base	12,50	225	1.250
50% acima do preço base	25	450	2.500
100% acima do preço base	50	900	5.000

No caso dos títulos conversíveis, o interesse especulativo sempre equivale a 100% do valor nominal do título, quando a ação é negociada ao preço de conversão. Portanto, nesses ativos, nossos primeiro e segundo elementos componentes expressam o mesmo fato. Se um título vendido à paridade é conversível em ações a US$ 50 e se a ação é vendida a US$ 30, o interesse especulativo representa 60% do comprometimento, o que significa dizer que o preço atual das ações é 60% do necessário para que a conversão seja rentável. Os ativos com garantia de compra de ações não revelam tal relação fixa entre o valor do interesse especulativo e a proximidade desse interesse a um lucro realizável. No caso das Reliable Stores de 6%, o interesse especulativo era muito pequeno, mas mostrava um lucro real no momento da emissão, uma vez que as ações estavam sendo negociadas *acima* do preço de subscrição.

Significado do direito de compra de um grande número de ações a preço baixo. Pode-se dizer, entre parênteses, que o interesse especulativo em um grande número de ações negociadas a um preço baixo é tecnicamente mais atraente que aquele em um número menor de ações negociadas a um preço alto. Isso ocorre porque as ações de preço baixo tendem a oscilar dentro de uma faixa *percentual* mais ampla que as ações de preço mais alto. Portanto, se um título for, ao mesmo tempo, bem garantido e conversível em muitas ações a um preço baixo, terá uma excelente chance de lucro bastante grande sem estar sujeito ao risco contrário de uma perda maior por causa de uma queda especulativa no preço das ações.

Por exemplo, por uma questão de *forma* de um privilégio, as Ohio Copper Company de 7%, com vencimento em 1931, conversíveis em mil ações negociadas a US$ 1, tinham perspectivas melhores que as conversíveis da Atchison, Topeka and Santa Fé de 4,5%, com vencimento em 1948, conversíveis em seis ações ordinárias e vendidas a US$ 166,66, embora, nos dois casos, o montante de interesse especulativo seja igual a mil dólares por título. Como se viu, as ações da Ohio Copper subiram de menos de US$ 1 por ação em 1928 para US$ 4,875 em 1929, fazendo com que o título valesse quase 500% acima da paridade. Seria necessário um aumento no preço da Atchison de US$ 166 para US$ 800 para gerar o mesmo lucro nas conversíveis de 4,5%, mas o preço mais elevado alcançado em 1929 foi inferior a US$ 300.

No caso dos *ativos de participação*, a extensão do interesse de compartilhamento de lucro seria em geral considerado em termos da quantidade de receita adicional que poderia ser obtida como resultado do privilégio. Um pagamento adicional limitado (por exemplo, as preferenciais de 7% da Bayuk Cigars, Inc., que não podem receber mais de 1% adicionais) é, obviamente, menos atraente que uma participação ilimitada (por exemplo, as White Rock Mineral Springs Company Second Preferred de 5%, que receberam um total de 26,25% em 1930).

2 e 3. Proximidade e duração do privilégio. As implicações dos segundo e terceiro fatores na avaliação de um privilégio são facilmente vistas. Um privilégio com um prazo longo de validade é, nesse aspecto, mais desejável que um que expira em um curto período. Quanto mais próximo o preço atual das ações do nível em que a conversão ou a subscrição se torna lucrativa, mais atraente será o privilégio. No caso de um dispositivo de participação, é igualmente desejável que os dividendos ou lucros atuais das ações ordinárias estejam próximos do valor em que a distribuição adicional do ativo privilegiado se inicia.

Por "preço de conversão" entende-se o preço das ações ordinárias equivalente a US$ 100 para o ativo conversível. Se uma ação preferencial for conversível em 1,33 vez o número de ações ordinárias, o preço de conversão da ação ordinária é, portanto, US$ 60. O termo "paridade de conversão" ou "nível de conversão" pode ser usado para designar esse preço da ação ordinária que é equivalente a determinada cotação para um ativo conversível, ou vice-versa. Ele pode ser encontrado por meio da multiplicação do preço do ativo conversível pelo preço de conversão da ação ordinária. Se a ação preferencial antes mencionada for negociada a US$ 90, a paridade de conversão da ação ordinária se torna 60 × 90% = US$ 54. Isso significa que, para o comprador da ação preferencial a US$ 90, uma subida da ação ordinária acima de US$ 54 gerará um lucro realizável. Por outro lado, se a ação ordinária for negociada a US$ 66, pode-se dizer que a paridade de conversão da preferencial é US$ 110.

A "proximidade" do privilégio pode ser definida aritmeticamente como a razão entre o preço de mercado e a paridade de conversão da ação ordinária. No exemplo anterior, se a ordinária é vendida a US$ 54 e a preferencial a US$ 110 (equivalente a US$ 66 para a ordinária), o "índice de proximidade" passa a ser 54 ÷ 66, ou 0,82.

MÉRITOS COMPARATIVOS DOS TRÊS TIPOS DE PRIVILÉGIOS

Do ponto de vista teórico, um dispositivo de participação — ilimitado em termos do prazo e da quantidade possível — é o tipo mais desejável de privilégio de participação nos lucros. Esse arranjo permite que o investidor obtenha o benefício específico da participação nos lucros (ou seja, um aumento de receita) sem modificar sua posição original como detentor de um ativo privilegiado. Esses benefícios podem ser recebidos durante um longo período de anos. Por outro lado, um privilégio de conversão pode resultar em receita mais alta somente por meio da troca efetiva por ações e consequente renúncia à posição privilegiada. Sua vantagem real consiste, portanto, apenas na oportunidade de obter lucro com a venda do ativo conversível no momento certo.

Da mesma forma, os benefícios de um privilégio de subscrição podem ser realizados, de forma conservadora, somente por meio da venda de garantias (ou da subscrição e venda imediata das ações). Se as ações ordinárias forem compradas e mantidas para obter uma renda permanente, a operação envolverá arriscar dinheiro adicional em uma base totalmente diferente da compra original do ativo privilegiado.

Exemplo de vantagem do privilégio de participação ilimitada. Um excelente exemplo prático das vantagens teóricas associadas a um ativo bem estabelecido com direito de participação é oferecido pelas ações preferenciais da Westinghouse Electric and Manufacturing Company. Esse ativo tem direito a dividendos privilegiados cumulativos de US$ 3,50 ao ano (7% sobre o preço nominal de US$ 50) e, além disso, participa igualmente por ação com as ordinárias em quaisquer dividendos superiores a US$ 3,50 pagos a elas. Em 1917, as preferenciais da Westinghouse podiam ser compradas a US$ 52,50, o que representava um atraente investimento convencional com possibilidades adicionais por meio de seu dispositivo de participação. Nos quinze anos anteriores a 1932, um total de cerca de US$ 7 por ação foi desembolsado em dividendos adicionais acima dos 7% básicos. Nesse meio-tempo, surgiu uma oportunidade de vender com lucro substancial (o preço máximo chegou a US$ 284 em 1929), o que correspondia às possibilidades de subida de um ativo conversível ou com garantia de subscrição. Se a ação não fosse vendida, o lucro seria naturalmente perdido no declínio subsequente do mercado. No entanto, a posição original do investidor permaneceria intacta, pois, no ponto mais baixo de 1932, o ativo ainda pagava o dividendo de 7% e era negociado a US$ 52,50 — embora a ordinária tenha deixado de receber seu dividendo e caído para US$ 15,625.

Nesse caso, o investidor pôde participar dos lucros excedentes das ações ordinárias nos anos bons, mantendo sua posição privilegiada, de modo que, durante os anos ruins, perdeu apenas seu *lucro* temporário. Se o ativo fosse conversível, em vez de ser do tipo participação, o investidor poderia receber os dividendos mais altos apenas por meio da conversão e, mais tarde, depararia com a omissão dos dividendos sobre suas ações ordinárias e com um valor muito inferior ao do investimento original.

Ativos de participação em desvantagem, nos termos de mercado. Embora, do ponto de vista do investimento a longo prazo, os ativos de participação sejam teoricamente os mais desejáveis, podem se comportar de maneira um pouco menos satisfatória, durante uma alta grande do mercado, que os ativos conversíveis ou com garantia de subscrição. Durante tais períodos, um ativo de participação privilegiado pode ser negociado regularmente abaixo do seu preço comparativo correto. No caso das preferenciais da Westinghouse, por exemplo, seus preços durante 1929 foram, em geral, entre cinco e dez pontos mais baixos que os das ações ordinárias, embora seu valor intrínseco por ação não pudesse ser menor que o das ações subordinadas.[2]

A razão para esse fenômeno é: o preço das ações ordinárias é estabelecido, em grande parte, por especuladores interessados, sobretudo, em lucros rápidos, para os quais necessitam de um mercado ativo. As ações preferenciais, por estarem nas mãos de um número pequeno de detentores, são relativamente inativas. Consequentemente, os especuladores estão dispostos a pagar vários pontos a mais pela ação ordinária simplesmente porque pode ser comprada e vendida mais rápido e porque outros especuladores, provavelmente, também estarão dispostos a pagar mais por isso.

A mesma anomalia surge no caso das ações ordinárias com poucos detentores com poder de voto, em comparação com os ativos mais dinâmicos e sem poder de voto da mesma empresa. As American Tobacco *B* e as Liggett and Myers Tobacco *B* (ambas sem direito a voto) são negociadas, há anos, por um preço superior ao das ações com direito a voto. Uma situação semelhante existia antes nas duas ações ordinárias de Bethlehem Steel, Pan American Petroleum e outras empresas.[3] O princípio paradoxal é verdadeiro para o mercado de ativos em geral, isto é, *na ausência de uma demanda especial*, a escassez relativa pode implicar um preço mais baixo em vez de um mais alto.

Em casos como os da Westinghouse e da American Tobacco, a política corporativa adequada seria estender ao detentor do ativo intrinsecamente mais valioso o privilégio de trocá-lo pelo mais ativo, porém intrinsecamente inferior. A empresa White Rock realmente deu esse passo. Embora os detentores das ações preferenciais com direito de participação possam cometer um erro ao aceitar tal oferta, não podem se opor à oferta em si, e os detentores das ações ordinárias podem sair ganhando, mas não podem sair perdendo com sua aceitação.

---

2. Uma discrepância de preço muito maior como esta ocorreu no caso das White Rock Mineral Springs Participating preferenciais e ordinárias em 1929 e 1930. Por causa dessa situação de mercado, os detentores de quase todas as ações preferenciais com direito de participação aceitaram uma oferta de permuta por ações ordinárias, embora isso não significasse qualquer receita adicional, mas a perda de seu *status* privilegiado.

3. A persistente ampla diferença entre os preços de mercado das ações ordinárias e os preços das ações classe *B* da R. J. Reynolds Tobacco Company repousa na circunstância especial de que executivos e funcionários da empresa que são detentores das ações ordinárias desfrutam de certos benefícios de participação nos lucros não concedidos aos detentores das ações classe *B*. A Bolsa de Valores de Nova York parou de listar ações ordinárias sem direito a voto, e elas também não poderão ser emitidas em reestruturações efetuadas segundo os termos do capítulo X da Lei de Falências, de 1938.

Comportamento relativo dos preços dos ativos conversíveis e com garantia. Do ponto de vista do comportamento dos preços em condições favoráveis de mercado, os melhores resultados são obtidos pelos detentores de ativos privilegiados com garantias de compras de ação destacáveis.

Para ilustrar esse ponto, vamos comparar certas relações de preços registradas em 1929 entre quatro ativos privilegiados e as ações ordinárias correspondentes. Os ativos são os seguintes:

1. Mohawk Hudson Power Corporation Second Preferred de 7%, com garantias de subscrição para comprar duas ações ordinárias a US$ 50 por cada ação preferencial.
2. White Sewing Machine Corporation Debentures de 6%, com vencimento em 1936, com garantias de subscrição para a compra de 2,5 ações ordinárias por cada título de US$ 100.
3. Central States Electric Corporation Preferred de 6%, conversíveis em ações ordinárias a US$ 118 por ação.
4. Independent Oil and Gas Company Debentures de 6%, com vencimento em 1939, conversíveis em ações ordinárias a US$ 32 por ação.

A tabela a seguir mostra de maneira impressionante que, em mercados especulativos, os ativos com garantia de compra tendem a ser negociados a prêmios altos em relação ao preço das ações ordinárias e que esses prêmios são muito maiores que no caso dos ativos conversíveis em situação semelhante.

Ativo privilegiado	Preço de mercado das ordinárias	Preço de conversão ou subscrição das ordinárias	Preço do ativo privilegiado	Valor realizável do ativo privilegiado baseado no privilégio (paridade de conversão ou subscrição)	Quantia pela qual o ativo privilegiado foi vendido acima da paridade ("prêmio"), em pontos
Mohawk Hudson Second Preferred	52,5	50	163*	105	58
White Sewing Machine de 6%	39	40	123,5†	97,5	26
Central States Electric Preferred	116	118	97	98	−1
Independent Oil & Gas de 6%	31	32	105	97	8

* Consistindo em US$ 107 por ação preferencial, sem garantia, mais US$ 56 para a garantia.
† Consistindo em US$ 98,50 por título, sem garantia, mais US$ 25 para a garantia.

Vantagem da separabilidade do componente especulativo. Essa vantagem dos ativos com garantia de subscrição se deve, em grande parte, ao fato de que seu componente especulativo (ou seja, a própria garantia de subscrição) pode ser totalmente separado de seu componente de investimento (ou seja, os títulos ou as ações preferenciais sem garantia). Os especuladores estão sempre buscando uma chance de obter grandes lucros com um comprometimento de dinheiro pequeno. Essa é uma característica singular das garantias de compra de ações, como será mostrado, em detalhes, em nossa discussão posterior sobre esses instrumentos. Em um mercado altista, os especuladores fazem uma oferta pelas garantias associadas a esses ativos privilegiados que, por sua vez, são negociados separadamente a um preço substancial, mesmo que não tenham um valor de exercício imediato. Esses especuladores preferem comprar a opção de uma garantia a comprar um *título conversível* correspondente, porque este exige um investimento em dinheiro muito maior por ação por cada ação ordinária envolvida.[4] Conclui-se, portanto, que os valores de mercado separados do título acrescido da garantia (que, combinados, formam o preço do título "com garantias") podem exceder, consideravelmente, a cotação única para um ativo conversível bastante semelhante.

Segunda vantagem de ativos com garantias de subscrição. Os ativos com garantia de subscrição têm um segundo ponto de superioridade, que está relacionado aos dispositivos de resgate. O direito reservado pela empresa de resgatar um ativo antes do vencimento deve, em geral, ser considerado uma desvantagem para o detentor; pois presume-se que será exercido apenas quando for para o benefício do emissor, o que, geralmente, significa que, de outra maneira, o ativo estaria sendo negociado acima do preço de resgate.[5] Um dispositivo de resgate, a menos que seja com um prêmio muito alto, pode viciar, totalmente, o valor de um privilégio de participação. Uma vez

---

4. Observe que os títulos da Independent Oil and Gas representavam um comprometimento de US$ 33,60 por ação ordinária, enquanto as garantias da White Sewing Machine envolviam o comprometimento de apenas US$ 10 por ação ordinária. No entanto, o primeiro caso significava a *propriedade* de um direito fixo ou de uma ação, enquanto o segundo caso significava apenas o *direito de comprar* uma ação a um preço acima do mercado.

5. O dispositivo de resgate pode ser — e, recentemente, tem sido — um elemento desfavorável de grande importância, mesmo em títulos não conversíveis "diretos". Em alguns casos, um dispositivo de resgate funciona para a vantagem do detentor, facilitando novos financiamentos que envolvem o resgate do ativo antigo a um preço acima do mercado em tempos recentes. No entanto, o mesmo resultado poderia ser obtido, se não houvesse direito de resgate, por uma oferta de "recompra" do ativo. Isso foi feito no caso das United States Steel Corporation de 5%, com vencimento em 1951, que não eram resgatáveis, mas foram recompradas a US$ 110.

que, com tal dispositivo, haveria o risco de resgate assim que a empresa prosperasse o suficiente para que o ativo tivesse direito a distribuições extras.[6] Em alguns casos, os ativos de participação que são resgatáveis também são conversíveis, a fim de fornecer-lhes uma oportunidade de se beneficiar de qualquer grande subida no preço de mercado da ação ordinária que possa ocorrer até o momento do resgate. (Ver, por exemplo: as National Distillers Products Corporation Cumulative Participating Convertible Preferred de US$ 2,50;[7] as Kelsey-Hayes Wheel Company Participating Convertible Class A Stock de US$ 1,50). Os *títulos* com direito de participação são, em geral, limitados em tais direitos nos lucros excedentes e costumam ser resgatáveis. (Ver as White Sewing Machine Corporation Participating Debentures de 6%, com vencimento em 1940; as United Steel Works Corporation Participating de 6,5%, série *A*, com vencimento em 1947; nenhuma é conversível). Às vezes, os ativos com direito de participação são protegidos contra a perda do privilégio por meio de resgate, por ter sido estabelecido um preço de resgate muito alto. Aparentemente, tentou-se algo desse tipo no caso das San Francisco Toll-Bridge Company Participating de 7%, com vencimento em 1942, que podiam ser resgatadas a US$ 120 até 1º de novembro de 1933 e a preços mais baixos daí por diante. As ações preferenciais da Celluloid Corporation Participating são resgatáveis a US$ 150, e as Celanese Corporation Participating não podem ser resgatadas.

Outro dispositivo para impedir a negação do privilégio de participação por meio de resgate é tornar o ativo resgatável a um preço que dependa diretamente do valor do privilégio de participação. Por exemplo, as debêntures da Siemens and Halske, com vencimento em 1930, podem ser resgatadas após 1º de abril de 1942, *ao preço médio de mercado para o ativo durante os seis meses anteriores ao aviso de resgate, mas a um preço não inferior ao do ativo original* (acima de 230% do valor nominal). As debêntures da Kreuger and Toll Participating de 5% tinham dispositivos semelhantes.

---

6. Arthur S. Dewing cita o caso das Union Pacific Railroad-Oregon Short Line Participating de 4%, emitidas em 1903, que eram garantidas por um penhor de ações da Northern Securities Company. Os detentores dos títulos tinham o direito de participar em quaisquer dividendos com mais de 4% declarados sobre a garantia depositada. Os títulos foram resgatados a US$ 102,50, justo no momento em que as distribuições com direito de participação pareciam prestes a ocorrer. Ver Arthur S. Dewing, *A study of corporation securities*. Nova York, Ronald Press Co., 1934, p. 328.

7. Simultaneamente à subida das ações ordinárias de US$ 16,875 para US$ 124,875 em 1933, todas as ações preferenciais da National Distillers foram convertidas naquele ano. Quase todas as conversões foram precipitadas por uma mudança na taxa de conversão após 30 de junho de 1933. O pequeno saldo remanescente foi convertido como resultado do resgate do título a US$ 40 e do pagamento de dividendos em agosto.

Mesmo no caso de um ativo *conversível*, um dispositivo de resgate é tecnicamente uma desvantagem séria, pois pode funcionar de maneira a reduzir a duração do privilégio. É concebível que um título conversível possa ser resgatado justamente quando o privilégio estiver prestes a adquirir um valor real.[8]

No entanto, no caso dos ativos com garantias de compra de ações, o privilégio de subscrição quase sempre dura por seu prazo integral, mesmo que o ativo privilegiado possa ser resgatado antes do vencimento. Se a garantia for destacável, simplesmente continua sua existência separada até a data de vencimento. Muitas vezes, torna-se o privilégio de subscrição "não removível", isto é, só pode ser exercido mediante apresentação do ativo privilegiado. Contudo, mesmo nesses casos, se o ativo vier a ser resgatado antes do término do período de opção de compra, costuma-se dar ao detentor uma garantia válida pelo saldo do tempo originalmente fornecido.

Exemplo: Antes de 1º de janeiro de 1934, a United Aircraft and Transport Corporation possuía 150 mil ações preferenciais cumulativas de 6% em circulação. Essas ações possuíam garantias não destacáveis para uma ação ordinária a US$ 30 por ação por cada duas ações preferenciais em carteira. O privilégio de subscrição era válido até 1º de novembro de 1938 e estava protegido por um dispositivo para a emissão de uma garantia destacada evidenciando o mesmo privilégio por ação, caso as ações preferenciais fossem resgatadas antes de 1º de novembro de 1938. Algumas das ações preferenciais foram chamadas para resgate em 1º de janeiro de 1933, e garantias destacadas foram emitidas aos seus detentores. (Um ano depois, o restante do ativo foi resgatado e garantias adicionais foram emitidas.)

Terceira vantagem dos ativos com garantias. Os ativos com garantias de subscrição possuem ainda uma terceira vantagem sobre outros ativos privilegiados, e é provável que, na prática, seja o mais importante de tudo. Vamos

---

8. Essa ameaça foi evitada no caso das Atchison, Topeka and Santa Fe Railway Convertibles de 4,5%, com vencimento em 1948, pela permissão de o ativo ser resgatado apenas após a expiração do privilégio de conversão em 1938. (Por outro lado, as Affiliated Fund Secured Convertible Debentures são resgatáveis pelo valor nominal a qualquer momento, mediante um aviso prévio de trinta dias, de fato permitindo que a empresa destrua qualquer chance de lucrar com o privilégio de conversão.) Outro dispositivo de proteção recentemente empregado é conceder ao detentor de uma emissão conversível uma garantia de compra de ações, no momento em que o ativo é resgatado, autorizando o detentor a comprar o número de ações ordinárias que seriam recebidas na conversão se a emissão privilegiada não tivesse sido resgatada. Ver as Freeport Texas Company Cumulative Convertible Preferred de 6%, emitidas em janeiro de 1933. As preferenciais da United Biscuit de 7%, conversíveis em 2,5 ações ordinárias, são resgatáveis a US$ 110; caso fossem resgatadas antes de 31 de dezembro de 1935, o detentor tinha a opção de receber US$ 100 em dinheiro, além de uma garantia de compra de 2,5 ações ordinárias a US$ 40 em 1º de janeiro de 1936.

considerar quais linhas de ação estão abertas aos detentores de cada tipo caso a empresa prospere: pagar um dividendo alto para as ações ordinárias e negociar a ação ordinária a um preço alto.

1. Detentor de um ativo com direito de participação:
    a. pode vender com lucro;
    b. pode manter em carteira e receber renda de participação.
2. Detentor de um ativo conversível:
    a. pode vender com lucro;
    b. pode manter em carteira, mas não receberá nenhum benefício com o dividendo alto das ordinárias;
    c. pode efetuar a conversão para assegurar uma renda maior, mas sacrifica sua posição privilegiada.
3. Detentor de um ativo com garantia de compra de ações:
    a. pode vender com lucro;
    b. pode manter em carteira, mas não receberá nenhum benefício com o dividendo alto das ordinárias;
    c. pode subscrever as ações ordinárias para receber altos dividendos. Pode investir capital novo ou pode vender ou aplicar seus ativos sem garantias para levantar recursos para pagar pelas ordinárias. Em qualquer um dos casos, assume os riscos de um acionista normal para poder receber os rendimentos de dividendos altos;
    d. pode desfazer-se de suas garantias com lucro em dinheiro e manter seu ativo original, sem as garantias. (A garantia pode ser vendida diretamente ou é possível subscrever as ações e vendê-las imediatamente com o lucro atual indicado.)

A quarta opção listada anteriormente é específica a um ativo com garantia de subscrição e não tem contrapartida nos ativos conversíveis ou de participação. Permite ao detentor receber o lucro oriundo do componente especulativo do ativo e ainda manter sua posição de *investimento* original. Uma vez que o comprador típico de um ativo com prioridade de pagamento privilegiado deve estar interessado, em primeiro lugar, em fazer um investimento sólido — com a oportunidade secundária de lucrar com o privilégio —, essa quarta linha opcional de conduta pode ser uma grande conveniência. O detentor não tem necessidade de vender toda a participação, como aconteceria se fosse proprietário de um ativo conversível, o que exigiria que encontrasse um novo destino para os recursos envolvidos. A relutância em vender uma coisa boa e comprar outra, que caracteriza o investidor típico, é uma das razões pelas quais os detentores de ativos conversíveis com preços altos tendem a convertê-los em vez de descartá-los. No caso dos ativos de participação, o proprietário também pode proteger seu lucro *principal* apenas ao vender tudo e, assim, criar um problema de reinvestimento.

Exemplo: A vantagem teórica e prática dos ativos com garantia de subscrição nessa instância pode ser ilustrada com as ações preferenciais da Commercial Investment Trust Corporation de 6,5%. Elas foram emitidas em 1925 e traziam garantias para a compra de ações ordinárias a um preço inicial de US$ 80 por ação. Em 1929, as garantias foram negociadas a um preço tão alto quanto US$ 69,50 por ação preferencial. O detentor desse ativo estava, portanto, habilitado a vender seu componente especulativo a um preço alto e a reter sua participação original com as ações preferenciais, que mantiveram um grau de investimento durante a depressão até que, finalmente, foram chamadas para resgate a US$ 110 em 1º de abril de 1933. No momento da chamada para resgate, as ações ordinárias estavam sendo negociadas ao equivalente a US$ 50 por ação antiga. Se as ações preferenciais fossem conversíveis, em vez de possuírem garantias de subscrição, muitos dos detentores, sem dúvida, teriam sido levados a fazer a conversão e reter as ações ordinárias. Em vez de obter um grande lucro, teriam enfrentado um prejuízo substancial.

Resumo. Para resumir esta seção, pode-se dizer que, para os *investimentos a longo prazo*, um ativo com direito de participação sólido representa a melhor forma privilegiada de compartilhar lucros. Do ponto de vista do máximo *aumento de preço* em condições de mercado favoráveis, é provável que um ativo privilegiado com garantias destacáveis de compra de ações apresente os melhores resultados. Além disso, os ativos com garantias de subscrição como uma classe têm vantagens expressivas porque o privilégio geralmente não está sujeito à redução por meio do resgate antecipado do ativo e permite a realização de um lucro especulativo, enquanto mantém a posição de investimento original.

CAPÍTULO 24
ASPECTOS TÉCNICOS DOS ATIVOS CONVERSÍVEIS

O terceiro recorte do tema dos ativos privilegiados está relacionado com os aspectos técnicos de cada tipo, considerados individualmente. Abordaremos primeiro os ativos conversíveis.

Os termos efetivos de um privilégio de conversão estão, muitas vezes, sujeitos a alterações durante a vida do ativo. Essas mudanças são de dois tipos: (1) uma redução no preço de conversão para proteger o detentor contra a "diluição" e (2) um aumento no preço de conversão (em geral, de acordo com um arranjo de "escala móvel") em benefício da empresa.

Cláusulas de diluição e antidiluição. Diz-se que o valor de uma ação ordinária é diluído se houver um aumento no número de ações sem um aumento correspondente nos ativos e na lucratividade. A diluição pode surgir por meio de desdobramentos, dividendos de ações, ofertas de direitos de subscrição a um preço baixo e emissão de ações em troca de bens ou serviços a uma avaliação por ação baixa. Os dispositivos padrões "antidiluição" de um ativo conversível procuram reduzir o preço de conversão em proporção a qualquer diminuição no valor por ação decorrente de qualquer ato de diluição.

O método pode ser expresso em uma fórmula, como segue: em que C é o preço de conversão, O é o número de ações atualmente em circulação, N é o número de novas ações a serem emitidas e P é o preço pelo qual devem ser emitidas. Então:

$$C' \text{ (o novo preço de conversão)} = \frac{CO + NP}{O + N}$$

A aplicação dessa fórmula para as ações conversíveis colaterais da Chesapeake Corporation de 5%, com vencimento em 1947, é apresentada no apêndice D, nota 2. Um exemplo mais simples de um arranjo antidiluição é fornecido pelas preferenciais da Central States Electric Corporation de 6%, já mencionadas. Após sua emissão em 1928, as ações ordinárias receberam dividendos sucessivos de 100% e 200%. O preço de conversão foi, portanto, primeiro cortado pela metade (de US$ 118 para US$ 59 por ação) e, em seguida, reduzido novamente em dois terços (para US$ 19,66 por ação).

Um dispositivo muito menos frequente apenas reduz o preço de conversão a qualquer valor inferior que vai ser usado para emitir ações novas. Esse tipo de dispositivo é, obviamente, mais favorável ao detentor do ativo conversível.[1]

Proteção contra diluição não é universal. Embora quase todos os ativos conversíveis agora contenham dispositivos antidiluição, existem exceções.[2] Como é natural, um comprador em potencial deve certificar-se de que tal proteção existe para o ativo que está considerando adquirir.

Deve-se levar em consideração que o efeito desses dispositivos é de preservar apenas o valor principal ou nominal do ativo privilegiado contra a diluição. Se um título conversível estiver sendo negociado consideravelmente acima do valor nominal, o *prêmio* ainda estará sujeito a reduções por meio de emissões adicionais de ações ou de um dividendo especial. Um exemplo simples tornará isso claro.

Um título é conversível em ações ao valor nominal. As cláusulas antidiluição usuais estão presentes. Os títulos e as ações estão sendo negociados a US$ 200.

Os acionistas recebem o direito de comprar novas ações, na proporção de uma ação por uma ação que possuam, ao valor nominal (US$ 100). Esses direitos valerão US$ 50 por ação, e a nova ação (ou a ação antiga "ex-direitos") valerá US$ 150. Nenhuma mudança é feita na base de conversão, uma vez que a nova ação não é emitida abaixo do preço de conversão anterior. No entanto, o efeito da oferta desses direitos deve ser o de obrigar a conversão imediata dos títulos, caso contrário perderiam 25% do seu valor. Como as ações valerão apenas US$ 150 "ex-direitos", em vez de US$ 200, o valor dos títulos não convertidos cairia proporcionalmente.

A discussão anterior indica que, quando um prêmio ou lucro de mercado grande é criado para um ativo privilegiado, a situação se torna vulnerável a mudanças repentinas. Embora providências imediatas sempre evitem perdas como resultado de tais mudanças, seu efeito é sempre o de encerrar a vida útil do privilégio.[3] O mesmo resultado virá, é claro, da chamada de um ativo privilegiado para resgate a um preço abaixo de seu valor de conversão.

---

1. Ver apêndice D, nota 3, p. 1.009, por exemplo (as ações consolidadas da Textile Corporation de 7%, com vencimento em 1923).

2. Ver apêndice D, nota 4, p. 1.010, por exemplo (as ações conversíveis da American Telephone and Telegraph Company de 4,5%, com vencimento em 1933).

3. Para se proteger contra essa forma de diluição, os detentores de ativos conversíveis, às vezes, têm o direito de subscrever quaisquer novas ofertas de ações ordinárias na mesma base como se possuíssem a quantidade de ações ordinárias em que suas ações são conversíveis. Ver contratos que garantem as New York, New Haven and Hartford Railroad Company Convertible Debentures de 6%, com

Quando o número de ações é *reduzido* por meio da recapitalização, costuma-se *aumentar* o preço de conversão em igual proporção. Essas medidas de recapitalização incluem aumentos no valor nominal, "desdobramentos inversos" (por exemplo, emissão de uma ação sem valor nominal no lugar de, digamos, cinco ações antigas) e permutas de ações antigas por um número menor de ações novas por meio da consolidação com outra empresa.[4]

Escalas móveis projetadas para acelerar a conversão. Os dispositivos que acabamos de examinar têm como objetivo manter equitativamente a base original de conversão no caso de alterações de capitalização subsequentes. Por outro lado, um arranjo do tipo "escala móvel" visa, em definitivo, reduzir o valor do privilégio com o passar do tempo. O objetivo subjacente é acelerar a conversão, ou seja, reduzir a duração efetiva e, portanto, o valor real da opção. É óbvio que qualquer diminuição no valor do privilégio para seus destinatários deve beneficiar, correspondentemente, os doadores do privilégio, que são os acionistas ordinários da empresa.

Os termos mais usuais de uma escala móvel prescrevem uma série de aumentos no preço de conversão em períodos sucessivos. Uma variação mais recente faz com que o preço de conversão aumente assim que certa parte do ativo tenha sido trocada.

Exemplos: As debêntures da American Telephone and Telegraph Company Ten-year de 4,5%, com vencimento em 1939, emitidas em 1929, eram conversíveis em ações ordinárias a US$ 180 por ação durante 1930, a US$ 190 por ação durante 1931 e 1932, e a US$ 200 por ação de 1933 a 1937. Posteriormente, esses preços foram reduzidos por meio da emissão de ações adicionais a US$ 100, de acordo com a cláusula de antidiluição padrão.

As debêntures da Anaconda Copper Mining Company de 7%, com vencimento em 1938, foram emitidas no valor de 50 milhões de dólares. Os primeiros 10 milhões de dólares apresentados eram conversíveis em ações ordinárias a US$ 53 por ação; os segundos 10 milhões eram conversíveis a US$ 56; os terceiros, a US$ 59; os quartos, a US$ 62; e o lote final era conversível a US$ 65. Um ativo de 8 milhões de dólares da Hiram Walker-Goderham and Worts de 4,25%, com vencimento em 1945, era conversível da seguinte forma: US$ 40 por ação para o primeiro bloco de 2 milhões de dólares de títulos; US$ 45 por

---

vencimento em 1948, e as Commercial Investment Trust Corporation Convertible Debentures de 5,5%, com vencimento em 1949.

4. Para o exemplo das Dodge Brothers, Inc., Convertible Debentures de 6%, com vencimento em 1940, ver apêndice D, nota 5, p. 1.011.

ação para o próximo bloco de 2 milhões de dólares; o terceiro bloco era conversível a US$ 55; e o bloco final, a US$ 60 por ação.

Escala móvel baseada em intervalos temporais. O primeiro tipo de escala móvel, com base em intervalos temporais, é um método de fácil compreensão para reduzir a liberalidade de um privilégio de conversão. Seu efeito pode ser demonstrado no caso das Porto Rican-American Tobacco Company de 6%, com vencimento em 1942. Eram conversíveis em ações penhoradas da Congress Cigar Company, Inc., a US$ 80 por ação antes de 2 de janeiro de 1929; a US$ 85 durante os três anos seguintes; e a US$ 90 daí em diante. Durante 1928, o preço mais alto alcançado pela Congress Cigar foi US$ 87,25, que constituía um prêmio apenas moderado acima do preço de conversão. No entanto, vários detentores foram induzidos a fazer a conversão antes do final do ano, em razão do aumento iminente da base de conversão. Essas conversões se mostraram muito imprudentes, uma vez que o preço da ordinária caiu para US$ 43 em 1929, contra a cotação mínima de US$ 89 dos títulos. Nesse caso, a mudança adversa na base de conversão não apenas significou um lucro potencial menor para aqueles que atrasaram a conversão até depois de 1928 como também envolveu um risco de prejuízo grave por induzir a conversão no momento errado.

Escala móvel com base na extensão em que o privilégio é exercido. O segundo método, entretanto, baseado nas quantidades convertidas, não é tão simples em suas implicações. Uma vez que confere ao primeiro lote de títulos convertidos uma vantagem em relação ao próximo, ele evidentemente fornece um estímulo *competitivo* para a conversão precoce. Ao fazê-lo, cria um conflito na mente do detentor entre o desejo de manter sua posição privilegiada e o medo de perder a base mais favorável de conversão, em caso de ação prévia por parte dos outros detentores de títulos. Esse medo de ser deixado para trás resultará, em geral, em conversões em grande escala assim que a ação subir moderadamente acima do preço de conversão inicial, ou seja, assim que o título valer um pouco mais que seu custo original. Assim, o preço do ativo privilegiado deve oscilar em uma faixa relativamente estreita enquanto as ações ordinárias estiverem subindo e enquanto blocos sucessivos de títulos estiverem sendo convertidos.

Exemplo: A sequência de eventos geralmente esperada é muito bem ilustrada pelo comportamento de mercado das Hiram Walker-Goderham and Worts Convertible de 4,25%, descritas na página 312. Os títulos, emitidos em 1936 à paridade, variaram em preço entre US$ 100 e US$ 111,25 durante 1936-1939. No mesmo período, as ações variaram entre US$ 26,125 e US$ 54,00. Se o preço de conversão inicial de US$ 40 para as ações tivesse prevalecido durante o período inteiro, os títulos deveriam ter sido vendidos por, pelo menos, US$ 135, quando a ação era negociada a US$ 54. Mas, enquanto isso, à medida que o preço das ações subia, blocos sucessivos de títulos foram convertidos (em parte, sob o ímpeto fornecido por chamadas sucessivas de resgate de parcelas da emissão), provocando preços de conversão mais elevados até a faixa de US$ 55 ser alcançada em 1937. Em consequência, os títulos não se valorizaram na mesma proporção que o aumento do preço das ações.

Quando o último bloco em uma escala móvel desse tipo é alcançado, o elemento *competitivo* desaparece, e o título ou a ação preferencial fica na posição de um ativo conversível normal, livre para subir indefinidamente junto com a ação.

Deve-se apontar que os ativos com esse dispositivo de escala móvel nem sempre seguem esse padrão teórico de comportamento. As Anaconda Copper Company Convertible de 7%, por exemplo, na verdade foram negociadas com um prêmio alto (30%) em 1928, antes que o primeiro bloco estivesse esgotado. Este parece ter sido um dos incidentes anômalos do clima extremamente especulativo da época.[5] Do ponto de vista da análise crítica, um ativo conversível desse tipo deve ser considerado como tendo possibilidades muito limitadas de subida até que a ação ordinária se aproxime do último e mais alto preço de conversão.[6]

O privilégio de escala móvel em uma base de "blocos" pertence àquela categoria questionável dos dispositivos que tendem a enganar o detentor de ativos com relação à real natureza e ao real valor de sua propriedade. A pressão competitiva para aproveitar uma oportunidade limitada introduz um elemento de compulsão no exercício do direito de conversão que contraria diretamente essa liberdade de escolha por um tempo razoável, que é o mérito essencial de tal privilégio. Parece não haver razão para que os analistas de investimento injetem um dispositivo tão confuso e contraditório em um ativo. A boa prática ditaria seu abandono total ou, em qualquer caso, a rejeição de tais emissões por investidores inteligentes.

Ativos conversíveis em ações preferenciais. Antes, muitas emissões de títulos tinham a possibilidade de ser convertidas em ações preferenciais. Geralmente,

---

5. O tamanho do prêmio foi devido, em parte, à alta taxa de juros. Os títulos eram, no entanto, resgatáveis a US$ 110, um ponto que o mercado ignorou.

6. Em alguns casos (por exemplo, as Porto Rican-American de 6%, já mencionadas, e as International Paper and Power Company First Preferred), o privilégio de conversão cessa totalmente após certa fração da emissão ter sido convertida. Isso mantém o fator competitivo durante toda a vida do privilégio e, em teoria, deve impedir que jamais tenha qualquer valor substancial.

algum aumento na receita era oferecido para fazer o dispositivo parecer atraente. (Para exemplos, ver as Missouri-Kansas-Texas Railroad Company Adjustment de 5%, com vencimento em 1967, conversíveis antes de 1º de janeiro de 1932 em US$ 7 por ação preferencial; as Central States Electric Corporation Debenture de 5%, com vencimento em 1948, conversíveis a US$ 6 por ação preferencial; as G. R. Kinney Company Secured de 7,5%, com vencimento em 1936, conversíveis em US$ 8 por ação preferencial; as American Electric Power Corporation de 6%, com vencimento em 1957, conversíveis em US$ 7 por ação preferencial.)

Existem casos em que um lucro razoável foi realizado por meio de tais direitos de conversão, mas o limite superior do valor de mercado das ações preferenciais ordinárias provavelmente vai reduzir os benefícios máximos de tal privilégio a um valor modesto. Além disso, uma vez que os acontecimentos dos últimos anos fizeram com que as ações preferenciais, em geral, parecessem muito menos desejáveis que antes, é provável que o direito de converter, digamos, um título de 4% em uma ação preferencial de 5% constitua mais um perigo para os incautos que um incentivo para o investidor alerta. Se este último estiver procurando ativos conversíveis, deve vasculhar o mercado minuciosamente e se esforçar para encontrar um ativo conversível em ações ordinárias que tenha proteção adequada. Em alguns casos em que os títulos são conversíveis em ações preferenciais, estas últimas são, por sua vez, conversíveis em ações ordinárias ou participam nos lucros com elas, e esse arranjo duplo pode ser equivalente à conversibilidade do título em ações ordinárias. Por exemplo, as International Hydro-Electric System de 6%, com vencimento em 1944, são conversíveis em ações classe A, que são, na realidade, uma segunda preferencial com direito de participação.

Existem também emissões de títulos conversíveis em ações preferenciais ou ordinárias ou em uma combinação de certa quantidade de cada uma.[7] Embora qualquer ativo individual desse tipo possa dar certo, em geral, pode-se dizer que dispositivos complicados desse tipo devem ser evitados (tanto por empresas emissoras como por compradores de ativos) porque tendem a criar confusão.

Títulos conversíveis à opção da empresa. A enxurrada interminável de variações nos termos de conversão e de outros privilégios que ocorreu durante a década de 1920 tornou difícil para o investidor destreinado distinguir entre

---

7. Ver, por exemplo, as Chicago, Milwaukee, St. Paul and Pacific Railroad Company Convertible Adjustment Mortgage de 5%, série A, com vencimento em 1º de janeiro de 2000, que são conversíveis em cinco ações preferenciais e cinco ações ordinárias.

o atraente, o meramente inofensivo e o positivamente prejudicial. Logo, mostrou-se uma vítima fácil de práticas de financiamento imprudentes que, em tempos anteriores, poderiam ter sido questionadas por conta de sua peculiaridade. Como exemplo desse tipo, citamos as várias "obrigações conversíveis" da Associated Gas and Electric Company, que foram tornadas conversíveis por seus dispositivos em ações preferenciais ou classe A à *opção da empresa*. Tal engenhoca nada mais era que uma ação preferencial disfarçada de título. Se os compradores estivessem inteiramente cientes desse fato e dispostos a investir em ações preferenciais, presumivelmente não teriam motivo para reclamar. No entanto, nem é preciso dizer que um artifício desse tipo se presta muito facilmente a ocultação e possível deturpação.[8]

Títulos conversíveis em outros títulos. Alguns títulos são conversíveis em outros títulos. O caso usual é o de um ativo a curto prazo, cujo detentor tem o direito de fazer uma permuta por um título a longo prazo da mesma empresa. Muitas vezes, o título a longo prazo é depositado como garantia da nota. (Por exemplo, as Interborough Rapid Transit Company de 7%, com vencimento em 1932, eram garantidas por um depósito de US$ 1.736 das First and Refunding de 5% da mesma empresa, com vencimento em 1966, por cada nota de mil dólares, e também eram conversíveis no instrumento de garantia depositado, sendo a taxa final de mil dólares de notas de 5% para US$ 900 de notas de 7%.) O detentor, portanto, tem a opção de exigir o reembolso em uma data antecipada ou de fazer um comprometimento a longo prazo na empresa. Na prática, isso equivale apenas à chance de um lucro moderado no vencimento ou antes dele, caso a empresa prospere, caso as taxas de juros caiam, ou ambos aconteçam.

Ao contrário do caso de um título conversível em uma ação preferencial, em geral, há uma *redução* na taxa de juros quando uma nota de curto prazo é convertida em um título de longo prazo. A razão é que as notas de curto

---

8. Esses ativos anômalos eram denominados "certificados de investimento", "certificados de debêntures conversíveis", "certificados de alocação com direito a juros" e "obrigações conversíveis". Em 1932, a empresa exigiu a conversão da grande maioria deles, mas o detentor teve a opção (além das já concedidas pelos termos dos ativos) de converter os instrumentos em "obrigações conversíveis, séries A e B, com vencimento em 2022", igualmente anômalas, que também eram conversíveis em ações à opção da empresa. A empresa foi dissuadida de exigir a conversão de cerca de 17 milhões de dólares de "Investment Certificates de 5,5%" após 15 de novembro de 1933, em razão de uma cláusula na escritura desse ativo que proibia o exercício da opção da empresa, caso os dividendos da série de dividendos preferenciais de US$ 5,50 estivessem em mora (nenhum dividendo havia sido pago desde 15 de junho de 1932). É interessante notar que a Securities Commission da Pensilvânia proibiu a venda dessas "obrigações conversíveis" em dezembro de 1932 por causa de suas cláusulas questionáveis. A companhia resistiu à decisão no Tribunal do Distrito Federal da Filadélfia, mas posteriormente desistiu do processo.

prazo costumam ser emitidas quando as taxas de juros — em geral ou para a empresa específica — são consideradas anormalmente altas, de modo que a empresa não está disposta a pagar uma taxa tão elevada por um título de longo prazo. Espera-se, portanto, que, quando as condições normais retornem, títulos de longo prazo possam ser lançados a uma taxa muito mais baixa; assim, o direito de trocar a nota por um título de longo prazo, mesmo em uma base que envolva alguma redução na receita, pode acabar sendo valioso.[9]

Títulos conversíveis com um valor de mercado original acima da paridade. Um dos desenvolvimentos extraordinários da pirotecnia de 1928 a 1929 foi a oferta de ativos conversíveis com um valor de mercado original muito superior à paridade. Isso é ilustrado pelas Atchison, Topeka and Santa Fe Railway Company Convertible de 4,5%, com vencimento em 1948, e pelas American Telephone and Telegraph Company Convertible de 4,5%, com vencimento em 1939. A faixa de negociação inicial da primeira no New York Curb Market (em uma base "quando emitida"), em novembro de 1928, foi em torno de US$ 125, e o preço de negociação inicial da segunda na Bolsa de Valores de Nova York (em uma base "quando emitida"), em 1º de maio de 1929, foi US$ 142. É óbvio que o investimento nos títulos, nesses níveis, representava, em primeiro lugar, um compromisso com as ações ordinárias, uma vez que estavam diretamente sujeitas à ameaça de uma perda substancial do valor principal, se as ações caíssem. Além disso, o rendimento era muito baixo para se enquadrar em nossa definição de investimento. Embora se possa pensar que os acionistas estivessem adquirindo um investimento normal por meio do exercício do seu direito de subscrição para adquirir os ativos à paridade, a natureza essencial do seu compromisso era determinada pelo valor inicial de mercado dos ativos que subscreviam. Por isso, consideramos que esse tipo de financiamento devia ser condenado, pois, a pretexto de um investimento atraente, acabou criando um ativo basicamente especulativo.

---

9. Ver os seguintes ativos do período de 1920-1921: as Shawinigan Water and Power Company Gold Notes de 7,5%, emitidas em 1920 e com vencimento em 1926, conversíveis em First and Refunding de 6%, série B, com vencimento em 1950, que foram penhoradas em garantia; as San Joaquin Light and Power Corporation Convertible Collateral Trust de 8%, emitidas em 1920 e com vencimento em 1935, conversíveis na série C First e Refunding de 6% com garantias, com vencimento em 1950; as Great Western Power Company of California Convertible Gold de 8%, emitidas em 1920 e com vencimento em 1930, conversíveis em First and Refunding de 7%, série B, com garantias e vencimento em 1950. Outro tipo de conversão de título por título é representado pelas Dawson Railway and Coal de 5%, com vencimento em 1951, que são conversíveis em El Paso and Southwestern Railroad Company First de 5%, com vencimento em 1965 (a empresa controladora, que, por sua vez, é uma subsidiária da Southern Pacific). Esses exemplos são raros e não convidam à generalização.

Característica técnica de alguns ativos conversíveis. Uma característica técnica da emissão conversível da American Telephone and Telegraph merece menção. Os títulos eram conversíveis a US$ 180, mas, em vez de apresentar US$ 180 em títulos para obter uma ação, o detentor poderia apresentar US$ 100 em títulos e US$ 80 em dinheiro. O efeito dessa opção é tornar o título mais valioso sempre que a ação for vendida acima de US$ 180 (ou seja, sempre que o valor de conversão do título exceda US$ 100). Isso é exemplificado a seguir.

Se a ação for negociada a US$ 360, uma base de conversão direta de US$ 180 faria o título valer US$ 200. No entanto, pela cláusula que aceita US$ 80 em dinheiro por ação, o valor do título torna-se 360 − 80 = 280.

Esse arranjo pode ser caracterizado como uma combinação de um privilégio de conversão em US$ 180 com um direito de compra de ações a US$ 100.

Privilégio de conversão atrasada. O privilégio de converter, às vezes, não entra em operação imediatamente após a emissão da obrigação.

Exemplos: Isso era verdade, por exemplo, para as Brooklyn Union Gas Company Convertible de 5,5%, abordadas no apêndice D, nota 4 (p. 1.010). Embora tenham sido emitidas em dezembro de 1925, o direito de conversão só se tornou válido em 1º de janeiro de 1929. Da mesma forma, as debêntures da New York, New Haven and Hartford Railroad Company Convertible de 6%, com vencimento em 1948, embora emitidas em 1907, não podiam ser convertidas antes de 15 de janeiro de 1923; as Chesapeake Corporation Convertible de 5%, com vencimento em 1947, foram emitidas em 1927, mas não se tornaram conversíveis até 15 de maio de 1932.

Mais comumente, a suspensão do privilégio de conversão não dura tanto quanto esses exemplos indicam; porém, em qualquer caso, essa prática introduz um fator adicional de incerteza e tende a tornar o privilégio menos valioso que seria de outra forma. Essa característica pode ser responsável, em parte, pela diferença — indicada no apêndice D, nota 4 (p. 1.010) — que existiu entre as Brooklyn Union Gas Company de 5,5% e as respectivas ações ordinárias, em 1926, 1927 e início de 1928.

CAPÍTULO 25
ATIVOS PRIVILEGIADOS COM GARANTIAS: ATIVOS COM DIREITOS DE PARTICIPAÇÃO – TROCAS E COBERTURA

Quase todas as variações encontradas nos títulos conversíveis têm sua contrapartida nos termos das garantias de subscrição. Geralmente, o preço de compra das ações está sujeito a alterações, para cima ou para baixo, correspondendo a dispositivos padrões de ajuste do preço de conversão.

Exemplo: As debêntures da White Eagle Oil and Refining Company de 5,5%, com vencimento em 1937, foram oferecidas ao público em março de 1927 e eram acompanhadas de garantias de subscrição que permitiam ao detentor subscrever, em 15 de março de 1932 ou antes, dez ações do capital social da empresa aos seguintes preços:

> US$ 32 por ação até 15 de março de 1928, inclusive, e posteriormente a
> US$ 34 por ação até 15 de março de 1929, inclusive, e posteriormente a
> US$ 36 por ação até 15 de março de 1930, inclusive, e posteriormente a
> US$ 38 por ação até 15 de março de 1931, inclusive, e posteriormente a
> US$ 40 por ação até 15 de março de 1932, inclusive.

Em de 27 de janeiro de 1930, a Standard Oil Company of New York adquiriu as propriedades da White Eagle, ao assumir seus passivos e trocar 8,5 ações da Standard Oil of New York por cada dez ações da White Eagle. Em conformidade com os termos da escritura que protegem as garantias contra a diluição e preveem o modo de reajuste do preço de subscrição, no caso de uma venda das propriedades ou da fusão da empresa, as garantias então davam ao titular o direito de subscrever a 8,5 ações da Standard Oil of New York (agora chamada de Socony-Vacuum Corporation) a US$ 42,35 por ação, até e inclusive em 15 de março de 1930; a US$ 44,71, durante o ano seguinte; e a US$ 47,06, no ano posterior.

Escalas móveis de ambos os tipos. Arranjos em escala móvel de ambos os tipos também são encontrados em emissões de garantias de opção.

Exemplos: As preferenciais da Interestadual Department Stores, de 7%, emitidas em 1928, eram acompanhadas de garantias não destacáveis que davam direito ao detentor de comprar ações ordinárias, ação por ação, pelos seguintes preços:

US$ 37 por ação até 31 de janeiro de 1929.
US$ 42 por ação até 31 de janeiro de 1931.
US$ 47 por ação até 31 de janeiro de 1933.

As debêntures da Central States Electric Corporation de 5,5%, com vencimento em 1954, eram acompanhadas de garantias destacáveis que autorizavam o detentor a comprar, em 15 de setembro de 1934 ou antes de, dez ações ordinárias por cada obrigação de mil dólares pelos seguintes preços:

US$ 89 por ação para os primeiros 25% de garantias exercidas.
US$ 94 por ação para os próximos 25% de garantias exercidas.
US$ 99 por ação para os próximos 25% de garantias exercidas.
US$ 104 por ação para os últimos 25% de garantias exercidas.

Tal como acontece com os títulos conversíveis, uma escala móvel baseada no princípio do "bloco" deprecia muito o valor do privilégio até que o último bloco, ou seja, o de preço mais alto, seja alcançado, momento em que o privilégio se torna uma opção de compra comum.

Métodos de pagamento. As garantias para compra de ações vinculadas a obrigações ou a ações preferenciais estabelecem, com frequência, que o pagamento das ações ordinárias pode ser feito em dinheiro ou mediante entrega do próprio título privilegiado ao seu valor nominal. Tal arranjo pode ser diretamente equivalente a um privilégio de conversão. Por exemplo, cada ação American and Foreign Power Second Preferred foi emitida com garantias para a compra de quatro ações ordinárias a US$ 25 por ação. Em vez de pagar em dinheiro, o detentor poderia oferecer ações preferenciais a um valor de US$ 100 por ação. Se ele fizesse isso, na verdade estaria *convertendo* suas ações preferenciais com garantias em ações ordinárias.

Da mesma forma, as obrigações Rand Kardex de 5,5%, descritas no capítulo 22, poderiam ser oferecidas ao valor nominal, em vez do pagamento em dinheiro, quando do exercício das garantias. Uma vez que as garantias associadas a uma obrigação de mil dólares estipulavam um pagamento de US$ 900 (22,5 ações a US$ 40), o proprietário de uma obrigação de mil dólares que efetuasse o pagamento dessa forma continuaria com uma obrigação de US$ 100. Esses dispositivos eram, assim, equivalentes à convertibilidade de 90% de cada obrigação em ações ordinárias.

Exemplos mais recentes desse tipo de arranjo são as Scullin Steel de 6% com garantias e as Commercial Mackay Income de 4% com garantias.

Vantagem da opção de pagamento em dinheiro. A opção de pagamento em dinheiro, em vez de pagamento pela entrega de um título privilegiado, deve ser considerada uma vantagem sobre o direito da conversão direta — primeiro, porque a obrigação ou a ação preferencial "ex-garantia" pode valer mais que seu valor nominal, aumentando assim o lucro; segundo, porque, conforme explicado anteriormente, o detentor pode preferir manter seu investimento enquanto realiza um lucro em dinheiro sobre seu componente especulativo; e terceiro, porque é provável que a garantia seja negociada, em separado, a um prêmio maior sobre seu valor realizável que um título conversível puro. Todas essas vantagens são ilustradas pelas Mohawk Hudson Power Corporation Second Preferred com garantias (ver tabela, p. 442). Essa ação poderia ser entregue ao valor nominal, em vez de o pagamento ser feito em dinheiro, quando do exercício das garantias, tendo assim direitos equivalentes à convertibilidade, mas o arranjo com garantia acabou sendo muito mais rentável que um privilégio de conversão equivalente.

Possibilidade de destacar. As garantias de compra de ações são destacáveis, não destacáveis ou não destacáveis por determinado prazo e destacáveis em seguida. Uma garantia destacável pode ser exercida mediante a apresentação apenas da garantia. Portanto, a garantia pode ser negociada separadamente do título de que originalmente fazia parte. Uma garantia ou direito não destacável pode ser exercida apenas em conjunto com o título privilegiado, ou seja, a obrigação ou a ação preferencial deve ser apresentada fisicamente no momento de efetuar o pagamento das ações ordinárias. Assim, tais garantias não podem ser negociadas separadamente. Por exemplo, as garantias vinculadas às Montecatini de 7%, com vencimento em 1937, e aquelas que acompanham as debêntures da Fiat de 7%, com vencimento em 1946, eram destacáveis imediatamente após a emissão. Aquelas vinculadas às preferenciais da Loews Inc., de 6,5%, oferecidas em dezembro de 1927, não eram destacáveis até 1º de julho de 1928; e as garantias vinculadas às debêntures da Loews Inc., de 6%, com vencimento em 1941, não eram destacáveis até 1º de outubro de 1926, também seis meses após a sua emissão. Por outro lado, as garantias associadas às debêntures da Crown-Zellerbach Corporation de 6%, com vencimento em 1940, e às preferenciais da Interstate Department Stores, de 7%, não eram destacáveis durante sua vida, a menos que a emissão privilegiada à qual estavam vinculadas fosse solicitada para resgate.

Em um mercado acionário ativo, as garantias de opção destacadas são populares entre os especuladores (conforme apontado anteriormente) e negociadas a prêmios bastante superiores a seu valor imediatamente realizável. Mantidas as mesmas condições, portanto, um título com garantias destacáveis será negociado a um preço superior que um com um direito inseparável. Diante desse fato, pode-se questionar por que todas as garantias de subscrição não são imediatamente destacáveis para dar ao detentor o benefício do apelo maior das garantias destacáveis no mercado. A razão para fazer uma garantia não destacável é que tanto a empresa como os subscritores da emissão desejam evitar o estabelecimento de um preço indevidamente baixo para suas obrigações sem garantias. É provável que tal preço baixo surja se grandes aquisições da obrigação com garantias são realizadas por compradores com interesses puramente especulativos. Isso porque esses compradores, que não têm nenhum interesse na obrigação como tal, provavelmente destacarão a garantia e venderão as obrigações "ex-garantias" a qualquer preço. A pressão de venda derivada dessa fonte, junto com a ausência de qualquer demanda constante para a emissão devido à falta de um "tempero", pode resultar em um preço tão baixo a ponto de constituir um reflexo aparente sobre a capacidade creditícia da empresa, o que é evidentemente indesejável.

O acordo intermediário — que torna a garantia destacável apenas após certo tempo — é baseado na suposição de que, após o título ter tido tempo para se tornar bem conhecido no mundo dos investimentos, um preço adequado pode ser mais facilmente estabelecido para o título sem a garantia, mesmo diante das vendas feitas por aqueles que lucraram com o destaque das garantias.

Quando essas garantias de subscrição se tornaram destacáveis do título privilegiado ao qual estavam vinculadas, foram obrigadas a assumir existência e caraterísticas próprias. De um mero apêndice do financiamento de obrigações, transformaram-se em uma forma independente de título e em um importante veículo de especulação durante os tempos loucos de 1928-1929. É incrível ver como as garantias de opção criadas por uma empresa, a American and Foreign Power, alcançaram um valor de mercado superior a 1 bilhão de dólares em 1929, um valor que excedia o de mercado de *todas* as ações ordinárias das ferrovias dos Estados Unidos listadas na Bolsa de Valores de Nova York, em julho de 1932, quase três anos mais tarde.

Será necessário, portanto, considerar, em um capítulo posterior, as características das garantias de compra de ações, vistas como um instrumento especulativo independente. Nesse momento, discutiremos as relações entre os preços de tais garantias e os das ações preferenciais e ordinárias das mesmas empresas.

TÍTULOS COM DIREITOS DE PARTICIPAÇÃO

A maioria das características desse tipo de privilégio já foi discutida na comparação anterior com outras formas. Uma distinção pode ser feita entre dois tipos de direito de participação. O arranjo mais comum depende dos dividendos pagos às ordinárias; com menos frequência, a participação nos lucros é determinada pelos lucros sem referência à taxa de dividendo.

Exemplos: As preferenciais da Westinghouse Electric and Manufacturing Company, já descritas, são um exemplo-padrão do primeiro tipo; as Budd Wheel Company ilustram o segundo tipo. Neste último caso, o dividendo básico é de 7% cumulativos, mas essa taxa aumenta para 8%, 9% e 10%, quando os lucros líquidos do ano anterior excedem 600 mil, 800 mil e 1 milhão de dólares, respectivamente. As ações preferenciais Celanese Corporation Participating e as Celluloid Corporation Participating, cada uma, têm direito a um rendimento básico de 7%, acrescidos de 10% dos lucros de outra forma disponíveis para as ações ordinárias.

As ações preferenciais constituem a grande maioria das emissões com direitos de participação; as obrigações com direito de participação são raras e podem desviar muito em outros aspectos do padrão de obrigação comum. As debêntures da Kreuger and Toll Participating, por exemplo, embora nominalmente fossem obrigações, eram, em essência, ações ordinárias sem direito a voto. As debêntures da Green Bay and Western Railway (Participating), série *A* e série *B*, são, na realidade, ações preferenciais e ordinárias, respectivamente. As preferenciais da Spanish River Pulp and Paper Mills, de 6%, com vencimento em 1931, mas resgatadas em 1928, são um dos poucos exemplos de uma obrigação do tipo de investimento com um privilégio de participação.[1] A Siemens and Halske A. G. (uma empresa alemã) emitiu uma série de debêntures com direitos de participação, com vencimento em 1930, que pagavam juros iguais à taxa de dividendo paga à ação ordinária, mas não inferiores a 6%.

Originalmente, as ações preferenciais com direitos de participação tinham um padrão normal, como as Westinghouse Eletric and Manufacturing Company Preferred. A ordem de pagamento é primeiro uma preferência fixa para as ações privilegiadas; em seguida, um montante similar para as ações ordinárias e, finalmente, uma participação igual, ação por ação, nos dividendos adicionais. Esse padrão surgiu do direito, segundo a *common law*, de todas as classes de ações compartilharem igualmente lucros e ativos, exceto

---

1. Para detalhes sobre esse assunto, ver apêndice D, nota 6, p. 1.012.

se, de outra forma, estipulado em um acordo. Outros exemplos desse tipo de arranjo são as ações preferenciais da Chicago, Milwaukee, St. Paul, and Pacific Railroad Company, da Wabash Railway Company *A* de 5% e da Consolidated Film Industries.

Nos últimos anos, entretanto, surgiu uma grande diversidade de arranjos com direito de participação, de modo que, hoje, não existe mais um padrão normal.

Os títulos com direito de participação requerem dois tipos de cálculo: um que mostre o número de vezes em que os juros fixos ou dividendos são ganhos e outro que mostre o valor por ação, ou por obrigação, disponível para distribuição, de acordo com o privilégio da participação.

Exemplo:

CELANESE CORPORATION OF AMERICA, 1938

Líquido para dividendos	US$ 2.479.749
Dividendo preferencial privilegiado (US$ 7)	1.153.726
Dividendo da First Participating Preferred a uma taxa de US$ 7	1.037.253
First Participating Preferred: participação adicional	28.877
Saldo para ordinárias	259.893
Dividendos preferenciais privilegiados ganhos	2,15 vezes
Dividendos preferenciais privilegiados e First Participating Preferred (US$ 7) ganhos	1,13 vez
Ganhos para First Participating Preferred: base de participação	US$ 7,19 por ação

Títulos privilegiados em comparação com ações ordinárias relacionadas. Em nossa discussão anterior sobre os méritos dos títulos privilegiados como uma classe, foi apontado que eles, às vezes, oferecem uma combinação muito atraente de segurança e oportunidade de lucro. Com mais frequência, pode-se chegar à conclusão de que o título privilegiado é preferível às ações ordinárias da empresa. Uma vez que uma conclusão desse tipo é baseada apenas em elementos *comparativos*, é provável que envolva riscos menores de erro que aquela que afirma a atratividade *absoluta* de um título.

Exemplos: As preferenciais da Paramount Pictures Corporation de 6% são conversíveis a qualquer momento em sete ações ordinárias. No fim de 1936, eram negociadas a cerca de sete vezes o preço das ordinárias, embora carregassem dividendos acumulados de quase US$ 12 por ação, que, claro, precisariam ser pagos antes que as ordinárias pudessem receber qualquer coisa. (Por exemplo, em 17 de outubro de 1936, a preferencial foi negociada a US$ 113 contra US$ 15,875 para a ordinária).

Claramente, uma troca da ordinária pela preferencial teria sido uma transação sábia. A ação preferencial não poderia valer menos que sete vezes o preço da ordinária; ela poderia ser negociada por mais que esse valor, sobretudo se a ordinária caísse de preço; ela certamente receberia dividendos substanciais antes de qualquer desembolso para a ordinária. Os fatos que ocorreram a seguir logo confirmaram essa análise. Em dezembro de 1936, dividendos atrasados de US$ 12 por ação foram pagos para as preferenciais. Em novembro de 1937, a preferencial foi negociada a US$ 92,25, em comparação com apenas US$ 10,25 para a ordinária, mostrando um diferencial de 20,5 pontos. Além dos US$ 4,50 de dividendos adicionais pagos para as ações preferenciais até aquele momento, a vantagem agregada acumulada para as ações preferenciais em relação às ordinárias totalizou US$ 35 por ação preferencial.

Uma situação praticamente idêntica ocorreu com as debêntures da Studebaker Corporation de 3%-6%, com vencimento em 1945, e com as respectivas ações ordinárias em 1936. As obrigações eram conversíveis em oitenta ações ordinárias; tinham direito a 3% de juros fixos e a 3% de juros contingentes cumulativos, dos quais 5,625% haviam acumulado em 18 de novembro. No entanto, o preço delas era de US$ 120,50, praticamente em paridade com o preço de US$ 15 das ordinárias. Menos de um ano mais tarde, as obrigações foram negociadas a US$ 59,25, em comparação com apenas US$ 3 das ordinárias — um "diferencial", ou lucro, de 35,75 pontos sobre a troca, sem levar em consideração os 3% de juros fixos recebidos sobre as obrigações.[2]

"Paridade", "prêmio" e "desconto". Quando o preço de uma obrigação conversível ou preferencial é exatamente equivalente, em uma base de troca, ao preço atual da ação ordinária, as duas ações são consideradas como negociadas à *paridade*.[3] Quando o preço da emissão privilegiada está acima da paridade, diz-se que está sendo vendida com um *prêmio*, e a diferença entre seu preço e a paridade de conversão é chamada de valor do prêmio ou *spread*

---

2. No final de 1938 e 1939, o preço das Baldwin Locomotive Works de 6%, com vencimento em 1950, conversíveis em 65 ações ordinárias, e o preço das ordinárias se aproximaram de forma semelhante. Deve-se comparar os picos de US$ 17,25 para as ações e de US$ 116,50 para as obrigações em 1938, com os respectivos pontos mínimos de US$ 9,125 e US$ 82,50 e os subsequentes pontos máximos de US$ 21,25 e US$ 139,00 em 1939.

3. Isso não deve ser confundido com *paridade*, o que significa simplesmente o valor nominal do título em questão. A "paridade", quando aplicada ao *preço* de uma ação ordinária, quase sempre significa US$ 100 por ação e não tem nenhuma relação com o verdadeiro valor de paridade da ação, que pode ser bastante diferente.

(diferencial). Inversamente, se o preço do conversível está abaixo da paridade, a diferença é, às vezes, chamada de *desconto*.⁴

Um campo frutífero para análise confiável. Os exemplos da Paramount e da Studebaker nos mostram um fenômeno infrequente — uma conclusão absolutamente confiável a que se chegou por meio da análise de investimentos. Os acionistas de ordinárias não tinham como perder ao efetuar uma troca por ações conversíveis e tinham excelentes perspectivas — as quais, na verdade, foram correspondidas — de obter benefícios substanciais na forma de um aumento da renda e de um valor de mercado maior. Sobre isso, as ações privilegiadas oferecem um campo fértil para a aplicação mais científica da técnica de análise. Os exemplos anteriores são também típicos da relação de preços criada por um mercado ativo e ascendente. Quando existe uma emissão privilegiada conversível em uma ordinária, a concentração do interesse especulativo nela, muitas vezes, resulta no estabelecimento de um nível de preços quase equivalente ao preço (às vezes, até maior) da emissão privilegiada, na qual o público presta pouca atenção.

Conclusão do anterior. É claro que uma ação conversível negociada na paridade com a ordinária é preferível a esta, exceto quando seu preço é tão superior a um nível de investimento que se torna apenas uma forma de comprometimento com a ação ordinária. (As ações conversíveis da Brooklyn Union Gas Company de 5,5%, com vencimento em 1936, são um exemplo do último tipo de situação. As obrigações conversíveis em vinte ações ordinárias de 1º de janeiro de 1929 foram negociadas a US$ 147 ou mais, nos anos de 1927 a 1932, inclusive, e vendidas a US$ 489 em 1929.) Em geral, vale a pena pagar um prêmio moderado para obter a melhor segurança oferecida pelo título privilegiado. Isso é verdade quando o título conversível tem um rendimento superior à ação ordinária; também é verdade, em certa medida, mesmo se a renda for menor.

Trocas. Na prática, portanto, os detentores de ações ordinárias que desejam manter um interesse na empresa devem sempre fazer uma troca por um

---

4. Se a ação privilegiada puder ser prontamente trocada pela ordinária, haverá um desconto que resultará na criação de uma oportunidade de *arbitragem*. Essa é uma oportunidade de obter lucro (geralmente pequeno) sem risco de prejuízo ao (1) comprar o título privilegiado e vender a ação ordinária ao mesmo tempo, (2) converter imediatamente a ação privilegiada em ações ordinárias e (3) entregar ações ordinárias contra a venda, completando assim a transação. A arbitragem desse tipo "abre e fecha" é feita de forma extensiva em mercados ativos e ascendentes, mas as oportunidades são, em geral, monopolizadas por corretores especializados em tais operações. Outras formas de operação de arbitragem entre títulos surgem de reestruturações, fusões, desdobramentos de ações, direitos de compra de novas ações, etc. Para uma discussão detalhada, consultar Meyer H. Weinstein, *Arbitrage in securities*. Nova York, Harper & Brothers, 1931. Em seu sentido antigo, o termo "arbitragem" era aplicado a compras e vendas simultâneas do mesmo título em diferentes mercados (por exemplo, Nova York e Londres) e às operações semelhantes que envolviam moedas de outros países.

título conversível privilegiado da empresa, sempre que for negociado a um nível de investimento por conta própria e próximo à paridade em uma base de conversão. O tamanho do prêmio que um acionista ordinário deve estar disposto a pagar para fazer tal troca é uma questão de avaliação individual. Por causa de sua confiança no futuro de sua empresa, não costuma estar disposto a pagar uma quantia substancial por um seguro contra uma queda no valor. Porém, a experiência mostra que seria sábio se pagasse um pouco mais que pensa ser necessário para assegurar as vantagens estratégicas que uma ação conversível bastante sólida possui sobre uma ação ordinária.[5]

Operações de proteção (*hedging*). Essas vantagens de um título conversível forte sobre uma ação ordinária tornam-se evidentes quando o mercado cai. O preço do título privilegiado costuma sofrer menos severamente que o da ação ordinária, de modo que um diferencial bastante grande pode, assim, ser estabelecido, em vez da situação de quase paridade anteriormente prevalecente. Essa possibilidade sugere uma forma especial de operação de mercado, conhecida como *hedging*, em que o operador compra o título conversível e faz uma venda a descoberto da ação ordinária contra ela, a uma paridade aproximada.[6] No caso de uma *subida* prolongada, pode converter o título privilegiado e, portanto, fechar a operação com um pequeno prejuízo apenas, que consiste no diferencial original mais as despesas de carregamento. No entanto, se o mercado cair substancialmente, pode "desfazer" a operação com um lucro considerável, ao vender o título privilegiado e recomprar a ação ordinária.

Um exemplo prático de uma operação de *hedge* é fornecido pelas ações preferenciais da Keith-Albee-Orpheum de 7%, conversíveis na época em três ações Radio-Keith-Orpheum *A*, sendo o *hedge* estabelecido em 1º de março de

---

5. O mesmo raciocínio pode ocorrer quando ambas as ações são confessadamente especulativas. *Exemplo*: as ações preferencias da Western Maryland Railroad são conversíveis em ações ordinárias em uma base uma por uma. Não foram negociadas acima das ordinárias durante a maior parte do período de 1928 a 1933. No entanto, se alguém estivesse disposto a possuir a ordinária, deveria ter feito uma troca para a preferencial, que tinha todas as perspectivas positivas da ordinária, *além de* sua posição privilegiada. No início de 1934, as preferenciais eram negociadas a um prêmio substancial acima das ordinárias: US$ 23 contra US$ 17.

6. O *hedging* em *commodities* é um tipo de operação aparentemente semelhante, mas basicamente diferente. De modo geral, seu objetivo é proteger um lucro normal sobre a produção ou a distribuição, contra a chance de uma perda especulativa causada por mudanças nos preços de uma *commodity*. Um moinho, tendo comprado trigo que vai vender como farinha alguns meses depois, venderá contratos futuros de trigo como um *hedge* contra a possibilidade de uma queda no preço do trigo, o que poderia destruir sua margem de lucro. Quando a farinha é vendida, ele cobre (recompra) o trigo vendido como proteção. A maior parte da cobertura nos mercados de *commodities* é, portanto, projetada como uma salvaguarda, ao passo que o *hedge* no mercado financeiro costuma ter como objetivo gerar lucros diretos.

1929 e as posições invertidas ou "desfeitas" determinadas em 26 de março de 1929, como segue:

1. Venda (a descoberto) de 300 R-K-O *A* a US$ 39,875

    em 1º de março de 1929 .... US$ 11.962,50

    Menos comissão (US$ 45) e impostos (US$ 12) 57,00

    Receita da venda a descoberto .... US$ 11.905,50

    Compra de 300 R-K-O *A* a US$ 29 em 26 de março de 1929 .... US$ 8.700,00

    Mais comissão sobre essa compra 45,00

    Custo da cobertura .... US$ 8.745,00

    Lucro na venda a descoberto .... US$ 3.160,50

2. Compra, em 1º de março de 1929, de cem ações

    da Keith-Albee-Orpheum Pref. a US$ 120 .... US$ 12.000,00

    Mais comissão (US$ 25) 25,00

    Custo das ações compradas .... US$ 12.025,00

    Venda de cem ações da Keith-Albee Orpheum Pref.,

    em 26 de março de 1929 a US$ 98 .... US$ 9.800,00

    Menos comissão (US$ 20) e impostos (US$ 4) 24,00

    Receitas da compra das ações .... US$ 9.776,00

    Mais dividendos recebidos das ações compradas 175,00

    (Preferenciais vendidas em 19 de março de 1929)

    Receita líquida da venda das ações compradas e dos dividendos delas .... US$ 9.951,00

    Prejuízo com ações compradas .... US$ 2.074,00

3. Lucros sobre a venda a descoberto .... US$ 3.160,50

    Prejuízo com ações compradas 2.074,00

    Lucro líquido com o *hedge* .... US$ 1.086,50

O lucro indicado foi cerca de 9% sobre o capital social utilizado na transação; por ele ter coberto um período de 26 dias, a taxa de lucro foi superior a 100% ao ano. Como não havia nenhuma possibilidade de prejuízo na transação, uma parte considerável do custo das ações preferenciais poderia corretamente ter sido tomada emprestado, aumentando muito a porcentagem de lucro sobre o capital fornecido pelo operador. Em condições de mercado favoráveis, as operações desse tipo oferecem grandes oportunidades de lucros contra um pequeno prejuízo máximo. São particularmente adequadas como uma forma de proteção contra outros compromissos financeiros, pois rendem lucro em um mercado descendente, quando outros investimentos, provavelmente, apresentarão prejuízos.

Alguns aspectos técnicos das operações de cobertura. O *hedging* tem mais aspectos técnicos que o tornam menos simples e "à prova de falhas" que nossa breve descrição indicaria. Uma discussão exaustiva do *hedging* está além do escopo deste livro, e por esse motivo vamos listar a seguir apenas certos elementos que o operador de *hedge* experiente levará em conta ao embarcar em tais transações:

1. Capacidade de pegar emprestado as ações vendidas e de manter a posição vendida a descoberto indefinidamente.[7]
2. Custo original para estabelecer a posição, incluindo diferencial (*spread*) e comissões.
3. Custo para manter a posição, incluindo os encargos de juros sobre posições compradas; dividendos sobre ações vendidas a descoberto; possíveis prêmios pagáveis pelo empréstimo de ações; e impostos relacionados a empréstimos de ações — menos fatores compensadores em forma de dividendos ou juros recebíveis sobre títulos comprados e possíveis créditos de juros nas posições vendidas a descoberto.
4. Volume de lucros em que a operação provavelmente será encerrada se houver oportunidade. Relação entre esse lucro máximo e o prejuízo máximo possível, que consiste na soma dos itens 2 e 3.

Nessas operações, como em todas as outras operações de títulos, o operador precisa ter em mente que o potencial de lucro a ser levado em conta não é o valor *máximo* que poderia, concebivelmente, ser alcançado no mercado, mas apenas o valor máximo que o operador está disposto a esperar obter antes de encerrar sua posição. Uma vez que determinado lucro é recebido, o lucro adicional que poderia ter sido realizado mais tarde torna-se de interesse meramente acadêmico.

Forma intermediária de cobertura. Uma forma intermediária de cobertura consiste na compra de um título conversível e na venda apenas de parte

---

7. Os regulamentos da Securities and Exchange Commission e das bolsas de valores tornaram as vendas a descoberto mais difíceis a partir de 1934. Por exemplo, durante certo tempo, as vendas a descoberto só podiam ser feitas a um preço *superior* ao da última negociação. Mais tarde, a regra foi relaxada para permitir vendas a descoberto a um preço não inferior ao da última negociação. O obstáculo imposto por essas regras é mitigado, em parte, pelo fato de que os *hedges* do tipo em discussão são em geral estabelecidos apenas em um mercado ascendente e razoavelmente ativo.

das ações ordinárias relacionadas, digamos, metade do valor recebível quando da conversão. Assim, um lucro pode ser realizado no caso de uma subida substancial ou de uma baixa substancial das ações ordinárias. Provavelmente, esse é o método mais científico de cobertura, uma vez que não requer qualquer opinião sobre a evolução futura dos preços. Uma situação ideal desse tipo atenderia aos dois requisitos a seguir:

1. Um título privilegiado bem estabelecido, no qual se pode confiar que mantenha um preço próximo à paridade, mesmo se a ordinária cair bastante. Uma boa obrigação conversível, com vencimento a curto prazo, é um *tipo* ideal para essa finalidade.
2. Uma ação ordinária em que o interesse especulativo é grande e que, portanto, está sujeita a grandes oscilações em qualquer direção.

Um exemplo dessa forma de *hedge* é fornecido pelas operações realizadas entre 1918 e 1919 com as Pierce Oil de 6%, com vencimento em 1920, e as ações ordinárias da mesma empresa.[8]

As vantagens dos títulos conversíveis que acabamos de descrever são compartilhadas também pelas emissões com direitos de participação e garantias de compra. Estes últimos tipos de títulos privilegiados podem, claro, ser usados como meios para as operações de cobertura. Da mesma forma, pode-se achar mais desejável trocar as ações ordinárias por tais títulos. As Rand Kardex de 5,5% (ver p. 429) não foram apenas um compromisso atraente e direto no momento da emissão como também foram claramente substitutas desejáveis para as ações classe A. Além disso, ofereciam uma oportunidade de *hedge* interessante. Da mesma forma, as pessoas comprometidas com um investimento permanente na Westinghouse Electric and Manufacturing Company foram sábias ao trocar as ações ordinárias por preferenciais com direito de participação quando estas foram negociadas a um preço menor que as ordinárias em 1929 ou 1930. Nesse caso, no entanto, a operação de cobertura entre as preferenciais e as ordinárias teria envolvido riscos especiais, uma vez que os títulos privilegiados não eram conversíveis em ações subordinadas.

---

8. Esta operação é analisada no apêndice D, nota 7, p. 1.013.

CAPÍTULO 26
ATIVOS PRIVILEGIADOS DE SEGURANÇA QUESTIONÁVEL

No ponto mais baixo do mercado financeiro em 1932, a segurança de, pelo menos, 80% de todos os títulos e ações preferenciais das empresas estava sujeita a um grau substancial de dúvida.[1] Mesmo antes da quebra de 1929, o número de ativos privilegiados especulativos era muito grande. O mundo financeiro depara, portanto, com o fato desagradável de que uma proporção considerável dos ativos americanos pertence ao que pode ser chamado de categoria dos desajustados. Um título ou ação preferencial de baixo grau de investimento constitui uma forma relativamente impopular de compromisso. O investidor não deve comprá-las, e o especulador, em geral, prefere dedicar sua atenção às ações ordinárias. Parece haver muita lógica no ponto de vista de que, se alguém decide especular, deve escolher um meio totalmente especulativo e não se sujeitar a tetos no valor de mercado e no rendimento nem à possibilidade de confusão entre especulação e investimento, os quais são associados aos títulos e às ações preferenciais com preços inferiores.

Limitação do lucro nos títulos de baixo preço não é uma desvantagem real. No entanto, por mais impressionante que seja a objeção a esses ativos medíocres, o fato é que existem em enorme quantidade e são de propriedade de inúmeros detentores de ativos, portanto, devem ser levados a sério em qualquer discussão sobre análise de investimentos. É razoável concluir que a grande oferta de tais ativos, associada à falta de uma demanda natural por eles, acarretará um nível de preços abaixo de seu valor intrínseco. Mesmo que uma falta de atratividade inerente na *forma* de tais ativos seja admitida, isso pode ser mais que compensado pelo *preço* atraente pelo qual podem ser adquiridos. Além disso, as limitações do lucro sobre o principal em comparação com uma ação ordinária, no caso de um título de baixo preço, pode ter uma importância prática apenas secundária, uma vez que o lucro realmente *realizado* pelo comprador de ações ordinárias não é, em geral, superior àquele obtido de um ativo especulativo privilegiado. Se, por exemplo, estamos considerando a venda de um título de 4% a US$ 35, sua valorização máxima possível é de cerca

---

1. Para examinar dados sobre os preços dos títulos em 1931-1934 e 1939, ver apêndice D, nota 8, p. 1.014.

de setenta pontos, ou 200%. A compra típica de uma ação ordinária a US$ 35 não pode ser mantida em carteira com o intuito de realizar um lucro maior que esse sem uma rendição perigosa à "psicologia do mercado ascendente".

Dois pontos de vista com respeito aos títulos especulativos. Existem dois ângulos diametralmente opostos a partir dos quais um título especulativo pode ser considerado. Pode ser visto em sua relação com os padrões de investimento e rendimentos, caso em que a questão central é se o preço baixo e a maior rentabilidade dos rendimentos compensarão ou não a concessão feita em termos do fator de segurança. Ou pode ser também pensado em termos de um compromisso com ações ordinárias, caso em que surge a questão contrária: "Será que o risco *menor* de prejuízo envolvido nesse título de baixo preço, em comparação com uma ação ordinária, compensa as possibilidades de lucro menores?". Quanto mais um título se aproxima de atender aos requisitos de investimento — e quanto mais perto de um preço de investimento é negociado —, mais provável será que os interessados o considerem do ponto de vista de um investimento. A abordagem oposta é evidentemente recomendada no caso de um título inadimplente ou negociado a um preço muito baixo. Estamos diante da dificuldade familiar de classificação decorrente da ausência de linhas definidas de demarcação. Alguns ativos sempre podem ser encontrados refletindo qualquer *status* concebível na gama entre a falta de valor total e a segurança absoluta.

Abordagem de ação ordinária preferível. Acreditamos, no entanto, que a abordagem mais sólida e frutífera para o campo dos ativos privilegiados especulativos resida nas ações ordinárias. Isso acarretará uma avaliação mais completa do risco envolvido e, portanto, uma insistência maior em uma garantia de segurança razoável ou em possibilidades excepcionalmente atraentes de lucro, ou em ambas. Da mesma forma, induzirá — pelo menos entre os compradores de ativos inteligentes — um exame mais intensivo do quadro da empresa do que geralmente seria feito ao se analisar um ativo do ponto de vista de investimento.

Tal abordagem seria nitidamente desfavorável à compra de títulos ligeiramente abaixo do padrão e negociados com descontos moderados do valor nominal. Tais títulos, junto com títulos de juros altos de segundo grau, pertencem à categoria dos "investimentos de empresário" que avaliamos e descartamos no capítulo 7. Pode-se objetar que uma adoção generalizada dessa atitude resultaria em grandes e repentinas oscilações no preço de muitos ativos. Supondo que um título de 4% mereça ser vendido ao valor nominal, desde que atenda a padrões de investimento rigorosos, assim que caísse ligeiramente abaixo desses padrões, seu preço sofreria uma queda abrupta, digamos, para

US$ 70; inversamente, uma melhora pequena em seu desempenho justificaria um salto repentino de volta ao normal. Aparentemente, não haveria justificativa para cotações intermediárias entre US$ 70 e US$ 100.

A situação real não é tão simples assim. Podem existir diferenças de opinião entre os investidores com relação ao grau adequado de proteção de determinado ativo, sobretudo porque os padrões são qualitativos e pessoais, bem como aritméticos e objetivos. O intervalo entre US$ 70 e US$ 100 pode, portanto, logicamente refletir um consenso maior ou menor sobre a segurança do ativo. Isso significaria que um investidor teria uma justificativa para comprar tal título, digamos, a US$ 85, se, baseado em sua avaliação, ele o considerasse sólido, embora reconhecesse a existência de dúvidas a esse respeito por parte de outros investidores, os quais justificariam esse desconto grande em comparação com o preço de um investimento de primeira linha. De acordo com esse ponto de vista, os níveis entre US$ 70 e US$ 100, aproximadamente, podem ser designados como faixa de "variações subjetivas" na situação do ativo.

O campo dos valores especulativos propriamente dito começaria, portanto, em algum lugar próximo ao valor de US$ 70 (para os títulos que pagam uma taxa de juros igual ou superior a 4%) e ofereceria possibilidades máximas de valorização de, pelo menos, 50% do custo. (No caso de outros ativos privilegiados, a linha divisória pode ser considerada em 70% do *valor normal*.) Ao assumir tais compromissos, recomenda-se que a mesma atitude geral seja tomada, como na compra cuidadosa de ações ordinárias; em outras palavras, que a conta de receitas e o balanço sejam submetidos à mesma análise intensiva e que o mesmo esforço seja feito para avaliar as perspectivas futuras — favoráveis e desfavoráveis.

Distinções importantes entre ações ordinárias e ativos privilegiados especulativos. Não procuraremos, portanto, estabelecer padrões de seleção de ativos privilegiados especulativos que correspondam, de qualquer maneira, aos testes quantitativos aplicáveis aos ativos de renda fixa. Por outro lado, embora devam ser preferencialmente considerados em sua relação com a abordagem e a técnica das ações ordinárias, é necessário apreciar certos pontos de diferença bastante importantes que existem entre as ações ordinárias como uma classe e os ativos privilegiados especulativos.

Títulos de baixo preço associados à fraqueza da empresa. Os limites sobre as possibilidades de lucro dos ativos privilegiados já foram mencionados. Seu significado varia de acordo com o caso individual, mas, em geral, não o consideramos uma desvantagem essencial. Uma objeção mais enfática é feita aos títulos e às ações preferenciais de baixo preço com base no fato de que estão associados à fraqueza da empresa, a um retrocesso ou à depressão. É óbvio que a empresa por trás de tal ativo não é muito bem-sucedida e, além disso, deve estar seguindo uma trajetória descendente, uma vez que o ativo foi originalmente negociado em um nível muito mais alto. Em 1928 e 1929, essa consideração era suficiente para condenar todos esses tipos de ativos aos olhos do público em geral. As empresas foram divididas em dois grupos: as que eram bem-sucedidas e progrediam e aquelas que estavam em declínio ou não progrediam. As ações ordinárias do primeiro grupo eram desejáveis, independentemente do preço, mas nenhum ativo pertencente ao segundo grupo era atraente, por mais baixo que estivesse sendo negociado.

Esse conceito de empresas permanentemente fortes e permanentemente fracas foi bem dissipado pela depressão subsequente, e estamos de volta à percepção mais antiga de que o tempo traz mudanças imprevisíveis na sorte das empresas.[2] O fato de que o preço baixo de um título ou de uma ação preferencial resulta de uma queda nos lucros não precisa significar que as perspectivas da empresa são desesperadoras e que não há nada pela frente, exceto resultados ainda piores. Muitas empresas que se saíram muito mal entre 1931 e 1933 reconquistaram boa parte de sua antiga lucratividade, e os preços de seus ativos privilegiados se recuperaram de patamares muito baixos para níveis de investimento. Descobriu-se, portanto, que havia motivos iguais para esperar recuperações substanciais das cotações dos ativos privilegiados deprimidos assim como do preço das ações ordinárias em geral.

Muitos estão subvalorizados em relação a seu status e sua posição contratual. Já mencionamos que a falta de popularidade dos ativos privilegiados especulativos tende a fazê-los ser negociados a preços mais baixos do que as ações ordinárias, em relação ao seu valor intrínseco. Do ponto de vista do comprador inteligente, isso deve ser considerado um ponto a seu favor. Com relação a sua posição intrínseca, os títulos especulativos — e, em um grau menor, as ações preferenciais — sacam vantagens importantes de seus direitos contratuais. Em geral, o compromisso fixo de pagar os juros dos títulos resultará na manutenção de tais pagamentos, desde que isso seja de alguma maneira possível. Se presumirmos que uma proporção razoavelmente grande de um grupo de títulos de baixo preço cuidadosamente selecionados escapará da inadimplência, a receita derivada do grupo como um todo, ao longo de um

---

2. Ver referências posteriores a *The ebb and flow of investment value*, de Edward S. Mead e Julius Grodinsky, publicado em 1939, que defende fortemente a tese declarada no parágrafo anterior (p. 520 e apêndice D, nota 9, p. 1.016).

período, sem dúvida, excederá em muito o retorno dos dividendos sobre ações ordinárias com preços semelhantes.

Sob essa perspectiva, as ações preferenciais ocupam uma posição incomensuravelmente mais fraca, mas mesmo aqui os dispositivos que transferem o controle de voto para as ações privilegiadas em caso de suspensão do pagamento de dividendos poderão, em alguns casos, incentivar sua continuidade. Quando os recursos em dinheiro são amplos, o desejo de manter um histórico consistente e evitar acúmulos resultará, com frequência, no pagamento dos dividendos preferenciais, muito embora os lucros baixos tenham deprimido o preço de mercado.

Exemplos: A Century Ribbon Mills, Inc., não conseguiu gerar lucro suficiente para pagar seus dividendos preferenciais de 7% em oito dos treze anos de 1926 a 1938, e seu preço caiu repetidamente para cerca de US$ 50. No entanto, os dividendos preferenciais continuaram sendo pagos sem qualquer interrupção durante esse período inteiro, enquanto as ações ordinárias receberam um total de apenas US$ 0,50. Da mesma forma, um comprador das Universal Pictures Company First Preferred de cerca de US$ 30, em 1929, teria recebido o dividendo de 8% pelos três anos de depressão antes que o pagamento acabasse sendo finalmente suspenso.

Importância contrastante dos termos contratuais na especulação e no investimento. O leitor deve apreciar a distinção entre as qualidades *de investimento* e as *especulativas* das ações preferenciais nessa questão da continuação dos dividendos. Do ponto de vista do investimento, ou seja, a *confiabilidade* do dividendo, a ausência de um direito executório é uma desvantagem em comparação com os títulos. Do ponto de vista especulativo, ou seja, da possibilidade da continuação dos dividendos em condições desfavoráveis, as ações preferenciais têm certos direitos semicontratuais a serem considerados pela diretoria, os quais, sem dúvida, lhes conferem vantagens sobre as ações ordinárias.

Impacto dos fatores de capital de giro e fundo de amortização na segurança dos ativos privilegiados especulativos. Um capital de giro substancial, que tem sido característico mesmo de indústrias pouco prósperas nos últimos anos, é muito mais diretamente vantajoso para os ativos privilegiados que para as ações ordinárias. Não só torna possível a continuidade do pagamento de juros ou de dividendos preferenciais como também tem uma influência importante sobre o resgate do principal, seja no vencimento, seja por meio de operações de fundos de amortização ou por meio de recompras voluntárias. Os dispositivos de fundo de amortização, tanto para os títulos quanto para as ações preferenciais, contribuem para a melhoria da cotação de mercado e da posição intrínseca do ativo. Essa vantagem não é encontrada no caso das ações ordinárias.

Exemplos: A Francis H. Leggett Company, fabricante e atacadista de produtos alimentícios, emitiu 2 milhões de dólares de ações preferenciais de 7% com um dispositivo de fundo de amortização que resgatava 3% do ativo a cada ano. Em 30 de junho de 1932, o valor em circulação havia sido reduzido para 608.500 dólares e, por causa do pequeno saldo remanescente, o ativo foi chamado para resgate a US$ 110, *no auge da depressão*. Da mesma forma, as preferenciais da Century Ribbon Mills foram reduzidas de 2 milhões para 544 mil dólares, entre 1922 e 1938; e as debêntures da Lawrence Portland Cement Company de 5,5% foram reduzidas de 2 milhões para 650 mil dólares, em 31 de dezembro de 1938, sendo o saldo chamado para resgate em 1º de abril de 1939.

Importância da cobertura grande de ativo circulante líquido. Quando um título de baixo preço é coberto, várias vezes, pelos ativos circulantes líquidos, apresenta um tipo de oportunidade especial, uma vez que a experiência mostra que as chances de reembolso são boas, mesmo que os lucros sejam baixos ou irregulares.

Exemplos: As Electric Refrigeration Corporation (Kelvinator) de 6%, com vencimento em 1936, negociadas a US$ 66, em novembro de 1929, quando os ativos circulantes líquidos da empresa, de acordo com seu último demonstrativo, totalizavam 6.008.900 para os 2.528.500 dólares de títulos em circulação. É verdade que a empresa operara com prejuízo em 1927 e 1928, mas os encargos fixos foram ganhos quase nove vezes no ano encerrado em 30 de setembro de 1929, e os ativos circulantes líquidos eram quase quatro vezes o valor de mercado da emissão de títulos. Os títulos se recuperaram a um preço próximo da paridade em 1930 e foram resgatados a US$ 105 em 1931. Da mesma forma, as preferencias da Electric Refrigeration Building Corporation de 6%, com vencimento em 1936, que na verdade eram garantidas pela Kelvinator Corporation por meio de um contrato de arrendamento, foram negociadas a US$ 70 em julho de 1932, quando os ativos circulantes líquidos da controladora totalizavam cerca de seis vezes os 1,073 milhão de dólares de títulos em circulação e mais que oito vezes o valor total de mercado da emissão. Os títulos foram chamados para resgate a US$ 101,50 em 1933.

Outros exemplos que podem ser citados nesse contexto são as preferenciais da Murray Corporation de 6,5%, com vencimento em 1934, que foram negociadas a US$ 68 em 1932 (devido a prejuízos operacionais correntes), embora a empresa tivesse ativos líquidos circulantes de mais de 2,5 vezes o valor nominal da emissão e quase quatro vezes seu valor de mercado àquele preço; as notas da Sidney Blumenthal and Company de 7%, com vencimento em 1936, que foram negociadas a US$ 70 em 1926, quando a empresa tinha ativos circulantes líquidos de duas vezes o valor nominal da emissão e quase três vezes o valor total de mercado dela (foram chamadas para resgate a US$ 103 em 1930); as Belding, Heminway Company de 6%, com vencimento em 1936, que foram negociadas a US$ 67 em 1930, quando a empresa tinha ativos circulantes líquidos de quase três vezes o valor nominal da emissão e mais de quatro vezes seu valor de mercado. No último caso, ocorreu uma liquidação drástica de estoques em 1930 e 1931, cuja receita foi utilizada para resgatar cerca de 80% da emissão de títulos por meio de compras no mercado. O saldo da emissão foi chamado para pagamento a US$ 101 no início de 1934.

No caso típico desse tipo, a chance de lucro excederá a chance de prejuízo, e o valor provável do lucro excederá o valor provável do prejuízo. É bem possível que o risco envolvido em cada caso individual ainda seja tão grande que nos impeça de aplicar o termo "investimento" a tal compromisso. No entanto, sugerimos que, se o princípio de diversificação de risco do ramo dos seguros for seguido pela realização de vários desses compromissos ao mesmo tempo, o resultado líquido deve ser suficientemente confiável para justificar que a compra do grupo seja chamada de *operação de investimento*. Essa foi uma das possibilidades previstas em nossa definição ampliada de investimento, conforme apresentada no capítulo 4.

Limitações da importância da posição do ativo circulante. É claro que um peso considerável é atribuído ao quadro do capital de giro na escolha de títulos especulativos. Essa importância não deve ser exagerada, no entanto, a ponto de se supor que a segurança de um título estará, portanto, garantida, sempre que esteja integralmente coberto pelo ativo circulante líquido. Os ativos circulantes apresentados em qualquer balanço patrimonial podem ser bastante reduzidos por prejuízos operacionais subsequentes; mais importante ainda, os valores declarados, com frequência, revelam-se bastante duvidosos em caso de insolvência.[3]

Entre os muitos exemplos desse ponto que poderiam ser apresentados, devemos mencionar as R. Hoe and Company Notes de 7% e as Ajax Rubber Company First de 8%. Embora esses títulos estivessem cobertos pelo capital de giro líquido em 1929, posteriormente foram vendidos por até US$ 0,02.

---

3. A confiabilidade comparativa dos vários componentes dos números dos ativos circulantes (dinheiro em caixa, contas a receber, estoques) receberá tratamento detalhado em uma discussão sobre a análise de balanços na parte VI.

(Ver também nossa discussão sobre as Willys-Overland Company First de 6,5% e as Berkey and Gay Furniture Company First de 6,5% no apêndice C, nota 31.[4])

EXEMPLOS DE TÍTULOS INDUSTRIAIS DE BAIXO PREÇO
COBERTOS PELOS ATIVOS LÍQUIDOS CIRCULANTES, 1932*

Nome do ativo	Vencimento	Preço mínimo em 1932	Data do balanço	Ativos líquidos circulantes†	Dívida financiada em parte†	Cobertura de juros normal	
						Período	Vezes ganhas‡
American Seating 6%	1936	17	Set. 1932	US$ 3.826	US$ 3.056	1924-1930	5,2
Crucible Steel 5%	1940	39	Jun. 1932	16.163	13.250	1924-1930	9,4
McKesson & Robbins 5,5%	1950	25	Jun. 1932	42.885	20.848	1925-1930	4,1
Marion Steam Shovel 6%	1947	21	Jun. 1932	4.598	2.417	1922-1930	3.9
National Acme 6%	1942	54	Dez. 1931	4.327	1.963	1922-1930	5,5

* Para uma breve discussão da sequência desses exemplos que apareceram na primeira edição deste livro, de 1934, ver apêndice D, nota 10 (p. 1.018).
† ".000" omitidos.
‡ Cobertura para encargos de 1931, ajustada quando necessário.

Devemos distinguir, portanto, entre o mero fato de que o capital de giro, conforme divulgado, cobre a dívida financiada e o fato mais significativo de ultrapassar, *muitas vezes*, a emissão de títulos. A primeira afirmação é sempre interessante, mas de forma alguma conclusiva. Se somado a outros fatores favoráveis, como uma boa cobertura de rendimentos em anos normais e um desempenho qualitativo bem satisfatório, pode tornar o ativo bastante atraente, mas, de preferência, como parte de uma compra de um grupo do mesmo ramo.

Ações preferenciais especulativas. *Etapas em seu histórico de preços.* As ações preferenciais especulativas estão mais sujeitas que os títulos especulativos à atividade irracional, de modo que, de tempos em tempos, essas ações preferenciais são sobrevalorizadas no mercado da mesma forma que as ações

---

4. Talvez seja preciso acrescentar que três dos quatro ativos mencionados nesse parágrafo tiveram recuperações espetaculares de seus preços baixos na depressão (por exemplo, as novas Hoe de 7%, que foram trocadas pelas antigas de 7%, foram negociadas a US$ 100 em 1937).

ordinárias. Temos, portanto, três etapas possíveis no histórico de preços de um ativo preferencial, em cada uma das quais a cotação de mercado tende a estar desalinhada com o valor.

1. A primeira etapa é a da emissão original, quando os investidores são persuadidos a comprar a emissão a um preço de investimento total não justificado por seu mérito intrínseco.
2. Na segunda etapa, a falta de mérito de investimento torna-se manifesta e o preço cai para um nível especulativo. Nesse período, o declínio provavelmente será exagerado, pelos motivos discutidos anteriormente.
3. Às vezes, surge uma terceira etapa em que o ativo tem uma subida especulativa, da mesma forma que as ações ordinárias. Nessas ocasiões, certos fatores de importância questionável — como a quantidade acumulada de dividendos — são superestimados.

Um exemplo dessa terceira etapa, ou etapa irracional, será dado um pouco mais tarde.

A regra da "avaliação máxima dos ativos privilegiados". Como uma salvaguarda contra o desencaminhamento pela propaganda característica da terceira etapa e como um guia geral para lidar com os ativos privilegiados especulativos de alto nível, apresentamos o seguinte princípio de análise de títulos financeiros, que denominamos "regra de avaliação máxima dos ativos privilegiados."

> *Um ativo privilegiado não pode valer, intrinsecamente, mais que uma ação ordinária valeria se ocupasse a posição daquele ativo privilegiado, sem ativos subordinados em circulação.*

Esta afirmação pode ser compreendida mais facilmente por meio de um exemplo.

A empresa X e a empresa Y têm o mesmo valor. A empresa X possui 80 mil ações preferenciais e 200 mil ações ordinárias. A empresa Y possui apenas 80 mil ações ordinárias e nenhuma preferencial. Então, nosso princípio afirmaria que uma ação preferencial da empresa X não pode valer mais que uma ação ordinária da empresa Y. Isso é verdade porque a ação ordinária da empresa Y representa o mesmo valor por trás *tanto* da preferencial *quanto* da ordinária da empresa X.

Em vez de comparar duas empresas equivalentes, como a X e a Y, podemos supor que a empresa X seja recapitalizada de modo que a ordinária antiga seja eliminada e a preferencial passe a ser a única emissão de ativo, ou seja, a nova ação ordinária. (Para cunhar um termo, podemos chamar essa mudança presumida de "comunização" [no original, *communizing*] de uma ação preferencial.) Então, nosso princípio apenas afirma o fato óbvio de que o valor de tal ação ordinária hipotética não pode ser *inferior* ao valor da ação preferencial que ela substitui, uma vez que é equivalente à preferencial *mais* a ordinária antiga. A mesma ideia pode ser aplicada a um título especulativo, seguido apenas de ações ordinárias ou de ações preferenciais e ordinárias. Se o título for "comunizado", ou seja, se for presumido que tenha se transformado em uma ação ordinária, com as antigas emissões de ações eliminadas, então o valor da nova ação ordinária assim criada não pode ser inferior ao valor atual do título.

Essa relação deve ser verdadeira independentemente do nível da taxa de juros ou dividendos, do valor nominal ou do preço de resgate do ativo privilegiado e, sobretudo, independentemente de qual montante de juros ou dividendos não pagos possa ter sido acumulado. A explicação é que, se tivéssemos uma ação preferencial com acúmulos de mil dólares por ação, o valor do ativo não poderia ser maior do que seria se fosse uma ação ordinária (sem acúmulo de dividendos) representando a propriedade total do negócio. Os dividendos não pagos não podem criar qualquer valor adicional para os ativos da empresa no agregado; eles meramente afetam a divisão do valor total entre as preferenciais e as ordinárias.

Ênfase excessiva colocada no montante de dividendos acumulados. Embora uma análise muito superficial mostre que as afirmações anteriores são verdades quase evidentes, o público deixa de observar as regras mais simples da lógica quando está com disposição para fazer apostas. Assim, as ações preferenciais com grandes acúmulos de dividendos se prestaram prontamente à manipulação do mercado, no qual os acumulados são a base para uma grande subida no preço das ações preferenciais e ordinárias. Um excelente exemplo de tal desempenho foi fornecido pelas ações da American Zinc, Lead and Smelting Company, em 1928.

As ações preferenciais da American Zinc foram criadas em 1916 como um dividendo de ações sobre as ações ordinárias, a transação correspondia, portanto, a um desdobramento das ações ordinárias antigas em preferenciais e ordinárias novas. A preferencial recebeu uma paridade declarada de US$ 25, mas tinha todos os atributos de uma ação com paridade de US$ 100 (US$ 6 de dividendos cumulativos, resgate e valor de liquidação de US$ 100). Esse arranjo foi evidentemente um artifício para permitir que, no balanço, o ativo preferencial fosse um passivo muito menor que realmente representava. Entre

1920 e 1927, a empresa declarou prejuízos contínuos (exceto por um lucro insignificante em 1922); os dividendos preferenciais haviam sido suspensos em 1921 e cerca de US$ 40 por ação haviam sido acumulados em 1928.

Em 1928, a empresa se beneficiou moderadamente da prosperidade geral e mal lucrou US$ 6 por ação sobre as preferenciais. No entanto, as emissões da empresa foram manipuladas e isso elevou o preço das preferenciais de US$ 35, em 1927, para US$ 118, em 1928, enquanto as comuns aumentaram ainda mais espetacularmente de US$ 6 para US$ 57. Essas subidas foram acompanhadas de rumores de um plano para pagar os dividendos acumulados — não foi dito exatamente como isso seria realizado. Naturalmente, esse acontecimento não se materializou.[5]

A irracionalidade do espírito de aposta é bem demonstrada pela aceitação absurda de dividendos preferenciais não pagos como uma *fonte de valor para as preferenciais e para as ordinárias*. O argumento especulativo em favor das ações ordinárias era o seguinte: "Os dividendos preferenciais acumulados vão ser pagos. Isso vai ser bom para as ordinárias. Portanto, vamos comprar as ordinárias". De acordo com esse raciocínio às avessas, se não houvesse dividendos preferenciais não pagos com prioridade sobre as ordinárias, seria menos atraente (mesmo por um preço igual), uma vez que não haveria perspectiva de um plano maravilhoso para liquidar os acumulados.

Podemos usar o exemplo da American Zinc para demonstrar a aplicação prática de nossa "regra de avaliação máxima dos ativos privilegiados". As preferencias da American Zinc estavam altas demais a US$ 118 em 1928? Supondo que os acionistas preferenciais possuíssem a empresa em sua totalidade, isso significaria um preço de US$ 118 para uma ação *ordinária* que ganhava US$ 6 por ação em 1928, após oito anos de prejuízos. Mesmo nos dias agitados de 1928, os especuladores não teriam sentido qualquer atração por uma ação ordinária a esse preço, de modo que a aplicação de nossa regra deveria ter impedido a compra das ações preferenciais por seu valor inflacionado.

A cotação de US$ 57 alcançada pelas ações ordinárias da American Zinc foi, evidentemente, o cúmulo do absurdo, pois representava a seguinte avaliação para a empresa:

---

5. Contudo, anos depois, em 1936, os dividendos preferenciais acumulados foram administrados por um plano de recapitalização que deu aos acionistas preferenciais a maior parte da emissão comum ampliada.

Ação preferencial, 80 mil ações a US$ 118..US$ 9.440.000

Ação ordinária, 200 mil ações a US$ 57 ....11.400.000

   Valor total...US$ 20.840.000

   Lucros em 1928 .... 481.000

   Lucros médios em 1920-1927... *188.000(d)*

    Para igualar a avaliação anterior para a American Zinc Company, as ações ordinárias hipotéticas (base de 80 mil ações) teriam de ser negociadas a US$ 260 *por ação*, com lucros iguais a meros US$ 6 e sem pagar qualquer dividendo. Esse número indica até que ponto o público desatento foi distraído, nesse caso, pela exploração dos dividendos não pagos.

    A American Hide and Leather Company oferece outro, porém menos impressionante, exemplo desse ponto. Em nenhum ano entre 1922 e 1928, inclusive, a empresa teve um lucro superior a US$ 4,41 nas preferenciais, e os lucros médios foram muito pequenos. Ainda assim, em cada um desses sete anos, as ações preferenciais foram negociadas a US$ 66 ou mais. Essa força recorrente foi baseada, sobretudo, no apelo especulativo dos enormes dividendos preferenciais acumulados, que cresceram de cerca de US$ 120 para US$ 175 por ação durante esse período.

    Aplicando nossa regra, podemos considerar a American Hide and Leather Preferred como a propriedade total do negócio, que foi o que aconteceu para todos os efeitos. Teríamos, então, uma ação ordinária que não havia pagado dividendos durante muitos anos e que tivera lucros médios, na melhor das hipóteses (usando o período de 1922-1927), de apenas US$ 2 por ação. Claro que um preço superior a US$ 65 para tal ação ordinária seria alto demais. Consequentemente, esse preço foi excessivo para as ações preferenciais da American Hide and Leather, e a existência de dividendos acumulados, por maiores que fossem, não poderia afetar essa conclusão minimamente.

Variações na estrutura de capital afetam o valor de mercado total dos ativos. Com base na discussão anterior, pode-se inferir que o valor de uma única emissão de ações deve ser sempre equivalente aos valores combinados de quaisquer ativos de ações preferenciais e ordinárias em que possa ser dividido. Em um sentido teórico, isso é inteiramente verdade, mas na prática não, uma vez que a divisão da capitalização em ativos privilegiados e em ações ordinárias pode ter uma vantagem real sobre uma única emissão de ações ordinárias. Esse assunto será mais bem elaborado no capítulo 40, em que será denominado "estrutura de capitalização".

A distinção entre a ideia que acabamos de sugerir e nossa "regra de avaliação máxima" pode ser esclarecida como segue:

1. Suponha que a empresa X é igual à empresa Y.
2. A empresa X tem preferenciais (P) e ordinárias (C) e a empresa Y tem apenas ordinárias (C').
3. *Pode parecer* que:

$$\text{Valor de } P + \text{valor de } C = \text{valor de } C'$$

uma vez que cada lado da equação representa coisas iguais, ou seja, o valor total de cada empresa.

Entretanto, essa relação aparente pode não funcionar na prática, já que o método de capitalização com preferenciais e ordinárias pode ter vantagens reais sobre uma única emissão de ações ordinárias.

Por outro lado, nossa "regra de avaliação máxima" simplesmente afirma que o valor de *P sozinho* não pode exceder o valor de C'. Isso deveria ser verdadeiro na prática e na teoria, exceto na medida em que a atividade manipulativa ou imprudentemente especulativa afasta todas as considerações racionais.

Nossa regra é declarada de forma negativa e, portanto, é essencialmente negativa em sua aplicação. É mais útil para detectar casos em que as ações preferenciais ou os títulos *não valem* seu preço de mercado. Para aplicá-la positivamente, seria necessário, primeiro, chegar a um valor para as preferenciais em uma base "comunizada" (ou seja, representando a propriedade do negócio inteiro) e, em seguida, determinar a dedução desse valor para refletir a parte da propriedade razoavelmente atribuível às ações ordinárias existentes. Às vezes, essa abordagem pode ser útil para estabelecer o fato de que determinado ativo privilegiado vale mais que seu preço de mercado. Entretanto, tal procedimento nos leva muito além da gama de fórmulas matemáticas e para o campo complicado e indefinido da avaliação das ações ordinárias, com o qual teremos de lidar a seguir.

PARTE IV

TEORIA DO INVESTIMENTO EM AÇÕES ORDINÁRIAS: O FATOR DOS DIVIDENDOS

INTRODUÇÃO À PARTE IV
SIGA O FLUXO
Por Bruce Berkowitz

No bairro urbano e multicultural em que cresci, um dos estabelecimentos de varejo mais populares era a loja de variedades da esquina. Os residentes frequentavam o lugar para satisfazer suas pequenas necessidades diárias — um jornal ou uma revista ou um litro de leite. Nós, crianças, aparecíamos, constantemente, com os trocados que tínhamos conseguido com membros da família ou por termos feito pequenas tarefas, ansiosas para gastá-los em barras de chocolate, chicletes e refrigerantes.

O proprietário tinha uma caixa registradora, em cima da bancada, perto da porta da frente. Nela, era colocado o dinheiro das compras dos clientes. O proprietário tirava o que precisava para encher as prateleiras, pagar o aluguel, fazer a manutenção da loja e pagar sua pequena folha de pagamento. Se sobrasse algo depois disso, ele tinha a opção de usar o dinheiro restante para investir no crescimento do negócio, quitar dívidas ou custear despesas pessoais.

Anos mais tarde, depois que comecei a trabalhar no ramo dos investimentos, comecei a ler os relatórios anuais escritos por Warren Buffett, presidente da Berkshire Hathaway, que me levaram às obras de Benjamin Graham e David Dodd. Logo percebi que as operações financeiras dessa lojinha simples representavam um bom exemplo de fluxo de caixa livre. Graham e Dodd se referiram a esse excesso de caixa como "lucratividade" ou "lucros do proprietário". Essa é a quantidade de dinheiro que um proprietário pode embolsar depois de pagar todas as despesas e fazer todos os investimentos necessários para manter o negócio. Esse fluxo de caixa livre é o poço do qual todos os rendimentos são sacados, sejam eles dividendos, recompras de ações ou investimentos capazes de incrementar os rendimentos futuros.

Graham e Dodd estiveram entre os primeiros que aplicaram uma análise financeira cuidadosa às ações ordinárias. Até então, a maioria das análises sérias de investimentos se concentrava nos ativos de renda fixa. Graham e Dodd argumentavam que as ações, assim como os títulos, têm um valor bem definido com base em um fluxo de rendimentos futuros. No caso dos títulos, os rendimentos consistem em pagamentos específicos feitos sob compromissos contratuais. No caso das ações, o retorno consiste em dividendos que são pagos com os lucros do negócio ou com o dinheiro que poderia ter sido usado para pagar dividendos, mas que foi reinvestido no negócio.

Ao examinar os ativos de uma empresa e sua lucratividade (ou fluxo de caixa), Graham e Dodd argumentavam que o valor dos rendimentos futuros poderia ser calculado com razoável precisão. Depois de determinado, esse valor o ajuda a decidir se deve adquirir determinada ação. Um valor calculado de US$ 20 para uma ação negociada a US$ 10 por ação permitiria um lucro, mesmo que sua estimativa estivesse errada em alguns dólares. Contudo, se você estimou um valor de US$ 12 para uma ação negociada a US$ 10, ela não entraria em sua lista de compra; mesmo que a ação estivesse um tanto desvalorizada, não haveria margem de erro suficiente.

APONTE O LÁPIS

O problema fundamental do investimento em ações é como avaliar uma empresa. Na década de 1930, isso era feito medindo-se os ativos tangíveis. O motivo: grande parte da capitalização do mercado acionário naquela época era baseada em matérias-primas (sobretudo empresas de mineração), transporte (ferrovias), prestadoras de serviços públicos e fábricas. Todas essas indústrias tinham quantidades significativas de instalações, equipamentos e estoques. Hoje, as empresas de serviços dominam a economia e, mesmo na indústria, grande parte do capital de uma empresa vem de intangíveis — *software*, marcas adquiridas, clientes, carteiras de produtos — que não aparecem explicitamente no balanço patrimonial. Por exemplo, relativamente pouco do valor de empresas de *software*, como a Oracle e a Microsoft, ou de uma empresa de processos de negócios, como a Automated Data Processing, é capturado por seus ativos tangíveis.

Para avaliar as ações, nós da Fairholme começamos calculando o fluxo de caixa livre. Começamos com o lucro líquido, conforme definido nos princípios contábeis geralmente aceitos (*generally accepted accounting principles*, GAAP). Em seguida, acrescentamos despesas não monetárias, como depreciação e amortização, que são cálculos estereotipados com base em custos históricos (depreciação de ativos tangíveis, amortização de intangíveis) e podem não refletir uma redução no valor real desses ativos.

Mesmo assim, a maioria dos ativos perde valor com o tempo, e devemos dar conta disso. Portanto, subtraímos uma estimativa do custo da empresa com a manutenção dos ativos tangíveis, como escritório, fábrica, estoque e equipamentos, e dos ativos intangíveis, como tráfego de clientes e identidade da marca. O investimento nesse nível, devidamente implantado, deve manter os lucros da empresa em um estado estável.

Isso é apenas o começo. Por exemplo, as empresas costumam declarar incorretamente os custos das pensões e dos benefícios médicos pós-aposentadoria dos funcionários. Também superestimam os retornos futuros dos investimentos de seus planos de benefícios ou subestimam os custos médicos futuros; portanto, em uma análise de fluxo de caixa livre, você precisa ajustar os números para refletir essas tendências.

As empresas, muitas vezes, fazem um cálculo aquém do real dos valores que pagam a seus gerentes. Por exemplo, até poucos anos atrás, a maioria das empresas não contabilizava os custos de outorga de opções de ações como remuneração de funcionários nem esses custos apareciam em qualquer outro item do balanço. Algumas chegavam a tentar mascarar essa despesa com opções por meio da recompra de grandes quantidades de ações no mercado aberto, para compensar as opções de ações exercidas pelos funcionários. O problema: muitas vezes, as empresas estavam pagando muito mais no mercado aberto que recebiam dos funcionários que exercem opções concedidas vários anos antes. Essa diferença raramente foi relatada como um custo oficial de fazer negócios.

Outra fonte de lucros derivados das práticas contábeis deriva de contratos de fornecimento a longo prazo. Por exemplo, quando a extinta Enron entrava em um acordo de comercialização ou fornecimento a longo prazo, a empresa estimava, muito otimistamente, o valor presente líquido dos lucros futuros do negócio e colocava isso nos lucros do ano corrente, embora nenhum dinheiro tivesse sido recebido. A Enron se foi, mas não a prática. As seguradoras e os bancos ainda têm uma margem de manobra considerável para estimar as perdas futuras decorrentes de eventos segurados ou da inadimplência de empréstimos. E, para qualquer empresa, os ganhos e as perdas em contratos de derivativos são difíceis de definir com precisão, uma vez que os mercados para esses instrumentos são limitados.

Algumas empresas subestimam o fluxo de caixa livre porque contabilizam como despesas aquilo que realmente são investimentos em seu crescimento. Por exemplo, adicionar novos clientes de seguros de automóveis pode custar de 20% a 30% a mais que o dinheiro recebido dos novos segurados no primeiro ano. Parte desse custo excedente é usado para substituir clientes que não renovaram suas apólices. No entanto, se o número de segurados está crescendo, uma parte da despesa representa investimento em crescimento. A GEICO, subsidiária da Berkshire Hathaway, faz exatamente isso e, como resultado, os lucros contábeis subestimam o fluxo de caixa livre, se assumimos um negócio estável. Quando a Microsoft vende um programa Windows, a empresa reconhece que os custos de manutenção futuros fazem parte dessa venda. A Microsoft contabiliza esses custos ao dividir as receitas e despesas ao longo de vários anos. O resultado é adiar os lucros para períodos futuros e fornecer à empresa uma proteção contra acontecimentos futuros adversos.

Todas essas convenções contábeis não monetárias ilustram a dificuldade de identificar o fluxo de caixa livre atual de uma empresa. Ainda assim, estamos longe de terminar. Em seguida, eu e meus associados queremos saber (a) o quão representativo é o fluxo de caixa atual do fluxo passado médio e (b) se está aumentando ou diminuindo — ou seja, a empresa enfrenta ventos contrários ou favoráveis?

FLUXO DE CAIXA ONDE MENOS ESPERA

Uma empresa que certamente enfrentou fortes ventos contrários em 2008 foi a Mohawk Industries, uma empresa de carpetes que compramos pela primeira vez em 2006 a preços na casa dos US$ 60. Na época, a empresa relatava lucros GAAP de US$ 6,70 por ação, mas nossa análise mostrava um fluxo de caixa livre de US$ 9 por ação. Por que o fluxo de caixa livre era muito maior que os lucros? Primeiro, a Mohawk vinha crescendo por meio da aquisição de alguns concorrentes menores como parte de uma consolidação em todo o setor, de modo que ganhava economias de escala que permitiram à empresa reduzir os gastos de capital e diminuir suas necessidades de capital de giro. Ainda mais importante, o uso das GAAP exigia que a Mohawk abatesse despesas significativas de seus lucros para amortizar os ativos intangíveis que havia adquirido em sua onda de compras. (A diferença entre o que uma empresa paga por uma aquisição e o valor contábil da empresa adquirida vai para o balanço patrimonial como um ativo intangível, denominado "patrimônio de marca".) Esses encargos reduziam o lucro líquido, mas não retiravam nenhum dinheiro do negócio. Ao todo, calculamos que a Mohawk estava sendo negociada a menos de sete vezes seu fluxo de caixa livre, uma avaliação atraente. Era o mesmo que comprar um título com rendimento de 14%, com uma probabilidade razoável de que os pagamentos de juros aumentassem ao longo do tempo.

Em 2008, em um mercado imobiliário seriamente deprimido (a maioria dos carpetes e pisos é utilizada em construções novas), a Mohawk Industries ainda gerava de US$ 6 a US$ 7 por ação de fluxo de caixa livre. A US$ 75, a ação estava sendo negociada entre 11 e 12 vezes o fluxo de caixa livre, um múltiplo ainda atraente para uma empresa em desaceleração cíclica. É verdade que as receitas estavam caindo, mas a consolidação do setor eliminara, em grande parte, a concorrência acirrada por meio de reduções de preços entre os fabricantes. Na verdade, os fabricantes conseguiram repassar aos clientes o aumento dos custos das matérias-primas. Isso ajudou a preservar as margens de lucro e o fluxo de caixa. Embora a indústria de carpetes e pisos continue a oscilar com a economia, a administração da Mohawk tem conseguido manter sua geração de fluxo de caixa livre em níveis bastante estáveis.

Não é de surpreender que os investidores que procuram empresas com bom fluxo de caixa livre muitas vezes as encontrem em setores maduros, como o de pisos. O capital necessário para o crescimento é limitado e as demandas de financiamento são modestas, de modo que o dinheiro livre é abundante. Esse não é, geralmente, o caso das empresas em crescimento rápido, mas, às vezes, uma análise meticulosa descobre uma, como a EchoStar Corp., controladora da empresa DISH, de televisão via satélite.

Essa empresa abriu o capital em junho de 1995, com base na premissa de que havia espaço para mais uma operadora de televisão paga. Em 2000, no auge da paixão de Wall Street por tudo ligado à tecnologia, a EchoStar tinha 3,4 milhões de assinantes, um valor empresarial (valor de mercado do patrimônio social mais dívida líquida) de cerca de 30 bilhões de dólares e um prejuízo anual relatado de quase 800 milhões de dólares. Pior ainda, a empresa estava queimando dinheiro loucamente enquanto buscava construir sua infraestrutura e base de clientes — e isso, por si só, poderia tirá-la do radar de muitos investidores de valor.

Cinco anos depois, o número de assinantes atingira 12 milhões. Com muitos dos custos de estabelecimento do negócio já incorridos, o dinheiro livre estava fluindo e crescendo — as taxas mensais dos assinantes são um fluxo de receita bastante confiável. Ainda assim, naquela época, em 2005, o valor empresarial da EchoStar era de apenas 17 bilhões de dólares. É óbvio que o mercado não estava dando muito crédito à empresa por sua capacidade de geração de caixa. Isso permitiu que a Fairholme comprasse ações em um excelente negócio de franquia com um rendimento de fluxo de caixa livre de dois dígitos, enquanto os investimentos sem risco pagavam 5%.

Algumas empresas geram um fluxo de caixa abundante, mas suas estruturas corporativas o mascaram. É o caso da Leucadia National, uma *holding* controladora de uma mistura eclética de negócios. A carteira dos negócios da Leucadia se assemelha aos da Berkshire Hathaway, de Buffett. Embora essas empresas em conjunto não necessariamente produzam um fluxo de caixa estável para a controladora, o fluxo de caixa pode ser muito bom no nível das subsidiárias e, em última análise, esse valor beneficiará a empresa controladora. O fluxo de caixa livre da Leucadia é bastante variável e imprevisível, sobretudo porque seus administradores estão sempre comprando e vendendo as empresas em sua carteira. Entretanto, a administração provou ser hábil em utilizar o dinheiro da empresa. Seu patrimônio líquido aumenta a uma taxa de cerca de 25% ao ano há quase três décadas. Se você investir em uma empresa como a Leucadia ou a Berkshire Hathaway, está contando com a capacidade dos gestores de identificar investimentos com um fluxo de caixa livre elevado.

A Leucadia e a Berkshire Hathaway apontam para outro aspecto importante da avaliação do fluxo de caixa livre: como a administração utiliza o dinheiro em caixa e se essas decisões aumentam o valor para os acionistas. Conforme mencionado anteriormente, o fluxo de caixa livre pode ser devolvido aos acionistas por meio de dividendos ou da recompra de ações ou pode ser reinvestido no negócio. Graham e Dodd equiparavam os retornos em dinheiro aos acionistas com os dividendos. As vantagens fiscais da recompra de ações foram pouco consideradas nas decisões de alocação de capital e, na verdade, são de pouco interesse para os investidores institucionais que dominam os mercados de hoje.

Atualmente, as recompras de ações a preços com desconto são claramente preferíveis aos dividendos. O fator determinante aqui é o preço. Se a empresa comprar de volta ações subvalorizadas, os acionistas vendedores sofrem enquanto os detentores a longo prazo se beneficiam. Se a empresa comprar suas ações a preços inflados, os vendedores se beneficiam e os detentores a longo prazo perdem. Os investidores de valor, por terem uma orientação a longo prazo, em geral, procuram empresas que consistentemente recompram suas ações durante os períodos de subvalorização.

A administração deve decidir quando devolver dinheiro aos acionistas e quando investi-lo. Os lucros investidos de forma inteligente gerarão níveis mais elevados de fluxo de caixa livre no futuro. Por um lado, os lucros mal investidos destroem valor. Buffett tem sido um gênio indiscutível na alocação de capital por mais de cinquenta anos, e ninguém se importa que sua Berkshire Hathaway não pague dividendos. Por outro lado, algumas administrações, sobretudo aquelas em setores com dificuldades, beneficiariam seus investidores ao devolver capital a eles, em vez de reinvesti-lo em um negócio com taxas de retorno baixas.

DIVIDENDOS COMO SINAIS

Tradicionalmente, os conselhos de administração tendem a definir os pagamentos de dividendos em níveis que são confortavelmente cobertos pelos lucros. Desse modo, uma parcela maior dos lucros é retida nos tempos de bonança. Em tempos difíceis, os dividendos costumam ser mantidos, mesmo que excedam o fluxo de caixa livre. O conselho pode fazer isso para expressar sua confiança a longo prazo no negócio. Se os lucros estiverem crescendo, o conselho aumentará os dividendos de forma constante, embora, em geral, em um ritmo mais lento que os lucros.

Agora, os investidores examinam as políticas de dividendo das empresas como uma janela para o pensamento da administração sobre a durabilidade do fluxo de caixa livre. Se as mudanças no fluxo de caixa são consideradas temporárias, as empresas, presumivelmente, não ajustam seus dividendos. Se a administração acredita que as mudanças são permanentes, ela ajusta os dividendos de acordo. Se a administração considera as novas oportunidades de investimento de risco relativamente baixo, essas oportunidades podem ser financiadas com dívida, permitindo que os dividendos permaneçam intocados. Se as novas oportunidades forem vistas como relativamente arriscadas, podem ter de ser financiadas por meio de uma redução nos dividendos. Se essas estratégias forem executadas honestamente, ajudam os investidores a fazer uma extrapolação do fluxo de caixa atual para o fluxo de caixa provável no futuro e, portanto, para o valor patrimonial. Nesse contexto, um nível alto de dividendos seria um fator positivo na avaliação do patrimônio.

O perigo aqui é que a administração pode ser tentada a manipular os dividendos para criar uma imagem inapropriadamente favorável do fluxo de caixa futuro. As empresas sob pressão, como General Motors ou Citigroup, quase sempre demoram para cortar seus dividendos. Nesses casos, os investidores que compram ações com rendimentos de dividendos extraordinariamente altos e fatores fundamentais em deterioração estão procurando problemas. É provável que esses dividendos sejam cortados. As empresas que pagam dividendos com os rendimentos de ações recém-emitidas, em vez do fluxo de caixa livre, têm a mesma probabilidade de manipular os investidores por meio de sinais falsos. Os fundos de investimento imobiliário e os fundos de renda, que precisam pagar praticamente toda a sua receita aos acionistas, também relutam em reduzir suas distribuições declaradas.

Por outro lado, as empresas que têm caixa livre para distribuir e poucas perspectivas de investimento deveriam pagar mais dividendos. Além disso, empresas como a Dell Computer e a Amazon.com, que operam com capital de giro significativamente negativo — coletam dinheiro dos compradores antes que tenham de pagar os fornecedores — e com investimento fixo pequeno têm uma necessidade mínima de reinvestir os lucros. Ainda assim, obstinadamente não pagam dividendos e acumulam grandes montantes de dinheiro.

DE QUEM É O DINHEIRO?

Identificar uma empresa com um grande volume de dinheiro em caixa e a capacidade de gerar mais é um grande começo. Entretanto, o dinheiro não faz bem ao acionista, a menos que a administração faça investimentos inteligentes com ele ou o devolva a seus proprietários por meio de dividendos ou recompra de ações. O talento e as intenções dos gestores são cruciais.

Às vezes, há dinheiro demais para ignorar, mesmo que esteja sob o controle de pessoas que não desejam investi-lo ou distribuí-lo. Nesses casos, investidores ativistas, muitas vezes, assumem grandes participações e pressionam os administradores para "liberarem o valor" da empresa; se não conseguem, tentam substituir esses gestores. De uma forma ou de outra, se há dinheiro suficiente na caixa registradora, alguém encontra uma maneira de retirá-lo.

CAPÍTULO 27
TEORIA DO INVESTIMENTO EM AÇÕES ORDINÁRIAS

Em nossa discussão introdutória, apresentamos as dificuldades inerentes aos esforços para aplicar a técnica analítica a situações especulativas. Uma vez que os fatores especulativos são especialmente importantes nas ações ordinárias, segue-se que a análise de tais ativos, provavelmente, se mostrará inconclusiva e insatisfatória; e mesmo quando parecer conclusiva, existe o perigo de que possa ser enganosa. Neste ponto, é necessário considerar a função da análise das ações ordinárias em mais detalhes. Devemos começar com três premissas realistas. A primeira é que as ações ordinárias são de fundamental importância em nosso esquema financeiro e de interesse fascinante para muitas pessoas; a segunda é que os proprietários e compradores de ações ordinárias, em geral, estão ansiosos para chegar a uma ideia inteligente de seu valor; e a terceira é que, mesmo quando o motivo subjacente da compra é mera ganância especulativa, a natureza humana deseja ocultar esse impulso desagradável por trás de uma parede de lógica aparente e de bom senso. Para adaptar o aforismo de Voltaire,[1] pode-se dizer que, se não existisse a análise de ações ordinárias, seria necessário falsificá-la.

Méritos abrangentes da análise de ações ordinárias. Somos, portanto, levados a perguntar: "Até que ponto a análise das ações ordinárias é um exercício válido e verdadeiramente valioso e até que ponto é uma cerimônia vazia, porém indispensável, que faz parte das apostas de dinheiro no futuro dos negócios e do mercado acionário?". Em última análise, encontraremos uma resposta mais ou menos da seguinte forma: "No que diz respeito às ações ordinárias *típicas* — um ativo escolhido aleatoriamente da lista —, é improvável que uma análise, por mais elaborada que seja, produza uma conclusão confiável quanto a sua atratividade ou seu valor real. No entanto, em casos individuais, o demonstrativo pode permitir que conclusões razoavelmente confiáveis sejam tiradas a partir dos processos de análise". Segue-se que a análise tem valor positivo ou científico, apenas no caso das ações ordinárias excepcionais, e que, no caso das ações ordinárias em geral, deve ser considerada como um auxílio um tanto questionável

---
1. "Se Deus não existisse, seria necessário inventá-lo.". (N.E.)

para a avaliação especulativa ou como um método altamente ilusório de busca por valores que desafiam o cálculo e precisam, de alguma forma, ser calculados.

Talvez a forma mais eficaz de esclarecer o assunto seja por meio da abordagem histórica. Tal pesquisa lançará luz não apenas sobre a mudança de *status* da análise das ações ordinárias como também sobre um assunto intimamente relacionado e de grande importância, a saber, a teoria do investimento em ações ordinárias. Encontraremos, inicialmente, um conjunto de princípios bem estabelecidos e, aparentemente, lógicos para o investimento em ações ordinárias. Com condições novas, descobriremos que a validade desses princípios ficou prejudicada. Sua insuficiência deu origem a um conceito inteiramente diferente de escolha de ações ordinárias, a chamada "teoria da nova era", que, por baixo de sua plausibilidade superficial, continha possibilidades de danos incalculáveis. Com a teoria do pré-guerra obsoleta e a teoria da nova era explodida, devemos, por fim, fazer uma tentativa de estabelecer um novo conjunto de princípios logicamente sólidos e razoavelmente confiáveis de investimento em ações ordinárias.

História da análise das ações ordinárias. Voltando, primeiro, à história da *análise* das ações ordinárias, veremos que dois fatores conflitantes estiveram presentes durante os últimos trinta anos. Por um lado, tem havido um aumento do *prestígio do investimento* nas ações ordinárias como uma classe, devido, sobretudo, ao aumento do número dessas ações que têm apresentado lucros substanciais, dividendos constantes e uma condição financeira sólida. Acompanhando essa evolução, houve um avanço considerável na frequência e na adequação dos demonstrativos das empresas, o que forneceu, ao público e ao analista de títulos financeiros, uma riqueza de dados estatísticos. Finalmente, uma teoria impressionante foi construída afirmando a preeminência das ações ordinárias como investimentos a longo prazo. Entretanto, na época em que o interesse pelas ações ordinárias atingiu o auge, no período entre 1927 e 1929, a *base de avaliação* empregada pelo público comprador de ações se afastou, cada vez mais, da abordagem factual e da técnica da análise de títulos e se preocupou, cada vez mais, com elementos de potencialidade e profecia. Além disso, a instabilidade acentuada nos negócios das indústrias e dos grupos de empresas, que minou a qualidade do investimento nos títulos em geral, tem sido ainda mais hostil à manutenção da verdadeira qualidade de investimento em ações ordinárias.

Análise prejudicada por dois tipos de instabilidade. O quanto a análise das ações ordinárias foi viciada por dois fatores, (1) a instabilidade dos tangíveis e (2) a importância dominante dos intangíveis, pode ser mais bem percebida por um contraste entre ações ordinárias específicas antes de 1920 e no passado mais recente. Vamos considerar quatro exemplos típicos: Pennsylvania Railroad, Atchison, Topeka and Santa Fe Railway, National Biscuit e American Can.

PENNSYLVANIA RAILROAD COMPANY

Ano	Faixa de preços da ação	Lucro por ação	Dividendo pago por ação
1904	70-56	US$ 4,63	US$ 3,00
1905	74-66	4,98	3,00
1906	74-61	5,83	3,25
1907	71-52	5,32	3,50
1908	68-52	4,46	3,00
1909	76-63	4,37	3,00
1910	69-61	4,60	3,00
1911	65-59	4,14	3,00
1912	63-60	4,64	3,00
1913	62-53	4,20	3,00
1923	48-41	5,16	3,00
1924	50-42	3,82	3,00
1925	55-43	6,23	3,00
1926	57-49	6,77	3,125
1927	68-57	6,83	3,50
1928	77-62	7,34	3,50
1929	110-73	8,82	3,875
1930	87-53	5,28	4,00
1931	64-16	1,48	3,25
1932	23-7	1,03	0,50
1933	42-14	1,46	0,50
1934	38-20	1,43	1,00
1935	33-27	1,81	0,50
1936	45-28	2,94	2,00
1937	50-20	2,07	1,25
1938	25-14	0,84	0,50

ATCHISON, TOPEKA E SANTA FE RAILWAY COMPANY

Ano	Faixa de preços da ação	Lucro por ação	Dividendo pago por ação
1904	89-64	US$ 9,47*	US$ 4,00
1905	93-78	5,92*	4,00
1906	111-85	12,31*	4,50
1907	108-66	15,02*	6,00
1908	101-66	7,74*	5,00
1909	125-98	12,10*	5,50
1910	124-91	8,89*	6,00
1911	117-100	9,30*	6,00
1912	112-103	8,19*	6,00
1913	106-90	8,62*	6,00
1923	105-94	15,48	6,00
1924	121-97	15,47	6,00
1925	141-116	17,19	7,00
1926	172-122	23,42	7,00
1927	200-162	18,74	10,00
1928	204-183	18,09	10,00
1929	299-195	22,69	10,00
1930	243-168	12,86	10,00
1931	203-79	6,96	10,00
1932	94-18	0,55	2,50
1933	80-35	1,03(d)	Nil
1934	74-45	0,33	2,00
1935	60-36	1,38	2,00
1936	89-59	1,56	2,00
1937	95-33	0,60	2,00
1938	45-22	0,83	Nil

* Anos fiscais encerrados em 30 de junho.

A American Can era um típico exemplo de ação especulativa do período pré-guerra. Era especulativa por três razões boas e suficientes: (1) não pagava dividendos; (2) seus lucros eram pequenos e irregulares; e (3) o ativo era "aguado", ou seja, uma parte substancial de seu valor declarado não representava qualquer investimento real no negócio. Por outro lado, a Pennsylvania, a Atchison e a National Biscuit eram consideradas ações ordinárias com grau de investimento, também por três razões boas e suficientes: (1) mostravam um histórico satisfatório de pagamentos de dividendos regulares; (2) os lucros eram razoavelmente estáveis e, em média, substancialmente superiores aos dividendos pagos; e (3) cada dólar de ação era garantido por US$ 1 ou mais de investimento real no negócio.

NATIONAL BISCUIT COMPANY

Ano	Faixa de preços da ação	Lucro por ação	Dividendo pago por ação
1909	120-97	US$ 7,67*	US$ 5,75
1910	120-100	9,86*	6,00
1911	144-117	10,05*	8,75
1912	161-114	9,59*	7,00
1913	130-104	11,73*	7,00
1914	139-120	9,52*	7,00
1915	132-116	8,20*	7,00
1916	131-118	9,72*	7,00
1917	123-80	9,87†	7,00
1918	111-90	11,63	7,00
	(bases antigas)‡	(bases antigas)‡	(bases antigas)‡
1923	370-266	US$ 35,42	US$ 21,00
1924	541-352	38,15	28,00
1925	553-455	40,53	28,00
1926	714-518	44,24	35,00
1927	1.309-663	49,77	42,00
1928	1.367-1.117	51,17	49,00
1929	1.657-980	57,40	52,50
1930	1.628-1.148	59,68	56,00
1931	1.466-637	50,05	49,00
1932	820-354	42,70	49,00

Ano	Faixa de preços da ação	Lucro por ação	Dividendo pago por ação
1933	1.061-569	36,93	49,00
1934	866-453	27,48	42,00
1935	637-389	22,93	31,50
1936	678-503	30,28	35,00
1937	584-298	28,35	28,00
1938	490-271	30,80	28,00

* Lucros para o ano encerrado em 31 de janeiro do ano seguinte.
† Onze meses encerrados em 31 de dezembro de 1917.
‡ A ação foi desdobrada em 4 por 1 em 1922, seguida de um dividendo de ações de 75%. Em 1930, foi desdobrada, de novo, em 2,5 por 1. Os dados publicados aplicáveis à nova ação foram um onze avos dos números anteriores para 1923-1929. Da mesma forma, os números seguintes para 1930-1938 são 17,5 vezes superiores aos números publicados para aqueles anos.

Se estudarmos a faixa de preços de mercado desses ativos durante a década anterior à Primeira Guerra Mundial (ou o período de 1909 a 1918, no caso da National Biscuit), observaremos que a American Can oscilou bastante, de ano para ano, da maneira regularmente associada aos títulos especulativos, mas que a Pennsylvania, a Atchison e a National Biscuit mostraram variações muito mais estreitas e, evidentemente, tendiam a oscilar em torno de um preço base (ou seja, US$ 97 para Atchison, US$ 64 para Pennsylvania e US$ 120 para National Biscuit), que parecia representar uma visão bem definida de seu valor de investimento ou intrínseco.

AMERICAN CAN COMPANY

Ano	Faixa de preços da ação	Lucro por ação	Dividendo pago por ação
1904	....	$ 0,51*	0
1905	....	1,39(d)†	0
1906	....	1,30(d)‡	0
1907	8-3	0,57(d)	0
1908	10-4	0,44(d)	0
1909	15-8	0,32(d)	0
1910	14-7	0,15(d)	0
1911	13-9	0,07	0
1912	47-11	8,86	0
1913	47-21	5,21	0

Ano	Faixa de preços da ação	Lucro por ação	Dividendo pago por ação
	(bases antigas)§	(bases antigas)§	(bases antigas)§
1923	108-74	19,64	$ 5,00
1924	164-96	20,51	6,00
1925	297-158	32,75	7,00
1926	379-233	26,34	13,25
1927	466-262	24,66	12,00
1928	705-423	41,16	12,00
1929	1.107-516	48,12	30,00
1930	940-628	48,48	30,00
1931	779-349	30,66	30,00
1932	443-178	19,56	24,00
1933	603-297	30,24	24,00
1934	689-542	50,32	24,00
1935	898-660	34,98	30,00
1936	825-660	34,80	36,00
1937	726-414	36,48	24,00
1938	631-425	26,10	24,00

* Ano fiscal encerrado em 31 de março de 1905.
† Onze meses encerrados em 31 de dezembro de 1905.
‡ Excluindo prejuízo de US$ 0,58 por ação relacionado a um incêndio.
§ A ação foi desdobrada em 6 por 1 em 1926. Números publicados aplicáveis à nova ação foram um sexto daqueles apresentados anteriormente para 1926-1938.

Concepção pré-guerra do investimento em ações ordinárias. Consequentemente, a relação pré-guerra entre a análise e o investimento, de um lado, e as mudanças de preços e a especulação, do outro, pode ser definida da seguinte maneira: o investimento em ações ordinárias era restrito àquelas que apresentavam dividendos estáveis e lucros razoavelmente estáveis, e tais ativos, por sua vez, deveriam manter um preço de mercado razoavelmente estável. A função da análise era, sobretudo, procurar elementos de *fraqueza* no quadro. Se os lucros não foram devidamente declarados, se o balanço patrimonial revelava uma posição atual ruim ou a dívida financiada estava crescendo com muita rapidez, se os ativos físicos não recebiam manutenção adequada, se uma concorrência nova e perigosa estava surgindo ou se a empresa estava perdendo terreno em seu setor, se a gestão estava se deteriorando ou era provável que mudasse para pior, se houvesse motivo para temer pelo futuro do setor como um todo — qualquer um desses defeitos ou algum outro poderia ser suficiente para condenar o ativo do ponto de vista do investidor cauteloso.

Do lado positivo, a análise preocupava-se em encontrar aqueles ativos que atendessem a todos os requisitos de investimento e, *além disso*, oferecessem a melhor chance de subida no futuro. O processo era, basicamente, uma questão de comparar ativos semelhantes na mesma classe de investimento, por exemplo, o grupo de ferrovias da região noroeste que pagava dividendos. A ênfase principal era colocada no desempenho relativo dos últimos anos, sobretudo os lucros médios em relação ao preço e a estabilidade e a tendência dos lucros. Em menor grau, o analista procurava olhar para o futuro e escolher os setores ou as empresas individuais que, provavelmente, apresentariam o crescimento mais rápido.

Especulação caracterizada pela ênfase *nas perspectivas futuras.* No período pré-guerra, havia uma visão bem considerada de que, quando a ênfase *principal* era colocada sobre o que era esperado do futuro, em vez do que havia sido realizado no passado, uma atitude especulativa estava sendo tomada. Especulação, em sua etimologia, significa olhar para a frente; o investimento era aliado aos "interesses adquiridos" — direitos de propriedade e valores que se enraízam no *passado*. O futuro era incerto, portanto, especulativo; o passado era conhecido, portanto uma fonte de segurança. Consideremos um comprador da ação ordinária da American Can em 1910. Ele pode ter comprado a ação acreditando que seu preço subiria ou seria "incrementado", que seus lucros iriam aumentar, que logo pagaria um dividendo ou, possivelmente, que estava destinada a se tornar uma das indústrias mais fortes do país. Do ponto de vista do pré-guerra, embora uma dessas razões possa ter sido mais inteligente ou tivesse mais credibilidade que outra, cada uma delas constituía um motivo *especulativo* para a compra.

A técnica do investimento em ações ordinárias é semelhante àquela dos títulos. É óbvio que havia uma grande semelhança entre a técnica de investir nas ações ordinárias e a de investir nos títulos. O investidor em ações ordinárias também queria um negócio estável e que apresentasse uma margem adequada de lucros sobre os requisitos para pagamento de dividendos. Naturalmente, tinha de se contentar com uma margem de segurança menor daquela exigida de um título, uma desvantagem que era compensada por um rendimento maior (6% era o padrão em uma boa ação ordinária em comparação com 4,5% de um título de alta qualidade), pela oportunidade de obter um dividendo maior, se o negócio continuasse a prosperar, e — geralmente, de importância menor a seus olhos — pela possibilidade de lucro. É provável que um investidor em ações ordinárias não se considerasse em posição muito diferente daquela de um comprador de títulos de segunda categoria; essencialmente, seu risco significava sacrificar certo *grau* de segurança em troca de um rendimento maior. Os exemplos da Pennsylvania e da Atchison, durante a década de 1904-1913, fornecerão uma confirmação específica da descrição anterior.

Compra de ações ordinárias vista como participação em uma empresa. Outra forma útil de abordar a atitude do investidor em ações ordinárias antes da guerra é olhar seu investimento como se fosse a compra de uma participação em um negócio privado. O típico investidor em ações ordinárias era um homem de negócios e, para ele, era sensato avaliar qualquer empresa da mesma maneira que avaliaria o próprio negócio. Isso significava que dava, pelo menos, tanta atenção aos valores dos ativos por trás das ações quanto ao histórico dos lucros. É imprescindível ter em mente que uma empresa privada sempre foi avaliada, acima de tudo, com base no "patrimônio líquido" que consta em seu demonstrativo. Alguém considerando comprar uma sociedade ou participação acionária em um empreendimento privado sempre começará com o valor dessa participação conforme mostrado "nos livros", ou seja, no balanço patrimonial, e então avaliará se o histórico e as perspectivas são bons o suficiente para tornar esse compromisso atraente. Uma participação em um negócio privado pode, é claro, ser negociada por mais ou menos que seu valor patrimonial proporcional, mas o valor contábil ainda é, invariavelmente, o ponto de partida do cálculo, e o negócio é, por fim, feito e visto em termos do prêmio ou do desconto relativo ao valor contábil envolvido.

Em termos gerais, a mesma atitude era adotada no passado com relação a compras para fins de investimento em ações ordinárias negociáveis. O primeiro ponto de partida era o valor nominal, que provavelmente representava a quantia em dinheiro ou propriedade originalmente integralizada no negócio; o segundo valor basal era o valor contábil, que representava o valor nominal mais uma taxa de juros proporcional ao excedente acumulado. Portanto, ao analisar uma ação ordinária, os investidores se perguntavam: "Esta emissão é uma compra desejável com o prêmio acima do valor contábil, ou o desconto abaixo do valor contábil, representado pelo preço de mercado?". "Ação aguada" era uma acusação repetidamente feita a falcatruas que vitimavam o público comprador de ações, que era enganado por uma declaração fictícia do valor dos ativos existentes por trás das ações. Portanto, uma das funções de proteção da análise de títulos financeiros era descobrir se o valor dos ativos fixos, conforme declarado no balanço patrimonial de uma empresa, representava de maneira justa o custo real ou o valor razoável das propriedades.

Investimento em ações ordinárias com base em um conceito triplo. Vemos, portanto, que o investimento em ações ordinárias era anteriormente baseado no conceito triplo de: (1) um rendimento de dividendos adequado e constante, (2) um histórico de lucros estável e adequado e (3) um respaldo satisfatório de ativos tangíveis. Cada um desses três elementos poderia ser objeto de um estudo analítico cuidadoso, em que se examina o ativo isoladamente e em comparação com outros de sua classe. Os negócios com ações ordinárias motivados por qualquer outro ponto de vista eram caracterizados como especulativos e não se esperava que fossem justificados por uma análise séria.

TEORIA DA NOVA ERA

No pós-guerra e, sobretudo, na última etapa do mercado altista que culminou em 1929, o público adquiriu uma atitude completamente diferente com relação aos méritos de investimento das ações ordinárias. Dois dos três elementos mencionados antes perderam quase todo o seu significado, e o terceiro, o histórico dos lucros, assumiu uma compleição inteiramente nova. A nova teoria ou princípio podia se resumir nesta frase: "O valor de uma ação ordinária depende inteiramente de quanto ela lucrará no futuro".

Com base nessa máxima, os seguintes corolários foram extraídos:

1. a taxa de dividendos deve ter pouca influência sobre o valor;
2. uma vez que, aparentemente, não existia nenhuma relação entre os ativos e a lucratividade, o valor dos ativos era totalmente desprovido de importância; e
3. os lucros passados eram significativos apenas na medida em que indicavam quais *mudanças* nos lucros, provavelmente, ocorreriam no futuro.

Essa revolução completa na filosofia de investimento em ações ordinárias passou quase despercebida pelo público comprador de ações e teve apenas o reconhecimento mais superficial por parte dos observadores do mercado financeiro. Façamos um esforço para entender com profundidade o que esse ponto de vista alterado realmente significa. Para isso, devemos considerá-lo de três ângulos: suas causas, suas consequências e sua validade lógica.

Causas desse ponto de vista alterado. Por que o público *investidor* desviou sua atenção dos dividendos, do valor dos ativos e do lucro médio para transferi-la quase que exclusivamente para a *tendência* dos lucros, ou seja, para as *mudanças* nos lucros esperados no futuro? A resposta foi, primeiro, que o histórico estava se revelando um guia pouco confiável para o investimento e, segundo, que as recompensas oferecidas pelo futuro haviam se tornado irresistivelmente atraentes.

Os conceitos da nova era tinham suas raízes, em primeiro lugar, na obsolescência dos padrões antigos. Durante a última geração, o ritmo da mudança econômica foi acelerado a tal ponto que o fato de estar *há muito tempo estabelecido* deixou de ser, como antes, uma garantia de *estabilidade*. Empresas que desfrutavam de uma prosperidade de uma década precipitaram na insolvência em poucos anos. Outras empresas, que tinham sido pequenas ou malsucedidas ou tinham reputação duvidosa, adquiriram tamanho dominante, lucros impressionantes e classificação mais alta com igual rapidez. O principal grupo no qual se concentrava, sobretudo, o interesse de investimento, a saber, as ferrovias, falhou notavelmente em participar da expansão da riqueza e da renda nacional e mostrou sinais repetidos de retrocesso definitivo. Os bondes urbanos, outro meio importante de investimento antes de 1914, perderam rapidamente a maior parte de seu valor por conta do desenvolvimento de novos meios de transporte. As empresas de eletricidade e gás seguiram um curso irregular durante esse período, pois foram prejudicadas, em vez de ajudadas, pela guerra e pela inflação do pós-guerra, e seu crescimento impressionante foi um fenômeno relativamente recente. A história das indústrias foi uma mescla de mudanças violentas, e os benefícios da prosperidade foram distribuídos de forma tão desigual e inconstante que ocasionaram os mais inesperados fracassos ao lado dos sucessos mais deslumbrantes.

Diante de toda essa instabilidade, era inevitável que a base tríplice do investimento em ações ordinárias se mostrasse totalmente inadequada. Lucros e dividendos passados não podiam mais ser considerados, por si só, um indicador de lucros e dividendos futuros. Além disso, esses lucros futuros não mostravam qualquer tendência de serem controlados pela quantidade de investimento real na empresa — o valor dos ativos —, mas, em vez disso, dependiam inteiramente de uma posição industrial favorável e de políticas gerenciais capazes ou afortunadas. Em vários casos de concordata, os ativos circulantes diminuíram e os ativos fixos mostraram-se quase desprovidos de valor. Devido a essa ausência de qualquer conexão entre ativos e lucros e entre ativos e valores realizáveis em casos de falência, cada vez menos atenção foi dada por escritores financeiros ou pelo público em geral à questão anteriormente importante do "patrimônio líquido" ou "valor contábil"; e pode-se dizer que, em 1929, o valor contábil havia praticamente desaparecido como um elemento de determinação da atratividade de um ativo. Trata-se de uma confirmação significativa de que "ação aguada", antes uma questão tão premente, agora é uma expressão esquecida.

A atenção migrou para a tendência dos lucros. Assim, a abordagem de investimento do pré-guerra, baseada em registros anteriores e fatos tangíveis, tornou-se obsoleta e foi descartada. Alguma coisa poderia ser colocada em seu lugar? Uma nova concepção recebeu importância central: a da *tendência dos lucros*. O passado era importante apenas na medida em que mostrava a direção que se esperava que o futuro tomaria. Um aumento contínuo nos lucros provava que a empresa estava em ascensão e prometia resultados ainda melhores no futuro que os alcançados até então. Por outro lado, se os lucros tivessem diminuído ou mesmo permanecido inalterados durante um período próspero, o futuro deveria ser considerado pouco promissor e o ativo, certamente, deveria ser evitado.

Doutrina das ações ordinárias como investimentos a longo prazo. Junto com essa ideia sobre o que constituía a base de seleção das ações ordinárias, surgiu uma teoria associada de que tais ações representavam o meio mais lucrativo e, portanto, mais desejável para os investimentos a longo prazo. Esse evangelho foi baseado em uma quantidade razoável de pesquisas que mostravam que listas diversificadas de ações ordinárias haviam aumentado regularmente em valor, em intervalos determinados, por muitos anos. Os números indicavam que tais participações diversificadas em ações ordinárias produziam rendimento maior e lucro maior do principal que as compras de títulos convencionais.

A combinação dessas duas ideias gerou a "teoria do investimento", na qual o mercado de ações de 1927-1929 se baseou. Ampliando o princípio declarado na página 504, a teoria funcionava da seguinte forma:

1. "O valor de uma ação ordinária depende do quanto pode lucrar no futuro."
2. "As ações ordinárias boas são aquelas que mostraram tendência de aumento dos lucros."
3. "As ações ordinárias boas se mostrarão investimentos sólidos e lucrativos."

Essas declarações parecem inocentes e plausíveis. No entanto, ocultavam duas fraquezas teóricas que poderiam resultar e acabaram resultando em danos incalculáveis. O primeiro desses defeitos foi abolir as distinções fundamentais entre investimento e especulação. O segundo foi que ignoravam o *preço* de uma ação para determinar se era ou não uma compra desejável.

Investimento da nova era equivalente à especulação do pré-guerra. Uma reflexão momentânea mostrará que o "investimento da nova era", conforme praticado pelo público e pelos fundos de investimento, era quase idêntico à especulação, como popularmente definida nos tempos anteriores ao *boom*. Esse "investimento" significava comprar ações ordinárias em vez de títulos, enfatizar o aumento do principal em vez do rendimento e ressaltar as mudanças do futuro em vez dos fatos do passado estabelecido. Não seria incorreto afirmar que o investimento da nova era constituía simplesmente uma especulação à moda antiga, confinada às ações ordinárias com uma tendência satisfatória de lucros. O impressionante e novo conceito, subjacente ao maior *boom* do mercado acionário na história, parece não ser mais que uma versão mal disfarçada do velho epigrama cínico: "Investimento é especulação bem-sucedida".

Ações consideradas atraentes, independentemente de seus preços. A noção de que a atratividade de uma ação ordinária era totalmente independente de seu preço parece inerentemente absurda. No entanto, a teoria da nova era levou diretamente a essa tese. Se uma ação de uma prestadora de serviços públicos estava sendo negociada a 35 vezes seu lucro *máximo* registrado, em vez de dez vezes seu lucro *médio*, que era o padrão antes do *boom*, a conclusão a ser tirada não era que a ação agora estava alta demais, mas apenas que o patamar de valor subira. Em vez de julgar o preço de mercado por padrões de valor estabelecidos, a nova era baseou seus padrões de valor no preço de mercado. Consequentemente, todos os limites superiores desapareceram, não apenas os relativos ao preço pelo qual uma ação *poderia* ser vendida como até mesmo ao preço pelo qual *mereceria* ser vendida. Esse raciocínio fantástico, na verdade, levou à compra de ações ordinárias que tinham lucros de US$ 2,50 por ação a US$ 100. Um raciocínio idêntico apoiaria a compra dessas mesmas ações por US$ 200, por US$ 1 mil ou por qualquer preço concebível.

Um corolário atraente desse princípio era que ganhar dinheiro no mercado acionário passara a ser a coisa mais fácil do mundo. Bastava comprar ações "boas", independentemente do preço, e depois deixar a natureza seguir sua trajetória ascendente. Os resultados de tal doutrina não poderiam deixar de ser trágicos. Inúmeras pessoas se perguntaram: "Por que trabalhar se posso ganhar uma fortuna em Wall Street sem esforço algum?". A migração que se seguiu dos negócios para o distrito financeiro se assemelhou à famosa corrida do ouro do Klondike, exceto que o ouro foi trazido para Wall Street em vez de ter sido retirado dela.

Fundos de investimento adotaram essa doutrina nova. Uma visão irônica foi lançada sobre essa teoria em 1928-1929 pela prática dos fundos de investimento. Eles foram formados com o propósito de dar ao público não treinado o benefício da administração especializada de seus recursos — uma ideia plausível e que funcionava bastante bem na Inglaterra. Os primeiros fundos de investimento americanos deram ênfase considerável a certos princípios comprovados do investimento bem-sucedido, os quais eram muito mais qualificados para seguir que o indivíduo típico. Os mais importantes desses princípios eram:

1. comprar em tempos de depressão e preços baixos e vender em tempos de prosperidade e preços altos;
2. diversificar as participações em muitos setores e, provavelmente, em muitos países;
3. descobrir e adquirir ativos individuais subavaliados como resultado de pesquisas estatísticas abrangentes e especializadas.

A rapidez com que tantos desses princípios tradicionais desapareceram da técnica dos fundos de investimento é uma das muitas maravilhas do período. A ideia de comprar em tempos de depressão era obviamente inaplicável. Sofria da fraqueza fatal de que os fundos de investimento só podem ser organizados nos tempos bons, de modo que eram praticamente forçados a assumir seus compromissos iniciais em mercados ascendentes. A ideia de uma distribuição geográfica mundial nunca exerceu um apelo poderoso sobre os americanos de mentalidade provinciana (que talvez estivessem certos a esse respeito), e com as coisas indo muito melhor nos Estados Unidos do que em outros países, esse princípio foi abandonado por consentimento mútuo.

Análise abandonada pelos fundos de investimento. Entretanto, o maior paradoxo foi o abandono precoce da pesquisa e da análise para orientação das políticas dos fundos de investimento. No entanto, uma vez que essas instituições financeiras deviam sua existência à filosofia da nova era, natural e talvez apenas justo era que a seguissem de perto. Sob seus cânones, o investimento se tornara tão simples que a pesquisa era desnecessária e os dados estatísticos elaborados eram um mero estorvo. O processo de investimento consistia apenas em encontrar empresas de destaque com uma tendência de aumento de lucros e, em seguida, comprar suas ações independentemente do preço. Portanto, a política sensata era comprar apenas o que todo mundo estava comprando — uma lista seleta de produtos extremamente populares e caros, apropriadamente conhecidos como *blue chips*. A ideia original de procurar os ativos subvalorizados e negligenciados saiu completamente de vista. Os fundos de investimento tinham a audácia de se gabar de que suas carteiras consistiam exclusivamente em ações ordinárias ativas e padrões (ou seja, as mais populares e com os preços mais altos). Com um leve exagero, pode-se afirmar que, de acordo com essa técnica conveniente de investimento, os negócios de um fundo de investimento de 10 milhões de dólares poderiam ser administrados pela inteligência, pelo treinamento e pelo trabalho real de um único escrivão que ganhava US$ 30 por semana.

O homem comum, tendo sido instado a confiar seus recursos à habilidade superior dos especialistas em investimentos — em troca de uma compensação substancial —, foi tranquilizadoramente informado de que os fundos teriam o cuidado de comprar apenas o que o homem comum já estava comprando para si mesmo.

Justificativa oferecida. A irracionalidade não poderia ir mais longe; no entanto, é importante notar que a especulação em massa só pode florescer em tal atmosfera ilógica e irreal. O autoengano do especulador em massa deve, entretanto, ter seu elemento de justificação. Em geral, trata-se de alguma afirmação generalizada, suficientemente sólida em seu campo apropriado, mas distorcida para se adequar à mania especulativa. Nos *booms* imobiliários, o "raciocínio" é, em geral, baseado na permanência inerente da terra e no crescimento de seu valor. No mercado altista da nova era, a base "racional" era o histórico de subida a longo prazo demonstrado pelas participações diversificadas em ações ordinárias.

Uma premissa sólida usada para apoiar uma conclusão infundada. Havia, no entanto, uma falácia radical envolvida na aplicação desse fato histórico à nova era. Isso deve ficar claro mesmo com base em um exame superficial dos dados contidos no volume pequeno e um tanto superficial de onde se pode dizer que a teoria da nova era surgiu. O livro é intitulado *Common stocks as long term investments*, de Edgar Lawrence Smith, publicado em 1924.[2] Foi demonstrado que as ações ordinárias têm uma tendência a aumentar seu valor com o passar dos anos, pela simples razão de que seus lucros eram maiores que seus pagamentos em dividendos e, portanto, os lucros reinvestidos eram agregados a seu valor. Em um caso representativo, a empresa ganharia, em média, 9%, pagaria 6% em dividendos e adicionaria 3% ao excedente. Com uma boa gestão e uma dose de sorte razoável, o valor justo das ações aumentaria com o valor contábil a uma taxa anual *composta* de 3%. É claro que esse era um padrão teórico e não real, mas os numerosos exemplos de resultados piores que o "normal" podiam ser compensados por exemplos de crescimento mais rápido.

A atratividade das ações ordinárias a longo prazo residia, portanto, essencialmente, no fato de que tinham um lucro sobre seu custo maior que a taxa

---

2. Para uma resenha da literatura sobre a teoria das ações ordinárias, consultar Chelcie C. Bosland, *The common stock theory of investment: its development and significance*. Nova York, The Ronald Press Company, 1937. *Common-stock indexes*, publicado por Alfred Cowles *et al.* (Bloomington, Principia Press, 1939), é um trabalho significativo sobre este assunto que apareceu após a publicação do livro do professor Bosland.

de juros dos títulos. Isso seria verdade, em geral, no que se refere a uma ação de US$ 10 sendo negociada a US$ 100. Contudo, assim que o preço subia a um múltiplo muito mais alto em relação aos lucros, essa vantagem desaparecia, *e com ela toda a base teórica para compras de investimento de ações ordinárias.* Quando, em 1929, os investidores pagaram US$ 200 por uma ação que rendia US$ 8, estavam comprando uma lucratividade inferior à taxa de juros dos títulos, sem a proteção adicional proporcionada por um direito privilegiado. Assim, ao usar o desempenho passado das ações ordinárias como justificativa para pagar preços entre vinte e quarenta vezes seus lucros, os expoentes da nova era estavam se baseando em uma premissa sólida e transformando-a em uma conclusão lamentavelmente infundada.

Na verdade, a pressa deles em aproveitar a atratividade inerente às próprias ações por si só produziu condições inteiramente diferentes daquelas que deram origem a essa atratividade e das quais basicamente dependia, a saber, o fato de que os lucros representavam, em média, cerca de 10% do preço de mercado. Como vimos, Smith explicou de forma plausível o crescimento dos valores das ações ordinárias como decorrente do acúmulo do valor dos ativos por meio do reinvestimento dos lucros excedentes. Paradoxalmente, a teoria da nova era que explorou essa descoberta se recusava a dar a menor importância que fosse ao valor dos ativos por trás das ações que favorecia. Além disso, a validade das conclusões de Smith baseava-se, necessariamente, na premissa de que as ações ordinárias se comportariam, no futuro, como tinham feito no passado. No entanto, a teoria da nova era desconsiderava os lucros anteriores das empresas, exceto quando eram considerados os indicadores de uma *tendência* futura.

Exemplos que mostram ênfase *na tendência de lucros*. Considere três empresas com os seguintes desempenhos:

LUCROS POR AÇÃO

Ano	Empresa A (Electric Power & Light)	Empresa B (Bangor & Aroostook R. R.)	Empresa C (Chicago Yellow Cab)
1925	$ 1,01	$ 6,22	$ 5,52
1926	1,45	8,69	5,60
1927	2,09	8,41	4,54
1928	2,37	6,94	4,58
1929	2,98	8,30	4,47
Média de 5 anos	$ 1,98	$ 7,71	$ 4,94
Preço máximo em 1929	86,625	90,375	35

Os preços máximos de 1929 para essas três empresas mostram que a atitude da nova era se mostrava entusiasticamente favorável à empresa A, pouco impressionada pela empresa B e, definitivamente, hostil à empresa C. O mercado considerava que o valor das ações da empresa A era mais que o dobro das ações da empresa C, embora esta tivesse um lucro 50% superior por ação ao da empresa A em 1929 e seu lucro médio fosse 150% maior.[3]

Média *versus* tendência dos lucros. Essas relações entre preço e lucro, em 1929, mostram, definitivamente, que o desempenho histórico não era mais uma medida da lucratividade normal, mas apenas um cata-vento para mostrar para que lado sopravam os ventos do lucro. Deve-se admitir que os *lucros médios* haviam deixado de ser uma medida confiável dos lucros futuros, por causa da instabilidade maior da empresa típica a que aludimos anteriormente. Entretanto, isso não significa que a *tendência dos lucros* deveria, portanto, constituir um guia mais confiável que a *média*, e mesmo que fosse mais confiável, não forneceria, necessária e totalmente, uma base segura, por si só, para o investimento.

A premissa aceita de que, uma vez que os lucros tomaram determinada direção durante alguns anos, continuarão nessa mesma direção não difere fundamentalmente da premissa descartada de que, como os lucros tiveram, em média, certo valor no passado, continuarão a manter uma média em torno desse valor no futuro. Pode ser que a tendência dos lucros ofereça uma pista mais confiável para o futuro que a média dos lucros. Porém, na melhor das hipóteses, essa indicação de resultados futuros está longe de ser certeira e, mais importante ainda, não existe um método para estabelecer uma relação lógica entre tendência e preço.[4] Isso significa que o valor atribuído à tendência sa-

---

3. Para uma discussão sobre o desempenho subsequente dessas três empresas, ver apêndice E, nota 1, p. 1.021.

4. A teoria do investimento da nova era não colocava em destaque os aspectos matemáticos. A relação entre preço e lucro, ou preço e tendência de lucro, era qualquer coisa que o mercado considerasse suficiente (ver o preço das Electric Power and Light em comparação com seu histórico de lucro apresentado na p. 510). Se fosse feita uma tentativa de dar uma expressão matemática à ideia subjacente de avaliação, pode-se dizer que se baseava na *derivada* dos lucros, expressa em termos do tempo. Nos últimos anos, esforços mais sérios têm sido envidados para estabelecer uma base matemática para o desconto dos lucros ou dos dividendos futuros esperados. Ver Gabriel Preinreich, *The nature of dividends*. Nova York, [s. n.], 1935; John Burr Williams, *The theory of investment value*. Cambridge, Harvard University Press, 1938. O último trabalho se baseia na premissa de que o valor de uma ação ordinária é igual ao valor presente de todos os seus dividendos futuros. Esse princípio dá origem a uma série elaborada de equações matemáticas destinadas a calcular o valor exato de uma ação ordinária, *presumindo* certos fatos vitais sobre lucros futuros, política de distribuição e taxas de juros.

tisfatória deve ser totalmente arbitrário e, portanto, especulativo e, portanto, inevitavelmente sujeito a exagero e posterior fracasso.

Perigo em projetar tendências para o futuro. Existem várias razões pelas quais não podemos ter certeza de que a tendência de lucro demonstrada no passado persistirá. No sentido econômico amplo, existe a lei dos rendimentos decrescentes e da competição crescente que deve, finalmente, nivelar qualquer curva de crescimento acentuadamente ascendente. Existe também o fluxo e o refluxo do ciclo econômico, do qual surge o perigo específico de que a curva de lucros pode parecer mais impressionante na véspera de um sério revés. Considerando o período de 1927-1929, observamos que, uma vez que a teoria da tendência dos lucros era, no fundo, apenas um pretexto para desculpar a especulação desenfreada sob a roupagem de "investimento", o público ávido por lucros estava ansioso e disposto a aceitar a mais frágil evidência da existência de uma tendência favorável. Lucros crescentes em um período de apenas cinco ou quatro ou até mesmo três anos eram considerados uma garantia de crescimento futuro ininterrupto e uma justificativa para projetar uma curva de lucros indefinidamente ascendente.

Exemplo: A negligência predominante com relação a esse ponto ficou mais evidente nos numerosos lançamentos de ações ordinárias nesse período. A mania de mostrar lucros crescentes resultou na promoção de muitos empreendimentos industriais que haviam sido favorecidos por uma boa sorte temporária e estavam se aproximando, ou já haviam alcançado, o pico de sua prosperidade. Um exemplo típico dessa prática é encontrado na oferta de ações preferenciais e ordinárias da Schletter and Zander, Inc., um fabricante de meias (nome posteriormente alterado para Signature Hosiery Company). A empresa foi constituída em 1929, para suceder a uma fundada em 1922, e o financiamento foi realizado pela venda de 44.810 ações preferenciais de US$ 3,50 conversíveis a US$ 50 por ação e de 261.349 certificados com direito a voto para ações ordinárias a US$ 26 por ação. A circular da oferta apresentou o seguinte quadro de lucros a partir das propriedades constituintes:

Ano	Líquido após impostos federais	Por ação preferencial	Por ação ordinária
1925	$ 172.058	$ 3,84	$ 0,06
1926	339.920	7,58	0,70
1927	563.856	12,58	1,56
1928	1.021.308	22,79	3,31

O registro subsequente mostrou:

Ano	Líquido após impostos federais	Por ação preferencial	Por ação ordinária
1929	812.136	18,13	2,51
1930	179.875(d)	4,01(d)	1,81(d)

Em 1931, a liquidação dos ativos da empresa foi iniciada, e um total de US$ 17 por ação em dividendos de liquidação sobre as ações preferenciais foi pago até o final de 1933. (Os ativos que restaram para liquidação eram insignificantes.) As ações ordinárias viraram pó.

Esse exemplo ilustra um dos paradoxos da história das finanças, ou seja, no mesmo período em que a instabilidade crescente das empresas individuais tornara a compra de ações ordinárias muito mais precária que antes, o evangelho das ações ordinárias como investimentos seguros e satisfatórios era pregado e avidamente aceito pelo público americano.

CAPÍTULO 28
CÂNONES MAIS RECENTES DO INVESTIMENTO EM AÇÕES ORDINÁRIAS

Nossa longa discussão sobre a teoria do investimento em ações ordinárias nos conduziu, até agora, apenas a conclusões negativas. A abordagem mais antiga, centrada no conceito de uma lucratividade média estável, parece ter sido prejudicada pela crescente instabilidade da empresa típica. Quanto à visão da nova era, que considerava a tendência dos lucros como o único critério de valor, qual fosse a verdade que se escondesse nessa generalização, sua adoção cega como base para as compras de ações ordinárias, sem cálculo nem restrição, estava fadada a acabar em um desastre terrível. Resta alguma coisa, então, da ideia de um investimento sólido em ações ordinárias?

Uma revisão cuidadosa da crítica anterior mostrará que não precisa ser tão destrutiva para a noção do investimento em ações ordinárias como a primeira impressão poderia sugerir. A instabilidade de empresas individuais pode ser compensada por uma diversificação extensa. Além disso, a tendência dos lucros, embora muito perigosa se for a única base de seleção, pode ser uma *indicação* útil do mérito do investimento. Se essa abordagem for sólida, pode ser formulado um cânone aceitável de investimento em ações ordinárias que contenha os seguintes elementos:

1. O investimento é concebido como uma operação de *grupo*, que depende da diversificação do risco para alcançar um resultado médio favorável.
2. Os ativos individuais são selecionados por meio de testes qualitativos e quantitativos correspondentes àqueles utilizados na escolha dos investimentos de valor fixo.
3. É feito um esforço maior que no caso da seleção de títulos para determinar as perspectivas futuras dos ativos considerados.

Se uma política de aquisição de ações ordinárias baseada nos princípios anteriores merece ou não o título de investimento, essa é sem dúvida uma questão aberta. A importância da questão e a falta de dados bem definidos e de pontos de vista abalizados nos compelem a avaliar os principais argumentos a favor e contra essa proposta.

TRÊS ABORDAGENS GERAIS

Expansão secular como base. A propriedade de um conjunto diversificado e cuidadosamente selecionado de ações ordinárias, adquiridas a preços razoáveis, pode ser caracterizada como uma política de investimento sólida? Uma resposta afirmativa pode ter como base qualquer um de três tipos diferentes de hipóteses relacionadas ao futuro da economia americana e à política de seleção seguida. A primeira postulará que ainda se pode confiar em certos elementos básicos e consagrados da experiência econômica dos Estados Unidos. São eles: (1) a riqueza americana e o poder aquisitivo aumentarão, (2) tal aumento se refletirá no aumento dos recursos e lucros de empresas importantes, e (3) esses aumentos ocorrerão, principalmente, por meio do processo normal de investimento de novo capital e reinvestimento de lucros não distribuídos. A terceira hipótese significa que existe uma ampla conexão causal entre o acúmulo de excedentes e a lucratividade futura, de modo que a escolha de ações ordinárias não é uma questão puramente aleatória ou de adivinhação, mas deve ser regida por uma análise dos registros anteriores e de sua relação com os atuais preços de mercado.

Se essas condições fundamentais ainda existirem, as ações ordinárias com desempenho adequado devem, em geral, apresentar as mesmas perspectivas favoráveis no futuro como apresentaram em tempos passados. O defeito grave de instabilidade não deve ser considerado, portanto, como uma ameaça ao desenvolvimento a longo prazo das ações ordinárias como um todo. De fato, esse defeito exerce um efeito temporário poderoso sobre todos os negócios por meio de oscilações do ciclo econômico e efeitos adversos permanentes sobre empresas e setores individuais. No entanto, dessas duas ameaças, a última pode ser compensada, em parte, por uma seleção cuidadosa e, sobretudo, por uma ampla diversificação; a primeira pode ser evitada pela insistência invariável na razoabilidade do preço pago por cada compra.

Seriam precipitados quaisquer autores que se expressassem, inequivocamente, a favor dessa hipótese básica ou contra ela, indicando que os negócios americanos se desenvolverão no futuro da mesma forma que no passado. Em nossa introdução, ressaltamos que a experiência dos últimos quinze anos vai contra essa afirmação. Sem procurar adivinhar o futuro, não bastaria declarar que o *investidor* não pode contar, com razoável grau de certeza, com o crescimento *generalizado* dos lucros para fornecer segurança e lucro a longo prazo? A esse respeito, parece que estamos de volta à atitude do investidor em 1913 — com a diferença de que sua cautela *então* parecia desnecessariamente cega às poderosas evidências do crescimento secular inerente à economia americana. Nossa cautela hoje parece, pelo menos, basear-se em experiências amargas e no reconhecimento de alguns fatores mais novos e menos promissores no cenário dos negócios como um todo.

Crescimento individual como base de seleção. Aqueles que rejeitariam a sugestão de que a prática do investimento em ações ordinárias pode ser fundamentada, com segurança, na existência de uma expansão secular *geral* podem ser atraídos por uma segunda abordagem. Essa hipótese enfatiza o elemento de seletividade e se baseia na premissa de que é possível contar com um crescimento constante de *certas empresas bem situadas*. Portanto, essas empresas, quando encontradas, podem ser adquiridas com confiança para fins de investimento a longo prazo. Essa filosofia de investimento é exposta em maior profundidade no relatório de 1938 da National Investors Corporation, um fundo de investimento, do qual citamos o seguinte:

> Os estudos dessa organização, direcionados especificamente a procedimentos de seleção aprimorados, fornecem evidências de que as ações ordinárias das empresas em crescimento — isto é, empresas cujos lucros sobem de ciclo em ciclo e são apenas temporariamente interrompidos pelas crises periódicas no ambiente dos negócios — oferecem o meio mais eficaz de investimento no campo das ações ordinárias, seja em termos do rendimento de dividendos, seja em termos da valorização do capital a prazo mais longo. Acreditamos que essa conclusão geral possa ser comprovada estatisticamente e é apoiada por análises econômicas e raciocínios práticos.

Ao considerar essa declaração criticamente, devemos começar com a afirmação enfática, porém bastante óbvia, de que o investidor que consegue identificar com sucesso essas "empresas em crescimento", *quando suas ações estão disponíveis a preços razoáveis*, certamente terá um retorno excepcional sobre seu capital. Não se pode negar também que existem investidores capazes de fazer tais seleções com um alto grau de precisão e que se beneficiaram enormemente de sua visão e bom senso. No entanto, a verdadeira questão é se *todos* os investidores cuidadosos e inteligentes podem ou não seguir essa política com razoável sucesso.

Três aspectos do problema. Na verdade, o problema divide-se em três partes: primeiro, o que significa "empresa em crescimento"? Segundo, o investidor consegue identificar essas empresas com uma precisão razoável? Terceiro, em que medida o preço pago por tais ações afeta o sucesso da empresa?

1. *O que são empresas em crescimento?* A discussão da National Investors Corporation definiu as empresas em crescimento como aquelas "cujos lucros sobem de um ciclo para outro". Quantos ciclos são necessários para atender a essa definição? Parece que, antes de 1930, uma grande proporção de *todas* as empresas americanas de capital aberto crescia de ciclo em ciclo. A característica distintiva das empresas em crescimento, como agora é entendida, desenvolveu-se apenas no período entre 1929 e 1936-1937. Nesse único ciclo, constatamos que a maioria das empresas não conseguiu recuperar suas perdas totais sofridas durante os tempos de depressão. A minoria que conseguiu se destacou das demais, e são elas que agora recebem o título elogioso de "empresas em crescimento". No entanto, como essa distinção é, na realidade, baseada no desempenho durante um único ciclo, como o investidor pode ter certeza de que será mantida por um futuro mais longo?

É verdade, pelo que dissemos anteriormente, que muitas das empresas que se expandiram de 1929 a 1937 faziam parte do histórico geral de crescimento anterior a 1929, de forma que combinam as vantagens de um longo período de consolidação e uma capacidade *excepcional* para expandir na última década. A seguir, estão exemplos de empresas grandes e bem conhecidas dessa classe:

Air Reduction	Monsanto Chemical
Allis Chalmers	Owens-Illinois Glass
Coca-Cola	J. C. Penney
Commercial Credit	Procter & Gamble
Dow Chemical	Sherwin-Williams Paint
DuPont	Standard Oil of New Jersey
International Business Machines	Scott Paper
International Nickel	Union Carbide and Carbon
Libbey-Owens-Ford	

2. *O investidor consegue identificá-las?* Entretanto, nosso entusiasmo natural por registros tão excelentes fica um pouco diminuído por causa de uma questão preocupante. Do ponto de vista histórico, a maioria das empresas bem-sucedidas do passado seguiu um ciclo de vida bem definido que consistiu, primeiro, em uma série de lutas e contratempos; segundo, em um período tranquilo de prosperidade e crescimento persistente; o qual, por sua vez, se transformou em uma fase final de supermaturidade — caracterizada

por um arrefecimento da expansão e talvez por uma perda real de liderança ou mesmo de lucratividade.[1] Assim, uma empresa que tenha desfrutado de um período muito longo de lucros crescentes pode, *ipso facto*, estar se aproximando de seu "ponto de saturação". Dessa forma, aquele que busca ações de crescimento enfrenta um dilema real, pois, se escolhe empresas mais novas com um histórico de expansão breve, corre o risco de ser enganado por uma prosperidade temporária, e se escolhe empresas que avançaram em vários ciclos de negócios, pode descobrir que essa força aparente é o prenúncio de uma fraqueza futura.

Vemos, portanto, que a identificação de uma empresa em crescimento não é tão simples como pode parecer à primeira vista. Ela não pode ser realizada apenas por meio de um exame de estatísticas e registros, mas requer um esforço adicional de investigação especial e de avaliação comercial. Os defensores do princípio de investimento em empresas em crescimento tendem, atualmente, a dar grande ênfase à pesquisa setorial. Na ausência de uma expansão *generalizada* dos negócios, é provável que lucros excepcionais sejam obtidos por empresas que fornecem produtos ou processos novos. Estes, por sua vez, provavelmente vão emergir dos laboratórios de pesquisa. Os lucros obtidos com celofane, gás etílico e diversos plásticos, bem como com os avanços do rádio, da fotografia, da refrigeração, da aeronáutica, etc., criaram um entusiasmo natural pela pesquisa como um ativo comercial e uma tendência natural para considerar a posse de instalações de pesquisa como condição *sine qua non* do progresso industrial.

Mesmo aqui, também é preciso ter cautela. Se a mera propriedade de um laboratório de pesquisa pudesse assegurar um futuro de sucesso, todas as empresas dos Estados Unidos teriam um. Portanto, o investidor deve estar atento ao tipo de instalações que possui, às habilidades dos pesquisadores e às potencialidades do campo sob investigação. Não é impossível estudar esses pontos com sucesso, mas a tarefa não é fácil e a chance de errar é grande.

3. *O preço embute um desconto do crescimento potencial?* A terceira fonte de dificuldade talvez seja a maior. Presumindo certo grau de confiança, da parte do investidor, de que a empresa vai expandir no futuro, que *preço* seria justificado pagar por esse elemento atraente? É óbvio que, se pode conseguir um bom futuro *de graça*, ou seja, se o preço reflete apenas o desempenho no passado, está fazendo um bom investimento. Entretanto, esse não é o caso, é claro, *se o próprio mercado está contando com o crescimento futuro*.

---

[1]. Esse padrão característico de empresa bem-sucedida é discutido em detalhes no relatório da National Investors Corporation, de 1938 (p. 4-6).

Caracteristicamente, as ações com boas perspectivas são negociadas a preços relativamente altos. Como o investidor pode saber se o preço está alto *demais* ou não? Achamos que não existe uma resposta boa a essa pergunta — na verdade, estamos inclinados a pensar que, mesmo se soubéssemos, com certeza, o que uma empresa está destinada a ganhar durante décadas, ainda assim seria impossível dizer o que é um preço justo a pagar por ela hoje. Segue-se que, *quando o investidor paga uma quantia substancial pelo fator de crescimento*, está, inevitavelmente, assumindo certos tipos de risco: o crescimento será menor do que antecipa; a longo prazo, terá pagado demais pelo que recebe; por um período considerável, o mercado avaliará as ações com menos otimismo que ele.

Por outro lado, suponha que o investidor se esforce para evitar pagar um prêmio alto pelas perspectivas futuras, ao escolher empresas com as quais está pessoalmente otimista, embora não sejam as favoritas do mercado acionário. Sem dúvida, esse é o tipo de avaliação que, caso correto, se mostrará mais remunerador. No entanto, pela própria natureza da empreitada, essa avaliação deve representar a atividade de indivíduos decididos e ousados, em vez de um investimento de acordo com regras e padrões aceitos.[2]

Essas compras podem ser descritas como compromissos de investimento? Esta tem sido uma discussão longa, uma vez que o assunto é importante e não muito bem compreendido em Wall Street. Colocamos mais ênfase nas armadilhas do investimento no crescimento futuro que em suas vantagens. Entretanto, repetimos que esse método pode ser seguido com sucesso se executado com habilidade, inteligência e estudo diligente. Em caso afirmativo, é apropriado chamar essas compras pelo nome de "investimento"? Nossa resposta é "sim", desde que dois fatores estejam presentes: o primeiro, já mencionado, é que os elementos que afetam o futuro sejam examinados com muito rigor e ceticismo saudável, em vez de serem aceitos atropeladamente por causa de alguma generalização fácil; o segundo é que o preço pago não seja substancialmente diferente daquele que um homem de negócios prudente estaria disposto a pagar por uma oportunidade semelhante que se apresentasse a ele de investimento em uma empresa privada sobre a qual pudesse exercer o controle.

Acreditamos que o segundo critério fornecerá um parâmetro útil para determinar se o comprador está assumindo um compromisso bem avaliado

---

2. O critério de "indústria em expansão" do investimento em ações ordinárias é vigorosamente defendido em um livro impressionante intitulado *The ebb and flow of investment values*, de Edward S. Mead e Julius Grodinsky (Nova York, D. Appleton-Century, 1939). Para uma avaliação desse ponto de vista com algum detalhe, ver apêndice D, nota 9, p. 1.016.

e legítimo em uma empresa com um futuro atraente ou, em vez disso, sob o pretexto de "investimento", se está realmente fazendo uma aposta em uma ação popular ou deixando seu entusiasmo se sobrepor a seu julgamento.

Alguns talvez afirmem que os investimentos em ações ordinárias, como temos discutido, podem ser adequadamente feitos a um preço bastante superior ao que seria justificado no caso de uma empresa privada; em primeiro lugar, por causa da grande vantagem de liquidez que acompanha as ações listadas e, em segundo, porque o tamanho grande e o poder financeiro das empresas públicas as tornam inerentemente mais atraentes que qualquer empresa privada pode ser. Quanto ao segundo ponto, o preço a ser pago deve refletir adequadamente as vantagens decorrentes do porte e da solidez financeira, mas esse critério não depende realmente do fato de a empresa ser pública ou privada. Quanto ao primeiro ponto, há espaço para alguma diferença de opinião a respeito da capacidade do *controle* de uma empresa privada oferecer ou não uma compensação completa (na análise de valor) à vantagem de liquidez de uma ação listada em bolsa. Para aqueles que acreditam que a liquidez é mais valiosa que o controle, podemos sugerir que, em qualquer caso, o prêmio a ser pago por essa vantagem não pode ser bem colocado acima de, digamos, 20% do valor justificado de outra forma, sem o perigo de introduzir um elemento definitivamente especulativo no cenário.

Seleção baseada no princípio da margem de segurança. A terceira abordagem para o investimento em ações ordinárias se baseia no princípio da margem de segurança. Se o analista estiver convencido de que uma ação *vale mais* do que paga por ela e se estiver *razoavelmente otimista* quanto ao futuro da empresa, considerará a emissão como um componente adequado do investimento em um grupo de ações ordinárias. Esse enfoque do problema se presta a duas técnicas possíveis. Uma é comprar nos *momentos em que o mercado geral está em baixa*, conforme medido por padrões quantitativos de valor. Presume-se que as compras se limitariam a ações representativas e bastante ativas. A outra técnica seria empregada para descobrir ações ordinárias *individuais* subvalorizadas, as quais, presumivelmente, estão disponíveis mesmo quando o mercado geral não está em patamares muito baixos. Em ambos os casos, a "margem de segurança" reside no desconto em que a ação está sendo negociada abaixo de seu valor intrínseco mínimo, conforme medido pelo analista. Entretanto, com respeito aos riscos e fatores psicológicos envolvidos, as duas abordagens diferem bastante. Vamos discuti-las em sua ordem.

Fatores que complicam os esforços para explorar as oscilações gerais do mercado. Uma olhada no gráfico da página 70, que mostra as oscilações dos preços das ações ordinárias desde 1900, sugere que os preços ficam recorrentemente altos demais e baixos demais e, por consequência, deve haver oportunidades repetidas de comprar ações por menos do que valem e de vendê-las mais tarde pelo valor justo ou superior. Um método rudimentar de fazer isso — mas aparentemente encorajado pelo próprio gráfico — consistiria simplesmente em traçar uma linha reta pelos pontos médios aproximados das oscilações de mercado anteriores e, em seguida, planejar a compra em algum ponto abaixo dessa linha e a venda em algum ponto acima dela.

Talvez esse "sistema" seja tão prático quanto qualquer outro, mas é provável que o analista insista em uma abordagem mais científica. Um refinamento funcionaria da seguinte maneira:

1. selecione uma lista diversificada das principais ações ordinárias do setor industrial;
2. determine um valor básico ou "normal" para o grupo ao capitalizar seus lucros médios por alguma taxa adequada, relacionada à taxa de juros a longo prazo vigente; e
3. estabeleça um ponto de compra a certa porcentagem inferior a esse valor normal e um ponto de venda acima dele. (Ou as compras e as vendas podem ser feitas "em escala decrescente" e "em escala crescente".)

Um método desse tipo tem uma lógica plausível para recomendá-lo e é favorecido também por uma tradição milenar de que o sucesso no mercado acionário é obtido pela compra em níveis baixos e pela venda quando o público está otimista. Entretanto, o leitor suspeitará imediatamente de que existe uma ressalva em algum lugar. Quais são as desvantagens?

A nosso ver, as dificuldades inerentes a essa ideia são três: primeiro, embora o padrão *geral* de comportamento do mercado possa ser devidamente antecipado, os pontos de compra e venda específicos podem acabar sendo mal escolhidos e o operador pode perder a oportunidade em um extremo ou em outro. Segundo, existe sempre uma chance de que o comportamento do mercado pode mudar significativamente, de modo que uma forma de operar que funcionava bem no passado deixa de ser praticável. Terceiro, o método em si requer uma quantidade considerável de coragem. Em geral, envolve comprar e vender quando a opinião prevalecente indica o rumo oposto, observar suas ações caírem após a compra e subirem após a venda e, muitas vezes, ficar fora do mercado por períodos longos (por exemplo, 1927-1930), quando a maioria das pessoas está muito interessada nas ações. No entanto, apesar dessas desvantagens, que não minimizamos, acreditamos que esse método deve ser recomendado àqueles que possuem o temperamento necessário para adotá-lo.

Abordagem de ativos individuais subvalorizados. A outra aplicação do princípio de investimento em ações ordinárias subvalorizadas é direcionada a emissões individuais, as quais, após análise, parecem valer substancialmente mais que o preço em que são negociadas. É raro que uma ação ordinária pareça satisfatória *sob todos os aspectos qualitativos* e, ao mesmo tempo, seja negociada a um preço baixo em termos de padrões quantitativos, como lucros, dividendos e ativos. Sem dúvida, ativos desse tipo seriam elegíveis para uma compra em grupo que atenderia a nosso critério suplementar de "investimento" apresentado no capítulo 4 — "Uma operação de investimento é aquela que pode ser justificada tanto em termos qualitativos como em bases quantitativas".

De importância mais prática é a questão de saber se o investimento pode ou não ser realizado com sucesso em ações ordinárias que parecem baratas do ângulo quantitativo e que — após análise — parecem ter perspectivas *médias* para o futuro. Ativos desse tipo podem ser encontrados em abundância razoável, como resultado da obsessão do mercado acionário por empresas consideradas *com perspectivas de crescimento excepcionalmente boas*. Por causa dessa ênfase no crescimento, um grande número de empresas estabelecidas há muito tempo, bem financiadas, importantes em seus setores e, presumivelmente, destinadas a permanecer em funcionamento e a granjear lucros indefinidamente no futuro, mas que não possuem apelo especulativo ou de crescimento, tende a ser discriminado pelo mercado acionário — sobretudo em anos de lucros abaixo do normal — e negociado a um preço *consideravelmente inferior* àquele *que o negócio valeria para um proprietário privado*.[3]

Acreditamos fortemente que este último critério — preço muito inferior ao valor para um proprietário privado — constituirá um parâmetro sólido para a descoberta de oportunidades de investimento reais em ações ordinárias. Essa visão vai de encontro às convicções e à prática da maioria das pessoas que procura investir em ações, incluindo praticamente todos os fundos de investimento. Sua ênfase está, acima de tudo, no crescimento a longo prazo, nas perspectivas para o próximo ano ou na tendência indicada pelo próprio mercado acionário. Sem dúvida, qualquer um desses três pontos de

---

3. Deve-se observar que aplicamos o critério de "valor para um investidor privado" para justificar *dois* tipos diferentes de *investimento* em ações ordinárias: (1) a compra de ativos com perspectivas excepcionais a um preço não superior àquele que seria pago por uma participação correspondente em um negócio privado e (2) a compra de ativos com bons históricos e perspectivas *médias* a um preço muito mais *baixo* que o negócio valeria para um proprietário privado. Para o desempenho de um ativo do último tipo (Swift and Company), ver apêndice E, nota 2, p. 1.021.

vista pode ser explorado com sucesso por aqueles especialmente bem equipados com experiência e capacidade inata de explorá-los. Entretanto, não temos tanta certeza de que qualquer uma dessas abordagens possa ser transformada em um sistema ou em uma técnica que possa ser seguida com segurança por qualquer pessoa de grande inteligência que a tenha estudado com cuidado. Portanto, devemos erguer nossa voz solitária contra o uso do termo *investimento* para caracterizar esses métodos de operação com ações ordinárias, por mais lucrativos que possam ser para aqueles com habilidades excepcionais. Negociar no mercado, prever os resultados do próximo ano para várias empresas e selecionar os melhores instrumentos para expansão a longo prazo têm um lugar útil em Wall Street. Entretanto, acreditamos que os interesses dos investidores e de Wall Street como instituição seriam mais bem atendidos se as operações baseadas, sobretudo, nesses fatores tivessem outro nome que não fosse investimento.

A validade ou não do novo conceito de investimento em ações ordinárias poderá ser avaliada, de maneira mais inteligente, depois de um diagnóstico extenso dos principais fatores que fazem parte de uma análise estatística de uma emissão de ações. A necessidade dessa análise independe de nossa filosofia de investimento. Afinal, as ações ordinárias existem e são negociadas ativamente pelo público. Aqueles que compram e vendem devem tentar equipar-se de conhecimentos adequados das práticas financeiras e das ferramentas e técnicas necessárias para uma análise inteligente dos demonstrativos financeiros.

Essas informações e ferramentas para o investidor de ações ordinárias são a temática dos capítulos seguintes.

CAPÍTULO 29
O FATOR DOS DIVIDENDOS NA ANÁLISE DAS AÇÕES ORDINÁRIAS

Uma classificação natural dos elementos que entram na avaliação de uma ação ordinária englobaria três categorias:

1. taxa de dividendos e seu histórico;
2. fatores da conta de receitas (lucratividade); e
3. fatores do balanço (valor dos ativos).

A taxa de dividendos é um fato simples e não requer análise, mas seu significado exato é muito difícil de avaliar. De um ponto de vista, a taxa de dividendos é muito importante, mas, de outro ponto de vista igualmente válido, deve ser considerada um fator acidental e secundário. Uma confusão básica cresceu entre os gestores e os acionistas a respeito do que constitui uma política de dividendos adequada. O resultado foi a criação de um conflito claro entre dois aspectos da propriedade das ações ordinárias: o primeiro tem a ver com a posse de um ativo negociável e o segundo, com a assunção de uma participação societária em uma empresa. Vamos considerar o assunto em detalhes a partir dessa abordagem dupla.

Rendimento dos dividendos como um fator no investimento em ações ordinárias. Até recentemente, o rendimento dos dividendos era o fator principal no investimento em ações ordinárias. Esse ponto de vista era baseado em uma lógica simples. O objetivo principal de uma empresa é pagar dividendos a seus proprietários. Uma empresa bem-sucedida é aquela que consegue pagar dividendos com regularidade e, presume-se, a uma taxa crescente com o passar do tempo. Uma vez que a ideia do investimento está intimamente ligada à de uma renda confiável, segue-se que o investimento em ações ordinárias estaria em geral restrito àquelas com dividendos bem estabelecidos. Disso resultaria também que o *preço* pago por um investimento em ações ordinárias seria determinado, sobretudo, pelo valor do dividendo.

Vimos que o investidor tradicional em ações ordinárias buscava se colocar o mais próximo possível da posição do investidor em um título ou ação preferencial. Seu objetivo principal era uma renda estável, a qual, em geral, seria um pouco maior e um pouco menos certa que aquela fornecida pelos ativos privilegiados de boa qualidade. Excelentes exemplos do efeito dessa atitude sobre o preço das ações ordinárias são proporcionados pelos registros de lucros, dividendos e variações anuais de preços da American Sugar Refining, entre 1907 e 1913, e da Atchison, Topeka and Santa Fe Railway, entre 1916 e 1925, aqui apresentados.

AMERICAN SUGAR REFINING COMPANY

Ano	Faixa de variação do preço da ação	Lucro por ação	Pago por ação
1907	138-93	$ 10,22	$ 7,00
1908	138-99	7,45	7,00
1909	136-115	14,20	7,00
1910	128-112	5,38	7,00
1911	123-113	18,92	7,00
1912	134-114	5,34	7,00
1913	118-100	0,02(d)	7,00

ATCHISON, TOPEKA AND SANTA FE RAILWAY COMPANY

Ano	Faixa de variação do preço da ação	Lucro por ação	Pago por ação
1916	109-100	$ 14,74	$ 6
1917	108-75	14,50	6
1918	100-81	10,59*	6
1919	104-81	15,41*	6
1920	90-76	12,54*	6
1921	94-76	14,69†	6
1922	109-92	12,41	6
1923	105-94	15,48	6
1924	121-97	15,47	6
1925	141-116	17,19	7

* Resultados desses anos com base nas operações reais. Os resultados das operações federais foram US$ 9,98 em 1918; US$ 16,55 em 1919; US$ 13,98 em 1929.
† Inclui receita não recorrente. Excluindo esta última, o resultado de 1921 teria sido US$ 11,29.

A faixa de variação dos preços de ambos os ativos é surpreendentemente estreita, se levarmos em consideração as oscilações contínuas do mercado acionário como um todo durante esses períodos. A característica mais notável das tabelas é a pouca influência exercida pelos lucros irregulares da American Sugar e pela lucratividade excepcionalmente consistente e crescente da Atchison. É claro que o preço da American Sugar foi dominado, durante todo esse período, por sua taxa de US$ 7 e o da Atchison, por sua taxa de US$ 6, embora os registros de lucros aparentemente justificassem uma faixa inteiramente diferente de preços relativos.

Princípio estabelecido de retenção dos dividendos. Temos, portanto, por um lado, uma tradição arraigada e fortemente motivada que concentra o interesse dos investidores na taxa de dividendos presente e passada. Entretanto, por outro lado, temos um princípio igualmente confiável e bem estabelecido da *administração de empresas* que subordina os dividendos atuais ao bem-estar futuro da empresa e de seus acionistas. Considera-se adequada uma política de gestão que não distribui os lucros correntes aos acionistas, em prol de qualquer uma das seguintes vantagens:

1. fortalecer a posição financeira (capital de giro);
2. aumentar a capacidade produtiva; e
3. eliminar uma sobrecapitalização original.

Quando os gestores retêm e reinvestem os lucros, acumulando assim um superávit, afirmam, com confiança, que estão agindo no melhor interesse dos acionistas. Isso porque, por meio dessa política, a continuidade da taxa de dividendos estabelecida é, sem dúvida, mais bem assegurada; além disso, um aumento gradual, mas contínuo, do pagamento regular se torna possível. Os acionistas, em grande parte, apoiarão essas políticas, seja porque estão individualmente convencidos de que esse procedimento resulta em uma vantagem para eles, seja porque aceitam, sem crítica, a autoridade dos gestores e dos banqueiros que as recomendam.

Entretanto, a aprovação pelos acionistas daquilo que é denominado "política de dividendos conservadora" tem um elemento peculiar de superficialidade e até de relutância. O investidor típico certamente preferiria receber seus dividendos hoje e deixar o amanhã cuidar de si mesmo. Não há registros de casos em que a retenção de dividendos por causa de lucros futuros tenha sido saudada com tanto entusiasmo a ponto de causar um aumento no preço da ação. O oposto sempre foi verdadeiro. *Dadas duas empresas na mesma posição geral e com a mesma lucratividade, aquela que paga o maior dividendo sempre será negociada pelo preço mais alto.*

Política de retenção de dividendos questionável. Esse é um fato impressionante e deve servir para lançar dúvidas sobre a teoria tradicional das finanças empresariais de que, quanto menor o percentual dos lucros distribuídos em forma de dividendos, melhor para a empresa e seus acionistas. Embora os investidores tenham sido ensinados a defender essa teoria da boca para fora, seus instintos — e talvez seu melhor juízo — se revoltam contra ela. Se tentarmos trazer um ponto de vista novo e crítico sobre esse assunto, descobriremos que objeções de peso podem ser levantadas contra a política de dividendos prevalecente nas empresas americanas.

Examinando essa política mais de perto, vemos que se baseia em duas premissas bastante distintas. A primeira aponta que é vantajoso para os acionistas deixar uma parte substancial dos lucros anuais na empresa; a segunda indica que é desejável manter o rendimento dos dividendos estável em face de oscilações nos lucros. Não haveria qualquer questionamento quanto ao segundo ponto, desde que a *estabilidade* do dividendo fosse alcançada sem um sacrifício grande do *valor* do dividendo. Suponhamos que os lucros variem entre US$ 5 e US$ 15 anualmente, ao longo dos anos, com uma média de US$ 10. Sem dúvida, o acionista teria mais vantagem se uma taxa de dividendos estável de US$ 8 fosse mantida, às vezes sacando do excedente acumulado para conservá-la nesse nível, mas, em média, aumentando o excedente à taxa de US$ 2 por ação ao ano.

Esse seria um arranjo ideal. Entretanto, na prática, isso raramente é feito. Constatamos que a estabilidade dos dividendos, em geral, é alcançada pelo expediente simples de pagamento de uma *parcela pequena* dos rendimentos médios. Por um *reductio ad absurdum*, fica claro que qualquer empresa que tenha um lucro médio de US$ 10 por ação poderia facilmente estabilizar seus dividendos a US$ 1. A questão muito apropriada que surge é se os acionistas não prefeririam um dividendo agregado muito maior, mesmo com alguma irregularidade. Esse ponto é bem exemplificado pelo caso da Atchison.

O caso da Atchison. A Atchison manteve seus dividendos a uma taxa anual de US$ 6 durante os quinze anos entre 1910 e 1924. Ao longo desse período, os lucros médios foram superiores a US$ 12 por ação, de modo que a estabilidade foi alcançada por meio da retenção de mais da metade dos lucros dos acionistas. Posteriormente, essa política rendeu frutos em uma subida do dividendo para US$ 10 — que foi a taxa paga entre 1927 e 1931 —, junto com um aumento na cotação de mercado para quase US$ 300 por ação em 1929. Seis meses após o último pagamento à taxa de US$ 10 (em dezembro de 1931), o dividendo foi totalmente omitido. Visto de forma crítica, a estabilidade dos dividendos da

Atchison, entre 1910 e 1924, deve ser considerada como um benefício duvidoso para os acionistas. Durante sua continuidade, receberam um retorno indevidamente pequeno em relação aos lucros; quando a taxa finalmente subiu, a importância atribuída a tal movimento promoveu uma especulação excessiva nas ações; finalmente, o reinvestimento de enormes montantes de lucros não conseguiu proteger os acionistas de uma perda completa de receita em 1932. Deve-se levar em conta, é claro, a natureza inusitada da depressão de 1932. No entanto, o fato é que os prejuízos operacionais reais em dólares por ação até o não pagamento do dividendo eram totalmente insignificantes em comparação com o excedente acumulado com os lucros de exercícios anteriores.

United States Steel, outro exemplo. O caso da Atchison ilustra as duas principais objeções àquilo que é caracterizado e, em geral, elogiado como uma "política de dividendos conservadora". A primeira objeção é que os acionistas recebem, *atualmente e nos últimos tempos*, um retorno muito baixo em relação aos lucros de sua propriedade; a segunda é que "economizar lucros para os dias chuvosos" muitas vezes não consegue proteger até mesmo uma taxa de dividendos moderada quando o dia chuvoso realmente chega. Um exemplo igualmente notável da ineficácia de um grande superávit acumulado é apresentado por uma indústria líder, a United States Steel. Os números a seguir contam uma história notável:

Lucros disponíveis para as ações ordinárias, 1901-1930 .... US$ 2.344.000.000

   Dividendos pagos:

      Dinheiro 891.000.000

      Ações 203.000.000

   Lucros não distribuídos 1.250.000,000

   Prejuízo após dividendos preferenciais de 1º de janeiro de 1931 a 30 de junho de 1932 .... 59.000.000

   Dividendo das ordinárias omitido em 30 de junho de 1932.

Um ano e meio de declínio dos negócios foi suficiente para superar a influência benéfica de trinta anos de reinvestimento praticamente contínuo dos lucros.

Méritos de reinvestir os lucros. Esses exemplos servem para direcionar nossa atenção crítica para a outra premissa em que as políticas de dividendos americanas se baseiam, a saber, que é vantajoso para os acionistas quando uma parcela substancial dos lucros anuais for retida no negócio. Isso pode muito bem ser verdade, mas, ao determinar essa verdade, vários fatores precisam ser levados em consideração, os quais, em geral, são deixados de lado. O raciocínio costumeiro sobre esse ponto pode ser expresso na forma de um silogismo, como segue:

> Premissa principal: Tudo que beneficie a empresa, beneficia os acionistas.
> Premissa secundária: Uma empresa é beneficiada se seus lucros forem retidos em vez de pagos em dividendos.
> Conclusão: Os acionistas são beneficiados pela retenção dos lucros da empresa.

O ponto fraco desse raciocínio repousa, é claro, em sua premissa principal. Tudo o que beneficia a empresa beneficia seus proprietários, desde que o benefício não seja conferido à empresa às *custas* dos acionistas. Tirar dinheiro dos acionistas e entregá-lo à empresa sem dúvida a fortalecerá, mas se isso é ou não vantajoso para os proprietários, é uma questão inteiramente diferente. É costume elogiar as administrações por "reinvestirem os lucros na propriedade"; porém, ao medir os benefícios de tal política, o elemento temporal, em geral, é deixado de lado. É lógico que, se uma empresa distribuiu apenas uma pequena parcela de seus lucros em forma de dividendos, o valor das ações deveria aumentar ao longo de um período de anos, mas não é, de modo algum, tão certo que esse aumento compensará os acionistas por seus dividendos retidos, *sobretudo se os juros sobre esses valores forem acumulados a uma taxa composta.*

Um estudo indutivo mostraria, sem dúvida, que a lucratividade das empresas, em geral, não se expande na mesma proporção que o aumento do superávit acumulado. *Supondo que os lucros reportados estivessem realmente disponíveis para distribuição,* os acionistas, em geral, certamente se sairiam melhor em dólares e centavos se sacassem quase todos esses lucros em forma de dividendos. Uma percepção inconsciente desse fato tem muito a ver com a tendência de as ações ordinárias que pagam dividendos liberais serem negociadas a um preço mais alto que outras com a mesma lucratividade, mas que distribuem apenas uma pequena parcela em forma de dividendos.

Políticas de dividendos arbitrárias e, às vezes, determinadas por egoísmo.
Um dos obstáculos para uma compreensão inteligente, por parte dos acionistas, da questão dos dividendos é a noção aceita de que a determinação da política de dividendos é uma função apenas dos administradores, da mesma forma que a gestão geral do negócio. Isso é legalmente verdadeiro, e os tribunais não interferirão na política de dividendos, exceto mediante uma demonstração muito convincente de injustiça. Entretanto, se as opiniões dos acionistas fossem devidamente esclarecidas, insistiriam em reduzir os poderes despóticos

conferidos à diretoria sobre a política de dividendos. A experiência mostra que esses poderes irrestritos são suscetíveis a abuso por diversas razões. Os conselhos de administração, em geral, são constituídos de diretores executivos e seus amigos. É natural que os diretores queiram reter o máximo de dinheiro possível na tesouraria, a fim de simplificar seus problemas financeiros; também estão inclinados a expandir o negócio persistentemente e em prol do engrandecimento pessoal e da obtenção de salários mais altos. Essa é a principal causa do aumento imprudente das instalações fabris, que tem se mostrado, repetidas vezes, um dos principais fatores problemáticos em nossa situação econômica.

O poder discricionário sobre a política de dividendos também pode ser abusado de forma mais tenebrosa, às vezes para permitir a aquisição de ações a um preço indevidamente baixo, outras vezes para facilitar vendas a uma cotação alta. As pesadas sobretaxas impostas às rendas elevadas, com frequência, tornam indesejável, do ponto de vista dos grandes acionistas, que os lucros sejam pagos em dividendos. Portanto, as políticas de dividendos podem ser determinadas, por vezes, pela situação tributária dos grandes acionistas que controlam a diretoria. Isso é sobretudo verdadeiro nos casos em que esses acionistas dominantes recebem salários substanciais como executivos. Em tais casos, estão perfeitamente dispostos a deixar a sua parte dos lucros na tesouraria da empresa, uma vez que está sob seu controle, e, assim, também retêm o controle sobre os lucros acumulados e devidos aos outros acionistas.

Controle arbitrário da política de dividendos complica a análise das ações ordinárias. Olhando as políticas de dividendo das empresas americanas como um todo, não se pode dizer que o poder quase ilimitado conferido aos administradores nesse ponto tenha redundado em benefício dos acionistas. Em muitos casos, o direito de pagar ou reter lucros à vontade é exercido de maneira pouco inteligente ou injusta. As políticas de dividendos são, muitas vezes, administradas de forma tão arbitrária que chegam a introduzir uma incerteza adicional na análise de uma ação ordinária. Além da dificuldade de avaliar a lucratividade, existe a segunda dificuldade de prever que parcela dos lucros os diretores decidirão desembolsar em forma de dividendos.

É importante observar que essa característica é própria das finanças corporativas americanas e não tem contrapartida próxima em outros países importantes. A típica empresa inglesa, francesa ou alemã distribui quase todos os lucros a cada ano, exceto aqueles transferidos para as reservas.[1] Portanto, não acumulam grandes excedentes de lucros e perdas, como é comum nos

---

1. Para uma discussão e exemplos, ver apêndice E, nota 3, p. 1.024.

Estados Unidos. Em outros países, o capital para fins de expansão é fornecido pela venda de ações adicionais e não pelos lucros não distribuídos. Em certa medida, talvez, as contas de reserva apresentadas nos balanços de outros países sirvam ao mesmo propósito que uma conta de excedente americana, mas essas contas de reserva raramente atingem uma magnitude comparável.

Reinvestimento por conta de ações "aguadas". A teoria americana de "reinvestir" os lucros parece ter crescido com base em práticas de "aguar" as ações da época anterior à guerra. Muitas das grandes indústrias americanas surgiram, no início, sem ativos tangíveis por trás de suas ações ordinárias e sem proteção adequada para seus ativos preferenciais. Portanto, era natural que a administração procurasse compensar essas deficiências com os lucros subsequentes. Isso se justificava porque ações adicionais não podiam ser vendidas por seu valor nominal e, portanto, era difícil obter capital novo para expansão, exceto por meio dos lucros não distribuídos.[2]

Exemplos: Exemplos concretos da relação entre o excesso de capitalização e as políticas de dividendos são proporcionados pela Woolworth e pela United States Steel Corporation.

Na venda original de ações da F. W. Woolworth Company ao público, realizada em 1911, a empresa emitiu ações preferenciais para representar todos os ativos tangíveis e ações ordinárias para representar seu patrimônio de marca (*goodwill*). O balanço, portanto, apresentava um item referente a patrimônio de marca de 50 milhões de dólares entre os ativos, compensando um passivo correspondente de 500 mil ações ordinárias, com valor nominal de US$ 100.[3] À medida que a Woolworth foi prosperando, um grande superávit foi acumulado a partir dos lucros, e valores foram debitados desse excedente para reduzir a conta de patrimônio de marca, até que, por fim, foi reduzida a US$ 1.[4]

No caso da United States Steel Corporation, a capitalização original excedeu os ativos tangíveis em nada menos que 768 milhões de dólares, que representavam todas as ações ordinárias e mais da metade das ações preferenciais. Essa "água" no balanço não foi apresentada como um item de patrimônio de marca, como no caso da Woolworth, mas foi disfarçada por uma

---

2. O dispositivo sem valor nominal é, em grande parte, um desenvolvimento ocorrido após 1918.

3. Este foi, por muitos anos, um esquema padrão para o financiamento das indústrias. Foi seguido por Sears Roebuck, Cluett Peabody, National Cloak and Suit e outras.

4 Deve-se notar que, quando o patrimônio de marca da Woolworth foi originalmente listado no balanço em 50 milhões de dólares, seu valor real (conforme medido pelo preço de mercado das ações) era de apenas 20 milhões. No entanto, quando o patrimônio de marca foi reduzido para US$ 1, em 1925, seu valor real era, aparentemente, 50 milhões de dólares.

supervalorização dos ativos imobilizados (ou seja, das "contas de investimento imobiliário"). Por meio de vários métodos contábeis, no entanto, a administração aplicou os lucros das operações à baixa desses ativos intangíveis ou fictícios. No final de 1929, um total de 508 milhões de dólares— igual a toda a emissão de ações ordinárias original — havia sido retirado dos lucros ou excedente e deduzidos da conta de propriedade. O saldo de 260 milhões de dólares foi estabelecido, em separado, como um ativo intangível no relatório de 1937 e depois foi dado baixa, em sua totalidade, em 1938, por meio de uma redução no valor declarado das ações ordinárias.

Algumas das políticas contábeis referidas anteriormente serão discutidas novamente, com relação a sua influência sobre o valor dos investimentos, nos capítulos 31 e 42. Do ponto de vista dos dividendos, fica claro que, em ambos os exemplos, a decisão de reter grandes quantidades de lucros, em vez de distribuí-los aos acionistas, deveu-se, em parte, ao desejo de eliminar itens intangíveis das contas de ativos.

Conclusões dos itens anteriores. Da discussão anterior, podem ser tiradas certas conclusões. Estas incidem, primeiro, sobre a questão muito prática do significado que deve ser atribuído à taxa de dividendos em comparação com os lucros relatados e, segundo, sobre a questão mais teórica, porém muito importante, de quais políticas de dividendos devem ser consideradas mais desejáveis do ponto de vista de interesse dos acionistas.

A experiência confirmaria o veredicto estabelecido do mercado acionário de que US$ 1 de lucro vale mais para o acionista se pago a ele em dividendos do que quando transferido para o excedente. O investidor em ações ordinárias deve, em geral, exigir uma lucratividade e um dividendo adequados. Se o dividendo for desproporcionalmente pequeno, uma compra de investimento será justificada apenas por um histórico muito impressionante de lucros (ou por uma situação muito especial com respeito aos ativos realizáveis). Por outro lado, é claro, uma política de dividendos extraliberal não é capaz de compensar lucros inadequados, uma vez que, com tal desempenho, a taxa de dividendos deve, necessariamente, ser pouco confiável.

Para ajudar no desenvolvimento dessas ideias de forma quantitativa, apresentamos as seguintes definições:

> A *taxa de dividendos* é a quantidade de dividendos anuais pagos por ação, expressa em dólares ou como uma porcentagem de um valor nominal de US$ 100. (Se o valor nominal for inferior a US$ 100, não é aconselhável referir-se à taxa de dividendos como um valor percentual, pois isso pode causar confusão.)

A *taxa de lucros* é a quantidade de lucros anuais por ação, expressa em dólares ou como uma porcentagem de um valor nominal de US$ 100.

O índice *de dividendos, retorno de dividendos* ou *rendimento de dividendos* é o índice de dividendos pago ao preço de mercado (por exemplo, uma ação que paga US$ 6 por ano e é vendida a US$ 120 tem um índice de dividendos de 5%).

O índice *de lucro, retorno de lucro* ou *rendimento de lucro* é o índice de lucro anual em relação ao preço de mercado (por exemplo, uma ação que tem um lucro de US$ 6 e é negociada a US$ 50 mostra um rendimento de lucro de 12%).[5]

Vamos supor que uma ação ordinária *A*, com potencial médio, que tem um lucro de US$ 7 e distribui US$ 5, seja negociada a US$ 100. Este é um índice de lucros de 7% e um rendimento de dividendos de 5%. Então, uma ação ordinária semelhante, *B*, que tem um lucro de US$ 7, mas paga apenas US$ 4, deve ser negociada abaixo de US$ 100. Seu preço, evidentemente, deve estar entre US$ 80 (representando um rendimento de dividendos de 5%) e US$ 100 (representando um rendimento de ganhos de 7%). Em geral, a tendência é que o preço deve ser estabelecido mais próximo do limite inferior que do superior. Uma estimativa justa do preço relativo adequado seria cerca de US$ 90, nível em que o rendimento dos dividendos é de 4,44% e o índice de lucros é de 7,78%. Se o investidor fizer uma pequena concessão em termos de rendimento dos dividendos abaixo do padrão, tem o direito de exigir um aumento maior que o correspondente em termos de uma lucratividade acima do padrão.

No caso oposto, uma ação semelhante *C* pode ter um lucro de US$ 7, mas distribuir US$ 6. Aqui, o investidor tem justificativa para pagar algum prêmio acima de US$ 100 por causa do dividendo maior. O limite superior, é claro, seria US$ 120, o preço ao qual o índice de dividendos seria o padrão de 5%, mas o índice de lucros seria de apenas 5,83%. Novamente, o preço adequado deve estar mais próximo do limite inferior que do superior, digamos, US$ 108, valor em que o rendimento dos dividendos seria de 5,56% e o índice de lucros seria de 6,48%.

Princípio sugerido para pagamentos de dividendos. Embora esses números sejam propostos de forma arbitrária, correspondem bastante bem à realidade dos valores de investimento sob o que agora parecem ser condições razoavelmente normais no mercado acionário. A *taxa* de dividendos mostra-se importante, além do lucro, não apenas porque o investidor naturalmente deseja um rendimento em dinheiro de seu capital como também porque os lucros que

---

5. O termo "base de lucro" tem o mesmo significado que índice de lucro. No entanto, o termo "base de dividendos" é ambíguo, uma vez que, às vezes, é usado para denotar a taxa e, outras vezes, o índice.

não são pagos em dividendos tendem a perder parte de seu valor efetivo para o acionista. Por causa disso, os acionistas americanos fariam bem se adotassem uma atitude diferente daquela que têm assumido até agora com relação às políticas de dividendos das empresas. Devemos sugerir o princípio a seguir como uma modificação desejável do ponto de vista tradicional.

Princípio: Os acionistas têm o direito de receber os lucros sobre seu capital, exceto na medida em que decidam reinvesti-los no negócio. Os gestores deveriam reter ou reinvestir os lucros somente com a aprovação específica dos acionistas. Os "lucros" que devem ser retidos para proteger a posição da empresa não são lucros reais de forma alguma. Não deveriam ser reportados como lucros, mas deduzidos no demonstrativo de renda como reservas necessárias, com uma explicação adequada. *Um excedente obrigatório é um excedente imaginário.*[6]

Se esse princípio fosse geralmente aceito, a retenção de lucros não seria considerada uma questão corriqueira determinada arbitrariamente pelos gestores, mas exigiria uma justificativa correspondente àquela agora esperada nos casos de mudanças na capitalização e de venda de ações adicionais. O resultado seria sujeitar as políticas de dividendo a um escrutínio maior e a críticas mais inteligentes que agora recebem, impondo um controle salutar sobre a tendência das administrações de se expandirem imprudentemente e acumularem capital de giro excessivo.[7]

Se o desembolso da maior parte dos lucros a cada ano (como acontece em outros países) se tornasse a política padrão nos Estados Unidos, então a taxa de dividendos variaria com as condições do negócio. Isso, aparentemente, introduziria um fator adicional de instabilidade no valor das ações. Entretanto, a objeção à prática atual é que ela *falha* em produzir uma taxa de dividendos estável, que é seu objetivo declarado e a justificativa para o sacrifício que impõe. Portanto, em vez de um dividendo confiável que mitiga a incerteza dos lucros, temos uma política de dividendos, muitas vezes, arbitrária e inexplicável que agrava o risco aos lucros. A solução sensata seria transferir para o

---

6. Referimo-nos aqui a um excedente que *precisou ser acumulado* para *manter* o *status* da empresa, e não a um excedente acumulado como parte de uma boa gestão.

7. O procedimento sugerido, de acordo com a Lei das Sociedades britânica, de 1929, exige que o pagamento de dividendos seja aprovado pelos acionistas em assembleia anual, mas proíbe a aprovação de um índice superior àquele recomendado pelos diretores. Apesar da última ressalva, o simples fato de a política de dividendos ser submetida aos acionistas para sua aprovação ou crítica específica é um lembrete extremamente valioso aos gestores de suas responsabilidades e aos detentores de seus direitos nessa importante questão. Embora esse procedimento não seja exigido pela Lei das Sociedades em todos os casos, em geral, é seguido na Inglaterra. Consultar a Lei das Sociedades, de 1929, seções 6-10, tabela A, parágrafos 89-93; *Palmer's Company Law*. 13. ed., Londres, Stevens & Sons, 1929, p. 222-224.

acionista a tarefa de estabelecer a média de seus rendimentos anuais. Uma vez que o investidor em ações ordinárias deve ter uma opinião bastante satisfatória sobre a lucratividade média, que transcende as oscilações anuais, também pode se acostumar a formar uma ideia semelhante do *rendimento* médio. Como, na verdade, as duas ideias são substancialmente idênticas, as oscilações nos dividendos *desse tipo* não tornariam as coisas mais difíceis para o investidor em ações ordinárias. No final, essas oscilações serão mais vantajosas para ele que o método atual de tentar, geralmente sem sucesso, estabilizar o dividendo por meio de grandes acréscimos à conta de excedente.[8] Na primeira base, o rendimento médio do acionista seria, provavelmente, muito maior.

Um paradoxo. Embora tenhamos concluído que o pagamento de uma parcela substancial dos lucros em dividendos adiciona, definitivamente, um elemento à atratividade de uma ação ordinária, deve-se reconhecer que essa conclusão envolve um paradoxo curioso. O valor é aumentado pela retirada do valor. Quanto mais o acionista subtrai em dividendos do capital e do fundo excedente, maior é o valor que atribui ao que sobra. É como a famosa lenda dos Livros Sibilinos, exceto que aqui o preço do restante é *aumentado* porque parte foi tirada.

Esse ponto é bem exemplificado por uma comparação da Atchison com a Union Pacific — duas ferrovias de posição semelhante — durante o período de dez anos entre 1º de janeiro de 1915 e 31 de dezembro de 1924.

Item	Por ação de ordinária	
	Union Pacific	Atchison
Lucro, 10 anos (1915-1924)	$ 142,00	$ 137
Ajustes líquidos na conta de excedentes	dr. 1,50*	cr. 13
Total disponível para acionistas	$ 140,50	$ 150
Dividendos pagos	$ 97,50	$ 60
Aumento no preço do mercado	33,00	25
Total realizável pelos acionistas	$ 130,50	$ 85

---

8. Para um estudo abrangente dos efeitos da retenção de lucros sobre a regularidade dos pagamentos de dividendos, consultar O. J. Curry, *Utilization of corporate profits in prosperity and depression.* Ann Arbor, University of Michigan, 1941.

Item	Por ação de ordinária	
	Union Pacific	Atchison
Aumento nos lucros, 1924 sobre 1914	9%†	109%†
Aumento do valor contábil, 1924 sobre 1914	25%	70%
Aumento na taxa de dividendo, 1924 sobre 1914	25%	Nenhum
Aumento no preço de mercado, 1924 sobre 1914	28%	27%
Preço de mercado, em 31 de dezembro de 1914	116	93
Preço de mercado, em 31 de dezembro de 1924	149	118
Lucros, ano terminado em 30 de junho de 1914	$ 13,10	$ 7,40
Lucros, ano calendário de 1924	14,30	15,45

* Excluindo cerca de US$ 7 por ação transferidos das reservas para o excedente.
† Ano calendário de 1924 comparado com ano terminado em 30 de junho de 1914.

Deve-se observar que, uma vez que a Atchison não aumentou seus dividendos, o preço de mercado de suas ações não refletiu, adequadamente, o grande aumento na lucratividade e no valor contábil. A política de dividendos mais liberal da Union Pacific produziu o resultado oposto.

Essa anomalia do mercado acionário é explicada, em boa parte, pelo conflito subjacente entre as duas ideias prevalecentes a respeito dos dividendos que discutimos neste capítulo. No breve resumo a seguir, procuramos indicar a relação entre os aspectos teóricos e práticos da questão dos dividendos.

RESUMO

1. Em alguns casos, os acionistas obtêm benefícios positivos de uma política de dividendos ultraconservadora, ou seja, por meio de lucros e dividendos finais muito maiores. Em tais casos, o julgamento do mercado mostra-se errado ao penalizar as ações por causa de seus dividendos pequenos. O preço dessas ações deveria ser mais alto em vez de mais baixo, porque os lucros foram adicionados ao excedente em vez de terem sido distribuídos como dividendos.

2. Com muito mais frequência, entretanto, os acionistas obtêm benefícios maiores do pagamento de dividendos que de acréscimos ao excedente. Isso acontece porque: (a) os lucros reinvestidos não aumentam na mesma proporção que a lucratividade ou (b) não são "lucros" verdadeiros, mas reservas que *tiveram* de ser retidas apenas para proteger a empresa. Na maioria dos casos,

a disposição do mercado para enfatizar os dividendos e ignorar os acréscimos ao excedente revela-se sólida.

3. A confusão de pensamento surge do fato de que o acionista vota de acordo com a primeira premissa e investe com base na segunda. Se os acionistas se manifestassem com inteligência, esse paradoxo tenderia a desaparecer. A razão é que, nesse caso, a retenção de uma parcela grande dos lucros se tornaria uma prática excepcional, sujeita a um exame minucioso pelos acionistas e, presumivelmente, aprovada por eles com base em uma convicção ponderada de que tal retenção seria benéfica para os detentores das ações. É provável que esse endosso cerimonioso de uma taxa de dividendos baixa dissipasse o ceticismo do mercado acionário com relação a esse ponto e permitisse que o preço refletisse os lucros que estão se acumulando e aqueles que foram pagos.

A discussão anterior pode parecer conflitar com a sugestão, apresentada no capítulo anterior, de que os aumentos a longo prazo no valor das ações ordinárias, em geral, devem-se ao reinvestimento de lucros não distribuídos. Devemos distinguir entre as duas linhas de argumentação. Considerando nosso caso padrão de uma empresa com lucros de US$ 10 por ação e pagamentos de dividendos de US$ 7, apontamos que os acréscimos anuais repetidos de US$ 3 por ação ao excedente deveriam servir para aumentar o valor das ações por um período plurianual. Isso pode muito bem ser verdade e, ao mesmo tempo, a taxa composta do aumento do valor pode ser substancialmente inferior a US$ 3 por ano. Se considerarmos o caso inverso, a saber, US$ 3 pagos em dividendos e US$ 7 adicionados ao excedente, a distinção fica mais clara. Sem dúvida, o grande acréscimo ao excedente aumentará o valor da ação, mas é muito provável que esse valor também deixe de subir a uma taxa anual composta de US$ 7. Assim, o argumento contra o reinvestimento de grandes proporções dos lucros anuais permaneceria perfeitamente válido. Nossa crítica é feita a este último tipo de política, por exemplo, a retenção de 70% dos lucros, e não ao reinvestimento normal de cerca de 30% dos lucros.

Políticas de dividendo desde 1934. Se a prática dos dividendos das empresas americanas fosse avaliada apenas com base nos registros durante 1934-1939, a crítica expressa neste capítulo teria de ser consideravelmente suavizada. Nos últimos anos, ocorreu uma tendência marcada de maior liberalidade no pagamento de dividendos, sobretudo por parte de empresas que não têm oportunidades claramente definidas de expansão lucrativa. A retenção de lucros por empresas de crescimento rápido, por exemplo, os fabricantes de aviões, dificilmente pode ser questionada. Desde o final de 1932, por outro lado, a General Motors Corporation desembolsou cerca de 80% de seus lucros para os acionistas ordinários, sem grande desvio em qualquer ano até 1939. Nesse ano, o Treasury Department anunciou que usaria 70% como um teste aproximado ou preliminar para decidir se uma empresa está ou não sujeita a multas por um acúmulo indevido de excedentes.

No que diz respeito aos preços das ações, dificilmente se pode dizer que foram indevidamente influenciados por políticas arbitrárias de dividendos nos últimos anos. O motivo é que não apenas as próprias políticas têm sido muito menos arbitrárias que em tempos anteriores como tem havido uma tendência definida no mercado acionário de subordinar o fator dividendos aos lucros declarados e futuros.

Imposto sobre lucros não distribuídos. Os dividendos mais liberais dos últimos anos devem-se, em parte, ao imposto extremamente controverso sobre os lucros não distribuídos. O Congresso aprovou esse imposto em 1936, em uma escala graduada que vai de 7% a 27%. Após críticas severas, o imposto foi reduzido a 2,5% vestigiais, em 1938, e totalmente revogado no ano seguinte. Seu principal objetivo era obrigar as empresas a distribuir seus lucros, de forma que estes pudessem estar sujeitos ao imposto de renda de pessoa física cobrado dos acionistas. Um objetivo secundário parece ter sido restringir a acumulação de excedentes corporativos, considerados por alguns como prejudiciais, seja porque negavam poder de compra aos indivíduos, seja porque encorajavam uma expansão imprudente. No entanto, o imposto foi ampla e severamente condenado, sobretudo com base no fundamento de que impedia a criação de recursos excedentes ou de reservas essenciais para atender a prejuízos futuros, a emergências ou a necessidades de expansão. Dizia-se que impunha uma penalidade pesada à parcimônia e à prudência das empresas e afetava com severidade especial as empresas pequenas ou novas que dependem, em grande parte, dos lucros retidos para seu crescimento.

Lei questionável, mas criticada em bases erradas. Em nossa opinião, a lei era péssima, mas foi criticada, em grande medida, por motivos errados. Seu objetivo, conforme inicialmente anunciado, era tributar as empresas exatamente como se fossem sociedades e, portanto, equalizar a base de tributação das empresas e das sociedades. Muito poderia ser dito a favor desse objetivo. Entretanto, quando a lei foi, por fim, aprovada, superpôs a tributação das sociedades à tributação das empresas, discriminando fortemente a forma corporativa e, sobretudo, os pequenos acionistas. Esse imposto também não era praticável para os detentores ricos, uma vez que as taxas de impostos de pessoa física extremamente altas, combinadas com os impostos corporativos (estaduais e federais), criavam um ônus geral indubitavelmente hostil à iniciativa individual. Igualmente ruins eram os detalhes técnicos da lei tributária, que obrigavam distribuições acima dos lucros contábeis reais, desconsideravam perdas de capital bastante reais e não permitiam flexibilidade no tratamento do valor dos estoques.

Apesar da opinião negativa quase universal, não acreditamos que o imposto sobre lucros não distribuídos realmente tenha impedido o reinvestimento de lucros, exceto na medida em que foram diminuídos pelos impostos de renda de pessoa física — como seriam em uma empresa não incorporada. As empresas dispunham de diversos métodos para reter ou recuperar esses lucros, sem sujeitá-los ao imposto punitivo. Esses dispositivos incluíam (1) declaração de dividendos de ações tributáveis (por exemplo, em ações preferenciais); (2) pagamento de dividendos "opcionais", planejados de forma a impelir os acionistas a receber ações em vez de dinheiro; e (3) oferta de ações adicionais em condições atrativas no momento do pagamento de dividendos em dinheiro. Os críticos do imposto afirmam que esses métodos são inconvenientes ou impraticáveis. Nossa observação é que eram bastante praticáveis e foram utilizados por um número significativo de empresas em 1936 e 1937,[9] mas eram evitados pela maioria por causa da falta de familiaridade com eles e pelo desejo de manchar a reputação da lei o máximo possível.

Política de dividendos adequada. Pelo ceticismo que expressamos quanto ao fato de os acionistas serem ou não realmente beneficiados pelas políticas de retenção de dividendos, pode-se achar que somos a favor da ideia de impedir o reinvestimento de lucros por meio da imposição de penalidades sobre essa prática. Isso está longe de ser verdade. As políticas de dividendos e de reinvestimento devem ser controladas não por meio de legislação, mas pela decisão inteligente dos acionistas. Casos individuais podem justificar a retenção de lucros em uma extensão muito maior que a normalmente desejável. A prática deve se ajustar às circunstâncias; a política deve ser determinada e proposta em primeira instância pela administração, mas deve estar sujeita à consideração e à avaliação independentes dos acionistas, levando em conta os próprios interesses, distintos daqueles da empresa como uma entidade separada ou dos gestores como um grupo especial.

---

9. Ver David L. Rolbein, "Noncash dividends and stock rights as methods for avoidance of the undistributed profits tax", *The Journal of Business of the University of Chicago*, v. 12, n. 3, p. 221-264, jul. 1939. Para pesquisas mais abrangentes sobre esse imposto, consultar Alfred G. Buehler, *The undistributed profits tax*. Nova York, McGraw-Hill Book Co., 1937 (que apresenta uma avaliação negativa); e Benjamin Graham, "The undistributed profits tax and the investor", *The Yale Law Journal*, v. 46, n. 1, p. 1-18, nov. 1936 (que explora em maior profundidade as opiniões expressas anteriormente).

CAPÍTULO 30
DIVIDENDOS DE AÇÕES

As distribuições feitas em forma de ações, em vez de em dinheiro, podem ser enquadradas em duas categorias, que podem ser chamadas de *extraordinárias* e *periódicas*. Um dividendo de ações extraordinário pode ser definido como aquele que capitaliza parte do excedente acumulado em anos anteriores, ou seja, que transfere um montante substancial do excedente acumulado para o capital declarado e confere ações adicionais aos acionistas para representar os recursos assim transferidos.

Um dividendo de ações periódico pode ser definido como aquele que capitaliza parte dos lucros apenas *do ano corrente*. Daí ser quase sempre de tamanho relativamente pequeno. É chamado periódico porque tais dividendos são, em geral, repetidos ao longo de vários anos em conformidade com uma política estabelecida.

DIVIDENDOS EXTRAORDINÁRIOS

Os dividendos de ações extraordinários são legais e legítimos, mas, em geral, produzem efeitos negativos. A única razão para tal dividendo é que ele ajustará o preço de mercado das ações para um nível mais conveniente. O amplo interesse do público e um mercado ativo são atributos desejáveis de uma ação ordinária, e são diminuídos quando a faixa de variação normal dos preços sobe para um valor tão alto quanto, digamos, US$ 300 ou US$ 400 por ação. Em tais casos, um aumento no número de ações e uma redução no valor de cada ação, por meio de um grande dividendo de ações, seria um passo lógico a ser dado.

Exemplo: Em 1917, as ações da Bethlehem Steel estavam sendo negociadas acima de US$ 500 por ação. Um dividendo em ações de 200% foi pago (e ações adicionais foram vendidas ao valor nominal), o que baixou o preço de mercado para cerca de US$ 150.

Desdobramentos. Exatamente o mesmo resultado pode ser obtido por meio da redução do valor nominal das ações. Tal movimento é referido, familiarmente, como um "desdobramento". Durante o mercado ascendente da década de 1920, reduções no valor nominal eram muito mais frequentes que o pagamento de grandes dividendos de ações sobre ações com valor nominal, uma vez que a subida no preço de mercado superara de tal maneira o excedente acumulado que uma distribuição deste último teria sido insuficiente para alcançar o fim desejado.

Exemplo: Em 1926, as ações da General Electric eram negociadas a US$ 360. Quatro novas ações sem valor nominal foram dadas para cada ação antiga com valor nominal de US$ 100, reduzindo assim o preço de mercado para cerca de US$ 90. Atingir o mesmo resultado por meio de um dividendo de ações de 300% teria exigido a transferência de 540 milhões de dólares do excedente para o capital, mas o excedente era de apenas 100 milhões. Uma situação semelhante ocorreu em 1930, quando as ações da General Electric foram novamente desdobradas em quatro por um.

No caso da Woolworth, a emissão original de 500 mil ações ordinárias foi aumentada para 9,75 milhões de ações pelos seguintes passos, que envolvem tanto dividendos como desdobramentos.

	Total de ações em circulação
1920: dividendo em ações de 30%, reduzindo o preço de cerca de US$ 140 para cerca de US$ 110	650.000
1924: valor nominal reduzido de US$ 100 para US$ 25, reduzindo o preço de cerca de US$ 320 para cerca de US$ 80	2.600.000
1927: dividendo em ações de 50%, reduzindo o preço de cerca de US$ 180 para cerca de US$ 120	3.900.000
1929: valor nominal reduzido de US$ 25 para US$ 10, reduzindo o preço de cerca de US$ 225 para cerca de US$ 90	9.750.000

A American Can combinou os dois dispositivos ao mesmo tempo em 1926. Reduziu o valor nominal de US$ 100 para US$ 25 e também pagou um dividendo de 50% em ações. Portanto, seis ações foram emitidas por cada uma existente, e o preço foi reduzido de cerca de US$ 300 para cerca de US$ 50.

Desdobramentos de ações e dividendos de ações em ações sem valor nominal. No caso das ações ordinárias sem valor nominal, um desdobramento ou um dividendo de ações leva exatamente aos mesmos resultados, e os dois são iguais para todos os efeitos práticos. Embora um dividendo de ações exija a transferência de certo montante do excedente para a conta de capital, a latitude infinita na contabilidade possibilitada pelas ações sem valor nominal pode tornar essa transferência uma questão puramente nominal.

Exemplos: A Central States Electric Corporation pagou um dividendo de ações de 900% em 1926, aumentando o número de ações (sem valor nominal) de 109 mil a 1,09 milhão. A ação antiga tinha um valor contábil de cerca de

US$ 44 por ação no final de 1925, mas a nova ação foi cobrada do superávit a uma taxa de apenas US$ 1 por ação.

Da mesma forma, em 1929, a Coca-Cola Company pagou um dividendo de ações de 100% para as ações da classe A sem valor nominal. Essas ações foram contabilizadas a US$ 5 por ação (inferior ao valor estabelecido da ordinária), apesar de a ação classe A ter todas as características de uma ação preferencial com valor nominal de US$ 50 e uma taxa de juros de 6%, com exceção da designação formal de um valor nominal desse tipo. (Ver também a contabilização, por essa empresa, de seu dividendo de 100% pagável em ações ordinárias, em 1927, e também nossa discussão sobre o seu tratamento de recompras de ações classe A, no capítulo 42.)

Objeções a dividendos de ações e desdobramentos extraordinários. Os dividendos de ações e os desdobramentos de ações extraordinários estão sujeitos a séria objeção de que sua declaração exerce uma influência indevida sobre os preços de mercado e, portanto, que possibilitam um meio de manipulação e de obtenção de lucros injustos por parte dos detentores de informações privilegiadas. É óbvio que, na teoria, um grande dividendo de ações não dá ao acionista nada que já não tenha. Seus dois pedaços de papel agora representam a mesma propriedade anteriormente expressa apenas por um. Esse raciocínio levou o Supremo Tribunal dos Estados Unidos a decidir que os dividendos de ações não constituem renda e, assim, não estão sujeitos ao imposto de renda.[1] Na prática, entretanto, um dividendo de ações pode facilmente virar objeto de uma importância especulativa excepcional. A especulação com ações é, em grande parte, uma questão de A tentando decidir o que B, C e D provavelmente pensarão — com B, C e D tentando fazer o mesmo. Portanto, um dividendo de ações, mesmo se não tem qualquer significado efetivo, pode servir de estímulo para aquela *tentativa mútua de tirar vantagem um do outro*, o que, muitas vezes, está no cerne das atividades dos especuladores.[2]

---

1. Essa foi a famosa decisão do caso Eisner *versus* Macomber, em 1920 (252 U.S. 189). Em 1936, a Suprema Corte decidiu, no caso Koshland (297 U.S. 702), que os dividendos de ações, os quais davam ao acionista uma participação *pro rata* diferente daquela que tinha antes, eram tributáveis. De acordo com uma decisão do Conselho de Recursos Fiscais, isso se aplicaria, por exemplo, a um dividendo pagável em ações preferenciais, dos quais algumas já estavam em circulação.

2. Comparar o divertido e edificante símile de John M. Keynes: "o investimento em bases profissionais pode ser comparado àquelas premiações promovidas por jornais, nas quais os participantes precisam escolher os seis rostos que os demais possam achar mais bonitos entre uma centena de fotografias. O prêmio será dado ao participante cuja escolha corresponder mais de perto às preferências médias dos concorrentes como um todo, de modo que cada participante precisa escolher aqueles rostos que acredita terem atraído a atenção dos outros participantes, e não aqueles que ele

Efeito sobre a taxa de dividendo em dinheiro. O caráter essencialmente ilusório dos grandes dividendos de ações ficaria mais evidente não fosse pelo fato de que um elemento de investimento de real importância pode também estar em jogo. O pagamento de um dividendo de ações extraordinário é, em geral, o precursor de um aumento na taxa de dividendo regular em *dinheiro*. Uma vez que os investidores estão legitimamente interessados no dividendo em dinheiro, devem, de fato, estar interessados também em qualquer dividendo de ações, porque isso pode ter uma influência sobre o provável dividendo em dinheiro. Isso acaba confundindo a questão e tornando menos intrusivos os aspectos puramente manipuladores das declarações de dividendos de ações.

O histórico de dividendos de uma indústria de sucesso revela, com frequência, a seguinte sequência:

1. um período prolongado de pequenos dividendos em relação aos lucros, com a formação de um superávit enorme;
2. o pagamento repentino de um grande dividendo em ações; e
3. um aumento imediato nos pagamentos regulares de dividendos em dinheiro.[3]

Nenhuma política poderia ser mais propensa a confundir investimento com atitudes especulativas ou dar margem, com mais facilidade, àqueles que estão no controle de tirar vantagens injustas.

DIVIDENDOS PERIÓDICOS

Essa política representa um grande avanço em termos de solidez básica em relação às práticas casuais e, muitas vezes, injustas que temos discutido. Tais

---

considera mais bonitos. Todos eles estão olhando o problema a partir do mesmo ponto de vista. Não é o caso de escolher aqueles que, na sua melhor avaliação, são realmente os mais bonitos, nem mesmo aqueles que a opinião média realmente considera os mais bonitos. Alcançamos o terceiro grau, no qual dedicamos nossa inteligência a antecipar o que a opinião média espera que seja a opinião média. E há alguns, acredito, que praticam o quarto, o quinto graus e outros superiores" (John M. Keynes, *The general theory of employment, interest and money*. Nova York, Harcourt, Brace and Company ,1936, p. 156).

3. Por exemplo, a American Can emitiu seis ações por uma, em 1926, por meio de um desdobramento de quatro por um e de um dividendo de 50% em ações. A taxa de dividendos era de US$ 7 por ação sobre as ações antigas, mas uma taxa de US$ 2 foi imediatamente instituída sobre as novas ações, o que equivalia a US$ 12 por ação sobre as antigas. A taxa de dividendos sobre as novas ações foi elevada até US$ 5 por ação em 1929. Da mesma forma, a National Biscuit pagou um dividendo de US$ 7 anualmente de 1912 a 1922, embora tenha obtido um lucro substancialmente superior a esse valor. As ações foram desdobradas em sete por um, em 1922, por meio da emissão de quatro novas ações por cada ação antiga, seguida de um dividendo de ações de 75%. Os dividendos sobre as novas ações foram inaugurados a US$ 3 por ação — o equivalente a US$ 21 por ação sobre a antiga.

práticas envolvem, primeiro, um grande acúmulo de lucros não distribuídos na conta de excedente e, segundo, sua capitalização final por meio de dividendos de ações em momentos arbitrários e em valores arbitrários. Presumindo que, em muitos casos, pode ser desejável manter uma boa parte dos lucros de cada ano na empresa, os interesses dos acionistas seriam mais bem atendidos se lhes dessem, no presente, uma evidência tangível de sua propriedade desses lucros reinvestidos.

Se uma empresa ganha, regularmente, US$ 12 por ação e distribui apenas US$ 5 em dinheiro, os acionistas se beneficiariam muito ao receber, *todo ano*, um dividendo de ações que representa uma boa parte dos US$ 7 que foram adicionados aos recursos de sua empresa. Em teoria, o certificado adicional de ações não dá nada que não pudessem possuir sem ele; em outras palavras, sem um dividendo de ações, o certificado antigo ainda representaria a totalidade da propriedade dos US$ 7 adicionais por ação. Contudo, na realidade, o pagamento de dividendos de ações periódicos produz vantagens importantes. Entre elas, estão as seguintes:

1. o acionista pode vender o certificado de dividendos de ação, de modo que, à sua escolha, possa receber dinheiro ou mais ações que representarem os ganhos reinvestidos. Sem um dividendo em ações, poderia, em teoria, atingir o mesmo fim por meio da venda de uma pequena parcela das ações representadas por seu antigo certificado, mas, na prática, isso é difícil de calcular e inconveniente de executar.
2. é provável que receba mais dividendos de dinheiro como resultado de tal política, uma vez que a taxa de dinheiro estabelecida costuma continuar a ser aplicada ao número maior de ações. Por exemplo, se uma empresa tem um lucro US$ 12 e paga US$ 5 em dinheiro e 5% em ações no ano seguinte, é muito provável que pague US$ 5 em dinheiro sobre a nova capitalização, o que equivaleria a US$ 5,25 sobre as participações anteriores. Sem o dividendo de ações, é provável que a empresa mantivesse inalterada a taxa de US$ 5.[4]
3. ao adicionar os lucros reinvestidos ao capital declarado (em vez de ao excedente), os gestores têm a obrigação de ganhar dinheiro e de pagar dividendos sobre esses recursos adicionais. Essa contabilidade não existe com relação ao

---

4. Para mais exemplos dessa sequência, consultar Cities Service Company, que pagou 6% em dinheiro e 6% em ações entre 1º de março de 1925 e 1º de junho de 1932; Sears, Roebuck and Company, que pagou US$ 2,50 por ação em dinheiro e 4% em ações (taxas anuais) de meados de 1928 até o primeiro trimestre de 1931; Auburn Automobile Company, que pagou US$ 1 em dinheiro e 2% em ações (trimestralmente) de janeiro de 1928 a julho de 1931; R. H. Macy and Company, Inc., que, durante 1928-1932, pagou dividendos anuais em ações de 5% junto com o aumento do dividendo de dinheiro.

excedente dos lucros e dos prejuízos. O procedimento do dividendo de ações não será apenas um desafio para a eficiência de gestão, mas também um teste adequado para avaliar seus conhecimentos sobre reinvestimento dos montantes envolvidos.

4. as ações que pagam dividendos de ações periódicos desfrutam de um maior valor de mercado que as ações ordinárias semelhantes que não pagam tais dividendos.

Variações na prática de pagamentos dos dividendos de ações periódicos.
A prática de desembolsar dividendos de ações periódicos evoluiu de forma razoavelmente rápida a partir de 1923 e foi até a depressão posterior. Três variações da ideia foram utilizadas:

1. O método padrão era pagar um dividendo de ações, além do dividendo de dinheiro regular. Esses dividendos de ações eram pagos mensal,[5] trimestral,[6] semestral[7] ou anualmente.[8]
2. Às vezes, um dividendo de ações periódico era oferecido em vez de um dividendo de dinheiro regular. Essa era uma opção para o acionista pegar certa quantia em dinheiro ou em ações.
   Exemplo: A Seagrave Corporation pagou dividendos trimestrais à taxa anual de US$ 1,20 em dinheiro ou 10% em ações entre 1925 e 1929.[9]
3. Em alguns casos, foram pagos dividendos em ações apenas, sem desembolso de caixa ou opção. O expoente mais proeminente dos dividendos de ação periódicos, a North American Company, seguiu esse procedimento ao pagar dividendos de 2,5% em ações, trimestralmente, entre 1923 e 1933, sendo que, no último ano, o pagamento foi reduzido para 2% por trimestre. (Em 1935, a empresa desistiu da política de dividendos de ações e voltou a uma base de dividendos em dinheiro.)

---

5. Cities Service Company, de 1º de julho de 1929 a 1º de junho de 1932; Gas and Electric Securities Company, entre 1926 e 1931.

6. Sears, Roebuck and Company, entre 1928 e 1931; Auburn Automobile Company, entre 1928 e 1931; Federal Light and Traction Company, entre 1925 e 1932.

7. American Water Works and Electric Company, entre 1927 e 1930; American Gas and Electric Company, entre 1914 e 1932, com dividendos de ações esporádicos adicionais; American Power and Light Company, entre 1923 e 1931, com extras em ações.

8. Continental Can Company, em 1924 e 1925; R. H. Macy and Company, Inc., entre 1928 e 1932; Truscon Steel Company, entre 1926 e 1931; General Electric Company, entre 1922 e 1925 (5% em ação especial).

9. Comparar esse arranjo com os dividendos opcionais ou os pagamentos de juros sobre ações preferenciais e obrigações mencionados na p. 425.

Característica questionável dos dividendos de ações periódicos. Quase todas as práticas financeiras estão abertas ao abuso, e os dividendos de ações periódicos já provaram que não são exceções. A característica questionável, nesse caso, tem sido estabelecer uma taxa regular de dividendos de ações que excede, em *valor de mercado*, o montante dos lucros transferidos para o excedente. Essa prática faz com que a ação pareça ser indevidamente atraente para o comprador pouco inteligente, que é enganado pelo valor em dinheiro elevado dos atuais pagamentos em ações. É necessário ter algum entendimento dos métodos de contabilidade empresariais para perceber o verdadeiro significado de tais pagamentos de dividendos de ações.

Usaremos o excelente caso da North American Company como exemplo. Como dissemos, essa empresa pagou dividendos de ações continuamente sobre as ações ordinárias à taxa de 10%, por ano, por dez anos. Durante a maior parte desse período, o dividendo de 10% em ações representou um pagamento de apenas US$ 1 por ação, de acordo com seus livros contábeis. Isso ocorreu porque, antes de 1927, o valor nominal da ação era de US$ 10 e, após as ações se tornarem sem valor nominal, ainda assim receberam um "valor declarado" nos livros de US$ 10 por ação. Assim, 10% do valor nominal e do declarado valia apenas US$ 1 por ação. Entretanto, do ponto de vista do investidor, ele estava recebendo dividendos com um valor superior a US$ 1 por ação, uma vez que o preço de mercado das ordinárias da North American excediam seu valor nominal ou declarado.

Deve-se observar que, a partir do terceiro pagamento trimestral, em 1931, o valor cobrado dos lucros para o dividendo em ações subiu de US$ 1 para US$ 1,468 por ação, por ano. Isso deu-se após a Bolsa de Valores de Nova York solicitar que o encargo contra os lucros ou ganhos excedentes que cobriam os dividendos de ações refletisse a participação das novas ações no capital excedente, assim como no capital declarado. Mesmo após essa mudança, no entanto, uma grande discrepância permaneceu entre o montante pelo qual os dividendos eram avaliados nos livros e o valor atribuído a esses dividendos pelo mercado acionário e, presumivelmente, pelos acionistas, até que a cotação sofreu mais uma queda grave.

Risco de desenvolvimento de um círculo vicioso. É provável que um arranjo desse tipo se transforme em um círculo vicioso. Quanto mais alto o preço de mercado, maior o valor aparente dos dividendos de ações, o que, por sua vez, parece justificar um preço de mercado ainda mais elevado. (Com um dividendo de ações de 10%, o retorno do dividendo obviamente permanece em 10%, independentemente de quanto o preço de mercado pode atingir.) Tal resultado é enganoso e fornece um estímulo pouco saudável à especulação desenfreada, bem como ao investimento impensado. De fato, é o oposto da prática seguida muitos anos atrás por empresas como American Can e National Biscuit, em que o preço de mercado foi mantido muito abaixo do verdadeiro valor das ações por meio de uma política de dividendos indevidamente "conservadora". É igualmente questionável, claro, seguir uma política calculada para criar um preço de mercado mais alto que aquele justificado pelos lucros e por outros fatores de valor. Tal preço injustificado deve, necessariamente, ser de duração temporária, e é provável que como resultado (como acontece com toda contabilidade imprópria) os detentores de informações privilegiadas tenham uma vantagem injusta sobre o público investidor.[10]

Ano	Lucro por ação*	Faixa de variação do preço de mercado	Valor de um dividendo de ações de 10%	
			Segundo os livros da empresa	Para os acionistas (valor médio de mercado)
1932	US$ 2,01	43-14	US$ 1,47	US$ 2,85
1931	3,41	90-26	1,23†	5,80
1930	4,53	133-57	1,00	9,50
1929	5,03	187-67	1,00	12,70
1928	4,68	97-56	1,00	7,65
1927	4,06	65-46	1,00	5,55
1926	4,05	67-42	1,00	5,45
1925	3,74	75-41	1,00	5,80
1924	3,32	45-22	1,00	3,35
1923	3,59	24-18	1,00	2,10

* Com base na quantidade média de ações em circulação durante o ano.
† Os dois primeiros dividendos trimestrais, em 1931, foram contabilizados a US$ 1 e os dois últimos foram contabilizados a US$ 1 para o capital social e US$ 0,46 para o excedente de capital.

---

10. A North American Company tem uma reputação excelente, e sua política não foi, de forma alguma, concebida com qualquer finalidade sinistra em vista. A empresa esforçou-se para justificar o pagamento de dividendos em ações em suas comunicações aos acionistas. Seus argumentos centraram-se, no entanto, nas vantagens do reinvestimento dos lucros e na correção da emissão de ações ordinárias adicionais para representar esses recursos adicionados. A discrepância entre o valor contábil e o valor de mercado desses dividendos de ações e os equívocos que podem surgir daí quase não foram mencionados. Foi particularmente lamentável verificar que uma empresa de alto nível adotava essa prática questionável, uma vez que seu exemplo foi prontamente seguido e explorado por outras empresas menos escrupulosamente gerenciadas.

Evolução histórica. Do ponto de vista histórico, é interessante notar que a North American Company iniciou sua política de dividendos em ações, aproximadamente, quando o primeiro protagonista da ideia decidiu abandoná-la. Foi o caso da American Light and Traction, que, entre 1910 e 1919, pagou dividendos à taxa anual de US$ 10 em dinheiro e 10% em ações. Em 1916, quando as ações foram negociadas a cerca de US$ 400, os acionistas estavam recebendo dividendos com um valor realizável de cerca de US$ 50 anuais, embora os lucros fossem de apenas de US$ 25 por ação. Tal política de dividendos poderia ser permanentemente bem-sucedida apenas se a empresa pudesse, de forma contínua, reinvestir os montantes de lucros em constante crescimento em seus negócios e, por sua vez, auferir um lucro anual de 20%. A lei dos rendimentos decrescentes (e o crescimento voraz dos juros compostos) claramente impossibilitaria tal eventualidade. Na depressão de 1920-1921, a American Light and Traction achou necessário reduzir sua taxa de dividendo acentuadamente. A cotação de mercado caiu abaixo de US$ 80, uma queda surpreendente para uma *ação com grau de investimento* naquele período. (A faixa de variação dos preços da Atchison, entre 1916 e 1921, ficou entre US$ 109 e US$ 76.) Essa experiência levou os diretores a desistir da ideia do dividendo de ações periódico em 1925, quando estava ganhando popularidade entre outras empresas controladoras de prestadoras de serviços públicos. O abandono dos dividendos de ações pela North American Company dez anos depois é um exemplo impressionante da maneira como a história financeira se repete.

Exemplo de pirâmide viciosa nos dividendos de ações. Durante os anos de *boom*, os dividendos de ação periódicos se tornaram um instrumento para a construção de pirâmides especialmente viciosas de lucros declarados. Uma empresa operadora pagava dividendos de ações com um valor de mercado superior a seus lucros atuais e, por sua vez, um fundo de investimento ou uma empresa controladora declarava esses dividendos de ações como renda em um montante igual ao do valor de mercado. Por exemplo, a Central States Electric Corporation, que é grande detentora das ações ordinárias da North American Company, declarou uma renda total, em 1928 (que excluiu os lucros sobre a venda de títulos) de US$ 7.188.178. Desse montante, US$ 6.396.225 foi representado por ações da North American, recebidas durante o ano e inscritas nos livros do recipiente *ao valor de mercado* para a North American, logo após a data de registro de cada dividendo trimestral. O preço médio em que esses dividendos de ações foram inscritos nos livros como renda foi de US$ 74 por ação, ou US$ 7,40 para os dividendos de 10%, em um ano em que a North American obteve um lucro de US$ 4,68 por ação sobre a quantidade média de ações em circulação. Mesmo assim, o mercado acionário capitalizou esses lucros artificiais da Central States Electric Corporation para calcular o valor das ações da empresa.[11]

O preço de mercado das ações deve ser reconhecido no pagamento de dividendos de ações. A Bolsa de Valores de Nova York adotou, finalmente, uma nova exigência de listagem, de acordo com a qual as empresas concordam em não incluir em suas contas de receita os dividendos de ações recebidos com uma avaliação maior que o montante em que tais dividendos de ações foram cobrados "contra ganhos, excedentes ganhos ou lucros não rateados pela empresa emissora em relação aos dividendos".

Embora esse regulamento tenha sido bem concebido, não atinge o cerne da questão. Os abusos do procedimento de dividendos de ações periódicos podem ser facilmente prevenidos pela simples regra que estabelece que os dividendos de ações *ao valor de mercado* não devem exceder os lucros disponíveis para dividendos. Declarações poderiam ser feitas da seguinte forma: "Um dividendo de ações de 5% é aqui declarado. O valor de mercado desse dividendo é de cerca de US$ 6 por ação e representa a capitalização de US$ 7 por ação retida no negócio, a partir do lucro atual de US$ 10 por ação".

Vantagens dos dividendos de ações pagáveis em ações preferenciais. Os dividendos de ações podem ser pagos em ações preferenciais em vez de em ações ordinárias. O principal exemplo desse método é a General Electric Company, que distribuiu dividendos extras de 5% ao ano, entre 1922 e 1925, além de ter feito pagamentos regulares de US$ 8 em dinheiro. Esses dividendos extras foram pagos em ações especiais de 6%, com valor nominal de US$ 10, que eram, na realidade, ações preferenciais. Um procedimento semelhante foi adotado pela S. H. Kress Company e pela Hartman Corporation. A vantagem teórica desse método é que o montante do dividendo pago é claramente fixado ao valor nominal efetivo[12] das ações preferenciais emitidas, evitando a complicação apresentada pelas diferenças entre o valor contábil e o valor de mercado.

---

11. A Middle West Utilities seguiu uma prática semelhante, entre 1928 e abril de 1932, com relação aos dividendos de ações recebidos de suas subsidiárias e de outras empresas. Em seguida, os administradores de concordata rebaixaram o excedente corporativo para corrigir a sobrevalorização desses dividendos de ações recebidos de subsidiárias.

12. Se o pagamento for feito em *ações preferenciais conversíveis*, o perigo de sobrevalorização não é, obviamente, eliminado por completo. Por exemplo, a Columbia Gas and Electric Corporation, durante 1932, pagou US$ 1,125 aos acionistas em Convertible Preference Stock de 5% (com valor nominal de US$ 100), conversíveis em ações ordinárias na proporção de uma ação preferencial para cinco ações ordinárias. A ação preferencial foi negociada ao preço alto de US$ 108, durante 1932, e

Quando a empresa não tem títulos privilegiados ou possui apenas uma pequena quantidade deles, a emissão de ações preferenciais que representam o reinvestimento dos lucros não enfraquece a estrutura de capital.

Em 1934, a General Electric Company determinou que a posição de seu capital de giro era tão confortável que permitia o resgate integral da emissão de ações especiais, as quais foram resgatadas em abril de 1935. Pode-se dizer que isso representa o arranjo ideal, do ponto de vista do detentor de ações, para lidar com os lucros não distribuídos. As duas etapas envolvidas são:

1. em anos prósperos, os lucros são retidos para expansão ou acréscimos ao capital de giro, mas os acionistas recebem ações preferenciais, periodicamente, para representar uma parte dos lucros;
2. se acontecimentos posteriores nos negócios mostram que o capital adicional não é mais necessário, ele é distribuído aos acionistas por meio do resgate de suas ações preferenciais.

Resumindo. Nossa concepção de políticas de dividendos adequadas, discutida longamente neste e no capítulo anterior, pode ser resumida desta forma:[13]

1. a retenção e o reinvestimento de uma parte substancial dos lucros devem ser claramente explicados aos acionistas com base nos benefícios concretos daí derivados que excedam o valor do dinheiro, caso sejam pagos ao acionista. Tal retenção deve ser especificamente aprovada pelos acionistas;
2. se a retenção de lucros é, em qualquer sentido, uma questão de *necessidade*, em vez de escolha, os acionistas devem ser avisados sobre esse fato e os montantes envolvidos devem ser designados como "reservas", em vez de como "lucros excedentes";
3. os lucros voluntariamente retidos no negócio devem ser capitalizados, em boa parte, pela emissão periódica de ações adicionais, com valor de mercado atual não superior a tais lucros reinvestidos. Se, posteriormente, o capital adicional não é mais necessário ao negócio, deverá ser distribuído aos acionistas em contrapartida pelo resgate das ações anteriormente emitidas para representá-lo.

---

de US$ 138, em 1933, ou a equivalentes substancialmente maiores que os lucros da empresa sobre suas ações ordinárias durante esses anos.

13. Para alguns aspectos legais interessantes do poder de declarar ou reter dividendos, consultar Adolf A. Berle e Gardiner C. Means, *The modern corporation and private property*. Nova York, Transaction Publishers, 1932, p. 260-263.

PARTE V

ANÁLISE DA CONTA DE RECEITAS: O FATOR DOS LUCROS NA AVALIAÇÃO DAS AÇÕES ORDINÁRIAS

INTRODUÇÃO À PARTE V
BUSCA PELO INVESTIMENTO RACIONAL
por Glenn H. Greenberg

Uma confissão verdadeira: nunca li *Análise de investimentos* enquanto estava na Columbia Business School. Nunca fiz um curso de análise de títulos. Em vez disso, alguma mão invisível me levou à pesquisa de ações e, posteriormente, à administração financeira, ramo em que trabalho há 33 anos. Foi só talvez na metade de minha carreira de investimento que decidi que era hora de pegar Benjamin Graham e David Dodd e ver de que se tratava. As primeiras trezentas páginas tratavam dos ativos de renda fixa, os quais eu raramente possuía e eram de interesse limitado para mim. A seção sobre ações parecia datada: tópicos como a determinação da lucratividade de indústrias cíclicas e a depreciação apropriada das instalações e dos equipamentos de usinas elétricas evocavam imagens em tom sépia de uma época passada. Eu dirigia meu negócio de investimentos e precisava de ideias de investimento imediatas. Este livro podia me ajudar a encontrar meu próximo vencedor? Provavelmente, não, concluí. Então imagine minha reação anos depois, quando um editor da McGraw-Hill me ligou para pedir que eu escrevesse esta introdução. Depois de um longo, longo silêncio, perguntei se ele poderia me enviar um exemplar.

Reler Graham e Dodd foi um pouco como ler os conselhos de Polônio a seu filho em *Hamlet*, quando ele partia para estudar no exterior ("nem um devedor nem um credor ser" e "seja verdadeiro consigo mesmo"). Sim, o conselho era válido, mas parecia muito óbvio. Na parte V, somos aconselhados a não dar muita ênfase aos lucros a curto prazo e a não confiar em uma administração inescrupulosa. Somos alertados sobre a manipulação de demonstrativos financeiros e incitados a apreciar os aspectos qualitativos das empresas em que investimos. É traçada uma linha clara separando a especulação do investimento. Os temas abordados incluem o nível apropriado de dívida na estrutura de capital, como pensar sobre os investimentos fundamentados em produtos de base e sobre a natureza maníaco-depressiva dos mercados — bem, é claro que essas ideias parecem familiares porque estão presentes nas tantas cartas anuais de Warren Buffett, citadas por outros grandes investidores que atribuem a Graham e Dodd alguma parte de seu sucesso no campo dos investimentos. Como está implícito no título desta parte, Graham e Dodd apresentam uma discussão e uma análise detalhadas dos demonstrativos de resultados, mas são os preceitos de investimento mais gerais que eu e outros temos na mais alta estima. Este trabalho é ainda mais notável porque foi escrito durante as circunstâncias excepcionalmente deprimidas de 1934, em um país com 25% de desemprego e a maioria das empresas lutando para sobreviver. Mesmo assim, Graham e Dodd foram capazes de elaborar os princípios que inspiraram grandes investidores ao longo de 75 anos de notável prosperidade. Suas ideias são tão pertinentes hoje como eram naquela época.

O objetivo da parte V é explorar a análise das contas de resultado para estimar a lucratividade do negócio e, assim, determinar se uma ação está subvalorizada. Não existe uma fórmula mágica para essa empreitada: o futuro pode ser parecido com o passado — ou não! Quase todas as páginas desta parte são preenchidas com análises úteis das finanças de empresas e com grande clareza de pensamento sobre uma ampla variedade de setores. A análise financeira, não a carta do *chief executive officer* (CEO), é a chave para avaliar uma empresa. Há uma ausência total de termos como "história", "conceito", "paradigma" ou "tendência" para justificar um investimento. Todos nós queremos comprar na baixa e vender na alta, mas primeiro devemos desenvolver confiança na sustentabilidade de um negócio para chegar a um julgamento abalizado sobre o que constitui "baixa" e "alta".

Estimar os lucros médios futuros não é uma tarefa fácil. Na década de 1930, havia uma volatilidade tremenda nos lucros por causa da alavancagem operacional inerente aos negócios de fabricação e de recursos naturais. O desafio de determinar a lucratividade na economia mais estável de hoje é diferente, mas não menos intimidador. Existem concorrentes globais e novas tecnologias desestabilizadoras. As empresas financeiras desenvolveram novos produtos extraordinários, que até o momento foram lucrativos, mas agora estão sendo testados. As empresas de tecnologia precisam se reinventar constantemente. Até mesmo as empresas mais estáveis podem surpreender. Lembro-me de ter visitado a Coca-Cola no final de 1993. Em geral, era considerada o melhor negócio do mundo por causa de seu poder sobre os preços e suas oportunidades ilimitadas de crescimento internacional. Avaliada em dezoito vezes os lucros, era uma pechincha, desde que pudessem crescer mais de 15% ao ano por um longo período. Nunca ocorreu a ninguém que essa incrível empresa enfrentaria uma estagnação de seus lucros entre 1996 e 2002.

COMO INVESTIMOS

Na minha empresa, a Chieftain Capital Management, avaliamos uma oportunidade de investimento com base na previsibilidade do negócio e em um cálculo imparcial de sua taxa de retorno esperada. Lemos todos os registros públicos da empresa, analisamos seu setor e seus concorrentes (dos quais, idealmente, não haveria muitos), conversamos com sua equipe de gestão e especialistas do setor e reunimos quaisquer outros dados relevantes que possamos encontrar, destilando tudo em uma análise histórica do desempenho do negócio. Questões óbvias surgem: as margens podem continuar subindo? O negócio está se tornando mais intensivo em capital? Por que as vendas estão diminuindo? E assim por diante. Essa análise se torna a base para futuras discussões com a administração e, em última instância, nossas projeções dos resultados futuros.

Para avaliar os méritos do investimento em uma empresa, nós e outros investidores contemporâneos tendemos a nos concentrar no fluxo de caixa após as despesas de capital (fluxo de caixa livre), em vez de nos lucros. Uma vantagem dessa abordagem é que ela ajuda a evitar muitos artifícios de que os gestores podem lançar mão ao reportar os lucros. Além disso, os lucros raramente são sinônimo de dinheiro disponível para os acionistas, e é este último que deve importar para os investidores. Sempre me pareceu curioso que as primeiras perguntas feitas por um investidor privado sejam: quanto dinheiro devo investir e quanto receberei de volta e com que rapidez? Por que os investidores em ações negociadas em bolsa devem fazer perguntas diferentes?

Por fim, calculamos a taxa de retorno implícita nos fluxos de caixa livre que esperamos que a empresa gere, na perpetuidade, levando em consideração os investimentos que precisa fazer para manter seu crescimento. Em geral, não compraremos uma ação a menos que seu preço nos proporcione uma taxa de retorno de, pelo menos, 15%. Obviamente, há muita reflexão a ser feita para determinar tal taxa mínima, e o cálculo precisa ser refinado para refletir a qualidade da empresa e os retornos esperados de oportunidades alternativas de investimento. Em 1974, nosso patamar mínimo de investimento teria sido muito mais alto — talvez 25% —, porque havia tantas ações subvalorizadas a serem escolhidas e as taxas de juros eram mais altas. Ao insistir em uma taxa de retorno muito alta, em comparação com o retorno entre 5% e 10% que calculamos ser oferecido pelo mercado mais amplo, estabelecemos uma margem de erro significativa. Nosso objetivo é elevar bastante esse patamar mínimo, sabendo que poucas vezes encontraremos uma empresa ótima sendo vendida a um preço que também nos proporcionará uma taxa de retorno ótima. É raro encontrarmos uma ação que atenda a esses critérios, então, quando o fazemos, construímos uma posição grande: nunca inferior a 5% de nossos ativos e, muitas vezes, até 25%. Vendemos uma ação quando o retorno em nosso modelo cai para 10% — muito embora nossa alternativa possa ser manter o dinheiro em caixa com um retorno inferior a 5%. Em todos os momentos, estamos cientes de que nossa abordagem é tão boa quanto nossas premissas sobre o futuro e que pequenas mudanças em nossas premissas, como a taxa de crescimento do fluxo de caixa a longo prazo, podem alterar drasticamente os retornos prospectivos.

Um lembrete recente da importância das premissas é a compra da Ryanair, a maior companhia aérea do mundo em termos do número de passageiros transportados, que fizemos no início de 2007. A empresa irlandesa oferece, de longe, as tarifas mais baratas de qualquer empresa no ramo das viagens de curta distância nos mercados europeus que atende. Em dez anos, o número de passageiros transportados cresceu dez vezes, e ela ainda assim possui uma participação de apenas 7% do mercado. No ano passado, sua tarifa média era de 44 euros, comparada com 66 euros da easyJet, 91 euros da Aer Lingus e bem mais de 100 euros das principais companhias aéreas. Mesmo assim, a Ryanair teve uma margem líquida média de 20% na última década, contra uma bem inferior a 10% de suas rivais. Pagamos dezesseis vezes as estimativas de lucro do ano corrente e consideramos esse preço justificado pelas enormes vantagens de custo e perspectivas de crescimento da Ryanair. Então, o preço do petróleo dobrou novamente. As ações caíram 30% desde nosso investimento inicial, e a perspectiva de lucros diminuiu.

Ainda assim, a empresa está intacta. Nada aconteceu que nos leve a acreditar que o valor a longo prazo de nosso investimento diminuiu. Na verdade, durante esse período de adversidade, outras operadoras de baixo custo devem encerrar suas atividades. É provável que os credores sejam cautelosos no financiamento de possíveis participantes novos, e os consumidores podem decidir economizar dinheiro e aproveitar as tarifas baratas da Ryanair. Com o tempo, uma empresa com esse tipo de vantagem de custo deve aumentar sua parcela de mercado e obter retornos atraentes.

O processo que acabo de descrever é nossa tentativa de cobrir as bases descritas pelos autores de *Análise de investimentos*. Para Graham e Dodd, a primeira etapa é uma análise quantitativa cuidadosa, dando atenção especial à identificação de lucros reais, não contábeis. A contabilidade sempre apresentou aos administradores oportunidades de deturpar os resultados. Em 1934, as empresas introduziram lucros não recorrentes nos demonstrativos de lucros e perdas e estenderam os cronogramas de depreciação para que os lucros parecessem melhores que eram. Os administradores debitavam certas perdas diretamente do patrimônio líquido, dessa maneira ignorando (e inflando) o lucro líquido. Além dos lucros, Graham e Dodd também estavam atentos à importância do fluxo de caixa livre, como em sua discussão sobre a Eureka Pipe Line (capítulo 36). Assim como Graham e Dodd, para fins de ilustração, contrapõem as perspectivas do empresário privado e do investidor público, meus sócios e eu, muitas vezes, nos perguntamos: se este fosse um negócio privado, como mediríamos seu valor?

DESAFIOS CONTÁBEIS

Hoje, os desafios contábeis que o investidor precisa enfrentar são muito mais difíceis. O Financial Accounting Standards Board (FASB) emitiu várias diretrizes de contabilidade que turvam as águas. Por exemplo, embora eu me oponha à concessão excessiva de opções de ações para administradores e funcionários, existem inúmeras dificuldades em contabilizá-las como uma despesa corrente, conforme determinado pela recente declaração 123R do FASB. Em primeiro lugar, as opções de ações são uma obrigação não monetária, talvez nunca custem US$ 0,01 ao acionista — contudo, de acordo com a 123R, mesmo uma opção com um preço de exercício muito distante dos níveis de mercado atuais ainda será contabilizada como uma despesa anos após ser concedida a um funcionário. Em segundo lugar, as opções de ações já estão refletidas na base diluída de ações usada no cálculo dos dados de lucro por ação em que a maioria dos investidores se concentra; ao sobrecarregar ainda mais o lucro líquido com uma despesa relativa às opções, o lucro por ação diluído, de acordo com a contabilidade atual, claramente reflete uma dupla contagem. Finalmente, a avaliação de opções requer várias premissas, portanto, abre as portas para a manipulação. A propósito, a abordagem antiga para contabilizar as opções de ações era ainda mais estranha: as opções concedidas com um preço de exercício igual ao preço de mercado não tinham impacto nas despesas, mas aquelas concedidas abaixo do mercado, em alguns casos, resultavam em uma despesa a cada ano seguinte em que a ação subjacente subia. Existe uma confusão parecida na abordagem do FASB para contabilizar derivativos, operações de proteção, pensões, contratos de arrendamento e reconhecimento de lucros para as taxas de administração dos gestores financeiros, apenas para citar alguns. Hoje, as empresas podem até registrar um lucro se sua dívida for rebaixada. Às vezes, as regras contábeis parecem projetadas para nos transportar para *muito* longe da realidade econômica, e alguns gerentes estão bastante dispostos a carregar os investidores nessa jornada.

Tendo analisado o registro histórico, o segundo e ainda maior desafio é determinar a "utilidade desse registro passado como indicador dos lucros futuros". Graham e Dodd chamam isso de "pesquisa qualitativa da empresa". O futuro do negócio é adequadamente previsível de forma a permitir um investimento a longo prazo? O negócio está crescendo tão rapidamente a ponto de atrair vários concorrentes? Está sujeito a ser minado por uma nova tecnologia ou pelas mudanças no gosto dos consumidores? Será esmagado por importações ou pela Walmart ou por um modelo de negócios baseados na internet? Em outras palavras, até que ponto os fluxos de caixa futuros são previsíveis? E como nos sentimos em relação à cultura da empresa e à liderança de seus gestores? Eles podem ser considerados astutos, racionais e motivados para maximizar o valor de nosso investimento? Ou possuem uma agenda diferente? A *própria* administração seguirá os princípios de Graham e Dodd ao investir o dinheiro dos acionistas?

DE QUEM É A EMPRESA?

Este último ponto possui uma importância especial. Com frequência, os gestores ficam confusos e acreditam que a empresa é *deles*, que podem administrá-la para satisfazer suas necessidades pessoais — e poucos desses gerentes reconheceriam que isso se aplica a eles. Passamos muito tempo conhecendo melhor os administradores das empresas em que investimos para determinar suas prioridades pessoais. Às vezes, pequenas coisas podem fornecer uma pista. Um CEO que não responde diretamente a perguntas difíceis é um sinal de alerta. É provável que um CEO bem bronzeado, que usa muitas joias de ouro, não seja alguém em quem podemos confiar.

Pior ainda é um CEO que subestima suas ações, oferecendo-as em troca de ações de uma empresa com perspectivas de negócios menos atraentes que a dele. Isso aconteceu em 2004, quando Brian Roberts, CEO da Comcast, fez uma oferta surpresa para comprar a Disney em um negócio com pagamento em ações que teria diluído bastante o fluxo de caixa livre e mudado radicalmente a natureza da empresa. Estava claro que a motivação da administração era construir um império por meio da aquisição de um ícone americano, em vez de levantar o valor da própria empresa, com base no preço das ações, para os investidores. Vendemos grande parte de nossas ações da Comcast ao saber da oferta. Preocupados com a diluição do valor da empresa, outros fizeram o mesmo, baixando o preço dessas ações em mais de 20%. Posteriormente, Roberts retirou a oferta pela Disney, uma vez que não mais detinha ações com um valor suficiente para fazer a aquisição.

Da mesma forma, pode ser desanimador discutir o conceito de recompra de ações com alguns gerentes. Quando perguntamos se o retorno em dinheiro de um projeto de capital é tão bom quanto o retorno da recompra de ações, eles, em geral, nos olham como se estivéssemos falando uma língua estrangeira.

Essa avaliação qualitativa permite ao investidor com discernimento destacar negócios realmente *bons*. Hoje, poucos investidores ativos conviveram, como eu convivi, com a baixa do mercado entre 1973 e 1974 ou com a quebra de 1987, quando o mercado perdeu 30% de seu valor em poucos dias. Enquanto observava os desastres ao meu redor, fiz uma promessa a mim mesmo de que evitaria qualquer ação que não me sentisse confortável em manter durante outra quebra semelhante à de 1987. A razão é simples: depois de um colapso, muita riqueza evapora e a confiança escorre pelo ralo. Boatos estapafúrdios estão por todo lado — e muitos podem até ser verdade. Sem confiança no poder de permanência de uma empresa, a tendência esmagadora é simplesmente seguir a manada e vender. Muitos dos que vendem ficam tão desnorteados que têm medo de fazer novas compras até muito depois da recuperação. Negociar com base nas emoções é quase sempre a maneira errada de agir, sobretudo para os investidores que fizeram seu dever de casa com cuidado. É certo que uma empresa boa pode passar por uma fase difícil, mas não é incomum que esse tipo de empresa recupere seu equilíbrio. Às vezes, ocorrem enormes quedas no preço das ações sem motivo aparente.

Lembro que, pouco depois de fazer um novo investimento na LabCorp, em agosto de 2002, a empresa reportou lucros trimestrais 6% inferiores às previsões do mercado. As ações, pelas quais havíamos pagado US$ 34, ou doze vezes o fluxo de caixa livre do ano seguinte, despencaram para US$ 18 em outubro de 2002. Claro, ficamos horrorizados com a perda repentina, mas, depois de conferir nossas pesquisas e confirmar nosso entendimento com relação às características favoráveis da empresa, triplicamos nossa posição a preços de banana. A US$ 18, a ação estava sendo negociada a menos de sete vezes o fluxo de caixa livre previsto.

A LabCorp se enquadrava em todas as nossas definições de um negócio excepcional. Era muito lucrativa e tinha necessidades de capital baixas. O setor se consolidara caindo de sete concorrentes nacionais para dois, com apenas uma sobreposição regional modesta, e a LabCorp foi uma das empresas sobreviventes. Mais importante ainda, era difícil entrar no negócio por causa do sistema de pagamentos médicos terceirizados que temos em nosso país. Um participante novo teria problemas para ser reembolsado pelas seguradoras de saúde, que desejam lidar apenas com os laboratórios de menor custo. A LabCorp continua a prosperar devido, em parte, ao envelhecimento da população e agora está prestes a se beneficiar com a introdução de exames de sangue para detecção precoce de câncer, incluindo câncer de ovário. Tudo isso nos leva a perguntar qual a razão de ela ter entrado em colapso no outono de 2002. Quem sabe? Entretanto, somente por meio de uma pesquisa cuidadosa é possível desenvolver confiança para tirar vantagem de tais barganhas.

Depois de concluir as análises quantitativas e qualitativas, Graham e Dodd abordam a questão da avaliação. Eles enfatizam a importância de observar os lucros *médios*, para não se deixar enganar por um ano recente de desempenho anormal, e de aplicar um múltiplo conservador de avaliação a esses lucros. Os autores admitem que é possível ganhar dinheiro com a compra de uma ação com um índice preço-lucro (P/L) alto, mas que tal investimento deve ser considerado "especulativo" — uma aposta não diferente de uma no contrato futuro de uma *commodity* ou em um jogo de dados. Uma especulação bem-sucedida é pura sorte, e poucos investidores têm sorte durante muito tempo. É provável que o princípio mais importante deste livro seja: investir em ações é um negócio arriscado. O futuro é imponderável. Não apenas os lucros estão sujeitos a muitas incertezas como os índices P/L podem mudar drasticamente em função de fatores incontroláveis, como taxas de juros, sentimentos dos investidores ou ações do governo. O investimento em outros países pode ser muito especulativo. Embora o crescimento dos países em desenvolvimento seja mais rápido do que o nosso, existem sérios problemas imponderáveis: as regulamentações mudarão de forma a prejudicar o investidor estrangeiro? Quais são as chances de a empresa ser nacionalizada? O contrato com um governo estrangeiro será honrado? E existem riscos mais mundanos, como as oscilações das taxas de câmbio, a precisão das práticas contábeis locais e a corrupção dos administradores.

UM DESAFIO INTIMIDADOR

Se Graham e Dodd são tão amplamente lidos e respeitados, por que existem tão poucos praticantes disciplinados de seus conselhos? Acredito que a resposta resida em três características humanas: aversão ao tédio, tendência de as emoções suplantarem a razão e ganância. Uma pesquisa cuidadosa demanda tempo e raramente resulta em um caso claro a favor da compra de uma posição grande. É entediante analisar empresa após empresa, apenas para descobrir que a maioria não é, de fato, especial nem muito subvalorizada. É, da mesma forma, tedioso manter em carteira ações de uma empresa boa por um longo tempo. Mesmo que o investimento vá bem, na maioria das vezes *parece* que a ação está andando de lado ou mesmo caindo. Parte do problema é que o valor da empresa é cotado seis horas e meia por dia, cinco dias por semana, 52 semanas por ano, e a liquidez do mercado nos tenta a trocar uma ação por outra.

O segundo desafio ao investimento racional é manter as próprias convicções lógicas em face do excesso de melancolia ou euforia refletido nos preços das ações. Duvido que muitos proprietários de empresas privadas estejam preocupados com o valor de seus negócios a curto prazo — o que é muito diferente dos mercados públicos, em que o aumento do preço das ações nos faz sentir mais espertos e a queda nos faz sentir burros. Em meu escritório, quando um de nossos investimentos está indo mal e a ação está tomando uma surra, meus sócios e eu começamos a duvidar da razão pela qual fizemos o investimento. Nossas dúvidas e nosso medo do fracasso nos levam a vislumbrar uma catástrofe onde antes imaginávamos uma oportunidade. Você pode também preferir a versão condensada de Graham e Dodd: "É óbvio que é preciso ter uma personalidade forte para pensar e agir de maneira oposta à da multidão e também paciência para esperar oportunidades que possam ocorrer em intervalos de *anos*" (grifo nosso).

O terceiro fator, a ganância, sempre distorceu o comportamento dos investidores, mas está especialmente presente nos mercados de hoje, devido à proliferação dos fundos multimercados. Os investidores nesses fundos continuam pulando de um fundo para outro, tentando se agarrar ao mais recente gestor bem-sucedido. As taxas de administração altas incentivam esses gerentes a buscar estratégias de negociação de "enriquecimento rápido". Quanto mais dinheiro ganham, mais dinheiro atraem, e investidores são atraídos pela promessa de retornos insustentáveis. Segue-se um ciclo: os investidores em fundos multimercados transferem seu dinheiro rapidamente de um fundo para outro, e os administradores de fundos multimercados tentam marcar um "gol de placa" todo mês. Certa vez, assisti ao U.S. Open e me sentei perto de dois administradores de fundos multimercados que eu não conhecia. Eles conversaram sobre seu trabalho durante a partida e, para minha surpresa, a discussão se concentrou exclusivamente nos ativos sob gestão e nas taxas de administração. Fiquei esperando que mencionassem uma ideia de investimento, mas isso nunca aconteceu.

Hoje, a multidão se concentra em dados isolados, nas últimas mudanças nas perspectivas de negócios ou nas opiniões expressas no relatório de pesquisa mais recente. Com tanta informação disponível, existe uma tendência a agir rápido demais para comprar e vender afobadamente e a substituir a opinião dos outros pelo trabalho árduo necessário para chegar às próprias conclusões. Talvez seja por isso que tantos participantes do mercado podem ser descritos apenas como "negociantes" e "especuladores", sem medo de usar o endividamento para turbinar os resultados. Seu método requer negociações frequentes com resultados favoráveis, *após* os custos de transação, e incorre em impostos muito mais altos que aqueles pagos pelo investidor a longo prazo. Eles também pagam um preço alto em termos de desgaste emocional. É fácil tirar férias ou desfrutar do tempo com a família quando se possui grandes negócios — e é impossível fazer isso se alguém está acompanhando uma série de posições comerciais sobre as quais se tem pouca convicção. Mais importante ainda, é provável que uma abordagem alavancada e de movimentos rápidos fracassará espetacularmente em algum ponto da vida, o que é um risco inaceitável para aqueles entre nós que investem nosso dinheiro com o de nossos clientes.

Hoje, poucos investidores parecem dedicar tempo para realmente compreender a qualidade e a motivação da alta administração. Este livro enfatiza, com clareza, a importância da honestidade intelectual inabalável por parte do investidor durante a preparação de uma análise — acompanhada de integridade semelhante na gestão da empresa na qual o investidor coloca o capital do cliente. Gerentes espertos, que sempre têm um plano de negócios infalível e descartam todos os erros do passado como anomalias não recorrentes, farão tudo o que puderem para impedir que você espie por trás da cortina de Oz e enxergue as verdadeiras perspectivas da empresa.

Um tema recorrente de *Análise de investimentos* é a importância de reunir o máximo possível de informações que, depois de serem avaliadas, podem estar totalmente erradas. Não se encontrará nenhuma afirmação de uma maneira "infalível" de escolher ações. Há um reconhecimento de que mesmo a análise mais exaustiva pode não trazer sucesso ao investimento. Graham e Dodd não fazem a análise de títulos parecer fácil ou uma garantia de lucros. Em minha leitura inicial do livro, há muitos anos, gostaria de ter digerido o prefácio breve da primeira edição: "Estamos preocupados, sobretudo, com conceitos, métodos, critérios, princípios e, acima de tudo, com raciocínio lógico". Os autores não estavam tentando escrever um livro de "investimento para leigos" nem uma crônica de dicas sobre as ações. Estavam tentando ajudar o investidor atencioso a desenvolver uma abordagem bem-sucedida para a criação de riqueza a longo prazo "que resistirá ao teste do futuro sempre enigmático". Acredito que pode ser necessário um pouco de experiência por parte do leitor para apreciar, em sua plenitude, a capacidade deste livro de permanecer relevante. Talvez essa sabedoria, como a juventude, seja desperdiçada nos jovens.

Outro elemento fascinante da parte V é a discussão sobre a estrutura de capital ideal, uma vez que está relacionada ao atual frenesi da mídia sobre os investidores em *private equity*.[1] Aparecendo com vigor pela primeira vez na década de 1980 e de forma mais dramática hoje, os grupos de investimento aplicaram a alavancagem para aumentar os retornos do patrimônio líquido ao fechar o capital de empresas. O livro refere-se a tais detentores alavancados de participações acionárias, semelhantes a opções, como uma situação do tipo "se der cara, eu ganho; se der coroa, você perde". Isso parece particularmente adequado para sócios gerais de empresas de *private equity* atuais. De fato, a alavancagem elevada pode levar a retornos desproporcionais, mas é outra forma de especulação, muito semelhante à compra de ações com um índice P/L muito alto.

Presumirei um pouco como Graham e Dodd analisariam os resultados de investimentos prováveis para aqueles sócios limitados que só agora alocam grandes quantias nos "megafundos" de *private equity*. Os investidores institucionais pioneiros em fundos de *private equity* desbravaram a trilha dos investimentos alternativos há vinte anos. Agora que a abordagem de investimento e o sucesso de Yale são amplamente celebrados, os gestores de *endowments* de universidades e de fundos de pensão estaduais querem ingressar em uma festa que está chegando ao fim. Os preços de compra de empresas inteiras nunca foram tão altos; as ofertas de compra feitas por compradores estratégicos são regularmente superadas por compradores financeiros famintos; e as oportunidades de melhoria operacional que restam são poucas. Os retornos esperados, em resumo, são impulsionados quase exclusivamente pela maximização da alavancagem. Com tantas aquisições avaliadas dessa maneira e alavancadas para funcionar apenas em céus de brigadeiro e águas plácidas, um aumento generalizado das taxas de juros ou uma retração nos negócios poderia ser desastroso. O patrimônio nesses negócios — ou seja, o capital dos sócios limitados — poderia ser facilmente aniquilado. É de se perguntar se os administradores de capital que despejam dinheiro em operações de *private equity* hoje em dia têm alguma noção dos riscos que correm como fiduciários. É curioso que as próprias firmas de *private equity* estejam abrindo seu capital a cotações generosas, embora tenham pouco capital permanente, que é a força vital de seus negócios. E se seus sócios limitados não estiverem satisfeitos com os resultados nem reinvestirem? Qual é o P/L correto para um modelo de negócios que enfrenta tal risco de extermínio? O investimento nessas empresas pareceria a própria personificação do termo "especulação".

---

1. É um tipo de investimento que financia empresas de médio porte ainda não listadas em bolsa. Em geral, esse negócio possui menor risco e menor potencial de retorno em relação ao *venture capital*.

Da mesma forma, o que Graham e Dodd pensariam das obrigações de dívida colateralizadas de hoje que foram compradas, não com base na diligência devida, mas no carimbo de borracha AAA de uma agência de classificação de crédito? Ou dos credores correndo para conseguir empréstimos "com restrições mínimas" e "com pagamento em espécie" usados nas estruturas de capitalização com alavancagem de 90%? Do apetite institucional por fundos multimercados e taxas de administração de "2 e 20"? Das teses de investimento construídas em torno de avaliações sempre crescentes e uma "liquidez global" contínua? Não há necessidade de se perguntar — *Análise de investimentos*, oportuna como sempre, tem muito a nos ensinar sobre os excessos especulativos.

Sim, já ouvimos este discurso antes: o mercado acionário é uma máquina de votação, não uma balança. Os preços futuros estão além das previsões sólidas. Mesmo as melhores empresas podem ser especulações com preço errado. É preciso entender a natureza de um negócio para avaliar a permanência inerente de sua lucratividade. Embora seja fácil dizer, é difícil realmente "comprar na baixa e vender na alta", uma vez que a natureza humana nos programa para nos sentir confortáveis na companhia de terceiros. Existe uma distinção entre investimento e especulação. Nunca invista em uma administração inescrupulosa. Os lucros precisam ser entendidos na ausência de itens não recorrentes. A dívida na estrutura de capital aumenta os retornos, mas há limites. O mercado atira primeiro e encontra os motivos depois.

Se tudo isso parece evidente, como o discurso de Polônio, é porque essa sabedoria resistiu aos testes do tempo e se tornou parte de nosso léxico como investidores. No entanto, poucas pessoas se esforçam para seguir esse caminho de pesquisar empresas intensivamente, vasculhando muitas dezenas para encontrar aquelas que merecem seu capital. Poucas pessoas estão dispostas a concentrar seus investimentos em um número pequeno de empresas que conhecem a fundo, as quais acreditam que aumentarão seu patrimônio líquido a uma taxa atraente a longo prazo. Muitos dias, esse trabalho é simplesmente entediante. Outros dias (e, às vezes, meses), o mercado ignora totalmente seu punhado de ações preciosas. Uma carteira de empresas previsíveis e confiáveis não o torna a pessoa mais empolgante da festa nem fornece material de promoção de vendas espalhafatoso. Passei a acreditar que a busca por investimentos racionais atrai apenas alguns poucos. No entanto, ao menos dormimos bem à noite e vivemos bem durante o dia — e nossos clientes também.

CAPÍTULO 31
ANÁLISE DA CONTA DE RECEITAS

Em nossa discussão histórica sobre a teoria do investimento em ações ordinárias, traçamos a transferência de ênfase do patrimônio líquido de uma empresa para sua lucratividade capitalizada. Embora existam razões sólidas e convincentes por trás dessa evolução, entretanto, removeu muito do terreno firme que antes embasava — ou parecia embasar — a análise de investimento, sujeitando-a a uma multiplicidade de riscos adicionais. Quando o investidor era capaz de adotar a mesma atitude para avaliar as ações e seu negócio, estava lidando com conceitos familiares à sua experiência individual e ao seu juízo maduro. Com informações suficientes, era improvável que cometesse grandes erros, exceto talvez em sua estimativa da lucratividade futura. As inter-relações entre o balanço e o demonstrativo de resultados possibilitavam-lhe uma verificação dupla dos valores intrínsecos, que correspondiam a fórmulas de bancos ou agências de crédito na avaliação da elegibilidade da empresa para crédito.

Desvantagens da ênfase exclusiva na lucratividade. Agora que o valor das ações ordinárias passou a depender apenas do desempenho dos lucros, foi aberto um abismo entre os conceitos dos negócios privados e das diretrizes de investimento. Quando o empresário põe de lado seu demonstrativo e pega o relatório de uma empresa grande, aparentemente entra em um mundo de valores novo e completamente diferente. Certamente, ele não avalia seu negócio apenas com base em seus resultados operacionais mais recentes, sem referência aos recursos financeiros. Quando, em sua qualidade de investidor ou especulador, o empresário opta por não dar atenção aos balanços corporativos, está se colocando em séria desvantagem em vários aspectos diferentes: em primeiro lugar, está abraçando um conjunto *novo* de ideias que são estranhas a sua experiência no dia a dia dos negócios. Em segundo lugar, em vez do teste de valor duplo fornecido pelos lucros e pelos ativos, está confiando em um critério único e, portanto, menos confiável. Em terceiro lugar, esses demonstrativos de resultados, nos quais deposita confiança exclusiva, estão sujeitos a *mudanças* mais rápidas e radicais que aquelas que ocorrem nos balanços. Assim, um grau exagerado de instabilidade é introduzido em seu conceito de valores de ações. Em quarto lugar, os demonstrativos de lucros estão muito mais sujeitos a uma apresentação *enganosa* e a inferências equivocadas que o típico balanço patrimonial quando examinado por um investidor experiente.

Advertência contra confiar apenas no demonstrativo de resultados. Ao abordar a análise dos demonstrativos de resultados, devemos, portanto, emitir uma advertência enfática contra a preocupação exclusiva com esse fator ao lidar com os valores de investimento. Com o devido reconhecimento da importância muito restrita dos dados dos ativos, deve-se, no entanto, afirmar que os recursos de uma empresa ainda têm algum significado e requerem alguma atenção. Isso é especialmente verdadeiro, como será visto adiante, porque o significado de qualquer demonstrativo de resultados não pode ser adequadamente compreendido, exceto com referência ao balanço patrimonial no início e no final do período.

Resumo simplificado do método de avaliação de ações ordinárias de Wall Street. Examinando o assunto por outro ângulo, podemos dizer que o método de Wall Street para avaliar as ações ordinárias foi simplificado para a seguinte fórmula padrão:

1. Descubra quanto lucro a ação está gerando. (Isso, em geral, significa o lucro por ação conforme mostrado no último relatório.)
2. Multiplique esse lucro por ação por algum "coeficiente de qualidade" adequado que refletirá:
    a. a taxa de dividendos e seu histórico;
    b. a posição da empresa — seu tamanho, reputação, posição financeira e perspectivas;
    c. o tipo de negócio (por exemplo, um fabricante de cigarros será negociado a um múltiplo de lucros maior que uma empresa de charutos);
    d. o temperamento do mercado em geral (os multiplicadores de um mercado ascendente são maiores que aqueles usados em mercados de baixa).

Tudo isso pode ser resumido na seguinte fórmula:

Preço = lucros correntes por ação × coeficiente de qualidade.[1]

---

1. Quando não há lucros ou quando o valor é reconhecido como muito abaixo do "normal", Wall Street é relutantemente compelida a aplicar aquilo que é, no fundo, um método mais racional de

Como resultado desse procedimento, na maioria dos casos, o "lucro por ação" atingiu um peso na determinação do valor que é equivalente ao *peso de todos os outros fatores tomados em conjunto*. A verdade disso é evidente quando é lembrado que o próprio "coeficiente de qualidade" é, em grande parte, determinado pela *tendência dos lucros*, a qual, por sua vez, é calculada com base nos lucros declarados durante certo período.

Os lucros não apenas oscilam como também estão sujeitos a determinações arbitrárias. Esses lucros por ação, entretanto, sobre os quais todo o edifício de valor foi construído, não são apenas bastante voláteis como ainda estão sujeitos, em grau extraordinário, à determinação e à manipulação arbitrárias. Será esclarecedor se resumirmos neste ponto os vários dispositivos, legítimos ou não, pelos quais o lucro por ação pode, a *critério daqueles que estão no controle*, parecer maior ou menor.

1. Ao alocar itens ao excedente, em vez de à receita, ou *vice-versa*.
2. Ao superestimar ou subestimar a amortização e outros encargos de reserva.
3. Ao variar a estrutura de capital, entre ativos privilegiados e ações ordinárias. (Tais mudanças são decididas pelas administrações e ratificadas pelos acionistas como uma coisa natural.)
4. Pelo uso de grandes fundos de capital não empregados na condução do negócio.

Significado dos dispositivos apresentados para o analista. Essas complexidades da contabilidade corporativa e política financeira, sem dúvida, fornecem um campo amplo para as atividades do analista financeiro. Existem oportunidades ilimitadas para trabalho astuto de detetive, para comparações críticas, para descobrir e apontar uma situação bastante diferente daquela indicada pelos "lucros por ação" divulgados.

Não se pode negar que este trabalho pode ser de grande valor. Em vários casos, levará a uma conclusão convincente de que o preço de mercado está muito desalinhado em relação ao valor intrínseco ou comparativo e, portanto, a tomadas de posição lucrativas com base nessa fundação sólida. Entretanto, é necessário advertir o analista contra o excesso de confiança na utilidade prática de suas descobertas. É sempre bom saber a verdade, mas nem sempre é sensato agir de acordo com ela, sobretudo em Wall Street. E deve-se sempre lembrar que a verdade que o analista descobre, em primeiro lugar, não é a

---

avaliação, ou seja, um método que atribui maior peso à *média* de lucratividade, capital de giro, etc. No entanto, é um procedimento *excepcional*.

verdade *inteira* e, em segundo lugar, não é a verdade *imutável*. O resultado de seu estudo é apenas uma *versão um pouco mais correta do passado*. Suas informações podem ter perdido relevância no momento em que as adquiriu ou, em qualquer caso, no momento em que o mercado finalmente está pronto para reagir a elas.

Mesmo levando em conta essas armadilhas, não é preciso dizer que a análise de títulos financeiros deve dedicar um estudo aprofundado às contas de receitas das empresas. Será útil para a nossa exposição se classificarmos esse estudo em três tópicos:

1. o aspecto contábil. Questão principal: quais são os lucros reais no período estudado?
2. o aspecto comercial. Questão principal: quais são as indicações do histórico de lucros a respeito da lucratividade *futura* da empresa?
3. o aspecto do financiamento de investimentos. Questão principal: quais elementos do desempenho dos lucros devem ser levados em consideração e quais padrões devem ser seguidos para se tentar chegar a uma *avaliação* razoável das ações?

CRÍTICA E REAJUSTE DA CONTA DE RECEITAS

Para que o demonstrativo de resultados seja informativo em qualquer sentido verdadeiro, deve, pelo menos, apresentar uma imagem justa e não distorcida dos resultados operacionais do exercício. No caso das empresas listadas em bolsa, a distorção direta dos números é uma ocorrência rara. As fraudes de Ivar Kreuger, reveladas em 1932, eram dessa natureza, mas bastante peculiares tanto na ousadia como na extensão do embuste. Os demonstrativos da maioria das empresas mais importantes são auditados por contadores públicos independentes, e seus relatórios são razoavelmente confiáveis dentro da esfera bastante limitada da precisão contábil.[2] Entretanto, do ponto de vista da análise das ações ordinárias, esses relatórios de auditorias podem exigir interpretação crítica e ajustes, sobretudo no que diz respeito a três elementos importantes:

---

2. Nos últimos anos, vários casos de superavaliações grosseiras de lucros e ativos circulantes em demonstrativos auditados vieram à luz — com destaque para o caso da McKesson and Robbins Company, em 1938. (A Interstate Hosiery Mills e a Illinois Zinc Corporation são outros exemplos que também vieram à tona em 1938.) Apesar da impressão espetaculosa causada pelo escândalo da McKesson and Robbins, deve-se reconhecer que, durante um longo período de anos, apenas uma parcela infinitesimal de empresas de capital aberto esteve envolvida em fraudes desse tipo.

1. lucros e perdas não recorrentes;
2. operações de subsidiárias ou afiliadas; e
3. reservas.

Observações gerais sobre a conta de receitas. Os procedimentos contábeis permitem considerável margem de manobra à administração na forma de tratamento dos itens não recorrentes. É uma regra padrão e apropriada que as transações aplicáveis aos anos anteriores sejam excluídas da receita corrente e lançadas diretamente, como débito ou crédito, na conta de excedente. No entanto, existem muitos tipos de lançamentos que podem, tecnicamente, ser considerados parte dos resultados do ano corrente, mas que, não obstante, são de natureza especial e não recorrente. As regras contábeis permitem que a administração decida se deve apresentar essas operações como parte da *receita* ou relatá-las como ajustes do *excedente*. A seguir, apresentamos alguns exemplos de lançamentos desse tipo:

1. lucro ou perda na venda de ativos fixos;
2. lucro ou perda na venda de ativos negociáveis;
3. desconto ou prêmio no resgate de compromissos de capital;
4. receitas de apólices de seguro de vida;
5. restituições de impostos e juros sobre eles;
6. ganhos ou perdas como resultado de litígio;
7. baixas extraordinárias de estoques;
8. baixas extraordinárias nas contas a receber; e
9. custo de manutenção de propriedades não operacionais.

Grandes variações vão ser encontradas na prática das empresas com relação a itens como os apresentados. Em cada categoria, podem ser encontrados exemplos de inclusão ou exclusão da conta de receitas. A questão de qual é o melhor procedimento contábil em alguns desses casos pode ser bastante polêmica, mas, para o analista, seus objetivos exigem que todos esses itens sejam segregados dos *resultados operacionais normais* do exercício. A razão é que aquilo que o investidor deseja, sobretudo, aprender com um relatório anual é a *lucratividade indicada* em determinadas condições, ou seja, o que a empresa poderia esperar ganhar ano após ano se as condições de negócios prevalecentes, durante o período, continuassem inalteradas. (Por outro lado, como apontaremos adiante, todos esses itens extraordinários devem ser corretamente incluídos no cálculo da lucratividade, conforme realmente demonstrada ao longo de um *período de anos* no passado.)

O analista também deve se esforçar para ajustar os lucros declarados de modo a refletir, com a maior precisão possível, os interesses da empresa nos resultados de empresas controladas ou afiliadas. Na maioria dos casos, são feitos relatórios consolidados, de forma que tais ajustes são desnecessários. No entanto, ocorreram numerosos casos em que os demonstrativos estão incompletos ou são enganosos porque: (1) não refletem qualquer parte dos lucros ou das perdas de subsidiárias importantes ou (2) incluem como receita os dividendos de subsidiárias que são substancialmente menores ou maiores que os lucros correntes das empresas controladas.

O terceiro aspecto da conta de receitas ao qual o analista deve dedicar atenção cuidadosa é a questão das reservas para depreciação e outras amortizações e das reservas para perdas futuras e outras contingências. Essas reservas estão sujeitas, em boa parte, à determinação arbitrária da administração. Dessa forma, podem ser facilmente exageradas ou subestimadas, caso em que o valor final dos lucros declarados sofrerá uma distorção correspondente. Com relação aos encargos de amortização, há outro elemento mais sutil que, às vezes, pode adquirir considerável importância, que é o fato de que as deduções da receita, calculadas pela administração com base no custo contábil da propriedade, podem não refletir adequadamente a amortização que o *investidor individual* deveria debitar de seu compromisso na empresa.

Itens não recorrentes: lucros ou perdas com a venda de ativos fixos. Devemos passar para uma discussão mais detalhada desses três tipos de ajustes na conta de receitas declarada, começando com o tema dos itens não recorrentes.[3] É óbvio que os lucros ou as perdas com a venda de ativos fixos pertencem a essa categoria e deveriam ser excluídos do resultado do exercício para se ter uma ideia da "lucratividade indicada" com base na suposta continuidade das condições de negócios existentes. A prática contábil aprovada recomenda que o lucro sobre as vendas dos ativos de capital seja apresentado apenas como um crédito na conta de excedente. Em vários casos, no entanto, esses lucros são declarados pela empresa como parte de seu lucro líquido corrente, gerando uma imagem distorcida dos lucros no período.

---

3. A Lei de Valores Mobiliários de 1933 e a Lei das Bolsas de Valores de 1934 especificamente conferem poderes à Securities and Exchange Commission para prescrever os métodos a serem seguidos na diferenciação entre itens recorrentes e não recorrentes nos relatórios de empresas registradas que devem ser apresentados à comissão e às bolsas (Sec. 19(a) da lei de 1933 e Sec. 13(b) da lei de 1934). Os formulários de registro inicial (A-1, A-2 e 10) e o formulário de relatório anual (10-K) exigem a separação dos itens de lucros e perdas não recorrentes na conta de receitas.

Exemplos: Um exemplo flagrante dessa prática é apresentado pelo relatório da Manhattan Electrical Supply Company de 1926. A empresa apresentou um lucro de 882 mil dólares, ou US$ 10,25 por ação, o que foi considerado um desempenho muito favorável. No entanto, um pedido subsequente para listar ações adicionais na Bolsa de Valores de Nova York revelou que, desses 882 mil declarados como lucros, nada menos que US$ 586.700 foram resultado da venda do negócio de baterias da empresa. Portanto, os lucros das operações comuns foram de apenas US$ 295.300, ou cerca de US$ 3,40 por ação. A inclusão desse lucro especial na receita foi especialmente questionável porque, no mesmo ano, a empresa contabilizara *perdas* extraordinárias, no valor de 544 mil dólares, na conta de excedente. Obviamente, as perdas especiais pertenciam à mesma categoria dos lucros especiais, e os dois itens deveriam ter sido agrupados. O fato de incluir um nas receitas e contabilizar o outro como excedente foi altamente enganoso. Ainda mais vergonhosa foi a exclusão de qualquer referência clara ao lucro da venda do negócio de baterias, seja na própria conta de receitas, seja nas extensas observações que a acompanhavam no relatório anual.[4]

Em 1931, a United States Steel Corporation declarou uma "receita especial" de cerca de 19,3 milhões de dólares, a maior parte da qual foi resultado do "lucro na venda de propriedades fixas" — consideradas como certas propriedades de prestação de serviços públicos em Gary, Indiana. Esse item foi incluído nos lucros do ano e resultou em uma "receita líquida" final de 13 milhões de dólares. No entanto, uma vez que esse crédito era definitivamente de natureza não recorrente, o analista seria compelido a eliminá-lo de sua consideração dos resultados operacionais de 1931, o que, portanto, registraria um *prejuízo* de 6,3 milhões de dólares antes dos dividendos preferenciais. O método contábil adotado pela United States Steel em 1931 está em desacordo com sua política no passado, conforme demonstrado pelo tratamento de grandes montantes recebidos na forma de restituições de imposto de renda nos três anos anteriores. Essas receitas não foram declaradas como receitas correntes, mas creditadas diretamente na conta de excedente.

Lucros na venda de ativos negociáveis. Os lucros obtidos por uma empresa com a venda de ativos negociáveis também possuem uma natureza especial e devem ser separados dos resultados operacionais normais.

---

4. As observações do presidente continham apenas as seguintes palavras em relação a essa transação: "Após vários anos de experiência não lucrativa no negócio de baterias, os diretores conseguiram uma venda em termos satisfatórios". Em 1930, veio à tona um escândalo em razão da manipulação, pelo presidente, das ações dessa empresa na Bolsa de Valores de Nova York.

Exemplos: O relatório da National Transit Company, ex-subsidiária da Standard Oil, referente ao ano de 1928, ilustra a distorção resultante da inclusão dos lucros dessa fonte na conta de receitas. O método de apresentar a história aos acionistas também está sujeito a sérias críticas. A conta de receitas consolidada para 1927 e 1928 foi declarada, aproximadamente, nos seguintes termos:

Item	1927	1928
Receitas operacionais	$ 3.432.000	$ 3.419.000
Dividendos, juros e receitas diversas	463.000	370.000
Receitas totais	$ 3.895.000	$ 3.789.000
"Despesas operacionais, incluindo depreciação e itens de lucro e perda diretos" (em 1928, "incluindo lucros de vendas de ativos")	3.264.000	2.599.000
Receita líquida	$ 631.000	$ 1.190.000
(Lucros por ação)	($ 1,24)	($ 2,34)

O aumento no lucro por ação parecia bastante impressionante. No entanto, um estudo detalhado dos números da empresa controladora sozinha, conforme apresentados à Interstate Commerce Commission, teria revelado que 560 mil dólares da receita de 1928 resultaram de lucros com a venda de ativos. Isso é quase exatamente igual ao aumento no lucro líquido consolidado em relação ao ano anterior. Levando em conta, por um lado, o imposto de renda e outras compensações contra esses lucros especiais, mas, por outro lado, os prováveis lucros adicionais da venda de ativos pela subsidiária de manufatura, parece provável que toda ou quase toda a aparente melhora nos lucros em 1928 foi devida a itens não operacionais. Esses lucros devem ser claramente eliminados de qualquer comparação ou cálculo da *lucratividade*. A forma de demonstrativo a que recorreu a National Transit, em que esses lucros são aplicados para *reduzir as despesas operacionais*, é, no mínimo, bizarra.

A venda feita pela New York, Chicago and St. Louis Railroad Company, por meio de uma subsidiária, de sua participação acionária na Pere Marquette, em 1929, deu origem, posteriormente, a uma forma ainda mais extraordinária de manipulação contábil. Descreveremos essas transações em relação ao nosso tratamento dos itens envolvendo subsidiárias não consolidadas. Em 1931, a F. W. Woolworth Company incluiu, em sua receita, um lucro de quase 10 milhões de dólares referente à venda de uma participação parcial de sua subsidiária britânica. Como efeito dessa inclusão, o lucro por ação pareceu maior que em qualquer ano anterior, quando, na verdade, sofrera uma queda. É um tanto surpreendente observar que, no mesmo ano, a empresa contabilizou na *conta de excedentes* uma provisão para impostos adicionais de 2 milhões de dólares, que parecia estar intimamente relacionada ao lucro especial incluído na *receita*.

A redução no valor de mercado dos ativos deve ser considerada como um item não recorrente, da mesma forma que as perdas com a venda de tais ativos. O mesmo aconteceria com a redução do valor de moedas estrangeiras. Na maioria dos casos, as empresas deduzem essas reduções, quando feitas, da *conta de excedente*. O relatório da General Motors de 1931 incluiu ambos os tipos de ajuste, totalizando 20,575 milhões de dólares como deduções da *receita*, mas teve o cuidado de designá-los como "perdas extraordinárias e não recorrentes".

Métodos usados pelos fundos de investimento para declarar a venda de ativos negociáveis. Os demonstrativos dos fundos de investimento levantam questões especiais com respeito a tratamento de lucros ou perdas sofridas com venda de ativos e mudanças no valor dos ativos. Antes de 1930, a maioria dessas empresas relatava os lucros com a venda de ativos como parte de sua receita regular, mas mostrava a avaliação dos ativos *não vendidos* na forma de um memorando ou nota de rodapé no balanço patrimonial. Contudo, quando houve perdas grandes, em 1930 e nos anos seguintes, na maioria dos casos, não foram apresentadas na conta de receitas, mas como despesas nas contas de capital, excedentes ou reservas. A depreciação *não realizada* ainda foi registrada, pela maioria das empresas, na forma de um comentário explicativo no balanço patrimonial, que continuava a carregar os ativos em carteira ao custo original. Uma minoria dos fundos de investimento reduziu o preço pelo qual contabilizava os títulos em sua carteira para o valor de mercado por meio de deduções das contas de capital e excedentes.

Pode-se argumentar logicamente que, uma vez que negociar ativos é uma parte fundamental dos negócios de um fundo de investimento, os resultados das vendas e até as alterações no valor da carteira devem ser considerados como elementos ordinários e não extraordinários nos relatórios anuais. Certamente, um estudo confinado aos recebimentos de juros e dividendos menos as despesas teria um valor insignificante. Se *quaisquer* resultados úteis podem ser esperados de uma análise dos demonstrativos dos fundos de investimento, deve claramente se basear em três itens: renda de investimento, lucros ou perdas na venda de ativos e mudanças nos valores de mercado. É igualmente óbvio que ganho ou redução, calculado dessa forma, em determinado ano, não é nenhuma indicação de *lucratividade* no sentido recorrente.

Uma média obtida em vários anos não pode ter qualquer significado para o futuro, a menos que os resultados sejam, primeiro, comparados com alguma medida apropriada do desempenho geral do mercado. A possibilidade de que o fundo de investimento tenha um desempenho substancialmente acima da "média" relevante é, obviamente, uma indicação *prima facie* de uma administração capaz. Entretanto, mesmo aqui, seria difícil distinguir com segurança entre habilidade superior e apostas mais sortudas no mercado.

A essência dessa crítica é dupla: (1) a mudança geral no valor do principal é a única medida disponível do desempenho dos fundos de investimento, mas (2) essa medida não pode ser considerada como um indicador de "lucratividade normal" em qualquer sentido análogo aos lucros registrados de uma indústria bem estabelecida.[5]

Problema semelhante no caso de bancos e seguradoras. Um problema semelhante envolve a análise dos resultados apresentados pelos bancos e pelas seguradoras. O interesse público nos ativos de seguradoras concentra-se, sobretudo, nas ações das empresas que vendem seguros contra incêndio. Essas empresas representam uma combinação entre o negócio de seguros e o negócio de um fundo de investimento. Têm disponíveis para investimento seus fundos de capital e quantias substanciais recebidas em forma de prêmios pagos antecipadamente. De um modo geral, apenas uma pequena parte desses recursos está sujeita a restrições legais com relação ao investimento, e o saldo é administrado da mesma forma que os recursos de um fundo de investimento. O negócio de subscrição como tal raramente se mostrou muito lucrativo. Muitas vezes, apresenta um déficit, que é compensado, entretanto, por receitas de juros e dividendos. Os lucros ou perdas demonstrados nas operações com ativos, incluindo mudanças em seu valor de mercado, exercem uma influência predominante na atitude do público em relação às ações das empresas de seguro contra incêndio. O mesmo aconteceu, em um grau menor, porém não menos significativo, com as ações dos bancos. O tremendo excesso de especulação nesses ativos no final da década de 1920 foi estimulado, em grande parte, pela participação dos bancos, diretamente ou por meio de afiliadas, nos fabulosos lucros obtidos nos mercados de ativos.

Desde 1933, os bancos são obrigados a se divorciar de suas afiliadas, e suas operações em ativos que não sejam emissões do governo foram supervisionadas e restringidas com mais cuidado. Contudo, por causa da grande parcela de

---

5. Para um resumo das conclusões da Securities and Exchange Commission sobre a investigação do desempenho de gestão dos fundos de investimento e para comentários adicionais dos autores sobre o histórico e as práticas dos fundos de investimento, ver apêndice F, nota 1, p. 1.027.

recursos investida em títulos, as mudanças substanciais nos preços dos títulos ainda devem exercer um efeito pronunciado sobre seus lucros declarados.

O fato de que as operações das instituições financeiras em geral — como fundos de investimento, bancos e seguradoras — devem, necessariamente, refletir as mudanças no valor dos ativos torna suas ações um instrumento perigoso para negociações públicas em grande escala. Uma vez que, nessas empresas, o aumento no valor dos ativos pode ser considerado parte dos lucros do exercício, existe uma tendência inevitável de considerar os lucros obtidos em tempos favoráveis como parte de sua "lucratividade" e de avaliar suas ações nessa base. Isso resulta, é claro, em uma supervalorização absurda, a ser seguida por um colapso e uma depreciação igualmente excessivos. Essas oscilações violentas são particularmente prejudiciais no caso de instituições financeiras, uma vez que podem afetar a confiança do público. É verdade também que a especulação galopante (chamada de "investimento") nas ações de bancos e seguradoras leva ao lançamento imprudente de empresas novas, à expansão imprudente de empresas estabelecidas e a um relaxamento geral dos padrões prevalentes de conservadorismo e até de integridade.

Ao cumprir sua função de conselheiro de investimento, o analista financeiro deve fazer o possível para desencorajar a compra de ações de instituições bancárias e seguradoras pelo pequeno investidor comum. Antes do *boom* da década de 1920, esses ativos eram detidos quase exclusivamente por aqueles que tinham ou comandavam grande experiência financeira e juízo maduro. Essas qualidades são necessárias para evitar o perigo especial de julgar erroneamente os valores nesse campo em razão da dependência de seus lucros declarados nas oscilações do preço dos ativos.

Aqui reside também uma dificuldade paradoxal do movimento dos fundos de investimento. Dada uma técnica adequada de gerenciamento, essas organizações podem muito bem se mostrar um veículo lógico para a aplicação dos recursos de pequenos investidores. No entanto, considerada como um ativo negociado por pequenos investidores, a própria ação de um fundo de investimento é um instrumento perigosamente volátil. Aparentemente, esse fator problemático pode ser controlado apenas pela educação ou pela advertência efetiva do público em geral sobre a interpretação dos relatórios dos fundos de investimento. As chances de se conseguir isso não são muito boas.

Lucros por meio da recompra de ativos privilegiados com desconto. Às vezes, um lucro substancial é realizado pelas empresas por meio da recompra de seus ativos privilegiados a um preço inferior ao valor nominal. A inclusão de tais ganhos na receita corrente é certamente uma prática enganosa, primeiro porque obviamente não são recorrentes e, segundo, porque se trata, na melhor das hipóteses, de um lucro questionável, uma vez que é conseguido às custas dos próprios detentores de ativos da empresa.

Exemplo: Uma ocorrência peculiar dessa prática contábil, verificada no distante ano de 1915, é a Utah Securities Corporation, uma *holding* que controla a Utah Power and Light Company. A conta de receitas a seguir ilustra esse ponto:

ANO TERMINADO EM 31 DE MARÇO DE 1915

Lucro da Utah Securities Corporation incluindo excedentes de subsidiárias a ela devidos	$ 771.299
Despesas e impostos	30.288
Lucro líquido	$ 741.011
Lucro sobre resgate de notas de 6%	1.309.657
Receita de todas as fontes devidas à Utah Securities Corporation	$ 2.050.668
Dedução de encargos de juros sobre notas de 6%	1.063.009
Receita líquida combinada para o ano	$ 987.659

A conta de receitas anterior mostra que os principais "lucros" da Utah Securities foram derivados da recompra de seus papéis com um desconto. Não fosse por esse item extraordinário, a empresa não teria conseguido cobrir seus encargos de juros.

As recompras generalizadas de ativos privilegiados a um desconto substancial constituíram uma das características singulares dos anos de depressão de 1931-1933. Isso foi possível devido à desproporção que existia entre as posições fortes de caixa e os lucros baixos de muitas empresas. Por causa da última influência, os ativos privilegiados eram negociados a preços baixos; por causa da primeira, as empresas emissoras puderam recomprá-los em grande quantidade. Essa prática foi mais utilizada por fundos de investimento.

Exemplos: A International Securities Corporation of America, para usar um exemplo notável, recomprou, no ano fiscal encerrado em 30 de novembro de 1932, não menos que 12,684 milhões de dólares de seus títulos de 5%, o que representava quase metade da emissão. O preço médio pago foi de cerca de US$ 55, e a operação apresentou um lucro de cerca de 6 milhões de dólares, o que serviu para compensar a retração no valor da carteira de investimentos.

No campo industrial, observamos o relatório da Armour and Company de 1932. Ele mostrou um lucro líquido de 1,633 milhão de dólares, mas somente depois de incluir na receita um lucro de 5,52 milhões de dólares em títulos comprados com grande desconto. Da mesma forma, mais que o total do lucro líquido em 1933 da Goodrich Rubber, United Drug, Bush Terminal Building Company e de outras empresas foi atribuído a essa fonte não recorrente. Condição semelhante foi divulgada no relatório da United Cigar-Whelan Stores para o primeiro semestre de 1938.[6] (Deve-se observar, por outro lado, que algumas empresas, por exemplo, a Gulf States Steel Corporation, em 1933, seguiram a prática mais saudável de creditar esse lucro diretamente na conta de excedente.)

Um resultado contrário aparece quando os ativos privilegiados são resgatados por um custo que excede seu valor nominal ou declarado. Quando esse prêmio envolve um valor alto, é sempre cobrado contra o excedente e não contra as receitas correntes.

Exemplos: Como ilustrações destacadas dessa prática, citamos a despesa de 40,6 milhões de dólares na conta de excedente feita pela United States Steel Corporation, em 1929, em conexão com o resgate a US$ 110 de 307 milhões de dólares de títulos próprios e de suas subsidiárias, assim como a cobrança de 9,6 milhões feita na conta de excedente, em 1927, pela Goodyear Tire and Rubber Company, derivada do resgate com um prêmio de vários títulos e ações preferenciais e sua substituição por ativos novos com taxas de juros e dividendos mais baixos. Do ponto de vista do analista, tanto o lucro como a despesa em tais transações especiais envolvendo ativos da própria empresa devem ser considerados não recorrentes e excluídos dos resultados operacionais ao estudar o desempenho de um único ano.

Um exemplo abrangente. A American Machine and Metals, Inc. (sucessora da Manhattan Electrical Supply Company mencionada anteriormente neste capítulo) incluiu em suas *receitas* correntes de 1932 um lucro realizado com a recompra com desconto de seus títulos. Uma vez que os relatórios de 1931 e 1932 ilustram em um grau incomum a natureza arbitrária de grande parte da contabilidade empresarial, reproduzimos a seguir, na íntegra, a conta de receitas e os ajustes de capital e de excedentes anexados.

Encontramos novamente em 1932, como em 1926, a prática extremamente questionável de incluir lucros extraordinários na receita, ao mesmo tempo que se imputa prejuízos especiais ao excedente. Não faz muita diferença que, no segundo ano, a natureza do lucro especial — ganho por meio da recompra de títulos abaixo do valor nominal — seja divulgada no relatório. Os acionistas e compradores de ações, em sua maioria, prestam atenção apenas no valor final do lucro por ação, conforme apresentado pela empresa, não são propensos a questionar com cuidado a maneira como é determinado. A importância de alguns dos encargos imputados por essa empresa contra o excedente em 1932 será abordada posteriormente em tópicos apropriados.

---

6. O relatório de 1938 como um todo credita esse lucro ao *excedente*.

RELATÓRIO DA AMERICAN MACHINE AND METALS, INC., DE 1931 E 1932

Item	1932	1931
Conta de receitas:		
Lucro líquido antes de depreciação e juros	*Prejuízo* $ 136.885	*Lucro* $ 101.534
Acrescentar lucros sobre títulos recomprados	174.278	270.701
Lucro, incluindo títulos recomprados	37.393	372.236
Depreciação	87.918	184.562
Juros dos títulos	119.273	140.658
Lucro ou perda líquido final	*Prejuízo* 169.798	*Lucro* 47.015
Encargos contra capital, excedente de capital e excedente ganho:		
Despesa diferida de mudança e desenvolvimento de minas	111.014	
Provisões para perdas sobre:		
Notas duvidosas e juros sobre elas e reivindicações	600.000	
Inventários	385.000	
Investimentos	54.999	
Liquidação de subsidiária	39.298	
Esgotamento de reservas minerais	28.406	32.515
Baixa de ativos fixos (líquido)	557.578	
Redução de reservas minerais e direitos minerais	681.742	
Restituição de impostos federais, etc.	cr. 7.198	cr. 12.269
Encargos totais não mostrados na conta de receita	$ 2.450.839	$ 20.246
Resultado apresentado na conta de receitas	dr. 169.798	cr. 47.015
Recebido da venda de ações adicionais	cr. 44.000	
Mudança combinada no capital e no superávit	dr. $ 2.576.637	cr. $ 26.769

Outros itens não recorrentes. O grupo restante de itens de lucro não recorrente não é relevante o suficiente para justificar uma discussão detalhada. Na maioria dos casos, é de pouca importância se aparecem como parte dos lucros do ano ou se são creditados ao excedente, ao qual deveriam pertencer.

Exemplos: Gimbel Brothers incluiu a soma de US$ 167.660, produto de apólices de seguro de vida, na receita de 1938, designando-a como um "item não comercial". Por outro lado, a United Merchants and Manufacturers, ao receber um pagamento semelhante de 1,579 milhão de dólares, no ano fiscal de 1938, creditou o valor de forma mais sólida ao superávit — embora tivesse sofrido um grande prejuízo operacional.

A Bendix Aviation Corporation declarou como receita para o ano de 1929 a soma de US$ 901.282 recebida para encerrar um processo de patente e, novamente, em 1931, incluiu nos ganhos correntes uma quantia de US$ 242.656 paga a ela como *royalties* recuperados em litígio. Os lucros de 1932 da Gulf Oil Corporation incluíram o montante de 5,512 milhões de dólares que representava o valor do petróleo anteriormente sob litígio. Por meio desse item, designado como não recorrente, a empresa conseguiu transformar um prejuízo de 2,768 milhões de dólares em um lucro de 2,743 milhões. Embora as restituições de impostos sejam regularmente apresentadas apenas como créditos na conta de excedente, os juros acumulados recebidos, por vezes, aparecem como parte da conta de receitas, por exemplo, 2 milhões de dólares relatados pela E. I. du Pont de Nemours and Company, em 1926, e uma soma não declarada, mas aparentemente muito maior, incluída nos lucros da United States Steel, em 1930.

CAPÍTULO 32
PREJUÍZOS EXTRAORDINÁRIOS E OUTROS ITENS ESPECIAIS NA CONTA DE RECEITAS

É provável que a questão dos prejuízos não recorrentes crie dificuldades especiais na análise das contas de receitas. Até que ponto dar baixa em estoques e contas a receber deve ser considerado uma dedução extraordinária que não deveria ser contabilizada nos resultados operacionais do exercício? No ano desastroso de 1932, baixas contábeis desse tipo foram realizadas por quase todas as empresas. Os métodos contábeis usados mostraram grandes divergências, mas a maioria das empresas poupou suas contas de receitas o máximo possível e subtraiu essas perdas do excedente. Por outro lado, as baixas de estoque menos significativas, durante a recessão de 1937 a 1938, foram quase que universalmente lançadas no demonstrativo de resultados.

As baixas de estoque estão diretamente relacionadas à condução dos negócios e, portanto, não costumam ser, de maneira nenhuma, extraordinárias. O colapso do valor dos estoques em 1931-1932 pode ser considerado extraordinário em sua *extensão*, da mesma forma que os resultados das empresas como um todo foram excepcionais. Segue-se desse raciocínio que, se os resultados de 1931-1932 forem levados em consideração de alguma maneira, por exemplo, no cálculo de uma média a longo prazo, todas as baixas de estoques e contas a receber devem ser consideradas como parte do déficit operacional daqueles anos, mesmo que sejam cobradas do excedente. No capítulo 37, consideraremos o papel dos anos extraordinários na determinação da lucratividade média.

Lucros fabricados. Um exame das grandes baixas no excedente, em 1932, feitas pela American Machine and Metals (detalhadas na p. 580) sugere a possibilidade de que uma provisão *excessiva* para prejuízos pode ter sido feita naquele ano com a intenção de beneficiar a conta de receitas no futuro. Se as contas a receber e os estoques tivessem sido baixados para um valor indevidamente baixo em 31 de dezembro de 1932, esse "preço de custo" artificialmente baixo daria origem a um lucro correspondentemente inflado nos anos seguintes. Esse ponto pode ser esclarecido pelo uso de números hipotéticos como segue:

Presumir que o valor justo dos estoques e das contas a receber
em 31 de dezembro de 1932 seja .... US$ 2.000.000

Presumir que o lucro para 1933 com base em tal valor justo seja 200.00

Mas presumir que, por baixas especiais e excessivas no excedente,
os estoques e as contas a receber tinham sido reduzidos para 1.600.000

Então as quantias doravante realizadas mostrarão um lucro correspondentemente
maior para 1933, o qual pode significar lucros *declarados* para 1933 de 600.00

Isso seria três vezes o número apropriado.

    O exemplo anterior ilustra todo um conjunto de práticas que constituem talvez o tipo mais extremo de manipulação contábil. Consistem, em resumo, em retirar somas do excedente (ou mesmo do capital) e, em seguida, declarar essas mesmas somas como receita. A baixa no excedente passa despercebida; o crédito para as receitas pode exercer uma influência determinante sobre o preço de mercado dos ativos da empresa.[1] Adiante, destacaremos que a redução "conservadora" da conta de propriedades tem exatamente esse resultado, na medida em que permite um encargo de depreciação reduzido e, portanto, um aumento nos lucros aparentes. Os perigos inerentes às práticas contábeis desse tipo são ainda mais sérios porque são muito pouco percebidos pelo público, muito difíceis de detectar até mesmo pelo analista especialista e estão muito imunes à correção pelo Legislativo ou pela bolsa de valores.

    O uso do lucro por ação, declarado como base do valor das ações ordinárias, tornou muito mais fácil para os administradores exercerem um controle arbitrário e prejudicial sobre o nível de preço de suas ações. Embora deva ser enfatizado que a esmagadora maioria dos administradores é honesta, deve-se enfatizar também que a contabilidade frouxa ou "dirigida" é uma doença extremamente contagiosa.

Reservas para perdas de estoque. A contabilização das baixas no estoque é, muitas vezes, complicada pelo uso de reservas constituídas antes que a perda

---

1. Os relatórios da United States Industrial Alcohol Company, referentes a 1932 e a anos subsequentes, refletem uma situação um tanto semelhante àquela sugerida aqui. Essa empresa abandonou sua prática usual em 1932, ao estabelecer uma reserva de 1,5 milhão de dólares do excedente para reduzir o valor de seu estoque de melaço e trazê-lo ao valor de mercado estimado atualmente. (Antes, esse item era regularmente contabilizado ao preço de custo.) Relatórios posteriores indicam que os lucros de 1933, 1934 e 1935 foram beneficiados por essa reserva de 772 mil, 677 mil e 51 mil dólares, respectivamente. De um modo significativo, o imposto de renda, em 1934, foi baseado em 677 mil a menos que o lucro declarado. (Para um amplo resumo do efeito dos métodos contábeis dessa empresa em seu lucro declarado por ação em 1929-1938, ver p. 672-674)

seja realmente realizada. Essas reservas são, em geral, criadas por meio de um encargo sobre o excedente, com base na teoria de que é função da conta de excedente atuar como uma espécie de reserva de contingência para absorver perdas futuras incomuns. Se mais tarde a baixa de estoque realmente ocorrer, é naturalmente debitada da reserva já criada para atendê-la. O resultado é que a baixa de estoque não é refletida na conta de receitas em *nenhum ano*, embora seja um risco para as operações como é uma queda nos preços de venda. Quando uma empresa deduz prejuízos nos estoques do excedente — seja diretamente, seja por meio de um dispositivo de reserva —, o analista deve examinar essa prática com cuidado, sobretudo ao comparar os resultados publicados com os de outras empresas. Uma boa ilustração dessa regra é oferecida pela comparação entre os relatórios apresentados pela United States Rubber Company e pela Goodyear Tire and Rubber Company para os anos de 1925 a 1927, período durante o qual os preços da borracha sofreram grandes oscilações.

Nesses três anos, a Goodyear cobrou dos *lucros* um total de 11,5 milhões de dólares como uma reserva contra o declínio no preço das matérias-primas. Desse montante, metade foi usado para absorver as perdas reais sofridas e a outra metade foi transportada para 1928 (e acabou sendo usada em 1930).

Durante esse mesmo período, a United States Rubber estabeleceu um encargo com valor total de 20,446 milhões de dólares referente a reservas de estoque e baixas contábeis, todas foram absorvidas por prejuízos reais. No entanto, a forma do demonstrativo anual, conforme submetido aos acionistas, excluía essas deduções das receitas e as fazia aparecer como ajustes especiais do excedente. (Em 1927, além disso, a perda de estoque de 8,91 milhões de dólares foi, aparentemente, compensada por um crédito especial de 8 milhões, relativo à transferência de lucros *passados* da subsidiária produtora de borracha bruta.)

Como resultado dessas bases divergentes de relatórios de receita anual, os lucros por ação das duas empresas, conforme compilado pelos manuais estatísticos, apresentaram um desempenho comparativo totalmente enganoso. Os seguintes dados de lucro por ação foram retirados do *Poor's Manual*, de 1928:

Ano	U. S. Rubber	Goodyear
1925	$ 14,92	$ 9,45
1926	10,54	3,79
1927	1,26	9,02
Média de três anos	$ 8,91	$ 7,42

Para efeitos de comparação adequados, os demonstrativos devem ser claramente considerados em uma base idêntica ou o mais próximo possível disso. Essa comparação poderia ser feita de três maneira possíveis, como segue:

1. conforme o relatório da United States Rubber, ou seja, excluindo reservas e perdas de estoque da conta de receitas corrente;
2. conforme o relatório da Goodyear, ou seja, reduzindo os lucros do período de preços elevados da borracha crua, por meio de uma reserva para perdas futuras e usando essa reserva para absorver a retração posterior; e
3. pela eliminação de tais reservas, como um esforço arbitrário da administração para nivelar os lucros. Assim, as perdas de estoque seriam deduzidas dos resultados do ano em que efetivamente aconteceram. (A análise da Goodyear pela Standard Statistics Company inclui uma revisão dos lucros declarados em conformidade com essa abordagem.)

Temos então, para fins de comparação, três declarativos de lucro por ação para o período:

Ano	1. Omitindo ajustes de estoque		2. Incluindo ajustes de estoque, conforme feitos pelas empresas		3. Excluindo *reservas* e cobrando prejuízos no ano em que o declínio ocorreu	
	U.S. Rubber	Goodyear	U.S. Rubber	Goodyear	U.S. Rubber	Goodyear
1925	$ 14,92	$ 18,48	$ 11,21	$ 9,45	$ 14,92	$ 18,48
1926	10,54	3,79	0,00	3,79	*14,71(d)*	*2,53(d)*
1927	1,26*	13,24	*9,73(d)**	9,02	1,26*	13,24
Média de três anos	$ 8,91	$ 12,17	$ 0,49	$ 7,42	$ 0,49	$ 9,73

* Excluindo crédito para lucros auferidos antes de 1926 pela United States Rubber Plantations, Inc.

Ano	U. S. Rubber ordinária		Goodyear ordinária	
	Alta	Baixa	Alta	Baixa
1925	97	33	50	25
1926	88	50	40	27
1927	67	37	69	29
Média de altas e baixas	62		40	

A variação dos preços de mercado para as duas ações ordinárias durante esse período sugere que os métodos de contabilidade seguidos pelos United States Rubber conseguiram, de maneira bastante eficaz, obscurecer a natureza insatisfatória de seus resultados nesses anos.

Mais recentemente, a United States Rubber seguiu a prática da Goodyear de estabelecer uma reserva para futuras reduções de estoque de lucros em anos prósperos. Como resultado dessa política, a empresa subestimou um pouco seus lucros em 1935 e 1936, mas os exagerou em 1937.

Um contraste mais recente. A indústria de embalagens nos fornece uma divergência mais extrema no método utilizado por duas empresas para tratar a questão de prováveis prejuízos futuros com os estoques.

A Wilson and Company estabeleceu uma reserva de 750 mil dólares antes do início de seu ano fiscal de 1934 para "oscilações no valor dos estoques". Essa soma foi retirada, em parte, do excedente e, em parte, da receita. Em 1934, reduziu seu estoque de abertura por uma quantia igual a essa reserva, aumentando assim o lucro declarado do ano em 750 mil. A Securities and Exchange Commission, no entanto, exigiu que alterasse sua declaração de registro de modo a creditar esse montante ao excedente e não à receita.

Por outro lado, a Swift and Company reduziu seus lucros declarados nos anos fiscais de 1933-1935 em 16,767 milhões de dólares, montante que foi estabelecido como uma reserva para futuras reduções de estoque. Em 1938, ocorreu o declínio esperado; contudo, em vez de sacar dessa reserva para poupar a conta de receitas, a empresa cobrou o prejuízo total das operações do ano e, em seguida, transferiu 11 milhões de dólares da reserva diretamente para o excedente. Nesse caso excepcional, o lucro líquido do período de seis anos, de 1933 a 1938, foi *subestimado*, uma vez que certos valores foram realmente retirados da receita e transferidos para o excedente.[2]

Outros elementos na contabilidade de estoques. O estudioso dos relatórios das empresas deve se familiarizar com duas variações da prática contábil usual que são permitidas no tratamento dos estoques. Como se sabe, o procedimento padrão consiste em avaliar o estoque no fechamento do ano pelo menor de dois preços: o de custo ou o de mercado. O "custo das mercadorias vendidas" é, então, calculado pela adição das compras ao estoque de abertura e pela subtração do estoque de fechamento, avaliados conforme descrito.

---

2. A Standard Statistics revisou os relatórios anuais da Swift ao listar as deduções de 1933-1935 referentes a perdas de estoque como encargos sobre o *excedente*.

Último *a entrar, primeiro a sair.* A primeira variação desse método consiste em tomar como custo dos produtos vendidos o valor efetivamente pago pelos lotes *mais recentemente adquiridos.* A teoria por trás desse método aponta que o preço de venda de um comerciante está relacionado, sobretudo, ao preço de substituição atual ou ao custo recente do artigo vendido. Essa relação é importante apenas quando há mudanças substanciais nos valores unitários de ano para ano; não pode afetar os lucros agregados relatados ao longo de um período longo, mas apenas a divisão dos resultados de um ano para outro; pode ser útil na redução do imposto de renda, evitando alternâncias de perda e lucro devido a oscilações no estoque.[3]

Método de estoque normal ou estoque básico. Um método mais radical de minimizar as oscilações por conta do valor do estoque tem sido seguido por um número considerável de empresas há alguns anos. Esse método é baseado na teoria de que a empresa deve carregar, com regularidade, determinado estoque físico de materiais e de que não existe mais razão para variar o valor desse "estoque normal" de ano para ano — devido a mudanças do mercado — que haveria para variar o valor da fábrica à medida que o índice de preços sobe ou desce e para refletir essa mudança nas operações do ano. Para permitir que o estoque básico seja mantido em um valor inalterado, a prática é avaliá-lo a um nível de preço unitário bastante baixo — tão baixo que nunca deveria ser necessário reduzi-lo ainda mais para colocá-lo no nível atual do mercado.

Em 1913, a National Lead Company aplicava esse método aos três componentes principais de seus estoques, a saber, chumbo, estanho e antimônio. O método foi posteriormente adotado também pela American Smelting and Refining Company e pela American Metals Company. Algumas tecelagens da Nova Inglaterra vinham seguindo uma política semelhante, antes do colapso do mercado de algodão em 1930, avaliando seu algodão cru e produtos em processamento a preços básicos muito baixos. Em 1936, a Plymouth Cordage Company adotou o método de estoque normal, depois de seguir uma política um tanto semelhante em 1933-1935; para fins de ilustração concreta, fornecemos os dados relevantes dessa empresa, abrangendo os anos de 1930 a 1939, no apêndice F, nota 3.

---

3. Primeiro, as empresas foram autorizadas a usar esse método denominado "último a entrar, primeiro a sair" pelos termos das Leis de Receita de 1938 e 1939, aplicáveis a 1939 e anos subsequentes. Um exemplo hipotético para ilustrar a diferença entre os dois métodos de inventário é fornecido no apêndice F, nota 2, p. 1.029.

Despesas com fábricas ociosas. O custo de manter propriedades não operacionais quase sempre é debitado das receitas. Muitos demonstrativos de 1932 destinaram deduções substanciais a essa rubrica.

Exemplos: A Youngstown Sheet and Tube Company informou um encargo de 2,759 milhões relativo a "despesas de manutenção, seguro e impostos de instalações de fábricas, minas e outras propriedades que estavam ociosas". A Stewart Warner Corporation seguiu a política excepcional de contabilizar uma despesa na conta de *excedente* em 1932, em vez de na conta de receita, na soma de 309 mil dólares como "depreciação de instalações fabris não utilizadas na produção durante o ano corrente". O relatório de 1938 da Botany Worsted Mills continha um encargo da receita de US$ 166.732, pitorescamente denominado "custo de ociosidade".

O analista pode considerar, apropriadamente, as despesas com fábricas ociosas como pertencentes a uma categoria um tanto diferente das despesas normais cobradas das receitas. Em teoria, pelo menos, essas despesas deveriam ser temporárias e, portanto, não recorrentes. Presumivelmente, a administração pode encerrar essas perdas a qualquer momento, ao alienar ou abandonar a propriedade. Se, por enquanto, a empresa opta por gastar dinheiro para continuar com esses ativos na expectativa de que o valor futuro justifique o gasto, não parece lógico considerar esses ativos como equivalentes a um passivo permanente, ou seja, como um peso permanente sobre a lucratividade da empresa, o que torna o valor das ações consideravelmente menor que seriam se esses "ativos" não existissem.

Exemplo: As implicações práticas desse ponto são ilustradas pelo caso da New York Transit Company, uma transportadora de petróleo por oleodutos. Em 1926, devido a novas condições competitivas, a empresa perdeu todos os negócios antes transportados em sua linha principal, que então se tornou uma "instalação fabril ociosa". A depreciação, os impostos e outras despesas dessa propriedade eram tão pesados que absorviam os ganhos dos outros ativos lucrativos da empresa (consistindo em um oleoduto menor e em investimentos em títulos de alta qualidade). Isso criou um prejuízo líquido aparente e fez com que o dividendo deixasse de ser pago. O preço das ações, consequentemente, caiu para um valor bem menor que o das reservas de dinheiro e dos ativos negociáveis da empresa tomados isoladamente. Nessa avaliação acrítica pelo mercado acionário, o ativo ocioso foi considerado equivalente a um passivo grave e permanente.

Em 1928, no entanto, os diretores decidiram acabar com esses custos pesados de carregamento e conseguiram vender o oleoduto não utilizado por um montante substancial de dinheiro. Depois disso, os acionistas receberam distribuições especiais em dinheiro que somavam US$ 72 por ação (quase o dobro do preço médio de mercado para 1926 e 1927) e ainda mantiveram a propriedade de um negócio lucrativo que retomou os dividendos regulares. Mesmo que nenhum dinheiro tivesse sido obtido com a venda da propriedade ociosa, seu mero abandono teria levado a um aumento considerável no valor das ações.

Esse é um exemplo impressionante, embora um tanto extremo, da utilidade prática da análise de títulos na detecção de discrepâncias entre o valor intrínseco e o preço de mercado. É costume referir-se com grande respeito ao "veredicto imparcial do mercado", como se representasse, invariavelmente, o raciocínio conjunto de incontáveis mentes astutas, informadas e calculistas. Com muita frequência, entretanto, essas avaliações são baseadas no pensamento da massa, no raciocínio falho e no exame mais superficial de informações inadequadas. O analista, por sua vez, geralmente não consegue aplicar sua técnica com eficácia para corrigir ou tirar proveito desses erros populares, pelo fato de que as condições de mercado mudam tão rapidamente que suas conclusões podem se tornar inaplicáveis antes que possa lucrar com elas. Porém, em casos excepcionais, conforme ilustrado em nosso último exemplo, os fatos e a lógica do caso podem ser definidos com nitidez suficiente para assegurar um grau de confiança alto no valor prático de sua análise.

Encargos diferidos. Uma empresa, às vezes, incorre em despesas que podem ser consideradas, de forma legítima, aplicáveis a vários anos seguintes, em vez de ao período único de doze meses em que o desembolso foi feito. Nessa categoria podem ser incluídos o seguinte:

> Despesas de organização (honorários advocatícios, etc.).
> Despesas de mudança.
> Despesas de desenvolvimento (para novos produtos ou processos, também para abertura de mina, etc.).
> Descontos sobre obrigações vendidas.

De acordo com os métodos de contabilidade aprovados, esses custos são distribuídos ao longo de um período apropriado de anos. O valor envolvido é registrado no balanço patrimonial como um encargo diferido, que é reduzido por meio de deduções anuais dos lucros. No caso do desconto de títulos, o período é fixado pela vida do ativo; as despesas de desenvolvimento de uma mina são rateadas de forma semelhante com base na tonelagem extraída. Para a maioria dos outros itens, o número de anos deve ser considerado arbitrariamente, sendo cinco anos um número habitual.

A fim de retirar essas deduções anuais dos lucros declarados, tornou-se prática comum amortizar tais despesas aplicáveis a anos futuros por meio de um único encargo cobrado do excedente. Em tese, essa prática é inadequada, pois resulta na subavaliação das despesas operacionais durante vários anos subsequentes e, portanto, no exagero do lucro líquido. Para dar um exemplo simples, se o salário do presidente fosse pago com dez anos de antecedência e todo o gasto fosse cobrado do excedente como uma "despesa especial", é claro que os lucros do período seguinte seriam, portanto, superestimados.[4] Existe o perigo também de que as despesas frequentemente repetidas, por exemplo, campanhas publicitárias ou custos de desenvolvimento de novos modelos de automóveis, possam ser omitidas da conta de receitas, ao serem designadas como encargos diferidos e, em seguida, baixadas do excedente.[5]

Geralmente, os valores envolvidos em tais transações contábeis não são grandes o suficiente para justificar que o analista dedique tempo a seu exame. A análise de títulos é uma atividade extremamente prática e não deve levar à perda de tempo com questões que, provavelmente, não afetarão a avaliação final. Às vezes, no entanto, esses itens podem assumir uma importância apreciável.

Exemplos: A Kraft Cheese Company, durante alguns anos anteriores a 1927, contabilizava uma parte substancial de seus gastos com publicidade como encargo diferido a ser absorvido nas operações dos anos subsequentes. Em 1926, gastou cerca de 1 milhão de dólares em publicidade e cobrou apenas metade desse valor da receita corrente. Entretanto, no mesmo ano, o saldo dessa despesa foi deduzido do excedente e, além disso, um montante adicional de 480 mil foi, da mesma forma, deduzido do excedente para cancelar o saldo transportado de anos anteriores como um encargo diferido. Por esse meio, a empresa foi capaz de declarar a seus acionistas a soma de 1,071 milhão de dólares como lucro em 1926. No entanto, quando, no ano seguinte, se candidatou a lançar ações adicionais, considerou necessário adotar uma base menos questionável de informar sua receita à Bolsa de Valores de Nova York, de modo que seu lucro para 1926 foi corrigido para US$ 461.296, em vez de 1,071 milhão de dólares.

---

4. Para mais detalhes dos métodos contábeis usados pela Interstate Department Stores, em 1934-1936, um pouco semelhantes ao caso hipotético apresentado antes, ver apêndice F, nota 4, p. 1.032.

5. Uma objeção semelhante é levantada contra a prática de cobrar do excedente perdas incorridas no fechamento de unidades de uma rede. *Exemplo:* A despesa de 326 mil dólares estabelecida pela F. G. Shattuck Company para esse fim em 1935. Parece ser uma despesa recorrente de cadeias de lojas de departamentos, que costumam abrir e fechar unidades.

O relatório de 1932 da International Telephone and Telegraph Company apresentou vários encargos *cobrados do excedente* que somavam 35,817 milhões de dólares e incluíam o seguinte: "Amortização de certos encargos diferidos que hoje não possuem valor tangível, embora originalmente configurados para serem amortizados ao longo de um período de anos, de acordo com os princípios contábeis aceitos, US$ 4.655.696".

A Hudson Motor Car Company cobrou do excedente em vez de cobrar da receita os seguintes itens (entre outros) durante 1930-1931.

1930	Ajuste especial de ferramentas e materiais devido ao desenvolvimento de modelos novos	US$ 2.266.000
1931	Reserva para ferramentas especiais	US$ 2.000.000
	Rearranjo de equipamentos de fábrica	633.000
	Publicidade especial	1.400.000

Em 1933, a Hecker Products (então chamada Gold Dust Corporation) retirou do excedente o montante de 2 milhões de dólares como uma reserva para o "custo líquido de introdução e exploração de produtos novos". Cerca de três quartos dessa soma foram gastos nos anos de 1933 a 1936, e o saldo transferido para "reservas gerais e de contingência".

O efeito dessas práticas contábeis é retirar, dos lucros declarados, despesas que a maioria das empresas costuma cobrar deles e que, de qualquer maneira, deveriam ser debitadas dos lucros em prestações ao longo de um período curto de anos.

Amortização de desconto de títulos. Os títulos são, em geral, lançados pelas empresas a um preço líquido, para a tesouraria, inferior ao valor nominal. O desconto decorrente faz parte do custo do empréstimo, ou seja, parte da carga de juros, e deve ser amortizado ao longo da vida do título por um encargo anual sobre os lucros, incluído no demonstrativo dos juros pagos. Antigamente, era considerado "conservador" fazer a amortização desses descontos de títulos por meio de uma cobrança única do excedente, a fim de não apresentar um item tão intangível entre os ativos do balanço patrimonial. Mais recentemente, essas amortizações de excedente tornaram-se populares pela razão oposta, isto é, para eliminar futuras deduções anuais dos lucros e, dessa forma, tornar as ações mais "valiosas".

Exemplo: A Associated Gas and Electric Company cobrou do excedente, em 1932, a soma de 5,892 milhões de dólares para dar baixa em "descontos e despesas de dívida".

Nos últimos anos, essa prática tem gerado críticas consideráveis da Bolsa de Valores de Nova York e da Securities and Exchange Commission. Como resultado dessas objeções, várias empresas reverteram tal prática de fazer despesas na conta de excedente e passaram novamente a cobrar, dos lucros, a amortização dos descontos anuais dos títulos.[6]

---

6. Ver a mudança na prática contábil da Northern States Power Company (Minnesota), após uma controvérsia sobre esse ponto em conexão com o registro de uma emissão de títulos em 1984. (O valor total envolvido foi de mais de 8 milhões de dólares.) É digno de nota, também, que *mesmo em títulos resgatados*, as empresas foram obrigadas a transportar o desconto não amortizado para ser amortizado por meio de uma despesa anual cobrada dos lucros ao longo da vida da emissão de refinanciamento. (Ver o relatório da Columbia Gas and Electric Company de 1936, p. 17.) Nos últimos anos, alguns dos refinanciamentos de títulos parecem ter envolvido uma economia líquida de juros surpreendentemente pequena quando o prêmio pago para resgatar a antiga emissão é levado em consideração. Talvez as explicações para algumas dessas operações sejam: (1) a empresa tem sido capaz de cobrar o prêmio pago e o saldo do desconto original do excedente, aliviando os lucros futuros desse encargo muito real, e (2) ambos os itens foram debitados de lucros sujeitos ao *imposto de renda*, o que reduziu substancialmente esse imposto e aumentou o lucro *aparente* do exercício.

CAPÍTULO 33
ARTIFÍCIOS ENGANOSOS NA CONTA DE RECEITAS: LUCROS DAS SUBSIDIÁRIAS

Exemplo flagrante de conta de receitas deliberadamente inflada. Em ocasiões comparativamente raras, os administradores recorrem à inflação de sua conta de receitas por meio da inclusão de itens que não existem na realidade. Talvez o exemplo mais flagrante desse tipo de que temos conhecimento ocorreu nos relatórios de 1929-1930 da Park and Tilford, Inc., uma empresa com ações listadas na Bolsa de Valores de Nova York. Para esses anos, a empresa declarou o lucro líquido da seguinte forma:

1929 — US$ 1.001.130 = US$ 4,72 por ação.
1930 — US$ 124.563 = US$ 0,57 por ação.

Um exame dos balanços revela que, durante esses dois anos, o item de patrimônio de marca foi aumentado, sucessivamente, de 1 milhão para 1,6 milhão e depois para 2 milhões de dólares, sendo esses aumentos *deduzidos* das despesas do período. A natureza extraordinária da contabilidade empregada fica evidente no estudo dos balanços patrimoniais condensados em três datas, apresentado na página 596.

Esses números mostram uma redução de 1,6 milhão no ativo circulante líquido em quinze meses, ou 1 milhão de dólares a mais que os dividendos pagos em dinheiro. Essa redução foi ocultada por um aumento de 1 milhão no patrimônio de marca. Nenhuma declaração relacionada a esses lançamentos surpreendentes foi comunicada aos acionistas nos relatórios anuais ou à Bolsa de Valores de Nova York em solicitações de listagem subsequentes. Em resposta a uma consulta individual, no entanto, a empresa declarou que esses acréscimos ao patrimônio de marca representavam despesas com publicidade e com outros esforços de vendas para fomentar os negócios da Tintex Company, Inc., uma subsidiária.[1]

---

1. No relatório de 1930, o texto do balanço patrimonial foi alterado de "Patrimônio de marca" para "Patrimônio de marca da Tintex". Em 1939, o item patrimônio de marca foi retirado e o aumento em seu valor de 1 milhão de dólares, em 1929-1930, foi deduzido do excedente.

PARK AND TILFORD, INC.

Balanço	30 set. 1929	31 dez. 1929	31 dez. 1930
Ativos:			
Ativos fixos	$ 1.250.000	$ 1.250.000	$ 1.250.000
Encargos deferidos	132.000	163.000	32.000
Patrimônio de marca	1.000.000	1.600.000	2.000.000
Ativos líquidos correntes	4.797.000	4.080.000	3.154.000
Passivos:			
Títulos e hipotecas	2.195.000	2.195.000	2.095.000
Capital e excedente	4.984.000	4.898.000	4.341.000
Total de ativos e passivos	$ 7.179.000	$ 7.093.000	$ 6.436.000

Lucros ajustados	Primeiros nove meses, 1929	Últimos três meses, 1929	Ano, 1929	Ano, 1930
Lucros por ação conforme declarados	$ 929.000	$ 72.000	$ 1.001.000	$ 125.000
Dividendos pagos em dinheiro	463.000	158.000	621.000	453.000
Encargos contra o excedente				229.000
Acrescentado ao capital e excedente	466.000	*decrescente* 86.000	380.000	*decrescente* 557.000
Lucros por ação conforme corrigidos (excluindo aumento nos intangíveis e deduzindo encargos do excedente)	929.000	528.000(d)	401.000	504.000(d)

A cobrança de despesas correntes de publicidade na conta de patrimônio de marca é inadmissível segundo todos os cânones da contabilidade sólida. Fazer isso sem qualquer divulgação aos acionistas é ainda mais vergonhoso. É difícil acreditar, além disso, que um montante de 600 mil dólares poderia ter sido gasto, pela Park and Tilford, para tal fim em *três meses*, entre 30 de setembro e 31 de dezembro de 1929. O lançamento parece, portanto, ter incluído uma realocação para a receita *corrente* de despesas feitas em um *período anterior* e, nessa medida, os resultados do quarto trimestre de 1929 podem ter sido flagrantemente distorcidos. É desnecessário dizer que nenhum parecer de contador acompanhava os demonstrativos anuais dessa empresa.

Verificações de balanço e imposto de renda dos demonstrativos de lucros publicados. O caso da Park and Tilford ilustra a necessidade de relacionar uma análise da conta de receitas a um exame dos balanços patrimoniais correspondentes. Esse é um ponto que não pode deixar de ser bastante enfatizado, dada a aceitação ingênua, por Wall Street, das receitas declaradas e dos lucros por ação declarados. Nosso exemplo sugere também um meio adicional de verificar a confiabilidade dos demonstrativos de lucro publicados, a saber, pelo valor do imposto de renda federal acumulado. O lucro tributável pode ser calculado com bastante facilidade a partir do montante referente ao imposto de renda, e esse ganho pode ser comparado, por sua vez, com os lucros informados aos acionistas. Os dois números não precisam necessariamente ser iguais, uma vez que as complexidades da legislação tributária podem dar origem a uma série de divergências.[2] Não sugerimos que qualquer esforço seja feito para reconciliar os valores até o último centavo, mas apenas que grandes diferenças sejam observadas e tornadas objeto de investigação posterior.

Analisados desse ponto de vista, os dados da Park and Tilford fornecem resultados sugestivos, conforme apresentado na tabela a seguir.

A estreita correspondência entre o montante de imposto devido e a receita declarada durante o período anterior faz com que a discrepância posterior pareça ainda mais notável. Esses números lançavam, eloquentemente, suspeitas sobre a veracidade dos relatórios apresentados aos acionistas durante 1927-1929, época em que essas ações pareciam estar sofrendo uma manipulação considerável.

Período	Imposto de renda federal acumulado	Alíquota de imposto (%)	Receita líquida antes do imposto federal	
			A. Conforme indicado pelo imposto acumulado	B. Conforme declarado para os acionistas
Cinco meses até dezembro de 1925	$ 36.881	13	$ 283.000	$ 297.000
1926	66.624	13,5	493.000	533.000
1927	51.319	13,5	380.000	792.000
1928	79.852	12	665.000	1.315.000
1929	81.623*	11	744.000	1.076.000

* Incluindo US$ 6.623 adicionais pagos em 1931.

---

2. Para um breve resumo dessas divergências, ver apêndice F, nota 5, p. 1.033.

Esse e outros exemplos aqui discutidos apontam fortemente para a necessidade de haver auditorias independentes dos demonstrativos corporativos por contadores públicos certificados. Pode-se sugerir também que os relatórios anuais incluam uma reconciliação detalhada do lucro líquido reportado aos acionistas com os ganhos líquidos sobre os quais o imposto federal é pago. Em nossa opinião, muitas das informações relativas a questões menores que aparecem nas declarações de registro e em prospectos poderiam ser dispensadas para o bem de todos; mas se, em vez disso, a Securities and Exchange Commission exigisse tal reconciliação, a causa da análise de títulos seria muito beneficiada.

Outro caso extraordinário de contabilidade manipulada. Um descaminho contábil tão extraordinário quanto o da Park and Tilford, embora tenha exercido uma influência menor sobre os lucros declarados, foi o da United Cigar Stores Company of America, de 1924 a 1927. A "teoria" por trás dos lançamentos foi explicada pela empresa pela primeira vez em maio de 1927, em um pedido de inscrição para listagem em bolsa que continha os seguintes parágrafos:[3]

> A empresa possui várias centenas de contratos de arrendamento a longo prazo em edifícios comerciais nas principais cidades dos Estados Unidos, os quais até maio de 1924 não constavam dos livros. Consequentemente, naquela época, foram avaliados pela empresa e pela F. W. Lafrentz and Company, contadores públicos certificados da cidade de Nova York, em um valor superior a 20 milhões de dólares.
>
> O Conselho de Administração, desde então, autorizou, a cada três meses, o lançamento, entre os ativos da companhia, de uma parte dessa avaliação e da capitalização dela, na forma de dividendos, pagáveis em ações ordinárias ao valor nominal das ações ordinárias em uma base trimestral de 1,25% sobre as ações ordinárias emitidas e em circulação.
>
> Todo o excedente de capital criado dessa forma foi absorvido pela emissão de ações ordinárias à paridade com um valor equivalente, portanto, não faz parte do excedente existente da empresa. Nenhum dividendo em dinheiro foi declarado do excedente de capital assim criado.
>
> O valor presente estimado de tais contratos de arrendamento, usando a mesma base de avaliação de 1924, é mais que o dobro do valor presente registrado nos livros da empresa.

---

3. Consultar o pedido de inscrição para listagem de ações preferenciais cumulativas de 6% da United Cigar Stores Company of America na Bolsa de Valores de Nova York, datado de 18 de maio de 1927 (Pedido n. A-7552).

O efeito da inclusão da "avaliação de contratos de arrendamento" nos lucros é mostrado a seguir:

Ano	Lucros líquidos conforme declarados	Lucros por ação ordinária (base de paridade US$ 25)	Faixa de variação do mercado (base de paridade US$ 25)	Montante de "avaliação de contratos de arrendamento" incluído nos lucros	Ganhos por ação ordinária, excluindo valorização do arrendamento
1924	$ 6.697.000	$ 4,69	64-43	$ 1.248.000	$ 3,77
1925	8.813.000	5,95	116-60	1.295.000*	5,05
1926	9.855.000	5,02	110-83	2.302.000	3,81
1927	9.952.000†	4,63	100-81	2.437.000	3,43

* O dividendo em ações de 5% pago em 1925 somou US$ 1.737.770. Existe uma diferença não explicada entre os dois números, que em outros anos são idênticos.
† Excluindo restituição de impostos federais de US$ 229.017 aplicáveis a anos anteriores.

Ao julgar a inclusão da avaliação dos contratos de arrendamento nos lucros correntes da United Cigar Stores, vários aspectos poderiam ser levados em consideração.

1. Os contratos de arrendamento são, em sua essência, tanto um passivo quanto um ativo. Eles constituem uma obrigação de pagar aluguel pelas instalações ocupadas. Ironicamente, esses mesmos contratos de arrendamento da United Cigar Stores a levaram à falência.

2. Presumindo que os contratos de arrendamento possam adquirir um valor de capital para o ocupante, tal valor é extremamente intangível, e é contrário aos princípios contábeis avaliar acima de seu custo real o valor de tais intangíveis em um balanço patrimonial.

3. Se o valor de qualquer ativo de capital for aumentado, tal aumento deve ser creditado ao excedente de capital. De maneira nenhuma esse aumento pode ser considerado uma *receita*.

4. A avaliação de 20 milhões de dólares de contratos de arrendamento da United Cigar Stores ocorreu antes de maio de 1924, mas foi *tratada como receita em anos subsequentes*. Portanto, não havia nenhuma conexão entre a avaliação de 2,437 milhões de dólares incluída nos lucros de 1927 e as operações ou acontecimentos daquele ano.

5. Se os contratos de arrendamento tivessem realmente subido de valor, o efeito deveria ser visível na forma de *lucros maiores* realizados nessas localizações favoráveis. Considerando essa subida, qualquer outro reconhecimento significaria contar o mesmo valor duas vezes. Na verdade, no entanto, levando

em consideração extensões da empresa financiadas por capitalização adicional, o lucro por ação da United Cigar Stores não mostrou nenhuma tendência de subida.

6. Qualquer valor atribuído aos contratos de arrendamento deve ser amortizado ao longo da vida desses contratos. Se os investidores da United Cigar Stores estivessem pagando um preço alto pelas ações por causa dos lucros produzidos por esses valiosos contratos, deveriam *deduzir* dos lucros uma provisão para amortizar esse valor de capital no momento em que desaparecesse por causa do vencimento dos arrendamentos. A United Cigar Stores Company continuou a amortizar seus aluguéis com base no *custo original*, o qual, parece, era insignificante.

A verdade surpreendente sobre o assunto, portanto, é que o impacto da avaliação do valor dos contratos de arrendamento — se tivesse ocorrido — deveria ter causado uma *redução* nos lucros operacionais subsequentes por meio de um encargo de amortização aumentado.

7. A inflação deliberada da receita da United Cigar Stores, em 1924-1927, foi ainda mais represensível pela falha em revelar os fatos, com clareza, nos relatórios anuais aos acionistas.[4] A divulgação dos fatos essenciais para a Bolsa de Valores de Nova York foi feita quase três anos após o início da prática. Pode ter sido compelida por considerações legais decorrentes da venda ao público, naquela época, de uma nova emissão de ações preferenciais, subscrita por grandes instituições financeiras. No ano seguinte, a política de incluir a avaliação dos contratos de arrendamento mercantil nos lucros foi descontinuada.

Essas manobras contábeis da United Cigar Stores podem ser razoavelmente descritas, portanto, como a inclusão *inexplicada* nos lucros correntes de uma apreciação *imaginária* de um ativo *intangível* — o ativo sendo, na realidade, um passivo, a valorização sendo relacionada a um período *anterior* e o próprio efeito da valorização, caso tivesse ocorrido, sendo a *redução* dos lucros subsequentes realizados em virtude de encargos de amortização mais elevados.

Conferir o imposto de renda federal, conforme descrito no exemplo da Park and Tilford, que também fornecerá resultados interessantes se aplicado à United Cigar Stores, conforme mostrado na tabela a seguir.

---

4. Os relatórios declaravam o "lucro líquido do exercício, incluindo o aprimoramento dos valores dos contratos de arrendamento mercantil" (indicando o valor deste último), mas não foi fornecida indicação de que essa melhora foi calculada arbitrariamente e ocorrera em anos anteriores.

Moral extraída dos exemplos anteriores. Uma moral de considerável utilidade prática pode ser extraída do exemplo da United Cigar Stores. Quando uma empresa segue políticas contábeis questionáveis, *todos* os seus ativos devem ser evitados pelo investidor, não importa o quanto seguros ou atraentes alguns deles possam parecer. Isso é bem ilustrado pelas United Cigar Stores Preferred, que apresentaram estatísticas muito positivas durante muitos anos seguidos, mas depois escaparam por pouco da completa exterminação. Os investidores, confrontados com a estranha contabilidade relatada anteriormente, podem ter pensado que o ativo ainda era perfeitamente sólido, uma vez que, quando a superavaliação dos lucros foi corrigida, a margem de segurança permaneceu mais que ampla. Esse raciocínio é falacioso. Você não pode fazer uma dedução quantitativa para compensar as ações de gestores inescrupulosos; a única maneira de lidar com essas situações é evitá-las.

Ano	Reserva para imposto federal	Renda antes do imposto		
		A. Indicado pela reserva para imposto	B. Declarado aos acionistas	C. Declarado aos acionistas, menos a valorização dos contratos de arrendamento
1924	$ 700.000	$ 5.600.000	$ 7.397.000	$ 6.149.000
1925	825.000	6.346.000	9.638.000	8.343.000
1926	900.000	6.667.000	10.755.000	8.453.000
1927	900.000	6.667.000	10.852.000*	8.415.000*
1928	700.000	5.833.000	9.053.000	9.053.000
1929	13.000	118.000	3.132.000†	3.132.000†
1930	nenhuma	nenhuma	1.552.000	1.552.000

* Eliminando a restituição de impostos de US$ 229.000, evidentemente aplicável a anos anteriores.
† Isso também é reportado como US$ 2.947.000, após o ajuste.

Valor fictício atribuído aos dividendos de ações recebidos. De 1922 em diante, a maioria das ações ordinárias da United Cigar Stores era propriedade da Tobacco Products Corporation, uma empresa controlada pelas mesmas partes. Essa era uma empresa importante; o valor de mercado de suas ações era, em média, superior a 100 milhões de dólares em 1926 e 1927. A prática contábil da Tobacco Products introduziu ainda outra maneira de deliberadamente inflar a conta de receitas: atribuir uma avaliação fictícia aos dividendos recebidos de ações.

Para o ano de 1926, o demonstrativo de lucros da empresa era o seguinte:

Receita líquida	US$ 10.790.000
Imposto de renda	400.000
Dividendo classe A	3.136.000
Saldo para ações ordinárias	7.254.000
Lucro por ação	11
Faixa de variação de mercado das ordinárias	117-95

Informações detalhadas sobre os negócios da empresa naquele período nunca foram publicadas (a Bolsa de Valores de Nova York estava, inexplicavelmente, disposta a listar ações novas mediante a apresentação de um demonstrativo extremamente incompleto). Informações suficientes estão disponíveis, no entanto, para indicar que a receita líquida foi composta, substancialmente, da seguinte forma:

Aluguel recebido do arrendamento de ativos para a American Tobacco Co.	US$ 2.500.000
Dividendos em dinheiro sobre as ordinárias da United Cigar Stores (80% do total pago)	2.950.000
Dividendos de ações sobre as ordinárias da United Cigar Stores (valor nominal US$ 1.840.000), menos despesas	5.340.000
	US$ 10.790.000

É preciso observar que a Tobacco Products deve ter avaliado os dividendos recebidos de ações da United Cigar Stores em cerca de três vezes o valor nominal, ou seja, três vezes o valor pelo qual a United Cigar cobrou do excedente. Pode-se pressupor que a base dessa avaliação pela Tobacco Products era o preço de mercado das ações da United Cigar Stores, preço esse facilmente manipulado devido à quantidade pequena de ações não pertencentes à Tobacco Products.

Quando uma *holding* contabiliza em sua conta de receitas os dividendos de ações recebidos a um valor superior àquele que lhes foi atribuído pela subsidiária que os paga, temos uma forma particularmente perigosa de pirâmide de lucros. A Bolsa de Valores de Nova York, a partir de 1929, elaborou regulamentos rigorosos proibindo essa prática. (O ponto é discutido no capítulo 30.) No caso da Tobacco Products, o dispositivo era especialmente questionável porque o dividendo de ações foi emitido em primeira instância para representar um elemento fictício de lucros, ou seja, a valorização do valor dos contratos de arrendamento. Pela exploração inescrupulosa do mecanismo de *holding*, esses lucros imaginários foram efetivamente multiplicados por três.

Em uma base de lucros consolidados, o relatório da Tobacco Products de 1926 seria o seguinte:

American Tobacco Co. renda de arrendamentos, menos imposto de renda, etc. .... US$ 2.100.000

80% dos lucros sobre as ordinárias da United Cigar Stores 6.828.000*

US$ 8.928.000

Dividendo classe A 3.136.000

Saldo para ordinárias .... US$ 5.792.000

Lucro por ação .... US$ 7,27

* Excluindo valorização de contratos de arrendamento.

Vê-se que os lucros declarados para as ordinárias da Tobacco Products, estipulados em US$ 11 por ação, foram exagerados em cerca de 50%.

Pode-se afirmar como uma máxima de Wall Street que, onde a manipulação de contas é encontrada, o malabarismo com ações também vai ser encontrado de uma forma ou de outra. A familiaridade com os métodos de financiamento questionável deve ajudar o analista e, talvez, até o público a detectar tais práticas quando são perpetradas.[5]

EMPRESAS SUBSIDIÁRIAS E RELATÓRIOS CONSOLIDADOS

Esta seção apresenta nosso segundo tipo geral de ajuste dos lucros declarados. Quando uma empresa controla uma ou mais subsidiárias importantes, uma conta de receitas *consolidada* é necessária para apresentar uma imagem fiel das operações do ano. Números que mostram apenas os resultados da empresa controladora são incompletos e podem ser bastante enganosos. Conforme observado anteriormente, podem subestimar os lucros ao deixar de mostrar todos os ganhos atuais realizados pelas subsidiárias ou podem superestimar os lucros ao não deduzir os prejuízos das subsidiárias ou ao incluir dividendos das subsidiárias maiores que os lucros reais delas no ano.

Práticas anteriores e atuais. Em anos passados, a divulgação dos resultados das subsidiárias era uma questão de escolha arbitrária feita pela administração;

---

5. Para evitar a acusação de inconsistência por conta de nossos comentários favoráveis às Tobacco Products Corporation de 6,5%, com vencimento em 2022, apontamos em outro capítulo que uma mudança completa da equipe de gestão ocorreu nessa situação em 1930. Houve também duas mudanças completas na gestão da United Cigar Stores e de sua sucessora.

em muitas instâncias, dados importantes desse tipo eram mantidos em sigilo.[6] Por algum tempo antes de 1933, a Bolsa de Valores de Nova York insistiu, como uma condição para as listagens *novas*, que os resultados das subsidiárias deveriam ser apresentados em um demonstrativo consolidado ou em separado. Entretanto, desde a aprovação da lei de 1934, todas as empresas registradas são obrigadas a fornecer essas informações em seus relatórios anuais à comissão; portanto, praticamente todas seguem o mesmo procedimento em suas declarações aos acionistas.

Grau de consolidação. Mesmo nos chamados "demonstrativos consolidados", o grau de consolidação varia bastante. A Woolworth consolida suas subsidiárias domésticas e canadenses, mas não suas afiliadas em outros países. A American Tobacco consolida apenas suas subsidiárias integralmente americanas. A maioria das prestadoras de serviços públicos agora emite relatórios consolidados que incluem todas as empresas controladas por elas (com propriedade da maioria das ações com direito a voto) e deduz a parcela dos lucros aplicáveis a terceiros com o título de "participação minoritária".[7] No ramo das ferrovias, é raro que os resultados sejam consolidados, a menos que a subsidiária seja 100% controlada e também operada como parte integrante de um sistema. Assim, a Atlantic Coast Line não reflete sua participação nos resultados após os dividendos da Louisville and Nashville, na qual sua participação é de 51%, mas esta última é operada separadamente. Isso também é verdade com relação ao controle de 53% dos votos da Wheeling and Lake Erie, detida pela Nickel Plate (New York, Chicago and St. Louis Railroad Company).

Provisão para lucros e prejuízos não consolidados. Atualmente, as indústrias costumam indicar, na conta de receitas ou em notas de rodapé, sua participação nos lucros ou nos prejuízos das subsidiárias não consolidadas após a provisão para dividendos.

Exemplos: O relatório de 1938 da American Tobacco Company mostrou, por meio de uma nota de rodapé, que os dividendos recebidos das subsidiárias

---

6. Para uma discussão sobre o efeito enganoso de tais políticas em anos anteriores, consultar referências a Reading Company, Consolidated Gas Company (agora Consolidated Edison Company) e Warren Brothers Company, na primeira edição deste livro. Antes da legislação da Securities and Exchange Commission, a maioria das empresas ferroviárias não fornecia qualquer informação sobre os lucros de suas subsidiárias fora do ramo de transportes, sendo que algumas eram de importância substancial. *Exemplos:* Northern Pacific, Atchison.

7. A North American Company tem sido um tanto excepcional, pois consolida apenas subsidiárias em que sua participação é de, pelo menos, 75%, portanto, exclui duas empresas importantes nas quais sua participação, em 1939, era de 73,5% e 51%, respectivamente.

não consolidadas excederam seus lucros em 427 mil dólares. A Hercules Powder relatou um valor semelhante de US$ 257.514 para o mesmo ano, em forma de uma nota de rodapé, sendo que, antes de 1937, havia incluído sua participação nos lucros não distribuídos de tais afiliadas sob a rubrica "outras receitas". As empresas ferroviárias lidam com esse assunto de maneira diferente. A Atchison, por exemplo, agora fornece dados completos do balanço patrimonial e da conta de receitas das afiliadas em um apêndice de seu relatório, que continua a refletir apenas os dividendos recebidos dessas empresas.

O analista deve ajustar os lucros declarados de maneira a levar em conta os resultados das afiliadas não consolidadas, se isso ainda não tiver sido feito na conta de receitas e se os valores envolvidos forem significativos. O critério aqui não é a questão técnica de controle, mas a *importância* das participações.

Exemplos: Por um lado, não é costume nem parece valer a pena fazer tais cálculos com respeito às participações da Union Pacific na Illinois Central e em outras ferrovias. Essas participações, embora substanciais, não são grandes o suficiente para afetar materialmente as ações ordinárias da Union Pacific. Por outro lado, um ajuste é indicado no caso da propriedade das ações da Chicago, Burlington and Quincy, pela Northern Pacific e pela Great Northern, cada uma das proprietárias com uma participação (48,6%) inferior ao controle.

Ano	Lucros por ação da DuPont	Ajustes para refletir a participação da DuPont nos resultados operacionais da General Motors	Lucro por ação da DuPont, conforme ajustado
1929	$ 6,99	+$ 2,07	$ 9,06
1930	4,52	+0,04	4,56
1931	4,30	−0,51	3,79
1932	1,81	−1,35	0,46
1933	2,93	+0,43	3,36
1934	3,63	+0,44	4,07
1935	5,02	+1,30	6,32
1936	7,53	+0,77	8,30
1937	7,25	+0,57	7,82
1938	3,74	+0,61	4,35

De maneira semelhante, a participação da DuPont na General Motors, que representa cerca de 23% da emissão total, sem dúvida tem um efeito suficientemente significativo sobre a empresa proprietária para justificar um ajuste em seus lucros que refletisse os resultados da General Motors. Na verdade, isso é feito pela DuPont a cada ano na forma de um ajuste do *excedente* para refletir a mudança do ano anterior no valor contábil de sua participação na General Motors. O analista preferiria, no entanto, fazer o ajuste simultaneamente e incluí-lo no lucro calculado da DuPont. O efeito de tais ajustes nos lucros da DuPont entre 1929 e 1938 é apresentado na tabela anterior.

O relatório da General Motors Corporation de 1931 é digno de atenção cuidadosa porque inclui um cálculo suplementar do tipo sugerido neste e no capítulo anterior, ou seja, exclui os lucros ou prejuízos especiais e não recorrentes e inclui a participação da General Motors nos resultados das subsidiárias não consolidadas. O relatório contém a seguinte declaração de lucros por ação para 1931 e 1930:

LUCROS POR AÇÃO, INCLUINDO PARTICIPAÇÃO NOS LUCROS NÃO DIVIDIDOS OU PERDAS DE SUBSIDIÁRIAS NÃO CONSOLIDADAS

Ano	Incluindo itens não recorrentes	Excluindo itens não recorrentes
1930	US$ 3,25	US$ 3,04
1931	US$ 2,01	US$ 2,43

Procedimento sugerido para agências de estatística. Embora esse procedimento possa parecer complicar um relatório, ele é, na verdade, um antídoto salutar contra a simplificação excessiva da análise das ações ordinárias, resultante da preocupação exclusiva com o lucro por ação. Os manuais e as agências de estatísticas passaram, naturalmente, a apresentar o lucro por ação em suas análises de empresas. Poderiam, no entanto, prestar um serviço mais útil se omitissem um cálculo do lucro por ação em todos os casos em que os relatórios da empresa parecem conter irregularidades ou complicações em qualquer uma das seguintes direções e em que uma correção satisfatória não seja viável:

1. em razão de itens não recorrentes incluídos na receita ou de encargos sobre o excedente que poderiam corretamente pertencer à conta de receitas;
2. porque os resultados atuais das subsidiárias não são refletidos com precisão nos demonstrativos da empresa controladora; e
3. porque a depreciação e outros encargos de amortização são calculados irregularmente.[8]

---

8. A Standard Statistics não calcula o lucro por ação se a depreciação não é deduzida.

Dividendos especiais pagos por subsidiárias. Quando os lucros das subsidiárias não consolidadas são acumulados em suas contas de excedente, podem ser usados mais tarde para reforçar os resultados de um ano ruim por meio de um dividendo especial substancial pago à empresa controladora.

Exemplos: Dividendos desse tipo, no valor de 11 milhões de dólares, foram extraídos pela Erie Railroad Company, em 1922, da Pennsylvania Coal Company e da Hillside Coal and Iron Company. A Northern Pacific Railway Company, da mesma forma, inflacionou seus lucros parcos, em 1930 e 1931, por meio de grandes somas tomadas como dividendos especiais da Chicago, Burlington and Quincy Railroad Company, da Northern Express Company e da Northwestern Improvement Company, sendo esta última uma subsidiária que negociava imóveis, carvão e minério de ferro. Os lucros de 1931 da New York, Chicago and St. Louis Railroad Company incluíram um dividendo de cerca de 1,6 milhão de dólares referente a sua participação nas ações preferenciais da Wheeling and Lake Erie Railway Company, apenas uma parte da qual foi ganha naquele ano pela ferrovia Wheeling.

Esse artifício de esconder os lucros de uma subsidiária nos anos bons e sacá-los nos anos ruins pode parecer muito digno de elogio como um método para estabilizar a lucratividade declarada. No entanto, tais trapaças benevolentes são malvistas pela opinião esclarecida, conforme ilustrado pelos regulamentos mais recentes da Bolsa de Valores de Nova York, que insistem na divulgação completa dos lucros das subsidiárias. É dever dos gestores divulgar a verdade, toda a verdade, sobre os resultados de cada período; é função dos acionistas inferir a "lucratividade normal" de sua empresa pelo cálculo da média dos lucros na prosperidade e na depressão. A manipulação dos lucros declarados pela administração, mesmo com o objetivo louvável de mantê-los em equilíbrio, é questionável, no entanto, porque pode facilmente levar à manipulação por motivos mais sinistros.

Lucros distorcidos por meio de relacionamentos entre controladoras e subsidiárias. Existem exemplos do uso da relação matriz-subsidiária para produzir distorções surpreendentes na receita declarada. Apresentaremos dois exemplos tirados do ramo ferroviário. Esses casos são mais impressionantes porque é esperado que os rígidos regulamentos contábeis da Interstate Commerce Commission evitem qualquer deturpação dos lucros.

Exemplos: Em 1925, a Western Pacific Railroad *Corporation* pagou dividendos de US$ 7,56 sobre suas ações preferenciais e US$ 5 sobre suas ações ordinárias. Sua conta de receitas apresentou lucros ligeiramente superiores aos dividendos pagos. Esses lucros consistiam quase inteiramente de dividendos com um valor agregado de 4,45 milhões de dólares recebidos de sua subsidiária operacional, a Western Pacific Railroad *Company*. A receita anual da ferrovia, no entanto, foi de apenas 2,45 milhões. Além disso, seu excedente acumulado era insuficiente para permitir o dividendo maior que a controladora desejava reportar como receita naquele exercício. Para atingir esse objetivo, a empresa controladora chegou ao extremo de *doar* o montante de 1,5 milhão de dólares à empresa operacional e, imediatamente, receber o mesmo dinheiro de volta como *dividendo* de sua subsidiária. A doação foi cobrada de seu *excedente*; ela declarou o recebimento desse dinheiro em forma de dividendos como um *lucro*. Dessa forma tortuosa, foi capaz de declarar "lucros" de US$ 5 por ação ordinária, quando, na verdade, os lucros aplicáveis eram de aproximadamente apenas US$ 2 por ação.

Em apoio à nossa declaração anterior de que as más práticas contábeis são contagiosas, podemos apontar que o exemplo da Western Pacific de 1925 foi seguido pela New York, Chicago and St. Louis Railroad Company (a "Nickel Plate") em 1930 e 1931. Os detalhes são, em resumo, os apresentados a seguir.

Em 1929, a Nickel Plate vendeu, por meio de uma subsidiária, suas participações nas ações da Pere Marquette para a Chesapeake and Ohio, que estava sob o mesmo controle. Um lucro de 10,665 milhões de dólares foi realizado nessa venda, um ganho que foi devidamente creditado ao excedente. Em 1930, a Nickel Plate precisava aumentar sua receita, então, retirou o lucro de 10,665 milhões de seu excedente, devolvendo-o à tesouraria da subsidiária e, em seguida, retirou 3 milhões na forma de um "dividendo" dessa subsidiária, que foi incluído em sua *receita* de 1930. Um dividendo semelhante de 2,1 milhões de dólares foi incluído na conta de receitas de 1931.

Esses mecanismos extraordinários podem ter sido usados para aquilo que era considerado o objetivo necessário de estabelecer uma receita líquida grande o suficiente para que os títulos da empresa satisfizessem as exigências legais para receber investimentos de fundos fiduciários.[9] O resultado, no en-

---

9. Para um exemplo extremo desse tipo, consultar os relatórios anuais da Wabash Railway Company e da Ann Arbor Railroad Company de 1930, bem como o comentário na página 1.022 do *Moody's manual of investments (steam railroads)* de 1931. A Wabash era dona de 99% das ações preferenciais e ordinárias da Ann Arbor. Em dezembro de 1930, os diretores da Ann Arbor declararam um dividendo de US$ 5 por ação nas preferenciais e um dividendo de US$ 27 por ação nas ordinárias. Essa medida foi tomada em face de um déficit de capital de giro e lucro líquido disponível equivalente a pouco mais de 10% dos dividendos assim declarados. Nenhum dos dividendos foi pago. Essa manobra, no entanto, permitiu que a Wabash creditasse na conta de receitas como "receita de dividendos" sua parcela de dividendos declarados, no montante de US$ 1.073.455, o que foi suficiente para aumentar a cobertura de encargos fixos da Wabash de cerca de 1,3 vez para um múltiplo ligeiramente superior a 1,5.

tanto, foi o mesmo de todas as outras práticas contábeis enganosas: ludibriar o público e dar àqueles "de dentro" uma vantagem injusta.

Significado mais amplo dos prejuízos das subsidiárias. Sugerimos, neste capítulo, que a análise de títulos deve levar em conta os resultados das subsidiárias, sejam eles lucros, sejam prejuízos. No entanto, pode-se muito bem questionar: o prejuízo de uma subsidiária deve necessariamente ser compensado diretamente com os lucros da controladora? Por que uma empresa deveria valer *menos* porque possui algo — nesse caso, uma participação não lucrativa? Não poderia ela, a qualquer momento, pôr fim ao prejuízo ao vender, liquidar ou mesmo abandonar a subsidiária? Portanto, se assumirmos uma boa gestão, não deveríamos também presumir que os prejuízos da subsidiária são, no máximo, temporários e, portanto, devem ser considerados como itens não recorrentes e não como deduções dos lucros normais?

Esse ponto é semelhante ao discutido no capítulo anterior em relação às despesas com instalações fabris ociosas e à questão das *divisões* não lucrativas de uma empresa e será abordado a seguir. Não existe uma resposta simples às perguntas que levantamos. Na verdade, se a subsidiária pudesse ser encerrada *sem um efeito adverso sobre o resto do negócio*, seria lógico considerar tais prejuízos como temporários — uma vez que o bom senso ditaria que a subsidiária deveria se tornar lucrativa ou ser vendida em um intervalo breve de tempo. Entretanto, se houver relações comerciais importantes entre a empresa matriz e a subsidiária, por exemplo, se esta última constitui um veículo para o escoamento de mercadorias ou fornece materiais baratos ou absorve uma parte importante das despesas gerais, o encerramento de seus prejuízos não é uma questão tão simples. Pode-se concluir, após uma análise mais aprofundada, que toda ou uma boa parte do prejuízo da subsidiária é um fator necessário no lucro da empresa matriz. Não é tarefa fácil determinar com exatidão quais relações de negócios estão envolvidas em cada caso. Como tantos outros elementos em análise, este ponto costuma requerer uma investigação que vai muito além dos números relatados. Os exemplos a seguir ilustrarão o tipo de situação e análise com que estivemos lidando.

Exemplo A: Purity Bakeries Corporation. Essa grande fabricante de pães e bolos opera por meio de várias subsidiárias, das quais uma das maiores é a Cushman's Sons, Inc., de Nova York. A Cushman's tem ações preferenciais cumulativas de US$ 7 e US$ 8 em circulação não garantidas pela Purity. Os relatórios anuais da Purity estão em uma base consolidada e mostram os lucros após a dedução dos dividendos totais daquelas ações preferenciais da Cushman's não pertencentes à Purity, sejam esses dividendos ganhos ou pagos. Os relatórios separados da Cushman's revelam que, entre 1934 e 1937, suas operações resultaram em um prejuízo considerável para a Purity em sua base contábil:

(".000" OMITIDOS)

Ano	Receita líquida da Purity conforme declarada	Prejuízo da Cushman's após dividendos preferenciais totais	Lucros da Purity excluindo as operações da Cushman's
1937	$ 463	$ 426	$ 889
1936	690	620	1.310
1935	225(d.)	930	678
1934	209	173	382
Média de quatro anos	278	537	815
Por ação da Purity	0,36	0,71	1,06

Os juros são, portanto, três vezes maiores sem a Cushman's do que eram quando a Cushman's estava incluída. O analista poderia ter pensado que o primeiro caso fornece a medida mais verdadeira da lucratividade da Purity, uma vez que se podia esperar que a empresa ganharia dinheiro novamente com aquela subsidiária (conforme havia ganhado no passado até 1934), ou a largaria? A questão das relações intercorporativas teria de ser levada em consideração. Uma nota no relatório de 1937 da Cushman's indicava que a Purity estava cobrando uma taxa de serviço bastante elevada em relação às operações de suas subsidiárias, o que sugere que a Cushman's poderia ter algum valor adicional para absorver despesas gerais. Esse assunto exigiria uma investigação cuidadosa.

No entanto, o relatório do ano seguinte, 1938, mostrou, em primeiro lugar, que a Cushman's recebera a dedução dos dividendos preferenciais e, em segundo lugar, que duas lojas de varejo não lucrativas (na Filadélfia e em Chicago) haviam sido fechadas. Após uma investigação mais aprofundada, portanto, o analista poderia muito bem inferir que os prejuízos da subsidiária foram de natureza passageira e que o exame dos resultados declarados para 1934-1937 deveria levar esse ponto em consideração.

Exemplo B: Lehigh Coal and Navigation Company. Essa empresa obtinha sua receita de várias fontes, a principal era o arrendamento de sua propriedade ferroviária para a Central Railroad of New Jersey por um aluguel anual de 2,268 milhões de dólares. Sua segunda maior propriedade consistia em minas de carvão antracito, que, desde 1930, operavam com prejuízo. Em 1937, esse prejuízo foi equivalente a cerca de US$ 0,90 por ação da Lehigh. Como resultado, a empresa declarou um prejuízo líquido *consolidado* de 306 mil dólares no ano, em comparação com um lucro com base apenas na matriz de 1,125 milhão, ou US$ 0,64 por ação.

Entretanto, nesse caso, o analista não poderia supor, com segurança, que as ações da Lehigh não valiam *menos* por possuírem as propriedades de mineração que valeriam sem elas. A operação das minas fornecia um volume de carvão importante para a divisão ferroviária. Se as minas fossem fechadas, a capacidade da Jersey Central de pagar o aluguel anual poderia ter sido gravemente prejudicada, sobretudo porque a ferrovia do locatário vinha mal nos últimos anos. (Na verdade, a Jersey Central alegou posteriormente que a Lehigh Coal and Navigation era obrigada, pelos termos do arrendamento, a fornecer certa tonelagem de suas propriedades de carvão.) Portanto, nessa configuração bastante complicada, o investidor não poderia entender o que havia por trás dos resultados consolidados, incluindo os prejuízos da subsidiária de carvão.

Exemplo C: Barnsdall Oil Company. Temos aqui uma situação oposta às outras duas. A Barnsdall Oil possuía propriedades de refino e produção, as últimas eram lucrativas, as primeiras, deficitárias. Em 1935, transferiu as refinarias (e as unidades de comercialização) para uma empresa separada, cujas ações ordinárias foram distribuídas a seus acionistas, mantendo, no entanto, as ações preferenciais e os direitos substanciais sobre a nova empresa. Em 1936-1938, as refinarias e os postos continuaram a perder dinheiro; a Barnsdall Oil adiantou somas consideráveis para cobrir esses prejuízos e amortizou-os com encargos, primeiro, deduzindo-os do excedente de capital e, depois, do excedente de lucros. Por outro lado, sua *conta de receitas*, livre do ônus desses prejuízos da unidade de refino, apresentou lucros com as operações de produção em uma taxa constante de 1º de junho de 1933 ao final de 1938.

Em 1939, no entanto, a Bolsa de Valores de Nova York solicitou à empresa que corrigisse seus demonstrativos para os acionistas, avisando-os do efeito sobre os lucros declarados da cobrança de baixas contábeis no valor da empresa de refino. Esses prejuízos teriam reduzido os lucros indicados em mais de um terço.

É claro que, do ponto de vista da contabilidade adequada, *enquanto a empresa continuar controlando uma divisão não lucrativa*, seus prejuízos devem ser abatidos de seus outros lucros. O analista deve decidir quais são as chances de acabar com os prejuízos no futuro e avaliar o preço atual das ações com base nessa decisão. O método seguido pela Barnsdall Oil Company parece, portanto, claramente aberto a críticas, uma vez que serviu apenas para encerrar a *declaração* de seus prejuízos com o refino, sem realmente encerrar as perdas em si. (No final de 1939, a empresa começou um aparente divórcio completo e a venda das divisões de refino e comercialização.)

Resumo. Para esclarecer esse ponto, resumiremos nosso tratamento do assunto com as seguintes sugestões:

1. em primeiro lugar, os prejuízos das subsidiárias devem ser abatidos em todas as análises;
2. se o valor envolvido for significativo, o analista deve investigar se os prejuízos podem ser encerrados com rapidez; e
3. se o resultado desse exame for favorável, o analista pode considerar o prejuízo total ou parcial da controlada como equivalente a um item não recorrente.

CAPÍTULO 34
RELAÇÃO ENTRE DEPRECIAÇÃO E ENCARGOS SEMELHANTES COM LUCRATIVIDADE

Uma análise crítica de uma conta de receitas deve dedicar atenção especial aos montantes deduzidos para a cobertura de depreciação e encargos afins. Esses itens diferem das despesas operacionais comuns porque não significam um desembolso de caixa corrente e correspondente. Representam a redução estimada do valor dos ativos fixos ou de capital em razão do desgaste, do esgotamento ou de sua extinção futura por qualquer causa. Os encargos importantes dessa natureza podem ser classificados da seguinte forma:

1. depreciação (e obsolescência), reposições, renovações ou baixas;
2. esgotamento ou exaustão;
3. amortização de arrendamentos, benfeitorias em arrendamentos, licenças, etc.; e
4. amortização de patentes.

Todos esses itens podem ser apropriadamente incluídos na categoria "amortização", mas, às vezes, nós nos referiremos a eles, genericamente, como "itens de depreciação" ou apenas como "depreciação", uma vez que este último é o termo mais familiar.

Principais questões relativas à depreciação. A teoria contábil que rege os encargos de depreciação é bastante simples. Se um ativo de capital tem uma vida limitada, uma provisão precisa ser feita para amortizar o custo desse ativo por meio de encargos contra os lucros distribuídos ao longo de sua vida. Entretanto, por trás dessa declaração inocente, pairam complicações de três tipos. Em primeiro lugar, veremos que as próprias regras de contabilidade podem admitir um valor diferente do custo como base para o encargo de amortização. Em segundo lugar, encontramos muitas maneiras pelas quais as empresas deixam de seguir as práticas contábeis aceitas ao declarar sua dedução de depreciação na conta de receitas. Terceiro, existem ocasiões em que uma provisão que pode ser justificada do ponto de vista contábil não atenderá adequadamente à situação do ponto de vista do investimento. Esses problemas atrairão nossa atenção neste e nos próximos dois capítulos. Nossa discussão será dirigida, primeiro, às indústrias em geral e, em seguida, consideraremos aspectos especiais relacionados às empresas petrolíferas, mineradoras e prestadoras de serviços públicos.[1]

A BASE DE DEPRECIAÇÃO

Base de depreciação diferente do custo. Existe apoio nos círculos contábeis para a tese de que a função da provisão para depreciação é dar conta da *reposição* do ativo no final de sua vida, em vez de simplesmente dar baixa em seu *custo*. Se essa ideia fosse realmente seguida, o custo previsto para reposição atual ou futura seria a base para o encargo de depreciação, e este variaria não apenas com o valor do ativo idêntico como também com as mudanças na natureza do item que pode substituir aquele que está desgastado.

O que quer que se diga a favor ou contra essa teoria,[2] praticamente nunca é seguida da maneira declarada. No entanto, encontramos, na prática, uma variante da ideia, a saber, a substituição do valor de reposição de todos os ativos fixos *em determinada data* no lugar do custo no balanço patrimonial, seguido, em geral, por encargos de depreciação anuais baseados no novo valor.

Desde 1914, houve duas ondas dessas reavaliações. A primeira, ocorrida na década de 1920, remarcou os custos do pré-guerra aos valores mais altos vigentes na época. A segunda, de 1931-1933, reduziu as contas de propriedade para os níveis de avaliação muito mais baixos associados à depressão.[3]

Exemplos: Em 1926, a American Ice Company remarcou para cima seus ativos fixos em 7,868 milhões de dólares e, em 1935, efetuou uma baixa correspondente de modo a restaurar as avaliações com base no custo. A remarcação de 1926 resultou em encargos de depreciação mais altos que foram deduzidos da receita nos anos seguintes, e a redução de 1935 resultou em encargos de depreciação mais baixos. Em 1933, a American Locomotive Company reduziu o valor declarado de suas ações de US$ 50 para US$ 5 por ação e utilizou a maior parte do excedente de capital assim gerado para rebaixar suas

---

1. Com muito poucas exceções, as ferrovias cobram depreciação apenas sobre seus equipamentos (incluindo esse item nas despesas de manutenção). Em 1937, as ferrovias de classe I cobraram um total de 191,798 milhões de dólares em depreciação de equipamentos e apenas 5,236 milhões de dólares em depreciação de vias e estruturas.

2. Em nossa opinião, é ao mesmo tempo mais simples e lógico basear a depreciação no custo original. O custo de reposição deve afetar as contas *após* a reposição (o que pode nunca acontecer) e não antes.

3. De Solomon Fabricant, ver "Revaluations of fixed assets, 1925-1934", *National Bureau of Economic Research Bulletin*, n. 62, 1936; e *Capital consumption and adjustment*. Nova York, National Bureau of Economic Research, 1938, cap. XII.

propriedades fixas em cerca de 26 milhões de dólares e seu investimento na General Steel Castings Corporation em cerca de 6,2 milhões. O efeito líquido na conta de receitas foi a redução dos encargos de depreciação para cerca de 40% de seu nível anterior.

Há algumas críticas, nos círculos contábeis, quanto à adequação de mudanças esporádicas na base de depreciação do custo original. Em nossa opinião, não são questionáveis, *desde que*:

1. os novos valores sejam estabelecidos na convicção genuína de que representam a realidade existente de uma forma mais apropriada que os valores antigos; e
2. a depreciação adequada, relativa a esses novos valores, seja cobrada na conta de receitas.

Em muitos casos, entretanto, verificamos que as empresas que reavaliam seus ativos fixos deixam de observar uma ou outra dessas condições.

Remarcações para reduzir os encargos de depreciação. Talvez o fenômeno mais notável no campo da contabilidade da depreciação seja o recente rebaixamento do valor dos ativos fixos, não pelo interesse do conservadorismo, mas com a intenção precisamente oposta de mostrar um desempenho de lucros melhorado e, assim, *aumentar* o valor aparente das ações.

Acreditamos que será mais conveniente para o leitor se adiarmos a discussão sobre a importância desses dispositivos para a análise de títulos financeiros até o capítulo 36, dedicado a encargos de amortização do ponto de vista do investidor. Neste momento, uma vez que estamos lidando com métodos contábeis, observaremos apenas que os rebaixamentos excessivos no valor dos ativos fixos, com o propósito declarado ou evidente de diminuir a depreciação e aumentar os lucros declarados, constituem um subterfúgio imperdoável e não devem ser tolerados pelo profissional de contabilidade. Os pedidos de registro enviados à Securities and Exchange Commission incluem uma declaração do quanto menores seriam os lucros se o valor anterior das instalações fabris tivesse sido mantido. Achamos que essas informações também deveriam aparecer como nota de rodapé na conta de receitas nos relatórios anuais para os acionistas, mas seria uma prática melhor ainda se os contadores se recusassem a assinar um parecer contendo tais remarcações e insistissem na restauração dos dados adequados nas contas da empresa.

Discrepâncias entre o balanço e a conta de receitas. Muitas empresas que remarcaram para cima seus ativos fixos não efetuam um aumento correspondente em seus encargos de depreciação cobrados da conta de receitas. Buscam obter o benefício da avaliação mais alta em seu balanço, sem aceitar o ônus consequente de maiores encargos de depreciação deduzidos de seus lucros. Essa prática tem prevalecido, sobretudo, entre as empresas de mineração e petróleo. Dois exemplos extraídos do campo industrial geral são apresentados aqui.

Exemplos: A Hall Printing Company remarcou para cima sua conta de propriedade em 6,222 milhões de dólares em 1926 e 1931, creditando esse "incremento de avaliação" ao excedente de capital. A depreciação sobre esse valor mais alto foi então debitada do excedente de capital, em vez de ser debitada da conta de receitas; por exemplo, em um caso típico, no ano encerrado em março de 1938, a empresa cobrou 406 mil do excedente por tal depreciação e 864 mil dólares das receitas pela depreciação "normal". Em abril de 1938, o saldo do incremento de avaliação foi eliminado pelo rebaixamento da conta de propriedade e do excedente de capital, e o encargo de depreciação especial foi então descontinuado.

A Borg Warner vem cobrando cerca de 102 mil dólares ao ano desde 1935 (e vários valores em anos anteriores) do "excedente de apreciação", em vez da receita, para amortizar uma remarcação para cima dos ativos fixos realizada em 1927.

É óbvio que nenhuma empresa deve usar um conjunto de valores para seu balanço e outro para sua conta de receitas. A tendência mais recente é corrigir essas disparidades, por meio da eliminação do aumento anterior do balanço patrimonial, e assim retornar ao custo original.

TAXA DE DEPRECIAÇÃO: PRÁTICAS PADRÕES E NÃO PADRÕES

1. Conforme mostrado pelos pedidos de listagem em bolsa. A grande maioria das indústrias segue a política padrão de cobrar uma taxa de depreciação apropriada de cada classe de ativo depreciável. O analista pode facilmente verificar esse fato ao consultar os pedidos de listagem na Bolsa de Valores de Nova York ou um prospecto ou uma declaração de registro.

Exemplos: Se os métodos padrões forem seguidos, provavelmente serão anunciados da seguinte maneira:

(Do pedido de listagem da Electric Storage Battery Company, datado de 17 de dezembro de 1928.)

> A política desta empresa em relação à depreciação [...] é a seguinte: no caso das edificações, a vida útil é de vinte a 33 anos, dependendo da natureza da construção. Máquinas, ferramentas e acessórios são amortizados a uma taxa

de um a dez anos, dependendo das características do equipamento. Móveis e utensílios de escritório são amortizados em dez anos. Em todas as propriedades depreciáveis, as taxas são determinadas pela experiência real e por estimativas de engenheiros quanto à vida produtiva do equipamento. Com relação à depreciação do ativo circulante, é constituída uma reserva para cobrir perdas prováveis com dívidas incobráveis.

(Do pedido de listagem da Midland Steel Products Company, datado de 11 de fevereiro de 1930.)

A seguir, estão as taxas de depreciação usadas:

	Taxa de depreciação ao ano (%)
Edificações	2
Terrenos, vias e passagens de pedestres	2
Maquinário	7
Mobiliário e utensílios	10
Desvios de ferrovias	2
Automóveis e caminhões	25

Ferramentas e moldes — amortizados ao longo da vida do item quando o número de unidades exigido pode ser determinado; de outra forma, é amortizado no final de cada ano fiscal.

Essas taxas vêm sendo usadas pela empresa há vários anos, sendo uma prática padrão na indústria.

Tais taxas são baseadas na vida estimada das respectivas propriedades envolvidas. Logo, com relação às edificações, o custo é depreciado por cinquenta anos; terrenos, vias e passagens por cinquenta anos; maquinário por catorze anos; mobiliário e utensílios por dez anos; desvios de ferrovias por cinquenta anos. Nenhum valor residual na expiração dos ditos períodos é considerado na determinação das taxas usadas.

Em contraste com essa política padrão, hoje em dia, quase universalmente seguida, podemos apontar as práticas questionáveis adotadas por empresas tão relevantes como American Car and Foundry, American Sugar Refining e Baldwin Locomotive Works.

O pedido de listagem da American Sugar Refining Company, datado de 6 de dezembro de 1923, continha a seguinte declaração:

> A empresa mantém uma política bastante liberal quanto à depreciação, conforme evidenciado pelo demonstrativo de lucros e prejuízos anuais em anos anteriores. O valor de suas propriedades é sempre mantido em sua totalidade

por meio da realização de todos os reparos necessários e adequados e todas as renovações e reposições pertinentes.

Essa declaração parece reconfortante, mas é indefinida demais para satisfazer o analista. Os encargos de depreciação reais, conforme apresentados no registro a seguir, revelam uma política incomumente arbitrária e errática.

ENCARGOS ANUAIS DA AMERICAN SUGAR REFINING
COMPANY COM DEPRECIAÇÃO

Ano	Cobrado das receitas	Cobrado do excedente
1916-1920	$ 2.000.000	Nenhum
1921	Nenhum	Nenhum
1922-1923	1.000.000	Nenhum
1924	Nenhum	Nenhum
1925	1.000.000	Nenhum
1926	1.000.000	2.000.000
1927	1.000.000	1.000.000
1928	1.250.000	500.000
1929	1.000.000	500.000
1930	1.000.000	542.631
1931	1.000.000	Nenhum
1932	1.000.000	Nenhum

Os encargos adicionais sobre o excedente feitos de 1926 a 1930, inclusive, parecem fortalecer nossa alegação de que as provisões de depreciação da American Sugar foram arbitrárias e inadequadas.

O pedido de registro da American Car and Foundry, datado de 2 de abril de 1925, contém o seguinte:

> A empresa não possui nenhuma conta de depreciação como tal. No entanto, seu equivalente é encontrado na política e na prática da empresa de manter, em todos os momentos, suas fábricas e propriedades em condições físicas de primeira classe e em alto estado de eficiência, consertando, renovando e substituindo equipamentos e edificações conforme suas condições físicas possam exigir e substituindo as instalações por outras de tipo mais moderno, quando tal ação resulta em uma produção mais econômica. Esse

procedimento cobre amplamente a depreciação e a obsolescência, e seu custo é debitado das despesas operacionais.

Neste caso, novamente, uma atitude cética por parte do analista é "amplamente" justificada. Isso também é verdade em relação à American Can, que conseguiu — inexplicavelmente — evitar todas as referências à sua política de depreciação em seu pedido da listagem, datado de 26 de fevereiro de 1926, embora tenha mencionado que a empresa gastou cerca de 50 milhões de dólares em extensões e melhorias de propriedades desde fevereiro de 1907 e que, "durante este período, as propriedades foram depreciadas em, pelo menos, 20 milhões".

A Baldwin Locomotive Works, em seu pedido de listagem datado de 3 de outubro de 1929, faz a seguinte declaração bastante surpreendente sobre depreciação:

> O valor da depreciação de instalações e equipamentos, conforme determinado pelo governo federal para os cinco anos de 1924 a 1928, inclusive, totalizou US$ 5.112.258,09, montante que foi deduzido das receitas ou do excedente como segue:

Ano	Das receitas	Do superávit	Depreciação total
1924	$ 600.000	Nenhum	$ 600.000,00
1925	Nenhum	Nenhum	Nenhum
1926	Nenhum	Nenhum	Nenhum
1927	1.000.000	$ 2.637.881,01	3.637.881,01
1928	600.000	274.377,08	874.377,08
	$ 2.200.000	$ 2.912.258,09	$ 5.112.258,09

Espera-se que, em anos futuros, o montante de depreciação com base na vida útil estimada das propriedades depreciáveis, conforme determinado pelo governo federal, permitido pelo comissário fiscal como uma dedução adequada da receita e verificado por nossos engenheiros, determinará o valor a ser usado pela empresa em seu cálculo de depreciação.

É evidente que os demonstrativos das receitas da Baldwin para esse período foram tudo menos precisos. O lucro médio anual por ação ordinária para 1924-1928, conforme declarado aos acionistas, foi surpreendentemente maior que o valor correto, como mostrado na próxima página.

2. Conforme demonstrado por comparações entre duas empresas. Quando o analista sabe que a política de depreciação de uma empresa difere do padrão, existe um motivo especial para verificar a adequação da provisão. A comparação com uma única empresa do mesmo ramo pode render resultados significativos, conforme demonstrado na tabela a seguir, referente à American Sugar e à American Car and Foundry.

LUCRO POR AÇÃO ORDINÁRIA

Ano	Conforme relatado	Conforme corrigido para encargo de depreciação anual de US$ 1.022.000
1924	$ 0,40(d)	$ 2,51(d)
1925	6,02(d)	11,13(d)
1926	22,42	17,31
1927	5,21	5,10
1928	5,34(d)	7,45(d)
Média de cinco anos	$ 3,33	$ 0,06

Empresa	Conta de propriedade média (líquida), 1928-1932	Encargo de depreciação médio, 1928-1932	Porcentagem do encargo de depreciação para conta de propriedade
American Sugar Refining	$ 60.665.000	$ 1.050.000*	1,73†
National Sugar Refining	19.250.000‡	922.000‡	4,79‡
American Car and Foundry	72.000.000	1.186.000§	1,65
American Steel Foundries	31.000.000	1.136.000	3,66

* Excluindo a depreciação cobrada do excedente. Incluindo o último, esse número seria US$ 1.358.500.
† Incluindo a depreciação cobrada do excedente, esse número seria 2,24%.
‡ Com base nos quatro anos de 1929 a 1932, inclusive. Dado para 1928 está indisponível.
§ Estimado em metade dos gastos para renovação e reparos. No caso da United States Steel, para o período entre 1901 e 1933, o encargo de depreciação era em média 40% das provisões totais para manutenção e depreciação.

De forma comparativa e absoluta, as provisões para depreciação feitas pela American Sugar e pela American Car and Foundry parecem ter sido inadequadas.[4]

---

4. Para exemplos de encargos insuficientes e encargos inferiores a deduções de imposto de renda por indústrias, consultar: encargo de 296 mil dólares da Harbison-Walker Refractories Company, em 1936, denominado "grosseiramente inadequado" pela nova administração e revisado para 472 mil; relatório de 1937 da McKeesport Tin Plate Corporation, o qual afirma que o encargo

Os encargos de depreciação costumam ser um problema nas fusões. Os encargos de depreciação comparativos, às vezes, tornam-se um problema para determinar a equidade dos termos de consolidação propostos.

Exemplo: Em 1924, um plano de fusão foi anunciado envolvendo as ferrovias Chesapeake and Ohio, Hocking Valley, Pere Marquette, "Nickel Plate" e Erie. Alguns acionistas da Chesapeake and Ohio discordaram e convenceram a Interstate Commerce Commission de que os termos da consolidação eram extremamente injustos com sua ferrovia. Entre outras questões, apontaram que os ganhos da Chesapeake and Ohio, nos três anos anteriores, foram, na realidade, muito mais altos que o declarado, devido às taxas extraordinariamente pesadas cobradas naqueles exercícios pela depreciação e pela aposentadoria de equipamentos.[5] Uma objeção semelhante foi feita quando da fusão planejada da Bethlehem Steel com a Youngstown Sheet and Tube, em 1929, mas esse plano também foi derrotado. Alguns dados sobre essas duas siderúrgicas são apresentados na tabela da página 622.

Depreciação oculta. O fato de que, de antemão, não se pode garantir nada na análise de títulos financeiros é demonstrado pelo caso estranho da American Can, que até 1937 nunca revelara detalhes de sua política de depreciação a seus acionistas. Durante os anos de 1922 a 1936, deduziu, anualmente, um valor fixo de 2 milhões de dólares para tal propósito. Uma comparação com a Continental Can — que cobrava, aproximadamente, o mesmo valor por um investimento em uma fábrica muito menor — poderia sugerir que a lucratividade da American Can havia sido exagerada. Entretanto, o relatório anual de 1934 revelou aos acionistas, pela primeira

---

na declaração de imposto de renda era de 803 mil contra 425 mil dólares na declaração aos acionistas. Da mesma forma, a National Enameling and Stamping Company, em 1935-1937, cobrou cerca de 185 mil de sua conta de receitas, em contraste com cerca de 280 mil em sua declaração de impostos. Em 1938, a depreciação insuficiente em 1933-1937 foi saneada por meio de um encargo de 443 mil debitado do excedente. Os auditores da Cudahy Packing Company declararam, no parecer que acompanha o relatório de 1939, que, em sua opinião, as reservas para depreciação, estabelecidas pela empresa nos anos anteriores a 29 de outubro de 1938, haviam sido inadequadas. Inversamente, para casos de depreciação excessiva, observar: encargos de depreciação da Acme Steel, em 1932-1935, que foram determinados pelo governo federal como excessivamente altos. Esse montante, deduzido o imposto de renda correspondente de 104 mil dólares, foi creditado ao excedente em 1936. (Esse é quase o exato oposto do caso da National Enameling.) A Chicago Cab Company, em 1938, creditou 483 mil ao excedente, correspondente à depreciação excessiva em anos anteriores.

5. Grandes despesas feitas em 1926-1928 pela Chesapeake and Ohio em seu equipamento e cobradas como despesas operacionais foram posteriormente consideradas, pela Interstate Commerce Commission, como sendo despesas de capital. Em 1933, essa controvérsia foi levada aos tribunais e a decisão da comissão foi confirmada.

vez, que a empresa também havia cobrado somas das despesas operacionais relativas a "reposições" sem informar o valor. O fato (mas não os valores) de tais cobranças terem sido feitas em 1935 e 1936 também foi revelado naqueles anos. Enquanto isso, o formulário 10-K de 1935, registrado na Securities and Exchange Commission, revelou que o valor dessas cobranças adicionais havia sido de cerca de 2,4 milhões de dólares. Finalmente, o relatório anual de 1937 informou aos acionistas que a baixa adicional correspondente totalizara cerca de 3,275 milhões no ano de 1936. A partir de 1937, a empresa contabilizou despesas de depreciação "regulares", totalizando 5,702 milhões de dólares naquele ano e 6,085 milhões de dólares em 1938. Assim, pouco a pouco, os proprietários da empresa foram informados da realidade sobre sua propriedade.

1928	Bethlehem Steel	Youngstown Sheet & Tube
Conta de propriedade, em 31 dez. 1927	$ 673.000.000	$ 204.000.000
Faturamento	295.000.000	141.000.00
Depreciação, desgaste e obsolescência	13.658.000	8.321.000
Índice: depreciação para a conta de propriedade	2,03%	4,08%
Índice: depreciação para faturamento	4,63%	5,90%

À luz dessa informação posterior, a inferência anterior[6] de que a American Can subestimara seus encargos de depreciação deve ceder lugar à observação de que a empresa deixara de revelar os fatos.

Um caso de encargos de depreciação excessivos ocultados por métodos contábeis. O exemplo da American Can sugere uma comparação com a prática anterior da National Biscuit Company, uma empresa controlada, em grande parte, pelas mesmas partes. Por muitos anos, antes de 1922, a empresa aumentou constantemente o número de suas fábricas, mas sua conta de propriedade não mostrou qualquer incremento apreciável, exceto no único ano de 1920. Os relatórios para os acionistas eram extremamente ambíguos no que diz respeito aos encargos de depreciação,[7] mas, de acordo com os manuais financeiros, a política da empresa era a seguinte: "A depreciação é de 300 mil

---

6. Extraída da edição de 1934 deste livro.

7. Antes de 1919, o balanço da empresa, a cada ano, declarava seus ativos fixos "menos conta de depreciação — 300 mil dólares". Evidentemente, isso era a dedução do exercício em curso e não o valor acumulado.

dólares ao ano, e todos os itens de reposição e modificações de edificações são cobrados diretamente das despesas operacionais".

É difícil evitar a conclusão, entretanto, de que os investimentos de capital em fábricas adicionais estavam, na verdade, sendo imputados aos lucros e que os lucros reais eram, provavelmente, muito maiores que aqueles reportados ao público. Coincidindo com um desdobramento de sete ações por uma e a triplicação da taxa de dividendos em dinheiro em 1922, essa política de subestimar os lucros foi encerrada. O resultado foi uma duplicação repentina da lucratividade aparente, acompanhada de uma expansão igualmente repentina na conta de instalações fabris. O contraste entre os dois períodos é mostrado, com clareza, na tabela a seguir.

NATIONAL BISCUIT COMPANY

Ano terminado	Lucros das ações ordinárias	Conta líquida de instalações fabris no final do ano
31 jan. 1911	$ 2.883.000	$ 53.159.000
1912	2.937.000	53.464.000
1913	2.803.000	53.740.000
1914	3.432.000	54.777.000
1915	2.784.000	54.886.000
1916	2.393.000	55.207.000
1917	2.843.000	55.484.000
31 dez. 1917	2.886.000 (11 meses)	53.231.000
1918	3.400.000	52.678.000
1919	3.614.000	53.955.000
1920	3.807.000	57.788.000
1921	3.941.000	57.925.000
1922	9.289.000	61.700.000
1923	10.357.000	64.400.000
1924	11.145.000	67.292.000
1925	11.845.000	69.745.000

Falta de declaração de encargos de depreciação. Antes da regulamentação da Securities and Exchange Commission, algumas das empresas importantes relatavam lucros após a depreciação, mas não declaravam o valor deduzido para esse fim. Felizmente, essas informações precisam agora ser fornecidas no caso de todas as empresas listadas.[8]

ENCARGOS DE AMORTIZAÇÃO DE PETROLÍFERAS E MINERADORAS

Esses setores importantes do ramo industrial estão sujeitos a fatores especiais de amortização. Além da depreciação costumeira — que é, em geral, calculada da mesma forma que em outras empresas,[9] precisam levar em consideração o esgotamento de suas reservas de minério ou petróleo. No caso das empresas de mineração, existe também o fator das despesas de desenvolvimento. Os produtores de petróleo, por outro lado, têm encargos adicionais relativos a custos de perfuração intangíveis e arrendamentos improdutivos. Esses itens são importantes por sua influência nos lucros reais e são problemáticos por causa da diversidade de métodos seguidos por empresas diferentes.

Encargos de esgotamento das mineradoras. O esgotamento representa o desgaste dos ativos de capital quando são transformados em produtos para venda. Aplica-se às empresas produtoras de metais, petróleo e gás, enxofre, madeira, etc. À medida que se esgotam as participações, ou reservas, desses produtos, seu valor deve ser gradualmente amortizado por meio de encargos sobre os lucros. No caso das mineradoras mais antigas (incluindo, sobretudo, produtores de cobre e enxofre), os encargos de esgotamento são determinados por requisitos técnicos da legislação de imposto de renda federal, baseados no montante e no valor das reservas que deveriam ter em 1º de março de 1913, ou pela aplicação de determinadas percentagens ao valor do produto. Por causa da base artificial utilizada nesses cálculos, muitas empresas omitiram o encargo de esgotamento de seus relatórios aos acionistas.

É necessário um cálculo independente pelo investidor. Como mostraremos adiante, o investidor em uma empresa de mineração deve geralmente calcular sua provisão de esgotamento, com base no *valor que pagou* por sua parte na

---

8. A Allied Chemical and Dye Corporation esforçou-se para que esse e outros dados fossem mantidos em sigilo, mas, após um atraso considerável, tornaram-se públicos (em 1938). Essa empresa, como algumas outras, ainda exclui seus dados de faturamento e de depreciação de seus relatórios aos acionistas, mas essa informação importante está disponível nos relatórios anuais para a Securities and Exchange Commission (formulário 10-K).

9. No entanto, o custo de equipamentos e materiais nas *propriedades produtoras de petróleo* é, muitas vezes, amortizado pela taxa de esgotamento (que se baseia nos barris produzidos), em vez de na conta de depreciação (que se baseia no *tempo* decorrido).

propriedade de mineração. Assim, um encargo de esgotamento baseado no custo contábil original da empresa ou no valor especial estabelecido para fins de imposto de renda seria mais impreciso que útil. A omissão do encargo de esgotamento das mineradoras não deve, portanto, ser criticada; contudo, o acionista em tais empresas deve estar bem ciente desse fato ao estudar seus relatórios. Além disso, em qualquer comparação entre empresas de mineração, uma distinção adequada precisa ser feita entre aquelas que deduzem e aquelas que não deduzem seus encargos de esgotamento ao declarar seus lucros. A seguir, estão alguns exemplos de empresas que seguem uma ou outra política:

Empresas que relatam lucros sem dedução por depreciação:	Empresas que relatam lucros após dedução por depreciação:
Alaska Juneau Gold Mining Co.	Cerro de Pasco Copper Corp.
Anaconda Copper Mining Co.	Granby Consolidated Mining, etc., Co. (cobre)
Dome Mines, Ltd. (ouro)	Homestake Mining Co. (ouro)
Kennecott Copper Corp.	International Nickel Co. of Canada, Ltd.
Noranda Mines, Ltd. (cobre e ouro)	Patino Mines etc. (estanho)
Texas Gulf Sulphur Co.	Phelps Dodge Corp. (cobre)
	St. Joseph Lead Co.

Esgotamento e encargos semelhantes na indústria petrolífera. Na indústria petrolífera, os encargos de esgotamento são mais intimamente relacionados ao custo real de fazer negócios que no caso das empresas de mineração. Em geral, as últimas investem em uma única propriedade ou em um grupo de propriedades, cujo custo é amortizado ao longo de um período bastante longo de anos. Entretanto, o grande produtor de petróleo típico costuma gastar quantias substanciais a cada ano em novos arrendamentos e poços. Essas participações adicionais são necessárias para compensar a redução das reservas por causa da produção. A taxa de esgotamento corresponde, em certa medida, portanto, a uma despesa de conta corrente cujo objetivo é manter as reservas e a produção. Poços novos podem produzir até 80% de sua produção total durante o primeiro ano. Logo, quase todos os custos de tal "produção de esguicho" devem ser amortizados em um único período fiscal, e a maioria dos "lucros" dessa fonte é, na realidade, um retorno ao capital nela investido. Se o investimento não for amortizado rapidamente devido ao esgotamento e a outros encargos, o lucro e o valor da conta da propriedade serão ambos exagerados. No caso de uma empresa petrolífera ativamente envolvida no trabalho de desenvolvimento, as diversas rubricas sob as quais as amortizações devem ser feitas incluem:

1. *depreciação* de ativos tangíveis;
2. *exaustão* das reservas de óleo e gás, com base no custo dos arrendamentos;
3. baixa de *arrendamentos não lucrativos*. Parte das aquisições e da exploração sempre se revelará desprovida de qualquer valor e deverá ser debitada da receita dos arrendamentos produtivos; e
4. *custos de perfuração intangíveis*. São amortizados de uma só vez, como equivalentes a uma despesa operacional, ou amortizados ao longo da vida do poço.

Exemplo: O caso da Marland Oil, em 1926, ilustra até que ponto os lucros declarados das empresas petrolíferas dependem das políticas contábeis relativas à amortização. Essa empresa gastou somas grandes todo ano em arrendamentos e poços novos para manter sua taxa de produção. Antes de 1926, cobrava os chamados "custos de perfuração intangíveis" da conta de capital e, depois, os debitava dos lucros por meio de uma taxa de amortização anual. Em 1926, a Marland adotou a política mais conservadora de descontar todos esses "custos intangíveis" imediatamente dos lucros. O efeito sobre os lucros é apresentado na tabela a seguir.

MARLAND OIL COMPANY

Item	1925	1926	1927
Lucro bruto e receitas diversas	$ 73.231.000	$ 87.360.000	$ 58.980.000
Líquido antes das reservas	24.495.000	30.303.000	9.808.000
Encargos de amortização	9.696.000	18.612.000	17.499.000
Saldo por ação	14.799.000	11.691.000	7.691.000(d)

Nos últimos dez anos, ocorreram mudanças significativas nas políticas seguidas por importantes empresas de petróleo. Antes da depressão, a tendência geral era imputar os "custos de perfuração intangíveis" aos lucros — conforme mostrado na mudança feita pela Marland em 1926. Entretanto, desde a Depressão, muitas empresas grandes mudaram para a base menos conservadora de capitalização desses custos, sujeitos à amortização anual.[10] Essa mudança parece justificada, em boa parte, pela ampla adoção de leis estaduais de rateio, que efetivamente distribuem a produção total de um poço novo ao longo de muitos anos, em vez de concentrá-la em poucos meses. Isso torna um poço de petróleo um ativo de capital a longo prazo, de maneira que cobrar boa

---

10. Entre as empresas que fizeram essa mudança a partir de 1930 estão a Standard Oil of Indiana and New Jersey, a Gulf Oil, a Tidewater Associated e a Consolidated Oil.

parte de seu custo (agora, muitas vezes, chegando a valores bastante expressivos) dos lucros de um único ano seria excessivamente rigoroso.

As empresas também têm melhorado seus lucros por meio de grandes baixas contábeis em seus ativos fixos, com reduções correspondentes nos encargos de amortização anuais contra eles. Essa prática talvez tenha sido mais difundida entre as petrolíferas que em qualquer outro grupo industrial. Alguns produtores também transferiram, dos lucros para a reserva de depreciação, seus encargos de *aposentadoria* de propriedade. Por fim, temos exemplos de uma redução no encargo de amortização decorrente da adoção de uma "base global", em vez de uma base de arrendamento para o esgotamento. Dessa maneira, o petróleo produzido nos arrendamentos de custo alto é amortizado pelo custo médio de todas as reservas de petróleo possuídas, e não pelo custo real.

A importância dessas mudanças na política contábil é ilustrada pelos exemplos a seguir.[11]

Exemplos: A Gulf Oil Corporation aumentou seus lucros, em 1932, em 3,621 milhões de dólares, ao capitalizar os custos de perfuração intangíveis em vez de dar baixa neles, como era o costume anterior.

A Socony-Vacuum aumentou seus ganhos de 1932 em 6,095 milhões de dólares (e os lucros subsequentes de maneira similar), como resultado do rebaixamento de seus ativos fixos com uma redução consequente nos encargos de depreciação. Em 1935, seus lucros aumentaram 1,376 milhão por causa da cobrança dessa quantia — representando prejuízos em certas propriedades aposentadas — da reserva de depreciação em vez de cobrar das receitas, como até então era a prática. Em 1936, começou a capitalizar custos de perfuração intangíveis, adicionando cerca de 8,850 milhões de dólares aos lucros naquele ano por meio dessa mudança. Em 1937, a empresa fez uma nova revisão em sua política de depreciação (aparentemente com a intenção de colocá-la na base padrão), à qual acrescentou cerca de 2,5 milhões de dólares aos lucros daquele ano.

A Pure Oil Company reduziu suas despesas de esgotamento em 1934 e aumentou seus lucros em 1,698 milhão de dólares por meio da adoção da base "global".

Significado dessas variações para o analista e para o investidor. Essas diferenças no tratamento contábil são bastante confusas e podem despertar algum ressentimento no investidor. Devemos reconhecer, porém, que a maioria delas é tecnicamente admissível, na medida em que representam escolhas entre a

---

11. Esses exemplos são extraídos, em grande parte, de Alfred Braunthal, "Are oil earnings reports fictitious?", *Barron's*, 8 mar. 1937.

base normal e a base mais conservadora de amortização do imobilizado. O que é necessário, em consequência, não é censura, mas interpretação correta.

Padrões sugeridos. O analista deve procurar aplicar uma taxa de amortização uniforme e razoavelmente conservadora a uma base de propriedades que reflete as realidades do investimento proposto. Sugerimos os seguintes padrões, à medida que seja viável aplicá-los:

1. *Depreciação dos ativos tangíveis.* Isso sempre deve ser considerado nas taxas bem estabelecidas, aplicadas ao custo — ou a um valor substancialmente inferior ao custo apenas se os fatos claramente justificarem a redução.

2. *Custos de perfuração intangíveis.* Acreditamos que capitalizar esses custos e depois amortizá-los à medida que o petróleo é produzido — embora menos "conservador" — é a base preferível para fins comparativos e para fornecer um reflexo justo dos lucros correntes. Ao comparar as empresas que usam um e outro método, o analista deve fazer o melhor que puder para levar em conta a subavaliação do lucro pelas empresas que contabilizam uma baixa de 100% no primeiro ano.

Exemplo: A dificuldade de fazer esse ajuste na prática pode ser demonstrada por uma comparação do relatório da Continental Oil Company com o da Ohio Oil Company, ambos de 1938. Essas duas empresas são mais ou menos semelhantes em sua configuração. Ambas produziram cerca de 20 milhões de barris em 1938; a Continental Oil refinou cerca de dois terços e a Ohio Oil, cerca de um terço de sua produção. A Continental cobra todos os seus custos de perfuração intangíveis diretamente da receita, enquanto a Ohio capitaliza esses custos e os amortiza ao longo da vida dos poços.

Pode-se esperar que os encargos de amortização totais da Continental, incluindo as despesas de perfuração na base de 100%, fossem relativamente maiores que os da Ohio. Ainda assim, em 1938, a Ohio deu baixa em 11,602 milhões, ou 21,5% de seu faturamento de 54 milhões de dólares, enquanto a Continental deu baixa em 14,038 milhões, ou 17,6% de seu faturamento bruto de 80 milhões de dólares. Aparentemente, nenhum ajuste seria necessário pelo analista para equalizar os dois métodos contábeis. As razões podem apontar várias circunstâncias, por exemplo, (a) depois de alguns anos, o método de amortização gradual se aproxima do método de 100%, uma vez que a amortização das despesas de perfuração antigas cresce continuamente. (b) No caso da Continental, essa empresa reduziu sua conta de propriedade em 1932 em cerca de 45 milhões de dólares e, portanto, diminuiu sua depreciação normal e suas despesas de esgotamento consideravelmente nos anos seguintes.

3. *Aposentadoria de propriedades e arrendamentos abandonados.* Acreditamos que os prejuízos com as propriedades aposentadas (que excedem a

depreciação já acumulada) devem ser debitados do lucro do ano, em vez de debitados do excedente, como é feito pela maioria das empresas em outros ramos. A razão é que as aposentadorias de propriedades, provavelmente, são um fator normal e recorrente nos negócios de uma grande petroleira integrada, em vez de acontecer apenas esporadicamente nos demais setores. Os arrendamentos abandonados se enquadram nessa rubrica geral, e o prejuízo resultante deve ser debitado dos lucros.

4. *Esgotamento das reservas de petróleo*. O princípio *teórico* adequado aqui é que o analista deve considerar o esgotamento na base em que as reservas de petróleo são avaliadas no mercado. Esse ponto, conforme aplicado à amortização em geral, será abordado no próximo capítulo. Isso implica, como veremos, que aquela que pode ser a base *contábil* correta para o cálculo do esgotamento pode não ser a mais adequada para a análise do valor dos investimentos.

Infelizmente, a prática comercial na indústria petrolífera tem tornado a aplicação correta desse princípio muito difícil. O segmento produtor de petróleo da indústria, aparentemente, tem sido responsável pela maior parte dos lucros; as divisões de refino e comercialização ganharam pouco, ou nada, com seu investimento. Se os *lucros* fossem o critério de valor aqui, a maior parte do preço de mercado de uma ação típica de petróleo seria atribuível à divisão de produção e, com base nisso, uma taxa de esgotamento comparativamente alta, baseada em cada barril retirado, seria exigida. Por outro lado, se a divisão fosse feita em proporção com *valores contábeis*, as seções de refino e comercialização ganhariam espaço, as reservas de petróleo teriam um valor muito menor e a taxa de esgotamento seria proporcionalmente menor.

Não vemos nenhuma resposta realmente satisfatória para o dilema que colocamos — pois nos parece que a repartição da lucratividade na indústria entre a produção e os outros ramos é essencialmente artificial e não pode ser considerada permanente. Somos, portanto, levados a sugerir a seguinte *solução prática* para dar conta do problema:

1. No caso de petrolíferas *integradas*, aceitar os dados de esgotamento da empresa como o melhor número disponível. (Isso inclui a aceitação da base "global", caso usada, uma vez que esse método pareceria refletir os fatos de uma forma justa.) No entanto, quaisquer encargos de esgotamento feitos contra uma conta de "valorização" no balanço patrimonial devem ser deduzidos da receita.
2. No caso de empresas que sejam exclusivamente, ou quase, produtoras de petróleo, o analista pode computar *quanto o mercado está pagando* pelo total das reservas de petróleo desenvolvidas (se uma estimativa dessas tenha sido publicada). Logo, em tal caso, pode fazer seu cálculo de esgotamento para o

propósito específico de sua análise, da mesma maneira que no caso de uma empresa de mineração. (Para um cálculo desse tipo aplicado à Texas Gulf Producing Company, consultar a página 666.)

OUTROS TIPOS DE AMORTIZAÇÃO DE ATIVOS DE CAPITAL

Arrendamentos e melhorias em arrendamentos. O arrendamento normal não envolve investimento de capital por parte do arrendatário, que se compromete apenas a pagar o aluguel em troca do uso da propriedade. No entanto, se os pagamentos do aluguel forem consideravelmente inferiores ao valor do uso da propriedade e se o contrato tiver um prazo considerável a percorrer, o arrendamento — como é chamado — pode ter um valor substancial. As terras petrolíferas são arrendadas em uma base padrão em troca de *royalties* que costumam alcançar um oitavo do valor da produção. Os arrendamentos nos quais uma produção substancial é desenvolvida ou garantida valem um bônus substancial acima dos pagamentos de aluguel envolvidos e são comprados e vendidos da mesma forma que a propriedade do imóvel. Bônus semelhantes são pagos — em geral, em tempos de *boom* — para os arrendamentos a longo prazo de imóveis urbanos.

Se uma empresa pagou dinheiro por um arrendamento, o custo é considerado um investimento de capital que deve ser amortizado ao longo da duração do arrendamento. (No caso de um arrendamento de petróleo, a amortização é feita contra cada barril produzido, e não com base no tempo, uma vez que a produção diminui rapidamente em relação ao volume "de esguicho" inicial.) Esses encargos são, na realidade, parte do aluguel pago pela propriedade e devem, obviamente, ser incluídos nas despesas operacionais correntes.

Quando estruturas são construídas ou alteradas ou acessórios são instalados em propriedades arrendadas, recebem a designação de "benfeitorias em propriedades arrendadas". Portanto, seu custo deve ser reduzido a zero durante a vigência do arrendamento, uma vez que pertencem ao senhorio na expiração do arrendamento. A baixa anual para esse fim é denominada "amortização de benfeitorias em propriedades arrendadas". Ela partilha, até certo ponto, da natureza de um encargo de depreciação. As cadeias de lojas costumam investir somas consideráveis em tais benfeitorias em propriedades arrendadas e, consequentemente, suas baixas anuais podem ter uma importância apreciável em suas contas de receitas.

Exemplo: O balanço patrimonial de 31 de dezembro de 1938 da F. W. Woolworth Company trazia "edificações próprias e benfeitorias em instalações alugadas a serem amortizadas nos prazos de arrendamento" com uma avaliação líquida de 46,717 milhões de dólares. O encargo a ser deduzido dos lucros de 1938 para amortização dessas edificações e melhorias em propriedades arrendadas totalizou US$ 3.925.283.

Como esses itens pertencem ao grupo de amortização, prestam-se ao mesmo tipo de tratamento arbitrário que os demais. Fazer a cobrança anual do excedente em vez de cobrá-la da receita ou rebaixar todo o investimento de capital para US$ 1, eliminando assim inteiramente o encargo anual, possibilita que uma empresa exclua tais itens de custo operacional de seu lucro por ação declarado e, desse modo, faça com que o último pareça enganosamente grande.

Amortização de patentes. Em teoria, uma patente deveria ser tratada exatamente da mesma maneira que uma propriedade de mineração; ou seja, seu custo para o investidor deve ser deduzido dos lucros durante sua vida útil restante. É óbvio, portanto, que os encargos deduzidos dos lucros pela empresa — com base no *valor contábil* da patente — costumam ter pouca relevância para a situação real. A consideração dessa questão aparece, sobretudo, num capítulo posterior sobre amortização do ponto de vista do investidor e, para evitar dividir nossa exposição, adiaremos também para esse capítulo nossa breve discussão dos métodos contábeis relativos às patentes encontradas nos demonstrativos das empresas.

Amortização de patrimônio de marca. É um assunto de muito pouca importância. Algumas empresas seguiram a política bastante extraordinária de cobrar sua conta de patrimônio de marca dos lucros em várias prestações anuais.

Exemplos: A Radio Corporation of America estabeleceu um encargo de 310 mil dólares ao ano para esse fim entre 1934 e 1937. Isso era aplicável à conta de patrimônio de marca de sua subsidiária, a National Broadcasting Company, e foi descontinuado em 1938, embora 1,876 milhão de dólares permanecessem sem amortização.

É óbvio que essa prática é desprovida de base factual, uma vez que o patrimônio de marca não tem uma duração de vida separada daquela do negócio como um todo. Quando o item é de um tamanho significativo, o analista deve ajustar os lucros por meio do cancelamento do encargo.

CAPÍTULO 35
POLÍTICAS DE DEPRECIAÇÃO DAS PRESTADORAS DE SERVIÇOS PÚBLICOS

Omissão dos encargos de depreciação. Em nenhum campo a questão da política de depreciação adequada assume tanta importância prática como no ramo das prestadoras de serviços públicos. No entanto, em nenhuma outra parte tem havido variações tão amplas, tanto na teoria como na prática. Alguns anos atrás, houve casos — sobretudo aquele da Cities Service Company — de fracasso total em fazer qualquer dedução para depreciação (e esgotamento) nos relatórios anuais, resultando em uma distorção grosseira dos lucros disponíveis para as ações.[1] Muitas vezes, postula-se que é apropriado ignorar os encargos de depreciação, uma vez que são meros lançamentos contábeis e não representam um desembolso efetivo de dinheiro. Essa é uma abordagem muito imprecisa da questão. A depreciação não é um mero conceito contábil, uma vez que, na maioria das vezes, registra uma diminuição real do valor do capital, para a qual uma provisão adequada precisa ser feita se os credores ou proprietários quiserem evitar engano.[2]

Além disso, na maioria dos casos, os encargos de depreciação são consumidos ou compensados ao longo de um período por despesas em dinheiro ainda maiores e feitas para fins de substituições ou extensões. Muitas vezes, portanto, os encargos de depreciação são, ao final das contas, relacionados a despesas reais de dinheiro e acabam sendo uma despesa tão autêntica da empresa quanto os salários ou os aluguéis. Existe uma minoria de casos bastante numerosa em que boa parte da reserva de depreciação permanece sem ser gasta por um longo período. Nesses casos, uma redução dos encargos anuais pode, às vezes, ser justificada nos cálculos do investidor, como explicaremos adiante. Permanece,

---

1. Em 1925, por exemplo, a empresa declarou lucros de 11,497 milhões "para ações ordinárias e reservas", os quais, supostamente, somavam US$ 3,05 por ação. Contudo, os encargos de depreciação e esgotamento, certamente, ultrapassaram esse saldo, não deixando *nenhum* lucro real para as ações. No entanto, naquele ano, foram negociadas a um valor tão alto quanto US$ 43.

2. Em resposta ao argumento frequente de que uma provisão para depreciação é desnecessária porque reparos liberais conseguem manter os bens em boas condições, podemos citar a frase clássica de Henry R. Hatfield: "Todas as máquinas estão em uma marcha irresistível rumo ao ferro-velho, e seu progresso, embora possa ser postergado, não pode ser evitado com reparos" (Henry R. Hatfield, *Accounting: its principles and problems*. Nova York, D. Appleton and Co., 1928, p. 130).

entretanto, o princípio abrangente de que uma provisão de depreciação adequada é essencial para se chegar a um demonstrativo de lucros correto.

Outras práticas enganosas. Outra prática bastante comum era a dedução de apenas parte do encargo de depreciação dos lucros, sendo o saldo retirado da conta de excedente. Em alguns casos, os montantes cobrados da receita eram baseados nos assim chamados "mínimos de escritura" — uma percentagem dos lucros brutos destinada à manutenção e à depreciação combinadas e que, obrigatoriamente, precisava ser deduzida segundo os termos de uma emissão de obrigações. Quando esses mínimos de escritura eram inferiores à depreciação efetivamente necessária e contabilizada, descobrimos que essas exigências, ostensivamente definidas para proteger os investidores, foram, na verdade, utilizadas para enganá-los.[3]

É lamentável que algumas empresas geridas de forma conservadora tenham recorrido, por vezes, a algo parecido com essa prática. Os dados apresentados a seguir estão nos relatórios da Detroit Edison Company de 1931 e 1930.

Item	1931	1930
Bruto	US$ 49.233.000	US$ 53.707.000
Líquido antes da depreciação	21.421.000	24.041.000
Depreciação	4.000.000	6.900.000
(Porcentagem do bruto)	8,1%	12,8%
Encargos fixos	5.992.000	6.024.000
Saldo para ordinárias	11.429.000	11.117.000
Lucro por ação	US$ 8,98	US$ 8,75
Depreciação adicional cobrada ao excedente	1.500.000	
Lucro por ação após cobrança do excedente	US$ 7,80	US$ 8,75

Embora os encargos de depreciação da Detroit Edison tenham sido extraordinariamente liberais em comparação com a média do ramo, o método contábil empregado em 1931 (e também em 1934) está sujeito a críticas severas por duas razões. Em primeiro lugar, seu efeito, se não sua finalidade, foi disfarçar o declínio real dos lucros em relação ao ano anterior. Em segundo lugar,

---

3. No caso da Cities Service Power and Light, essas subavaliações de depreciação apareceram nos relatórios anuais e nas circulares de oferta de títulos. Para dados relativos a 1925, ver a discussão no capítulo 12, p. 285-286.

por causa da excelente reputação da empresa, é provável que esse dispositivo seja imitado por outras empresas e, portanto, possa fornecer um estímulo nocivo à prática nova de exagerar os lucros por meio da transferência de encargos para a conta de excedente.

Um exemplo de contabilidade enganosa. Um exemplo extraordinário de contabilidade enganosa é apresentado pela Iowa Public Service Company. Em 1929, essa empresa declarou uma conta de propriedade de 25,2 milhões, um lucro bruto de 4,2 milhões e uma despesa de depreciação de apenas 78 mil dólares. A inadequação deste último número é patente. Nos anos seguintes, a provisão para depreciação foi gradativamente aumentada, chegando a 220 mil em 1932, que ainda era um valor bastante inferior ao normal. Em 1932, a empresa fez a confissão formal de insuficiência de seus encargos de depreciação no passado ao adotar o seguinte procedimento singular:

1. reduziu o valor declarado de suas ações ordinárias em 1,587 milhão de dólares e transferiu esse montante para o excedente de capital; e
2. utilizou, imediatamente, esse excedente de capital, cobrando dele 1,5 milhão em depreciação adicional e 87 mil dólares por contingências.

Nesse caso, vemos uma boa parte dos encargos de depreciação necessários ser excluída do demonstrativo de resultados ao longo de vários anos e, finalmente, provisionada por meio da redução do valor pelo qual as ações ordinárias são avaliadas. Um efeito acidental dessa contabilidade perniciosa foi permitir que a empresa controladora (American Electric Power Corporation) retirasse, em dividendos, uma soma que excedia os lucros reais e o excedente inicial combinados, com grave prejuízo para os detentores de obrigações e para os primeiros acionistas privilegiados.[4]

Depreciação inadequada revelada por transferências do excedente e das reservas. *Exemplo:* O caso da Brooklyn Union Gas talvez seja o exemplo mais impressionante do fracasso da conta de receita em refletir as deduções necessárias para amortização. O tamanho do exagero consequente dos lucros foi flagrantemente revelado pelas enormes transferências que precisaram ser feitas do excedente e das reservas de contingência. A história pode ser resumida da seguinte forma, no que diz respeito aos dez anos entre 1929 e 1938:

---

4. Para exemplos de outros métodos de exclusão da conta de receita de encargos de depreciação e de esgotamento e um comentário sobre as implicações de tudo isso, ver apêndice F, nota 6, p. 1.034.

BROOKLYN UNION GAS COMPANY

A. Média anual em 1929-1938:

Faturamento bruto .... US$ 23.389.000

Depreciação 729.000

Depreciação, porcentagem do bruto 3,1

Depreciação, porcentagem do capital fixo 0,67

Lucros declarados para ordinárias .... US$ 3.791.000

Dividendos pagos 2.918.000

Saldo indicado para excedente .... US$ 873.000

B. Período de dez anos entre 1929 e 1938:

Excedente e reserva de contingência, em 31 dez. 1928 .... US$ 29.161.000

Excedente e reserva de contingência, em 31 dez. 1938 .... US$ 9.840.000

Diminuição no período .... US$ 19.321.000

Aumento indicado de acordo com conta de receita anterior 8.730.000

Discrepância .... US$ 28.051.000

Lucros médios por ação ordinária de acordo com conta de receita .... US$ 5,13

Lucros médios por ação ordinária de acordo com balanço .... US$ 1,36

C. Explicação de discrepância:

Transferido do excedente, etc., para:

Reserva para depreciação ou descartes .... US$ 25.300.000

Baixa contábil de despesa de avaliação, 1937 .... 1.781.000

Encargos variados (líquido) 970.000

Encargos totais para excedente, etc., em 1929-1938 .... US$ 28.051.000

D. Reserva para descartes "utilizada" em 1929-1938:

Reserva para descartes, em 31 dez. 1928 .... US$ 1.565.000

Acréscimos oriundos da receita, em 1929-1938 .... 7.290.000*

Acréscimos oriundos do excedente e da reserva de contingência 25.300.000

Total .... US$ 34.155.000

Saldo (reserva de depreciação), em 31 dez. 1938 .... 7.270.000

Reserva consumida por descartes reais .... US$ 26.885.000

* Além disso, havia provisões de lucros previstas de cerca de 130 milhões de dólares por ano para a renovação dos fornos de coque e reservas de reposição, que, em 1938, foram combinadas com a reserva de depreciação no balanço. Se fossem consideradas como equivalentes à depreciação, então, tanto a provisão para depreciação como a "reserva consumida" seriam aumentadas em cerca de 1,3 milhão de dólares para o período de dez anos.

Os números anteriores são apresentados em detalhes consideráveis, uma vez que revelam uma situação complicada, porém significativa, com um impacto sobre a lucratividade real da empresa. O leitor notará os seguintes pontos:

1. O lucro médio relatado de US$ 5,13 por ação foi calculado após a dedução de uma "reserva de descarte" de tamanho muito pequeno em relação ao lucro bruto e à conta da fábrica.
2. Esses encargos para descartes contra os lucros acabaram, lamentavelmente, sendo insuficientes para cobrir os descartes reais ocorridos no período. Para atender a esses encargos, a empresa precisou esgotar uma grande reserva de contingência[5] (13,8 milhões de dólares no fim de 1928) e, além disso, fazer retiradas substanciais do excedente.
3. Embora a empresa tenha informado aos acionistas que auferiu um lucro total de US$ 51 por ação no período, pagou dividendos de US$ 40 e transferiu US$ 11 por ação para o excedente; o excedente e a reserva de contingência sofreram uma redução efetiva de cerca de US$ 26 por ação. Portanto, os lucros, conforme indicados pelo balanço, foram em média apenas US$ 1,36 por ação, em vez de US$ 5,13 por ação, conforme relatado na conta de receitas.[6]
4. Nesse período, os descartes efetivos de propriedades foram, em média, de 2,688 milhões de dólares ao ano, ou 11% do lucro bruto, em comparação com o encargo sobre a receita de 729 mil, ou 3,1% do bruto. No ano de 1938, a empresa afirmou que, em conformidade com as novas exigências da Comissão de Serviços Públicos de Nova York, havia adotado uma política de depreciação, cujos detalhes ainda não tinham sido elaborados e que, provisoriamente, cobraria 1,2 milhão de dólares ao ano para tal propósito. Com base nos fatos declarados e em nossa discussão anterior, pareceria haver motivos para duvidar se até mesmo essa quantia, embora muito maior que os encargos anteriores, seria adequada.[7]

---

5. Essa reserva para contingências resultou da evolução de uma conta de "amortização acumulada" terminada em 1916. Desde essa data, a reserva para contingências sucessora pareceu ser equivalente ao excedente.

6. Se a empresa recebesse crédito para aumentar a reserva de depreciação no final de 1938, em comparação com 31 de dezembro de 1928, os lucros ajustados e indicados seriam, em média, de cerca de US$ 2 por ação. Durante a maior parte desse período, a empresa calculou os lucros por ação em seus relatórios anuais com base em suas provisões de descarte inadequadas e, em 1934-1936, também calculou um lucro por ação ainda maior, incluindo nele receitas vinculadas a litígios relacionados a tarifas, cuja maioria foi mais tarde devolvida aos clientes.

7. Deve-se observar que as ações foram negociadas por até US$ 248 em 1929, por US$ 129 em 1931 e por valores tão baixos quanto US$ 10 em 1938. Em 1939, subiram para US$ 30 com base nos lucros

Uma variedade de políticas de depreciação. A discussão anterior sobre o fracasso em refletir os encargos de depreciação totais na conta de receitas nos leva a um tópico mais amplo, ou seja, a base usada por uma empresa para fazer sua provisão de depreciação. Os métodos empregados revelam uma variedade extraordinária, não menos que sete, com pretensões a atender a essa descrição, como vemos a seguir.

A. *Depreciação adequada.*

1. *Método linear.* É dada baixa em cada classe de propriedade depreciável até chegar ao valor de descarte por meio de encargos anuais iguais no prazo de sua vida útil estimada. Esse é o método padrão de cálculo de depreciação, permitido pela legislação de receitas e, em geral, seguido por todas as empresas em *suas declarações de imposto de renda*. Surpreendentemente, poucas empresas de eletricidade e gás, entretanto, empregaram esse método em suas contas de receita publicadas.

Exemplo: A Union Electric Company of Missouri, uma subsidiária da North American Company, usa o método linear há alguns anos. Contudo, mesmo nesse caso, a provisão informada pela empresa é inferior àquela contida em sua declaração de imposto de renda (US$ 3.899.205 *versus* US$ 5.549.109 em 1937), sendo a diferença devido, aparentemente, à pressuposição de uma vida útil menor para os propósitos fiscais que para fins do relatório anual.

Como destacaremos adiante, regulamentos recentes adotados pelas comissões estaduais e pela Comissão Federal de Energia estão agora forçando muitas empresas a uma transição para o método linear ou padrão ao lidar com seus lucros declarados.

2. *Método do fundo de amortização.* Nesse caso, a provisão é feita pelo fato de que os valores destinados à depreciação ganharão juros até que a propriedade seja descartada. O efeito desse método é fazer com que as deduções sejam um pouco menores, nos primeiros anos, e correspondentemente mais elevadas nos anos finais. Em geral, é usado por empresas prestadoras de serviços públicos do estado da Califórnia, segundo acordos com a comissão de ferrovias estadual, sendo a taxa de juros permitida de 6%. (*Exemplos:* Pacific Gas and Electric, San Diego Gas Consolidated Gas and Electric.) Mesmo nesses casos, as empresas adotam a base linear em suas declarações de impostos.

3. *O método geral.* Este método aplica uma única porcentagem anual à conta total de propriedade depreciável, em vez de taxas variáveis para

---

declarados de US$ 3,07 por ação nos doze meses findos em 30 de junho. Porém, uma provisão de depreciação de 11% do bruto teria reduzido os lucros para US$ 1,30 por ação.

diferentes classes de ativos. O objetivo, presumivelmente, deve ser chegar a uma aproximação simples da depreciação real.

Exemplo: A Commonwealth Edison deduz 3% do valor contábil médio da propriedade depreciável.

B. *Métodos de reserva de descarte.* A característica singular de uma reserva de descarte é que não procura medir a depreciação causada pelo desgaste nem pela obsolescência durante determinado período. Em vez disso, espera-se que forneça recursos que, na opinião dos gestores, serão adequados para compensar o descarte de propriedades quando e se ocorrerem. A longo prazo, provisões de depreciação adequadas e provisões de descarte adequadas devem totalizar o mesmo valor. Contudo, aparentemente, a política de reserva de descarte permite variações anuais arbitrárias para refletir lucros bons ou ruins ou as necessidades a curto prazo para descartes reais. Na realidade, como veremos, a maioria das políticas de reserva de descarte operou de maneira a simplesmente subestimar a perda atual de valor da propriedade e, portanto, a exagerar os lucros. As várias bases de cálculo das reservas de descarte estão a seguir.

4. *Porcentagem do bruto.* Este método tenderia a se aproximar de uma taxa de depreciação regular, se a percentagem adotada fosse adequada. Em geral, esse não é o caso.

Exemplo: A Duquesne Lighting Company deduz 8% do bruto. Por outro lado, sua dedução para efeitos de imposto de renda em 1932-1934 chegou a não menos que 30% do total.

5. *Taxa fixa por unidade de produto.* Este método se assemelha claramente ao anterior e está sujeito às mesmas críticas.

Exemplos: Em 1932, a Brooklyn Union Gas Company declarou que estava reservando US$ 0,03 por mil pés cúbicos para descartes. (Essa política foi, mais tarde, alterada.) A Cincinnati Gas and Electric Company afirmou, em 1937, que estava fazendo provisão para reserva de descarte a uma taxa de US$ 0,05 por mil pés cúbicos de gás vendidos e US$ 2,70 por mil quilowatts-hora de eletricidade vendidos.

6. *Porcentagem total do bruto para manutenção e depreciação combinadas.* De acordo com este método, quanto maior o valor gasto para manutenção, menos é reservado para depreciação.[8]

---

[8]. Embora essa política não seja, em geral, seguida pelas empresas quando fazem a própria contabilidade, é, com frequência, utilizada nos requisitos mínimos impostos por contratos de obrigações e também naqueles determinados pela Securities and Exchange Commission como condição para aprovação de novas emissões de obrigações, de acordo com a Lei de Empresas Controladoras de Prestadoras de Serviços Públicos de 1935.

Exemplos: A Third Avenue Railway utilizou uma dedução de 20% para manutenção e depreciação combinadas para os anos de 1912-1918. A Tidewater Power Company usa taxas totais variáveis para serviços diferentes, por exemplo, em 1936: gás e eletricidade, 15%; água, 12%; ferrovia, 30%.

7. *Deduções discricionárias.* A maioria das empresas que segue o método de reserva de descarte não tem compromisso com nenhuma fórmula matemática, mas baseia a dedução anual, em grande parte, na avaliação dos gestores.

Exemplos:

a. Montantes que variam ano após ano: Detroit Edison, Philadelphia Electric, American Water Works and Electric, American Power and Light.
b. Valor total anual inalterado: a Tampa Electric cobrou 430 mil dólares ao ano de 1933 a 1939.
c. Provisão igual aos descartes reais durante o ano: Western Union Telegraph Company em 1932-1936. O encargo de depreciação de 5,631 milhões de dólares em sua conta de receita de 1936, comparado com uma provisão de 11,19 milhões na declaração de imposto de renda. A diferença equivaleria à maior parte dos 7,199 milhões declarados como lucros para as ações ordinárias naquele ano. A inadequação das provisões de depreciação no passado foi mostrada pela transferência, em 1937, de 30 milhões de dólares do excedente para a reserva de depreciação.

Políticas duplas de contabilidade de depreciação. Já dissemos que, independentemente de qual método é seguido nos relatórios anuais, praticamente todas as empresas seguem o método linear de depreciação ao computar sua declaração de imposto de renda.[9] O investidor é assim confrontado com uma situação dupla e um problema premente. Em muitos casos, é de vital importância saber qual base de depreciação é a correta, uma vez que a cobertura de juros das obrigações e os lucros das ações ordinárias que podem parecer adequados, conforme informados nas declarações anuais da empresa, acabariam sendo totalmente insuficientes, se os números do imposto de renda fossem aceitos.

Exemplo: A existência dessa disparidade era desconhecida pelos investidores, em geral, até ser revelada em um dos primeiros prospectos publicados segundo os termos da lei de 1933, a saber, aquele que descrevia as American

---

9. Antes de 1934, a Consolidated Edison parecia usar a mesma provisão de descarte nas declarações de impostos e nos relatórios anuais, mas, desde então, tirou proveito de taxas de depreciação mais altas para calcular seus impostos. Os relatórios provisórios de 1939 sugerem um retorno à prática antiga.

Water Works and Electric Company Convertibles de 5%, com vencimento em 1944. Esse documento revelou que, em 1932, a "amortização do imposto de renda" tinha sido de 7,023 milhões, em comparação com a "amortização da conta de receita" de apenas 2,747 milhões de dólares. Naquela época, havia uma tendência, em Wall Street, de minimizar o significado dessas divergências, com base na ideia de que a depreciação era um assunto extremamente técnico e polêmico e que era igualmente justificável aceitar a base da conta de receitas ou a base da declaração de impostos.

Razões para aceitar, em geral, a base do imposto de renda. Sempre estivemos convencidos de que essa displicência era perigosamente incorreta. Desde 1934, os acontecimentos têm confirmado, com constância, nossa opinião, de modo que agora podemos apresentar não menos que cinco razões importantes para aceitar, em geral, os números do imposto de renda, em vez da base de depreciação usada na conta de receitas. São apresentadas a seguir.

1. O método linear segue uma teoria de contabilidade definitiva e lógica. Se resultasse em uma dedução excessiva, o Departamento do Tesouro não o aceitaria. As várias bases da reserva de descarte são inteiramente arbitrárias ou tecnicamente inadequadas.

2. A inadequação da ideia de "reserva de descarte" tem sido, em geral, demonstrada pela necessidade, em muitos casos, de fazer grandes transferências do excedente para fortalecer a conta de descarte. *Exemplo:* ver o histórico da Brooklyn Union Gas (p. 636).

3. Desde 1934, tem havido um aumento quase universal nas provisões de descarte, tanto em termos absolutos quanto percentuais. Isso pode ser considerado uma confissão virtual de inadequação no passado. O tamanho desses aumentos é indicado em nossa tabela das páginas 642-643, que apresenta informações sobre as provisões de depreciação ou descarte, bem como encargos de manutenção, abrangendo os anos de 1930 e 1938, de algumas empresas prestadoras de serviços públicos. Nota-se que, no primeiro ano, as empresas que utilizavam o método de descarte, em geral, cobravam menos que aquelas que utilizavam a base de depreciação. Deve-se observar também que algumas empresas que antes usavam o método de descarte, desde então, trocaram para uma base de depreciação. Além disso, um número considerável de empresas que utilizaram a base de descarte, em 1938, estava na iminência de uma transferência para a base de depreciação por causa dos requisitos da Comissão Federal de Energia e de várias comissões estaduais.

4. Várias comissões estaduais e a Comissão Federal de Energia ordenaram que as empresas, dentro de suas jurisdições, seguissem uma base de depreciação regular em todas as suas contas.

DEPRECIAÇÃO COMPARATIVA OU PROVISÕES DE DESCARTE DE PRESTADORAS DE SERVIÇOS PÚBLICOS, EM 1930 E 1938

Empresa	1930						1938					
	Bruto ("000" omitidos)	Depreciação D ou reserva de descarte R ("000" omitidos)	Proporção de D ou R para bruto (%)	Manutenção ("000" omitidos)	Proporção de manutenção para bruto (%)	Proporção da depreciação ou reserva de descarte do ano para a conta média de propriedade (%)	Bruto ("000" omitidos)	Depreciação D ou reserva de descarte R ("000" omitidos)	Proporção de D ou R para bruto (%)	Manutenção ("000" omitidos)	Proporção de manutenção para bruto (%)	Proporção da depreciação ou reserva de descarte do ano para a conta média de propriedade (%)
Kansas City Power & Light Co.	US$ 14.504	US$ 2.036 D	14	US$?		3,2	US$ 16.365	US$ 2.321 D	14,2	US$ 760	4,6	2,8
Pacific Lighting Corp.	48.838	6.784 D	13,9	?		3,1	45.501	5.755 D	12,6	1.569	3,4	3,2
Detroit Edison Co.	53.707	6.900 R	12,8	3.199	6	3,3	54.813	7.371 R	13,5	3.828	7	2,3
Southern California Edison Co.	41.129	5.014 D	12,2	1.180	2,9	1,5	42.997	6.235 D	14,5	1.841	4,3	1,8
Pacific Gas & Electric Co.	76.578	8.866 D	11,6	3.796	5	1,7	101.425	14.378 D	14,1	4.604	4,5	2
North American Co.	133.751	14.274 D	10,7	?		2	116.572	14.908 D	12,8	7.515	6,4	2,1
Engineers Public Service Co.	53.042	4.905 R	9,2	3.446	6,5	1,7	52.716	5.718 R	10,8	3.587	6,8	1,7
American Gas & Electric Co.	68.601	5.898 D	8,6	?		1,4	72.502	10.607 D	14,6	4.155	5,7	2,4
International Hydro-Electric System	46.414	3.970 R	8,6	3.321	7,2	1	61.217	5.525 P&D	9	3.979	6,5	1
Public Service Corp. of NJ	138.162	11.904 D	8,6	12.881	9,3	1,9	126.821	10.284 D	8,1	10.095	8,4	1,6
Columbia Gas & Electric Corp.	96.130	8.138 R†	8,5	?		1,4	92.968	10.059 R†	10,8	6.005	6,5	1,6
Commonwealth Edison Co.	84.004	7.109 R	8,5	?		2,4	139.545	16.868 D	12,1	7.915	5,7	2,6
Electric Power & Light Corp.	75.048	6.165 R†	8,2	?		0,8	104.233	16.016 R†	15,3	?		2,4
Duquesne Light Co.	28.676	2.294 R	8	1.410	4,9	1,4	30.072	2.948 R	9,8	2.314	7,9	1,5
Northern States Power Co. (Del.)	33.272	2.560 R	7,7	1.778	5,3	1,1	35.616	3.093 P&D	8,7	1.771	5	1,4

American Water Works & Electric Co.	54.067	4.105 R	7,6	4.252	7,9	1,1	50.004	4.759 R†	9,5	3.759	7,5	1,3
United Gas Improvement Co.	108.374	8.040 R	7,4	5.586	5,2	1,4	107.249	9.214 P&D	8,6	5.930	5,5	1,5
Consolidated Gas, etc., of Baltimore	28.582	2.075 R	7,3	1.389	4,9	1,7	34.557	3.345 R	9,7	1.767	5,1	2,4
National Power & Light Co.	80.376	5.901 R	7,3	?		1,2	84.686	7.403 R	8,8	6.006	7,1	1,6
Commonwealth & Southern Corp.	137.752	9.548 R	6,9	?		0,9	145.915	16.266 R	10,9	9.562	6,4	1,5
Detroit City Gas Co.‡	18.446	1.271 D	6,8	1.199	6,5	2	20.038	929 P&D	4,6	1.218	6,1	1,2
Public Service Co. of Northern Ill.	35.405	2.400 R	6,8	2.013	5,7	1,8	39.648	4.240 D	10,8	2.247	5,7	2,6
Peoples Gas Light & Coke Co.	39.881	2.584 R	6,5	?		1,6	41.390	3.093 D	7,5	1.653	4	2
American Power & Light Co.	87.088	5.556 R	6,4	?		0,9	96.884	9.633 R†	10	4.738	4,9	1,3
Consolidated Edison Co. (Nova York)	238.758	15.033 R	6,3	17.047	7,1	1,3	240.896	18.829 R	7,8	16.328	6,8	1,5
Illinois Power & Light Corp.§	37.123	2.239 R	6	3.628	9,7	1,1	24.938	2.815 R	11,3	1.514	6,1	2,2
Niagara Hudson Power Corp.	78.834	4.753 R	6	?		0,7	82.371	10.977 D	13,3	4.956	6	2
Associated Gas & Electric Co.	84.219	4.849 R	5,8	?		0,7	129.323	11.982 R	9,2	8.139	6,3	1,3
Penna Power & Light Co.	31.006	1.500 R	4,8	2.464	7,9	0,7	39.237	2.934 R	7,5	2.847	7,3	1,3
American & Foreign Power Co.	78.656	3.437 R	4,4	?		0,5	59.809	5.370 R	9	?		0,5
Brooklyn Union Gas Co.	25.698	669 R	2,6	2.034	7,9	0,6	22.489	1.200 D	5,3	1.656	7,3	1,1

* Ver os números de 1939 na página 641.
† Esse número inclui esgotamento.
‡ Agora, Michigan Consolidated Gas Company.
§ Agora, Illinois Iowa Power Company.

Exemplos: Pensilvânia, Michigan e Nova York.[10] Algumas empresas importantes são forçadas a mudar para a base de imposto de renda em suas declarações anuais. Por exemplo, para o ano civil de 1938, a Consolidated Edison Company of New York fez uma provisão de 18,829 milhões de dólares para a reserva de descarte em seu relatório aos acionistas e uma provisão de cerca de 26,8 milhões por depreciação em uma base linear em sua declaração de imposto de renda. Para os doze meses encerrados em 30 de setembro de 1939, a empresa contabilizou 24,217 milhões de depreciação em seu relatório interino aos acionistas, como contrapartida de um encargo de apenas 17,737 milhões de dólares em seu relatório do período correspondente, findo em 30 de setembro de 1938. As receitas brutas operacionais para os dois últimos períodos foram de 248,666 milhões e de 239,413 milhões, respectivamente.

5. Onde existe qualquer alternativa verdadeira, o investidor em títulos de valor fixo deve sempre aplicar o teste de solidez mais rigoroso.

Exemplos: O significado prático de nosso quinto motivo é demonstrado por dois exemplos: um atual, ocorrido enquanto este livro era escrito, e o outro retirado do mercado financeiro de 1930.

É difícil entender, pelos números apresentados antes, como o investidor poderia justificar para si mesmo a compra das Pennsylvania Power and Light Preferred de 5% a um preço que rendia apenas 5,26%. Com base no próprio relatório da empresa, a margem acima dos encargos fixos e dos dividendos preferenciais era totalmente inadequada; na base do imposto de renda para depreciação, é reduzida em mais da metade; sobre a base do percentual do lucro bruto aplicado pela Southern California Edison, a margem praticamente desaparece.

Se examinamos a situação muito semelhante ocorrida em 1930, conforme mostrado na tabela da página 642, vemos como foi importante para o investidor reconhecer a implicação desses números.

---

10. Em 1934, depois de se esforçar para impor uma política rígida de depreciação linear sobre as concessionárias de serviços públicos de Nova York e de ter encontrado resistência nos tribunais, a Comissão de Serviços Públicos de Nova York promulgou uma nova regra que exige que cada concessionária registre o valor estimado de depreciação acumulado a cada mês. A depreciação é definida como "perda líquida no valor do serviço não restaurada pela manutenção atual, incorrida em conexão com o consumo ou possível descarte de instalações fabris no curso do serviço por causas conhecidas que ocorrem na operação atual e contra as quais a concessionária não é protegida por seguro". Sem dúvida, trata-se de um passo em direção à contabilidade de depreciação linear.

Nesse caso, tínhamos três fatores que militavam contra o mérito do investimento das American Power and Light Preferred Stock: (1) a cobertura declarada era completamente insuficiente para obter uma segurança verdadeira; (2) a taxa de depreciação usada era muito baixa. Um ajuste para a base, usada pela Pacific Lighting, reduziria drasticamente a margem acima dos requisitos das preferenciais; (3) esses requisitos foram temporariamente subavaliados em cerca de 2 milhões de dólares, uma vez que uma emissão preferencial grande tinha direito a apenas US$ 3 em dividendos, taxa que aumentaria gradualmente até chegar a US$ 5 em 1933.

A queda no preço de mercado das preferenciais de 6% em 1938 foi devida a reduções nos dividendos, iniciadas em 1933, causadas, por sua vez, por lucros líquidos mais baixos, os quais absorveram a pequena margem, acima dos encargos das preferenciais, existente em 1929. A recuperação nos lucros relatados após 1933 foi abrandada, em parte, pela necessidade de aumentar gradualmente a provisão de depreciação para alinhá-la com a realidade.

Item	Pennsylvania Power & Light	Southern California Edison Co. (adicionada para comparação)
	Resultados do ano encerrado em 30 de junho de 1939	
Bruto	US$ 39.232.000	US$ 44.421.000
Depreciação	2.815.000	6.872.000
Porcentagem do bruto	7,2%	15,5%
Saldo para encargos	13.985.000	19.349.000
Encargos e dividendos das preferenciais	10.171.000	11.891.000
Ganhos	1,38 vez	1,63 vez
Saldo para ordinárias	3.814.000	7.458.000
Preço da ação preferencial, jul. 1939	95 para emissão de US$ 5 div.	29 para emissão de US$ 1,50 div.
Rendimento das preferenciais	5,26%	5,17%
Depreciação na base do imposto de renda (1938)	4.947.000	
Porcentagem do bruto	12,6%	
Encargos e dividendos preferenciais ganhos, base de imposto de renda	1,17 vez	

Item	American Power & Light	Pacific Lighting (adicionada para comparação)
	Resultados para o ano civil de 1929	
Bruto	US$ 88.222.000	US$ 43.275.000
Depreciação	5.317.000	5.525.000
Porcentagem do bruto	6%	12,9%
Saldo para despesas	44.349.000	14.257.000
Encargos fixos e dividendos preferenciais	32.762.000	7.623.000
Ganhos	1,36 vez	1,87 vez
Saldo para ordinárias	11.587.000	6.634.000
Preço máximo das preferenciais de US$ 6 em 1930	107	106
Preço mínimo em 1938	19	99

Casos em que a base do imposto de renda deve ser rejeitada ou questionada. O leitor pode notar que aconselhamos a aceitação da base do imposto de renda "em geral". A sugestão deve ser vista com cautela porque pode, às vezes, haver razões para aceitar os números dos relatórios anuais e até mesmo para buscar uma terceira base de amortização.

O caso da Pacific Lighting, usado para comparação no último exemplo, ilustra nossa primeira exceção. Os dados de 1929 foram retirados do relatório anual e são baseados no método de depreciação do "fundo de amortização", geralmente seguido como resultado de um acordo entre a comissão da Califórnia e as empresas prestadoras de serviços públicos da Califórnia. Parece que as deduções para depreciação adotadas pela empresa somam menos que a dedução linear adotada nas declarações de impostos. No entanto, no presente caso, os números declarados pela empresa podem bem ser aceitos, em primeiro lugar, porque resultam da aplicação de um método de contabilidade admissível e, segundo, porque os valores parecem ser liberais em relação à conta de propriedade e aos lucros brutos. O mesmo raciocínio se aplica a todas as concessionárias da Califórnia.

Existe outro grande grupo de empresas que tiveram provisões de depreciação que pareciam liberais em si mesmas, mas eram substancialmente inferiores às deduções do imposto de renda.

Exemplos: Em 1938, a Detroit Edison cobrou 13,5% do bruto em seu relatório para os acionistas, contra 18,2% do bruto em sua declaração de impostos para o mesmo ano. Os números correspondentes para a North American Company, em 1937, foram de 12,8% e 14,8%, respectivamente.

Nesses casos, o investidor — e, sobretudo, o comprador de ações ordinárias — pode argumentar que a base do imposto de renda é indevidamente severa. É difícil chegar a uma conclusão definitiva sobre esse fato sem os conhecimentos detalhados sobre as propriedades em questão nem uma melhor familiaridade com os detalhes da engenharia dos serviços públicos que possuímos. Estamos inclinados a sugerir um meio-termo, ou seja, que, quando os dados usados para fins de impostos excedem, digamos, 12,5% do lucro bruto, essa taxa seja usada provisoriamente para fins de análise.[11] Pode-se notar que, há alguns anos, parecia que de 10% a 12% do lucro bruto constituía uma dedução comparativamente liberal.

Efeito prático das políticas de depreciação variáveis. O leitor talvez considere esta discussão das políticas de depreciação das prestadoras de serviços públicos excessivamente técnica e desinteressante, mas a verdade é que tem uma grande importância prática sobre a seleção de ações de concessionárias públicas e sobre seu comportamento no mercado. As empresas que cobraram depreciação inadequada antes de 1934 foram, em geral, supervalorizadas pelo mercado acionário, uma vez que os investidores deram uma atenção igualmente inadequada a essa questão. Um analista cuidadoso teria encontrado muitas ocasiões para sugerir a troca de empresas menos conservadoras por empresas mais conservadoras. Uma vez que, nos anos seguintes, houve uma tendência de aumento substancial dos encargos do primeiro grupo, seus lucros declarados têm sido, portanto, baixos e seus preços de mercado também. O exemplo a seguir ilustra essa evolução.

---

11. A taxa de 12,5% é um meio caminho entre o valor médio usado pelas empresas em suas declarações de imposto e o usado em seus relatórios aos acionistas; também é bastante próximo à taxa média de depreciação em base de fundo de amortização atualmente informada. Um estudo publicado em maio de 1938 pela Goodbody and Company, uma empresa membro da Bolsa de Valores de Nova York, que englobava cerca de dois terços da indústria de luz e energia, indicava que a indústria como um todo tinha deduzido 10,46% do bruto para depreciação ou descarte em seus relatórios aos acionistas em 1937 e tinha utilizado 14,78% do bruto para depreciação em suas declarações fiscais. Um cálculo detalhado publicado pela Securities and Exchange Commission em julho de 1939, abrangendo 177 concessionárias de gás e eletricidade em funcionamento em sistemas de *holding*, mostrou que, em 1938, a depreciação ou o descarte assumido em suas *contas de receita* foi, em média, de 10,30% do faturamento operacional bruto. Um estudo feito pela Comissão Federal de Energia sobre os resultados de 1937 para 385 prestadoras de serviços públicos, que representam 90% da indústria de energia elétrica, conforme medida pelos ativos, mostrou um encargo de depreciação médio de 10% do faturamento operacional com serviços de eletricidade e de 9,2% do faturamento total das receitas operacionais das prestadoras de serviços públicos. Ver *Statistics of electric utilities for the year ended December 31, 1937*, v. I e II, 1939.

Exemplo:

AMERICAN WATER WORKS AND ELECTRIC *VERSUS* PACIFIC GAS AND ELECTRIC[1]

Item	Média de cinco anos, 1927-1932		Ano encerrado em 30 jun. 1939	
	American Water Works & Electric	Pacific Gas & Electric	American Water Works & Electric	Pacific Gas & Electric
Lucros brutos	US$ 50,26	US$ 72,175	US$ 51,791	US$ 104,529
Depreciação	3,665	8,330	5,278	14,679
Porcentagem do bruto	7,3%	11,6%	10,2%	14%
Disponível para encargos fixos	20,998	30,717	17,898	37,416
Juros e dividendos preferenciais	16,290	18,785	16,768	20,198
Saldo para ordinárias	4,708	11,932	1,130	17,218
Lucro por ação	2,69	2,67	0,48	2,75
Lucro por ação ajustado[2]	1,47	2,67	def.	2,75
	Ano de 1933		Jul. 1939	
Preço médio	27	23,50	10,25	31,75

1. Os números em dólar estão em milhões, exceto aqueles por ação.
2. Levando-se em consideração a depreciação de uma porcentagem do valor bruto usada pela Pacific Gas and Electric.

O preço da ação ordinária da American Water Works em 1933 foi, aparentemente, baseado nos lucros declarados em anos anteriores, sem levar em consideração o fato de que a provisão de descarte foi definitivamente inadequada. Sete anos mais tarde, uma boa parte da queda no montante disponível para as ordinárias se deu em razão da necessidade de aumentar a provisão de descarte de acordo com a tendência geral.

O demonstrativo da Pacific Gas and Electric é apresentado aqui para mostrar que o comprador de ações de prestadoras de serviços públicos poderia ter obtido um rendimento muito mais alto com seu dinheiro, em 1933, se estivesse disposto a examinar com cuidado as políticas de depreciação.

CAPÍTULO 36
ENCARGOS DE AMORTIZAÇÃO DO PONTO DE VISTA DO INVESTIDOR

Já dissemos diversas vezes que um encargo de depreciação ou de esgotamento, que é tecnicamente adequado, do ponto de vista contábil, pode não refletir a situação corretamente no que se refere ao comprador das ações da empresa a determinado preço.

Problema mostrado por um exemplo hipotético. O ponto em questão pode ser mais facilmente compreendido pelo uso, para começo de conversa, de um exemplo simples e, portanto, hipotético.

Suponhamos que as empresas A, B e C estão envolvidas com o negócio de frete rodoviário. Cada uma tem apenas um caminhão; cada uma é capitalizada com cem ações, sem valor nominal, e cada uma tem um lucro de 2 mil dólares por ano antes da depreciação.

A Empresa A pagou US$ 10 mil por seu caminhão.
A Empresa B pagou US$ 5 mil por seu caminhão.
A Empresa C pagou US$ 5 mil por seu caminhão, mas seguiu "uma política ultraconservadora" e rebaixou seu valor para US$ 1.

Suponha que a compra de um caminhão mais caro por A foi um acidente e que, na verdade, as administrações das três empresas são igualmente capazes e sua situação geral é idêntica.

Os contadores deram a esses caminhões uma vida depreciável de quatro anos. Nessa base, as contas de receita das três empresas são as seguintes:

Item	Empresa A	Empresa B	Empresa C
Líquido antes da depreciação	US$ 2.000	US$ 2.000	US$ 2.000
Depreciação (a 25%)	2.500	1.250	0
Saldo para ações ordinárias	500 (d)	750	2.000
Lucro por ação	0	US$ 7,50	US$ 20

Avaliações de mercado típicas. De acordo com essas declarações auditadas, A está perdendo dinheiro, B tem um rendimento de 15% sobre seu capital e *C* está indo muito bem. Um "investidor", sabedor das avaliações recentes, feitas pelas bolsa de valores, consideraria as ações da empresa *A* praticamente desprovidas de valor — US$ 5 por ação, talvez, o que seria uma avaliação generosa. Por outro lado, poderia valorizar as ações de *B* e *C* em cerca de dez vezes os lucros, o que significaria US$ 75 por ação para as ações de *B* e não menos que US$ 200 por ação para as ações de *C*. Tal procedimento resultaria nas seguintes avaliações totais para as três empresas:

Empresa *A* .... US$ 500

Empresa *B* .... US$ 7.500

Empresa *C* .... US$ 20.000

O absurdo dessas avaliações deve ser óbvio a ponto de dispensar qualquer questionamento. No entanto, representam apenas uma aplicação fiel dos métodos contábeis atuais e do raciocínio estabelecido por Wall Street. O resultado é, em primeiro lugar, que uma empresa com um ativo menos valioso é declarada, *por esse mesmo motivo*, menos valiosa que uma empresa com um ativo mais valioso e, em segundo lugar, que, pelo simples gesto de reduzir seus ativos a zero, uma empresa é capaz de aumentar enormemente o preço de mercado de suas ações.

Irracionalidade dessas valorizações divulgadas nos balanços. A irracionalidade dessas conclusões seria ainda mais evidente se os balanços fossem examinados. Suponha que as empresas estejam no mercado há três anos e (para simplificar) que começaram sem nenhum capital de giro. A empresa *A*, tendo perdido dinheiro de forma constante, claro, não pagou dividendos; a empresa *B* tem pagado dois terços de seus lucros, ou seja, US$ 5 por ação anualmente, e a empresa *C* pagou três quartos dos seus lucros, ou US$ 15 por ação. Os balanços seriam apresentados na forma mostrada na próxima tabela.

Embora a empresa *A* tenha um déficit na conta de lucros e prejuízos, acumulou a maior quantidade de dinheiro, presumivelmente, destinada a um fundo de depreciação. A empresa *C*, que apresentou os maiores lucros, tem, de longe, a menor quantidade em caixa. O valor de mercado sugerido, de US$ 5 por ação, para empresa *A* equivaleria a apenas *um duodécimo* de seu caixa, enquanto o preço de US$ 200 para as ações da empresa *C* seria mais que *doze vezes* o dinheiro por trás delas.

Uma abordagem mais racional. Esses resultados típicos de *Alice no País das Maravilhas* são obtidos pela lógica aceita pelo mercado acionário. Deixe-nos agora fazer uma pergunta mais sensata: "Como um *homem de negócios* determinaria o *valor razoável* dessas três empresas?". O senso comum seria dizer imediatamente que todas as três empresas, como tal, independentemente de seus ativos, possuem um valor idêntico. Como uma questão prática de negócios, estaria inclinado a atribuir um valor um pouco maior ao veículo mais caro, de propriedade da empresa *A*, que ao caminhão mais barato das empresas *B* e *C*. Não há também a menor dúvida de que esse homem de negócios vai atribuir um peso importante às posições relativas de caixa de cada empresa.

Item	Empresa *A*	Empresa *B*	Empresa *C*
Ativos:			
Caminhão	US$ 10.000	US$ 5.000	US$ 1
Dinheiro	6.000	4.500	1.500
Total	US$ 16.000	US$ 9.500	US$ 1.501
Passivos:			
Capital social	US$ 10.000	US$ 5.000	US$ 1
Reserva de depreciação	7.500	3.750	
Lucros e prejuízos	*1.500 (d)*	750	1.500
Total	US$ 16.000	US$ 9.500	US$ 1.501

Seu raciocínio, portanto, seria mais ou menos o seguinte: cada negócio vale, em primeira instância, o valor de seu dinheiro em caixa mais o valor de mercado justo de seu caminhão. Algo pode, adequadamente, ser pago também pelo patrimônio de marca (*goodwill*), uma vez que os lucros sobre o capital médio compatível com o negócio, após fazer provisão para a *depreciação necessária*, seriam bastante substanciais. Esse valor de patrimônio de marca seria igual para todas as três empresas.

Item	Empresa *A*	Empresa *B*	Empresa *C*
Dinheiro	US$ 6.000	US$ 4.500	US$ 1.500
Caminhão (estimado)	1.500	1.000	1.000
Patrimônio de marca (estimado)	2.000	2.000	2.000
Valor total	US$ 9.500	US$ 7.500	US$ 4.500

Qual é a relação entre os *encargos de depreciação das empresas* e essas avaliações? A resposta é que o encargo provisionado pela empresa B poderia muito bem ser aceito como relevante porque *corresponde razoavelmente bem às condições do negócio*. Em parte por coincidência, esse fato resulta em tornar a avaliação da empresa B, pelo homem de negócios, idêntica àquela alcançada pelo método de Wall Street. Entretanto, no caso da empresa A e da empresa C, os encargos de depreciação feitos pelos gestores estão totalmente fora de sintonia com a realidade do negócio. Em um caso, foram excessivamente contabilizados por causa do custo demasiado de seus ativos fixos. Tal erro deve ser corrigido por meio de uma redução da conta de propriedade (e da conta de capital) para chegar a um valor justo, contra o qual vai ser acumulado um encargo de depreciação comercialmente realista. No caso da empresa C, os ativos foram deliberadamente desvalorizados com a finalidade de suprimir um encargo de depreciação que *precisa* ser provisionado dos lucros, uma vez que o investimento do proprietário está, na verdade, depreciando. Se o homem de negócios ou o investidor *estiver disposto a pagar alguma coisa* pelo caminhão (ou pelo negócio em si, que requer um caminhão), não pode deixar de fazer um ajuste para considerar a depreciação sobre o montante a ser pago e simplesmente *fingir* que tal investimento não existe.

Aplicação prática do raciocínio precedente. Vamos considerar agora como o raciocínio anterior pode ser aplicado a situações reais enfrentadas pelo comprador de títulos.

Exemplos: Como exemplo inicial, apresentaremos o demonstrativo da Eureka Pipe Line Company para os três anos de 1924-1926.

Ano	Receita bruta	Líquido antes da depreciação	Depreciação	Saldo para as ações
1924	US$ 1.999.000	US$ 300.000	US$ 314.000	US$ *14.000 (d)*
1925	2.102.000	541.000	498.000	43.000
1926	1.982.000	486.000	500.000	*14.000 (d)*
Média de três anos	2.028.000	442.000	437.000	5.000
Por ação ordinária (em 50 mil ações)		US$ 8,84	US$ 8,74	US$ 0,10

A última coluna implicaria que, durante os três anos de análise, quase não houve lucro algum para as ações, de modo que é possível que a ação não teria nenhum valor em uma base de continuidade operacional. Mas tal conclusão seria justificada do ponto de vista comercial? A questão dependerá, como em nossos exemplos hipotéticos, da correção dos encargos de custos de depreciação. Os seguintes dados lançarão luz adicional sobre esse aspecto do histórico da Eureka Pipe Line (dados em milhares):

Ano	Depreciação cobrada por ano	Gastos reais em substituições de planta, etc.	Taxa de depreciação não gasta	Lucro após depreciação	Ajustes do excedente	Dinheiro total disponível das operações do ano	Dividendos pagos	Adicionado aos ativos circulantes líquidos
1924	US$ 314	US$ 75	US$ 239	US$ 14 (d)	cr. US$ 38	US$ 263	US$ 350	US$ 87 (d)
1925	498	cr. 51	549	43	dr. 43	549	200	349
1926	500	194	306	14 (d)		292	200	92
Média de três anos	407	73	365	5	dr. 2	368	250	118

Vemos que os gastos na conta de propriedade foram, em média, apenas 73 mil dólares ao ano, de modo que a soma de 368 mil ao ano estava disponível *em dinheiro* para ser adicionada ao capital de giro ou para ser usada para pagamento de dividendos (que, anteriormente, vinham sendo debitados do superávit acumulado). Está claro que esse negócio tinha sido um gerador de renda, em dinheiro, para os proprietários e, por isso, tinha um valor substancial no que se refere à continuidade operacional, embora os encargos de depreciação elevados tenham feito parecer que não havia nenhum.

Como determinar o encargo de depreciação apropriado. No presente caso, portanto, como em nosso exemplo hipotético, o investidor ou o analista deve rejeitar a base para depreciação da empresa e procurar estabelecer alguma outra base mais consonante com as condições reais do negócio. Como o encargo adequado pode ser determinado? A resposta foi dada sem dificuldade para as empresas de camionagem, porque sabíamos, com precisão, o nível de depreciação que teria de ser permitido para manter aqueles empreendimentos em operação. Porém, na prática, esse conhecimento exato dificilmente está disponível. Não sabemos quanto tempo os ativos fixos da Eureka Pipe Line vão durar ou quanto vai custar para substituí-los. O melhor que se pode fazer é formular algumas estimativas grosseiras com base nos fatos disponíveis. A única virtude dessas estimativas pode ser que, provavelmente, estão mais perto do alvo que os números da empresa, que, como percebemos, são insustentáveis.

Conceito de "depreciação despendida". Assumindo uma atitude comercial com relação ao demonstrativo da Eureka Pipe Line, é evidente, de início, que a provisão para depreciação não *deve ser inferior* aos gastos médios feitos na propriedade. A principal razão para reduzir o custo dos encargos de depreciação da empresa é que não refletem adequadamente o caixa disponível gerado pelas operações. Os gastos com a conta de propriedade, incluindo ativos fixos novos, representam, de fato, a parte da reserva de depreciação que não está disponível em caixa e que deve, portanto, ser considerada como a quantidade de depreciação mínima que precisa ser provisionada para a condução do negócio. Podemos chamar esse item de *encargo de depreciação despendida*. (Se o aumento na conta da propriedade exceder a depreciação no ano, esta última deve ser considerada como inteiramente "gasta".) No caso da Eureka Pipe Line, tais despesas foram, em média, 73 mil dólares para os três anos de 1924 a 1926. Esse período é curto demais para basearmos nossas conclusões nele. Contudo, resultados similares foram apresentados pela Eureka ao longo de um tempo maior, de modo que os dados de 1924-1926 podem ser usados como uma base de cálculo nesse caso.[1] Devemos alertar o estudante para não tirar qualquer conclusão quanto aos gastos normais com depreciação com base no exame de um período curto, por exemplo, inferior a dez anos, a menos que saiba que a *natureza do negócio* é tal que justifica a conclusão com base nesses gastos.

Depreciação a longo prazo, uma forma de obsolescência. A segunda questão é saber que quantidade deve ser provisionada como uma reserva para cobrir o desgaste esperado da propriedade como um todo, ou seja, para as principais substituições que podem vir a ser feitas em alguma data distante. Essa é a função principal do encargo de depreciação na maioria das discussões teóricas sobre o assunto, e nossos exemplos das empresas de caminhões foram baseados em uma aplicação simples dessa ideia (a conta total de ativos fixos precisa ser renovada no final de quatro anos). Porém, devemos reconhecer que, na prática, tal desgaste e renovação completos raramente acontecem. A empresa típica não acumula um grande fundo de caixa ao longo de um período de anos, que acaba sendo empregado para substituir a fábrica como um todo ao final de sua vida útil. No mundo real, as fábricas não se desgastam, tornam-se obsoletas. Em nove de cada dez casos, as fábricas são fechadas por causa de mudanças no ramo da indústria, na situação da empresa ou na localidade onde a fábrica está situada, bem como por outras razões não relacionadas à depreciação real.

---

1. O "custo de depreciação" é calculado da seguinte forma: deduzir do encargo de depreciação do ano o *decréscimo* do ano na conta da planta *líquida* (planta menos depreciação no balanço). *Exemplo*: conta líquida da fábrica da Eureka Pipe Line, em 31 de dezembro:

1923	US$ 6.122.000
1924	5.883.000
(1) Redução líquida	US$ 239.000
(2) Taxa de depreciação, em 1924	US$ 314.000
Gasto com depreciação: (2) menos (1) = ...	US$ 75.000

Esses acontecimentos representam *riscos comerciais*, cuja mensuração não é suscetível a qualquer mensuração de engenharia ou contabilidade. Em outras palavras, a *longo prazo*, o fator de *depreciação a longo prazo* é, na realidade, ofuscado e absorvido pelo risco de *obsolescência*.[2] Esse risco é, essencialmente, um problema de investimento e não um problema de contabilidade. Não deveria reduzir os *lucros* (como faz o encargo de depreciação), mas, em vez disso, reduzir o *preço* a ser pago por uma lucratividade sujeita a tal risco comercial.

Aplicação do precedente na determinação do poder aquisitivo. Vamos tentar relacionar essas conclusões ao exemplo da Eureka Pipe Line. O encargo de depreciação despendida alcança, em média, cerca de 75 mil dólares ao ano. Não há indicações de que toda a fábrica precisará ser substituída em qualquer data previsível. Pelo contrário, a linha parece ter uma vida útil indefinida, devido a gastos constantes com manutenção, reparos e renovações. Com relação a isso, a empresa se assemelha a uma ferrovia muito mais que a uma empresa de transporte rodoviário. De acordo com nosso raciocínio, apenas o encargo de depreciação gasto deve ser deduzido dos lucros. O restante do fator de depreciação é, na verdade, o *risco de obsolescência*, o qual está relacionado com a possível exaustão dos campos de óleo tributários. Esse risco deve ser considerado *após* os lucros serem calculados, e não antes. Uma declaração adequada do caso seria a seguinte:

EUREKA PIPE LINE (BASE DE 1924 A 1926)

Item	Total	Por ação
Lucro antes da depreciação	US$ 442.000	US$ 8,84
Encargo de depreciação despendida (estimado)	75.000	1,50
Saldo: lucratividade sujeita a riscos comerciais, incluindo obsolescência	US$ 367.000	US$ 7,34

Problema de avaliar a lucratividade. Os números da empresa não mostraram qualquer lucratividade no período. Nossos números mostram uma lucratividade superior a US$ 7 por ação, o que claramente indica um valor

---

2. É raro as empresas fazerem provisões especiais em suas contas para obsolescência. A legislação do imposto de renda permite dedução por obsolescência somente após a ocorrência de uma perda de valor definitiva por essa razão e que seja verificável. Em alguns casos, a taxa de amortização é rotulada na conta de receita como "depreciação (esgotamento) e obsolescência". *Exemplo:* Allied Chemical and Dye Corporation. Para uma provisão especial por obsolescência, feita com base nos lucros por causa de um acontecimento específico, consultar os relatórios da Southern Pacific Golden Gate Ferries, Ltd., de 1934 a 1936. Esperava-se que a construção das pontes de San Francisco tornassem as barcas, em grande parte, obsoletas no final de 1936.

substancial para o empreendimento. O *preço* que pode, adequadamente, ser pago por essa lucratividade está sujeito a todas as considerações relevantes à compra de um negócio em continuidade operacional. Isso inclui, de um lado, as possibilidades de um lucro maior e, do outro lado, os numerosos riscos de prejuízo, sendo que a obsolescência dos ativos fixos é apenas um. Se, por exemplo, poderia parecer conservador exigir um lucro de 20% sobre o investimento para cobrir esses riscos de forma adequada, então o valor indicado da ação da Eureka Pipe Line com base nesse desempenho seria de cerca de US$ 35 por ação. Uma discussão detalhada desse ponto deve ser adiada, no entanto, até abordarmos o tema da *avaliação* das ações ordinárias. Para o propósito do presente capítulo, deveria ser suficiente apontar que, no caso real da Eureka Pipe Line, assim como no caso hipotético da empresa de caminhões *A*, era necessário e viável para o investidor estabelecer uma provisão de depreciação significativamente diferente daquela utilizada pela própria empresa.[3]

Depreciação de edifícios de apartamentos e escritórios. Na prática de investimento real, o raciocínio exposto encontra sua mais ampla aplicação no campo dos títulos financeiros. Qual é a verdadeira função do encargo de depreciação na análise das numerosas emissões de obrigações garantidas por um penhor sobre apartamentos ou edifícios de escritórios? Claramente, a dedução para depreciação é um cálculo contábil, em vez de um de investimento. É baseado no pressuposto de que o custo original está sendo absorvido pelo desgaste em parcelas iguais, ao longo, geralmente, de um período de cinquenta anos. Mas seria uma coincidência extremamente rara que essa aritmética correspondesse aos fatos de investimento. Os edifícios de aço e pedra não se desgastam em cinquenta anos. Eles tornam-se obsoletos e são demolidos, depois de uma vida cuja duração depende, não do desgaste, mas das condições do mercado imobiliário. Além do mais, no caso do grande número de títulos imobiliários que podem ser comprados com grandes descontos do valor nominal, o prejuízo assumido pelo investidor, tanto para a depreciação como para a obsolescência, seria baseado em um custo para ele muito inferior ao valor contábil, o qual está sujeito à depreciação convencional.

---

3. É evidente que, nesse caso, os encargos de depreciação oficiais poderiam sofrer revisão pelo fato de que a própria empresa fez várias mudanças bastante arbitrárias em seus métodos de cálculo de ano para ano. Em 1929, por exemplo, a provisão para depreciação foi repentinamente reduzida para 176 mil dólares. (Dados fornecidos em relatórios para a Interstate Commerce Commission.)

O conceito de "depreciação despendida" pode ser útil nesse campo, uma vez que os gastos médios com substituições devem ser considerados como equivalentes a uma despesa operacional de caixa. (Entre parênteses, pode-se apontar que esse é um fator importante na análise das *obrigações de hotéis*. No entanto, é ainda mais importante alertar o investidor de que as obrigações de hotéis devem ser vistas como obrigações de um tipo de empresa comercial especial e não como uma forma de título imobiliário.)

Exemplo: Uma análise breve das obrigações de primeira hipoteca da 1088 Park Avenue Corporation, proprietária de um grande prédio de apartamentos na cidade de Nova York, ilustrará os pontos que estamos discutindo.

Há 1,851 milhão de dólares dessa emissão em circulação, com juros fixos de 2,75% e juros contingentes, dependendo da quantidade de obrigações resgatadas, de até 2,25% adicionais. Todas as ações da empresa estão vinculadas à emissão de obrigações. Em 1939, o preço médio era de cerca de US$ 35. O valor de mercado total de todos os títulos era de 653 mil dólares.

CONTA DE RECEITA CONDENSADA PARA O ANO
ENCERRADO EM 28 DE FEVEREIRO DE 1939

Lucro bruto	US$ 251.900
Despesas operacionais	104.300
Impostos imobiliários (valor avaliado — US$ 2.150.000)	63.000
Depreciação (2% sobre US$ 2.566.000, valor contábil do edifício)	51.000
Saldo para juros	33.600
Lucros sobre obrigações antes da depreciação	4,57%
Lucros sobre obrigações após a depreciação	1,82

A provisão anual máxima permitida para despesas de capital é de 6% do valor bruto, ou cerca de 15 mil dólares.
A única provisão para tais despesas realmente feitas desde 1934 foi de 7 mil dólares, reservados em fevereiro de 1939.

Nossa análise sugere o seguinte:

1. Supondo que receitas e despesas de 1938 sejam representativas do futuro e que a reserva para despesas de capital, feita naquele ano, também seja representativa, haveria uma *receita em dinheiro* indicada para as obrigações de US$ 84.600 menos US$ 7.000, ou seja, US$ 77.600. Isso seria 4,3% do valor nominal e 11,9% ao preço de mercado.
2. Essa porcentagem deve ser considerada não apenas como aplicável a um retorno sobre o investimento como também como uma provisão para a obsolescência acumulada relativa ao edifício, que foi construído em 1925. No

entanto, essa obsolescência é regida não apenas pela idade como por mudanças nas características da vizinhança, estilos de construção, etc. — fatores que são quase indistinguíveis dos riscos gerais do negócio.

3. O investidor pode pressupor que, da renda ampla em dinheiro, receberá juros fixos de 2,75% do valor nominal, ou 7,86% do preço de mercado. O saldo, no valor de 4% do preço de mercado, será utilizado pela empresa, em parte, como um fundo de amortização para reduzir a emissão de obrigação e, em parte, para juros adicionais. O que isso realmente significa é que a perda de valor, por causa da obsolescência, será compensada por reduções da dívida. O investidor deve decidir se (a) o retorno dos juros é atraente em comparação com as chances de lucros líquidos maiores e menores e se (b) as operações de fundos de amortização cuidarão com folga da obsolescência. Se sua resposta é decididamente "sim", estará seguro quanto à ação como um investimento atraente, não apesar de seu preço baixo, mas *por causa* de seu preço baixo.[4]

4. Existe a possibilidade de que a obsolescência possa ser compensada por uma apreciação em razão do aumento no valor dos imóveis — cíclicos, seculares ou inflacionários. A confiança em tal apreciação, no passado, levou muitos investidores a ignorar a depreciação e a obsolescência em suas compras de imóveis. Sugerimos que essas possibilidades devem ser consideradas como especulativas, que não cancelam a obsolescência, mas apenas oferecem uma compensação atraente, e que um compromisso de *investimento* em obrigações precisa ser justificado sem incluir qualquer expectativa otimista.

Provisão inadequada para depreciação. Vamos agora considerar exemplos envolvendo o tipo oposto de situação, a saber, a utilização de métodos contábeis por empresas que fazem provisões inadequadas para amortização. Uma atenção especial deve ser dada ao hábito de fazer baixas drásticas nos ativos fixos para fins admitidos de *redução* dos encargos de depreciação e, assim, *aumento* dos lucros declarados. Essa prática teve seu início durante o *boom* de 1927-1929, mas seu desenvolvimento mais amplo ocorreu na depressão que se seguiu. Dois casos típicos são apresentados para discussão.

---

4. Um atalho para essa possível conclusão poderia ser tomado se o investidor pudesse se convencer de que um banco de poupança ou uma seguradora estaria disposto(a) a emprestar *mais* que o valor de mercado da emissão da obrigação na forma de declaração de "primeira hipoteca institucional" a uma taxa de juros baixa. Nesse caso, a presente emissão de obrigações, contendo as ações ordinárias anexadas e representando *toda a propriedade* do bem, deve necessariamente valer mais que um credor hipotecário astuto emprestaria com base nela. Mas essa conclusão rápida deve presumir que a instituição vai fazer uma concessão tão cuidadosa para a obsolescência e para outros fatores comerciais quanto o comprador dos títulos atuais com desconto.

EFEITO DE BAIXA NOS ATIVOS FIXOS (UNIDADE US$ 1 MIL)

Item	Safety Car Heating & Lighting Co.		United States Industrial Alcohol Co.	
	Antes da baixa	Após a baixa	Antes da baixa	Após a baixa
Conta da fábrica	US$ 9.578	US$ 9.578	US$ 29.116	US$ 29.116
Menos depreciação	6.862	9.577	9.815	29.115
Conta da planta (líquido)	US$ 2.716	US$ 1	US$ 19.301	US$ 1
Intangíveis e ativos diversos (líquidos)	5.016	167	1.185	1.185
Investimentos em afiliadas, etc.	2.330	2.330	1.416	1.416
Ativos circulantes líquidos	4.379	4.379	6.891	6.891
Total	US$ 14.441	US$ 6.877	US$ 28.793	US$ 9.493
Capital	US $9.862*	US$ 4.931†	US$ 22.585‡	US$ 3.739
Excedente	4.362	1.729	4.458	4.004
Reserva de contingência	217	217	1.750	1.750
Total	US$ 14.441	US$ 6.877	US$ 28.793	US$ 9.493

* 98.620 ações a US$ 100.
† 98.620 ações sem valor nominal.
‡ 373.846 ações sem valor nominal.

Exemplos: No início de 1933, a United States Industrial Alcohol Company e a Safety Car Heating and Lighting Company anunciaram planos de acordo com os quais foi dada baixa na conta de propriedade para o valor líquido de US$ 1, por meio de uma redução correspondente no capital declarado e no excedente. As operações podem ser resumidas nos balanços condensados mostrados na tabela anterior.

A revisão da United States Industrial Alcohol foi acompanhada por uma declaração indicando que, ao reduzir o valor contábil dos ativos fixos para US$ 1, a necessidade de encargos futuros de depreciação seria eliminada. Foi proposta, no entanto, a criação de uma conta de reserva para substituições para encargos contra os lucros de valores considerados suficientes para pagar a substituição de instalações produtivas. Acreditava-se que, em 1933, a quantidade adequada para tal encargo seria de 300 mil dólares, o que pode ser comparado com cerca de 900 mil de encargos para depreciação em 1932.

A declaração da Safety Car levou a ideia ainda mais longe. Nenhuma provisão para depreciação foi feita em 1932, de modo que um lucro líquido foi declarado naquele ano contra um prejuízo em 1931, muito embora o lucro, antes da depreciação, tenha sido menor em 1932. Foi declarado, no relatório anual da empresa, em 1932: "Pela eliminação da depreciação sobre ativos fixos a partir de 31 de dezembro de 1932, todos os lucros acima das despesas operacionais e da depreciação dos ativos de capital adquiridos posteriormente poderiam ser considerados por seus diretores para distribuição aos acionistas sem qualquer redução nos ativos circulantes da empresa".

Lucros fabricados a partir da conta de depreciação. O procedimento seguido pela Safety Car é idêntico ao de nossa fictícia empresa de caminhões C, que depreciou seu caminhão para US$ 1 e, assim, evitou o encargo de depreciação dos lucros. Já apontamos que, se a depreciação é verdadeiramente necessária, não pode ser eliminada por lançamentos contábeis. O acionista da Safety Car não lucra US$ 1 a mais com seu investimento por seus ativos fixos terem sido rebaixados a zero. Nem as despesas necessárias para manutenção ou substituição da fábrica podem ser reduzidas de forma alguma ao fingir que não existe mais nenhuma fábrica. Vamos examinar os demonstrativos da Safety Car Heating and Lighting de uma forma parecida com a que fizemos com os da Eureka Pipe Line. Em um período de dez anos, o encargo de depreciação despendido foi, em média, de cerca de 500 mil dólares por ano. O histórico de lucros durante a década é quase o que é mostrado na tabela abaixo.

Item	Média anual de 1922-1931	1931	1932
Lucro antes da depreciação	US$ 1.721.000	US$ 336.000	US$ 233.000
Depreciação cobrada	669.000	442.000	Nenhum
Lucros conforme declarados	1.052.000	*106.000 (d)*	233.000
"Depreciação despendida" (aproximado)	US$ 500.000	US$ 130.000	US$ 190.000
Lucros em dinheiro disponíveis para ações	1.221.000	206.000	43.000

Se essa empresa fosse analisada em meio às incertezas de 1933, seria impossível determinar se os números, ou os números a longo prazo, são um guia melhor para o futuro. Mas qualquer que seja a suposição feita sobre essa questão, é bastante claro que um encargo de depreciação deve ser considerado. Se não se pode esperar resultados superiores aos de 1932, então isso indica uma lucratividade pequena, na melhor das hipóteses, uma vez que as despesas reais com a planta fabril, sem dúvida, chegarão perto do "lucro" declarado de 233 mil dólares, ou o excederão. Se, por acaso, os lucros retornarem à sua média de dez anos, a eliminação completa do encargo de depreciação anterior resultará em um sério exagero da lucratividade verdadeira.

Sequência, 1933-1938. Durante esse período, a empresa declarou um lucro médio de 590 mil dólares, ou US$ 6 por ação, após cobrar uma depreciação média de apenas 18 mil. Se a base de 1922-1931 de depreciação tivesse sido mantida, não teria havido lucros por ação para o período de seis anos e haveria apenas um lucro substancial no ano de 1937. Naquele ano, os lucros, *conforme declarados*, alcançaram US$ 19,72 por ação, e o preço subiu para US$ 141, apenas para cair a um patamar tão baixo quanto US$ 48 em 1938. A subida, em 1937, pode ser atribuída a um duplo erro de cálculo do mercado por (1) considerar um grande volume de instalações de aparelhos de ar-condicionado ocorrido naquele ano como se fosse muito recorrente e (2) ignorar a necessidade de um encargo de depreciação substancialmente maior que o da empresa, se tal volume continuasse.

A baixa contábil feita pela United States Industrial Alcohol Company não resultou na eliminação completa dos encargos de depreciação contra lucros, mas, em vez disso, foi proposta a criação de uma "reserva de substituição", a ser determinada, arbitrariamente, pelos diretores. Para 1933, o montante foi fixado em 300 mil dólares. Um estudo sobre os valores aproximados para os cinco anos anteriores levantaria sérias dúvidas com relação à adequação de tal encargo para as substituições, em condições normais.

Item	Média de 1928-1932, conforme declarado*	Média 1928-1932, com base na reserva de substituição proposta em 1933
Líquido antes da depreciação	US$ 2.090.000	US$ 2.090.000
Depreciação cobrada	1.350.000	300.000
Saldo para ordinárias	740.000	1.790.000
Lucro por ação	US$ 2	US$ 5

* Após deduzir dos lucros certos itens debitados pela empresa ao excedente.

Nesse caso, a conta líquida da planta (planta bruta menos depreciação) *aumentou* em 500 mil dólares no período de cinco anos (ou seja, de 18,8 milhões no final de 1927 a 19,3 milhões no final de 1932). Em outras palavras, o dinheiro gasto com ampliações e reposições de propriedades excedeu bastante a provisão total para uma depreciação de 6,75 milhões de dólares. Esse fato é característico da maioria das grandes empresas americanas, que tendem a aumentar suas instalações à medida que os anos passam. Em todos esses casos, deve-se presumir que os encargos de depreciação com base nas regras de contabilidade aceitas são o mínimo necessário para refletir adequadamente as condições do negócio. Não podem ser reduzidos, seguramente, pela empresa, por meio de baixas contábeis arbitrárias, nem pelo investidor, em seus cálculos individuais. Assim, se a United States Industrial Alcohol Company conseguir recuperar sua lucratividade passada, uma redução drástica nas antigas reservas de depreciação resultaria, muito provavelmente, em uma declaração enganosa da verdadeira lucratividade.[5]

Outros exemplos de eliminação de ativos fixos: A Commercial Solvents Company rebaixou o valor contábil de sua conta de planta para US$ 1 em 1932. A May Department Stores e a Kaufmann Department Stores reduziram sua conta de móveis e acessórios para US$ 1 em 1933 e 1929, respectivamente. A Park and Tilford Company baixou sua conta de maquinário e acessórios para US$ 1 em 1927. Em todos esses casos, os encargos de depreciação subsequentes foram reduzidos para um valor inferior ao adequado.

Reversão de "diluição" de ações. A nova política de dar baixa nos ativos fixos tem uma relação interessante com as concepções recentes sobre o valor das ações. E é uma consequência direta por ignorar os valores de ativos e dar atenção indevida aos lucros por ação declarados. Uma geração atrás, quando os investidores consultavam os balanços para determinar o valor líquido por trás de suas ações, esse valor líquido era artificialmente inflado por um aumento do valor contábil dos ativos fixos muito acima de seu custo real. Isso, por sua vez, permitiu uma declaração exagerada da capitalização correspondente ao valor nominal. A "diluição de ações", como era chamada essa prática, constituiu, na época, um dos abusos mais severamente criticados por Wall Street.

É surpreendente verificar a mudança em nosso ponto de vista financeiro sobre o termo "diluição de ações", que praticamente desapareceu do vocabulário do investidor. Por um estranho paradoxo, os mesmos resultados enganosos que foram obtidos, antes de 1914, ao *exagerar* os valores das propriedades são agora buscados pelo estratagema oposto de *subestimar* esses ativos. Apague a conta da planta; assim, elimina a taxa de depreciação; aumenta os lucros declarados; e aumenta o valor da ação. A ideia de que tais truques de magia realmente podem aumentar o valor de um título é um absurdo. No entanto, Wall Street, solenemente, aceita esse raciocínio tortuoso, e as diretorias das

---

5. Para dados mais recentes sobre a United States Industrial Alcohol, consultar o material nas páginas 801-802.

empresas, naturalmente, estão inclinadas a melhorar seu desempenho com essa manobra tão simples.

Amortização de reservas de minério pelo comprador. A distinção entre provisão para amortização da empresa e do investidor fica mais evidente nos casos que envolvem o esgotamento das reservas de minério. Conforme indicado no capítulo 34, os valores cobrados, por esgotamento, por uma empresa de mineração, são baseados em certas considerações técnicas que, muito provavelmente, são bastante irrelevantes para a situação dos acionistas.

Exemplo: na tabela abaixo, um estudo do demonstrativo da Homestake Mining Company para o ano 1925 e, novamente, para 1938 ilustrará esse ponto.

HOMESTAKE MINING COMPANY

Item	1938 Quantia	1938 Por ação	1925 Quantia	1925 Por ação
Ganhos brutos	US$ 19.496.000	US$ 97	US$ 6.080.000	US$ 24,32
Lucro líquido antes da depreciação e do esgotamento	10.605.000	53	1.894.000	7,58
Depreciação e esgotamento	3.664.000	18,3	1.330.000	5,32
Saldo para dividendos	6.941.000	34,7	564.000	2,25
Preço de mercado (em março do ano seguinte)	63		50	
Valor de mercado da empresa*	US$ 126.000.000		US$ 12.500.000	
Valor de mercado ganho (%)	5,5%		4,5%	

* 250 mil ações em 1925; 2 milhões de ações em 1938.

Superficialmente, o preço de US$ 63, no início de 1939, pareceria ser um pouco mais bem justificado pelos lucros do ano passado que o preço de US$ 50 no início de 1926. Contudo, os lucros declarados foram baseados nos encargos da empresa para depreciação e esgotamento, os quais não têm nenhuma relação com o preço que o comprador das ações está efetivamente pagando pela mina. Será útil, novamente, rever a imagem do ponto de vista de um homem de negócios que considera a compra de toda a empresa com base nas avaliações indicadas por seu preço no mercado acionário.

Em 1926, a avaliação seria de 12,5 milhões de dólares. Por essa soma, o homem de negócios obteria cerca de 2,5 milhões em ativos circulantes (equivalentes a dinheiro), de modo que a mina e a fábrica custariam apenas 10 milhões de dólares. É esse investimento de capital que amortizaria, ou seja, recuperaria os lucros, junto com um lucro adequado antes de a mina ficar esgotada. Em 1926, as reservas de minério desenvolvidas indicavam um mínimo de vida de onze anos para a propriedade no ritmo de produção atual. Uma vez que as reservas novas de minério foram, continuamente, desenvolvidas em quantidades quase iguais às toneladas já exploradas, havia boa razão para esperar uma vida consideravelmente mais longa que o número mínimo indicava. Não seria conservador, no entanto, confiar em mais de vinte anos. Em um empreendimento de mineração desse tipo, a mesma taxa de amortização deve, ordinariamente, ser aplicada a máquinas e a outros equipamentos, bem como à própria mina, de acordo com a teoria de que a fábrica durará tanto quanto a mina e terá, em seguida, de ser desativada.

Cálculo da amortização do comprador. A taxa de amortização do comprador, portanto, teria de estar em algum lugar entre 5% e 9% anualmente, com base em seu preço de custo de 10 milhões de dólares para a mina. A tabela da página 665 mostra como isso funciona e inclui uma análise correspondente da situação em março de 1939. Os mesmos valores, máximo e mínimo, para vida esperada, são usados em ambos os casos porque as reservas de minério relatadas continuaram a mostrar uma vida de, pelo menos, onze anos.

Do ponto de vista comercial, o desempenho de 1925 (presumindo-se que pudesse continuar) indicaria um retorno satisfatório sobre o investimento de US$ 50 por ação. Isso não é, de forma alguma, verdadeiro, no que se refere aos fatos disponíveis, quando se lida com os lucros de 1938 e com o preço relacionado de cerca de US$ 63. Os encargos de amortização da *empresa* para 1925 foram bem mais elevados que aqueles exigidos pela compra das ações a US$ 50; mas, por outro lado, o comprador a US$ 63 não poderia ter certeza absoluta de que os encargos da empresa para 1938, muito embora aumentados durante 1925, seriam suficientes para amortizar seu investimento.[6]

No caso mais frequente em que o encargo de esgotamento da empresa mineradora não é apresentado em seu relatório, a mesma abordagem geral deve ser utilizada ao tentar fazer uma análise. Isso significa que, quando a vida de uma propriedade é limitada, o *encargo de depreciação* declarado também deve ser ignorado e a "amortização do investidor" deve ser cobrada contra os lucros antes da depreciação. Os três fatores a serem levados em consideração são: (1)

---

6 Na edição de 1934, usamos os lucros de 1933 da Homestake e seu preço de US$ 360 em março de 1934 (equivalente a US$ 45 após o desdobramento 8 por 1 em 1937). O aumento do preço da Homestake, entre 1934 e 1939, foi um pouco menor que o das indústrias em geral.

o preço pago pela propriedade mineradora (preço total menos os ativos em dinheiro); (2) o resultado antes da depreciação e do esgotamento; e (3) o tempo de vida *mínimo* da mina e, alternativamente, seu tempo de vida *provável*.

CÁLCULO DE AMORTIZAÇÃO DO COMPRADOR DA HOMESTAKE MINING COMPANY

Item	Base de lucros de 1925, preço US$ 50	Base de lucros de 1938, preço US$ 63
Pago por toda a empresa	US$ 12.500.000	US$ 126.000.000
Menos ativos de caixa líquidos incluídos	2.500.000	13.200.000
Pago pela propriedade de mineração	US$ 10.000.000	US$ 112.800.000
(Valor da propriedade de mineração no balanço)	(20.960.000)	(7.900.000)
Lucros antes da amortização	1.900.000	10.600.000
Lucros exigidos sobre ativos monetários	(5%) 125.000	(3%) 400.000
Saldo ganho com investimento em mineração	US$ 1.775.000	US$ 10.200.000
Ganho antes da amortização (%)	17,8%	9,0%
(Encargos de amortização da empresa)	(US$ 1.330.000)	(US$ 3.664.000)
Amortização do investidor:		
Máximo 9%	900.000	10.200.000
Mínimo 5%	500.000	5.670.000
Lucros sobre o investimento em mineração após a amortização:		
Lucros mínimos	875.000	Nenhum
Lucros máximos	1.275.000	4.530.000
Ganho com investimento em mineração (%)		
Mínimo	8,8%	Nenhum
Máximo	12,8%	4,0%

Amortização de reservas de petróleo pelo comprador. A aplicação desse princípio à indústria petrolífera é mostrada mais facilmente ao se escolher uma empresa, como a Texas Gulf Producing Company, a qual é, exclusivamente, uma empresa produtora que declarou, de forma clara, as reservas de petróleo em que a compra da ação deve ser baseada. É verdade, claro, que os arrendamentos não explorados da empresa *podem* vir a possuir quantidades adicionais de petróleo importantes, mas isso poderia ser verdade com relação a qualquer grande arrendamento e não pode oferecer, *no presente*, mais que o valor nominal representado pelo custo de aquisição.

Exemplo: Texas Gulf Producing Company em 1937.

1. *A situação.* Os fatos significativos referentes aos encargos de amortização dessa empresa são relativamente simples. A empresa dedica-se apenas à produção de petróleo. A maior parte de seu produto vem de um único campo no Texas. Sua taxa de depreciação e esgotamento por barril é encontrada por meio da divisão das reservas de petróleo restantes, as quais são estimadas pelo valor líquido das propriedades nos livros.

Em 1937, as reservas de petróleo somavam, em média, cerca de 26 milhões de barris, e a conta de propriedade líquida era de cerca de 9,5 milhões de dólares, resultando em uma taxa de amortização de 36,5 centavos por barril, ou de 689 mil dólares para a produção daquele ano. Desse montante, no entanto, apenas 397 mil dólares foram debitados dos lucros, sendo o restante deduzido do "superávit decorrente da avaliação" no balanço.

Os lucros por ação totalizaram US$ 1,13 antes da amortização, US$ 0,68 por ação, conforme relatado (ou a base de amortização cobrada para lucros), e apenas US$ 0,35 por ação após amortização integral, incluindo a parcela cobrada do excedente.

O valor contábil da ação era cerca de US$ 10 por ação. O preço de mercado, em 1937, oscilou entre US$ 9,625 e US$ 2.

2. *O cálculo do investidor.* Omitindo a possibilidade de descobertas ou acontecimentos novos — um fator especulativo não mensurável —, o comprador dessas ações contaria com cerca de treze anos de vida restantes nas propriedades e, portanto, deduziria cerca de 8% de seu preço de compra para amortização anual. Portanto, no preço máximo de US$ 9,625, em 1937, sua amortização seria quase igual ao encargo *total* da empresa, e, assim, os lucros restantes equivaleriam a apenas 4% do preço pago. No preço *médio* do ano de cerca de US$ 5,75 a provisão aproximaria o encargo da empresa aos *lucros*; pelo preço mínimo de US$ 2, precisaria apenas de US$ 0,16 e, portanto, não deixaria um lucro anual indicado de US$ 0,97 centavos, ou cerca de 50% sobre o preço pago.

Amortização de patentes pelo comprador. Um número grande de empresas de manufatura importantes possui patentes que são contabilizadas em seus livros a US$ 1 ou ao preço de custo — os quais, em geral, são quantias relativamente pequenas. É prática contábil padrão amortizar esse custo por meio de encargos anuais iguais aos lucros durante a vida da patente, que é de dezessete anos a partir da data em que é concedida. Mas o ponto de vista do investidor requer uma abordagem totalmente diferente. A questão para ele é quanto está pagando para a patente quando compra a ação a determinado preço — e *é esse montante* que deve dar baixa contra os lucros subsequentes.

Regra geral: Uma análise rápida mostrará que nenhum cálculo desse tipo é viável *no caso típico*. O investidor não pode dizer que parte do preço da ação representa a avaliação real das patentes, pois não está em posição de calcular com precisão o efeito do vencimento das patentes da empresa sobre seus lucros. Se consideramos a General Electric ou a Radio Corporation of America, sabemos que suas patentes desempenham um papel importante, mas apenas uma investigação mais exaustiva poderia nos dar alguma ideia de como alocar o valor de mercado atual da empresa entre as inúmeras patentes e os outros ativos muito reais. Mesmo quando a situação parece muito mais simples, porque apenas uma patente importante está em jogo, é fácil avaliar erroneamente sua verdadeira importância para a empresa.

Exemplos: No caso da Gillette Safety Razor Company, a expiração das patentes básicas foi seguida, de forma inesperada, de alguns anos de lucros mais altos e de uma subida enorme no valor de mercado de suas ações. A evolução oposta ocorreu no caso da American Arch Company, que fornecia tijolos em arco patenteados para as locomotivas de quase todas as ferrovias dos Estados Unidos. Devido à natureza técnica de seu negócio e sua forte posição comercial, as pessoas identificadas com essa empresa estavam confiantes de que manteria seus clientes após a expiração de suas patentes em 1926. Contudo, logo depois, a concorrência compeliu uma redução drástica nos preços, os lucros tombaram e o preço das ações despencou.

Nossa conclusão, com base em tudo o que dissemos, é que as patentes não devem ser avaliadas como um *fator quantitativo*, quando o investidor está lidando com uma empresa de manufatura comum. A propriedade de uma patente deve ser considerada como parte da posição comercial da empresa e se refletir na visão geral do investidor sobre o futuro da empresa. Conclui-se que a avaliação de US$ 1 das patentes é a mais correta para os propósitos do investidor, que a amortização de patentes pode ser adicionada de volta aos lucros se o montante for substancial[7] e, portanto, se tal amortização for

---

7. *Exemplo:* Antes de 1933, a United States Hoffman Machinery Company cobrou dos lucros mais de 200 mil dólares ao ano, ou cerca de US$ 1 por ação ordinária, para amortização de patentes. O analista deveria ter aumentado os lucros divulgados por esse valor e, em seguida, os submetido a um exame cuidadoso por causa da situação das patentes e de outras questões (por exemplo, grandes contas a receber) que afetam o futuro do negócio. Em 1933, a empresa deu um passo atrás, ao baixar o valor contábil das patentes para US$ 1, reduzindo o capital declarado e *devolvendo ao excedente ganho* cerca de 1,5 milhão de dólares anteriormente contabilizado como baixa para amortização de patentes.

debitada do excedente, em vez da receita,[8] não é necessário corrigir o valor dos lucros.

Casos especiais. Quando os negócios de uma empresa consistem, principalmente, na coleção de *royalties* sobre uma patente ou um grupo de patentes, é possível fazer uma provisão mais definitiva para amortizar o investimento nela. Deveria ser óbvio que tal provisão deve ser relacionada ao *preço pago pelo investidor* por sua participação na patente, e não ao custo da patente na contabilidade da empresa, no qual seu encargo de amortização é baseado. Os três exemplos a seguir ilustram esse ponto, mas também enfatizam um fator mais significativo que está presente em todas as análises aplicadas a ações ordinárias, a saber, os cálculos baseados no presente e no passado podem ser facilmente afetados por eventos imprevisíveis no futuro.

EXEMPLO A: CENTRIFUGAL PIPE CORPORATION EM 1929 (CONCLUSÃO VINDICADA)

1. *A situação.* Essa empresa controlava as patentes americanas e estrangeiras do processo De Lavaud para a fabricação de tubos de metal. A licença exclusiva para fabricar tubos, de acordo com esse processo, foi concedida, com base em *royalties*, à United States Cast Iron Pipe Company. O acordo foi prorrogado até 1938, embora as patentes básicas aparentemente tenham expirado em 1934. Várias licenças estrangeiras também foram concedidas, expirando em 1934-1936.

Em 1929, o preço da ação oscilou entre US$ 4,25 e US$ 13. Os lucros, tanto para 1928 como para 1924-1928, foram de US$ 1,05 por ação sobre 432 mil ações, antes de uma provisão para a amortização de patentes, que a empresa estava contabilizando a uma taxa anual de US$ 1,72 por ação. (Essa provisão foi derivada da avaliação inicial de 7 milhões de dólares calculada para as principais patentes no fim de 1923, momento em que ainda tinham uma vida útil de onze anos.) Nessa base, a empresa mostrou um prejuízo após a amortização.

2. *O cálculo do investidor.* Uma análise feita em 1929 poderia ter sugerido lucros de cerca de US$ 1 por ação nos dez anos que terminariam em 1938, após os quais nenhum lucro adicional poderia ser considerado com segurança. Os encargos de amortização anuais do investidor variariam, portanto, entre US$ 0,43 e US$ 1,30, correspondendo a um preço de compra entre US$ 4,25 e US$ 13. Obviamente, ao preço de US$ 13 por ação não poderia haver nenhum lucro sobre o investimento, a menos que os lucros fossem maiores que no

---

8. *Exemplo:* A American Laundry Machinery Company cobra, regularmente, um montante pequeno do excedente para amortizar sua conta de patentes.

passado. Por outro lado, a US$ 5 por ação, a estimativa de US$ 1 renderia um lucro anual de 10% após a provisão de US$ 0,50 por ação para amortização.

3. *A sequência*. Curiosamente, os resultados indicados no início de 1929 foram realizados de maneira precisa nos dez anos seguintes. Nesse período, a empresa faturou US$ 10 por ação, dos quais pagou US$ 6 em dividendos. Em 1939, praticamente desativou seus negócios ao distribuir US$ 3,80 em dinheiro mais ações com um valor residual de cerca de US$ 0,50 por ação.

EXEMPLO B: HAZELTINE CORPORATION EM 1937 (CÁLCULO AFETADO POR ACONTECIMENTOS RECENTES)

1. *A situação*. Essa empresa foi organizada em 1924 e controlava as patentes da Neutrodyne para receptores de rádio, que, aparentemente, expiraram em 1936. Outras patentes também foram adquiridas.

Nos treze anos seguintes, seus resultados oscilaram muito, mas ganhou uma média de cerca de US$ 2,40 por ação, a partir da qual reservou US$ 1,50 por ano para amortizar sua conta de patentes. Os dividendos foram pagos de forma inconstante, sendo US$ 1,70 ao ano em média, oriundos, sobretudo, da reserva para amortização de patentes. Só em 1936, o lucro, antes da amortização, foi de US$ 3,70 por ação. Em 1937, a ação foi negociada a um preço tão baixo quanto US$ 7 (que era mais ou menos igual aos ativos em caixa acumulados) e tão alto quanto US$ 18,50.

2. *O cálculo do investidor*. Se o investidor tivesse achado que a receita principal da empresa era derivada de suas patentes da Neutrodyne, teria concluído que a ação estava em um nível elevado demais em US$ 18,50, uma vez que a expiração das patentes, no futuro próximo, aparentemente, reduziria a lucratividade futura de maneira drástica. Ao preço de US$ 7, por outro lado, a ação podia ainda parecer barata, levando em conta as disponibilidades de caixa substanciais e as perspectivas de alguns lucros oriundos das patentes restantes. Na verdade, essa seria uma análise superficial, uma vez que o histórico mostrava que a empresa controlava centenas de patentes de vários tipos. Portanto, nada além de uma investigação cuidadosa dos detalhes dos negócios da Hazeltine teria justificado uma conclusão sobre o valor relativo das patentes que estavam expirando e daquelas que continuariam em vigor.

3. *A sequência*. Os lucros da empresa acabaram sendo tão altos, em 1937-1938, quanto haviam sido em 1936. Uma nova patente, que cobria um sistema de acoplamento utilizado na maioria dos aparelhos receptores, foi emitida para a empresa em 1938, dando-lhe uma posição tão forte no setor quanto tinha antes. O preço da ação subiu para US$ 30, em 1938, e para US$ 36 em 1939.

EXEMPLO C: INTERNATIONAL CIGAR MACHINERY COMPANY EM 1939 (UMA ANÁLISE ATUAL)

1. *A situação*. As principais patentes dessa empresa conferem-lhe controle sobre a fabricação mecânica de charutos. A empresa também detém outras patentes de menor importância no campo. As patentes originais dos charutos feitos à máquina parecem ter expirado, mas novas melhorias têm mantido a posição da companhia.

Os lucros são oriundos, sobretudo, de *royalties* e da venda de licenças. Nos dez anos, entre 1929 e 1938, variaram de US$ 2,08 a US$ 3,33 por ação e chegaram a US$ 2,28 em 1938, em 600 mil ações. Foram calculados após "encargos de depreciação e amortização" relativamente pequenos, de cerca de US$ 0,30 centavos por ação anualmente. O balanço patrimonial da empresa, no final de 1938, mostrava o valor de todos os intangíveis em 14 milhões de dólares brutos, dos quais as patentes amortizáveis devem ter representado um montante relativamente pequeno e os bens não amortizáveis, a maior parte. O capital de giro líquido e outros ativos tangíveis somavam apenas US$ 2 por ação. Em 1939, o preço das ações oscilou entre US$ 20 e US$ 24.

2. *O cálculo do investidor*. Se o negócio da empresa fosse dependente, sobretudo, de determinado conjunto de patentes, um preço médio de US$ 22 não poderia ser justificado. Assim, nesse caso, seria pouco provável que os lucros futuros até a expiração das patentes seriam suficientes para *pagar de volta* o investimento integral *mais* os lucros adequados sobre esse investimento. Em outras palavras, qualquer encargo de amortização conservador condenaria a compra se fosse baseado apenas na situação atual da patente.

Por outro lado, o preço de mercado pode ser justificado se, no futuro, a empresa conseguir manter o controle das patentes e das licenças da indústria por meio de melhorias tecnológicas. Conseguiu fazer isso no passado. A empresa pode ser beneficiada também por um aumento na utilização de maquinaria, em comparação com a fabricação manual, em razão dos preços de venda constantemente mais baixos dos charutos. Obviamente, portanto, a avaliação dessa ação é, em essência, uma questão de análise e de previsão do setor, e não de aplicação da técnica de contabilidade de investimentos a fatos definidos.

Regras resumidas. Nossa longa discussão sobre as políticas de amortização pode ser resumida nas seguintes regras:

Regra 1: os encargos de amortização da empresa devem ser incluídos na análise sempre que (*ambos*): (a) basearem-se em regras contábeis regulares aplicadas a avaliações justas de ativos fixos e (b) a conta *líquida* da planta fabril não tiver diminuído ao longo dos anos.

Regra 2: os encargos da empresa podem ser *reduzidos* no cálculo do analista se regularmente excederem o dinheiro gasto na propriedade. Nesse caso, as despesas médias em dinheiro podem ser deduzidas dos lucros como um encargo de depreciação provisório, e o saldo da depreciação pode ser incluído como parte do *risco de obsolescência*, o que tende a reduzir a avaliação da lucratividade média do dinheiro. A provisão de obsolescência será baseada no *preço pago pela compra da empresa pelo investidor* e não no valor contábil ou no custo da reprodução dos ativos fixos.

Regra 3: os encargos da empresa devem ser *aumentados*, no cálculo do analista, se forem inferiores às despesas médias em dinheiro com a propriedade e inferiores à reserva exigida pelas regras contábeis convencionais aplicadas ao valor justo dos ativos fixos utilizados no negócio.

Reservas de contingência e similares. Em anos passados, as empresas gerenciadas de forma conservadora costumavam cobrar certas quantias arbitrárias contra os lucros dos anos bons para absorver quaisquer perdas especiais que poderiam, mais tarde, surgir, em geral, em um mau ano. O objetivo dessa política era igualar os lucros em tempos de prosperidade e de depressão. Desse modo, tinha semelhança com o uso dos lucros acumulados de empresas subsidiárias, discutido no capítulo 33. A experiência mostra que tais dispositivos para mudar artificialmente os lucros efetivos estão também facilmente abertos a abusos. A opinião financeira inteligente, conforme representada pela Bolsa de Valores de Nova York, insiste, portanto, que os gestores divulguem os verdadeiros resultados a cada ano e deixem toda a equalização e o cálculo de médias a critério dos acionistas.

Exemplos: O relatório anual da Coca-Cola Company de 1928 afirmou: "A posição da companhia foi muito fortalecida, durante os últimos cinco anos, pelo estabelecimento de uma reserva para contingências de, aproximadamente, 5 milhões de dólares". Os relatórios referentes aos cinco anos anteriores mostraram que a reserva tinha sido acumulada por encargos contra os lucros em diferentes quantidades e para uma miscelânea de objetivos. Nos anos 1929-1939, a política continuou, exceto em 1933 e 1934, com o resultado de que a "provisão para contingências e operações diversas", criada por encargos contra os lucros, totalizava US$ 13.011.479 no fim de 1939.

Em 1939, a Continental Steel Company deduziu 300 mil dólares como reserva para contingências de seus lucros informados no segundo semestre, reduzindo o lucro por ação de US$ 4,62 para US$ 3,13.

AMERICAN COMERCIAL ALCOHOL COMPANY

Item	Total	Por ação
Prejuízo líquido de 1931	US$ 597.000	US$ 3,18 (d)*
Lucro líquido de 1932	586.000	3,01
Prejuízo líquido de dois anos	US$ 11.000	US$ 0,17 (d)

* Ajustado com base no valor nominal de US$ 20.

Uso de reservas de contingência e similares para distorcer o quadro de lucros. Durante os anos de 1931 e 1932, no entanto, as reservas de contingência e similares foram utilizadas por muitas empresas para obscurecer e confundir muito seus demonstrativos anuais. Essas reservas foram criadas com uma tripla finalidade: (1) permitir a cobrança de prejuízos do excedente, em vez dos lucros; (2) encobrir o prejuízo real; (3) em alguns casos, estabelecer as bases para lucros inflados em anos subsequentes. Uma análise detalhada dos relatórios da American Commercial Alcohol Corporation de 1931 e 1932 pode servir para tornar esses pontos mais claros para o leitor.

BALANÇO CONDENSADO DA AMERICAN COMMERCIAL ALCOHOL CORPORATION, EM 1930-1932 (UNIDADE US$ 1.000)

Item	31 dez. 1930	31 dez. 1931	31 dez. 1932
Ativo circulante	US$ 2.657	US$ 2.329	US$ 2.588
Menos passivo circulante	294	1.225	1.327
Capital de giro líquido	US$ 2.363	US$ 1.104	US$ 1.261
Ativos variados e fixos menos depreciação	6.440	6.126	6.220
Total de recursos líquidos	US$ 8.803	US$ 7.230	US$ 7.481
Capital	US$ 3.775*	US$ 3.764	US$ 3.895
Reservas variadas	256	416	413
Excedente	4.772	3.050	3.173
Total	US$ 8.803	US$ 7.230	US$ 7.481

* Ajustado para US$ 20 de valor nominal (o relatório mostrava capital de US$ 8.500.698 e superávit de US$ 46.484).

Os resultados dos dois anos, conforme apresentados pela empresa em seus relatórios anuais, estão na tabela anterior.

Consultando esses números, seria possível acreditar que a empresa quase quebrara durante os dois anos de depressão tomados em conjunto e que auferira lucros substanciais em 1932. Contudo, os balanços desse período, que são apresentados de forma condensada a seguir, apontam para uma conclusão totalmente diferente. (Deve-se observar que nenhum dividendo foi pago nesse período.)

Esses balanços mostram que, em vez de um prejuízo meramente nominal de 11 mil dólares para os dois anos juntos, houve uma diminuição real de 1,6 milhão no superávit da empresa, a maior parte é representada pelo aumento da dívida circulante.

A discrepância extraordinária entre os dois demonstrativos foi gerada pela exclusão da conta de receitas de numerosas perdas e deduções, imputadas ao excedente. Esse dispositivo simples tornou-se mais complicado — portanto, não é tão facilmente inteligível para os acionistas — em razão do uso de três etapas de procedimentos contábeis, a saber:

1. a transferência de uma grande quantia da conta de capital para a de excedente de capital;
2. a transferência de várias somas do excedente de capital para reservas; e
3. a cobrança de várias perdas dessas reservas e de outras diretamente do excedente.

No final de 1931, a American Commercial Alcohol transferiu a quantia de 4,875 milhões de dólares da conta de capital para a de excedente de capital. Em seguida, usou 576 mil desse excedente de capital para cancelar o déficit acumulado de lucros e prejuízos. Os lançamentos na conta do excedente, em 1931 e 1932, mostram a seguinte variedade notável de perdas e ajustes extraordinários.

É evidente que uma parte substancial desses encargos contra o superávit realmente representava perdas operacionais, que foram responsáveis, por sua vez, pelo grande aumento no passivo circulante. Deve-se salientar ainda que a empresa transferiu para 1933 uma nova reserva de emergência de 400 mil dólares, contra a qual podem ser cobradas perdas futuras que deveriam ser refletidas, mais apropriadamente, na conta de receita.

Os procedimentos contábeis dessa empresa, portanto, assim como os de muitas outras, em 1931 e 1932, não apenas esconderam a verdadeira extensão das perdas sofridas como também foram estruturados para subestimar as perdas ou exagerar os lucros em anos posteriores.[9]

---

9. Um comitê de investigação do Senado (sobre bancos e moedas, que investigava "práticas da bolsa de valores"), em fevereiro de 1934, revelou que houve atividades contínuas de manipulação das ações da American Commercial Alcohol entre fevereiro de 1932 e julho de 1933.

Redução do valor do estoque segundo os contratos do ano anterior	US$ 145.000
Perdas devido a transações em opções de milho	88.000
Redução no valor de ativos fixos	157.000
Perdas devido a reavaliação dos recipientes	213.000
Saldo das despesas organizacionais	73.000
Imposto de renda de anos anteriores	54.000
Excesso de custo de matérias-primas, em 1932	255.000
Pagamento relacionado a contrato de salário	40.000
Perda na venda de ações da tesouraria, etc.	46.000
Itens diversos (dez débitos e um crédito)	117.000
Reserva para contingências	400.000
Cobranças do excedente, em 1931-1932	US$ 1.588.000
Perda de dois anos, segundo conta de receita	11.000
Redução total no superávit, em 1931-1932	US$ 1.599.000

Um tipo especial de reserva para contingências, muitas vezes usado, é uma reserva para redução do estoque no futuro. Em nossa discussão sobre os vários métodos de cálculo de inventário permitidos (capítulo 32), enfatizamos que o método do estoque normal objetiva baixar o valor do estoque básico para um número tão baixo que nenhuma queda no preço exigirá um encargo adicional contra os lucros. Esse método envolve, em essência, a utilização de uma reserva para contingências com vistas a reduzir estoques no futuro. Essa reserva é calculada de acordo com uma política definida e contínua. Em geral, devemos considerar um dispositivo desse tipo como merecedor de elogios, em vez de críticas. Porém, é essencial que o analista leve em consideração o uso de tais reservas ao estudar os resultados de um único ano e, sobretudo, ao comparar várias empresas do mesmo ramo. Vamos ainda lembrar o leitor de que o estabelecimento de uma reserva de estoque *cobrada do excedente*, seja qual for a teoria por trás dela, quase invariavelmente resulta na declaração de lucros excessivos ao longo de um período de anos.

CAPÍTULO 37
SIGNIFICADO DO HISTÓRICO DE LUCROS

Nos últimos seis capítulos, nossa atenção foi dedicada a um exame crítico da conta de receitas com o objetivo de chegar a uma exposição justa e informativa dos resultados do período em questão. A segunda questão principal com que o analista se defronta diz respeito à utilidade desse registro passado como indicador dos lucros futuros. Esse é, ao mesmo tempo, o aspecto mais importante e menos satisfatório da análise de títulos financeiros. É o mais importante porque o único valor prático de nosso estudo laborioso do passado está nas pistas que pode oferecer ao futuro; é o menos satisfatório porque essas pistas nunca são totalmente confiáveis e, muitas vezes, acabam desprovidas de qualquer valor. Essas deficiências diminuem seriamente o valor do trabalho do analista, mas não o destroem. O passado permanece um guia suficientemente confiável, em uma proporção suficiente de casos, para garantir seu uso contínuo como o principal ponto de partida na avaliação e seleção de ativos.

Conceito de lucratividade. O conceito de *lucratividade* tem um lugar definido e importante na teoria de investimento. Combina um demonstrativo dos lucros reais, apresentados ao longo de um período de anos, com uma expectativa razoável de que serão mantidos no futuro, a menos que sobrevenham condições extraordinárias. O histórico deve abranger vários anos, primeiro, porque um desempenho contínuo ou repetido é sempre mais impressionante que uma ocorrência isolada; segundo, porque a média de um período razoavelmente longo tende a absorver e equalizar as influências enganosas do ciclo de negócios.

Uma distinção deve ser feita, no entanto, entre uma média que é a mera resultante aritmética de um sortimento de números desconectados e uma média que é "normal" ou "modal", no sentido de que os resultados anuais mostram uma tendência definida para se aproximar da média. O contraste entre um tipo de lucratividade e o outro pode ficar mais claro a partir dos seguintes exemplos:

LUCROS AJUSTADOS POR AÇÃO, EM 1923-1932

Ano	S. H. Kress	Hudson Motors
1932	$ 2,80	$ 3,54(d)
1931	4,19	1,25(d)
1930	4,49	0,20
1929	5,92	7,26
1928	5,76	8,43
1927	5,26	9,04
1926	4,65	3,37
1925	4,12	13,39
1924	3,06	5,09
1923	3,39	5,56
Média de dez anos	$ 4,36	$ 4,75

O lucro médio de cerca de US$ 4,50 por ação, apresentado pela S. H. Kress and Company, pode realmente ser chamado de "lucratividade indicada", uma vez que os números de cada ano, tomado isoladamente, mostram apenas variações moderadas dessa norma. Por outro lado, a média da Hudson Motors de US$ 4,75 por ação é apenas uma abstração de dez números bastante diversos, e não havia nenhuma razão convincente para acreditar que os lucros de 1933 em diante teriam uma relação reconhecível com essa média. Uma conclusão semelhante foi tirada de nossa discussão sobre o demonstrativo da J. I. Case Company nas páginas 107-108.

Essas conclusões, às quais chegamos em 1933, são apoiadas pelos resultados dos seis anos seguintes:

LUCRO POR AÇÃO

Ano	S. H. Kress	Hudson Motors	J. I. Case
1933	$ 4,23	$ 2,87(d)	$ 14,66(d)
1934	4,76	2,10(d)	7,38(d)
1935	4,63	0,38	5,70
1936	4,62	2,14	12,37
1937	4,62	0,42	19,20
1938	2,76	2,94(d)	8,89
1939	3,86	0,86(d)	1,87(d)

1. Declarado com base na antiga capitalização, antes do desdobramento de dois por um, ocorrido em 1936.

A análise quantitativa deve ser complementada por considerações qualitativas. Ao estudar os históricos de lucros, um princípio importante da análise de títulos deve ser levado em consideração:

> Os dados quantitativos são úteis apenas na medida em que são apoiados por uma análise qualitativa da empresa.

Para que o negócio de uma empresa seja considerado razoavelmente estável, não basta que o histórico pregresso mostre estabilidade. A natureza do empreendimento, considerada independentemente de quaisquer valores, deve ser de um tipo que indica uma permanência inerente da lucratividade. A importância desse critério adicional foi bem ilustrada pelo caso da Studebaker Corporation, usado como exemplo em nossa discussão dos fatores qualitativos na análise na página 129. Por outro lado, pode haver variação considerável nos lucros anuais, mas existe uma base razoável para considerar a média como um índice pelo menos aproximado do desempenho futuro. Em 1934, citamos a United States Steel Corporation como um caso importante nesse quesito. O texto de nossa discussão foi o seguinte:

Os lucros anuais de 1923-1932 são apresentados a seguir.

UNITED STATES STEEL CORPORATION, EM 1923-1932

Ano	Lucro por ação ordinária*	Produção de aço acabado (toneladas)	Total da produção do país (%)	Líquido por tonelada antes da depreciação
1932	$ 11,08(d)	3.591.000	34,4	$ 3,54(d)
1931	1,40(d)	7.196.000	37,5	5,71
1930	9,12	11.609.000	39,3	13,10
1929	21,19	15.303.000	37,3	16,90
1928	12,50	13.972.000	37,1	13,83
1927	8,81	12.979.000	39,5	12,66
1926	12,85	14.334.000	40,4	13,89
1925	9,19	13.271.000	39,7	12,49
1924	8,41	11.723.000	41,7	13,05
1923	11,73	14.721.000	44,2	12,20
Média de dez anos	$8,13	11.870.000	39,1	11,03

* Ajustado para mudanças na capitalização.

Quando comparados com os da Studebaker entre 1920 e 1929, os lucros na tabela anterior mostram uma instabilidade muito maior. No entanto, a média de cerca de US$ 8 por ação, durante o período de dez anos, tem muito mais significado como um guia para o futuro que a lucratividade indicada da Studebaker de cerca de US$ 6,75 por ação. Essa confiabilidade maior deriva da posição consolidada da United States Steel em seu setor, bem como das oscilações relativamente estreitas, tanto na produção anual como no lucro por tonelada, durante a maior parte desse período. Esses dois elementos podem ser usados como base para calcular os "ganhos normais" aproximados da U. S. Steel da seguinte forma:

Produção normal ou usual de bens acabados	13.000.000 toneladas
Faturamento bruto por tonelada de produto acabado	US$ 100,00
Lucro líquido por tonelada antes da depreciação	US$ 12,50
Lucro líquido sobre 13.000.000 toneladas	US$ 160.000.000
Depreciação, juros de títulos e dividendos preferenciais	US$ 90.000.000
Saldo para 8,7 milhões de ações ordinárias	US$ 70.000.000
Lucro normal por ação	US$ 8,00

Os lucros médios para o período de 1923 a 1932 são, portanto, interpretados como próximos de um valor teórico baseado na produção "normal" e em uma margem de lucro muito bem definida. (O aumento no número de ações em circulação impede que esse número normal exceda a média de dez anos.) Embora uma margem de erro substancial precise ser admitida em tal cálculo, pelo menos esse cálculo fornece um ponto de partida para uma estimativa inteligente das probabilidades futuras.

Examinando essa análise seis anos depois, podemos tirar algumas conclusões conflitantes quanto a seu valor. Os lucros da United States Steel se recuperaram para US$ 7,88 por ação em 1937 (US$ 8,31 antes do imposto adicional sobre lucros não distribuídos). O preço subiu da média de 1933 de US$ 45,50 para um máximo de US$ 126, em março de 1937. Portanto, nossa dedução de que a empresa tinha uma lucratividade melhor que aquela refletida nos resultados e nos preços das ações, em 1932, parece ter sido amplamente justificada pelo evento.

No entanto, na verdade, os lucros médios, entre 1934 e 1939, foram bastante decepcionantes (somando não mais que US$ 0,14 por ação). Se esses resultados têm tanta validade para a indústria siderúrgica como para a maioria dos ramos de negócios, devemos admitir que a análise, baseada no período de

1923 a 1932, não foi muito útil, uma vez que as condições subjacentes naquela indústria mudaram para pior. (A mudança consiste, sobretudo, em custos unitários mais elevados e em uma produção média mais baixa, enquanto os preços de venda em geral têm se sustentado bem.)[1]

Lucro corrente não deve ser a base principal de avaliação. O *nível de mercado* de ações ordinárias é influenciado mais por seus lucros correntes que pela média a longo prazo deles. Esse fato explica, em boa parte, as grandes oscilações nos preços das ações ordinárias, que, em grande parte (mas de forma alguma invariavelmente), andam em paralelo com as mudanças em seus lucros entre anos bons e ruins. Obviamente o mercado acionário é bastante irracional ao variar assim sua avaliação de uma empresa de forma proporcional com as mudanças temporárias em seus lucros declarados.[2] Uma empresa privada pode facilmente ganhar duas vezes mais em um ano de expansão que em tempos difíceis, mas seu proprietário nunca pensaria em aumentar ou diminuir correspondentemente o valor de seu investimento de capital.

Essa é uma das mais importantes rupturas entre a prática de Wall Street e os cânones comuns dos negócios. Uma vez que, nesse ponto, o público especulativo está claramente errado em sua atitude, poderia parecer que seus erros deveriam oferecer oportunidades lucrativas àqueles mais logicamente inclinados a comprar ações ordinárias a preços baixos, ocasionados por lucros temporariamente reduzidos, e a vendê-las em níveis inflacionados criados pela prosperidade anormal.

Fórmula clássica para "superar o mercado acionário". Temos aqui a fórmula clássica, e há muito aceita, para "superar o mercado acionário". É óbvio que é preciso ter uma personalidade forte para pensar e agir de maneira oposta à multidão e também paciência para esperar oportunidades que possam ocorrer em intervalos de anos. No entanto, ainda existem outras considerações

---

1. Pode ser interessante notar que nossas conclusões em 1933 sobre a lucratividade da United States Steel são bastante semelhantes às obtidas por John B. Williams em seu elaborado estudo sobre essa empresa, contido em seu livro *The theory of investment value* (Cambridge, Harvard University Press, 1938, p. 409-462). Entretanto, deve-se observar também, em comparação com a indicação anterior de lucratividade normal, as implicações um tanto pessimistas de um estudo com prazo mais longo sobre a posição da United States Steel, apresentado nas páginas 809-813. O fracasso da empresa em restabelecer essa lucratividade em 1934-1939 pode sugerir que a última análise mereça atenção maior.

2. A ascensão da United States Steel para US$ 126, em março de 1937, já mencionada, é um exemplo notável dessa loucura do mercado acionário. Foi baseada em um único ano bom, após seis anos ruins ou medíocres. Em doze meses, o preço caiu para US$ 42 — uma perda de dois terços de sua cotação e mais de 730 milhões de dólares em valor de mercado agregado para esse único ativo. A faixa de variação da Youngstown Sheet and Tube e da Jones and Laughlin Steel naquele período foi ainda maior.

que complicam muito essa regra aparentemente simples para o sucesso nas operações com ações. Na prática, a escolha dos níveis adequados de compra e venda torna-se uma questão difícil. Se considerarmos o longo ciclo de mercado entre 1921 e 1933, um investidor poderia muito bem ter se desfeito de sua carteira no final de 1925 e permanecido fora do mercado em 1926-1930, comprando novamente em 1931, no ano de Depressão. A primeira dessas decisões teria, mais tarde, parecido um grande erro de avaliação, e a última teria tido consequências desastrosas. Em outros ciclos de mercado de menor amplitude, é menos provável que tais erros de cálculo sérios ocorram, mas sempre existe uma grande dúvida quanto ao momento correto de aplicar o princípio simples de "comprar na baixa e vender na alta".

É verdade também que os valores subjacentes podem mudar substancialmente de um ciclo de mercado para outro, mais ainda, é claro, no caso de ativos individuais que no do mercado como um todo. Portanto, se uma ação ordinária é negociada a um preço que parece ser generoso em relação à média dos lucros anteriores, poderá, posteriormente, melhorar sua posição de modo a justificar uma cotação ainda mais alta, mesmo na próxima depressão. O inverso pode ocorrer na compra de ativos a preços inferiores aos normais. Se essas mudanças permanentes não ocorressem com frequência, pode-se duvidar que o mercado respondesse de forma tão vigorosa às variações atuais no quadro dos negócios. O erro do mercado está em supor que, *em todos os casos*, mudanças desse tipo tendem a ir mais longe ou, pelo menos, a persistir, ao passo que a experiência mostra que tais acontecimentos são excepcionais e que as *probabilidades* favorecem uma oscilação do pêndulo no sentido contrário.

O analista não consegue acompanhar o mercado acionário em sua tendência indiscriminada de avaliar os ativos com base nos lucros correntes. Pode, certas vezes, atribuir um peso predominante aos dados recentes, em vez de à média, mas apenas quando existirem evidências convincentes apontando para a continuidade dos resultados atuais.

Média *versus* tendência dos lucros. Além de atribuir uma ênfase forte ao desempenho atual da empresa, o mercado acionário atribui um peso grande à *tendência de lucros* indicada. No capítulo 27 apontamos o duplo perigo inerente a essa exaltação da tendência — o primeiro é que a suposta tendência pode ser enganosa e o segundo é que as avaliações baseadas em tendências não obedecem a regras aritméticas e, portanto, podem facilmente ser exageradas. Na verdade, existe um conflito fundamental entre os conceitos de *média* e de *tendência*, quando aplicados a um histórico de lucros. Isso pode ser ilustrado pelo seguinte exemplo simplificado:

Empresa	Lucro por ação em anos sucessivos							Média de sete anos	Tendência
	1º	2º	3º	4º	5º	6º	7º (atual)		
A	US$ 1	US$ 2	US$ 3	US$ 4	US$ 5	US$ 6	US$ 7	US$ 4	Excelente
B	7	7	7	7	7	7	7	7	Neutro
C	13	12	11	10	9	8	7	10	Ruim

Com base nesses números, quanto melhor a tendência, quando comparada com os mesmos lucros atuais (nesse caso, US$ 7 por ação), mais pobre a média e quanto maior a média, pior é a tendência. Sugerem uma questão importante a respeito da interpretação teórica e prática dos históricos de lucros: a tendência não é, pelo menos, tão significativa para o futuro quanto a média? Concretamente, ao julgar o desempenho provável das empresas A e C nos próximos cinco anos, não haveria mais razão para pensar em uma sequência de US$ 8, US$ 9, US$ 10, US$ 11 e US$ 12 para A e em uma sequência de US$ 7, US$ 6, US$ 5, US$ 4 e US$ 3 para C, em vez da média pregressa de US$ 4 para A e US$ 10 para C?

A resposta a esse problema deriva do bom senso e não da lógica formal ou *a priori*. A tendência favorável dos resultados da empresa A certamente deve ser levada em consideração, mas não por uma mera projeção automática da linha de crescimento no futuro distante. Ao contrário, deve-se lembrar que as forças econômicas automáticas ou normais militam *contra* a continuação indefinida de determinada tendência.[3] Concorrência, regulação, lei dos rendimentos decrescentes, entre outros, são adversários poderosos da expansão ilimitada; em menor grau, elementos contrários podem agir para estancar um declínio contínuo. Portanto, em vez de considerar a manutenção de uma tendência favorável como certa — como o mercado acionário costuma fazer —, o analista deve abordar o assunto com cautela, buscando determinar as causas do desempenho superior e pesar os elementos específicos de força na posição da empresa contra os obstáculos gerais no caminho do crescimento contínuo.

Atitude do analista quando a tendência é ascendente. Se tal estudo *qualitativo* levar a um veredicto favorável — como frequentemente deveria —, a filosofia do analista ainda deve impeli-lo a basear sua avaliação de investimento em uma lucratividade presumida não superior àquela que a empresa já tenha alcançado em um período de negócios normal. Isso é sugerido porque, em nossa opinião, os valores dos investimentos podem ser relacionados apenas ao desempenho demonstrado; de modo que nem os aumentos esperados nem os resultados

---

3. Ver nossa discussão do exemplo de Schletter e Zander no capítulo 27.

passados em condições de atividade comercial anormal podem servir como base. Como apontaremos no próximo capítulo, essa lucratividade presumida pode ser corretamente capitalizada de uma forma mais liberal quando as perspectivas parecem excelentes do que no caso comum, mas também sugeriremos que o multiplicador máximo seja mantido em um valor conservador (digamos, vinte, nas condições de 1940), para que a avaliação alcançada seja mantida dentro de limites estritos de *investimento*. Com base nisso, supondo que as condições gerais dos negócios, no ano corrente, não sejam excepcionalmente boas, a lucratividade da empresa A pode ser considerada como US$ 7 por ação e seu valor de investimento pode ser fixado em US$ 140.[4] A divergência com relação aos métodos usados pelo mercado acionário e pelo analista — conforme definimos seu ponto de vista — significaria, em geral, que os níveis de preços vigentes para as chamadas "ações boas" em condições normais de mercado, provavelmente, pareceriam generosos demais para o estudante conservador. Isso não significa que o analista esteja convencido de que a avaliação do mercado está errada, mas que não está convencido de que sua avaliação esteja correta. Ele chamaria uma parte substancial do preço de "componente especulativo", no sentido de que é pago não por resultados *demonstrados*, mas por resultados esperados. (Esse assunto é discutido de forma mais detalhada no capítulo 39.)

Atitude do analista em relação à tendência de queda. Quando a tendência é definitivamente decrescente, como a da empresa C, o analista atribuirá grande peso a esse fator desfavorável. Ele não deve presumir que a curva descendente *se inverterá* mais tarde nem pode aceitar a média passada — que é muito mais alta que o número atual — como um indicador normal dos lucros futuros. Entretanto, será igualmente cauteloso quanto a quaisquer conclusões precipitadas no sentido de que as perspectivas da empresa são desesperadoras, seus lucros certamente sumirão por completo e as ações, portanto, não têm mérito ou valor. Aqui, novamente, um estudo qualitativo da situação e das perspectivas da empresa é essencial para determinar se, a *algum preço* relativamente baixo, é claro, o ativo pode não ser uma pechincha, apesar da tendência de queda em seus lucros. Mais uma vez, identificamos o ponto de vista do analista com aquele de um empresário sensato que examina os prós e os contras de alguma empresa privada.

Para ilustrar esse raciocínio, apresentamos o registro de lucros líquidos da Continental Baking Corporation e da American Laundry Machinery Company em 1925-1933.

---

4. Para um ponto de vista mais conservador sobre o assunto por nós expresso na edição de 1934 desta obra e as razões para a mudança, ver apêndice F, nota 7, p. 1.035.

Ano	Continental Baking	American Laundry Machinery
1933	$ 2.788.000	$ *1.187.000(d)*
1932	2.759.000	*986.000(d)*
1931	4.243.000	772.000
1930	6.114.000	1.849.000
1929	6.671.000	3.542.000
1928	5.273.000	4.128.000
1927	5.570.000	4.221.000
1926	6.547.000	4.807.000
1925	8.794.000	5.101.000

Os lucros da American Laundry Machinery revelam um declínio ininterrupto, e a tendência mostrada pela Continental Baking é quase tão ruim. Deve-se notar que, em 1929 — o pico da prosperidade para a maioria das empresas —, os lucros dessas empresas foram substancialmente menores que nos quatro anos anteriores.

O raciocínio de Wall Street tenderia a concluir, a partir desse desempenho, que ambas as empresas estão definitivamente em uma trajetória descendente. No entanto, esse pessimismo extremo estaria longe de ser lógico. Um estudo dessas duas empresas, do ponto de vista qualitativo, indicaria, em primeiro lugar, que os respectivos setores são bem estabelecidos e razoavelmente estáveis; em segundo lugar, que cada empresa ocupa uma posição de liderança em seu setor e está bem fortalecida financeiramente. A inferência apropriada é que a tendência desfavorável, demonstrada durante 1925-1932, provavelmente se deveu a condições acidentais ou transitórias e que, na avaliação da lucratividade futura, mais esclarecimento vai ser fornecido pela *média* substancial que pela tendência aparentemente desastrosa.[5]

Prejuízos são um fator qualitativo, não quantitativo. Quando uma empresa reporta um prejuízo no ano, é costume calcular o valor em dólares por ação ou em relação aos encargos de juros. Os manuais de estatística afirmaram, por exemplo, que, em 1932, a United States Steel Corporation teve um lucro equivalente a "menos 12,4 vezes" seus encargos de juros e que apresentou um déficit de US$ 11,08 por ação em suas ações ordinárias. Deve-se reconhecer que tais números, quando

---

5. Os resultados, desde 1933, tendiam a confirmar essa conclusão anterior, pelo menos em parte.

considerados isoladamente, *não têm significado quantitativo* e que seu valor na formação de uma *média* pode, muitas vezes, ser seriamente questionado.

Vamos supor que a empresa *A* perdeu US$ 5 por ação ordinária no ano passado e que a empresa *B* perdeu US$ 7 por ação. Ambos os ativos são negociados a US$ 25. Isso constitui alguma indicação de que as ações da empresa *A* são preferíveis às ações da empresa *B*? É óbvio que não; pensar dessa maneira significaria que, quanto mais ações estivessem em circulação, mais valiosa seria cada ação. Se a empresa *B* emitir duas ações por cada uma, o prejuízo seria reduzido para US$ 3,50 por ação e, de acordo com a suposição que acaba de ser feita, cada ação nova valeria mais que uma antiga. O mesmo raciocínio se aplica aos juros dos títulos. Suponha que a empresa *A* e a empresa *B* perderam cada uma 1 milhão de dólares em 1932. A empresa *A* tem 4 milhões de dólares em títulos de 5% e a empresa *B* tem 10 milhões de dólares em títulos de 5%. A empresa *A*, então, teria ganho "menos cinco vezes" os encargos de juros e a empresa *B* teria ganho "menos duas vezes" os mesmos encargos. Esses números não devem ser interpretados como uma indicação qualquer de que os títulos da empresa *A* são menos seguros que os da empresa *B*. Isso porque, se assim fosse, significaria que, quanto menor a emissão de títulos, pior seria sua posição — um absurdo evidente.

Quando uma *média* é calculada em um período que inclui uma série de prejuízos, algumas dúvidas devem surgir a respeito da validade do valor resultante como um indicador de *lucratividade*. A razão é que a grande variabilidade nos valores individuais diminui a representatividade da média. Esse ponto é de considerável importância ao ter em vista a prevalência de prejuízos durante a depressão dos anos 1930. No caso da maioria das empresas, a média dos anos, após 1933, pode agora ser considerada mais representativa da lucratividade indicada que, digamos, uma média dos dez anos entre 1930 e 1939.[6]

A intuição não faz parte das ferramentas de trabalho do analista. Na ausência de indicações em contrário, aceitamos os registros do passado como base para avaliar o futuro. Entretanto, o analista deve estar atento a tais indicações em contrário. Aqui devemos distinguir entre visão ou intuição, de um lado, e raciocínio normal, do outro. A capacidade de ver o que está por vir tem valor inestimável, mas não se pode esperar que faça parte das ferramentas de trabalho do analista. (Se a tivesse, poderia dispensar a análise.) Ele pode ser solicitado a mostrar apenas aquele grau moderado de previsão que deriva

---

6. É uma questão em aberto se o período de dez anos de 1930 a 1939 ou de seis anos de 1934 a 1939 reflete de forma justa a lucratividade futura das empresas nas indústrias pesadas, por exemplo, United States Steel, Bethlehem Steel, American Locomotive.

da lógica e da experiência ponderada inteligentemente. Não se deveria exigir do estatístico de ativos, por exemplo, que previsse o enorme aumento no consumo de cigarros a partir de 1915, o declínio do mercado de charutos ou a surpreendente estabilidade da indústria de tabaco, tampouco podia ter previsto — para usar outro exemplo — que as duas grandes fabricantes de latas desfrutariam de todos os benefícios da demanda crescente por seus produtos, sem a intrusão da concorrência desmoralizante que arruinou os lucros de indústrias em crescimento ainda mais veloz, como a do rádio.

A análise do futuro deve ser mais penetrante que profética. O raciocínio analítico com relação ao futuro é de natureza um tanto diferente, sendo mais penetrante que profético.[7]

Exemplo: Vejamos a situação apresentada pela Intertype Corporation em março-julho de 1939, quando suas ações estavam sendo negociadas a US$ 8 por ação. Essa empresa antiga e estabelecida era uma das líderes de uma indústria relativamente pequena (máquinas de fundição em linha, etc., para o setor gráfico). Seus lucros recentes não tinham sido favoráveis nem parecia haver qualquer razão específica para expectativas otimistas quanto a suas perspectivas a curto prazo. O analista, no entanto, não poderia deixar de ficar impressionado com seu balanço, que mostrava ativos circulantes líquidos disponíveis para ações valendo cerca de US$ 20 por ação. Lucros, dividendos e histórico de preços das ações ordinárias por dez anos são apresentados na tabela da próxima página.

Certamente, não há nada de atraente nesse registro, marcado pela irregularidade e pela ausência de uma tendência favorável. Entretanto, embora esses fatos, sem dúvida, condenassem o ativo aos olhos do especulador, é concebível que o raciocínio do analista seguisse linhas diferentes.

A questão essencial para ele seria se podemos ou não contar com a continuidade da empresa e com um desempenho semelhante ao de antes, nos bons e nos maus momentos. Com relação a esse ponto, a avaliação da indústria, a posição destacada da empresa e sua forte posição financeira claramente sugerem uma resposta afirmativa. Se essa sugestão fosse aceita, o analista apontaria que as ações poderiam ser compradas a US$ 8 com uma chance muito pequena de prejuízo final e com todas as indicações de que o valor das ações dobraria na próxima fase de condições favoráveis. Observe que, em três dos últimos cinco anos e em seis dos últimos dez, a ação foi negociada por algo entre duas vezes e quatro vezes o preço de julho de 1939.

---

7. Para um exemplo (Mack Trucks, Inc.) usado na primeira edição desta obra acompanhado de sua evolução, ver apêndice F, nota 8, p. 1.036.

Ano	Lucro por ação	Dividendo pago	Faixa de preço
1938	$ 0,57	0,45	12,75-8
1937	1,41	0,80	26,5-9
1936	1,42	0,75	22,75-15
1935	0,75	0,40	16-16,125
1934	0,21	-	10-5,625
1933	0,77(d)	-	11,25-1,875
1932	1,82(d)	-	7-2,5
1931	0,56	1,00	18,5-4,625
1930	1,46	2,00	32-12
1929	3,05	1,75	38,875-17
Média de 1934-1938	0,87	-	-
Média de 1929-1938	0,68	-	-

Esse tipo de raciocínio, deve-se observar, não enfatiza uma previsão precisa das tendências futuras, mas a conclusão geral de que a empresa continuará a fazer negócios da mesma forma que antes.

Wall Street tende a duvidar que tal presunção possa ser aplicada a empresas com uma tendência irregular e a considerar que é tão difícil e arriscado chegar a uma conclusão desse tipo quanto determinar que uma "empresa em crescimento" continuará a crescer. No entanto, a nosso ver, o raciocínio da Intertype tem duas vantagens definitivas sobre a atitude habitual, por exemplo, aquela que prefere uma empresa como a Coca-Cola, a um custo equivalente a 22 vezes o lucro recente e 35 vezes seu valor patrimonial, em razão da expansão praticamente ininterrupta de seus lucros há mais de quinze anos.

A primeira vantagem é que, afinal, os negócios privados são conduzidos e os investimentos são feitos com base nos mesmos tipos de premissas que aplicamos à Intertype. A segunda é que esse raciocínio pode ser *conservador*, na medida em que permite uma margem de segurança liberal no caso de erro ou decepção. Essa maneira de pensar apresenta um risco consideravelmente menor de confundir "confiança no futuro" com mero entusiasmo especulativo.

Grandes lucros frequentemente transitórios. Com mais frequência, temos o tipo de situação oposta àquela que acabamos de discutir. Aqui o analista encontra razões para questionar a continuidade indefinida da prosperidade passada.

Exemplos: Considere uma empresa como a J. W. Watson ("Stabilator") Company, que se dedica, principalmente, à fabricação de um único tipo de acessório automotivo. O sucesso de tal "engenhoca" costuma durar pouco; a concorrência e as mudanças tecnológicas são uma ameaça sempre presente à estabilidade da lucratividade. Portanto, em tal caso, o estudante poderia ter apontado que o preço de mercado, mantendo a relação usual entre lucros correntes e médios, refletia uma confiança bastante injustificada na permanência de lucros que, por sua natureza, eram provavelmente transitórios. Alguns dados pertinentes sobre essa avaliação da empresa são fornecidos na tabela a seguir.[8]

J. W. WATSON COMPANY

Ano	Líquido para ordinárias	Por ação	Faixa de variação de preços das ordinárias	Dividendo
1932	$ 214.026(d)	$ 1,07(d)	0,375-0,125	Nenhum
1931	240.149(d)	1,20(d)	2-0,125	Nenhum
1930	264.269(d)	1,32(d)	6-1	Nenhum
1929	323.137(d)	1,61(d)	14,875-1,625	Nenhum
1928	348.930(d)	1,74(d)	20-5,25	US$ 0,50
1927	503.725	2.16	25,75-18,875	US$ 0,50
1926	577.450*	2,88*	(Ativo não cotado antes de 1927)	
1925	502.593*	2,51*		
1924	29.285*	0,15*		
1923	173.907*	0,86*		
1922	142.701*	0,71*		

* Lucros se referem a empresas predecessoras e foram ajustados à capitalização de 1932.

Uma consideração semelhante pode ser aplicada ao demonstrativo da Coty, Inc., de 1928. A empresa tinha um histórico de lucros excelente, mas os lucros eram derivados da popularidade de uma linha de cosméticos com marca registrada. Trata-se de um campo em que a variação de gostos da feminilidade poderia facilmente extinguir os lucros ou aumentá-los. A inferência de que lucros rapidamente crescentes, em anos anteriores, significavam lucros muito maiores no futuro era, portanto, especialmente falaciosa nesse caso, uma vez que, *pela natureza do negócio*, é provável que um pico de popularidade fosse alcançado em algum momento não muito distante, após o qual

---

8. As ações ordinárias da empresa foram originalmente oferecidas em setembro de 1927 a US$ 24,50 por ação, um preço 17,3 vezes o lucro médio das empresas predecessoras nos cinco anos anteriores. Esse preço relativamente alto se deu por conta da "tendência" aparentemente favorável dos lucros, dos lucros elevados recentes e correntes e dos padrões de avaliação imprudentes que começaram a prevalecer na época. Há um caso semelhante, o da The Gabriel Company, na edição de 1934 desta obra.

uma queda substancial seria, se não inevitável, pelo menos bastante provável. Estes são alguns dos dados que aparecem no demonstrativo da Coty:

Ano	Lucro líquido	Lucro por ação (ajustado)
1923	$ 1.070.000	$ 0,86
1924	2.046.000	1,66
1925	2.505.000	2,02
1926	2.943.000	2,38
1927	3.341.000	2,70
1928	4.047.000	3,09
1929	4.058.000	2,73

Ao preço máximo de US$ 82 em 1929, a Coty, Inc. estava sendo negociada no mercado por cerca de 120 milhões de dólares, ou trinta vezes seus lucros *máximos*. O investimento real no negócio (capital e excedente) era de cerca de 14 milhões. Os lucros subsequentes são apresentados na tabela a seguir.

COTY, INC

Ano	Lucro líquido	Lucro por ação
1930	$1.318.000	$0,86
1931	991.000	0,65
1932	521.000	0,34 (preço mínimo em 1932 — 1,5)

Uma terceira variante desse tipo de raciocínio poderia ser aplicada às oscilações das ações de cervejarias em 1933. Esses ativos mostraram lucros correntes ou futuros substanciais com base em operações de capacidade e no lucro por barril indicado. Sem reivindicar o dom da profecia, um analista poderia prever, com segurança, que a enxurrada de capital que vinha sendo despejada nessa indústria nova acabaria resultando em excesso de capacidade e concorrência acirrada.

Logo, um retorno elevado e contínuo sobre o investimento real em dinheiro dificilmente seria provável; além disso, era possível que muitas das empresas individuais acabassem sendo fracassos financeiros, e a maioria das outras fosse incapaz de alcançar lucro suficiente para justificar as cotações otimistas geradas por seu sucesso inicial.[9]

---

9. Para comentários breves sobre o desempenho subsequente das emissões de cervejarias em 1933, ver apêndice F, nota 9, p. 1.038.

CAPÍTULO 38
MOTIVOS ESPECÍFICOS PARA QUESTIONAR OU REJEITAR O REGISTRO HISTÓRICO

Na análise de uma empresa específica, cada um dos elementos que regem os resultados operacionais deve ser examinado em busca de indícios de possíveis mudanças desfavoráveis no futuro. Esse procedimento pode ser ilustrado por vários exemplos retirados do ramo da mineração. Os quatro elementos governantes em tais situações seriam: (1) vida útil da mina, (2) produção anual, (3) custos de produção e (4) preço de comercialização. A importância do primeiro fator já foi discutida em conexão com os encargos deduzidos dos lucros para dar conta do esgotamento. Tanto a produção como os custos podem ser afetados adversamente, se o minério a ser extraído no futuro for diferente daquele extraído no passado em termos de localização, tipo ou qualidade.[1]

Taxa de produção e custos operacionais. *Exemplos: Calumet and Hecla Consolidated Copper Company.* Os relatórios dessa produtora de cobre, em 1936 e anos anteriores, ilustram várias questões relativas às reservas de minério. A conta de receitas de 1936 pode ser resumida da seguinte forma:

Cobre produzido	78.500.000 de libras-peso
Cobre vendido	95.200.000 de libras-peso a US$ 0,98
Lucro antes de depreciação e esgotamento	US$ 3.855.000
Depreciação	1.276.000
Esgotamento	1.726.000
Lucro por ação após depreciação, mas antes do esgotamento, sobre 2.006.000 ações	US$ 1,29

---

1. Quando as reservas de minério são declaradas apenas como toneladas ou anos de vida, esses dados podem ser enganosos na ausência de garantias relacionadas à *qualidade* de minério restante. *Exemplo:* Os encargos por esgotamento da Alaska Juneau Gold Mining Company sugeriam uma vida restante de cerca de 85 anos a partir de 1934. O pedido de registro, entretanto, reivindicou apenas cerca de 25 anos de vida a partir de 1934. A implicação (confirmada após investigação) é que a "vida" mais longa incluía muito minério de baixa qualidade e, portanto, de natureza não comercial.

No início de 1937, as ações eram vendidas a US$ 20 por ação, uma avaliação de 40 milhões de dólares para a empresa ou 30 milhões para as propriedades de mineração mais 10 milhões para o capital de giro.

Uma análise detalhada da composição dos lucros de 1936 teria mostrado que eram derivados de quatro fontes distintas, aproximadamente, como segue:

Fonte do cobre	Número de libras-peso, em milhões	Lucro antes da depreciação e do esgotamento	
		Centavos por libra-peso (aprox.)	Total (aprox.)
Cobre previamente produzido	17,3	4,5	$ 775.000
Mina Conglomerate	36,3	3,6	1.305.000
Mina Ahmeek	23	3,3	760.000
Usinas de recuperação	19,2	5,3	1.015.000
	95,8	4	$ 3.855.000

Dessas quatro fontes de lucro, todas, exceto as menores, tinham uma vida definitivamente limitada. A venda de cobre produzido em anos anteriores era obviamente não recorrente. O esteio da produção da empresa por setenta anos — a filial Conglomerate — enfrentaria o esgotamento "no decorrer de doze ou catorze meses". O cobre das usinas de recuperação, extraído por meio do retrabalho de rejeitos antigos e constituído de metal mais barato, era limitado a uma vida útil de cinco a sete anos. A única fonte mais permanente de produção futura que restava era a Mina Ahmeek, cuja operação tinha maior custo e havia permanecido fechada de abril de 1932 a 1935. (Havia também algumas outras propriedades de alto custo que continuavam fechadas em 1936.)

A análise indicaria que, provavelmente, não mais que um total de cerca de 7 milhões a 8 milhões de dólares de lucro poderia ser esperado, no futuro, da Conglomerate e das operações de recuperação. Assim, descartando novidades de natureza especulativa, a maior parte dos 40 milhões de avaliação da empresa deveria ser apoiada por lucros das propriedades de custo mais elevado *que haviam contribuído apenas com uma pequena parcela dos resultados de 1936*.[2]

Freeport Sulphur Company. O demonstrativo da então Freeport Texas Company, em 1933, apresenta o mesmo tipo de problema para o analista e também levanta a questão da adequação do uso, em tais circunstâncias, do

---

2. Na edição de 1934 deste livro, discutimos uma situação semelhante existente nessa empresa em 1927, na época em que a maior parte dos lucros era proveniente das operações de usinas de recuperação, que sabidamente tinham uma vida útil limitada.

histórico de lucros pregressos para apoiar a venda de ativos novos. Uma emissão de 2,5 milhões de dólares de ações preferenciais conversíveis cumulativas de 6% foi vendida a US$ 100 por ação em janeiro de 1933, para angariar recursos para equipar uma nova propriedade de enxofre arrendada de algumas outras empresas.

A circular da oferta afirmava, entre outras coisas:

1. que as reservas de enxofre tinham uma vida útil estimada de, pelo menos, 25 anos, com base nas vendas anuais médias entre 1928 e 1932; e
2. que os lucros, no período de 1928 a 1932, haviam sido, em média, de US$ 2.952.500, ou 19,6 vezes o dividendo preferencial exigido.

Essas declarações implicariam que, supondo que não houvesse alteração no preço recebido pelo enxofre, a empresa poderia, com segurança, auferir, nos próximos 25 anos, lucros parecidos com aqueles registrados no passado.

Os fatos do caso, entretanto, não justificavam tal dedução. Os lucros anteriores da empresa foram derivados da operação de duas propriedades, em Bryanmound e em Hoskins Mound, respectivamente. A área de Bryanmound pertencia à empresa e contribuíra com a maior parte dos lucros. Entretanto, em 1933, sua vida estava "definitivamente limitada" (nas palavras do pedido de listagem); na verdade, *as reservas provavelmente não durariam mais que três anos*. A Hoskins Mound era arrendada da Texas Company. Depois de pagar US$ 1,06 por tonelada de direitos de comercialização fixos, nada menos que 70% dos lucros restantes eram pagos à Texas Company como aluguel.[3] Metade das vendas da Freeport precisavam ser feitas com enxofre produzido na Hoskins. A nova propriedade em Grande Ecaille, na Louisiana, que agora precisaria ser desenvolvida, exigiria pagamentos de direitos de comercialização com valor de cerca de 40% do lucro líquido.

Quando esses fatos forem estudados, vai ser possível ver que os lucros da Freeport Texas, em 1928-1932, não tinham qualquer influência direta sobre os resultados esperados das operações futuras. As reservas de enxofre, declaradas como sendo suficientes para 25 anos, representavam um mineral localizado em um local inteiramente diferente e a ser extraído em condições completamente diferentes daquelas vigentes no passado. Um direito de comercialização grande,

---

3. A taxa havia sido de 50% até a Freeport recuperar seus investimentos na propriedade. Ilustrativa do tema geral deste capítulo é a queda no preço da Freeport de US$ 109,25 para US$ 65,625 em janeiro e fevereiro de 1928, coincidindo com a mudança na taxa de direitos de comercialização. O estudante pode examinar um desenvolvimento semelhante no caso da Texas Gulf Sulphur, ocorrido em 1934-1935.

com participação nos lucros, seria pago sobre o enxofre produzido no novo projeto, ao passo que a antiga mina Bryanmound era propriedade integral da Freeport e, portanto, 100% de seus lucros pertenciam à empresa.

Além desse elemento conhecido de custo mais alto, grande ênfase deve ser colocada também no fato de que era esperado que os principais lucros futuros da Freeport passariam a vir de um *novo projeto*. A propriedade em Grande Ecaille ainda não estava equipada e em operação, logo, estava sujeita a muitas incertezas que afetam os empreendimentos em fase de desenvolvimento. O custo de produção da nova mina poderia ser muito mais alto ou muito mais baixo que o da Bryanmound. Do ponto de vista da análise de títulos, o ponto importante é: quando duas propriedades bastante diferentes estão envolvidas, lida-se com duas empresas quase inteiramente díspares. Assim, o histórico de 1928 a 1932 da Freeport Texas era tão relevante para sua história futura quanto os dados de alguma empresa de enxofre completamente diferente, por exemplo, a Texas Gulf Sulphur.

Voltando mais uma vez ao ponto de vista do empresário sobre o valor dos ativos, o desempenho da Freeport Texas sugere a seguinte linha de raciocínio interessante. Em junho de 1933, esse empreendimento estava sendo negociado no mercado por cerca de 32 milhões de dólares (25 mil ações preferenciais a US$ 125 e 730 mil ações ordinárias a US$ 40). Esperava-se que a maior parte de seus lucros futuros derivasse de um investimento de 3 milhões de dólares para equipar uma nova propriedade alugada de três grandes empresas petroleiras. Pode-se pressupor que essas empresas de petróleo fizeram um negócio tão bom quanto possível para si mesmas quando concordaram com os termos do arrendamento. O mercado estava, na prática, atribuindo uma avaliação de cerca de 20 milhões de dólares, ou mais, a uma empresa nova na qual apenas 3 milhões deveriam ser investidos. Claro, era possível que esse empreendimento valesse muito mais que seis vezes o dinheiro nele investido. No entanto, do ponto de vista do procedimento comercial normal, o pagamento de um prêmio tão gigantesco por resultados futuros previstos poderia parecer imprudente ao extremo.[4]

Evidentemente, o mercado acionário — como o coração, no provérbio francês — tem razões próprias. Na opinião dos autores, quando essas razões se

---

4. Uma vez que a emissão preferencial da Freeport Texas era relativamente pequena, representando menos de um décimo do valor de mercado total da empresa, essa análise não colocaria em questão a segurança do ativo privilegiado, mas questionaria apenas a solidez da avaliação concedida às ações ordinárias — julgada pelos padrões de investimento. Depois de 1933, a empresa de fato encontrou sérios problemas de produção, que reduziram os lucros e deprimiram o preço de mercado; porém, esses problemas foram posteriormente resolvidos. No entanto, os lucros máximos alcançados até 1940 — US$ 3,30 por ação em 1937 — dificilmente poderiam justificar o preço de US$ 49 pago pelos especuladores em 1933.

afastam drasticamente do bom senso e da experiência comercial, os compradores de ações ordinárias devem, inevitavelmente, acabar perdendo dinheiro, mesmo que grandes ganhos especulativos possam ser acumulados durante certo tempo e mesmo que algumas compras afortunadas possam acabar se tornando permanentemente lucrativas.

Preço futuro do produto. Os três exemplos anteriores relacionavam-se com a continuidade futura da taxa de produção e com os custos operacionais com base nos quais o histórico pregresso dos lucros foi calculado. Devemos também considerar as indicações que possam estar disponíveis em relação ao *preço de venda futuro* do produto. Aqui, devemos entrar no campo da suposição ou da profecia. O analista pode sinceramente dizer muito pouco sobre os preços futuros, exceto que estão fora do reino das previsões sólidas. De vez em quando, um demonstrativo mais esclarecedor pode ser justificado pelos fatos. Continuando a usar o ramo da mineração como exemplo, podemos citar os lucros enormes obtidos pelos produtores de zinco durante a Primeira Guerra Mundial, devido ao alto preço do peltre. A Butte and Superior Mining Company ganhou nada menos que US$ 64 por ação antes da depreciação e do esgotamento nos dois anos de 1915-1916, como resultado da obtenção de cerca de US$ 0,13 por libra-peso de sua produção de zinco, contra uma média pré-guerra de cerca de US$ 0,525. Obviamente, a lucratividade futura dessa empresa quase certamente encolheria muito abaixo dos números do tempo de guerra e não poderia ser apropriadamente considerada em conjunto com os resultados de quaisquer outros anos para determinar os lucros médios ou supostamente "normais".[5]

Mudança no status *dos produtores de baixo custo.* A indústria de mineração de cobre oferece um exemplo cujo significado é mais amplo. Uma análise das empresas desse ramo deve levar em conta que, desde 1914, um número substancial de novos produtores de baixo custo se desenvolveu e outras empresas conseguiram reduzir os custos de extração por meio de melhorias metalúrgicas. Isso significa que houve uma redução visível no "centro de gravidade" dos custos de produção de toda a indústria. Mantidos inalterados todos os outros aspectos, isso representaria um preço de venda mais baixo no futuro que aquele obtido no passado. (Tal evolução é ilustrada de forma mais notável pela indústria de borracha crua.) Dito de outra forma, as minas que anteriormente eram classificadas como produtoras de baixo custo, ou seja, como tendo custos bem inferiores à média, podem ter perdido essa vantagem,

---

5. O mesmo tipo de raciocínio se aplica claramente ao *volume de negócios* em razão das condições de guerra, bem ilustrado pelo desempenho das empresas de aviação em 1939-1940.

a menos que também tenham melhorado muito sua técnica de produção. O analista teria de levar em conta essas mudanças em seus cálculos, estabelecendo uma visão cautelosa dos preços futuros do cobre — pelo menos em comparação com a média pré-guerra ou pré-depressão.[6]

Preços anômalos e relações de preços na história do sistema da Interborough Rapid Transit (IRT). A história problemática do sistema da IRT na cidade de Nova York apresentou uma grande diversidade entre os preços de mercado e os valores reais ou relativos determináveis pela análise. Duas dessas discrepâncias giram em torno do fato de que, *por razões específicas*, os lucros atuais e passados não deveriam ter sido aceitos como indicadores da lucratividade futura. De forma abreviada, os detalhes dessas duas situações são apresentados a seguir.

Durante vários anos antes de 1918, a Interborough Rapid Transit Company foi muito próspera. Nos doze meses findos em 30 de junho de 1917, ganhou US$ 26 por ação em seu capital social e pagou dividendos de US$ 20 por ação. Quase todas essas ações pertenciam à Interborough Consolidated Corporation, uma *holding* (anteriormente chamada Interborough-Metropolitan Corporation) que, por sua vez, tinha em circulação títulos fiduciários, ações preferenciais de 6% e ações ordinárias. Incluindo sua participação nos lucros não distribuídos da empresa operacional, ganhava cerca de US$ 11,50 por ação com suas ações preferenciais e cerca de US$ 2,50 com as ordinárias. As preferenciais eram negociadas no mercado a US$ 60, e as ordinárias, a US$ 10. Essas emissões eram ativamente transacionadas e bastante recomendadas ao público por vários órgãos financeiros, que destacavam o crescimento fenomenal do tráfego do metrô.

Um mínimo de análise teria mostrado que a imagem real era totalmente diferente daquela que aparecia na superfície. Novas instalações de tráfego rápido estavam sendo construídas por meio de um contrato entre a cidade de Nova York e a Interborough (bem como outras por meio de um contrato entre Nova York e a Brooklyn Rapid Transit Company). Assim que as novas linhas entrassem em operação, o que aconteceria no ano seguinte, os lucros disponíveis para a Interborough seriam limitados, segundo esse contrato, ao valor prevalecente em 1911-1913, que era *muito menor que o atual*. A cidade teria então o direito de receber um retorno alto desse investimento enorme nas novas linhas. Depois de todos esses pagamentos terem sido feitos na íntegra,

---

6. Por outro lado, o aumento no preço do ouro, em 1933, invalidou *para fins estatísticos* os lucros anteriores dos produtores de ouro com base no preço de US$ 20,67. É uma incógnita se o preço do ouro vai permanecer ou não em US$ 35, mas não parece haver razão para fazer cálculos com base no valor antigo.

incluindo provisões para despesas passadas, a cidade e a Interborough dividiriam igualmente os lucros excedentes. No entanto, os pagamentos preferenciais devidos à cidade seriam tão pesados que especialistas haviam afirmado que, nas condições mais favoráveis, demoraria *mais de trinta anos* para que pudesse haver qualquer receita excedente para dividir com a empresa.

A breve tabela a seguir mostra a importância desses fatos.

INTERBOROUGH RAPID TRANSIT SYSTEM

Item	Lucros reais em 1917	Lucros *máximos* assim que o contrato com a cidade entrasse em vigor
Saldo para as ações da IRT	$ 9.100.000	$ 5.200.000
Parcela aplicável à Interborough Consolidated Corp.	8.800.000	5.000.000
Juros sobre os títulos da Interborough Consolidated Corp.	3.520.000	3.520.000
Saldo para preferenciais da Interborough Consolidated Corp.	5.280.000	1.480.000
Encargos de dividendos preferenciais	2.740.000	2.740.000
Saldo para as ações ordinárias da Interborough Consolidated Corp.	2.540.000	*1.260.000(d)*
Lucro por ação preferencial da Interborough Consolidated Corp.	$11,50	$3,25
Lucro por ação ordinária da Interborough Consolidated Corp.	2,50	Nenhum

Os fatos subjacentes provavam, além de qualquer dúvida, portanto, que, em vez de um futuro brilhante reservado para a Interborough, sua lucratividade estava destinada a sofrer uma severa diminuição em um ano. Seria impossível manter o dividendo de US$ 6 sobre as ações preferenciais da empresa controladora, e nenhum lucro estaria disponível para as ações ordinárias por uma geração ou mais. Com base nessa análise, era matematicamente certo que ambas as emissões de ações da Interborough Consolidated valiam muito menos que seus preços de venda atuais.[7]

---

7. As indicações apontavam fortemente para manipulação por parte de pessoas com acesso a informações privilegiadas, em 1916-1917, para desovar essas ações no público a preços elevados antes do período de lucros mais baixos. O pagamento de dividendos integrais sobre as ações preferenciais, em um interlúdio de lucros elevados sabidamente temporários, era indesculpável do ponto de vista da política empresarial, mas compreensível como dispositivo para auxiliar na ação de desova. Essas distribuições de dividendos não eram apenas injustas para os detentores de títulos de 4,5% como

A sequência não apenas comprovou a validade dessa crítica, o que era inevitável, como demonstrou também que, quando um *limite superior* de lucros ou valor é fixado, em geral, existe o perigo de o valor real ser inferior ao máximo. A inauguração das novas linhas de metrô coincidiu com um aumento grande dos custos operacionais, por conta da inflação dos tempos de guerra; como era de esperar, também diminuiu os lucros das rotas mais antigas. A Interborough Rapid Transit Company foi prontamente obrigada a reduzir seus dividendos, os quais foram totalmente omitidos em 1919. Em consequência, a empresa controladora, a Interborough Consolidated, suspendeu seus dividendos preferenciais em 1918. No ano seguinte, deixou de pagar os juros de seus títulos, faliu e desapareceu de cena, junto *com a extinção total de suas ações preferenciais e ordinárias*. Dois anos depois, a Interborough Rapid Transit Company, que recentemente tinha sido tão próspera, escapou por pouco de uma concordata iminente por meio de uma reestruturação "voluntária" que prorrogou uma emissão de notas que estava por vencer. Quando esse ativo prorrogado venceu em 1932, a empresa foi novamente incapaz de pagá-lo e, dessa vez, os comissários de concordata assumiram o controle da propriedade.

No período de dez anos entre os dois pedidos de concordata, outra situação de lucros se desenvolveu, um tanto semelhante àquela de 1917.[8] Em 1928, a Interborough declarou lucros de 3 milhões de dólares, ou US$ 8,50 por ação para suas ações ordinárias, e as ações foram negociadas a um preço tão alto quanto US$ 62. No entanto, esses lucros incluíam 4 milhões de dólares de "restituição preferencial" da divisão de metrô. Esta última representava uma quantia limitada, devida à Interborough Rapid Transit, dos lucros do metrô para compensar uma deficiência nos lucros dos primeiros anos de operação das novas linhas. Em 30 de junho de 1928, o valor da restituição preferencial remanescente a ser pago à empresa era de apenas 1,413 milhão de dólares. *Portanto, todos os lucros disponíveis para as ações da Interborough eram derivados de uma fonte especial de receita que perduraria por apenas mais alguns meses.* Especuladores descuidados, entretanto, estavam capitalizando como permanente uma lucratividade das ações da Interborough, que a análise mostraria ser de natureza inteiramente não recorrente e temporária.

---

também, devido a certos acontecimentos anteriores, provavelmente ilegais. (Uma referência a esse aspecto do caso foi feita no capítulo 20).

8. Para uma discussão concisa das numerosas anomalias de preço entre vários títulos do sistema IRT, ver apêndice F, nota 10, p. 1.038: (1) entre Interborough Metropolitan de 4,5% e Interborough Consolidated Preferred em 1919; (2) entre IRT de 5% e IRT de 7% em 1920; (3) entre ações da IRT e ações "modificadas" da Manhattan em 1929; (4) entre IRT de 5% e IRT de 7% em 1933; (5) entre ações "modificadas" da Manhattan e ações "não modificadas" da Manhattan em 1933.

CAPÍTULO 39
ÍNDICES PREÇO-LUCRO PARA AÇÕES ORDINÁRIAS: AJUSTES PARA MUDANÇAS NA CAPITALIZAÇÃO

Em capítulos anteriores, fizemos várias referências às ideias de Wall Street acerca da relação entre lucro e valor. O valor de determinada ação ordinária é, em geral, considerado ser certo número de vezes seus lucros atuais. Esse número de vezes, ou múltiplo, depende, em parte, das opiniões predominantes e, em parte, da natureza e do histórico da empresa. Antes do mercado altista de 1927-1929, um múltiplo de dez vezes o lucro era o padrão aceito. Para ser mais preciso, era o ponto de partida mais adotado para a avaliação das ações ordinárias, de modo que um ativo deveria ser considerado excepcionalmente desejável para justificar um índice mais alto, e vice-versa.

A partir de 1927, o padrão de dez vezes os lucros foi substituído por um conjunto bastante confuso de parâmetros novos. Por um lado, houve uma tendência de valorizar as ações ordinárias, em geral, de uma forma mais liberal que antes. Isso foi resumido no famoso ditado de um líder das finanças, que sugeriu que as ações boas valiam quinze vezes seus lucros.[1] Houve também a tendência de fazer distinções mais abrangentes nas avaliações de diferentes tipos de ações ordinárias. Empresas em setores especialmente favorecidos, por exemplo, as prestadoras de serviços públicos e as cadeias de lojas, em 1928-1929, foram negociadas a um múltiplo muito alto dos lucros atuais, digamos, entre 25 a quarenta vezes. Isso também se aplicava aos ativos *blue chip*, que abrangiam unidades líderes em diversos ramos. Conforme apontado antes, essas avaliações generosas foram baseadas na presunção da continuidade da tendência altista apresentada em um período mais longo ou mais curto no passado. Após 1932, desenvolveu-se uma tendência de os preços subirem em relação aos lucros, em razão da queda acentuada nas taxas de juros a longo prazo.

---

1. O texto dessa declaração, conforme citado no *Wall Street Journal*, de 26 de março de 1928, foi o seguinte: "'As ações da General Motors, de acordo com os índices da Dow, Jones & Co.', observou o senhor Raskob, 'deveriam ser negociadas a quinze vezes o lucro, ou em torno de US$ 225 por ação, ao passo que no nível atual de US$ 180, são negociadas a aproximadamente apenas doze vezes o lucro atual.'".

Avaliação exata impossível. A análise de títulos não pode presumir estabelecer regras gerais sobre o "valor adequado" de qualquer ação ordinária. Na prática, não existe tal coisa. As bases do valor são mutáveis demais para admitir qualquer formulação que possa ser considerada até mesmo razoavelmente precisa. Toda a ideia de basear o valor nos lucros correntes parece inerentemente absurda, uma vez que sabemos que os lucros correntes variam constantemente. E se o múltiplo deve ser dez, quinze ou trinta, parece, no fundo, uma questão de escolha puramente arbitrária.

Contudo, o próprio mercado acionário não tem tempo para tais escrúpulos científicos. Deve primeiro estabelecer seus valores e depois encontrar suas razões. Sua posição é muito parecida com a de um júri em um processo de quebra de promessa; não existe uma maneira sólida de medir os valores envolvidos e, no entanto, devem ser medidos de alguma forma e um veredicto precisa ser dado. Assim, os preços das ações ordinárias não são cálculos pensados com cuidado, mas o resultado de uma profusão de reações humanas. O mercado acionário é mais uma máquina de votar que uma balança de pesagem. Ele responde aos dados factuais de forma não direta, mas apenas conforme afetam as decisões de compradores e vendedores.

Funções limitadas do analista na área da avaliação dos preços de ações. Confrontado por essa mistura de fatos mutáveis e fantasias humanas oscilantes, o analista de títulos financeiros é claramente incapaz de emitir uma opinião sobre os preços das ações ordinárias em geral. Existem, no entanto, algumas medidas concretas, embora limitadas, que pode implementar nesse campo, das quais as seguintes são representativas:

1. pode estabelecer uma base para a avaliação *conservadora* ou *de investimento* de ações ordinárias, distinta das avaliações especulativas;
2. pode apontar o significado (a) da estrutura de capitalização e (b) da fonte das receitas, conforme seu efeito sobre o valor de determinada emissão de ações; e
3. pode encontrar elementos incomuns no balanço que afetam o quadro de lucros.

Uma base sugerida de avaliação máxima para fins de investimento. O investidor em ações ordinárias, da mesma forma que o especulador, depende dos lucros futuros, e não dos passados. Sua base fundamental de avaliação deve ser uma estimativa inteligente e conservadora da lucratividade futura. No entanto, sua *medida* dos lucros futuros pode ser conservadora apenas na medida em que é limitada pelo desempenho real durante um período. Sugerimos, no entanto, que o lucro do ano mais recente, tomado isoladamente, pode ser aceito como um parâmetro para os lucros futuros, *se* (1) as condições gerais dos negócios naquele ano não foram excepcionalmente boas, (2) a empresa mostrou uma tendência de aumento dos lucros por alguns anos passados e (3) o estudo do investidor sobre o setor industrial deu-lhe confiança em seu crescimento contínuo. Em um caso muito excepcional, pode-se justificar por que o investidor conta com lucros mais altos no futuro que em qualquer momento no passado. Isso pode resultar de acontecimentos que envolvem uma patente ou a descoberta de mais minério em uma mina ou de alguma ocorrência específica e significativa semelhante. Entretanto, na maioria dos casos, derivará o valor do investimento de uma ação ordinária a partir do lucro médio, em um período entre cinco e dez anos. Isso não significa que todas as ações ordinárias com o mesmo lucro médio devam ter o mesmo valor. O investidor em ações ordinárias (ou seja, o comprador *conservador*) fará, conforme apropriado, uma avaliação mais liberal daqueles ativos que têm lucros correntes acima da média ou que podem ser razoavelmente considerados possuidores de perspectivas melhores que a média ou com lucratividade inerentemente estável. No entanto, é a essência do nosso ponto de vista que algum limite superior moderado deve, *em todos os casos*, ser estabelecido para o múltiplo a fim de permanecer dentro dos limites da avaliação conservadora. Sugerimos que *cerca de vinte vezes o lucro médio* é o preço mais alto que pode ser pago na compra de uma ação ordinária para *fins de investimento*.

Embora essa regra seja necessariamente arbitrária por natureza, não é inteiramente assim. O investimento pressupõe valor demonstrável, e o valor típico das ações ordinárias só pode ser demonstrado por meio de uma lucratividade estabelecida, ou seja, média. Entretanto, é difícil ver como lucros médios de *menos de 5%* acima do preço de mercado poderiam ser considerados uma justificativa desse preço. Claramente, esse índice preço-lucro não poderia fornecer a *margem de segurança* que associamos à posição do investidor. Pode ser aceito por um comprador na expectativa de que os lucros futuros vão ser maiores que no passado. Entretanto, no sentido original e mais útil do termo, essa base de avaliação é *especulativa*.[2] E não se aplica ao investimento em ações ordinárias.

Preços mais altos podem prevalecer para compromissos especulativos. A intenção dessa distinção precisa ser claramente entendida. Não queremos sugerir que seja um erro pagar mais de vinte vezes o lucro médio por qualquer ação ordinária. Sugerimos que tal preço seria especulativo. A compra pode facilmente revelar-se altamente lucrativa, mas, nesse caso, terá se mostrado

---

2. Para uma discussão sobre a relação entre as taxas de juros dos títulos e o "múltiplo" das ações ordinárias, ver apêndice F, nota 11, p. 1.040.

uma especulação sábia ou afortunada. É apropriado observar, além disso, que muito poucas pessoas são consistentemente sábias ou afortunadas em suas operações especulativas. Portanto, podemos sugerir, como um corolário de grande importância prática, *que é provável que as pessoas que habitualmente compram ações ordinárias a mais de vinte vezes seus lucros médios perderão dinheiro considerável a longo prazo*. Isso é mais provável porque, na ausência de tal controle mecânico, estão propensas a sucumbir recorrentemente à atração dos mercados ascendentes, que sempre encontram algum argumento enganador para justificar o pagamento de preços extravagantes por ações ordinárias.

Outros requisitos para ações ordinárias de grau de investimento e um corolário daí decorrente. Deve-se observar que, se vinte vezes o lucro médio é considerado o *limite superior* do preço de uma compra para fins de investimento, então o preço pago deve ser bastante menor que esse máximo em condições normais. Isso sugere que cerca de 12 ou 12,5 vezes o lucro médio pode ser adequado para o caso típico de uma empresa com perspectivas neutras. Devemos enfatizar também que uma relação razoável entre o preço de mercado e o lucro médio não é o único requisito para um investimento em ações ordinárias. É uma condição necessária, porém não suficiente. A empresa deve ser satisfatória também em termos de sua configuração e gestão financeira e não insatisfatória em suas perspectivas.

Desse princípio, surge outro corolário importante: *um investimento atraente em ações ordinárias é uma especulação atraente*. Isso é verdade porque, se uma ação ordinária pode atender à demanda de um investidor conservador de que obtenha o valor integral de seu dinheiro, *além* de perspectivas futuras não insatisfatórias, então tal ativo também deve ter uma chance justa de se valorizar no mercado.

Exemplos de ações ordinárias especulativas e de investimento. Nossa definição de base de investimento para compras de ações ordinárias está em desacordo com a prática de Wall Street com relação às ações ordinárias de classificação alta. Para tais ativos, um preço consideravelmente superior a vinte vezes o lucro médio é considerado justificado e, além disso, essas ações são designadas como "emissões de investimento", independentemente do preço a que sejam negociadas. Em nossa opinião, os preços altos pagos pelas "melhores ações ordinárias" tornam essas compras essencialmente especulativas, pois requerem um crescimento futuro para justificá-las. Assim, as operações de investimento em ações ordinárias, como as definimos, ocuparão um meio-termo no mercado, situando-se entre as emissões de preço baixo que são especulativas por causa de sua qualidade duvidosa e os ativos bem estabelecidos que são especulativos, mesmo assim, por causa de seus preços altos.

GRUPO A: AÇÕES ORDINÁRIAS ESPECULATIVAS POR CAUSA DE SEU PREÇO ALTO, EM DEZEMBRO DE 1938 (NÚMEROS AJUSTADOS PARA REFLETIR MUDANÇAS NA CAPITALIZAÇÃO

Item	Grupo A		
	General Electric	Coca-Cola	Johns-Manville
Lucro por ação ordinária:			
1938	$ 0,96	$ 5,95	$ 1,09
1937	2,20	5,73	5,80
1936	1,52	4,66	5,13
1935	0,97	3,48	2,17
1934	0,59	3,12	0,22
1933	0,38	2,20	0,64(d)
1932	0,41	2,17	4,47(d)
1931	1,33	2,96	0,45
1930	1,90	2,79	3,66
1929	2,24	2,56	8,09
Média de dez anos	$ 1,25	$ 3,56	$ 2,15
Média de cinco anos (1934-1938)	$ 1,25	$ 4,59	$ 2,88
Títulos	Nenhum	Nenhum	Nenhum
Ações preferenciais	Nenhuma	600.000 sh. @ 60	75.000 sh. @ 130
		$ 36.000.000	$ 9.750.000
Ações ordinárias	28.784.000 sh. @ 43,5	3.992.000 sh. @ 132,25	850.000 sh. @ 105
	$ 1.250.000.000	$ 529.500.000	$ 89.300.000
Capitalização total	$ 1.250.000.000	$ 565.500.000	$ 99.050.000
Ativos tangíveis líquidos	$ 335.182.000	$ 43.486.000	$ 48.001.000
Ativos circulantes líquidos	$ 155.023.000	$ 25.094.000	$ 17.418.000
Lucro médio sobre o preço da ação ordinária, em 1929-1938	2,9%	2,7%	2,0%
Lucro máximo sobre o preço da ação ordinária, em 1929-1938	5,1%	4,5%	7,7%
Lucro mínimo sobre o preço da ação ordinária, em 1929-1938	0,9%	1,6%	(d)
Lucro médio sobre o preço da ação ordinária, em 1934-1938	2,9%	3,5%	2,7%

GRUPO B: AÇÕES ORDINÁRIAS ESPECULATIVAS EM RAZÃO DE SEU HISTÓRICO IRREGULAR, EM DEZEMBRO DE 1938

Item	Grupo B		
	Goodyear Tire and Rubber	**Simmons**	**Youngstown Sheet and Tube**
Lucro por ação ordinária:			
1938	$ 1,34	$ 1,42	$ *0,89(d)*
1937	1,95	2,88	6,79
1936	3,90	3,53	7,03
1935	0,12	1,14	0,64
1934	0,66(d)	0,84(d)	2,95(d)
1933	0,79(d)	0,04	7,76(d)
1932	4,24(d)	2,57(d)	11,75(d)
1931	0,04	0,79(d)	6,55(d)
1930	0,37(d)	1,05(d)	5,17
1929	10,23	4,15	17,28
Média de dez anos	$ 1,15	$ 0,79	$ 0,70
Média de cinco anos (1934-1938)	$ 1,35	$ 1,63	$ 2,12
Títulos	$ 50.235.000	$ 10.000.000	$ 87.000.000
Ações preferenciais	650.000 sh. @ 108	Nenhuma	150.000 sh. @ 81
	70.250.000		12.165.000
Ações ordinárias	2.059.000 sh. @ 37,625	1.158.000 sh. @ 32	1.675.000 sh. @ 54,25
	$ 77.500.000	$ 37.050.000	$ 90.900.000
Capitalização total	$ 197.985.000	$ 47.050.000	$ 190.065.000
Ativos tangíveis líquidos, em 31 dez. 1938	$ 170.322.000	$ 28.446.000	$ 224.678.000
Ativos circulantes líquidos, em 31 dez. 1938	$ 96.979.000	$ 14.788.000	$ 83.375.000
Lucro médio sobre o preço da ação ordinária, em 1929-1938	3,1%	2,5%	1,3%
Lucro máximo sobre o preço da ação ordinária, em 1929-1938	27,2%	13%	31,8%
Lucro mínimo sobre o preço da ação ordinária, em 1929-1938	*(d)*	*(d)*	*(d)*
Lucro médio sobre o preço da ação ordinária, em 1934-1938	3,6%	5,1%	3,9%

GRUPO C: AÇÕES ORDINÁRIAS QUE ATENDEM AOS REQUISITOS DE INVESTIMENTO DO PONTO DE VISTA QUANTITATIVO, EM DEZEMBRO DE 1938

Item	Grupo C		
	Adams-Millis	American Safety Razor	J. J. Newberry
Lucro por ação ordinária:			
1938	$ 3,21	$ 1,48	$ 4,05
1937	2,77	2,47	5,27
1936	2,55	2,70	6,03
1935	2,93	2,42	4,94
1934	3,41	2,03	5,38
1933	2,63	1,40	3,06
1932	1,03	1,14	1,07
1931	4,72	1,58	1,73
1930	4,83	2,50	2,27
1929	4,83	2,57	3,15
Média de dez anos	$ 3,29	$ 2,03	$ 3,70
Média de cinco anos (1934-1938)	$ 2,97	$ 2,22	$ 5,13
Títulos	Nenhum	Nenhum	$ 5.587.000
Ações preferenciais	Nenhuma	Nenhuma	51.000 sh. @ 106 $ 5.405.000
Ações ordinárias	156.000 sh. @ 21 $ 3.280.000	524.000 sh. @ 14,875 $ 7.800.000	380.000 sh. @ 34,5 $ 13.110.000
Capitalização total	$ 3.280.000	$ 7.800.000	$ 24.102.000
Ativos tangíveis líquidos, em 31 dez. 1938	$ 3.320.000	$ 6.484.000	$ 25.551.000
Ativos circulantes líquidos, em 31 dez. 1938	$ 926.000	$ 3.649.000	$ 8.745.000
Lucro médio sobre o preço da ação ordinária, em 1929-1938	15,7%	13,7%	10,7%
Lucro máximo sobre o preço da ação ordinária, em 1929-1938	23%	18,2%	17,5%
Lucro mínimo sobre o preço da ação ordinária, em 1929-1938	4,9%	7,7%	3,1%
Lucro médio sobre preço da ação ordinária, em 1934-1938	14,1%	14,9%	14,9%

Essas distinções são ilustradas[3] pelos nove exemplos seguintes, tirados de 31 de dezembro de 1938.

Comentários sobre os vários grupos. As empresas listadas no grupo A são representativas dos chamados setores industriais de "primeira classe" ou *blue chip*, especialmente favorecidos na grande especulação de 1928-1929 e nos mercados dos anos subsequentes. São caracterizadas por uma posição financeira sólida, por perspectivas presumivelmente excelentes e, na maioria dos casos, por lucros relativamente estáveis ou crescentes no passado. O *preço de mercado* das ações, entretanto, era superior ao que seria justificado por seu rendimento médio. Na verdade, os lucros do *melhor* ano no período de 1929-1938 foram inferiores a 8% do preço de mercado de dezembro de 1938. É também característico de tais ativos que sejam negociados por prêmios enormes acima do capital real investido.

As empresas analisadas no grupo B são obviamente especulativas, em razão da grande instabilidade de seus históricos de lucros. Apresentam relações variáveis entre o preço de mercado e os lucros médios, os lucros máximos e os valores dos ativos.

As ações ordinárias apresentadas no grupo C são exemplos daquelas que atendem a testes específicos e quantitativos de qualidade de investimento. Esses testes incluem:

1. os lucros têm se mantido razoavelmente estáveis, levando em consideração as oscilações fortes nas condições de negócios durante dez anos;
2. os lucros médios apresentam uma relação satisfatória com o preço de mercado;[4] e
3. a estrutura financeira é bastante conservadora e a posição do capital de giro é sólida.

Embora não estejamos sugerindo que uma ação ordinária comprada para fins de investimento *precise* apresentar valores patrimoniais iguais ao preço pago, mesmo assim os ativos do grupo C se caracterizam, em seu conjunto, por não serem vendidos por um prêmio grande acima dos recursos reais das empresas.

O *investimento* em ações ordinárias, como o concebemos, vai se limitar a ativos que tenham um desempenho do tipo ilustrado pelo grupo C. No entanto, a compra de tais ativos deve exigir também que o comprador esteja

---

3. Para os exemplos dados na edição de 1934 e sua execução posterior, ver apêndice F, nota 12, p. 1.041.

4. Observar que os lucros *médios* das três empresas do grupo C foram quase 2,5 vezes maiores em relação ao preço de mercado que os lucros *máximos* das empresas do grupo A.

satisfeito com o fato de as perspectivas da empresa serem, pelo menos, razoavelmente favoráveis.

CONSIDERAÇÃO DAS MUDANÇAS DE CAPITALIZAÇÃO

Ao avaliar os lucros passados, quando apresentados em uma base por ação, é elementar que os valores devam ser ajustados para refletir quaisquer mudanças importantes na estrutura de capitalização que tenham ocorrido durante o período. No caso mais simples, isso envolverá uma mudança apenas no número de ações ordinárias por conta de dividendos de ações, desdobramentos, etc. É necessário reapresentar a capitalização ao longo do período com base no número atual de ações. (Esses recálculos são feitos por alguns serviços estatísticos, mas não por outros.)

Quando a mudança na capitalização foi causada pela venda de ações adicionais a um preço comparativamente baixo (em geral, por meio do exercício de direitos de subscrição ou garantias) ou pela conversão de ativos privilegiados, o ajuste fica mais difícil. Em tais casos, os lucros disponíveis para as ações ordinárias no período anterior devem ser aumentados por qualquer lucro que teria decorrido da emissão de ações adicionais. Quando títulos ou ações preferenciais são convertidos em ações ordinárias, os encargos anteriormente pagos por causa deles devem ser adicionados de volta ao lucro e o novo valor precisa ser aplicado ao número maior de ações. Se as ações foram vendidas a um preço relativamente baixo, um ajuste adequado permitiria um lucro de, digamos, 5% a 8% sobre o produto da venda. (Tais recálculos não precisam ser feitos, a menos que as mudanças indicadas sejam substanciais.)

Um ajuste correspondente do lucro por ação deve ser feito, às vezes, para refletir o possível aumento *futuro* no número de ações em circulação como resultado de conversões ou do exercício de garantias. Quando outros detentores de ativos têm uma escolha de qualquer tipo, uma análise sólida deve levar em conta o possível efeito adverso sobre o lucro por ação das ações ordinárias que resultariam do exercício dessa opção.

Exemplos: Esse tipo de ajuste deve ser feito na análise dos lucros declarados pela American Airlines, Inc., para os doze meses findos em 30 de setembro de 1939.

Lucro conforme declarado	US$ 1.128.000
Por ação sobre cerca de 300 mil ações em circulação	US$ 3,76

(Preço em dezembro de 1939 em cerca de US$ 37)

Entretanto, havia 2,6 milhões de dólares de debêntures de 4,5% em circulação, conversíveis em ações ordinárias a US$ 12,50 por ação. O analista precisa *presumir* a conversão dos títulos, dando o seguinte resultado ajustado:

Lucros, acrescentando US$ 117.000 de juros... US$ 1.245.000

Lucro por ação sobre 508 mil ações .... US$ 2,45

Mais de um terço do lucro declarado, por ação, é perdido após o ajuste necessário ser feito.

A American Water Works and Electric Company pode ser usada para ilustrar os dois tipos de ajuste. (Consultar tabela a seguir.)

O ajuste *A* reflete o pagamento de dividendos de ações em 1928, 1929 e 1930.

O ajuste *B* pressupõe a conversão de 15 milhões de dólares de títulos de 5% conversíveis, emitidos em 1934, aumentando os lucros pelo valor dos encargos de juros, mas também aumentando o número de ações ordinárias em 750 mil ações. (Os ajustes anteriores são independentes de quaisquer modificações possíveis nos lucros declarados decorrentes do questionamento dos encargos de depreciação, etc., conforme discutido anteriormente.)

Ano	Lucro* por ação ordinária, conforme declarado			Ajuste *A*		Ajuste *B*		
	Valor das ações	Número	Por ação	Número de ações	Lucro por ação	Quantia	Número de ações	Lucro por ação
1933	$ 2.392	1.751	$ 1,37	1.751	$ 1,37	$ 3.140	2.501	$ 1,26
1932	2.491	1.751	1,42	1.751	1,42	3.240	2.501	1,30
1931	4.904	1.751	2,80	1.751	2,80	5.650	2.501	2,26
1930	5.424	1.751	3,10	1.751	3,10	6.170	2.501	2,47
1929	6.621	1.657	4,00	1.741	3,80	7.370	2.491	2,95
1928	5.009	1.432	3,49	1.739	2,88	5.760	2.489	2,30
1927	3.660	1.361	2,69	1.737	2,11	4.410	2.487	1,76
Média de sete anos			$ 2,70		$ 2,50			$ 2,04

* Número de ações e lucro em milhares.

Ajustes correspondentes nos valores contábeis ou nos valores do ativo circulante por ação ordinária devem ser feitos como parte da análise do balanço patrimonial. Essa técnica é adotada em nossa discussão do demonstrativo da

Baldwin Locomotive Works, feita no apêndice F, nota 13 (p. 1.046), no qual as garantias em circulação são levadas em consideração.

PROVISÕES POR INTERESSES DE PARTICIPAÇÃO

No cálculo dos lucros disponíveis para as ações ordinárias, deve ser dado pleno reconhecimento aos direitos dos titulares de ativos participantes, estejam ou não os valores envolvidos efetivamente pagos. Concessões semelhantes devem ser feitas para o impacto de contratos de gestão que prevejam uma porcentagem substancial dos lucros como compensação, como no caso dos fundos de investimento. Às vezes, surgem casos raros que envolvem "ações restritas", em que os dividendos são dependentes dos lucros ou de outras considerações.

LUCROS AJUSTADOS: TRICO PRODUCTS CORPORATION[1]

Ano	Lucro por ação ordinária	Lucro por ação sobre ações irrestritas		
		A. Ignorando ações restritas	B. Distribuição máxima de ações restritas	C. Levando em consideração liberação de ações restritas (isto é, na capitalização total)
1929	$ 2.250.000	$ 6,67	$ 4,58	$ 3,33
1930	1.908.000	5,09	3,94	2,83
1931	1.763.000	4,70	3,72	2,61
1932	965.000	2,57	2,54	1,44
1933	1.418.000	3,78	3,21	2,10
1934	1.772.000	4,72	3,74	2,62
1935	3.567.000	9,84	6,52	5,38
1936	4.185.000	9,75	7,25	6,39
1937	3.792.000	8,97	6,82	5,99
1938	2.320.000	5,56	4,53	3,70
Média de dez anos	$ 3.394.000	$ 6,17	$ 4,69	$ 3,64

1. Os cálculos para os anos de 1935 a 1938 foram afetados por recompras de ações irrestritas pela empresa.

Exemplo: A Trico Products Corporation, um grande fabricante de acessórios automotivos, está capitalizada em 675 mil ações ordinárias, das quais 450 mil ações (de propriedade do presidente) eram originalmente "restritas" com relação aos dividendos. As ações sem restrição têm, primeiro, direito a dividendos de US$ 2,50 por ação, após os quais ambas as classes compartilham igualmente dos dividendos adicionais. Além disso, blocos sucessivos de ações com restrição seriam liberados da restrição caso os lucros, em 1925 e em anos posteriores, alcançassem determinados valores estipulados. (Até o final de 1938, um total de 239.951 ações foram assim liberadas.)

Na tabela anterior, a coluna *C* fornece a medida mais sólida da lucratividade demonstrada para as ações irrestritas. A coluna *A* é irrelevante.

Uma situação semelhante à da Trico Products Corporation pode ser vista no caso das ações da Montana Power Company, antes de junho de 1921.

Regra geral. O material nas últimas páginas pode ser resumido nesta regra geral:

> O valor intrínseco de uma ação ordinária precedida por ativos conversíveis, ou sujeito à diluição por meio do exercício de opções de ações ou de privilégios de participação desfrutados por outros detentores de ativos, não pode ser razoavelmente avaliado por um valor mais alto que aquele que seria justificado se todos esses privilégios fossem exercidos na íntegra.

CAPÍTULO 40
ESTRUTURA DE CAPITALIZAÇÃO

A divisão da capitalização total de uma empresa entre ativos privilegiados e ações ordinárias exerce uma influência importante sobre a relevância da lucratividade por ação. Um conjunto de exemplos hipotéticos ajudará a esclarecer esse ponto. Para esse propósito, postularemos três indústrias, A, B e C, cada uma com uma lucratividade (ou seja, com lucros médios e recentes) de 1 milhão de dólares. São idênticas em todos os aspectos, exceto na estrutura de capitalização. A empresa A é capitalizada em apenas 100 mil ações ordinárias. A empresa B possui 6 milhões de dólares em títulos de 4% e 100 mil ações ordinárias. A empresa C tem 12 milhões de dólares em títulos de 4% e 100 mil ações ordinárias em circulação.

Suponhamos que os títulos tenham valor de paridade e que as ações ordinárias valham cerca de doze vezes seu lucro por ação. Em seguida, o valor das três empresas será calculado da seguinte forma:

Empresa	Lucro para ações ordinárias	Valor das ações ordinárias	Valor dos títulos	Valor total da empresa
A	$ 1.000.000	$ 12.000.000		$ 12.000.000
B	760.000	9.000.000	$ 6.000.000	15.000.000
C	520.000	6.000.000	12.000.000	18.000.000

Esses resultados chamam a atenção. Empresas com uma lucratividade idêntica parecem ter valores amplamente divergentes, em razão unicamente da composição de sua capitalização. No entanto, a própria estrutura de capitalização é uma questão de determinação voluntária por aqueles que estão no controle. Isso significa que o valor justo de uma empresa pode ser aumentado ou diminuído arbitrariamente por meio da alteração das proporções relativas dos ativos privilegiados e das ações ordinárias?

O valor de uma empresa pode ser alterado por meio de variações arbitrárias na estrutura de capital? Para responder a essa pergunta de maneira adequada, devemos examinar nossos exemplos com mais cuidado. Ao calcular o valor das três empresas, presumimos que os títulos teriam um valor de paridade e que as ações valeriam doze vezes seus lucros. Essas premissas são sustentáveis? Consideremos, primeiro, o caso da empresa B. Caso não haja elementos desfavoráveis na conjuntura, os títulos podem muito bem ser negociados a cerca de US$ 100, uma vez que os juros são ganhos quatro vezes. Nem a presença dessa dívida financiada em geral impediria as ações ordinárias de serem negociadas a doze vezes sua lucratividade estabelecida.

Deve-se lembrar, entretanto, que, se as ações da empresa B valem doze vezes seus lucros, as ações da empresa A devem valer mais que esse múltiplo, uma vez que não têm dívidas pela frente. Portanto, o risco é menor, e elas são menos vulneráveis ao efeito de uma redução nos lucros que as ações da empresa B. É óbvio que isso é verdade, mas é igualmente verdade que as ações da empresa B responderão melhor a um *aumento* nos lucros. Os números a seguir demonstram isso claramente:

Lucro presumido	Lucro por ação		Mudança no lucro por ação comparada com a base	
	Empresa A	Empresa B	Empresa A	Empresa B
$ 1.000.000	$ 10,00	$ 7,60	(Base)	(Base)
750.000	7,50	5,10	−25%	−33%
1.250.000	12,50	10,10	+25%	+33%

Não seria justo supor que a maior sensibilidade da empresa B a uma possível queda nos lucros seja compensada por sua maior sensibilidade a um possível aumento? Além disso, se o investidor espera lucros mais altos no futuro — e, presumivelmente, escolhe suas ações ordinárias com esse fator em mente — não teria justificativa para escolher a emissão que se beneficiará mais com determinado grau de melhoria? Somos, portanto, levados de volta às conclusões originais de que a empresa B pode valer 3 milhões de dólares, ou 25% mais que a empresa A, exclusivamente por conta da composição de sua capitalização entre títulos e ações.

Princípio da estrutura ótima de capitalização. Por mais paradoxal que essa conclusão possa parecer, é sustentada pelo comportamento real das ações ordinárias no mercado. Se sujeitarmos essa contradição a uma análise mais detalhada, descobriremos que surge do que pode ser chamado de *simplificação excessiva* da estrutura de capital da empresa A. As ações ordinárias da empresa A, evidentemente, contêm os dois elementos representados pelos títulos e pelas ações da empresa B. Parte das ações da empresa A é, no mínimo, equivalente aos títulos da empresa *B* e deveria, *em teoria*, ser avaliada na mesma base, ou seja, 4%. O restante das ações da empresa *A* deve ser avaliado em doze vezes o lucro. Esse raciocínio teórico nos daria um valor combinado de 15 milhões de dólares, ou seja, uma base média de 6,66%, para os dois componentes das ações da empresa *A*, que, é claro, é o mesmo que a soma dos títulos e das ações da empresa *B*.

Entretanto, esse valor de 15 milhões para as ações da empresa *A* não seria normalmente realizado *na prática*. A razão óbvia é que o comprador de ações ordinárias raramente reconhecerá a existência de um "componente de título" em uma emissão de ações ordinárias e, em qualquer caso, por não querer tal componente de título, não está disposto a pagar mais por isso.[1] Esse fato nos leva a um princípio importante, tanto para os compradores de ativos como para os administradores de empresas, a saber:

A estrutura de capitalização ideal para qualquer empresa inclui ativos privilegiados, na medida em que possam ser emitidos e comprados com segurança para fins de investimento.

Em termos concretos, isso significa que a estrutura de capitalização da empresa *B* é preferível à da empresa *A* do ponto de vista do acionista, presumindo que, em ambos os casos, a emissão de títulos de 6 milhões de dólares constituísse um investimento sólido. (Isso pode exigir, entre outras coisas, que as empresas apresentem um capital de giro líquido não inferior a 6 milhões, de acordo com os testes rigorosos para ativos industriais sólidos recomendados no capítulo 13.) Em tais condições, a contribuição do capital integral por parte dos acionistas ordinários pode ser denominada uma configuração *ultraconservadora*, visto que, em geral, tende a tornar o dólar do acionista menos produtivo para ele que se uma parte razoável do capital fosse levantada em forma de empréstimo. Uma situação análoga é verdadeira para a maioria das empresas privadas, em que o uso de uma quantidade conservadora de recursos bancários para necessidades sazonais, em vez de financiar as operações inteiramente com o capital dos proprietários, é reconhecido como uma política lucrativa e adequada.

---

1. Para um exemplo do possível efeito de uma mudança na estrutura de capital pela adoção de uma combinação de ações e títulos em vez de apenas ações, ver nossa discussão sobre a American Laundry Machinery Company na edição de 1934 desta obra (p. 505-507). Mudanças reais desse tipo foram feitas pela American Zinc (por meio de um dividendo de ações preferenciais em 1916) e pela Maytag Company, por meio de distribuições semelhantes em 1928. O método usual de introdução de uma estrutura de capitalização especulativa em uma empresa com configuração conservadora é por meio da constituição de uma empresa controladora que emite os próprios ativos privilegiados e ações ordinárias para compensar a aquisição de ações ordinárias da empresa operacional. *Exemplos*: Chesapeake Corporation, em 1927; Kaufmann Department Stores Securities Corporation, em 1925.

Práticas empresariais que resultam na escassez de títulos industriais sólidos. Além disso, assim como é desejável, do ponto de vista dos bancos, que empresas sólidas façam empréstimos sazonais, também é desejável, do ponto de vista dos investidores em geral, que grandes indústrias levantem uma parcela apropriada de seu capital por meio da venda de títulos. Tal política aumentaria o número de emissões de títulos de alto grau no mercado, dando ao investidor em títulos uma gama mais ampla de escolhas e merecidamente dificultando a venda de títulos pouco sólidos. Infelizmente, a prática das indústrias, nos últimos anos, tende a produzir uma escassez de emissões de títulos industriais de boa qualidade. Em geral, as empresas fortes se abstiveram de lançar títulos novos e, em muitos casos, resgataram as antigas. No entanto, essa aversão às dívidas em títulos por parte das indústrias mais fortes produziu, de fato, vários tipos de resultados decepcionantes para os investidores e as políticas de investimento. As observações seguintes sobre esse ponto, escritas em 1934, ainda são bastante pertinentes.

1. Essa aversão tendeu a restringir o financiamento de novos títulos industriais a empresas com desempenho mais fraco. A escassez relativa de títulos bons impeliu os bancos de investimento a vender e os investidores a comprar ativos inferiores, com resultados inevitavelmente desastrosos.
2. A escassez de títulos de boa qualidade também tendeu a direcionar os investidores para o campo das ações preferenciais. Por razões previamente detalhadas (no capítulo 14), as ações preferenciais convencionais são pouco sólidas em termos teóricos e, portanto, provavelmente, vão se revelar meios de investimento insatisfatórios como uma classe.
3. A eliminação (ou quase eliminação) de ativos privilegiados na estrutura de muitas empresas grandes, é claro, melhorou um pouco o grau de investimento de suas ações ordinárias, mas melhorou ainda mais a demanda dos investidores por essas ações ordinárias. Isso, por sua vez, resultou em muitas compras de ações ordinárias por pessoas cujas circunstâncias exigiam que comprassem títulos sólidos. Além disso, forneceu uma justificativa superficial para a criação de preços excessivos para essas ações ordinárias; finalmente, contribuiu poderosamente para a confusão entre os motivos de investimento e os motivos especulativos, que, em 1927-1929, serviu para corromper uma proporção tão grande dos outrora investidores cuidadosos do país.

Avaliação dos lucros quando a estrutura de capital é excessivamente pesada. A fim de levar essa teoria da estrutura de capitalização um passo adiante, vamos examinar o caso da empresa C. Chegamos a uma avaliação de 18 milhões de dólares para essa empresa, pressupondo que sua emissão de títulos de 12 milhões seria vendida à paridade e que as ações seriam negociadas a doze vezes seu lucro de US$ 5,20 por ação. No entanto, essa suposição quanto ao preço dos títulos é claramente falaciosa. Lucros de duas vezes os encargos de juros não constituem proteção suficiente para um título industrial e, portanto, não seria sensato comprar tal ativo pelo valor nominal. Na verdade, esse mesmo exemplo fornece uma demonstração útil de nossa afirmação de que uma cobertura de duas vezes o valor dos juros é inadequada. Se fosse amplo — como alguns investidores parecem acreditar —, os proprietários de qualquer negócio razoavelmente próspero, ganhando 8% sobre o dinheiro investido, poderiam recuperar seu capital inteiro com a venda de uma emissão de títulos de 4% e continuariam a manter o controle da empresa junto com metade de seus lucros. Tal arranjo seria extremamente atraente para os proprietários, mas idiota do ponto de vista daqueles que compram os títulos.

Nosso exemplo da empresa C também lança alguma luz sobre o efeito da taxa de juros na aparente segurança do ativo privilegiado. Se a emissão de títulos de 12 milhões de dólares tivesse uma taxa de juros de 6%, os juros de 720 mil seriam ganhos menos de 1,5 vez. Suponhamos que a empresa D tenha uma emissão de títulos desse tipo. Um investidor desavisado, olhando para os dois demonstrativos, talvez rejeitasse os títulos de 6% da empresa D como inseguros, porque sua cobertura de juros era de apenas 1,39, mas aceitaria os títulos da empresa C à paridade por estar satisfeito com lucros equivalentes a duas vezes os encargos fixos. Essa discriminação dificilmente seria inteligente. Nosso investidor estaria rejeitando um título *simplesmente porque* lhe paga uma taxa de juros generosa e estaria aceitando outro título *simplesmente porque* lhe paga uma taxa de juros baixa. O ponto principal, entretanto, é que a margem mínima de segurança por trás das emissões de títulos deve ser alta o suficiente para evitar a possibilidade de que a segurança até possa *parecer* ser alcançada por meio de uma mera redução da taxa de juros. O mesmo raciocínio se aplicaria, é claro, à taxa de dividendos das ações preferenciais.

Como os títulos da empresa C não são seguros, devido ao tamanho excessivo da emissão, é provável que sejam negociados a um desconto considerável em relação ao valor nominal. Não podemos sugerir o nível de preço adequado para tal emissão, mas indicamos no capítulo 26 que um título que seja especulativo por causa de segurança inadequada não deve ser normalmente comprado por um preço superior a US$ 70. É também muito possível que a emissão excessiva de títulos possa impedir a ação de ser negociada a um múltiplo de doze vezes seus lucros, uma vez que os compradores de ações conservadores evitariam a empresa C por estar sujeita ao risco de grandes contratempos financeiros, no caso de acontecimentos negativos. Um resultado muito provável indica que, em vez de valer 18 milhões de dólares no mercado, conforme originalmente presumido, os títulos combinados com as ações da empresa C sejam vendidos por menos de 15 milhões (a avaliação da empresa B) ou até mesmo por menos de 12 milhões (o valor da empresa A).

De fato, deve-se reconhecer que esse resultado desfavorável talvez não ocorra. Se os investidores forem descuidados o bastante e se os especuladores forem entusiasmados o bastante, os ativos da empresa C podem ser negociados no mercado por 18 milhões de dólares ou mais. Entretanto, tal situação seria injustificada e inadequada.[2] Nossa teoria da estrutura de capitalização não pode admitir que o arranjo da empresa C seja, em nenhum sentido, padrão ou adequado. Isso indica que existem limites definidos sobre as vantagens a serem obtidas pelo uso de ativos privilegiados. Já apresentamos esse fato em nosso princípio da estrutura ótima de capitalização, pois os ativos privilegiados deixam de ser vantajosos à medida que seu valor se torna maior do que pode ser emitido ou negociado com segurança para fins de investimento.

Caracterizamos o tipo de arranjo de capitalização da empresa A como "ultraconservador"; o tipo da empresa C pode ser denominado "especulativo"; o da empresa B pode muito bem ser entendido como "adequado" ou "apropriado".

Fator de alavancagem na estrutura de capitalização especulativa. Embora uma estrutura de capitalização especulativa empurre todos os ativos da empresa para fora do âmbito do investimento, pode dar uma vantagem especulativa marcante às ações ordinárias. Um aumento de 25% no lucro da empresa C (de 1 milhão para 1,25 milhão de dólares) significará um aumento de cerca de 50% no lucro por ação ordinária (de US$ 5,20 para US$ 7,70). Devido a esse fato, existe certa tendência de as empresas com capitalização especulativa serem negociadas a níveis relativamente elevados no agregado, nos bons tempos ou nos bons mercados. Por outro lado, é claro, podem estar sujeitas a um grau maior de subvalorização em tempos de depressão. Há,

---

2. Em 1925, os ativos da Dodge Brothers (de automóveis) foram vendidos ao público com base no valor do principal de 160 milhões de dólares de títulos e ações preferenciais e cerca de 50 milhões no valor de mercado de ações ordinárias. Os ativos tangíveis líquidos eram de apenas 80 milhões, e os lucros médios de cerca de 16 milhões. Essa estrutura de capitalização, obviamente pesada demais, não comprometeu o valor dos ativos no início, mas um declínio acentuado nos lucros, em 1927, logo revelou a falta de solidez do arranjo financeiro. (Em 1928, a empresa foi adquirida pela Chrysler.)

no entanto, uma vantagem real no fato de esses ativos, quando vendidos a preços baixos, poderem aumentar muito mais que diminuir.

O histórico das ações ordinárias da American Water Works and Electric Company, entre 1921 e 1929, apresenta um quadro quase fabuloso de valorização, em grande parte por conta da influência de uma estrutura de capitalização extremamente especulativa. Quatro demonstrativos anuais desse período estão resumidos na tabela a seguir.

AMERICAN WATER WORKS AND ELECTRIC COMPANY

Item	1921	1923	1924	1929	Índice entre dados de 1929 e dados de 1921
Lucro bruto*	$ 20.574	$ 36.380	$ 38.356	$ 54.119	2,63 :1
Líquido para encargos*	6.692	12.684	13.770	22.776	3,44 :1
Lucro excluindo encargos fixos e dividendos preferenciais*	6.353	11.315	12.780	16.154	2,54 :1
Saldo para ações ordinárias*	339	1.369	990	6.622	19,53 :1
Base em 1921:†					
Número de ações ordinárias	92.000	100.000	100.000	130.000	1,41 :1
Lucro por ação	$ 3,68	$ 13,69	$ 9,90	$ 51,00	13,86 :1
Preço máximo das ações ordinárias	6,5	44,75	209	cerca de 2.500	385.00 :1
Lucro sobre preço máximo das ações ordinárias (%)	56,6%	30,6%	4,7%	2,04%	0,037 :1
Conforme declarado:					
Número de ações ordinárias	92.000	100.000	500.000	1.657.000	
Lucro por ação	$ 3,68	$ 13,69	$ 1,98	$ 4,00	
Preço máximo das ações ordinárias	6,5	44,75	41,875	199	

* Em milhares.
† Número de ações e preço ajustados para eliminar o efeito de dividendos de ações e desdobramentos.

O comprador de uma ação ordinária da American Water Works ao preço máximo de US$ 6,50, em 1921, se mantidas em carteira as distribuições feitas em ações, teria cerca de 12,5 ações quando as ações ordinárias foram negociadas a seu preço máximo de US$ 199, em 1929. Seus US$ 6,50 teriam aumentado para cerca de US$ 2.500. Enquanto o valor de mercado das ações ordinárias aumentava por volta de quatrocentas vezes, o lucro bruto havia aumentado apenas 2,6 vezes o valor anterior. O aumento extremamente desproporcional no valor das ações ordinárias deveu-se aos seguintes elementos, em ordem de importância:

1. Uma avaliação muito mais alta atribuída aos lucros por ação desse ativo. Em 1921, a capitalização da empresa foi reconhecida como excessivamente pesada; seus títulos eram negociados a um preço baixo, e os lucros por ação ordinária não eram levados a sério, sobretudo porque nenhum dividendo estava sendo pago às ações preferenciais de segunda classe. Em 1929, o entusiasmo geral por ações de prestadoras de serviços públicos resultou em um preço por ação ordinária de quase cinquenta vezes o maior lucro registrado.
2. A estrutura de capitalização especulativa permitiu que as ações ordinárias ganhassem uma enorme vantagem com a expansão das propriedades e dos lucros da empresa. Quase todos os recursos adicionais necessários foram obtidos por meio da venda de ativos privilegiados. Deve-se observar que, enquanto a receita bruta aumentava cerca de 160% de 1921 a 1929, o saldo por ação ordinária antiga cresceu catorze vezes no mesmo período.
3. A margem de lucro melhorou ao longo desses anos, conforme evidenciado pelo índice mais alto entre o líquido e o bruto. A estrutura de capital especulativo acentuou muito o benefício para as ações ordinárias dos lucros líquidos adicionais assim derivados.[3]

Outros exemplos: O comportamento de empresas com capitalização especulativa *sob condições de negócios diversas* é bem ilustrado pela análise seguinte da A. E. Staley Manufacturing Company, fabricante de produtos de milho. Para efeito de comparação, é fornecida também uma análise correspondente da American Maize Products Company, uma empresa de capitalização conservadora do mesmo ramo.

O aspecto mais impressionante do demonstrativo da Staley é a oscilação extraordinária nos lucros anuais por ação ordinária. A própria empresa está evidentemente sujeita a grandes variações no lucro líquido, e o impacto dessas variações nas ações ordinárias é imensamente ampliado em razão da pequena quantidade de ações ordinárias, em comparação com os ativos

---

3. Para examinar dados que ilustram o processo reverso aplicado à American Water Works de 1929 a 1938 e para ler sobre uma oportunidade especulativa semelhante nas ações preferenciais da United Light and Power Company em 1935, ver apêndice F, nota 14, p. 1.055.

privilegiados.⁴ A grande provisão para depreciação também atua como o equivalente a um encargo fixo pesado. Assim, um declínio no lucro líquido antes da depreciação de 3,266 milhões de dólares, em 1929, para 1,54 milhão, no ano seguinte, um pouco mais que 50%, resultou em uma queda no lucro por *ação ordinária* de US$ 84 para apenas US$ 3,74. Os lucros líquidos da American Maize Products foram igualmente variáveis, mas a pequena quantidade de encargos privilegiados tornava as oscilações no lucro das ações ordinárias muito menos espetaculares.

A. E. STALEY

Ano	Líquido antes da depreciação*	Depreciação*	Encargos fixos e dividendos preferenciais*	Saldo para ações ordinárias	Lucro por ação
1933	$ 2.563	$ 743	$ 652	$ 1.168	$ 55,63
1932	1.546	753	678	114	5,43
1931	892	696	692	496(d)	23,60(d)
1930	1.540	753	708	79	3,74
1929	3.266	743	757	1.766	84,09
1928	1.491	641	696	154	7,35
1927	1.303	531	541	231	11,01
1926	2.433	495	430	1,507	71,77
1925	792	452	358	18(d)	0,87(d)
1924	1.339	419	439	481	22,89

* ".000" omitidos.

---

4. Em 1934, a empresa declarou um dividendo de 100% de ações, dobrando assim o número de ações ordinárias; em 1937, desdobrou as ações em dez por um e mudou o valor nominal de US$ 100 para US$ 10. Esses dois desenvolvimentos multiplicaram as ações em circulação por vinte. A persistência do fator variável nos lucros para as ações ordinárias é mostrada pelos seguintes números por ação, com base na capitalização de 1933:

1934	US$ 28,46
1935	2,76 (d)
1936	52,88
1937	18,40 (d)
1938	38,80
1939	68,00

AMERICAN MAIZE PRODUCTS

Ano	Líquido antes da depreciação*	Depreciação*	Encargos fixos e dividendos preferenciais*	Saldo para ações ordinárias	Lucro por ação
1933	$ 1.022	$ 301	-	$ 721	$ 2,40
1932	687	299	-	388	1,29
1931	460	299	-	161	0,54
1930	1.246	306	22	918	3,06
1929	1.835	312	80	1.443	4,81
1928	906	317	105	484	1,61
1927	400	318	105	23(d)	0,08(d)

* ".000" omitidos.

CAPITALIZAÇÃO (EM JANEIRO DE 1933)

Item	A. E. Staley	American Maize Products
Títulos de 6%	(US$ 4.000.000* a US$ 75) US$ 3.000.000	
Ações preferenciais de US$ 7	(50 mil ações a US$ 44) US$ 2.200.000	
Ações ordinárias	(21 mil ações a US$ 45) US$ 950.000	(300 mil ações a US$ 20) US$ 6.000.000
Capitalização total	$ 6.150.000	$ 6.000.000
Lucros médios 1927-1932, aproximadamente	900.000	615.000
Porcentagem desses lucros sobre capitalização em 1933	14,6%	10,3%†
Lucro médio por ação ordinária	$ 14,76	$ 1,87
Porcentagem de lucro sobre o preço da ação ordinária	32,8%	9,4%†
Capital de giro, 31 dez. 1932	$ 3.664.000	$ 2.843.000
Ativos líquidos, 31 dez. 1932	$ 15.000.000	$ 4.827.000

* Deduzindo a quantia estimada de títulos na tesouraria.
† A diferença entre esses dois números ocorreu por conta dos tratamentos variados das ações preferenciais circulantes em 1927-1930. Uma quantia muito pequena de ações preferenciais remanescentes em 1931-1933 é ignorada nos cálculos anteriores.

Capitalização especulativa pode causar avaliação indevidamente baixa da empresa como um todo. A situação de mercado dos ativos da Staley, em janeiro de 1933, apresenta uma confirmação prática de nossa análise teórica anterior da empresa C. A estrutura de capitalização excessivamente pesada resultou em um preço baixo para os títulos e as ações preferenciais, sendo estas últimas afetadas, sobretudo, pela suspensão temporária de seus dividendos em 1931. O resultado foi que, em vez de apresentar um valor total superior em razão da presença dos ativos privilegiados, a empresa foi negociada no mercado a um preço relativo muito inferior ao da conservadoramente capitalizada American Maize Products. (Esta última empresa apresentou uma relação normal entre o lucro médio e o valor de mercado. Não deve ser apropriadamente considerada capitalizada de forma *ultraconservadora*, uma vez que as variações em seus lucros anuais constituiriam um bom motivo para evitar qualquer quantidade substancial de ativos privilegiados. Uma emissão de títulos ou ações preferenciais de tamanho muito pequeno, por outro lado, não teria qualquer vantagem ou desvantagem específica.)

A indicação de que a A. E. Staley Company estava subvalorizada em janeiro de 1933, em comparação com a American Maize Products, é reforçada pela referência às posições relativas dos ativos em circulação e aos recursos totais. Por dólar de valores de ativos líquidos, a empresa Staley estava sendo negociada a apenas um terço do preço da American Maize.

A deflação excessiva de uma emissão especulativa, como as ações ordinárias da Staley, em mercados desfavoráveis, cria a possibilidade de uma subida incrível de preços quando as condições melhoram, uma vez que o lucro por ação apresenta um aumento bastante grande. Deve-se observar que, no início de 1927, a ação ordinária da Staley estava cotada a cerca de US$ 75, e um ano depois foi negociada a quase US$ 300. Da mesma forma, as ações subiram de um mínimo de US$ 33, em 1932, para o equivalente a US$ 320, em 1939.

Um exemplo correspondente. Um exemplo mais espetacular de mudanças imensas de preço pelo mesmo motivo é fornecido pela Mohawk Rubber. Em 1927, a ação ordinária foi negociada a US$ 15, representando uma avaliação de apenas 300 mil dólares para a emissão subordinada, precedida por 1,96 milhão de dólares em preferenciais. A empresa perdera 610 mil, em 1926, com um faturamento de 6,4 milhões de dólares. Em 1927, as vendas caíram para 5,7 milhões, mas houve um lucro líquido de 630 mil. Isso totalizou mais de US$ 23 por ação sobre a pequena quantidade de ações ordinárias. Logo, o preço subiu de seu ponto mínimo de US$ 15, em 1927, para um máximo de US$ 251, em 1928. Em 1930, a empresa novamente perdeu 669 mil dólares e, no ano seguinte, o preço caiu para o equivalente a apenas US$ 4.

Em uma empresa com capitalização especulativa, os detentores de ações ordinárias se beneficiam — ou têm a possibilidade de se beneficiar — às custas dos detentores de ativos privilegiados. O detentor de ações ordinárias está operando com um pouco de seu dinheiro e um grande montante do dinheiro do detentor de ativos privilegiados; entre o detentor de ações ordinárias e os outros detentores, é o caso de "cara eu ganho; coroa você perde". Essa posição estratégica do detentor de ações ordinárias com compromisso relativamente pequeno é uma forma extrema daquilo que é chamado de "negociação sobre o patrimônio". Usando outra expressão, pode-se dizer que tem uma "opção de compra barata" sobre os lucros futuros da empresa.

Considerações sobre a atratividade especulativa das emissões limitadas de ações ordinárias. Nossa discussão sobre o investimento de valor fixo enfatizou tão fortemente quanto possível a desvantagem (chegando à injustiça) que se atribui à posição do detentor de ativos privilegiados nas situações em que o capital subordinado é proporcionalmente pequeno. A questão que poderia surgir, logicamente, era se não haveria *vantagens* correspondentes para as ações ordinárias em tal arranjo, com o qual ganhariam um grau alto de atratividade especulativa. É óbvio que essa investigação nos levaria inteiramente para fora do campo do *investimento* em ações ordinárias, mas representaria uma expedição ao reino da especulação inteligente ou mesmo científica.

Já vimos em nosso exemplo da A. E. Staley que, em tempos difíceis, uma estrutura de capitalização especulativa pode afetar adversamente o preço de mercado dos ativos privilegiados e das ações ordinárias. Em um período desse tipo, os detentores de ações ordinárias não obtêm um benefício atual às custas dos detentores de títulos. Esse fato claramente diminui a vantagem especulativa inerente a tais ações ordinárias. É fácil sugerir que essas emissões sejam compradas apenas quando estiverem sendo vendidas em níveis anormalmente baixos em razão de condições temporariamente desfavoráveis. Entretanto, isso representa, na realidade, uma fuga da questão central, uma vez que pressupõe que o especulador inteligente possa consistentemente detectar e esperar por tais condições anormais e temporárias. Se assim fosse, poderia ganhar muito dinheiro, independentemente do tipo de ação ordinária que comprasse e, sob tais condições, seria mais bem aconselhado a selecionar ações ordinárias de alto grau a preços de pechincha, em vez de emissões mais especulativas.

Aspectos práticos do exposto anteriormente. Para enxergar o assunto com praticidade, a compra de ações ordinárias capitalizadas, de forma especulativa, deve ser considerada sob condições gerais ou de mercado que são supostamente normais, ou seja, que não estejam obviamente infladas ou deflacionadas. Supondo (1) diversificação e (2) um grau de discernimento razoavelmente apurado na escolha de empresas com perspectivas satisfatórias, poderia parecer que o especulador deveria ser capaz de obter lucros substanciais, a longo prazo, com compromissos desse tipo. Ao fazer tais compras, é evidente que se deve preferir aquelas empresas em que a maior parte do capital privilegiado está em ações preferenciais em vez de em títulos. Tal arranjo remove ou minimiza o perigo de extinção, por inadimplência em tempos difíceis, do patrimônio líquido subordinado e, assim, permite que o detentor de ações ordinárias de emissões limitadas mantenha sua posição até a volta da prosperidade. (No entanto, justo porque a situação contratual das ações preferenciais beneficia o detentor de ações ordinárias dessa forma, é claramente desvantajosa para o próprio detentor de ações preferenciais.)

Não devemos esquecer, no entanto, a dificuldade prática especial na realização do valor total do lucro potencial em qualquer uma das compras. Como apontamos no caso análogo dos títulos conversíveis, tão logo apareça um lucro substancial, o detentor se depara com um dilema, uma vez que só pode esperar um ganho adicional ao arriscar aquilo que já acumulou. Assim como um título conversível perde suas vantagens singulares quando o preço sobe a um ponto que a exclui da classe de investimento normal, um compromisso em ações ordinárias de emissão limitada é transformado em um compromisso cada vez mais substancial, à medida que o preço continua a subir. Em nosso exemplo da Mohawk Rubber, o comprador inteligente a US$ 15 não poderia esperar manter a ação além de US$ 100 — embora sua cotação tenha chegado a US$ 250 —, uma vez que a US$ 100, ou menos, as ações haviam perdido as características distintivas de um ativo subordinado especulativamente capitalizado.

CAPÍTULO 41
AÇÕES ORDINÁRIAS DE PREÇO BAIXO: ANÁLISE DAS FONTES DE RECEITAS

AÇÕES DE PREÇO BAIXO

As características discutidas no capítulo anterior são, em geral, associadas pelo público às *ações de preço baixo*. A maioria dos ativos com capitalização especulativa é negociada a preços baixos. A definição de "preço baixo" deve, é claro, ser um tanto arbitrária. Preços inferiores a US$ 10 por ação pertencem a essa categoria sem dúvida; aqueles superiores a US$ 20 são geralmente excluídos; de modo que a linha divisória seria definida em algum ponto entre US$ 10 e US$ 20.

Vantagem aritmética das emissões de preço baixo. As ações ordinárias de preço baixo parecem possuir uma vantagem aritmética inerente, decorrente do fato de poderem subir muito mais que cair. É lugar-comum no mercado financeiro que um ativo é capaz de subir mais prontamente de US$ 10 para US$ 40 que de US$ 100 para US$ 400. Esse fato se deve, em parte, às preferências do público especulativo, que costuma ser muito mais parcial a ativos na faixa de US$ 10 a US$ 40 que àqueles que são negociados acima de US$ 100. Entretanto, também é verdade que, em muitos casos, as ações ordinárias de preço baixo dão ao proprietário a vantagem de uma participação em, ou "direito" sobre, uma empresa relativamente grande com uma despesa relativamente pequena.

Um estudo estatístico do comportamento dos preços relativos das ações industriais em vários grupos de preços foi apresentado na edição de abril de 1936 do *The Journal of Business of the University of Chicago*.[1] O estudo foi dedicado ao período de 1926 a 1935[2] e revelou uma superioridade contínua dos ativos diversificados de preço baixo sobre os ativos diversificados de preço

---

1. Louis H. Fritzemeier, "Relative price fluctuations of industrial stocks in different price groups". *The Journal of Business of the University of Chicago*, v. 9, n. 2, p. 133-154, abr. 1936.

2. Para obter uma referência a um estudo anterior dedicado ao comportamento relativo dos ativos de preço baixo e alto, quando comprados no ponto mais profundo das depressões de 1897, 1907, 1914 e 1921, ver a edição de 1934 desta obra (p. 473-474). Dentro de seu escopo mais limitado, esse estudo, publicado em 1931 pela J. H. Holmes and Company, chegou a conclusões semelhantes às de Fritzemeier.

alto como meios de especulação. A seguinte citação do estudo resume os resultados e conclusões alcançados pelo autor:

> A menos que haja erros graves não compensados no trabalho estatístico aqui apresentado, este estudo pareceria estabelecer a existência de determinadas relações entre o nível de preços e as oscilações de preços que até agora não haviam sido notadas pelos estudiosos dos fenômenos do mercado acionário. Essas relações podem ser resumidas da seguinte forma:
>
> 1. As ações de preço baixo tendem a oscilar relativamente mais que as ações de preço alto.
> 2. Em um mercado ascendente, as ações de preço baixo tendem a subir relativamente mais que as ações de preço alto e não perdem esses ganhos superiores nas recessões seguintes. Em outras palavras, o movimento descendente das ações de preço baixo é menos que proporcional ao seu movimento de alta, quando comparado com os movimentos de alta e de baixa das ações de preço alto.

* * *

Supondo (1) que o comportamento futuro dos vários grupos de preços seja semelhante a seu comportamento passado e (2) que a escolha de ações com base em sua atividade no ano corrente não seja completamente, ou em alguma medida, responsável pelo desempenho superior das ações nos grupos de preços baixos, parece lógico concluir o seguinte:

1. As ações industriais de preço baixo oferecem maiores oportunidades de lucros especulativos que as ações industriais de preço alto.
2. Caso duas ou mais emissões de ações industriais pareçam oferecer lucros potenciais iguais, o especulador deve comprar as ações negociadas ao preço mais baixo.

Algumas razões pelas quais a maioria dos compradores de ativos baratos perde dinheiro. A preferência acentuada do público por "ações baratas" parece, portanto, ter uma base lógica sólida. No entanto, é sem dúvida verdade que a maioria das pessoas que compra ações a preços baixos perde dinheiro com suas compras. Por que isso ocorre? A razão subjacente é que o público compra os ativos que são *vendidos* a ele e que o esforço de venda é feito de maneira a beneficiar o vendedor e não o comprador. Em consequência, a maior parte das compras a preços baixos feitas pelo público é do tipo errado, isto é, não fornece as vantagens reais desse tipo de ativo. A razão pode ser porque as empresas estão em más condições financeiras ou porque as ações ordinárias têm um preço apenas aparentemente baixo e, na verdade, representam um comprometimento pleno ou excessivo em relação ao tamanho da empresa. A última razão é preponderantemente verdadeira no caso das ofertas *novas* de ativos com preços baixos. Nesses casos, um preço *pseudobaixo* é obtido pelo simples artifício de criar um número tão grande de ações que, mesmo a alguns poucos dólares por ação, o valor total da emissão de ações ordinárias é excessivo. Isso tem acontecido com as ofertas de ações de mineradoras há muito tempo e foi encontrado novamente nas ofertas de ações de empresas de bebidas alcoólicas em 1933 e de aviões em 1938-1939.

Uma ação ordinária com preço *genuinamente* baixo apresentará um valor agregado para a emissão que é pequeno em relação a ativos, vendas e lucros passados ou futuros da empresa. Os exemplos apresentados aqui ilustram a diferença entre um preço "genuíno" e "pseudobaixo".

Item	Wright-Hargreaves Mines, Ltd. (mina de ouro)	Barker Bros. Corp. (loja de varejo)
Jul. 1933:		
Preço da ação ordinária	7	5
Número de ações em circulação	5.500.000	148.500
Valor total das ações ordinárias	US$ 38.500.000	US$ 743.000
Ações preferenciais à paridade		US$ 2.815.000
Ações preferenciais ao preço de mercado		500.000
1932:		
Faturamento	US$ 3.983.000	US$ 8.154.000
Lucro líquido	US$ 2.001.000*	*US$ 703.000 (d)*
Período de 1924-1932:		
Faturamento máximo	US$ 3.983.000	US$ 16.261.000
Lucro líquido máximo	US$ 2.001.000*	US$ 1.100.000
Lucro máximo por ação ordinária	US$ 0,36*	US$ 7,59
Capital de giro, em dez. 1932	US$ 1.930.000	US$ 5.010.000
Ativos líquidos tangíveis, em dez. 1932	4.554.000	7.200.000

* Antes da provisão por esgotamento.

O ativo da Wright-Hargreaves era de preço baixo apenas na aparência, pois, na verdade, o preço registrava uma avaliação muito alta para a empresa, quando comparada com todos os elementos de seu demonstrativo financeiro. O oposto acontecia com a Barker Brothers, uma vez que aqui a avaliação de 743 mil dólares representada pelas ações ordinárias era muito pequena em relação ao tamanho da empresa. (Deve-se observar também que a mesma afirmação poderia ser aplicada às ações preferencias da Barker Brothers, as quais à sua cotação de US$ 18 compartilhavam qualidades de uma ação ordinária de preço baixo.)[3]

A observação do mercado acionário mostrará que é provável que as ações das empresas que talvez enfrentem concordata sejam mais ativas que aquelas cujo preço é muito baixo apenas por causa dos baixos lucros correntes. Esse fenômeno é causado pelo desejo das pessoas com informações privilegiadas de se desfazerem de suas participações antes que a concordata as pulverize, sendo responsáveis por uma grande oferta dessas ações em um nível baixo e, às vezes, também por esforços inescrupulosos para persuadir o público incauto a comprá-las. Entretanto, quando uma ação de baixo preço preenche nossas condições de atratividade especulativa, é provável que não haja pressão de venda e nenhum esforço para gerar compras. Portanto, o ativo é inativo e atrai pouca atenção do público. Essa análise pode explicar por que o público quase sempre compra os ativos de preço baixo errados e ignora as oportunidades realmente promissoras nesse campo.

Preço baixo associado à capitalização especulativa. As empresas com capitalização especulativa, de acordo com nossa definição, são marcadas por uma quantidade relativamente grande de ativos privilegiados e uma emissão comparativamente pequena de ações ordinárias. Embora na maioria dos casos as ações ordinárias sejam negociadas a um preço baixo por ação, isso não precisa necessariamente acontecer se o número de ações for pequeno. No caso da Staley, por exemplo (apresentado nas páginas 719-720), mesmo as ordinárias a US$ 50 por ação em 1933, a estrutura de capitalização ainda seria especulativa, uma vez que os títulos e as preferenciais à paridade representariam mais de 90% do total. É verdade também que, mesmo quando não há ativos privilegiados, as ações ordinárias podem ter perspectivas equivalentes às de uma empresa com capitalização especulativa. Essas perspectivas ocorrerão sempre que o valor de

---

3. Para a sequência desses exemplos, ver apêndice F, nota 15, p. 1.056. Para um contraste mais recente na mesma linha, o estudante é convidado a comparar os demonstrativos da Continental Motors Corporation e da Gilchrist Company, quando ambas estavam sendo negociadas a US$ 5 perto do final de 1939. Além de nossa distinção básica, fundada na relação entre a avaliação da empresa e seus ativos e faturamento, existe aqui um contraste notável no histórico de lucros e na posição do capital de giro.

mercado da ação ordinária representar uma pequena quantia em dinheiro em relação ao porte do negócio, independentemente de como é capitalizado.

Para ilustrar esse ponto, destacamos uma análise condensada da Mandel Brothers, Inc. e da Gimbel Brothers, Inc., duas empresas de lojas de departamentos, em setembro de 1939.

Item	Gimbel Bros.	Mandel Bros.
Set. 1939:		
Títulos à paridade	US$ 26.753.000	
Ações preferenciais	197 mil ações a US$ 50	
	US$ 9.850.000	
Ações ordinárias	977 mil ações a US$ 8	297 mil ações a US$ 5
	US$ 7.816.000	US$ 1.485.000
Capitalização total	US$ 44.419.000	US$ 1.485.000
Resultados nos doze meses findos em 31 jul. 1939:		
Faturamento	US$ 87.963.000	US$ 17.883.000
Lucro líquido antes dos juros	US$ 1.073	US$ 155.000
Saldo para ações ordinárias	*US$ 1.105(d)*	US$ 155.000
Lucro por ação	*US$ 1,13(d)*	US$ 0,52
Período de 1934-1938:*		
Faturamento máximo (1937)	US$ 100.081.000	US$ 19.378.000
Lucro líquido máximo (1937) para ações ordinárias	US$ 2.032.000	US$ 414.000
Lucro máximo por ação ordinária (1937)	US$ 2,08	US$ 1,33
Preço máximo da ação ordinária	US$ 29,375 (1937)	US$ 18 (1936)
Lucro médio por ação ordinária	US$ 0,23	US$ 0,46
31 jan. 1939:		
Ativos líquidos circulantes	US$ 22.916.000	US$ 4.043.000
Ativos líquidos tangíveis	US$ 75.614.000	US$ 6.001.000
Aluguéis pagos 1937	US$ 1.401.000	US$ 867.000

* Baseado no relatório de 31 de janeiro subsequente.

A Gimbel Brothers apresenta uma imagem típica de uma empresa com capitalização especulativa. Por outro lado, a Mandel Brothers não tem ativos privilegiados à frente das ações ordinárias, mas, apesar desse fato, o valor de mercado relativamente pequeno da emissão como um todo confere às ações o mesmo tipo de possibilidades especulativas (embora em um grau um pouco menor) encontradas na configuração da Gimbel Brothers. Deve-se observar, no entanto, que os pagamentos de aluguel da Mandel Brothers são proporcionalmente muito maiores que aqueles da Gimbel Brothers e que esses encargos de aluguel são equivalentes, em grande medida, a ativos privilegiados.

Grande volume e alto custo de produção equivalentes à estrutura de capital especulativa. Esse exemplo deve nos induzir a ampliar nossa concepção de uma ação ordinária especulativa. A posição especulativa ou *marginal* pode surgir de qualquer causa que reduza a porcentagem do lucro bruto disponível a um valor subnormal e que, portanto, serve para criar um valor subnormal para a ação ordinária em relação ao volume de negócios. Custos operacionais ou de produção excepcionalmente altos têm o mesmo efeito que os encargos privilegiados excessivos na redução da porcentagem do lucro bruto disponível para as ações ordinárias. Os seguintes exemplos hipotéticos de três produtores de cobre vão tornar este ponto mais inteligível e também levar a algumas conclusões sobre o tema da produção grande *versus* custos operacionais baixos.

É desnecessário frisar que o custo de produção mais alto da empresa C terá exatamente o mesmo efeito que os encargos de juros dos títulos da empresa B (presumindo que a produção e os custos de produção continuem conforme indicado).

Derivação do princípio geral. A próxima tabela talvez seja mais útil para mostrar concretamente a relação inversa que costuma existir entre o lucro por unidade e a produção por dólar do valor das ações.

Podemos postular um princípio geral: quanto menor o custo unitário, menor a produção por dólar de valor de mercado da ação, e *vice-versa*. Como a empresa A tem um custo de US$ 0,07, suas ações naturalmente são negociadas a um preço mais alto *por libra-peso de produção* que a empresa C, com seu custo de US$ 0,09. Por outro lado, a empresa C produz mais libras-peso por dólar de valor das ações que a empresa A. Esse fato não é insignificante do ponto de vista da técnica especulativa. Quando ocorre um aumento no preço da mercadoria, geralmente há uma subida maior, em termos percentuais, nas ações dos produtores de custo alto que nas ações dos produtores de custo baixo. A tabela indica que um aumento no preço do cobre de US$ 0,10 para US$ 0,13 aumentaria o valor das ações da empresa A em 100% e o valor das ações das empresas B e C em 300%. Ao contrário da impressão geral em Wall Street, as ações dos produtores de custo alto são compromissos mais lógicos que as dos produtores de custo baixo, quando o comprador está convencido de que um aumento no preço do produto é iminente e deseja explorar essa convicção ao máximo.[4] Exatamente a mesma vantagem é atribuída à compra de ações ordinárias com capitalização especulativa, quando uma melhora pronunciada nas vendas e nos lucros é esperada com confiança.

Item	Empresa A	Empresa B	Empresa C
Capitalização			
Títulos de 6%		US$ 50.000.000	
Ações ordinárias	1.000.000 de ações	1.000.000 de ações	1.000.000 de ações
Resultado	100.000.000 de libras-peso	150.000.000 de libras-peso	150.000.000 de libras-peso
Custo de produção (antes dos juros)	7 cents	7 cents	9 cents
Encargo de juros por libra-peso		2 cents	
Custo total por libra-peso	7 cents	9 cents	9 cents
A			
Preço de cobre presumido	10 cents	10 cents	
Lucro por libra-peso	3 cents	1 penny	
Produção por ação	100 libras-peso	150 libras-peso	
Lucro por ação	US$ 3	US$ 1,50	
Valor por ação a dez vezes os lucros	US$ 30	US$ 15	
Produção por US$ 1 do valor de mercado da ação	3,33 libras-peso	10 libras-peso	
B			
Preço do cobre presumido	13 cents	13 cents	
Lucro por libra-peso	6 cents	4 cents	
Lucro por ação	US$ 6	US$ 6	
Valor por ação a dez vezes os lucros	US$ 60	US$ 60	
Produção por US$ 1 do valor de mercado da ação	1,66 libras-peso	2,5 libras-peso	

---

4. O movimento do mercado na subida das ações da empresa B de US$ 15 para US$ 60 por causa do aumento do cobre de US$ 0,10 para US$ 0,13 é em si extremamente ilógico, pois geralmente não existe razão para supor que o preço mais alto do metal será *permanente*. No entanto, como o mercado de fato se comporta de maneira irracional, o especulador deve incluir esse comportamento em seu cálculo.

FONTES DE RECEITAS

A "fonte de receitas" em geral será considerada a mesma coisa que o "tipo de negócio". Essa ideia exerce uma forte influência na base a partir da qual o público avaliará o lucro por ação de determinada ação ordinária. Diferentes "múltiplos" são usados para diferentes tipos de empresa, mas devemos apontar que essas distinções estão sujeitas a mudanças com o passar do tempo.[5] Antes da Primeira Guerra Mundial, as ações das ferrovias eram avaliadas da forma mais generosa possível, por causa de sua suposta estabilidade. Em 1927-1929, o grupo das prestadoras de serviços públicos foi negociado no índice mais alto de lucros, devido a seu histórico de crescimento constante. Entre 1933 e 1939, a legislação adversa e, sobretudo, o medo da concorrência governamental reduziram muito a popularidade relativa das ações dessas concessionárias. Avaliações muito liberais foram recentemente conferidas às grandes e bem entrincheiradas indústrias que foram capazes de manter lucros substanciais durante a depressão e têm perspectivas a longo prazo favoráveis. Por causa dessas variações repetidas no comportamento relativo e na popularidade, a análise de títulos deve hesitar em prescrever quaisquer regras definitivas para avaliar um tipo de negócio em relação a outro. É um truísmo dizer que, quanto mais impressionante o histórico e mais promissoras as perspectivas de estabilidade e crescimento, mais liberalmente o lucro por ação deve ser avaliado, sempre sujeito a nosso princípio de que um multiplicador superior por volta de 20 (ou seja, uma "base de lucros" inferior a 5%) vai causar a saída da emissão da faixa de preço de *investimento*.

Uma fase especial: três exemplos. Um campo mais fecundo para a técnica de análise encontra-se nos casos em que a fonte de receitas deve ser estudada em relação a ativos específicos de propriedade da empresa, em vez de apenas em relação à natureza geral do negócio. Esse ponto pode ser muito importante quando uma parte substancial das receitas provém de participações em investimentos ou de alguma outra fonte fixa e confiável. Três exemplos serão usados para iluminar esse aspecto bastante sutil da análise das ações ordinárias.

1. *Northern Pipe Line Company*. Para os anos de 1923 a 1925, a Northern Pipe Line Company declarou lucros e dividendos da seguinte forma:

---

5. Para um estudo das relações lucro-preço para diferentes grupos industriais em anos sucessivos de 1871 a 1937, ver Alfred Cowles 3. *et al.*, *Common-stock indexes*. Bloomington, Principia Press, 1939, p. 43-46, 404-418. As relações para 1934-1938 e 1936-1938 são fornecidas em nossa análise da lista industrial da Bolsa de Valores de Nova York no apêndice F, nota 16, p. 1.056.

Ano	Lucros líquidos	Lucro por ação*	Dividendo pago
1923	US$ 308.000	US$ 7,70	US$ 10, mais US$ 15 extra
1924	214.000	5,35	8
1925	311.000	7,77	6

* Capitalização, 40 mil ações ordinárias.

Em 1924, as ações foram negociadas a um preço tão baixo quanto US$ 72, em 1925, a um preço tão baixo quanto US$ 67,50 e, em 1926, a um preço tão baixo quanto US$ 64. Esses preços eram, no geral, um pouco inferiores a dez vezes os lucros declarados e refletiam uma falta de entusiasmo pelas ações, por conta de uma queda acentuada nos lucros em relação aos resultados dos anos anteriores e às reduções nos dividendos.

A análise da conta de receitas, entretanto, teria revelado a seguinte divisão das *fontes de receitas*:[6]

	1923		1924		1925	
Receitas	Total	Por ação	Total	Por ação	Total	Por ação
Lucro derivado de:						
Operações de oleodutos	US$ 179.000	US$ 4,48	US$ 69.000	US$ 1,71	US$ 103.000	US$ 2,57
Juros e aluguéis	164.000	4,10	159.000	3,99	170.000	4,25
Itens não recorrentes	dr. 35.000	dr. 0,88	dr. 14.000	0,35	cr. 38.000	cr. 0,95
	US$ 308.000	US$ 7,70	US$ 214.000	US$ 5,35	US$ 311.000	US$ 7,77

Essa conta de receitas é excepcional, na medida em que a maior parte dos lucros foi derivada de outras fontes que não o próprio negócio de oleodutos. Cerca de US$ 4 por ação eram regularmente recebidos em juros sobre investimentos e aluguéis. O balanço patrimonial mostrava participações de quase 3,2 milhões de dólares (ou US$ 80 por ação) em títulos governamentais e outros ativos negociáveis de alta qualidade, sobre os quais o rendimento dos juros era próximo a 4%.

---

6. Embora os relatórios da empresa para os acionistas contivessem pouquíssimas informações, dados financeiros e operacionais completos se encontravam registrados na Interstate Commerce Commission e estavam abertos a inspeção pública.

Esse fato significa que uma base especial de avaliação precisa ser aplicada aos lucros por ação, visto que a base usual de "dez vezes o lucro" resultaria em uma conclusão absurda. Os investimentos de alta qualidade de US$ 80 por ação poderiam auferir uma receita de US$ 3,20 por ação e, a dez vezes o lucro, esses US$ 80 "valeriam" apenas US$ 32 por ação, um *reductio ad absurdum*. É óbvio que aquela parcela da receita da Northern Pipe Line que era derivada de suas participações em títulos deve logicamente ser avaliada em uma base mais alta que a parcela derivada do negócio instável dos oleodutos. Uma avaliação sólida das ações da Northern Pipe Line teria, portanto, de proceder como nas linhas sugeridas a seguir. Os lucros dos oleodutos teriam de ser avaliados em uma base baixa por causa de sua tendência insatisfatória. Os rendimentos de juros e aluguéis, presumivelmente, deveriam ser avaliados em uma base correspondente ao valor real dos ativos que produziam a receita. Essa análise indica claramente que, ao preço de US$ 64, em 1926, as ações da Northern Pipe Line estavam sendo negociadas a um preço consideravelmente inferior a seu valor intrínseco.[7]

Média em 1923-1925*		Base de avaliação	Valor por ação
Lucro por ação de oleodutos	US$ 2,92	15% (6,66 vezes os lucros)	US$ 20
Lucro por ação de juros e aluguéis	US$ 4,10	5% (vinte vezes os juros)	US$ 80
Total	US$ 7,02		US$ 100

* Os lucros e as perdas não recorrentes não são levados em consideração.

2. *Lackawanna Securities Company*. Esta empresa foi organizada com o objetivo de ser detentora de um grande bloco de títulos de 4% da Glen Alden Coal Company, anteriormente pertencentes à Delaware, Lackawanna and Western Railroad Company, e suas ações foram distribuídas *pro rata* aos acionistas da Delaware, Lackawanna and Western. A Securities Company tinha 844 mil ações ordinárias em circulação. Em 31 de dezembro de 1931, seu único ativo — exceto cerca de US$ 1 por ação em dinheiro — consistia em títulos hipotecários de primeira prioridade de 4% da Glen Alden com valor nominal de 51 milhões de dólares. Para o ano de 1931, a conta de receitas foi a seguinte:

---

7. Havia uma situação paralela no caso da Davis Coal and Coke Company antes da distribuição de US$ 50 por ação aos acionistas de suas grandes participações em títulos do governo em 1937-1938. Pouco antes disso, as ações foram vendidas a US$ 35. Pode-se ver nos relatórios anuais que o lucro médio de US$ 2,06 por ação e os dividendos médios de US$ 2,56 em 1934-1937 vieram inteiramente de outras fontes além do negócio de carvão.

Juros recebidos sobre os títulos da Glen Alden .... US$ 2.084.000

Menos:

Despesas 17.000

Impostos federais 250.000

Saldo para ações 1.817.000

Lucro por ação .... US$ 2,15

Superficialmente, o preço de US$ 23 em 1932 para uma ação que rendia US$ 2,15 não parecia fora de linha. No entanto, esses lucros não eram derivados de operações comerciais ou de manufatura comuns, mas da detenção de uma emissão de títulos que, presumivelmente, constituía um investimento de alto grau. (Em 1931, a Glen Alden Coal Company gerou 9,55 milhões de dólares disponíveis para encargos de juros de 2,151 milhões, cobrindo assim os encargos de seus títulos em 4,5 vezes.) Ao avaliar essa receita de juros em uma base próxima de 10%, o mercado estava de fato avaliando os títulos de Glen Alden em apenas US$ 0,37 por dólar. (O preço de US$ 23 por uma ação da Lackawanna Securities era equivalente a US$ 60 do valor nominal dos títulos da Glen Alden a US$ 37, mais US$ 1 em dinheiro).

Aqui, novamente, assim como no exemplo da Northern Pipe Line, a análise mostraria de forma convincente que a base habitual de dez vezes os lucros resultava em uma subvalorização flagrante desse ativo de natureza especial.

TOBACCO PRODUCTS CORPORATION

Item	Preço: dez. 1931	Valor de mercado
Capitalização		
2,24 milhões de ações de 7% classe A (paridade US$ 20)	US$ 6	US$ 13.440.000
3,3 milhões de ações ordinárias	US$ 2,25	US$ 7.425.000
Total		US$ 20.825.000
Renda líquida no ano em 1931		cerca de US$ 2.200.000
Lucro por ação classe A		cerca de US$ 1
Lucro por ação ordinária após dividendos da classe A		nenhum
Dividendo pago à classe A		US$ 0,80

3. *Tobacco Products Corporation of Virginia*. Neste exemplo, como nos outros dois, a empresa estava sendo negociada no mercado a cerca de dez vezes

o último lucro declarado. No entanto, os lucros de 1931 da Tobacco Products foram derivados inteiramente do arrendamento de alguns de seus ativos para a American Tobacco Company, que previa o pagamento de um aluguel anual de 2,5 milhões de dólares por 99 anos, a partir de 1923. Visto que a American Tobacco Company era, indubitavelmente, capaz de cumprir seus compromissos, essa receita anual de aluguel era equivalente aos juros de um investimento de alta qualidade. Seu valor era, portanto, muito superior a dez vezes a receita daí resultante. Isso significava que a avaliação, pelo mercado, das emissões de ações da Tobacco Products, em dezembro de 1931, era muito inferior àquela justificada pela posição real da empresa. (O valor do aluguel foi, de fato, calculado em cerca de 35,6 milhões de dólares em uma base amortizada. A empresa também possuía uma quantidade grande de ações da United Cigar Stores, que mais tarde provaram ser praticamente desprovidas de valor, mas essas participações adicionais não diminuíram, é claro, o valor do aluguel de seus ativos para a American Tobacco.)

Importância relativa desse tipo de situação. O campo de estudo representado pelos exemplos anteriores não é quantitativamente importante, pois, afinal, apenas uma porcentagem muito pequena das empresas examinadas vai se enquadrar nesse grupo. Situações desse tipo surgem com frequência suficiente, no entanto, para conferir valor prático a essa discussão. Devem ser úteis também para, de novo, ilustrar a ampla diferença técnica entre a abordagem crítica da análise de títulos e as reações e avaliações extremamente superficiais do mercado acionário.

Duas linhas de conduta sugeridas. Quando se pode demonstrar que certas condições, como aquelas discutidas anteriormente, tendem a gerar subavaliações pelo mercado, duas linhas de conduta diferentes são sugeridas. Temos, primeiro, uma oportunidade para o analista de títulos detectar essas subavaliações e, mais tarde, lucrar com elas. Entretanto, há também a indicação de que a configuração financeira que causa essa subavaliação está errada e que os interesses dos acionistas exigem a correção desse erro. O próprio fato de uma empresa constituída da mesma forma que a Northern Pipe Line ou a Lackawanna Securities tender a ser negociada no mercado a um preço muito inferior que seu valor real prova, da maneira mais contundente possível, que o arranjo inteiro está errado do ponto de vista dos proprietários do negócio.

Por trás desses casos, encontra-se um princípio básico de consistência. É inconsistente que a maior parte do capital de uma empresa de oleodutos seja efetivamente empregada na propriedade de títulos de alta qualidade. Toda a configuração da Lackawanna Securities também era inconsistente, uma vez que substituía uma emissão de títulos com grau de investimento presumivelmente alto — que os investidores poderiam estar dispostos a comprar a um preço justo — por uma emissão de ações medíocre que ninguém compraria, exceto a um preço excepcionalmente baixo. (Além disso, o arranjo envolvia uma carga pesada e desnecessária de imposto de renda de pessoa jurídica, como era verdade no caso do Tobacco Products.)

Arranjos ilógicos desse tipo devem ser reconhecidos pelas partes com interesse real, ou seja, os acionistas, e estes devem insistir que a anomalia seja corrigida. Isso foi finalmente feito nos três exemplos citados. No caso da Northern Pipe Line, o capital não necessário ao negócio de oleodutos foi devolvido aos acionistas por meio de distribuições especiais que somaram US$ 70 por ação. A Lackawanna Securities Company foi totalmente dissolvida e os títulos da Glen Alden em sua tesouraria foram distribuídos *pro rata* aos acionistas no lugar de suas ações. Por fim, a Tobacco Products Corporation foi recapitalizada em uma base na qual os títulos de 6,5% foram emitidos contra o contrato de arrendamento com a American Tobacco, de modo que esse ativo de valor fixo foi representado por um ativo de valor fixo (que mais tarde foi resgatado na paridade), em vez de por ações de uma empresa sujeita a influências muito especulativas. Por meio desses rearranjos societários, os valores reais foram rapidamente incorporados ao preço de mercado.[8]

As situações que acabamos de analisar exigiram uma transferência da atenção dos números da conta de receitas para certos dados afins revelados no balanço patrimonial. Assim, o tópico anterior — as fontes de receitas — nos transporta para nosso próximo campo de investigação: o balanço patrimonial.

---

8. O estudante é convidado a considerar mais dois exemplos que ilustram esse ponto em 1939. (1) A Westmoreland Coal Company, negociada a US$ 8, embora a empresa detivesse cerca de US$ 18 por ação apenas em ativos monetários. Esse caso é bastante semelhante ao nosso exemplo da Davis Coal and Coke, embora haja algumas diferenças. Ver a discussão sobre essa empresa nas páginas 790-791. (2) A American Cigarette and Cigar. Nesse caso, existe também um contrato de arrendamento a longo prazo com a American Tobacco Company (como no exemplo da Tobacco Products), mas a situação é complicada pelas próprias operações da empresa, que resultaram em prejuízo, e pela propriedade de outros ativos. Chamamos a atenção também para nossa discussão sobre a Lehigh Coal and Navigation Company na página 610, em que sugerimos que os prejuízos na mineração talvez fossem inseparáveis da grande receita derivada do arrendamento da ferrovia.

PARTE VI
ANÁLISE DE BALANÇOS: IMPLICAÇÕES DO VALOR DOS ATIVOS

INTRODUÇÃO À PARTE VI
DESCONSTRUINDO O BALANÇO PATRIMONIAL
por Bruce Greenwald

O valor duradouro de *Análise de investimentos* repousa em certas ideias críticas desenvolvidas por Benjamin Graham e David Dodd que foram e continuam sendo fundamentais para qualquer estratégia de investimento bem concebida. A primeira delas é a distinção entre "investimento" e "especulação", conforme definida por Graham e Dodd: "Uma operação de investimento é aquela que, após análise minuciosa, promete segurança do principal e retorno satisfatório. As operações que não atendem a esses requisitos são especulativas". As partes críticas dessa definição são "análise minuciosa" e "segurança do principal e retorno satisfatório". Nada sobre esses requisitos mudou desde 1934.

Uma segunda ideia relacionada é enfocar o valor intrínseco de um título. É, de acordo com Graham e Dodd, "esse valor justificado pelos fatos, por exemplo, ativos, lucros, dividendos, perspectivas definidas, em contraste com, digamos, cotações de mercado estabelecidas por manipulação ou distorcidas por excessos psicológicos"

Em um mundo ideal, o valor intrínseco seria o verdadeiro valor de um título; na linguagem contemporânea, seria o valor presente dos fluxos de caixa futuros descontados do que se espera que gere. Se esses fluxos de caixa esperados e uma taxa de desconto apropriada pudessem ser calculados perfeitamente com base nos fatos disponíveis, os valores intrínsecos e os verdadeiros seriam iguais. No entanto, Graham e Dodd reconheceram que isso nunca foi possível: "dados inadequados ou incorretos [e] incertezas do futuro" significavam que o valor intrínseco seria sempre "um conceito ilusório".

Mesmo assim, a investigação minuciosa do valor intrínseco, segundo esse ponto de vista, era crucial para qualquer processo de investimento digno desse nome. Servia, em primeiro lugar, para organizar o exame e a utilização das informações disponíveis, garantindo que os fatos relevantes fossem verificados e os fatores irrelevantes, ignorados. Em segundo lugar, produziria uma apreciação da faixa de incerteza associada a qualquer cálculo específico do valor intrínseco. Graham e Dodd reconheciam que mesmo um valor intrínseco muito imperfeito seria útil para a tomada de decisões de investimento. Em suas palavras:

> É preciso apenas estabelecer se o valor é adequado — por exemplo, para proteger um título ou justificar a compra de ações — ou se o valor é consideravelmente superior ou inferior ao preço de mercado [...] [e] O grau de indefinição pode ser expresso por uma "faixa de valor aproximado" bastante hipotética, que aumentaria mais à medida que a incerteza do ambiente aumentasse [...].

A compra de ativos deve, portanto, ser feita apenas a preços suficientemente inferiores ao valor intrínseco para fornecer uma margem de segurança que ofereceria proteção adequada contra essa "indefinição" no valor intrínseco calculado. Em essência, o que Graham e Dodd exigiam era que um investidor, ao contrário de um especulador, deveria saber, o máximo possível, o valor de qualquer ativo adquirido e também o grau de incerteza associado a esse valor. Um investimento deveria ser feito apenas a um preço que fornecesse uma margem de segurança suficiente para compensar a incerteza envolvida. Como uma receita para obter "segurança do principal e um retorno satisfatório", essa abordagem tem vantagens óbvias sobre quase qualquer alternativa concebível.

A lógica persuasiva dessas bases é uma das fontes da relevância contínua de *Análise de investimentos*. Entretanto, o livro também fornece um roteiro detalhado de uma "análise minuciosa" que é exemplar em sua integridade.

Com relação aos investimentos em ações ordinárias, Graham e Dodd examinam as funções das perspectivas presentes e futuras (com uma visão apropriadamente cética das últimas). Consideram as implicações das análises quantitativas dos demonstrativos financeiros e das apreciações qualitativas de fatores menos facilmente quantificáveis, como os administradores. Na área-chave da análise quantitativa, examinam de forma abrangente todos os demonstrativos financeiros, com destaque para o balanço patrimonial da empresa.

Nisso, estavam em desacordo com seus contemporâneos. Ao descrever essas práticas, Graham e Dodd observaram:

> [...] descobriremos pouco além do conceito indefinido de que "uma boa ação é um bom investimento". As ações "boas" são aquelas de (1) empresas líderes com históricos satisfatórios... ou de (2) qualquer empresa bem financiada em que se acredite que tenha perspectivas especialmente atraentes de aumento dos lucros futuros [...]
> Os valores de balanço são considerados totalmente irrelevantes. Os lucros médios [históricos] têm pouco significado quando existe uma tendência acentuada. O chamado "índice preço-lucro" é aplicado de várias maneiras: ao passado, ao presente e ao futuro próximo.

Esta descrição poderia ter sido escrita hoje. Os chamados índices preço-lucro continuam a dominar as discussões sobre avaliação. São aplicados de forma ainda mais "heterogênea" que no passado; agora incluem a relação entre o preço de uma ação e o lucro antes de juros e imposto de renda (*earnings before interest and taxes*, EBIT) e/ou, ainda mais perniciosamente, a relação entre o preço de uma ação e o lucro antes de juros, impostos, depreciação e amortização (*earnings before interest, taxes, depreciation, and amortization*, EBITDA). Os balanços patrimoniais estão, mais uma vez, quase "totalmente irrelevantes". Hoje, assim como em 1934, uma análise "minuciosa" do valor intrínseco que abrange todas as informações relevantes continua sendo a exceção, e não a regra.

Com relação ao balanço, Graham e Dodd descrevem quatro áreas fundamentais. Primeiro, o balanço patrimonial identifica a quantidade e a natureza dos recursos vinculados a um negócio. Para uma empresa economicamente viável, esses recursos são a base de seu retorno. Em um ambiente competitivo, uma empresa sem recursos não costuma ter perspectivas de obter lucros significativos. Se uma empresa não é economicamente viável, então o balanço patrimonial pode ser usado para identificar os recursos que podem ser recuperados na liquidação e quanto dinheiro esses recursos podem render.

Em segundo lugar, os recursos de um balanço patrimonial fornecem uma base para a análise da natureza e da estabilidade das fontes de receitas. Como Graham e Dodd observam:

> De fato, existem certas presunções favoráveis às compras feitas muito abaixo do valor dos ativos e contra aquelas feitas com um prêmio alto acima dele [...] Uma empresa que é negociada com ágio faz isso porque obtém um retorno grande sobre seu capital; esse retorno grande atrai concorrência e, de modo geral, é pouco provável que perdure indefinidamente. O mesmo fenômeno ocorre de maneira inversa, no caso de uma empresa negociada a um grande desconto devido a lucros anormalmente baixos. A ausência de concorrentes novos, a retirada de antigos concorrentes do ramo e outras forças econômicas naturais podem, eventualmente, melhorar a situação e restaurar uma taxa de lucro normal ao investimento.

Eles reconhecem que os lucros sobre os ativos que excedem em muito o custo de capital de uma empresa serão sustentáveis apenas em circunstâncias especiais. Assim, as estimativas de lucros serão mais realistas e precisas, se forem apoiadas por valores de ativos apropriados. É provável que os lucros sem esse suporte sejam de curta duração e, portanto, de menor valor que os lucros protegidos pelos retornos necessários sobre os ativos existentes.

Terceiro, a coluna do balanço reservada aos passivos, que identifica as fontes de financiamento, descreve a condição financeira da empresa. Um alto nível de endividamento a curto prazo (ou endividamento a longo prazo que expira em um futuro próximo) indica a possibilidade de problemas financeiros debilitantes. Nessas circunstâncias, até mesmo uma redução pequena nos lucros pode levar a perdas permanentes e significativas no valor de um negócio.

Quarto, a evolução do balanço patrimonial, ao longo do tempo, fornece uma medida da qualidade dos lucros. Hoje, isso é coberto, em princípio, pelo demonstrativo dos fluxos de caixa, que deve reconciliar os fluxos de receitas e custos com as mudanças na posição financeira geral. No entanto, continua sendo verdade, segundo Graham e Dodd, que o "formato do balanço é mais padronizado que o da conta de receitas [ou do demonstrativo do fluxo de caixa] e não costuma oferecer motivos para críticas".

Um balanço patrimonial é uma imagem instantânea dos ativos e passivos de uma empresa em determinado momento. Ele pode ser verificado quanto à precisão e ao valor naquele momento. Essa possibilidade impõe restrições significativas na medida em que os ativos e passivos podem ser manipulados. Em contraste, as variáveis de fluxo, como receitas e lucros, medem mudanças ao longo do tempo que, por sua natureza, são evanescentes. Caso sejam monitoradas, isso deve ocorrer por um longo período. Em 1934 e hoje, essa diferença fundamental explica a confiabilidade superior (em teoria) dos números do balanço patrimonial. Na verdade, como discutiremos adiante, enquanto o mercado acionário estava comemorando o crescimento dos lucros da WorldCom, no final da década de 1990, sinais de pressões financeiras já apareciam no balanço patrimonial; tais pressões acabariam por ocasionar uma das maiores falências da história, medida pelo valor nominal das dívidas da empresa.

ANÁLISE MINUCIOSA

A importância especial que Graham e Dodd atribuíam à avaliação do balanço patrimonial continua sendo uma de suas contribuições mais importantes para a ideia do que constitui uma análise "minuciosa" do valor intrínseco. É também, infelizmente, uma de suas contribuições mais frequentemente esquecidas fora da comunidade relativamente pequena dos investidores de valor.

O motivo pelo qual o balanço patrimonial é, muitas vezes, ignorado remonta aos tempos que produziram *Análise de investimentos*. Naquela época, a economia e as empresas operavam em condições muito deprimidas. Como resultado, Graham e Dodd liam os balanços para determinar os valores de liquidação ou, como um substituto para eles, os ativos circulantes menos todos os passivos. A lógica por trás dessa predisposição era persuasiva e conservadora. Se uma empresa pudesse ser comprada por um preço bem abaixo de seu valor de liquidação, então parecia inequivocamente uma pechincha. Os lucros poderiam aumentar em razão de uma melhoria no ambiente setorial da empresa (se a concorrência diminuir ou a demanda se recuperar) ou de uma gestão melhor. Se a melhoria dos lucros produzisse um valor de mercado acima do valor de liquidação, tudo bem. Por outro lado, se essas perspectivas de lucros positivos não se concretizassem e se isso acontecesse antes que o valor de liquidação da empresa fosse significativamente prejudicado, a empresa poderia ser liquidada e o produto da liquidação, distribuído entre seus acionistas. Em qualquer dos casos, os acionistas que haviam comprado a um preço abaixo do valor de liquidação obteriam um "retorno satisfatório" sobre seu investimento.

O único risco, do qual Graham e Dodd estavam bem cientes, era os gestores continuarem a operar a empresa de forma não lucrativa e, no processo, dissiparem o valor dos ativos. Assim, defenderam sua versão do ativismo de acionistas como um complemento necessário a esse tipo de investimento. Como eles escreveram:

> A escolha de uma ação ordinária é um ato único; sua propriedade é um processo contínuo. Certamente existem tantos motivos para se tomar cuidado e fazer julgamentos para *ser* como há para se *tornar* um acionista.
> [...] É um fato notório, entretanto, que o típico acionista americano é o animal em cativeiro mais dócil e apático.

Tomada como um todo, essa abordagem era incontestável e, em sua época, bem-sucedida na prática.

Desde então, a prática de comprar abaixo do valor de liquidação foi prejudicada por dois fatores. Em primeiro lugar, a subida rápida das alíquotas de impostos, após 1940, significou que estratégias como essa, que muitas vezes envolviam a obtenção de lucros a curto prazo em períodos relativamente breves, passaram a incorrer em custos fiscais elevados. Em segundo lugar, e mais importante, as oportunidades de comprar ações a preços inferiores ao valor de liquidação, que abundavam na década de 1930, efetivamente desapareceram na prosperidade a longo prazo que se seguiu. Relativamente poucas empresas, nos últimos tempos, tornaram-se economicamente inviáveis e, portanto, candidatas à liquidação. Essa realidade foi incorporada ao nível geral dos preços das ações, com o resultado de que os adorados "líquidos do líquido" de Graham e Dodd — ou seja, empresas negociadas abaixo do valor de seus ativos circulantes menos todos os passivos — ficaram raros. E, quando os "líquidos do líquido" estão disponíveis, é raro que o segundo requisito deles — a saber, que os gestores não estejam dissipando esses ativos em um ritmo rápido — seja atendido.

As principais lições que levaram Graham e Dodd a se concentrar nos balanços patrimoniais das empresas, no entanto, continuam válidas, com extensões que são muito consistentes com o espírito da abordagem original deles. Em primeiro lugar, agora se reconhece que, para as empresas economicamente viáveis, os ativos se desgastam ou se tornam obsoletos e precisam ser substituídos. Assim, o valor de reposição — o menor custo possível de reprodução dos ativos líquidos de uma empresa pelos concorrentes que estão mais bem posicionados para fazê-lo — continua a desempenhar o papel que Graham e Dodd reconheceram que exercia. Se os níveis de lucro projetados para uma empresa implicarem um retorno sobre os ativos bem acima do custo de capital, os concorrentes serão atraídos. Isso, por sua vez, reduzirá os lucros e, com eles, o valor da empresa. Assim, a lucratividade não sustentada por valores de ativos — medidos pelo custo de reposição — estará, na falta de circunstâncias especiais, sempre em risco de erosão devido à concorrência. Tanto a "segurança do principal" como a promessa de "retorno satisfatório", portanto, exigem que investidores "minuciosos" apoiem suas projeções de lucros em uma avaliação cuidadosa dos valores de reposição dos ativos da empresa. Os investidores que fizerem isso terão uma vantagem sobre aqueles que não fizerem, e eles devem superar esses investidores menos minuciosos a longo prazo.

O que parece ter impedido Graham e Dodd de considerar o valor de reposição dos ativos foi a dificuldade potencial em calculá-lo. Eles optaram por se concentrar na riqueza das novas informações financeiras disponibilizadas após a criação da Securities and Exchange Commission. Com os computadores de hoje, essas informações podem ser obtidas e digeridas quase que instantaneamente. Além disso, relatórios setoriais e publicações comerciais, muitos dos quais disponíveis na internet, fornecem uma riqueza de informações sobre os valores de ativos que era inconcebível na época de Graham e Dodd.

Por exemplo, estimativas do custo de acréscimos às reservas existentes de petróleo e gás estão amplamente disponíveis, pelo menos para as empresas americanas. O mesmo acontece com as estimativas de depósitos recuperáveis. Como resultado, os investidores hoje podem calcular o valor dos ativos das empresas de recursos naturais com uma precisão que era inatingível na época dos autores. Bens físicos e equipamentos também podem ser avaliados com um alto grau de precisão. No setor imobiliário, avaliadores com acesso a um grande volume de dados sobre transações podem estimar, de maneira rápida e barata, o custo de aquisição de propriedades comparáveis.

No caso de outros tipos de instalações fabris e equipamentos, engenheiros consultores e especialistas do setor podem fornecer informações. Usando essas fontes, o custo de adicionar capacidade de fabricação de alumínio a uma fábrica existente poderia ser estimado em cerca de 1 mil dólares por tonelada ao ano. A capacidade existente estava disponível para atender a qualquer demanda previsível. Os lucros atuais dos fabricantes de alumínio levaram a avaliações de mercado que implicavam que sua capacidade existente valia bem mais de 1 mil dólares por tonelada ao ano. O resultado: uma corrida para construir capacidade nova para aproveitar os lucros potenciais a serem obtidos com a fabricação. Essa expansão exacerbada resultou na queda dos lucros e em preços mais baixos das ações. Essas empresas revelaram-se investimentos insatisfatórios. Essa evolução podia ser prevista apenas por meio de uma análise minuciosa do balanço.

Outra área de dificuldade que Graham e Dodd destacaram foi a avaliação de ativos intangíveis — carteiras de produtos, relacionamento com clientes, trabalhadores treinados, reconhecimento da marca —, muitos dos quais nem mesmo aparecem no balanço de uma empresa. No entanto, as informações disponíveis hoje, às vezes, permitem que esses itens do balanço sejam estimados de maneira útil. Algumas dessas informações vêm dos demonstrativos financeiros. Por exemplo, o custo de replicação de carteiras de produtos, presumindo que não estejam protegidos por patentes, pode ser estimado usando dados históricos de pesquisa e desenvolvimento da própria empresa ou de outras empresas do setor.

Essa análise pode ser complementada por informações de especialistas. As iniciativas de investimento — produtos novos, inauguração de lojas novas ou lançamento de marcas — são quase sempre baseadas em planos de negócios detalhados. Esses planos identificam os custos de tais iniciativas com razoável precisão e os benefícios de forma mais fantasiosa. Os investidores podem usar esses dados para estimar o custo de produção de ativos intangíveis. Executivos da indústria com experiência substancial são capazes de estimar tais custos.

Mais importante ainda, muitos ativos intangíveis são negociados como se fossem propriedades reais. Franquias de televisão a cabo, marcas de roupas, descobertas de novas drogas, redes de lojas e até gravadoras de música são adquiridas por compradores sofisticados (em geral, empresas maiores) de vendedores sofisticados (em geral, empresas menores). Os preços pagos nessas transações de mercado privado presumivelmente levam em consideração o custo alternativo de desenvolvimento interno. Portanto, se uma empresa como a Liz Claiborne compra uma marca semelhante a suas marcas por US$ 0,50 por cada dólar de faturamento, é possível que esse preço seja razoavelmente próximo — mas inferior — ao custo de reprodução de suas marcas. Esses valores de mercado privado são muitas vezes usados por investidores sofisticados para avaliar ativos intangíveis.

Assim que uma análise minuciosa do valor dos ativos e da lucratividade é concluída, existem três situações possíveis. A primeira é aquela em que o valor dos ativos de uma empresa excede o valor de seus lucros previsíveis. Isso indica que os ativos não estão sendo usados com total vantagem pelos gestores. Aqui, o fator crítico para os investidores de valor é a perspectiva de algum catalisador que alterará o comportamento ou os integrantes da administração atual. Graham e Dodd estavam cientes disso, embora não estivessem cientes da gama de intervenções disponíveis para os investidores ativistas da atualidade.

Uma segunda possibilidade é que a lucratividade exceda o valor dos ativos da empresa. Para manter esses lucros superiores, é necessário que haja alguns fatores econômicos para proteger a empresa da concorrência. Hoje, esses fatores são chamados de "fossos", franquias, barreiras à entrada ou vantagens competitivas. Sua aparência e a forma de avaliar constituem uma parte essencial da análise moderna dos demonstrativos de receitas. No entanto, mesmo nesse caso em que os valores dos ativos são menos relevantes, fornecem informações úteis sobre o valor que uma empresa reterá se as condições se deteriorarem no futuro.

O terceiro caso é aquele em que a lucratividade e o valor dos ativos de uma empresa são aproximadamente iguais. Essa é a circunstância que deveria prevalecer com uma administração razoável e sem proteções especiais contra a concorrência. Se os julgamentos qualitativos apoiarem tais conclusões, então o valor dos ativos constituirá um critério importante para avaliar a validade das projeções de lucros. Uma avaliação minuciosa dos ativos ajuda a fornecer uma imagem completa do que um investidor está obtendo em troca de um ativo e o ajuda a estabelecer, com confiança, uma margem de segurança apropriada.

Além desses usos específicos das avaliações de ativos na prática atual, existe uma área final inevitável na qual os valores dos ativos precisam ser usados. As empresas costumam ter alguns ativos — sobretudo dinheiro — que são supérfluos para a operação de suas atividades básicas. Esses ativos não costumam contribuir para os lucros operacionais, mas podem representar uma parte importante do valor intrínseco de um ativo adquirido. O valor desses ativos deve ser acrescentado a qualquer estimativa de valor baseada nos lucros (após a subtração apropriada da receita de juros para evitar a dupla contagem). Realizar uma avaliação minuciosa dos ativos garante que não serão esquecidos.

WORLDCOM: UM ESTUDO DE CASO

Os demonstrativos financeiros da WorldCom, a gigante das telecomunicações cujo pedido de falência no verão de 2002 foi, na época, o maior de todos os tempos, ilustram a utilidade da análise de balanços para acompanhar a situação financeira das empresas. Na verdade, qualquer pessoa que tivesse estudado seu balanço patrimonial poucos anos antes da falência teria suspeitado que o futuro da empresa não seria feliz. Por exemplo, em meados de 1999, a WorldCom tinha um valor no mercado acionário de 125 bilhões de dólares. Isso se comparava ao valor contábil no final de 1999 de 51,2 bilhões, que foi criado quase inteiramente pela emissão de ações para fins de aquisições, notavelmente 12 bilhões para a MFS Communications em 1996 e 30 bilhões para a MCI em 1997. Os lucros não distribuídos durante os quinze anos de história da empresa eram insignificantes, então mais de 85% de seu valor contábil era constituído de patrimônio de marca e outros intangíveis. A relação entre o valor de mercado e o patrimônio líquido tangível era superior a quinze. Essas relações variam de acordo com o setor, mas, neste caso, quinze era ridiculamente alto.

Quanto valiam esses intangíveis? Não valiam tanto quanto a empresa dizia, pois não incluíam patentes significativas nem tecnologias de processo desenvolvidas. Ainda mais importante, os negócios da WorldCom eram caracterizados pela alta taxa de rotatividade dos clientes e por uma forte concorrência de preços por seus serviços de telecomunicações e transmissão de dados. Nem parecia haver grandes barreiras à entrada que pudessem justificar um valor de mercado significativamente superior ao valor de reposição ou o custo de reproduzir a rede. Os mercados da WorldCom eram caracterizados por muitos novos concorrentes (incluindo as empresas adquiridas pela WorldCom) e pela expansão vigorosa de poderosos concorrentes existentes, como a AT&T. No mínimo, na medida em que as economias de escala fossem relevantes, a WorldCom estaria operando em significativa desvantagem competitiva com relação a seu concorrente principal, a AT&T.

No entanto, o que é mais notável do que o valor de mercado improvável atribuído aos ativos da WorldCom é a história detalhada contada pela evolução de seus balanços patrimoniais. Do final de 1999 ao final de 2000, imobilizado líquido, instalações fabris e equipamentos aumentaram 27%, ou cerca de 8 bilhões de dólares. Em contraste, as receitas aumentaram apenas 8%. Isso levantava a questão: por que um programa de investimentos tão agressivo estaria em andamento na empresa? Na verdade, acabou sendo revelado que os dados dos investimentos haviam sido inflados de maneira fraudulenta por meio da contabilização de despesas operacionais como investimentos. No entanto, mesmo que não fossem fraudulentos, a aceleração agressiva no crescimento do imobilizado líquido, das instalações fabris e dos equipamentos (de cerca de 5 bilhões de dólares em 1999) em face da desaceleração do crescimento da receita deveria ter levantado dúvidas sobre a capacidade dos gestores. A probabilidade de um resultado ruim como consequência dessa atitude despreocupada em relação à hiperexpansão deveria ter sido aparente. Ao longo de 2001, essas consequências tornaram-se evidentes.

Em 2001, o endividamento a curto prazo da WorldCom desapareceu quase totalmente, à medida que os passivos da dívida corrente caíram de 7,2 bilhões para 172 milhões de dólares. Em contraste marcante, a dívida a longo prazo aumentou em cerca de 12,5 bilhões. Na verdade, aumentou em cerca de 14 bilhões, pois o exame das notas de rodapé do balanço indicaria que mais de 1 bilhão de dólares em dívidas adicionais a longo prazo haviam desaparecido pelo expediente contábil de desconsolidar a subsidiária responsável por essa dívida. O fato de, em face de receitas declinantes, a WorldCom haver considerado que precisava de 7 bilhões de dólares adicionais em financiamento de dívida — tudo isso a longo prazo — deveria ter disparado um alarme a qualquer investidor que tivesse se preocupado em examinar o balanço patrimonial.

O que aconteceu? Em 2000, os gestores da WorldCom perderam o controle de suas finanças, ao fazer uma aposta, na melhor das hipóteses, altamente arriscada no crescimento futuro das receitas e, na pior, em um esforço calculado para disfarçar a deterioração das margens operacionais por meio da capitalização de despesas. Em 2001, a WorldCom procurou financiamento a longo prazo, por meio do qual a empresa esperava dar a seus gestores vários anos para resolver os problemas. Na verdade, não havia escolha, uma vez que tentar emitir novas ações diante de uma queda no preço das ações existentes teria enviado um sinal desastroso ao mercado. O principal meio usado pela WorldCom foi a venda de dívidas de 11,9 bilhões de dólares ao público, em maio de 2001, subscrita por instituições financeiras que justificaram a compra da emissão em termos de lucros e do fluxo de caixa futuros.

Se essas instituições e seus clientes tivessem seguido o conselho de Graham de examinar com cuidado o balanço patrimonial da WorldCom, teriam razões para não ir adiante com a compra. Poderiam não ter previsto a extensão da fraude e a falência subsequente da WorldCom, mas teriam visto o suficiente para evitar suas ações e títulos por serem investimentos que, provavelmente, não forneceriam a proteção do principal nem a promessa de um retorno satisfatório.

CAPÍTULO 42
ANÁLISE DO BALANÇO: SIGNIFICADO DO VALOR CONTÁBIL

Em numerosas ocasiões, antes deste ponto, expressamos nossa convicção de que o balanço patrimonial merece mais atenção que Wall Street se dispõe a conceder a ele há muitos anos. A título de introdução a esta seção de nosso livro, vamos listar cinco tipos de informações e orientações que o investidor pode extrair do estudo de um balanço patrimonial:

1. o capital investido no negócio;
2. o grau de conforto ou desconforto da condição financeira da empresa, ou seja, a posição do capital de giro;
3. os detalhes da estrutura de capitalização;
4. uma maneira importante de conferir a validade dos lucros declarados;
5. a base para a análise das fontes de receita.

Ao lidar com a primeira dessas funções do balanço patrimonial, começaremos por apresentar certas definições. O *valor contábil* de uma ação é o valor dos ativos a ela aplicáveis, conforme demonstrado no balanço. É costume restringir esse valor aos ativos tangíveis, ou seja, eliminar do cálculo itens como patrimônio de marca, nomes comerciais, patentes, franquias e arrendamentos. O valor contábil também é conhecido como "valor dos ativos" e, às vezes, como "valor dos ativos tangíveis", para deixar claro que os intangíveis não estão incluídos. No caso das ações ordinárias, também é frequentemente denominado "capital social".

Cálculo do valor contábil. O *valor contábil por ação* de uma ação ordinária é calculado ao se somar todos os ativos tangíveis, subtrair todos os passivos e as emissões de ações com prioridade sobre as ações ordinárias e dividir pelo número de ações.

Em muitos casos, a fórmula a seguir fornecerá um atalho para a resposta:

Valor contábil por ação ordinária

$$= \frac{\text{ações ordinárias} + \text{itens excedentes} - \text{intangíveis}}{\text{número de ações em circulação}}$$

Por itens excedentes, podemos entender não apenas os itens claramente marcados como excedentes como também os prêmios sobre os bens de capital e as reservas que realmente fazem parte do excedente. Isso incluiria, por exemplo, reservas para o resgate de ações preferenciais, para melhorias de instalações fabris e para contingências (a menos que se saiba que são realmente necessárias). Reservas desse tipo podem ser denominadas "voluntárias".

CÁLCULO DO VALOR CONTÁBIL DAS AÇÕES ORDINÁRIAS DA
UNITED STATES STEEL EM 31 DE DEZEMBRO DE 1938

BALANÇO PATRIMONIAL CONDENSADO EM 31 DE
DEZEMBRO DE 1938 (EM MILHÕES)

Ativos		Passivos	
1. Conta de investimento em propriedades (menos depreciação)	US$ 1.166	7. Ações ordinárias	US$ 653
2. Direitos de comercialização de mineração	9	8. Ações preferenciais	60
3. Encargos diferidos*	4	9. Ações subsidiárias em mãos do público	5
4. Investimentos diversos	19	10. Endividamento em títulos	232
5. Outros ativos diversos	3	11. Notas de direitos de comercialização de mineração	12
6. Ativos circulantes	510	12. Passivos circulantes	79
		13. Contingenciamento e outras reservas	39
		14. Reservas de seguro	46
		15. Excedente de capital	38
		16. Lucro excedente	247
	US$ 1.711		US$ 1.711

Ativos tangíveis	US$ 1.711.000.000
Menos: todos os passivos com prioridade sobre as ações ordinárias (soma dos itens 8 a 12)	US$ 688.000.000
Ativos líquidos para ações ordinárias	US$ 1.023.000.000
Valor contábil por ação (sobre 8,7 milhões de ações)	US$ 117,59

* Inúmeros argumentos poderiam ser apresentados sobre saber se os encargos diferidos são ativos tangíveis ou intangíveis, mas como a quantia envolvida é quase sempre pequena, o problema não tem qualquer importância prática. É mais conveniente, claro, incluir os encargos diferidos entre os outros ativos.

O método alternativo de cálculo, que geralmente é mais curto que o anterior, é o seguinte:

Ações ordinárias	US$ 653.000.000
Reservas excedentes e voluntárias (soma dos itens 13 a 16)	370.000.000
Ativos líquidos para as ações ordinárias	US$ 1.023.000.000

Tratamento das ações preferenciais no cálculo do valor contábil das ações ordinárias. Ao calcular os ativos disponíveis para as ações ordinárias, deve-se tomar cuidado para subtrair as ações preferenciais a um preço adequado. Geralmente, esse será o valor nominal ou declarado das ações preferenciais conforme presente no balanço patrimonial. No entanto, existe um número crescente de casos em que as ações preferenciais são apresentadas no balanço patrimonial com valores arbitrários muito inferiores ao passivo real a elas associado.

A Island Creek Coal Company possui ações preferenciais com valor nominal de US$ 1, com direito a dividendos anuais de US$ 6 e US$ 120 por ação, em caso de dissolução. Em 1939, o preço dessa emissão era próximo a US$ 120. No cálculo do valor dos ativos das ações ordinárias da Island Creek Coal, as ações preferenciais não deveriam ser deduzidas ao preço de US$ 1 por ação, mas a US$ 100 por ação, sua paridade "verdadeira" ou "efetiva", ou então a US$ 120. A Capital Administration Company, Ltd., um fundo de investimento, tem ações preferenciais em circulação com direito a US$ 3 de dividendos cumulativos e a US$ 50 ou US$ 55 em caso de liquidação, mas com valor nominal de US$ 10. Também tem ações da classe *A* com direito a US$ 20 em caso de liquidação mais 70% dos ativos remanescentes e 70% dos lucros pagos após os dividendos preferenciais, mas o valor nominal dessa emissão é US$ 1. Por fim, a empresa possui ações da classe *B*, com valor nominal de US$ 0,01, com direito ao resíduo de lucros e ativos. É óbvio que um balanço patrimonial estabelecido com base no valor nominal é pior que inútil nesse caso e deve ser corrigido pelo analista de uma forma parecida com a seguinte:

A Coca-Cola Company tem em circulação ações classe *A* sem valor nominal com direito a dividendos preferenciais de US$ 3 por ação, cumulativas e resgatáveis a US$ 55. A empresa apresenta essa emissão como um passivo a seu "valor declarado" de US$ 5 por ação. No entanto, o verdadeiro valor nominal é claramente US$ 50.[1]

---

1. Curiosamente, em 1929 a empresa apresentava como *ativo* 194 mil ações recompradas de ações classe *A* ao custo de 9,434 milhões de dólares, embora a emissão total de 1 milhão de ações aparecesse como um passivo de apenas 5 milhões. Para um absurdo contábil semelhante aplicado às

BALANÇO PATRIMONIAL EM 31 DE DEZEMBRO DE 1938

Conforme publicado		Conforme revisado	
Ativos totais (ao preço de custo)	US$ 5.335.300	(ao preço de mercado)	US$ 5.862.500
A pagar e acumulados	1.661.200		1.661.200
Ações preferenciais (à paridade US$ 10)	434.000	(a 55*)	2.387.000
Ação classe A (à paridade US$ 1)	143.400	(a 20*)	2.868.000
Ação ordinária (à paridade US$ 0,01)	2.400		1.043.600(d)
Excedentes e reservas	3.094.300		
Passivos totais	US$ 5.335.300		US$ 5.862.600

* Estas são estimativas dos valores dos ativos à paridade efetiva.

Em todos os casos como os anteriores, um "valor nominal efetivo" deve ser estabelecido para as ações preferenciais e deve corresponder à sua taxa de dividendos. Um forte argumento pode ser apresentado em favor de avaliar todas as ações preferenciais em uma base de dividendos uniforme, digamos 5%, a menos que possam ser resgatadas por um valor inferior. Isso significaria que uma emissão de 1 milhão de dólares com uma taxa de juros de 5% seria avaliada em 1 milhão de dólares, uma emissão de 1 milhão de dólares com uma taxa de juros de 4% seria avaliada em um valor efetivo de 800 mil e um valor efetivo de 1,4 milhão de dólares seria atribuído a um ativo de 1 milhão não resgatável com uma taxa de juros de 7%. No entanto, é mais conveniente, claro, usar o valor nominal e, na maioria dos casos, o resultado será suficientemente preciso.[2] Um método mais simples, que funciona bem para a maioria dos propósitos práticos, é avaliar os ativos preferenciais à paridade (mais os dividendos acumulados) ou ao preço de mercado, o que for mais alto.

---

ações ordinárias, consultar o balanço patrimonial de junho de 1939 da Hecker Products — em que o passivo líquido declarado por suas ações de capital possui um valor *negativo*.

2. A Standard Statistics Company, Inc. segue a prática de deduzir as ações preferenciais por seu valor *no caso de liquidação involuntária*, ao calcular o valor contábil das ordinárias. Isso não é muito lógico, uma vez que a dissolução ou liquidação é quase sempre uma contingência remota e ocorreria em condições bem diferentes daquelas vigentes no momento da análise. O método da Standard Statistics Company resulta na atribuição de um "valor" de US$ 115 às ações Procter and Gamble Company Second Preferred de US$ 5 e um valor de apenas US$ 100 por ação às First Preferred de US$ 8 da mesma empresa. O valor real ou prático dos direitos dos detentores de ações preferenciais, neste caso, seria muito mais próximo de uma proporção de 160 para a primeira preferencial contra 100 para a segunda preferencial, em uma base de rendimento de dividendos de 5% para ambas. No caso das emissões dos fundos de investimento, os valores de liquidação das emissões preferenciais são mais relevantes e, em geral, devem ser utilizados.

Cálculo do valor contábil das ações preferenciais. No cálculo do valor contábil de uma emissão de ação preferencial, ela é tratada como uma ação ordinária e os ativos subordinados a ela são deixados de lado. Os seguintes cálculos do balanço patrimonial de 31 de dezembro de 1932 da Tubize Chatillon Corporation, que mostramos a seguir, ilustram os princípios envolvidos.

BALANÇO PATRIMONIAL DA TUBIZE CHATILLON CORPORATION EM 31 DE DEZEMBRO DE 1938

Ativos		Passivos	
Propriedades e equipamentos	US$ 19.009.000	Ações preferenciais classe A de 7% (à paridade US$ 100)	US$ 2.500.000
Patentes, processos, etc.	802.000	Ações preferenciais classe B de US$ 7 (à paridade US$ 1)	136.000
Ativos diversos	478.000	Ações ordinárias (à paridade US$ 1)	294.000
Ativos circulantes	4.258.000	Dívida em títulos	2.000.000
		Passivos circulantes	613.000
		Reserva para depreciação, etc.	11.456.000
		Excedente	7.548.000
Ativos totais	US$ 24.547.000	Passivos totais	US$ 24.547.000

O valor contábil das ações preferenciais classe A é calculado da seguinte forma:

Ativos totais		US$ 24.547.000
Menos: ativos intangíveis	802.000	
Reserva para depreciação, etc.	11.456.000	
Títulos	2.000.000	
Passivos circulantes	613.000	14.871.000
Ativos líquidos para ações preferenciais classe A		US$ 9.676.000
Valor contábil por ação		US$ 387

Método alternativo:

Ações de capital à paridade	US$ 2.930.000
Excedente	7.548.000
	US$ 10.478.000
Menos ativos intangíveis	802.000
Ativos líquidos para ações preferenciais classe A	US$ 9.676.000

A reserva para depreciação e fins diversos era muito grande e pode ter incluído provisões arbitrárias que deveriam pertencer à conta de excedente. Entretanto, na ausência de detalhes, uma reserva desse tipo deve ser deduzida dos ativos. (Mais tarde, descobriu-se que uma parte substancial da reserva era necessária para absorver a amortização de uma fábrica abandonada em razão de obsolescência.)

O valor contábil das ações preferenciais classe B é prontamente calculado com base no anterior, como a seguir:

Ativos líquidos para as ações preferenciais classe A	US$ 9.676.000
Menos: ações preferenciais classe A à paridade	2.500.000
Ativos líquidos para as ações preferenciais classe B	US$ 7.176.000
Valor contábil por ação	US$ 52,75

Ao calcular o valor contábil das ordinárias, seria um erro óbvio deduzir as preferenciais classe B de seu valor nominal pouco representativo de US$ 1. O "valor nominal efetivo" deve ser estimado em um preço não inferior a US$ 100 por ação, tendo em vista o dividendo de US$ 7. Portanto, não há ativos disponíveis para as ações ordinárias e seu valor contábil é nulo.

Valor dos ativos circulantes e valor monetário dos ativos. Além do conhecido conceito de valor contábil, queremos sugerir dois outros de natureza semelhante, a saber, o valor dos ativos circulantes e o valor monetário dos ativos.

O valor dos ativos circulantes de uma ação consiste apenas nos ativos circulantes, menos todos os passivos e os direitos privilegiados sobre o ativo. O conceito exclui não apenas os ativos intangíveis como também os ativos fixos e diversos.

O valor monetário dos ativos de uma ação consiste apenas nos ativos em dinheiro, menos todos os passivos e os direitos privilegiados sobre o ativo.[3] Os ativos em dinheiro, exceto o dinheiro propriamente dito, são definidos como aqueles diretamente equivalentes ao dinheiro e mantidos no lugar dele. Incluem certificados de depósito, empréstimos resgatáveis, ativos negociáveis ao valor de mercado e o valor de resgate em dinheiro das apólices de seguro.

A seguir, apresentamos um exemplo do cálculo das três categorias de valores de ativos:

---

3. Os ativos em caixa por ação ordinária são, às vezes, calculados sem a dedução de quaisquer passivos. Em nossa opinião, esse é um conceito útil apenas quando os outros ativos *circulantes* excedem todos os passivos antes das ações ordinárias.

BALANÇO PATRIMONIAL DA OTIS COMPANY (COTTON GOODS) EM 29 DE JUNHO DE 1929

Ativos		Passivos	
1. Dinheiro	US$ 532.000	8. Contas a pagar	US$ 79.000
2. Empréstimos resgatáveis	1.200.000	9. Itens acumulados, etc.	291.000
3. Contas a receber (menos reserva)	1.090.000	10. Reserva para equipamentos, etc.	210.000
4. Estoques (menos reserva de US$ 425.000)	1.648.000	11. Ações preferenciais	400.000
5. Itens pré-pagos	108.000	12. Ações ordinárias	4.079.000
6. Investimentos	15.000	13. Lucro excedente	1.944.000
7. Instalações (menos depreciação)	3.564.000	14. Excedente integralizado	1.154.000
	US$ 8.157.000		US$ 8.157.000

* Os estoques antes da reserva são avaliados ao custo ou ao preço de mercado, o que for mais baixo.

A. Cálculo do valor contábil das ações ordinárias:

Ativos totais		US$ 8.157.000
Menos: contas a pagar	US$ 79.000	
Itens acumulados	291.000	
Ações preferenciais	400.000	770.000
		US$ 7.387.000
Acrescentar reserva voluntária de US$ 425.000 subtraída dos estoques		425.000
Ativos líquidos para as ações ordinárias		US$ 7.812.000
Valor contábil por ação (sobre 40.790 ações)		US$ 191

B. Cálculo do valor dos ativos circulantes das ações ordinárias:

Ativos circulantes totais (itens 1, 2, 3 e 4)	US$ 4.470.000
Acrescentar reserva voluntária contra o estoque	425.000
	US$ 4.895.000
Menos passivos com privilégios sobre as ordinárias (itens 8, 9 e 11)	770.000
Ativos circulantes disponíveis para ações ordinárias	US$ 4.125.000
Valor do ativo circulante por ação	US$ 101

C. Cálculo do valor monetário dos ativos das ações ordinárias:

Ativos em dinheiro totais (itens 1 e 2)	US$ 1.732.000
Menos passivos com privilégios sobre as ordinárias (itens 8, 9 e 11)	770.000
Ativos em dinheiro disponíveis para ordinárias..	US$ 962.000
Valor monetário dos ativos disponível por ação	US$ 23,50

Nesses cálculos, observamos, primeiro, que o estoque aumenta por causa da restauração da reserva de 425 mil dólares, que foi subtraída no balanço patrimonial. Isso ocorre porque a dedução feita pela empresa é claramente uma reserva para uma redução contingente de valor que ainda não ocorreu. Como tal, é inteiramente arbitrária ou voluntária, e a consistência de metodologia exigiria que o analista a considerasse um item excedente. Isso também vale para a "reserva para equipamentos e outras despesas" de 210 mil dólares, que, como pode ser visto, não representa um passivo real nem uma dedução necessária do valor de qualquer ativo específico.

Em junho de 1929, as ações ordinárias da Otis Company estavam sendo negociadas a US$ 35. O leitor vai observar uma divergência extraordinária entre esse preço de mercado e o valor dos ativos circulantes das ações. Seu significado é abordado adiante.

Importância prática do valor contábil. O valor contábil de uma ação ordinária era originalmente o elemento mais importante em seu quadro financeiro. Presumia-se que mostrava "o valor" das ações da mesma forma que o balanço de um comerciante mostra a ele o valor de seu negócio. Essa ideia desapareceu quase completamente do horizonte financeiro. O valor dos ativos de uma empresa, conforme contabilizado em seu balanço, perdeu praticamente todo o seu significado. Em primeiro lugar, essa mudança decorreu do fato de que o valor dos ativos fixos, conforme declarado, muitas vezes não guardava relação com o custo real e, em segundo lugar, que em uma proporção ainda maior de casos, esses valores não tinham relação com o valor de venda ou a cifra que seria justificada pelos lucros. A prática de inflar o valor contábil das propriedades está cedendo lugar ao artifício oposto de reduzi-lo a nada para evitar os encargos de depreciação, mas ambos têm a mesma consequência de privar os valores contábeis de qualquer significado real. É um pouco estranho, como uma sobrevivência curiosa do passado, que os principais serviços estatísticos ainda mantenham o antigo procedimento de cálculo do valor contábil por ação ordinária em muitos, talvez na maioria, dos balanços publicados.

Antes de descartarmos completamente essa concepção do valor contábil, consagrada pelo tempo, devemos perguntar se algum dia poderá ter um significado prático para o analista. Na maioria dos casos, provavelmente não. Mas e os casos extraordinários ou extremos? Vamos considerar as quatro empresas apresentadas nas tabelas a seguir como representantes das relações extremas entre o valor contábil e o preço de mercado.

Item	General Electric	Pepperell Manufacturing
Preço	(1930) 95	(1932) 18
Número de ações	28.850.000	97.600
Valor de mercado das ordinárias	US$ 2.740.000.000	US$ 1.760.000
Balanço patrimonial	(dez. 1929)	(jun. 1932)
Ativos fixos (menos depreciação)	US$ 52.000.000	US$ 7.830.000
Ativos diversos	183.000.000	230.000
Ativos circulantes líquidos	206.000.000	9.120.000
Total de ativos líquidos	US$ 441.000.000	US$ 17.180.000
Menos títulos e preferenciais	45.000.000	
Valor contábil das ordinárias	US$ 396.000.000	US$ 17.180.000
Valor contábil por ação	US$ 13,75	US$ 176

Item	Commercial Solvents	Pennsylvania Coal and Coke
Preço	(jul. 1933) 57	(jul. 1933) 3
Número de ações	2.493.000	165.000
Valor de mercado das ordinárias	US$ 142.000.000	US$ 495.000
Balanço patrimonial	(dez. 1932)	(dez. 1932)
Ativos fixos (menos depreciação)		6.500.000
Ativos diversos	2.600.000	990.000
Ativos líquidos circulantes	6.000.000	740.000
Ativos totais para ordinárias	US$ 8.600.000	US$ 8.230.000
Valor contábil por ação	US$ 3,50	US$ 50

Nenhum observador atento poderia deixar de ficar impressionado com as disparidades reveladas nos exemplos apresentados. No caso da General Electric e da Commercial Solvents, os números proclamam mais que o simples fato de que o mercado estava avaliando as ações muitas vezes acima do valor contábil. A bolsa parece registrar uma avaliação agregada dessas empresas que é completamente divorciada de sua posição como empresas comerciais comuns. Em outras palavras, essas não são em nenhum sentido *avaliações de negócios*; são produtos da esperteza de Wall Street ou, possivelmente, de sua clarividência.

Raciocínio financeiro versus *raciocínio empresarial.* Temos aqui o ponto que evidencia de maneira mais impressionante, talvez mais que qualquer outro, o fosso cada vez maior entre o pensamento financeiro e o pensamento empresarial comum. É um fato quase inacreditável que Wall Street nunca pergunte: "Por quanto essa empresa está sendo negociada?". No entanto, essa deveria ser a primeira pergunta ao considerar a compra de ações. Se a um empresário fosse oferecido 5% de participação em alguma empresa por 10 mil dólares, seu primeiro processo mental seria multiplicar o preço pedido por vinte e, assim, estabelecer um valor proposto de 200 mil dólares para o empreendimento como um todo. O resto de seu cálculo giraria em torno da questão de saber se o negócio era ou não uma "compra boa" a 200 mil dólares.

Essa abordagem elementar e indispensável foi praticamente abandonada por aqueles que compram ações. Entre os milhares que "investiram" na General Electric, em 1929-1930, provavelmente apenas um número infinitesimal tinha alguma ideia de que estava pagando com base em um valor de cerca de 2,5 bilhões de dólares pela empresa, dos quais mais de 2 bilhões representavam um prêmio acima do dinheiro realmente investido no negócio. O preço de US$ 57 estabelecido para a Commercial Solvents, em julho de 1933, foi mais um fenômeno da jogatina, induzido pela esperada revogação da proibição. Entretanto, nesse caso, os apostadores não estavam agindo de maneira diferente daqueles que se autodenominam investidores, em sua alegre desconsideração do fato de que estavam pagando 140 milhões de dólares por um empreendimento com cerca de 10 milhões de dólares de recursos. (Os ativos fixos da Commercial Solvents, reduzidos a zero no balanço patrimonial, tinham certo valor real, é claro, mas não superior a alguns milhões.)

O contraste na direção contrária, mostrado por nossos exemplos, é quase tão impressionante. Uma empresa em funcionamento, porém malsucedida, como a Pennsylvania Coal and Coke, pode ser avaliada pelo mercado a cerca de um dezesseis avos de seus recursos declarados quase no mesmo dia em que um ativo especulativamente atraente é negociado por dezesseis vezes seu patrimônio líquido. O exemplo da Pepperell talvez seja mais impressionante ainda, por causa da realidade inquestionável dos números do valor contábil e por causa da reputação imaculada, dos lucros grandes e dos dividendos liberais da empresa ao longo de um período de muitos anos. Ainda assim, os proprietários parciais desse negócio — sob o estresse da depressão, é verdade — estavam dispostos a vender sua participação por um décimo do valor que um único proprietário privado teria investido sem hesitação.

Recomendação. Esses exemplos, por mais extremos que sejam, sugerem, de maneira bastante convincente, que o valor contábil merece, pelo menos, um olhar fugaz do público antes de comprar ou vender ações de uma empresa. Em qualquer caso específico, a mensagem transmitida pelo valor contábil pode muito bem se provar inconsequente e indigna de atenção. No entanto, essa evidência deve ser examinada antes de ser rejeitada. Deixe o comprador de ações, caso se considere inteligente, pelo menos ser capaz de dizer a si mesmo, primeiro, qual valor está realmente estabelecendo para o negócio e, segundo, o que está realmente obtendo com seu dinheiro em termos de recursos tangíveis.

De fato, existem certas presunções favoráveis às compras feitas muito abaixo do valor dos ativos e contra aquelas feitas com um prêmio alto acima dele. (Presume-se que, na maioria das vezes, os números contábeis podem ser aceitos como um indicativo aproximado do dinheiro real investido em uma empresa.) Uma empresa que é negociada com ágio faz isso porque obtém um retorno grande sobre seu capital; esse retorno grande atrai concorrência e, de modo geral, é pouco provável que perdure indefinidamente. O mesmo fenômeno ocorre de maneira inversa, no caso de uma empresa negociada a um grande desconto devido a lucros anormalmente baixos. A ausência de concorrentes novos, a retirada de antigos concorrentes do ramo e outras forças econômicas naturais podem, eventualmente, melhorar a situação e restaurar uma taxa de lucro normal ao investimento.

Embora essa seja uma teoria econômica ortodoxa e, sem dúvida, válida em um sentido amplo, duvidamos que se aplique com suficiente certeza e celeridade a ponto de torná-la um fator primordial na escolha de ações ordinárias. Pode-se apontar que, nas condições modernas, os chamados "intangíveis", por exemplo, o patrimônio de marca ou mesmo uma organização altamente eficiente, são tão reais, do ponto de vista de dólares e centavos, quanto instalações e máquinas.[4] Lucros com base nesses intangíveis podem

---

4. As avaliações judiciais de ativos intangíveis (no caso de empresas fechadas) ainda parecem aderir ao antigo conceito de que são menos "reais" que os ativos tangíveis e, portanto, precisam de lucros relativamente maiores para serem sustentados. A divergência entre as bases de avaliação do mercado

ser ainda menos vulneráveis à concorrência que aqueles que exigem apenas um investimento em dinheiro em instalações produtivas. Além disso, quando as condições são favoráveis, as empresas com um investimento de capital relativamente pequeno tendem a apresentar uma taxa de crescimento mais rápido. Geralmente, podem expandir suas vendas e lucros com gastos pequenos e, portanto, de forma mais rápida e lucrativa para seus acionistas que uma empresa que exige um investimento grande em instalações fabris por dólar de faturamento.

Não acreditamos, portanto, que quaisquer regras possam ser razoavelmente estabelecidas no que se refere à relação do valor contábil com o preço de mercado, exceto a forte recomendação, já feita, de que o comprador deve saber o que está fazendo nesse quesito e ter certeza de que está agindo com sensatez.

---

acionário e as dos empresários e dos tribunais, no que se refere às empresas privadas, forneceria excelente material para um estudo crítico. Para um estudo quantitativo que afirma que o "patrimônio de marca", em geral, mostrou-se mais lucrativo que os ativos tangíveis, consultar a obra *The investment value of goodwill*, de Lawrence N. Bloomberg, publicada em 1938.

CAPÍTULO 43
SIGNIFICADO DO VALOR DO ATIVO CIRCULANTE

É provável que o valor do ativo circulante de uma ação ordinária seja um dado mais importante que o valor contábil, o qual inclui o ativo imobilizado. Nossa discussão sobre este ponto desenvolverá as seguintes teses:

1. o valor do ativo circulante é, em geral, um indicador aproximado do *valor de liquidação*;
2. muitas ações ordinárias são negociadas por menos que o valor de seu ativo circulante e, portanto, são vendidas abaixo do valor realizável em caso de liquidação;
3. o fenômeno de muitas ações vendidas persistentemente abaixo de seu valor de liquidação é fundamentalmente ilógico. Isso significa que um erro grave está sendo cometido (a) na avaliação feita pelo mercado acionário, (b) nas políticas dos administradores da empresa ou (c) na atitude dos acionistas em relação a sua propriedade.

Valor de liquidação. Por valor de liquidação de uma empresa, entendemos o dinheiro que os proprietários poderiam embolsar se dela quisessem desistir. Eles poderiam vender tudo ou parte para outra pessoa, como se fosse uma empresa em funcionamento. Eles também poderiam transformar os diversos tipos de ativos em dinheiro, de forma fragmentada, levando o tempo que fosse necessário para obter o melhor resultado de cada um. Essas liquidações ocorrem diariamente no campo dos negócios privados. Em contraste, no entanto, são muito raras no campo das empresas listadas em bolsa. É verdade que, muitas vezes, uma empresa se vende para outra, em geral a um preço bem superior ao valor de liquidação, e que a insolvência, às vezes, resulta na venda fragmentada dos ativos; porém, a retirada voluntária de um negócio não lucrativo, acompanhada da liquidação cuidadosa dos ativos, é um acontecimento infinitamente mais frequente entre as empresas privadas que as listadas em bolsa. Essa divergência tem causa e significado, como mostraremos adiante.

O valor realizável dos ativos varia de acordo com sua natureza. O balanço patrimonial de uma empresa não fornece informações exatas sobre seu valor de liquidação, mas dá pistas ou dicas que podem ser úteis. A primeira regra do cálculo do valor de liquidação é que os passivos são reais, mas o valor dos ativos deve ser questionado. Isso significa que todos os passivos reais mostrados nos livros devem ser deduzidos com base no valor nominal. O valor a ser atribuído aos ativos, entretanto, variará de acordo com sua natureza. A tabela a seguir indica bastante bem a confiabilidade relativa de vários tipos de ativos em liquidação.

Tipo de ativo	% de valor de liquidação para o valor contábil	
	Faixa normal	Média aproximada
Ativo circulante:		
Ativos em numerário (incluindo ativos a preço de mercado)	100	100
A receber (menos reservas usuais)*	75-90	80
Estoque (ao valor mais baixo entre o de custo ou de mercado)	50-75	66,666
Ativos imobilizados e diversos:		
(Imóveis, prédios, máquinas, equipamentos, investimentos não negociáveis, intangíveis, etc.)	1-50	15 (aprox.)

* Nota: As contas de prestações das empresas varejistas devem ser avaliadas a uma taxa inferior. Faixa entre 30% e 60%. Média em torno de 50%.

Cálculo ilustrado. O cálculo do valor de liquidação aproximado em um caso específico é ilustrado a seguir.

Exemplo: White Motor Company. (Ver a próxima página.)

Objetivo deste cálculo. Ao estudar este cálculo, deve-se levar em consideração que nosso objetivo não é determinar o valor de liquidação exato da White Motor, mas apenas formar uma ideia aproximada desse valor de liquidação, *a fim de verificar se as ações estão ou não sendo negociadas por menos que os acionistas poderiam realmente retirar do negócio.* A última questão é respondida de forma muito definitiva e afirmativa. Com total tolerância para possíveis erros, não havia nenhuma dúvida (em 1931) de que a White Motor poderia ser liquidada por muito mais que US$ 8 por ação, ou 5,2 milhões de dólares pela empresa. O fato surpreendente de que os ativos em numerário, por si só, excediam consideravelmente esse número, *após dedução de todos os passivos,* encerrava definitivamente qualquer discussão a respeito dessa questão.

WHITE MOTOR COMPANY

Capitalização: 650.000 ações ordinárias.
Preço em dezembro de 1931: US$ 8 por ação.
Valor de mercado total da empresa: US$ 5.200.000.

BALANÇO CONTÁBIL EM 31 DE DEZEMBRO DE 1931 (".000" OMITIDOS)

Item	Valor contábil	Valor estimado de liquidação	
		% de valor contábil	Quantidade
Dinheiro	US$ 4.057	100	
Títulos do governo americano e da cidade de Nova York	4.573		US$ 8.600
A receber (menos reservas)	5.611	80	4.500
Estoque (menor entre custo ou mercado)	9.219	50	4.600
Ativo circulante total	US$ 23.460		US$ 17.700
Menos passivo circulante	1.353		1.400
Ativo líquido circulante	US$ 22.107		US$ 16.300
Conta de fábrica	16.036		
Menos depreciação	7.491		
Conta de fábrica, líquido	US$ 8.545	20	4.000
Investimentos em subsidiárias, etc.	4.996		
Encargos deferidos	388		
Patrimônio de marca	5.389		
Ativos líquidos totais para as ações ordinárias	US$ 41.425		US$ 20.300
Valor de liquidação estimado por ação		US$ 31	
Valor contábil por ação		55	
Valor de ativo circulante por ação		34	
Valor dos ativos em numerário por ação		US$ 11	
Preço de mercado por ação		US$ 8	

Valor do ativo circulante, uma medida aproximada do valor de liquidação. Os valores estimados de liquidação, conforme apresentados para a White Motor, são um pouco menores em relação ao estoque e um pouco mais altos no que diz respeito aos ativos fixos e diversificados que se estaria inclinado a adotar em outros exemplos. Estamos levando em consideração o fato de que o estoque de caminhões motorizados provavelmente será menos vendável que a média do estoque típico. Por outro lado, alguns dos ativos listados como não circulantes, com destaque para o investimento na White Motor Securities Corporation, provavelmente renderiam uma proporção maior de seus valores contábeis que a típica conta de propriedade. Veremos que o valor estimado de liquidação da White Motor (cerca de US$ 31 por ação) não estava distante do valor do ativo circulante (US$ 34 por ação). No caso típico, pode-se dizer que os ativos não circulantes têm probabilidade de realizar o suficiente para compensar a maior parte da contração sofrida na liquidação do ativo circulante. Daí nossa primeira tese: o valor do ativo circulante fornece uma medida aproximada do valor de liquidação.

Prevalência de ações negociadas abaixo do valor de liquidação. Nosso segundo ponto é que, há alguns anos, muitas ações ordinárias vêm sendo negociadas no mercado por um preço bem inferior ao seu valor de liquidação. Naturalmente, a porcentagem chegou ao auge durante a depressão. Entretanto, mesmo no mercado altista de 1926-1929, ocorrências desse tipo não eram raras. Note-se que o caso marcante da Otis Company, apresentado no capítulo anterior, ocorreu em junho de 1929, no apogeu do *boom*. O exemplo da Northern Pipe Line, apresentado no capítulo 41, data de 1926. Por outro lado, nossos exemplos da Pepperell e da White Motor foram fenômenos do colapso de 1931-1933.

Parece-nos que a característica mais marcante do mercado acionário daqueles três anos foi a grande proporção de ativos vendidos abaixo do valor de liquidação. Nossos cálculos indicam que, em algum momento de 1932, mais de 40% de todas as indústrias listadas na Bolsa de Valores de Nova York foram cotadas a um valor inferior a seus ativos circulantes líquidos. Um número considerável, na verdade, foi vendido por menos que o valor dos ativos em numerário, como no caso da White Motor.[1] Pensando bem, isso deve parecer uma situação extraordinária. A típica empresa americana, aparentemente, valia mais morta que viva. Os proprietários dessas grandes empresas poderiam obter mais por sua participação se fechassem o negócio que pela venda como um negócio em funcionamento.

Na recessão de 1937-1938, essa situação se repetiu em menor escala. Os dados disponíveis indicam que 20,5% das indústrias listadas na Bolsa de Valores de Nova York estavam sendo negociadas por menos que o valor de seu ativo

---

1. Para uma lista representativa dos ativos vendidos por um valor menor que o de liquidação em 1932, ver apêndice G, nota 1, p. 1.073.

circulante líquido no início de 1938. (No final de 1938, quando o nível geral de preços não era anormalmente baixo, 54 de 648 indústrias estudadas estavam sendo negociadas por menos que seus ativos circulantes líquidos.[2])

É importante observar que essas discrepâncias generalizadas entre o preço e o valor do ativo circulante são um acontecimento comparativamente recente. Na depressão severa do mercado em 1921, a proporção de ações industriais nessa classe era muito pequena. É evidente que os fenômenos de 1932 (e 1938) foram o resultado direto da doutrina da nova era, que transferiu *todos* os testes de valor para a conta de receitas e ignorou completamente o quadro do balanço patrimonial. Assim sendo, uma empresa sem lucros correntes era considerada como tendo muito pouco valor real, e era provável que fosse negociada no mercado por uma mera fração de seus recursos realizáveis. A maioria dos vendedores não tinha ciência de que estava vendendo sua participação por muito menos que seu valor de sucata. Muitos, entretanto, que poderiam saber do fato, teriam justificado o preço baixo com o fundamento de que o valor de liquidação não tinha importância prática, uma vez que a empresa não apresentava qualquer intenção de liquidar.

Significado lógico desse fenômeno. Isso nos leva ao terceiro ponto: o significado lógico desse fenômeno do "valor subliquidante" do ponto de vista do mercado, dos gestores e dos acionistas. Toda a questão pode ser resumida na forma de um princípio básico:

Quando uma ação ordinária é negociada persistentemente abaixo de seu valor de liquidação, então o preço está baixo demais ou a empresa deve ser liquidada.

Dois corolários podem ser deduzidos desse princípio:

Corolário I. Esse preço deveria impelir os acionistas a questionar se é ou não de seu interesse manter a empresa em funcionamento.

Corolário II. Esse preço deveria fazer os gestores tomar todas as medidas adequadas para corrigir a disparidade óbvia entre a cotação de mercado e o valor intrínseco, incluindo uma reconsideração de suas políticas e uma justificativa franca aos acionistas de sua decisão de manter a empresa em funcionamento.

A verdade do princípio já declarado deve ser evidente. Não pode haver nenhuma razão econômica *sólida* para que uma ação seja negociada abaixo de seu valor de liquidação durante um período prolongado. Se a empresa não vale mais em atividade que em liquidação, ela deve ser liquidada. Se vale mais como uma empresa em funcionamento, a ação deve ser negociada por mais

---

2. Para outros detalhes sobre este assunto, ver apêndice F, nota 16, p. 1.056.

que seu valor de liquidação. Portanto, em qualquer uma das premissas, um preço abaixo do valor de liquidação é injustificável.

Aplicação dupla do princípio anterior. Apresentado na forma de uma alternativa lógica, nosso princípio convida a uma aplicação dupla. As ações negociadas abaixo do valor de liquidação são, em muitos casos, baratas demais e, portanto, atraentes. Temos aqui, portanto, um campo lucrativo para a técnica de análise de títulos. Entretanto, em muitos casos, o fato de um ativo ser negociado abaixo do valor de liquidação também é um sinal de que políticas equivocadas estão sendo seguidas e que, desse modo, os gestores devem tomar medidas corretivas — se não voluntariamente, que seja sob pressão dos acionistas. Vamos considerar essas duas linhas de investigação na ordem.

ATRATIVIDADE DE TAIS ATIVOS COMO COMPROMISSOS

As ações ordinárias dessa categoria quase sempre apresentam uma trajetória de lucros insatisfatória. Se os lucros estivessem aumentando constantemente, é óbvio que as ações não seriam negociadas a um preço tão baixo. A objeção para compra desses ativos reside na probabilidade ou, pelo menos, na possibilidade de que os lucros diminuam ou que os prejuízos continuem e que os recursos sejam dissipados e o valor intrínseco, em última instância, torne-se menor que o preço pago. Não se pode negar que isso realmente acontece em casos individuais. Por outro lado, existe uma gama muito mais ampla de acontecimentos potenciais que podem resultar no estabelecimento de um preço de mercado mais elevado. Eles incluem o seguinte:

1. a criação de uma lucratividade proporcional aos ativos da empresa. Isso pode resultar de:
    a. melhoria geral no setor industrial,
    b. mudança favorável nas políticas operacionais da empresa, com ou sem mudança na gestão. Essas mudanças incluem métodos mais eficientes, produtos novos, abandono de linhas não lucrativas, etc.;
2. uma venda ou fusão, porque alguma outra empresa é capaz de utilizar melhor os recursos e, portanto, pode pagar, pelo menos, o valor de liquidação pelos ativos;
3. liquidação total ou parcial.

Exemplos do efeito de acontecimentos favoráveis em tais ativos. *Melhoria geral na indústria.* Os exemplos já apresentados e alguns outros ilustram a operação desses vários tipos de acontecimentos favoráveis. No caso da Pepperell, o preço mínimo de US$ 17,50 coincidiu com um grande prejuízo no ano encerrado em 30 de junho de 1932. No ano seguinte, as condições na indústria têxtil melhoraram; a Pepperell lucrou mais de US$ 9 por ação e retomou os dividendos; como consequência, o preço das ações subiu para US$ 100 em janeiro de 1934 e para US$ 149,75 em 1936.

Mudanças em políticas operacionais. A Hamilton Woolen Company, outro exemplo do ramo têxtil, é mais um caso de melhoria individual que geral. Durante vários anos antes de 1928, a empresa operou com prejuízos substanciais que totalizaram quase US$ 20 e US$ 12 por ação em 1926 e 1927, respectivamente. No final de 1927, as ações ordinárias eram negociadas a US$ 13 por ação, embora a empresa tivesse ativos circulantes líquidos de US$ 38,50 por ação na época. Em 1928 e 1929, foram feitas mudanças na gestão e nas políticas administrativas, novas linhas de produtos e métodos de vendas diretas foram introduzidos e certas etapas da produção foram reestruturadas. Isso resultou em juros muito melhores, em média US$ 5,50 por ação durante os quatro anos seguintes; em um único ano, a ação subiu para um preço de cerca de US$ 40.[3]

Venda ou fusão. O exemplo da White Motor é típico da gênese e do efeito imediato de uma venda ou fusão aplicados a um ativo que era negociado por menos que o valor de liquidação. (Os acontecimentos posteriores, no entanto, foram bastante incomuns.) Os prejuízos pesados da White Motor em 1930--1932 impeliram os gestores a buscar um novo alinhamento. A Studebaker Corporation acreditava que poderia combinar suas operações com as da White Motor para obter vantagens mútuas, e foi muito atraída pelas grandes reservas em numerário da empresa. Portanto, em setembro de 1932, a Studebaker fez uma proposta para comprar todas as ações da White Motor, pagando por cada ação da seguinte forma:

US$ 5 em dinheiro.
US$ 25 em notas de 6% de dez anos da Studebaker Corporation.
1 ação ordinária da Studebaker, negociada a cerca de US$ 10.

Veremos que esses termos de compra eram baseados não no preço de mercado recente da White — abaixo de US$ 7 por ação — mas, sobretudo, no valor do ativo circulante atual. As ações da White Motor logo subiram para US$ 27 e, mais tarde, foram negociadas pelo equivalente a US$ 31,50.[4]

---

3. Para a história posterior da Hamilton Woolen Company, consultar capítulo 44 (p. 786-787).

4. Uma sequência extraordinária desse tipo de transação foi a concordata da Studebaker Corporation em abril de 1933, aparentemente causada pela oposição dos acionistas minoritários da White Motor à fusão das duas empresas. Entretanto, esse acontecimento não tem relação com

Um exemplo interessante do mesmo tipo, mas de data mais recente, é o da Standard Oil Company of Nebraska. Os fatos podem ser descritos da seguinte forma:

No início de 1939, as ações estavam sendo negociadas a cerca de US$ 6, representando uma avaliação total de 1 milhão de dólares por 161 mil ações que representavam toda a capitalização. O balanço patrimonial de 31 de dezembro de 1938 está resumido na tabela a seguir.

Ativos		Passivos	
Ativos imobilizados e diversos (líquidos)	US$ 2.794.000	Passivos circulantes	US$ 176.000
Ativos em dinheiro	US$ 1.155.000	Capital social e excedente	4.734.000
Outros ativos circulantes	US$ 961.000		US$ 4.910.000
	US$ 4.910.000		
Ativos em dinheiro por ação (líquidos)	US$ 6,07		
Ativos líquidos circulantes por ação	US$ 12,05		
Ativos tangíveis líquidos por ação	US$ 29,33		

A empresa se dedicava à distribuição de produtos petrolíferos em Nebraska. Tinha um faturamento anual de cerca de 5 milhões de dólares sem lucros apreciáveis. Para os anos de 1935 a 1938, o lucro declarado antes da depreciação foi em média de US$ 0,69 por ação; após a "apropriação por depreciação", houve um lucro médio de US$ 0,39 por ação; e após a depreciação feita pela empresa, houve um prejuízo médio de US$ 0,39 por ação.

Essa era uma empresa que estava claramente sendo negociada por muito menos que o valor de liquidação, por causa de seu histórico de lucros insatisfatório. Havia boas razões para acreditar, entretanto, que a empresa realmente valia mais que o simples valor de liquidação, uma vez que o escoamento que proporcionava para gasolina, etc., tornaria seus numerosos postos de venda a varejo e a granel uma aquisição desejável para alguma refinaria grande.

Em abril de 1939, interesses privados propuseram pagar US$ 12 por ação por dois terços das ações em circulação. Essa oferta não foi aceita por uma

---

nossa discussão, que gira em torno do fato de que, em uma venda ou fusão, o reconhecimento total deve ser sempre, e em geral é, dado ao valor de liquidação, mesmo que o preço de mercado atual seja muito mais baixo.

maioria suficiente, mas foi seguida imediatamente de uma proposta de pagar US$ 17,50 por ação, feita pela Standard Oil Company of Indiana, a refinaria que fornecia gasolina à Standard Oil Company of Nebraska e que, evidentemente, não queria perder esse importante canal de distribuição. O negócio foi prontamente ratificado; então, o valor das ações da Standard Oil Company of Nebraska quase triplicou durante um período de quatro meses em que o mercado geral sofreu um declínio.[5]

Liquidação completa. A Mohawk Mining Company é um excelente exemplo de um lucro em dinheiro equivalente a um aumento grande no valor de mercado causado pela liquidação real da empresa.

Em dezembro de 1931, suas ações eram negociadas a US$ 11 por ação, representando uma avaliação total de 1,23 milhão de dólares pelas 112 mil ações em circulação. O balanço patrimonial no final de 1931 apresentava o seguinte:

Dinheiro e ativos comercializáveis a preço de mercado	US$ 1.381.000
Contas a receber	9.000
Cobre ao valor do mercado, aproximadamente	1.800.000
Suprimentos	71.000
	US$ 3.261.000
Menos passivos circulantes	68.000
Ativos líquidos circulantes	US$ 3.193.000
Ativos imobilizados, menos depreciação e esgotamento	2.460.000
Ativos diversos	168.000
Ativos totais para ações ordinárias	US$ 5.821.000
Valor contábil por ação*	US$ 52
Valor dos ativos circulantes por ação	28,50
Valor dos ativos em numerário por ação*	11,75
Preço de mercado por ação	11

* Após a redução de ativos e estoque de cobre para o valor do mercado.

Pouco tempo depois, os gestores decidiram liquidar a propriedade. Nos anos de 1932 a 1934, foram pagos dividendos regulares e de liquidação, totalizando US$ 28,50 por ação. Deve-se notar que o valor efetivamente recebido pela

---

5. Para outros exemplos de aumento de preço em razão da venda de propriedades, ver I. Benesch & Sons e United Shipyards *A* na tabela da p. 787.

liquidação provou ser idêntico ao valor do ativo circulante imediatamente antes do início da liquidação e foi 2,5 vezes o preço de mercado vigente na época.

Liquidação parcial. A Northern Pipe Line Company e a Otis Company, já analisadas, são exemplos do estabelecimento de um valor de mercado mais alto por meio de uma liquidação parcial. As duas empresas apresentaram o desempenho mostrado na tabela a seguir.

Em setembro de 1929, a Otis Company pagou um dividendo especial de US$ 4 por ação e, em 1930, fez uma distribuição de US$ 20 em liquidação parcial, reduzindo o valor nominal de US$ 100 para US$ 80. Em abril de 1931, as ações foram negociadas a US$ 45 e, em abril de 1932, a US$ 41. Esses preços eram mais altos que a cotação de junho de 1929, apesar das distribuições de US$ 24 por ação feitas no intervalo e do fato de que o nível *geral* do mercado mudara de uma inflação fantástica para uma deflação igualmente fantástica. Mais tarde, a empresa encerrou completamente suas operações e pagou a seus acionistas um adicional de US$ 74 por ação na liquidação — totalizando US$ 102 recebidos por ação desde junho de 1929 (incluindo outros dividendos em 1929-1934 no valor de US$ 4 por ação).[6]

Item	Northern Pipe Line	Otis Company
Data	1926	jun. 1929
Preço de mercado	US$ 64	US$ 35
Valor do ativo em numerário por ação	79	23,5
Valor do ativo circulante por ação	82	101
Valor contábil por ação	116	191

A Northern Pipe Line Company distribuiu US$ 50 por ação a seus acionistas, em 1928, como retorno do capital, ou seja, liquidação parcial. Esse acontecimento resultou em uma duplicação aproximada do preço de mercado entre 1926 e 1928. Mais tarde, foi feita uma segunda distribuição de US$ 20 por ação, de modo que os acionistas receberam mais em dinheiro que no preço de mercado baixo de 1925 e 1926, e também mantiveram sua participação inteira no negócio de oleodutos. Distribuições liberais semelhantes foram feitas pela maioria das empresas de oleodutos do chamado grupo Standard Oil. (Observe também a liquidação parcial da Davis Coal and Coke Company, descrita na nota de rodapé na página 732.)

---

6. Para outros exemplos de liquidação que trouxeram aos acionistas mais que o preço de mercado anterior, consultar a tabela da p. 787.

Discriminação necessária na escolha de tais ativos. Quase não existe dúvida de que as ações ordinárias negociadas bem abaixo do valor de liquidação representam, em geral, uma classe de ativos subvalorizados. Seu preço caiu mais severamente que as condições reais justificam. Isso deveria significar que, *de modo geral*, essas ações oferecem oportunidades lucrativas de compra. No entanto, o analista de títulos financeiros deve exercer o máximo de discriminação possível na escolha dos ativos que se enquadram nessa categoria. Ele preferirá aqueles em que considera haver perspectiva bastante iminente de ocorrer algum dos acontecimentos favoráveis listados anteriormente. Ou então preferirá aqueles que revelam outras características estatísticas atraentes, além de sua posição de ativos líquidos, por exemplo, lucros e dividendos correntes satisfatórios ou uma lucratividade média alta no passado. O analista evitará os ativos que vêm perdendo seus ativos circulantes em um ritmo acelerado e não dão sinais claros que mudança.

Exemplos: Este último ponto será ilustrado pela seguinte comparação de duas empresas, cujas ações foram negociadas bem abaixo do valor de liquidação no início de 1933.

Item	Manhattan Shirt Company		Hupp Motor Car Corporation	
Preço, jan. 1933	6		2,50	
Valor de mercado total da empresa	US$ 1.476.000		US$ 3.323.000	
Valor contábil	30 nov. 1932	30 nov. 1929	31 dez. 1932	31 dez. 1929
Ações preferenciais à paridade		US$ 300.000		
Número de ações ordinárias	246.000	281.000	1.329.000	1.475.000
Ativos em numerário	US$ 1.961.000	US$ 885.000	US$ 4.615.000	US$ 10.156.000
A receber	771.000	2.621.000	226.000	1.246.000
Estoque	1.289.000	4.330.000	2.115.000	8.481.000
Ativos circulantes totais	US$ 4.021.000	US$ 7.836.000	US$ 6.956.000	US$ 19.883.000
Passivos circulantes	100.000	2.574.000	1.181.000	2.541.000
Ativos líquidos circulantes	US$ 3.921.000	US$ 5.262.000	US$ 5.775.000	US$ 17.342.000
Outros ativos tangíveis	1.124.000	2.066.000	9.757.000	17.870.000
Ativos totais para ações ordinárias (e preferenciais)	US$ 5.045.000	US$ 7.328.000	US$ 15.532.000	US$ 35.212.000

Item	Manhattan Shirt Company		Hupp Motor Car Corporation	
Valor dos ativos em numerário por ação	US$ 7,50	nenhum	US$ 2.625	US$ 5.125
Valor dos ativos circulantes por ação	16,00	US$ 17,50	4.375	11,75

Ambas as empresas apresentam uma relação interessante entre os ativos circulantes e o preço de mercado no final de 1932. Entretanto, uma comparação com a situação do balanço patrimonial de três anos antes mostrará indicações muito mais satisfatórias para a Manhattan Shirt que para a Hupp Motors. A última empresa havia perdido mais da metade de seus ativos em numerário e mais de 60% de seus ativos circulantes líquidos durante o período de depressão. Por outro lado, o valor dos ativos circulantes das ações ordinárias da Manhattan Shirt caíra apenas 10% durante esses tempos difíceis e, além disso, sua posição de ativos em numerário melhorara muito. Este último resultado foi obtido pela liquidação de contas a receber e estoques, cujos rendimentos permitiram o pagamento dos empréstimos bancários de 1929 e aumentaram consideravelmente os recursos em dinheiro.

Do ponto de vista das indicações anteriores, portanto, as duas empresas devem ser colocadas em categorias diferentes. No caso da Hupp Motors, devemos levar em conta a possibilidade de que o excesso remanescente de ativos circulantes sobre o preço de mercado pode, em breve, ser dissipado. Isso não é verdade com relação à Manhattan Shirt; de fato, a estratégia da empresa de fortalecer sua posição de caixa durante a depressão deve receber consideração favorável. Voltaremos, adiante, a essa fase da análise de títulos, a saber, a comparação dos balanços patrimoniais ao longo do tempo para determinar o verdadeiro progresso de uma empresa. O primeiro ponto — necessidade de prestar atenção também no histórico de lucros anteriores — pode ser esclarecido com uma breve comparação de duas empresas no início de 1939.

Item	Ely & Walker Dry Goods Co.		Pacific Mills	
Preço, jan. 1939	17		14	
Por ação:	31 dez. 1932	31 dez. 1938	31 dez. 1932	31 dez. 1938
Ativos circulantes líquidos	US$ 30	US$ 39,50	US$ 26,95	US$ 24,50
Ativos tangíveis líquidos	37,73	46,42	90,85	79,50
Lucros médios, 1933-1938		1,82		2,41(d)
Dividendos médios, 1933-1938		1,25		0,50

Os prejuízos da Pacific Mills não afetaram o balanço patrimonial porque tomaram a forma de uma provisão para depreciação. Entretanto, a menos que houvesse razões especiais para esperar uma reversão dos resultados operacionais, o analista obviamente preferiria a Ely & Walker como compra para fins de investimento.

Pechinchas desse tipo. Pode-se dizer sobre as ações ordinárias que (1) estão sendo negociadas abaixo do valor de seus ativos líquidos, (2) parecem não correr o risco de dissipar esses ativos e (3), antes, mostraram uma lucratividade grande ao preço de mercado e constituem, de fato, uma classe de *barganhas de investimento*. Elas *valem*, sem dúvida, muito mais que seu preço de venda, e existe uma chance razoável de que esse valor maior, mais cedo ou mais tarde, seja refletido no preço de mercado. Com preço baixo, essas ações de pechincha desfrutam, de fato, de um grau alto de segurança, em que segurança significa um risco relativamente pequeno de perda do principal.

Pode-se apontar, entretanto, que a realização de investimentos em tais ativos de pechincha deve levar em consideração as condições gerais de mercado da época. Por incrível que pareça, esse é um tipo de operação que tem melhores resultados, em termos relativos, quando os níveis de preços não são nem altos demais, nem baixos demais. A compra de "ações baratas", quando o mercado como um todo parece muito mais alto que deveria ser, por exemplo, em 1929 ou no início de 1937, não funciona bem, uma vez que é provável que o declínio subsequente afete quase tão severamente esses ativos negligenciados ou não apreciados quanto as ações como um todo. Por outro lado, quando todas as ações estão muito baratas — como em 1932 — parece haver tanta razão para comprar ativos subvalorizados das empresas líderes quanto para escolher ações menos populares, mesmo que estas possam estar sendo negociadas a preços comparativamente ainda mais baixos.

Uma ação ordinária que representa uma empresa inteira não pode ser menos segura que um título com direitos sobre apenas uma parte dela. Ao considerar essas questões, será útil aplicar o inverso da proposição desenvolvida anteriormente neste livro com referência aos ativos privilegiados. Ressaltamos (no capítulo 26) que um título ou uma ação preferencial não poderia ter seu valor mais elevado se representasse a propriedade total da empresa, ou seja, se fosse uma ação ordinária sem direitos privilegiados à sua frente. O contrário também é verdadeiro. Uma ação ordinária não pode ser *menos segura* que seria se fosse um título, ou seja, se em vez de representar a propriedade total da empresa, recebesse um direito fixo e limitado, com algumas ações ordinárias novas criadas para tomar posse do que sobrara. Essa ideia, que pode parecer um tanto abstrata a princípio, pode ser esclarecida por uma comparação concreta entre uma ação ordinária e uma emissão de títulos dos tipos que acabamos de descrever. Duas empresas do ramo de fundos de investimento são especialmente adequadas para ilustrar nosso ponto, porque ambas foram organizadas pelos mesmos interesses bancários e têm diretores idênticos.

Nossa tabela a seguir deve deixar claro que as *ações* da Shawmut Association não podem ser intrinsecamente menos seguras que as *debêntures privilegiadas* da Investment Trust a US$ 85. A razão é que, com os mesmos gestores, o investimento em ações tem uma cobertura de ativos de 180%, enquanto os títulos são protegidos por apenas 122% (de seu preço de mercado) em ativos. Além de ter essa maior proteção, as ações da Association representam a propriedade total dos ativos da empresa, enquanto a participação dos títulos da Investment Trust se limita ao valor do principal, ou seja, o saldo do patrimônio dos detentores de títulos subordinados. (Na verdade, esse patrimônio líquido subordinado pode ser bastante substancial, conforme medido pelo preço de mercado, mesmo quando os títulos estão sendo negociados a um desconto considerável.)

Dez. 1939	Shawmut Association	Shawmut Bank Investment Trust
Títulos	Nenhum	US$ 3.040.000 debêntures privilegiadas de 4,5% e 5% a US$ 85 (média) = US$ 2.585.000
		US$ 950.000 debêntures subordinadas de 6% a US$ 50 (est.) = US$ 480.000
Ação	390 mil ações a US$ 10,25 US$ 4.000.000	75 mil ações a US$ 3,50 US$ 260.000
Capitalização total	US$ 4.000.000	US$ 3.325.000
Valor dos ativos líquidos (set. 1939)	7.201.000	(nov. 1939) 3.153.000
Relação: títulos privilegiados ao preço de mercado e ativos líquidos		82%
Relação: capitalização total ao preço de mercado e ativos líquidos	55%	107%
Receita de investimentos de doze meses	(para 30 set.) 198.000	(para 30 nov.) 114.000
Porcentagem ganha sobre a capitalização no mercado	5	3,5

* Excluindo ganhos e prejuízos sobre as vendas de ativos.

O fato de as ações da Shawmut *Association* serem mais atraentes que as debêntures da *Investment Trust* aos preços cotados dificilmente poderia ser questionado. Sem dúvida, o investidor que considerasse "mais segura" a emissão de títulos que as ações da *Association* estaria sendo induzido pela *forma* a ignorar a *essência*. No entanto, ainda há algo a ser dito a respeito do efeito dessas diversas formas sobre a experiência do investidor e, portanto, sobre sua atitude. Os títulos da Investment Trust trazem certa garantia de renda contínua, uma vez que os juros precisam ser pagos, com regularidade, caso contrário, a empresa entrará em falência. É verdade, pela mesma razão, que esforços especiais serão feitos para pagá-los no vencimento ou antes dele, em 1942 e 1952. Logo, descobrimos que a empresa tem um incentivo especial para recomprar seus títulos com um desconto — uma vez que, em última análise, devem ser pagos à paridade —, portanto, um terço da emissão foi recomprada. Essa política tem servido para dar suporte, em grande medida, ao preço de mercado e para melhorar a posição dos títulos restantes.

Nada disso é verdade com relação às ações da Shawmut Association. Elas têm, de fato, recebido dividendos continuamente desde 1929, em média US$ 0,65, ou 6,5% do preço atual. No entanto, a taxa tem sido variável, e o acionista médio sente que está à mercê das decisões dos gestores. (Isso não é de todo verdade, uma vez que as cláusulas de penalidade da Lei de Receitas quase que obrigam o desembolso dos lucros líquidos realizados pelos fundos de investimento.) O preço de mercado não foi mantido por recompras pela empresa a um desconto razoável do valor de liquidação, de modo que o investidor foi incapaz de contar com os gestores para salvá-lo da dura necessidade de sacrificar suas ações a um preço até 50% inferior a seu valor intrínseco.

Na edição de 1934, ilustramos esse ponto quando consideramos as ações da American Laundry Machinery ao preço de US$ 7 em janeiro de 1933, o que era equivalente a 4,3 milhões de dólares para toda a empresa — em comparação com mais de 4 milhões em dinheiro, 21 milhões em ativos circulantes líquidos, 27 milhões em ativos tangíveis líquidos e lucros médios em dez anos superiores a 3 milhões (incluindo, entretanto, um prejuízo de 1 milhão de dólares em 1932). Os dois últimos parágrafos do capítulo eram os seguintes:

> Wall Street teria considerado as ações da American Laundry Machinery "inseguras" a US$ 7, mas sem dúvida teria aceitado uma emissão de títulos de 4,5 milhões de dólares da mesma empresa. Seu "raciocínio" teria sido que os juros sobre os títulos certamente continuariam, mas que os dividendos de US$ 0,40 então pagos sobre as ações eram muito inseguros. Em um caso, os diretores não tinham qualquer escolha a não ser pagar juros e, portanto,

certamente o fariam; no outro caso, os diretores poderiam pagar ou não conforme considerassem adequado, portanto, era muito provável que suspendessem o dividendo. Mas, nesse caso, Wall Street está confundindo a continuação temporária da receita com a questão mais fundamental da segurança do principal. Por si só, os dividendos pagos aos detentores de ações ordinárias não tornam as ações mais seguras. Os diretores estão apenas entregando aos acionistas parte de sua propriedade; se o dinheiro fosse mantido na tesouraria, continuaria sendo propriedade dos acionistas. Deve haver, portanto, uma falácia fundamental em supor que, se os acionistas recebessem o poder de obrigar o pagamento de renda — isto é, se fossem transformados em detentores de títulos no todo ou em parte — sua posição se tornaria intrinsecamente mais sólida. É quase uma idiotice presumir que os acionistas estariam em melhor situação se renunciassem à posse total da empresa em troca de um direito limitado sobre a mesma propriedade à taxa de 5% ou 6% sobre o investimento. Isso é exatamente o que o público faria se estivesse disposto a comprar uma emissão de títulos de 4,5 milhões da American Laundry Machinery, mas rejeitasse por serem "inseguras" as ações ordinárias atuais a US$ 7 por ação.

Mesmo assim, Wall Street persiste em pensar nesses termos irracionais e o faz, em parte, com uma justificativa prática. De uma forma ou de outra, a propriedade de ações comuns não parece dar ao público os mesmos poderes e possibilidades — os mesmos *valores*, em suma — que os proprietários privados de uma empresa têm. Isso nos leva à segunda linha de raciocínio sobre o tema das ações negociadas abaixo do valor de liquidação.

CAPÍTULO 44
IMPLICAÇÕES DO VALOR DE LIQUIDAÇÃO: RELACIONAMENTO ENTRE ADMINISTRADORES E ACIONISTAS

Wall Street entende que o valor de liquidação tem pouca importância, uma vez que a empresa típica não tem intenção de se liquidar. Essa visão é lógica, até certo ponto. Quando aplicada a uma ação negociada abaixo do valor de liquidação, a perspectiva de Wall Street pode ser ampliada da seguinte forma: "Embora essa ação pudesse ser liquidada por mais que seu preço de mercado, não vale a pena ser comprada porque (1) a empresa não consegue auferir um lucro satisfatório e (2) não vai se liquidar". No capítulo anterior, sugerimos ser provável que a primeira suposição esteja errada em vários casos, pois, embora os lucros anteriores possam ter sido decepcionantes, sempre existe uma chance de que, como resultado de mudanças externas ou internas, a empresa possa ganhar, de novo, um retorno razoável sobre seu capital. Entretanto, em uma proporção considerável dos casos, o pessimismo do mercado ao menos *parecerá* justificado. Somos levados, portanto, a fazer a seguinte pergunta: "Por que, por mais que as perspectivas de uma empresa possam parecer muito ruins, seus proprietários permitem que continue funcionando até que seus recursos se esgotem?".

A resposta a essa pergunta nos leva ao cerne de um dos fenômenos mais estranhos das finanças americanas: as relações dos acionistas com as empresas das quais são donos. O escopo do assunto transcende o campo restrito da análise de títulos, mas vamos discuti-lo aqui brevemente porque existe uma relação nítida entre o valor dos ativos e a inteligência e a vigilância daqueles que os possuem. A escolha de uma ação ordinária é um ato único; sua propriedade é um processo contínuo. Certamente existem tantos motivos para se tomar cuidado e fazer julgamentos para *ser* como há para se *tornar* um acionista.

Acionista típico apático e dócil. É um fato notório, entretanto, que o típico acionista americano é o animal em cativeiro mais dócil e apático. Ele faz o que o conselho de administração manda fazer e raramente pensa em fazer valer seus direitos individuais como proprietário da empresa e empregador de seus executivos remunerados. O resultado é que o controle efetivo de muitas, talvez da maioria, das grandes empresas americanas é exercido não por aqueles que juntos são donos da maioria das ações, mas por um pequeno grupo conhecido como "os administradores". Essa situação foi bem descrita por Adolf Berle e Gardiner Means em seu importante trabalho *The modern corporation and private property*, de 1932. No capítulo I do livro IV, os autores dizem:

> É tradição uma empresa ser administrada em benefício de seus proprietários, os acionistas, e que para eles vá todos os lucros distribuídos. Agora, entretanto, sabemos que um grupo controlador pode ter o poder de desviar os lucros para os próprios bolsos. Não há mais certeza de que uma empresa será de fato dirigida, sobretudo, visando ao interesse dos acionistas. A ampla separação de propriedade e controle e o fortalecimento dos poderes de controle criam uma situação nova que exige a tomada de uma decisão: pressão social e legal aplicada para tentar assegurar a operação da empresa visando, sobretudo, ao interesse dos proprietários ou tal pressão aplicada visando ao interesse de algum outro grupo ou grupo mais amplo.

Mais uma vez, os autores reafirmam essa perspectiva em seu capítulo de conclusão da seguinte maneira:

> [...] Uma terceira possibilidade existe, entretanto. Por um lado, os donos de propriedade passiva, ao renunciar ao controle e à responsabilidade sobre a propriedade ativa, renunciaram ao direito de que a empresa deveria operar com vistas a seu interesse exclusivo — liberaram a comunidade da obrigação de protegê-los totalmente na medida máxima implícita na doutrina dos direitos de propriedade estritos. Ao mesmo tempo, os grupos controladores, por meio da extensão dos poderes da empresa, romperam, em seu interesse, as barreiras da tradição que exigiam que a empresa fosse operada exclusivamente em benefício dos proprietários de propriedade passiva. Eliminar o interesse exclusivo do proprietário passivo, entretanto, não necessariamente estabelece uma base para a alegação alternativa de que os poderes novos devem ser usados no interesse dos grupos controladores. Estes últimos não apresentaram, em feitos ou palavras, qualquer defesa aceitável da proposição de que tais poderes deveriam ser usados dessa maneira. Nenhuma tradição sustenta essa proposição. Em vez disso, os grupos controladores abriram as portas para as reivindicações de um grupo muito mais amplo que os proprietários ou os controladores. Eles colocaram a comunidade em posição de exigir que a empresa moderna sirva não apenas aos proprietários ou controladores, mas a toda a sociedade. (p. 335)

Premissas plausíveis, porém parcialmente falaciosas, dos acionistas. É provável que os acionistas alertas — se é que existe algum — não concordem inteiramente com a conclusão de Berle e Means de que, de fato, "renunciaram ao direito de que a empresa deveria operar com vistas a seu interesse exclusivo". Afinal, o acionista americano não teve a intenção de abdicar, mas o fez por omissão. Ele poderia reafirmar os direitos de controle inerentes à propriedade. É muito provável que o fizesse se fosse bem informado e bem orientado. Em boa parte, sua docilidade e aparente apatia são resultado de certos pontos de vista tradicionais, porém pouco recomendáveis, que parece absorver por herança ou por contágio. Essas noções acalentadas incluem:

1. A administração sabe mais sobre a empresa que os acionistas e, portanto, sua avaliação de todas as questões relativas a políticas deve ser aceita.
2. A administração não tem interesse ou responsabilidade pelos preços de venda dos ativos da empresa.
3. Se um acionista desaprovar qualquer política importante da administração, a resposta adequada é vender suas ações.

Sabedoria e eficiência presumidas dos gestores, mas nem sempre justificadas. Essas declarações parecem plausíveis, mas, na verdade, são apenas meias verdades — mais perigosas ainda porque não são totalmente falsas. Quase sempre é verdade que os gestores estão em uma melhor posição para julgar quais políticas são mais convenientes. No entanto, isso não significa que sempre reconhecerão ou adotarão o rumo mais benéfico para os acionistas. Podem errar feio por incompetência. Os acionistas de todas as empresas parecem considerar inquestionável a capacidade dos gestores. No entanto, diz-se que a arte de escolher ações se concentra, sobretudo, na escolha de empresas bem administradas e na rejeição de outras. Isso significa que muitas empresas são mal dirigidas. Não deveria significar também dizer que os acionistas de qualquer empresa precisam ter a mente aberta quanto à questão de saber se sua gestão é eficiente ou não?

Conflito de interesses de acionistas entre diretores em determinados pontos. Contudo, uma segunda razão para nem sempre aceitar, sem questionamento, as decisões dos gestores é que, *em determinados pontos*, os interesses dos diretores e dos acionistas podem estar em conflito. Esse campo inclui:

1. Remuneração dos executivos: abrangendo salários, bônus, opções para compra de ações;

2. Expansão da empresa: envolvendo o direito a salários mais altos e a aquisição de mais poder e prestígio pelos executivos.
3. Pagamento de dividendos: o dinheiro ganho deve permanecer sob o controle dos gestores ou passar às mãos dos acionistas?
4. Continuidade do investimento dos acionistas na empresa: a empresa deve continuar como antes, embora não seja lucrativa, parte do capital deve ser retirado ou deve ser totalmente liquidada?
5. Informações aos acionistas: os que estão no controle devem se beneficiar por terem acesso a informações não disponíveis aos acionistas em geral?

Em todas essas questões, as decisões da administração *envolvem interesses* e, por isso, exigem o escrutínio dos acionistas. Não estamos sugerindo que os administradores de empresa não sejam confiáveis. Pelo contrário, os executivos de nossas grandes empresas constituem um grupo de pessoas com probidade e capacidade acima da média. Entretanto, isso não significa que devam ter *carte blanche* em todos os assuntos que afetem seus interesses. Um empregador privado contrata apenas pessoas em quem pode confiar, mas não permite que essas pessoas determinem seus salários ou decidam quanto capital devem investir ou deixar no negócio.

Diretores nem sempre estão isentos de interesses próprios em relação a esses assuntos. Nas empresas de capital aberto, tais assuntos são decididos pelo conselho de administração, eleito pelos acionistas e perante quem os executivos são responsáveis. Em teoria, os conselheiros representam os interesses dos acionistas, quando necessário, em contraposição aos interesses opostos dos diretores. No entanto, isso não é assegurado na prática. Na maioria das empresas ou em grande parte delas, o conselho é composto de funcionários remunerados. Os conselheiros que não são executivos costumam ter muitos laços estreitos com os principais executivos. Pode-se dizer, de fato, que os diretores escolhem os conselheiros com mais frequência que os conselheiros escolhem os diretores. Logo, permanece a necessidade de os acionistas exercerem julgamentos críticos e independentes a respeito de todas as questões em que a vantagem pessoal dos executivos possa ser oposta à sua. Em outras palavras, nesse campo, a habitual presunção de superioridade e bom juízo por parte da administração não deve prevalecer, e qualquer crítica feita de boa-fé merece consideração cuidadosa por parte dos acionistas.

Abuso da remuneração dos gerentes. Numerosos casos surgiram em que a atuação dos administradores em relação a sua remuneração ficou sujeita a questionamentos sérios. A maioria deles se refere aos anos anteriores a 1933.

No caso da Bethlehem Steel Corporation, foram pagos bônus em dinheiro que eram claramente excessivos. No caso da American Tobacco Company, direitos de compra de ações abaixo do preço de mercado, de enorme valor agregado, foram conferidos aos diretores. Esses privilégios para comprar ações facilitam os abusos. No caso da Electric Bond and Share Company, os gestores se permitiram comprar muitas ações a um preço muito inferior ao do mercado. Quando, posteriormente, o preço das ações desabou para um valor inferior ao preço de subscrição, a obrigação de pagar pelas ações foi cancelada, e as quantias já pagas foram devolvidas aos executivos. Um procedimento semelhante se deu com a White Motor Company, o qual será discutido em maiores detalhes adiante neste capítulo.

Algumas dessas transações são explicadas, e parcialmente justificadas, pelas condições extraordinárias vigentes entre 1928 e 1932. Outras são indesculpáveis de qualquer ponto de vista. No entanto, sendo a natureza humana o que é, tais acontecimentos não surpreendem. Na verdade, dizem pouco sobre o caráter dos administradores da empresa, mas muito sobre a clara falta de sabedoria em deixar esses assuntos sob a arbitrariedade, aparentemente descontrolada, daqueles que se beneficiarão de suas decisões.

As novas regulamentações fizeram muito para dissipar a névoa de sigilo que antes envolvia os emolumentos e as participações acionárias dos altos executivos das empresas. Informações sobre salários, bônus e opções de ações precisam ser registradas nos casos de ofertas novas de ativos, registros de emissões em uma bolsa nacional, relatórios anuais subsequentes para a comissão e solicitações de procuração.[1] Embora esses dados sejam incompletos, são suficientes para o propósito prático de assessorar os acionistas quanto ao custo dos gestores. Da mesma forma, as participações acionárias de executivos, de diretores e daqueles que possuem 10% de uma emissão de ações devem ser reveladas todo mês.

Uma vez que essas informações não estão facilmente acessíveis para o acionista individual, as agências de estatística poderiam melhorar ainda mais seus já excelentes serviços, ao acrescentar os dados de salários e participações em suas listas anuais de executivos e diretores.

Nos últimos anos, a questão da remuneração excessiva de gestores vem despertando considerável atenção, e o público entende muito bem que este

---

1. Além disso, de acordo com os dispositivos da Lei de Receitas, de 1936, o Tesouro publicou os nomes e a remuneração de todos os diretores de empresas que receberam mais de 15 mil dólares naquele ano. A Lei de Receitas, de 1938, exige a partir desse ano a divulgação desses dados quando os salários são iguais ou superiores a 75 mil dólares.

é um campo em que as opiniões dos dirigentes não representam necessariamente a mais profunda sabedoria. Não é tão evidente que, em uma medida considerável, as mesmas limitações se aplicam às questões que afetam o uso do capital e do excedente dos acionistas. Aludimos a certos aspectos desse assunto em nossa discussão sobre as políticas de dividendos (capítulo 29). Deve ficar claro também que a questão da captação de *capital novo* para expansão é afetada pelo mesmo raciocínio que se aplica à retenção de dividendos para esse fim.

Sensatez de manter a empresa em funcionamento deve ser considerada.
Uma terceira questão, a saber, a de reter o capital dos acionistas na empresa, envolve considerações que são basicamente idênticas. É natural que os gestores relutem em devolver qualquer parte do capital a seus proprietários, embora esse capital possa ser muito mais útil — e, portanto, valioso — fora da empresa que dentro dela. Devolver *uma parte* do capital (por exemplo, o excesso de caixa) significa reduzir os recursos da empresa e, talvez, criar problemas financeiros mais tarde, certamente reduzindo, em alguma medida, o prestígio dos executivos. A liquidação total significa a perda do próprio emprego. É difícil esperar, portanto, que os funcionários pagos considerem a questão de continuar ou encerrar a empresa do ponto de vista unicamente do que constitui o melhor interesse dos proprietários. Devemos enfatizar mais uma vez que os conselheiros costumam ser tão intimamente aliados aos executivos — os quais também são membros do conselho — que também não se pode esperar que enxerguem tais problemas apenas do ponto de vista dos acionistas.

Assim, parece que buscar entender se uma empresa deve ou não ser mantida em funcionamento, às vezes, pode merecer uma reflexão independente por parte de seus proprietários, os acionistas. (Deve-se ressaltar também que este é, por sua natureza formal ou legal, um *problema de propriedade* e não um *problema de gestão*.) E uma razão lógica para se dedicar a essa busca surgiria precisamente do fato de que a ação há muito é negociada bastante abaixo de seu valor de liquidação. Afinal, essa situação *deve* significar uma das afirmações a seguir: ou o mercado está errado em sua avaliação ou a administração está errada em manter a empresa em funcionamento. É totalmente apropriado que os acionistas procurem determinar qual dessas opções está errada. Nessa determinação, as opiniões e explicações dos administradores merecem uma atenção muito cuidadosa, mas todo o processo seria inútil se a opinião dos administradores sobre o assunto fosse aceita como final.

É um fato infeliz que, em muitos casos em que as políticas de uma administração são atacadas, o crítico tenha uma queixa pessoal. Talvez isso também seja inevitável. Existe muito pouco altruísmo nas finanças. As guerras contra os administradores de empresas exigem tempo, energia e dinheiro. Não se espera que os indivíduos gastem tudo isso apenas para que a coisa certa seja feita. Em tais questões, os movimentos mais impressionantes e dignos de crédito são aqueles feitos por um grupo substancial de acionistas que têm uma importante participação a ser protegida e que, portanto, é impelido a agir no interesse dos acionistas em geral. As representações de tal fonte, *em qualquer assunto em que o interesse dos dirigentes e dos proprietários possam, concebivelmente, divergir*, devem merecer uma atenção mais respeitosa da maioria dos acionistas que até agora lhes foi concedida na maior parte dos casos.[2]

Críticas públicas iniciadas por acionistas, disputas por procurações e vários tipos de procedimentos legais são muito vexatórios para os administradores e, em muitos casos, são imprudente ou indevidamente motivados. No entanto, isso deve ser considerado como uma das desvantagens de ser executivo em uma empresa e parte do preço de ser um acionista vigilante. O público deve aprender a julgar tais controvérsias por seus méritos, os quais precisam estar embasados em declarações de fato e em argumentos fundamentados. Não se deve permitir ser influenciado por meras acusações ou por personalidades irrelevantes.

A liquidação não deve ser deixada, sem alguma referência, ao interesse vital dos empregados envolvidos. Parece cruel ao extremo discutir tal decisão apenas do ponto de vista do que será melhor para o bolso do acionista. No entanto, não se ganha nada confundindo a questão. Se a razão para a continuidade do negócio é, sobretudo, manter os trabalhadores empregados e se isso significa um verdadeiro sacrifício por parte dos proprietários, eles têm o direito de saber e de lidar com esse fato. Não se deve dizer a eles que seria imprudente liquidar, quando na verdade seria lucrativo, porém desumano. É justo salientar que, em nosso sistema econômico atual, não se espera que os proprietários de uma empresa dissipem seu capital em prol da manutenção de empregos. Nas empresas privadas tal filantropia é rara. Se o sacrifício de capital para esse fim melhora o bem-estar econômico do país como um todo, esse também é um ponto discutível, mas não é nossa competência discuti-lo aqui. Nosso objetivo tem sido esclarecer a questão e

---

2. Os regulamentos para elaboração de procurações, estabelecidos pela Securities and Exchange Commission, procuram facilitar a apresentação de pontos de vista opostos à administração e exigem que a empresa envie pedidos de procurações (e cartas de apresentação) fornecidas por acionistas individuais, com o custo de envio postal a ser pago pelos últimos.

enfatizar o fato de que um preço de mercado inferior ao valor de liquidação tem um significado especial para os acionistas e deve levá-los a fazer algumas perguntas incômodas aos gestores.

Administradores podem legitimamente ter certo interesse no preço de mercado das ações. Os administradores tiveram bastante sucesso em evitar essas questões com a ajuda do princípio consagrado de que os preços de mercado não são de sua responsabilidade. É verdade, claro, que os diretores de uma empresa não são responsáveis pelas oscilações no preço de seus ativos. Entretanto, isso está muito longe de significar que os preços de mercado *nunca* devem ser motivo de preocupação para os administradores. Essa ideia não é apenas basicamente errada como também tem o vício adicional de ser totalmente hipócrita. É errada porque a facilidade de venda dos ativos é uma das principais qualidades consideradas no ato de sua compra. No entanto, a facilidade de negociação deve pressupor não apenas um lugar onde possam ser negociados como uma oportunidade de vendê-los a um *preço justo*. É muito importante que os acionistas possam obter um preço justo por suas ações e que dividendos, lucros e ativos sejam conservados e aumentados. Assim, a responsabilidade dos administradores de agir no interesse de seus acionistas inclui a obrigação de impedir — o quanto puderem — o estabelecimento de preços absurdamente altos ou indevidamente baixos para seus ativos.

É difícil não perder a paciência com a atitude hipócrita de muitos executivos de empresas que professam não saber nem mesmo o preço de mercado de seus ativos. Em muitos casos, eles têm um interesse pessoal vital nesses mesmos preços de mercado e, às vezes, usam seu acesso a informações privilegiadas para tirar vantagem do público externo e de seus acionistas.[3] Não como uma inovação surpreendente, mas como um reconhecimento prático das coisas como realmente são, recomendamos que os diretores tenham o dever de observar o preço de mercado de seus ativos e de usar todos os esforços adequados para corrigir as discrepâncias evidentes, da mesma forma como fariam para remediar qualquer outra condição societária contrária aos interesses dos acionistas.

---

3. Isso atingiu proporções tão escandalosas "nos bons e velhos tempos" que a Lei de Valores e Bolsa de 1934 tornou responsáveis os possuidores de informações privilegiadas perante a empresa pelos lucros realizados em compras e vendas, ou *vice-versa*, concluídos em um período de seis meses. A execução deve se dar por meio de um processo de acionistas. Esse dispositivo foi duramente criticado em Wall Street por impedir atividades legítimas de executivos e diretores, incluindo o apoio ao preço de mercado em momentos críticos. Nossa opinião é que, após reflexão, tanto a lógica quanto a praticidade são contra o dispositivo tal como é agora. A publicação das operações — talvez imediata, em vez de mensal — deve fornecer uma proteção suficiente contra a fraude e um freio a condutas questionáveis.

Vários meios possíveis para corrigir os preços de mercado das ações. As formas que esses esforços adequados podem assumir são várias. Em primeiro lugar, pode-se chamar a atenção dos acionistas, oficialmente, para o fato de que o valor de liquidação e, portanto, o valor mínimo das ações é, substancialmente, superior ao preço de mercado. Se, como em geral será o caso, os administradores estiverem convencidos de que a continuidade é preferível à liquidação, os motivos que levaram a essa conclusão devem ser fornecidos ao mesmo tempo. Uma segunda linha de conduta diz respeito aos dividendos. Um esforço especial deve ser feito para estabelecer uma taxa de dividendos proporcional, pelo menos, ao valor de liquidação, a fim de que os acionistas não sofram perdas de renda com a manutenção da empresa. Isso pode ser feito mesmo que os lucros correntes sejam insuficientes, desde que haja lucros acumulados e que a posição de caixa seja forte o suficiente para acomodar tais pagamentos.

Um terceiro procedimento consiste em devolver aos acionistas o capital em dinheiro desnecessário para a condução dos negócios. Isso se dá por meio de uma distribuição *pro rata*, em geral acompanhada de uma redução no valor nominal, ou por meio de uma oferta de compra de determinado número de ações *pro rata* a um preço justo. Finalmente, uma consideração cuidadosa acerca da discrepância entre a lucratividade e o valor de liquidação pode levar os diretores a concluir que a venda ou a liquidação da empresa é a medida corretiva mais sensata — caso em que devem tomar as providências necessárias.

Exemplos: Otis Company, 1929-1939. A estratégia seguida pelos administradores da Otis Company em 1929-1930 juntou uma série dessas medidas corretivas. Em julho de 1929, o presidente enviou uma circular aos acionistas que apresentava um balanço intermediário de 30 de junho e enfatizava a disparidade entre o preço de mercado atual e o valor de liquidação. Em setembro daquele ano — embora os lucros não fossem maiores que antes — os pagamentos de dividendos foram retomados, uma medida permitida pelos volumosos recursos de caixa da empresa e pelo excedente substancial. Em 1930, boa parte do dinheiro, aparentemente desnecessário ao negócio, foi devolvido aos acionistas por meio do resgate da pequena emissão preferencial e do reembolso de US$ 20 por ação ordinária como parte do capital.[4]

---

4. Outros exemplos de um retorno parcial de capital por empresas que continuam em atividade são: Cuban Atlantic Sugar Company (1938-1939), Great Southern Lumber Company (1927-1937), Keystone Watch Case Corporation (1932-1933), Davis Coal and Coke Company e as várias empresas de oleodutos da Standard Oil anteriormente mencionadas.

Mais tarde, a empresa embarcou em uma política de liquidação gradativa que resultou em uma série de pagamentos da conta de capital. De setembro de 1929 até a distribuição final em 1940, foi pago um total de US$ 94 por ação como retorno de capital, bem como US$ 8 em forma de dividendos. Como apontamos no capítulo anterior, essas etapas funcionaram de maneira a melhorar o *status* dos acionistas da Otis durante um período em que a maioria das outras emissões estava sofrendo uma redução de valor e, em última análise, deu-lhes um retorno muito maior que provavelmente receberiam pela continuidade da empresa.

Hamilton Woolen Company. A história desta empresa, desde 1926, é ainda mais interessante neste contexto, uma vez que sugere uma técnica modelo para o tratamento, pelos diretores, de problemas que afetam o investimento dos acionistas. Em 1927, prejuízos operacionais seguidos resultaram em um preço de mercado bem inferior ao valor de liquidação. Havia o perigo de que os prejuízos persistissem e destruíssem o capital. Por outro lado, havia a possibilidade de resultados muito melhores no futuro, sobretudo se novas políticas fossem adotadas. A declaração dos argumentos a favor e contra a liquidação foi encaminhada aos acionistas, que foram convidados a votar a questão. Eles votaram pela continuidade do negócio, com um novo gerente de operações; a decisão revelou-se acertada, visto que lucros altos foram obtidos e o preço subiu acima do valor de liquidação.

Em 1934, porém, a empresa voltou a apresentar um grande prejuízo, ocasionado, em boa parte, por dificuldades trabalhistas graves. Os gestores voltaram a submeter a questão da liquidação aos acionistas, e dessa vez foi votada a liquidação do negócio. A venda da empresa foi prontamente combinada e os acionistas receberam um pouco mais que o valor dos ativos circulantes de novembro de 1934.

Particularmente dignos de nota foram os detalhes dos procedimentos de 1927. A decisão final — continuar ou desistir — foi deixada aos acionistas por ser sua responsabilidade; os administradores forneceram informações, expressaram sua opinião e permitiram uma exposição adequada do ponto de vista contrário.

Outros exemplos de liquidação voluntária. A lista parcial anexa demonstra um fato óbvio, porém fundamental: a liquidação (ou venda) de uma empresa não lucrativa detentora de ativos substanciais (sobretudo os circulantes) quase certamente realiza para os acionistas muito mais que o preço de mercado que existia antes. A razão é, obviamente, que o preço de mercado é influenciado, sobretudo, pelos lucros, enquanto o produto da liquidação depende dos ativos.

Empresa	Ano de liquidação ou venda votada	Preço logo antes do voto para liquidar ou vender	Quantia realizada para as ações
American Glue	1930	US$ 53	US$ 139,00+
I. Benesch & Sons	1939	2,25	6,63
Federal Knitting Mills	1937	20	34,20
Lyman Mills	1927	112	220,25
Mohawk Mining	1933	11	28,50
Signature Hosiery Pfd	1931	3,125	17,00
Standard Oil of Nebraska	1939	6	17,50
United Shipyards A	1938	2,25	11,10*

* Para 31 de dezembro de 1939.

Recompra de ações pro rata *dos acionistas.* A administração da Hamilton Woolen também deve ser elogiada por suas iniciativas durante 1932 e 1933, quando empregaram o capital de giro excedente na recompra *pro rata* de um número substancial de ações a um preço razoável. Isso reverteu o procedimento seguido em 1929, quando ações adicionais foram oferecidas para subscrição pelos acionistas. A contração dos negócios que acompanhou a depressão fez com que esse capital adicional não fosse mais necessário, portanto, foi um movimento lógico devolver a maior parte dele aos acionistas, para quem era mais benéfico que para a tesouraria da empresa.[5]

Abuso de acionistas por meio da compra de ações no mercado aberto. Durante a depressão de 1930-1933, muitas indústrias com ativos de caixa excedentes recompraram as próprias ações,[6] mas o procedimento mais seguido estava sujeito a objeções graves. As ações foram adquiridas no mercado aberto sem aviso prévio aos acionistas. Esse método introduziu diversos elementos prejudiciais à situação. Pensava-se que era "do interesse da empresa" adquirir

---

5. A Hamilton Woolen vendeu 13 mil ações *pro rata* aos acionistas a US$ 50 por ação em 1929. Recomprou, *pro rata*, 6.500 ações a US$ 65 em 1932 e 1.200 ações a US$ 50 em 1933. A Faultless Rubber Company seguiu um procedimento semelhante em 1934. A Simms Petroleum Company readquiriu ações tanto diretamente dos acionistas em uma base *pro rata* como no mercado aberto. Suas recompras por ambos os meios, entre 1930 e 1933, somaram quase 45% das ações em circulação no final de 1929. A Julian and Kokenge (Shoe) Company fez recompras *pro rata* de ações ordinárias em 1932, 1934 e 1939.

6. Números publicados pela Bolsa de Valores de Nova York, em fevereiro de 1934, revelaram que 259 empresas com ações lá listadas readquiriram parcelas de suas ações.

as ações pelo menor preço possível. Segundo a lógica dessa ideia, os acionistas que vendessem suas ações para a empresa sofreriam o maior prejuízo possível para o presumível benefício dos detentores que decidissem manter suas participações. Embora esse seja um ponto de vista adequado a ser seguido quando da compra de outros tipos de ativos para a empresa, não há garantia lógica ou ética de aplicá-lo à aquisição de ações pelos próprios acionistas da empresa. Os administradores têm obrigação de agir com justiça em relação aos vendedores porque a própria empresa está do lado da compra.

No entanto, na verdade, o desejo de recomprar ações a um custo baixo pode levar a uma decisão de reduzir ou deixar de pagar inteiramente os dividendos, sobretudo em tempos de incerteza geral. Tal conduta seria prejudicial para quase todos os acionistas, vendendo ou não, e é por esse motivo que falamos da recompra de ações a um preço excessivamente baixo como apenas *presumivelmente* vantajosa para aqueles que mantiveram suas participações.

Exemplo: White Motor Company. No capítulo anterior, chamamos a atenção para a discrepância extraordinária entre o nível de mercado das ações da White Motor, em 1931-1932, e o valor mínimo de liquidação de suas ações. Será instrutivo ver como as políticas seguidas pelos gestores contribuíram poderosamente para a criação de uma situação tão infeliz para os acionistas.

A White Motor Company pagou dividendos de US$ 4 por ação (8%) praticamente desde sua constituição em 1916 até 1926. Esse período incluiu o ano de depressão de 1921, no qual a empresa declarou um prejuízo de quase 5 milhões de dólares. Ela fez uma retirada, no entanto, de seu excedente acumulado para manter o dividendo integral, uma política que evitou que o preço das ações caísse abaixo de US$ 29. Com o retorno da prosperidade, a cotação subiu para US$ 72,50, em 1924, e para US$ 104,50, em 1925. Em 1926, os acionistas receberam 200 mil ações ao valor nominal (US$ 50), aumentando o capital da empresa em 10 milhões de dólares. Um dividendo de ações de 20% foi pago ao mesmo tempo.

Mal os donos do negócio receberam esse dinheiro adicional, os lucros começaram a diminuir e os dividendos foram reduzidos. Em 1928, cerca de US$ 3 foram ganhos (base consolidada), mas apenas US$ 1 foi desembolsado. Nos doze meses encerrados em 30 de junho de 1931, a empresa perdeu cerca de 2,5 milhões de dólares. O pagamento seguinte de dividendos foi totalmente omitido e o preço das ações caiu para US$ 7,50.

O contraste entre 1931 e 1921 é impressionante. No ano anterior, os prejuízos foram maiores, o excedente de lucros e prejuízos foi menor e o dinheiro em caixa foi muito mais baixo que em 1931. Contudo, em 1921, o dividendo foi mantido e o preço, portanto, sustentado. Uma década depois, apesar de reservas de dinheiro redundantes e da presença de lucros substanciais não distribuídos, os prejuízos operacionais de um único ano foram suficientes para persuadir a administração a suspender os dividendos e a permitir o estabelecimento de um preço de mercado grotescamente baixo para as ações.

Durante o período anterior e posterior à omissão do dividendo, a empresa andou comprando suas ações no mercado aberto. Essas compras começaram em 1929 sob um plano adotado em benefício "daqueles que ocupam determinados cargos gerenciais". Em junho de 1931, cerca de 100 mil ações foram compradas a um custo de 2,8 milhões de dólares. Com a distribuição dos dividendos, os executivos e funcionários foram dispensados de quaisquer obrigações que haviam assumido para pagar por essas ações, e o plano foi abandonado. Nos seis meses seguintes, auxiliada pelo colapso do preço de mercado, a empresa adquiriu 50 mil ações adicionais no mercado a um custo médio de aproximadamente US$ 11 por ação. Um total de 150 mil ações foi recomprado e cancelado.

Esses fatos, assim declarados resumidamente, ilustram as possibilidades perversas inerentes à permissão para os gestores exercerem poderes discricionários para adquirir ações com os recursos da empresa. Notamos primeiro o contraste doloroso entre o tratamento dispensado aos funcionários administrativos da White Motor e a seus acionistas. Uma quantidade extraordinariamente grande de ações foi comprada em benefício dos funcionários ao que parecia ser um preço atraente. Todo o dinheiro para carregar essas ações foi fornecido pelos acionistas. Se a empresa tivesse melhorado, o valor das ações teria subido muito e todos os benefícios teriam ido para os funcionários. Quando as coisas pioraram, "aqueles em cargos gerenciais" não tiveram qualquer prejuízo, e toda a perda recaiu sobre os acionistas.[7]

Em suas transações feitas *diretamente com seus acionistas*, vemos a White Motor solicitando 10 milhões de dólares em capital novo em 1926. Vemos parte desse capital adicional (desnecessário para financiar as vendas) ser empregado para recomprar muitas dessas mesmas ações a um quinto do preço de subscrição. A omissão do dividendo foi um fator importante para possibilitar essas recompras a cotações tão baixas. Sem mais evidências, os fatos que acabamos de relatar talvez levantem a suspeita, no acionista, de que a omissão do dividendo estava, de alguma forma, relacionada a um desejo de deprimir o preço das ações. Se a razão para a omissão do dividendo era o desejo de preservar o

---

7. Na venda para a Studebaker, em 1933, os diretores reservaram 15 mil ações, na tesouraria, para serem doadas aos principais executivos da organização. Alguns acionistas da White entraram com um processo para anular essa doação, e a ação judicial foi liquidada com o pagamento de US$ 0,31 por ação sobre as ações da White não adquiridas pela Studebaker.

dinheiro, então não é fácil entender por que, havendo dinheiro disponível para comprar ações, não havia dinheiro disponível para continuar a pagar um dividendo que vinha sendo pago, de maneira ininterrupta, havia quinze anos.

O espetáculo de uma empresa muito rica em dinheiro omitindo seu dividendo, a fim de impelir os acionistas desesperados a vender suas posições a um preço ruinoso, não é agradável de contemplar.

Westmoreland Coal Company: outro exemplo. Um caso mais recente da vantagem duvidosa para os acionistas de uma política de recompra de ações ordinárias no mercado aberto é fornecido pela Westmoreland Coal. Nos dez anos de 1929 a 1938, a empresa declarou um prejuízo líquido no total de 309 mil dólares, ou US$ 1,70 por ação. No entanto, essas perdas resultaram da dedução de provisões de depreciação e de esgotamento, somando 2,658 milhões de dólares, que excediam em muito as novas despesas de capital. Assim, na verdade, a posição de caixa da empresa melhorou consideravelmente durante esse período, apesar dos pagamentos de dividendos muito irregulares, os quais somavam US$ 4,10 por ação.

Em 1935, de acordo com seus relatórios anuais, a empresa começou a recomprar as próprias ações no mercado aberto. No final de 1938, ela adquirira 44.634 ações, que representavam mais de 22% do total da emissão. O preço médio pago foi US$ 8,67 por ação. Observe o fato extraordinário de que esse preço médio pago *era menos de metade dos ativos em dinheiro* por ação, sem contar outros ativos tangíveis bastante substanciais. Observe também que, em nenhum momento, entre 1930 e 1939, as ações foram negociadas a um nível tão alto quanto apenas seus ativos em dinheiro. (No final de 1938, a empresa declarou dinheiro em caixa e ativos negociáveis totalizando 2,772 milhões de dólares, enquanto a emissão de ações como um todo estava sendo negociada a 1,4 milhão.)

Se essa situação é analisada, os seguintes fatos parecem claros:

1. O baixo preço de mercado das ações era devido à ausência de lucros e ao dividendo irregular. Sob tais condições, o preço cotado não refletiria a quantidade grande de dinheiro em caixa teoricamente disponível para as ações. As ações são negociadas com base nos ganhos e dividendos, e não no valor dos ativos em dinheiro — a menos que haja previsão de distribuição desses ativos em dinheiro.
2. A verdadeira obrigação dos administradores é reconhecer as realidades de tal situação e fazer tudo o que estiver a seu alcance para proteger cada acionista contra a depreciação injustificada de seu investimento e, sobretudo, contra o sacrifício desnecessário de uma grande parte do verdadeiro valor de suas

ações. É provável que tais sacrifícios sejam generalizados sob condições desse tipo, uma vez que muitos acionistas são movidos pela necessidade, pelo desejo de uma renda estável ou por uma visão desanimada da indústria carvoeira a vender suas ações ao preço que puderem.

3. A anomalia apresentada por um volume de dinheiro em caixa, excepcionalmente grande e a um preço de mercado absurdamente baixo, era obviamente evitável. O fato de a empresa ter mais dinheiro em caixa que o necessário é confirmado por ter dinheiro disponível para comprar ações baratas — mesmo que não fosse evidente como resultado de um estudo da relação incomum entre a liquidez de caixa e os negócios anuais realizados.

4. Todo o dinheiro que poderia ser dispensado deveria ter sido devolvido aos acionistas em uma base *pro rata*. O uso de parte dele para comprar ações o mais barato possível é injusto para os muitos acionistas induzidos a vender por necessidade ou ignorância. Favorece aqueles fortes o suficiente para manter suas ações em carteira indefinidamente. É particularmente vantajoso para aqueles que detêm o controle da empresa, pois, *no caso deles*, o dinheiro em caixa referente a suas ações está prontamente disponível para eles, caso necessário (uma vez que poderiam efetuar uma distribuição). Só porque essa situação não é muito verdadeira para a maioria dos acionistas, o mercado desconta de forma cruel o valor de seu dinheiro quando mantido pela empresa em vez de quando mantido por ele.[8]

Resumo e conclusão. O relacionamento entre acionistas e administradores, depois de passar por muitos episódios infelizes durante os anos agitados de 1928 a 1933, desde então foi submetido a controles salutares — emanados tanto da regulamentação da Securities and Exchange Commission como de um ponto de vista mais crítico em geral. Certos fatos elementares, antes quase esquecidos, podem muito bem ser enfatizados aqui: as empresas são, por lei, meras criaturas e propriedade de acionistas que têm posse delas; os diretores são apenas funcionários remunerados dos acionistas; os executivos, qualquer

---

8. Dois fatores adicionais, nessa situação, merecem uma breve menção. A empresa tinha um compromisso de aluguel de US$ 0,10 por tonelada, mas não inferior a 189 mil dólares por ano, para extrair carvão em terras arrendadas. Essa responsabilidade foi uma consideração adicional, além das típicas, que justificava a manutenção de uma posição de caixa confortável, mas não poderia legitimar a imobilização de muito mais dinheiro que a empresa inteira parecia valer em qualquer momento entre 1930 e 1939. Em outubro de 1939, a empresa fez um pedido à Securities and Exchange Commission para encerrar a negociação de suas ações na Bolsa de Valores da Filadélfia e na Curb Exchange de Nova York, sugerindo que a falta de transações talvez fosse responsável pelo preço excessivamente baixo. O leitor pode julgar se, nas circunstâncias, a situação difícil dos acionistas seria aliviada, de alguma forma, pela destruição do mercado estabelecido para suas ações. (O pedido foi posteriormente retirado.)

que seja o método de sua escolha, são agentes fiduciários, cujo dever legal é agir exclusivamente em benefício dos proprietários da empresa.[9]

Para tornar essas verdades gerais mais eficazes na prática, é necessário que o público acionista seja instruído a ter uma ideia mais clara de quais são os verdadeiros interesses dos acionistas em questões como a política de dividendos, as políticas de expansão, o uso de dinheiro da empresa na recompra de ações, as várias maneiras de remunerar os gestores e a questão fundamental sobre o capital dos proprietários permanecer dentro da empresa ou ser retirado por eles no todo ou em parte.

---

9. A administração da American Telephone and Telegraph Company afirmou, diversas vezes, que se considerava um fiduciário dos interesses de acionistas, funcionários e público em medidas iguais. Uma política desse tipo, se anunciada com franqueza e seguida de sinceridade, dificilmente pode ser criticada no caso de uma empresa quase cívica. Entretanto, no caso da empresa típica, é mais provável que a administração esteja agindo como fiduciária de acionistas ou como fiduciária de administradores.

CAPÍTULO 45
ANÁLISE DO BALANÇO PATRIMONIAL (CONCLUSÃO)

Nossa discussão nos capítulos anteriores relaciona-se, sobretudo, a situações em que o demonstrativo do balanço, aparentemente, justifica um preço superior ao praticado pelo mercado. No entanto, o objetivo mais comum da análise do balanço patrimonial é detectar a situação oposta: a presença de vulnerabilidades financeiras que podem prejudicar os méritos especulativos ou de investimento em um ativo. Os compradores prudentes de ativos examinam o balanço patrimonial para ver se o caixa é adequado, se os ativos circulantes apresentam uma proporção adequada em relação aos passivos circulantes e se existe qualquer dívida prestes a vencer que pode se tornar um problema de refinanciamento.

POSIÇÃO DE CAPITAL DE GIRO E VENCIMENTOS DA DÍVIDA

Regras básicas sobre capital de giro. Nada de útil pode ser dito aqui sobre quanto dinheiro uma empresa deve manter em caixa. O investidor deve formar sua opinião sobre o que é necessário em cada caso específico e também sobre a seriedade com que uma aparente deficiência de caixa deve ser vista. Com relação ao índice *de capital de giro*, um mínimo de US$ 2 de ativos circulantes por cada US$ 1 de passivos circulantes era anteriormente considerado padrão para as indústrias.

Entretanto, desde o final da década de 1920, desenvolveu-se uma tendência para uma posição corrente mais forte em grande parte das indústrias, e descobrimos que a grande maioria das corporações industriais apresenta uma proporção bem superior a 2 por 1.[1] Existe certa tendência, hoje em dia, a suspeitar de uma empresa que está caindo abaixo da média de seu grupo.[2] Para nós, essa ideia parece conter uma falácia lógica, pois necessariamente

---

1. Para dados abrangentes referentes às corporações industriais listadas na Bolsa de Valores de Nova York no final de 1938, ver apêndice F, nota 16, p. 1.056. Ver também as compilações anuais do *Moody's Manual of Industrials*.

2. Ver Roy A. Foulke, *Signs of the times*. Nova York, Dun & Bradstreet, 1938, p. 17-19, 25 ss; Alexander Wall, *How to evaluate financial statements*. Nova York, Harper, 1936, p. 82-97. Observar, entretanto, a crítica de Wall sobre o uso de meras médias aritméticas como base de comparação.

penaliza a metade inferior de qualquer grupo, por mais satisfatório que seja seu demonstrativo, considerado isoladamente. Não podemos sugerir um valor melhor que o antigo critério de 2 por 1 para usar como um *teste quantitativo definitivo* para determinar o grau de conforto da posição financeira. Seria natural que o investidor favorecesse empresas que superassem em muito esse requisito mínimo, mas o problema é se um índice mais alto *deve* ser exigido ou não como condição para a compra, de modo que um ativo, de outra forma satisfatório, seria necessariamente rejeitado se os ativos circulantes fossem apenas duas vezes os passivos circulantes. Hesitamos em sugerir tal regra, tampouco sabemos qual novo parâmetro prescrever.

Uma segunda medida de solidez financeira é o chamado índice de liquidez que exige que os ativos circulantes, *excluindo o estoque*, sejam, pelo menos, iguais aos passivos circulantes. Geralmente, o investidor pode esperar de uma empresa que ela atenda tanto ao teste 2 por 1 como ao índice de liquidez. Se *nenhum* desses dois critérios for atendido, na maioria dos casos isso refletirá fortemente na posição de investimento em uma emissão de ações ordinárias — como no caso de um título ou ações preferenciais — e fornecerá um argumento contra o ativo do ponto de vista especulativo.

ARCHER-DANIELS-MIDLAND COMPANY

Item	30 jun. 1933	30 jun. 1932
Ativos em dinheiro	US$ 1.392.000	US$ 3.230.000
A receber	4.391.000	2.279.000
Estoque	12.184.000	4.081.000
Total de ativos circulantes	US$ 17.967.000	US$ 9.590.000
Passivos circulantes	8.387.000	778.000
Capital de giro	US$ 9.580.000	US$ 8.812.000
Capital de giro, excluindo o estoque	−2.604.000	+4.731.000

Exceções e exemplos. Como é o caso de todas as regras arbitrárias desse tipo, exceções devem ser permitidas, caso justificadas por circunstâncias especiais. Considere, por exemplo, a posição da Archer-Daniels-Midland Company, em 30 de junho de 1933, em comparação com os números do ano anterior.

A posição dessa empresa em 30 de junho de 1933 era evidentemente muito menos confortável que um ano antes e, a julgar pelos padrões usuais, pode parecer um pouco perigosa. Entretanto, nesse caso, o aumento nas contas a pagar representava um retorno à prática normal da indústria de óleos vegetais, de acordo com a qual empréstimos sazonais bastante substanciais são feitos, com regularidade, para estocar grãos e sementes de linho. Após exame, portanto, o analista não consideraria a condição financeira mostrada no balanço de 1933 como, em qualquer sentido, perturbadora.

Exemplos contrastantes, desse ponto, são fornecidos pela Douglas Aircraft Company e a Stokely Brothers and Company em 1936-1938.

COMPARAÇÃO DE CAPITAL DE GIRO (".000" OMITIDOS)

Item	Stokely Brothers and Co.			Douglas Aircraft Company		
	31 maio 1936	31 maio 1937	31 maio 1938	30 nov. 1936	30 nov. 1937	30 nov. 1938
Ativos circulantes:						
Dinheiro e contas a receber	US$ 2.274	US$ 2.176	US$ 1.827	US$ 2.885	US$ 2.559	US$ 4.673
Estoque	5.282	7.323	6.034	6.392	12.240	4.084
Total	US$ 7.556	US$ 9.499	US$ 8.861	US$ 9.277	US$ 14.749	US$ 8.757
Passivos circulantes:						
Notas pagáveis	US$ 2.000	US$ 2.000	US$ 2.500	US$ 1.390	US$ 5.230	
Outros	1.527	1.286	1.320	1.179	3.183	2.129
Total	US$ 3.527	US$ 3.286	US$ 3.820	US$ 2.569	US$ 8.413	US$ 2.129
Empréstimos bancários devidos em 1-3 anos		3.000	3.000			
Passivos circulantes totais mais notas em 1-3 anos	3.527	6.286	6.820	2.569	8.413	2.129
Lucro líquido no ano	1.382	353(d)	713(d)	976	1.082	2.147

A situação da Douglas Aircraft, em 1937, não era uma questão sazonal, como no caso da Archer-Daniels-Midland, mas surgira do recebimento de certos tipos de pedidos que exigiam um capital de giro considerável. Após averiguação, o investidor poderia ter se certificado de que a necessidade de arranjos bancários seria, provavelmente, temporária e que, em qualquer caso, os negócios novos eram lucrativos o bastante para facilitar qualquer financiamento necessário. O quadro da Stokely era bastante diferente, uma vez que a dívida corrente era grande e crescera por causa da expansão de estoques em um mercado não lucrativo. Assim, o balanço patrimonial de maio de 1937 da Stokely trazia advertências sérias aos acionistas preferenciais e ordinários, conforme demonstrado na tabela anterior.

Um ano depois, a Douglas Aircraft quitara seus empréstimos bancários e apresentava um índice de liquidez de 4 por 1. A Stokely suspendera os dividendos preferenciais em outubro de 1938 e, naquele ano, o preço do ativo caiu de US$ 21 (valor nominal de US$ 25) para US$ 10.

Como apontamos em nossa discussão sobre a escolha de títulos (capítulo 13), nenhum requisito padrão, como o que temos discutido, é reconhecido como aplicável às ferrovias e às prestadoras de serviços públicos. Não se deve inferir daí que o demonstrativo do capital de giro dessas empresas é totalmente desprovido de importância — o contrário logo se mostrará verdadeiro —, mas apenas que não pode ser testado por quaisquer fórmulas preestabelecidas.

Muitas vezes, dívidas bancárias grandes são um sinal de fraqueza. As dificuldades financeiras são quase sempre anunciadas pela presença de empréstimos bancários ou de outras dívidas com vencimento a curto prazo. Em outras palavras, é raro que uma posição financeira fraca seja criada apenas por contas a pagar comerciais comuns. Isso não significa que a dívida bancária seja, em si mesma, um mau sinal; o uso de um volume razoável de crédito bancário — sobretudo para necessidades sazonais — não é apenas legítimo como desejável. Entretanto, sempre que o demonstrativo apresenta notas ou contas a pagar, o analista sujeita o quadro financeiro a um exame mais minucioso que nos casos em que existe um balanço patrimonial "limpo".

O *boom* do pós-guerra em 1919 foi marcado por uma expansão enorme dos estoques industriais contabilizados a preços elevados e financiados, em grande parte, por empréstimos bancários. O colapso dos preços das *commodities*, em 1920-1921, tornou esses empréstimos bancários industriais um problema de grande porte. No entanto, a depressão da década de 1930 teve características diferentes. Em 1929, os empréstimos industriais tinham sido muito pequenos, devido, em primeiro lugar, à ausência de especulação em *commodities* ou estoques e, em segundo lugar, a vendas enormes de ações para fornecer capital de giro adicional. (Naturalmente, houve exceções, como a Anaconda Copper Mining Company, cuja dívida bancária era de 35 milhões de dólares no final de 1929, aumentada para 70,5 milhões, três anos mais tarde.) Grandes empréstimos bancários foram apresentados, com mais frequência, por ferrovias e prestadoras de serviços públicos. Eles foram tomados para pagar acréscimos de propriedades, fazer face a dívidas vincendas ou — no caso de algumas ferrovias — suportar encargos fixos para os quais não houve um lucro correspondente. A expectativa em todos esses casos era de que os empréstimos bancários fossem refinanciados com financiamentos permanentes, mas, em muitos casos, tal refinanciamento se mostrou impossível, e o resultado foi a concordata. O colapso do sistema Insull de *holdings* de prestadoras de serviços públicos foi causado por isso.

Exemplos: É difícil dizer exatamente com que grau de apreensão o investidor ou o especulador deveria ter visto a presença de 68 milhões de dólares de empréstimos bancários no balanço patrimonial da Nova York Central no final de 1932 ou as contas a pagar de 69 milhões da Cities Service Company em 31 de dezembro de 1931. Entretanto, esse sinal adverso certamente não deveria ter sido ignorado. Os mais conservadores teriam visto isso como um argumento forte contra todos e quaisquer ativos de empresas em tal posição, exceto, talvez, os ativos negociados a um preço tão baixo que constituiriam uma aposta evidente, porém atraente. Uma melhoria nas condições vai permitir, é claro, que tais empréstimos bancários sejam pagos, mas a lógica exige que reconheçamos que a melhoria é prospectiva, enquanto os empréstimos bancários são, em si, muito reais e muito ameaçadores.[3]

Quando os lucros de uma empresa são substanciais, raramente ela se torna insolvente devido a empréstimos bancários. Contudo, se o refinanciamento for impraticável — como muitas vezes foi de 1931 a 1933 —, os credores podem exigir a suspensão dos dividendos a fim de disponibilizar todos os lucros para reduzir a dívida. É por essa razão que o dividendo da Brooklyn-Manhattan Transit Corporation foi omitido em 1932 e o dividendo preferencial da New York Water Service Corporation foi omitido em 1931, embora ambas as empresas estivessem declarando lucros quase tão altos quanto em anos anteriores.

A recessão de 1937-1938 não criou problemas financeiros corporativos comparáveis aos que ocorreram nas duas depressões anteriores. A esse respeito, existe um contraste significativo entre os mercados acionários de 1919-1921 e de 1937-1938, uma vez que o declínio nos preços das ações foi realmente maior — tanto em dólares quanto em termos percentuais — no período mais recente que no colapso do pós-guerra, embora a queda de 1937-1938 tenha sido intrinsecamente de importância muito menor, uma vez que teve um efeito relativamente pequeno sobre a posição das empresas americanas em geral.[4] Isso pode ser visto como um sinal bastante inquietante de que os preços das ações têm se tornado mais irracionalmente sensíveis às oscilações temporárias dos negócios — um fato que estamos inclinados a atribuir ao desaparecimento das antigas distinções entre investidores e especuladores em ações.

---

3. A melhoria nos negócios em geral, além de taxas de juros baixas (também no caso das ferrovias, em que houve um otimismo equivocado por parte dos investidores), permitiu que muitas empresas financiassem empréstimos bancários que pareciam perigosos em 1931-1933.

4. O caso da Stokely é uma exceção a essa afirmação, mas houve, surpreendentemente, poucos desse tipo.

Endividamento intercorporativo. O endividamento corrente contraído junto a uma controladora ou a uma empresa afiliada é, em teoria, tão grave quanto qualquer outro passivo a curto prazo, mas, na prática, é raro que constitua uma base para um pedido de pagamento embaraçoso.

Exemplo: A United Gas Corporation deve 26 milhões de dólares, em uma conta aberta, a sua controladora, a Electric Bond and Share Company, desde 1930 — de modo que constantemente declara um grande excesso de passivos circulantes sobre os ativos circulantes. No entanto, essa dívida não a impediu de pagar os dividendos preferenciais de primeira classe em 1936-1939. Em 1932, porém, com lucros sensivelmente maiores que em 1939, foi obrigada a suspender os dividendos privilegiados porque tinha grandes empréstimos bancários, além de seu endividamento entre empresas. O comprador conservador naturalmente preferiria que os compromissos com as afiliadas tomassem alguma outra forma que não fosse um passivo circulante.

Perigo da dívida financiada com vencimento a curto prazo. Uma grande emissão de títulos com vencimento em um intervalo de tempo curto constitui um problema financeiro crítico quando os resultados operacionais são desfavoráveis. Investidores e especuladores deveriam refletir seriamente sobre tal situação quando revelada por um balanço patrimonial. O vencimento de dívidas financiadas é uma causa frequente de insolvência.

Exemplos: a Fisk Rubber Company precisou pedir concordata por causa de sua incapacidade de pagar uma emissão de notas de 8 milhões de dólares no final de 1930. As insolvências da Colorado Fuel and Iron Company e da Chicago, Rock Island and Pacific Railway Company, em 1933, foram intimamente relacionadas ao fato de que grandes emissões de títulos venceriam em 1934. A falta de atenção dos especuladores é bem demonstrada pelo preço de US$ 54 estabelecido para as ações preferenciais da Colorado Fuel and Iron Company em junho de 1933, quando sua emissão de títulos a curto prazo (as Colorado Industrial Company de 5%, com vencimento em 1934, garantidas pela empresa controladora) estava sendo negociada a US$ 45, o que *indicava um rendimento bem superior a 100% ao ano.* O preço dos títulos era um sinal quase certo de problemas futuros. O não cumprimento do prazo de vencimento significaria, muito provavelmente, a insolvência (pois uma extensão voluntária não poderia, de forma alguma, ser garantida) e o perigo de extinção completa das emissões de ações. Foi um comportamento típico dos especuladores ignorar um perigo tão óbvio e típico também que sofressem um grande prejuízo por seu descuido. (Dois meses depois, quando do anúncio da concordata, o preço das ações preferenciais caiu para US$ 17,25.)

A New York, Chicago and St. Louis Railroad Company enfrenta problemas financeiros contínuos, resultantes da venda de uma emissão de notas de três anos em 1929. Desde o primeiro vencimento, em 1932, a emissão foi repetidamente prorrogada sob ameaça de concordata como alternativa. Típica da desconsideração especulativa dos problemas financeiros foi a subida das ações preferenciais dessa empresa de US$ 18,50 para US$ 45,75 em 1939, contra um preço mínimo, naquele ano, de apenas US$ 50 para as notas com vencimento em 1941.

Mesmo quando a dívida vincenda pode ser manejada de alguma forma, o possível custo de refinanciamento deve ser levado em consideração.

Exemplos: Este ponto é bem ilustrado pela emissão de 14 milhões de dólares de notas de 4,5% da American Rolling Mill Company, com vencimento em 1º de novembro de 1933. Em junho de 1933, as notas estavam sendo negociadas a US$ 80, o que significava um rendimento anual próximo a 75%. Ao mesmo tempo, as ações ordinárias haviam subido de US$ 3 para US$ 24, o que representava uma avaliação total das ações ordinárias superior a 40 milhões de dólares. Os especuladores que compraram as ações por causa da melhora na indústria siderúrgica não levaram em consideração o fato de que, para refinanciar as notas no mercado anêmico existente na época para novas emissões de capital, um privilégio de conversão muito atraente precisaria ser oferecido. Isso necessariamente reagiria contra as possibilidades de lucro das ações ordinárias. Acontece que uma nova emissão de notas de 5%, conversíveis em ações a US$ 25, foi oferecida em troca das notas de 4,5%. O resultado foi o estabelecimento de um preço de US$ 101 para as notas em agosto de 1933 contra um preço de US$ 21 para as ações ordinárias na mesma época, bem como um preço de US$ 15 por ação em 1º de novembro de 1933, quando as notas foram recompradas pelo valor nominal.

O vencimento iminente de uma emissão de títulos é importante para os detentores de todos os ativos da empresa, incluindo a dívida hipotecária classificada à frente da emissão por vencer. E, mesmo os títulos mais privilegiados serão, com toda probabilidade, seriamente afetados se a empresa for incapaz de dar conta da emissão subordinada. Esse ponto é ilustrado de forma notável pelas Fisk Rubber Company First Mortgage de 8%, com vencimento em 1941. Embora fossem consideradas privilegiadas em sua posição em comparação com as notas não garantidas de 5,5%, seus detentores sofreram gravemente com a concordata ocasionada pelo vencimento dessas notas de 5,5%. O preço das notas de 8% caiu de US$ 115, em 1929, para US$ 16, em 1932.[5]

---

5. Ver outras referências às duas emissões de títulos da Fisk nos capítulos 6, 18 e 50.

Empréstimos bancários de vencimento intermediário. A combinação de taxas de juros muito baixas e contração dos empréstimos comuns dos bancos comerciais tem produzido um fenômeno novo nos últimos anos — o empréstimo de dinheiro a empresas, por bancos, pagável ao longo de vários anos. A maior parte desse dinheiro foi emprestada com o propósito de resgatar emissões de títulos (por exemplo, a Commercial Investment Trust Corporation em novembro de 1939) e até mesmo ações preferenciais (por exemplo, a Archer-Daniels-Midland Company em 1939). Em alguns casos, esses empréstimos foram feitos para atrair capital de giro adicional (por exemplo, Western Auto Supply Company em 1937) ou para substituir o crédito bancário convencional a curto prazo (por exemplo, American Commercial Alcohol, Stokely Brothers). Na maioria dos casos, é estipulado ou esperado que os empréstimos sejam amortizados em prestações anuais.

Do ponto de vista da análise financeira, esse crédito bancário se assemelha às notas a curto prazo que costumavam ser vendidas ao público como uma parte familiar do financiamento empresarial. Deve ser considerado, em parte, equivalente ao passivo circulante e, em parte, à dívida com vencimento a curto prazo. Não é perigoso se a posição dos ativos circulantes for suficientemente forte que os empréstimos possam ser pagos tão prontamente quanto os passivos circulantes ou se a lucratividade for tão grande e confiável a ponto de tornar o refinanciamento um problema simples. Contudo, se nenhuma dessas condições estiver presente — como no exemplo da Stokely (p. 795) —, o analista deve considerar a presença de um montante substancial de dívida bancária intermediária como uma ameaça potencial aos dividendos ou mesmo à solvência.

Não deveria ser necessário falar mais sobre a necessidade primordial de examinar o balanço patrimonial quanto a possíveis características adversas na forma de empréstimos bancários ou de outras dívidas a curto prazo.

COMPARAÇÃO DOS BALANÇOS AO LONGO DE UM PERÍODO

Esta parte importante da análise de títulos pode ser considerada sob três aspectos:

1. como um meio de verificar o lucro por ação declarado;
2. para determinar o impacto de prejuízos (ou lucros) na posição financeira da empresa;
3. para traçar a relação entre os recursos da empresa e sua lucratividade a longo prazo.

Verificação do lucro por ação declarado por meio do balanço. Parte dessa técnica já foi usada em conexão com fases similares da análise de títulos. No capítulo 36, por exemplo, expusemos um exemplo do primeiro aspecto, ao verificar o saldo de lucros declarados pela American Commercial Alcohol Corporation em 1931 e 1932. Como um exemplo de um período maior de anos, apresentamos o seguinte contraste entre os lucros médios da United States Industrial Alcohol Company nos dez anos 1929-1938, conforme demonstrado pelos dados declarados por ação e indicado pelas mudanças em seu patrimônio líquido no balanço patrimonial.

UNITED STATES INDUSTRIAL ALCOHOL COMPANY, 1929-1938

1. LUCROS LÍQUIDOS CONFORME DECLARADOS

1929	US$ 4.721.000	*por ação: US$ 12,63
1930	US$ 1.105.000	US$ 2,95
1931	US$ 1.834.000 (d)	US$ 4,90(d)
1932	US$ 176.000	US$ 0,47
1933	US$ 1.393.000	US$ 3,56
1934	US$ 1.580.000	US$ 4,03
1935	US$ 844.000	US$ 2,15
1936	US$ 78.000	US$ 0,20
1937	US$ 456.000(d)	US$ 1,17(d)
1938	US$ 668.000(d)	US$ 1,71(d)
Total por dez anos	US$ 6.782.000	US$ 18,21

* Conforme declarado nos relatórios anuais da empresa.

2. DISCREPÂNCIA ENTRE LUCROS, CONFORME MOSTRADO, E MUDANÇAS NA CONTA DE EXCEDENTES

Lucros líquidos 1929-1938, conforme declarados	US$ 6.782.000
Menos dividendos pagos	5.959.000
(A) Saldo indicado para excedente	US$ 823.000
Lucros excedentes em 31 de dezembro de 1928	US$ 14.214.000
Menos encargo na baixa da conta da fábrica para US$ 1 em 1933	US$ 445.000
Lucros excedentes em 31 de dezembro de 1928, conforme ajustado	US$ 13.759.000
Lucros excedentes e reserva de contingência em 31 de dezembro de 1938	US$ 5.736.000
(B) Diminuição do excedente no balanço patrimonial	US$ 8.023.000
Discrepância entre lucros apresentados nas contas de receitas e aquelas indicadas nos balanços patrimoniais	US$ 8.846.000

3. Explicação da discrepância

Encargos sacados do excedente e não deduzidos da conta de receitas a partir do que os lucros por ação foram calculados pela empresa:

Baixa no estoque	US$ 4.500.000
Baixa e amortização de ativos diversos	US$ 3.969.000
Ajustes diversos, líquido	US$ 377.000
	US$ 8.846.000

Além do apresentado, a empresa deu baixa em seus ativos fixos e os avaliou em US$ 1, em 1933, por meio de uma provisão de 19,301 milhões de dólares, dos quais 18,846 milhões foram retirados da conta de capital; o saldo foi sacado do excedente. Uma vez que os encargos de depreciação, desde 1932, podem ter sido insuficientes por causa dessa redução, os lucros declarados para o período foram ainda mais exagerados.

4. Demonstrativo de lucros corrigido para 1929-1938

Lucros para conta de receitas	US$ 6.782.000
Menos encargos cobrados do excedente	US$ 8.846.000
Lucros no período, conforme corrigidos	*US$ 2.064.000(d)*

5. Comparação do capital de giro: 1938 × 1928

Capital de giro líquido em 31 dezembro de 1928	US$ 11.336.000
Capital de giro líquido em 31 de dezembro de 1938	US$ 8.144.000
Diminuição em dez anos	US$ 3.192.000
Acrescentar receita de vendas de capital social	US$ 6.582.000
Redução real do capital de giro no período	US$ 9.774.000

A análise anterior não requer uma discussão prolongada, uma vez que a maioria dos pontos envolvidos foi coberta nos capítulos 31 a 36. Quase todos os encargos cobrados do excedente, entre 1929 e 1938 (exceto a baixa no valor da conta da fábrica para US$ 1), representaram uma diminuição real da lucratividade declarada da United States Industrial Alcohol ao longo desse período de dez anos. Parece provável, também, que o superávit teria encolhido muito mais se a conta da fábrica tivesse sido incluída com um valor adequado e uma depreciação apropriada tivesse sido cobrada contra ela desde 1932. O fato de o capital de giro da empresa ter diminuído para 3,192 milhões de dólares, apesar do recebimento de 6,582 milhões da venda de ações adicionais, é mais uma evidência de que, em vez de haver um superávit acima dos dividendos, conforme declarado, a empresa realmente perdeu dinheiro antes dos dividendos durante esses dez anos.[6]

Verificação do efeito de prejuízos ou lucros na posição financeira da empresa. Um exemplo do segundo aspecto foi apresentado no capítulo 43, na comparação dos balanços de 1929 a 1932 da Manhattan Shirt Company e da Hupp Motor Car Corporation, respectivamente. Observe uma comparação semelhante dos demonstrativos da Plymouth Cordage Company e da H. R. Mallinson and Company durante o mesmo período, 1929-1932.

Exemplos:

Item	Plymouth Cordage Co.	H. R. Mallinson & Co.
Lucros declarados:		
1930	US$ 288.000	US$ 1.457.000(d)
1931	US$ 25.000	US$ 561.000(d)
1932	US$ 233.000(d)	US$ 200.000(d)
Total de lucros (três anos)	US$ 80.000	US$ 2.218.000(d)
Dividendos	US$ 1.348.000	US$ 66.000
Encargos cobrados do excedente e reservas	US$ 2.733.000	US$ 166.000
Diminuição no excedente e na reserva para três anos	US$ 4.001.000	US$ 2.400.000

---

6. Uma análise do demonstrativo da Stewart Warner Corporation para 1925-1932, levando a conclusões semelhantes, aparecia neste ponto em nossa edição de 1934. Ver W. A. Hosmer, "The effect of direct charges to surplus on the measurement of income", em M. P. McNair e H. T. Lewis (org.), *Business and modern society*. Cambridge, Harvard University Press, 1938, p. 113-151.

BALANÇO COMPARATIVO (".000" OMITIDOS)

Item	Plymouth Cordage		H. R. Mallinson	
	30 set. 1929	30 set. 1932	31 dez. 1929	31 dez. 1932
Ativos imobilizados e diversos (líquido)	US$ 7.211	US$ 5.157	US$ 2.539	US$ 2.224
Ativos em numerário	1.721	3.784	526	20
A receber	1.156	668	1.177	170
Estoque	8.059	3.150	3.060	621
Total de ativos	US$ 18.147	US$ 12.759	US$ 7.302	US$ 3.035
Passivos circulantes	US$ 982	US$ 309	US$ 2.292	US$ 486*
Ações preferenciais			1.342	1.281
Ações ordinárias	8.108	7.394	500	500
Excedentes e reservas diversas	9.057	5.056	3.168	768
Passivos totais	US$ 18.147	US$ 12.759	US$ 7.302	US$ 3.035
Ativos circulantes líquidos	US$ 9.954	US$ 7.298	US$ 2.471	US$ 357
Ativos circulantes líquidos, excluindo estoque	1.895	4.143	589(d)	264(d)

* Incluindo 32 mil dólares de "passivos diferidos".

Apesar da grande redução no excedente da Plymouth Cordage durante esses anos, sua posição financeira era ainda mais forte no final do período que no início, e o valor de liquidação por ação (diferente do valor contábil) era, provavelmente, um pouco mais alto. Por outro lado, as perdas da Mallinson quase a privaram de capital de giro e, portanto, criaram um obstáculo extremamente grave para a restauração de sua antiga lucratividade.

Contabilizar perdas no estoque pode fortalecer a posição financeira. É óbvio que as perdas representadas apenas por uma redução da conta de estoque não são tão graves quanto aquelas que precisam ser financiadas por um aumento do passivo circulante. Se a redução no estoque exceder as perdas, de modo que haja um aumento real no caixa ou uma redução nas contas a pagar, pode ser adequado dizer — um tanto paradoxalmente — que a posição financeira da empresa foi fortalecida, embora tenha sofrido perdas. Esse raciocínio tem uma aplicação concreta na análise de ativos negociados abaixo do valor de liquidação. Devemos lembrar que, ao estimar o valor de liquidação, os estoques são em geral considerados em cerca de 50% a 75% do valor do balanço, embora este último seja baseado no valor mais baixo entre o preço de custo ou o de mercado. Como resultado, aquilo que aparece como uma perda operacional no demonstrativo da empresa pode ter o efeito real de um lucro do ponto de vista do investidor que avaliou o estoque em consideravelmente menos que o valor contábil. Essa ideia é concretamente ilustrada no exemplo da Manhattan Shirt Company.

MANHATTAN SHIRT COMPANY (".000" OMITIDOS)

Item	Balanço patrimonial, 30 nov. 1929		Balanço patrimonial, 30 nov. 1932	
	Valor contábil	Valor de liquidação estimado	Valor contábil	Valor de liquidação estimado
Dinheiro e títulos a preço de mercado	US$ 885	US$ 885	US$ 1.961	US$ 1.961
A receber	2.621	2.100	771	620
Estoque	4.330	2.900	1.289	850
Ativos imobilizados e diversos	2.065*	500	1.124	300
Total de ativos	US$ 9.901	US$ 6.385	US$ 5.145	US$ 3.731
Passivos circulantes	2.574	2.574	100	100
Ações preferenciais	299	299		
Saldo para ações ordinárias	US$ 7.028	US$ 3.513	US$ 5.045	US$ 3.631
Número de ações	281.000	281.000	246.000	246.000
Valor por ação	US$ 25,00	US$ 12,50	US$ 20,50	US$ 14,75

* Excluindo patrimônio de marca.

CONTA DE RECEITAS ENTRE 1930 E 1932

Saldo após dividendos preferenciais:

1930..	*318.000(d)*
1931..	93.000
1932..	*139.000(d)*
Três anos..	*364.000(d)*
Encargos cobrados do excedente..	505.000*
Dividendos pagos de ações ordinárias...	723.000
	$ 1.592.000
Menos desconto sobre ações ordinárias compradas...	481.000
Diminuição no excedente no período	$ 1.111.000*

* Eliminando a transferência de 100 mil dólares para reserva de contingência.

Se considerarmos apenas os números da empresa, veremos que houve um prejuízo evidente no período e uma redução consequente no valor das ações ordinárias. Entretanto, se um investidor tivesse comprado as ações, digamos, a US$ 8 por ação em 1930 (o preço mais baixo naquele ano foi de US$ 6,125), ele teria avaliado as ações, de forma mais lógica, com base em seu valor de liquidação, em vez de em seu valor contábil. De seu ponto de vista, portanto, o valor intrínseco de sua participação teria *aumentado* durante o período de depressão de US$ 12,50 para US$ 14,75 por ação, mesmo depois de deduzir os dividendos substanciais pagos. O que realmente aconteceu foi que a Manhattan Shirt transformou a maior parte de seus ativos em dinheiro durante esses três anos e sofreu um prejuízo muito menor ao fazer isso que um comprador de ações conservador teria previsto. Essa conquista está resumida na tabela a seguir.

Temos aqui um contraste direto entre as indicações superficiais da conta de receitas e a história mais autêntica contada pelos sucessivos balanços. Situações desse tipo justificam nossa afirmação repetida de que a análise da conta de receitas deve ser complementada e confirmada pela análise do balanço patrimonial.[7]

Ativos transformados em dinheiro e aplicação das receitas	Quantia	"Perda esperada" sobre o item e aplicação da diferença	
Redução no estoque	US$ 3.000.000		US$ 1.000.000
Redução nas contas a receber	1.800.000		350.000
Redução na fábrica, etc.	US$ 1.000.000		US$ 750.000
	US$ 5.800.000		US$ 2.100.000
Perda real sustentada	US$ 800.000		US$ 800.000
Quantia líquida realizada	US$ 5.000.000	"Lucro" com base no valor de liquidação	US$ 1.300.000
Aplicado da seguinte forma:		Aplicado da seguinte forma:	
Para dividendos ordinários	US$ 700.000	Para dividendos ordinários	US$ 700.000
Para pagamento de passivos	2.500.000	Para aumentar o valor de liquidação	US$ 600.000
Para recompra de preferenciais	US$ 300.000		
Para resgate de ordinárias	US$ 500.000		
Para aumento de ativos em numerário	US$ 1.000.000		
	US$ 5.000.000		

---

7. Pode-se notar uma evolução semelhante na Manhattan Shirt, embora em escala menor, entre dezembro de 1937 e dezembro de 1938.

Redução no valor do estoque normal é uma perda operacional? Outra questão pode ser levantada com relação às mudanças na conta de estoque, isto é, se uma mera redução no *preço declarado no balanço* deve ou não criar um prejuízo operacional. No caso da Plymouth Cordage, observamos os seguintes números comparativos:

Estoque em 30 set. 1929	US$ 8.059.000
Estoque em 30 set. 1932	US$ 3.150.000
Diminuição	60%

Nesse ínterim, o preço das fibras caiu mais de 50%, e havia boas razões para acreditar que o volume real de fibras, cordas e fios contido no estoque da empresa não era muito menor em 1932 que em 1929. Portanto, pelo menos metade da queda na conta de estoque deveu-se exclusivamente à queda dos preços unitários. Essa parte da redução no valor do estoque constitui uma perda operacional? Não se poderia argumentar que seus ativos fixos haviam sofrido uma redução semelhante em seu valor de avaliação e que havia tanta razão para descontar essa redução dos lucros quanto para cobrar a redução no preço contábil de determinado volume físico de estoque?

Já discutimos este ponto em nossa exposição sobre a base de avaliação de estoque "normal" (capítulo 32), um método adotado pela própria Plymouth Cordage após 1932. Em teoria, o analista pode tentar colocar todas as empresas em uma base de estoque normal para calcular sua lucratividade, excluindo de oscilações de estoque, e para realizar comparações uniformes. Na verdade, ele não possui os dados necessários para tais cálculos. Assim, está restrito — aqui, como em muitas áreas de análise — pela necessidade de fazer uma avaliação estimada, em vez de exata, da distorção causada pelas mudanças nos preços do estoque.

Lucros inflacionários com o estoque. O fato de a importância das mudanças nos preços dos estoques não se limitar aos períodos de depressão é enfaticamente demonstrado por eventos em 1919 e 1920. Em 1919, os lucros das indústrias foram muito grandes; em 1920, os lucros declarados foram irregulares, mas bastante substanciais no agregado. No entanto, os lucros apresentados nesses dois anos foram, em muitos casos, o resultado de uma *inflação nos preços do estoque*, ou seja, uma subida enorme e especulativa dos preços das *commodities*. Não apenas a autenticidade desses lucros foi posta em questão como a situação estava repleta de perigos por causa dos grandes empréstimos bancários contratados para financiar esses estoques supervalorizados.

Exemplos: A tabela seguinte, que cobre várias das principais indústrias, revela o contraste significativo entre a evolução aparentemente satisfatória dos lucros e a evolução dos balanços patrimoniais, sem dúvida inquietantes, entre o final de 1918 e o final de 1920.

DOZE INDÚSTRIAS (DADOS AGREGADOS)

	1919	1920	1919-1920
Lucros para ações ordinárias	US$ 100.000.000	US$ 48.000.000	US$ 148.000.000
Dividendos pagos	US$ 35.000.000	US$ 68.000.000	US$ 103.000.000
Encargos cobrados do excedente	US$ 5.000.000	US$ 10.000.000	US$ 15.000.000
Acrescentado para excedente	US$ 60.000.000	*US$ 30.000.000 (decr.)*	US$ 30.000.000
Estoque aumentado	US$ 57.000.000	US$ 84.000.000	US$ 141.000.000
Mudança em outros ativos circulantes líquidos	+US$ 30.000.000	*US$ 131.000.000 (decr.)*	*US$ 101.000.000 (decr.)*
Fábrica, etc. aumentada	US$ 33.000.000	US$ 169.000.000	US$ 202.000.000
Capitalização aumentada	US$ 69.000.000	US$ 141.000.000	US$ 210.000.000
Reserva aumentada		US$ 12.000.000	US$ 12.000.000

As empresas incluídas no cálculo dessa tabela foram American Can, American Smelting and Refining, American Woolen, Baldwin Locomotive Works, Central Leather, Corn Products Refining, General Electric, B.F. Goodrich, Lackawanna Steel, Republic Iron and Steel, Studebaker, United States Rubber.

Apresentamos também os dados individuais da United States Rubber, a fim de adicionar materialidade à nossa ilustração.

UNITED STATES RUBBER (1919-1920)

Lucro para ações ordinárias:

1919 .... US$ 12.670.000   Por ação: US$ 17,60

1920 .... US$ 16.002.000   US$ 19,76

Total .... US$ 28.672.000   US$ 37,36

Dividendos pagos em dinheiro .... US$ 8.580.000

Dividendos pagos em ações .... US$ 9.000.000

Transferido para a reserva de contingência .... US$ 6.000.000

Ajustes de excedente e reservas .... cr. 2.210.000

Aumento líquido do excedente e das reservas diversas .... US$ 7.300.000

BALANÇO PATRIMONIAL (".000" OMITIDOS)

Item	31 dez. 1918	31 dez. 1920	Aumento
Fábrica e ativos diversos (líquido)	US$ 131.000	US$ 185.500	US$ 54.500
Estoque	US$ 70.700	US$ 123.500	US$ 52.800
Dinheiro e contas a receber	US$ 49.500	US$ 63.600	US$ 14.100
Total de ativos	US$ 251.200	US$ 372.600	US$ 121.400
Passivos circulantes	US$ 26.500	US$ 74.300	US$ 47.800
Títulos	US$ 68.600	US$ 87.000	US$ 18.400
Ações preferenciais e ordinárias	US$ 98.400	US$ 146.300	US$ 49.900
Excedentes e reservas diversas	US$ 57.700	US$ 65.000	US$ 7.300
Total de passivos	US$ 251.200	US$ 372.600	US$ 121.400
Capital de giro	US$ 93.700	US$ 112.800	US$ 19.100
Capital de giro excluindo estoque	US$ 23.000	US$ 10.700(d)	US$ 33.700(d)

Os dados da United States Rubber para 1919-1920 apresentam o reverso completo do demonstrativo da Manhattan Shirt para 1930-1932. No exemplo da Rubber, temos lucros grandes, mas uma deterioração coincidente da posição financeira devido a despesas grandes com a fábrica e a uma expansão perigosa do estoque. O comprador de ações teria sido completamente desencaminhado se tivesse confinado sua atenção apenas aos lucros declarados da United States Rubber de quase US$ 20 por ação em 1920; inversamente, os mercados financeiros estavam igualmente enganados ao considerar apenas os prejuízos declarados durante 1930-1932, sem referência às mudanças favoráveis que ocorreram ao mesmo tempo na posição do balanço de muitas empresas.

Pode-se observar em nossa discussão, aqui e no capítulo 32, que a questão dos lucros ou perdas com o estoque pertence, em proporções quase iguais, aos campos da conta de receitas e da análise de balanço.

Estudo a longo prazo da lucratividade e dos recursos. O terceiro aspecto da comparação de balanços sucessivos é de interesse restrito porque está em jogo apenas em um estudo exaustivo do histórico de uma empresa e de suas características inerentes. O objetivo desse tipo de análise pode ser mais bem demonstrado nas seguintes aplicações para os resultados a longo prazo da United States Steel Corporation e da Corn Products Refining Company:

I. UNITED STATES STEEL CORPORATION: ANÁLISE DOS RESULTADOS OPERACIONAIS E ALTERAÇÕES FINANCEIRAS POR DÉCADA, DE 1903 A 1932 (ANÁLISE REALIZADA EM 1933)

Os balanços são ajustados para excluir um item intangível ("água"), no valor de 508 milhões de dólares, originalmente adicionado à conta de propriedade fixa. Isso foi subsequentemente amortizado, entre 1902 e 1929, por meio de um encargo anual de fundo de amortização (agregando 182 milhões) e por apropriações especiais do excedente. Os encargos do fundo de amortização em questão também são eliminados da conta de receitas.

Significado dos números. As três décadas tiveram, pelo menos superficialmente, uma distribuição bastante igual de anos bons e ruins. Na primeira década, 1904 e 1908 foram anos de depressão, enquanto 1911 e 1912 foram subnormais. O segundo período teve três anos ruins, a saber, 1914, 1921 e 1922 — o último, devido aos custos altos e não ao volume pequeno. A terceira década foi composta de oito anos de prosperidade, seguidos de dois de depressão sem precedentes.

Os números mostram que o período de guerra, ocorrido em meados da década, foi uma dádiva inesperada para a United States Steel e acrescentou mais de 300 milhões de dólares a seus lucros, em comparação com a taxa apurada nos primeiros dez anos. Por outro lado, os últimos dez anos foram marcados por uma queda drástica da taxa de lucro sobre o capital investido. A diferença entre os 5,2% efetivamente ganhos e os 8% que podem ser considerados uma média anual satisfatória foi de cerca de 600 milhões de dólares no período de dez anos.

Vendo a imagem por outro ângulo, notamos que nos trinta anos o investimento real na United States Steel Corporation foi mais que dobrado e sua capacidade produtiva foi triplicada. No entanto, a produção anual média foi apenas 27% mais alta, e os lucros médios anuais antes da cobrança de juros foram apenas 12% maiores, em 1923-1932 do que em 1903-1912. Essa análise serviria para levantar as questões: (1) se, desde o fim da guerra, a produção de aço foi transformada de uma indústria razoavelmente próspera em uma indústria relativamente não lucrativa e (2) se essa transformação se deveu, em boa parte, ao reinvestimento excessivo dos lucros em instalações fabris adicionais, criando assim uma condição de excesso de capacidade com queda resultante na margem de lucro.

Observação. A solidez da análise anterior, feita em 1933, pode ser avaliada pelos acontecimentos desde então. Deve ser apontado que tanto os números da conta da fábrica quanto os lucros anuais devem ser ajustados para baixo à luz de divulgações posteriores: (1) segregação de 269 milhões de dólares da conta da fábrica em 1937 (e baixa dessa quantia em 1938), representando ativos intangíveis da organização, e baixa de 508 milhões realizada até 1929;

(2) um encargo sobre o excedente de 270 milhões em 1935 para amortização adicional de ativos fixos, presumivelmente aplicável ao período anterior inteiro. Essas revisões posteriores, entretanto, não afetam de nenhuma maneira essencial as conclusões tiradas anteriormente.

A. RESULTADOS OPERACIONAIS (EM MILHÕES)

Item	Primeira década: 1903-1912	Segunda década: 1913-1922	Terceira década: 1923-1932	Total para trinta anos
Bens acabados produzidos	93,4 t	123,3 t	118,7 t	335,4 t
Faturamento bruto (excluindo itens entre empresas)	US$ 4.583	US$ 9.200	US$ 9.185	US$ 22.968
Lucros líquidos*	979	1.674	1.096	3.749
Juros de títulos	303	301	184	788
Dividendos preferenciais	257	252	252	761
Dividendos ordinários	140	356	609†	1,105†
Saldos para excedentes e "reservas voluntárias"	279	765	51	1,095

* Após depreciação, mas eliminando os encargos do fundo de amortização da empresa controladora.
† Incluindo 204 milhões de dólares pagos em ações.

B. RELAÇÃO ENTRE LUCROS E CAPITAL MÉDIO (TODOS OS NÚMEROS EM MILHÕES DE DÓLARES)

Item	Primeira década: 1903-1912	Segunda década: 1913-1922	Terceira década: 1923-1932	Total para trinta anos
Capital no início	US$ 987	US$ 1.416	US$ 2.072	US$ 987
Capital no final	1.416	2.072	2.112	2.112
Capital médio sobre	1.200	1.750	2.100	1.700
% lucro sobre capital médio, ao ano	8,1%	9,6%	5,2%	7,4%
% pago por ano em juros e dividendos sobre o capital médio	5,8%	5,2%	4,0%*	5,2%*
Capital social médio para ações ordinárias (ações ordinárias, excedentes e reservas)	US$ 237	US$ 620	US$ 1.389	US$ 816
% lucro sobre ações ordinárias	17,7%	18,3%	4,8%	9%
% pago sobre ações ordinárias	5,9%	5,7%	2,9%*	3,7%*
Depreciação por ano	US$ 24	US$ 34	US$ 46	US$ 35
Média da conta de propriedade fixa	1.000	1.320	1.600	1.300
Relação da depreciação com a propriedade fixa	2,4%	2,6%	2,9%	2,7%

* Excluindo dividendo de ações.

C. MUDANÇAS NO BALANÇO PATRIMONIAL (TODOS OS NÚMEROS EM MILHÕES)

Item	31 dez. 1902	31 dez. 1912	Mudanças na primeira década	31 dez. 1922	Mudanças na segunda década	31 dez. 1932	Mudanças na terceira década	Mudanças nos trinta anos
Ativos:								
Fixos (menos depreciação) e diversos	US$ 820	US$ 1.160	+US$ 340	US$ 1.466	+US$ 306	US$ 1.741	+US$ 275	+US$ 921
Ativos líquidos circulantes	167	256	+89	606	+350	371	−235	+204
Total	US$ 987	US$ 1.416	+US$ 429	US$ 2.072	+US$ 656	+US$ 2.112	+US$ 40	+US$ 1.125
Passivos:								
Títulos	US$ 380	US$ 680	+US$ 300	US$ 571	−US$ 109	US$ 116	−US$ 455	−US$ 264
Ações preferenciais	510	360	−150	360		360		−150
Dividendos preferenciais acumulados						5	+5	+5
Ações ordinárias	508	508		508		952†	+444	+444
Excedentes e reservas "voluntárias"*	411(d)	132(d)	+279	633	+765	+679	+46	+1.090
Total	US$ 987	US$ 1.416	+US$ 429	US$ 2.072	+US$ 656	US$ 2.112	+US$ 40	+US$ 1.125

* Eliminando aumento inicial de 508 milhões de dólares, posteriormente cancelado.
† Incluindo prêmios de 81 milhões de dólares e dividendos de ações de 204 milhões.

O demonstrativo da United States Steel desde 1932 confirmaria as implicações pessimistas do estudo de 1933. Durante seis anos, entre 1934 e 1939, que costumam fornecer um prazo de testes justo para julgar a lucratividade normal, as ordinárias da "Steel" ganharam em média apenas US$ 0,14 por ação. Novos desenvolvimentos de produtos, processos ou outros fatores — incluindo lucros de guerra — podem mudar o quadro para melhor, mas isso se tornou uma questão de antecipação especulativa de melhorias futuras, em vez de uma expectativa razoável com base no desempenho passado.

II. ANÁLISE SEMELHANTE DA CORN PRODUCTS REFINING COMPANY,
ENTRE 28 DE FEVEREIRO DE 1906 E 31 DE DEZEMBRO DE 1935

A. MÉDIA ANUAL DA CONTA DE RECEITA
(".000" OMITIDOS DOS NÚMEROS EM DÓLARES)

	1906-1915	1916-1925	1926-1935
Lucros antes da depreciação	US$ 3.798	US$ 12.770	US$ 14.220
Depreciação	811	2.538	2.557
Saldo para juros e dividendos	2.987	10.232	11.663
Juros de títulos	516	264	88
Dividendos preferenciais (pagos ou acumulados)	2.042	1.879	1.738
Saldo para ordinárias	429	8.089	9.837
Dividendos ordinários		2.751	8.421
Saldo para excedente	429	5.338	1.416
Saldo para excedente no período	4.290	53.384	14.159
Ajuste de ações ordinárias, excedentes e reservas	cr. 1.282	cr. 6.026	dr. 5.986
Aumento nas ações ordinárias, excedentes e reservas	5.572	59.410	7.173

B. BALANÇOS PATRIMONIAIS

	28 fev. 1906	31 dez. 1915	31 dez. 1925	31 dez. 1935
Fábrica (menos depreciação) e ativos diversos	US$ 49.000	US$ 51.840	US$ 47.865	US$ 34.532
Investimento em afiliadas	2.000	4.706	16.203	33.141
Ativos líquidos circulantes	1.000	11.091	42.528	43.192
Total	US$ 52.000	US$ 67.637	US$ 106.596	US$ 110.865
Títulos	9.571	12.763	2.474	
Ações preferenciais	28.293	29.873	25.004	24.574
Ações ordinárias, excedentes e reservas diversas	14.136	19.708	79.118	86.291
Dividendos preferenciais acumulados		5.293		
Total	US$ 52.000	US$ 67.637	US$ 106.596	US$ 110.865

C. PORCENTAGEM DE LUCRO* E PAGAMENTO SOBRE A CAPITALIZAÇÃO TOTAL E SOBRE O CAPITAL SOCIAL DAS AÇÕES ORDINÁRIAS

Item	1906-1915	1916-1925	1926-1935	29,83 anos
Capitalização média	US$ 59.818	US$ 87.116	US$ 108.730	US$ 81.432
Lucro sobre	5,0%	11,8%	10,7%	10,2%
Pago sobre	4,2%	5,6%	9,4%	7,3%
Média das ações ordinárias	US$ 16.922	US$ 49.413	US$ 82.704	US$ 50.213
Lucro sobre	2,5%	16,4%	11,9%	12,2%
Pago sobre	zero	5,6%	10,2%	7,8%

* Ajustes em excedentes e reservas são excluídos dos lucros.

NOTAS SOBRE O CÁLCULO

1. A conta da fábrica e o patrimônio líquido foram corrigidos para refletir uma baixa contábil de 36 milhões de dólares feita em 1922 e 1923.
2. Os títulos em circulação aumentaram, em 1906 e 1912, para refletir a responsabilidade por ativos de subsidiárias. A fábrica, etc. é aumentada nas mesmas quantidades.
3. Estimativas consideradas como suficientemente precisas são utilizadas no balanço inicial.
4. As deduções dos juros dos títulos são parcialmente estimadas para os primeiros dois períodos.

5. Os ajustes em ações ordinárias, excedentes e reservas representam, sobretudo, mudanças nas reservas diversas e na redução dos ativos negociáveis.

Comentário sobre o desempenho da Corn Products Refining Company. O período inicial foi de lucros inferiores ao normal, que teriam sido ainda mais pobres caso encargos de depreciação mais adequados tivessem sido feitos. Assim como no caso da United States Steel, o período da guerra trouxe lucros enormes para a Corn Products. A década de 1916 a 1925 foi marcada, como um todo, por um grande aumento no capital de giro e uma redução substancial na dívida financiada e nas ações preferenciais. Os encargos de depreciação excederam os gastos com a nova fábrica.

No período de 1926 a 1935, verificamos uma divergência notável em relação ao desempenho da United States Steel de 1923 a 1932. Apesar da inclusão dos anos de depressão, a Corn Products conseguiu aumentar sua lucratividade em uma proporção quase igual ao aumento do investimento em capital. Seus lucros anuais (antes e depois da depreciação) foram cerca de quatro vezes maiores nessa década que no período encerrado em 1915. (Se usarmos os mesmos anos para comparação, descobriremos que a United States Steel realmente teve lucros menores em 1926-1935 que em 1906-1915.) As alterações no balanço patrimonial foram marcadas por um encolhimento ainda maior da conta de propriedade (devido à depreciação liberal cobrada), mas também por um aumento maior do investimento em empresas afiliadas — indicando uma ampla expansão das atividades da empresa.

Fica claro que o histórico da Corn Products Refining Company não levanta as mesmas questões ou dúvidas que surgem do exame do demonstrativo da United States Steel Corporation.

PARTE VII

ASPECTOS ADICIONAIS DA ANÁLISE DE TÍTULOS FINANCEIROS: DISCREPÂNCIAS ENTRE PREÇO E VALOR

INTRODUÇÃO À PARTE VII
A GRANDE ILUSÃO DO MERCADO ACIONÁRIO E O FUTURO DO INVESTIMENTO DE VALOR
por David Abrams

Nos círculos do investimento de valor, você encontra muitas pessoas que afirmam ter se inspirado no que Benjamin Graham e David Dodd escreveram em *Análise de investimentos*. A maioria está, no mínimo, exagerando. Um número razoável de investidores de valor, tanto aspirantes como praticantes, pode de fato ter devorado *O investidor inteligente*. Entretanto, eu apostaria que poucos realmente se aprofundaram em *Análise de investimentos* e uma parcela menor leu o clássico do começo ao fim. Devo confessar que, embora tenha me aprofundado em várias partes de *Análise de investimentos*, nunca havia lido o livro da primeira à última página. Portanto, quando me pediram que escrevesse uma introdução à parte VII, que compreende as últimas cem páginas do livro, era hora de fazer meu dever de casa. Depois de mais de vinte anos como profissional de investimentos, finalmente li o equivalente ao Deuteronômio para os investidores de valor. Intitulada "Aspectos adicionais da análise de títulos financeiros: discrepâncias entre preço e valor", a parte VII abrange muitos assuntos: a avaliação das garantias; a diminuição potencial do valor das ações ordinárias de uma empresa quando emite opções para os administradores; as deficiências da análise do valor relativo; e a ganância dos gerentes de investimento. Nos 75 anos desde a publicação da edição original, tanto o mundo em geral como os mercados financeiros passaram por mudanças cataclísmicas. No entanto, como Graham e Dodd compreenderam, a maneira como os mercados funcionam, como as empresas são administradas e como as pessoas — investidores e administradores de empresas — tendem a agir em certas situações nunca muda.

O mundo gosta de categorizar as coisas, incluindo os estilos de investimento, em pequenas caixas organizadas. É assim que os meios de comunicação que abordam finanças muitas vezes rotulam os participantes do mercado como investidores "de valor" (*value investors*), "alto crescimento" (*growth investors*) ou "movimentos a curto prazo" (*momentum investors*). Certo, mas posso dizer que observei muitos investidores ao longo dos anos e nunca vi um, consistentemente bem-sucedido, cuja estratégia não fosse baseada em uma abordagem de valor — pagando menos por algo do que esse algo vale hoje ou no futuro. É verdade que algumas pessoas gostam de comprar coisas que vão crescer e outras são atraídas por ativos que acenam do balcão de ofertas, enquanto há quem gosta de se envolver em atividades de arbitragem, comprando uma coisa e vendendo outra para lucrar com a diferença entre preços. No entanto, todo investidor bem-sucedido que conheci faz um cálculo que compara o preço de compra de um ativo com seu valor presente ou futuro.

Seja qual for sua abordagem, inúmeros investidores usaram os princípios estabelecidos em *Análise de investimentos* para descobrir pechinchas. Muitas pessoas enriqueceram com isso, incluindo muitos dos colaboradores desta edição revisada, sem mencionar todas as pessoas que foram inteligentes o suficiente para comprar a Berkshire Hathaway anos atrás. Seu sucesso é uma demonstração da importância do passado glorioso do investimento de valor. Mas, e o futuro? A estrada à frente é clara e próspera? Ou é sombria e paupérrima? Existem mais pessoas praticando os princípios básicos de Graham que barganhas a serem encontradas? Existe um excesso de dinheiro correndo atrás de uma oferta finita de pechinchas? Ou um analista financeiro sério pode prosperar com o tempo?

Estou otimista quanto ao futuro do investimento de valor. Com certeza, existem muitas pessoas brilhantes e bem preparadas nos mercados financeiros que empregam as técnicas de Graham e Dodd, mas os próprios mercados cresceram exponencialmente. A parcela de capital que está sendo investida pela multidão que pratica o investimento de valor é uma porcentagem pequena da capitalização geral dos mercados financeiros globais. Tendo observado os mercados por mais de duas décadas, tenho a sensação de que, em vez de um excesso de acólitos de Graham e Dodd garimpando oportunidades escassas para encontrar um lugar para seu dinheiro, o dinheiro é sempre mais propenso a se agitar em ondas gigantes, fluindo de uma moda passageira para a próxima. Ao contrário, parece que as pessoas que controlam essas somas enormes se tornaram menos inteligentes e menos sofisticadas com o tempo. A última década trouxe extremos incríveis de avaliação, começando em 1999 e 2000 com a bolha esfuziante da internet, que foi seguida rapidamente da derrocada total do mercado de tecnologia. No verão de 2002, testemunhamos um colapso estonteante das dívidas corporativas. Contudo, logo essas avaliações excessivamente baixas foram empurradas das primeiras páginas pelos padrões de empréstimo mais generosos e frouxos de todos os tempos. Agora mesmo, enquanto escrevo esta introdução, o mercado de hipotecas está implodindo, talvez criando mais um novo conjunto de oportunidades. E a possibilidade de termos visto o fim dessas oscilações extremas parece duvidosa.

O que está causando esse fenômeno maníaco? A explicação é algo que chamo de "a Grande Ilusão do mercado acionário". Investir parece fácil, sobretudo em um mundo com *software* barato e transações *on-line*. Comprar uma ação não é mais difícil que comprar um livro na Amazon.com. E, uma vez que muitas pessoas *de fato* enriqueceram no mercado acionário, muitas outras passaram a acreditar que qualquer um pode enriquecer com bem pouco esforço. Elas estão erradas. Todas as pessoas que conheço que acumularam riqueza no mercado acionário trabalharam muito para isso. Graham e Dodd entendiam o esforço necessário para ter sucesso no mercado. Eles escreveram:

> Visto que enfatizamos que a análise levará a uma conclusão positiva apenas em casos excepcionais, segue-se que muitos ativos precisarão ser examinados antes de se encontrar um que tenha possibilidades reais para o analista. Quais meios práticos ele usa para fazer suas descobertas? O principal é o trabalho árduo e sistemático.

Então, sim, você pode ficar rico comprando e vendendo ações, porém, como os autores bem sabiam, é preciso muito trabalho e paciência. Mesmo assim, a Grande Ilusão persiste, talvez porque, da mesma maneira que Zelig, personagem do filme de Woody Allen, o mercado é um camaleão que muda de aparência para se adequar aos tempos. Às vezes, isso aparece na forma de uma bolha de ações de tecnologia. Outras vezes, mostra-se um mercado acionário ridiculamente supervalorizado, como visto no final dos anos 1980 no Japão. Na encarnação atual, uma série de instituições financeiras nos Estados Unidos está tentando emular o sucesso de David Swensen e seus colegas que gerenciam o *endowment* da Yale University, alocando grandes porcentagens do capital para "gestores de investimentos alternativos".

A Grande Ilusão, no entanto, é apenas isso — uma ilusão. Se você deseja enriquecer no mercado financeiro, precisará se envolver em um "trabalho árduo e sistemático". E, para isso, muitas seções da parte VII de *Análise de investimentos* continuam sendo essenciais. Dadas as mudanças drásticas no mundo desde que o livro apareceu pela primeira vez, não surpreende que parte do material não seja mais relevante para o investidor de hoje, e essas deficiências merecem ser mencionadas. Portanto, enquanto fazemos um breve giro por esta parte, apontarei algumas deficiências junto com as pepitas de sabedoria dos autores que ainda parecem verdadeiras.

Uma das deficiências aparece no início do primeiro capítulo da parte VII, o capítulo 46, "Garantias de opções de compra de ações". Esse capítulo pode ser o mais datado. Quando o livro foi publicado pela primeira vez, o mercado de derivativos ainda estava em sua infância. Fischer Black e Myron Scholes ainda não haviam desenvolvido sua famosa fórmula para avaliar as opções de ações, e os produtos que agora permeiam os mercados financeiros — opções, contratos futuros de taxas de juros, *swaps*, *swaptions*, e assim por diante — não eram itens enraizados nos mercados financeiros. O capítulo 46 trata das garantias de ações, um dos poucos ativos derivativos disponíveis na época. Os autores apresentam alguns pontos positivos com seus poucos exemplos específicos, mas sua análise não é sofisticada o suficiente para o mundo de hoje.

Veja o exemplo das garantias da Barnsdall Oil. Graham e Dodd concluem corretamente que foram subvalorizadas porque o mercado as avaliara por seu valor intrínseco. Esse exemplo não é muito relevante no mundo de hoje porque o erro de precificação não duraria muito. Além de apontar o óbvio — é melhor possuir uma garantia que está sendo negociada por seu valor intrínseco que possuir as ações subjacentes —, Graham e Dodd destacam a alavancagem inerente a garantias e opções. Essa análise é boa até certo ponto, mas simplesmente não vai longe o suficiente. Os autores foram capazes de identificar que as garantias da Barnsdall Oil apresentavam erro na precificação em relação às ações ordinárias, mas não foram capazes de fornecer ao leitor um arcabouço intelectual ou as ferramentas necessárias para avaliar essas garantias de forma adequada.

Devo deixar claro que não é uma boa ideia tentar capitalizar sobre um erro de precificação, só porque um ativo está sobrevalorizado ou subvalorizado. Se o mercado de derivativos entende a fundo o erro de precificação do ativo subjacente, não existe uma vantagem específica em possuir o derivativo. No entanto, se o mercado subestimar os derivativos de um ativo ou grupo de ativos com erro de precificação, as probabilidades de sucesso para o investidor nesses derivativos podem ser muito favoráveis. Na verdade, o investidor se beneficia da dupla alavancagem de dois ativos com erro na precificação — o sub-jacente *e* o derivativo. Embora essa situação não ocorra com muita frequência, pode ser especialmente lucrativa. A capacidade de tirar vantagem de erros na precificação múltipla pode gerar lucros extraordinários.

Talvez o exemplo mais famoso desse fenômeno tenha ocorrido no final da década de 1980, quando o mercado acionário japonês subiu às alturas, chegando a um nível absurdo de supervalorização. Enquanto alguns acreditavam que era uma "nova era" na qual o Japão dominaria economicamente o mundo, os investidores de valor tinham uma visão diferente, acreditavam que era simplesmente o caso de uma bolha financeira que acabaria por se corrigir. Em Wall Street, havia um entendimento crescente e generalizado de que o mercado acionário japonês acabaria caindo para níveis mais razoáveis e racionais, o que representava uma oportunidade para aqueles capazes de capitalizar sobre o que prometia ser um movimento dramático de preços.

Nesse cenário, os vendedores de opções estavam, surpreendentemente, dispostos a oferecer opções de venda sobre o índice Nikkei a um preço extremamente barato. Lembro-me de perguntar aos corretores que vendiam essas opções: "Quem está assumindo o outro lado dessas transações?". "Instituições europeias", diziam eles, que é a resposta padrão dos corretores de Wall Street quando não querem dizer o que realmente está acontecendo. Afinal, descobriu-se que grande parte da exposição era detida por instituições financeiras japonesas que estavam tão confiantes de que seu mercado nunca cairia que assinaram esses contratos plurianuais e imediatamente contabilizaram todo o prêmio como receita. No final das contas, o mercado japonês entrou em colapso e meu então empregador, junto com muitos outros investidores americanos, lucrou bastante com o aumento do valor das opções de venda.

Mais recentemente, o mercado de derivativos em ativos lastreados em ativos de hipotecas *subprime* ofereceu uma equação de risco-recompensa distorcida na forma de *credit default swaps* (CDSs). Esses ativos são uma série de opções de venda de títulos lastreados em hipotecas *subprime* de unidades residenciais. Quando os títulos foram emitidos, eram considerados, pelos investidores e pelas agências de classificação, como seguros (ou seja, com grau de investimento), devido a suas premissas sobre o desempenho dessas hipotecas. No entanto, alguns investidores astutos perceberam que a garantia subjacente era muito mais arriscada e sujeita a muito mais desvantagens que os compradores originalmente presumiram quando compraram os CDSs sobre títulos e índices *subprime*. Quando o mercado *subprime* entrou em colapso em 2007, alguns desses ativos aumentaram em valor mais de cinquenta ou sessenta vezes o montante em risco. Toda transação sempre tem dois lados, então ajuda se conseguir descobrir o processo de pensamento da pessoa do lado oposto da negociação. Warren Buffett escreveu uma vez: "Se você está jogando pôquer há trinta minutos e não sabe quem é o otário, você é o otário".

"RESOLVA ISSO"

Assim como Graham e Dodd, minha abordagem inicial para o mercado de derivativos era bastante simplista, e eu me lembro bem do dia em que meus olhos jovens se abriram para os perigos e armadilhas da minha ingenuidade.

Era o início da década de 1980, e eu estava começando em Wall Street. Os derivativos ainda eram um mercado nascente, e as opções de ações estavam entre os primeiros desses instrumentos a atrair muita atenção. Como Graham e Dodd e muitos outros em Wall Street, compreendi a natureza alavancada das opções de ações e como podiam ser usadas para ampliar os ganhos (ou prejuízos) de uma posição individual em ações. Contudo, meu conhecimento além do básico era escasso. Eu trabalhava no departamento de arbitragem de risco de uma empresa que fazia muitas arbitragens de opções. E, embora ainda não entendesse o que aquilo significava, entendia que os caras sentados ao meu lado estavam ganhando muito dinheiro com isso. Além do mais, pareciam chegar ao escritório logo antes da abertura do mercado, saíam imediatamente logo após o fechamento do mercado e nem mesmo olhavam para o *Wall Street Journal*, preferindo ler o fofoqueiro *New York Post*. Minha curiosidade foi despertada. Então, um dia, pedi a Ira, o gerente da empresa, que me explicasse o que ele fazia. A conversa de dois minutos que se seguiu mudou para sempre a maneira como eu encarava os derivativos e afetou profundamente a maneira como passei a abordar áreas desconhecidas nas finanças e nos negócios desde então.

Ira apontou para uma ação (não me lembro qual, embora seja bem possível que tenha sido a IBM, uma vez que, naquela época, o sol em Wall Street literalmente nascia e se punha dependendo do que a IBM estava fazendo) e me perguntou: "E se você comprasse as opções de compra de US$ 35, vendesse as opções de US$ 40, comprasse as opções de venda de US$ 40 e vendesse as opções de venda de US$ 35, todas ao mesmo tempo?". Meu primeiro pensamento foi "Que bagunça!", mas não disse isso. Eu simplesmente pareci perplexo. Vendo minha confusão, ele disse: "Resolva isso. Quanto vale na expiração?". Depois de alguns minutos com lápis e papel, levantei os olhos, ainda um pouco confuso, e disse: "Sempre vale US$ 5". "Certo", disse ele. Mesmo assim, nenhuma lâmpada acendeu em meu cérebro até que Ira perguntou: "E se você pudesse comprá-la por US$ 4,50?". Bingo! Eu finalmente entendi. Embora fosse um novato em Wall Street, havia feito arbitragem o suficiente para entender o que Ira estava dizendo. Geralmente, os contratos de opções mais líquidos são aqueles com datas de vencimento relativamente próximas, o que significa que, se você pudesse comprar esta "caixa", como é chamada, consistindo em dois pares de opções por US$ 4,50, teria um lucro garantido de 11% sobre seu dinheiro em menos de seis meses.

Foi a minha vez de fazer uma pergunta. "Você pode realmente comprá-las por US$ 4,50?" "Às vezes", ele respondeu. E então percebi quem tinha sido o proverbial otário no jogo de pôquer. Eu. Ao confiar na abordagem excessivamente simplista de Graham e Dodd para o mercado de opções e ao não entender em profundidade a matemática dos instrumentos nos quais eu estava investindo, não apreciei como a operação poderia parecer para a pessoa do outro lado. Eu estava maduro para a colheita, como dizem. Talvez minhas transações fossem o outro lado da compra de uma "caixa", por outra pessoa, por US$ 4,50. Percebi que, com toda a probabilidade, a pessoa do outro lado provavelmente era mais inteligente que eu. Constrangido por minha ignorância, prometi entrar em situações novas com maior respeito por aqueles do outro lado da transação e com mais humildade com relação aos limites de meu conhecimento. Nunca mais seria o otário. Essa abordagem me serviu bem ao longo de minha carreira.

Ao contrário do mundo em que Graham e Dodd viveram e trabalharam, o analista financeiro de hoje está em desvantagem se não tem um bom entendimento de como os modelos de precificação de opções funcionam e quais são suas limitações. Não apenas os derivativos estão amplamente difundidos nos mercados financeiros como muitas empresas e entidades de investimento os usam para fins prudentes e imprudentes.

À medida que fui adquirindo experiência e aprendendo mais sobre as opções e os modelos usados para avaliá-las, percebi uma grande fraqueza na teoria das opções. Em geral, o trabalho acadêmico que sustenta a análise de derivativos, trabalho no qual tantos em Wall Street confiam, baseia-se na suposição de que os mercados são "eficientes". Os autores de *Análise de investimentos* teriam se divertido discutindo com esses acadêmicos. Eles entendiam que a premissa subjacente de eficiência nem sempre é verdadeira, quando escreveram:

> É evidente que os processos pelos quais o mercado financeiro chega a suas avaliações são, com frequência, ilógicos e errôneos. Esses processos, como apontamos em nosso primeiro capítulo, não são automáticos ou mecânicos, mas psicológicos, pois persistem na mente das pessoas que compram ou vendem.

À frente de seu tempo quando se tratava da questão da eficiência do mercado, Graham e Dodd não eram capazes de prever a necessidade dos relacionamentos matemáticos mais complexos descritos por meu chefe. Eles olhavam apenas para a relação entre o ativo derivativo e o instrumento subjacente, o que era um método um tanto primitivo de análise das garantias. No entanto, possuíam um entendimento agudo de como a emissão de opções e de garantias afeta o valor futuro das ações ordinárias da empresa emissora. Na verdade, entendiam aquilo melhor que muitos dos contadores e analistas de Wall Street de hoje. Em uma subseção intitulada "Um dispositivo perigoso para diluir o valor das ações", os autores escrevem: "A incapacidade do público de compreender que todo o valor das garantias de opções é gerado às custas das ações ordinárias levou a uma prática que seria ridícula se não fosse tão nociva". Essas palavras poderiam facilmente ter sido escritas a qualquer momento na última década, uma vez que alguns dos esquemas de compensação recentemente adotados por certas empresas têm enganado os acionistas, mascarando o impacto diluente e inflando a demonstração de resultados.

Até recentemente, as empresas não registravam despesas em suas demonstrações do resultado com o custo das opções emitidas para seus gestores e diretores. Poucos anos atrás, as regras foram alteradas e os princípios contábeis geralmente aceitos (*generally accepted accounting principles*, GAAP) começaram a exigir que as empresas usassem um entre vários métodos para avaliar o custo de suas opções de ações. É uma grande melhoria em relação à prática anterior de não registrar despesas, mas os métodos exigidos pelos GAAP são os mesmos daqueles usados pelos analistas para valorizar derivativos não emitidos pela empresa. Claramente, algo está errado. Existe uma grande diferença entre os contratos de derivativos com terceiros, os quais não resultam na emissão de mais ações, e as opções emitidas pela empresa que aumentam o número de ações em circulação no futuro, diluindo assim os interesses dos atuais acionistas. Os acionistas a longo prazo precisam avaliar plenamente o impacto, para os administradores, dessas opções emitidas pelas empresas; caso contrário, serão prejudicados nos anos vindouros.

CUIDADO COM OS BANQUEIROS DE INVESTIMENTO!

Passando para o capítulo 47, "Custo de financiamento e gestão", Graham e Dodd poderiam tê-lo chamado mais apropriadamente "Cuidado com os banqueiros de investimento!". Como diz o ditado: "Quanto mais as coisas mudam, mais elas permanecem iguais". Ou, como um amigo uma vez me disse a respeito dos conflitos de interesse em Wall Street: "Onde não há conflito, não há interesse". O leitor achará interessante aprender sobre antigos abusos cometidos por banqueiros de investimento, enquanto o pessoal de Goldman Sachs e Morgan Stanley pode derramar algumas lágrimas de nostalgia ao ler sobre os bons e velhos tempos dos *spreads* de subscrição de 20% de papéis como as American Bantam Car Corporation Convertible Preference Stock. No entanto, a última página do capítulo realmente se destaca por sua relevância duradoura. Graham e Dodd escreveram:

> O relaxamento dos padrões dos gerentes de investimento no final da década de 1920 e o uso de meios engenhosos para aumentar sua remuneração tiveram repercussões prejudiciais na área da administração de empresas. Os executivos operacionais sentiram-se com direito não apenas a belos salários

como também a uma participação substancial nos lucros da empresa. A esse respeito, as configurações dos fundos de investimento, concebidos pelas casas bancárias para seu benefício, apresentam um exemplo estimulante para o mundo dos "grandes negócios".

[...] Entretanto, não se pode negar que meios tortuosos e questionáveis foram, muitas vezes, empregados para garantir esses grandes bônus para os administradores, sem que os acionistas tomassem conhecimento de sua extensão completa.

[...] Com a publicidade dada a essa compensação, acreditamos que o interesse dos acionistas pode muito bem ser invocado para evitar que ultrapasse todos os limites razoáveis.

Muitos dos excessos recentes — incluindo a bolha da internet, a mania das compras alavancadas e o fiasco das hipotecas *subprime* — possuem uma semelhança mais que passageira com as travessuras que Graham e Dodd descreveram anos atrás. E, caso ainda estivessem vivos, talvez ficassem surpresos com os casos de compensação excessiva nas empresas e, provavelmente, teriam ficado chocados com o fato de esses excessos terem atingido os próprios administradores da Bolsa de Valores de Nova York. Os investidores de hoje fariam bem em enxergar Wall Street com, pelo menos, o mesmo grau de reprovação e ceticismo que nossos autores exibiam em seus escritos.

Prosseguindo, o capítulo 50, "Discrepâncias entre preço e valor", e o capítulo 51, "Discrepâncias entre preço e valor (*Continuação*)", estão entre as joias da parte VII, e qualquer pessoa interessada em investir deveria lê-los. Eles fornecem ao leitor uma lista útil do que devemos e não devemos fazer, lugares onde procurar valor e armadilhas a evitar, com exemplos da década de 1930. Muitos de nós temos uma tendência de romantizar o passado e, quando os investidores se envolvem em tais reminiscências afetuosas, muitas vezes falam com saudade da era de Graham. Ah, para um retorno aos dias em que as ações eram vendidas a sete vezes o lucro e menos que o capital de giro! E devo admitir que, quando li a lista do grupo A no capítulo 50, também senti uma pontada de inveja. Como deve ter sido fácil ser um investidor no final dos anos 1930!

Mas espere um minuto, pensei. Encontrei numerosas oportunidades em minha vida que teriam deixado Graham cheio de inveja. A verdade é que, de tempos em tempos, os mercados financeiros apresentam oportunidades de compra de ativos com características de risco-recompensa extraordinárias. Quando um investidor tem a oportunidade de ganhar uma quantia decente na pior das hipóteses e montanhas de dinheiro na melhor das hipóteses, só pode ser descrito como o melhor de todos os mundos. Minha lista pessoal começa com Management Assistance Liquidating Trust — talvez meu primeiro investimento de valor — e inclui os títulos de segunda hipoteca de 18% da Public Service of New Hampshire negociados à paridade; as Executive Life Muni GICs, negociadas a US$ 0,25 após a decisão de um juiz de primeira instância, a qual, posteriormente, foi declarada como "não tendo base na lei ou na razão"; e as ações ordinárias da Gentiva, cisão resultante de uma fusão que estava sendo negociada por cerca de um terço de seu capital de giro.

Mais ou menos na mesma época em que Ira me esclarecia sobre o mercado de opções, meu amigo Chris Stavrou me apresentou ao Management Assistance Liquidating Trust, quando me enviou o formulário 10-Q da empresa por fax, adornado com suas anotações manuscritas. Enquanto ele me explicava, pude ver exatamente o que havia visto: uma ação negociada a US$ 2 que valia US$ 4. Além do mais, a empresa agora era obrigada a pagar aos acionistas todo o produto da venda de seus ativos. Sabendo que se tratava de uma oportunidade certeira de duplicar meu dinheiro, vendi prontamente todas as minhas outras ações e coloquei 100% dos meus ativos (no valor total de US$ 10 mil) nessa única ação. Só lamento não ter comprado nada para a minha empresa, porque temia que meu chefe, que estava de férias na época, desaprovasse o investimento.

Uma das mais recentes e espetaculares oportunidades ocorreu em meados de 2002, em meio ao colapso épico do mercado de títulos corporativos. As pechinchas estavam à disposição — esquerda, direita e centro. Os investidores no mercado de títulos corporativos, naquele ano, contam muitas histórias. A minha foi a das AES Senior Subordinated Notes de 10,25%, que foram negociadas a um preço mínimo de US$ 0,15. A esse preço, o *rendimento atual* beirava 66%. A AES era uma empresa complexa com ativos espalhados por todo o mundo. Além disso, era financiada de uma forma não tradicional, por meio de uma combinação de dívidas relativas a projetos, bem como dívida corporativa com diferentes níveis de privilégio. O alto grau de alavancagem combinado com a complexidade da base de ativos fazia com que o mercado se preocupasse com a possibilidade de falência da empresa. Nossa análise nos levou à conclusão de que havia valor e fluxo de caixa mais que suficientes para cobrir a dívida. Como ficou provado, estávamos corretos. Esses títulos nunca deixaram de ser pagos e foram resgatados ao valor nominal menos de um ano após atingirem seus mínimos. Isso é o que eu chamo de uma bonança! Certamente, Graham teria ficado maravilhado com a insanidade temporária do mercado de títulos no verão de 2002.

Ao continuar lendo a parte VII, fiquei especial e deliciosamente impressionado com o uso da língua inglesa pelos autores. Sua capacidade de expressar ideias de maneira convincente e clara raramente foi igualada no campo das finanças, com exceção daquele que talvez seja seu melhor e mais famoso aluno, Warren Buffett. Afinal, foram Graham e Dodd que criaram a parábola de um maníaco Sr. Mercado, o cavalheiro que pode ser seu amigo ou inimigo e de quem você nunca deve aceitar um conselho. Um grande exemplo de seu uso eficaz da linguagem é encontrado na discussão das deficiências da "análise de mercado".

Foram também Graham e Dodd que cunharam o termo "margem de segurança", o qual tem relevância especial para os profissionais de investimento que contribuíram nesta edição do livro. Todos nós somos analistas de valor que examinam os ativos, um de cada vez, pesando as características de risco e de recompensa de cada investimento a determinado preço. Embora possamos, de tempos em tempos, ter opiniões sobre as perspectivas do mercado acionário, em geral não fazemos apostas em sua direção. Nossos motivos são muitos, mas acho que Graham e Dodd disseram isso melhor quando escreveram no capítulo 52: "Na análise de mercado, não há margens de segurança; você está certo ou errado e, se estiver errado, perderá dinheiro".

Isso realmente resume tudo muito bem, não é? No entanto, tantos anos depois, muitos investidores ainda estão determinados a formular a própria visão do mercado. As melhores empresas de Wall Street empregam estrategistas de mercado, e muitos investidores, profissionais ou não, estão ansiosos para ouvir a opinião deles. Isso, eu digo, é simplesmente mais uma demonstração da persistência da Grande Ilusão.

No último capítulo, Graham e Dodd aconselham diferentes grupos de participantes do mercado, entre eles o pequeno investidor, o investidor abastado e o investidor institucional. Como o conselho deles soa hoje em dia?

Para o pequeno investidor interessado em renda, os autores achavam que o único investimento adequado eram os títulos do governo dos Estados Unidos. Esses ativos tiveram o desempenho esperado, é claro, mas houve algumas mudanças que Graham e Dodd não previram e não podiam prever. Em primeiro lugar, estão os efeitos devastadores da inflação no final dos anos 1970 e início dos anos 1980. A espiral inflacionária acabou levando a taxas de juros mais altas e grandes prejuízos para os investidores em títulos. Em segundo lugar, está a expansão dos mercados de renda fixa e a proliferação de inúmeros ativos de renda fixa que criaram oportunidades de investimento de valor no mercado de títulos para aqueles que estavam dispostos a vasculhar um grande número de instrumentos semelhantes em busca de preços anômalos.

Graham e Dodd aconselharam os investidores em busca de lucro, grandes e pequenos, a comprar ativos negociados abaixo de seu valor intrínseco e sugeriram que os investidores submetessem seu trabalho analítico à crítica de terceiros. Em essência, recomendavam que todos os investidores se tornassem analistas financeiros por meio período. Escrevendo após o *crash* de 1929 e a Grande Depressão que se seguiu, a perspectiva do tipo de lucratividade do mercado financeiro que vimos nos últimos anos era inimaginável. No mundo hipercompetitivo de hoje, é possível alcançar sucesso como investidor de meio expediente, mas isso não é algo que eu recomendaria. E se você não quiser se dedicar em tempo integral à pesquisa de investimentos, provavelmente será melhor contratar assistência profissional.

A dupla prolífica também aconselhou as instituições a investir exclusivamente em investimentos de renda fixa, caso isso atendesse a suas necessidades. Felizmente, para universidades como Harvard, Yale e Princeton, homens como Jack Meyer, David Swensen e Andy Golden não seguiram esse conselho. E, por causa disso, essas instituições têm muito mais recursos à sua disposição hoje que teriam de outra forma. Graças à visão e ao pensamento independente desses indivíduos, todas as suas respectivas instituições têm *endowments* que remontam à casa das dezenas de bilhões de dólares, que lhes dão uma vantagem competitiva enorme e talvez permanente sobre muitos de seus pares menos ricos. Além de qualquer conselho específico que Graham e Dodd tenham oferecido, o ponto mais importante que os investidores devem entender de *Análise de investimentos* é: olhe para os números e pense por si mesmo. Todos os grandes investidores agem assim, e é isso que os torna excelentes.

Curiosamente, um grupo de investidores foi deixado de lado quando Graham e Dodd deram conselhos no último capítulo de *Análise de investimentos*. Eles não tinham uma palavra para todos os jovens que estavam começando sua carreira no setor financeiro e que, sem dúvida, esperavam que lhes trouxesse fortuna e felicidade, ou até fama. Para retificar esse descuido, ofereço algumas últimas palavras de conselho a esse grupo. Muitos de meus colaboradores neste projeto são, como eu, profissionais de investimento que já estiveram em seu lugar — jovens, novos em Wall Street, com pouco ou nenhum dinheiro em contas bancárias, mas armados com energia, esperança e uma boa ética de trabalho. Temos uma afinidade muito grande com vocês. Acho que todos nós concordamos que fizemos uma escolha de carreira ótima. E, embora possamos, inicialmente, ter sido motivados pelo dinheiro, já faz muito tempo que o acúmulo de riqueza era o impulso que nos mandava para o escritório todos os dias. Fazemos o que fazemos porque gostamos. Apreciamos o desafio, o estímulo e a satisfação que surge em encontrar a próxima barganha que o mercado tem a oferecer.

Alguns anos atrás, alguns professores da University of Chicago concluíram que Graham e Dodd estavam errados. O mercado, segundo eles, era eficiente. Na verdade, eles disseram aos aspirantes a analistas como você: "Não se preocupe. Não perca seu tempo. O mercado é eficiente demais para recompensar seu esforço. Encontre outra coisa para fazer na sua vida". Por muito tempo, esteve na moda o debate do pessoal do meio financeiro sobre esse assunto com acadêmicos, que apresentavam argumentos a favor de sua posição, e praticantes, que insistiam que estavam errados, muitas vezes apontando para as muitas aberrações que não podiam ser explicadas pelas teorias acadêmicas.

Recentemente, esse debate diminuiu, ou talvez os praticantes estejam apenas ocupados demais ganhando dinheiro, ocupados demais desenterrando o próximo ativo com erro na precificação, para encontrar tempo para prolongar a discussão. Por mais gratificante que nossas carreiras tenham sido, acho que todos nós diríamos a você que tem sido um desafio intelectual constante compreender um mundo financeiro em constante mudança e cada vez mais global, em uma competição que atrai muitos participantes excepcionalmente talentosos, brilhantes e trabalhadores. No entanto, é exatamente essa competição rigorosa entre colegas e amigos que traz à tona o que há de melhor em nós. Eu, por mim, sinto-me feliz por ter conhecido tantas pessoas intelectualmente curiosas, trabalhadoras e motivadas durante meu tempo em Wall Street.

E, assim, para o jovem aspirante a analista, posso dizer que a resposta à questão da eficiência do mercado, ou falta dela, é clara: o mercado é ineficiente o suficiente. "O suficiente para quê?", você pergunta. Ineficiente o suficiente para que eu — e você — encontremos oportunidades ótimas de vez em quando. Não todos os dias nem todas as semanas, mas com frequência suficiente. A Grande Ilusão persiste, deixando muitas oportunidades para aqueles que desejam fazer o trabalho difícil, às vezes enfadonho, muitas vezes tedioso, de investir em valor. Boa caçada!

CAPÍTULO 46
GARANTIAS DE OPÇÕES DE COMPRA DE AÇÕES

Durante as últimas duas décadas, o uso das garantias de opções de compra de ações passou por uma evolução extraordinária. Originalmente foram concebidas como uma forma de privilégio de participação para as obrigações e para as ações preferenciais às quais estavam vinculadas. Nessa forma, eram comumente consideradas apenas como uma característica do título privilegiado, semelhante a um direito de conversão, e as próprias garantias tinham pouco significado em relação à estrutura de capitalização da empresa. Mais tarde, apareceu a ideia de criar garantias de opções de compra separadamente de outros títulos e entregá-las como uma forma de compensação a subscritores, promotores e executivos. A partir desse ponto, o passo seguinte inevitável foi a emissão, por meio da venda ou da troca, de garantias de opções separadas para o público em geral, da mesma maneira que as ações ordinárias. Dessa forma, atingiram um *status* próprio como uma forma independente de "título", como uma parte importante da estrutura financeira de muitas empresas e como um meio, popular e importante, de atividade especulativa.

Em um capítulo anterior, consideramos os aspectos técnicos das garantias de opções como um complemento dos títulos privilegiados. Neste capítulo, discutiremos o papel mais importante das garantias de opção como instrumentos financeiros separados. Nossa discussão se divide em três seções: (1) descrição, (2) características técnicas das garantias como um veículo de especulação e (3) sua importância como parte da estrutura financeira.

RESUMO DESCRITIVO

Uma garantia de opção (destacável) é um direito transferível de compra de ações, originalmente válido por um período considerável. (As garantias associadas a uma emissão de obrigações de debêntures são, às vezes, chamadas de "direitos de debêntures". Um terceiro nome para a mesma coisa é "garantias de compra de ações".) Seus termos incluem: (1) o tipo de ação, (2) a quantia, (3) o preço, (4) o método de pagamento, (5) a duração do privilégio e (6) os dispositivos antidiluição. (Estes últimos foram descritos no capítulo 25.)

Tipo de ação coberta pelo privilégio. Quase todas as garantias de opções exigem ações ordinárias da empresa emissora. Em casos raros, aplicam-se a ações preferenciais (por exemplo, a American Locker Company, Inc.) ou a ações de algum outro empreendimento (por exemplo, as garantias anexadas à Central States Electric Corporation Preferred exigiam ações da North American Company, e as garantias anexadas às ações preferenciais da Solvay American Investment Corporation exigiam ações da Allied Chemical and Dye Corporation). As garantias não têm direito a receber juros, dividendos ou pagamentos por conta do principal, nem têm qualquer direito de voto.

Semelhança com os "direitos" de subscrição. As garantias de opções de compra têm certa semelhança com os "direitos de subscrição" que são emitidos pelas empresas aos seus acionistas em razão da venda de ações adicionais. Existem duas diferenças significativas, entretanto, entre as garantias e esses direitos. As garantias têm uma duração longa, e o preço de compra das ações é quase sempre estabelecido a um nível mais alto que a cotação no momento da sua emissão. Além disso, o preço varia, com frequência, em conformidade com os termos da garantia. Os direitos de subscrição têm uma duração curta e exigem um preço fixo, geralmente abaixo do mercado no momento da sua autorização. Os direitos de subscrição são concebidos, portanto, com a intenção de assegurar seu exercício e o recebimento imediato de recursos pela empresa. As garantias de opções, em geral, não têm nenhuma relação com as necessidades financeiras da empresa, e não se espera que sejam exercidas a curto prazo. Em outras palavras (e com relação à situação habitual no momento da emissão), o direito de subscrição *será* exercido a menos que o mercado recue substancialmente antes do fim de seu prazo de validade; as garantias de opção *não* serão exercidas a menos que o preço de mercado suba substancialmente em um futuro próximo ou distante.[1] Os direitos de subscrição, em geral, têm uma duração de cerca de sessenta dias; a duração original das garantias de opção é raramente, se alguma vez foi, inferior a um ano, e muitas são perpétuas.

Método de pagamento. A maioria das garantias de opções exige o pagamento do preço de subscrição em dinheiro. Aquelas originalmente vinculadas a

---

1. Os direitos da Remington-Rand, emitidos em 1936, eram uma combinação um tanto elaborada de formas de direitos de subscrição e garantias. Se o titular exercesse parte de seu direito de subscrição prontamente (a uma baixa de mercado indicada, como aconteceu), teria então o direito de comprar mais ações até um ano depois, e assim por diante. Em nossa opinião, dispositivos elaborados desse tipo criam situações especulativas desnecessárias ou dão aos hábeis e bem-informados uma vantagem indevida sobre os acionistas comuns.

obrigações ou ações preferenciais podem permitir o pagamento em dinheiro ou pela entrega do título privilegiado, que é aceito ao seu valor nominal. Essa alternativa pode ter uma importância prática considerável.

Exemplo: As garantias da Electric Power and Light são uma opção perpétua para a compra de ações ordinárias a US$ 25 por ação. O pagamento pode ser feito em dinheiro ou mediante a entrega de uma ação preferencial de segunda classe a US$ 100 por ação. Em novembro de 1939, as ações ordinárias foram negociadas a US$ 8 e as preferenciais de segunda, a US$ 17. Por causa do preço muito baixo da emissão privilegiada, as garantias tinham um "valor de exercício", muito embora a ordinária estivesse sendo negociada dezessete pontos abaixo do preço da opção. O cálculo é o seguinte:

Uma garantia mais 0,25 de ação preferencial de classe B = 1 ação ordinária
Valor da garantia de opção = 8 − 0,25 (17) = 3,75

Base de negociação de garantias. As garantias de opção são compradas e vendidas no mercado da mesma maneira que as ações ordinárias. Até o final de 1939, apenas duas emissões de garantias foram listadas separadamente na Bolsa de Valores de Nova York,[2] mas muitas foram ativamente negociadas na New York Curb Exchange e em outras bolsas. A base de negociação desses instrumentos é um tanto excêntrica e, por vezes, propícia a erros graves. De acordo com a regra padrão, "uma garantia" significa o direito de comprar uma ação, e *não* o direito originalmente vinculado a uma ação.

Exemplos: A ação preferencial da Walgreen (Drug) Company foi vendida com garantias que habilitam o titular a comprar duas ações ordinárias por cada ação preferencial. De acordo com as regras normais de negociação, "uma garantia da Walgreen" significava o direito de comprar uma ação ordinária, ou seja, dizia-se que cada ação preferencial incorporava "duas garantias".

Da mesma forma, as Consolidated Cigar Corporation Preferred Stock de 6,5% foram emitidas com uma garantia por cada ação, o que exigia a compra de metade de uma ação ordinária. Essas garantias também foram negociadas com base na concepção de que uma garantia era o direito de comprar uma ação ordinária, ou seja, dizia-se que cada ação preferencial de 6,5% incorporava a "metade" de uma garantia.

Entretanto, as exceções a essa regra padrão são numerosas.

---

2. As garantias da Commercial Investment Trust foram a única emissão em que houve negociação ativa. As garantias da Havana Electric Railway foram listadas na Bolsa de Valores de Nova York, entre 1926 e 1934, mas a negociação delas foi insignificante.

Exemplos: As Commercial Investment Trust Corporation Preferred Stock de 6,5% incorporavam garantias para comprar metade de uma ação ordinária por cada ação preferencial (a mesma proporção adotada no caso das Consolidated Cigar Preferred). Mas a unidade de negociação na Bolsa de Valores de Nova York era a garantia originalmente vinculada a uma ação preferencial, isto é, exigia metade de uma ação ordinária. Desvios semelhantes das regras de negociação foram feitos nos casos das garantias da Niagara Hudson Power Corporation *B*; das Loew's, Inc., Preferred Warrants; das Safeway Stores, Inc., "Old Series" Warrants, etc.

Quando é feita uma mudança no número de ações exigidas pela garantia, o procedimento habitual é trocar "uma garantia velha" por "uma garantia".

Exemplo: "Originalmente, uma garantia de obrigação da Loew" tinha o direito de comprar uma ação ordinária a US$ 55. Ela representava a garantia vinculada a US$ 200 em debêntures de 6% da Loew, com vencimento em 1941. Quando um dividendo de ações de 25% foi pago em 1928, o dispositivo de antidiluição exigiu que um quarto de uma ação adicional fosse concedido de graça com cada ação subscrita de acordo com a garantia. "Uma garantia de obrigação da Loew" permaneceu fisicamente inalterada e, desde então, passou a representar o direito de comprar 1,25 de uma ação por US$ 55. Um processo semelhante ocorreu no caso das garantias da Commercial Investment Trust, quando a ação ordinária foi desdobrada em 2,5 por 1. Desde então, uma garantia passou a representar o direito de comprar 1,25 de uma ação nova, em vez de 0,5 de uma ação antiga.

Porém, às vezes, a prática oposta é seguida.

Exemplo: Garantias *A* da Niagara Hudson Power. Essas podiam ser trocadas por uma ação ordinária a US$ 35. A empresa fez uma recapitalização em 1932 e emitiu uma ação nova por três antigas. Assim, o que era anteriormente "uma garantia" agora podia ser trocada por 0,33 de uma ação nova a US$ 35, ou seja, a US$ 105 por ação. A New York Curb Exchange então redefiniu "uma garantia *A*" como representante do direito de comprar uma ação *nova*. Portanto, três garantias antigas tornaram-se uma garantia nova.

Esses detalhes técnicos são fornecidos aqui porque não estão disponíveis nos livros didáticos descritivos padrões. Aconselhamos aqueles que compram ou vendem uma garantia de opção específica a realizar uma investigação cuidadosa das bases de negociação dela.[3]

---

3. Os direitos de subscrição são, invariavelmente, negociados em Nova York com base em "um direito", o que significa direito *recebido* pelo proprietário de uma ação. Essa é a ideia oposta daquela geralmente seguida nas garantias de opção. Para um método rápido de cálculo do valor dos direitos de subscrição, ver apêndice H, nota 1, p. 1.075.

Exemplos de garantias emitidas para vários fins. *A. Vinculadas a títulos privilegiados.* Talvez o caso mais antigo seja a emissão de notas da American Power and Light em 1911. De longe, o mais destacado é a venda, pela American and Foreign Power Company, de 270 milhões de dólares de ações preferenciais classe B com garantias com direito à compra de nada menos que 7,1 milhões de ações ordinárias.

B. Como compensação para subscritores. O primeiro caso importante parece ter sido a emissão de obrigações de 6% da Barnsdall Corporation no valor de 25 milhões de dólares em 1926. Nesse caso, os banqueiros receberam, como *parte* de sua compensação, garantias com direito à compra de 500 mil ações ordinárias. No pico de mercado subsequente, o valor dessas garantias foi de 13 milhões de dólares. Em 1936, o National Fund, Inc., um fundo de investimento aberto, emitiu garantias para seus patrocinadores no lugar da taxa de administração habitual. Muitos lançamentos de empresas menores incluem agora grandes montantes de garantias, além de uma compensação em dinheiro para os banqueiros. *Exemplos:* Aeronautical Corporation of America (1939); Triumph Explosives, Inc. (1939); Howard Aircraft Corporation (1939).

C. Como compensação para promotores e gestores. Um caso marcante foi a formação da Petroleum Corporation of America, em janeiro 1929. Foram oferecidas ao público 3,25 milhões de ações a US$ 34 por ação. Garantias com validade de cinco anos para a compra de 1,625 milhão de ações a US$ 34 foram emitidas para os promotores e gestores.

D. Emitidas em um plano de fusão ou reestruturação, em troca por outros títulos financeiros. A Commonwealth and Southern Corporation emitiu cerca de 17,5 milhões de garantias, junto com 34 milhões de ações ordinárias e 1,5 milhão de ações preferenciais, principalmente em troca de títulos de seis empresas constituintes. É interessante notar que emitiu *ações ordinárias* e garantias em troca por garantias de opção de compra da Penn-Ohio Edison Company e da South Eastern Power and Light Company.

Na reestruturação da Baldwin Locomotive Works, realizada em 1937, as ações preferenciais e ordinárias antigas foram trocadas por ordinárias novas e garantias. Na reestruturação de 1936 da Colorado Fuel and Iron, apenas garantias foram dadas em troca das preferenciais e ordinárias antigas. O plano de reestruturação da Erie Railroad, apresentado em 1938, em nome das seguradoras detentoras de suas obrigações, foi inédito no que se refere a dar, aos antigos acionistas, garantias para comprar ações ordinárias novas dos antigos credores, em vez de comprá-las da empresa.

E. Vinculadas a uma emissão original de ações ordinárias. A Public Utility Holding Corporation of America vendeu 2,5 milhões de ações ordinárias, incorporando garantias para comprar um número igual de ações ordinárias adicionais. Além disso, as partes responsáveis pela organização compraram 500 mil ações de classe A (com controle de voto), junto com garantias para comprar 1 milhão de ações de classe A ou ações ordinárias.

F. Vendidas separadamente por dinheiro. Em 1929, a Fourth Nacional Investors Corporation vendeu para sua empresa controladora 750 mil garantias de opção de compra por 3 milhões de dólares. Em 1936, a Phillips Packing Company vendeu garantias aos investidores em troca de dinheiro.

GARANTIAS COMO UM VEÍCULO DE ESPECULAÇÃO

Em um sentido amplo, as garantias de opção possuem características gerais parecidas com as das ações ordinárias de preço baixo, cuja teoria foi discutida no capítulo 41. As garantias são, em seu nome e sua forma — como as ações de preços baixos, com frequência, são em sua essência —, uma opção de compra a longo prazo relacionada ao futuro de uma empresa.[4] É verdade também que a relação entre uma garantia e suas ações ordinárias é bastante semelhante àquela entre uma ação ordinária e um título privilegiado especulativo da mesma empresa.

O elemento qualitativo. Como acontece com todos os outros compromissos especulativos, a atratividade de determinada garantia depende de dois fatores inteiramente diferentes: o elemento qualitativo, ou seja, a natureza da empresa, sobretudo suas supostas perspectivas de melhoria significativa; e o elemento quantitativo, ou seja, os termos em que a garantia é oferecida, incluindo seu preço e o preço das ações ordinárias a ela vinculadas. A análise financeira não tem como garantir quais empresas terão uma probabilidade grande de crescer nos próximos anos. Não há muito o que possamos dizer, portanto, com relação ao elemento qualitativo na seleção de garantias para fins de especulação. Uma vez que, em condições normais, uma garantia só pode atingir um valor tangível por meio de um *aumento* nos lucros, ênfase deve ser colocada nas perspectivas de *mudança*, e não na estabilidade. As garantias das prestadoras de serviços públicos, por exemplo, tornaram-se extremamente populares em 1928-1929, não por causa da estabilidade superior dessas empresas, mas

---

4. Em alguns casos, as garantias são emitidas com um prazo de validade relativamente curto. Em tal caso, são mais uma opção de compra relacionada ao futuro do mercado acionário que ao da empresa. *Exemplo:* As garantias da Phillips Packing Company, referidas anteriormente, tiveram uma validade de apenas dois anos.

porque o mercado estava convencido de que seus lucros continuariam a se expandir indefinidamente.

Quanto à probabilidade aritmética de uma grande subida de preços, já mostramos que é mais provável encontrá-la nas ações ordinárias de empresas capitalizadas de maneira especulativa (por exemplo, a A. E. Staley Company e a American Water Works and Electric, apresentadas no capítulo 40). Dessa maneira, as garantias para comprar ações ordinárias desse tipo também podem ter uma vantagem especulativa especial. Mas esta é, no fundo, uma questão quantitativa e não qualitativa. Em nosso ponto de vista, é raramente possível dizer *com certeza* que as perspectivas a longo prazo de determinado ramo de negócios são tão melhores que a média a ponto de tornar as garantias relacionados àquele setor mais atraentes que quaisquer outros. Contudo, se o especulador tem opiniões e preferências definidas sobre essa questão, é perfeitamente lógico que as siga.

Considerações quantitativas: importância do preço baixo. É mais fácil apontar os elementos que regem a relação atraente de garantias do ponto de vista quantitativo. As qualidades desejáveis são: primeiro, um preço baixo; segundo, um prazo de duração longo; e terceiro, um preço de opção (ou compra) próximo ao mercado. Do ponto de vista da teoria especulativa, o mais importante dos três, sem dúvida, é o preço baixo da garantia. Isso pode ser visto ao comparar a situação existente nas garantias da Sinclair Oil and Refining Corporation, em 1917, e nas garantias *B* da Niagara Hudson Power Corporation, em 1929.

Exemplos: A garantia vinculada a cada nota de 1 mil dólares da Sinclair Oil and Refining Corporation, emitida em 1917, assegurava ao titular o direito de comprar 25 ações a US$ 45 por ação até 1º de agosto de 1918; a US$ 47,50 até 1º de agosto de 1919; e a US$ 50 até 1º de fevereiro de 1920. Em dezembro de 1917, a ação tinha caído para US$ 25,25, e uma garantia para 25 ações poderia ser comprada a US$ 20, ou seja, a um custo de apenas US$ 0,80 por ação. Nesse caso, o preço de mercado da ação estava muito abaixo do preço da opção, mas a opção poderia ser adquirida a um custo muito baixo por ação. O que aconteceu depois foi bastante característico dos mercados especulativos. Em menos de dezoito meses, a Sinclair Oil subiu para US$ 69,75 de maneira a conferir a uma garantia de 25 ações um valor realizável superior a US$ 550. Um aumento de 175% no preço da ação gerou um aumento de 2.680% no preço da garantia.

As garantias *B* da Niagara Hudson Power Corporation asseguravam a seus detentores o direito de comprar 3,5 ações ordinárias por US$ 50, ou seja, US$ 14,285 por ação. Quando as garantias foram abertas para negociação na New

York Curb, em 1929, foram negociadas a US$ 60 — o equivalente a US$ 17 por uma garantia de uma ação — enquanto a ação estava sendo negociada a US$ 22,50. Nesse caso, o especulador pagava quase tanto pelas garantias quanto pela ação. Quando a ação subiu para seu pico de US$ 31 mais tarde no mesmo ano, as garantias subiram em uma porcentagem menor, até US$ 21. Ainda mais tarde no mesmo ano, o preço da ação caiu para US$ 11,25 e, em seguida, as garantias despencaram para um preço mínimo de US$ 2. Esses números comparativos mostram que, ao equivalente a US$ 17, as garantias B da Niagara Hudson estavam sendo negociadas a um preço pouquíssimo atraente.

Preço baixo relativo é importante. É tecnicamente desejável que o preço de uma garantia seja baixo, não só em si mesmo como também em relação ao preço das ações ordinárias. Esse ponto pode ser demonstrado por uma comparação das garantias da Commercial Investment Trust Corporation em 1928 com as garantias da American and Foreign Power Company em 1933.

Exemplos: As garantias da Commercial Investment Trust Corporation eram negociadas a US$ 6 em agosto de 1928. Elas conferiam ao detentor o direito de comprar meia ação ordinária a US$ 90 por ação até o final de 1929 e a US$ 100, posteriormente, até 1º de janeiro de 1931. A ação ordinária estava, na ocasião, sendo negociada a cerca de US$ 70. A garantia para uma ação representava, assim, um comprometimento de US$ 12, ou cerca de 1,166 do valor atual da ação. Apesar do preço de compra relativamente alto especificado na garantia, pode-se considerar uma vantagem especulativa sobre a ação por causa do montante de dinheiro muito menor envolvido. (Na sequência, o preço das garantias subiu onze vezes, em 1928-1929, contra um aumento de três vezes da ordinária.) Conforme mostrado nas páginas 841-842, em novembro de 1933, as garantias para uma ação da American and Foreign Power podiam ser compradas a US$ 7, representando uma paridade exata com a ordinária. Mas o fato de que a ordinária era negociada a apenas US$ 10 removeu qualquer vantagem especulativa especial das garantias a US$ 7. Como veremos adiante, essa situação lança a ação e as garantias na categoria das "pseudoespeculações" de preço baixo, do tipo discutido no início do capítulo 41.

A discussão anterior leva à conclusão de que determinada garantia de opção tem atratividade especulativa, no sentido técnico, apenas se constituir um direito de longo prazo para comprar, a um custo baixo, uma ação a um preço não muito distante do mercado atual.[5]

---

5. Para um estudo da atratividade relativa de garantias e suas ações ordinárias relacionadas como veículos especulativos, ver Arthur S. Dewing, *A study of corporation securities*. Nova York, Ronald Press Co., 1934, p. 404-405.

Exemplos: As garantias da Sinclair Oil e da Commercial Investment Trust, anteriormente mencionadas, são exemplos que atendem a esses requisitos. Um exemplo incomum foi fornecido pelas garantias da Barnsdall Oil, em 1927. Representavam um direito de compra da ação a US$ 25. Quando as ações estavam sendo negociadas a US$ 31, as garantias eram vendidas a US$ 6, exatamente na paridade. No presente caso, qualquer aumento no valor da ação significaria — e depois significou — um aumento proporcionalmente maior no preço das garantias.

Vantagens técnicas frequentemente ausentes. Durante 1928-1929, quando a negociação de garantias estava mais ativa, houve uma tendência para esses instrumentos serem negociados a preços altos, de forma relativa e absoluta, de modo que não se podia dizer que havia qualquer vantagem técnica sobre a ação ordinária típica. Na depressão que se seguiu, muitas emissões de garantias podiam ser compradas a preços muito baixos, mas aqui, novamente, as ações ordinárias relacionadas também estavam sendo cotadas em níveis tão baixos que colocavam em questão a atratividade comparativa da garantia. No final de 1939, a situação pode ser representada pela lista de garantias na tabela a seguir.

Deve-se notar que as garantias que incorporam o direito de fazer pagamentos por meio da troca de uma obrigação ou ação preferencial à paridade foram, em geral, negociadas a um preço interessante em relação à ação ordinária. (As garantias da Electric Power and Light foram, de fato, cotadas abaixo da paridade.) As outras garantias de preços baixos pareciam estar distantes demais do valor realizável para merecer atenção. As relações de preços da Baldwin Locomotive e da New York City Omnibus são típicas de seus respectivos estágios na escala de valores de mercado.[6]

Nome da corporação que emitiu a garantia	Duração	Preço de compra das ações nomeadas na garantia	Preço de mercado da ação	Preço de mercado da garantia
American & Foreign Power	Perpétuo	25 ou 1,625*	1,875	0,375
Atlas Corp.	Perpétuo	25 ou 23,625*	8,625	0,875
Baldwin Locomotive Co.	Até 1º de setembro de 1945	15	17,25	7,375

---

6. Para ver o esforço para estabelecer uma formulação matemática do valor das garantias, ver John B. Williams, *The theory of investment value*. Cambridge, Harvard University Press, 1938, p. 172-178.

Nome da corporação que emitiu a garantia	Duração	Preço de compra das ações nomeadas na garantia	Preço de mercado da ação	Preço de mercado da garantia
Electric Power & Light Corp.	Perpétuo	25 ou 4*	6,875	2,625
Manati Sugar Co.	Até 5 de novembro de 1947	12,5 ou 5*	3,875	0,625
Merritt-Chapman & Scott Corp.	Perpétuo	30	4,5	0,5
N. Y. City Omnibus Corp.	Até 1º de março de 1947	17,5	32,75	17,25
Scullin Steel Co.	Até 1º de maio de 1942	10 ou 6,5*	8,75	3,5†
Tri-Continental Corp.	Perpétuo	22,5	2,75	0,5
United Corp.	Perpétuo	25	2,375	0,25

* Custo em termos de preço atual dos títulos privilegiados passíveis de serem oferecidos, em vez de dinheiro.
† Preço de mercado de quatro garantias, equivalentes a uma ação ordinária.

GARANTIAS COMO PARTE DA ESTRUTURA DE CAPITALIZAÇÃO

Em sua essência, as garantias de opções são um dispositivo para dar uma concretização separada ao elemento de perspectivas futuras. Entretanto, o direito de se beneficiar de melhorias ou aprimoramentos futuros pertence inerentemente ao detentor de ações ordinárias. É uma das compensações importantes que terá em troca de colocar seu dinheiro e assumir o "primeiro risco" de prejuízo. O fato básico sobre uma garantia de opção, portanto, é que representa *algo que foi retirado* da ação ordinária. A equação é simples:

Valor das ações ordinárias + valor das garantias = valor das ações ordinárias por si só (isto é, se não houver garantias).

As garantias representam uma subtração das ações relacionadas. *Exemplo:* Esse ponto pode ser ilustrado concretamente pela referência ao efeito da emissão das garantias da Barnsdall sobre o valor de suas ações. Os lucros declarados em 1926 foram de 6,077 milhões de dólares, ou US$ 5,34 por ação sobre 1,14 milhão de ações em circulação. No entanto, também existiam garantias para a compra de 1 milhão de ações a US$ 25, e o montante recebido deveria ser aplicado no resgate de 25 milhões de dólares de obrigações de 6%.

O analista deveria *ter presumido* o exercício das garantias, reduzindo assim os lucros de 1926 de US$ 5,34 para US$ 3,54 por ação. Em 1929, após o exercício efetivo das garantias, os lucros foram de US$ 3,25 por ação, em comparação com US$ 4,76, se as garantias não tivessem sido criadas. O preço médio de US$ 35 para o ano foi equivalente a um valor de US$ 10 para as garantias. Isso significava, substancialmente, que cerca de US$ 8 por ação haviam sido retirados do valor das ações ordinárias (que, de outra forma, teriam valido US$ 43) pela criação das garantias.

Esse exemplo mostra com clareza que o efeito da criação de garantias é diminuir os benefícios obtidos pelas ações ordinárias em caso de um grande aumento nos lucros ou no valor da empresa. As garantias de compra de ações, mesmo a um preço acima do mercado, reduzem, portanto, o valor atual da ação ordinária, porque parte desse valor atual é baseado no direito de se beneficiar de melhorias no futuro.

Um dispositivo perigoso para diluir o valor das ações. A garantia de opção de compra é um dispositivo fundamentalmente perigoso e questionável, pois gera uma diluição indireta e, em geral, não reconhecida do valor das ações ordinárias. Os acionistas encaram a emissão de garantias com indiferença, deixando de perceber que estão perdendo parte de seu patrimônio líquido futuro. O mercado acionário, com sua displicência usual, aplica a mesma base de avaliação às ações ordinárias, estejam garantias em circulação ou não. Assim, as garantias podem ser aproveitadas para pagar bônus descabidos a promotores ou a outras pessoas com informações privilegiadas, sem medo de serem descobertos e criticados pelo acionista típico. Além disso, o dispositivo da garantia facilita o estabelecimento de uma avaliação de mercado artificialmente alta para os títulos de uma empresa, uma vez que (com um pouco de manipulação) grandes valores podem ser estabelecidos para uma enorme emissão de garantias sem reduzir a cotação das ações ordinárias.

As garantias de opção de compra de ações provaram ser um instrumento conveniente e atraente nas reestruturações societárias, uma vez que têm permitido que os responsáveis por reestruturações deem aos antigos acionistas alguma vantagem enquanto ostensivamente entregam a empresa inteira aos credores. A Securities and Exchange Commission, entretanto, posicionou-se contra essa prática, sustentando que, se os antigos acionistas realmente não possuem patrimônio, não poderiam ter direito a garantias.[7]

---

7. Ver a opinião consultiva no caso da National Radiator (em março de 1939), que levou à retirada de uma cláusula de garantia para antigos acionistas. Em nossa opinião, as amplas objeções às

Um reductio ad absurdum. A incapacidade do público de compreender que todo o valor das garantias de opção é gerado às custas das ações ordinárias levou a uma prática que seria ridícula se não fosse tão nociva. Estamos nos referindo à venda original de ações ordinárias que incorporam garantias para a compra de ações ordinárias adicionais. Esse arranjo não oferece nada aos acionistas que não teriam sem a garantia e viola uma regra óbvia do financiamento empresarial adequado. Uma empresa bem gerida vende ações adicionais *apenas quando capital novo é necessário* e, nesse caso, os acionistas têm, em geral, direito a fazer uma subscrição *pro rata* à oferta.[8] Dar direitos de subscrição aos acionistas, quando o dinheiro não é necessário, não faz sentido de todos os pontos de vista, exceto o de enganar as pessoas ao levá-las a acreditar que algo atraente está sendo oferecido a elas. Assemelha-se à prática, às vezes permitida, de declarar dividendos em *scrip*[9] que podem ser resgatados à discrição da diretoria. Esse *scrip* é uma expressão desnecessária, em forma separada, de um direito que a ação ordinária inerentemente possui, isto é, receber dividendos futuros quando os diretores entendem que é certo pagá-los.[10] Da mesma forma, essas garantias de opções ligadas às emissões originais de ações ordinárias são uma expressão supérflua do direito inerente dos acionistas a participar em ofertas de ações futuras.[11]

Um estudo mais aprofundado sobre as implicações insalubres do dispositivo da garantia é acoplado a duas linhas de investigação mais amplas sobre as práticas financeiras: a primeira se relaciona ao preço pago pelo público para o financiamento e a gestão do negócio; a segunda se relaciona àquele grupo de práticas empresariais manipuladoras e perigosas conhecidas como "pirâmides". Esses aspectos da análise de investimento são considerados nos capítulos seguintes.

---

garantias, em princípio, podem justificar a posição um tanto draconiana da Securities and Exchange Commission. No entanto, um dispositivo de garantia de acordo com o qual os antigos acionistas podem comprar os direitos de credores antigos a um preço que os recompensará, por exemplo, o plano Erie, datado de janeiro de 1939, é muito mais recomendável.

8. Tornou-se moda inserir cláusulas estatutárias que privam os acionistas desse chamado "direito de preferência". Alega-se que a renúncia a esse direito é necessária para dar aos gestores mais flexibilidade na realização de negócios societários que envolvam a emissão de ações. Somos muito céticos quanto à solidez desse argumento.

9. São certificados emitidos pela empresa. (N.T.)

10. A Cities Service Company pagou dividendos em *scrip* desse tipo, entre 1921 e 1925, resgatando-os no último ano. Como seu valor dependia quase inteiramente do capricho dos diretores, era o tipo de veículo especulativo que conferia uma vantagem enorme aos detentores de informações privilegiadas. A Gas Securities Company, uma subsidiária da Cities Service, pagou dividendos em certificados desse tipo em 1933.

11. Para um exemplo recente dessa espécie de financiamento, consultar a oferta de ações ordinárias e garantias da Berkey and Gay Furniture Company, em janeiro de 1936.

CAPÍTULO 47
CUSTO DE FINANCIAMENTO E GESTÃO

Consideremos, em mais detalhes, a organização e o financiamento da Petroleum Corporation of America, mencionada no capítulo anterior. Trata-se de uma grande empresa de investimentos constituída com o objetivo de se especializar em ativos de empreendimentos no setor petrolífero. Ao público, foram oferecidas 3,25 milhões de ações do capital social a US$ 34 por ação. A empresa recebeu, portanto, um valor líquido de US$ 31 por ação, ou 100,75 milhões de dólares em dinheiro. Ela emitiu para destinatários não identificados — presumivelmente promotores, analistas de investimento e administradores — garantias, válidas por cinco anos, para comprar 1,625 milhão de ações adicionais, também a US$ 34 por ação.

Esse exemplo é representativo do tipo de financiamento feito pelos fundos de investimento na época. Além disso, como veremos, a técnica desenvolvida nessa área, durante os anos de bonança, foi mantida na depressão posterior e ameaça ser aceita como a prática padrão para o financiamento do capital social de todo tipo de empresa. Contudo, existe uma boa razão para questionar o real significado de uma configuração desse tipo, primeiro, no que diz respeito àquilo que o comprador das ações recebe em troca de seu dinheiro e, segundo, no que diz respeito à posição ocupada pelos bancos de investimento que emitem esses ativos.

Custo de gestão; três itens. Um fundo de investimento novo — como a Petroleum Corporation em janeiro de 1929 — começa com dois ativos: caixa e administradores. Os compradores de ações a US$ 34 por ação foram solicitados a remunerar os administradores de três maneiras:

1. Pela diferença entre o que as ações custavam para eles e o valor recebido pela empresa.

É verdade que essa diferença de US$ 3 por ação não foi paga aos administradores, mas àqueles que subscreveram e venderam as ações. No entanto, do ponto de vista do comprador de ações, a única justificativa para pagar mais pela ação que o valor em dinheiro envolvido estaria na convicção de que a qualidade dos administradores fazia jus a essa diferença.

2. Pelo valor das garantias de opção emitidas para os organizadores.

Essas garantias, em essência, autorizavam os proprietários a receber um terço de qualquer subida que pudesse ocorrer no valor da empresa nos cinco anos seguintes. (Do ponto de vista de 1929, um período de cinco anos dava ampla oportunidade de participar do sucesso futuro da empresa.) Esse conjunto de garantias tinha um valor real, e esse valor, por sua vez, tinha sido retirado do valor inicial das ações ordinárias.

As relações de preço geralmente vigentes entre as ações e as garantias sugerem que os 1,625 milhão de garantias sacariam cerca de um sexto do valor das ações ordinárias. Com base nisso, um sexto dos 100,75 milhões de dólares em dinheiro originalmente recebidos pela empresa seriam aplicáveis às garantias e cinco sextos, às ações.

3. Pelos salários que os executivos deveriam receber e pelos impostos adicionais incorridos com o uso do formato de uma empresa listada em bolsa.

Resumindo a análise anterior, descobrimos que os compradores de ações da Petroleum Corporation estavam pagando o seguinte preço pela capacidade gerencial a ser aplicada ao investimento de seu dinheiro:

1. Custo de financiamento (US$ 3 por ação)	US$ 9.750.000
2. Valor das garantias (um sexto do dinheiro remanescente)	cerca de 16.790.000
3. Deduções futuras para salários gerenciais, etc.	?
Total	US$ 26.540.000+

É possível estimar que esses três itens juntos absorvem entre 25% e 30% do montante oferecido pelo público para o empreendimento. Com isso, queremos dizer não apenas uma dedução de certa porcentagem dos lucros futuros como um sacrifício real do *principal* investido em troca dos serviços dos gestores.

O que foi recebido pelo preço pago? Levando essa análise um passo adiante, vamos perguntar de que tipo de habilidade gerencial essa empresa desfrutaria? O conselho de administração consistia em muitos homens proeminentes em finanças, e suas opiniões sobre os investimentos eram consideradas valiosas. No entanto, duas sérias limitações sobre o valor dessas opiniões devem ser observadas nessa altura. A primeira é que os dirigentes não eram obrigados a se dedicar exclusiva ou mesmo preponderantemente a esse empreendimento. Eram autorizados a multiplicar essas atividades indefinidamente, e aparentemente pretendiam fazer isso. O bom senso sugere que o valor de suas opiniões especializadas para a Petroleum Corporation seria muito diminuído pelo fato de que desempenhavam tantas outras atividades ao mesmo tempo.

Uma limitação mais óbvia aparece nas atividades projetadas da Petroleum Corporation. A empresa tinha como proposta se dedicar a investimentos em um único ramo de atividade: o petróleo. O escopo para julgamento e análise era, portanto, muito circunscrito. No final das contas, seus recursos foram amplamente concentrados, primeiro, em duas empresas relacionadas — a Prairie Pipe Line Company e a Prairie Oil and Gas Company — e, depois, em uma única empresa sucessora — a Consolidated Oil Corporation. Assim, a Petroleum Corporation assumiu a aparência de uma *holding*, na qual o exercício da capacidade gerencial parece ter sido reduzido ao mínimo após as aquisições originais serem feitas.[1]

Somos forçados a concluir que esquemas financeiros como os da Petroleum Corporation of America são insatisfatórios do ponto de vista do comprador de ações. Isso é verdade não apenas porque o custo total de gestão é excessivo para ele em comparação com o valor dos serviços prestados como também porque o custo não é claramente divulgado, sendo encoberto em boa medida pelo uso do artifício de garantias.[2] (Esse raciocínio não se baseia de forma alguma no fato de que os investimentos da Petroleum Corporation se mostraram deficitários.[3])

Posição das firmas bancárias de investimento nesta conexão. A segunda linha de investigação sugerida por esse exemplo também é de grande importância. Qual é a posição ocupada pelos bancos de investimento que subscrevem um ativo como Petroleum Corporation of America e como isso se compara com a prática em anos anteriores? Antes do final da década de 1920, a venda de ações ao público por renomadas empresas subscritoras de ativos era regida pelos três seguintes princípios importantes:

---

1. A mesma objeção lógica ao pagamento de um grande "bônus de gestão", na forma de garantias de opções para aqueles que organizam uma *holding*, pode ser feita com relação à estrutura da Alleghany Corporation e da United Corporation.

2. Em uma série de "notas" sobre a história do financiamento da United Corporation por Sanford L. Schamus, publicadas na *Columbia Law Review*, de maio, junho e novembro de 1937, foi apresentada a proposta de que os prospectos emitidos sob a legislação da Securities and Exchange Commission deveriam conter uma classificação mostrando o efeito do exercício de garantias sobre os lucros e os valores dos ativos. Ver *Columbia Law Review*, nov. 1937, p. 1173-1174.

3. Uma análise das operações da Petroleum Corporation, publicada pela Securities and Exchange Commission, em maio de 1939, critica severamente uma série de negócios em que os administradores tinham interesse contrário aos dos acionistas. Após 1933, uma mudança singular aconteceu no *status* da Petroleum Corporation, como consequência da aquisição de uma grande participação (39,8%) por parte da Consolidated Oil. As duas empresas tornaram-se as maiores acionistas uma da outra, uma situação extraordinária e extremamente questionável. Ver *Report of the Securities and Exchange Commission on Investment Trusts and Investment Companies*, parte 3, capítulo II (2ª seção).

1. A empresa deve estar bem estabelecida e oferecer um histórico e um demonstrativo financeiro adequado para justificar a compra das ações ao preço de emissão.
2. O analista de investimentos deve agir, sobretudo, como representante dos compradores das ações e negociar de maneira isenta com a administração da empresa. Seu dever inclui proteger seus clientes contra o pagamento de uma remuneração excessiva aos executivos ou contra quaisquer outras políticas que sejam contrárias aos interesses dos acionistas.
3. A compensação recebida pelo analista precisa ser razoável. Ela representa uma taxa paga pela empresa pelo serviço de levantamento de capital.

Essas regras de conduta delineavam uma linha de demarcação clara entre o financiamento de ações responsável e o mal-intencionado. A máxima estabelecida em Wall Street era que o capital para uma nova empresa deveria ser levantado de fontes privadas.[4] Esses interesses privados estariam em posição de fazer sua investigação, estabelecer os termos de seu acordo e manter contato próximo com a empresa, todas salvaguardas (além da oportunidade de granjear um grande lucro) consideradas necessárias para justificar um compromisso em qualquer novo empreendimento. Portanto, a venda pública de ativos em uma *empresa nova* era confinada quase exclusivamente a promotores dispostos a prometer mundos e fundos e a pequenas corretoras de reputação duvidosa. A grande maioria de tais aberturas de capital era totalmente fraudulenta, ou quase isso, em razão dos encargos financeiros exorbitantes sacados do preço pago pelo público.

O financiamento feito pelos fundos de investimento, pela própria natureza, era compelido a violar esses três critérios estabelecidos para poder lançar ações respeitáveis. Os fundos de investimento eram empresas *novas*; seus gestores e seus analistas eram geralmente *idênticos*; a compensação pelo financiamento e pela gestão deveria ser determinada apenas pelos beneficiários, sem padrões de razoabilidade amplamente aceitos para controlá-los. Na ausência de tais padrões e na ausência também da inestimável isenção nas negociações entre empresa e investidor, não se poderia esperar que os interesses dos compradores de ativos seriam adequadamente protegidos. Além disso,

---

4. Uma exceção aparente pode ser feita, às vezes, em um caso como o da Chile Copper Company, em que a presença comprovada de enormes depósitos de minério foi considerada uma justificativa para o financiamento público colocar a mina em produção. A venda de ações da Lincoln Motor Company, em 1920, foi uma das poucas exceções reais à regra aqui apresentada. Nesse caso, havia uma pessoa com reputação ilibada; porém, foi um fracasso estrondoso.

deve-se levar em consideração as opiniões geralmente distorcidas e egoístas que prevaleciam no mundo financeiro em 1928 e 1929.

Evolução desde 1929. Por um tempo, parecia que a influência desmoralizante do financiamento feito pelos fundos de investimento, provavelmente, se espalharia por todo o campo da emissão de ações ordinárias e que até mesmo as principais casas bancárias estariam preparadas para vender ações de empresas comerciais novas, ou aparentemente novas, sem registros anteriores e com base apenas nas perspectivas de seus lucros futuros. (Havia sinais claros dessa tendência nos lançamentos de ações de cervejarias e produtores de bebidas alcoólicas em 1933.) Felizmente, uma reversão dessa disposição ocorreu desde então, e descobrimos que as relativamente poucas emissões de ações ordinárias organizadas pelas casas de primeira linha agora são semelhantes em natureza e arranjos às de antigamente.[5]

O campo dos lançamentos de ações ordinárias, no entanto, tem estado bastante ativo desde 1933, liderado por casas de tamanho e reputação secundários. A maioria dessas emissões representa ações de empresas novas que, por sua vez, tendem a fazer parte do ramo industrial mais suscetível de ser explorado no momento. Assim, em 1933, tivemos muitos lançamentos de ações de ouro, bebidas alcoólicas e cerveja; em 1938-1939, houve um dilúvio de emissões no setor aeronáutico. A formação de novas sociedades de investimento, por outro lado, parece ser uma indústria perene. Ao pesquisar esses lançamentos de ações ordinárias, o ponto de partida deve ser a compreensão de que o foco principal do investidor por trás delas não é o interesse de seus clientes que compram os ativos. Por um lado, a empresa nova não é uma entidade independente, capaz de negociar em pé de igualdade com vários analistas de investimentos que representam clientes com dinheiro para investir; por outro lado, o próprio analista é, em parte, um promotor e, em parte, um proprietário do negócio novo. Em um sentido importante, está levantando recursos do público para *si mesmo*.

Novo papel desses analistas de investimento. Posto de maneira mais exata, o analista de investimento que lança esses ativos tem um papel duplo. Ele faz um negócio em seu nome com os criadores da empresa e, em seguida, faz um acordo separado com os membros do público para levantar deles os recursos que prometeu à empresa. Ele exige — e sem dúvida tem o direito de fazê-lo — uma recompensa generosa por seus esforços. Entretanto, o próprio

---

5. Ver, por exemplo, as ofertas de ações ordinárias da New Idea Company, em 1937, de ordinárias da General Shoe Company, em 1938, e da Julius Garfinckel and Company, em 1939.

tamanho de sua remuneração introduz uma mudança significativa em seu relacionamento com o público. Isso porque faz uma diferença muito palpável se um comprador de ações pode considerar o analista de investimento, essencialmente, seu agente e representante ou se deve encarar a casa emissora como o promotor-proprietário-gerente de uma empresa, procurando levantar recursos para viabilizá-la.

Quando a atuação dos bancos de investimento se torna identificada com a última abordagem, os interesses do público em geral são prejudicados. A Lei de Valores Mobiliários de 1933 visa salvaguardar o comprador de ativos ao exigir a divulgação completa dos fatos pertinentes e ao ampliar a responsabilidade, já existente, por ocultação ou deturpação. Embora a divulgação completa seja, sem dúvida, desejável, pode não ser de muito auxílio prático, exceto para o investidor habilidoso e perspicaz ou para o analista treinado. É de se temer que o comprador de ações típico não leia o longo prospecto com atenção nem entenda as implicações de tudo o que apresenta. Os métodos modernos de financiamento não são muito diferentes dos truques de um mágico; eles podem ser executados à vista do público, sem que se entenda o que está acontecendo. O uso de opções de ações como parte da remuneração do subscritor-promotor é um dos truques mais novos e enganadores do mercado.

Dois exemplos do financiamento de empresas novas, de 1936 e 1939, serão discutidos em algum detalhe, com o objetivo de ilustrar tanto a natureza desses lançamentos como a técnica de análise necessária para avaliá-los.[6]

Exemplo A: American Bantam Car Corporation, julho de 1936. Esse lançamento consistia em 100 mil ações preferenciais conversíveis cumulativas de 6%, vendidas ao público a US$ 10 por ação, seu valor nominal. Cada ação era conversível em três ações ordinárias. Os "subscritores" receberam uma comissão bruta de US$ 2 por ação, ou 20% do preço de venda; no entanto, essa compensação foi apenas pelo esforço de venda, sem qualquer garantia de aquisição ou colocação das ações.

A empresa nova adquirira a fábrica da American Austin Car Company, que começara, em 1929, com 3,692 milhões de dólares em capital e terminara em falência. Os organizadores do empreendimento da Bantam compraram os ativos da Austin, sujeitos a vários passivos, por apenas 5 mil dólares. Eles entregaram sua compra, além de US$ 500 em dinheiro, para a nova empresa

---

6. Na edição de 1934, analisamos, neste ponto, o lançamento de ações da Mouquin, Inc. (importadores de bebidas), feito em setembro de 1933 a US$ 6,75 por ação. Os fatos mostraram que o público foi solicitado a avaliar em 1,67 milhão de dólares uma empresa com ativos físicos de 424 mil e sem registro de lucros. A empresa deixou de existir em 1937, e o investimento público foi eliminado.

em troca de 300 mil ações ordinárias. Em outras palavras, toda a emissão de ações ordinárias custou aos promotores US$ 5.500 em dinheiro, além de seu tempo e esforço.

O prospecto afirmava — o que era um fato óbvio — que as ações preferenciais estavam sendo "oferecidas como especulação". Essa especulação só poderia funcionar com sucesso se o privilégio de conversão se mostrasse valioso, uma vez que o retorno de apenas 6% sobre uma ação preferencial dificilmente seria uma recompensa adequada pelo risco envolvido. (A natureza do risco era claramente demonstrada pelos prejuízos enormes da empresa predecessora.) Contudo, deve-se observar, que, antes que o privilégio de conversão pudesse valer alguma coisa, as ações ordinárias teriam de ser negociadas por mais de US$ 3,33 por ação — e, *nesse caso, o investimento* de US$ 5.500 *dos organizadores valeria mais de* 1 milhão de dólares. Em outras palavras, antes que o público pudesse ter *qualquer* lucro, os organizadores teriam multiplicado 180 *vezes* sua aposta.

Sequência. Até 30 de junho de 1939, a empresa acumulara um déficit de 750 mil dólares. Foi obrigada a pedir dinheiro emprestado à R.F.C., e o detentor das ações preferenciais não tinha mais qualquer patrimônio líquido nos ativos circulantes. O preço da ação preferencial caiu para US$ 3, mas, ao mesmo tempo, havia ofertas de compra da ordinária a US$ 0,75. Isso significava (se o preço cotado fosse confiável) que, embora o público tivesse perdido 70% de seu investimento, a contribuição de US$ 5.500 dos organizadores ainda tinha um valor nominal de mercado de 225 mil dólares.

Exemplo B: Aeronautical Corporation of America, dezembro de 1939. Essa empresa ofereceu ao público 60 mil ações ordinárias novas a US$ 6,25 por ação. Os "subscritores", que não assumiram nenhum compromisso firme de adquirir qualquer quantidade de ações, receberam, na venda de cada ação, os três tipos seguintes de remuneração: (1) US$ 0,90 em dinheiro; (2) 0,05 de uma ação, com valor ostensivo de US$ 0,31, doada pelos principais acionistas; (3) uma garantia de compra de meia ação a preço que variava entre US$ 6,25 e US$ 8 por ação. Se o preço de oferta de US$ 6,25 das ações ordinárias fosse justo, essas garantias, sem dúvida, valeriam, pelo menos, US$ 1 por ação vinculada. Isso significaria uma comissão total pelo esforço de venda de US$ 2,34 por ação, ou mais de um terço do valor pago pelo público.

A empresa estava em atividade desde 1928 e fabricava seus aviões leves Aeronca desde 1931. Seus negócios haviam crescido, gradualmente, de um faturamento de 124 mil dólares, em 1934, para cerca de 850 mil dólares em vendas em 1939. No entanto, a empresa era consistentemente deficitária até o final de 1938 e apresentava um prejuízo acumulado na época de mais de

500 mil dólares (incluindo a baixa de despesas de desenvolvimento). Nos 9,5 meses findos em 15 de outubro de 1939, teve um lucro de 50 mil dólares. Antes dessa oferta de ações novas ao público, havia 66 mil ações em circulação que tinham um valor patrimonial líquido de apenas US$ 1,28 por ação. Além das garantias de subscrição de 30 mil ações a serem dadas aos subscritores, havia garantias semelhantes de 15 mil ações nas mãos dos executivos.

Parecia haver fortes motivos para acreditar que a empresa ocupava uma posição favorável em um setor em crescimento. Contudo, a análise mostraria que a participação do público em qualquer aumento futuro nos lucros havia sido seriamente diluída de três maneiras diferentes: por despesas de venda em dinheiro subtraídas do preço a ser pago por ações novas; por poucos ativos tangíveis contribuídos pelos proprietários originais em troca de sua participação acionária; e por garantias que absorveriam uma parcela de qualquer aumento de valor. Para mostrar o efeito dessa diluição, vamos supor que a empresa tivesse tanto sucesso que seu valor justo fosse o dobro de seus ativos tangíveis após a conclusão desse financiamento — digamos, cerca de 1 milhão de dólares em comparação com 484 mil de ativos tangíveis. Qual seria o valor das ações pelas quais o público pagaria US$ 6,25? Se não houvesse garantias em circulação, esse valor seria próximo a US$ 8 por ação das 126 mil ações. No entanto, levando-se em conta um valor de, digamos, US$ 2 por ação para as garantias, o capital social em si valeria apenas US$ 7,25 por ação. Portanto, mesmo um grau de sucesso muito substancial por parte dessa empresa acrescentaria apenas 16% ao valor da compra do público. Caso a situação não evoluísse bem, grande parte do investimento logo se dissiparia.

Público deve financiar empreendimentos novos? Uma análise bastante abrangente do financiamento de empresas novas registradas na Securities and Exchange Commission, desde 1933, ofereceu uma perspectiva pessimista quanto a sua solidez e seu valor econômico para a nação. O investimento de capital em empresas novas é essencial para o progresso dos Estados Unidos, mas nenhuma contribuição substancial para a construção do país foi feita por empreendimentos *novos* com financiamento *público*. Wall Street sempre percebeu que o capital para tais empreendimentos deve ser mais bem fornecido de forma privada e pessoal — pelos próprios organizadores ou por pessoas próximas a eles. Por isso, a venda de ações em empresas novas nunca foi uma atividade verdadeiramente respeitável, e os principais bancos não se envolvem nela. Os canais menos exigentes por meio dos quais tal financiamento é feito exigem uma parcela tão alta do custo de venda final — *para o público* — que as chances de sucesso do novo empreendimento, na melhor das hipóteses, são bastante reduzidas.

Em nossa opinião, o interesse da nação seria atendido por uma emenda à Lei de Valores Mobiliários proibindo a oferta pública de ativos de empreendimentos novos e claramente imaturos. Não seria fácil definir com precisão os critérios de "maturidade" — por exemplo, tamanho, número de anos em operação sem prejuízo —, e poderia ser necessário reservar alguma discrição a esse respeito à Securities and Exchange Commission. Acreditamos, no entanto, que casos limítrofes e difíceis serão relativamente poucos em número (embora nosso segundo exemplo anterior talvez pertença a essa categoria). Teríamos prazer em ver os poderes e deveres da Securities and Exchange Commission diminuídos em muitos aspectos de menor importância; porém, nesse ponto, relativo à proteção de um público incapaz de se proteger, nossa opinião se inclina fortemente para uma legislação mais rígida.

Promoções fantasiosas. Nos "bons e velhos tempos", os promotores de ações fraudulentos recorriam tanto a técnicas de venda de alta pressão que raramente se preocupavam em vestir sua proposta com qualquer roupagem de mérito sério. Eles eram capazes de vender as ações de uma mina que nem mesmo era um "buraco no chão" ou de uma invenção cuja principal recomendação era o enorme lucro obtido pelos primeiros sócios de Henry Ford. A vítima estava de fato comprando "uma fantasia" e nada mais. Qualquer pessoa com o mínimo tino comercial poderia ter detectado a completa inutilidade desses empreendimentos quase à primeira vista; na verdade, o papel brilhoso usado no prospecto era, por si só, suficiente para identificar a proposta como fraudulenta.

O endurecimento das regulamentações federais e estaduais contra essas fraudes levou a um tipo diferente de promoção de ativos mobiliários. Em vez de oferecer algo totalmente desprovido de valor, o promotor seleciona uma empresa real que pode ser vendida por muito mais que seu valor justo. Dessa forma, a lei pode ser obedecida e o público, explorado da mesma forma. Os empreendimentos de petróleo e mineração se prestam melhor a esses lançamentos de ações, uma vez que é fácil incutir nos não iniciados uma noção exagerada de seu verdadeiro valor. A Securities and Exchange Commission tem se preocupado cada vez mais seriamente com os esforços para derrotar esse tipo de semifraude. Em teoria, um promotor pode oferecer algo com valor de US$ 1 por ação a US$ 5, desde que revele todos os fatos e não acrescente representações falsas. A comissão não está autorizada a emitir opiniões sobre a solidez de ativos novos ou a equidade de seu preço (exceto no caso dos ativos de prestadoras de serviços públicos enquadradas nos termos da Lei de *Holdings* de Prestadoras de Serviços Públicos, de 1935). Na verdade, parece estar fazendo o melhor que pode, por meio de várias pressões, para desencorajar e até mesmo evitar os lançamentos mais grosseiramente injustos. Contudo, é essencial que o público reconheça que os poderes da comissão a esse respeito são bastante limitados e que apenas uma análise cética por parte do comprador potencial vai ser capaz de protegê-lo contra a exploração.

As atividades promocionais são especialmente atraídas para qualquer setor novo que tenha seduzido o olhar do público. Os lucros obtidos pelos primeiros no ramo, ou atualmente pela empresa que vai ser lançada em bolsa, podem receber uma roupagem fictícia de permanência e de aprimoramento futuro. Assim sendo, supervalorizações grosseiras podem se tornar plausíveis o suficiente para serem vendidas. Nos lançamentos de 1933 no ramo das bebidas alcoólicas, o grau de supervalorização dependia inteiramente da consciência dos patrocinadores. Assim, a lista de lançamentos de ações apresentava todo tipo de matiz, desde a totalmente legítima até a quase totalmente fraudulenta.[7] Um quadro um tanto semelhante é apresentado pelos lançamentos no setor aeronáutico em 1938-1939. O público faria bem em lembrar que sempre que se torna fácil levantar capital para determinado setor, as chances de surgirem negócios injustos aumentam e o perigo de um desenvolvimento exagerado do próprio setor se torna muito real.

Repercussões das atividades inadequadas dos bancos de investimento. O relaxamento dos padrões dos analistas de investimento no final da década de 1920 e o uso de meios engenhosos para aumentar sua remuneração tiveram repercussões prejudiciais na área da administração de empresas. Os executivos operacionais sentiram-se com direito não apenas a belos salários como também a uma participação substancial nos lucros da empresa. A esse respeito, as configurações dos fundos de investimento, concebidos pelas casas bancárias para seu benefício, apresentam um exemplo estimulante para o mundo dos "grandes negócios".

Se é ou não adequado que os executivos de uma grande e próspera empresa recebam uma remuneração anual que chega a centenas de milhares ou mesmo milhões de dólares, é talvez uma questão em aberto. A resposta está em sabermos até que ponto o sucesso da empresa é atribuível a sua capacidade única ou insuperável, e isso é muito difícil de determinar com precisão. Entretanto, não se pode negar que meios tortuosos e questionáveis foram, muitas vezes, empregados para garantir esses grandes bônus para os administradores, sem que os acionistas tomassem conhecimento de sua extensão completa.

---

7. Para uma experiência de investidores com lançamentos de ações de cervejarias em 1933, ver apêndice F, nota 9, p. 1.038.

As garantias de opção (ou direitos de subscrição a longo prazo) para comprar ações a preços baixos se mostraram um instrumento excelente para esse fim — como já apontamos em nossa discussão sobre as relações acionistas-administradores. Nesse campo, a divulgação completa e contínua de informações não é apenas teoricamente desejável como também de utilidade prática. A legislação de 1933-1934 marca um avanço inegável a esse respeito, uma vez que os principais fatos da remuneração dos administradores devem, agora, ser divulgados nas declarações de registro e em seus suplementos anuais (formulário 10-K). Com a publicidade dada a essa compensação, acreditamos que o interesse dos acionistas pode muito bem ser invocado para evitar que ultrapasse todos os limites razoáveis.

CAPÍTULO 48
ALGUNS ASPECTOS DAS PIRÂMIDES EMPRESARIAIS

Na finança empresarial, a pirâmide é a criação de uma estrutura de capital especulativa por meio de uma *holding* ou de uma série de *holdings*. Em geral, o objetivo predominante de tal arranjo é permitir que os organizadores controlem uma empresa grande investindo pouco ou nenhum capital e que também assegurem, para si mesmos, a maior parte dos lucros excedentes e do aumento do valor da empresa em funcionamento. O dispositivo é, com frequência, mais utilizado por interesses dominantes para realizar os lucros especulativos de suas participações e, ao mesmo tempo, manter o controle. Com os recursos assim fornecidos, esses bem-sucedidos capitães das finanças costumam tentar estender seu controle sobre empresas operacionais adicionais. A técnica da pirâmide é bem ilustrada pelas manobras sucessivas de O. P. e M. J. Van Sweringen, que começaram com a compra do controle da então relativamente insignificante New York, Chicago and St. Louis Railroad, que rapidamente se transformou em um "império ferroviário" considerável.[1]

Exemplo: A pirâmide dos Van Sweringen. A transação original dos Van Sweringen no campo ferroviário ocorreu em 1916. Consistiu em comprar da New York Central Railroad Company, no valor de 8,5 milhões de dólares, ações ordinárias e preferenciais que constituíam o controle da New York, Chicago and St. Louis Railroad Company (conhecida como Nickel Plate). Essa compra foi financiada pela entrega de uma nota ao vendedor de 6,5 milhões de dólares e por um pagamento em dinheiro de 2 milhões, que, por sua vez,

---

1. A história completa de como essa pirâmide foi construída é contada no documento do Senado dos Estados Unidos *Hearings before the Committee on Banking and Currency*, 73º Congresso, 1ª sessão, sobre a Resolução 84 do Senado do 72º Congresso e a Resolução 56 do Senado do 73º Congresso, parte 2, p. 563-777, 5-8 jun. 1933 — em "Stock Exchange Practices". A história também é apresentada em mais detalhes e com representação gráfica em *Regulation of Stock Ownership in Railroads*, parte 2, p. 820-1173 (House Report n. 2789, 71º Congresso, 3ª sessão), sobretudo as inserções na p. 878. Para apresentações gráficas e outras demonstrações dos efeitos da piramidização no campo das prestadoras de serviços públicos, consultar Utility Corporations (Sen. Doc. 92, 70º Congresso, 1ª sessão, pt. 72-A), p. 154-166. A estrutura piramidal mais notória dos últimos anos foi a configuração da Insull. Um exemplo interessante de um tipo diferente é apresentado na relação entre a United States and Foreign Securities Corporation e a United States and International Securities Corporation. Essas duas situações são descritas resumidamente no apêndice H, nota 2, p. 1.076.

foi tomado emprestado de um banco de Cleveland. As aquisições subsequentes do controle de muitas outras empresas foram efetuadas por vários meios, incluindo os seguintes:

1. A formação de uma empresa privada para um propósito específico (por exemplo, a Western Corporation para adquirir o controle da Lake Erie and Western Railroad Company, e a Clover Leaf Corporation para adquirir o controle da Toledo, St. Louis and Western Railroad Company — ambas realizadas em 1922).
2. O uso dos recursos de uma ferrovia controlada para adquirir o controle de outras (por exemplo, a New York, Chicago and St. Louis Railroad Company comprou grande quantidade de ações da Chesapeake and Ohio Railway e da Pere Marquette Railway Company, em 1923-1925).
3. A formação de uma *holding* para controlar uma ferrovia individual, com a venda dos ativos da *holding* ao público (por exemplo, a Chesapeake Corporation, que assumiu o controle da Chesapeake and Ohio Railway Company e vendeu seus títulos e ações ao público, em 1927).
4. Formação de uma *holding* geral (por exemplo, a Alleghany Corporation, fundada em 1929. Este projeto ambicioso assumiu o controle de muitas ferrovias, carvoeiras e empresas diversas).

O relatório sobre as "Van Sweringen Holding Companies", apresentado à Câmara de Deputados em 1930,[2] inclui um gráfico interessante que mostra o contraste entre o controle exercido pelos Van Sweringen e seu patrimônio ou participação financeira relativamente pequena no capital das empresas controladas. Há um resumo desses dados na próxima página. Os números na coluna *A* mostram a porcentagem de ativos com direito a voto detida ou controlada pelos Van Sweringen; os números na coluna *B* mostram a proporção do "capital contribuído" (títulos, ações e excedentes) efetivamente detido direta ou indiretamente por eles.

Vale lembrar que, antes da guerra, foi feito uso semelhante de *holdings* para construir pirâmides de controle de propriedades ferroviárias — notadamente no caso da Rock Island Company. Esta empresa foi organizada em 1902. Por meio de uma subsidiária intermediária, adquiriu quase todas as ações ordinárias da Chicago, Rock Island and Pacific Railway Company e cerca de 60% do capital social da St. Louis and San Francisco Railway Company. Contra essas

---

2. Ver House Report n. 2789, 71º Congresso, 3ª sessão, parte 2, p. 820-1173.

ações, as duas *holdings* emitiram quantidades grandes de títulos garantidos, ações preferenciais e ações ordinárias. Em 1909, as ações da St. Louis and San Francisco foram vendidas. Em 1915, a Rock Island Company e sua subsidiária intermediária foram à falência, as ações da empresa operacional foram tomadas pelos detentores de títulos garantidos e as emissões de ações da *holding* foram completamente suprimidas.

Empresas	A. Controle (%)	B. Capital social (%)
Empresas *holding*:		
The Vaness Co.	80,0	27,7
General Securities Corp.	90,0	51,8
Geneva Corp.	100,0	27,7
Alleghany Corp.	41,8	8,6
The Chesapeake Corp.	71,0	4,1
The Pere Marquette Corp.	100,0	0,7
Virginia Transportation Corp.	100,0	0,8
The Pittston Co.	81,8	4,3
Empresas ferroviárias:		
The New York, Chicago and St. Louis R.R. Co.	49,6	0,7
The Chesapeake and Ohio Railway Co.	54,4	1,0
Pere Marquette Railway Co.	48,3	0,6
Erie Railroad Co.	30,8	0,6
Missouri Pacific Railroad Co.	50,5	1,7
The Hocking Valley Railway Co.	81,0	0,2
The Wheeling and Lake Erie Railway Co.	53,3	0,3
Kansas City Southern Railway Co.	20,8	0,9

O colapso ignominioso desse empreendimento foi considerado, na época, como um sinal do fim das "altas finanças" no ramo das ferrovias. No entanto, cerca de dez anos depois, as mesmas práticas inadequadas foram introduzidas de novo, mas em uma escala maior e com perdas correspondentemente mais graves para os investidores. Resta acrescentar que a investigação feita pelo Congresso das *holdings* ferroviárias, instituída em 1930, teve sua contrapartida em uma investigação semelhante sobre as finanças da Rock Island Company realizada pela Interstate Commerce

Commission, em 1914. A memória da comunidade financeira é proverbial e dolorosamente curta.

Malefícios das pirâmides empresariais. A configuração de pirâmide é prejudicial ao público comprador de ativos de vários pontos de vista. Ela resulta em criação e venda para investidores de grandes quantidades de ativos privilegiados pouco sólidos. A piramidização produz ações ordinárias de *holdings* que estão sujeitas a aumentos enganosamente rápidos de lucratividade em anos favoráveis e que são, invariavelmente, transformadas em veículos de especulação pública desastrosa. A posse do controle por aqueles que não têm nenhum (ou um relativamente pequeno) investimento de capital real é injusta[3] e incentiva políticas gerenciais irresponsáveis e inadequadas. Finalmente, a configuração de *holding* permite práticas financeiras que exageram os lucros declarados, o retorno de dividendos ou o "valor contábil" nos tempos de bonança e, assim, intensificam o fervor especulativo e facilitam a manipulação do mercado. Dessas quatro objeções às pirâmides empresariais, as três primeiras são claramente evidentes, mas a última requer certo tratamento analítico para que sejam apresentadas suas várias implicações.

Superavaliação de ganhos. As *holdings* podem exagerar sua lucratividade aparente ao avaliar, a um preço indevidamente alto, os dividendos de ações que recebem de subsidiárias ou ao incluir em sua receita os lucros obtidos com a venda de ações de subsidiárias.

Exemplos: O principal ativo da Central States Electric Corporation era um bloco grande de ações ordinárias da North American Company pelo qual dividendos de ações eram periodicamente pagos. Antes do final de 1929, esses dividendos de ações eram declarados como receita pela Central States ao valor de mercado então vigente. Conforme explicado em nosso capítulo sobre os dividendos de ações, esses preços de mercado, em média, excediam em muito o valor pelo qual a North American cobrava os dividendos de ações da conta de excedente e excediam também em muito os lucros distribuíveis para as ações ordinárias da North American. Consequentemente, a conta de receitas da Central States Electric dava uma impressão enganosa dos lucros acumulados pela empresa.

Uma transação de natureza um tanto diferente, mas de efeito semelhante ao da anterior, foi divulgada no relatório da American Founders Trust de 1927. Em novembro de 1927, a American Founders ofereceu a seus acionistas o privilégio de comprar cerca de 88.400 ações ordinárias classe B da International

---

3. Para exemplos sobre esse assunto, ver apêndice H, nota 3, p. 1.079.

Securities Corporation of America por US$ 16 por ação. A International Securities Corporation era uma subsidiária da American Founders; esta adquiriu as ações da classe B da primeira a um custo em dinheiro de US$ 3,70 por ação em 1926. A American Founders declarou lucros líquidos para ações ordinárias, em 1927, no valor de US$ 1.316.488, a maior parte dos quais foi criada por seus acionistas por meio da compra de ações da subsidiária, conforme indicado antes.[4]

Distorção do rendimento de dividendos. Assim como o lucro de uma controladora pode ser exagerado por causa dos dividendos de ações recebidos, o rendimento de dividendos sobre suas ações pode ser distorcido, na mente do público, pelo pagamento periódico de dividendos de ações com um valor de mercado superior ao lucro atual. As pessoas também são persuadidas com facilidade a considerar o valor dos direitos de subscrição frequentes como equivalente a um retorno de renda sobre as ações ordinárias. As empresas pirâmides são pródigas com os direitos de subscrição, pois fluem naturalmente da sucessão de aquisições novas e de financiamentos novos que promovem as ambições daqueles que estão no controle e mantêm o interesse especulativo no auge — até o colapso inevitável.

A emissão de direitos de subscrição, às vezes, dá ao mercado acionário a oportunidade de permitir aquele raciocínio circular peculiar que é a alegria do manipulador e o desespero do analista. As ações da empresa *A*, aparentemente, não valem mais que US$ 25. A especulação ou a atividade de grupos organizados faz com que subam para US$ 75. São oferecidos direitos para comprar ações adicionais a US$ 25, e esses direitos têm um valor de mercado de, digamos, US$ 10 cada. Para a fraternidade especulativa, os direitos são praticamente equivalentes a um dividendo especial de US$ 10. É um bônus que não apenas justifica o aumento para US$ 75, mas garante mais otimismo e um preço ainda mais alto. Para o analista, todo o processo é uma ilusão e uma armadilha. Qualquer que seja o valor dos direitos de compra, ele é fabricado unicamente com base no entusiasmo equivocado dos especuladores; no entanto, esse valor quimérico é aceito como renda tangível e como justificativa do entusiasmo que o gerou. Dessa maneira, com o incentivo do manipulador, o público especulativo por si eleva os preços às alturas vertiginosas da irracionalidade.

---

4. Nos três anos de 1928 a 1930, o grupo American Founders declarou lucros líquidos totais de investimento de cerca de 43,3 milhões de dólares; porém, toda essa soma e muito mais derivava dos lucros em transações entre as empresas descritas anteriormente. Consultar *Over-all Report on Investment Trusts*, da Securities and Exchange Commission, parte III, capítulo VI, seções II e III, publicado em 12 de fevereiro de 1940.

Exemplo: Entre agosto de 1928 e fevereiro de 1929, as ações ordinárias da American and Foreign Power Company subiram de US$ 33 para US$ 138,875, embora não pagassem dividendos. Direitos foram oferecidos aos acionistas ordinários (e outros detentores de ativos) para comprar ações preferenciais de segunda classe por meio de garantias de compra de ações destacadas. A oferta desses direitos, que tinham um valor de mercado inicial de cerca de US$ 3 cada, foi interpretada por muitos como o equivalente a um dividendo sobre as ações ordinárias.

Exagero do valor contábil. O exagero do valor contábil pode ocorrer nos casos em que uma *holding* possui a maioria das ações de uma subsidiária e que, em consequência, uma cotação artificialmente elevada pode ser facilmente criada para a emissão da subsidiária, por meio da manipulação de uma pequena quantidade de ações remanescentes no mercado. Essa cotação alta é então tomada como base para calcular o valor contábil (às vezes denominado "valor de liquidação") da ação da *holding*. Um exemplo precoce dessas práticas é a Tobacco Products Corporation, que possuía cerca de 80% das ações ordinárias da United Cigar Stores Company of America. Um preço de mercado indevidamente elevado parece ter sido estabelecido em 1927 para a pequena quantidade de ações da Cigar Stores disponíveis no mercado, e esse preço alto foi usado para fazer as ações da Tobacco Products parecerem atraentes ao comprador incauto. A contabilidade bastante questionável e as políticas de dividendos de ações da United Cigar Stores, que discutimos anteriormente, foram complementos dessa campanha de manipulação.

Talvez o exemplo mais extraordinário de tal exagero do valor contábil seja a Electric Bond and Share Company, que possuía a maioria das garantias da American and Foreign Power Company. Todo o cenário parece ter sido planejado de modo a induzir o público a pagar preços absolutamente fantásticos sem que seu absurdo total ficasse aparente demais. Uma breve revisão das várias etapas dessa fantasmagoria de valores inflacionados deve ser esclarecedora para o estudante de análise de títulos financeiros.

Primeiro, a American and Foreign Power Company emitiu ao todo 1,6 milhão de ações ordinárias e garantias para comprar 7,1 milhões adicionais de ações a US$ 25. Isso permitiu que um preço fosse estabelecido para as ações ordinárias que capitalizava seus lucros e perspectivas de maneira generosa, mas não levava em consideração a existência das garantias. A cotação das ordinárias foi auxiliada pela emissão de direitos, conforme explicado anteriormente.

Em segundo lugar, o preço alto registrado para a emissão relativamente pequena de ações ordinárias automaticamente criou um valor correspondentemente alto para milhões de garantias.

Terceiro, a Electric Bond and Share poderia aplicar esses valores altos a suas grandes participações em ações ordinárias da American and Foreign Power e a seu bloco enorme de garantias, estabelecendo assim um valor igualmente inflado para as próprias ações ordinárias.

Exploração do dispositivo de garantia de compra de ações. O resultado desse processo, em seu ponto mais alto em 1929, foi um pouco incrível. Os lucros disponíveis para as ações ordinárias da American and Foreign Power tinham mostrado a seguinte tendência de aumento (em boa parte, em razão de uma série de aquisições novas):

Ano	Lucro por ordinária	Número de ações	Lucro por ação
1926	US$ 216.000	1.243.988	0,17
1927	US$ 856.000	1.244.388	0,69
1928	US$ 1.528.000	1.248.930	1,22
1929	US$ 6.510.000	1.624.357	4,01

Com base na hipótese de que uma "boa ação de uma prestadora de serviços públicos vale até cinquenta vezes seus lucros atuais", foi registrado um preço de US$ 199,25 por ação para as ordinárias da American and Foreign Power. Esse preço gerou, por sua vez, um valor de US$ 174 para as garantias. Logo, pela magia insana de Wall Street, lucros de 6,5 milhões foram transformados em um valor de mercado de 320 milhões para as ações ordinárias e de 1,24 bilhão para as garantias, um total impressionante de 1,56 bilhão de dólares.

Uma vez que mais de 80% das garantias pertenciam à Electric Bond and Share Company, o efeito desses preços absurdos para os ativos subordinados da American and Foreign Power foi estabelecer um valor de liquidação igualmente absurdo para as ordinárias da Electric Bond and Share. Esse valor de liquidação foi explorado exaustivamente para justificar cotações cada vez mais altas para a última emissão. Em março de 1929, chamou a atenção o fato de que o valor de mercado da carteira dessa empresa era equivalente a cerca de US$ 108 por ação (de ações novas), contra uma faixa de US$ 91 a US$ 97 para sua cotação de mercado. Isso implicava que as ações da Electric Bond and Share estavam "subvalorizadas". Em setembro de 1929, o preço havia subido para US$ 184,50. Foi então calculado que o "valor de liquidação" era de cerca de US$ 150, sem incluir o "valor dos negócios de supervisão e de construção da empresa". O público não parou para refletir que uma parcela considerável desse "valor contábil" era baseada em uma cotação de mercado essencialmente fictícia para um ativo que a empresa recebera *de graça* apenas alguns anos antes (como um bônus vinculado às ações preferenciais de segunda classe da American and Foreign Power).

Tal exploração das garantias tinha uma vitalidade peculiar que se fez sentir mesmo nas profundezas da depressão em 1932-1933. Após o tempo apresentar sua vingança usual, a outrora deslumbrante American and Foreign Power Company tremeu à beira da concordata, conforme demonstrado pelo preço de apenas US$ 15,25 de seus títulos de 5%. No entanto, em novembro de 1933, as garantias bastante insubstanciais ainda comandavam uma cotação de mercado agregada de quase 50 milhões de dólares, um valor que tinha uma relação ridícula com os valores excessivamente baixos atribuídos aos ativos privilegiados. A tabela a seguir mostra como essa situação era absurda, ainda mais porque existia em uma época de preços de ações deflacionados, quando se presume que os valores relativos estejam sujeitos a avaliações mais críticas.

(".000" OMITIDOS NO VALOR DE MERCADO)

Ativo	Quantia em circulação	Preço em nov. 1933	Valor de mercado total em 1933	Preço em 31 dez. 1938	Valor de mercado total em 1938
Debêntures de 5%	50.000	40	20.000	53	26.500
Ações preferenciais de US$ 7 de primeira classe	480	21	10.100	19,875	9.300
Ações preferenciais de US$ 6 de classe A	387	15	5.800	15	5.800
Ações preferenciais de US$ 7 de classe B	2.655	12	31.900	9,25	24.900
Ações ordinárias	1.850	10	18.500	3,5	6.500
Garantias	6.874	7	48.100	1	6.900

No final de 1938, como a tabela indica, boa parte do absurdo havia sido corrigido.

Algumas empresas controladoras não são culpadas pela piramidização excessiva. Para não criar uma falsa impressão, devemos salientar que, embora a piramidização seja geralmente efetuada por meio de *holdings*, isso não significa que todas as *holdings* sejam constituídas para esse fim e, portanto, condenáveis. A *holding* é, muitas vezes, utilizada para finalidades inteiramente legítimas, como para permitir operações unificadas e eficientes de unidades separadas, para diversificar o investimento e o risco e para obter certas vantagens técnicas de flexibilidade e conveniência. Muitas empresas sólidas e importantes adotam a configuração de *holding*.

Exemplos: A United States Steel Corporation é uma *holding* simples; embora originalmente houvesse algum elemento de piramidização em sua configuração de capital, esse defeito desapareceu nos anos posteriores. A American Telephone and Telegraph Company é preponderantemente uma *holding*, mas sua estrutura financeira nunca foi alvo de críticas sérias. A General Motors Corporation é, em grande medida, uma *holding*.

O demonstrativo de uma *holding* deve, portanto, ser considerado com base em seus méritos. A American Light and Traction Company é um exemplo típico de uma *holding* constituída para fins inteiramente legítimos. Por outro lado, a aquisição do controle dessa empresa pela United Light and Railways Company deve ser considerada como um movimento piramidal por parte dos interesses da United Light and Power.

Estrutura especulativa de capital pode ser criada de outras maneiras. Ressalta-se também que uma estrutura especulativa de capital pode ser criada sem a utilização de uma *holding*.

Exemplos: A recapitalização da Maytag Company, discutida em capítulo anterior, produziu resultados, em geral, pela formação de uma *holding* e pela venda de seus ativos privilegiados. No caso da Continental Baking Corporation — para citar outro exemplo — a configuração de *holding* não foi uma parte essencial do resultado piramidal. A estrutura especulativa se devia inteiramente à criação de grandes emissões de títulos preferenciais pela matriz, e ainda existiria se a Continental Baking tivesse adquirido todas as suas propriedades diretamente, eliminando suas subsidiárias. (Acontece que, em 1938, essa empresa adotou medidas para adquirir os ativos de suas principais subsidiárias, eliminando assim, em grande parte, a forma de *holding*, mas mantendo a estrutura especulativa de capital.)

Restrições legislativas à piramidização. Os efeitos desastrosos das pirâmides no ramo das prestadoras de serviços públicos da década de 1920 foram tão espetaculares que o Congresso americano foi levado a agir de forma drástica. A Lei de *Holdings* de Prestadoras de Serviços Públicos, de 1935, inclui a chamada "sentença de morte" para muitos dos sistemas existentes, exigindo que, em última instância, simplificassem suas estruturas de capital e alienassem subsidiárias que operavam em territórios não contíguos. A formação de pirâmides novas é, de fato, bloqueada por exigência de aprovação da comissão de todas as aquisições e de todos os novos financiamentos. São previstos passos semelhantes para regular as atuais *holdings* ferroviárias e evitar a criação de novas.[5]

Podemos dizer, com alguma confiança, que o espetáculo do desastre dos Van Sweringen, logo após o desastre da Rock Island Company, provavelmente, não será repetido no futuro. O campo industrial nunca ofereceu as mesmas possibilidades românticas para as altas finanças encontradas entre as ferrovias e as prestadoras de serviços públicos, mas é possível que os talentos engenhosos dos promotores e magos financeiros sejam direcionados para os títulos industriais no futuro. O investidor e o analista devem permanecer vigilantes com relação a esses novos deslumbramentos.

---

5. Ver Resolução 71 do Senado, 74º Congresso, e 21 volumes de audiências até dezembro de 1939. Ver também o Relatório 180 do Senado, 75º Congresso, 1ª sessão; e o Relatório 25, pts. 1, 4 e 5, 76º Congresso, 1ª sessão.

CAPÍTULO 49
ANÁLISE COMPARATIVA DE EMPRESAS DO MESMO RAMO

As comparações estatísticas de grupos de empresas que operam em determinado ramo industrial são uma parte mais ou menos rotineira do trabalho do analista. Essas classificações permitem que o desempenho de cada empresa seja estudado contra o pano de fundo do setor como um todo. Muitas vezes, trazem à tona casos de subvalorização ou supervalorização ou levam à conclusão de que os ativos de uma empresa devem ser substituídos pelos de outra do mesmo ramo.

Neste capítulo, vamos sugerir formas padronizadas para tais análises comparativas e discutir a importância dos vários itens incluídos nelas. É desnecessário dizer que esses formulários são considerados como "padrão" apenas no sentido de que, em geral, podem ser usados de maneira positiva. Não os consideramos perfeitos de forma alguma; e o aluno é livre para fazer qualquer mudança que ache que vai atender a suas necessidades específicas.

FORMULÁRIO I. COMPARAÇÃO DE FERROVIAS

A. Capitalização:
1. Encargos fixos.*
2. Dívida efetiva (encargos fixos* multiplicados por 22).
3. Ações preferenciais a preço de mercado (quantidade de ações × preço de mercado).
4. Ações ordinárias a preço de mercado (quantidade de ações × preço de mercado).
5. Capitalização total.
6. Relação entre dívida efetiva e capitalização total.
7. Relação entre ações preferenciais e capitalização total.
8. Relação entre ações ordinárias e capitalização total.

B. Conta de receitas:
9. Receitas brutas.
10. Relação entre manutenção e receita bruta.
11. Relação entre receita operacional ferroviária (líquida após impostos) e bruta.
12. Relação entre encargos fixos* e receita bruta.

13. Relação entre dividendos preferenciais e receita bruta.
14. Relação entre saldo para ordinárias e bruta.

C. Cálculos:
15. Múltiplo dos lucros sobre encargos fixos*.
15. PI†: Múltiplo dos lucros sobre encargos fixos* mais dividendos preferenciais.
16. Lucros sobre ações ordinárias, por ação.
17. Lucros sobre ações ordinárias, porcentagem do preço de mercado.
18. Relação entre receita bruta e valor agregado das ações ordinárias (9 ÷ 4).
16. PE‡: Lucro sobre ações preferenciais, por ação.
17. PE: Lucro sobre ações preferenciais, porcentagem do preço de mercado.
18. PE: Relação entre receita bruta e valor agregado das ações preferenciais (9 ÷ 3).
19. Crédito ou débito em lucros referente a lucros ou prejuízos não distribuídos de subsidiárias (caso significativo).

D. Valores médios de sete anos:
20. Lucro das ações ordinárias, por ação.
21. Lucro das ações ordinárias, porcentagem do preço atual de mercado das ordinárias.
20. PE Lucro sobre ações preferenciais, por ação.
21. PE Lucro sobre ações preferenciais, porcentagem do preço de mercado das preferenciais.
22. Múltiplo dos lucros sobre as deduções líquidas.
23. Múltiplo dos lucros sobre os encargos fixos.
22. PI Múltiplo dos lucros sobre as deduções líquidas mais os dividendos preferenciais.
23. PI Múltiplo dos lucros sobre os encargos fixos mais os dividendos preferenciais.

E. Dado de tendência:
24 a 30. Lucro por ação ordinária a cada ano nos últimos sete anos. (Caso necessário, o lucro deve ser ajustado para apresentar a capitalização.)
24. PE até 30. PE Mesmos dados para ações preferenciais especulativas, caso desejado.

F. Dividendos:
31. Taxa de dividendos sobre ordinárias.
32. Rendimento de dividendos sobre ordinárias.
31. P. Taxa de dividendos sobre preferenciais.
32. P. Rendimento de dividendos sobre preferenciais.

* Ou deduções líquidas, caso maiores.
† PI: para estudo de uma ação preferencial de investimento.
‡ PE: para estudo de uma ação preferencial especulativa.

Observações sobre a comparação de ferrovias.[1] Antigamente, era costume basear os estudos dos lucros em dados dos anos calendários anteriores, com algumas referências a relatórios intermediários posteriores. No entanto, uma vez que os números completos estão agora disponíveis mês a mês, é uma prática mais lógica e eficaz ignorar a divisão do ano calendário e usar, em vez disso, os resultados dos doze meses anteriores à última data disponível. A maneira mais simples de chegar a esse número de doze meses é aplicar a *mudança* mostrada para o ano atual até a presente data aos resultados do ano calendário anterior.

Exemplo:

LUCROS BRUTOS DE PENNSYLVANIA RAILROAD SYSTEM
PARA OS DOZE MESES TERMINADOS EM JUNHO 1939

(1) Seis meses findos em junho 1939 (como declarado)	US$ 189.623.000
(2) Seis meses findos em junho 1938 (como declarado)	US$ 167.524.000
(3) Diferença	+22.099.000
(4) Ano calendário 1938	360.384.000
Doze meses até junho 1939 (4 mais 3)	US$ 382.483.000

Nossa tabela inclui alguns cálculos significativos com base na média de sete anos. Em um estudo intensivo, os resultados médios devem ser examinados com mais detalhe. Para economizar tempo, sugere-se que valores médios adicionais sejam calculados apenas para aquelas ferrovias que o analista seleciona para fazer uma investigação posterior após estudar os demonstrativos no "formulário padrão". Se o período de cálculo da média deve abranger sete anos ou um período mais longo ou mais curto é, em grande medida, uma questão de decisão individual. Em teoria, deve ser longo o suficiente para cobrir uma flutuação cíclica completa, mas não tão longo a ponto de incluir fatores ou resultados totalmente desatualizados. Os seis anos, de 1934 a 1939, podem muito bem ser considerados como um critério um pouco melhor, por exemplo, que o período mais longo de 1933 a 1939.

Os números relativos às ações preferenciais se enquadram em duas classes distintas, dependendo do fato de o ativo ser considerado um investimento de valor fixo ou um compromisso especulativo. (Em geral, o preço de mercado indicará, com clareza suficiente, a qual categoria pertence um ativo específico.)

---

1. Faz-se referência aos capítulos anteriores para uma explicação da terminologia e dos testes críticos referidos nesta discussão.

Os itens indicados com PI devem ser usados no estudo de ações preferenciais de investimento, e aqueles indicados com PE são usados no estudo de uma preferencial especulativa. Onde houver títulos subordinados, o procedimento mais simples e satisfatório será tratá-los em todos os aspectos como uma emissão de ações preferenciais, com uma nota de rodapé referindo-se a seu nome real. Esses juros de títulos contingentes serão, portanto, excluídos das deduções líquidas ou dos encargos fixos.

Nessa comparação tabular, seguimos a sugestão oferecida anteriormente de que a dívida efetiva seja apurada por meio da capitalização do maior valor entre as deduções líquidas ou os encargos fixos. Ao usar a tabela como um auxílio para a escolha de ativos privilegiados para investimento, a atenção principal deve ser dada aos itens 22 e 23 (ou 22 PI e 23 PI), que mostram as exigências de uma margem média acima dos juros (e dos dividendos preferenciais). Devem ser considerados também os itens 6, 7 e 8, que mostram a divisão da capitalização total entre ativos privilegiados e patrimônio líquido subordinado. (Ao lidar com títulos, as ações preferenciais fazem parte do patrimônio líquido subordinado; ao considerar uma ação preferencial para investimento, deve ser incluída na dívida efetiva.) Os itens 10 e 19 também devem ser examinados para verificar se os lucros foram exagerados por manutenção inadequada ou pela inclusão de dividendos de subsidiárias que não foram auferidos.

As ações preferenciais especulativas, em geral, serão analisadas da mesma forma que as ações ordinárias, e a similaridade aumenta à medida que o preço das ações preferenciais diminui. Deve-se lembrar, entretanto, que uma ação preferencial é sempre menos atrativa, do ponto de vista lógico, que uma ação ordinária com um desempenho igual. Por exemplo, uma ação preferencial de US$ 6 com lucro de US$ 5 por ação é intrinsecamente menos desejável que uma ação ordinária com lucro de US$ 5 por ação (e com os mesmos encargos privilegiados), uma vez que esta última tem direito a todo o patrimônio presente e futuro, enquanto os direitos das ações preferenciais sobre o futuro são estritamente limitados.

Na comparação com as ações ordinárias de ferrovias (e as ações preferenciais equivalentes), o ponto de partida é o percentual auferido sobre o preço de mercado. Isso pode ser qualificado, em grau mais ou menos importante, pela consideração dos itens 10 e 19. Os itens 12 e 18 logo indicarão se a empresa está capitalizada de forma especulativa ou conservadora, relativamente falando. Uma ferrovia com capitalização especulativa mostrará uma grande proporção de deduções líquidas para a receita bruta e (em geral) uma pequena proporção de ações ordinárias no valor de mercado para a receita bruta. O inverso será verdadeiro para uma ferrovia capitalizada de forma conservadora.

Limitação na comparação de empresas com capitalização especulativa e conservadora no mesmo campo. O analista deve tomar cuidado para não tirar conclusões sobre a atratividade relativa de duas ações ordinárias de ferrovia quando uma é capitalizada de forma especulativa e outra de forma conservadora. Dois ativos desse tipo responderão de maneira bastante diferente a mudanças para melhor ou para pior, de modo que a vantagem de uma delas nas condições vigentes pode ser facilmente perdida se essas condições mudarem.

Exemplo: O exemplo apresentado na página 895 ilustra de uma forma dupla a falácia de comparar uma ação ordinária conservadoramente capitalizada com uma ação ordinária especulativamente capitalizada. Em 1922, os lucros das ordinárias da Union Pacific eram quase quatro vezes mais altos em relação ao seu preço de mercado que os das ordinárias da Rock Island. A conclusão, com base nesses números, de que a Union Pacific era "mais barata" teria sido falaciosa, uma vez que as estruturas de capitalização relativas eram tão diferentes que as duas empresas não eram comparáveis. Esse fato é demonstrado graficamente pela expansão muito maior dos lucros e do preço de mercado das ordinárias da Rock Island, acompanhando o aumento moderado de seu faturamento bruto durante os cinco anos seguintes.

A situação em 1927 era quase oposta. Naquela época, as ordinárias da Rock Island estavam lucrando, proporcionalmente, mais que as da Union Pacific. Entretanto, teria sido da mesma forma falacioso concluir que as ordinárias da Rock Island eram "intrinsecamente mais baratas". A estrutura de capitalização especulativa desta última ferrovia tornava-a muito vulnerável a um acontecimento desfavorável, tanto que não conseguiu resistir à depressão após 1929.

Outras ilustrações no apêndice. A abordagem prática da análise comparativa das ações (e títulos) de ferrovias pode ser mais bem ilustrada pela reprodução de várias dessas comparações feitas por um dos autores, há alguns anos, e publicadas como parte do serviço prestado aos clientes por uma empresa da Bolsa de Valores de Nova York. Estão no apêndice C, nota 21. Deve-se notar que as comparações foram feitas entre ferrovias semelhantes em suas estruturas de capitalização, com exceção da comparação entre a Atchison e a New York Central, caso em que foi feita referência especial à maior sensibilidade da New York Central a mudanças em qualquer direção.

COMPARAÇÃO DAS AÇÕES ORDINÁRIAS DA UNION PACIFIC E DA ROCK ISLAND

Item	Union Pacific R. R.	Rock Island & Pacific Ry.
A. Mostrando o efeito de uma melhoria geral:		
Preço médio das ordinárias, em 1922	140	40
Lucro por ação, em 1922	US$ 12,76	US$ 0,96
Porcentagem de lucro sobre o preço do mercado, em 1922	9,1%	2,4%
Múltiplo do lucro sobre encargos fixos e dividendos preferenciais, em 1922	2,39 vezes	1,05 vez
Relação entre receita bruta e valor de mercado das ordinárias, em 1922	62%	419%
Aumento na receita bruta, em 1927 sobre 1922	5,7%	12,9%
Lucro por ação ordinária, em 1927	$ 16,05	$ 12,08
Aumento nos lucros sobre ordinárias, em 1927 sobre 1922	26%	1.158%
Preço médio das ordinárias, em 1927	179	92
Aumento no preço médio, em 1927 sobre 1922	28%	130%
B. Mostrando o efeito de um declínio geral nos negócios:		
Lucro sobre o preço médio, em 1927	9,0%	13,1%
Múltiplo do lucro sobre encargos fixos e dividendos preferenciais, em 1927	2,64 vezes	1,58 vez
Relação entre receita bruta e valor de mercado das ordinárias, em 1927	51%	204%
Diminuição na receita bruta, em 1933 abaixo de 1927	46%	54%
Lucro por ação ordinária, em 1933	US$ 7,88	US$ 20,40(d)
Diminuição no lucro para ordinárias, em 1933 abaixo de 1927	51%	269%
Preço médio das ordinárias, em 1933	97	6
Diminuição no preço médio, em 1933 abaixo de 1927	46%	93%

Nota: Em junho de 1933, gerenciadores de concordata foram nomeados para a Rock Island.

FORMULÁRIO II. COMPARAÇÃO DAS PRESTADORAS DE SERVIÇOS PÚBLICOS

O formulário de comparação das prestadoras de serviços públicos é praticamente igual ao das ferrovias. As únicas alterações são as seguintes: os encargos fixos (conforme mencionado na linha 1 e em outros lugares) devem incluir os dividendos preferenciais das subsidiárias. A linha 2 deve ser chamada "Dívida financiada e ações preferenciais de subsidiárias" e retirada do balanço patrimonial. Os itens 22 e 22 PI, relativos a deduções líquidas, não são necessários. O item 10 torna-se "relação entre depreciação para receita bruta". Um item, 10M, pode ser incluído para mostrar "razão entre manutenção e receita bruta" de empresas que publicam essas informações.

Nossas observações a respeito do uso da comparação ferroviária se aplicam também à comparação das prestadoras de serviços públicos. As variações na taxa de depreciação são tão importantes quanto as variações nas taxas de manutenção das ferrovias. Quando uma diferença grande aparece, não deve ser considerado natural que uma propriedade seja indevidamente conservadora ou que a outra não seja conservadora o suficiente, mas tende a ocorrer uma *presunção* nesse sentido, e essa questão precisa ser investigada em mais detalhes. Uma indicação estatística de que a ação de uma prestadora de serviços públicos é mais atraente que outra não deve ser posta em prática até que (entre outras questões qualitativas) algum estudo tenha sido feito sobre a situação das tarifas e as perspectivas relativas de suas mudanças favoráveis ou desfavoráveis. Com base na experiência adquirida desde 1933, atenção cuidadosa também deve ser dedicada aos perigos da concorrência municipal ou federal.

FORMULÁRIO III. COMPARAÇÃO INDUSTRIAL (PARA EMPRESAS DO MESMO RAMO)

Visto que este formulário difere, em vários aspectos, dos dois anteriores, é fornecido na íntegra:

A. Capitalização:
 1. Títulos à paridade.
 2. Ações preferenciais ao valor de mercado (quantidade de ações × preço de mercado).
 3. Ações ordinárias ao valor de mercado (quantidade de ações × preço de mercado).
 4. Capitalização total.
 5. Relação entre títulos e capitalização.
 6. Relação entre valor de mercado agregado das preferenciais e capitalização.
 7. Relação entre valor de mercado agregado das ordinárias e capitalização.

B. Conta de receitas (ano mais recente):
 8. Faturamento bruto.
 9. Depreciação.
 10. Líquido disponível para juros de títulos.

11. Juros de títulos.
12. Requisitos de dividendos preferenciais.
13. Saldo para ordinárias.
14. Margem de lucro (relação entre 10 e 8).
15. Porcentagem ganha sobre a capitalização total (relação entre 10 e 4).
C. Cálculos:
16. Múltiplo de lucros sobre encargos de juros.
16. PI: Múltiplo de lucros sobre encargos de juros mais dividendos preferenciais.
17. Lucro sobre ordinárias, por ação.
18. Lucro sobre ordinárias, porcentagem de preço de mercado.
17. PE: Lucro sobre preferenciais, por ação.
18. PE: Lucro sobre preferenciais, porcentagem de preço de mercado.
19. Relação entre receita bruta e valor de mercado agregado das ordinárias.
19. PE: Relação entre receita bruta e valor de mercado agregado das preferenciais.
D. Média de sete anos:
20. Múltiplo de lucro sobre encargos de juros.
21. Lucro sobre ordinárias, por ação.
22. Lucro sobre ordinárias, porcentagem do preço de mercado atual. (20 PI, 21 PE e 22 PE — Mesmo cálculo para ações preferenciais, caso desejado).
E. Número da tendência:
23. Lucro por ação ordinária a cada ano nos últimos sete anos (ajustes no número de ações em circulação devem ser feitos, caso necessário).
23. PE: Mesmos dados para emissões preferenciais especulativas, caso desejado.
F. Dividendos:
24. Taxa de dividendos sobre ordinárias.
25. Rendimento de dividendos sobre ordinárias.
24. P. Taxa de dividendo sobre preferenciais.
25. P. Rendimento de dividendos sobre preferenciais.
G. Balanço patrimonial:
26. Ativos de caixa.
27. A receber (menos reservas).
28. Estoque (menos reservas adequadas).
29. Total dos ativos circulantes.
30. Total dos passivos circulantes.
30. Títulos a pagar (incluindo "empréstimos bancários" e "contas a pagar").
31. Ativos circulantes líquidos.
32. Relação entre ativos circulantes e passivos circulantes.
33. Relação entre estoque e faturamento.
34. Relação entre contas a receber e faturamento.

35. Ativos tangíveis líquidos disponíveis para capitalização total.
36. Valor dos ativos em dinheiro por ação ordinária (deduzindo todos os compromissos privilegiados).
37. Valor líquido dos ativos circulantes por ação ordinária (deduzindo todos os compromissos privilegiados).
38. Valor líquido dos ativos tangíveis por ação ordinária (deduzindo todos os compromissos privilegiados).
(36 PE, 37 PE, 38 PE — Mesmos dados para emissões preferenciais especulativas, caso desejado).

H. Dados suplementares (quando disponíveis):
1. Produção física:
Número de unidades; faturamento por unidade; custo por unidade; lucro por unidade; capitalização total por unidade; avaliação das ações ordinárias por unidade.
2. Diversos:
Por exemplo: número de lojas operadas; vendas por loja; lucro por loja; reservas de minérios; vida útil da mina na taxa atual (ou média) de extração.

Observações sobre a comparação industrial. Algumas observações sobre o uso desse formulário sugerido podem ser úteis. O valor do lucro líquido deve ser corrigido de maneira a levar em consideração quaisquer distorções ou omissões conhecidas, incluindo ajustes para lucros ou prejuízos de subsidiárias que não foram distribuídos. Se parecer enganoso e não puder ser corrigido de forma adequada, não deve ser usado como base para comparações. (As inferências extraídas de números não confiáveis são, por si só, não confiáveis.) Nenhuma tentativa deve ser feita para sujeitar os valores de depreciação a comparações exatas; eles são úteis apenas para revelar disparidades amplas e óbvias nas taxas usadas. O cálculo da cobertura dos juros de títulos está sujeito à qualificação discutida no capítulo 17, com relação a empresas que possam ter compromissos de aluguel significativos e que são equivalentes a encargos de juros.

Mesmo que o percentual auferido sobre o preço de mercado das ordinárias (item 18) lidere todas as comparações, atenção quase igual deve ser dada ao item 15, que mostra o lucro percentual auferido sobre a capitalização total. Esses dados, junto com os itens 7 e 19 (relação entre o valor agregado de mercado das ações ordinárias e o faturamento e a capitalização), indicarão o papel desempenhado pelas estruturas de capitalização conservadoras ou especulativas entre as empresas comparadas. (A teoria da estrutura de capitalização foi abordada no capítulo 40.)

Como uma questão de procedimento prático, não é seguro confiar no fato de que o índice de lucros para as ações ordinárias (item 18) é superior à média da indústria, a menos que o percentual ganho sobre a capitalização total (item 15) também seja maior. Além disso, se a empresa com lucros menores apresentar um faturamento por dólar de ações ordinárias muito maior (item 19), pode ter melhores possibilidades especulativas no caso de uma melhoria geral nos negócios.

Os cálculos do balanço não têm importância primária, a menos que indiquem uma fraqueza financeira definitiva ou um excesso substancial do valor atual dos ativos com relação ao preço de mercado. A divisão da importância entre os resultados atuais, a média de sete anos e a tendência é algo que cabe ao analista decidir. É natural que tenha mais confiança em qualquer conclusão sugerida se for confirmada em cada um desses quesitos.

Exemplo do uso de formulários padrões. Um exemplo do uso do formulário padrão para chegar a uma conclusão sobre valores comparativos pode ser interessante. Uma pesquisa, realizada em julho de 1938, sobre as ações ordinárias dos produtores de aço listados em bolsa indicava que a Continental Steel tinha um desempenho acima da média, enquanto a Granite City Steel apresentava uma lucratividade muito menor. As duas empresas operavam, em certa medida, nos mesmos ramos da indústria siderúrgica; eram muito semelhantes em tamanho e o preço de suas ações ordinárias era idêntico. Na classificação apresentada nas páginas 878-879, fornecemos valores comparativos para essas duas empresas, omitindo alguns dos itens em nosso formulário padrão por serem imateriais para esta análise.

Comentários sobre a comparação. O uso de valores médios de cinco anos para cada item, apresentado junto com os dos últimos doze meses, é sugerido aqui porque as condições de negócios anormais, no ano encerrado em 30 de junho de 1938, tornavam desaconselhável enfatizar muito os resultados para esse único período. A Granite City apresenta relatórios com base em anos calendários, enquanto a Continental usou os anos encerrados em 30 de junho e 31 de dezembro de 1934 a 1938. Contudo, a disponibilidade de cifras trimestrais ou semestrais facilita, para o analista, a construção de uma cifra média e uma de doze meses que encerra no meio do ano.

A análise dos dados revela apenas um ponto de superioridade para a Granite City Steel: a quantidade inferior de ativos privilegiados. Entretanto, mesmo isso não é necessariamente uma vantagem, uma vez que o número relativamente menor de ações ordinárias da Continental as torna mais sensíveis a acontecimentos favoráveis e desfavoráveis. O demonstrativo referente a junho de 1938 e da média de cinco anos mostra uma superioridade estatística para a Continental em cada um dos seguintes quesitos importantes:

Lucro sobre preço de mercado das ações ordinárias.
Lucro sobre capitalização total.
Relação entre receita bruta e valor de mercado das ordinárias.
Margem de lucro.
Depreciação em relação à conta da fábrica.
Posição de capital de giro.
Valor dos ativos tangíveis.
Retorno de dividendos.
Tendência dos lucros.

Se a comparação fosse estendida para antes de 1934, veríamos que a Granite City desfrutou de uma vantagem marcante nos anos de depressão de meados de 1930 a meados de 1933. Durante esse tempo, auferiu lucros e pagou dividendos, enquanto a Continental Steel declarou prejuízos moderados. É curioso observar que a situação se inverteu exatamente na recessão mais recente, e a Continental Steel se saiu muito bem, enquanto a Granite City se saiu mal. Obviamente, os resultados de 1937-1938 chamariam mais atenção que os anteriores. No entanto, o analista meticuloso se esforçaria para aprender o máximo possível sobre as razões básicas subjacentes a essa mudança no desempenho relativo das duas empresas.

Estudo de fatores qualitativos também é necessário. Nossa última observação leva à afirmação mais geral de que as conclusões sugeridas por classificações comparativas desse tipo não devem ser aceitas até que uma análise cuidadosa tenha sido dedicada aos fatores qualitativos. Quando um ativo parece estar sendo negociado a um valor muito baixo com base no desempenho em relação a outro do mesmo ramo, pode haver razões adequadas para essa disparidade que as estatísticas não revelam. Entre essas razões válidas, pode estar uma perspectiva definitivamente pior ou uma gestão questionável. Um rendimento de dividendos menor para uma ação ordinária não deve ser normalmente considerado um fator compensatório forte, uma vez que o dividendo é, em geral, ajustado à lucratividade dentro de um prazo razoável.

Embora as políticas de dividendos excessivamente conservadoras sejam, às vezes, seguidas durante um tempo considerável (um assunto mencionado no capítulo 29), existe uma tendência bem definida, mesmo nesses casos, de que o preço de mercado reflita a lucratividade mais cedo ou mais tarde.

A popularidade e a atividade relativas do mercado são dois elementos desvinculados do valor intrínseco que, no entanto, exercem um efeito poderoso e, muitas vezes, persistente sobre a cotação do mercado. O analista deve dar atenção respeitosa a esses fatores, mas seu trabalho ficaria estultificado se sempre privilegiasse o título mais ativo e mais popular.

A recomendação da troca de um ativo por outro parece envolver uma responsabilidade pessoal maior, por parte do analista, que a escolha de uma emissão para compra original. A razão é que os detentores de ativos para fins de investimento relutam em fazer mudanças e, portanto, ficam muito irritados se a evolução subsequente do mercado fizer a mudança parecer imprudente. Os detentores especulativos vão naturalmente avaliar, com naturalidade, todos os conselhos pelo teste dos resultados do mercado — em geral, os resultados imediatos. Com esses fatores da natureza humana em mente, o analista deve evitar sugerir trocas de títulos aos especuladores (exceto, talvez, se acompanhado de uma renúncia enfática de responsabilidade pelo desempenho subsequente do mercado) e hesitar em sugerir tais trocas aos detentores para fins de investimento, a menos que a superioridade estatística do ativo recomendado seja muito impressionante. Como regra arbitrária, podemos dizer que deve haver um motivo bom para acreditar que, ao realizar a troca, o investidor pode receber, pelo menos, 50% a mais por seu dinheiro.

Variações na homogeneidade afetam os valores da análise comparativa. A confiabilidade das comparações no setor industrial varia de acordo com a natureza da indústria considerada. A questão básica, claro, é se os acontecimentos futuros afetarão todas as empresas do grupo de maneira semelhante ou não. Se afetar de forma semelhante, então um peso substancial pode ser atribuído ao desempenho relativo no passado, conforme demonstrado na tabela estatística a seguir. Um grupo industrial desse tipo pode ser chamado de "homogêneo". No entanto, se as empresas individuais no campo tendem a responder de maneira bastante diversa a condições novas, então o desempenho relativo deve ser considerado um guia muito menos confiável. Um grupo desse tipo pode ser denominado "heterogêneo".

COMPARAÇÃO DA CONTINENTAL STEEL COM A GRANITE CITY STEEL
(".000" OMITIDOS, EXCETO POR AÇÃO)

Item	Continental Steel	Granite City Steel
Preço de mercado das ordinárias, em julho de 1938	17	17
1. Títulos à paridade	US$ 1.202	US$ 1.618
2. Ações preferenciais ao preço de mercado	2.450	

Item	Continental Steel		Granite City Steel	
3. Ações ordinárias ao preço de mercado	3.410		6.494	
4. Capitalização total	7.062		8.112	
5. Relação das ordinárias com a capitalização total	48,3%		80,0%	
	Média de cinco anos terminados em 30 de junho de 1938	**Ano terminado em 30 de junho de 1938**	**Média de cinco anos terminados em 30 de junho de 1938**	**Ano terminado em 30 de junho de 1938**
8. Faturamento bruto	US$ 15.049	US$ 13.989	US$ 8.715	US$ 8.554
9. Depreciação	500	445	390	459
10. Líquido disponível para juros de títulos	704	559	336	*287(d)*
11. Juros de títulos	81	67	(Est.) 18	(Est.) 54
12. Dividendos preferenciais	179	171		
13. Balanço para ordinárias	444	321	318	*341(d)*
14. Margem de lucro	4,7%	4,0%	3,9%	*(def.)*
15. Porcentagem lucrada sobre capitalização total	10,0	7,9%	4,1%	*(def.)*
16. Múltiplo dos lucros sobre encargos de juros	8,7 vezes	8,3 vezes	18,7 vezes	*(def.)*
17. Lucro sobre ordinárias, por ação	US$ 2,29	US$ 1,60	US$ 1,20	US$ 0,89(d)
18. Lucro sobre ordinárias, porcentagem de preço de mercado	13,5	9,4	7,1	*(d)*
19. Relação entre receita bruta e valor de mercado das ordinárias	441,5%	409,8%	134,3%	131,8%
Dados de tendência:				
23. Lucro por ação por ano:				
Ano terminado em 30 de junho 1938	US$ 1,60		US$ 0,89(d)	
Ano terminado em 30 de junho 1937	3,83	1,31		
Ano terminado em 30 de junho 1936	2,67		1,49	
Ano terminado em 30 de junho 1935	1,69		1,45	
Ano terminado em 30 de junho 1934	1,66		2,65	

Item	Continental Steel		Granite City Steel	
	Média de cinco anos terminados em 30 de junho de 1938	Ano terminado em 30 de junho de 1938	Média de cinco anos terminados em 30 de junho de 1938	Ano terminado em 30 de junho de 1938
Dividendos:				
24. Taxa de dividendos sobre ordinárias		US$ 1		Nenhum
25. Rendimento de dividendos sobre ordinárias		5,9%		
Posição financeira (datas):		30 jun. 1938		31 dez. 1937
29. Total de ativos circulantes		US$ 6.467		US$ 4.179
30. Total de passivos circulantes		US$ 1.198		US$ 1.164
31. Ativos circulantes líquidos		US$ 5.269		US$ 3.015
35. Ativos tangíveis líquidos para capitalização total		US$ 13.498		US$ 13.556

Com certas exceções causadas por variações de tráfego e geografia, por exemplo, as transportadoras de carvão betuminoso da Pocohantas, as ferrovias devem ser consideradas um grupo bastante homogêneo. Isso é verdadeiro para as grandes fornecedoras de eletricidade, aquecimento e energia. No campo industrial, os melhores exemplos de grupos homogêneos são fornecidos pelos produtores de matérias-primas e de outros produtos padronizados em que o nome comercial é um fator secundário. Isso incluiria os produtores de açúcar, carvão, metais, produtos siderúrgicos, cimento, têxteis de algodão com estampas, etc. As maiores empresas petrolíferas podem ser consideradas bastante homogêneas; as empresas menores não são adequadas para comparação porque estão sujeitas a mudanças repentinas e importantes na produção, nas reservas e no preço relativo recebido. As principais empresas de panificação, laticínios e processamento de carne se enquadram em grupos bastante homogêneos. Tal fato é verdadeiro para as grandes cadeias de lojas quando comparadas com outras unidades nos mesmos subgrupos, por exemplo, mercearias, lojas de produtos baratos, restaurantes, etc. As lojas de departamentos são menos homogêneas, mas as comparações, nesse campo, não são, sem dúvida, descabidas.

Os fabricantes de produtos manufaturados vendidos com marcas comerciais devem, em geral, ser considerados pertencentes a grupos heterogêneos.

Nesses campos, uma empresa prospera, muitas vezes, às custas de seus concorrentes, de modo que as unidades do setor não melhoram nem pioram de maneira sintonizada. Entre os fabricantes de automóveis, por exemplo, tem havido variações contínuas e pronunciadas na posição relativa. Os produtores de todas as diversas classes de máquinas e equipamentos estão sujeitos a condições parecidas. Isso também é verdade para os fabricantes de medicamentos de marca. Posições intermediárias desse ponto de vista são ocupadas por grupos, como os principais fabricantes de pneus, produtos de tabaco, calçados, em que as mudanças de posição relativa são menos frequentes.[2]

O analista deve ser mais cauteloso ao tirar conclusões comparativas dos dados estatísticos quando lida com empresas em um grupo heterogêneo. Sem dúvida, a preferência pode ser devidamente concedida, nesses campos, às empresas que apresentam o melhor desempenho quantitativo (se isso não for compensado por fatores qualitativos conhecidos) — pois essa base de seleção pareceria mais sólida que qualquer outra —, mas o analista e o investidor devem estar totalmente cientes de que tal superioridade pode se revelar evanescente. Como regra geral, quanto menos homogêneo é o grupo, mais atenção deve ser dada aos fatores qualitativos na hora de fazer comparações.

Limitações mais gerais sobre o valor da análise comparativa. Mais uma vez deve-se advertir o estudante a evitar ser iludido pela exatidão matemática de suas tabelas comparativas e, com isso, acreditar que as conclusões indicadas são igualmente exatas. Mencionamos a necessidade de levar em consideração os fatores qualitativos e a falta de homogeneidade. Contudo, além desses pontos, estão todos os vários obstáculos para o sucesso do analista que apresentamos, com alguns detalhes, em nosso primeiro capítulo. A técnica da análise comparativa pode diminuir alguns dos riscos de seu trabalho, mas nunca pode livrá-lo das vicissitudes do futuro, da teimosia do próprio mercado acionário nem das consequências de seu fracasso pessoal — muitas vezes inevitável — em compreender todos os fatos importantes. Ele deve esperar parecer errado, com frequência, e errar ocasionalmente; porém, com inteligência e prudência, seu trabalho deve produzir resultados gerais melhores que as conjecturas ou os julgamentos superficiais do comprador de ações típico.

---

2. No entanto, mudanças significativas ocorrem, é claro. Deve-se observar, por exemplo, o crescimento fenomenal da Philip Morris em relação a seus concorrentes maiores, o desenvolvimento um tanto menos espetacular de General Shoe e o desempenho comparativo excepcional da Lee Tire, nos três campos mencionados. Todas as três eram empresas relativamente pequenas.

CAPÍTULO 50
DISCREPÂNCIAS ENTRE PREÇO E VALOR

Nossa exposição da técnica de análise de títulos financeiros incluiu muitos exemplos diferentes de supervalorização e subvalorização. É evidente que os processos pelos quais o mercado financeiro chega a suas avaliações são, com frequência, ilógicos e errôneos. Esses processos, como apontamos em nosso primeiro capítulo, não são automáticos ou mecânicos, mas psicológicos, pois persistem na mente das pessoas que compram ou vendem. Os erros do mercado são, portanto, erros de grupos ou conjuntos de indivíduos. A maioria deles pode ser atribuída a uma ou mais entre três causas básicas: exagero, simplificação excessiva ou negligência.

Neste capítulo e no próximo, tentaremos fazer uma revisão concisa das várias aberrações do mercado financeiro. Abordaremos o assunto do ponto de vista da atividade prática do analista, buscando em cada caso determinar em que medida oferece uma oportunidade de atuação lucrativa da sua parte. Essa investigação constituirá, portanto, uma ampliação de nosso capítulo anterior sobre o escopo e as limitações da análise de títulos, fazendo uso do material desenvolvido nas discussões subsequentes, ao qual várias referências serão feitas.

Procedimento geral do analista. Visto que enfatizamos que a análise levará a uma conclusão positiva apenas em casos excepcionais, segue-se que muitos ativos precisarão ser examinados antes de se encontrar um que tenha possibilidades reais para o analista. Quais meios práticos ele usa para fazer suas descobertas? O principal é o trabalho árduo e sistemático. Existem dois métodos gerais que pode seguir. O primeiro consiste em uma série de análises comparativas de grupos industriais em conformidade com as linhas descritas no capítulo anterior. Tais estudos darão uma ideia boa das características padrões ou usuais de cada grupo e também apontarão as empresas que se desviam amplamente do desempenho médio. Se, por exemplo, o analista descobrir que determinada ação ordinária do setor siderúrgico tem tido um lucro sobre seu preço de mercado cerca de duas vezes maior que a indústria como um todo, tem uma pista para trabalhar — ou melhor, uma sugestão a ser seguida por meio de uma investigação minuciosa de todos os fatores qualitativos e quantitativos importantes relacionados à empresa.

O mesmo tipo de investigação metódica pode ser aplicado ao campo dos títulos e das ações preferenciais. A área ampla dos títulos de ferrovias em concordata pode ser mais bem explorada por meio de uma análise comparativa do desempenho dos títulos com uma classificação, aproximadamente, igual emitidos por, digamos, uma dezena das principais transportadoras sob administração. Ou um grande número de ações preferenciais das prestadoras de serviços públicos poderia ser listado de acordo com: (1) sua cobertura geral de dividendos e juros, (2) sua relação com o valor das ações e (3) seu preço e rendimento. Um agrupamento tão simples pode indicar alguns ativos que estavam bem protegidos e auferiam um lucro acima da média ou estavam claramente sendo negociados a um nível alto demais em comparação com sua proteção estatística inadequada. E assim por diante.

O segundo método geral consiste em examinar os relatórios das empresas à medida que aparecem e relacionar seu desempenho com o preço de mercado de seus títulos ou ações. Esses relatórios podem ser vistos — em forma resumida, pelo menos — em vários jornais diários; uma apresentação mais abrangente pode ser encontrada nas folhas diárias de demonstrativos das empresas de serviços financeiros ou, semanalmente, no *Commercial and Financial Chronicle*. Uma rápida olhada em cem desses relatórios pode revelar entre cinco e dez que parecem interessantes o suficiente, do ponto de vista dos lucros ou dos ativos circulantes, para justificar um estudo mais intensivo.

Oscilações cíclicas de preços podem ser exploradas? As disparidades mais bem compreendidas entre preço e valor são aquelas que acompanham as amplas oscilações recorrentes do mercado, passando da bonança à depressão. É um mero truísmo dizer que as ações são negociadas em níveis demasiadamente altos em um mercado altista e demasiadamente baixos em um mercado baixista. Isso, no fundo, significa dizer simplesmente que qualquer movimento altista ou baixista dos preços deve, finalmente, atingir um limite; e uma vez que os preços não permanecem em tais limites (ou em qualquer outro nível) para sempre, deve-se concluir, em retrospecto, que os preços teriam avançado ou diminuído demais.

O analista pode explorar, com sucesso, os repetidos exageros do mercado geral? A experiência sugere que um procedimento como o seguinte deve ser razoavelmente satisfatório:

1. Selecionar uma lista diversificada das mais importantes ações ordinárias, por exemplo, aquelas contidas no índice industrial Dow Jones.
2. Determinar um valor "normal" indicado para esse grupo por meio da aplicação adequada de um múltiplo aos lucros médios. O múltiplo pode ser equivalente

à capitalização dos ganhos, digamos, duas vezes a taxa de juros atual sobre os títulos industriais mais bem cotados. O período para a média dos lucros geralmente seria de sete a dez anos, mas condições excepcionais, como as ocorridas em 1931-1933, podem sugerir um método diferente, por exemplo, basear a média no período iniciado em 1934, ao fazer a análise em 1939 ou depois.
3. Fazer compras compostas da lista quando as ações puderem ser compradas com um desconto substancial do valor normal, digamos, a 0,66 desse valor. Ou as compras podem ser feitas em uma escala decrescente, começando, digamos, com 80% do valor normal.
4. Vender essas compras quando for atingido um preço substancialmente acima do valor normal, digamos, 0,33 mais alto, ou de 20% a 50% mais alto em uma base escalonada.

Esse foi o esquema geral das operações desenvolvidas por Roger Babson há muitos anos. Ele produziu resultados bastante satisfatórios antes de 1925. Entretanto, como assinalamos no capítulo 37, durante o ciclo de 1921-1933 (medido do ponto mais baixo ao ponto mais baixo), o esquema teria determinado compras em 1921, vendas, provavelmente, em 1926, exigindo assim a abstinência completa do mercado durante o grande *boom* de 1927-1929, e recompra em 1931, a ser seguida de uma forte retração nos valores de mercado. Um programa desse tipo teria feito exigências pesadas demais da fibra humana.

O comportamento do mercado, desde 1933, ofereceu dificuldades de um tipo diferente na aplicação dessas fórmulas mecânicas — sobretudo na determinação dos lucros normais com base nos quais são calculados os valores normais. Não se pode esperar que uma ideia tão basicamente simples como essa possa ser utilizada com um grau alto de precisão para captar as oscilações amplas do mercado. No entanto, para aqueles que percebem suas limitações inerentes, esse esquema pode ter uma utilidade considerável, pois, pelo menos, é provável que resulte em compras em níveis intrinsecamente atraentes — o que representa mais da metade da batalha ganha no campo do investimento em ações ordinárias.

"Pegar as oscilações" em uma base marginal é impraticável. Do ponto de vista especulativo comum, que envolve compras na margem e vendas a descoberto, esse método de operação deve ser considerado impraticável. O proprietário definitivo pode se dar ao luxo de comprar cedo demais e vender cedo demais. Na verdade, deve esperar fazer as duas coisas e ver o mercado cair ainda mais depois de comprar e subir mais depois de vender. Entretanto, o operador de margem está necessariamente preocupado com os resultados imediatos; ele nada com a maré na esperança de avaliar o momento exato em que a maré virará e de trocar sua braçada logo antes dessa virada. Nisso, é raro que seja bem-sucedido, de modo que sua experiência típica é o sucesso temporário que termina em um desastre completo. Faz parte da natureza essencial do especulador que compre porque acha que as ações estão subindo, não porque estão baratas e, inversamente, quando vende. Assim, existe uma diferença fundamental, no que se refere ao ponto de vista, entre o especulador e o analista financeiro, o qual milita fortemente contra qualquer associação duradoura e satisfatória entre eles.

Os preços dos títulos tendem, sem dúvida, a oscilar entre ciclos de maneira parecida com as ações; sugere-se, com frequência, que os investidores em títulos sigam a política de vender seus ativos perto do topo desses ciclos e recomprá-los perto do fundo. Temos dúvidas se isso pode ser feito com resultados satisfatórios no caso típico. Não existem padrões bem definidos para medir quando os preços dos títulos de alta qualidade são baratos ou caros, correspondentes ao teste do índice preço-lucro das ações ordinárias, e as operações devem ser guiadas, sobretudo, por uma técnica de avaliação dos movimentos do mercado, a qual parece um tanto distante do "investimento". A perda dos juros sobre os recursos entre o momento da venda e o da recompra é um forte fator negativo; em nossa opinião, a vantagem líquida é insuficiente para justificar incorrer nos perigos psicológicos inerentes a qualquer ênfase do investidor nos movimentos do mercado.

Oportunidades em ativos "secundários" ou pouco conhecidos. Voltando às ações ordinárias, embora a supervalorização ou subvalorização dos ativos principais ocorra apenas em certos pontos do ciclo do mercado acionário, o grande campo dos ativos "não representativos" ou "secundários" provavelmente produzirá instâncias de subvalorização em todos os momentos. Quando os líderes de mercado estão baratos, é provável que algumas das ações ordinárias menos proeminentes estejam bem mais baratas. Durante 1932-1933, por exemplo, ações como Plymouth Cordage, Pepperell Manufacturing, American Laundry Machinery, e muitas outras, foram negociadas a preços incrivelmente baixos em relação a seus registros históricos e demonstrativos financeiros atuais. É provável que seja uma questão de preferência individual a compra, pelo investidor, de um ativo extraordinário, como a General Motors, por cerca de 50% de sua avaliação conservadora ou de uma ação menos proeminente, como a Pepperell, por cerca de 25% de tal valor.

A impermanência da liderança. A composição do grupo de líderes de mercado tem variado bastante de ano para ano, sobretudo em vista da recente mudança de foco do desempenho histórico para as perspectivas estimadas. Se examinarmos a lista durante o declínio de 1937-1938, encontraremos um grande número de ativos com destaque anteriormente negociados a preços surpreendentemente baixos em relação a seus demonstrativos estatísticos.

Exemplo: Um exemplo surpreendente desse tipo é fornecido pelas ações ordinárias da Great Atlantic and Pacific Tea Company, as quais, em 1929, foram negociadas a preços tão altos quanto US$ 494 e, em 1938, tão baixos quanto US$ 36. Os dados relevantes sobre esse ativo são os seguintes:

Ano[1]	Faturamento (".000" omitidos)	Lucro líquido (".000" omitidos)	Lucro por ação ordinária	Dividendo pago sobre ordinárias	Faixa de preço das ordinárias
1938	$ 878.972	$ 15.834	$ 6,71	$ 4,00	72-36
1937	881.703	9.119	3,50	6,25	117,5-45,25
1936	907.371	17.085	7,31	7,00	130,5-110,5
1935	872.244	16.593	7,08	7,00	140-121
1934	842.016	16.709	7,13	7,00	150-122
1933	819.617	20.478	8,94	7,00	181,5-115
1932	863.048	22.733	10,02	7,00	168-103,5
1931	1.008.325	29.793	13,40	6,50	260-130
1930	1.065.807	30.743	13,86	5,25	260-155
1929	1.053.693	26.220	11,77	4,50	494-162

[1] Doze meses encerrados em 31 de janeiro do ano seguinte, exceto a faixa de preço.

O balanço patrimonial de 31 de janeiro de 1938 mostrava 85 milhões de dólares em ativos em numerário e 134 milhões de dólares em ativos circulantes líquidos. Nos preços mínimos de 1938, as preferenciais e ordinárias somadas estavam sendo negociadas a 126 milhões de dólares. É o caso de uma empresa cujo crescimento espetacular tinha sido um dos grandes romances dos negócios americanos; uma empresa que foi, sem dúvida, a maior varejista dos Estados Unidos, talvez do mundo, que teve um histórico ininterrupto de lucros e dividendos durante muitos anos — e, mesmo assim, estava sendo negociada por menos que seus ativos circulantes líquidos tomados isoladamente. Uma das empresas mais importantes do país foi considerada por Wall Street, em 1938, como menos valiosa na condição de uma empresa em funcionamento que se fosse liquidada. Por quê? Em primeiro lugar, por causa das ameaças fiscais às cadeias de lojas; segundo, por causa de um declínio recente nos lucros; terceiro, porque o mercado como um todo estava deprimido.

Duvidamos que seja possível encontrar um exemplo melhor da natureza real do mercado acionário que não visa avaliar os negócios com exatidão, mas sim expressar seus gostos e desgostos, suas esperanças e seus medos na forma de cotações que mudam a cada dia. Na verdade, existe bom senso e julgamento seletivo suficientes nas atividades do mercado para criar, na maioria das ocasiões, certo grau de correspondência entre o preço de mercado e o valor determinável ou intrínseco. Em particular, como foi apontado no capítulo 4, quando estamos lidando com algo tão evasivo e não matemático, como a avaliação das perspectivas futuras, somos, em geral, levados a aceitar o veredicto do mercado como melhor que qualquer conclusão a que o analista possa chegar. No entanto, em ocasiões suficientes para manter o analista ocupado, as emoções do mercado acionário o levam além dos limites do bom senso, seja para cima, seja para baixo.

GRUPO A: AÇÕES ORDINÁRIAS NEGOCIADAS NO FIM DE 1938 OU 1939 POR MENOS QUE SETE VEZES OS LUCROS DO ÚLTIMO ANO E QUE O VALOR LÍQUIDO DOS ATIVOS CIRCULANTES

Empresa	Ano utilizado	Preço em 31 de dezembro	Lucro por ano por ação	Média de lucros em 1934-1938 ou 1934-1939 por ação	Valor dos ativos circulantes líquidos por ação	Valor dos ativos tangíveis líquidos por ação
J. D. Adams Mfg.	1938	8	$ 1,15	$ 1,20	$ 12,07	$ 14,38
American Seating	1939	10,25	1,82	1,75	11,42	23,95
Bunte Bros.	1938	10	2,10	2,14	12,84	27,83
Grand Union	1939	10	1,80	1,25	13,60†	20,00†
International Silver	1939	26,75	4,98	def 0,10	39,67	97,50
I. B. Kleinert	1938	8,5	1,27	0,80	11,04	16,90
New Idea	1939	12,125	2,18	1,78	13,44	16,02
*N. Y. Merchandise	1939	7,75	1,44	1,44	11,66	14,05
*Pacific Commercial	1938	11,5	2,31	2,77	24,18	27,74
Seton Leather	1938	6,25	1,38	0,94	8,38	11,27

* Estas ações pertencem também ao grupo B.
† Parcialmente estimado.

Oportunidades em mercados normais. Durante o período intermediário, quando os preços médios não mostram sinais definitivos de serem baixos demais ou altos demais, é normal encontrar ações ordinárias que parecem definitivamente subvalorizadas com base nas estatísticas. Estas, em geral, se enquadram em duas classes: (1) aquelas que mostram altos lucros correntes e médios em relação ao preço de mercado e (2) aquelas que apresentam um desempenho razoavelmente satisfatório de lucros e estão sendo negociadas a um preço baixo em relação ao valor líquido dos ativos circulantes. Obviamente, tais empresas não serão grandes nem conhecidas, ou então a tendência dos lucros não seria encorajadora.

Na tabela anterior são apresentadas algumas empresas que se encaixam em cada um dos grupos no final de 1938 ou 1939, quando o nível de mercado para as ações industriais não parecia ser muito alto ou muito baixo.

GRUPO B: AÇÕES ORDINÁRIAS NEGOCIADAS NO FIM DE 1938 OU 1939 POR DOIS TERÇOS OU MENOS QUE O VALOR DOS ATIVOS CIRCULANTES LÍQUIDOS E QUE DOZE VEZES O LUCRO DO ANO PASSADO OU O LUCRO MÉDIO

Empresa	Ano utilizado	Preço em 31 de dezembro	Lucro por ano por ação	Média de lucros em 1934-1938 ou 1934-1939 por ação	Valor dos ativos circulantes líquidos por ação	Valor dos ativos tangíveis líquidos por ação
Butler Bros.	1939	7	$ 0,83	$ 0,27	$ 12,75	$ 19,59
Ely & Walker	1939	18	2,30	1,83	41,60	48,51
Gilchrist	1939	4,75	0,70*	0,85*	13,85	17,39
Hale Bros. Stores	1939	14	1,81	2,00	22,13	28,14
Intertype	1939	8,75	0,55	0,82	19,77	22,35
Lee & Cady	1939	6	0,77	0,73	11,35	12,61
H. D. Lee Mercantile	1938	14	0,87	1,35	25,00	31,56
Manhattan Shirt	1938	11,5	0,73	1,06	19,36	23,62
Reliance Mfg.	1939	12	1,69	0,94	18,97	22,21
S. Stroock	1939	9,25	1,21	1,39	14,90	26,61

* Doze meses terminados em 31 de janeiro do ano seguinte.

Não é difícil para o analista esforçado encontrar dados estatísticos interessantes como os apresentados em nossa tabela. Muito mais difícil é a tarefa de determinar se os fatores qualitativos justificarão ou não seguir as indicações quantitativas — em outras palavras, se o investidor pode ou não ter confiança suficiente no futuro da empresa para considerar suas ações uma verdadeira pechincha a um preço aparentemente inferior ao normal.

Sobre essa questão, o peso da opinião financeira parece inclinado a uma conclusão bastante pessimista. Os fundos de investimento, com toda a facilidade que têm para descobrir oportunidades desse tipo, têm prestado pouca atenção nelas — em parte, é verdade, porque são difíceis de comprar e vender nas quantidades grandes que preferem, mas também por causa de sua convicção de que, por melhor que seja o desempenho estatístico de uma empresa secundária, não é provável que se consiga provar que seja uma compra lucrativa *a menos que exista uma base específica para otimismo em relação a seu futuro.*

A principal desvantagem da empresa típica de menor porte é sua vulnerabilidade a uma perda repentina e, talvez, permanente de sua lucratividade. Sem dúvida, esses acontecimentos adversos ocorrem em uma proporção maior de casos nesse grupo que entre empresas maiores. Como compensação, temos o fato de que uma pequena empresa bem-sucedida pode multiplicar seu valor de forma muito mais impressionante que aquelas que já são enormes. Por exemplo, o crescimento do valor de mercado da Philip Morris, Inc., de 5 milhões de dólares em 1934 para 90 milhões em 1939, acompanhado de um aumento de 1.200% no lucro líquido, teria sido totalmente inconcebível no caso da American Tobacco. Da mesma forma, o crescimento da Pepsi-Cola superou em muito em termos percentuais o da Coca-Cola; o mesmo é verdade para a General Shoe em comparação com a International Shoe, etc.

Entretanto, ao avaliar as perspectivas futuras com maior ou menor cuidado, a maioria dos alunos tentará localizar as oportunidades potenciais do tipo Philip Morris e comprará suas ações mesmo por um preço bastante alto — em vez de assumir compromissos com um grupo diversificado de "ativos pechinchas" com perspectivas apenas razoáveis. Nossa experiência pessoal nos leva a favorecer esta última técnica, embora não possamos garantir resultados brilhantes nas condições atualmente vigentes. No entanto, a julgar pelas observações feitas ao longo de vários anos, parece que o investimento em ações ordinárias, aparentemente subvalorizadas, pode ser realizado com um grau muito razoável de sucesso, desde que certa vigilância e bom senso sejam usados para julgar a questão das perspectivas futuras — e contanto também que compromissos sejam evitados nos momentos em que o mercado como um todo estiver estatisticamente alto demais. Dois exemplos mais antigos desse tipo de oportunidade são apresentados para dar ao leitor alguma noção dos mercados acionários do passado.

Ações ordinárias da Florence Stove		Ações ordinárias da Firestone Tire & Rubber	
Preço em janeiro de 1935	35	Preço em novembro de 1925	120
Dividendo	$2	Dividendo	$6
Lucro por ação:		Lucro por ação no ano terminado em outubro:	
1934	$ 7,93	1925	$ 32,57*
1933	7,98	1924	16,92
1932	3,33	1923	14,06
1931	2,27	1922	17,08

* O lucro antes das reservas de contingência foi de US$ 40,95 por ação.

Nesses casos, o preço de mercado não refletia adequadamente a lucratividade indicada.

Comportamento de mercado de ativos padrões e não padrões. Um estudo detalhado da evolução do mercado das ações ordinárias sugere as seguintes observações gerais adicionais:

1. os ativos padrões ou principais quase sempre respondem rapidamente a mudanças em seus lucros declarados — tanto que tendem a exagerar, com regularidade, a importância das oscilações anuais dos lucros no mercado; e
2. o movimento dos ativos menos familiares depende, em grande parte, da atitude que os operadores profissionais do mercado tomam em relação a eles. Se houver falta de interesse, o preço pode ficar muito aquém do desempenho estatístico. Se o ativo atrair interesse, por causa de manipulação ou por motivos mais legítimos, o resultado oposto pode ser facilmente alcançado, e o preço responderá de forma extrema a mudanças no desempenho da empresa.

Exemplos de comportamento de ativos não padrões. Os dois exemplos a seguir ilustrarão essa diversidade no comportamento das ações ordinárias pouco representativas.

Esses foram lucros e dividendos extraordinariamente elevados. Mesmo levando em consideração serem por conta dos preços do zinco durante a guerra, o preço de mercado mostrava, no entanto, um desprezo notável pelo desempenho espetacular da empresa. O motivo foi a falta de interesse geral ou de patrocínio individual do mercado.

AÇÕES ORDINÁRIAS DA BUTTE AND SUPERIOR COPPER COMPANY

Período	Lucro por ação	Dividendo por ação	Faixa de preço
1914	$ 5,21	$ 2,25	44-24
1º trimestre de 1915	4,27	0,75	50-36
2º trimestre de 1915	7,73	3,25	80-45
3º trimestre de 1915	10,13	5,75	73-57
4º trimestre de 1915	11,34	8,25	75-59
1915	$ 33,47	$ 18,00	80-36
1916	30,58	34,00	105-42

Compare o apresentado anteriormente com o demonstrativo a seguir das ações ordinárias da Mullins Body (posteriormente Mullins Manufacturing) Corporation.

Entre 1924 e 1926, observamos as oscilações de mercado características de uma emissão de ações ordinárias "secundárias" de baixo preço. No início de 1927, as ações eram indubitavelmente atraentes, para fins especulativos, por volta de US$ 10, pois o preço era baixo em relação aos lucros dos três anos anteriores. Durante 1927-1928, um aumento substancial, mas de forma alguma espetacular, dos lucros resultou em uma exploração típica do mercado acionário. O preço subiu de US$ 10, em 1927, para US$ 95, em 1928, e despencou novamente para US$ 10 em 1929.

Ano	Lucro por ação	Dividendo	Faixa de preço
1924	US$ 1,91	Nenhum	18-9
1925	2,47	Nenhum	22-13
1926	1,97	Nenhum	20-8
1927	5,13	Nenhum	79-10
1928	6,53	Nenhum	95-69
1929	2,67	Nenhum	82-10

Um contraste de outro tipo é proporcionado pelo comportamento das ações dos fabricantes de aeronaves em 1938-1939, em comparação com os beneficiários da guerra em 1915-1918. Os dois exemplos a seguir ilustrarão a relação entre o preço de mercado, em 1938 e 1939, e o desempenho real na época.

	Boeing Airplane Co.	Glenn L. Martin Co.
Data	Dez. 1938	Nov. 1939
Valor de mercado da empresa	US$ 25.270.000	US$ 49.413.000
	(722 mil ações a US$ 35)	(1.092.000 ações a US$ 45,25)
Faturamento em 1938	2.006.000	12.417.000
Líquido em 1938	*555.000(d)*	2.349.000
Faturamento em 9 meses de 1939	6.566.000	8.506.000
Líquido em 9 meses de 1939	*2.606.000(d)*	1.514.000
Ativos tangíveis em 30 de setembro de 1939	4.527.000	15.200.000

Nesses casos, o mercado estava evidentemente capitalizando os lucros ainda não realizados dos pedidos de compra de material bélico como se fornecessem uma base *permanente* para os lucros futuros. O contraste entre o índice preço-lucro da Butte and Superior, em 1915-1916, e o dessas empresas aeronáuticas, em 1938-1939, é muito impressionante.

Relacionamento do analista com tais situações. O analista pode lidar de forma inteligente e com bastante sucesso com situações como as da Wright Aeronautical, Bangor and Aroostook, Firestone e Butte and Superior nos períodos em questão. Ele poderia até ter formado uma opinião vantajosa sobre a Mullins no início de 1927. No entanto, assim que esse ativo caiu nas mãos dos operadores de mercado, passou do limite do julgamento analítico. No que dizia respeito a Wall Street, a Mullins havia deixado de ser uma empresa e se tornado um símbolo na fita do teleimpressor que transmitia as cotações de mercado. Comprá-lo ou vendê-lo era igualmente perigoso; o analista poderia alertar sobre o perigo, mas não poderia ter qualquer ideia dos limites de sua ascensão ou queda. (Acontece que a empresa emitiu ações preferenciais conversíveis em 1928, o que possibilitava uma operação de proteção lucrativa, que consistia na compra de preferenciais e na venda de ordinárias.) Da mesma forma que com os ativos dos fabricantes de aeronaves em 1939, o analista não poderia ir além de indicar o risco óbvio de considerar como permanente uma fonte de negócios que o mundo inteiro deveria, de fato, esperar que fosse essencialmente temporária.

Quando o mercado geral parece perigosamente alto para o analista, ele deve hesitar em recomendar ações ordinárias desconhecidas, mesmo que pareçam ser pechinchas. Uma queda severa no mercado geral afetará, de maneira adversa, os preços de todas as ações, e os ativos menos dinâmicos podem revelar-se muito vulneráveis aos efeitos de vendas pressionadas.

Exageros do mercado por conta de fatores diferentes das alterações nos lucros: *Alterações nos dividendos.* A tendência inveterada do mercado acionário ao exagero se estende a outros fatores que não as variações nos lucros. É dada ênfase excessiva a questões como mudanças nos dividendos, desdobramentos de ações, fusões e cisões. Um aumento no dividendo em dinheiro é um acontecimento favorável, mas é absurdo adicionar US$ 20 ao preço de uma ação apenas porque a taxa de dividendos subiu de US$ 5 para US$ 6 ao ano. O comprador ao preço mais alto está pagando, com antecedência, todos os dividendos adicionais que receberá pela nova taxa *nos próximos vinte anos.* As reações entusiasmadas, muitas vezes associadas aos dividendos de ações, são ainda mais ilógicas, uma vez que, em essência, nada mais são que pedaços de papel. Isso também é verdade para os desdobramentos que criam mais ações, mas não dão ao acionista nada além daquilo que já tinha — exceto a pequena vantagem de um mercado possivelmente mais amplo devido ao nível de preço mais baixo.[1]

Fusões e cisões. Wall Street fica entusiasmada, com facilidade, com fusões e igualmente esfuziante com cisões, as quais são exatamente o oposto. Juntar dois e dois, muitas vezes, produz cinco no mercado acionário, e esses cinco podem, mais tarde, ser divididos em três e três. Os estudos indutivos dos resultados após as fusões parecem lançar dúvidas consideráveis sobre a eficácia da consolidação como um auxílio para a lucratividade.[2] Existem também razões para acreditar que o elemento pessoal na gestão corporativa muitas vezes atrapalha as consolidações que são, de fato, vantajosas, e que aquelas que são consumadas ocorrem em razão, às vezes, do conhecimento por parte dos controladores de condições desfavoráveis no futuro.

A resposta exagerada dada pelo mercado acionário a acontecimentos que parecem relativamente pouco importantes em si mesmos é explicada, com facilidade, em termos da psicologia do especulador. Ele deseja "movimentação",

---

1. Na manipulação da Atlas Tack, em 1933, um esforço foi feito para atrair a compra pelo público, por meio da promessa de um desdobramento de ações, de três ações por uma. Obviamente, tal movimento não poderia fazer nenhuma diferença real de qualquer tipo no caso de um ativo que estava sendo negociado por volta de US$ 30. As circunstâncias em torno da ascensão da Atlas Tack de US$ 1,50 para US$ 34,75, em 1933, e sua queda abrupta para US$ 10 valem a pena ser estudadas como exemplo perfeito de um padrão de manipulação. É esclarecedor comparar os índices preço-lucro e preço-ativos da mesma ação antes de 1929.

2. Ver, por exemplo, Arthur S. Dewing, "A statistical test of the success of consolidations", *Quarterly Journal of Economics*, nov. 1921; reimpresso em *Financial policy of corporations*. Nova York, Ronald Press Co., 1926, p. 885-898. Ademais, ver Henry R. Seager e Charles A. Gulick, *Trust and corporation problems*. Nova York, Harper & Bros., 1929, p. 659-661; *Report of the Committee on Recent Economic Changes*, Nova York, 1929, v. I, p. 194 ss.

em primeiro lugar, e está disposto a contribuir para essa movimentação se tiver algum pretexto para uma empolgação altista. (Seja por hipocrisia, seja autoengano, os clientes de corretoras, em geral, se recusam a admitir que estão apenas apostando nas cotações e insistem em alguma "razão" ostensiva para suas compras.) Dividendos de ações e outros "acontecimentos favoráveis" dessa natureza fornecem os pretextos desejados e têm sido explorados pelos operadores profissionais do mercado, às vezes com a conivência dos administradores das empresas. A coisa toda seria infantil, se não fosse tão perversa. O analista financeiro deve entender como esses absurdos de Wall Street surgem, mas faria bem em evitar qualquer forma de contato com eles.

Litígios. A tendência de Wall Street de ir a extremos é ilustrada na direção oposta por sua tremenda aversão a litígios. Uma ação judicial de qualquer importância exerce uma influência negativa sobre os ativos afetados, e a extensão do declínio pode ser desproporcional ao mérito do caso. Acontecimentos desse tipo podem oferecer oportunidades reais ao analista, embora, é claro, sejam de natureza especializada. O aspecto da mais alta importância é a concordata. Uma vez que as subavaliações daí resultantes quase sempre se limitam a emissões de títulos, discutiremos esse assunto posteriormente, neste capítulo, em conexão com os ativos privilegiados.

Exemplo: Um exemplo bastante notável do efeito de um litígio sobre o valor das ações ordinárias é fornecido pelo caso da Reading Company. Em 1913, o governo dos Estados Unidos abriu um processo para obrigar a separação das propriedades ferroviárias e carvoeiras da empresa. O mercado acionário, tendo suas ideias de consistência, considerou esse movimento como um ataque perigoso à Reading, apesar do fato de que a cisão em si seria normalmente considerada "altista". Um plano foi, mais tarde, acordado (em 1921), segundo o qual as ações da subsidiária de carvão seriam distribuídas *pro rata* entre os acionistas ordinários e preferenciais da Reading Company. Isso, por sua vez, foi saudado como um acontecimento favorável, embora na verdade tenha representado uma vitória do governo contra a empresa.

Alguns acionistas ordinários, no entanto, se opuseram à participação das ações preferenciais nos "direitos" da empresa de carvão. Um processo foi instaurado para restringir esses direitos às ações ordinárias. De forma curiosa, mas não surpreendente, o efeito dessa mudança foi baixar o preço das ações ordinárias da Reading. Pela lógica, as ordinárias deveriam ter subido, pois, se o processo fosse bem-sucedido, haveria mais valor para as ações subordinadas; se falhasse (como falhou), não haveria menos valor do que antes. Entretanto, o mercado acionário considerou que se tratava de um litígio novo e, portanto, as ações ordinárias da Reading deveriam ser evitadas.

Muitas vezes, as situações que envolvem litígios permitem que o analista tire vantagem de sua abordagem quantitativa em contraste com a atitude qualitativa dos detentores de ativos em geral. Suponha que os ativos de uma empresa falida foram transformados em dinheiro e que a soma de, digamos, 50% líquidos esteja disponível para distribuição aos detentores de títulos. No entanto, há uma ação judicial pendente, movida por terceiros, para arrecadar boa parte desse dinheiro. Pode ser que o processo seja tão descabido a ponto de ser quase absurdo; pode ser que tenha sido negado nos tribunais em primeira instância e, mesmo se coubesse recurso, que agora tenha uma chance apenas microscópica de ser julgado pela Suprema Corte dos Estados Unidos. No entanto, a mera pendência desse litígio reduzirá drasticamente o valor de mercado dos títulos. Nas condições mencionadas, é provável que sejam negociados por até US$ 0,35, em vez de US$ 0,50 por cada dólar de valor nominal. A anomalia aqui é que um litígio remoto, que o demandante pode considerar como tendo pouco valor real para ele, possa se tornar equivalente, no mercado, a um passivo pesado para o réu. Temos, portanto, um caso matematicamente demonstrável de subvalorizações, que tomadas como uma classe se prestam muito bem à exploração pelo analista financeiro.

Exemplos: Notas de 8% da Island Oil and Transport. Em junho de 1933, essas notas eram negociadas a US$ 18. O administrador da concordata mantinha um fundo de caixa equivalente a cerca de 45% para a emissão, do qual eram dedutíveis certas taxas e abatimentos, indicando um saldo distribuível líquido de cerca de US$ 30 para as notas. A distribuição estava sendo atrasada por um processo legal de indenização que havia sido repetidamente malsucedido em várias etapas nos tribunais e que agora se aproximava da decisão final. Esse processo estava exercendo um efeito adverso sobre o valor de mercado das notas desproporcional a seu mérito, afirmação que é demonstrável pelo fato de que o litígio poderia ter sido encerrado com o pagamento de um montante relativamente pequeno. Depois que as decisões anteriores foram sustentadas em última instância por tribunais superiores, os detentores das notas receberam uma distribuição de US$ 290 por 1 mil em abril de 1934. Uma pequena distribuição adicional foi indicada.[3]

---

3. Uma situação muito semelhante ocorreu em 1938 com várias emissões de títulos da National Bondholders Corporation, que estava envolvida na liquidação de diversas propriedades e em disputas. Esses ativos foram vendidos por um valor consideravelmente inferior ao valor realizável por eles na liquidação, sobretudo por causa de alguns processos que envolviam um fundo de caixa substancial. Como no exemplo da Island Oil, esse litígio estava nos últimos estágios de recurso, e as decisões até então haviam sido todas favoráveis aos detentores de títulos. Após a decisão final, o valor de uma emissão típica subiu de ofertas de compra por US$ 26, em 1938, para o equivalente a US$ 41 ofertados em 1939.

Uma situação semelhante ocorreu com as ações da United Shipyards Corporation, após a ratificação da venda de suas propriedades para a Bethlehem Steel Company, em 1938. Detentores dissidentes entraram com um processo para anular a venda com base no argumento de que o preço era grosseiramente inadequado. O efeito desse litígio foi baixar o preço das ordinárias de classe *B* para US$ 0,25 em janeiro de 1939, contra um valor realizável entre US$ 2,50 e US$ 3, se a venda fosse mantida. É óbvio que, se o processo tivesse algum mérito, as ações deveriam valer mais em vez de menos que US$ 2,50; alternativamente, se não tivesse mérito, como parecia claro, então as ações claramente valiam o dobro de seu preço de venda. (Uma disparidade semelhante existia em relação ao preço das ações de classe *A*.)

Ativos de investimento subvalorizados. Títulos e ações preferenciais com grau de investimento subvalorizados podem ser descobertos a qualquer momento por meio de uma busca assídua. Em muitos casos, o preço baixo de um título ou ação preferencial se deve a um mercado desfavorável, o qual, por sua vez, resulta do tamanho pequeno da emissão, mas esse tamanho muito pequeno pode gerar uma segurança inerente maior. As Electric Refrigeration Building Corporation de 6%, com vencimento em 1936, descritas no capítulo 26, são um bom exemplo desse paradoxo.

Às vezes, algum acontecimento específico fortalece muito a posição de um ativo privilegiado, mas o preço demora para refletir essa melhoria e, portanto, é criada uma situação de pechincha. Esses desenvolvimentos referem-se, em geral, à estrutura de capitalização ou às relações entre empresas. Vários exemplos ilustrarão nosso argumento.

Exemplos: Em 1923, a Youngstown Sheet and Tube Company comprou as propriedades da Steel and Tube Company of America e assumiu a responsabilidade por suas General Mortgage de 7%, com vencimento em 1951. A Youngstown vendeu uma emissão de debêntures de 6% a US$ 99 para angariar recursos para essa compra. A seguinte relação de preço prevalecia na época:

Empresa	Preço	Rendimento (%)
Youngstown Sheet and Tube Debenture 6s	99	6,02
Steel and Tube General 7s	102	6,85

O mercado não conseguiu perceber o *status* modificado dos títulos da Steel and Tube e, portanto, foram negociados ilogicamente a uma taxa de rendimento maior que o ativo sem garantia da mesma empresa devedora. Isso representava uma oportunidade clara para o analista recomendar uma compra ou uma troca.

Em 1922, o município de Detroit (Estados Unidos) comprou as linhas urbanas da Detroit United Railway Company e, em troca, concordou em pagar quantias suficientes para resgatar as Detroit United Railway First de 4,5%, com vencimento em 1932. Dispositivos de proteção excepcionalmente fortes foram inseridos no contrato de compra que praticamente, se não tecnicamente, tornaram o município de Detroit responsável pelos títulos. Entretanto, depois que o negócio foi consumado, os títulos foram negociados a US$ 82, com um rendimento superior a 7%. O mercado de títulos deixou de reconhecer seu verdadeiro *status* como compromissos virtuais do município de Detroit.

Em 1924, a Congoleum Company tinha 1,8 milhão de dólares em circulação de ações preferenciais subordinadas de 7% para 2,89 milhões de dólares em títulos, seguidas de 960 mil ações ordinárias com um valor médio de mercado próximo a 48 milhões de dólares. Em outubro daquele ano, a empresa emitiu 681 mil ações ordinárias adicionais para a aquisição da Nairn Linoleum Company, uma empresa grande do mesmo ramo com 15 milhões de dólares de ativos tangíveis. O enorme patrimônio assim criado para os pequenos ativos privilegiados tornava-os sem dúvida seguros, mas o preço das ações preferenciais permanecia abaixo do valor nominal.

Em 1927, a Electric Refrigeration Corporation (agora Kelvinator Corporation) vendeu 373 mil ações ordinárias por 6,6 milhões de dólares, perfazendo um total de 1 milhão de ações ordinárias, com valor médio de mercado de cerca de 21 milhões, ficando subordinado apenas a 2,88 milhões de dólares de notas de 6%, com vencimento em 1936. As notas foram negociadas a US$ 74, porém, com um rendimento de 11%. O preço baixo se deu por conta de um grande déficit operacional incorrido em 1927, mas o mercado não levou em consideração o fato de que a injeção de uma quantidade muito maior de dinheiro novo, oriundo da venda de ações adicionais, estabelecera uma base muito sólida para a pequena emissão de notas.

Todos esses quatro ativos importantes foram resgatados ao preço nominal ou ainda mais alto. (As Congoleum-Nairn Preferred foram chamadas para pagamento a US$ 107, em 1934.) Exemplos desse tipo são convenientes para os autores, uma vez que não envolvem o risco de algum infortúnio posterior lançar dúvidas sobre sua opinião. Para evitar usar apenas exemplos que nos favoreçam, adicionamos outro que continua sendo atual enquanto este capítulo é escrito.

Um exemplo atual. As Choctaw and Memphis Railroad Company First de 5%, com vencimento em 1949, estavam sendo negociadas, em 1939, a cerca de

US$ 35, acumulando mais de cinco anos de juros não pagos. Elas tinham direito ao primeiro penhor sobre a quilometragem subjacente do Chicago, Rock Island and Pacific System. A Rock Island vinha declarando lucros insatisfatórios desde 1930, e todas as suas obrigações estavam inadimplentes. No entanto, uma divisão dos lucros de 1937 pelas categorias das hipotecas mostrou que a quilometragem da Choctaw and Memphis era muito lucrativa e que seus encargos de juros foram cobertos 2,6 vezes naquele ano, embora a empresa tivesse obtido um lucro de apenas 2,7 milhões de dólares, em comparação com os juros totais de 14,08 milhões. Além disso, todos os planos de restruturação apresentados até 1939, incluindo o do examinador da Interstate Commerce Commission, tinham levado em consideração o pagamento integral do principal e dos juros atrasados sobre esse ativo, embora a intenção fosse reduzir quase toda a estrutura de títulos remanescente e o total dos encargos de juros para menos de 2,5 milhões de dólares ao ano.

Supondo, como parecia inevitável, que a empresa deveria ser reestruturada de acordo com as linhas propostas, estava claro que esses títulos da Choctaw and Memphis gozariam de uma posição muito forte, quer fossem deixados imperturbados com seu penhor sobre uma quilometragem valiosa e seus juros atrasados pagos, quer participassem, em condições de paridade, de uma nova e pequena primeira hipoteca privilegiada do sistema como um todo. Essa conclusão seria inevitável, a menos que fosse verdade que não se podia esperar que uma ferrovia com receita bruta mínima de 65 milhões de dólares pagasse encargos de 2,5 milhões anuais — menos de *um quinto* de seu encargo anterior.

Portanto, todos os fatores quantitativos parecem indicar fortemente que as Choctaw and Memphis de 5% estavam muito desvalorizadas a US$ 35 e que, *uma vez que a recapitalização fosse concluída*, a posição robusta desse ativo deveria se tornar manifesta.[4]

Discrepâncias de preço-valor em concordatas. No capítulo 18, que trata do procedimento de reestruturação, demos dois exemplos diferentes de disparidades decorrentes de uma concordata: o caso da Fisk Rubber, no qual os títulos foram negociados a um preço ridiculamente baixo em comparação

---

4. Para o texto do material na edição de 1934 sobre as notas de 6% da Fox Film, com vencimento em 1936, as quais, em 1933, estavam sendo negociadas a US$ 75 para render 20% até o vencimento, ver apêndice C, nota 18, p. 969. *Outro exemplo:* Em 1938, as notas de 4% da Tung Sol Lamp Company, com vencimento em 1941, eram negociadas a US$ 50. O tamanho muito pequeno desse ativo, em relação a recursos e lucros da empresa, tornava o pagamento aparentemente certo. (Na verdade, foram resgatadas em 1939, antes do vencimento.)

com os ativos circulantes disponíveis para eles; e o caso da Studebaker, no qual o preço das notas de 6% destoava claramente do preço das ações. Uma declaração abrangente pode ser feita de forma justa, nos casos em que valores substanciais são realizados como resultado de uma concordata, os ativos privilegiados serão negociados a um preço muito baixo. Essa característica tem uma consequência dupla. Isso já nos levou a desaconselhar fortemente a compra, para fins de investimento, de *quaisquer* ativos de uma empresa que, provavelmente, entrará em dificuldades financeiras. Agora, nossa posição nos leva a sugerir que, *após* o surgimento dessas dificuldades, essas empresas podem produzir oportunidades analíticas atraentes.

Isso será verdade não apenas nos casos de ativos tão fortes que saem ilesos de um processo de reestruturação (por exemplo, as Brooklyn Union Elevated de 5%, conforme descrito no capítulo 2) como também de ativos privilegiados que são "reduzidos" ou afetados, de outra forma, por um plano de reajuste. Parece ser mais consistentemente verdadeiro nos casos em que a liquidação ou a venda para terceiros resulta, em última instância, em uma distribuição de dinheiro ou seu equivalente.

Exemplos: Três exemplos típicos de tal desfecho são dados a seguir.

1. *Ontario Power Service Corporation First de 5,5%, com vencimento em 1950.* Esse ativo deixou de pagar juros em 1º de julho de 1932. Nessa época, os títulos foram negociados a preços tão baixos quanto US$ 21. A Hydro-Electric Commission de Ontário comprou a propriedade logo depois, em uma base que dava US$ 900 de debêntures novas, totalmente garantidas pela província de Ontário, para cada 1 mil dólares em títulos da Ontario Power Service. As novas debêntures estavam cotadas a US$ 90 em dezembro de 1933, o equivalente a US$ 81 para os títulos antigos. Os poucos detentores de títulos que não participaram da troca receberam 70% em dinheiro.

2. *Amalgamated Laundries, Inc., de 6,5%, com vencimento em 1936.* Curadores de concordata foram nomeados em fevereiro de 1932. Os títulos estavam sendo cotados a US$ 4 em abril de 1932. Em junho de 1932, as propriedades foram vendidas para terceiros, e dividendos de liquidação de 12,5% e 2% foram pagos em agosto de 1932 e em março de 1933. Em dezembro de 1933, os títulos continuavam sendo cotados a US$ 4, indicando uma expectativa de recebimento de, pelo menos, esse valor em distribuições posteriores.

3. *Fisk Rubber Company First de 8% e Debêntures de 5,5%, com vencimento em 1941 e 1931.* Informações a respeito desses ativos foram fornecidas no capítulo 18. A concordata foi anunciada em janeiro de 1931. Em 1932, os papéis de 8% e 5,5% foram negociados a preços tão baixos quanto US$ 16 e US$ 10,50,

respectivamente. Em 1933, foi realizada uma reestruturação que distribuiu 40% em dinheiro aos papéis de 8% e 37% aos papéis de 5,5%, junto com ativos das duas empresas sucessoras. Os valores agregados do dinheiro e dos novos ativos, no final de 1933, aproximavam-se de 100% para os títulos de 8% e 70% para as debêntures de 5,5%.

Movimentos de preços produzidos por insolvência. É provável que certos movimentos de preços aconteçam durante os procedimentos de concordata ou falência, sobretudo se forem demorados. Em primeiro lugar, muitas vezes existe uma tendência de as emissões de ações serem negociadas a preços muito altos, não apenas em relação ao preço das emissões de títulos como também em termos absolutos, ou seja, em relação ao seu valor final provável. Isso se deve à incidência de interesses especulativos, que são atraídos por uma faixa de preço aparentemente baixa. No caso de ativos privilegiados, o interesse popular diminui constantemente e o preço tende a cair de acordo com o desenrolar dos acontecimentos. Assim, é provável que os níveis mais baixos sejam atingidos pouco tempo antes de um plano de reestruturação estar pronto para ser anunciado.

Um campo lucrativo da atividade analítica deve ser encontrado, portanto, pela manutenção de um contato estreito com tais situações, procurando descobrir ativos que pareçam estar sendo negociados abaixo de seu valor intrínseco e determinando, aproximadamente, o melhor momento para assumir um compromisso com eles. No entanto, nessas situações, assim como em todas as situações analíticas, devemos advertir contra o esforço de avaliar com precisão demasiada o momento adequado de comprar. Uma característica essencial da análise financeira, como a entendemos, é que o fator tempo é uma consideração subordinada. Daí o nosso uso da palavra qualificativa "aproximadamente", que se destina a permitir uma margem de manobra de vários meses e, às vezes, até mais, para determinar o "tempo certo" para iniciar a operação.

Oportunidades em concordatas de ferrovias. Nos anos posteriores a 1932, grande parte da quilometragem ferroviária dos Estados Unidos foi parar nas mãos de curadores de concordata. No final de 1938, um total de 111 companhias ferroviárias, operando 125.555 quilômetros (31% da quilometragem total das ferrovias americanas), estavam nas mãos dos curadores. Essa é a maior quilometragem nas mãos dos tribunais em dado momento da história. Em todos os casos, a reestruturação foi muito atrasada em razão de, por um lado, estruturas de capital complicadas a serem abordadas e, por outro, incerteza quanto aos lucros normais no futuro. Como resultado, o preço de muitos ativos caiu para níveis extremamente baixos — o que, sem dúvida, teria apresentado excelentes oportunidades para o investidor astuto, não fosse o fato de que os lucros das ferrovias como um todo continuaram, por alguns anos, a apresentar resultados decepcionantes, em comparação com os negócios em geral.

Ao considerar a situação no final de 1939, parecia que muitos dos penhores de primeira hipoteca sobre quilometragens importantes haviam caído para níveis mais baixos do que seria justificado por qualquer razão, exceto uma visão extremamente pessimista do futuro das operadoras. Certamente, esses ativos eram mais baratos que os títulos e as ações de ferrovias solventes negociados, em sua maior parte, a preços liberais com relação a seus desempenhos recentes e que, em muitos casos, estariam em perigo de insolvência se as condições futuras fossem tão ruins quanto o preço baixo dos ativos sob tutela pareciam antecipar. A técnica de análise dos ativos do último grupo é abordada no capítulo 12 e no apêndice C, nota 21.

CAPÍTULO 51
DISCREPÂNCIAS ENTRE PREÇO E VALOR (*CONTINUAÇÃO*)

As distinções práticas entre ações ordinárias principais e secundárias apresentadas no capítulo anterior têm sua contrapartida no campo dos ativos privilegiados na forma das diferenças entre os ativos com histórico estabelecido e os mais novos. Um ativo estabelecido pode ser definido como um ativo de uma empresa conhecida há bastante tempo e com uma imagem favorável entre o público investidor. (O ativo em si pode ser de criação recente, contanto que a empresa tenha uma reputação boa entre os investidores.) Os ativos estabelecidos e os mais novos tendem, às vezes, a seguir padrões de conduta divergentes no mercado, a saber:

1. o preço dos ativos estabelecidos, muitas vezes, se mantém, apesar de um considerável enfraquecimento em sua posição de investimento;
2. os ativos mais novos são muito sensíveis a acontecimentos adversos de qualquer natureza. Assim, com frequência, caem a preços muito mais baixos que pareceria ser justificado por seu demonstrativo estatístico.

Inércia dos preços de ativos estabelecidos. Essas características opostas se devem, ao menos em parte, à inércia e à falta de discernimento do investidor típico. Ele compra com base na reputação e não na análise e se apega com tenacidade àquilo que comprou. Dessa forma, os detentores de ativos há muito estabelecidos não os vendem facilmente, e mesmo uma pequena queda no preço atrai compradores há muito familiarizados com o ativo.

Exemplo: Essa característica dos ativos estabelecidos é bem ilustrada pelo histórico de mercado das ações preferenciais não cumulativas de 8% da United States Rubber Company. A emissão recebeu dividendos integrais entre 1905 e 1927. Em cada ano desse período, exceto em 1924, houve investidores que pagaram acima do valor nominal por essas ações. A popularidade desses papéis baseava-se inteiramente em sua reputação e em seu histórico de dividendos, pois o desempenho estatístico da empresa durante grande parte do período não foi nada impressionante, mesmo para um título industrial, portanto, ridiculamente inadequado para justificar a compra de ações preferenciais industriais não cumulativas. Entre os anos de 1922 e 1927, a seguinte cobertura foi mostrada para os encargos de juros e dividendos preferenciais combinados:

1922 .... 1,2 vez

1923 .... 1,18 vez

1924 .... 1,32 vez

1925 .... 1,79 vez

1926 .... 1 vez

1927 .... 1,01 vez

Em 1928, as ações foram negociadas a um nível tão alto quanto US$ 109. Durante aquele ano, a empresa sofreu um prejuízo enorme e o dividendo preferencial foi suspenso. Apesar do desempenho pobre e da ausência de qualquer dividendo, o ativo, na verdade, foi negociado a US$ 92,50 em 1929. (Em 1932, foi negociado a US$ 3,125.)[1]

Vulnerabilidade de ativos mais novos. Passando para os ativos mais novos, podemos apontar que pertencem quase inteiramente ao campo industrial. O elemento temporal desempenha um papel muito pequeno entre os vários ativos privilegiados das ferrovias; e no grupo das prestadoras de serviços públicos propriamente dito (isto é, empresas de energia elétrica, gás manufaturado, telefonia e água), as variações de preço tendem a seguir os demonstrativos estatísticos bastante de perto, sem forte influência do fator de popularidade ou familiaridade — exceto no caso de empresas muito pequenas.

O financiamento industrial trouxe para o mercado um fluxo contínuo de emissões de títulos e ações preferenciais de empresas novas na lista de investimentos. Os investidores foram persuadidos a comprar essas ofertas, sobretudo, pelo apelo de um rendimento moderadamente mais alto que a taxa padrão para os ativos estabelecidos de grau comparável. Se a lucratividade for mantida ininterruptamente após a emissão, o novo ativo passa a ser, naturalmente, um compromisso satisfatório. No entanto, qualquer acontecimento adverso costuma induzir uma queda severa no preço de mercado. Essa vulnerabilidade dos ativos mais novos resulta na conclusão prática de que não é aconselhável comprar um título industrial ou ação preferencial *nova* para fins de investimento convencionais.

Visto que tais ativos são muito sensíveis a acontecimentos desfavoráveis, poderia parecer que o preço, muitas vezes, cairia a um nível muito baixo e,

---

[1]. Um exemplo mais recente do mesmo tipo é apresentado pelas Curtis Publishing Preferred de 7%, as quais foram negociadas a US$ 114, em 1936, e US$ 109,50, em 1937, apesar de um histórico excessivamente inadequado de lucros (e ativos tangíveis). O preço alto de muitos títulos ferroviários, naqueles anos, a despeito de seu desempenho insatisfatório de rendimentos, ilustra esse ponto de forma mais abrangente.

nesse caso, proporcionariam oportunidades de compra atraentes. Sem dúvida, isso é verdade, mas existe uma necessidade grande de cautela ao se tentar tirar vantagem dessas disparidades. Em primeiro lugar, a aversão aos ativos mais novos no mercado não é apenas uma questão subjetiva, derivada da falta de familiaridade. Temporalidade é, em geral, considerada uma qualidade objetiva, decorrente da capacidade comprovada de superar as tempestades nos negócios. Embora essa definição não seja muito precisa, há verdade suficiente nela para justificar, em boa parte, a preferência do investidor pelos ativos mais antigos.

Mais importante, talvez, sejam as amplas diferenças de tamanho e destaque que podem ser traçadas entre os ativos estabelecidos e os mais novos. As empresas maiores são, em geral, as mais antigas, com ativos privilegiados que são, há muito, familiares ao público. Dessa forma, títulos e ações preferenciais mais novos são, em sua maioria, ativos de importância secundária. Porém, indicamos, em nossa discussão sobre os investimentos industriais (capítulo 7), que, nesse campo, o tamanho dominante pode ser razoavelmente considerado uma característica bastante desejável. Segue-se, portanto, que, a esse respeito, os ativos mais novos devem sofrer, como uma classe, desvantagem considerável.

Ativos industriais mais novos raramente merecem grau de investimento. O resultado lógico e prático é que os ativos industriais mais novos raramente podem merecer grau de investimento, portanto, só devem ser comprados em uma base admitidamente especulativa. Isso exige, por sua vez, que o preço de mercado seja baixo o suficiente para permitir um aumento substancial; por exemplo, o preço deve, em geral, ser inferior a US$ 70.

Deve-se lembrar que, em nossa abordagem dos ativos privilegiados especulativos (capítulo 26), referimo-nos à faixa de preços entre US$ 70 e US$ 100 como a "faixa de variação subjetiva", na qual um ativo pode, adequadamente, ser negociado devido a uma diferença legítima de opinião com relação à sua qualidade. Entretanto, parece que, no caso de títulos industriais ou ações preferenciais mais novas, o analista não deveria ser atraído por um nível de preços dentro dessa faixa, ainda que o desempenho quantitativo seja bastante satisfatório. Deve privilegiar esses ativos apenas quando puderem ser comprados por um preço francamente especulativo.

Uma exceção pode ser feita a essa regra quando o desempenho estatístico for extraordinariamente forte, como talvez seja o caso das notas de 6% da Fox Film, mencionadas no capítulo anterior e descritas no apêndice C, nota 18. Duvidamos que tais exceções possam incluir, de forma prudente, quaisquer ações preferenciais industriais mais novas, em razão da fragilidade contratual de tais ativos. (No caso das ações preferenciais da Congoleum, descritas anteriormente, a empresa era de tamanho dominante em seu ramo, e as ações preferenciais não eram "mais novas", mas inativas no mercado.)

Discrepâncias nos preços comparativos. As comparações podem ser odiosas ou não, mas exercem um fascínio um tanto enganoso para o analista. Parece um processo muito mais simples decidir que o ativo A é preferível ao ativo B que determinar que o ativo A é uma compra atraente por si só. Entretanto, em nosso capítulo sobre a análise comparativa, aludimos à responsabilidade especial associada às recomendações de trocas de ativos e advertimos contra uma aceitação apressada de uma superioridade puramente quantitativa. O futuro, com frequência, não respeita os dados estatísticos. Podemos formular essa advertência de outra forma apontando que o analista não deve sugerir uma troca de ativos a menos que (1) o ativo a ser comprado seja, em si mesmo, atraente ou (2) haja uma relação contratual definida entre os dois ativos em questão. Vamos ilustrar a consideração (1) com dois exemplos de comparações tirados de nossos registros.

Exemplos: I. Comparação feita em março de 1932.

Item	Ward Baking First de 6%, com vencimento em 1937. Preço: US$ 85,25; rendimento: 9,70%	Bethlehem Steel First & Ref. de 5%, com vencimento em 1942. Preço: US$ 93; rendimento: 5,90%
Total de encargos de juros auferidos:		
1931	8,1 vezes	1 vez
1930	8,2 vezes	4,3 vezes
1929	11 vezes	4,8 vezes
1928	11,2 vezes	2,7 vezes
1927	14 vezes	2,3 vezes
1926	14,5 vezes	2,6 vezes
1925	12,6 vezes	2,1 vezes
Média de sete anos	11,4 vezes	2,8 vezes
Valor das emissões de títulos	US$ 4.546.000	US$ 145.000.000*
Valor de mercado das emissões de ações (média de março de 1932)	12.200.000	116.000.000
Ativos em numerário	3.438.000	50.300.000
Capital de giro líquido	3.494.000	116.300.000

* Incluindo ações garantidas.

Nessa comparação, a emissão da Ward Baking apresenta um histórico estatístico muito mais forte que os títulos da Bethlehem Steel. Além disso, parecia suficientemente bem protegida para justificar o grau de investimento, apesar do rendimento alto. Os fatores qualitativos, embora não impressionantes, não sugeriam qualquer perigo de colapso da empresa. Portanto, os títulos poderiam ser recomendados como uma compra original ou um substituto vantajoso para as Bethlehem Steel de 5%.

II. *Comparação feita em março de 1929.*

Item	Spears & Co. (lojas de mobília) First Preferred de 7%. Preço: US$ 77; rendimento: 9,09%	Republic Iron & Steel de 7% Preferred. Preço: US$ 112; rendimento: 6,25%
(Juros e) dividendos preferenciais auferidos:		
1928	2,4 vezes	1,9 vez
1927	4 vezes	1,5 vez
1926	3 vezes	2,1 vezes
1925	2,5 vezes	1,7 vez
1924	4,7 vezes	1,1 vez
1923	6,5 vezes	2,5 vezes
1922	4,3 vezes	0,5 vez
Média de sete anos	3,9 vezes	1,6 vez
Valor das emissões de títulos	Nenhum	US$ 32.700.000
Valor das emissões de ações preferenciais (1º)	US$ 3.900.000	US$ 25.000.000
Valor de mercado dos ativos subordinados	3.200.000*	62.000.000
Capital de giro líquido	10.460.000	21.500.000

* Inclui preferenciais de segunda classe estimadas em US$ 50.

Nessa comparação, o ativo da Spear and Company, sem dúvida, teve um desempenho estatístico melhor que as Republic Iron and Steel Preferred. Tomado isoladamente, porém, seu desempenho não era expressivo o suficiente para transmitir uma convicção de mérito de investimento, considerando o ramo do negócio e o fato de se tratar de uma ação preferencial. O preço do ativo não era baixo o suficiente para justificar a recomendação em uma base puramente especulativa, ou seja, com ênfase principal na oportunidade de aumento de principal. Isso significava, por sua vez, que não poderia ser recomendado, consistentemente, em troca de outro ativo, como as Republic Iron and Steel Preferred.

Comparação de ativos definitivamente relacionados. Quando os ativos examinados são definitivamente relacionados, surge uma situação diferente. Uma troca pode, então, ser considerada apenas do ponto de vista dos méritos respectivos dentro da situação dada; a responsabilidade de entrar ou permanecer na situação não precisa ser presumida pelo analista. Em nossos capítulos anteriores, consideramos vários casos em que os preços relativos estavam claramente desalinhados, justificando recomendações oficiais de troca. Essas disparidades surgem do frequente fracasso do mercado geral em reconhecer o efeito dos dispositivos contratuais e, muitas vezes, também da tendência dos mercados especulativos de concentrar a atenção nas ações ordinárias e desprezar os ativos privilegiados. Exemplos do primeiro tipo foram apresentados em nossa discussão, no capítulo 17, sobre discrepâncias de preços que envolviam ativos garantidos. As discrepâncias de preço entre vários ativos da Interborough Rapid Transit Company, discutidas no apêndice F, nota 10, e entre as Brooklyn Union Elevated Railroad de 5% e as Brooklyn-Manhattan Transit Corporation de 6%, mencionadas no capítulo 2, são outras ilustrações dessa categoria.[2]

As relações ilógicas de preços entre um ativo conversível privilegiado e as ações ordinárias, discutidas no capítulo 25, são exemplos de oportunidades decorrentes da concentração dos interesses especulativos nas ações subordinadas mais ativas. Uma manifestação diferente da mesma tendência geral é mostrada pelo diferencial de sete pontos, existente em agosto de 1933, entre o preço das ordinárias "livres" da American Water Works and Electric Company e os certificados fiduciários com voto menos ativos do mesmo ativo. Tais fenômenos convidam não apenas a trocas diretas como também a operações de proteção.

Pode-se fazer uma comparação semelhante, usando o período de julho de 1933, entre as Southern Railway Noncumulative Preferred de 5%, que não

---

2. Devem-se considerar as relações de preço entre: ações preferenciais e ordinárias da Pierce Petroleum and Pierce Oil, em 1929; títulos de 5,5% da Central States Electric Corporation e ordinárias da North American Company, em 1934; ações ordinárias da Advance-Rumely Corporation e da Allis-Chalmers Manufacturing Company, em 1933; Ventures, Ltd. e Falconbridge Nickel; ações ordinárias da Chesapeake Corporation e da Chesapeake and Ohio Railway, em 1939. Estes são exemplos de disparidades decorrentes da aquisição de ativos de uma empresa por outra.

pagaram dividendos e foram negociadas a US$ 49, e os Mobile and Ohio Stock Trust Certificates, que eram uma obrigação da mesma ferrovia, com garantia perpétua de 4% de dividendo e negociação na mesma época a US$ 39,75. Mesmo se o dividendo preferencial tivesse sido retomado imediatamente e continuado sem interrupção, o rendimento não teria sido maior que aquele obtido com a obrigação privilegiada de juros fixos. (Em 1939, as Southern Railway Preferred, ainda sem pagar dividendos, foram negociadas a US$ 35 contra um preço de cerca de US$ 40 dos certificados de 4% da Mobile and Ohio. A esses preços, a vantagem ainda permanecia claramente do lado do ativo garantido.)

Outras discrepâncias menos certas. Nos exemplos anteriores, as aberrações são matematicamente demonstráveis. Existe uma classe maior de disparidades entre ativos privilegiados e subordinados que não pode ser comprovada de forma tão conclusiva, mas são suficientemente certas para fins práticos. Como exemplo disso, considere as Colorado Industrial Company de 5%, com vencimento em 1º de agosto de 1934, garantidas pela Colorado Fuel and Iron Company, que, em maio de 1933, eram negociadas a US$ 43, enquanto as Colorado Fuel and Iron Preferred de 8%, sem pagar dividendos, eram negociadas a US$ 45. A emissão de títulos precisava ser liquidada integralmente dentro de catorze meses, ou então as ações preferenciais enfrentariam a possibilidade da extinção completa por meio de uma concordata. Para que as ações preferenciais se mostrassem mais valiosas que os títulos comprados pelo mesmo preço, seria necessário não apenas que fossem resgatadas pelo valor nominal em pouco mais de um ano, mas que os dividendos preferenciais fossem retomados e os dividendos retroativos pagos dentro desse breve intervalo. Isso era quase, senão inteiramente, inconcebível.

Ao comparar as ações preferenciais não conversíveis com as ações ordinárias da mesma empresa, encontramos a mesma tendência das últimas serem vendidas a um preço, relativamente, alto quando ambos os ativos são especulativos. Comparações desse tipo podem ser feitas com segurança, entretanto, apenas quando as ações preferenciais têm direito a dividendos cumulativos. (A razão para essa restrição deve ter ficado clara em nossa discussão detalhada sobre as deficiências dos ativos não cumulativos no capítulo 15.) Um preço de US$ 10 para as ordinárias da American and Foreign Power Company, quando as Cumulative Second Preferred de US$ 7 estavam sendo negociadas a US$ 11, em abril de 1933, era claramente injustificado. Uma observação semelhante pode ser feita a respeito do preço de US$ 21,50 para as ações ordinárias da Chicago Great Western Railroad Company, em fevereiro de 1927, contra US$ 32,50 para as ações preferenciais de 4%, sobre as quais dividendos de US$ 44 por ação haviam sido acumulados.

É verdade que, caso uma prosperidade extraordinária venha a se desenvolver em situações desse tipo, as ações ordinárias podem passar a valer muito mais que as preferenciais. Entretanto, mesmo que isso ocorra, a empresa está fadada a passar por um período intermediário durante o qual a situação melhorada permite que retome o pagamento dos dividendos preferenciais e, em seguida, diminua os acumulados. Uma vez que tais acontecimentos beneficiam diretamente as ações preferenciais, podem estabelecer (por um período, pelo menos) um valor de mercado para os ativos privilegiados muito superior ao das ações ordinárias. Portanto, presumindo qualquer grau substancial de melhoria, uma compra de ações preferenciais em níveis baixos deve ter um resultado melhor que uma compra de ações ordinárias.

Discrepâncias em razão de fatores especiais de oferta e procura. As relações ilógicas que temos considerado surgem das condições de oferta e procura que são, por sua vez, o produto de compras especulativas impensadas. Às vezes, as discrepâncias são ocasionadas por causas especiais e temporárias que afetam a procura ou a oferta.

Exemplos: Na relação ilógica entre os preços das Interborough Rapid Transit Company de 5% e 7%, em 1933, as operações de um fundo de amortização substancial, que comprava os papéis de 5% e não os de 7%, foram indubitavelmente instrumentais para aumentar o preço das primeiras de forma desproporcional. Um excelente exemplo desse tipo é encontrado na movimentação de mercado das United States Liberty de 4,25% durante o reajuste do pós-guerra de 1921-1922. Grandes quantidades desses títulos foram compradas, durante a guerra, por motivos patrióticos e financiadas por empréstimos bancários. Mais tarde, um desejo geral de liquidar esses empréstimos induziu um volume grande de vendas, o que fez baixar o preço. Essa pressão especial de venda resultou, na verdade, no estabelecimento de uma base de preço mais baixa para as Liberty Bonds que para os ativos ferroviários de alto grau, que eram, é claro, inferiores em termos de segurança e estavam em desvantagem grande também em matéria de tributação. Compare os seguintes preços em setembro de 1920.

Ativo	Preço	Rendimento
United States Liberty Fourth de 4,25%, com vencimento em 1938	US$ 84,50	5,64%*
Union Pacific First de 4%, com vencimento em 1947	80	5,42%

* Sem levar em conta a isenção de imposto.

Essa situação forneceu uma excelente oportunidade para o analista financeiro aconselhar a troca de ativos ferroviários estabelecidos por Liberty Bonds.

Uma disparidade menos marcante apareceu um pouco mais tarde entre o preço das Liberty Bonds e das United States Victory de 4,75%, com vencimento em 1923. Essa situação é discutida em uma circular, elaborada por um dos autores e publicada na época (uma cópia é apresentada no apêndice H, nota 4), como um exemplo adicional da "análise prática de ativos".

Títulos de poupança dos Estados Unidos oferecem oportunidade semelhante. Para o investidor com recursos moderados, a disparidade entre as obrigações do governo dos Estados Unidos e das empresas reapareceu nos últimos anos. O rendimento das United States Savings Bonds (disponíveis para qualquer indivíduo até um valor de principal de 10 mil dólares a cada ano) é de 2,9%, com base no cálculo de juros compostos regulares, e de 3,33%, com base em juros simples. Esse rendimento é definitivamente mais alto que aquele apresentado pelos ativos industriais e de prestadoras de serviços públicos mais bem avaliados.[3] Além de seu fator de segurança, que no atual momento deve ser claramente considerado mais alto que qualquer emissão de uma empresa privada, as United States Savings Bonds têm a pequena vantagem de isenção do imposto de renda normal e a grande vantagem de serem resgatadas *a qualquer momento por opção do titular*, protegendo-lhe de uma perda intermediária no valor de mercado.

---

3. Os rendimentos médios para tais títulos nos primeiros três meses de 1940, com classificações A1+ da Standard Statistics Company, foram de apenas 2,62% e 2,44%, respectivamente.

CAPÍTULO 52
ANÁLISE DE MERCADO E ANÁLISE DE TÍTULOS FINANCEIROS

A previsão dos preços de ativos não é propriamente uma parte da análise de títulos financeiros. No entanto, as duas atividades são, em geral, consideradas estreitamente vinculadas e, com frequência, realizadas pelos mesmos indivíduos e organizações. Os esforços para prever a evolução dos preços têm uma variedade de objetivos e uma diversidade ainda maior de técnicas. Em Wall Street, grande ênfase é colocada sobre a ciência, a arte ou o passatempo de profetizar a movimentação imediata do "mercado geral", que é razoavelmente representado por vários índices usados na imprensa financeira. Alguns dos serviços ou especialistas se restringem a prever a tendência a longo prazo do mercado e afirmam ignorar as oscilações do dia a dia e considerar os movimentos mais amplos que cobrem um período de, digamos, vários meses. Muita atenção é dada também à profecia dos preços de ativos individuais, distintos daquela do mercado como um todo.

Análise de mercado como substituto ou complemento da análise de títulos financeiros. Supondo que essas atividades sejam realizadas com seriedade suficiente para representar mais que meras suposições, podemos nos referir a todas ou a qualquer uma delas com a designação "análise de mercado". Neste capítulo, desejamos considerar até que ponto a análise de mercado pode ser seriamente considerada um substituto ou um complemento da análise de títulos. A questão é importante. Se, como muitos acreditam, é possível prever com segurança os movimentos dos preços das ações sem qualquer referência aos valores subjacentes, então seria sensato confinar a análise de títulos à seleção apenas de investimentos de valor fixo. Isso porque, quando se trata de ativos como as ações ordinárias, seria claramente mais lucrativo dominar a técnica de determinar o momento de comprar ou vender, ou de selecionar os ativos que terão a subida maior ou mais rápida, que dedicar esforços meticulosos para chegar a conclusões sobre o valor intrínseco. Muitas outras pessoas acreditam que os melhores resultados podem ser obtidos por uma análise da posição de mercado de uma ação em combinação com uma análise de seu valor intrínseco. Se for assim, o analista de títulos financeiros que se aventurar fora do campo dos valores fixos também deve se qualificar como analista de mercado e estar preparado para enxergar cada situação de ambos os pontos de vista ao mesmo tempo.

Não faz parte de nossos objetivos tentar fazer uma crítica detalhada das teorias e da técnica subjacentes a todos os diferentes métodos de análise de mercado. Devemos nos limitar a considerar as linhas de raciocínio mais amplas envolvidas nas principais premissas da previsão de preços. Mesmo com esse tratamento superficial, deve ser possível chegar a algumas conclusões úteis sobre a intrigante questão da relação entre a análise do mercado e a análise dos títulos financeiros.

Dois tipos de análise de mercado. Uma distinção pode ser feita entre dois tipos de análise de mercado. O primeiro encontra o material para suas previsões apenas no comportamento passado do mercado acionário. O segundo considera todos os tipos de fatores econômicos, por exemplo, condições de negócios gerais e específicas, taxas de juros e perspectivas políticas. (O comportamento do mercado em si é apenas um desses inúmeros elementos de estudo.) A teoria subjacente da primeira abordagem pode ser resumida na declaração de que "o mercado é o melhor previsor de si mesmo". O comportamento do mercado é, em geral, estudado por meio de gráficos nos quais são marcados os movimentos de ações individuais ou de "médias". Aqueles que se dedicam principalmente ao estudo desses movimentos de preços são conhecidos como "analistas técnicos" e seu procedimento é, com frequência, chamado "leitura de gráficos".

Deve-se, no entanto, observar que grande parte da análise de mercado atual representa uma combinação dos dois tipos descritos, no sentido de que a evolução do mercado por si só constitui o campo de estudo predominante, mas não exclusivo. As indicações econômicas gerais desempenham um papel subordinado, porém ainda significativo. Por conseguinte, deixa-se uma margem de manobra considerável para o julgamento individual, não só na interpretação das indicações técnicas da ação do mercado como também na conciliação dessas indicações com os fatores externos. A "teoria de Dow", entretanto, que é o método mais conhecido de análise de mercado, limita-se, essencialmente, a um estudo do comportamento do mercado. Portanto, nós nos sentimos justificados em lidar, em separado, com a leitura de gráficos aplicada apenas aos preços das ações.

Implicação do primeiro tipo de análise de mercado. É preciso reconhecer que a popularidade desse "estudo técnico" aumentou muito nos últimos quinze anos. Considerando que a análise de títulos financeiros sofreu uma perda de prestígio distinta, começando por volta de 1927 — da qual ainda não se recuperou de todo —, o número de seguidores da leitura de gráficos parece ter aumentado, mesmo durante a longa depressão e nos anos seguintes. Muitos céticos, é verdade, tendem a descartar todo o procedimento como semelhante a astrologia ou necromancia, mas o peso grande de sua importância em Wall Street exige que suas pretensões sejam examinadas com certo cuidado. A fim de restringir nossa discussão à estrutura do raciocínio lógico, devemos omitir propositalmente até mesmo um resumo condensado dos princípios fundamentais da leitura de gráficos.[1] Queremos considerar apenas as implicações da ideia geral de que um estudo limitado aos movimentos de preços no passado pode ser utilizado com lucro para prever os movimentos do futuro.

Tal consideração, acreditamos, deve levar às seguintes conclusões:

1. a leitura de gráficos não tem qualquer possibilidade de ser uma ciência;
2. no passado, não se provou ser um método confiável de obter lucros no mercado acionário;
3. sua base teórica repousa sobre uma lógica falha ou em mera afirmação; e
4. sua popularidade se deve a certas vantagens que possui sobre a especulação aleatória, mas essas vantagens tendem a diminuir à medida que aumenta o número de analistas de gráficos.

1. *A leitura de gráficos não é uma ciência e sua prática não pode ser continuamente bem-sucedida.* É claramente demonstrável que a leitura de gráficos não pode ser uma ciência. Se fosse, suas conclusões seriam, via de regra, confiáveis. Nesse caso, todos poderiam prever as mudanças de preço de amanhã ou da próxima semana, então todos poderiam ganhar dinheiro, sem parar, comprando e vendendo na hora certa. Isso é, evidentemente, impossível. Um momento de reflexão mostrará que humanos não têm como fazer uma previsão científica dos eventos econômicos. A própria "confiabilidade" de tal previsão provocará ações humanas que a invalidarão. Logo, analistas técnicos arguciosos admitem que o sucesso a longo prazo depende de manter o método bem-sucedido conhecido apenas por algumas pessoas.

2. Por conta disso, segue-se que não existe um método geralmente conhecido de leitura de gráficos que tenha sido bem-sucedido por um longo período

---

1. Para declarações detalhadas sobre a teoria e a prática da leitura de gráficos, o aluno deve consultar: Richard W. Schabacker, *Stock market profits*. Nova York, B.C. Forbes, 1934; Robert Rhea, *The Dow theory*. Nova York, Barron's, 1932; Harold M. Gartley, "Analyzing the stock market", *Barron's*, 19 set.-5 dez. 1932 (série de artigos). Para uma breve declaração dos principais princípios da teoria de Dow, ver apêndice H, nota 5, p. 1.082.

e de forma contínua.² Se fosse conhecido, seria logo adotado por inúmeros negociantes. Essa grande quantidade de adeptos acabaria com sua utilidade.

3. *Base teórica aberta a questionamentos.* A base teórica da leitura de gráficos é mais ou menos a seguinte:

a) a movimentação do mercado (ou de determinada ação) reflete as atividades e a atitude dos interessados nela;

b) portanto, ao estudar o histórico da movimentação do mercado, podemos dizer o que vai acontecer a seguir no mercado.

A premissa pode muito bem ser verdadeira, mas a conclusão não necessariamente é. Você pode aprender muito sobre a posição técnica de uma ação pelo estudo de seu gráfico, mas, mesmo assim, pode não aprender o *suficiente* para permitir operações lucrativas com esse ativo. Uma boa analogia é fornecida pelos "desempenhos anteriores" dos cavalos de corrida, que são muito estudados pelos aficionados por corridas de cavalos. Sem dúvida, esses gráficos fornecem informações consideráveis sobre os méritos dos cavalos concorrentes. Muitas vezes, permitem que o estudioso escolha o vencedor de uma corrida, mas o problema é que não fornecem essas informações valiosas com *frequência suficiente* para tornar as apostas em corridas de cavalos uma diversão lucrativa.

Chegando mais perto de nossa área de atuação, temos uma situação semelhante na própria análise de títulos financeiros. Os lucros anteriores de uma empresa fornecem uma indicação útil sobre seus lucros futuros — útil, porém não infalível. A análise de títulos financeiros e a análise de mercado têm semelhança, portanto, no fato de lidarem com dados que não são conclusivos com relação ao futuro. A diferença, como assinalaremos, é que o analista financeiro pode se proteger por uma *margem de segurança* que é negada ao analista de mercado.

Sem dúvida, existem momentos em que o comportamento do mercado, conforme revelado nos gráficos, carrega um significado definido e confiável de valor especial para aqueles que sabem interpretá-lo bem. Se a confiança nas indicações dos gráficos fosse confinada a esses casos realmente convincentes, um argumento mais positivo poderia ser apresentado a favor da "análise técnica". Contudo, tais sinais precisos parecem ocorrer apenas em intervalos

---

2. Os adeptos da teoria de Dow afirmam que tem sido continuamente bem-sucedida há muitos anos. Acreditamos que essa afirmação esteja aberta a muito questionamento — dependendo, em parte, de certas interpretações controversas do que a teoria indicava em determinadas ocasiões importantes.

grandes; nesse ínterim, a impaciência humana, além das exigências da profissão do leitor de gráficos, impelem o analista a tirar conclusões mais frequentes de dados menos convincentes.

4. *Outras fraquezas teóricas e práticas*. O apelo da leitura de gráficos para o negociante no mercado acionário é algo como o de uma panaceia universal para um inválido incurável. O especulador de ações sofre, de fato, de uma doença quase incurável. A cura que busca, entretanto, não é a abstinência da especulação, mas os lucros. Apesar de toda a experiência, ele se convence de que esses lucros podem ser obtidos e mantidos; ele agarra avidamente e sem críticas todos os meios plausíveis para esse fim.

Em nossa opinião, a plausibilidade da leitura de gráficos deriva, em grande parte, de sua insistência na máxima tradicional dos apostadores de que as perdas devem ser cortadas imediatamente e os lucros devem ser acumulados. Esse princípio, em geral, evita grandes perdas repentinas e, às vezes, permite que um grande lucro seja realizado. É provável que os resultados sejam melhores, portanto, que aqueles produzidos pelo seguimento aleatório das "dicas de mercado". Os negociantes, percebendo essa vantagem, estão certos de que, ao desenvolver mais ainda a técnica de leitura de gráficos, vão aumentar sua confiabilidade de modo a garantir lucros persistentes para si mesmos.

No entanto, nessa conclusão se esconde uma dupla falácia. Muitos jogadores de roleta seguem um sistema semelhante, que limita suas perdas em qualquer sessão e permite que, às vezes, obtenham um ganho substancial. Entretanto, no final, sempre descobrem que a soma de muitas perdas pequenas excede a soma de um número limitado de lucros grandes. (Isso é lógico, uma vez que as probabilidades matemáticas contra eles são inexoráveis ao longo de um período.) Isso também é verdade para o negociante da bolsa, que descobrirá que as despesas das transações pesam fortemente contra ele. Uma segunda dificuldade é que, à medida que os métodos de leitura de gráficos ganham popularidade, o montante das perdas sofridas em transações deficitárias tende a aumentar e os lucros, a diminuir. Isso porque, à medida que mais e mais pessoas, seguindo o mesmo sistema, recebem o sinal para comprar mais ou menos na mesma hora, o resultado dessas compras competitivas deve ser um preço médio mais alto a ser pago pelo grupo. Por outro lado, quando esse grupo maior decide vender suas posições ao mesmo tempo, seja para encurtar um prejuízo, seja para proteger um lucro, o efeito deve ser novamente que um preço médio mais baixo seja recebido. (O crescimento no uso de "ordens de *stoploss*", anteriormente um dispositivo técnico útil para os negociantes, teve o mesmo efeito de diminuir muito seu valor como uma medida de proteção.)

Os analistas de gráficos mais inteligentes, acreditamos, reconhecem essas fraquezas teóricas e consideram que a previsão de mercado é uma *arte* que requer talento, juízo, intuição e outras qualidades pessoais. Eles admitem que nenhuma regra de procedimento, cujo cumprimento automático garantirá o sucesso, pode ser estabelecida. Daí a tendência generalizada nos círculos de Wall Street para uma abordagem composta ou eclética, em que um estudo aprofundado do desempenho do mercado é projetado contra o contexto econômico geral, e o todo está sujeito a um juízo experiente.

Segundo tipo de previsão mecânica. Antes de considerarmos a importância da inclusão do fator de juízo, passemos ao outro tipo de previsão mecânica, que se baseia em fatores externos ao próprio mercado. No que diz respeito ao mercado geral, o procedimento usual é construir índices que representam vários fatores econômicos — por exemplo, taxas de juros, taxas de uso de ferrovias, produção de aço — e deduzir as mudanças iminentes no mercado a partir de uma observação das mudanças recentes nesses índices.[3] Um desses métodos mais antigos, e muito simples, baseava-se na porcentagem de altos-fornos em operação.

Essa teoria foi desenvolvida pelo coronel Leonard P. Ayres, da Cleveland Trust Company. Afirmava que os preços dos ativos, em geral, atingiam um ponto mínimo quando os altos-fornos em operação caíam a 60% do total e que, de maneira contrária, geralmente atingiam o topo quando o número de fornos em operação ultrapassava a marca de 60% com o aumento no uso.[4] Uma teoria correlata à do coronel Ayres era que o ponto alto nos preços dos títulos é alcançado cerca de catorze meses após o ponto baixo na produção de ferro-gusa e que o pico nos preços das ações é alcançado cerca de dois anos após o ponto baixo na produção de ferro-gusa.[5]

Esse método simples é representativo de todos os sistemas de previsão mecânica, na medida em que (1) parece vagamente *plausível* com base em um raciocínio *a priori* e (2) se baseia, para parecer *convincente*, no fato de que "funcionou" durante vários anos. A fraqueza necessária de todos esses sistemas está

---

3. Esses índices também podem ser plotados em gráficos, caso em que a previsão assume o aspecto de leitura de gráficos. *Exemplos:* As linhas A, B e C do *Harvard Economic Service*, publicadas em notas semanais de 3 de janeiro de 1922 a 26 de dezembro de 1931 (continuaram até 1939, em intervalos menos frequentes, na *The Review of Economic Statistics*); também o índice composto único Index Line do "Investment Timing Service", oferecido pelo Independence Fund of North America, Inc., em 1939.

4. Ver *Bulletin of the Cleveland Trust Company*, de 15 de julho de 1924, citado em David F. Jordan, *Practical business forecasting*. Nova York, Prentice-Hall, 1927, p. 203n.

5. Ver *Business Recovery After Depression*, panfleto publicado pela Cleveland Trust Company, em 1922. As conclusões do coronel Ayres estão resumidas na p. 31 do panfleto.

no elemento temporal. É fácil e seguro profetizar, por exemplo, que um período de altas taxas de juros levará a uma queda acentuada do mercado. A questão é: "Quando?". Não existe maneira científica de responder a essa pergunta. Muitos dos serviços de previsão são, portanto, levados a uma espécie de pseudociência, na qual presumem que certas defasagens de tempo ou certas coincidências que ocorreram várias vezes no passado (ou foram encontradas laboriosamente por um processo de tentativa e erro) podem ocorrer da mesma forma no futuro.

De maneira geral, portanto, o esforço para prever mudanças de preços de ativos por referência a índices mecânicos está aberto às mesmas objeções que os métodos dos leitores de gráfico. Não são, de fato, científicos, uma vez que não existe nenhum raciocínio convincente para apoiá-los e que, além disso, as previsões realmente científicas (isto é, inteiramente confiáveis) no campo econômico são uma impossibilidade lógica.

Desvantagens da análise de mercado em comparação com a análise de títulos. Em consequência, retornamos à nossa conclusão anterior de que a análise de mercado é uma arte que requer um talento especial para ser realizada com sucesso. A análise de títulos financeiros também é uma arte; ela não produzirá resultados satisfatórios a menos que o analista tenha habilidade e conhecimento. Acreditamos, no entanto, que a análise de títulos financeiros possui várias vantagens sobre a análise de mercado, o que provavelmente tornará a primeira um campo de atividade mais bem-sucedido para aqueles com treinamento e inteligência. Na análise de títulos financeiros, a ênfase principal é colocada na proteção contra eventos indesejáveis. Obtemos essa proteção ao insistir em margens de segurança ou valores muito superiores ao preço pago. A ideia subjacente é que, mesmo que o ativo se mostre menos atraente que parecia, o compromisso ainda pode ser satisfatório. Na análise de mercado, não há margens de segurança; você está certo ou errado e, se estiver errado, perderá dinheiro.[6]

A regra fundamental do analista de mercado, isto é, que as perdas devem ser reduzidas e os lucros protegidos (por meio da venda no começo de um declínio), estimula a negociação ativa. Isso significa, por sua vez, que o custo

---

6. Considerando as duas atividades como profissões possíveis, tendemos a fazer uma comparação análoga entre a advocacia e o palco de concertos. Um advogado talentoso deve ter uma vida respeitável; um músico talentoso, ou seja, "meramente talentoso", enfrenta obstáculos de partir o coração para atingir uma carreira de concertos bem-sucedida. Assim, a nosso ver, um analista de títulos financeiros bastante competente deve ser capaz de obter resultados satisfatórios de seu trabalho, ao passo que o sucesso permanente como analista de mercado requer qualidades incomuns — ou uma sorte incomum.

de comprar e vender se torna um fator altamente adverso nos resultados agregados. As operações baseadas na análise de títulos são, em geral, do tipo de investimento e não envolvem negociação ativa.

Uma terceira desvantagem da análise de mercado é que envolve essencialmente uma batalha de inteligência. Os lucros obtidos pela negociação no mercado são, em sua maior parte, realizados às custas de outros que estão tentando fazer a mesma coisa. O comerciante privilegia os ativos mais dinâmicos, e as variações de preços deles são resultantes da atividade de numerosos operadores do mesmo tipo. O analista de mercado pode ter esperança de sucesso apenas se supor que será mais inteligente ou terá mais sorte que seus concorrentes.

O trabalho do analista de títulos financeiros, por outro lado, não é, em nenhum sentido semelhante, competitivo com o de seus colegas analistas. No caso típico, o ativo que ele decide comprar não é vendido por alguém que fez uma análise igualmente meticulosa de seu valor. Devemos enfatizar o ponto de que o analista de títulos examina uma lista muito maior de papéis que o analista de mercado. Nessa lista extensa, ele seleciona os casos excepcionais em que o preço de mercado fica muito aquém de refletir o valor intrínseco, seja por negligência, seja por causa de uma ênfase indevida em fatores desfavoráveis que, provavelmente, são temporários.

A análise de mercado parece mais fácil que a análise de títulos financeiros, e suas recompensas podem ser percebidas muito mais rapidamente. Por essas mesmas razões, é provável que se mostre mais decepcionante a longo prazo. Não existem maneiras confiáveis de ganhar dinheiro com facilidade e rapidez, seja em Wall Street, seja em qualquer outro lugar.

Profecias baseadas em perspectivas a curto prazo. Uma boa parte da análise e dos conselhos fornecidos no setor financeiro baseia-se nas perspectivas de negócios a curto prazo da empresa em questão. Pressupõe-se que, se a perspectiva favorecer um aumento nos lucros, o ativo deve ser comprado na expectativa de um preço mais alto quando os lucros maiores forem realmente declarados. Nesse raciocínio, a análise de títulos financeiros e a análise de mercado são coincidentes. A perspectiva de mercado é considerada idêntica à perspectiva da empresa.

Entretanto, em nossa opinião, a teoria de comprar ações com base, sobretudo, em suas perspectivas imediatas, torna a escolha de ativos especulativos uma questão muito simples. Sua fraqueza reside no fato de que o preço de mercado atual já leva em consideração o consenso de opinião sobre as perspectivas futuras. E, em muitos casos, as perspectivas favoráveis terão recebido mais que sua necessidade *justa* de reconhecimento. Quando uma ação é recomendada porque se espera que os lucros do próximo ano apresentem uma melhora, há um risco duplo. Primeiro, a previsão dos resultados do próximo ano pode se revelar incorreta; segundo, mesmo se correta, pode ter sido descontada ou excessivamente descontada no preço atual.

Se os mercados refletissem, de forma geral, apenas os lucros do ano corrente, uma boa estimativa dos resultados do ano seguinte seria de valor inestimável. Entretanto, essa premissa não é correta. Nossa tabela nas páginas 923-924 mostra, por um lado, o lucro anual por ação das ações ordinárias da United States Steel Corporation e, por outro lado, a faixa de preços desse ativo para os anos de 1902 a 1939. Excluindo o período de 1928-1933 (em que as mudanças nos negócios foram tão extremas que necessariamente induziram a mudanças correspondentes nos preços das ações), é difícil estabelecer qualquer correlação definitiva entre as oscilações nos lucros e as das cotações do mercado.

No apêndice F, nota 13, reproduzimos partes significativas da análise e a recomendação sobre duas ações ordinárias feitas por um importante serviço estatístico e de consultoria na última parte de 1933. Vê-se que as recomendações são baseadas, em grande parte, nas perspectivas aparentes para 1934. Não há indicação de qualquer esforço para apurar o valor justo da empresa e comparar esse valor com o preço atual. Uma análise estatística completa concluiria que o ativo, cuja venda é aconselhada, estava sendo negociado abaixo de seu valor intrínseco apenas por causa de perspectivas imediatas desfavoráveis e que o oposto era verdadeiro para a ação ordinária recomendada a ser mantida em carteira por causa de sua perspectiva satisfatória.

Somos céticos quanto à capacidade de o analista prever, com um grau razoável de sucesso, o comportamento do mercado de ativos individuais no futuro próximo — baseando suas previsões na posição técnica do mercado, na perspectiva geral dos negócios ou nas perspectivas específicas para empresas individuais. Resultados mais satisfatórios podem ser obtidos, em nossa opinião, ao limitar as conclusões positivas do analista aos seguintes campos de atuação:

1. a escolha de ativos privilegiados por padrões que atendam a testes de segurança exigentes;
2. a descoberta de ativos privilegiados que merecem grau de investimento, mas que também têm oportunidades de melhoria apreciável em seu valor;
3. a descoberta de ações ordinárias, ou ativos privilegiados especulativos, que parecem estar sendo negociados muito abaixo de seu valor intrínseco;
4. a determinação das discrepâncias de preços definitivos existentes entre ativos relacionados, situações que podem justificar a realização de trocas ou o início de operações de proteção ou arbitragem.

UM RESUMO DE NOSSAS OPINIÕES SOBRE AS POLÍTICAS DE INVESTIMENTO

Se transferirmos nossa atenção, finalmente, do analista para o detentor de ativos, podemos expressar, brevemente, nossa opinião sobre o que ele pode ou não fazer de maneira sensata. O resumo a seguir faz algumas concessões para diferentes categorias de investidores.

A. O investidor com poucos recursos *1. Investimento para renda.* Nesse caso, o único investimento sensato para segurança e renda acumulada, nas condições atuais, são os títulos de poupança do governo dos Estados Unidos. Outros investimentos bons rendem pouco mais e não possuem uma proteção igual contra perdas finais e intermediárias. Títulos convencionais e ações preferenciais que parecem oferecer um retorno mais alto quase sempre envolvem um fator de risco apreciável. Os diversos tipos de "planos de poupança" e ativos semelhantes oferecidos por vendedores estão repletos de armadilhas; o investidor convencido por promessas de rendimentos altos em vez de títulos de poupança do governo dos Estados Unidos muito provavelmente se arrependerá de sua escolha.

2. Investimento com fins lucrativos. Quatro abordagens estão disponíveis para o pequeno e o grande investidor:

- a) Compra de ações ordinárias representativas quando o mercado está claramente baixo, a julgar por padrões objetivos a longo prazo. Essa política exige paciência e coragem e não está isenta da possibilidade de erros graves de cálculo. A longo prazo, acreditamos que apresentará bons resultados.
- b) Compra de ativos individuais com possibilidades especiais de crescimento, quando puderem ser obtidos a preços razoáveis em relação ao rendimento efetivo. Onde, *em geral*, se espera crescimento, o preço raramente é razoável. Se a base da compra é uma confiança no crescimento futuro não mantida pelo público, a operação pode ser sólida e lucrativa, mas também pode ser infundada e cara.
- c) Compra de ativos privilegiados e bem protegidos. Uma combinação de segurança realmente adequada com um direito de conversão promissor ou algo semelhante é um fenômeno raro, mas de forma alguma desconhecido. Uma política de seleção criteriosa nessa área deve trazer resultados bons, desde que o investidor tenha paciência e persistência necessárias para encontrar suas oportunidades.
- d) Compra de ativos que estão sendo negociados bem abaixo do valor intrínseco. O valor intrínseco leva em consideração não apenas os lucros passados e

os valores dos ativos líquidos como também a lucratividade futura, estimada de forma conservadora — em outras palavras, elementos qualitativos e quantitativos. Pensamos que, uma vez que grande parcela de *todos* os ativos, hoje em dia, é relativamente impopular, deve haver muitos casos em que o mercado perde o rumo de forma clara e grosseira, criando oportunidades reais para o estudioso discriminador. Tais oportunidades podem ser encontradas em títulos, ações preferenciais e ações ordinárias.

AÇÕES ORDINÁRIAS DA UNITED STATES STEEL, 1901-1939

Ano	Lucros por ação	Faixa de preços de mercado		
		Alta	Baixa	Média
1901	US$ 9,1	55	24	40
1902	10,7	47	30	39
1903	4,9	40	10	25
1904	1,0	34	8	21
1905	8,5	43	25	34
1906	14,3	50	33	42
1907	15,6	50	22	36
1908	4,1	59	26	48
1909	10,6	95	41	68
1910	12,2	91	61	76
1911	5,9	82	50	66
1912	5,7	81	58	70
1913	11,0	69	50	60
1914	0,3(d)	67	48	58
1915	10,0	90	38	64
1916	48,5	130	80	105
1917	39,2	137	80	109
1918	22,1	117	87	102
1919	10,1	116	88	102
1920	16,6	109	76	93
1921	2,2	87	70	79
1922	2,8	112	82	97

Ano	Lucros por ação	Faixa de preços de mercado		
		Alta	Baixa	Média
1923	16,4	110	86	98
1924	11,8	121	94	108
1925	12,9	139	112	126
1926	18,0	161	117	139
1927*	12,3	246	155	201
1927†	8,8	176	111	144
1928	12,5	173	132	153
1929	21,2	262	150	206
1930	9,1	199	134	167
1931	1,4(d)	152	36	99
1932	11,1(d)	53	21	37
1933	7,1(d)	68	23	46
1934	5,4(d)	60	29	45
1935	2,8(d)	51	28	40
1936	2,9	80	46	63
1937	8,0	127	49	88
1938	3,8(d)	71	38	55
1939	1,84	83	41	62

* Sem levar em consideração dividendo de ação de 40%.
† Levando em consideração dividendo de ação de 40%.

Em nossa opinião, a busca e o reconhecimento de valores de ativos dos tipos que acabamos de discutir não estão além da competência do pequeno investidor que deseja praticar a análise de títulos financeiros em uma capacidade não profissional, embora ele, sem dúvida, precise de inteligência e treinamento acima da média. Entretanto, pensamos que deveria ser uma regra que o investidor não profissional submetesse suas ideias à crítica de um analista profissional, como o estatístico de uma firma da Bolsa de Valores de Nova York. Certamente, a modéstia não é incompatível com a autoconfiança; e há lógica no pensamento de que, a menos que uma pessoa seja qualificada para aconselhar outras profissionalmente, ela não deve, sem ajuda, prescrever para si mesma.

3. *Especulação.* O investidor com poucos recursos tem o privilégio, é claro, de abandonar seu papel e se tornar um especulador. (Ele também tem o privilégio de se arrepender de sua ação posteriormente.) Existem vários tipos de especulação, e eles oferecem chances variadas de sucesso:

a) Compra de ações de empreendimentos novos ou quase novos. Podemos condenar isso sem hesitação e com ênfase. As probabilidades são tão fortes contra a pessoa que compra esses novos lançamentos que poderia muito bem jogar três quartos do dinheiro pela janela e manter o resto no banco.

b) Negociação no mercado. É uma sorte para Wall Street como instituição que uma pequena minoria de pessoas consiga negociar com sucesso e que muitas outras achem que podem. A visão, em geral aceita, é que a negociação de ações é como qualquer outra coisa, ou seja, com inteligência e aplicação, ou com boa orientação profissional, lucros podem ser obtidos. Nossa opinião é cética, talvez preconceituosa. Acreditamos que, independentemente da preparação e do método, o sucesso na negociação é acidental e evanescente ou devido a um talento muito incomum. Assim, a grande maioria dos negociantes de ações está inevitavelmente fadada ao fracasso. Não esperamos que essa conclusão tenha muito impacto sobre o público. (Ver nossa distinção básica entre comprar ações em níveis objetivamente baixos e vendê-las em níveis altos — que chamamos de investimento — e a prática popular de comprar apenas quando o mercado "espera" uma subida e vender quando está "prestes" ao declínio — que chamamos de especulação.)

c) Compra de "ações de crescimento alto" a preços generosos. Ao chamar isso de "especulação", infringimos a maioria dos pontos de vista abalizados. Por razões expressas anteriormente, consideramos essa abordagem popular inerentemente perigosa, cada vez mais, à medida que se torna mais comum. No entanto, as chances de sucesso individual são muito mais brilhantes aqui que em outras formas de especulação, e há um campo melhor para o exercício da previsão, do juízo e da moderação.

B. O investidor individual com recursos substanciais. Embora tenha vantagens técnicas óbvias sobre o pequeno investidor, o investidor individual sofre de três desvantagens especiais:

1. Não pode resolver seu problema de investimento direto apenas comprando nada além de títulos de poupança do governo dos Estados Unidos, uma vez que o valor que qualquer indivíduo pode adquirir é limitado. Portanto, tem de considerar o campo mais amplo do investimento de valor fixo.

Acreditamos que a aplicação estrita de testes quantitativos, somada a um razoável bom senso na área qualitativa, deve proporcionar um resultado final satisfatório.
2. No entanto, o problema exógeno da possível inflação é mais sério para ele que para o pequeno investidor. Desde 1932, tem havido um forte argumento bem fundamentado a favor de manter *algumas* participações em ações ordinárias como uma medida defensiva. Além disso, uma participação substancial em ações ordinárias corresponde à atitude e à prática tradicionais do indivíduo rico.
3. O tamanho de sua unidade de investimento tem maior probabilidade de induzir o grande investidor a se concentrar em ativos populares e dinâmicos. Até certo ponto, portanto, é prejudicado na aplicação da técnica dos ativos subvalorizados. No entanto, imaginamos que um obstáculo mais sério será encontrado em suas preferências e preconceitos.

C. Investimento por empresas comerciais. Acreditamos que os títulos do governo dos Estados Unidos, com isenção de imposto de renda de pessoa jurídica, são quase o único meio lógico para recursos de empresas que podem ser devidamente investidos ao longo de um período de anos. (Nas condições de 1940, os investimentos a curto prazo envolvem tanto problemas quanto rendimentos.) Parece bastante evidente, no geral, que outros tipos de investimentos de empresas — seja em títulos, seja em ações — podem oferecer um retorno bem mais alto apenas com risco de prejuízos e de críticas.

D. Investimento institucional. Não devemos ter a pretensão de sugerir políticas para instituições financeiras cujo negócio é ser versado na teoria e na prática do investimento. O mesmo pode ser dito para as instituições filantrópicas e educacionais, uma vez que, em geral, contam com o benefício de financiadores experientes na formulação de suas políticas financeiras. Entretanto, para não nos esquivarmos completamente de uma questão muito difícil, arriscamos a seguinte observação final: uma instituição que consegue se sustentar com a renda baixa proporcionada por ativos de renda fixa de alta qualidade deve, em nossa opinião, limitar suas participações a essa área. Duvidamos que o melhor desempenho dos índices de ações ordinárias no passado justifique, por si só, as responsabilidades pesadas e as incertezas recorrentes que são inseparáveis de um programa de investimento em ações ordinárias. Essa conclusão talvez possa ser modificada se houver substancial unanimidade de pontos de vista de que a inflação deve ser evitada, ou se o rendimento baixo obrigar a busca por um rendimento maior. Nesse caso, os responsáveis podem ter garantia de reservar uma parte dos recursos da instituição para administração em campos que não sejam de renda fixa, de acordo com os cânones e a técnica de análise de títulos financeiros.[7]

---

7. A Yale University agora segue uma política de investir parte de seus recursos em "ações" — definidas como ações ordinárias e ativos privilegiados que não pagam juros ou dividendos. A porcentagem varia de acordo com uma fórmula fixa, mais ou menos da seguinte forma: a proporção inicial é de 30% do fundo total. Sempre que uma alta no nível de mercado aumenta esse valor para 40%, um oitavo de cada participação acionária é convertido em títulos. Por outro lado, sempre que uma queda no mercado reduz a proporção para 15%, os títulos são vendidos e um terço adicional de cada ação é comprado. Ver o discurso de Laurence G. Tighe, tesoureiro adjunto da Yale University, intitulado "Present day investment problems of endowed institutions", proferido em 14 de fevereiro de 1940, perante a divisão de fideicomisso da American Bankers Association. Foi resumido no *New York Sun*, de 20 de fevereiro de 1940.

PARTE VIII
INVESTIMENTO FUNDAMENTALISTA GLOBAL

UMA VOLTA AO MUNDO COM GRAHAM E DODD
por Thomas A. Russo

Tenho o privilégio de apresentar a seção de *Análise de investimentos* que nunca foi escrita, aquela sobre investimento global. Essa não foi uma omissão grave por parte dos autores. Afinal, exceto na Grã-Bretanha e em alguns países europeus, os mercados financeiros globais ainda estavam bastante subdesenvolvidos quando a segunda edição foi publicada, em 1940.

Eu aprendi sobre investimento fundamentalista global com o professor Jack McDonald, da Stanford Business School, no início dos anos 1980. McDonald nos regalava com "histórias de guerra" sobre suas experiências de investimento no exterior. Mesmo recentemente, como na década de 1980, o investimento estrangeiro era difícil. Pelos padrões dos Estados Unidos, os mercados estrangeiros eram ilíquidos e os custos de negociação, altos. As práticas contábeis eram estranhas, para dizer o mínimo, e a divulgação era menos transparente do que a americana.

Isso não era tudo. Considere os desafios impostos ao potencial investidor global pela governança corporativa e pelas práticas de gestão locais, as restrições aos movimentos de capital, as variações de tributação, as diferenças de idioma, cultura e estabilidade política, as horas incomuns em que as negociações são executadas, a complexidade das transações de câmbio, os riscos cambiais e a logística envolvida em gerir a custódia de títulos estrangeiros. Será que esse trabalho todo valia mesmo a pena?

Curiosamente, foi Warren Buffett, de Omaha, no estado de Nebraska, que abriu um caminho para mim nesse campo minado. Como palestrante convidado para a turma do professor McDonald, Buffett não era e continua não sendo um especialista em investimento global. Buffett, um aluno de Benjamin Graham e David Dodd na Columbia University na década de 1950, tinha, no início dos anos 1980, evoluído de um investidor puramente voltado para balanços a um investidor que buscava empresas com posições de mercado excepcionais, administradas por pessoas honestas, capazes e com um estilo de gestão amigável para os acionistas. Essas empresas são raras, então por que se limitar apenas aos Estados Unidos?

Uma vez que as grandes oportunidades quase sempre são escassas — Buffett diz que você teve sorte se teve vinte ótimas ideias em sua vida útil de investimento —, uma busca limitada pode resultar em uma diversificação abaixo do ideal. Os investidores podem — e, de fato, devem — "compensar" um conjunto esparso de oportunidades por meio de uma busca ampla. Uma compreensão profunda e crescente de setores específicos permite que um investidor avalie as oportunidades nacionais e estrangeiras com competência. Podem existir variações locais em gostos e leis, mas a economia fundamental de produção, *marketing* e distribuição da maioria dos bens e serviços transcende as fronteiras nacionais.

Usar um foco como o de Buffett na economia subjacente das empresas também ajuda o investidor a lidar com diferenças nacionais nas práticas de contabilidade e de divulgação. A contabilidade local pode ser analisada no contexto dos resultados de empresas semelhantes em outros países. Por exemplo, se os retornos implícitos de uma cervejaria alemã parecerem divergir daqueles das cervejeiras francesas, britânicas e italianas, existe uma chance razoável de que as nuances das demonstrações financeiras tenham sido mal interpretadas e que uma análise mais aprofundada desses números seja necessária. Claro, as discrepâncias também podem ser explicadas pelo ambiente regulatório local ou pelas preferências divergentes dos consumidores. Quando os resultados de uma subsidiária importante não são totalmente identificados no demonstrativo de receitas, os números podem ser mais bem compreendidos por meio do estudo de empresas semelhantes em outros países. Por exemplo, a lucratividade das empresas cervejeiras depende, fundamentalmente, de suas redes de distribuição local e de sua parcela do mercado local. É provável que a subsidiária de uma cervejaria com uma parcela pequena de um mercado distante não represente um valor significativo. Por fim, o foco nas operações de negócios subjacentes leva o investidor a desenvolver uma rede global de contatos na indústria que pode ajudar a preencher as lacunas nos relatórios financeiros.

Graham e Dodd — e Buffett — preocupam-se, apropriadamente, com a tendência que alguns administradores têm de se apegar aos ativos da empresa, reter dividendos e fazer aquisições cujo único objetivo parece ser aumentar o prestígio e os salários deles. É por isso que Buffett procura gerentes que enfatizam a proteção a longo prazo e o aprimoramento de sua situação no mercado e se preocupam, sobretudo, com a eficácia do processo de alocação de capital da empresa. Ao investir em empresas estrangeiras, você precisa, de fato, do tipo de administrador que Buffett cobiça, uma vez que as regras de governança empresarial e as práticas de gestão, em geral, respondem menos às preocupações dos acionistas que nos Estados Unidos. Se a administração não acertar, você não pode contar com seus pares acionistas para fazer isso acontecer.

Além disso, embora as diferenças culturais e linguísticas tornem difícil fazer julgamentos com base no contato direto com gerentes estrangeiros, o longo histórico da administração está disponível. Você pode julgar as decisões passadas com base em seu conhecimento das melhores práticas do setor. Ademais, como Buffett frequentemente observou, empresas simples bem-posicionadas no mercado podem ser administradas por qualquer idiota. Na ausência de um histórico, as diferenças culturais e linguísticas dificultam a separação, digamos, das estrelas brilhantes francesas, tchecas ou tailandesas das luzes mais fracas. Portanto, a abordagem de "empresa simples, situação de mercado forte" de Buffett oferece uma medida de proteção adicional quando investimos no exterior.

INVESTIMENTO GLOBAL NA PRÁTICA

Desde que iniciei meu percurso no investimento internacional, há mais de vinte anos, encontrei desafios relacionados a flutuações cambiais, práticas contábeis, transparência empresarial, negociação e execução, bem como minha parcela de barreiras administrativas. Embora cada um desses desafios tenha diminuído ao longo dos anos, à medida que os mercados fora dos Estados Unidos se tornaram mais orientados para os investidores globais, todos continuam sendo obstáculos para muitos investidores que desejam se tornar globais.

RISCO CAMBIAL

Muitas vezes, fui questionado por investidores em potencial sobre como planejava me proteger contra o risco de oscilações adversas de moedas estrangeiras. Embora alguns investidores americanos prefiram proteger toda a sua exposição à moeda estrangeira em dólares americanos, acredito que os interesses dos investidores são mais bem atendidos pela diversificação das participações em uma variedade de moedas. Dado que os americanos estão expostos a várias moedas nos bens e serviços que compram, faz sentido ter alguma exposição em moeda estrangeira.

Ganhar essa exposição não foi fácil. Antes da chegada do euro em 1992, o investimento em empresas europeias exigia a conversão, por exemplo, em uma série de moedas. Gerenciar muitas posições de moeda é complicado e, às vezes, está sujeito a altos custos de transação. É por isso que acabei desistindo, por exemplo, da Figaro, subsidiária de confeitaria da Philip Morris sediada na Eslováquia. Administrar a exposição à moeda eslovaca era muito caro.

Mesmo que alguém estivesse inclinado a fazer uma operação de cobertura, outro fator é ser surpreendentemente complicado calcular uma cobertura adequada. A maioria das empresas opera em vários países com moedas diferentes. Por exemplo, os investidores que tentam se proteger da exposição da Nestlé ao franco suíço (suas ações são listadas na Suíça) vão ter dificuldade em saber de qual moeda se proteger, uma vez que menos de 5% das receitas da Nestlé são em francos suíços.

Além disso, às vezes, as oportunidades de investimento mais atraentes surgem quando as moedas estão cambaleando e, portanto, a cobertura é cara. Por exemplo, no início da década de 1990, investi no mercado acionário norueguês depois que os preços despencaram em decorrência da crise no setor de navegação provocada pela Guerra do Golfo (1990-1991). Naquela época, as moedas escandinavas estavam sob tanta pressão que as operações de cobertura — cujo preço previa novas quedas na cotação dessas moedas — seriam proibitivamente caras. Um forte argumento poderia ser: não apenas as ações da Noruega estavam subvalorizadas como sua moeda também. Exatamente aquilo que faria com que as ações norueguesas subissem — o fim da Guerra do Golfo — também seria um fator altista para a moeda.

PADRÕES CONTÁBEIS

Quando comecei a investir no exterior, os investidores americanos perguntavam: "Você pode confiar na contabilidade das empresas estrangeiras?" Mesmo naquela época, minha resposta era: "Comparado com o quê?". Embora haja muitas deficiências nos padrões de contabilidade estrangeiros, em alguns casos, eles são efetivamente mais conservadores do que as regras contábeis dos Estados Unidos. Enquanto isso, nossos padrões tão enaltecidos não evitaram desastres contábeis como as fraudes da Enron e da WorldCom.

No entanto, os padrões de contabilidade antigos dos mercados estrangeiros complicavam o investimento no exterior. Uma área de dificuldade era a das subsidiárias não consolidadas. Muitas vezes, não era possível encontrar nenhuma referência a essas subsidiárias parcialmente controladas no demonstrativo de resultados ou no balanço patrimonial, embora representassem uma parcela considerável do valor intrínseco da empresa. Regras variadas para o tratamento do patrimônio de marca, amortização e depreciação dificultavam comparações adequadas entre empresas com sede em diferentes países.

Por exemplo, quando comecei a investir na cervejaria holandesa Heineken no final dos anos 1980, a empresa parecia menos lucrativa que seus concorrentes americanos. Entretanto, a Heineken registrava encargos de depreciação que eram efetivamente excessivos porque usava a contabilidade de custos de reposição. Depois de ajustada de acordo com os princípios de contabilidade geralmente aceitos (*generally accepted accounting principles*, GAAP), a lucratividade da cervejaria ficou evidente. Esse foi um ajuste fácil, possibilitado pela boa transparência financeira dos relatórios da Heineken.

Com frequência, no entanto, as empresas estrangeiras deixam de fornecer informações suficientemente segmentadas ou, pior ainda, deixam de divulgar os resultados de subsidiárias não consolidadas, o que torna esses ajustes muito mais especulativos. Nesses casos, os investidores precisam insistir em uma margem de segurança mais ampla para se proteger contra os riscos que surgem da divulgação incompleta. Felizmente, os padrões mundiais de contabilidade melhoraram ao longo dos anos e passaram a exigir relatórios mais detalhados de resultados por segmento de negócios e mais transparência no tratamento de subsidiárias não consolidadas.

INFORMAÇÕES INDISPONÍVEIS

Em alguns países, as informações sobre empresas públicas, em geral, não estão disponíveis, e o que está disponível é de baixa qualidade. Alguns demonstrativos financeiros não são traduzidos para o inglês, sobretudo em mercados relativamente pequenos, como Noruega e República Tcheca. Eu, muitas vezes, contratei tradutores para me dizer o que constava naqueles relatórios. Com o advento da Bloomberg e de outros fornecedores de dados, mais informações são disponibilizadas em intervalos mais curtos e em inglês. No entanto, os comunicados à imprensa costumam ser apenas no idioma local.

É difícil também para os investidores americanos marcar reuniões com os administradores. Lembro-me de minha primeira visita à Heineken no final dos anos 1980. Quando fui apresentado ao vice-presidente, ele perguntou "O que você está fazendo aqui?" de uma forma que mostrou que quis de fato dizer isso. Na verdade, é provável que ele nunca tenha visto investidores americanos antes e, portanto, não conseguia imaginar por que poderiam se interessar pela empresa. Da mesma forma, quando fiz meus primeiros investimentos na Weetabix, um fabricante de cereais matinais sediado no Reino Unido, apenas uma vez consegui me encontrar com um executivo.

A Weetabix e a Heineken eram controladas por suas famílias fundadoras e havia pouco que um investidor pudesse fazer para ser ouvido pela administração. Mesmo assim, a leitura atenta dos relatórios de cada empresa mostrava que ambas eram negócios cuidadosamente administrados e voltados para os acionistas.

Posso conviver com gestores que sejam tímidos com os investidores, mas preciso de uma margem de segurança maior para fazer esses investimentos. Ainda assim, existem limites. Lembro-me de ter visitado a Coreia do Sul no final da década de 1990, após o colapso das moedas asiáticas. Em reunião com a alta administração de um dos principais fabricantes de doces da Coreia do Sul, a Lotte Confectionery, perguntei aos gestores sobre as perspectivas do fluxo de caixa no ano seguinte. O intérprete e os executivos falaram por quase trinta minutos, depois disso recebi uma resposta de uma palavra: "Melhor". Sem nenhuma percepção da discussão que resultou nessa resposta insatisfatória, afastei-me dessa empresa promissora.

QUEM TEM A CUSTÓDIA?

Quando comecei a investir no exterior, poucas empresas estrangeiras tinham suas ações listadas nos Estados Unidos na forma de *American depositary receipts* (ADRs), hoje comuns. Isso significava que muitos fiduciários americanos eram efetivamente impedidos de investir no exterior, uma vez que em geral precisam deter a custódia doméstica das ações. Embora eu invista em ADRs e ações locais, alguns de meus clientes podem ser proprietários apenas de ADRs. Pior ainda: alguns países têm restrições que realmente algemam os investidores estrangeiros.

Foi assim em meados da década de 1980, quando meus investidores que detinham ações da James Burroughs PLC (produtor do gim Beefeater) foram proibidos por lei de aceitar uma oferta de troca de ações feita pela Whitbread. Em vez disso, só puderam aceitar dinheiro. Desse modo, foi negada a eles a oportunidade de participar nas aquisições subsequentes da Whitbread pela Allied Domecq e da Allied Domecq pela Pernod Ricard. Em vez disso, foram forçados a pagar impostos sobre um lucro obtido involuntariamente. Da mesma forma, tenho dificuldades em investir em alguns mercados em desenvolvimento (por exemplo, Índia e China), devido às regulamentações dos mercados financeiros locais, que restringem os investimentos estrangeiros.

Os investidores sediados nos Estados Unidos também têm sido limitados nos tipos de instrumentos em que podem investir. Por exemplo, quando investimos pela primeira vez na Nestlé, em meados da década de 1980, por sermos investidores não suíços, não tínhamos direito de comprar ações reais, apenas "certificados de participação". Isso também se aplicava à Weetabix e à empresa de mídia holandesa De Telegraaf. Como um detentor de certificado teria menos direitos que um acionista, baixei o preço que estava disposto a pagar para manter uma margem de segurança adequada nessas situações.

Concluir negociações estrangeiras e manter participações no exterior continua a ser um desafio hoje em dia, mesmo com a enxurrada de recursos que fluem para os mercados estrangeiros. As comissões permanecem fixas em níveis elevados na maioria deles, e muitos desses mercados cobram taxas e impostos sobre as comissões. Por fim, muitos custodiantes sediados nos Estados Unidos cobram taxas adicionais para efetuar transações no exterior; além disso, também tentam lucrar nas transações com moeda. O recebimento de dividendos estrangeiros costuma atrasar e está sujeito a comissões pesadas para sua conversão em dólares. Ademais, os investidores isentos de impostos, como os fundos de pensão, os *endowments* e outras instituições passam por maus bocados quando tentam recuperar os impostos sobre dividendos estrangeiros retidos pelas autoridades locais. Os investidores tributáveis podem resolver isso reivindicando um crédito em seus impostos nos Estados Unidos correspondente aos impostos estrangeiros pagos. Finalmente, é difícil fazer uso de procurações para votar as participações estrangeiras, pois os custodiantes, muitas vezes, são notificados das decisões das empresas com atraso ou não são notificados por seus subcustodiantes estrangeiros.

Apesar de uma série de dificuldades administrativas e técnicas que persistem até hoje, as preocupações com a governança empresarial e a regulamentação dos títulos financeiros são exageradas. As proteções da governança empresarial internacional para os investidores, sobretudo na Europa, assemelham-se cada vez mais às proteções dos Estados Unidos. Na prática, existem cadeiras não executivas nos conselhos de administração em muitos países, uma tendência que está ganhando força nos Estados Unidos. Além disso, embora os mercados europeus não tenham normas de conduta novas para os conselhos de administração, como aqueles recentemente promulgados nos Estados Unidos em razão da lei Sarbanes-Oxley, a realidade é que seus sistemas baseados em princípios de governança empresarial fornecem tanta proteção quanto a estrutura baseada em regras dos Estados Unidos.

"ESTEJA CERTO UMA VEZ": WEETABIX

Sempre abordo o investimento com uma mentalidade que Buffett certa vez descreveu como "estar certo uma vez". Encontre empresas que são negociadas a preços razoáveis com marcas superiores e que possuam uma vantagem competitiva genuína, estruturas de capital conservadoras e administradores com mentalidade de proprietários que tenham demonstrado seu respeito pelos interesses dos acionistas. Deixe essas administrações com mentalidade de proprietário reinvestirem o abundante fluxo de caixa livre gerado por suas marcas. O valor intrínseco de cada negócio deve crescer com o tempo, idealmente a uma taxa alta o suficiente para proporcionar retornos atraentes aos investidores no futuro. Um exemplo desse tipo de empresa é a Weetabix.

Tomei conhecimento da Weetabix há cerca de vinte anos, por meio de minha esposa que, como todo mundo que passou a infância na Inglaterra, mantém uma lealdade notável a seu cereal matinal de mesmo nome, que é semelhante ao Shredded Wheat da Nabisco. Não gosto. No entanto, por meio de pesquisas de mercado da indústria de cereais matinais e de conversas com os concorrentes globais da Weetabix, descobri que ela possui não apenas consumidores extremamente fiéis à marca como também uma parcela substancial do mercado de cereais matinais do Reino Unido. Eu poderia investir nessa empresa? Fiquei impressionado com os resultados financeiros resumidos em um livreto da empresa, mas era difícil obter informações mais detalhadas.

O que descobri foi que, nos cinco anos anteriores a meu investimento, o faturamento da Weetabix crescera mais de 60%. Mais importante, o lucro operacional saíra de um prejuízo de 2,2 libras por ação, em 1982, para um lucro de 38,6 libras por ação, em 1986. No entanto, a margem de lucro da Weetabix, pouco menos de 10%, ainda era modesta para os padrões da indústria. Isso sugeria um possível potencial altista adicional para as lucros. Além disso, o balanço patrimonial da Weetabix era conservador, com saldos em numerário de 7 milhões de libras esterlinas, o que representava mais de 10% de sua capitalização de mercado. Ademais, as ações eram negociadas a um índice preço/lucro razoável de 7% e a um rendimento de fluxo de caixa livre de 14%. No geral, a Weetabix tinha um produto com marca forte em seu mercado doméstico. Ainda, o desempenho da empresa estava melhorando sob a gestão de Sir Richard George, um herdeiro da família controladora da Weetabix.

Meu primeiro investimento na Weetabix ilustra como pode ser difícil investir no exterior. Em primeiro lugar, as ações com direito a voto da Weetabix eram raramente, ou nunca, negociadas. Os certificados sem direito a voto, que meus clientes possuíam, eram negociados em uma bolsa chamada OFEX, que não era uma das principais bolsas — as ações da Weetabix eram, de fato, negociadas com hora marcada. As diferenças (*spreads*) entre as ofertas de compra e venda eram enormes. Além dos *spreads* amplos, os custos de transação eram altos. Dois corretores dividiam a negociação de ações da Weetabix entre si, portanto, realmente não havia nenhuma maneira de procurar um preço melhor. Apesar desses obstáculos, as ações eram uma pechincha tão grande que acabei me tornando um grande comprador delas. Entretanto, houve outras frustrações: por cerca de uma década, tive enormes dificuldades em aperfeiçoar a quitação das ações que adquiri e receber dividendos foi doloroso.

Outra razão de a Weetabix ser tão barata naquela época era o preconceito dos investidores contra as empresas familiares. Os investidores, muitas vezes, temem que os membros da família no controle de uma empresa pública possam ser indiferentes ao preço das ações ou até mesmo desviar ativos em benefício pessoal. Curiosamente, prefiro investir em entidades controladas por famílias. Contanto que você vincule seus interesses a um clã honesto, o controle familiar pode realmente levar a decisões melhores a longo prazo, e não piores, que beneficiam os acionistas, e não os administradores. Afinal, uma família que controla uma empresa fica livre para tomar decisões a longo prazo sem se preocupar com o que os outros pensam.

Finalmente, a administração da Weetabix era incomumente pouco comunicativa com os investidores. Não havia almoços extravagantes em escritórios de corretoras chiques na cidade de Londres. A empresa emitia poucos comunicados de imprensa, além dos resultados semestrais e anuais obrigatórios. Não havia oportunidades de se encontrar com os administradores em reuniões de analistas. Na verdade, a carta anual do presidente aos acionistas no relatório anual fornecia a maior parte das informações recebidas pelos investidores. Apesar de muitos esforços, demorei anos para conhecer o diretor executivo, embora meus clientes na época fossem proprietários de quase 16% das ações em circulação.

Embora essa inacessibilidade tenha desencorajado muitos investidores, eu apreciava a prática dos administradores de focar nas perspectivas operacionais da empresa e deixar que os resultados falassem por si. Como não vi nenhuma evidência de subterfúgios ao longo dos anos, estava confortável com o sucesso dos administradores em aumentar o valor para os acionistas. O melhor de tudo é que as próprias dificuldades que causavam a desvalorização da ação, quando tomei conhecimento dela, fizeram com que permanecesse desvalorizada ao longo do tempo. Fiquei muito satisfeito com a oportunidade de continuar a aumentar as participações a preços de mercado inferiores ao valor intrínseco. Na época em que as ações da Weetabix foram adquiridas em 2003, meu investimento original aumentara dez vezes.

RESUMINDO

O resultado final é que os princípios de Graham e Dodd — e de Buffett — são tão adequados aos mercados internacionais quanto aos dos Estados Unidos. Na verdade, uma vez que tantos investidores vasculham os mercados americanos em busca de pechinchas, alguns mercados estrangeiros permanecem consideravelmente menos eficientes, dominados por tendências a curto prazo, rumores e reações exageradas a novos acontecimentos. O que poderia ser melhor para os investidores fundamentalistas?

APÊNDICES

APÊNDICE A

NOTA 1

ABBOTT LABORATORIES

Ano	Preço da ação[1]		Lucro por ação[1] (em dólares)	Valor pago por ação (em dólares)
	Máximo	Mínimo		
1929	12	9	1,17	0,36
1930	11	9	0,80	0,57
1931	9	6	0,67	0,60
1932	8	4	0,50	0,54
1933	10	5	0,90	0,48
1934	14	10	1,48	0,56
1935	40	19	1,77	0,95
1936	55	31	2,10	1,97
1937	53	34	2,38	2,00
1938	58	34	2,31	1,62
1939	72	53	2,61*	2,05

1. Números ajustados para refletir a situação no final de 1939, levando em consideração dividendos de ações de 33,33%, 200% e 5% pagos em 1935, 1936 e 1939, respectivamente.
* Os lucros sobre o número *médio* de ações em circulação em 1939 foram de cerca de US$ 2,90 por ação.

AMERICAN HOME PRODUCTS CORPORATION

Ano	Preço da ação		Lucro por ação (em dólares)	Valor pago por ação (em dólares)
	Máximo	Mínimo		
1929	86	40	5,47	3,55
1930	70	47	5,49	4,20
1931	64	37	5,52	4,20
1932	51	25	3,93	4,20
1933	43	25	2,97	3,25
1934	36	26	3,02	2,40
1935	38	29	2,57	2,40
1936	52	37	3,81	2,50
1937	52	32	3,88	2,60
1938	46	31	3,75	2,40
1939	60	42	5,23	2,65

THE LAMBERT COMPANY

Ano	Preço da ação		Lucro por ação (em dólares)	Valor pago por ação (em dólares)
	Máximo	Mínimo		
1926	72	40	4,58	1,75
1927	89	66	6,98	6,00
1928	136	80	8,92	6,50
1929	157	80	10,04	7,75
1930	113	71	9,52	8,00
1931	88	40	8,23	8,00
1932	57	25	5,08	7,00
1933	41	19	2,99	4,00
1934	31	22	2,96	3,00
1935	29	21	2,03	2,75
1936	27	16	1,70	2,00
1937	24	10	1,54	2,00
1938	17	9	1,71	1,50
1939	18	14	1,69	1,50

APÊNDICE B

NOTA 1

As Frisco Preferred de 6% caíram para US$ 4,50 em 1931 e para US$ 1 por ação em 1932, o ano em que a ferrovia entrou em concordata. A emissão deve ser eliminada de acordo com plano do examinador da Interstate Commerce Commission, responsável pela reorganização da ferrovia.

As obrigações da Owens-Illinois Glass Co. foram resgatadas no ano seguinte (julho de 1933) a US$ 101,25.

As ações da Wright Aeronautical subiram para US$ 32,375 em 1925 e, espetacularmente, para US$ 299 em 1929, antes do pagamento de um dividendo de ações de 100% nesse ano. A ação nova despencou para US$ 3,875 em 1932 (equivalente a US$ 7,75 sobre a base antiga). Recuperou-se de uma maneira que sugeria manipulação a US$ 140,75 em 1936 (equivalente a US$ 281,50 sobre a base antiga), um preço que se mostrou incapaz de atingir novamente em 1939, apesar de um grande aumento nos lucros devido a encomendas de material bélico. Uma tendência fortemente crescente de aumento dos lucros entre os anos de 1935 e 1939, junto com encomendas de material bélico recebidas e potenciais, pode ser responsável pelo fato de a ação, no fim de 1939, ter sido negociada 35 vezes os lucros médios para 1935-1939.

Nos seis anos seguintes, as IRT Notes (Interborough Rapid Transit) receberam 7% anualmente em forma de juros e quase 1,7% aplicado anualmente contra o principal. Em 1939, a cidade de Nova York contratou a compra das propriedades da IRT em termos que implicavam a realização de 87,5% do principal não pago para os detentores de notas e 82,5% do principal dos detentores de obrigações de 5%, pagáveis em obrigações de 3% do estado de Nova York (Corporate Stock). Em nossa opinião, a garantia sólida por trás das notas dava direito ao reembolso na paridade. Apesar disso, o comprador das obrigações de 7%, em 1933, teria se saído muito melhor que um comprador das obrigações de 5% ao mesmo preço. Presumindo o pagamento em obrigações da cidade de Nova York com valor de paridade, o total recebido pelos detentores das notas, incluindo juros, seria de cerca de US$ 1.340 por nota de US$ 1.000 contra cerca de US$ 1.125 por obrigação de 5%.

A Paramount Pictures pagou US$ 12 de dividendos acumulados sobre as preferenciais classe A em dezembro 1936. Continuou a pagar dividendos regularmente sobre essa emissão desde então, mas não pagou dividendos sobre as ações ordinárias até 1939. No início de 1937, tanto as ações preferenciais de primeira classe como as ordinárias desfrutaram de um aumento substancial no preço, porém mais tarde nesse ano as preferenciais foram negociadas a um prêmio substancial sobre as ordinárias — uma condição que, em geral, tem prevalecido desde então.

NOTA 2

"AÇÕES BARATAS" × "AÇÕES CARAS"

Com a orientação dos autores, foi feito um esforço, em 1936 e 1938, para testar o desempenho relativo das ações que estão sendo negociadas a um múltiplo alto do lucro do ano anterior e daquelas que são negociadas a um múltiplo baixo de tais lucros. Oito estudos separados foram feitos, começando em 1º de março de cada ano, desde 1924 até 1931. Todas as ações industriais listadas na Bolsa de Valores de Nova York foram dispostas na proporção do preço, em 1º de março, relativo aos lucros do ano anterior. (As empresas com anos fiscais que não terminam em 31 de dezembro e aquelas que tiveram um lucro inferior a US$ 1 por ação no ano anterior foram excluídas.) Com relação às empresas remanescentes, os quartis superior e inferior foram separados para posterior comparação. Na média, o quartil superior foi negociado originalmente a cerca de três vezes mais o valor dos lucros que o quartil inferior.

Os fatores estudados incluíram mudanças posteriores no preço de mercado e o registro subsequente de lucros e pagamentos de dividendos. Procuramos determinar se o comprador de ações com múltiplos altos ("caras") ou de ações com múltiplos baixos ("baratas") iria se sair melhor com relação (1) às alterações futuras de preço mais a receita dos dividendos e (2) aos lucros futuros relacionados ao preço pago. Os testes foram realizados em 1º de março de cada ano após a data inicial selecionada.

Para economizar espaço, os resultados detalhados de nosso estudo não são apresentados aqui. Em geral, são inconclusivos, pois não apontam para uma vantagem consistente desfrutada por um grupo ou por outro. As inferências que podem ser tiradas favorecem as ações que são negociadas a um múltiplo baixo dos lucros do ano anterior. Embora as ações caras tenham posteriormente melhorado seus lucros e dividendos em comparação com o grupo das mais baratas — o que seria de esperar —, essa melhoria não parece ser grande o suficiente (ao longo de um período de oito anos) para compensar o prêmio inicial pago por essas ações. Nem seu melhor desempenho foi suficientemente sustentado, nos anos bons e maus, para garantir que seriam, *ao final*, mais baratas que as ações baratas.

Agradecemos ao senhor Irving Kahn pela ajuda neste estudo.

NOTA 3

Uma parte da história financeira da U. S. Express Co. mostra como a conversão de uma participação em uma propriedade, da forma de ação na forma de obrigação, atraiu compradores para novos títulos que eram, ao mesmo tempo, menos seguros e menos rentáveis que a emissão de ações.

Em 1918, os únicos ativos da empresa consistiam em um prédio no número 2 da Rector Street, na cidade de Nova York, e em diversos imóveis de valor relativamente baixo. A propriedade desses ativos era representada por 100 mil ações negociadas a US$ 15 por ação. No ano seguinte, o prédio da Rector Street foi vendido por 3,725 milhões de dólares, e o comprador financiou a compra em parte pela venda, na paridade, de obrigações de primeira hipoteca no valor de 3 milhões garantidas por um penhor sobre o edifício. Após alienar seus outros ativos, a U. S. Express Co. pagou dividendos de liquidação a seus acionistas de US$ 39,25 por ação.

Existe um contraste notável entre os méritos essenciais das ações da U. S. Express Co. a US$ 15 e os dessas obrigações ao valor nominal. Os compradores das primeiras estavam pagando o equivalente a 1,5 milhão de dólares pela *propriedade completa* do imóvel da Rector Street, além de outros ativos. Os compradores das obrigações estavam pagando 3 milhões por uma *participação limitada* apenas no imóvel da Rector Street. Obviamente, a ação a US$ 15 era um compromisso mais seguro e mais atraente que as obrigações ao valor nominal. Aparentemente, o público considerou a ação como uma especulação, e as obrigações, que representavam unicamente uma participação parcial nos ativos por trás da ação, foram entendidas como um investimento. É provável que uma parte da explicação dessa anomalia esteja na influência mágica da palavra "obrigação".

Um exemplo mais recente desse princípio é fornecido pela história do Court-Livingston Office Building, no Brooklyn, em Nova York. Após a execução da primeira hipoteca original, a posse do imóvel (exceto quanto a determinadas terras arrendadas) era representada por 3.880 ações do capital social. No início de 1939, as ações eram cotadas a US$ 30 por ação, indicando um valor total de 116,4 mil dólares para os ativos da empresa. Naquela época, no entanto, a Court detinha cerca de 180 mil em dinheiro. Em abril de 1939, o imóvel foi vendido por 250 mil dólares; mais tarde, os acionistas receberam cerca de US$ 110 por ação pela liquidação de sua participação. O comprador contratou uma hipoteca de 285 mil dólares de um banco de poupança, a qual abrange o imóvel inteiro, incluindo a terra anteriormente arrendada. A obrigação de aluguel existente com relação à parte do terreno torna este exemplo menos claro que aquele do caso do edifício da U. S. Express. Contudo, o fato de as ações da Court-Livingston terem sido negociadas por muito menos que as reservas de caixa aplicáveis mostra a subvalorização extraordinária resultante do uso da *forma de ação* em condições em que a *forma de obrigação* é o método de financiamento habitual e esperado.

NOTA 4

Os "American Certificates" com valor nominal de US$ 5,36 (nas taxas de câmbio da época) das Kreuger and Toll Co. Participating Debentures de 5%, com vencimento opcional em 2003, foram negociados no mercado dos Estados Unidos a US$ 28,14 cada. As seguintes características justificavam a classificação do título como sendo do tipo de uma ação ordinária.

1. As debêntures subjacentes geravam juros de 5%, pagos anualmente, e tinham direito a juros adicionais a uma taxa de 1% para cada 1% de dividendo pago ou declarado nas ações ordinárias em qualquer ano fiscal que ultrapassasse 5%.
2. O preço de lançamento dos "American Certificates" foi 5,25 vezes o valor nominal das debêntures conexas. À taxa de juros normal (ou seja, a não participante) de 5%, o rendimento sobre o preço da oferta seria inferior a 1%.
3. O proprietário dependia de uma renda razoável sobre a provisão participativa das debêntures e esta, por sua vez, era determinada pelo dividendo pago sobre a ação. Apenas cerca de *um quinto* da renda e do valor principal desse título poderia ser atribuído ao contrato de obrigações; os quatro quintos restantes tinham todas as características contingentes e variáveis de um compromisso com ações ordinárias. Essa divisão pode ser apresentada da seguinte forma:

(POR UNIDADE DE 20 KRONER)

Item	Componente de obrigação (em dólares)	Componente de ação (em dólares)	Total (em dólares)
Principal	5,36	22,78	28,14
Renda em 1928	0,27	1,07	1,34

Esses certificados foram negociados a um preço máximo de US$ 46,37 em 1929 e a US$ 0,50 em 1934.

APÊNDICE C

NOTA 1

Evidência convincente da natureza de investimento das National Biscuit Co. Preferred é encontrada no preço histórico e no registro de dividendos desse título. Dividendos anuais de US$ 7 por ação são pagos regularmente desde o estabelecimento da empresa em 1898. O título não é negociado abaixo da paridade (US$ 100) desde 1907. A média dos preços máximos e mínimos para 1908-1939 foi de US$ 140,60, o que significa que o dividendo anual de US$ 7 representou um rendimento de 5%. Uma média semelhante para toda a história do título na Bolsa de Valores de Nova York (1899-1939) é de US$ 132,75, com um rendimento de 5,27%. Essa média cobre uma faixa entre US$ 79,50 em 1900 e US$ 175 em 1939. Em apenas cinco dos 41 anos desde que o título foi listado pela primeira vez, foi negociado a um preço abaixo da paridade.

NOTA 2

Em 1925, 25 milhões de dólares das Seaboard-All Florida Railway First Mortgage Gold Bonds de 6%, série A, com vencimento em 1º de agosto de 1935, foram originalmente oferecidos a US$ 98,50 mais juros. As obrigações da Seaboard-All Florida Railway, da Florida Western & Northern R. R. Co. e da East & West Coast Railway eram solidárias e conjuntas. Tinham uma caução adicional em forma de uma garantia incondicional com relação ao principal e aos juros pelo endosso da Seaboard Air Line Railway Co., que arrendou as propriedades das diversas ferrovias por um aluguel anual líquido mínimo igual aos encargos de juros anuais sobre todas as obrigações em aberto sob a hipoteca.

As receitas da venda dessas obrigações foram utilizadas, sobretudo, para resgatar as obrigações de primeira hipoteca pendentes das ferrovias menores e para construir cerca de 350 quilômetros de trilhos novos ao longo das costas leste e oeste da Flórida. Assim, as obrigações tinham como primeira garantia cerca de 760 quilômetros de linhas recém-construídas.

A Seaboard-All Florida Railway passou para as mãos dos administradores da massa falida em 2 de fevereiro de 1931, após a liquidação da Seaboard Air Line Railway Co. e a falta de pagamento dos juros devidos sobre essas obrigações.

Embora os compradores de tais obrigações tivessem fornecido 24,625 milhões de dólares para cobrir o custo de aquisição e construção de propriedades ferroviárias na Flórida, em dezembro de 1931, suas obrigações estavam sendo negociadas a preços tão baixos quanto US$ 0,01, e o mercado avaliava o valor de seu investimento em apenas 250 mil. No final de 1939, a avaliação havia subido para 940 mil dólares, ou US$ 0,3875.

NOTA 3

Em 1933, houve inadimplência no pagamento dos juros das Bush Terminal Co. First Mortgage de 4%, com vencimento em 1952, e das Consolidated Mortgage de 5% da mesma empresa, com vencimento em 1955. Houve também inadimplência nos pagamentos ao fundo de amortização. Todas as inadimplências foram remediadas durante os procedimentos de reorganização, e as ações saíram ilesas. Vários outros exemplos desse tratamento, comparativamente raro, de ações inadimplentes são apresentados nas páginas 637-638 da primeira edição.

NOTA 4

Houve inadimplência no pagamento de principal e juros das Chicago & Eastern Illinois R. R. Co. First Consolidated de 6%, com vencimento em 1º de outubro de 1934, em 1934 e 1935, respectivamente. O plano de reorganização consumado em 1940 previa o pagamento à vista na paridade e juros de 4% até a data do pagamento.

As Price Bros. Co., Ltd., First Mortgage de 6%, com vencimento em 1943, ficaram inadimplentes com relação aos juros em 1932. Em 1937, os detentores receberam o principal no valor nominal e os juros acumulados até a data do pagamento.

NOTA 5

A Missouri, Kansas & Texas Railway Company entrou em concordata em 1915. Antes disso, as First 4s de 1990 haviam sido negociadas a um preço tão alto quanto US$ 104,25 em 1905 e foram vendidas a US$ 91,875 bem tarde em 1914. Antes das dificuldades financeiras que geraram a concordata de 1915, o registro dessa ação era definitivamente de uma obrigação de grau de investimento alto. Durante os onze anos entre 1903 e 1912, inclusive, o menor preço pelo qual foi negociada foi US$ 98,50 (no ano de pânico em 1907).

Ao longo da concordata prolongada, pagamentos foram diferidos e as obrigações foram negociadas "*flat*" (sem direito a qualquer pagamento pendente de juros) no mercado. Embora a inadimplência técnica tenha sido evitada, o *status* de investimento da ação desapareceu, as obrigações foram negociadas a um preço tão baixo quanto US$ 52,125 durante a concordata. Em 1921, quando o plano de reorganização foi divulgado, as obrigações foram negociadas a um preço tão baixo quanto US$ 56, e somente em 1927 recuperaram um pouco de seu prestígio passado como uma ação de investimento negociada acima de US$ 90. Assim, a garantia privilegiada não protegeu o detentor do título de um declínio substancial do mercado no período de dificuldade financeira.

O mesmo tipo de quadro é apresentado pelo registro das Brooklyn Union Elevated R. R. First de 5%, com vencimento em 1950, descrito no capítulo 2. Eram uma garantia subjacente sobre partes essenciais das linhas elevadas da Brooklyn Rapid Transit Co., que foi parar nas mãos de gestores de concordata, em 31 de dezembro de 1918, e reorganizada como Brooklyn-Manhattan Transit Corp., em 1923. O título foi classificado com um grau de investimento de primeira qualidade, de 1903 a 1917, e nunca foi negociado abaixo de US$ 90 durante esse período, exceto no pânico de 1907, quando caiu para US$ 85, e, em 1917, quando a concordata parecia iminente. Embora o título não tenha sido afetado pela reorganização, foi negociado a um preço tão baixo quanto US$ 55 em 1920, enquanto a concordata ainda estava em vigor, e não recuperou seu *status* anterior até 1926, três anos após o término da concordata.

As Choctaw & Memphis R. R. First Mortgage de 5%, com vencimento em 1949, ficaram inadimplentes com relação aos juros em 1º de julho de 1934. Em 1938 e 1939, os lances mínimos de compra foram de US$ 21 e US$ 32, respectivamente. No entanto, o plano de reorganização da Chicago, Rock Island & Pacific Railway Co. previu, de maneira substancial, sua continuidade, sem contratempos, como um pequeno título subjacente do sistema. (Ver a discussão dessa ação na p. 684.)

NOTA 6

DESEMPENHO DE PREÇO DAS OBRIGAÇÕES DE FERROVIAS E PRESTADORAS DE SERVIÇOS PÚBLICOS ENTRE 1937 E 1938 COM RELAÇÃO À COBERTURA DE JUROS EM 1936

A. Obrigações de ferrovias:

As obrigações de 37 ferrovias listadas na Bolsa de Valores de Nova York que não estavam em concordata em janeiro de 1937 foram classificadas com relação a sua capacidade de obter um lucro superior a 2,5 vezes os seus encargos fixos ou um lucro inferior ao dobro deles em 1936. (Apenas a Atchison e a Bangor & Aroostook tiveram um lucro sobre os encargos *entre* 2 vezes e 2,5 vezes.) Para cada ferrovia, foi selecionada uma ação ativa para representar o penhor mais subordinado. A tabela a seguir reflete o desempenho médio das obrigações classificado em três categorias.

			Média por obrigação de US$ 1.000	
			1937-1938	
Item	Juros totais ganhos em 1936	Taxa de cupom	Preço máximo	Preço mínimo
Classe I: Sete ferrovias que pagam dividendos e ganham mais de 2,5 vezes os juros	4,68 vezes	4,04%	112,50	100,75
Classe II: Doze ferrovias que pagam dividendos e ganham menos de duas vezes os juros	1,5 vez	4,56%	105,75	64
Classe III: Dezoito ferrovias que não pagam dividendos e ganham menos de duas vezes os juros	1,17 vez	4,44%	93,75	29,50

Apenas uma emissão de obrigação na classe I caiu mais de 10%. (Foi a Chesapeake & Ohio General de 4,5%, com vencimento em 1992, que mais tarde recuperou quase toda a sua queda.)

B. Obrigações de prestadoras de serviços públicos:

Todas as empresas prestadoras de serviços públicos solventes com obrigações listadas na Bolsa de Valores de Nova York foram classificadas de acordo com a cobertura dos encargos fixos em 1936: inferior a 1,5 vez; entre 1,5 vez e 2 vezes; e superior a 2 vezes. A compilação a seguir mostra o desempenho comparativo das empresas de primeira e terceira classes, sendo cada empresa representada por uma emissão de obrigações relevante.

		Média por obrigação de US$ 1.000		
			1937-1938	
Item	Juros totais ganhos em 1936	Taxa de cupom	Preço máximo	Preço mínimo
Classe I: 42 empresas gerando lucros superiores a duas vezes os juros de 1936	3,67 vezes	3,93%	108,25	102,75
Classe II: Onze empresas gerando lucros inferiores a 1,5 vez os juros de 1936	1,29 vez	5,16%	90,875	61,25

Das 42 ações da classe I, apenas cinco caíram mais de 10%. Todas se recuperaram, mais tarde, de modo a se situar dentro de uma faixa de três pontos de sua cotação máxima em 1937, ou em uma faixa melhor. Das onze ações da classe II, apenas uma não caiu mais que 10%. Foi uma obrigação da Saguenay Power Co., que é controlada pela Aluminium Ltd. of Canada e goza de certas garantias da poderosa Aluminium Co. of America.

NOTA 7

Para obter detalhes mais completos sobre os exemplos a seguir, consultar as páginas 640-641 da primeira edição desta obra.

1. A Gulf States Steel Co. vendeu uma emissão de debêntures de 5,5% em 1927 a US$ 98,75 e mais obrigações da mesma emissão em 1930 e cobriu seus encargos de 1929, em média, 4,88 vezes em 1922-1929. A cobertura mínima durante esse período foi de 3,5 vezes em 1926. Contudo, a empresa apresentou um déficit antes do pagamento de juros, em 1930-1932, e as obrigações caíram para um mínimo de US$ 21 em 1932.
2. A Marion Steam Shovel Co., em 1927, vendeu uma emissão de First de 6%, com vencimento em 1947, a US$ 99,50 e cobriu os encargos sobre ela, em média, 4,11 vezes entre 1922 e 1929. A cobertura mínima durante esse período foi de 2,78 vezes em 1928. No entanto, em sete dos nove anos seguintes, a empresa apresentou um déficit antes dos encargos de juros, e as obrigações foram negociadas a um preço tão baixo quanto US$ 0,20.
3. A McCrory Stores Corp. emitiu debêntures de 5,5% a US$ 98 em 1926 e cobriu todos os seus encargos fixos em 1931, em média, 5,32 vezes entre 1922

e 1931. Os lucros diminuíram drasticamente depois disso, e a empresa não conseguiu cobrir seus encargos. Em 1933, a empresa pediu falência, e as obrigações foram negociadas a um preço tão baixo quanto US$ 21,625.

Todos os três títulos, no entanto, recuperaram todo o seu preço ou a maior parte dele nos anos seguintes.

NOTA 8

DESEMPENHO DO PREÇO DE OBRIGAÇÕES INDUSTRIAIS ENTRE 1937 E 1938, COM RELAÇÃO AOS LUCROS PARA UM PERÍODO TERMINADO EM 1936

Este estudo é semelhante àquele descrito na nota 6 deste apêndice, com as seguintes modificações: todas as obrigações industriais listadas na Bolsa de Valores de Nova York foram examinadas com relação à cobertura dos lucros *médios* durante vários anos até 1936 (não mais que dez). No grupo A, foram colocadas todas as empresas (27 em número) que mostraram uma cobertura superior a três vezes os encargos de juros. No grupo B, foram colocadas as 37 empresas que mostraram uma cobertura inferior a 2,5 vezes os encargos.

Os resultados médios para os dois grupos foram os seguintes:

Item	Número de títulos	Cobertura média de juros[1]	Taxa de cupom	Faixa de preço em 1937-1938	
				Máximo	Mínimo
Grupo A	27	4 vezes	4,07%	107,50	97,50
Grupo B	37	1,45 vez	5%	95	70

1 Dado mediano usado, uma vez que a média seria não representativa.

Somente oito ações do grupo A perderam mais que 10% de seu preço de mercado máximo, e apenas nove ações do grupo B não sofreram esse declínio percentual. Dessas oito obrigações do grupo A, todas menos duas (as Gotham Silk Hosiery de 5% e as Jones & Laughlin de 4,25%) se recuperaram, mais tarde, para um nível dentro de quatro pontos do preço máximo de 1937. Das nove obrigações do grupo B que mantiveram seu preço, todas menos duas (as Houston Oil de 5,5% e as Koppers Co. de 4%) tinham coberto seus juros mais que três vezes no único ano de 1936.

NOTA 9

Ver páginas 641-643 da edição de 1934 desta obra para obter mais detalhes a respeito dos seguintes exemplos de colapsos de lucratividade na época anterior à depressão:

1. As Botany Consolidated Mills, Inc., First de 6,5%, com vencimento em 1934, foram emitidas em 1924. O montante líquido disponível para encargos derivados delas, naquele ano e nos sete anos anteriores, foi, em média, próximo a 5,75 vezes os encargos, e as obrigações foram negociadas a preços de valor fixo até 1926, quando a empresa sofreu um déficit operacional. Daí em diante, com uma exceção insignificante em 1927, déficits operacionais grandes e crescentes foram apresentados até que a concordata veio a atingir a empresa em 1932. Nesse último ano, as obrigações foram negociadas a US$ 0,05. Elas haviam sido negociadas a preços tão baixos quanto US$ 59 e US$ 40, respectivamente, nos anos prósperos de 1928 e 1929.
2. As R. Hoe & Co. First de 6,5%, com vencimento em 1934, foram emitidas em 1924. Nos três anos anteriores, os lucros médios foram 3,2 vezes a soma dos encargos sobre as obrigações novas e de outros encargos fixos, sem levar em consideração quaisquer lucros gerados pelo capital novo levantado pela emissão. Os lucros caíram em 1924 e continuaram a cair nos anos seguintes, com exceção de 1929. No entanto, as obrigações continuaram a ser negociadas perto da paridade, apesar da cobertura inadequada, até 1928. Depois disso, caíram a um preço tão baixo quanto US$ 75 em 1929. Em 1932, ocorreu a concordata, e as obrigações foram negociadas a um preço tão baixo quanto US$ 6,125.
3. A Long-Bell Lumber Corp. mostrou uma queda quase ininterrupta em seus lucros líquidos durante 1922-1932. Quando a Long-Bell Lumber Co. (uma subsidiária) vendeu as First Mortgage de 6% em 1926, a cobertura média estava bem acima do mínimo exigido para títulos industriais. Porém, a cobertura média para 1926-1929 foi apenas de 1,37 vez, e a empresa apresentou déficits operacionais depois disso até suas obrigações se tornarem inadimplentes em 1932.
4. As Nacional Radiator Corp. Debentures de 6,5%, com vencimento em 1947, foram oferecidas à paridade em 1927. Entre 1922 e 1926, os lucros disponíveis tinham sido, em média, 3,5 vezes os encargos sobre as obrigações, sem levar em consideração os lucros adicionais sobre o novo capital. A cobertura de encargos fixos era adequada em 1927; contudo, déficits operacionais foram apresentados nos três anos seguintes, e gestores de concordata foram nomeados em 1931.

NOTA 10

Para exemplos anteriores, observe: as Mexican Light & Poder Co. First de 5%, com vencimento em 1940, não estavam inadimplentes em junho de 1933 e eram negociadas a US$ 50, enquanto as obrigações do governo do México, listadas na Bolsa de Valores de Nova York, estavam todas inadimplentes e eram negociadas entre US$ 0,04 e US$ 0,06 na época; as Chile Copper Co. Debentures de 5%, com vencimento em 1947, foram negociadas a US$ 67 em junho de 1933, enquanto as do governo do Chile de 6% estavam inadimplentes desde 1931 e eram negociadas a preços que variavam entre US$ 0,11 e US$ 0,12; as Rio de Janeiro Tramway, Light & Power Co. First de 5%, com vencimento em 1935, foram cotadas a US$ 87 em junho de 1933, enquanto as obrigações da cidade do Rio de Janeiro estavam inadimplentes desde 1931 e eram negociadas a US$ 22, tendo sido vendidas a menos de US$ 0,10 no início do ano; as Pirelli Co. of Italy Sinking Fund Convertibles de 7%, com vencimento em 1952, estavam sendo negociadas acima da paridade em junho de 1933, enquanto as Kingdom of Italy External Sinking Fund de 7%, com vencimento em 1951, estavam sendo negociadas a US$ 95, e nenhuma das emissões estava inadimplente.

No final de 1939, a emissão da Mexican Light & Power Co. ainda estava pagando seus encargos de juros e era negociada entre US$ 21 e US$ 25, ao passo que as obrigações do governo mexicano estavam inadimplentes e sendo negociadas a US$ 0,75. Observe também que, em setembro de 1939, a Rhine-Westphalia Electric Power Corp. resgatou, na paridade e com juros, o pequeno saldo de Secured (dollar) Notes de 7%, enquanto as German Republic External de 7% estavam sendo negociadas na bolsa de Nova York por menos de 10% da paridade. Em novembro de 1939, a Pirelli Co. of Italy resgatou a US$ 105 e juros a emissão inteira de suas obrigações conversíveis (em dólar) de 7%, com vencimento em 1952. Na mesma época, as Kingdom of Italy External de 7%, com vencimento em 1951, eram negociadas a US$ 65.

NOTA 11

Por exemplo, os juros referentes a 1º de setembro de 1932 das Alpine-Montan Steel Corp. First de 7%, com vencimento em 1955, não foram pagos devido a restrições cambiais impostas pelo governo austríaco, embora a empresa possuísse recursos domésticos suficientes para fazer o pagamento. Os juros de 1º de agosto de 1932 das Rima Steel Corp. First de 7%, com vencimento em 1955, não foram pagos em razão de um decreto do governo húngaro que suspendeu os pagamentos, no exterior, em outras moedas, sobre as obrigações financeiras húngaras, a partir de 23 de dezembro de 1931. O principal das notas de 6% do Deutsche Bank, com vencimento em 1º de setembro de 1932, não foi pago no vencimento devido a restrições cambiais impostas pelo governo alemão. Foi oferecido aos detentores o pagamento imediato em marcos, a serem deixados na Alemanha, ou o pagamento em 1º de setembro de 1935 em dólares, com o pagamento imediato de um prêmio em dinheiro de 2% em dólares. Um acordo semelhante foi feito em relação às Saxon Public Works, Inc., Notes de 5% com vencimento em 15 de julho de 1932.

NOTA 12

Para um tratamento detalhado das qualidades de investimento e do registro de obrigações de fundos de equipamentos, o estudante deve consultar o capítulo VII da obra de Kenneth Duncan, *Equipment obligations* (1924).[1] Estudos de caso de inadimplências em obrigações de equipamentos e seu tratamento em reorganizações de ferrovias desde 1900 podem ser encontrados nas páginas 229 a 239 desse excelente trabalho. Para citar brevemente Duncan, escrevendo em 1924:

> Em apenas três casos, foi necessário que os detentores de títulos de equipamentos aceitassem um acordo na forma de recebimento de outros títulos em vez de dinheiro. Em apenas dois casos, eles tiveram de retomar os equipamentos e vendê-los, e em nenhum caso o pagamento finalmente deixou de ser feito, quer em dinheiro, quer em outros títulos que, mais tarde, poderiam ter sido vendidos por um valor igual ao principal das obrigações dos equipamentos em que a inadimplência ocorreu. (p. 199-200)

Ver também o capítulo IX da obra *A study of corporation securities*, de Arthur S. Dewing (1934).[2]

Uma sinopse breve porém mais recente do tratamento das obrigações de equipamentos em concordatas de ferrovias é reproduzida a seguir e se baseia em um estudo realizado pela Freeman & Co., empresa especialista em obrigações de equipamentos, publicado em de 9 de janeiro de 1940.

---

1. Kenneth Duncan, *Equipment obligations*. Nova York/Londres, D. Appleton, 1924.
2. Arthur S. Dewing, *A study of corporation securities*. Nova York, Ronald Press Co., 1934.

REGISTRO DE TÍTULOS DE FUNDOS DE EQUIPAMENTOS EM CONCORDATAS DE FERROVIAS DE 1886 ATÉ O INDICADO

1886 — *Denver Rio Grande R. R.* Notas trocadas com o consentimento dos detentores de obrigações por ações preferenciais que, mais tarde, valeram 40% mais que o fundo de equipamento.

1888 — *Chesapeake & Ohio.* Equipamentos ilesos; taxas de juros sobre outros títulos reduzidas.

1892 — *Central Railroad & Banking Co. of Georgia.* Ilesos; pagamento integral.

1892 — *Savannah, Americus & Montgomery.* Sem perturbações; pagamento integral.

1892 — *Toledo St. Louis & Kansas City R. R.* Sem perturbações; pagamento integral.

1895 — *Atchison Topeka & Santa Fe.* O gestor da concordata reservou uma obrigação hipotecária de US$ 1.200 para resgatar cada equipamento de US$ 1.000 no vencimento.

1895 — *Nova York, Lake Erie & Western.* Certificados do gestor da concordata emitidos para pagar equipamentos.

1895 — *Union Pacific.* Ileso; obrigações hipotecárias reservadas para pagar equipamentos no vencimento.

1896 — *Philadelphia & Reading.* Equipamentos pagos; em parte por avaliação.

1896 — *Northern Pacific.* Ilesos; pagos regularmente.

1899 — *Columbus Hocking Valley & Toledo Railway.* Juros pagos pontualmente e 10% do principal resgatado regularmente de acordo com o novo acordo.

1900 — *Kansas City, Pittsburgh & Gulf.* Novas obrigações hipotecárias privilegiadas emitidas para pagar equipamentos.

1905 — *Cincinnati, Hamilton & Dayton.* Ilesos.

1905 — *Pere Marquette.* Ilesos; vendeu fundos de equipamentos adicionais durante a concordata com rendimento de 6%.

1908 — *Seaboard Air Line.* Certificados dos gestores da concordata vendidos para quitar equipamentos no vencimento.

1908 — *Detroit, Toledo & Ironton.* Recuperação completa do principal, exceto deduções de honorários advocatícios e despesas.

1910 — *Buffalo & Susquehanna.* Equipamento vendido; sem prejuízo.

1915 — *Wabash Railroad.* Opção de dinheiro ou fundos de equipamentos de 6%.

1916 — *Minneapolis & St. Louis.* Pagamento integral; ileso.

1916 — *Missouri Pacific.* Pagamento integral; ileso.

1916 — *New Orleans Texas & Mexico.* Pagamento integral; ileso.

1916 — *St. Louis-San Francisco.* Pagamento integral; ileso.

1916 — *Western Pacific*. Pagamento integral; ileso.
1916 — *Wheeling Lake Erie*. Pagamento integral; ileso.
1917 — *Wabash Pittsburgh Terminal*. Pagamento integral; ileso.
1918 — *Chicago Peoria & St. Louis*. Inadimplência temporária; o pagamento foi retomado em 1919.
1920 — *Washington Virginia R. R*. Administração nova pagou todos os atrasados.
1921 — *Missouri Kansas Texas*. Pagamento integral; ileso.
1921 — *Atlanta Birmingham & Atlantic*. Oferta de dinheiro em acordo.
1922 — *Chicago & Alton*. Pagamento integral; ileso.
1923 — *Minneapolis & St. Louis*. Ainda em concordata; pagamento integral realizado.
1927 — *Chicago Milwaukee & St. Paul*. Pagamento integral; ileso.
1931 — *Wabash Railway*. Após uma prorrogação de três anos para certos vencimentos e o pagamento integral dos juros em 1939, um empréstimo da R.F.C. previa o resgate, mediante compra, de todos os certificados então pendentes com vencimento até 1944.
1931 — *Florida East Coast Railway*. Após a prorrogação de determinados prazos de vencimento, todos os certificados de fundos de equipamentos e juros foram pagos integralmente até a data atual. Exceção: arrendamento série D excluído.
1931 — *Seaboard Air Line Railway*. Todos os certificados Equipment Trust trocados por certificados de gestores da concordata com vencimento em 1º de fevereiro de 1945 tinham uma taxa de juros de 2% até 1º de fevereiro de 1938, 3% até 1º de fevereiro de 1940 e, a partir de então, 3,5% até o vencimento. Emissões recentes de certificados de fundos de equipamentos foram regularmente pagos pelos gestores da concordata.
1931 — *Ann Arbor*. Pagamento integral de principal e juros.
1932 — *Mobile & Ohio*. Principal e juros pagos integralmente.
1932 — *Central of Georgia*. Principal e juros pagos integralmente.
1932 — *St. Louis-San Francisco*. Principal e juros pagos integralmente.
1932 — *Norfolk Southern*. Principal e juros sendo pagos integralmente.
1932 — *Wisconsin Central*. Principal e juros pagos integralmente.
1933 — *Missouri Pacific*. Principal e juros pagos integralmente.
1933 — *New Orleans Texas & Mexico*. Principal e juros pagos integralmente.
1933 — *International-Great Northern*. Principal e juros pagos integralmente.
1933 — *Akron, Canton & Youngstown*. Principal e juros pagos integralmente.
1933 — *Chicago & Eastern Illinois*. Principal e juros pagos integralmente.
1933 — *Chicago, Rock Island & Pacific*. Todos os certificados Equipment Trust inadimplentes anteriores a 1º de julho de 1937 foram trocados por Sinking

Fund Trustee's Certificates de 3,5%, com vencimento em 1º de julho de 1947. O fundo de amortização (*sinking fund*) é calculado para resgatar todos os certificados até o vencimento. Certificados Equipment Trust de 3,5%, série R, emitidos pelos fideicomissários, foram pagos integralmente com principal e juros.

1935 — *Chicago, Milwaukee, St. Paul & Pacific R. R.* Pagamentos do principal feitos até 2 de março de 1935. De acordo com o plano em vigor, os pagamentos de principal com vencimento entre 1º de abril de 1935 e 31 de dezembro de 1940 serão pagos em US$ 200 a cada ano até o pagamento integral. Todos os pagamentos do principal e dos juros no âmbito do plano têm sido pagos até a presente data. Emissões recentes de certificados Equipment Trust são regularmente pagas pelos fideicomissários.

1935 — *Chicago & North Western Railway.* Principal e juros pagos integralmente.

1935 — *Chicago Great Western Railroad.* Principal e juros pagos integralmente.

1935 — *Denver & Rio Grande Western R. R.* Principal e juros pagos integralmente.

1935 — *New York, New Haven & Hartford.* Principal e juros pagos integralmente.

1935 — *St. Louis Southwestern Railway.* Principal e juros pagos integralmente.

1935 — *Western Pacific Railroad.* Principal e juros pagos integralmente.

1937 — *New York, Ontario & Western.* Principal e juros pagos integralmente.

1937 — *New York, Susquehanna & Western.* Principal e juros pagos integralmente.

1938 — *Erie Railroad.* Principal e juros pagos integralmente.

1938 — *Rutland Railroad.* Pagamento integral do principal até 31 de maio de 1938. Certos detentores de vencimentos de 1938 e 1939 consentiram em uma prorrogação voluntária até 1º de junho de 1941. Os juros foram pagos integralmente até a presente data.

Deve-se notar que a troca por certificados dos gestores de concordata ou dos fideicomissários, em alguns dos casos antes mencionados, resultou em uma redução na taxa de pagamento aos detentores e que a exclusão do arrendamento série D da Florida East Coast Railway resultou em uma venda do equipamento a um preço para os detentores de certificados líquidos equivalente a apenas US$ 0,43 de suas obrigações. O último caso ocupa uma única posição na história das obrigações de fundos de equipamentos de ferrovias emitidas no contexto do plano de arrendamento.

NOTA 13

Considerando seu histórico de investimento, as obrigações de fundos de equipamentos foram negociadas a rendimentos indevidamente altos entre 1932 e 1933, uma opinião expressa na edição de 1934 desta obra. Os rendimentos obtidos por essa classe de título em junho de 1933 e no fim de 1939 são indicados na seguinte tabela.

Ferrovia e série	Base atual (%)			
	Jun. 1933		Dez. 1939	
	Compra	Venda	Compra	Venda
Atlantic Coast Line "E"	5,50	4,50	2,00	1,50
Baltimore and Ohio R. R. "D"	6,75	5,50	3,25	2,00
Central of Georgia Railway "Q"	14,00	9,00	4,50	3,75
Chesapeake & Ohio Railway "W"	4,50	3,75	2,10	1,50
Chicago & North Western Railway "U"	12,00	8,00	3,00	
Chicago Great Western R. R. "A"	12,00	9,00	4,46	
Chicago, Milwaukee, St. Paul & Pacific R. R. "L"	14,00	9,00	4,49	
Erie R. R. Co. "NN"	8,75	7,25	2,00	
Illinois Central R. R. "P"	7,00	6,00	2,50	1,75
Long Island R. R. "I"	4,75	4,00	2,50	1,50
Missouri Pacific R. R. "D"	12,50	9,00	5,00	
New York Central R. R. "4,5%, 1929"	6,50	5,50	2,15	1,25
New York, New Haven & Hartford R. R. de "4,5%, 1930"	6,50	5,50	3,10	2,50
Northern Pacific Railway de "4,5%, 1925"	6,00	5,00	1,25	0,50
Pere Marquette Railway de "4,5%, 1930"	12,00	9,00	2,45	1,00
Reading Company de "4,5%, 1930"	4,65	4,00	2,00	1,50
Southern Pacific Co. "M"	5,50	4,75	2,25	1,60
Southern Railway "CC"	11,00	8,50	2,10	1,50

NOTA 14

Um *relatório provisório* do Comitê de Títulos Imobiliários da Associação Americana de Banqueiros de Investimento (datado de 12 de maio de 1931 e impresso na íntegra em *Investment Banking*, jun. 1931, p. 7-10) estimou o volume total de obrigações imobiliárias inadimplentes em 10 bilhões de dólares, divididas em classes da seguinte forma:

Classe 1. Empréstimos inferiores a 75% da reavaliação atual, em boa situação, com bom registro .... US$ 2.000.000.000

Classe 2. Empréstimos que não mostraram qualquer evidência de problemas, mas que estão acima de 75% do valor presente do título e parecem ser capazes de serem pagos, sem execução nem prejuízo .... US$ 2.000.000.000

Classe 3. Empréstimos geralmente em excesso de 75% do valor presente do título em que a execução ou o pagamento com um prejuízo pequeno é provável (*prejuízos entre 10% e 25%*) .... US$ 2.500.000.000

Classe 4. Itens que, quando apresentados originalmente, eram empréstimos de 80% a 100%. Esses empréstimos são agora itens de 125% a 150%, *com perdas de 25% a 60%*, quando a execução e a venda forem concluídas .... US$ 3.000.000.000

Classe 5. Nesse grupo se encontram os erros de avaliação grosseiros. Construções incompletas, mal concebidas e situadas, incluindo muitas emissões de obrigações de arrendamento e de segunda hipoteca. Os prejuízos nesta classe serão entre *60% a 100%*, e os itens, muitas vezes, precisarão ser totalmente abandonados .... US$ 500.000.000

Total .... US$ 10.000.000.000

Em seu relatório anual, divulgado em novembro 1931, antes da Décima Segunda Convenção Anual da Associação Americana de Banqueiros de Investimento, o comitê revisou as estimativas anteriores da seguinte forma:

> A quantidade exata de obrigações de imóveis inadimplentes é difícil de ser determinada devido ao grande número de pequenas emissões das quais nenhum registro foi mantido. O Federal Reserve Board, em Washington, estima que o volume máximo em aberto, atualmente, pode ser de 6 bilhões de dólares. Esse número é muito inferior ao estimado em nosso relatório de maio. Acreditamos, no entanto, que a cifra de 6 bilhões está, aproximadamente, correta. A liquidação desse volume de obrigações imobiliárias apresenta um dos maiores problemas enfrentados pelo setor imobiliário.
>
> Por conta do declínio no valor dos imóveis urbanos, estima-se que cerca de 60% das emissões de obrigações imobiliárias em circulação se encontram em algum grau de dificuldade. (*Procedimentos da Décima Segunda Convenção Anual da Associação Americana de Banqueiros de Investimento*, 1931, p. 130)

A natureza da dificuldade, anteriormente referida, foi indicada pelo presidente do comitê em suas observações introdutórias na apresentação do relatório. Ele declarou:

> Hoje, estima-se que cerca de 60% das obrigações imobiliárias emitidas estejam em algum grau de dificuldade. Algumas apresentam apenas problemas

pequenos, seja em inadimplência temporária, seja em não pagamento de impostos; outras estão em processo de reorganização ou sendo executadas. (p. 128)

O crescimento e o posterior declínio no volume de obrigações imobiliárias em inadimplência efetiva com relação aos pagamentos de juros e/ou do principal são demonstrados pela seguinte compilação[3] da Dow, Jones & Co., Inc., datada em 1º de novembro, nos respectivos anos. Apenas as emissões vendidas ao público e mantidas por ele estão incluídas.

1928	36.229.000
1929	59.755.000
1930	137.463.000
1931	327.968.000
1932	739.326.000
1933	995.017.000
1934	647.945.000
1936	408.738.000
1938	223.534.000

NOTA 15

Um exemplo aflitivo desse tipo é fornecido pela Hudson Towers, no cruzamento da 72 Street com a West End Avenue, na cidade de Nova York. Esse prédio de 27 andares foi erguido para ser um hotel, um sanatório e um hospital, atendendo a pacientes e suas famílias. Era, portanto, um tipo especializado de estrutura. O terreno custou, na verdade, 395 mil dólares, e os engenheiros estimaram que a construção custaria 1,3 milhão. A fim de facilitar a venda de 1,65 milhão de dólares em obrigações de primeira hipoteca, a combinação de terreno e construção foi "avaliada" em 2,6 milhões, tornando assim as obrigações "legais para fundos de investimento", de acordo com a legislação da cidade de Nova York. Isso ocorreu em 1923. Posteriormente, a construção passou por várias mãos em sua venda e revenda, antes de sua conclusão; em 1927, obrigações de segunda hipoteca no valor de 1,15 milhão de dólares foram vendidas ao público.

O projeto nunca foi concluído; em agosto de 1932, a propriedade foi vendida por 200 mil dólares, quando da execução da primeira hipoteca. O resultado do ponto de vista do detentor não consentidor da primeira hipoteca é indicado pelo anúncio da Irving Trust Co., em de junho de 1933, o qual estava

---

3. *The Wall Street Journal*, 27 dez. 1933; 15 fev. 1939.

preparado para pagar US$ 8,14 por cada 1 mil dólares do valor principal das obrigações de primeira hipoteca não depositadas. Assim, menos de US$ 0,01 por dólar foi realizado na liquidação. Os detentores de obrigações *depositantes* receberam apenas US$ 3,84 por 1 mil dólares de obrigações, após a dedução das despesas do comitê de proteção, etc.

NOTA 16

Observe o seguinte comentário do Comitê de Títulos Industriais da Associação Americana de Banqueiros de Investimento em seu relatório de 1928.

> Foram analisadas várias circulares contendo ofertas de ações preferenciais feitas com base em um negócio instalado em um edifício em propriedade arrendada. A referência ao fato de o arrendamento ser um encargo privilegiado foi feita em uma tipografia muito pequena e de uma forma por demais discreta. O investidor que olhasse para a circular poderia, com facilidade, inferir que o dividendo sobre as ações preferenciais era um primeiro encargo sobre os lucros. Infelizmente, os investidores, como regra, não leem as circulares com cuidado, e o investidor médio dificilmente teria notado a menção feita ao encargo provocado pelo arrendamento. Em nossa opinião, esses números deveriam ser apresentados da mesma maneira que os encargos de juros sobre os títulos expostos. (*Procedimentos da Investment Bankers Association of America*, 1928)

O argumento é igualmente válido, claro, no caso de uma emissão de uma obrigação subordinada a encargos de aluguel.

Um exemplo importante de uma emissão de arrendamento que encontrou dificuldade por causa do aluguel do terreno é o das Waldorf-Astoria Corp. (Nova York) First Mortgage Leasehold de 7%, com vencimento em 1954.

Um total de 11 milhões de dólares do título da Waldorf foi vendido ao público em outubro de 1929. O arrendamento do terreno começou em 300 mil por ano, mas saltou para 600 mil ao final de dois anos e subiu, depois, para um máximo de 800 mil dólares por ano. Além disso, certos arrendamentos relacionados às construções e ao fundo de amortização precisavam ser tratados como *despesas operacionais*, apesar de serem fixos e determináveis em quantidade. A declaração, na circular de oferta, de que os encargos fixos sobre as First Leasehold de 7% estavam cobertos mais de 4,5 vezes (de acordo com uma conta de receita estimada) foi, portanto, enganosa, uma vez que os encargos de aluguel logo excederiam os juros sobre as obrigações e foram aglomerados no item de despesas operacionais visando ocultar seu verdadeiro efeito e natureza.

Se o comprador das First Leasehold de 7% tivesse capitalizado os encargos privilegiados em 6%, iria ter descoberto que a emissão de 11 milhões estava subordinada a cerca de 23 milhões de dólares de compromissos privilegiados.

No início de 1932, tornou-se necessário abrir uma negociação com o senhorio (uma subsidiária da New York Central R. R.) sobre os pagamentos de aluguel do terreno, os quais estavam inadimplentes. Um plano de reajuste foi concluído em 1937, por meio do qual o proprietário fez certas concessões com relação à prioridade e aos valores nos quais os aluguéis do terreno deveriam ser pagos no futuro; em troca, os detentores de obrigações concordaram com uma modificação na escritura segundo a qual suas participações foram transformadas em ações ordinárias e obrigações de renda com encargos contingentes. As obrigações, nesse caso, recuaram para um preço mínimo de US$ 3,25 em 1932.

Uma situação muito semelhante desenvolveu-se em relação à emissão do Hotel Pierre. As obrigações originais foram negociadas, nesse caso, a um preço mínimo de US$ 0,01 em 1932 e 1933. Uma reorganização, em 1932, deu aos detentores das antigas First Leasehold de 6,25% uma quantia de principal, drasticamente reduzida, de novas Income Debentures da 2 East 61st Street Corp. e uma pequena quantidade de ações. Em abril de 1939, a empresa, novamente, encontrou dificuldades com seus compromissos relativos ao arrendamento e entrou com uma petição voluntária de falência.

As Tower Building Company (Chicago) First Leasehold de 6,5% foram oferecidas ao público em 1926 à paridade. O valor era de 1,9 milhão de dólares. O arrendamento exigia o pagamento anual de um aluguel pelo terreno que começava em 190 mil dólares (e aumentava a partir daí). Esses pagamentos de arrendamento pesados subsequentemente se tornaram inadimplentes; o arrendamento foi cancelado em 1931 e as obrigações perderam todo o valor.

Um destino desastroso similar afetou os detentores das 170 Broadway Corporation (New York) First Leasehold de 6,5%, com vencimento em 1949.

NOTA 17

É interessante comparar nossos padrões quantitativos mínimos, sugeridos para a seleção de obrigações, com os Bond Quality Yardsticks, preparados em 1939, pela Standard Statistics Company e pelo Comitê de Portfólio de Obrigações da Associação de Bancos de Nova York. Os índices propostos para vários agrupamentos (exceto municípios) estão resumidos nas tabelas I e II a seguir, reproduzidas com permissão de um artigo intitulado "How to test your bonds", de E. Sherman Adams, publicado na *Barron's, The National Financial Weekly*, na edição de 4 de dezembro de 1939.

TABELA I. ÍNDICE DE QUALIDADE DE OBRIGAÇÕES

Concebidos como guias úteis, não como padrões inflexíveis nem como testes exclusivos

	Lucros comparados com encargos[1]		Proteção dos lucros (B)				Proteção dos ativos (A)		
	Líquido[2] melhor que	Antes de depr., esg., etc.[3] Melhor que	Renda disp. para encargos fixos ao valor nominal da dívida financiada. Melhor que	Relação entre lucro e faturamento bruto. Melhor que	Desp. operacionais como % do faturamento[4] menor que	Relação entre dívida fixa e propriedade líquida e (C). Menor que	Relação entre propriedade líquida e faturamento bruto. (B). Menor que	Relação entre capital de giro e dívida fixa (C). Melhor que	Relação entre ativos circulantes e passivos circulantes. (C). Melhor que
Linhas de fabricação pesada:									
Aço	6	10	24%	7%	84%	35%	100%	150%	400%
Maquinário	6	8,5	24	6	88	50	60	250	400
Linhas de fabricação diversas:									
Acessórios de autos	6	9,5	24	5	89	50	50	150	350
Materiais de construção	6	9	24	6	87	30	100	125	400
Produtos químicos	5	6,5	20	15	73	75	125	100	300
Produtos domésticos	6	9	24	5	90	50	50	150	350
Equipamentos de escritório	6	7,5	24	10	83	50	100	150	350
Papel (não jornal)	6	10	24	7	84	35	100	200	400
Indústrias extrativas									
Carvão	6	11	24	8	81	40	100	150	400
Produtos de metais não ferrosos	6	10	24	12	74	20	300	100	350
Petróleo	6	11	24	8	79	30	133	150	300
Empresas de produtos alimentícios:									
Panificação e laticínios	4	6	16	4	91	66,66	50	75	200
Produtos alimentícios diversos	5	7	20	6	88	50	75	100	200
Situações especiais de estoque:									
Pneus automotivos*	6	11	24	4	90	50	40	200	
Processamento de carne*	6	11	24	1	97,5	33,5	15	200	
Fabricantes de metais não ferrosos*	6	11	24	4	90	40	50	200	

Varejistas:						
Lojas de departamento*	6	9	24	2,5	95	50	25	150	250
Redes de supermercados*	5	7,5		1,5	97	60⁵			
Situações especiais diversas:									
Cinema	6	8	24	8	86	50	80	200	400
Gráficas e publicação*	6	7	24	15	77	40			
Empresas de locação de equipamentos ferroviários	4	6⁶	16	9	74		200		300
Produtos de tabaco	4		16	9	86	75⁵			
Prestadoras de serviços públicos:									
Empresas operadoras de eletricidade a vapor⁷*	2,75⁸		12	19⁹		60	500¹⁰		
Empresas operadoras de hidroelétricas (varejo)⁷*	2,75⁸		12	25⁹		60			
Empresas operadoras de hidroelétricas (atacado)⁷*	3⁸		13	25⁹		50			
Empresas de água*	2⁸		10	20⁹	55	60	700¹⁰		
Companhias telefônicas*	3⁸		13	15⁹		50	350¹⁰		
Ferrovias*	3¹¹	3,5⁶							

* Índices suplementares para esses grupos são fornecidos na tabela II.
1. Com base nos encargos fixos reais declarados em anos anteriores e não nos encargos atuais.
2. Após impostos.
3. A maioria desses índices de referência se baseia na experiência registrada das empresas mais bem situadas nos vários setores.
4. Proporção das despesas operacionais, excluindo depreciação, esgotamento e impostos federais sobre a renda, em relação à receita bruta.
5. Dívida fixa sobre propriedade líquida mais estoque.
6. Múltiplo dos encargos fixos ganhos antes da depreciação, menos os pagamentos de fundos de equipamentos.
7. Para sistemas em que pelo menos 75% das receitas são derivadas de eletricidade.
8. Com resultado do ano passado, pelo menos tão bom quanto a média de seis anos.
9. Lucro líquido sobre receitas operacionais.
10. Propriedade líquida para receitas operacionais.
11. Com o mínimo em um ano não inferior a duas vezes.

(A) *Os seguintes índices de referência adicionais de proteção de ativos são recomendados para todos os grupos industriais* (C), caixa e equivalente ao passivo circulante igual ou superior a 100%. Dívida fixa ao valor de mercado da capitalização total (considerando obrigações à paridade, ações preferenciais ao preço menor entre paridade e mercado e ações ordinárias ao mercado; preços no final do ano): não superior a 25%. Os índices guias (C) devem ser aplicados, sobretudo, aos números mais recentes declarados pela empresa, mas alguma consideração também deve ser dada aos números de anos anteriores e a sua tendência. (B) Todos os índices de referência relacionados à proteção dos lucros devem ser aplicados aos dados médios da empresa durante os últimos seis anos. Isso também se aplica à relação entre propriedade líquida e receita bruta.

TABELA II. OUTROS ÍNDICES PARA GRUPOS ESPECÍFICOS

Pneus automotivos, processamento de carnes, fabricantes de metais não ferrosos

Capital de giro líquido, excluindo estoques para dívida fixa — igual ou superior a 100%.

Lojas de departamento

Rotatividade de estoque — igual ou superior a oito vezes por ano.

Cadeias de supermercado

Rotatividade de estoque — igual ou superior a doze vezes por ano. Ativo circulante excluindo estoques para passivos circulantes — igual ou superior a 100%. (Essa relação é sugerida para cadeias de supermercado, em vez da relação de dinheiro e equivalentes para passivos circulantes usada para todos os outros grupos industriais.)

Gráficas e publicação

Dívida fixa sobre propriedade líquida mais patrimônio de marca — igual ou inferior a 50% (a). Índice de circulação — tendência (1929 = 100) deve ser tão favorável quanto o da média nacional (b).

(a) Ao usar o item patrimônio de marca, associação à imprensa, circulação, franquias, volume de anúncios, etc., como fator de proteção de ativos para as obrigações, é essencial determinar a razoabilidade dos números declarados. Como um guia grosseiro, um grupo representativo de empresas editoras de jornais avalia seu "patrimônio de marca" em uma base de cerca de 30 mil dólares por cada mil exemplares de circulação. (b) Índice da média nacional: 1929 — 100; 1930 — 100,4; 1931 — 98,2; 1932 — 92,3; 1933 — 89,1; 1934 — 93,0; 1935 — 96,8; 1936 — 102,0; 1937 — 104,8; e 1938 — 100,3.

Prestadoras de serviços públicos

Depreciação e manutenção para receita operacional — 15% para empresas operadoras de vapor e eletricidade, 13% para empresas operadoras de hidrelétricas, 12% para empresas de água, 25% para as empresas de telefonia. Lucro operacional líquido para propriedade líquida em torno de 7% para todos os grupos. Propriedade líquida para receitas operacionais e despesas operacionais para receitas operacionais — no caso de empresas que operam hidrelétricas, é importante que essas relações sejam consideradas em conjunto, mas não há normas que possam ser estabelecidas, uma vez que cada situação deve ser avaliada à luz de seus problemas territoriais. Receitas operacionais por posto telefônico — US$ 50 ou mais.

Ferrovias

Cobertura de encargos fixos de operações ferroviárias, média dos últimos seis anos — igual ou superior a duas vezes. Capital de giro líquido (incluindo compromissos do governo com ativos atuais e impostos acumulados sobre passivos atuais) para encargos fixos — igual ou superior a 200%. Manutenção de trilhos e da estrutura mais manutenção de equipamento (incluindo depreciação) para receita bruta — igual ou superior a 25% durante vários anos passados. Despesas de transporte para receita bruta — tendência constante ou decrescente. Toneladas de milhas brutas por hora de trem de carga — tendência ascendente constante. Dívida fixa para valor de mercado da capitalização total (considerando obrigações à paridade, ações preferenciais ao menor entre paridade ou mercado e ações ordinárias ao preço de mercado; preços de final do ano) — igual ou inferior a 50%.

Uma crítica adequada desses índices exigiria muito mais espaço. É óbvio que consideramos quase todas desnecessárias ou excessivamente severas, pois, caso contrário, deveríamos ter revisto nossas sugestões também. Vale salientar que as bitolas apresentadas nessas tabelas "não são oferecidas como um padrão abaixo do qual os bancos nunca devem ir", mas, em vez disso, parecem representar algo entre "uma ferramenta de trabalho adicional" e um conselho de perfeição. Em nossa opinião, a multiplicidade dos padrões propostos diminui muito a utilidade prática desses critérios. Se *todos* esses testes devem ser cumpridos, o campo de investimento em obrigações elegíveis é estreitado de forma quase intolerável. Se alguns forem dispensados, o investidor ficará muito à deriva com relação ao que é mais importante e à margem de manobra que usa com segurança.

A aplicação real dessas medidas às carteiras típicas de obrigações dos bancos de poupança ou de empresas seguradoras constituiria um exercício útil de análise de títulos financeiros e também lançaria alguma luz sobre as implicações práticas dos testes sugeridos. A Standard Corporation Records agora compila esses índices para as empresas líderes.

NOTA 18

O seguinte é citado na edição de 1934 desta obra:

> *Um exemplo atual.* A Fox Film Corporation, após grandes prejuízos em 1931-1932, se recapitalizou em abril de 1933 ao persuadir os detentores de cerca de 95% de sua dívida a trocá-la por ações ordinárias. Como resultado, seus empréstimos bancários foram eliminados e sua emissão de notas, com vencimento em abril de 1936, foi reduzida de 30 milhões para menos de 1,8 milhão de dólares. Em dezembro de 1933, as notas de 6% eram negociadas a US$ 75, rendendo mais de 20% até o vencimento. O valor de mercado das ações ordinárias era de cerca de 35 milhões e o dos ativos líquidos atuais era de cerca de 10 milhões de dólares. Os sinais quantitativos certamente apontavam para a conclusão de que a emissão de notas tinha ampla proteção e, por conseguinte, estava barata custando US$ 75.
>
> Qual o nível de confiança dessa conclusão? É certamente seguro dizer que a ação não valia nada perto de 35 milhões ou que a emissão de notas de 1,8 milhão de dólares devia ser totalmente segura. Mas uma declaração desse tipo é menos conclusiva que parece, uma vez que, geralmente, não existe nenhuma maneira de tirar vantagem de uma discrepância entre os preços relativos de uma ação altamente especulativa e uma ação privilegiada com grau de investimento.[4]

---

4. "No caso da Fox Film, as notas de 6% ainda eram permutáveis por ações na base do plano de recapitalização, ou seja, a US$ 18,90 por ação. Se esse fosse um privilégio contratual, em vez de apenas um privilégio de conversão voluntário, as notas da Fox teriam sido comprovadamente superiores a US$ 75 às ações da Fox a US$ 14, *de todos os pontos de vista.*"

O analista deve decidir se o título, considerado por si só, é uma compra atraente. Se o negócio é muito instável, até mesmo um enorme patrimônio subordinado pode desaparecer completamente e a emissão de notas pode deixar de ser paga, apesar de seu tamanho pequeno. No caso da Fox Film, temos, por um lado, um grande fator em uma indústria importante, o que deve significar uma estabilidade suficiente, pelo menos, para assegurar o pagamento desse compromisso pequeno. Por outro lado, o mercado de cinema tem sido muito especulativo e os registros da Fox Film, desde 1930, não inspiram confiança.

Nossa conclusão deve ser, entretanto, que o apoio quantitativo extraordinariamente grande para essas notas em dezembro de 1933 reduziu o risco de não pagamento a proporções muito pequenas. Enfatizando mais uma vez o elemento de diversificação como uma salvaguarda em todas essas operações, expressamos a opinião de que uma série de compras desse tipo, com toda a probabilidade, gerará um resultado bastante satisfatório no conjunto. É desnecessário dizer que algumas perdas ocorrerão, mas a proporção de tais perdas deve, sem dúvida, ser muito menor em um período razoavelmente normal, como 1923-1927, que em anos cataclísmicos como 1930-1933.

Sequela. A empresa cobriu seus encargos fixos quase seis vezes durante o restante de 1933, após a recapitalização. Cobriu seus encargos quase cinco vezes em 1934, quase dez vezes em 1935, e mais de 38 vezes em 1936. As notas foram pagas na paridade, no vencimento, em 4 de abril de 1936.

NOTA 19

Comparando-se os índices dos gastos com manutenção de ferrovias e das receitas operacionais brutas das ferrovias de classe I, com base no período de cinco anos entre 1926 e 1930, inclusive, e também 1937, temos o seguinte por divisões geográficas:[5]

---

5. *Estatísticas das ferrovias nos Estados Unidos*, Comissão Interestadual de Comércio, Washington.

Região	1926-1930			1937		
	Manutenção de vias (%)	Manutenção de equipamento (%)	Total (%)	Manutenção de vias (%)	Manutenção de equipamentos (%)	Total (%)
Estados Unidos (total)	13,7	19,5	33,2	11,9	19,9	31,8
Nova Inglaterra	15,3	17,8	33,1	13,7	17,6	31,3
Grandes Lagos	12,5	20,9	33,4	10,7	20,9	31,6
Centro-Leste	12,5	20,7	33,2	10,4	21	31,4
Pocahontas	13,4	20	33,4	10,2	18,3	30,5
Sul	14,5	20	34,5	11,6	21	31,7
Noroeste	14,5	18,3	32,8	13,8	19	32,8
Centro-Oeste	14	18,1	32,1	13,1	19,5	32,6
Sudoeste	15,9	18	33,8	14	18,3	32,3

As variações entre as diferentes regiões, conforme indicado na tabela, são nitidamente menores do que eram antes de 1920. As despesas de manutenção de numerosas ferrovias caíram visivelmente abaixo dos padrões apresentados durante 1931 e 1932. Por exemplo, as taxas da Illinois Central para 1932 foram as seguintes: manutenção de vias, 8,36%; manutenção de equipamentos, 19,48%.

Diferenças acentuadas entre ferrovias no mesmo distrito geográfico também surgiram, conforme indicado na tabela a seguir:

Ano e ferrovia	Manutenção de vias (% do bruto)	Manutenção de equipamentos (% do bruto)	Total (% do bruto)
Média de 1926-1930 para região sudoeste	15,85	17,97	33,82
Atchison:			
1929	15,79	18,13	33,92
1932	11,52	23,69	35,21
St. Louis-Southwestern:			
1929	19,97	16,26	36,24
1932	14,65	16,87	31,52
Southern Pacific:			
1929	12,63	17,46	30,09
1932	11,86	18,57	30,43

O estudo a seguir contrasta a tendência de manutenção para vários grupos de ferrovias classificadas de acordo com sua situação financeira.

Item	Taxa de manutenção total (%)		
	1928	1934	1938
17 ferrovias que pagaram dividendos em 1938	34,5	32,2	32
23 ferrovias solventes que não pagaram dividendos em 1938	32,2	30	29,8
21 ferrovias insolventes em 1938	32,6	32,3	33
Todas as ferrovias classe I	32,8	30,7	30,7

Essa comparação mostra, em primeiro lugar, que as ferrovias que pagam dividendos tendem a ser mais liberais com a manutenção que aquelas que não pagam dividendos e estão lutando para permanecer solventes; segundo, que as ferrovias que pedem concordata tendem a aumentar seus índices de manutenção, mesmo quando as outras estão fazendo cortes.

NOTA 20

A Chesapeake & Ohio Railway Co., entre os anos de 1921 e 1929, fornece um exemplo de despesas de manutenção excepcionalmente pesadas. Isso se reflete nas cifras a seguir, que podem ser comparadas com as taxas de manutenção padrões para a região de Pocahontas, apresentadas na nota anterior.

Ano	Proporção entre manutenção da via e bruto (%)	Proporção entre manutenção de equipamento e bruto (%)	Total (%)
1921	14,51	23,87	38,38
1922	12,70	27,01	39,71
1923	12,60	28,10	40,70
1924	14,40	27,90	42,30
1925	15,20	25,30	40,05
1926	14,23	22,89	37,12
1927	14,37	22,38	36,75
1928	13,47	22,29	35,76
1929	14,39	22,36	36,75
1930	13,55	19,55	33,10
1931	12,88	18,99	31,87

A existência, no passado, de grandes lucros atuais em subsidiárias, os quais não foram repassados à empresa controladora, é ilustrada pelos seguintes exemplos com referência à Louisville & Nashville R. R. Co., que apresenta 51% de ações ordinárias de propriedade da Atlantic Coast Line R. R. Co.

Ano	Lucro por ação (em dólares)	Pago por ação (em dólares)	Saldo após dividendos ordinários (em dólares)	Patrimônio da Atlantic Coast Line nos lucros não distribuídos da Louisville & Nashville
1922	14,72	7,00	5.558.019	2.834.590
1923	11,54	5,00	7.648.935	3.900.957
1924	12,08	6,00	7.112.794	3.627.525
1925	15,98	6,00	11.680.711	5.957.163
1926	16,60	7,00	11.232.111	5.728.377
1927	14,29	7,00	8.536.241	4.353.483
1928	12,24	7,00	6.133.220	3.127.942
1929	11,73	7,00	5.536.543	2.823.636

Um quadro semelhante, embora menos impressionante, é apresentado pela Chicago, Burlington & Quincy, que, nos anos de 1922 a 1929, inclusive, teve um lucro substancialmente maior que seus pagamentos de dividendos. Isso foi verdadeiro, sobretudo, nos anos 1924, 1928 e 1929, embora a situação tenha se invertido e dividendos superiores aos lucros tenham sido pagos em 1930, 1931 e 1932. A Great Northern Railway Co. e a Northern Pacific Railway Co. possuem, cada uma, cerca de 48% das ações ordinárias da Burlington.

NOTA 21

ANÁLISE DAS GENERAL MORTGAGE BONDS (VÁRIAS SÉRIES) DA CHICAGO, MILWAUKEE, ST. PAUL, AND PACIFIC RAILWAY, COM VENCIMENTO EM 1989

PREÇO MÉDIO EM 1939 DE CERCA DE US$ 25

Essa emissão, que comporta várias taxas de juros, totaliza 139 milhões de dólares e exclui as obrigações dadas em garantia. A US$ 25, a emissão inteira é negociada por cerca de 35 milhões. As obrigações têm uma garantia privilegiada sobre 10 mil quilômetros de ferrovia de uma rede total de 18 mil quilômetros; também são garantidas por equipamentos e por outros ativos. A segregação dos lucros do sistema (incluindo a divisão Terre Haute), de acordo com as diversas garantias hipotecárias, indica que, após levar em consideração os encargos dos fundos de equipamentos, cerca de 60% dos rendimentos restantes são aplicáveis a essa emissão. Assim, em resumo, vemos que um preço de US$ 25 para as General Mortgage Bonds é equivalente a um valor total de cerca de 60 milhões de dólares para todas as propriedades da St. Paul, sujeitas a 29 milhões de dólares em compromissos ligados a equipamentos avaliados pelo mercado na paridade. (As garantias subordinadas não incluídas nesse total teriam, na melhor das hipóteses, um direito muito pequeno sobre os ativos.)

Esse valor indicado de cerca de 90 milhões para as propriedades da St. Paul se compara com um custo de reprodução menos uma depreciação não inferior a 660 milhões de dólares; com capitalização total, a paridade, de 739 milhões; com receita bruta média, entre 1934 e 1938, de 99 milhões; e média líquida disponível para juros, nesses cinco anos, de cerca de 8,1 milhões de dólares. Se os juros sobre os fundos de equipamentos forem deduzidos (por serem equivalentes a um encargo operacional), o saldo de cerca de 7 milhões de dólares é equivalente a quase 12% do preço de mercado das várias ações de primeira hipoteca.

Este resumo, do ponto de vista da posição das obrigações General Mortgage, indica que, *a menos que as futuras perspectivas da St. Paul sejam sombrias*, devem valer mais que US$ 0,25. Quanto mais? Dois métodos de avaliação estão disponíveis, e para cada um devemos usar a média entre 1934 e 1938 como uma medida da lucratividade futura.

Método A. Avaliação geral, independentemente de um plano de reorganização específico. Presumimos que o lucro líquido de 8 milhões suportará bem 4 milhões de dólares de encargos fixos, equivalentes a 100 milhões em obrigações de primeira hipoteca de 4% na paridade. O saldo de 4 milhões de juros pode ser capitalizado em 8%, para dar 50 milhões de patrimônio subordinado para a primeira hipoteca. Isso resulta em um valor de sistema de 150 milhões, ou 120 milhões de dólares acima dos títulos de fundos do equipamentos. Ademais, isso significa um valor de 72 milhões para a hipoteca geral, ou 52% do valor de face, contra um preço de mercado de US$ 25.

Esse cálculo conciso está sujeito aos seguintes questionamentos e qualificações:

1. Os 8 milhões de dólares de lucro líquido médio podem ser adequadamente usados como uma medida do lucro líquido futuro? Esse número é 2 milhões

superior ao lucro em 1938, mas cerca de 1,4 milhão de dólares inferior aos resultados de 1939. As estimativas feitas em janeiro de 1938 dos "lucros normais" no futuro estimaram tais lucros em um nível tão alto quanto 15,8 milhões. Os resultados da última década variaram entre 30 milhões em 1929 e menos de 1 milhão em 1932. A taxa de manutenção entre 1934 e 1938 estava bem acima da média de outras ferrovias. No todo, portanto, a estimativa de 8 milhões de dólares deve ser considerada conservadora, embora o futuro dos lucros das ferrovias seja muito incerto.
2. Parte do valor atribuído ao sistema deve ser alocada para emissões subordinadas e, portanto, deduzida da parcela da hipoteca geral. A técnica usada em reorganizações recentes indica que esse desvio de valor será relativamente pequeno.
3. Mais importante é entender se 8 milhões de dólares de lucros justificarão os 150 milhões de dólares de valor de mercado da maneira como calculamos. Um ponto crucial aqui é a questão de futuros gastos de capital que podem precisar ser financiados a partir dos lucros, reduzindo assim o montante a ser distribuído aos detentores de títulos. Vários planos de reorganização sugerem que são utilizados anualmente entre 2,5 milhões e 5 milhões para esse fim, depois de levar em consideração 4 milhões para encargos fixos privilegiados. Se essa política for seguida, é improvável que 8 milhões de dólares de lucros totais resultem em um valor de 50 milhões de dólares para os títulos subordinados, uma vez que pouco ou nada poderia ser pago em termos de juros sobre eles.

Resumindo o precedente, nossa avaliação pode ser considerada liberal demais se uma provisão grande para encargos de capital for necessária; por outro lado, podemos muito bem provar que foi baseada em uma estimativa indevidamente baixa dos lucros futuros.

Método B. Derivado de um plano de reorganização específico. Para esse efeito, usaremos o plano de reajuste proposto em novembro de 1938 pelo examinador da Interstate Commerce Commission e procuraremos avaliar os novos títulos alocados para as obrigações General Mortgage. O plano prevê 3,865 milhões de dólares de encargos fixos, baseados nos fundos de equipamentos atuais mais 77 milhões de dólares em novos First de 3,5%. Depois, existe uma dedução de 2,5 milhões a 5 milhões (conforme determinado pelos diretores) para encargos de capital; em seguida, 3,6 milhões de dólares de juros de obrigações de renda da série A de 4,5%; depois, 1,1 milhão de dólares de juros de obrigações de renda da série B de 4,5%; a seguir vem um fundo de amortização e, depois, as novas preferenciais e ordinárias.

As obrigações General Mortgage devem receber cerca de US$ 350 cada em novas First 3,5% e séries A de 4,5% e cerca de US$ 240 cada em séries B de 4,5% e ações preferenciais. Com o decorrer do tempo, as de 3,5% podem vir a merecer um valor de mercado final de US$ 90. Os lucros de 8 milhões de dólares cobrirão nominalmente todos os juros das séries A de 4,5%; mas a distribuição dependerá da apropriação do fundo de capital. Preços de mercado de, digamos, US$ 40 para as séries A de 4,5%, US$ 20 para as séries B de 4,5% e US$ 5 para as preferenciais parecem razoáveis. Os dois últimos representam possibilidades principalmente especulativas. Isso indicaria um valor total de US$ 51 para as obrigações General Mortgage, correspondendo de perto (como deveria) ao resultado alcançado pelo primeiro método.[6]

Conclusão. As obrigações St. Paul General Mortgage estão claramente subavaliadas a US$ 25, a menos que o futuro das ferrovias seja tão sombrio que praticamente todos os títulos das operadoras estejam atualmente supervalorizados. Em qualquer caso, essas obrigações deveriam ser uma propriedade melhor que as obrigações subordinadas e as ações preferenciais de várias ferrovias solventes, mas menos fortemente consolidadas.

UMA COMPARAÇÃO ENTRE MISSOURI, KANSAS & TEXAS E ST. LOUIS-SAN FRANCISCO (CIRCULAR EMITIDA EM JANEIRO DE 1922)

Introdução. Os novos títulos da Missouri, Kansas & Texas Railway apresentam uma série de oportunidades atraentes, tanto para o investidor como para o especulador. O plano de reorganização pendente, que recentemente foi declarado em vigor, reduz os encargos fixos do sistema a um número muito conservador, de modo que os juros da obrigação devem ser regularmente cobertos com uma margem substancial. Além disso, o excelente histórico da ferrovia sob as atuais condições adversas promete uma lucratividade substancial disponível para os títulos subordinados.

Em última análise, a concordata prolongada da Missouri, Kansas & Texas fortalecerá a posição das novas ações. Durante esse período, grandes despesas foram feitas para a reabilitação física de cada parte do sistema. A melhoria resultante das vias e dos equipamentos, por sua vez, levou a uma maior eficiência operacional, de modo que seus custos de transporte durante o ano anterior foram consideravelmente inferiores à média de outras ferrovias.

---

6. O "Plano Final de Reorganização", emitido pela Interstate Commerce Commission, em fevereiro de 1940, contém algumas divergências com relação ao plano do examinador, mas as mudanças não afetarão, materialmente, a conclusão apresentada.

TABELA I

	St. Louis-San Francisco				Missouri, Kansas e Texas			
	Taxa (%)	Vencimento	Preço cerca de	Rendimento (%)	Taxa (%)	Vencimento	Preço cerca de	Rendimento (%)
Títulos com garantias privilegiadas	4	1950	69,50	6,35	4	1970	65	6,35
	5	1950	83,50	6,25	5	1970	78	6,50
	6	1928	96,50	6,55	6	1932	92	7,15
Obrigações de ajuste†	6	1955	73,50	8,16	5	1967	45	11,11*
Obrigações de renda†	6	1960	55,50	10,81				
Ações preferenciais	(6)		38		(7)		25,50	
Ações ordinárias			21,50				8,25	

* Supondo que os juros sejam pagos integralmente.
† Rendimentos diretos apresentados.

Ao analisar o valor dos novos títulos da Missouri, Kansas & Texas, é inevitável que uma comparação seja feita com a St. Louis-San Francisco. Os dois sistemas são muito semelhantes em termos de localização, natureza do tráfego e estrutura financeira. Na verdade, a reorganização da Missouri, Kansas & Texas foi modelada de perto com a da 'Frisco, que se consumou em 1916.

A similaridade de capitalização das duas ferrovias é ilustrada pela tabela I, que compara o preço atual e os rendimentos de várias emissões.

A seguir, discutimos a situação geral das duas empresas, no que diz respeito à capitalização e aos resultados operacionais; em seguida, apresentamos uma comparação detalhada de emissões de títulos correspondentes. Nossa análise indica que a Missouri, Kansas & Texas possuirá duas vantagens subjacentes sobre a St. Louis-San Francisco:

I. seus encargos fixos são menores em proporção aos lucros brutos; e
II. sua eficiência operacional é maior.

Com base nesses pontos de superioridade importantes, deve ser possível que a Missouri, Kansas & Texas ofereça um grau de proteção maior para suas obrigações e uma maior lucratividade relativa para suas ações. Baseando nossas conclusões em um estudo dos dois sistemas, recomendamos as seguintes trocas para os detentores de títulos da St. Louis-San Francisco:

1. das 'Frisco Prior Lien de 4%, 5% e 6% pela emissão correspondente das Missouri, Kansas & Texas Prior Lien a preços mais baixos;
2. das 'Frisco Income de 6% a US$ 55,50 pelas Missouri, Kansas & Texas Adjustment de 5% a US$ 45; e
3. das ações ordinárias da 'Frisco a US$ 21,50 pelas ações preferenciais da Missouri, Kansas & Texas a US$ 25,50.

Além disso, a julgar as emissões da Missouri, Kansas & Texas com base em seus méritos individuais, consideramos as Lien Bonds privilegiadas como investimentos de rendimentos altos bem garantidos e as Adjustment Bonds, ações preferenciais e ordinárias como oportunidades especulativas atraentes.

A Missouri, Kansas & Texas e a St. Louis-San Francisco operam, na maior parte dos casos, nos mesmos estados e, em muitos pontos, estão em estreita concorrência.

Dessa forma, a natureza do tráfego dos dois sistemas é bastante semelhante, exceto que a 'Frisco transporta muito mais carvão e madeira serrada e, proporcionalmente, menos petróleo. As taxas por quilômetro, tanto para negócios de frete como para negócios de passageiros, são quase idênticas. A Missouri, Kansas & Texas, entretanto, apresenta, em média, uma carga substancialmente mais pesada e de curso mais longo.

TABELA II. MILHAGEM OPERADA EM 31 DE DEZEMBRO DE 1920

Estado	Missouri, Kansas & Texas	St. Louis- San Francisco
Missouri	544	1.720
Kansas	487	626
Texas	1.721	495
Oklahoma	1.036	1.517
Outros estados	19	898
Total	3.807	5.256

TABELA III. ANO CALENDÁRIO DE 1920

Item	Missouri, Kansas & Texas	St. Louis- San Francisco
Média de receita de carga por trem	442 toneladas	398 toneladas
Distância média por receita tonelada	248 milhas	187 milhas

Essas duas vantagens, sem dúvida, explicam em boa parte os custos de transporte muito mais baixos da Missouri, Kansas & Texas em 1921.

Capitalização. As emissões de títulos das duas empresas podem ser comparadas da seguinte forma:

TABELA IV. CAPITALIZAÇÃO COMPARATIVA

Item	Missouri, Kansas & Texas (em dólares)	'Frisco (em dólares)
Equipamento e emissões subjacentes	7.248.000	86.782.000
Obrigações com garantias privilegiadas	93.073.000	121.748.000
Obrigações de ajuste	57.500.000	39.220.000
Obrigações de renda		35.192.000
Ações preferenciais	24.500.000	7.500.000
Ações ordinárias	783.155 ações (sem paridade)	504.470 ações (paridade de US$ 100)
Encargos de juros fixos	4.917.717	9.248.374
Encargos de juros contingentes	2.875.000	4.750.912
Total de encargos de juros	7.792.717	13.999.286

Esses números da St. Louis-San Francisco foram retirados do último relatório disponível, publicado em 31 de dezembro de 1920. Os números da Missouri, Kansas & Texas são baseados no pressuposto de que todos os antigos títulos são trocados de acordo com os dispositivos do plano de reorganização. É provável, no entanto, que alguns dos atuais ônus privilegiados, sobretudo as First de 4%, com vencimento em 1990, ainda permaneçam em circulação. Em tal caso, o valor das obrigações subjacentes, como dito antes, aumentaria, e o das emissões de Prior Lien cairia — o agregado se manteria praticamente inalterado. As perspectivas são de que os encargos de juros fixos remontem, de fato, a algo menos que o total previsto no plano, uma vez que a empresa economizará metade de 1% ao ano na parcela dos 40 milhões de dólares das First de 4% que não forem trocadas.

Os "encargos de juros contingentes" representam os requisitos das Income and Adjustment Bonds que só precisam ser pagos se forem ganhos. Esse dispositivo elástico é um ponto positivo para ambas as ferrovias, pois lhes permitirá reduzir o pagamento de juros em anos críticos sem perturbações financeiras.

TABELA V. LUCROS BRUTOS COMPARATIVOS E ENCARGOS
DE JUROS POR MILHA OPERADA

	Missouri, Kansas & Texas		'Frisco	
	Por milha (em dólares)	Bruto (%)	Por milha (em dólares)	Bruto (%)
Lucro bruto*	16.870	100	16.730	100
Juros fixos	1.300	7,7	1.790	10,7
Juros contingentes	760	4,5	920	5,5
Juros totais	2.060	12,2	2.710	16,2

* Números de 1921, estimativa para dezembro.

A tabela V indica a vantagem que a Missouri, Kansas & Texas terá por causa do drástico encolhimento de seus encargos de juros fixos. O último exigirá apenas US$ 0,77 de cada dólar de receita, uma proporção tão baixa que garante uma grande margem de segurança para as Prior Lien Bonds em condições normais. A esse respeito, a Missouri, Kansas & Texas desfruta uma importante vantagem sobre a St. Louis-San Francisco: seus encargos de juros — tanto fixos quanto contingentes — são proporcionalmente menores.

Lucratividade. Na comparação da lucratividade de duas empresas, é habitual tomar a média dos relatórios que abrangem certo número de anos. No presente caso, no entanto, a influência perturbadora do controle federal torna tal procedimento impraticável. Os números de anos anteriores são muito remotos, e aqueles de 1917 a 1920 são muito anormais para fornecer uma base sólida para análise. É necessário, portanto, dar ênfase aos resultados operacionais mais recentes. Os demonstrativos para os onze meses encerrados em 30 de novembro de 1921 acabaram de ser publicados. Ao adicionar uma estimativa de um mês a esses números, a aproximação da conta de receita do ano inteiro pode ser mostrada na tabela VI.

TABELA VI. CONTA DE RECEITA DO ANO CALENDÁRIO DE 1921 (UM MÊS ESTIMADO)

	Missouri, Kansas & Texas		'Frisco	
	Renda (em dólares)	Bruto (%)	Renda (em dólares)	Bruto (%)
Milhagem operada	3.784		5.165	
Receita bruta	63.842.000	100	86.521.000	100
Manutenção	24.635.000	38,6	26.874.000	31,1
Outras despesas operacionais	25.072.000	39,3	37.275.000	43,1
Impostos	2.731.000	4,3	3.790.000	4,4
Aluguel, etc., menos outras receitas	1.654.000	2,6	1.065.000*	1,2
Saldo por juros	9.750.000	15,2	17.517.000	20,2
Juros fixos	4.918.000	7,7	9.248.000	10,7
Juros contingentes	2.875.000	4,5	4.750.000	5,5
Saldo para ações	1.957.000	3	3.519.000	4
Requisitos para dividendos preferenciais	1.715.000	2,7	450.000	0,5
Saldo para ordinárias	242.000	0,3	3.069.000	3,5

* Cifras de 1920 parcialmente usadas.

Ao analisar os números anteriores, é necessário prestar atenção especial nas despesas muito mais pesadas para manutenção da Missouri, Kansas & Texas. De cada dólar de receitas, a última ferrovia dedicou US$ 0,386 à manutenção, contra apenas US$ 0,311 no caso da 'Frisco. Entende-se bem que a quantia gasta na manutenção é, em grande parte, uma questão de determinação arbitrária pela administração e, portanto, proporciona um método para, mais ou menos, controlar artificialmente os lucros líquidos. Conforme comparado com outras ferrovias no mesmo território, pode parecer que a 'Frisco teve uma manutenção abaixo da média e a que Missouri, Kansas & Texas teve acima da média durante o ano passado. O resultado dessa política divergente foi fazer com que os lucros líquidos da St. Louis-San Francisco parecessem consideravelmente maiores e os de "Katy", consideravelmente menores, baseados em despesas de manutenção normais.

Se, no caso de ambas as ferrovias, essas despesas tivessem sido contabilizadas a 35% do bruto — um número aparentemente razoável —, os lucros líquidos da Missouri, Kansas & Texas teriam sido *maiores* que 2,3 milhões de dólares e os da 'Frisco de 3,28 milhões de dólares teriam sido *menores* que os resultados realmente declarados.

O quanto tal revisão afetaria radicalmente a posição dos vários títulos é mostrado na seguinte análise:

TABELA VII. LUCRATIVIDADE EM 1921

Item	Resultados reais		Resultados ajustados (taxa de manutenção equalizada em 35%)	
	Missouri, Kansas & Texas	'Frisco	Missouri, Kansas & Texas	'Frisco
Juros fixos ganhos	1,94 vez	1,89 vez	2,51 vezes	1,54 vez
Total de juros ganhos	1,25 vez	1,25 vez	1,55 vez	1,02 vez
Lucro por ação sobre as preferenciais	US$ 8	US$ 46,92	US$ 17,39	US$ 3,19
Lucros por ação sobre as ordinárias	0,30	6,08	3,25	Nenhum

Prior Lien Bonds. Embora a emissão de Prior Liens da Missouri, Kansas & Texas esteja sendo negociada a vários pontos abaixo das obrigações correspondentes da 'Frisco, a tabela anterior mostra que têm garantias melhores. Assim, apesar das despesas de manutenção da "Katy" serem muito mais pesadas, seus requisitos de juros fixos foram ganhos, em 1921, com uma margem igualmente grande. Se a devida consideração for feita para a diferença na manutenção, então o desempenho superior da Missouri, Kansas & Texas torna-se muito marcado.

Income and Adjustment Bonds. Os juros sobre as Missouri, Kansas & Texas Adjustment de 5% vão se tornar cumulativos após 1925, enquanto as St. Louis-San Francisco Income de 6% são permanentemente não cumulativas. Nos próximos três anos, no mínimo, metade da renda disponível para as Missouri, Kansas & Texas Adjustments deve ser paga em juros. Com base nos lucros de 1921, é provável que os detentores de obrigações recebam os 5% plenos dos rendimentos para aquele ano.

Essas emissões da Missouri, Kansas & Texas e da 'Frisco rendem o mesmo retorno, caso os juros totais sejam pagos. As obrigações da "Katy" estão em uma posição mais favorável, sendo diretamente subordinadas às emissões Prior Lien, enquanto as da 'Frisco Income de 6% estão subordinadas também às Adjustment Mortgage. Conforme indicado na tabela VII, as Missouri, Kansas & Texas Adjustments devem ter o benefício de uma lucratividade consideravelmente maior em condições normais de operação.

Missouri, Kansas & Texas Preferred de 7%. *(Cumulativas após 1º de janeiro de 1928).* Devido à similaridade no preço de mercado, essa emissão é comparável às ordinárias da 'Frisco e não às preferenciais da 'Frisco. A preferencial da Missouri, Kansas & Texas tem um excelente desempenho em relação aos lucros atuais e parece não apenas ser distintamente preferível à ordinária da St. Louis-San Francisco como também uma compra especulativa independentemente atraente.

Missouri, Kansas & Texas ordinárias. Enquanto os dividendos sobre a ação são, sem dúvida, muito remotos, deve, rapidamente, refletir, do ponto de vista do mercado, qualquer melhoria na situação geral das ferrovias ou na posição da Missouri, Kansas & Texas. A seu preço atual de US$ 8,25 por ação, oferece oportunidades especulativas incomuns por ser uma ação de ferrovia cotada a um preço muito baixo.

UMA COMPARAÇÃO ENTRE ATCHISON, SOUTHERN PACIFIC E NEW YORK CENTRAL (CIRCULAR EMITIDA EM ABRIL DE 1922)

Introdução. As últimas semanas mostraram um ressurgimento de interesse nas ações das ferrovias de alta qualidade. Essa atividade é de particular importância porque se baseia em considerações de investimento e especulativas. A subida progressiva da lista de obrigações foi seguida primeiro por um impulso correspondente nas ações preferenciais e agora direciona a atenção para o tipo de investimento das ações ordinárias — ou seja, aquelas com históricos de dividendos há muito estabelecidos.

Do ponto de vista especulativo, as ações das ferrovias de melhor qualidade estão se tornando cada vez mais atraentes. Tudo indica claramente haver uma grande melhora no lucro líquido em 1922, em comparação com 1921. Já estão sendo relatados aumentos substanciais no carregamento de vagões, e a melhoria deve ser intensificada pela recuperação industrial esperada no final do ano. De importância ainda maior é a redução contínua das despesas operacionais, a qual está, gradualmente, levando a um retorno de uma relação normal entre os lucros líquidos e as receitas brutas.

As ações ordinárias das ferrovias de alta qualidade, portanto, merecem consideração do investidor e do especulador. Apresentamos, doravante, os resultados de uma análise da situação atual e do histórico recente de três ações proeminentes desse tipo: Atchison, Southern Pacific e New York Central. Alguns dos dados mais importantes estão resumidos na seguinte tabela resumida:

AÇÃO ORDINÁRIA

Ferrovia	Preço cerca de	Taxa de dividendos (%)	Rendimento (%)	Lucro por ação (em dólares)		Encargos fixos ganhos em 1921
				1921	Média em 1914-1921	
Atchison	100	6	6	14,69	12,89	4 vezes
Southern Pacific	90	6	6,67	7,25*	8,35*	2,13* vezes
New York Central	91	5	5,5	8,92	6,64	1,44 vez

* Parcialmente estimado. Ver texto.

Esses números indicam, com clareza, a preeminência da Atchison, do ponto de vista da lucratividade e da força financeira. Em comparação com a New York Central, mostram um retorno de dividendos mais alto, lucros maiores e uma proporção muito inferior de dívida financiada. Enquanto a Southern Pacific e a Atchison pagam 6% em dividendos, a Atchison mostra uma acentuada superioridade na lucratividade para justificar plenamente sua cotação dez pontos mais alta.

Além de seu notável histórico de lucros, as seguintes características do demonstrativo da Atchison merecem nota especial:

1. riqueza de ativos monetários;
2. valiosas propriedades petrolíferas;
3. dívida financiada baixa e decrescente.

O registro das três empresas é analisado em maior detalhe nas páginas seguintes. Com base em um estudo cuidadoso dos dados disponíveis, apresentamos estas conclusões:

1. a Atchison deve ser comprada no momento, quer como um investimento atraente, quer com vistas a um lucro especulativo conservador;
2. a Atchison é intrinsecamente mais desejável que a Southern Pacific, por causa de sua lucratividade substancialmente maior;
3. as participações de investimento da New York Central poderiam muito bem ser trocadas pelas da Atchison, para obter um rendimento de dividendos mais alto, maior lucratividade média e maior estabilidade financeira.

Do ponto de vista especulativo, deve-se destacar que a pequena quantidade de ações da New York Central, em relação a sua dívida vinculada e às receitas brutas, pode resultar em um aumento mais rápido nos lucros por ação em condições favoráveis. Por outro lado, no entanto, um declínio relativamente pequeno no lucro líquido pode reduzir seriamente o saldo disponível para as ações.

Estrutura da empresa. Ao analisar a posição de uma empresa ferroviária, muitas vezes é necessário considerar não apenas suas operações como também aquelas das linhas subsidiárias ou afiliadas nas quais possui um investimento substancial. A Atchison e a Southern Pacific publicam relatórios sobre os resultados da rede como um todo, mas a New York Central tem grandes participações acionárias em várias linhas importantes que divulgam suas operações separadamente. Na verdade, a quilometragem agregada dessas empresas controladas excede à da New York Central propriamente dita. A cada ano, as subsidiárias carregam uma quantidade substancial de excedente, uma boa parte efetivamente é revertida para as ações da New York Central, mas não se reflete no retorno da empresa controladora. Para permitir uma base de avaliação adequada do valor das ações da New York Central, devemos analisar sua lucratividade conforme indicado tanto por seu demonstrativo como por um relatório consolidado abrangendo todas as suas subsidiárias. Mais uma razão para usar este último método é encontrada em uma declaração recente de que a New York Central pretende adquirir as ações minoritárias em circulação, pertencentes às empresas controladas, a fim de fundir as operações delas com a sua.

A tabela a seguir lista as subsidiárias da New York Central que são operadas separadamente, sua quilometragem e o percentual das ações mantidas no sistema.

NEW YORK CENTRAL SYSTEM

Empresa	Milhagem	Ações possuídas (%)
New York Central R. R.	6.069	
Cincinnati Northern	245	56,9
C. C. C. & St. Louis	2.421	50,1
Indiana Harbor Belt	120	60
Kanawha & Michigan	176	100
Lake Erie & Western	738	50,1
Michigan Central	1.865	89,8
Pittsburgh & Lake Erie	224	50,1
Toledo & Ohio Central	492	100
Sistema total	12.350	

No que diz respeito à Southern Pacific, o demonstrativo dos anos anteriores deve ser revisto para que reflita os ajustes que se seguiram à recente segregação das propriedades petrolíferas. Uma provisão deve ser feita para eliminar a antiga renda derivada do petróleo, para trocar obrigações convertíveis em ações e para receber 43 milhões de dólares em dinheiro por causa da venda de ações da Pacific Oil.

Lucratividade. Os resultados de 1921 são especialmente interessantes por serem os mais recentes disponíveis e também por representarem o primeiro ano completo de operação independente. A seguir, apresentamos uma conta de receita resumida para 1921.

CONTA DE RECEITA EM 1921 (EM MILHARES DE DÓLARES)

Item	Atchison	Southern Pacific	New York Central R. R.	New York Central System
Milhagem	11.678	11.187	6.077	12.350
Receita bruta	228.925	269.494	322.538	535.821
Líquido após aluguéis	41.268	39.823	56.679	90.615
Outras receitas	11.082	8.000*	15.665	17.251
Receita total	52.350	47.823	72.344	107.866
Encargos fixos, etc.	13.018	22.800*	50.048	71.519
Dividendos preferenciais	6.209			500
Aplicáveis ao saldo de ações minoritárias				4.302
Saldo para ordinárias	33.123	25.023	22.296	31.545
Por ação	14,69	7,25	8,91	12,62†

* Estimado. Ver texto.
† Por ação das ações da New York Central.

LUCROS ANUAIS POR AÇÃO DAS AÇÕES ORDINÁRIAS EM 1914-1921 (EM DÓLARES)

Ano civil	Atchison		Southern Pacific*		New York Central R. R.		New York Central System	
	Base operacional	Base garantida	Base operacional	Base garantida	Base operacional	Base garantida	Base operacional	Base garantida
1921	14,69		7,25		8,92		12,62	
1920	12,54	13,98	1,89	8,61	12,34 (d)	5,49	14,65 (d)	9,68
1919	15,41	16,55	7,03	8,40	6,23	7,97	10,73	8,62
1918	10,59	9,98	10,63	8,38	6,59	7,16	13,39	8,34
1917	14,50		13,96		10,24		13,25	
1916	15,36		11		18,26		23,50	
1915	10,99		8,90		11,08		13,80	
1914	9,03		6,01†		4,10		3,69	
Média: Base operacional		12,89	8,33	6,64	9,54			
Base garantida	13,14		9,06	9,16	11,69			

* Ver texto.
† Ano encerrado em 30 de junho.

Os encargos fixos e a receita não operacional da Southern Pacific são estimados com base no relatório de 1920 e ajustados para refletir a segregação das terras petrolíferas.

Vemos imediatamente que a Atchison teve um desempenho superior, não só em lucros por ação como em especial na pequena proporção de encargos fixos com relação à renda disponível. A conta de receita combinada da New York Central e de suas subsidiárias indica lucros por ação muito substanciais, mas a devida consideração deve ser dada aqui à grande proporção de sua capitalização total representada por obrigações e contratos de aluguel.

As conclusões indicadas pelos números de 1921 são confirmadas pelo exame histórico de cada empresa desde 1914. Fornecemos os lucros anuais por ação durante esse período, conforme mostrado na parte inferior da página 988. Para 1918, 1919 e 1920, dois resultados são apresentados, com base nas reais operações e no aluguel e garantia governamentais. Os números da Southern Pacific são ajustados, conforme indicado na página 988.

Uma característica notável do demonstrativo anterior é a regularidade com que o lucro líquido da Atchison tem sido mantido em um nível alto desde 1915, apesar das condições incomuns que afetaram as empresas transportadoras como um todo durante boa parte desse período. O contraste com a New York Central e a Southern Pacific é muito nítido no ano de transição de 1920.

Outra característica importante é o aumento substancial da renda não operacional da Atchison, que subiu de 4,311 milhões de dólares em 1918 para 15,1 milhões de dólares em 1919 e 9,842 milhões de dólares em 1920. Boa parte desses lucros foi derivada das propriedades petrolíferas, cuja importância parece ter sido insuficientemente reconhecida.

Estatísticas operacionais. A lucratividade superior da Atchison, em comparação com a Southern Pacific e a New York Central, repousa, em certa medida, em uma capitalização menor em relação às receitas brutas, mas mais particularmente em despesas operacionais inferiores. A tabela a seguir mostra claramente a vantagem desfrutada pela Atchison no campo dos custos de transporte:

ANÁLISE DE DESPESAS OPERACIONAIS

Receitas brutas gastas em (%):	Atchison			Southern Pacific			New York Central R. R.		
	1921	1918-1920	1913-1917	1921	1918-1920	1913-1917	1921	1918-1920	1913-1917
Manutenção	36,9	36	30,1	33,9	34,3	25,4	31,9	36,3	29,9
Transporte entre outros	38,7	39,6	34,1	45	45,1	38,8	45,1	47,6	40
Despesas operacionais totais	75,6	75,6	64,2	78,9	79,4	64,2	77	83,9	69,9

Observamos que a Atchison tem sido, consistentemente, liberal em suas despesas de manutenção. Em comparação com a Southern Pacific, cuja localização é similar, a Atchison tem dedicado regularmente uma porcentagem maior de suas receitas à manutenção e uma porcentagem muito menor aos encargos de transporte.

Estrutura de capitalização. A proporção de ações para obrigações é maior para a Atchison e menor para a New York Central. A capitalização do último sistema parece bastante mal equilibrada, de modo que mudanças relativamente pequenas no lucro líquido resultam em amplas oscilações no saldo disponível para cada ação. Nos anos prósperos, essa preponderância da dívida em obrigações resulta em um grande poder de lucro aparente para a ação, mas, em períodos de depressão, é possível que constitua um fardo sério.

TÍTULOS MANTIDOS PELO PÚBLICO (EM DÓLARES, MILHARES OMITIDOS)

Classe de ação	Atchison (31 dez. 1921)	Total (%)	Southern Pacific (14 jan. 1921)	Total (%)	New York Central Railroad (31 dez. 1920)	Total (%)	New York Central System (31 dez. 1920)	Total (%)
Obrigações e ações garantidas	289.888	45,3	473.644	57,9	840.110*	77,1	1.156.261*	77,5
Ações preferenciais	124.173	19,4					9.998	0,9
Ações minoritárias							74.302	4,9
Ações ordinárias	225.398	35,3	344.780	42,1	249.597	22,9	249.597	16,7
Total	639.459	100	818.424	100	1.089.707	100	1.490.158	100

* Inclui títulos de empresas arrendadas e 66,7 milhões de dólares para aluguel em dinheiro capitalizados a 5%.

Conclusão. A posição singular da Atchison no ramo das ferrovias talvez seja mais bem ilustrada por sua posição de tesouraria. Apesar de a empresa praticamente não ter vendido obrigações nos últimos oito anos, mantinha, em 31 de dezembro do último ano, mais de 52,7 milhões de dólares em dinheiro e obrigações governamentais, enquanto seu passivo atual totalizava 28,279 milhões.

A combinação de lucratividade alta e condição financeira forte justifica a expectativa de um eventual aumento da taxa de dividendos.

NOTA 22

Para examinar exemplos de empresas cuja natureza é total ou parcialmente industrial, mas que estão camufladas sob o título de "prestadoras de serviços públicos", ver: United Public Service Co., organizada em 1927 e envolvida com o fornecimento de energia elétrica, gás natural e artificial, fabricação de gelo e negócios de frigoríficos; Southern Ice & Utilities Co., organizada em 1916 e envolvida com a fabricação de gelo, sorvetes, produtos cremosos e negócios de armazenagem de refrigeração; a Utilities Service Co., organizada em 1928 para adquirir e operar vinte empresas de telefonia em cidades pequenas e quatro empresas de gelo em cidades grandes; Central Atlantic States Service Corp., organizada em 1928 e envolvida com fabricação de gelo, carvão e armazenamento de frigoríficos; Westchester Service Corp., organizada em 1928 e envolvida em negócios de carvão, gelo, óleo combustível e materiais de construção; National Service Cos., organizada como uma empresa *holding* para empreendimentos como os da Westchester Service Corp., envolvida na fabricação de gelo, combustível e indústrias aliadas. O exame revelará que essas empresas tinham estruturas de capital do tipo prestadora de serviços públicos, apesar de suas operações serem, em grande parte ou totalmente, de natureza industrial.

Algumas dessas empresas ainda existem, substancialmente, na sua forma original, mas a maioria encontrou dificuldades financeiras e foi reorganizada. Em 1934, a United Public Service Co. foi reorganizada como United Public Service Corp. Em 1938, a Southern Ice & Utilities Co. mudou seu nome para Southern Ice Co. A Utilities Service Co. entrou em concordata em 1930 e foi reorganizada em 1933, de acordo com um plano em que o negócio de telefonia foi segregado das divisões industriais. A Central Atlantic States Service Corp. foi reorganizada em 1934 e suas propriedades encampadas pela Cassco Corp. Em 1936, a Westchester Service Corp. foi reorganizada de acordo com a seção 77B da Lei de Falências. A National Service Cos. preservou sua identidade original.

NOTA 23

Em diversas ocasiões, a Investment Bankers Association of America comentou, por meio de seus vários comitês, a impropriedade de circulares de obrigações que omitem, inteiramente, referências a depreciação ou escondem a quantia real de encargos por depreciação por meio da inclusão de algum item mais amplo na conta de receita. As seguintes citações servirão de ilustração:

> Há muitas diferenças honestas de opinião sobre a depreciação e sobre a política adequada para dar conta dela; seja qual for a política adotada, o investidor tem o direito de ter essas informações. Uma circular de uma emissão de corporação que não menciona depreciação exclui um fator importante nos negócios da empresa em que o investidor é solicitado a colocar seus recursos. ("Relatório do Comitê Especial sobre a Preparação e Uso de Circulares de Obrigações", Procedimentos de investimentos da Bankers Association of America, 1925)
>
> A atenção da nossa associação é particularmente dirigida ao tratamento do tema da depreciação. Algumas poucas circulares omitem inteiramente o balanço, mas, na maioria dos casos, isso ocorre em circulares em que essa informação não é muito vital. No entanto, é bastante comum a prática de mostrar os lucros antes da depreciação e dos impostos e depois não dizer nada sobre o valor de depreciação incorrido. Visto ser nosso esforço apresentar ao investidor, em uma circular comum, um quadro tão completo quanto possível, pareceria que — a menos que sejam apresentados os lucros antes da depreciação, o montante de depreciação incorrido e o montante restante para os juros e impostos referentes às obrigações, deixando o saldo ir para o excedente — o investidor não tem todos os fatos nesse caso. Se o investidor compreende um balanço patrimonial e está familiarizado com sua elaboração, a maneira como a depreciação e seu montante são apresentados lhe dirá bastante sobre a história da administração da empresa em questão. Algumas circulares mostram lucros após a depreciação e os impostos, mas nenhum lucro antes de tais deduções. Tanto o presidente do Comitê de Títulos Industriais como o do Business Conduct Committee entendem que o quadro ideal para o investidor seria apresentado se as circulares mostrassem o lucro antes da depreciação, o montante de depreciação e os lucros após depreciação, como itens separados. ("Interim Report of the Business Conduct Committee", Boletim da Investment Bankers Association of America, março 1927, p. 3)

NOTA 24

EXEMPLO DE TRATAMENTO DE UMA PARTICIPAÇÃO MINORITÁRIA NO CÁLCULO DA COBERTURA DE JUROS PARA OBRIGAÇÕES DE HOLDINGS DE PRESTADORAS DE SERVIÇOS PÚBLICOS

O relatório da United Light & Railways United Co. (Del.) de 1938 incluiu os resultados da American Light & Traction Co., que tinha propriedade de 54,69% de suas ações. Os lucros aplicáveis à minoria dos 45% eram de cerca de 1,851 milhão de dólares. Essas participações minoritárias podem ser tratadas de três maneiras, a saber:

Método A (método usual). Essa participação minoritária é deduzida após os encargos de juros da controladora. Segundo este método, o item minoritário não afeta a cobertura dos juros da obrigação de forma alguma.

Método B (preciso, mas um pouco complicado). Lucros e encargos da subsidiária estão incluídos unicamente na proporção da propriedade da empresa controladora. Em outras palavras, tanto os lucros como os encargos fixos são reduzidos pelo percentual aplicável às participações minoritárias de ação ordinária.

Método C (recomendado). A participação minoritária é deduzida dos lucros líquidos (da mesma forma como um item de despesa) *antes* do cálculo da cobertura de juros. Isso resulta em uma cobertura de juros menor que no método B, mas a subavaliação é moderada.

Os três métodos aplicados ao relatório da United Light & Railways Co. de 1938 fornecem os seguintes resultados:

Item	Método A (usual) (em dólares)	Método B (preciso) (em dólares)	Método C (conservador) (em dólares)
Receita operacional bruta	77.351.000	59.221.000*	77.351.000
Lucro líquido	21.352.000	17.072.000*	21.352.000
Participação minoritária			1.851.000
Saldo para encargos fixos	21.352.000	17.072.000*	19.501.000
Encargos fixos[1]	14.927.000	12.498.000*	14.927.000
Participação minoritária	1.851.000		
Saldo para ações da controladora	4.574.000	4.574.000	4.574.000
Lucro como múltiplo dos encargos fixos	1,43	1,37	1,31

1. Participação da subsidiária e dividendos preferenciais e participação da controladora.
* Excluindo participações minoritárias (45,31%) nas cifras da American Light & Traction.

Deve-se observar que o único cálculo adicional necessário para aplicar o método B é encontrar o montante de encargos fixos da subsidiária aplicável à participação minoritária. Os encargos fixos ajustados divididos pelo saldo das ações da controladora dão a cobertura menos 1. Observar também que, embora o método C sempre dê um resultado menor que os outros dois, o método B dá uma cobertura maior ou menor que o método A, dependendo de a subsidiária ter ganho seus encargos com uma margem menor ou maior que o sistema combinado.

NOTA 25

O cálculo da margem de segurança protegendo os dividendos preferenciais tem recebido, relativamente, pouca atenção da maioria dos autores de livros sobre investimentos. Em alguns casos, isso é devido à exclusão de ações preferenciais da categoria de investimento (por exemplo, os escritos de Lawrence Chamberlain), mas na maioria dos casos tal explicação não pode ser oferecida. O volume muito grande de ações preferenciais em circulação nas últimas décadas sugere que algum ponto de vista discriminado e técnico deveria ter sido desenvolvido para fazer uma seleção entre as emissões desse tipo, e é surpreendente que mais atenção não tenha sido dedicada à questão por aqueles que escrevem livros sobre a "ciência" da escolha de títulos.

Na maioria dos casos em que o assunto recebe atenção, o método de cálculo das deduções privilegiadas é explicitamente recomendado ou fica implícito na discussão. Por exemplo, Carl Kraft e Louis P. Starkweather, em *Analysis of industrial securities* (Nova York, Ronald Press, 1930), usam esse método enganoso de cálculo em sua análise bastante extensa e ilustrativa da Jones Bros. Tea Co., sem examinar criticamente os índices resultantes. Ver, nessa obra, índice 20(b) (p. 127) e dados referentes a 1926 e 1927 (p. 130-132, 162).

John E. Kirshman, na edição revisada de *Principles of investment* (Nova York, McGraw-Hill, 1933), refere-se à cobertura das Federal Water Service Corp. Preferred como tendo sido obtida "várias vezes nos últimos anos", o que é uma afirmação correta apenas no caso de o método de cálculo de deduções privilegiadas ser usado. Os encargos fixos e os dividendos preferenciais combinados nunca foram cobertos mais de 1,37 vez durante os anos de 1928-1932, inclusive (ver p. 155-156, 437). Da mesma forma, David F. Jordan afirma, repetidamente, a margem de segurança desejada para as ações preferenciais em termos do número de vezes em que apenas os dividendos preferenciais são ganhos. Ver, de Jordan, *Investments* (3. ed., Nova York, Prentice-Hall, 1936, p. 157, 160, 162, 167, 185, 192). Curiosamente, o autor enxerga a falácia desse método, no caso das ações preferenciais das empresas controladoras de prestadoras de serviços públicos, e recomenda o método de cálculo de deduções totais (global) (ver p. 169).

Floyd F. Burtchett, em *Investments and investment policy* (Nova York, Longmans, Green and Co., 1938), também abraça a ideia de deduções privilegiadas (ver p. 263, 287, 325).

Ralph E. Badger, Harry G. Guthmann, Arthur H. Herschel e John H. Prime, por outro lado, chamam a atenção, veementemente, para a falácia do método de deduções privilegiadas no cálculo da cobertura para dividendos preferenciais e recomendam o cálculo de deduções totais como procedimento padrão. Ver: Ralph E. Badger e Harry C. Guthmann, *Investment principles and practices* (Nova York, Prentice-Hall, 1936, p. 348-350, 465-467); Arthur H. Herschel, *The selection and care of sound investments* (Nova York, H. W. Wilson, p. 217-222); John H. Prime, *Analysis of industrial securities* (Nova York, Prentice-Hall, p. 292).

NOTA 26

Consultar a nota 27 do apêndice da primeira edição.

NOTA 27

As declarações contidas no texto podem ser verificadas por meio de um exame detalhado dos registros de preços, dentre os quais, os seguintes foram usados como exemplos. Em 31 de outubro de 1929, as Kansas City Terminal de 4%, com vencimento em 1960, foram negociadas a US$ 86,25 para render 4,9%, ao passo que, no mesmo dia, as General de 4% da Chicago, Rock Island & Pacific Railway, com vencimento em 1988, foram negociadas a US$ 90 para render 4,5%. Quatro anos mais tarde, em 22 de novembro de 1933, as obrigações da Kansas City Terminal foram negociadas a US$ 86,25, embora as Rock Island General de 4% tivessem recuado a US$ 42, um preço que produzia um rendimento de cerca de 10%. Em 8 de dezembro de 1927, as obrigações da Terminal foram negociadas a US$ 93,875 e as Chicago, Milwaukee & St. Paul Railway General de 4%, com vencimento em 1989, foram negociadas a US$ 93 para render um pouco menos que as Terminal. Em 24 de fevereiro de 1933, as obrigações da Terminal estavam sendo negociadas a US$ 90, para render cerca de 4,65%, enquanto as St. Paul General de 4% haviam caído para um preço de US$ 38 e um rendimento de cerca de 11%. Entre 7 de novembro de 1927 e de 15 de junho de 1932 as Terminal de

4% caíram de US$ 93 para 82,75 (rendimentos de 4,4% e 5,18%, respectivamente), enquanto as Missouri-Kansas-Texas R. R. Prior Lien de 4%, com vencimento em 1962, caíram de US$ 93 para 31,125 (rendimento de 4,39% e mais de 15%, respectivamente).

Título	Faixa de preço de 1929 a 1939	Preço no final de 1939	Rendimento no final de 1939
Kansas City Terminal de 4%, com vencimento em 1960	109,875-78	107,75	3,45%
Chicago, Rock Island & Pacific Railway General de 4%, com vencimento em 1988	96-10	13,875	Inadimplente
Chicago, Milwaukee & St. Paul Railway General de 4%, com vencimento em 1989	87,875-19,5	24,75	Inadimplente
Missouri-Kansas-Texas R. R. Prior Lien de 4%, com vencimento em 1962	94,5-11,5	14,625	27,3%*

* Rendimento atual, obviamente sujeito a dúvidas quanto à continuidade.

Algumas características do registro subsequente dessas ações são apresentadas na tabela anterior.

NOTA 28

A situação da New York & Harlem R. R. apresenta alguns aspectos interessantes de arrendamentos e garantias:

1. A maior parte da propriedade é alugada para a New York Central por 401 anos a um valor equivalente aos juros das obrigações e a US$ 5 de dividendos sobre as ações preferenciais e ordinárias. Os juros das obrigações e o principal são ambos especificamente garantidos pela New York Central, mas não existe nenhuma garantia específica para os dividendos. No entanto, os dividendos têm sido pagos regularmente de acordo com o contrato de arrendamento desde 1873.
2. As propriedades das ferrovias urbanas foram alugadas separadamente para a New York Railways Co. por um aluguel equivalente a um adicional de US$ 2 por ação em ambas as classes de ações. Quando a New York Railways Co. faliu, o contrato de arrendamento foi rescindido e as linhas de tração retomadas e operadas pela New York & Harlem. Em 1932, uma nova locação dessas propriedades, com duração de 999 anos, foi negociada com a New York Railways Corp. (sucessora do ex-locatário). A única condição foi um pagamento à vista

de 450 mil dólares, de modo que essa transação parecia praticamente idêntica a uma venda das linhas ferroviárias urbanas pela quantia mencionada.
3. Alguns acionistas da New York & Harlem se esforçaram para obter pagamentos adicionais substanciais da New York Central com base no fato de que os valiosos "direitos aéreos" (ou direitos para construir em cima da faixa de domínio da Harlem) não foram cobertos pelo contrato de arrendamento e tiveram de ser pagos separadamente. O *glamour* especulativo desse processo elevou o preço das ações para um nível tão alto quanto US$ 505, em 1928, representando um retorno sobre os dividendos inferior a 1%. A ação foi julgada improcedente em 1932, altura em que o preço havia caído para US$ 82,25. (O preço no final de 1939 era US$ 110.)

A situação da Mobile & Ohio tem algumas características interessantes semelhantes, a saber:

1. Em 1901, a Southern Railway Co. emitiu Mobile & Ohio Stock Trust Certificates em troca de quase todo o capital social da Mobile & Ohio. Ela concordou em pagar 4% sobre esses certificados em perpetuidade.
2. A Mobile & Ohio se tornou próspera e, de 1908 a 1930, pagou 140% em dividendos à South Railway. A Interstate Commerce Commission e o estado de Alabama tentaram obrigar a Southern a abrir mão do controle da Mobile com base no fato de que violava as leis antitruste. Ao mesmo tempo, os detentores dos Stock Trust Certificates iniciaram processos judiciais visando o retorno das ações depositadas ou a obtenção de dividendos maiores sobre seus certificados. O preço deles avançou para US$ 159,50 em 1928, em antecipação aos processos legais.
3. O colapso dos lucros depois de 1929 forçou a Mobile & Ohio a entrar em concordata em 1932. Os juros, com vencimento em 1º de setembro, de suas obrigações se tornaram inadimplentes, mas os detentores dos certificados de fundos de ações têm, no entanto, recebido, com regularidade, os 4% garantidos pela Southern Railway. Em 1932, o preço dos certificados tinha caído para um patamar tão baixo quanto US$ 3,50, mas isso reflete a desconfiança com relação à capacidade financeira da Southern, em vez de dúvida sobre a legalidade do compromisso de pagar o dividendo de 4%. A Mobile & Ohio foi fundida com a Gulf, Mobile, Northern R. R. em 1940, mas esse acontecimento não afetou o *status* dos certificados garantidos de fundos de ações.

NOTA 29

REORGANIZAÇÃO DA INDUSTRIAL OFFICE BUILDING COMPANY

A história dessa empresa ilustra, de forma flagrante, a diferença entre os direitos teóricos e a experiência real do detentor de uma primeira hipoteca. Em 1926, a empresa ergueu um prédio de escritórios em Newark, no estado de Nova Jersey. O custo do terreno e da construção foi, aparentemente, de cerca de 3,8 milhões de dólares, mas o valor do terreno foi reavaliado para mais, de 300 mil para 2 milhões, por meio do processo familiar de "avaliação". O custo da construção foi coberto com a venda dos seguintes títulos:

Obrigações de 6% de primeira hipoteca	US$ 3.150.000
Notas de 7% sem garantia	450.000
Ações preferenciais	450.000
Ações ordinárias	100.000

(A reavaliação do imóvel conferiu às ações ordinárias um "valor contábil" de cerca de 1,8 milhão de dólares.)

Após um período de lucros fracos, houve inadimplência no pagamento dos juros em 1º de junho de 1932, e um executor judicial foi nomeado. Logo em seguida, foi elaborado o seguinte plano de reorganização:

1. as obrigações de 6% de primeira hipoteca, com vencimento em 1947, deveriam ser trocadas por obrigações de *renda* de primeira hipoteca de 5%, também com vencimento em 1947;
2. as notas de 7% não garantidas, com vencimento em 1937, deveriam ser trocadas por notas de 7% de renda não garantidas, com vencimento em 1948;
3. as ações preferenciais de 8% deveriam ser trocadas por novas ações preferenciais de 8%;
4. as ações ordinárias deveriam ser trocadas por novas ações ordinárias; e
5. todas essas trocas deveriam ser feitas em paridade por paridade ou em uma base de ação por ação.

O plano foi levado a cabo quando se deu a compra da propriedade, pelo Comitê de Reorganização, em uma venda de execução, por 100 mil dólares. Os detentores de obrigações de primeira hipoteca que não aceitaram os novos títulos receberam, em dinheiro, apenas US$ 56,43 por cada mil dólares em obrigações.

Nesse reajuste, os detentores de obrigações desistiram de seu direito fixo a juros e não receberam compensação de qualquer espécie, enquanto os acionistas não abriram mão de nada. (Os dividendos devem ser adiados até depois de dois terços das obrigações terem sido resgatadas, mas tais resgates revertem em benefício dos acionistas, e esse dispositivo não representa um sacrifício real da parte deles.) Essa era uma composição ou "compromisso" extraordinariamente desigual — ainda mais porque os detentores de obrigações tinham claramente o direito de tomar posse direta da propriedade. O Comitê de Reorganização defendeu sua generosidade com os acionistas com base no fato de que era desejável reter os serviços (remunerados) do acionista principal como gerente da propriedade. Na verdade, os verdadeiros proprietários do edifício receberam um título do tipo ação preferencial (ou seja, obrigações de renda) em troca de seu capital social e abriram mão de todo o capital subordinado para a administração. Isso parece um preço impressionante a pagar pela supervisão de um prédio de escritórios.

Pode-se dizer que nossa crítica é um pouco exagerada, uma vez que o edifício dificilmente renderia mais que os juros sobre as obrigações de renda em qualquer caso, de modo que a manutenção, na íntegra, do capital pelos acionistas quase não valia a pena ser discutida. Porém, é muito falacioso medir os lucros *potenciais* pelos resultados demonstrados em uma depressão sem precedentes. Visualizando a proposição a longo prazo, no futuro, existiam vários tipos de possibilidades diferentes que poderiam tornar o capital social valioso. Entre eles estavam os seguintes:

1. o retorno da prosperidade e até de um novo *boom* imobiliário;
2. uma inflação da moeda substancial, o que reduziria o peso da dívida garantida; e
3. algum acontecimento favorável especial que afetaria a vizinhança ou o edifício.

Ocorreu que, logo após a conclusão do plano de reorganização, a Bolsa de Valores de Nova York tomou todas as medidas necessárias para transferir seus negócios para Newark, e esse edifício de escritórios foi designado para sediar a Curb Exchange. Se isso realmente tivesse acontecido, um lucro grande teria sido auferido inteiramente pelos antigos acionistas dessa empresa antes falida. Esse lucro deveria ter pertencido aos detentores de obrigações, pois eles assumiram todo o risco de prejuízos futuros (conforme demonstrado pela queda do preço de mercado da obrigação para US$ 4 em fevereiro de 1933).

Vale destacar que essa propriedade, avaliada em 5,5 milhões de dólares, foi vendida, em execução, por 100 mil, conferindo cerca de US$ 0,05 aos detentores de obrigações que não efetuaram depósitos. (A ação tinha sido lançada a US$ 100 em 1927.) O fato de o preço ser grosseiramente inadequado fica claro porque os *lucros líquidos após os impostos* para o primeiro semestre de 1932 foram de 67 mil dólares. Do ponto de vista dos autores, a transferência de propriedade a um preço insignificante na implementação de um regime de reorganização desse tipo é mais desigual que a desconsideração dos acionistas ou de outros proprietários em um processo de falência comum. O direito dos credores de efetuarem cobranças sobre os ativos provoca, muitas vezes, grandes sofrimentos, mas isso dificilmente pode ser entendido como injusto à luz dos termos específicos do contrato de empréstimo e das possibilidades originais de lucro para os acionistas com o uso dos recursos emprestados. Contudo, no exemplo do Industrial Office Building, tirou-se proveito do processo judicial para privar o indivíduo detentor dos recursos que lhe tinham sido assegurados no caso de inadimplência — a saber, assumir a propriedade em seu nome ou receber sua parcela do valor da propriedade em dinheiro após uma venda *bona fide*.

Um pronunciamento posterior do Supremo Tribunal dos Estados Unidos sobre a justiça dos planos de reorganização se opõe, definitivamente, a esse tipo de ajuste dos interesses de credores e acionistas. Ver Case *versus* Los Angeles Lumber Products Company, Ltd., 308 U.S. 106 (decidido em 6 de novembro de 1939). O tribunal determinou que um plano de reorganização, de acordo com a seção 77B, não seria "justo e equitativo", com a corporação envolvida insolvente, se o valor total da propriedade disponível não fosse aplicado primeiro nos direitos dos detentores de obrigações antes de os acionistas serem autorizados a participar.

NOTA 30

FINANCIAL INVESTING COMPANY DE 5%, COM VENCIMENTO EM 1932 E 1940

Um exemplo tirado do campo dos fundos de investimento mostrará como a inclinação do fideicomissário para evitar a ação positiva por sua iniciativa funciona de modo a privar o detentor de salvaguardas, às quais tem, aparentemente, todo direito de contar quando assume seu compromisso.

A Financial Investing Co. de Nova York vendeu duas emissões de 5% com garantia colateral e vencimentos em 1932 e 1940. Essas obrigações eram garantidas por um depósito junto ao fideicomissário de títulos listados e diversificados, em conformidade com requisitos rigorosos. A empresa se comprometeu a manter tais garantias a um valor de, pelo menos, 120% das obrigações em circulação.

O fideicomissário foi habilitado a: (1) avisar à empresa, caso a margem necessária tivesse sido prejudicada; (2) declarar o principal como vencido, caso a deficiência não fosse remediada dentro de trinta dias; e (3) vender a garantia, em caso de tal evento, e aplicar os recursos no pagamento de principal e juros.

Esses dispositivos apareceram para dar aos detentores de obrigações praticamente a mesma proteção que é gozada por um banco que faz um empréstimo garantido com títulos negociáveis. Se a margem estipulada fica comprometida e não é recomposta, a garantia pode ser vendida para pagar o empréstimo. A única diferença importante pareceu ser a provisão, na escritura da obrigação, de um período de trinta dias para restaurar a margem para a percentagem necessária.

No entanto, a história real das emissões da Financial Investing esteve, notavelmente, em desacordo com aquela do empréstimo colateral típico feito pelos bancos no mesmo período. Em outubro de 1931, a margem caiu abaixo de 20%, e o administrador emitiu um aviso à empresa sobre esse "caso de inadimplência". A margem não foi recomposta em trinta dias, mas a garantia não foi vendida. Em agosto de 1932, as ofertas de compra das obrigações caíram para apenas US$ 20. Em outubro de 1932, o principal de uma das emissões venceu e não foi pago. Esse evento obrigou a tomada de uma ação: a garantia que assegurava as duas emissões foi vendida e, em janeiro de 1933, quinze *meses* após a "chamada margem", os detentores de títulos finalmente receberam cerca de US$ 0,65 por dólar.

Vemos aqui uma grande discrepância entre as salvaguardas aparentemente eficazes concedidas aos detentores de obrigações em sua escritura e os resultados muito insatisfatórios que eles, de fato, experimentaram — a saber, uma perda substancial, um atraso longo e uma contração particularmente angustiante no valor de mercado nesse ínterim. Qual é a explicação? A inércia ou o descuido por parte do fideicomissário? A princípio, pode parecer isso; no entanto, na verdade, o fideicomissário dedicou muito tempo e atenção a essa situação. Mas seus esforços foram limitados — e viciados — pelo princípio estabelecido da tutela de obrigações: "Nunca faça nada que qualquer um possa fazer, de alguma forma, a não ser que seja solicitado a fazê-lo pelos detentores das obrigações na forma especificada na escritura". No caso das Financial Investing de 5%, o fideicomissário poderia ter sido compelido a agir a pedido, por escrito, dos detentores de 30% das obrigações, acompanhado das indenizações habituais. O fideicomissário hesitou em vender a garantia, de imediato, por sua iniciativa, porque, caso o mercado se recuperasse depois, poderia ser acusado pelos acionistas de tê-los prejudicado injustificadamente. Parece também que, por um motivo semelhante, alguns dos detentores de obrigações se opunham à venda da garantia após seu valor haver caído abaixo daquele de paridade da emissão.

Não é difícil mostrar que essas objeções à implementação dos dispositivos de proteção da escritura eram basicamente infundadas. Na verdade, se fossem defensáveis, não haveria nenhuma razão para a existência desses dispositivos na escritura da ação. Se analisarmos o incidente como um todo, vemos que os resultados insatisfatórios fluíram de uma combinação de:

1. falta de regras de procedimento claramente estabelecidas para fazer cumprir os termos da escritura;
2. um corpo típico de detentores de obrigações com pouca perspicácia financeira e ainda menos iniciativa; e
3. uma base de tutela, de acordo com a qual os curadores observam esses detentores de obrigações inertes e irracionais para obter orientação, em vez de orientá-los.

NOTA 31

Acreditamos que os dois exemplos a seguir devem ser preservados como um aviso para o analista contra a dependência excessiva (1) nos dispositivos de proteção na escritura e (2) no quadro estatístico, quando da seleção de obrigações industriais.

I. As Willys Overland Co. Ten-years First de 6,5%, com vencimento em setembro de 1933. Valor da emissão original: 10 milhões de dólares.

A. Dispositivos de proteção:

1. uma primeira hipoteca direta sobre todos os ativos fixos, atualmente de propriedade ou futuramente adquiridos (exceto no caso de novas garantias de compra de dinheiro) e garantidos também pelo compromisso de todas as ações possuídas nas principais empresas subsidiárias. As subsidiárias foram proibidas de criar hipotecas ou dívidas financiadas, a menos que fossem usadas para garantir essa emissão;
2. um fundo de amortização de 10% da emissão a cada ano (1 milhão de dólares ao ano) deveria resgatar 90% da emissão antes do vencimento;
3. o ativo circulante líquido deve ser sempre igual ou superior a 150% das obrigações em circulação; e
4. dividendos em dinheiro deveriam ser pagos apenas por lucros posteriores a 1º de setembro de 1923 e somente se os ativos circulantes, após a dedução de tais dividendos, não estivessem em um patamar inferior a 200% dos passivos

circulantes e se a avaliação do ativos correntes não estivesse em um patamar inferior a 200% das obrigações em circulação na paridade.

B. Demonstrativo estatístico, 31 de dezembro de 1928:

1. juros foram ganhos doze vezes em 1928; uma média de mais de onze vezes de 1923 a 1928; pelo menos 3,5 vezes em cada um dos últimos seis anos;
2. o valor de mercado das ações preferenciais e ordinárias, em 31 de dezembro de 1928, era de 110 milhões de dólares, ou 22 vezes a emissão das obrigações de 5 milhões de dólares;
3. os ativos circulantes líquidos consolidados, em 31 de dezembro de 1928, somavam 28,7 milhões de dólares, ou mais de cinco vezes as obrigações em circulação; e
4. os ativos tangíveis líquidos consolidados aplicáveis às obrigações foram superiores a catorze vezes o montante da emissão.

C. História subsequente a 1928: nos quatro anos entre 1929 e 1932, o superávit consolidado diminuiu de 39,6 milhões para 400 mil dólares. Dessa redução, 6 milhões representaram dividendos pagos e o saldo foi devido a prejuízos operacionais e outras perdas. Coincidentemente, os ativos líquidos circulantes que somavam 28,7 milhões foram convertidos em um excesso líquido de passivos circulantes no valor de 2,4 milhões, um encolhimento total superior a 30 milhões.

As operações do fundo de amortização reduziram a emissão de obrigações para apenas 2 milhões de dólares no fim de 1931, mas a parcela do fundo de amortização, com vencimento em julho de 1932, não foi paga. Em fevereiro de 1933, foram nomeados administradores. Os juros sobre as obrigações com vencimento em março de 1933 não foram pagos, e o principal também estava inadimplente em setembro de 1933.

As obrigações, que tinham sido negociadas a um preço tão alto quanto US$ 101,50, em 1931, e US$ 92, em 1932, caíram para US$ 24 no final de 1933.

Vale observar que nenhuma ação foi tomada pelos administradores ou pelos detentores de obrigações no momento da inadimplência do fundo de amortização, em julho de 1932, nem no momento em que o capital de giro caiu abaixo do mínimo estipulado. Naquela época, medidas defensivas imediatas poderiam ter compelido o pagamento da relativamente pequena emissão de obrigações. Um comitê de proteção dos detentores de obrigações foi formado após a concordata. Tendo chegado à conclusão de que planos de reorganização eram impraticáveis, o comitê favoreceu a liquidação; porém, em seguida, encontrou dificuldades legais para executar seu penhor.

A empresa foi finalmente reorganizada em 1936. Os detentores de obrigações receberam ações de uma empresa imobiliária e um bloco de ações preferenciais conversíveis ou um bloco maior de ações ordinárias da empresa reorganizada. Para a sorte dos ex-detentores de obrigações, essas ações logo passaram a valer mais que o valor nominal e os juros das obrigações antigas.

II. Berkey and Gay Furniture Co. First de 6%, com vencimento em série de 1927 a 1941. Valor da emissão original: 1,5 milhão de dólares.

A. Dispositivos de proteção:

1. garantidos por um primeiro penhor sobre bens imóveis fixos no valor de cerca de 4,4 milhões, ou seja, mais de 290% da emissão original. Obrigações adicionais poderiam ser emitidas até 1 milhão de dólares contra o penhor de propriedades adicionais, mas a uma taxa não superior a 50% de seu custo;
2. os ativos circulantes líquidos deveriam ser mantidos em 2 milhões de dólares, e os ativos circulantes deveriam ser iguais ao dobro dos passivos circulantes; e
3. o vencimento em série era equivalente a um fundo de amortização com média anual de 70 mil dólares, o qual resgataria dois terços da emissão antes do vencimento.

B. Demonstrativo estatístico, 31 de dezembro de 1927:

1. os juros foram ganhos mais de três vezes em 1927; uma média de cerca de 4,5 vezes de 1922 a 1927; e não menos que três vezes em qualquer ano do período de seis anos;
2. ativos líquidos atuais somavam 3,698 milhões, ou 2,5 vezes as obrigações em circulação de 1,46 milhão; e
3. total de ativos aplicáveis tangíveis para a emissão era de 8,5 milhões de dólares ou cerca de 6 mil por título.

C. História posterior a 1927: entre 1º de janeiro de 1929 e 31 de julho de 1931, a empresa declarou prejuízos de quase 3 milhões. Apenas em 1930, o capital de giro encolheu de 2,9 milhões para 650 mil dólares. Em julho de 1931, um excesso de passivos circulantes foi declarado. Os juros sobre as obrigações não foram pagos em novembro de 1931. Gestores de concordata foram nomeados em fevereiro de 1932. A parcela das obrigações com vencimento em maio de 1932 estava inadimplente. Um decreto exigindo a execução de acordo com a hipoteca foi emitido em abril de 1933. As obrigações, que tinham sido negociadas à paridade em 1928 e a US$ 65 em de março de 1931, valiam apenas US$ 0,01 no final de 1933.

Um comitê de proteção foi formado para a emissão de obrigações após a inadimplência dos juros das obrigações. É difícil dizer se uma ação mais rápida por parte dos detentores de obrigações teria sido melhor nessa situação desastrosa. No entanto, certamente, deveriam ter agido no final de 1930, quando o dispositivo de capital de giro foi violado, e não permanecido de braços cruzados até a inadimplência do pagamento de juros quase um ano depois.

As propriedades foram vendidas em uma execução hipotecária em 1935 e, em 1936, US$ 522,50 por cada obrigação de US$ 1.000 foram distribuídos para os detentores com base nas receitas oriundas, em grande parte, de um processo por danos contra outra empresa.

APÊNDICE D

NOTA 1

A evidência do crescimento no financiamento por meio de emissões privilegiadas e seu posterior declínio é fornecida pelos seguintes números para o *número total de emissões privilegiadas em circulação*, conforme listado nos *Moody's Manuals* dos anos indicados. Obrigações e ações estão incluídas.

Ano	Número total de emissões privilegiadas em circulação	Conversíveis	Participantes	Com garantia
1925	434	434	(Não fornecido)	(Não fornecido)
1926	613	503	(Não fornecido)	110
1927	1.129	537	410	182
1931	2.668	1.214	862	592
1935	1.705	860	630	215
1939	1.629	912	536	181

Os números 208, 243, 295 e 339 da *Statistical Series Releases*, da Securities and Exchange Commission, mostram as características das novas emissões vendidas por dinheiro, de acordo com a Lei de Títulos Financeiros de 1933, durante o período de 1º de abril de 1937 a 30 de setembro de 1939. Os dados aqui apresentados, reunidos dessas publicações, indicam a tendência de financiamento recente por meio de ações seniores privilegiadas.

NOTA 2

A aplicação da fórmula antidiluição ao caso bastante complicado das Chesapeake Corp. Convertible Collateral de 5%, com vencimento em 1947, é baseada nas seguintes considerações. As obrigações, emitidas em maio de 1927, eram garantidas por um penhor de ações ordinárias da Chesapeake & Ohio Railway Co., nas quais as primeiras viraram conversíveis depois de 15 de maio de 1932. A escritura de emissão continha as disposições de antidiluição habituais e afirmava que, para fins de cálculo de preços de conversão novos, 1.190.049 ações ordinárias da Chesapeake & Ohio deveriam ser consideradas em circulação na data de emissão das obrigações.

Item	Número de emissões	Total (%)	Receita bruta para o emissor (em dólares, ".000" omitidos)	Total (%)
Total de emissões privilegiadas vendidas	439	100	3.359.177	100
Emissões privilegiadas vendidas	191	43,51	658.020	19,6
Total de ações preferenciais	214	100	470.423	100
Total de emissões privilegiadas	139	65	247.259	52,50
Conversíveis	89	41,60	210.243	44,70
Participantes	40	18,70	23.637	5
Com garantia	10	4,70	13.379	2,80
Total de obrigações garantidas a longo prazo	135	100	1.570.082	100
Total de obrigações não garantidas privilegiadas a longo prazo	20	14,81	46.824	2,98
Conversíveis	12	8,89	41.822	2,66
Participantes				
Com garantia	8	5,92	5.002	0,32
Total de obrigações não garantidas a longo prazo	79	100	1.312.213	100
Total de obrigações não garantidas privilegiadas a longo prazo	31	39,24	363.193	27,68
Conversíveis	27	34,18	358.746	28,34
Participantes				
Com garantia	4	5,06	4.477	0,34
Total de obrigações a curto prazo	11	100	6.459	100
Total de obrigações a curto prazo privilegiadas	1	9,09	744	11,50
Conversíveis	1	9,09	744	11,50

Posteriormente, a Chesapeake & Ohio emitiu ações novas da seguinte forma:

(a) 296.222 ações a US$ 100 por ação para detentores registrados em 30 de abril de 1929;

(b) 46.066,5 ações, emitidas em 1930, em troca de ações ordinárias da Hocking Valley Railway. Com base nos relatórios da empresa, parece que as ações da Hocking Valley foram avaliadas em US$ 7.076.710,18, ou à taxa de US$ 153,62 para cada ação da Chesapeake & Ohio dada em troca; e

(c) 382.211 ações a US$ 100 por ação para os detentores registrados em 12 de junho de 1930.

Finalmente, em 31 de julho de 1930, o valor nominal das ações ordinárias da Chesapeake & Ohio foi reduzido de US$ 100 por ação para US$ 25 por ação, e quatro novas ações foram emitidas em troca de cada ação antiga até então em circulação.

Com base nesses fatos, o cálculo do preço de conversão, no início de 1933, foi:

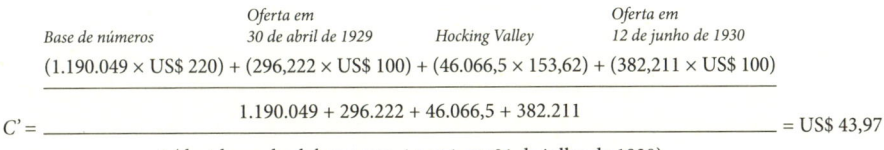

$$C' = \frac{(1.190.049 \times US\$\,220) + (296{,}222 \times US\$\,100) + (46.066{,}5 \times 153{,}62) + (382{,}211 \times US\$\,100)}{4 \text{ (devido ao desdobramento 4 por 1 em 31 de julho de 1930)}} \Big/ (1.190.049 + 296.222 + 46.066{,}5 + 382.211) = US\$\,43{,}97$$

Base de números | Oferta em 30 de abril de 1929 | Hocking Valley | Oferta em 12 de junho de 1930

NOTA 3

As Consolidated Textile Corp. Three-year Convertible Debentures de 7%, com vencimento em 1923, tinham um privilégio de conversão desse tipo. A escritura da emissão previa:

> [...] a taxa na qual a ação ordinária da empresa deve ser considerada em qualquer tal conversão deve ser na base de 22 de tais ações ordinárias para cada nota de US$ 1.000, e onze de tais ações ordinárias para cada nota de US$ 500, ou, se qualquer ação ordinária adicional da empresa for, a qualquer momento, emitida por ela por menos de US$ 46 por ação, a taxa de conversão deve ser reduzida para o preço em dinheiro, para o valor justo da propriedade ou para qual tal ação ordinária é emitida [...] Se quaisquer ações adicionais forem, posteriormente, emitidas a um preço inferior à taxa de conversão, esta deve ser reduzida ainda mais, e assim por diante ao longo do tempo, com o ajuste em dinheiro dos juros e dividendos acumulados.

Essas Debenture Notes foram emitidas em abril de 1920. Em novembro daquele ano, ações adicionais foram oferecidas aos acionistas a US$ 21 por ação, e o preço de conversão foi, portanto, reduzido de cerca de US$ 46 por ação para US$ 21 por ação. O privilégio nunca atingiu um valor substancial, uma vez que a ação não havia sido negociada acima de US$ 46,50 antes de novembro 1920 e não excedeu US$ 21,875 após a redução do preço de conversão em novembro. A emissão foi resgatada a US$ 102,50 em outubro de 1921.

NOTA 4

Os 67 milhões de dólares em American Telefone & Telegraph Co. Convertible de 4,5%, com vencimento em 1933, oferecidos aos acionistas em 1913 são um exemplo dessa condição comparativamente rara. As obrigações eram conversíveis em ações ordinárias a US$ 120 por ação de 1º de março de 1915 a 1º de março de 1925. A escritura da emissão previa que a ação obtenível na conversão fosse "parte do capital social autorizado da Telephone Company *como tal capital social autorizado seja constituído no momento dessa conversão*" e não continha as cláusulas antidiluição usuais. É interessante observar que tanto as emissões conversíveis anteriores como as posteriores da American Telephone & Telegraph Co. continham uma cláusula antidiluição. Ver, por exemplo, as escrituras garantidoras das conversíveis de 4%, com vencimento em 1906, e as conversíveis de 4,5%, com vencimento em 1929.

Mais de metade das conversíveis de 4,5%, com vencimento em 1933, foi convertida em 1915, o primeiro ano em que o privilégio pôde ser exercido, e depois o saldo foi rapidamente reduzido por meio de conversão. Em 1925, quando o privilégio expirou, US$ 1.899.400 permaneciam não convertidos, mas foram pagos na paridade, em 1931. Enquanto isso, antes de 1925, vários direitos de subscrição privilegiados foram oferecidos aos acionistas, o que pode explicar a rápida conversão dessa ação desprotegida contra a diluição por meio dos "direitos" dos acionistas, embora o rendimento mais alto das ações com uma taxa de dividendos de US$ 8 e US$ 9 tenha sido, sem dúvida, um fator.

Outro exemplo que não é tão claro é o das Brooklyn Union Gas Co. Convertible de 5,5%, com vencimento em 1936. Elas foram oferecidas em dezembro de 1925 com direito à conversão em vinte ações ordinárias em, ou após, 1º de janeiro de 1929. A escritura foi redigida de forma um pouco ambígua neste sentido:

> [...] no caso de uma mudança na natureza das ações da empresa antes do vencimento das obrigações, que aumenta ou diminui o número de ações que

os acionistas teriam direito a receber por suas participações, o número de ações que os detentores de tais obrigações deverão receber após a conversão deve ser correspondentemente aumentado ou diminuído.

Isso gerava uma dúvida: se uma proteção contra todas as formas de diluição havia sido concedida ou se a proteção concedida dizia respeito apenas aos dividendos de ações, desdobramentos de ações e desdobramentos reversos. Talvez por essa razão havia *spreads* de arbitragem muito grandes entre as obrigações e a ação antes de 1º de janeiro de 1929, quando a conversão poderia realmente ocorrer, embora, novamente, o maior rendimento dos dividendos sobre a quantidade equivalente de ações pode ter sido responsável, em parte, pelas discrepâncias. Os dados relevantes são apresentados a seguir.

Data	Preço da ordinária (em dólares)	Preço equivalente da obrigação (em dólares)	Preço da obrigação (em dólares)	*Spread* (em dólares) por obrigação de US$ 1.000
19 mar. 1926	71,5	143	129	140
17 set. 1926	91	182	155	270
17 jun. 1927	115	230	197	330
23 set. 1927	142	284	224	600
30 mar. 1928	153	306	272	340
28 set. 1928	166	332	309	210
28 dez. 1928	187,5	375	375	0

NOTA 5

As Dodge Brothers, Inc., Convertible Debentures de 6%, com vencimento em 1940, ilustram o aumento no preço de conversão que ocorre quando as ações da empresa emissora são trocadas por um número menor de ações em uma fusão com outra empresa. As obrigações, com vencimento em 1925, eram conversíveis em ações de classe A da Dodge Brothers, Inc., até um máximo de 30 milhões de dólares de uma emissão total de 75 milhões. A conversão foi definida de acordo com as taxas fixadas na seguinte programação:

Primeiro: 5 milhões de dólares convertidos, uma ação A por US$ 30 de obrigações na paridade.

Segundo: 5 milhões convertidos, uma ação A por US$ 35 de obrigações na paridade.

Terceiro: 5 milhões convertidos, uma ação A por US$ 40 de obrigações na paridade.

Quarto: 5 milhões convertidos, uma ação A por US$ 50 de obrigações na paridade.

Quinto: 5 milhões convertidos, uma ação A por US$ 60 de obrigações na paridade.

Sexto: 5 milhões convertidos, uma ação A por US$ 70 de obrigações na paridade.

A escritura de emissão estabelecia que, no caso de fusão ou consolidação, o comprador deveria assumir as obrigações e dar conta de sua conversão no mesmo tipo e na mesma quantidade de ações passíveis de emissão na fusão ou na consolidação com relação ao número de ações de classe A, ao qual o detentor de obrigação tivesse direito, na época, em caso de conversão.

Os primeiros 15 milhões de dólares de obrigações foram convertidos em ações classe A da Dodge Brothers antes da fusão dessa empresa com a Chrysler Corp., em julho de 1928, e de essa última ter assumido a responsabilidade pelas obrigações restantes. Nessa aquisição, cinco ações classe A, em que as obrigações eram conversíveis, foram trocadas por uma ação ordinária da Chrysler Corp. Portanto, de acordo com os dispositivos da escritura de emissão, a quarta parcela de 5 milhões de dólares de obrigações seria posteriormente conversível à taxa de quatro ações ordinárias da Chrysler para cada obrigação de 1.000 dólares (um preço de conversão de US$ 250 por ação para Chrysler). Da mesma forma, o quinto e o sexto *tranches* seriam conversíveis em ações ordinárias da Chrysler a US$ 300 e US$ 350 por ação, respectivamente. Em 1º de maio de 1935, todo o saldo de US$ 30.150.500, em aberto, desses títulos foi solicitado para resgate.

NOTA 6

As Spanish River Pulp & Paper Mills, Ltd., First Mortgage de 6%, com vencimento em 1931, foram emitidas em 1911 como uma obrigação direta sem privilégios de participação nos lucros. A inadimplência no pagamento de juros ocorreu em 1915-1916, resultando em um acordo entre os detentores de obrigações e a empresa. Segundo esse acordo, o pagamento dos juros vencidos de 1915 a 1916 foi adiado até outubro de 1922, os pagamentos dos fundos de amortização foram temporariamente suspensos e os detentores desses e de certas obrigações de empresas afiliadas receberam o direito de obter, durante a vida de suas obrigações, uma participação *pro rata* de 10% no montante alocado em qualquer ano para pagamento de dividendos sobre as ações preferenciais e as ordinárias da Spanish River Co.

Ano	Número de vezes que os juros foram ganhos	Faixa de mercado para as obrigações
1919	2,62	105,5-97
1920	3,03	97,5-93
1921	4,39	87-86,25
1922	2,39	115-93,25
1923	3,46	105-95
1924	4,37	104-97
1925	3,85	106,25-106,25
1926	3,96	108-105
1927	3,36	108,75-108,5
1928	Obrigações pagas a 110	

Como um resultado desse arranjo, os detentores de obrigações não só receberam 10% de todos os dividendos em dinheiro pagos sobre as ações preferenciais e ordinárias da Spanish River Co., até que as obrigações fossem resgatadas em 1928, como também receberam 10% das Preference Stock emitidas em julho de 1920 como um dividendo de ação de 42% para liquidar os acúmulos sobre as ações preferenciais.

A qualidade de investimento dessas obrigações após 1918 é indicada pelos valores apresentados na tabela.

NOTA 7

A técnica de uma operação de proteção intermediária é ilustrada pelas seguintes transações feitas entre 1918 e 1919 envolvendo a compra de uma Pierce Oil Corp. Note de 6% no valor de US$ 1.000, com vencimento em 1920, e a venda de ações ordinárias contra ela. A Pierce Oil Note era conversível em qualquer momento em cinquenta ações ordinárias. (Os juros acumulados sobre a nota são excluídos.)

Data	Compra	Faixa de variação no mês	Venda	Faixa de variação no mês
Out. 1918	Nota de 1 mil 6% a 100,50 = US$ 1.008	99,50-101,50	25 ordinárias a 19 = US$ 470	16,25-19,125
Dez. 1918	25 ordinárias a 16 = US$ 403	15,75-17		
Jan. 1919			25 ordinárias a 19 = US$ 470	16-19,375
Maio 1919			25 ordinárias a 28 = US$ 696	24,75-28,625
Dez. 1919	50 ordinárias a 17,50 = US$ 881	17-20,625	Nota de 1 mil a 100 = US$ 1.000	Resgatada a 100
	US$ 2.292		US$ 2.636	
Lucro	US$ 344			

O preço mínimo da nota, entre outubro de 1918 e dezembro de 1919, foi de US$ 99,50. Essas cinco transações podem ser analisadas da seguinte forma:

1. Compra da nota e venda da metade das ações relacionadas contra ela a um preço não muito distante da paridade. Isso permitiu um lucro de cobertura, se as ações caíssem, e um lucro com a venda da outra metade, se as ações avançassem.
2. Uma queda na ação permitiu o lucro da cobertura.
3. A recuperação da ação permitiu que a posição original fosse restaurada.
4. O avanço da ação permitiu a venda da segunda metade a um preço que assegurasse lucro na operação.
5. A queda renovada da ação permitiu a recompra a um lucro das ações vendidas, enquanto a nota foi vendida na paridade.

Em função do preço das notas (junto com a condição financeira razoavelmente forte da empresa) ser sustentado pela proximidade do vencimento da emissão, não foi necessário vender a nota no passo 2. Ela poderia ser mantida em carteira na esperança de que a venda das ações se repetisse.

NOTA 8

Já indicamos, no capítulo 14, que 95% de todas as ações preferenciais listadas na Bolsa de Valores de Nova York não conseguiram manter um nível de preços de investimento em 1932. Um estudo, realizado por Adolph H. Graetz, de grandes amostras de obrigações para cada um dos anos entre 1931 e 1934 indica a seguinte distribuição anual de preços mínimos:

PREÇOS DE OBRIGAÇÕES DE EMPRESAS NO NÍVEL MAIS BAIXO DO ANO, EM 1931-1934

Classe (por faixa de preço)	1931		1932		1933		1934	
	Número	Porcentagem acumulada[1]	Número	Porcentagem acumulada[1]	Número	Porcentagem acumulada[1]	Número	Porcentagem acumulada[1]
0-9,9	245	5,69	623	13,82	683	14,78	555	12,28
10-19,9	334	13,45	562	26,29	507	25,75	459	22,57
20-29,9	335	21,23	419	35,59	438	35,23	370	30,63
30-39,9	380	30,06	388	44,20	418	44,28	333	38,02
40-49,9	296	36,94	364	52,28	403	53	331	45,40
50-59,9	319	44,35	426	61,73	381	61,24	372	53,46
60-69,9	377	53,10	384	70,25	384	69,55	340	60,86
70-79,9	461	63,81	417	79,50	405	78,31	409	70,04
80-89,9	571	77,07	406	88,51	399	86,94	435	79,79
90-99,9	835	96,47	450	98,49	467	97,04	568	92,61
100 em diante	152	100	68	100	137	100	334	100
Total	4.305		4.507		4.622		4.506	

[1] Porcentagem do total cujos preços se situam no limite ou abaixo do limite superior do intervalo de classes indicado.

A situação atual, no que diz respeito às obrigações que são negociadas em níveis especulativos (em 1939), é indicada pelo fato de que o preço médio de todas as obrigações de empresas dos Estados Unidos cotadas na Bolsa de Valores de Nova York, no fim de 1939, foi US$ 74,60, um nível que sugere que muitas ações foram vendidas com descontos muito grandes abaixo da paridade. O histórico completo dos preços de todas as obrigações e dos certificados de depósito corporativos relacionados, que realmente foram negociados na Bolsa de Valores de Nova York em 1939, revela que 558, ou 57%, de um total de 1.100 emissões, foram negociados a preços inferiores a US$ 70 em algum momento ao longo do ano. Um número preponderante de títulos com preços baixos era de ferrovias. Ver *Commercial and Financial Chronicle*, 6 jan. 1940, p. 56-64.

NOTA 9

A tese de Edward S. Mead e Julius Grodinsky pode ser resumida no parágrafo seguinte.

Todas as indústrias acabam sofrendo um declínio após expandir durante um período mais longo ou mais breve. Uma vez que o declínio começa, raramente é revertido. Em qualquer dado momento, todas as indústrias podem ser divididas naquelas em expansão e naquelas em declínio. O início da decadência pode ser detectado pelos seguintes sintomas: demanda estacionária, recurso a melhorias em vez de a acréscimos, esforço para fazer subir os preços e tomada de empréstimos. O investimento sólido deve ser estritamente confinado às indústrias em expansão e, preferencialmente, às empresas que demonstrem qualidade progressiva por meio de atividades de pesquisa. Deve-se, necessariamente, incluir ações ordinárias, uma vez que a disponibilidade de obrigações e ações preferenciais em tais grupos é muito limitada. Para levar em consideração a possibilidade de um retrocesso no futuro, o investidor deve estabelecer reservas de amortização com base em sua renda e seus lucros sobre o principal.

Não se pode negar que esse ponto de vista reflete verdades importantes que influenciam os temas empresariais e a experiência de investimento. Mas se — na forma declarada ou em qualquer aproximação daí derivada — essa perspectiva fornece ou não um padrão razoável e praticável de investimento, é uma questão bastante diferente. Algumas implicações dessa tese podem ser observadas a seguir.

1. Os investimentos em indústrias em crescimento e o abandono das indústrias em declínio devem ser feitos independentemente dos preços atuais. Se uma grande parte dos proprietários de ações seguisse esse princípio, o preço das ações "boas" subiria de maneira sensacional, enquanto as ações pouco promissoras cairiam para quase nada — independentemente de seus lucros e ativos. A negligência do fator preço nessa teoria deve refletir a crença de que o preço não faz qualquer diferença ou de que, na média, os investidores não precisam, de fato, pagar um diferencial muito alto para as ações boas. A primeira alternativa é claramente insustentável; a segunda é mais que duvidosa. Na década passada, o comportamento do mercado já demonstrava a influência dessa filosofia nos prêmios pesados a serem pagos pelas ações de crescimento. Sua maior extensão pode fazer estragos.

2. O método prescrito não é tão simples como parece, exceto do lado negativo. O investimento aceito deve atender tanto aos testes do ramo como um todo quanto aos vários requisitos aplicáveis para a empresa individual;

o detentor deve estar alerta para os sinais inevitáveis de decadência iminente e pronto para vender, apesar de lucros satisfatórios ou — inversamente — de um nível de mercado insatisfatório.

Esse método geral envolve o dilema que o número de indústrias de crescimento elegíveis é tão restrito que qualquer concentração grande de investimentos nelas torna-se completamente impraticável, ou uma definição generosa do termo "indústria de crescimento" resultará em muitos erros ou em reversões rápidas. Mead e Grodinsky tiveram a coragem de dividir *todos* os ramos industriais nas categorias de expansão ou de contratação — listando 61 na primeira e cinquenta na segunda. Certamente, deve haver muitos casos limítrofes; na verdade, devemos imaginar que um grupo intermediário muito grande cairia na categoria indecisa e que uma declaração confiante estaria restrita a, digamos, os quartis superior e inferior.

Mais séria é a possibilidade de que o crescimento cessará sem aviso adequado e antes que o investidor possa colher sua recompensa. A propensão marcante para a reversão de tendências é encontrada quando se compara mudanças nos lucros líquidos dos ramos industriais de 1926 a 1930 (ou de 1928 a 1930) com as mudanças adicionais ocorridas até 1936. Dados para tais estudos podem ser encontrados nas tabelas de Mead e Grodinsky ou nas compilações da Standard Statistics Company dos lucros líquidos dos ramos industriais de 1926 em diante.

3. O conselho para evitar as obrigações das indústrias em declínio em favor das ações de indústrias de expansão, dado de uma forma incrivelmente categórica,[1] pode ser contestado por outras razões. Os conselheiros fazem questão de apontar (p. 461-462) que o dispositivo de fundo de amortização pode resgatar o capital privilegiado de empresas que não estejam em expansão antes de serem engolidas no colapso final e inevitável. Além disso, para se proteger contra o mesmo destino trágico que aguarda até mesmo as empresas de crescimento — mas depois de um intervalo mais longo —, Mead e Grodinsky insistem (p. 465-467) em destacar que o investidor em ações ordinárias deve criar o próprio fundo de amortização a partir dos dividendos recebidos ou dos lucros realizados, de modo que apenas parte deles é realmente receita. Devemos pensar que as obrigações da Swift & Co. (uma "indústria em declínio") merecem ser consideradas seguras, por razões quantitativas óbvias,

---

1. "O registro e a presente situação mostram que, com relação à segurança, as ações ordinárias das empresas bem-sucedidas nas indústrias em expansão que não emitem obrigações são mais seguras que os títulos das empresas bem-sucedidas nos grupos nas indústrias em declínio." (Edward S. Mead e Julius Grodinsky, *The ebb and flow of investment values*. Nova York, D. Appleton-Century, 1939, p. 298)

mesmo levando em consideração uma redução do consumo *per capita* de carne no futuro. Contudo, como as ações ordinárias da Johns Manville — uma ação líder em uma "indústria em expansão" — podem ser chamadas de "seguras", independentemente do fato de o investidor tê-las comprado a US$ 155 em 1937 ou a US$ 58 em 1938, está além de nossa compreensão.

4. Os estudos elaborados, nos quais Mead e Grodinsky baseiam seu princípio de investimento, sugerem outras conclusões que devem ser de grande valor para os acionistas. Pode muito bem ser verdade que, em muitos casos, o começo do declínio pressagia a perda completa da lucratividade e a perda quase total do patrimônio líquido do acionista e que os gestores, por mais competentes e engenhosos que sejam, são impotentes para evitar o debacle. Mas, se é assim, os proprietários do negócio podem ter outras alternativas, além de apenas vender suas ações no mercado aberto pelo preço vigente. Não seria exatamente o mesmo raciocínio, aquele que busca persuadir o detentor individual a vender suas ações, mais logicamente empregado para persuadir *todos* os acionistas a realizar o valor de seus ativos antes que se dissipem?

Consideramos que *The ebb and flow of investment values* apresenta um poderoso argumento que apoia nossa tese (desenvolvida nos capítulos 43 e 44), ou seja, a persistência do preço de mercado abaixo do valor de liquidação é um sinal que clama para ser atendido; que desafia os acionistas a descobrir se seu interesse exige que a empresa continue como antes; que pede uma mudança de suas políticas, pois ser vendida levanta a possibilidade de ser parcial ou totalmente liquidada; e que, finalmente, a resposta a essa questão crucial deve ser buscada não nos gestores — com seus preconceitos e interesses especiais —, mas em uma agência externa competente e imparcial.

NOTA 10

HISTÓRIA SUBSEQUENTE DAS OBRIGAÇÕES APRESENTADAS NA TABELA

As American Seating de 6%, com vencimento em 1936, foram prorrogadas por dez anos e negociadas a US$ 104 em 1939.

As Crucible Steel de 5%, com vencimento em 1940, subiram para o patamar de US$ 104,50 em 1937 e foram chamadas para pagamento a US$ 101 em setembro de 1938.

As McKesson & Robbins de 5,5%, com vencimento em 1950, provaram ser uma compra rentável a US$ 25, mas depois de serem negociadas acima da paridade entre 1935 e 1938, caíram para US$ 50, no final de 1938 e início de 1939, por causa de notícias sobre a conduta fraudulenta por parte dos gestores.

O pagamento de juros foi adiado em maio de 1939, mas em abril de 1940 as obrigações haviam se recuperado atingindo o preço de US$ 101.

As Marion Steam Shovel de 6%, com vencimento em 1947, já exibiam o registro mais fraco da lista. No entanto, as obrigações subiram, gradualmente, até um nível de preço de paridade entre 1936 e 1937 e foram negociadas a um preço tão alto quanto US$ 87 em 1939.

Alguns detentores das National Acme de 6%, com vencimento em 1942, prorrogaram o vencimento de suas obrigações de 1936 para 1946 e consentiram em uma redução da taxa de cupom para 4,5%. Essas obrigações têm, consistentemente, sido negociadas próximo à paridade desde 1936. As obrigações que não foram prorrogadas foram resgatadas a US$ 102,50 em dezembro 1936.

APÊNDICE E

NOTA 1

A evolução dos três exemplos apresentados é indicada na tabela a seguir:

Item	Electric Power and Light	Bangor and Aroostook	Chicago Yellow Cab
Preço mínimo subsequente	1	9,5	6
Razão entre preço baixo e alto em 1929	1,15%	9,51%	17,14%
Preço máximo depois de 1933	26,625 (1937)	49,50 (1936)	32 (1936)
Razão entre máxima subsequente e alta em 1929	30,7%	54,7%	91,4%
Preço de fechamento em 1939	6,875	12,875	8,375
Razão entre fechamento em 1939 e alta em 1929	7,9%	14,2%	23,9%
Lucro médio por ação em 1930-1939	US$ 0,05 (d)	US$ 3,85	US$ 1,21
Dividendos médios por ação em 1930-1939	0,25	2,61	1,60
Lucro por ação em 1939	0,39 (d)	0,17	1,04

NOTA 2

SWIFT & COMPANY

Em 1939, a ação da Swift & Company era negociada a uma média de preço de cerca de US$ 21 por ação. Recebendo US$ 1,20 em dividendos, seu rendimento médio era de 5,7%. O capital circulante líquido disponível para a ação, incluindo a participação em certos ativos de subsidiárias, era quase igual ao preço do mercado. Os ativos tangíveis totais por ação eram quase o dobro do preço de mercado.

O quadro financeiro, em outubro de 1939, pode ser resumido da seguinte forma:

Capitalização:

Obrigações	US$ 36.000.000
Ações (5.920.000 ações a US$ 21)	124.000.000
Preço de venda total da empresa	US$ 160.000.000
Ativos circulantes líquidos[1]	139.000.000
Ativos tangíveis líquidos	286.000.000
Faturamento, ano fiscal de 1939	757.000.000
Líquido por ação, ano fiscal de 1939	10.322.000

1. Excluindo participações em subsidiárias não consolidadas.

A seguir, apresentamos um histórico resumido da empresa desde o início do século, conforme aplicado ao equivalente das ações de US$ 25 atuais.

Ano	Lucro por ação[1] (em dólares)	Dividendos por ação[1] (em dólares)	Valor líquido dos ativos tangíveis por ação[1] (em dólares)	Preço de mercado por ação[1] (em dólares)	Total de investimentos dos acionistas (incluindo reservas voluntárias)
Anos fiscais:					(milhões)
1939	1,74	1,20	41,40	21	250
1900	2,19	1,67	22,45	(est.) 21	22
Média:					
1930-1939	1,36	1,20	40,60	20,25	244
1920-1929	1,81	2,00	38,75	28,50	233
1910-1919	3,67	2,37	33,66	24,50	120
1900-1909	2,42	1,52	25,60	22	42
40 anos, 1900-1939	2,32	1,78	34,65	23,75	160

1. Todos os valores por ação anteriores a 1918 foram ajustados em função de um dividendo de 25% pago naquele ano.

Discussão: Essa empresa é o fator principal em um dos maiores ramos industriais do país. Na verdade, a Swift & Co., em alguns anos, declarou um volume de faturamento em dólares maior que qualquer outra empresa dos Estados Unidos. Durante os 42 anos entre 1898 e 1939, pagou dividendos todos os anos, exceto em 1937, e obteve um lucro líquido em todos os anos, exceto em três. Os ativos líquidos de seus acionistas cresceram de 15 milhões em 1898 para 250 milhões de dólares em 1939. Contudo, as ações dessa empresa foram negociadas, em 1939 (e, em média, de 1930 a 1939), por menos de metade de seu investimento tangível e por não mais que seu patrimônio apenas em ativos líquidos atuais, ignorando completamente as fábricas, o equipamento de transporte, as marcas comerciais, o patrimônio de marca e outros ativos. O que há de errado nisso?

Se perguntarmos por que Wall Street não está disposta a pagar tanto pela Swift & Co. quanto investe no negócio, a resposta é simples. Os lucros sobre esse capital investido na última década foram, em média, inferiores a 4%, e a tendência dos lucros nos últimos vinte anos tem sido predominantemente de queda. Contudo, a verdadeira questão é por que esses fatores desfavoráveis são suficientes para cortar o valor da Swift pela metade — comparando o preço de mercado com os ativos tangíveis — se todas as ações ordinárias na Bolsa de Valores de Nova York foram negociadas, no agregado, por 50% *mais* que seu valor contábil (por exemplo, no final de 1938). Uma pergunta que surge é: por que o preço da Swift & Co. deve ser tão baixo para gerar um rendimento médio de 6%, em comparação com o rendimento de apenas 4% em 1930-1939 das ações ordinárias em geral (comparando com o *índice* Moody que cobre as duzentas ações principais)?

O preço mínimo da Swift & Co. — em relação aos critérios de lucros, dividendos e valor contábil médios — é uma ilustração espetacular da influência dominante da tendência de lucros, segundo as avaliações do mercado acionário. É claro que o mercado está indo mais longe que apenas registrar a falta de entusiasmo pelas perspectivas da empresa. Na verdade, tem afirmado, em termos explícitos, que duvida da capacidade da empresa de ganhar no futuro até mesmo a taxa reduzida da década de 1930 a 1939, que duvida da continuidade da taxa de dividendos de US$ 1,20 e que não acredita que o enorme investimento tangível tem qualquer valor específico como garantia de poder obter um lucro futuro.

No entanto, devemos, de nosso lado, expressar dúvidas quanto ao fato de a avaliação da Swift pelo mercado representar qualquer esforço cuidadoso para pesar as probabilidades futuras ou equilibrar os prós e os contras em detalhes. A falta de crescimento da demanda por carne certamente é uma desvantagem. Entretanto, talvez não seria compensada por fatores como (1) a estabilidade e a permanência subjacentes da indústria de processamento de carne; (2) o enorme prestígio e a força financeira da organização Swift; (3) a consideração de que a indústria de processamento de carne tenha "tomado sua dose" de regulação do governo e que a margem de lucro baixa e os lucros baixos sobre os investimentos de fato podem protegê-la das ameaças políticas que pairam sobre indústrias mais lucrativas?

Desse ponto de vista, o exemplo da Swift pode ser considerado como um teste nítido da validade das atitudes de investimento atuais. Nossa crítica não é dirigida tanto contra o veredito de Wall Street — que o futuro poderá confirmar ou desmentir —, mas contra o encurtamento de sua análise. Suponha que a Swift estivesse sendo negociada a US$ 7, como aconteceu em 1932 e 1933, a filosofia de Wall Street ainda condenaria sua compra como um compromisso em uma "indústria em declínio". Mas não pode ser verdade que *todo* o valor de um empreendimento desaparece uma vez que tenha parado de se expandir. Portanto, a algum preço uma empresa "ruim" como a Swift deve ser um bom investimento, assim como a algum preço uma empresa "boa" como a Parke, Davis deve ser um mau investimento. (Uma comparação das duas empresas em dezembro de 1939 deveria interessar ao estudante.) Por isso, ainda mais, o verdadeiro negócio de Wall Street, como avaliador e consultor de valores, deveria ser determinar com cuidado o *peso relativo* do fator de crescimento no quadro geral — em vez de meramente buscar uma classificação rápida e fácil de todas as empresas com base no Dia do Julgamento das eternamente abençoadas ou das eternamente condenadas.

Por outro lado, é preciso apontar que o registro de mercado, ao longo dos últimos dez anos, da Swift & Co. é um desafio para seus gestores. Ele levanta problemas a serem discutidos entre diretores e acionistas. Certamente, gestores tão capazes como os da Swift não devem ficar satisfeitos a menos que a empresa obtenha um lucro suficiente sobre o investimento *tangível* sozinho para suportar um valor de mercado igual a ele. Se as condições não permitirem isso na média, em seguida, os fatores subjacentes responsáveis por esse resultado decepcionante devem ser estudados objetivamente, as possíveis soluções devem ser examinadas em profundidade e o assunto deve ser relatado em detalhes aos 59 mil proprietários da empresa.

NOTA 3

Os estatutos das empresas da maioria dos países continentais prescrevem certas reservas obrigatórias, e uma das funções delas é facilitar a manutenção de dividendos regulares. Essas reservas são acumuladas com base nos lucros anuais, mas geralmente não atingem grandes proporções. O poder para declarar dividendos, em geral, reside nos acionistas reunidos em "assembleia geral", a qual ocorre anualmente, embora a possibilidade de dividendos intermediários também exista.

Na Inglaterra, a Lei das Sociedades não limita a função de declarar dividendos para a "assembleia geral" anual dos acionistas, mas a forma recomendada do estatuto social (tabela A dos estatutos) prevê esse modo de declaração, e é um costume geral na formulação de artigos de associação estipular que "a empresa em assembleia geral" ou "os diretores com a sanção de uma assembleia geral" podem declarar dividendos anuais. Consultar a *First Schedule, Table A of the Companies Act*, 1929, 19 e 20 Geo. V., capítulo 23. Uma discussão sobre a lei e as políticas de dividendos britânicas está disponível em: *Palmer's Company Law*, 13. ed., Londres, Stevens & Sons, 1929, p. 222-223, 628.

As seguintes declarações resumem em mais detalhes as políticas de dividendos de certas empresas de outros países, bem como o registro subsequente em cada caso:

1. Royal Dutch Co. para trabalho em poços de petróleo nas Índias holandesas, de 1920 a 1938, inclusive:

(a) disponível para ações ordinárias .... Fl. 1.530.396.000
(b) pago sobre ações ordinárias .... Fl. 1.497.293.000
(c) porcentagem de lucros distribuídos em dividendos 97,84

2. Siemens & Halske AG, de 1925 a 1938, inclusive:

(a) lucro líquido .... Rm. 150.893.000
(b) dividendos 124.419.000
(c) bônus estatutário dos diretores 3.458.000
(d) reservas especiais[1] 25.550.000
(e) saldo .... 2.534.000 (*d*)

1 Incluindo Rm. 3 mil para o fundo de previdência.

3. British-American Tobacco Co., Ltd., dos anos fiscais encerrados em 30 de setembro de 1921 a 30 de setembro de 1938, inclusive:

(a) lucro líquido disponível para ações ordinárias .... £ 91.934.000
(b) dividendos sobre ações ordinárias 87.240.000
(c) percentual de lucros distribuídos 94,9

4. No caso da General Electric Co., Ltd., a política dos Estados Unidos de reter uma proporção justa dos lucros tem sido, aparentemente, seguida. A maior parte desses lucros excedentes, no entanto, foi transferida para a

"conta de reserva". As informações a seguir resumem o período de 1925 a 31 de março de 1939:

(a) lucro líquido ....£ 10.433.000
(b) dividendos preferenciais..3.468.000
(c) dividendos sobre ações ordinárias..4.521.000
(d) apropriação para reservas 1.847.000
(e) saldo para excedente 597.000

APÊNDICE F

NOTA 1

O leitor é encaminhado para o documento *The statistical survey of investment trusts and investment companies* (House Doc. n. 70, 76º Congresso, 1ª sessão, Washington, 1939, sobretudo p. 463-493, 833-937), para uma declaração mais completa sobre os resultados do exame detalhado pela equipe da Securities and Exchange Commission sobre o desempenho das grandes empresas de gestão de investimento de 1927 a 1937. O método de análise empregado pela equipe da comissão foi, em geral, comparar as oscilações nos ativos líquidos (sem dedução da dívida financiada)[1] das empresas de investimento com as oscilações no índice Standard Statistics de noventa ações ordinárias e com um título artificial elaborado para permitir maior comparabilidade com os fundos de investimento devido ao fato de que os últimos não limitam seus investimentos apenas a compromissos em ações ordinárias.

As seguintes generalizações dos resultados desse estudo são citadas no documento da Câmara mencionado:

> A análise, neste apêndice, indica que as grandes empresas de gestão de investimento propriamente ditas [...], em geral, tiveram um desempenho parecido com o de um índice de ações ordinárias, com apenas algumas empresas superando esse desempenho. A única tendência importante de divergência do índice parece ter resultado de outros investimentos que de ações ordinárias e derivado também do aumento na proporção desse tipo de investimento durante os anos de declínio dos preços das ações e da diminuição desses investimentos durante os mercados altistas. Não há qualquer evidência de que muitas empresas foram capazes de ter um desempenho consistentemente melhor que o índice ano após ano. A análise indica que o resultado líquido da interação de todos os determinantes de desempenho era simplesmente o desempenho das ações ordinárias principais, conforme representado por

---

1. Foi eliminado o efeito de recompra de títulos próprios das empresas com descontos abaixo dos valores dos ativos. Também foram feitos ajustes para distribuições aos acionistas pelos fundos de investimento e nos componentes de grupos representativos ou nas médias com que o desempenho dos fundos foi comparado.

um índice. Se o desempenho das empresas de investimento é ou não simplesmente o desempenho de ações ordinárias listadas e selecionadas aleatoriamente, não podemos afirmar com esta análise. O desempenho típico das empresas de investimento pode bem ser melhor que o desempenho das ações obtidas pela seleção estritamente aleatória, embora tal resultado implique que as ações representadas no índice também tenham um desempenho melhor que as ações selecionadas aleatoriamente. [...]

Pode-se, então, concluir com considerável segurança que todo o grupo de empresas de gestão de investimento propriamente ditas (ao contrário da amostra aqui estudada) não conseguiu um desempenho melhor que um índice das principais ações ordinárias e, provavelmente, teve um desempenho um pouco pior que o índice acima no período de 1927 a 1935. [...]

Com relação aos fundos de investimento fixos e semifixos [...] o desempenho típico no período 1930 a 1935 foi inferior ao desempenho do índice, embora por uma margem bastante pequena. Praticamente todos os fundos fixos e semifixos investiram seus ativos em ações ordinárias, e, consequentemente, seu desempenho foi pior nos anos de declínio dos preços de ações e melhor em anos de subida dos preços que as empresas de investimento propriamente ditas. [...] Levando em consideração todos os fatores, é duvidoso que os fundos fixos tivessem um desempenho muito pior ao longo do período de 1930 a 1935 que a empresa de gestão de investimento média.

DESEMPENHO DAS SEIS MAIORES EMPRESAS DE INVESTIMENTO EM 1934-1939 E 1936-1939

Empresa	Valores dos ativos por ação em 31 de dezembro (em dólares)			Dividendos pagos (em dólares)		Aumento geral em valor (%)	
	1933	1935	1939	1934-1939	1936-1939	1934-1939	1936-1939
Atlas Corp.	11,03	15,25	12,80	2,90	2,60	42,4	1
Dividend Shares	1,21	1,56	1,28	0,54	0,39	50,4	7,1
Incorp. Investors	17,99	20,86	16,34	9,93	6,66	46	10,3
Lehman Corp.	26,84	37,10	32,72	9,72	8,00	54,4	9,8
Mass. Invest. Trust	17,70	24,03	20,98	6,39	4,91	54,5	7,9
State St. Investment	65,34	92,30*	71,81	39,30	36,00	70,6	16,8
Índice de ações Standard Statistics 420	71	96,8	94,3	(Est.) 24	(Est.) 18,3	66,6	16,3

* Ajustado.

A tabela anterior analisa o desempenho das seis maiores empresas de investimento (em 31 de dezembro de 1939) para os períodos de quatro e seis anos encerrados nessa data. Os resultados gerais são comparados com o índice Standard Statistics de 420 ações, o mais abrangente disponível. O retorno de dividendos nesse índice é, um tanto arbitrariamente, estimado como igual, em termos percentuais, ao do índice Dow Jones de trinta ações industriais.

A tabela a seguir compara os ativos em caixa e as obrigações governamentais de doze empresas de investimento em várias datas entre 1937 e 1939 com o índice industrial Dow Jones nessas datas. Observe que os ativos em dinheiro se movimentam inversamente ao índice, sugerindo que as empresas tendem a comprar em mercados ascendentes e a vender em mercados de baixa.

Data	Índice industrial Dow Jones	Dinheiro e obrigações dos Estados Unidos de doze empresas de investimento[1] (valores em dólares)
30 set. 1937	154,5	35.057.000
31 mar. 1938	99	82.796.000
31 dez. 1938	154,8	27.093.000
30 jun. 1939	130,6	35.858.000
30 set. 1939	152,5	23.775.000

1. As empresas são: Adams Express, Blue Ridge, Equity Corp., General American, Incorporated Investors, Lehman Corp., Niagara Share, Quarterly Income Shares, Selected Industries, Tri-Continental, U.S. & Foreign Securities, U.S. & International Securities.

NOTA 2

A diferença entre o método padrão e o método "último a entrar, primeiro a sair" de custo de computação de bens vendidos pode ser ilustrada pelo seguinte exemplo simplificado e hipotético.

Uma empresa começa com 10 milhões de libras-peso de cobre, compra 10 milhões de libras-peso por ano durante três anos e vende 10 milhões de libras-peso por ano a um preço 2 centavos superior ao do mercado. O custo inicial e o preço de mercado são 10 centavos; o custo médio e o preço de fechamento são 15 centavos no primeiro ano, 5 centavos no segundo ano e 10 centavos no terceiro ano.

Obviamente, a empresa acabou onde começou em termos de inventário e auferiu um lucro contínuo de 2 centavos de dólar por libra-peso. O senso comum insistiria em dizer que a empresa teve um lucro (bruto) de 200 mil dólares a cada ano. Mas o método de contabilidade padrão mostraria um lucro de 700 mil no primeiro ano, um prejuízo de 800 mil no segundo ano e um lucro de 700 mil no terceiro ano. Nos anos anteriores a 1939, quando nenhum repasse de prejuízos era permitido, a empresa estaria sujeita ao imposto de renda sobre 1,4 milhão de dólares. De acordo com a lei de 1939 e utilizando o método-padrão, a renda tributável para o período seria de 700 mil — o "lucro" do primeiro ano — e nenhuma depois.

MÉTODO-PADRÃO

	Primeiro ano (valores em dólares)	Segundo ano (valores em dólares)	Terceiro ano (valores em dólares)
Receita de bens vendidos	1.700.000	700.000	1.200.000
Custo de bens vendidos:			
Estoque de abertura	1.000.000	1.500.000	500.000
Compras	1.500.000	500.000	1.000.000
	2.500.000	2.000.000	1.500.000
Menos estoque de fechamento (menor entre custo e mercado)	1.500.000 1.000.000	500.000 1.500.000	1.000.000 500.000
Lucro bruto	700.000	Perda 800.000	700.000

MÉTODO "ÚLTIMO A ENTRAR, PRIMEIRO A SAIR"

Preço das mercadorias vendidas	1.700.000	700.000	1.200.000
Custo das mercadorias vendidas (igual a compras durante o ano)	1.500.000	500.000	1.000.000
Lucro bruto	200.000	200.000	200.000

No entanto, pelo método "último a entrar, primeiro a sair", o lucro seria calculado em 200 mil dólares a cada ano — um número sensato — e o imposto de renda seria pago sobre esse montante.

Os cálculos são mostrados na tabela anterior.

NOTA 3

ILUSTRAÇÃO DO MÉTODO NORMAL DE ESTOQUE

O funcionamento de vários métodos de reserva de estoque é mostrado nos números da tabela a seguir que cobrem as operações da Plymouth Cordage Co., nos dez anos de 1930 a 1939. Antes de 1932, uma política um tanto arbitrária foi seguida, de acordo com a qual uma reserva substancial apareceu em 1929 e foi absorvida no ano seguinte, não deixando qualquer reserva adicional até 1933. Para aquele ano e o seguinte, foi adotada uma política de redução do valor de todo o estoque para os preços mínimos de 1932. Em 1935, a reserva foi mantida intacta, embora não fosse totalmente necessária. A partir de 1936, a empresa adotou o método de estoque normal, aplicando uma reserva suficiente para reduzir o suprimento mínimo necessário para a operação ao menor nível de preço experimentado anteriormente.

PLYMOUTH CORDAGE COMPANY (".000" OMITIDOS)

Data ou ano findo em 30 de setembro:	Números de estoque			Lucro líquido por ano		
					Após ajustes de reserva (em dólares)	
	Antes da reserva[1] (em dólares)	Após reserva da empresa (em dólares)	Após reserva de estoque normal[2] (em dólares)	Antes dos ajustes de reserva (em dólares)	Conforme feito pela empresa	Conforme exigido pelo método de estoque normal
1929	8.059	7.110	4.297			
1930	6.008	6.008	4.367	658 (d)	288	1.463
1931	4.011	4.011	3.292	25	25	943
1932	3.150	3.150	3.102	233 (d)	233 (d)	444
1933	3.473	3.143	3.238	486	157	294
1934	5.144	4.471	4.722	619	276	432
1935	4.030	3.358	3.503	475	475	370
1936	5.191	4.193	4.193	892	466	320
1937	5.315	3.291	3.291	1.195	269	269
1938	4.849	3.877	3.877	1.066 (d)	9 (d)	9 (d)
1939	4.635	3.457	3.457	336	130	130
Média de dez anos				207	184	466

1. Com menor custo ou mercado.
2. Números de 1929 a 1935 fornecidos, por cortesia, pela Plymouth Cordage Co.

Nossa tabela indica como o método de estoque normal teria funcionado, se tivesse sido seguido a década inteira, comparado com os resultados realmente relatados. O fato mais significativo é que a técnica de estoque normal teria reduzido bastante as oscilações de lucro e também resultado em lucros agregados bem mais altos para o período. A razão para o último ponto é que os resultados, conforme publicados, absorvem uma diminuição considerável do estoque em 30 de setembro de 1929, além da reserva fornecida naquela data. Esses números sugerem que a Plymouth Cordage Co. teria apresentado um excelente desempenho durante os anos de depressão, de 1930 a 1932, se o método de estoque normal estivesse em vigor naquela época. Há uma análise que fizemos baseada nos relatórios publicados. Deve-se observar a variação relativamente pequena no inventário líquido depois da reserva de estoque normal, conforme comparado com os números sem ajustes.

NOTA 4

Entre 1º de janeiro de 1929 e 31 de janeiro de 1933, a Interstate Department Stores, Inc. adquiriu 30 mil de suas ações ordinárias a um custo médio de US$ 20,62 por ação. Nessa última data, reavaliou o preço da ação para US$ 5 em seus livros por meio de um encargo de US$ 468.689 contra o excedente ganho e reservou 20 mil ações para recompensar os gestores em anos futuros, segundo acordos sobre desempenho. Nos três anos fiscais terminados em 31 de janeiro de 1937, emitiu 12.432 dessas ações para os gestores e cobrou na conta de receita o custo desses serviços de administração na taxa de US$ 5 por ação, embora a ação tenha custado à empresa consideravelmente mais e fosse negociada no mercado a preços substancialmente superiores a US$ 5 quando de sua emissão.

Ano fiscal encerrado em 31 de janeiro	Lucro líquido declarado (em dólares)	Lucro líquido com base no custo médio[2] (em dólares)	Lucro líquido com base no valor de mercado[3] (em dólares)	Lucro líquido com base em compensação em dinheiro[4] (em dólares)
1935	468.350	418.991	442.675	453.095
1936	446.650	402.445	423.718	432.080
1937	882.002	781.378	715.997	852.438

1. Depois de instituir um encargo de US$ 5 por ação.
2. Cobrança da receita com a ação a seu custo original médio.
3. Cobrança da receita com as ações a seu valor de mercado nas datas de distribuição aos gestores.
4. Cobrança da receita do valor da remuneração em dinheiro que os gestores tiveram a opção de assumir em substituição às ações.

A tabela anterior mostra o efeito dessas transações sobre a renda declarada, conforme divulgado no prospecto da empresa, datado de 13 de maio de 1937.

NOTA 5

A seguir, apresentamos um resumo das diferenças mais importantes que podem surgir entre a renda de pessoa jurídica sujeita a imposto de renda e o lucro líquido declarado aos acionistas. Estes são baseados na Lei de Receitas de 1939.

	Diferenças que *aumentarão* os lucros sujeitos ao imposto de renda	Diferenças que *diminuirão* os lucros sujeitos a impostos
I. Itens na conta de receita relatada excluídos dessa conta para fins fiscais	Perda de capital a curto prazo no ano atual. Seguro de vida dos executivos pago. Remarcação dos títulos de propriedade ao preço de mercado.	85% dos dividendos domésticos recebidos. Juros recebidos sobre títulos públicos, estaduais e municipais.
II. Itens geralmente apresentados na conta excedente, incluídos na declaração de imposto	Lucro na venda dos ativos de capital. Lucro recebido aplicável a anos anteriores. Lucro em certas vendas de ação de capital.	Perda a longo prazo na venda de ativos de capital. Baixa em certas despesas de desenvolvimento em anos futuros. Prêmio e desconto não amortizado sobre obrigações aposentadas. Prejuízo em certas vendas de patrimônio social. Amortização no ano atual do desconto na obrigação cujo valor teve baixa em sua totalidade contra o excedente,
III. Itens que não aparecem na conta de receita nem no excedente declarado para o ano atual		(Certas) perdas líquidas transportadas do ano anterior ou para o seguinte. (Certas) perdas de capital a curto prazo transportadas do ano anterior.

IV. Outras diferenças:
   A. depreciação e outras formas de amortização podem ser calculadas por métodos diferentes na declaração de imposto de renda e no comunicado publicado; e
   B. o valor do imposto pode ser reduzido em razão dos impostos de renda e itens semelhantes pagos fora dos Estados Unidos.

NOTA 6

A seguir, apresentamos três exemplos variados de exclusão de parte do abatimento de amortização da conta de receitas.

Exemplo A: Pennsylvania-Dixie Cement Co. Desde 1º de janeiro de 1937, essa empresa criou uma reserva especial de US$ 9.373 (por meio de um encargo ao excedente de capital) para diminuir o valor contábil do valor de sua fábrica para um número que elimina uma reavaliação feita na época da formação da empresa em 1926. (O excedente de capital, por sua vez, tinha sido criado por meio de uma baixa arbitrária nos passivos de capital referente aos dividendos das preferenciais sem paridade de 7%, de US$ 100 para US$ 25.) Em 1936, o encargo de amortização havia sido de US$ 1.367.661, mas, em 1937, a empresa cobrou apenas 585 mil dólares desse montante contra a renda e o saldo de 744 mil dólares contra a reserva especial. O resultado desses itens mostraria que os encargos fixos haviam sido ganhos com uma pequena margem em 1937 e 1938, ao passo que na base antiga teria havido um déficit *antes* da dedução de juros.

Nesse caso, o encargo de depreciação mais baixo pode parecer justificado, uma vez que se aplica ao custo original da fábrica em vez de ao valor avaliado. Teria sido mais simples se a empresa tivesse simplesmente rebaixado a conta da fábrica e, posteriormente, feito uma única carga de amortização sobre a base menor. Nos livros, a retenção dos valores mais altos referentes à fábrica, sujeita à reserva especial, pode ter sido motivada por um desejo de justificar a capitalização original, que privilegiava pesadamente as obrigações e as ações preferenciais.

Exemplo B: Symington-Gould Corp. Em 1938, essa empresa cobrou 168 milhões de dólares da conta de receita por depreciação e um adicional de 165 milhões contra uma "reserva para redução dos valores da planta fabril". Um ato semelhante foi feito em 1937. A reserva original, criada no início de 1937, era de cerca de 880 mil dólares, contra uma conta bruta de fábrica de 7,5 milhões de dólares.

Esse arranjo difere do exemplo da Penn-Dixie Cement, porque a reserva é proporcionalmente muito menor, sendo suficiente para cobrir a amortização adicional de encargos por cerca de cinco anos. Por esse dispositivo, a conta da planta fabril líquida foi apenas moderadamente reduzida no balanço patrimonial; por outro lado, o encargo pela depreciação contra a renda foi cortado pela metade.

Exemplo C: Climax Molybdenum Co. Em 1938, essa empresa de mineração cobrou apenas 20 mil dólares de esgotamento contra os lucros (com base no custo da mina) e o montante grande de US$ 2.341 para cobrir o esgotamento foi cobrado contra o "incremento descoberto" no balanço patrimonial.

Obviamente, o encargo da conta de receitas para esgotamento não faz sentido para o investidor. O encargo contra o "incremento descoberto" é útil como uma indicação do restante da vida da mina — cerca de 29 anos em 1938, sujeito a novos acontecimentos. Deve-se observar que a cobrança da empresa é calculada em relação a um valor avaliado da mina de cerca de 72 milhões de dólares, enquanto o preço médio de cerca de US$ 47 por ação, em 1939, é equivalente a uma avaliação da mina de cerca de 111 milhões. Assim, o encargo do analista por esgotamento com base nos valores do mercado seria mais elevado que aquele feito pela empresa contra o excedente.

Pode ser sustentado que, ao lidar com uma vida de trinta anos, é preciso levar em consideração os juros compostos, assim reduzindo substancialmente a provisão anual para o esgotamento. Tendo em vista as muitas incertezas que envolvem um empreendimento de mineração, pareceria sensato seguir o método mais simples de "linha reta", criando dessa forma certa margem de segurança contra eventualidades futuras.

NOTA 7

Na edição de 1934 desta obra, sugerimos, àquela altura, que no caso da empresa A, o analista "consideraria o valor razoável em termos de lucros médios de US$ 4 por ação, multiplicados por um coeficiente que pode ser tão alto quanto 16. Isso resultaria em um valor de cerca de US$ 65" (p. 434). Nosso tratamento atual marca uma divergência significativa do ponto de vista anterior em dois aspectos: (1) no que se refere ao aumento do multiplicador de 16 para 20 e (2) no que se refere à aceitação, neste caso, do lucro do ano mais recente em vez da média, como a medida de lucratividade indicada.

A subida do multiplicador é uma consequência natural, acreditamos, da persistência de taxas de juros de obrigações muito mais baixas que havia sido a norma antes de 1934. (O rendimento médio das obrigações A1+ da Standard Statistics no início de 1940 era de 2,78%, comparado com 4,67% em 1933 e com 4,78% em 1929. Consultar a nota 11 deste apêndice (p. 1.094), para uma discussão mais aprofundada sobre o novo multiplicador máximo sugerido de 20.)

Ao permitir o uso, certas vezes, dos lucros do ano mais recente, em vez da média, mudamos definitivamente nosso ponto de vista para uma direção mais liberal. A razão é que, após uma reflexão mais aprofundada, parece-nos que os lucros do ano atual (ou do último) são mais relevantes para o futuro e, portanto, são uma medida mais realista da lucratividade, nos casos em que (1) não são auxiliados por condições incomumente boas dos negócios em geral, (2) tenha havido uma acentuada tendência de alta e (3) as perspectivas a longo prazo pareçam favoráveis.

NOTA 8

Nesse ponto, na edição de 1934, fornecemos o seguinte exemplo:

> Exemplo: Tomemos a situação apresentada pela Mack Trucks, Inc., em 1933, quando as ações estavam sendo negociadas a um preço extremamente baixo em relação ao valor dos ativos e aos seus lucros médios. Na época em que o relatório anual foi lançado, no início de março de 1933, a ação ordinária era negociada a US$ 15. O relatório apresentou ativos de caixa líquidos disponíveis para as ações ordinárias de US$ 12 por ação e ativos circulantes líquidos de US$ 40 por ação. O demonstrativo de lucros está na tabela da página 1.037.
>
> Será observado, do que precede acima, que as ações estavam sendo negociadas, em março de 1933, por um pouco mais de um terço do ativo circulante líquido por ação e por pouco mais que o dobro do lucro médio por ação.
>
> Essa empresa era a maior unidade em uma indústria importante, de modo que havia muitas razões para esperar que ela iria, novamente, ser capaz de auferir um lucro razoável sobre seu capital investido. Mas o preço mínimo da Mack Trucks apresentava outra anomalia. O declínio no *status* de investimento das ferrovias tinha sido, em grande parte, devido ao crescimento da concorrência dos caminhões motorizados e ao temor generalizado de que tal concorrência continuaria a atrair tráfego das ferrovias. Com base nessa premissa, as perspectivas a longo prazo para os fabricantes de caminhões pesados deveriam ter parecido excepcionalmente boas. Portanto, para o analista, o preço excessivamente inferior ao normal das ações da Mack Trucks tinha uma aparência muito ilógica. (p. 437)

Ano	Disponível para ordinárias (em dólares)	Por ação (em dólares)	Dividendos pagos (em dólares)
1932	1.480.000 (d)	2,19 (d)	1,00
1931	2.150.000 (d)*	2,90 (d)*	2,25
1930	2.008.000	2,67	5,50
1929	6.841.000	9,05	6,00
1928	5.915.000	7,83	6,00
1927	4.707.000	6,60	6,00
1926	7.716.000	10,81	6,00
1925	8.331.000	13,64	6,00 e 50% em ações
1924	5.083.000	11,97 †	6,00
1923	5.866.000	13,81 †	5,00
Média	4.284.000	7,13	

* Antes da baixa contábil extraordinária de ferramentas, etc., em US$ 1.
† Ajustado para dividendo de ações de 50%, pago em 31 de dezembro de 1925.

Sequência e discussão: Os acontecimentos posteriores relacionados à situação da Mack Trucks podem ser resumidos na seguinte tabela:

Ano	Lucro por ação	Dividendo pago	Faixa de preço
1933	1,42 (d)	1,00	46,375-13,5
1934	0,03	1,00	41,75-22
1935	0,66 (d)	1,00	30,75-18,625
1936	2,41	1,50	49,25-27,375
1937	2,15	1,25	62,25-17,375
1938	1,56 (d)	0,25	32,5-16
1939	1,14	0,50	33,75-18

A expectativa de um retorno de lucros adequado sobre o capital investido claramente não se concretizou. Os motivos parecem estar relacionados, em primeiro lugar, à falta de atividade sustentada nas indústrias de bens de capital em geral, entre as quais a produção de caminhões pesados deve ser incluída, e, em segundo lugar, a uma queda na posição da Mack em seu ramo de atuação.

Em função do nível baixo dos preços de ações, prevalecente no início de 1933, não surpreende, no entanto, que a compra da Mack Trucks a US$ 15 teria provado ser bastante rentável. Acreditamos que uma dupla leitura pode ser feita a partir desse exemplo: (1) o ponto de vista do analista, com relação ao futuro da empresa, pode estar errado, quer por causa de uma má avaliação, quer por outras razões; (2) faz parte da abordagem do analista proteger-se, o máximo possível, contra o inesperado, exigindo uma ampla margem de segurança atual acima do preço pago por uma ação ordinária.

NOTA 9

DESEMPENHO SUBSEQUENTE DE AÇÕES DE CERVEJARIAS LANÇADAS EM 1933-1934

Foi feito um estudo de todos os lançamentos de ações de cervejarias de 1933 a 1934 dos quais foi possível obter preços de oferta e valores no final de 1938. A maioria dos dados de ofertas iniciais foi retirada do *Commercial and Financial Chronicle*. A seguir, apresentamos um resumo dos resultados que abrangem 72 empresas. Os valores em dólares agregados são derivados do número de ações oferecidos em cada exemplo e não da capitalização total em circulação.

Preço em 31 dez. 1938 *versus* preço de oferta	Número de empresas	Valor total das ações oferecidas[1] (em dólares)	
		Preço de oferta	Preço em 31 dez. 1938
Ações negociadas a um preço superior	9	6.211	12.555
Ações negociadas a um preço inferior	62	30.533	5.918
Ações negociadas ao mesmo preço	1	346	346
	72	US$ 37.090	US$ 18.819

1. Casas dos milhares omitidas (.000).

NOTA 10

Uma série de discrepâncias nos preços relativos dos títulos da Interborough Rapid Transit Co. (Nova York), aqui descritas, exemplificará as oportunidades para o trabalho analítico de características definidas que ocorrem recorrentemente nos mercados de títulos.

1. Em novembro de 1919, as obrigações de 4,5% e as ações preferenciais da Interborough Consolidated Corp. foram negociadas a US$ 13. As obrigações (chamadas de Interborough-Metropolitan de 4,5%) estavam inadimplentes e a empresa, em concordata. Os detentores de obrigações tinham o direito de receber todos os bens, os quais tinham um valor substancial; os acionistas estavam sem patrimônio de qualquer tipo. Na reorganização posterior, as ações preferenciais e ordinárias foram extintas por completo, enquanto os detentores das obrigações de 4,5% receberam títulos novos que, no final das contas, valeram, consideravelmente, mais que 13% do valor de face das obrigações.

2. Em janeiro de 1920, as Interborough Rapid Transit Co. Notes de 7%, com vencimento em setembro de 1921, eram negociadas a US$ 64,50, enquanto as First and Refunding de 5% da mesma empresa, com vencimento em 1966, eram negociadas a US$ 53,25. Cada nota de 7% era garantida pelo depósito de cerca de US$ 1.562 de obrigações de 5% e era conversível em cerca de US$ 1.144 de obrigações de 5%. Aos preços relativos, as notas eram muito mais desejáveis que as obrigações porque: (a) tinham melhores garantias; (b) geravam um rendimento mais alto; e (c) seu privilégio de conversão permitia ao proprietário se beneficiar de qualquer subida no preço das obrigações de 5%.

As notas foram prorrogadas por um ano a 8%; em 1922, os detentores receberam a oferta de US$ 100 em dinheiro e US$ 900 em notas conversíveis garantidas de 7%, com vencimento em 1932. Aqueles que não aceitaram quaisquer das ofertas conseguiram obrigar a realização do pagamento na íntegra. Uma troca das de 5% pelas de 7% aos preços antes indicados teria mostrado um lucro substancial em diversas instâncias em 1921 e 1922.

3. No início de 1929, o patrimônio social da Interborough Rapid Transit Company foi repetidamente negociado a um preço mais alto que os títulos Manhattan Railway Co. "Modified Guaranty" (por exemplo, US$ 55,50 para as Interborough Rapid Transit *versus* US$ 54 para as Manhattan Mod. Gty., em março de 1929). Essa relação de preço era ilógica porque:

   a) as "Manhattan Modified" tinham direito a dividendos anuais cumulativos de 5% e ao pagamento de 6,25% cumulativos, antes das ações da Interborough receberem qualquer coisa.
   b) as "Manhattan Modified" tinham ainda o direito a receber um total de 7%, caso as Interborough recebessem 6%.
   c) as Interborough não podiam receber mais de 7% antes de 1950.

d) dividendos de 5% estavam realmente sendo pagos sobre as Manhattan, enquanto as Interborough não estavam recebendo nada.

Deveria ter ficado claro que os acionistas da Manhattan tinham certeza de que receberiam, pelo menos, um dividendo tão elevado quanto o dos acionistas da Interborough durante os 21 anos seguintes. Em agosto de 1929, a disparidade de preços foi corrigida, pois as ações "Manhattan Modificado" foram negociadas a um valor dezesseis pontos superior às Interborough (US$ 39,25 contra US$ 23).

4. Em outubro de 1933, ambas as obrigações da Interborough Rapid Transit de 5% e as notas de 7% foram negociadas a US$ 65. Essa disparidade foi discutida em detalhes no capítulo 1 e objeto de comentário novamente no capítulo 51.

5. Em dezembro de 1932, as ações "Unmodified" da Manhattan Railway foram negociadas a US$ 18, enquanto as ações "Modified" eram vendidas a US$ 6,625. As ações tinham, originalmente, direito a dividendos de 7%, garantidos incondicionalmente pela Interborough. As ações "Modified" estavam sujeitas a um acordo segundo o qual o pagamento de dividendos dependeria dos lucros. No entanto, o plano de modificação (adotado em 1922) estabelecia que, no caso de inadimplência, por parte da Interborough, do pagamento de impostos e de juros de obrigações, segundo os termos do aluguel da Manhattan, a garantia original seria restaurada com relação às ações modificadas. A Interborough estava em concordata e a inadimplência de acordo com o contrato de locação da Manhattan era muito provável (logo, real). Assim, a relação de preço entre as duas classes de ações da Manhattan parecia injustificada à luz dos fatos.

De acordo com o plano de aquisição estabelecido pela cidade de Nova York, a ser consumado em 1940, as ações "Unmodified" receberam US$ 35 e as ações "Modified" receberam US$ 19, respectivamente, em obrigações da cidade. Como no caso das Interborough Rapid Transit de 7% e 5%, parece que, até certo ponto, direitos legais foram sacrificados por conveniência.

NOTA 11

Em nossa edição de 1934, sugerimos que lucros médios de *dezesseis vezes* deveriam representar a avaliação máxima de *investimento* de uma ação ordinária. O multiplicador de vinte, agora sugerido, reflete, claro, as taxas de juros muito baixas sobre os empréstimos a longo prazo. Pode-se contrapor que uma queda nas taxas de cupom de 4,5% para 2,75% justificaria um aumento proporcional no multiplicador da ação ordinária de dezesseis para cerca de 25 vezes.

Gostaríamos, no entanto, de chamar a atenção para dois perigos específicos no aumento dos índices preço/lucro *pari passu* com uma queda nas taxas de juros. O primeiro é que, à medida que o multiplicador aumenta, maior se torna o número de anos no futuro para o qual o investidor deve olhar, antes de sua compra ser plenamente justificada. Alguém que compra a dez vezes os lucros pode, razoavelmente, pensar em *recuperar seu dinheiro com lucros futuros* em um período não muito longo, após o qual pode considerar que está "operando no veludo". Essa é uma abordagem familiar para um empreendimento comercial comum e tem um papel útil no investimento em ações. No entanto, à medida que o multiplicador sobe ou a proporção entre lucros e preços diminui, esse período se estende a um intervalo além daquele que o investidor está disposto a esperar e de sua capacidade de prever o futuro. Assim, torna-se basicamente dependente do mercado de ações para "mantê-lo inteiro" ou de aumentos dos lucros para acelerar o processo de pagamento.

O segundo perigo é baseado na possível relação entre as taxas de juros e os lucros futuros sobre o capital investido. Existe uma probabilidade bastante grande de que, se a taxa de juros for permanentemente muito menor que no passado, a taxa de lucro sobre os investimentos também acabará caindo. Um multiplicador muito liberal aplicado aos lucros no passado pode, dessa forma, acabar sendo imprudente, uma vez que esses lucros ainda não refletiram as consequências da queda na taxa de juros a longo prazo.

NOTA 12

Apresentamos a seguir as tabelas utilizadas na nossa edição de 1934 para ilustrar vários tipos de compras de ações ordinárias.

GRUPO A: AÇÕES ORDINÁRIAS ESPECULATIVAS EM JULHO DE 1933 EM RAZÃO DE PREÇO ALTO (NÚMEROS AJUSTADOS PARA REFLETIR MUDANÇAS NA CAPITALIZAÇÃO)

Item	National Biscuit (em dólares)	Air Reduction (em dólares)	Commercial Solvents (em dólares)
Lucro por ação comum:			
1932	2,44	2,73	0,51
1931	2,86	4,54	0,84
1930	3,41	6,32	1,07
1929	3,28	7,75	1,45
1928	2,92	4,61	1,22
1927	2,84	3,58	0,84
1926	2,53	3,63	0,69
1925	2,32	3,33	0,37
1924	2,18	2,81	0,45
1923	2,02	4,14	0,02 (d)
Média de dez anos	2,68	4,34	0,74
Ações preferenciais	(248.000 ações a US$ 140) US$ 35.000.000		
Ações ordinárias	(6.289.000 ações a US$ 53) US$ 333.000.000	(841.000 ações a US$ 90) US$ 76.000.000	(2.495.000 ações a US$ 30) US$ 75.000.000
Capitalização total	US$ 368.000.000	US$ 76.000.000	US$ 75.000.000
Ativos tangíveis líquidos, em 31 dez. 1932	US$ 129.000.000	US$ 29.200.000	US$ 8.700.000*
Ativos circulantes líquidos, em 31 dez. 1932	36.000.000	9.800.000	6.000.000
Lucros médios sobre o preço das ações ordinárias	5,1%	4,8%	2,5%
Lucros máximos sobre o preço das ações ordinárias	6,4%	8,6%	4,8%

* A isso devem ser adicionados uma provisão para a fábrica e os equipamentos cujo valor contábil foi rebaixado para US$ 1. Em 1929, esses ativos fixos eram avaliados em cerca de 3 milhões de dólares líquidos.

GRUPO B: AÇÕES ORDINÁRIAS ESPECULATIVAS EM JULHO DE 1933 EM RAZÃO DE SEU REGISTRO IRREGULAR

Item	B. F. Goodrich (borracha) (em dólares)	Gulf States Steel (em dólares)	Standard Oil of Kansas (em dólares)
Lucro por ação ordinária*:			
1932	6,75 (d)	3,94 (d)	0,23†
1931	8,01 (d)	5,89 (d)	1,95 (d)
1930	8,55 (d)	4,84 (d)	1,19
1929	4,53	5,93	4,73
1928	1,50	6,28	0,91
1927	17,11	4,93	2,59 (d)
1926	4,15 (d)	5,28	0,51
1925	23,99	7,17	1,54
1924	11,10	7,48	1,50 (d)
1923	0,88 (d)	12,79	0,88 (d)
Média de dez anos	2,99	3,52	0,22
Obrigações (na paridade)	43.000.000	5.200.000	
Ações preferenciais	(294.000 ações a US$ 38)	(20.000 ações a US$ 50)	
	11.200.000	1.000.000	
Ações ordinárias	(1.156.000 ações a US$ 15)	(198.000 ações a US$ 28)	(269.000 ações a US$ 20)
	17.300.000	5.600.000	5.380.000
Total da capitalização	71.500.000	11.800.000	5.380.000
Ativos tangíveis líquidos, em 31 dez. 1932	105.300.000	27.000.000	5.290.000
Ativos circulantes líquidos, em 31 dez. 1932	43.700.000	2.230.000	3.980.000
Lucros médios sobre o preço das ações ordinárias	19,9%	12,6%	1,1%
Lucros máximos sobre o preço das ações ordinárias	160%	45,7%	23,7%

* Ajustado na coluna 1 para refletir mudanças reais no valor do estoque.
† Nove meses encerrados em 31 de dezembro de 1932.

GRUPO C: AÇÕES ORDINÁRIAS QUE ATENDERAM A TESTES DE INVESTIMENTO EM JULHO DE 1933, DO PONTO DE VISTA QUANTITATIVO*

Item	S. H. Kress (em dólares)	Island Creek Coal (em dólares)	Nash Motors (em dólares)
Lucro por ação ordinária:			
1932	2,80	1,30	0,39
1931	4,19	2,28	1,78
1930	4,49	3,74	2,78
1929	5,92	5,05	6,60
1928	5,76	4,46	7,63
1927	5,26	5,64	8,30
1926	4,65	4,42	8,50
1925	4,12	3,22	5,57
1924	3,06	3,58	3,00
1923	3,39	4,08	2,96
Média de dez anos	4,36	3,78	4,75
Ações preferenciais	(372.000 ações a US$ 10) US$ 3.700.000	(27.000 ações a US$ 90) US$ 2.400.000	
Ações ordinárias	(1.162.000 ações a US$ 33) US$ 38.300.000	(594.000 ações a US$ 24) US$ 14.300.000	(2.646.000 ações a US$ 19) US$ 50.300.000
Capitalização total	US$ 42.000.000	US$ 16.700.000	US$ 50.300.000
Ativos tangíveis líquidos, em 31 dez. 1932	58.300.000	18.900.000	41.000.000
Ativos circulantes líquidos, em 31 dez. 1932	15.200.000	7.500.000	33.000.000
Lucros médios sobre o preço da ação ordinária	13,2%	15,8%	25%
Lucros máximos sobre o preço da ação ordinária	17,9%	23,5%	44,7%

* Dados da Island Creek Coal e da Nash Motors ajustados para dividendos de ações.

Sequência. O que segue resume a experiência de um comprador de cada um dos grupos antes mencionados, medida até o final de 1939 e presumindo um comprometimento idêntico em dólares em cada uma das ações ordinárias listadas.

	Preço em 31 dez. 1939 (em dólares)	Dividendo total pago por ação (em dólares)	Resultado por comprometimento de US$ 100		
			Dividendos recebidos (em dólares)	Valor em 31 dez. 1939 (em dólares)	Mudança geral
Grupo A:					
National Biscuit	22,625	10,80	20,6	42,9	– 36,5%
Air Reduction	170,25	35,50	39,2	189	+ 128,2
Commercial Solvents	14	2,85	9,5	46,6	– 43,9
			US$ 23,1	US$ 92,8	+ 15,9%
Retorno médio dos dividendos anuais			3,85%		
Grupo B:					
B. F. Goodrich	19,50	2,00	US$ 13,30	US$ 131,00	+ 44,3%
Gulf States Steel	55†			196,40	+ 96,4
Standard Oil of Kansas	48	10,00	50,00	240,00	+ 190
Média por US$ 100			US$ 21,10	US$ 189,10	+ 110,1%
Retorno médio dos dividendos anuais			3,52%		
Grupo C:					
S. H. Kress	57,25*‡	19,10	US$ 57,80	US$ 173,50	+ 131,3%
Island Creek Coal	25,25*	12,50	52,10	105,20	+ 57,3
Nash Motors	6,625	3,88	20,50	34,90	– 244,6
Média por US$ 100			US$ 43,50	US$ 101,20	+ 44,7%
Retorno médio dos dividendos anuais			7,25%		

* Levando em consideração desdobramento 3 por 1.
† Levando em consideração troca por ordinárias da Republic Iron and Steel.
‡ Levando em consideração desdobramento 2 por 1.

O desempenho, conforme resumido, sugere as seguintes breves observações:

1. O melhor resultado geral foi mostrado pelo grupo B, uma seleção obviamente especulativa. Isso deve ser considerado um resultado acidental; outro trio desse tipo de ação poderia ter se comportado de maneira totalmente diferente nesse período.
2. De longe, o melhor retorno de dividendos foi o do grupo C. Em geral, isso é verdade para esse tipo de emissão em comparação com outros.
3. As alterações dos preços de mercado nos grupos A e C não podem ser consideradas como indicadoras de quaisquer qualidades inerentes desses tipos, em vista do pequeno tamanho da amostra. A importância dos fatores qualitativos na escolha das ações do grupo C é realçada pelo desempenho fraco da Nash Motors. Esse ponto é (e foi) enfatizado em nosso texto pelo trecho: "Mas a compra efetiva de qualquer uma dessas ações (no grupo C) deve exigir também que o comprador esteja satisfeito com o fato de as perspectivas da empresa serem, pelo menos, razoavelmente favoráveis".

NOTA 13

Investors Guide Stock Reports, um departamento da Standard Statistics Company, Inc., publicou os dois boletins a seguir em outubro e dezembro de 1933.

(N.Y.S.E.) BALDWIN LOCOMOTIVE WORKS

Ação	Avaliação	Dividendo	Preço	Data	Rendimento
Ordinária	Manter	Nenhum	11,125	21 dez. 1933	Nenhum
Preferencial de 7%	Manter, PE*	Nenhum	34,875		Nenhum
Garantias	Manter II		7		

* PE = Preferencial especulativa.

CONSELHO: Possíveis acontecimentos positivos servem para neutralizar o efeito adverso do exercício eventual de garantias de compra da ação nas ORDINÁRIAS. As PREFERENCIAIS são atraentes, do ponto de vista especulativo, a longo prazo.

POSIÇÃO E PERSPECTIVA: Embora as despesas operacionais da Baldwin tenham sido reduzidas ao mínimo, a falta de encomendas de locomotivas, em 1933, provavelmente se refletirá em outro prejuízo líquido para o ano. As encomendas consolidadas recentemente mostraram uma expansão moderada e as perspectivas para a empresa, em 1934, melhoraram consideravelmente por causa dos empréstimos que foram concedidos a várias ferrovias pela P.W.A. para a compra de novos equipamentos, incluindo trinta locomotivas. Outras operadoras já estão avaliando pedidos de empréstimos para compra de equipamentos. Essa compra incluirá 133 locomotivas. Assim, existem indicações concretas de que as transportadoras começam a modernizar sua capacidade de tração, um programa que pode estar em pleno andamento mais tarde em 1934. Pode-se esperar que a Baldwin, com sua posição comercial forte, obtenha uma parcela considerável dessas encomendas. Enquanto lucros efetivos para as ordinárias ainda estão distantes, sobretudo porque a ação está sujeita a uma diluição considerável pelo exercício previsto de garantias anexadas às obrigações de hipoteca consolidadas, as quais permitem a compra a US$ 5 de 480 mil ações ordinárias adicionais, parece que os prejuízos por ação das ordinárias devem apresentar uma redução progressiva a partir de agora. A POSIÇÃO FINANCEIRA é forte.

ANTECEDENTES: A Baldwin Locomotive Works é uma das duas principais construtoras de locomotivas a vapor. Também fabrica peças forjadas e fundidas, máquinas hidráulicas e especiais, motores, unidades de ar-condicionado, equipamentos de refrigeração etc. A empresa tem uma participação acionária na General Steel Castings e possui imóveis valiosos em Filadélfia.

CAPITALIZAÇÃO: Dívida financiada, 15,5 milhões de dólares em 200 mil ações preferenciais cumulativas de 7% (US$ 100 na paridade), red. a US$ 125. As ordinárias (sem valor nominal) totalizam 843 mil ações. Os dividendos preferenciais acumulados atualmente totalizam US$ 17,50 por ação.

	Lucros		Dividendos		Faixa de preço	
	Ordinária	Preferencial	Ordinária	Preferencial	Ordinária	Preferencial
1933	Est. US$ 5,24 (d)	Est. US$ 15,50 (d)	Nenhum	Nenhum	17,625-3,5	60-9,50
1932	6,50 (d)	20,39 (d)	Nenhum	Nenhum	12-2	35-8
1931	6,55 (d)	20,61 (d)	US$ 0,875	US$ 3,50	27,875-4,625	104,50-15
1930	1,94	15,18	1,75	7,00	38-19,375	116-84

Cuidado: essas informações foram obtidas de fontes consideradas confiáveis, mas não são garantidas.

(N.Y.S.E.) BEATRICE CREAMERY CO.

Ação	Avaliação	Dividendo	Preço	Data	Rendimento
Ordinárias	Trocar	Nenhum	12,50	17 out. 1933	Nenhum
Preferenciais de 7%	Trocar	US$ 7	72		9,9%

CONSELHO: Tendo em vista as incertezas a curto prazo, as participações nas ações ORDINÁRIAS e PREFERENCIAIS devem ser trocadas por títulos com perspectivas mais promissoras.

POSIÇÃO E PERSPECTIVAS: As operações com produtos lácteos permanecem com a desvantagem da posição estatística desfavorável da indústria. A produção de leite excede as exigências dos consumidores, e essa situação não apenas resultou no acúmulo inédito de estoques de manteiga e queijo como também minou o preço dessas *commodities*. As subidas nos preços do leite, instigadas, sobretudo, por agências de controle de leite ou acordos de *marketing* A.A.A. foram repassadas, em sua quase totalidade, para os agricultores. Além disso, os lucros da empresa para os seis meses, findos em 31 de agosto passado, foram negativamente afetados pelo aumento dos custos, causados pelo N.R.A. e por vendas de sorvete insatisfatórias durante os meses de maior demanda, de julho e agosto. Os retornos das ações para o período remontaram a US$ 4,47 para as ações preferenciais e a US$ 0,28 para as ordinárias, contra US$ 6,34 e US$ 0,82, respectivamente, para o mesmo intervalo no ano anterior. Por causa de fatores sazonais, um lucro ainda menor é indicado para o segundo semestre. A recuperação promete ser lenta até que os suprimentos excessivos de leite sejam eliminados. A POSIÇÃO FINANCEIRA é forte.

ANTECEDENTES: A Beatrice é a terceira maior unidade do ramo de laticínios. Tendo derivado, anteriormente, a maior parte de seus lucros da manteiga, a empresa nos últimos anos expandiu consideravelmente suas atividades com sorvetes e leite; além disso, distribui queijos, ovos e aves. Suas propriedades estão localizadas, principalmente, no Meio-Oeste, mas houve também uma expansão para leste e para os mercados da costa do Pacífico.

CAPITALIZAÇÃO: Dívida financiada, nenhuma. São 107.851 ações preferenciais cumulativas de 7% (valor nominal de US$ 100) e 377.719 ações ordinárias (valor nominal de US$ 25).

	Lucros* (em dólares)		Dividendos† (em dólares)		Faixa de preço† (em dólares)	
	Ordinária	Preferencial	Ordinária	Preferencial	Ordinária	Preferencial
1933	0,84 (d)	4,03	Nenhum	7,00‡	27-7	85-45
1932	3,54	19,30	US$ 2,50	7,00	43,50-10,50	95-62
1931	7,12	32,49	4,00	7,00	81-37	111-90
1930	7,31	34,02	4,00	7,00	92-62	109,25-101,25

* Anos encerrados em 28 de fevereiro.
† Anos civis.
‡ Continuidade possível.
Cuidado: essa informação foi obtida de fontes confiáveis, porém não garantidas.

RELATÓRIOS DO GUIA DO INVESTIDOR

(Direitos autorais e publicação de Standard Statistics Company, Inc., 345 Hudson Street, Nova York.)

NOSSA DISCUSSÃO NA EDIÇÃO DE 1934

É evidente que o conselho para manter a Baldwin Locomotive e vender as ações da Beatrice Creamery foi baseado, predominantemente, na visão de que as perspectivas do ramo das locomotivas eram boas e as da indústria de laticínios eram ruins. Com relação à primeira, está implícito que a melhoria continuará por alguns anos; no caso da Beatrice Creamery, não está claro se a afirmação de que "a recuperação promete ser lenta" pressagia um atraso de meses ou de anos.

A abordagem do analista de títulos financeiros com relação a essas duas ações ordinárias, caso baseada em princípios e técnicas desenvolvidos neste livro, seria muito diferente daquela — na verdade, quase na posição oposta — indicada nos relatórios das ações apresentado anteriormente. O raciocínio inicial do analista, quanto à Beatrice Creamery seria algo parecido com:

> As condições atuais são conhecidamente desfavoráveis e as perspectivas a curto prazo são, em geral, consideradas desfavoráveis também. O preço da ação caiu bastante. É possível que essas ações possam ter um valor intrínseco ou permanente muito superior ao preço mínimo atual, que é ditado pela situação atual?

No caso de Baldwin Locomotive, seu raciocínio pode também tomar a direção contrária:

> As perspectivas da empresa são decididamente melhores para 1934 que eram em 1933 e 1932. No entanto, a ação está sendo negociada a cinco vezes o preço mínimo de 1932. Essas perspectivas são favoráveis e confiáveis o suficiente para tornar a ação ordinária atraente a seu preço atual, em vista do histórico muito insatisfatório nos últimos dez anos?

Ao desenvolver a resposta a essas perguntas, seria necessária uma análise estatística mais ou menos parecida com o seguinte. (Esses dados não são apresentados como uma "comparação" da Baldwin com a Beatrice no sentido comum, mas sim como uma ajuda para chegar a conclusões analíticas *separadas* em relação a cada emissão.)

Item	Baldwin Locomotive	Beatrice Creamery
A. *Capitalização:*		
Obrigações à paridade	15.500.000	
Ações preferenciais ao mercado	7.000.000	7.750.000
Total de títulos privilegiados	22.500.000	7.750.000
Ações ordinárias ao mercado	9.400.000	4.700.000
Garantias ao mercado	3.400.000	
Total de emissões ordinárias	12.800.000	
Capitalização total	35.300.000	12.450.000
B. *Conta de receita recente:*	Doze meses terminados em setembro de 1933	Doze meses terminados em agosto de 1933
Faturamento	7.730.000	44.045.000
Líquido antes de depreciação e juros	*1.000.000 (d)*	1.831.000
Depreciação	1.850.000	1.605.000
Juros	1.160.000	
Encargos de dividendos preferenciais	1.400.000	750.000
Saldo para ordinárias	5.410.000 (*d*)	524.000 (*d*)

C. Registro de lucros (".000" omitidos):*

	Baldwin Locomotive (valores em dólares)			Beatrice Creamery (valores em dólares)			
Ano	Faturamento	Lucro sobre capital total	Lucro de ordinárias	Faturamento	Lucro sobre capital total	Lucro de ordinárias	Lucro por ação ordinária
1933	7.730	2.850 *(d)*	5.410 *(d)*	44.045	226	524 *(d)*	*(d)*
1932	10.579	2.941 *(d)*	5.478 *(d)*	46.264	434	323 *(d)*	*(d)*
1931	20.436	2.982 *(d)*	5.523 *(d)*	54.059	2.101	1.363	3,54
1930	49.872	4.202	1.637	82.811	3.354	2.626	7,12
1929	42.797	3.093	900	83.682	2.489	1.971	7,31
1928	37.214	600	1.104 *(d)*	53.307	1.523	1.103	6,31
1927	49.011	3.400	1.685	52.744	1.223	890	6,66
1926	65.569	5.800	4.049	33.974	1.006	735	5,97
1925	27.876	500 *(d)*	2.225 *(d)*	35.050	1.003	760	6,18

* Baldwin: ano encerrado em 30 de setembro de 1933 e anos calendários anteriores. Os números estão em uma base comparável, exceto aqueles para 1925. Os números para 1925-1928 foram corrigidos para refletir a depreciação média de 1,022 milhão de dólares por ano, conforme discutido no capítulo 34. Os ganhos sobre o capital total em 1928 são aproximados. Beatrice: 1933 significa ano encerrado em 31 de agosto de 1933; 1932 significa ano encerrado em 28 de fevereiro de 1933, e, da mesma forma, para 1925-1931. O lucro de 389 mil dólares com a venda de títulos feita pela Beatrice em 1928 está excluído.

D. Resultados para o "período normal" de 1925-1930:

Lucro médio para capitalização total da Baldwin.

Locomotive Works ....cerca de US$ 2.900.000

Lucro médio para ações ordinárias e garantias da Baldwin 824.000

Lucro médio por ação das ações ordinárias da Baldwin
(assumindo garantias exercidas e 6% de lucro sobre o valor recebido pela empresa) .... US$ 0,73

Lucro máximo por ação das ordinárias da Baldwin (conforme ajustado) .... US$ 3,17

Lucro médio por ação ordinária da Beatrice .... US$ 6,59

Lucro máximo por ação ordinária da Beatrice .... US$ 7,31

Nota: devido à expansão contínua da Beatrice Creamery, entre 1925 e 1932, envolvendo a emissão de ações adicionais, os lucros *por ação* das ordinárias devem ser considerados como mais significativos que os montantes auferidos para as ações ordinárias como um todo.

E. *Números do balanço patrimonial* (31 dez. 1932):

Item	Baldwin	Beatrice
Ativo circulante	US$ 13.900.000	US$ 9.410.000
Passivo circulante	1.200.000	748.000
Ativo circulante líquido	US$ 12.700.000	US$ 8.662.000
Valor dos ativos tangíveis por ação ordinária	US$ 26,50	US$ 48,75

Nota: os números de capital de giro da Baldwin estão ajustados para excluir a participação dos acionistas minoritários da Midvalc Company. O valor dos ativos das ordinárias da Baldwin é ajustado pressupondo que as garantias são exercidas. O valor patrimonial das ordinárias da Beatrice não foi ajustado para a baixa de ativos fixos feita em 1933, cujo montante não havia sido reportado.

Um estudo desses demonstrativos quantitativos não nos leva a acreditar que a ordinária da Baldwin Locomotive é intrinsecamente atraente a cerca de US$ 11 por ação. Os únicos itens marcadamente favoráveis são os lucros do único ano de 1926 e o valor contábil; porém, nem eles podem ser considerados muito significativos. Superficialmente, a ação parece ter um fator de "alavancagem" ou de estrutura de capitalização especulativa baseada na presença de uma grande quantidade de títulos privilegiados. Na verdade, essa alavancagem poderia apresentar valor real apenas se os lucros excedessem qualquer montante realizado desde 1926.

No caso da Beatrice Creamery, o desempenho estatístico apresentado é impressionante em dois quesitos importantes. O primeiro são os grandes lucros por ação auferidos de forma consistente nos seis anos entre 1925 e 1930, alcançando regularmente um valor de quase 50% do preço atual de US$ 12,50. O segundo é o faturamento muito grande da empresa por dólar de ação ordinária ao preço de mercado. Mesmo nos preços mais baixos dos produtos lácteos em 1933, havia US$ 9 de faturamento para cada dólar de ação ordinária. Em 1929, a proporção era de cerca de US$ 18 para um. Manifestamente, é preciso apenas um pequeno lucro por dólar de vendas para gerar grande percentagem dos lucros ao preço atual dessa ação.

Outros recursos analíticos do demonstrativo da Beatrice são de interesse, a saber:

1. A estrutura de capitalização dá à ação ordinária possibilidades especulativas especialmente favoráveis do ponto de vista técnico. O capital privilegiado, relativamente grande, é todo representado por ações preferenciais que não carregam nenhum perigo de constrangimento financeiro.

2. O grande valor dos ativos tangíveis em relação ao preço de mercado não é insignificante. Embora esse ponto não deva ser levado muito a sério, tem uma influência sobre a possibilidade de a empresa ter uma quantidade razoável de lucro sobre as ações ordinárias a longo prazo. Embora um rebaixamento no valor contábil dos ativos fixos tenha sido contemplado, essa conclusão também seria válida na base revisada.
3. Supondo que o rebaixamento fosse justificado, isso implicaria que os encargos de depreciação, nos últimos anos, tinham sido maiores que o necessário. No ano encerrado em fevereiro de 1934, o encargo de depreciação foi reduzido para cerca de 1,4 milhão, em comparação com 1,9 milhão de dólares no ano anterior. Se essa taxa fosse aplicada aos doze meses encerrados em fevereiro de 1933, a empresa teria apresentado algum lucro para suas ações ordinárias naquele ano.
4. A posição de capital de giro é sólida para esse tipo de empresa e em relação ao valor de mercado de suas ações.

Considerações qualitativas. A. *Baldwin Locomotive:* Parece difícil formar qualquer conclusão segura quanto às perspectivas a longo prazo ou à lucratividade normal desse empreendimento. O fato de a indústria ser básica e do ritmo de compras de locomotivas ter sido extremamente baixo em anos recentes, sem dúvida, aponta para uma grande demanda acumulada. No entanto, o negócio tem se mostrado errático ao extremo e as perspectivas quanto ao desempenho futuro devem ser mais próximas da conjectura do que da previsão inteligente.
B. *Beatrice Creamery:* O negócio dessa empresa parecia ter estabilidade subjacente, bem como permanência. Certamente, a procura por produtos lácteos não está sujeita às variações existentes na demanda por locomotivas. Embora os períodos de excesso de oferta possam afetar drasticamente os preços de venda, as dificuldades resultantes não são mais sérias que as encontradas em inúmeras outras linhas de negócios. Há razões para acreditar que a indústria de laticínios continuará crescendo no futuro da mesma forma que no passado. A recessão da demanda, durante 1929-1933, foi um fenômeno natural da depressão profunda e dificilmente teria um significado sinistro em anos futuros. A Beatrice Creamery não está tão bem situada quanto as duas empresas maiores, Borden's e National Dairy Products, que desfrutam de maior diversificação e de um negócio lucrativo em marcas registradas. No entanto, as probabilidades apontariam fortemente para uma recuperação da lucratividade da Beatrice Creamery para algum lugar próximo a seu nível anterior bem estabelecido, quando as condições gerais forem mais uma vez propícias.

Uma previsão individual desse tipo pode se mostrar errada, uma vez que, em certa medida, é refém do futuro. Mas nossa visão é de que conclusões baseadas nesse tipo de raciocínio produzirão resultados mais rentáveis — em média e a longo prazo — que o tipo de "conselho de mercado" representado pelos boletins citados no início desta última nota.[2]

Sequência. As condições de ambas as empresas evoluíram de uma forma bastante parecida àquela antecipada (embora não profetizada) pelo analista no final de 1933. No caso da Baldwin, apesar da perspectiva supostamente melhor, o prejuízo de 1934 foi praticamente igual ao de 1933, e déficits foram declarados em cada ano até 1939. Em 1935, a empresa abriu os procedimentos 77B, e o preço da ordinária caiu para US$ 1,50. No final de 1939, foi negociada ao equivalente a US$ 3 em termos dos novos títulos recebidos por conta da reorganização.

A Beatrice Creamery declarou um lucro para suas ações ordinárias no ano encerrado em fevereiro de 1935. Seus lucros expandiram de forma constante em exercícios futuros (com a exceção de um ano), até chegar a US$ 3,81 por ação ordinária para os doze meses encerrados em novembro de 1939. No final desse ano, a ação era negociada a US$ 27,50.

---

2. Nossa crítica a certos métodos individuais seguidos pela Standard Statistics Company não deve ser interpretada como um reflexo sobre o trabalho dessa organização, que é, em geral, excelente. Pelo contrário, merece muitos elogios pela exatidão e integridade de seus relatórios e pelo espírito que sempre mostra ao desenvolver seu escopo e sua técnica.

NOTA 14

Para a operação de alavancagem no modo reverso, ver a seguir o exemplo da American Water Works & Electric Company:

AMERICAN WATER WORKS & ELECTRIC COMPANY[1]

Item	1929 (valores em dólares)	1938 (valores em dólares)	Proporção de valores de 1938 para os de 1929 (%)
Receita bruta	54.119	50.004	92,4
Líquido para encargos	22.776	17.593	77,2
Encargos fixos e dividendos preferenciais	16.154	16.698	103,37
Saldo para ações ordinárias	6.622	895	13,52
Quantidade de ações ordinárias	1.657	2.343	141,41
Lucro por ação ordinária	US$ 4	US$ 0,38	9,5
Preço máximo da ordinária	199	16,125	8,1
Lucros mínimos por ação ordinária desde 1929			US$ 0,38 (1938)
Preço mínimo da ordinária desde 1929			US$ 6 (1938)

1. Valores em milhares, exceto por ação.

THE UNITED LIGHT & POWER COMPANY[1]

Item	1934 (valores em dólares)	1937 (valores em dólares)
Receita bruta	73.867	89.531
Líquido para encargos	19.905	23.404
Encargos fixos	18.918	17.932
Sobretaxa		289
Saldo para ações preferenciais	987	5.183
Lucro por ação preferencial	1,64	8,64

1. Valores em milhares, exceto por ação.

Para uma oportunidade especulativa semelhante à da American Water Works, conforme apresentada no texto, consultar o seguinte:

Em 1935, os títulos Cumulative Preferred de 6% da United Light & Power Co. foram negociados a US$ 3,50 por ação ou a uma valorização total da emissão de 2,1 milhões de dólares, subordinada à dívida financiada do sistema e a ações preferenciais das subsidiárias, totalizando US$ 329.422.455.

A magnitude dessa estrutura fortemente piramidal, conforme medida pelas receitas brutas e pela capitalização privilegiada, tornou evidente que, mesmo com uma ligeira melhoria no lucro líquido disponível para pagamento de encargos, os lucros das ações preferenciais da empresa controladora aumentariam consideravelmente. Em 1937, o preço desse título havia subido para US$ 75,875 a partir do valor mínimo de US$ 3,50, em 1935. O preço máximo da ação preferencial chegou a US$ 68 logo em 1936.

NOTA 15

A sequência dos exemplos (apresentados na edição de 1934 de nossa obra) pode ser de interesse do estudante.

O aumento no preço do ouro fez subir o faturamento da Wright-Hargreaves para algo entre 7 milhões e 8 milhões de dólares e aumentou os lucros, antes do esgotamento, para cerca de US$ 0,72 por ação em cada um dos anos de 1934 a 1938. A ação subiu para um máximo de US$ 10,30, em 1934, e foi negociada a US$ 6,125 no final de 1939.

A recuperação da depressão elevou as vendas da Barker Bros. para 14,314 milhões de dólares em 1937. Em 1936, os lucros líquidos alcançaram 666 mil dólares, igual a US$ 23,67 por ação preferencial e a US$ 3,36 por ação ordinária. Após o ajuste dos dividendos preferenciais regulares para refletir a recapitalização de 1936, a qual eliminou os dividendos preferenciais acumulados, esses lucros foram equivalentes a US$ 2,67 por ação ordinária. O preço da preferencial subiu para US$ 131, em 1936, e para o equivalente a US$ 140, em 1937, e a ordinária alcançou um pico de US$ 32, em 1937. No final de 1939, a ordinária estava sendo negociada a US$ 8,125 e a preferencial, ao equivalente a US$ 80. Deve-se observar que a preferencial acabou sendo uma especulação muito melhor que a ordinária — uma característica dos títulos privilegiados com preços baixos em relação a suas ações ordinárias.

NOTA 16

PREÇOS, LUCROS E VALORES DOS ATIVOS DAS AÇÕES ORDINÁRIAS INDUSTRIAIS

UM ESTUDO ABRANGENTE DA LISTA DA BOLSA DE VALORES DE NOVA YORK EM 1938

No final de 1938, todas as ações ordinárias listadas na Bolsa de Valores de Nova York estavam sendo negociadas por cerca de 41 bilhões de dólares. Esse valor estava a meio caminho entre o ponto máximo de 55 bilhões, atingido em março de 1937, e o ponto mínimo de 27 bilhões registrado um ano depois. Aparentemente, tem havido pouca disposição de Wall Street para considerar o nível de preços do final de 1938 como muito baixo ou muito alto em relação ao valor intrínseco; na verdade, os valores de um ano depois foram quase iguais. Por essa razão, em dezembro de 1938, o mercado das ações ordinárias parecia prestar-se bastante bem a um estudo dos padrões de valores pós-depressão ou — em qualquer evento — das relações existentes em algum momento não anormal entre os preços de vários grupos de ações ordinárias e seus lucros e o valor de seus ativos. Uma pesquisa desse tipo, que abrange praticamente todas as ações industriais listadas na Bolsa de Valores de Nova York, foi feita no início de 1939 por estudantes da School of Business da Columbia University, sob a tutela dos autores. Os resultados de seu trabalho são resumidos e submetidos a uma análise breve na presente nota.[3]

O estudo envolveu 648 ações ordinárias, de um total de 823 listadas na bolsa em 31 de dezembro de 1938. Além de 71 ações de ferrovias e 46 de prestadoras de serviços públicos, foram excluídas as ações de 27 empresas financeiras e dezesseis empresas estrangeiras, bem como quinze empresas inativas ou de outra forma inadequadas. As ações industriais cobertas por nossa análise tinham um valor agregado de 32,4 bilhões de dólares ao final de 1938, ou cerca de 80% do valor de todas as ações ordinárias listadas. (É interessante notar que o valor de todas as ações ordinárias das ferrovias, incluindo empresas controladoras, foi inferior a 6% do total de 41,3 bilhões de dólares.)

---

3. Ver a interessante série de análises comparativas de ramos industriais *Survey of American listed corporations*, publicada pela Securities and Exchange Commission, entre 1938 e 1940. Essas análises são baseadas apenas nas contas de receitas e nos itens dos balanços e não incluem nenhum dado relativo a valores de mercado.

TABELA I. NÚMEROS TOTAIS, EM MILHÕES, ABRANGENDO 648 INDÚSTRIAS COMPARADOS COM TRINTA EMPRESAS GRANDES DO ÍNDICE DOW JONES[1]

Item	648 empresas (valores em dólares)	Trinta empresas do índice industrial Dow Jones (valores em dólares)
31 dez. 1938:		
Valor de mercado das ações ordinárias	32.412	14.771
Ativos tangíveis para ordinárias	21.980	7.922
Ativos líquidos circulantes para ordinárias	2.606	811
Obrigações (na paridade) e ações preferenciais (ao mercado)	8.029	2.727
Capitalização total	40.441	17.498
1938:		
Faturamento	27.460	7.896
Depreciação	1.198	433
Líquido antes dos juros	1.595	652
Juros e dividendos preferenciais	442	116
Saldo para ordinárias	1.153	536
Dividendos ordinários pagos	1.109	435
Saldo para média das ordinárias em 1936-1938	1.953	850
Média em 1934-1938	1.642	722
Valor de mercado das ordinárias em:		
1937-1938, máximo	48.216	20.364
1937-1938, mínimo	19.898	9.299
Capitalização total em:		
1937-1938, máximo	56.774	23.065
1937-1938, mínimo	26.862	11.552
31 dez. 1938:		
Ativos em caixa	4.359	1.528
Contas a receber	3.195	785
Estoques	6.073	2.165
Outros ativos circulantes	13	
Total do ativo circulante	13.640	4.478
Total do passivo circulante	2.694	926
Ativos correntes líquidos	10.946	3.552
Ativos fixos e outros	cerca de 20.000	8.236
Preço de mercado de ordinárias em 31 dez. 1938:		
Ativos tangíveis de ordinárias	147%	186%
Lucro para ordinárias em 1938	28,1 vezes	27,5 vezes
Lucro para ordinárias em 1936-1938 (média)	16,6 vezes	17,4 vezes
Lucros para ordinárias em 1934-1938 (média)	19,8 vezes	20,4 vezes
Ativos circulantes para passivo circulante	5 vezes	4,8 vezes
Depreciação para vendas	4,3%	5,5%

1. Os autores estimam que o total do preço de mercado agregado das 648 ações ordinárias no final de 1939 era cerca de 3% menor que no final de 1938, ou por volta de 31,5 bilhões de dólares, e que os lucros disponíveis para as ordinárias eram cerca de 1,83 bilhão. Portanto, parece que as ações ordinárias industriais, no final de 1939, eram negociadas no agregado a cerca de 17,2 vezes seus lucros de 1939 e cerca de 18,8 vezes seus rendimentos médios de 1934 a 1939.

TABELA II. SUBTOTAIS PARA RAMOS INDUSTRIAIS

Ramo industrial	Número de empresas no grupo	Ações ordinárias ao preço de mercado (milhões)	Capitalização total (milhões)	Ativos tangíveis para ordinárias (milhões)	Proporção das colunas 5 a 3 (%)	Lucro para ordinárias (milhões)			Ganho em 1938 em preço das ordinárias (%)			Ganhos em ativos tangíveis em 1934-1938 (%)	Ganho em ativos tangíveis para ações e obrigações em 1934-1938 (%)
						1934-1938	1936-1938	1938	1934-1938	1936-1938	1938		
(1)	(2)	(3)	(4)	(5)	(6)	(7)	(8)	(9)	(10)	(11)	(12)	(13)	(14)
Montadoras de autos	11	2.657,5	2.897,1	1.087,3	40,9	174,6	208,8	87,2	6,6	7,9	3,3	16,1	14,1
Montadoras de caminhões	8	99,6	114,9	106,5	107	2,9	3,6	3,7 (d)	2,9	3,6	(d)	2,7	1,5
Fabricantes de acessórios automotivos	39	601,9	656	352,2	58,6	38,6	41,4	2,8 (d)	6,3	6,9	(d)	10,9	10,2
Aço	27	1.683,1	3.173,2	2.269,9	136	32,1	54,5	52,4 (d)	1,9	3,2	(d)	1,4	2,9
Ferro	8	110	137,9	138,4	125,8	0,7	2,4	0,9	0,6	2,2	0,8	0,5	2,5
Químicos pesados	11	3.557,7	3.864,1	1.032,6	29,1	131,6	144,3	94,5	3,7	4,1	2,7	12,7	10,4
Óleos vegetais	3	29,9	35,3	45,6	152,5	3,2	2,7	0,8	10,5	9	2,6	7,1	6,8
Sabonete	3	393,9	450,7	137,1	35	17,4	16,4	16,9	4,4	4,2	4,3	12,7	11,9
Produtos químicos diversos	19	760,5	825,3	370,3	48,9	39,9	42,6	30,5	5,3	5,6	4	10,8	9,9
Fabricantes de fertilizante	5	27,2	45	43,4	160	0,9	1	0,2	3,3	3,7	0,6	2,1	3,2
Fabricantes de vidro	5	388,9	414,5	136,1	35	18,9	20,3	12,3	4,8	5,2	3,2	13,8	12,2
Fabricantes de medicamentos e cosméticos	13	494,7	544,8	114,3	23,2	30	31,5	29,5	6,1	6,4	6	26,2	19,6

(Continua)

TABELA II. SUBTOTAIS PARA RAMOS INDUSTRIAIS (CONTINUAÇÃO)

Ramo industrial	Número de empresas no grupo	Ações ordinárias ao preço de mercado (milhões)	Capitalização total (milhões)	Ativos tangíveis para ordinárias (milhões)	Proporção das colunas 5 a 3 (%)	Lucro para ordinárias (milhões)			Ganho em 1938 em preço das ordinárias (%)			Ganhos em ativos tangíveis em 1934-1938 (%)	Ganho em ativos tangíveis para ações e obrigações em 1934-1938 (%)
						1934-1938	1936-1938	1938	1934-1938	1936-1938	1938		
(1)	(2)	(3)	(4)	(5)	(6)	(7)	(8)	(9)	(10)	(11)	(12)	(13)	(14)
Fabricantes de material e equipamentos elétricos pesados	4	1.685,5	1.722,1	607,6	35,9	52,6	66,2	40	3,1	3,9	2,4	8,7	8,7
Fabricantes de equipamentos elétricos leves (incluindo equipamentos domésticos)	10	94,4	122,2	50,3	53,3	4,3	5	1,9	4,5	5,3	2	8,5	7,4
Petróleo	38	4.766,6	6.091,7	5.395,8	113	297,8	389,9	271,2	6,2	8,2	5,7	5,5	5,1
Carnes e peixes	8	170,9	448,5	379,8	222	12,3	5,1	17,3 (d)	7,2	3	(d)	3,2	4,4
Leite e produtos lácteos	4	168,2	252,1	211,8	125,7	17	19,8	19,3	10,1	11,7	11,5	8	7,4
Farinha, cereais, pão	11	306,1	459,2	194,9	63,5	19,4	21,1	21,3	6,3	6,6	6,9	9,8	8,6
Açúcar	11	111,9	204,9	208,2	186,5	12,9	13,4	4,2	11,5	11,9	3,7	6,2	6,5
Águas minerais e refrigerantes	3	539,9	577,6	48,5	9	19,1	22,6	24,6	3,6	4,2	4,6	39,4	39,8
Comestíveis, produtos enlatados, alimentos diversos	12	611,9	751,2	285,9	46,7	43,2	41,3	28,9	7	6,7	4,7	15,1	11,4
Frutas	1	189,7	189.7	170,9	90	11,7	12,1	10,3	6,2	6,4	5,4	6,9	6,9

Doces	6	270,5	297,9	56,6	20,9	13,9	13,5	14,4	5,1	5	5,3	24,6	18,2
Cervejarias e destilarias	8	165	261,2	160	95,2	26,7	26,6	24,2	16,2	16,2	14,7	16,7	13,6
Meias	6	16,4	24,3	22,6	137,7	1,4	1,6	1,2	8,6	9,9	7,2	6,2	6,6
Fabricantes diversos de seda, raiom etc.	8	78,1	156,5	66,4	85	5,8	5,7	2,5	7,4	7,3	3,2	8,6	6,6
Fabricantes de algodão	2	38	38	69,6	182,6	2	1,7	0,3 (d)	5,2	4,4	(d)	2,8	2,9
Lã penteada, carpetes, tapetes	5	41,2	63,3	45,2	109,8	1,6 (d)	1,3 (d)	9,7 (d)	(d)	(d)	(d)	(d)	1,5
Fabricantes de roupa	6	26,7	34,9	27,6	103,2	1,3	1,4	0,1	4,8	5,3	0,3	4,7	5,2
Negócios diversos	9	54,6	96,6	63,3	115,7	1,7	3	0,8	3	5,5	1,5	2,6	4,2
Equipamento ferroviário	15	509,5	616,9	539,2	106	8,4	17	4,6 (d)	1,7	3,3	(d)	1,6	22,4
Maquinário agrícola	6	437,6	635,7	374,8	85,7	29,3	43,1	24,6	6,7	9,8	5,6	7,8	6,7
Produtos e suprimentos domésticos	8	127,6	150,5	73,2	57,4	8,7	11,2	4,6	6,8	8,8	3,6	11,9	11,3
Fabricantes de latas	2	370,5	465	178	47,4	23,4	21,4	17	6,2	5,7	4,6	13,1	9,8
Outras máquinas leves e produtos de metal	37	444,9	571,5	215,2	48,3	21,3	29	11,3	4,8	6,5	2,5	9,9	8,9
Maquinaria pesada e produtos de metal	19	444	485,3	231	52	20,4	27,1	14,5	4,6	6,1	3,3	8,8	8,4
Rádios, fonógrafos, pianos	3	99,8	169,1	19,2 (d)	0	3,5	5,9	5	3,5	5,9	5	*	11,5
Filmes, cinemas, transmissão	10	268,8	517,6	240,6	89,4	25,2	29,7	20,5	9,4	11,1	7,6	10,5	8,2

(*Continua*)

TABELA II. SUBTOTAIS PARA RAMOS INDUSTRIAIS (CONTINUAÇÃO)

Ramo industrial	Número de empresas no grupo	Ações ordinárias ao preço de mercado (milhões)	Capitalização total (milhões)	Ativos tangíveis para ordinárias (milhões)	Proporção das colunas 5 a 3 (%)	Lucro para ordinárias (milhões)			Ganho em 1938 em preço das ordinárias (%)			Ganhos em ativos tangíveis em 1934-1938 (%)	Ganho em ativos tangíveis para ações e obrigações em 1934-1938 (%)
						1934-1938	1936-1938	1938	1934-1938	1936-1938	1938		
(1)	(2)	(3)	(4)	(5)	(6)	(7)	(8)	(9)	(10)	(11)	(12)	(13)	(14)
Mineração de carvão	14	24,9	160,7	139,9	560	9,5 (d)	12,8 (d)	16,9 (d)	(d)	(d)	(d)	(d)	(d)
Mineração de cobre	15	1.578	1.721,2	1.551,3	98,3	81,9	108,3	73,7	5,2	6,9	4,7	5,4	5,2
Mineração de ouro	6	270,1	270,1	88,6	32,8	18,7	18,6	18,2	6,9	6,8	6,7	21,1	21,1
Outros metais não cúpricos (exceto ferro)	15	1.298	1.431	532,7	40,9	55,2	68,4	53,3	4,3	5,3	4,1	10,4	10,6
Fabricantes de papel e cartão	16	185,2	454,2	210,9	113,8	9,7	17,2	9,3	5,2	9,3	5	4,6	5,4
Gráfica e publicação	7	42,6	97,8	89,8	210,5	0,9	0,9	2,5 (d)	2,2	2	(d)	1	7
Mercearias	7	113,7	145,2	158,9	139,5	10,7	9,5	9	9,4	8,3	7,9	6,7	6,7
Variedade, lojas de US$ 0,05 e US$ 0,10 etc.	10	791,1	861,9	476,9	60,2	57,7	59,8	51,2	7,3	7,5	6,5	12,2	11,1
Restaurantes	6	29,4	40,4	39,8	135	1,5	1,4	0,2	5,2	4,9	0,6	3,8	3,5
Drogarias	2	30,7	40,9	19,7	64,1	3,2	3,2	2,4	10,4	10,4	7,9	16,2	12,2
Revendedores diversos	7	236,4	245,0	110	46,5	20	20,5	16,9	8,5	8,7	7,1	18,2	18
Lojas de departamentos	24	291,2	559,3	336,6	115,6	14,9	21,2	12,1	5,1	7,3	4,2	4,4	5,1
Vendas por correspondência	4	704	755,9	437,5	62,2	42,8	49,3	43	6,1	7	6,1	9,8	9

APÊNDICE F | 1063

Distribuidores diversos	6	71,1	165,8	88,2	124	6,5	8,4	2,7	9,1	11,9	3,8	7,4	6,3
Aviões, companhias aéreas, aeroportos	13	523,8	559,1	160	30,6	4,9	9,6	16,1	0,9	1,8	3,1	3,1	4,6
Equipamento comercial e de escritório	9	389,5	448,8	173,9	44,7	26,4	22,8	19,3	6,8	5,9	5	15,2	11,7
Serviços de frete	5	5,9	41,1	41,7	697	1 (d)	1,4 (d)	1 (d)	(d)	(d)	(d)	(d)	3,2
Construção e operação naval	7	36,8	69,9	64,2	175	0,9 (d)	0,2 (d)	0,2 (d)	(d)	(d)	(d)	(d)	1,4
Borracha e pneus	8	261	663,7	195,4	74,9	8,7	14	5,8	3,3	5,3	2,2	4,5	5,3
Cigarros	5	1.300,7	1.507,3	438,2	33,7	71,8	76,3	74,7	5,5	5,9	5,7	16,4	13,4
Charutos	7	27,7	44,1	29,7	107,1	0,2	0,6	1,5	0,6	2,2	5,5	0,7	6,3
Rapé	3	117,5	132,5	45,5	38,8	6,5	6,4	6	5,6	5,5	5,1	14,3	12,9
Tabaco diversos	3	18,2	28,2	13,3	73	1,4	1,6	1,5	7,8	8,5	8,2	10,7	9,8
Terrenos, imóveis e hotéis	5	29,9	58,6	43,4	145	1 (d)	1 (d)	1,4 (d)	(d)	(d)	(d)	(d)	2,4
Cimento	4	91,1	108,2	95,4	105	2	4	3	2,2	4,4	3,3	2,1	3,9
Fabricantes de outros materiais de construção	21	889,5	1.020,3	501,6	56,3	26,1	34,1	8,7	2,9	3,8	1	5,3	5,1
Engenharia e construção (civil)	4	38,5	53,5	17,9	46,6	0,6 (d)	0,1 (d)	(d)	(d)	(d)	(d)	0,7	
Sapatos	6	157,8	171,7	133,2	84,5	11,7	10,4	6,7	7,4	6,6	4,2	8,8	8,6
Couro	5	11,2	19,8	11,8	105,3	0,8 (d)	0,8 (d)	4,2 (d)	(d)	(d)	(d)	(d)	(d)

* Nenhum ativo tangível para ordinárias. A porcentagem ganha em ativos tangíveis para preferenciais e ordinárias foi de 11,5%.

TABELA III. TOTAIS DIVIDIDOS DE ACORDO COM O TAMANHO DA EMPRESA

A. TAMANHO MEDIDO POR PREÇO DE VENDA DA EMPRESA NO FINAL DE 1938

Tamanho (1)	Número de empresas no grupo (2)	Ações ordinárias no mercado (milhões) (3)	Ativos tangíveis para ordinárias (milhões) (4)	Proporção das colunas 4 a 3 (%) (5)	Ganho sobre preço das ordinárias em 1938 (%)			Ganho sobre ativos tangíveis de ordinárias em 1934-1938 (9) (%)
					1934-1938 (6)	1936-1938 (7)	1938 (8)	
Menos de 10 milhões	252	968	1.323,9	136,8	3,4	5	(d)	2,5
10-100 milhões	309	7.292,4	5.575,4	76,4	5,3	2,9	2,9	6,9
100-1.000 milhões	82	17.016,1	11.368,4	66,7	5,3	6,2	4,5	7,9
Mais de 1 bilhão	5	7.135,9	3.712,4	52	4,6	5,5	2,9	8,9

B. TAMANHO MEDIDO PELOS ATIVOS TANGÍVEIS LÍQUIDOS NO FINAL DE 1938

Tamanho (1)	Número de empresas no grupo (2)	Ações ordinárias no mercado (milhões) (3)	Ativos tangíveis para ordinárias (milhões) (4)	Proporção das colunas 4 a 3 (%) (5)	Ganho sobre preço das ordinárias em 1938 (%)			Ganho sobre ativos tangíveis de ordinárias em 1934-1938 (9) (%)
					1934-1938 (6)	1936-1938 (7)	1938 (8)	
Menos de 10 milhões	250	1.493	951,1	63,6	4,9	6	2,4	7,7
10-100 milhões	331	10.454,5	6.761,4	64,4	4,9	5,8	3	7,6
100-1.000 milhões	64	16.303,5	11.321,6	69,4	5,1	6	4,2	7,3
Mais de 1 bilhão	3	4.161,4	2.946,0	70,8	5,5	6,7	3	7,8
Todas as empresas	648	32.412,4	21.980,1	67,6	5,1	6	3,6	7,5

Dois principais fatores importantes cobertos por nosso estudo foram os seguintes:

1. relação do preço de mercado com os lucros de 1938, 1936-1938 e 1934-1938; e

2. relação do preço de mercado com o valor dos ativos tangíveis de 1938 e o valor dos ativos correntes líquidos.

Além desses elementos centrais, compilamos dados sobre:

3. a relação entre o faturamento em 1938 (isto é, vendas brutas) e os preços e lucros das ações ordinárias;
4. o índice de capital de giro, a relação entre capital de giro e faturamento, a divisão dos ativos circulantes entre ativos em dinheiro, contas a receber e estoques;
5. o valor dos títulos privilegiados em circulação e dos respectivos encargos; e
6. provisões para depreciação em relação a vendas e ativos fixos.

TABELA VI. FAIXA DE LUCROS DE 1934 A 1938 SOBRE O CAPITAL INVESTIDO[1] EM DETERMINADOS RAMOS INDUSTRIAIS

Ramo industrial	Número de empresas no grupo	Ganho no capital investido (%)			
		Membros individuais do grupo			Total do grupo
		Máximo	Mínimo	Média	
Refrigerantes	3	59,4	5,3	5,5	39,8
Mineração de ouro	6	33,4	9,8	15,4	21,1
Farmácias	13	30,7	(d)	12,9	19,6
Confecções	6	31,9	(d)	19,7	18,2
Varejistas diversos	19	22,8	(d)	17,9	18
Sabonetes	3	34	5,2	14,4	11,9
Mineração (exceto ouro, ferro e cobre)	15	152	(d)	8,2	10,6
Maquinaria leve	37	44,2	(d)	9,3	8,9
Produtos químicos diversos	19	42,3	(d)	9,9	9,9
Cinema	16	42,2	3,5	7,7	8,2
Caminhões	8	17,4	(d)	0,7	1,5
Lã e carpete	5	14,7	(d)	3,2	1,5
Construção e operação naval	7	4,8	(d)	2,4	1,4
Engenharia e construção	4	2,8	(d)	0,8	0,7
Couro	5	6,1	(d)	1,5	(d)
Total dos itens acima	164				
Todas das empresas	648	152	(d)	6,3	7

1. O capital investido foi calculado no final de 1938 e representa os ativos tangíveis líquidos disponíveis para obrigações e ações.

Nesta nota, os dados coletados foram agrupados de acordo com dois princípios de divisão. Por um lado, temos uma separação por ramo industrial, como nas tabelas apresentadas, mensalmente, no *New York Stock Exchange Bulletin*. Achamos aconselhável modificar um pouco as classificações do boletim, mudando algumas empresas individuais e subdividindo um número de ramos que, de outra forma, seriam inclusivos demais para serem realmente informativos. Dividimos também nosso total em gradações de tamanho, medindo o último (1) pelo capital investido e, alternativamente, (2) pelo valor total de todos os títulos em circulação.[4] Esse agrupamento nos dá quatro classes: empresas pequenas, com valor inferior a 10 milhões; empresas de médio porte, com valores entre 10 milhões e 100 milhões; empresas grandes, com valores entre 100 milhões e 1 bilhão; e algumas gigantes, valendo mais de 1 bilhão de dólares cada.

Quase toda a informação a ser fornecida no presente documento é apresentada nas várias tabelas, de I a VI, aqui incluídas. Além do corpo principal dos dados, que utiliza os valores das ações em 31 de dezembro de 1938 como sua base, também compilamos os valores máximos e mínimos durante o período de 1937 a 1938. A ampla diferença entre esses extremos — que foram separados por apenas doze meses — e a relação que apresentaram entre ativos e lucros podem levar a conclusões interessantes sobre a natureza do mercado acionário nos últimos anos.

COMENTÁRIOS SOBRE OS TOTAIS DAS 648 EMPRESAS

Talvez o número mais impressionante de todo o estudo seja o total de ativos tangíveis disponíveis para ações ordinárias (tabela I). Isso equivale a 22 bilhões em comparação com 32,4 bilhões de dólares de valor de mercado. Apesar do sentimento geral de que os negócios têm sido insatisfatórios como um todo desde 1930, dos resultados definitivamente ruins de 1938 e da suposta falta de confiança que é amplamente apontada como a razão do fracasso das empresas americanas em atrair novos capitais, os investidores ainda estavam dispostos a pagar pelas ações ordinárias industriais como um todo, em 1938 e 1939, *cerca de 50% a mais que o capital tangível que representavam*.

No entanto, essa característica do grupo como um todo não é, de forma alguma, compartilhada pela grande maioria das empresas individuais. Não

---

4. Em todos esses cálculos, as ações ordinárias e preferenciais foram avaliadas ao preço de mercado, enquanto as obrigações foram tomadas na paridade. Embora o preço de mercado das obrigações também tenha fornecido uma medida mais exata, a diferença que está em jogo não justifica o trabalho adicional necessário.

menos de 307 empresas, ou 47% do total, foram negociadas por *menos* que o valor dos ativos tangíveis. O mesmo foi verdade com relação a 28 subdivisões industriais de um total de 67.

Quando estudamos os grupos por tamanho (tabela III), encontramos que as pequenas, medidas por seu *valor de mercado*, são negociadas no agregado por muito menos que seus ativos tangíveis, enquanto as maiores são negociadas a muito mais que o valor patrimonial para gerar um prêmio de 50% em relação ao total agregado de todas as empresas. Pode parecer, com base nesses números, que a empresa pequena, como tal, está definitivamente em desvantagem ou é negociada com desconto. Curiosamente, esse não é o caso. As empresas pequenas, em termos de *ativos tangíveis*, na verdade, são negociadas a um prêmio *maior* que as outras (tabela IIIB). O que tem acontecido, no entanto, é que o grupo *negociado* por menos de US$ 10 milhões está fortemente ponderado por empresas com ativos tangíveis bastante grandes e são negociadas a um preço baixo porque não têm sucesso. Em outras palavras, o grupo de pequenas empresas, em termos de valor de mercado, tem um *viés* definitivo em favor de lucros baixos e, em consequência, valor de mercado baixo em relação aos ativos. A explicação correta para o grande prêmio do conjunto como um todo, apesar de tantas empresas serem negociadas com desconto, parece ser apenas que o prêmio pago pela típica empresa bem-sucedida tende a ser muito mais elevado que o desconto registrado pelas empresas impopulares.

Pode-se observar também que 54 empresas individuais, ou 8% do total, foram negociadas por menos que os ativos correntes líquidos tomados isoladamente no final de 1938. Nos pontos mínimos de 1937 a 1938, isso era verdadeiro com relação a não menos que 133 empresas, ou seja, uma em cada cinco. Nos pontos máximos de 1937 a 1938, não havia uma única empresa nessa situação.

Nosso estudo de lucros cobriu um, três e cinco anos, terminados em 1938. Na medida em que qualquer conceito de período "normal", ou representativo, possa ser formado, os lucros de cinco anos parecem mais adequados, uma vez que 1938 tomado isoladamente foi, sem dúvida, um ano fraco, e o triênio de 1936 a 1938 pode ser demasiadamente influenciado pelas condições prósperas. Sobre esse ponto, o leitor deve tirar suas conclusões. De qualquer forma, será visto que as ações ordinárias industriais listadas foram avaliadas, ao final de 1938, em 19,5 vezes seus lucros médios nos cinco anos anteriores (uma base de lucro de 5,1%) e em 16,6 vezes a média de seus três anos (uma base de 6%). Usando apenas os resultados de 1938 como base, o multiplicador sobe para 28 vezes, e a taxa de lucro cai para 3,6%. Contudo, mais uma vez, a análise dos valores individuais mostrará uma tendência de que os preços liberais concedidos às ações das empresas bem-sucedidas obscureçam, nos totais, um grande número de empresas que foram negociadas a valores muito modestos em relação a seu lucro recorde.

CARACTERÍSTICAS DOS RAMOS INDUSTRIAIS

A divisão das 648 empresas por ramo industrial deve, necessariamente, ser, em grande medida, uma questão de escolha arbitrária. O *New York Stock Exchange Bulletin* distribuiu essas empresas em 27 grupos; consideramos aconselhável subdividi-las ainda mais em 67 famílias. Dessas famílias, a maior, em termos de valor de mercado, é a de petróleo — seguida de produtos químicos pesados e automóveis. As sete famílias principais, com 111 empresas, valiam 19,3 bilhões de dólares, ou 53% do total.

A tabela II mostra em detalhes a ampla gama de desempenho dos 67 subgrupos. A seguinte classificação suplementar pode ser de interesse:

TABELA IV. RAMOS INDUSTRIAIS DIVIDIDOS COM BASE NA RELAÇÃO ENTRE PREÇO DE MERCADO E VALOR DOS ATIVOS

Preço de mercado dividido pelo valor do ativo	Número de grupos	Número de empresas no grupo	Lucro sobre preço de mercado em 1938 (%)		
			1934-1938	1936-1938	1938
Mais de 400%	4	25	4,7	5,2	5,2
200%-400%	17	166	4,8	5,4	3,6
100%-200%	22	189	5,9	7	4,4
50%-100%	20	234	4,9	6,7	3
Menos de 50%	4	34	1,1	def.	def.
Total	67	648	5,1	6	3,6

Observa-se que os grupos com preços mais altos, em comparação com os valores dos ativos, também foram negociados a preços mais elevados que a *média* de todas as empresas em termos de lucro, *exceto quanto aos resultados apenas de 1938*. A capacidade dessas empresas de ter um desempenho melhor no ano ruim recente, em comparação com a média dos cinco anos, é, sem dúvida, a chave para sua popularidade. No outro extremo do espectro, encontramos, é claro, que as empresas que são negociadas a preços muito baixos em relação aos ativos apresentaram lucros muito ruins como um todo. Por outro lado, os vinte grupos negociados a um preço entre 50% e 100% do valor dos ativos não mostraram um desempenho sensivelmente pior do ponto de vista do lucro que as divisões negociadas a um prêmio, a menos que uma ênfase especial fosse dada ao desempenho de 1938. Curiosamente, os grupos que foram negociados entre duas e quatro vezes o valor dos ativos apresentaram um desempenho pior do ponto de vista dos lucros, em cada período, que aqueles que foram negociados entre uma e duas vezes o valor dos ativos. Deve-se observar que os números fornecidos na tabela IV se referem apenas aos totais dos grupos. Cada um deles pode incluir empresas individuais que divergem bastante das características do total.

TENDÊNCIA DOS LUCROS

A variação nos resultados para os períodos de um, três e cinco anos fornece um teste simples e bastante persuasivo da tendência dos lucros. As empresas ou os grupos que atendem à fórmula 1938 > 1936-1938 > 1934-1938 seriam excepcionais, do ponto de vista da melhoria, enquanto aqueles que atendem à fórmula oposta 1938 < 1936-1938 < 1934-1938 se destacariam como retrocesso. Quando esse critério é aplicado, encontramos os seguintes candidatos para honras ou desonras especiais:

Grupos com tendência boa	Grupos com tendência ruim	Grupos mostrando três déficits para ordinárias
Aviação	Equipamentos comerciais e de escritório	Carvão
Charutos		Engenharia e construção
Farinha, pão, cereais	Fabricantes de latas	Terrenos e hotéis
Refrigerantes	Bens de algodão	Couro
	Restaurantes	Construção naval
	Carne	Serviços de navegação
	Raiom	Lã
	Mercearias de varejo	
	Sapatos	
	Rapé	
	Óleos vegetais	
	Destiladores[1]	
	Ouro[1]	

1. Tendência de queda muito leve.

Estudiosos do mercado reconhecerão certos grupos relativamente populares na lista de tendência ruim e dois grupos impopulares na lista de tendência boa. O valor principal desse tipo de estudo pode ser o de gerar um ceticismo saudável quanto à confiança na mera aritmética das tendências ascendentes como base para o entusiasmo altista.

A seguinte compilação (tabela V) abrange os cinco subgrupos que mostram as mais altas proporções de lucros para o preço de dezembro de 1938 em cada um dos três períodos de testes, em comparação com aqueles que mostram a *menor* proporção de ativos para preço.

TABELA V. GRUPOS "BARATOS" (COM BASE EM LUCROS) COMPARADOS COM GRUPOS "CAROS" (COM BASE EM ATIVOS)

	Número de empresas	Valor agregado das ações ordinárias (milhões)	Proporção ao valor das ações ordinárias em 1938			
			Ativos (%)	Lucros (%)		
				1934-1938	1936-1938	1938
Grupo[1] índice de lucros alto	48	907,2	116,7	10,9	11,9	9
Grupo[2] índice de ativos baixo	25	1.404,9	14,9	4,7	5,2	5,2

1. Inclui cervejarias e destilarias, leite, tabaco diverso, filmes, farmácias, mercearias de varejo, açúcar, óleos vegetais.
2. Inclui fabricantes de medicamentos, confeitarias, rádios, refrigerantes, etc.

Observa-se (na tabela II) que nenhum dos grupos que eram negociados a preços baratos em relação aos lucros médios teve desempenho pior que o total das 648 empresas no ano ruim de 1938. Além disso, o preço deles também foi baixo em comparação com o valor dos ativos. Verifica-se, portanto, um forte contraste entre esse conjunto de empresas e aquelas, já mencionadas, negociadas a um valor quatro vezes superior ao dos ativos tangíveis. Estas últimas incluem rádios (três empresas), fabricação de remédios (treze), confecções (seis) e fabricação de refrigerantes (três). Note que as ações "mais baratas" oferecem oito vezes mais em valor de ativos por dólar de preço; 2,3 vezes mais em lucros entre 1934 e 1938; e até 1,73 vez mais nos lucros de 1938, em comparação com as ações com ativos baixos. Estatisticamente, a única vantagem do último grupo é encontrada no *aumento* de 11% nos lucros, em 1938, acima da média de cinco anos, em comparação com uma *redução* de 17% no outro conjunto. Mas deve-se destacar que a melhoria mostrada pelas ações "caras" foi, em grande parte, responsabilidade de uma empresa (a Coca-Cola) e que os lucros de 1938 do grupo "mais barato" foram mais bem mantidos, em termos relativos, que aqueles da lista da Bolsa de Valores de Nova York como um todo.

O contraste oferecido por esses dois agrupamentos é acentuado por certas semelhanças amplas existentes entre as categorias de ambos os grupos. Os rádios e a radiodifusão convidam à comparação com o cinema; a fabricação de drogas pode ser comparada com as drogarias; os confeitos com açúcar e refrigerantes podem ser comparados com o leite e as bebidas alcoólicas. O contraste mais destacado de todos é apresentado pela Coca-Cola (que domina o ramo de refrigerantes), de um lado, e todas as outras empresas de bebidas listadas, que comercializam leite, refrigerante, cerveja e uísque. Essas catorze ações ordinárias, juntas, valiam apenas dois terços do valor da Coca-Cola sozinha, mas as vendas delas, em 1938, foram de 970 milhões contra 76 milhões de dólares; seu lucro líquido foi, em 1938, de 52,8 milhões contra 23,8 milhões; e seus ativos tangíveis para as ações ordinárias foram de 390 milhões contra apenas 16 milhões de dólares.

LUCROS SOBRE O CAPITAL INVESTIDO

O estudo dos índices de preço-lucro pode ser complementado por um exame da taxa de lucro sobre o capital investido, ou seja, os ativos tangíveis disponíveis tanto para as ações ordinárias como para todos os títulos financeiros. Para esse propósito, temos usado os resultados médios para 1934-1938, como, talvez, o índice mais representativo, e os comparamos com o capital investido no final de 1938, incluindo aí a dívida financiada. Os resultados estão resumidos na tabela II para vários ramos industriais e nas tabelas IIIA e IIIB para várias divisões por porte de empresa.

Certos aspectos desses demonstrativos merecem comentários. Uma vez que grandes lucros sobre o capital investido podem ser aceitos como uma das melhores provas de um negócio próspero, é natural analisar essa faixa para termos uma pista quanto à lucratividade relativa dos diversos ramos da indústria. Tomando os resultados agregados de cada uma de nossas 67 subdivisões, encontramos de fato grandes variações, variando desde 39,8% sobre o capital para as empresas de refrigerantes até um déficit real para as empresas de couro.

Porém, tão impressionante quanto essa diversidade são as variações dentro dos grupos individuais. Esse ponto é apresentado na tabela VI, a qual lista as percentagens máximas, mínimas e médias, bem como o valor global, dentro daqueles grupos que apresentam as cinco maiores percentagens em cada categoria. (Fornecemos números semelhantes que cobrem os cinco totais de grupo *mais baixos*.) Deve-se notar que muitas das categorias com melhor desempenho como um todo incluem empresas individuais que não têm qualquer lucro ou têm um lucro muito pequeno — e, até certo ponto, o inverso também é verdade.

Essas divergências dentro dos ramos da indústria devem servir para moderar a inclinação natural dos investidores e analistas para atribuir mérito ou demérito *dominante* ao ramo da empresa. É fato que o tipo de indústria é de grande importância na avaliação de uma ação ordinária, mas avaliações precipitadas ou extremas, baseadas somente nesse fator, podem muitas vezes se revelar inadequadas.

Quando a classificação é feita por *tamanho*, surgem alguns fatos interessantes. O ponto principal é que os lucros médios sobre o capital (ou seja, ativos tangíveis disponíveis para obrigações e ações) são quase idênticos para todos os cinco agrupamentos, começando com as empresas com menos de 10 milhões e chegando às gigantes que ultrapassam 1 bilhão de dólares. Além disso, o contingente menor é realmente *negociado* a um preço um pouco mais alto que os outros em relação ao valor dos ativos.

Mas se aplicamos as classificações idênticas aos valores de mercado, em vez de ao valor dos ativos tangíveis — como fazemos também na tabela IIIA —, uma situação totalmente diferente se apresenta. As empresas pequenas são avaliadas como menos lucrativas, embora possuam ativos e vendas proporcionalmente muito maiores. A razão disso não é difícil de encontrar. Seu valor de mercado é pequeno porque não são lucrativas, e não o contrário. Esses dois conjuntos de comparações sugerem que a pressão sobre as empresas menores ainda não se tornou tão grave a ponto de reduzir sua lucratividade sobre o capital *no agregado* a um nível inferior ao de seus concorrentes maiores.[5] No entanto, dificilmente se questionaria o fato de que a pequena empresa individual é mais vulnerável à adversidade e que a gama de desempenhos mais ampla é encontrada nessa classe.

---

5. Ver Simon N. Whitney, "Statistics disprove assertion that giant companies squeeze out small rivals", *Annalist*, 28 dez. 1939. Trata-se de um estudo detalhado com dados que levam à mesma conclusão anterior, baseados, em parte, nos dados do censo, abrangendo, assim, uma faixa mais ampla. Para um ponto de vista oposto, consultar E. D. Kennedy, *Dividends to pay*. Nova York, Reynal & Hitchcock, 1939.

APÊNDICE G

NOTA 1

A seguir, apresentamos uma lista de ações ordinárias e preferenciais que foram negociadas por menos que seus *ativos circulantes líquidos* por ação a preços mínimos em 1931 e nos primeiros quatro meses de 1932. A maioria dessas ações foi negociada a preços ainda mais baixos mais tarde, em 1932.

Empresa	1931-abr. 1932		Valor atual dos ativos por ação preferencial	Valor atual dos ativos por ação ordinária	Preço mínimo 1932-1933	
	Preço mínimo das preferenciais	Preço mínimo das ordinárias			Preferencial	Ordinária
Allis-Chalmers		6,50		11		4
Amer. Agric. Chem.		4,375		43		3,50
California Packing		5,375		8		4,25
Diamond Match	19,50	10,625	48	14	20,50	12
Endicott-Johnson	98,375	23,50	276	37	98	16
Liquid Carbonic		11,75		23		9
Mack Truck		12		36,50		10
Mid-Continent Petrol		3,75		8		3,75
Montgomery Ward	59	6,50	462	16	41	3,50
Nat'l Cash Register		7,125		15		5,125
US Indus. Alcohol		19,25		23,50		13,25
US Pipe & Foundry	12,25	8,75	26	10,50	11,50	6,125
Wesson Oil	44,25	9,50	74		40	
Westinghouse Air Brake		9,50		11		9,25
Westinghouse Electric	60,25	19,875	1.164	34,50	52,50	15,625

Uma lista semelhante de ações que, a seu preço mínimo nos primeiros cinco meses de 1932, foi negociada a um preço igual ou inferior a seus *ativos em dinheiro* por ação (sem deduzir os passivos circulantes) é fornecida a seguir.

Empresa	Preço mínimo em jan.-maio 1932	Ativos em caixa por ação	Valor atual dos ativos por ação	Preço mínimo 1932-1933
Amer. Car & Foundry *	20	50	108	15
Amer. Locomotive*	30,25	41	63	17,125
Amer. Steel Foundry *	58	128	186	34
Amer. Woolen*	15,50	30,50	85	15,50
Congoleum-Nairn	7	7	12	6,50
Howe Sound	5,75	10	11	4,875
Hudson Motor	2,875	5,50	7	2,875
Hupp Motor	1,50	5,50	7,50	1,50
Lima Locomotive	8,50	19	36	8,50
Magma Copper	4,50	9	12	4,25
Marlin Rockwell	5,75	11,50	13	5,75
Motor Products	11	15,50	19	7,375
Munsingwear	10	17	34	5
Nash Motors	8	13,50	14	8
New York Air Brake	5	5	9	4,25
Oppenheim Collins	5	9,50	15	2,50
Reo Motor	1,50	3	5,50	1,375
Standard Oil of Kansas	7	8,50	14	7
Stewart Warner	1,875	3,50	7	1,875
White Motor	7	11	34	6,875

* Ações preferenciais.

Esses exemplos foram retirados de vários artigos escritos por um dos autores sobre esse fenômeno. Ver Benjamin Graham, "Inflated treasuries and deflated stockholders", *Forbes*, 1º jun. 1932, p. 11; "Should rich corporations return stockholders' cash", *Forbes*, 15 jun. 1932, p. 21; "Should rich but losing corporations be liquidated", *Forbes*, 1º jul. 1932, p. 13. Os preços mínimos de 1932-1933 são adicionados para completar o quadro.

APÊNDICE H

NOTA 1

O analista deve, frequentemente, calcular os valores relativos dos direitos de subscrição e das ações ordinárias cobertas por eles. Para facilitar esse cálculo, apresentamos duas fórmulas simples.

Seja:

R = valor do direito.
M = preço de mercado das ações.
S = preço de subscrição das ações.
N = número de direitos necessários para subscrever uma ação.

A fórmula A é aplicável antes da venda das ações "ex-direitos" (ou seja, o comprador das ações tem o direito de receber).

$$R = \frac{M-S}{N+1}$$

A fórmula B é aplicável após a venda das ações "ex-direitos" (ou seja, o comprador das ações não obtém os direitos, que são retidos pelo detentor registrado).

$$R = \frac{M-S}{N}$$

Exemplo: Direitos são concedidos para a compra de uma ação a US$ 50 para cada cinco ações detidas. As ações estão sendo vendidas a US$ 64 "com direitos" ("direitos sobre").

$$\text{Valor do direito} = \frac{US\$\ 64 - US\$\ 50}{5+1} = US\$\ 2{,}33$$

Exemplo: Mesma oferta; as ações estão sendo vendidas "ex-direitos" a US$ 90.

$$\text{Valor do direito} = \frac{\text{US\$ } 90 - \text{US\$ } 50}{5} = \text{US\$ } 8$$

Esses cálculos estão sujeitos, no entanto, a refinamentos necessários para refletir: (1) qualquer dividendo a ser recebido pela ação antiga, mas não pelas ações novas; e, no sentido contrário, (2) qualquer poupança de juros por não ter de pagar pela ação nova até que os direitos expirem.

NOTA 2

DOIS EXEMPLOS DE PIRÂMIDES EMPRESARIAIS

Primeiro exemplo: A essência da natureza da pirâmide da Insull Group pode ser entendida pelo seguinte resumo parcial:

		Passivos com privilégios sobre ações ordinárias (31 dez. 1931)
Empresa 1 (Empresa principal)	Corporation Securities Co. Uma empresa de investimentos especializada. Suas principais participações estavam em Co. 2 – US$ 59.000.000 e Co. 3 – US$ 42.000.000, de uma carteira total de US$ 145.000.000	Empréstimos bancários, etc. ......US$ 33.000.000 Dívida financiada ....24.000.000 Ações preferenciais............................37.000.000
Empresa 2	Insull Utility Investments, Inc. Também uma empresa de investimento especializada. Suas principais participações estavam em Co. 3 – US$ 64.000.000 de uma carteira total de US$ 252.000.000. (Também proprietária de US$ 32.600.000 em ações da Co. 1.)	Empréstimos bancários, etc. ......US$ 53.000.000 Dívida financiada ....58.000.000 Ações preferenciais............................46.000.000
Empresa 3	Middle West Utilities Co. Uma prestadora de serviços públicos que controlava uma série de subsistemas. Faturamento bruto do sistema em 1931 foi de US$ 173.000.000. Principal subsidiária era Co. 4.	Empresa controladora: Empréstimos bancários, etc. ......US$ 35.000.000 Dívida financiada ....40.000.000 Ações preferenciais............................61.000.000 (Observação: participações do público: obrigações subordinadas ....US$ 283.000.000 preferenciais subordinadas ....152.000.000 ordinárias subordinadas ....10.000.000)

Empresa 4	National Electric Power Co. Uma controladora de prestadoras de serviços públicos controlando vários subsistemas. O faturamento bruto em 1931 foi de US$ 68.000.000. A subsidiária principal era Co. 5	Empresa controladora: Empréstimos bancários, etc.......não declarados separadamente Dívida financiada .... $10.000.000 Ações preferenciais e classe A 36.000.000
Empresa 5	Uma controladora de prestadoras de serviços públicos controlando quatro subsistemas. O faturamento bruto em 1931 foi de US$ 36.000.000. A subsidiária principal era Co. 6.	Empresa controladora: Empréstimos bancários, etc.......não declarados separadamente Dívida financiada ....US$ 20.000.000 Ações preferenciais e classe A 30.000.000
Empresa 6	Seaboard Public Service Co. Uma controladora de prestadoras de serviços públicos controlando seis subsistemas. O faturamento bruto em 1931 foi de US$ 16.000.000. A subsidiária principal era Co. 7	Empresa controladora: Dívida financiada .... nenhuma Ações preferenciais......................US$ 9.000.000
Empresa 7	Virginia Public Service Co. Uma controladora de prestadoras de serviços públicos. O faturamento bruto em 1931 foi de US$ 7.600.000	Dívida financiada ....US$ 37.000.000 Ações preferenciais............................ 10.000.000

Deve-se observar que uma estrutura piramidal de seis empresas sucessivas foi construída acima das várias empresas operacionais nesse sistema. O colapso completo dessa estrutura ocorreu porque cada uma dessas seis empresas superpostas foi lançada à falência. Para descrição, gráficos e discussão sobre o Insull Group, ver James C. Bonbright e Gardiner C. Means, *The holding company*. Nova York, The University of Chicago Press, 1932, p. 108-113.

Segundo exemplo: A estrutura da United States & Foreign Securities Corp. oferece uma demonstração bastante simples do funcionamento de uma estrutura piramidal no campo de investimento geral.

Essa empresa foi organizada em 1924. O público comprou 25 milhões de dólares das preferenciais classe A de 6% na paridade (a empresa recebeu 24 milhões) e os banqueiros organizadores compraram 5 milhões de dólares das preferenciais classe B de 6% na paridade. Houve divisão de 1 milhão em ações ordinárias, representando um investimento puramente nominal (US$ 0,10 por ação): 25% para o público e 75% para os organizadores. Assim, os últimos forneceram um sexto do capital, subordinado aos outros cinco sextos, e receberam uma participação de três quartos nos lucros excedentes. Perto do fim de 1928, a forma de pirâmide com base em uma empresa controladora foi utilizada pela formação de uma segunda empresa, a U. S. & International Securities Corp., uma empresa de 60 milhões de dólares. O público contribuiu com 50 milhões de dólares do capital, recebendo ações preferenciais classe A de 5% a US$ 100, mais um quinto das ações ordinárias. A United States & Foreign Securities Corp. contribuiu com 10 milhões, recebendo preferenciais classe B de 5% a US$ 100, mais quatro quintos das ordinárias. Esse arranjo deu aos organizadores da empresa original o controle sobre os recursos adicionais subscritos sem investimento adicional de sua parte. Por causa de uma apreciação de 30 milhões de dólares nos recursos de United States & Foreign Securities Corp., no final de 1928, os contribuintes dos originais 5 milhões agora controlavam 110 milhões de dólares em capital (incluindo subscrições resgatáveis) e tinham direito a cerca de 78% dos lucros excedentes ou da valorização do capital.

A. PERÍODO ENTRE 1924 E 1928

Item	Total (valores em dólares)	Do público (valores em dólares)	Dos organizadores (valores em dólares)
Investimento original	30.000.000 *	25.000.000	5.000.000
Valor contábil, dez. 1928	60.000.000	32.000.000	27.000.000
Porcentagem de aumento no valor contábil	100%	30%	450%
Valor máximo de mercado e United States & Foreign Securities Corp.†	100.000.000	42.000.000	57.000.000
Porcentagem de aumento no valor de mercado	233%	70%	1.040%

* A empresa recebeu 29 milhões de dólares.
† Preferenciais classe A a US$ 100; preferenciais classe B estimadas em US$ 80; ordinárias a US$ 70.

B. PERÍODO ENTRE 1928 E 1939

Os resultados são mostrados por US$ 100 do investimento original, por causa da redução nas ações preferenciais classe A em circulação em razão de recompras pela empresa.

Data	Investimento do público	Investimento dos organizadores
Valor contábil:		
31 dez. 1928	US$ 130*	US$ 550
31 dez. 1932	100*	35
31 dez. 1933	100*	96†
31 dez. 1939	108*	215

* Preferenciais classe A na paridade mais o valor de liquidação das ordinárias anexas.
† Exclusivo de direitos sobre os dividendos acumulados das preferenciais classe B.

Encontro	Investimento público* (valores em dólares)	Investimento dos organizadores * (valores em dólares)	Preferenciais classe A	Preferenciais classe B (est.)	Ordinárias
Preço de mercado:					
Máximo, 1929	170	1.150	100	80	70
Mínimo, 1932	27,50	11,50	26	10	1,50
Dez. 1933	73	170	65	50	8
Dez. 1939	87	165	80	60	7

* Por US$ 100.

O funcionamento efetivo desse arranjo, do ponto de vista do valor contábil ("valor de liquidação") e das cotações de mercado, é mostrado na tabela anterior.

Esses números indicam resultados típicos de uma estrutura de capital muito especulativa, com evolução favorável e desfavorável. Nota-se que as variações no valor contábil ou de liquidação foram bastante intensificadas no mercado por otimismo e pessimismo excessivos do público com relação aos títulos dos fundos de investimento. É significativo observar também que, em 1933, quando um valor contábil igual ao investimento inicial por ação foi restabelecido, o mercado registrou uma depreciação substancial do capital social de propriedade do público e um prêmio correspondente para a participação dos organizadores.

NOTA 3

Alguns casos de controle com investimento relativamente pequeno são os seguintes:

1. Um investimento de menos de 20 milhões de dólares da Van Sweringen resultou no controle de oito ferrovias classe I com ativos agregados de mais

de 2 bilhões. Assim, um investimento inferior a 1% controlou todo o sistema. Ver F. I. Shaffner, *The problem of investment*. Nova York, Wiley & Sons, 1936, p. 38. Ver também páginas 857-888 para obter mais detalhes da pirâmide da Van Sweringen. Posteriormente, os senhores Ball e Tomlinson compraram essa participação controladora em uma base de falência por 3 milhões de dólares.

2. Antes de 1935, a Henry L. Doherty & Co. detinha 27% do poder de voto da Cities Service Co. por meio da propriedade de 1 milhão de ações preferenciais de US$ 1 na paridade, que tinham direito de voto múltiplo em contraste com as ações ordinárias. Esse arranjo, além de uma estrutura de capital em forma de pirâmide, permitiu que 1 milhão de dólares em ações preferenciais controlassem uma empresa com ativos consolidados superiores a 1,25 bilhão. Ver James C. Bonbright e Gardiner C. Means, *The holding company*. Nova York, The University of Chicago Press, 1932, p. 113-114.

3. Antes de 1930, a Standard Gas and Electric System, com ativos consolidados de 1,2 bilhão de dólares, foi controlada pela H. M. Byllesby & Co., principalmente por meio da propriedade de 1 milhão de ações preferenciais com paridade de US$ 1, similares às ações da Cities Service Co. Posteriormente, houve uma remodelação da estrutura do capital e, após esse fato, uma participação patrimonial de 3 milhões de dólares ou menos detinha um controle mais completo sobre esse sistema de prestadoras de serviços públicos de 1,2 bilhão. Ver James C. Bonbright e Gardiner C. Means, *The holding company*. Nova York, The University of Chicago Press, 1932, p. 115-116.

4. Uma vez, ações com um valor contábil de 8 milhões de dólares e um valor de mercado ainda menor controlaram o sistema da Associated Gas & Electric que valia bilhões de dólares (James C. Bonbright e Gardiner C. Means, *The holding company*. Nova York, The University of Chicago Press, 1932, p. 122). No decorrer das audiências anteriores à promulgação da Lei das Empresas Controladoras de Prestadoras de Serviços Públicos, de 1935, foi revelado que os senhores H. C. Hopson e J. I. Mange, que ocupavam um cargo de direção no controle desse sistema, obtiveram, por meio do dispositivo da pirâmide de empresas controladoras, um retorno médio anual, de 1923 a 1929, de 60,82% sobre seu investimento total de US$ 298.318. Ver *Hearings on H. R. 5423*, perante o Comitê da Câmara sobre Comércio Interestadual e Internacional, pt. 2, 74º Congresso; e 1ª sessão, Washington, 1935, p. 1.473-1.476.

5. Por meio de seis camadas de empresas controladoras, a Insull controlava a Tide Water Power Co. com um investimento equivalente a apenas 0,02% do investimento total na última empresa, medido pelo valor contábil de seus títulos em circulação. Isso equivalia ao controle de 5 mil dólares com um investimento de US$ 1. Da mesma forma, um investimento de US$ 2,50 feito

pela Insull no topo da pirâmide permitiu-lhe controlar um investimento de 5 mil dólares na base da pirâmide da Florida Power Corp., por meio de seis camadas de empresas controladoras. Ver *Utility Corporations*, Sen. Doc. 92, pt. 72-A, 70º Congresso; e 1ª sessão, Washington, 1935, p. 159-161.

NOTA 4
MEMORANDO PARA DETENTORES DE VICTORY BONDS

(Circular emitida em maio de 1921)

Queremos chamar a atenção para os proprietários das Victory Bonds de 4,75%, com vencimento em 1º de junho de 1923, para a vantagem a ser obtida com sua troca, aos preços atuais, por uma quantidade equivalente de Liberty Fourth de 4,25%, com vencimento em 1938.

Neste momento, as Victory de 4,75% estão sendo negociadas a cerca de US$ 97,70 e as Liberty de 4,25%, a cerca de US$ 87,20. O retorno direto da receita de ambas as obrigações é igual — 4,86%. Posto de modo diferente, cada US$ 400 de Victory Bonds podem ser trocados por US$ 450 de Liberty Fourth de 4%, em base de igualdade em termos de custo e retorno de rendimento.

Entretanto, as obrigações Liberty têm uma grande vantagem sobre as Victory Notes, do ponto de vista do potencial de apreciação no mercado. A possível subida das Victory Notes está estritamente limitada a dois pontos, uma vez que seu vencimento próximo (1923) impede sua venda a qualquer prêmio considerável. As obrigações Liberty, no entanto, estão sendo negociadas a um desconto tão substancial da paridade (mais de 12,5%) que não é só possível como bastante provável que terão uma alta significativa nos próximos anos.

Para usar um exemplo talvez extremo, se supomos que, em 1923, todas as obrigações Victory e Liberty tenham retornado à paridade, o aumento das obrigações Fourth Liberty equivaleria a mais de doze pontos contra apenas dois pontos para as Victory. Ao fazer a troca proposta, o investidor receberia, em seguida, US$ 450 por cada US$ 400 de Victory Notes agora obtidos. Em qualquer caso, as Liberty de 4,25% necessitam subir apenas dois pontos nos próximos dois anos para tornar rentável a troca sugerida.

Desse modo, destacamos que todas as indicações favorecem uma subida iminente nos preços das obrigações de alta qualidade. A tendência para uma diminuição das taxas de juros já é clara, como está evidente pela redução na taxa de redesconto federal. Por essa razão, os investimentos a longo prazo são agora, em geral, preferidos em relação às notas a curto prazo; portanto, o retorno do rendimento a ser obtido nos primeiros é, consideravelmente, menor que nos instrumentos com datas de vencimento mais próximas. Contudo, no caso da emissão das Victory, essas notas a curto prazo podem ser trocadas por obrigações Liberty a longo prazo sem qualquer redução no retorno de renda direta.

A liquidação das emissões Liberty tem sido drástica e, até recentemente, contínua, mas esse período agora parece ter terminado. As obrigações compradas com dinheiro emprestado foram, na maior parte, pagas ou vendidas; as participações fracas foram quase eliminadas, e agora pode-se considerar que as emissões Liberty, em grande parte, estão nas mãos de investidores reais. Essa posição técnica muito melhorada deve resultar em um aumento substancial no preço, em resposta a qualquer atividade de compra.

Outra vantagem a ser derivada das trocas propostas está na isenção da *sobretaxa* das obrigações Liberty (até certos limites), assim como do imposto normal; enquanto as notas Victory estão isentas apenas do imposto normal.

Por essas duas razões importantes — as perspectivas de apreciação de preço muito maior e a isenção fiscal superior —, recomendamos que as participações em notas Victory sejam agora transferidas para uma quantidade equivalente de Liberty Fourth de 4,25%.

Ficaremos contentes em fornecer mais informações sobre essa sugestão e, de forma privada, discutir com investidores individuais a economia atual em impostos a ser obtida com a troca.

NOTA 5

Os princípios essenciais da teoria Dow são:

1. Existem três tipos de oscilações manifestadas pelas médias:
   a) *Movimentos primários*, que são tendências básicas grandes da variedade altista ou baixista, estendendo-se por períodos de menos de um ano a vários anos. A determinação correta de tais movimentos é o principal objetivo dos teóricos de Dow.
   b) *Movimentos secundários*, com duração de três semanas a vários meses, mas que vão contra a tendência primária.
   c) *Oscilações do dia a dia* em qualquer direção, de natureza menor e de importância ligeira, exceto para determinar se "linhas" estão ou não sendo formadas. Devem ser seguidas e estudadas, desde que componham os movimentos a longo prazo.
2. Os índices industriais e ferroviários precisam corroborar um com o outro para poder chegar a inferências confiáveis sobre a natureza do movimento

em curso. Embora, de um modo geral, um mercado altista seja aquele em que as máximas sucessivas, em cada índice, excedem as máximas anteriores e as mínimas sucessivas são mais altas que as mínimas anteriores (o contrário no caso dos mercados baixistas), cada tipo de movimento maior está sujeito a interrupções por contramovimentos de natureza secundária. Supostamente, esses movimentos secundários devem, em geral, causar um recuo de um a dois terços da variação do preço primário nos índices desde o término do movimento secundário anterior. Evidentemente é uma tarefa difícil de determinar, dia a dia ou semana a semana, se um movimento, aparentemente em andamento, é secundário ou uma reversão de uma das principais tendências.

3. Quando os movimentos de várias semanas ou mais são confinados em ambos os índices a uma faixa de cerca de 5%, diz-se que foi formada uma "linha", o que sugere acúmulo ou distribuição. Se ambos os índices romperem a linha simultaneamente, deduz-se a existência de um acúmulo, e preços mais elevados são previstos. Se as médias rompem abaixo da linha simultaneamente, deduz-se o contrário. Se um índice rompe uma linha sem uma confirmação por um movimento semelhante da parte do outro, a indicação tem um caráter negativo.

4. Um mercado sobrecomprado se torna monótono durante as altas e ativo durante as quedas; e os mercados sobrevendidos são monótonos durante as quedas e ativos durante as altas. O encerramento de um mercado altista é caracterizado por grandes volumes, e os mercados altistas começam com volumes de negociação baixos.

5. As ações ativas tendem a se mover em consonância com os índices, mas as ações individuais podem refletir condições peculiares a elas, as quais causarão desvios no padrão dos índices.

Essa declaração dos princípios essenciais da teoria Dow necessariamente não inclui muitos detalhes importantes nem a maneira prática de operar de acordo com a teoria. Para declarações mais completas sobre a teoria e suas aplicações, ver William P. Hamilton, *The stock market barometer*. Nova York, Harper & Brothers, 1922; Robert Rhea, *The Dow theory*. Nova York, Barron's, 1932; Charles A. Dice, *The stock market*. Nova York, McGraw-Hill Book Co., 1926, p. 486-506; Floyd F. Burtchett, *Investments and investment policy*. Nova York, Longmans, Green and Co., 1938, p. 672-688. Sobre a leitura de gráficos em geral, ver Richard W. Schabacker, *Stock market theory and practice*. Nova York, Forbes, 1930, p. 591-692.

SOBRE ESTA EDIÇÃO

Este projeto teve início no final de 2006, quando fui sondado por um editor da McGraw-Hill sobre a elaboração de uma nova edição de *Análise de investimentos*. Concordei em assumir o projeto como editor-chefe, e, nos meses seguintes, montamos uma equipe com mais de três editores: um escritor e historiador financeiro muito conhecido, um importante estudioso do investimento fundamentalista e um experiente jornalista financeiro. Recebemos também comentários sobre o texto original de praticantes modernos, o que proporcionou uma nova perspectiva com base em suas abordagens do investimento de valor. Acrescentamos um novo ensaio sobre esse tipo de investimento nos mercados globais.

Uma vez que essas contribuições foram elaboradas e editadas durante a segunda metade de 2007 e início de 2008, não há nesta edição referências ao aprofundamento da crise de crédito e à queda brusca dos mercados financeiros que quase levou à falência o venerável banco de investimentos Bear Stearns, em março de 2008. Em vez de nos concentrarmos, de uma forma míope, em acontecimentos muito recentes, preferimos adotar uma visão a longo prazo que seria aplicável em mercados bons e ruins e, como Benjamin Graham e David Dodd, nós nos preocupamos, sobretudo, com "conceitos, métodos, critérios, princípios e, acima de tudo, com raciocínio lógico".

Decidimos basear esta sexta edição na segunda edição de *Análise de investimentos*, publicada em 1940, por ser a mais completa; também decidimos não alterar o texto desta obra clássica. Ao proceder dessa forma, esperamos que os leitores também apreciem a realização magistral de Graham e Dodd em suas palavras exatas, como uma visão sobre o que ainda é relevante e importante, mesmo no mundo profundamente diferente de hoje.

Este projeto reuniu onze colaboradores em uma contribuição emblemática da natureza da comunidade de investimento de valor. Muitos de nós somos concorrentes nos negócios, mas também somos amigos e colegas. Sabemos que nenhum de nós possui todas as respostas; e nos lembramos vividamente de nossos maiores erros como se tivessem acontecido ontem. Da mesma forma, reconhecemos que nenhum de nós aperfeiçoou a arte do investimento de valor; há sempre novos desafios e há sempre espaço para melhorar. Reunindo as diversas perspectivas desses colaboradores e editores experientes e capazes, esperamos fazer desta sexta edição de *Análise de investimentos* uma tapeçaria rica, variada e bem informada de ideias sobre investimentos que vai ser uma sucessora digna e duradoura das cinco edições anteriores.

SETH A. KLARMAN
EDITOR-CHEFE
maio de 2008

AGRADECIMENTOS

Devo muito aos coeditores e colaboradores que encontraram tempo em suas vidas ocupadas para compartilhar suas percepções e experiências com os leitores desta edição. Em nome de todos eles, gostaria de agradecer aos nossos autores, Benjamin Graham e David Dodd. Por meio de seus escritos e legado, tocaram cada um de nós de maneiras importantes; obviamente, sem eles, essa colaboração nunca teria acontecido. Gostaria também de agradecer a Warren Buffett por seu prefácio pessoal e, mais importante, por servir como a personificação viva dos princípios de investimento de valor, raciocínio consistente, integridade elevada e generosidade de Graham e Dodd por meio do ensino e da filantropia.

Além disso, reconheço que devo muito a Leah Spiro, que teve a ideia de reunir praticantes destacados do investimento de valor para nos dizer como aplicam os princípios de Graham e Dodd hoje em dia. Essa colaboração foi difícil de orquestrar e alguns duvidaram que pudesse ser feita. Na verdade, o projeto teria fracassado se não fosse por sua persistência e liderança. Meus agradecimentos também vão para os muitos profissionais da McGraw-Hill — incluindo Philip Ruppel, Herb Schaffner, Laura Friedman, Seth Morris, Lydia Rinaldi, Anthony Landi, Jane Palmieri e Maureen Harper —, que garantiram que esta seria uma obra da qual todos nós poderíamos nos orgulhar.

Seth A. Klarman
Editor-chefe

SOBRE OS COLABORADORES

Seth A. Klarman, presidente do Baupost Group, LLC, sediado em Boston (Estados Unidos), gerencia uma série de sociedades de investimento bem-sucedidas usando os princípios de Graham e Dodd. Em seu prefácio, Klarman discute a atemporalidade da filosofia dos autores, as mudanças no ambiente com o qual os investidores de valor precisam trabalhar e as questões irrespondíveis que sempre exigirão que os investidores de valor trabalhem duro. Também é autor de *Margin of safety* (1991), um livro clássico de investimentos. Klarman é o editor-chefe desta sexta edição.

James Grant, fundador e editor do *Grant's Interest Rate Observer*, escreve sobre mercados e dados financeiros há mais de trinta anos. É autor de cinco livros, incluindo biografias do financista Bernard Baruch e do presidente John Adams. É sócio-fundador da Nippon Partners, um fundo multimercado que investe no Japão. A introdução de Grant nos leva de volta à era de Graham e Dodd para colocar *Análise de investimentos* em uma perspectiva histórica. Também trabalhou como editor desta sexta edição.

Roger Lowenstein, um dos principais jornalistas financeiros dos Estados Unidos, apresenta suas percepções perspicazes sobre o investimento de valor na era atual. É um colaborador frequente das publicações *New York Times Magazine*, *Portfolio* e *Smart Money*. Também é autor dos best-sellers *Buffett: the making of an American capitalist* (1995) e *When genius failed: the rise and fall of long-term capital* (2000). Seu livro mais recente é *While America aged* (2008). Lowenstein também é diretor externo do Sequoia Fund.

Howard S. Marks, analista financeiro credenciado, presidente e cofundador da Oaktree Capital Management, sediada em Los Angeles (Estados Unidos), foi um dos primeiros investidores em títulos de alto rendimento e é devoto de Graham e Dodd. À primeira vista, essas duas ideias parecem contraditórias, mas Marks diz que isso não é verdade. Sua introdução à parte II, que trata dos investimentos em renda fixa, explica como as ideias de *Análise de investimentos* podem ser aplicadas de forma lucrativa ao mercado de títulos empresariais de hoje.

J. Ezra Merkin, sócio-gerente do Gabriel Capital Group na cidade de Nova York (Estados Unidos), é um dos principais investidores da atualidade em falências corporativas e títulos de empresas em dificuldade. Em "Sangue e julgamento", que é a introdução à parte III, Merkin apresenta vários cenários de falência dando exemplos reais e os analisa como oportunidades de investimento da perspectiva de um investidor fundamentalista.

Bruce Berkowitz, fundador da Fairholme Capital Management e gerente do Fairholme Fund, um fundo mútuo de valor. Baseado em Miami (Estados Unidos), oferece suas percepções sobre os dividendos corporativos e seu equivalente moderno, o fluxo de caixa livre. Usando exemplos e anedotas da própria experiência, Berkowitz fornece essa atualização-chave para a sabedoria de Graham e Dodd.

Glenn H. Greenberg, analista financeiro credenciado, cofundador e diretor executivo da Chieftain Capital Management, com sede em Nova York (Estados Unidos), admite categoricamente que nunca leu *Análise de investimentos* na faculdade de administração de empresas e que, mesmo com certa experiência na área, achou o texto um pouco antiquado. Voltando ao livro após três décadas em Wall Street, passou a considerá-lo notável por seus conselhos consistentes e duradouros. Sua introdução à parte V nos mostra como avaliar as empresas e seus demonstrativos de resultados com o olhar do investidor fundamentalista.

Bruce Greenwald, professor de finanças e gestão de ativos da cadeira de Robert Heilbrunn na Columbia Business School, também dirige o Heilbrunn Center for Graham & Dodd Investing. Em sua introdução à parte VI, desfia o balanço patrimonial e compartilha suas percepções singulares sobre ele, o mais importante dos demonstrativos financeiros. É autor de *Value investing: from Graham to Buffett and beyond* (2001). Também trabalhou como editor desta sexta edição.

David Abrams dirige a própria sociedade de investimento, a Abrams Capital Management, sediada em Boston (Estados Unidos). Em "A grande ilusão do mercado acionário e o futuro do investimento de valor", introdução à parte VII, Abrams compartilha suas primeiras experiências e lições no negócio de investimento e dá vida ao tema árido das garantias e opções.

Thomas A. Russo é sócio da Gardner Russo & Gardner, sediada em Lancaster, Pensilvânia (Estados Unidos), e sócio geral da Semper Vic Partners, L.P. É especialista em investimento de valor global há mais de vinte anos. Seu ensaio apresenta a parte do livro que nunca foi escrita: o investimento de valor em mercados globais. O assunto era insignificante na época de Graham e Dodd, mas é de grande importância agora.

Jeffrey M. Laderman, analista financeiro credenciado, atuou como editor desta sexta edição. Trabalha há 25 anos na *Bloomberg BusinessWeek* e escreveu e editou artigos sobre tudo o que se refere ao setor de investimentos, desde as crises do mercado acionário até escândalos comerciais. Atualmente, é editor de *On the Markets* e *The View*, publicações que são distribuídas para os clientes da Smith Barney e do Citi Private Bank, respectivamente.

SOBRE OS AUTORES

Benjamin Graham foi uma figura seminal em Wall Street e considerado por muitos como o pai da análise moderna de títulos financeiros. Fundador da escola de investimento de valor e fundador e ex-presidente do fundo de investimento em empresas Graham-Newman, lecionou na Graduate School of Business da Columbia University de 1928 a 1957. Popularizou o exame dos índices de preço/lucro (P/L), índices de dívida/patrimônio, registros de dividendos, valores contábeis e crescimento dos lucros; também escreveu o popular guia para investidores *O investidor inteligente* (1949).

David L. Dodd era colega de Benjamin Graham na Columbia University, onde foi professor adjunto de finanças.

ÍNDICE

100 minds that made the market (Fisher), 419
4th Avenue Corporation, 248

A

Abbott Laboratories, 73, 77
"A break in the action" (Castro), 409
Ação(ões):
    como investimento pouco seguro, rejeição de regra por Graham e Dodd, 86
    investimento *vs.* especulação e, 145
    (*Ver também* Ação(ões) ordinária(s); Ações preferenciais)
Ação(ões) ordinária(s), 72-79, 485-540
    aguadas, reinvestimento devido a, 532-533
    ativos privilegiados especulativos distinguidos de, 473-475
    avaliação de, 698
    base de avaliação e, 496
    como investimentos de longo prazo, 506-507
    comportamento de mercado de certas emissões padrão e não padrão, 891-893
    crescimento individual como base para investimento em, 517-521
    de preço baixo, 723-729
    diferenciais de qualidade e, 75-78
    emissões "secundárias" ou pouco conhecidas de, 886-891
    especulativas (*ver* Ações ordinárias especulativas)
    expansão secular como base para o investimento em, 516-517
    futuro dos lucros da empresa e, 75
    índices preço-lucro das (*ver* Índice preço-lucro)
    margem de segurança como base para investimento em, 521-524
    método de avaliação da Wall-Street, 568-569
    prestígio do investimento em, 496
    sendo negociadas abaixo de seu valor de liquidação (*ver* Ações ordinárias abaixo do preço de liquidação)
    taxas de juros e, 78
    tempo de investimento em, 78-79
    valor contábil de, ações preferenciais e, 751-752
Acionistas-administradores, relações, 777-792
    abuso dos acionistas por meio da compra de ações no mercado aberto e, 787-791
    apatia e docilidade dos acionistas e, 777-778
    conflito de interesse e, 779-780
    continuidade/descontinuidade da empresa e, 782-784
    interesse próprio dos diretores e, 780-782
    preço de mercado para ações e, 784-787
    premissas dos acionistas a respeito de administradores e, 779
    premissas falsas dos acionistas e, 779
Acionista(s), relatórios para os, 131-136
Acme Steel, 621
Ações "aguadas", reinvestimento devido a, 532-533
Ações asiáticas, vendas de, investimento e, 92-93
Ações ordinárias abaixo do preço de liquidação, 764-776
    acontecimentos favoráveis sobre, 766-770
    escolha de, 771-773
    prevalência de, 764-766
Ações ordinárias, análise de, 495-513
    conceito pré-Guerra de investimento em, 501-503
    dividendos e, 525-540
    história de, 496
    instabilidade e, 497-500
    méritos de, 495-496
    teoria nova era de investimento e, 504-513
Ações ordinárias com preços baixos, 723-729
    capitalização especulativa aliada a, 726-728
    investimento em, prejuízos e, 724-726
    vantagem aritmética de, 723-724
Ações ordinárias, dividendos de, 525-540
    natureza arbitrária das políticas de dividendos e, 531-532
    reinvestimento, 529, 532-533
    retenção de, 527-530

Ações ordinárias especulativas:
   atratividade do investimento e, 720-721
   investimento em ações ordinárias e, 700-705
Ações preferenciais, 311-322
   avaliação de ações ordinárias e, 751-752
   cálculo de cobertura dos lucros para, 313-317
   características de, 320, 322
   como investimento de valor fixo, 183-184
   critérios para, 311-312
   de alta qualidade (*ver* Ações preferenciais de alta qualidade)
   dívida financiada e, 312-313
   emissões de títulos conversíveis em, 454-455
   especulativas (*ver* Ações preferenciais especulativas), cálculo de índice ação--valor, 317-318
   subvalorizadas, exageros de mercado devidos a, 897-899
   títulos não cumulativos e, 318, 320
   valor contábil de, cálculo de, 753-754
Ações preferenciais de alta qualidade:
   futuro das taxas de juros e dos preços dos títulos e, 69-71
   segurança dos juros e do principal e, 68-69
   valor do dólar e, 72
Ações preferenciais especulativas, 72
   preços de, 478-482
Adams-Mills, 703
Adelphia, 411-412
Administração:
   abuso da remuneração por, 780-782
   como elemento qualitativo na análise, 126
   conservadorismo de, 335-336
   custo de, 845-847
   estrangeira, avaliação de, 932-933
   preço de mercado das ações e, 784-787
   relacionamentos com acionistas (*ver* Acionistas-administradores, relações)
   subavaliação por, 560-562
Advance-Rumely Corporation, 908
Advogados como fonte de informações sobre investimentos, 398-399
Aeolian Company, 320, 366
Aer Lingus, 558
Aeronautical Corporation of America, 851-852
A. E. Staley Manufacturing Company, 716-720
Affiliated Fund, Inc., 371, 445

Agências públicas, relatórios de, como fonte de informação, 136-137
Ahmeek, mina, 690
Ajax Rubber Company, 477
Alaska Juneau Gold Mining Company, 132, 625, 689
Albertson's, 412
Alemanha, 218
Alexander, Greg, 92-93
Alleghany Corporation, 371, 858-859
Allied Chemical and Dye Corporation, 136, 624
Allied Domecq, 936
Allied Owners Corporation, 324
Allis-Chalmers Manufacturing Company, 908
Alton, 333
Amalgamated Laundries, Inc., 900
Amazon.com, 95-96, 493
American Airlines, 705
American and Foreign Power Company, 160, 862-864, 909
American Arch Company, 136
American Austin Car Company, 81-850
American Bantam Car Corporation, 826, 850-851
American Book, 134
American Can, 67, 136, 497-498, 500, 502-503, 619, 621, 808
American Car and Foundry Company, 321, 617-620
American Cigarette and Cigar, 735
American Commercial Alcohol Corporation, 801
American Depositary Receipts (ADRs), 936
American Electric Power Corporation, 454
American European Securities Company, 371
American Express, 84
American Founders, 860, 861
American Gas and Electric, 193
American Glue, 787
American Hide and Leather Company, 482
American Home Products, 77
American Ice Company, 614
American Laundry Machinery Company, 682, 711, 775, 886
American Light and Traction Company, 865
American Locomotive Company, 133, 614, 684
American Machine and Foundry, 203, 368
American Machine and Metals, Inc., 579-581, 583, 584
American Maize Products Company, 716-719

ÍNDICE | 1097

American Metals Company, 588
American Rolling Mill Company, 799
American Safety Razor, 703
American Seating, 478, 888
American Smelting and Refining Company, 588, 808
American Steel Foundries, 136, 620
American Sugar Refining Company, 203, 526-527, 617-620
American Sumatra Tobacco, 135
American Telegraph and Cable Company, 331
American Telephone and Telegraph Company (AT&T), 67, 87, 119, 139, 163, 450-451, 456, 747, 792
American Terminals and Transit Company, 158
American Tobacco Company, 322, 338-339, 373, 441, 452, 604, 735, 890
American Type Founders Company, 341
American Water Works and Electric Company, 706, 715, 908
American Water Works Company, 132
American Woolen, 133, 808
American Zinc, 711
American Zinc, Lead and Smelting Company, 318, 480-482
Amortização:
    benfeitorias em propriedades arrendadas, 630-631
    de patentes, 631
    de patrimônio de marca, 631
    de reservas de petróleo e minérios, 624-629
    do desconto de títulos, 592-593
Anaconda Copper Mining Company, 451, 625, 796
Anacostia and Potomac River Railroad Company, 330
Análise comparativa:
    das prestadoras de serviços públicos, 872-881
    de ferrovias, 867-870, 872
    elementos quantitativos em, 877
    limitações gerais da, 881
    variações de homogeneidade e seu efeito em, 878, 880-881
Análise de investimentos, defeitos de, 821-823
Análise de investimentos, primeira edição:
    abordagem analítica de, 85, 88
    aceitação de, 60-63, 83-84
    antecedentes, 47-63
    foco em títulos, 87
    longevidade de, 84-87, 180-182
    resenha escrita por Rich de, 48
Análise de investimentos, segunda edição:
    antecedentes, 47, 51
    sobre finanças empresariais, 53-56
Análise de mercado:
    como substituto ou complemento de análise de títulos financeiros, 913-918
    desvantagens em comparação com análise de títulos financeiros, 919-920
    método de previsão mecânica de Ayres e, 918-919
    profecias baseadas em perspectivas de curto prazo e, 920-921, 923-924
Análise de títulos financeiros:
    análise de mercado como substituto ou complemento, 913, 918
    desvantagens da análise de mercado comparada com, 919-920
    em Chieftain Capital Management, 557, 559
    especulação e, 113
    função crucial de, 116
    função descritiva de, 104
    função seletiva de, 104-113
    método de previsão mecânica de Ayres e, 918-919
    natureza cíclica de, 55-56
    prestígio de, 103
    profecias baseadas em perspectivas de curto prazo e, 920-921, 923-924
    utilidade de, 104
Análise de títulos financeiros, procedimentos gerais para, 883-884
"Analyzing the Stock Market" (Gartley), 915
Anderson, Benjamin M., 52
Anjos caídos, 419-420
Ann Arbor Railroad Company, 608-609
Archer-Daniels-Midland Company, 794-795, 800
"Are Oil Earnings Reports Fictitious" (Braunthal), 627
Argentina, 218
Armour and Company of Delaware, 341, 578
Armour and Company of Illinois, 341
Arndt, Michael, 410
Ashland Home Telephone, 368

Associated Gas and Electric Company, 160, 325, 455, 592
Associated Oil Company, 203
"A statistical test of the success of consolidations" (Dewing), 894
A study of corporation securities (Dewing), 340, 444
Atchison, Topeka and Santa Fe Railway Company, 191-193, 201, 321, 324-325, 333, 438, 445-456, 497-500, 503, 526-529, 536, 871
Ativo(s):
    erro na precificação de, capitalizar sobre, 822-823
    valor realizável de, 762-764
Ativos, avaliação de:
    de ativos intangíveis, 745
    importância atribuída a, 742-743
    recursos modernos de informática para, 744
    relacionamento com lucratividade, 745-746
Ativos conversíveis, 449-457
    atraso em, 457
    combinação com compra de ações, 457
    comportamento dos preços de, 442
    com valor original de mercado acima do valor nominal, 456
    conversíveis à opção da empresa, 454-455
    conversíveis em outras preferenciais, 453-454
    conversíveis em outras títulos, 455-456
    diluição e, 449-451
    escala móvel para acelerar conversão e, 451-453
Ativos estabelecidos, inércia de preços de, 903-904
Ativos fixos, lucros ou prejuízos com a venda de, na conta de receitas, 572-573
Ativos garantidos, 328-349
    compromissos com aluguéis equivalentes a garantias, 338-341
    garantias conjuntas e individuais e, 332
    hipotecas imobiliárias e títulos de hipotecas, 335-337
    status de, 329-330
    subavaliação de, 340-341
    termos de garantia em, 330-331
    títulos de empresas subsidiárias, 347-349
Ativos mais novos, vulnerabilidade dos preços de, 904-906
Ativos privilegiados, 425-447

ativos privilegiados com dispositivos especulativos, 425-434
considerações aplicáveis a, 435, 439
em desvantagem, do ponto de vista do mercado, 440-441
méritos comparativos dos tipos de, 439-447
privilégio de participação ilimitada e, 439-440
Atlantic Coast Line, 604
Atlas Tack, 894
Austin Nichols and Company, 319
Austrália, 218
Áustria, 218
Automated Data Processing, 488
AutoZone, 99
Avaliação, 90-92
Avaliações de imóveis, 248
Ayres, Leonard P., 918

B

Badger, R. E., 314
Bagehot, Walter, 185
Baixas contábeis para reduzir encargos de depreciação, 615
Balanço patrimonial, 135, 136
    avaliação de ativos e (*ver* Ativos, avaliação de)
    como forma de verificar o demonstrativo de resultados publicado, 597, 598
    comparativo ao longo do tempo, 800-815
    efeito de verificação de lucros ou prejuízos na posição financeira e, 803-809
    estudo de longo prazo sobre lucratividade e recursos e, 809-815
    utilidade de, 741-742
    verificação de lucro por ação declarado em, 800-802
Baldwin Locomotive Works, 132, 617, 619, 808
Balsam, Jerome, 403
Baltimore and Ohio Railroad Company, 361, 367, 394
Bancos de investimento, firmas de, 826-831
    atividades inadequadas, repercussões de, 854-855
    como fonte de informação sobre investimento, 396-397
    falcatruas e, 853-854
    lançamento de ativos por, 847, 852
    novo papel de, 849-852

Bancos de poupança, vendas de, investimento e, 92
Bangor and Aroostook Railroad, 221-222, 893
Banqueiros comerciais como fonte de informação sobre investimentos, 397
Barclay v. Wabash Railway, 319
Barker Bros. Corp., 725-726
Barnhart Bros. and Spindler Company, 341
Barnsdall Oil Company, 611-612, 822
Baruch, Bernard M., 59
Bayuk Cigars, Inc., 438
Bear Stearns, 1085
Belding, Heminway Company, 477
Bélgica, 218-219
Bemis Brothers' Bag, 134
Bendix Aviation Corporation, 581
Berkey and Gay Furniture Company, 376, 478
Berkshire Hathaway, 84, 423, 489, 491-492
Berle, A. A., Jr., 319, 778-779
Bethlehem Steel Company, 441, 621-622, 684, 781, 897, 906-907
Better Business Bureau da cidade de Nova York, 397
Beuhler, Alfred G., 540
B.F. Goodrich, 368, 808
Bloomberg, 935
Bloomberg, Lawrence N., 760
Bloomingdale's, 86
Boeing Airplane Company, 893
Bolívia, 218
Bolsa de Valores de Nova York, 357
Bolsa de Valores de Nova York, corretoras da, como fonte de informação sobre investimentos, 398
Bon Ami, 135
Bond and Mortgage Guarantee Company, 336
Borg Warner, 616
Borman, Frank, 403
Bosland, Chelcie C., 49, 60, 509
Botany Worsted Mills, 589
Bowker Building, 248
Bradlees, 413-414
Brasil, 218
Braunthal, Alfred, 627
Breeden, Richard, 416
Brooklyn Heights Railroad Company, 330
Brooklyn-Manhattan Transit Corporation, 121, 797, 908
Brooklyn Rapid Transit Company, 330, 694
Brooklyn Union Elevated Railroad, 121, 188, 330, 900, 908
Brooklyn Union Gas Company, 457
Brown Brothers Harriman & Co., 52
Budd Manufacturing Company, 369
Buffalo Sabres, 411
Buffett, Warren, 84, 95-96, 99, 180, 410, 423, 492, 555, 823, 829, 931-933, 937
Bulgária, 218
Bunte Brothers, 888
Burlington, 333
Burtchett, E.F., 314
Bush, George H.W., 422
Bush Terminal Building Company, 578
Butler Bros., 889
Butte and Superior Copper Company, 892-893
Butte and Superior Mining Company, 693

C

Caça a pechinchas, 92-95
Calumet and Hecla Consolidated Copper Company, 689-690
Campeau, Robert, 87
Canadá, 218-219, 355
Canadian Pacific Railway, 201, 331, 346
Capellas, Michael, 416
Capital Administration Company, 751
Capital consumption and adjustment (Fabricant), 614
Capital de giro:
 exigências de, 368-369
 regras básicas para o, 793-796
 segurança de ativos privilegiados especulativos e, 475-477
Capitalização, tolerância a mudanças em, 705-707
Capítulo 11 do Código de Falências, 408
Características dos ativos, dados sobre, 131
Casos judiciais, exageros de mercado devidos a, 894-897
Cassel, Gustave, 48
Castro, Janice, 409
Caterpillar Tractor, 132
Cates, Staley, 405
Celanese Corporation of America, 135-136, 444
Celluloid Corporation, 444
Central Branch Union Pacific Railway, 195

Central Leather, 808
Central Railroad of New Jersey, 611
Central States Electric Corporation, 442, 449, 450, 454, 860, 908
Century Communications, 411-412
Century Ribbon Mills, Inc., 475-476
Cerberus Capital Management, 416
Cerro de Pasco Copper Corp., 625
Chamberlain, Lawrence, 145
Chesapeake and Ohio Railway Company, 201, 429, 608, 621, 858-859, 908
Chesapeake Corporation, 449, 711, 858-859, 908
Chevron, 408
Chicago and Eastern Illinois Consolidated, 194
Chicago and Eastern Illinois Railroad, 320
Chicago and North Western Railway, 195, 245, 323, 372
Chicago, Burlington and Quincy Railroad Company, 201, 605, 607
Chicago, Escola de, 417
Chicago Great Western Railroad Company, 139, 909
Chicago Herald and Examiner, 189
Chicago, Milwaukee and St. Paul Railway Company, 365
Chicago, Milwaukee, St. Paul and Pacific Railroad Company, 324, 330, 365, 455
Chicago, Rock Island and Pacific Railway Company, 798, 858, 899
Chicago, Terra Haute, and Southeastern Railway Company, 324, 329
Chicago Yellow Cab Company, 621
Chieftain Capital Management, 557
Chile, 218
Chile Copper Company, 848
China, 218
Choctaw and Memphis Railway Company, 898-899
Chrysler, 714
Cisões, exageros de mercado devidos a, 894
Cities Service Company, 797
Citigroup, 493
City of Detroit, 898
Classificação de títulos, 157-164
   convencional, objeções a, 157-160
   nova, sugerida, 160-164

Cláusulas de segurança de igualdade e imparcialidade, 365-366
Clover Leaf Corporation, 858
Cluett Peabody, 532
Coca-Cola Company, 73, 100-101, 556, 686, 701, 751, 890
Collins & Aikman, 135
Colômbia, 218
Colorado Fuel and Iron Company, 315, 324, 798, 909
Colorado Industrial Company, 798, 909
Columbia Gas and Electric Company, 593
Comcast, 411, 560
Comissões, relatórios de, como fonte de informação, 136-137
Commercial Investment Trust Corporation, 425, 447, 800
Commercial Mackay Corporation, 357
Commercial Solvents, 756-757
Common-stock indexes (Cowles), 509, 730
Common stocks as long term investments (Smith), 60, 509
Commonwealth and Southern Corp., 316
Commonwealth Edison Company, 428-429, 432
Companhias (*ver* Empresas)
Companies' Creditors Arrangement Act, 355
Comprador como elemento na análise de títulos financeiros, 117
Compras à vista, investimento *vs.* especulação e, 145-146
Compra(s) de empresas, usando ações, 560-561
Compras na margem, investimento *vs.* especulação e, 145-146
Compras no mercado aberto, abuso dos acionistas por meio de, 788-791
Concordata:
   comitê de proteção e, 362-363
   detentores de títulos e, 351-358
   discrepâncias preço-valor e, 899-901
   movimentos de preços produzidos por, 900-902
   planos de reajuste voluntários e, 359-361
   tendência a ser negociada abaixo do valor justo e, 358-359
   tipos de, 406-408
   (*Ver também* Investimento em empresas com dificuldades)

Concordata, direitos legais de detentores de títulos e, 352
Concorrência, títulos imobiliários e, 336-337
Congoleum Company, 898, 906
Congoleum-Nairn, 898
Congress Cigar Company, Inc., 452
Conselho de Padrões de Contabilidade Financeira (FASB), 559
Consolidated Edison Company of New York, 137, 367, 604
Consolidated Gas Company of New York, 137, 604
Consolidated Oil Corporation, 627, 847
Consolidated Textile Corporation, 450
Consolidated Traction Company of New Jersey, 348
Contabilidade de estoque último a entrar, primeiro a sair, 587-588
Contabilidade, padrões de, investimento global e, 934-935
Conta de receitas, 134-135, 567-612
    amortização de desconto de títulos em, 592-593
    contabilidade estoques e, 584-589
    depreciação em, 613-624
    despesas com fábricas ociosas em, 589-590
    encargos diferidos em, 590-592
    estratagemas enganosos em, 595-612
    inflacionada, exemplo de, 595-596
    itens não recorrentes em, 572-573, 581
    lucros manipulados em, 583-584
    lucros na recompra de títulos privilegiados com desconto e, 577-580
    lucros na venda de títulos negociáveis e, 573-577
    observações gerais sobre, 571-572
    provisão para lucros e prejuízos não consolidados em, 604-606
Contágio, títulos imobiliários e, 336
Continental Baking Corporation, 682, 865
Continental Can Company, 133, 621
Continental Motors Corporation, 726
Continental Oil Company, 628
Continental Steel, 368, 876-879
Controle de votos, 369-370
Corn Products Refining Company, 203, 322, 808-809, 813-815
Corporation Records Service (Standard Statistics), 135

Costa Rica, 218
Cottle, Sidney, 167
Coty, Inc., 687-688
Coudersport, PA, 411
Court-Livingston Corporation, 158
Cowles, Alfred, III, 509, 730
Cox Communications, 411
Cram's Auto Service, 98, 137
Crash de 1929, posição de Graham e, 56
Credit default swaps (CDSs), 823
Crescimento, escolha de ações ordinárias baseada em, 517-521
Critical Path, 404
Crucible Steel, 478
Cuba, 219
Cuban Atlantic Sugar Company, 785
Cudahy Packing Company, 172, 190-191, 621
Curadorias de ferrovias, oportunidades em, 901-902
Curtis Publishing, 904
Cushman's Sons, Inc., 610-611
Custos operacionais no registro de lucros, 689-693

D

Daekyo Corp., 93
Davis Coal and Coke Company, 732, 735, 770, 785
Davis, William Milton, 412
Dawes Loan, 217
Dawson Railway and Coal, 456
Day v. United States Cast Iron Pipe and Foundry Company, 319
Debênture, 189, 190
    debêntures de renda de capital, 160
Déficits, lucratividade e, 683-684
Delaware and Hudson Railroad, 329
Dell Computer, 493
Demonstrativos de lucros, balanços patrimoniais e impostos de renda como formas de verificação, 597-598
Departamento de Comércio, 141
Depreciação, 613-624
    balanço patrimonial - conta de receitas discrepâncias e, 615-616
    bases para, 614-616
    escondida, 621-622
    excessiva, ocultada por práticas contábeis, 622-623
    falta de divulgação, 623

fusões e, 621
rebaixamentos para reduzir, 615
taxa de, 616-623
Depressão:
    investimento de valor fixo em, 396
    títulos como investimento e, 197-207
Derivados, mercado de, 823
Descontos em títulos, amortização, 592-593
Despesas com fábricas ociosas na conta de receitas, 589-590
De Telegraaf, 936
Dewing, Arthur S., 340, 444, 894
Dickens, Charles, 406
Diluição, ativos conversíveis, 449-451
Dinamarca, 218-219
Discrepâncias preço-valor, 883-911
    ativos definitivamente relacionados e, 908-910
    comportamento de mercado de ativos padrão e não padrão e, 891-893
    de preços comparativos, 906-907
    exageros de mercado e, 894-897
    falência e, 899-901
    fatores de oferta e demanda e, 910-911
    inércia de preço de ativos estabelecidos e, 903-904
    oportunidades em ativos "secundários" ou pouco conhecidos, 886-891
    oscilações cíclicas de preços e, exploração, 884-886
    subavaliação e, 897-899
    vulnerabilidade de preço de ativos mais novos e, 904-906
Disney, 560
Dispositivos de proteção, 351-376
    cláusulas de segurança de igualdade e imparcialidade, 365-366
    comitê de proteção e, 362
    controle dos votos, 369-370
    direitos legais dos detentores de títulos e, 352
    exigências de capital de risco, 368-369
    falência e reestruturação e, 353-357
    para ativos de fundos de investimento, 370-376
    planos de reajuste voluntários, 359-361
    proibição de penhores privilegiados e, 365-366
    salvaguardas contra a criação de montantes adicionais da mesma emissão, 367
    subordinação das emissões de títulos a dívidas bancárias em reestruturação, 366
    tendência a serem negociados abaixo do valor justo e, 358-359
Distilling Company of America, 330
Dívida bancária, grande, como sinal de fraqueza, 796-798
Dividendos:
    ações ordinárias (ver Ações ordinárias, dividendos de) distorção causada por pirâmides, 861-862
    mudanças em, exageros de mercado devido a, 894-897
    pagos por subsidiárias, 607
    valor fictício colocado em, 601-603
Dodge Brothers, Inc., 451, 714
Dólar, valor de, 72
Dome Mines, Ltd., 625
Double Click, 404
Douglas Aircraft Company, 795-796
Dow, Jones and Company, 137
Drexel Burnham Lambert, 125, 180
Drug, Inc., 347
Dun & Bradstreet (D&B), 54, 134
Dunlap, Al, 98
"Dupla contagem", 100
DuPont, 59, 189, 581, 605-606

E

Eastman Kodak, 318
easyJet, 558
EchoStar Corp., 491
Edison, empresas, 197
E. I. du Pont de Nemours and Co., 59, 189, 581, 605-606
Electric Bond and Share Company, 781, 798, 862-864
Electric Power and Light, 511
Electric Refrigeration Building Corporation (Kelvinator), 476, 897-898
Electric Storage Battery Company, 616-617
Elementos fundamentais na análise de títulos financeiros, 117-130
    compromisso em termos atraentes e, 120-121
    compromisso em termos pouco atraentes e, 119-120
    elemento de segurança como, 119

elemento dos preços como, 119
elemento pessoal como, 117-118
elemento temporal como, 118
importância relativa dos termos do compromisso e da natureza da empresa e,, 121-123
Elementos qualitativos na análise:
avaliação de, 128
elementos quantitativos *vs.*, 124-125
Elementos quantitativos na análise:
elementos qualitativos *vs.*, 124-125
para comparação setorial, 878
Elmira and Williamsport Railroad, 324
El Paso and Southwestern Railroad Company, 456
El Salvador, 219
Ely & Walker Dry Goods Co., 772, 889
Emoção, armadilhas para o investimento, 562-563
Empresas:
avaliação de, fluxo de caixa livre e, 488-490
continuidade/descontinuidade de, 782-784
dados sobre, 131-141
localização de, 217-220
natureza de, 214-217
pedidos diretos de informações a, 139-140
subsidiárias (*ver* Relatórios consolidados; Subsidiárias)
tamanho de, 220-223
tipo de, valor dos dados e, 124
Empréstimos bancários com vencimento intermediário, 799-800
Encargos diferidos na conta de recitas, 590-592
Endividamento:
grande, como sinal de fraqueza, 796-798
intercorporativo, 798
Engineers Public Service Company, 453
Enron, 94, 98, 934
Era das Ferrovias, 137
Erie Railroad Company, 320, 607, 621, 859
Escala móvel para acelerar conversão, 451-453
Escrituras, 351
Escrituras de fideicomisso, 351
Esgotamento de reservas petrolíferas, 625-627
Especulação:
análise e, 113-115
ativos com privilégios especulativos e, 425-434

ênfase em perspectivas futuras e, 501-502
futuro e, 152
investimento *vs.* (*ver* Investimento *vs.* especulação)
tentação de, 404
tipos de, 153
Estabilidade como elemento qualitativo na análise, 128-130
Estagnação secular, 49-50
Estônia, 219
Estoque(s):
método último a entrar, primeiro a sair para, 588
prejuízos com, reservas para, na conta de receitas, 584-587
Estrutura de capital, 564-565, 709-721
escassez de títulos industriais de boa qualidade e, 712
especulativa (*ver* Estrutura de capital especulativa)
limitações das comparações dentro do mesmo ramo, 871-872
ótima, princípio de, 710-712
pesada, avaliação dos lucros e, 713-714
valor de mercado total dos títulos e, 482-483
variações arbitrárias em, mudanças no valor de empresas por meio de, 710
Estrutura de capital especulativa:
alavancagem em, 714-718
atratividade do investimento e, 720-721
criação sem uso de empresas *holding*, 865
equivalência custo de produção alto, 728-729
preço baixo aliado a, 726-728
subavaliação e, 718, 720
Eureka Pipe Line, 559
Exchange, revista, 49-50
Executive Life, 828
Extensão da análise, limitação pela natureza e pelos objetivos do compromisso, 123-124

F

Fabricant, Solomon, 614
Fairbanks, Morse and Company, 368
Fairholme Capital Management, 488
"Fair reorganization plans under chapter X of the Chandler Act" (Graham), 355
Falcatruas de ações, 853-854
Falconbridge Nickel, 908

Faultless Rubber Company, 787
Federal Housing Administration (FHA), 251
Federal Knitting Mills, 787
Federal Land Bank, títulos de, 333-334
Federal Mining and Smelting Company, 373
Federal Trade Commission, 139
Federated Department Stores, 86-87
Ferrovia(s):
    comparações de, 867, 872
    compromissos com equipamento de, 244-245
    desempenho dos lucros dos títulos e, 201-202
    desempenho na depressão de, 199-200
    dispositivos da legislação de Nova York e, 221-222
    natureza de, 198-199
    pirâmides empresariais de, 857, 860
    salvaguardas contra a criação de montantes adicionais da mesma emissão e, 367
    subavaliação e, 898-899
F.G. Shattuck Company, 591
Fifth Avenue Bus Securities Company, 137
Figaro, 933
Filipinas (governo), 331
Finanças, carreira em, embarcando em, 830-831
Financial Investing Company, 246
Financial study of the joint stock land banks (Schwartz), 334
Finlândia, 219
Firestone Tire and Rubber, 891, 893
First National City Bank, 177
First National Stores, 129-130
Fisher, Kenneth L., 419
Fisk Rubber Company, 191, 358, 798-799, 899-900
Fitch Services, 104, 139
Florence Stove, 891
Florida East Coast Railway, 245
Fluxo de caixa livre, 487-494
    avaliação de empresas e, 488-490
    dividendos e, 492-493
Fluxos de caixa, 97
Fontes de informação para a análise, 98-101, 131-141
    de empresas, 131-141
    de setores, 140-141
Fontes de informação sobre investimento, 935-936
Fontes de renda, 730-735
Ford, Henry, 853

Foulke, Roy A., 793
Fox Film Corporation, 359
Fox New England Theaters, Inc., 189
França, 218-219
Francis H. Leggett Company, 476
Fred F. French Investing Company, Inc., 120
Freeport Sulfur Company, 690-691
Freeport Texas Company, 445
Fritzemeier, Louis H., 723
Função descritiva da análise de títulos, 104
Função seletiva da análise de títulos financeiros, 104-113
    ajuste tardio do preço, 112
    exemplos de raciocínios analíticos e, 104-106
    obstáculos a, 110-112
    valor intrínseco e, 106-110, 112-113
Fundos de amortização:
    para emissões de fundos de investimento, 370-376
    segurança de ativos privilegiados especulativos e, 475-478
Fundos de investimento, investimento e ações ordinárias por, 506-507
Fusões:
    depreciação e, 621
    exageros do mercado devidos a, 894
Futuro do investimento de valor, 820-821
F W. Lafrentz and Company, 598
F.W. Woolworth Company, 532-533, 574, 630

G

Gabriel Capital Group, 403
Ganância, 562
Garantia colateral, títulos de, 245-246
Garantia como indicador de segurança, 186, 193
Garantia dada por empresa fiadora independente, 337
Garantias de títulos de hipoteca, 335, 337
Gartley, H. M., 915
GE Commercial Aviation Services, 415
GEICO, 489
General American Investors, 371
General Baking Company, 128, 203
General Cigar Company, 189
General Electric Company, 66, 73-74, 149-150, 154, 203, 313, 320, 322, 415, 701, 757-758, 808
General Foods Corporation, 367

General Motors Acceptance Corporation, 203
General Motors (GM) Corporation, 59, 96, 132-133, 493, 539, 575, 605-606, 697, 885
General Public Service Corporation, 371
General Securities Group, 859
General Shoe Company, 849, 881, 890
General Steel Castings Corporation, 615
Geneva Corp., 859
George A. Fuller Company, 320
George, Richard, 938
Georgia Midland Railroad, 339-340
Getty Oil Company, 408
Gilchrist Company, 726, 889
Gimbel Brothers, Inc., 581, 727-728
Glen Alden Coal Company, 733, 735
Glenn L. Martin Co., 893
Glenwood Range, 134
Goizueta, Roberto, 100-101
Goldberg, Steven, 405
Gold Dust Corporation, 592
Golden, Andy, 830
Goldman Sachs, 87, 826
Goodman Manufacturing, 134
Goodrich Rubber, 578
"Good times are coming" (Miller), 418
Goodyear Tire and Rubber Company, 57, 579, 585-587, 702
Google, 95, 97
Gotham Silk Hosiery Company, 367
Grã-Bretanha, 218-219
Graham, Benjamin, 355, 540
    carreira de investidor de, 58-60
    discordância com tese de Smith, 61
    escritos de, 57-58
    informações biográficas sobre, 56-63
    (*Ver* também *Análise de investimentos*)
Granby Consolidated Mining, Co., 625
Grande Depressão, fim de, 47
Grand Union, 888
Granite City Steel, 876-878
Grant, James, 49, 61
Great Atlantic & Pacific Tea Company (A&P), 53, 122-123, 887
Great Northern Railway, 160, 605
Great Southern Lumber Company, 785
Great Western Power Company of California, 456
Great Western Railway, 333

Grécia, 219
Green Bay and Western Railroad Company, 323
Green River Valley Terminal Company, 158
Griess-Pfleger Tanning Company, 54, 160
G.R. Kinney Company, 369, 454
Grodinsky, J., 474, 520
Guardian Investors Corporation, 371
Guatemala, 219
Guggenheim Exploration Company, 57
Guinness Peat Aviation, 414-415
Gulf Oil Corporation, 581, 626-627
Gulf States Steel Corporation, 202, 579
Gulick, Charles A., 894
Guthmann, H. G., 314

H

Haiti, 219
Hale Bros. Stores, 889
Hall da Fama da Televisão a Cabo, 411
Hall Printing Company, 616
Hamilton Woolen Company, 767, 786-787
Handbook of Commercial and Financial Services, 141
Hansen, Alvin, 49-50
Harbison Walker Refractories Company, 136, 620
Harriman Building, 375
Hartman Corporation, 137
Harvard, 830-831
Hawkins, Mason, 405
Haytian Corporation, 354
Hazel-Atlas Glass Company, 136
H.D. Lee Mercantile, 889
Hecker Products, 592, 752
Heineken, 934-935
Hercules Powder, 605
Hillside Coal and Iron Company, 607
Hipoteca, empresas de, 250-251
Hipoteca, garantias de, 335-337
    extinção do negócio de garantias hipotecárias no início da década de 1930, 55-56
Hipotecas de dinheiro de compras, 366
Hipoteca(s), dinheiro para compra de, 366
Hipoteca, títulos de, 335-337
Hipótese do mercado eficiente (HME), 417
Hiram Walker-Goderham and Worts, 451-452
Hocking Valley Railway Company, 621, 859
Holdings, pirâmides e (*ver* Pirâmides empresariais)

Holanda, 218-219
Holdings de prestadoras de serviços públicos, evitadas, 94
Homestake Mining Co., 625
Hosmer, W. A., 803
How to evaluate financial statements (Wall), 793
H.R. Mallinson and Company, 803-804
Hudson Motor Car Company, 592, 676
Hudson Towers, 250
Humble Oil and Refining Company, 203
Hungria, 219
Hupp Motor Car Corporation, 771-772, 803
Huyler's of Delaware, Inc., 341

I

I. Benesch and Sons, 769, 787
I.B. Kleinert, 888
Icahn, Carl, 408-409
Illinois Central Railroad Company, 318, 605
Illinois Zinc Corporation, 570
Imóveis, avaliação de, 248
Imóveis, valor de:
    avaliações e, 248-250
    relação da lucratividade com, 247-248
Imposto de renda como forma de verificar o demonstrativo de resultados, 597-598
Impostos:
    como forma de verificar o demonstrativo de resultados publicado, 597-598
    sobre lucros não distribuídos, 539-540
Independent Oil and Gas Company, 442
Indiana Harbor Belt Railway, 346
Índice de dívida ajustada pelo mercado (MAD), 180
Índices preço-lucro, 697, 705, 739
    base de avaliação máxima para fins de investimento, 698-700
    especulação *vs.* investimento em ações ordinárias e, 700-705
    impossibilidade de avaliação máxima de, 698
Industriais:
    desempenho durante a depressão de, 199-200
    dispositivos da legislação de Nova York e, 222
    lucratividade dos títulos e, 202-204
    natureza de, 198
Industriais:
    comparações estatísticas de, 872-881
    depressão e, 199

    natureza de, 198
    fontes de informação sobre, 140-141
Industrial Office Building Company, 360
Industrial Rayon, 357
Instabilidade de tangíveis, análise de ações ordinárias e, 496-500
Intangíveis:
    análise de ações ordinárias e, 496, 500
    avaliação de, 745
Interborough Consolidated Corporation, 694, 696
Interborough-Metropolitan Corporation, 694, 696
Interborough Rapid Transit Company, 105-106, 109, 110, 187, 373, 375, 455, 694-696, 908, 910
Intercontinental Rubber Products Co., 437
Interesses de participação, provisões por, 707-708
International Business Machine Corporation (IBM), 203, 824
International Hydro-Electric System, 454
International Nickel Co. of Canada, Ltd., 625
International Paper and Power Company, 453
International Securities Corporation of America, 578, 860-861
International Shoe, 890
International Silver, 888
International Telephone and Telegraph Company, 592
Internet Capital Group (ICG), 88
Interstate Commerce Commission (ICC), 137, 138-139, 355, 360, 372, 859, 860
Interstate Department Stores, 164, 342, 591
Interstate Hosiery Mills, 570
Intertype Corporation, 685-686, 889
Investimento:
    componentes especulativos de, 153-154
    conotações do termo, 143-144
    definição de, 403-404
    definição proposta de, 148, 152
    futuro e, 152
    tipos de, 152
Investimento "compra e manutenção em carteira", 175
Investimento, conselhos sobre, fontes de, 396-399
"Investimento de empresário", 210
Investimento de valor global, 931-939
    escolha de títulos para, 937-939

na prática, 933-937
Investimento em empresas com dificuldades, 403-406
　em anjos caídos, 419-420
　estudo de caso de, 417-419
　exemplos de golpes de sucesso em, 408-419
　margem de segurança e, 406
　tipos de falência e, 406-408
　(*Ver também* Falência)
Investimento, padrões de:
　evolução dos, 169
　para títulos, 213-223
"Investimento permanente", 391
Investimento, políticas:
　para empresas, 926-927
　para investidores individuais com recursos grandes, 925
　para investidores individuais com recursos modestos, 922-925
　para investimento institucional, 926
　resumo das opiniões de Graham e Dodd, 922-927
Investimentos de valor fixo:
　escolha de, 183-186
　(*Ver também* Título(s); Ação(ões) ordinária(s); Títulos de alta qualidade; Ações preferenciais de alta qualidade; Ação(ões) preferencial(is)
Investimento *vs.* especulação, 88-90, 404
　distinção entre investimento e especulação, 143-155
　títulos e, 170-172
Investir:
　esforços necessários para, 820-821
　estilos de, 820
　falta de interesse dos leigos em, durante a década de 1930, 47-52
　nos tempos modernos, contraste com os dias de Graham, 53-56
　queda do valor de mercado no final da década de 1930, 52-53
Investment principles and practices (Badger e Guthmann), 314
Investments and investment policy (Burtchett), 314
Irlanda, 219
Iron Steamboat Company, 373
Island Creek Coal Company, 318, 320, 751

Island Oil and Transport, 896
Itália, 219
Iugoslávia, 219

J

Jamail, Joseph, Jr., 410
James Burroughs PLC, 936
Japão, 219
　erro na precificação no mercado acionário do, 822-823
J.C. Penney, 343
J.D. Adams Mfg., 888
Jennison Associates, 167
J.H. Holmes and Company, 723
J.I. Case Company, 107-109, 155, 676
J.J. Newberry, 703
Johns-Manville, 701
Joint Stock Land Banks, 333-334
Jones and Laughlin Steel, 679
Jones Soda, 100
Jordan, David F., 918
Joseph Dixon Crucible, 134
J.R. Thompson, 137
Julian and Kokenge Company, 787
Julius Garfinckel and Company, 849
Juros, segurança de, investimento em títulos e ações preferenciais e, 68
Juros, taxas de:
　investimento em ações ordinárias e, 78
　preços dos títulos e, 69-71
J.W. Watson Company, 687

K

Kana Communications, 404
Kanawha and Hocking Coal and Coke Company, 329
Kansas City Public Service Company, 359
Kansas City Southern Railway Company, 319, 333, 859
Kansas City Terminal Railway Company, 333
Kaufmann Department Stores Securities Corporation, 711
Kelsey-Hayes Wheel Company, 444
Kelvinator Corporation, 476, 898
Kennecott Copper Corp., 625
Keynes, John Maynard, 171
Keystone Watch Case Corporation, 785

Kraft Cheese Company, 591-592
Kreuger and Toll, 163, 444
Kreuger, Ivar, 570

L

LabCorp, 561-562
Lackawanna Securities Company, 732-735
Lackawanna Steel, 808
Lake Erie and Western Railroad Company, 858
Lambert, 78
Lampert, Eddie, 99
Lane, Jeffrey, 126
Lawrence Portland Cement Company, 476
Lawyers Mortgage Company, 250, 336
Lee & Cady, 889
Lee, Kenneth, 423
Lee Tire, 881
Legislação dos bancos de poupança de Nova York:
    critérios de investimento em títulos impostos pela, 214-223
    dispositivos de, 221-222
Lehigh Coal and Navigation Company, 611, 735
Lehigh Valley Railroad, 360
Lei Burchill, 355
Lei Chandler de Reajuste das Ferrovias de 1939, 360
Lei Chandler (Lei Federal de Falências) de 1938, 329, 352, 354, 356
Lei das Bolsas de Valores de 1934, 393-394, 784
Lei das Sociedades britânica, de 1929, 535
Lei de Escrituras de Fideicomisso de 1939, 353, 361-362
Lei de Falências, 407
Lei de *Holdings* de Prestadoras de Serviços Públicos de 1935, 853-854, 865
Lei de Moratórias de Nova York, 375
Lei de Prestadoras de Serviços Públicos de 1935, 139
Lei de Prevenção de Abuso de Falências e de Proteção ao Consumidor, de, 407
Lei de Receita de 1936, 781
Lei de Receita de 1938, 588, 781
Lei de Receita de 1939, 588
Lei de Valores Mobiliários de 1933, 572
Leigos, falta de interesse em investir nos anos 1930, 48-52

Lei Nelson, 407
Lei Schackno, 355
Leonard, Devin, 411
Leucadia National, 491-492
Levy, Leon, 418
Liberty Bonds do governo dos Estados Unidos, 146, 910-911
Liggett and Myers Tobacco Company, 203, 316, 395, 441
Lighthall, W. S., 355
Lincoln Motor Company, 848
Liquidações, 406
    exemplos de golpes de sucesso em investimento em empresas com dificuldades em, 408-410
Liz Claiborne, 745
Loew's, Inc., 324, 344-345
Lone Star Gas, 189
Long-Term Capital Management (LTCM), 83, 90-92
Loose-Wiles Biscuit, 136
Lotte Confectionery, 935-936
Louis K. Liggett Company, 347
Louisville and Nashville, 604
Lovett, Robert A., 53
Lowenstein, Louis, 87
Lowenstein, Roger, 84-85, 101
Lucent Technologies, 87, 98-99
Lucratividade:
    amortização de ativos de capital e, 624-631
    conceito de, 633-634
    depreciação e, 613-623
    desvantagens da ênfase total em, 567-568
    estudo de longo prazo de, 809, 815
    valor intrínseco e, 107-108
Lucratividade, avaliação de, 555-581
    conta de receitas e (*ver* Conta de receitas)
    desafios da contabilidade moderna e, 559-560
    investimento disciplinado e, 562-566
    método de Chieftain para, 557-559
    subavaliação pelos administradores e, 560-562
Lucratividade, avaliação de ativos relacionada a, 745-746
Lucro-por-ação (EPS), cálculo de, 559
Lucro por ação, verificado pelo balanço patrimonial, 800-802

ÍNDICE | 1109

Lucros:
    da venda de ativos fixos, na conta de receitas, 572-573
    da venda de títulos negociáveis, na conta de receitas, 573-577
    determinação arbitrária de, 569
    distorção por causa de relacionamentos controladora-subsidiária, 607-609
    fabricados, na conta de receitas, 583-585
    futuro dos, investimento em ações ordinárias e, 75
    investimento *vs.* especulação e, 146-147
    não consolidados, provisão para, na conta de receitas, 604-606
    não distribuídos, imposto sobre, 539-540
    por meio da recompra de títulos privilegiados com desconto, 577-580
    porte grande, transitoriedade de, 686, 688
    posição financeira e, verificação de, 803-809
    sobre títulos de preço baixo, limitação em, 471-472
    tendências futuras de, 125, 128-129
Lucros, histórico de, 675-688
    conceito de lucratividade e, 675-676
    considerações qualitativas em, 677,-679
    cuidados com a intuição e, 684-686
    déficits e, 683-684
    média *vs.* tendência dos lucros e, 680-683
    natureza passageira dos lucros grandes e, 686-688
    oscilações nos preços de ações e, 679-680
    preço futuro do produto e, 693-694
    preços anômalos e relacionamentos de preços em, 694-695
    taxa de produtividade e custos operacionais e, 689-693
Lucros manipulados na conta de receitas, 583-584
Lucros não distribuídos, imposto sobre, 539-540
Lucros previstos, 95-99
Lyman Mills, 787
Lynch, Peter, 412

M

Mackay Companies, 137
Mack Trucks, Inc., 685
Management Assistance Liquidating Trust, 828
Mandel Brothers, Inc., 727-728
Manhattan Electrical Supply Company, 573, 579

Manhattan Shirt Company, 771-772, 803, 805-807, 809, 889
Maple Leaf Milling Company, Ltd., 357
Margem de segurança:
    escolha de ações ordinárias baseada em, 521, 524
    excepcional, 395-396
    investimento em empresas com dificuldades e, 406
Marion Steam Shovel, 478
Markowitz, Harry, 169
Marland Oil Company, 626
Marlin Rockwell Corporation, 135
Maryland Casualty Company, 338
Mason City and Fort Dodge Railroad Company, 139
Mathieson Alkali, 135
Maytag Company, 711, 865
McClelland Stores Co., 344-345
McCrory Stores Corp., 344-345
McDonald, Jack, 931
McDonald's, 95
MCI, 747
"MCI: is being good good enough?" (Mehta), 416
MCI WorldCom, 415-416
McKeesport Tin Plate Corporation, 620
McKesson and Robbins Company, 478, 570
Mead, Edward S., 474, 520
Means, G. C., 320, 778-779
Mehta, Stephanie N., 416
Mercado acionário, colapso da participação do público em, após Grande Depressão, 50-51
Mercado, comportamento irracional de, como barreira à análise de títulos financeiros, 111-112
Mercado, eficiência de, 824-826, 830-831
Mercado, tempo de, 176
Merrill Lynch & Company, 50, 87-88
Message Media, 404
Mesta Machine, 135
Método de estoque normal de contabilidade de estoque, 588-589
Método estoque básico de contabilidade de estoque, 588-589
Metropolitan Casualty Company, 338
México, 219
Meyer, Jack, 830
MFS Communications, 747

Michigan, Universidade de, 322
Microsoft, 96-98, 488, 490
Midland Steel Products Company, 617
Milken, Michael, 180
Miller, Bill, 418
Milwaukee Lake Shore and Western, 323
Milwaukee, Sparta and Northwestern, 195
Mineração, empresas de, amortização das reservas de minérios por, 624-630
Minneapolis, St. Paul and Sault Sainte Marie Railroad, 331-333, 346
Missouri-Kansas-Texas Railroad Company, 188, 326-328, 333, 454
Missouri Pacific Railroad Company, 195-196, 320, 333, 859
Mobile and Ohio Railroad, 341, 908-909
Mohawk Hudson Power Corporation, 442
Mohawk Industries, 490
Mohawk Mining Company, 769, 787
Mohawk Rubber, 719, 721
Montana Power Company, 708
Moody's, 139
Moody's Manual, 120
Moody's Manual of Industrials, 793
Moody's Manual of Investments, 608-609
Moran v. United States Cast Iron Pipe and Foundry Company, 319
Morgan Stanley, 50, 87, 826
Mouquin, Inc., 850
Mullins Body Corporation, 892-893
Mullins Manufacturing, 132, 892-893
Munger, Charlie, 99
Murray Corporation, 476-477

N

Nairn Linoleum Company, 898
National Acme, 478
National Biscuit Company, 183-184, 374, 497-499, 500, 622-623
National Bondholders Corporation, 896
National Broadcasting Company, 631
National Cloak and Suit, 532
National Department Stores, 319
National Distillers Products Corporation, 444
National Electric Power, 362
National Enameling and Stamping Company, 621
National Hotel of Cuba, 357
National Investors Corporation, 517-518
National Lead Company, 588
National Radiator Corporation, 366
National Sugar Refining Company, 203, 620
National Surety Company, 337
National Trade Journals, Inc., 430-432
National Transit Company, 574
Natureza do setor industrial como elemento qualitativo na análise, 125-126
Negociação com margens, ciclos de preço e, 885-886
Neisner Brothers, Inc., 346
Neisner Realty Corporation, 346
Neporent, Mark, 416
Nestlé, 934, 936
Newberger, Henderson & Loeb, 57
New-enterprise financing, public, 852-853
New Idea Company, 849, 888
New Jersey Zinc, 134
Newman, Jerry, 50-60
New York and Erie Railroad, 194
New York Central Railroad Company, 346, 857, 871
New York, Chicago and St. Louis Railroad Company (Nickel Plate), 574, 604, 607-608, 799, 857-859
New York Curb, 134
New York Edison Company, 366, 367
New York, New Haven and Hartford Railroad Company, 189, 365-366, 450, 457
New York State Railways, 357
New York Transit Company, 589
New York Water Service Corporation, 797
Niagara Shares Corporation, 371
Nicarágua, 219
Nickel Plate (New York, Chicago and St. Louis Railroad Company), 604, 607-608, 621, 799, 857-859
Niles-Bement-Pond, 332
NLRB v. Bildisco & Bildisco, 409
"Noncash Dividends and Stock Rights as Methods for Avoidance of the Undistributed Profits Tax" (Rolbein), 540
Noranda Mines, Ltd., 625
Norfolk and Western Railway Company, 201, 318, 321
North American Company, 132, 604, 860, 908
Northern Express Company, 607

Northern Pacific Railway Company, 162, 367, 605, 607
Northern Pipeline Company, 730-732, 734-735, 764, 769, 770
Northern States Power Company, 593
Northwestern Improvement Company, 607
Noruega, 219
Nova York, cidade de, 337, 373
Nova York, estado de, 355
N. Y. and Harlem Railroad, 341
N. Y. Merchandise, 888

O

Oaktree Capital Management, L.P., 173
Obrigações de equipamentos, 243-245
Ohio Copper Company, 438
Ohio Oil Company, 628
Oil and Gas Journal, 137
O.J. Curry, 536
Ontário, Comissão Hidroelétrica de, 900
Ontario Power Service Corporation, 900
Opções sobre ações, 824-826
Oppenheim Collins and Company, 136
Oracle, 488
Otis Company, 755-756, 764, 770, 785
Otis Steel, 132
Owens-Illinois Glass Company, 105, 108

P

Pacific Commercial, 888
Pacific Mills, 772
Pacific Power and Light, 193
Pacific Railway of Missouri, 195-196
Padrões de segurança, 148
 para investimento em títulos, 213
Pagamentos de juros sobre títulos de renda, 323-324
Países Baixos, 218-219
Panamá, 219
Pan American Petroleum, 441
Paramount Pictures, 106
Park and Tilford, Inc., 595-597
Participações temporárias, investimento vs. especulação e, 145, 146
Patentes, amortização de, 666-667
Patino Mines, 625
Patrimônio de marca, amortização, 631

Patterson-UTI Energy, 93
Pedidos de registro, como fonte de informação, 137-138
Pedidos de registro em bolsa, como fonte de informação, 137
Pennsylvania Coal Company, 607, 757-758
Pennsylvania Railroad Company, 67, 338, 497, 500, 502
Pennzoil, 408-409
Pennzoil *vs.* Texaco, 409
Pepperell Manufacturing, 757-758, 764, 766, 774-775
Pepsi-Cola, 890
Pequot Capital Management, 404
Pere Marquette Railway Company, 201, 367, 574, 608, 621, 858-859
Perfection Stove, 134
Pernod Ricard, 936
Perspectivas futuras como elemento qualitativo na análise, 125-126
Peru, 219
Petroleum Corporation of America, 845, 847
Phelps Dodge Corp., 625
Philip Morris, Inc., 881, 890, 933
Philippine Railway Company, 331
Pierce Oil, 908
Pierce Petroleum, 908
Pillsbury Flour Mills Company, 203
Pirâmides (*ver* Pirâmides empresariais)
Pirâmides empresariais, 857-866
 empresas *holding* não culpadas de, 864-865
 métodos alternativos de criar estrutura de capital especulativa e, 865-866
 pontos negativos de, 860-864
 restrições legais a, 865-866
Pittsburgh, Fort Wayne and Chicago Railway Company, 338
Pittsburgh Plate Glass, 136
Pittsburgh, Youngstown and Ashtabula Railway, 320
P. Lorillard Company, 203
Plymouth Cordage Company, 588-589, 803-804, 807-886
Pocohantas Fuel Company, 134
Polônia, 219
Poor's Publishing Company, 140
Porto Rican-American Tobacco Company, 452-453

Posição financeira, efeitos de lucros ou prejuízos
sobre, meios de verificação, 802-809
Postal Telegraph and Cable Corporation, 137
Potts, Mark, 409
Prairie Oil and Gas Company, 847
Prairie Pipe Line Company, 847
Pratt and Whitney, 332
Preço(s) (*ver* Preços de títulos; Preço de produto;
Preços de títulos; Preços de ações)
Preço de mercado, relação de valor intrínseco
com, 112-113
Preço de produto, futuro, lucros e, 693-694
Preços de ações:
correção, 785-787
discrepâncias preço-valor em concordatas e,
899, 901
insolvência e, 901
interesse dos administradores em, 785-786
oscilações cíclicas de, exploração, 884-886
Preços dos títulos: comparativa, discrepâncias
em, 906-907
como elemento na análise de títulos, 119
de ações preferenciais especulativas, 478-482
de ativos estabelecidos, inércia de, 903-904
de emissões conversíveis e com garantias, 442
de emissões definitivamente relacionadas,
comparativa de, 908-910
fatores de oferta e demanda e, 910-911
sensitividade de, 394-395
valor intrínseco *vs.*, 106-107
(*Ver também* Preços de títulos; Preços de
ações)
Preferenciais "pagas na mesma moeda" (PIK),
420
Preinreich, Gabriel, 511
Prejuízos:
com estoques, reservas para, na conta de
receitas, 584-587
com venda de ativos fixos, na conta de
receitas, 572-573
de subsidiárias, importância de, 609-612
dos compradores de ações ordinárias com
preços baixos, 724-726
não consolidados, provisão para, na conta de
receitas, 604-606
posição financeira e, verificação de, 802-809
"Present day investment problems of endowed
institutions" (Tighe), 927

Prestadoras de serviços públicos:
comparações estatísticas de, 872-873
desempenho durante a depressão de, 199-200
dispositivos da legislação de Nova York e,
221-222
natureza de, 198-199
Previsão de lucros, 95-99
Primeira Guerra Mundial, taxas de juros e preços
de títulos e, 69
Princeton, 830
Principal, segurança de, investimento em títulos
e ações preferenciais de alta qualidade e, 68
Privilégio de participação:
desvantagem de, 440-441
ilimitado, 440
Procter and Gamble Company, 317, 320, 752
Produção, taxa de, no registro de lucros, 689, 693
Propriedades arrendadas, amortização de,
630-631
Propriedades arrendadas, amortização de
benfeitorias em, 630-631
Propriedades arrendadas, compromissos com,
338-341
Prospectos como fonte de informação, 138
Publicações estatísticas, como fonte de
informação, 139-140
Publicações financeiras como fonte de
informações sobre, 139
Public Service Corporation of New Jersey, 348
Public Service of New Hampshire, 828
Publix Super Markets, 412
Pure Oil Company, 627
Purity Bakeries Corporation, 610-611

R

Radio Corporation of America, 144, 631
Radio-Keith-Orpheum Corporation, 359
Rand Kardex Bureau, Inc., 429-430, 437
Raskob, J. J., 697
Reading Company, 201, 604, 895
Receitas, fonte de, 730, 735
Recompra de títulos privilegiados com desconto,
lucros com, 577-580
Recompras de ações, 561
Reestruturações, 406-407
detentores de títulos e, 353, 357
exemplos de golpes de sucesso em empresas
com dificuldades em, 414, 416

subordinação de títulos a dívidas bancárias em, 366
Regal Shoe, 134
Reinvestimento de dividendos, 529-530, 532-533
"Relative price fluctuations of industrial stocks in different price groups" (Fritzemeier), 723
Relatórios anuais como fontes de informação, 133-136
Relatórios consolidados, 603-612
　distorção dos lucros por causa de relacionamentos controladora-subsidiária e, 607-609
　dividendos especiais pagos por subsidiárias e, 607
　grau de consolidação e, 604
　práticas antigas e atuais e, 604
　prejuízos de subsidiárias e, 609-612
　verificação de lucros e prejuízos não consolidados, 605-606
Relatórios de comissões como fonte de informação, 136-137
Relatórios mensais como fonte de informação, 132
Relatórios para acionistas como fonte de informação, 131-136
Relatórios semestrais como fonte de informação, 133
Relatórios trimestrais como fonte de informação, 132
Reliable Stores Corporation, 437
Reliance Management Corporation, 246
Reliance Mfg., 889
Remington Rand, Inc., 318
Remington Typewriter, 430
Rendimento:
　relacionamento com risco, 207-211
　sacrifício da segurança por, 207-211
Rendimento, investimento vs. especulação e, 146-148
Report of the Industrial Securities Committee of the Investment Bankers Association of America for 1927, 426
Report on the Study and Investigation of the Work, Activities, Personnel and Functions of Protective and Reorganization Committees (SEC), 357
República Dominicana, 219
Republic Iron and Steel Company, 808, 907

Republic Steel Corporation, 368
Reservas de minério, amortização de, 624-630
Reservas de petróleo:
　amortização de, 624-630
　esgotamento de, 625-627
Reservas para perdas com estoques na conta de receitas, 584-587
Retenção de dividendos, 527-530
Retenção permanente, investimento vs. especulação em, 145-146
"Revaluations of fixed assets, 1925-1926" (Fabricant), 614
Reynolds Investing Company, 370-371
Rhea, Robert, 915
R. Hoe and Company, 477
Richfield Oil Corporation, 357
Rich, Louis, 48
Rigas, John, 411
Risco, 419-422
　cíclico, 208-209
　investimento vs. especulação e, 146, 147
　relacionamento com rendimento, 207-211
Risco cambial, 933-934
Risco de crédito, metodologia de investimento da Oaktree Capital Management e, 174
R.J. Reynolds Tobacco Company, 441
Roberts, Brian, 560-561
Rock Island Company, 333, 858-860, 871-872
Rodkey, Robert G., 322
Rolbein, David L., 540
Romênia, 219
Rosenman, Judge, 362
Ruane Cunniff & Goldfarb, 92
Rússia, 219
Ryanair, 558

S

Saltex Looms, Inc., 348
Samberg, Arthur, 404
San Antonio and Aransas Pass Railway Company, 340, 341
San Francisco Toll-Bridge Company, 444
San Joaquin Light and Power Corporation, 456
São Paulo, 217
Savings Bank Trust Company of New York, 216
Savold Tire, 59
Savoy Plaza Corporation, 329
Schabacker, R. W., 915

Schamus, Sanford L., 847
Schletter and Zander, Inc., 512
Schloss, Edwin, 99-100
Schloss, Walter, 99-100
Schulte Retail Stores Corporation, 341
Schumpeter, Joseph, 49
Schwartz, Carl H., 333
Schwed, Fred, Jr., 51
Seaboard Air Line, 245
Seaboard-All Florida Railway, 187
Seager, Henry R., 894
Sears Roebuck, 95, 532
Securities and Exchange Commission, 160, 343-354
Segurança:
de ativos privilegiados especulativos, 475-478
de títulos, 184-185
investimento *vs.* especulação e, 146-148
medição e, 186-196
sacrificada por rendimento, 207-211
títulos de renda e, 326-328
Seton Leather, 888
Shaffner, Felix I., 148
Shawinigan Water and Power Company, 456
Shawmut Association, 774-775
Shawmut Bank Investment Trust, 774-775
Sheaffer Pen, 135
Shearson Lehman Hutton, 126
Shinyoung Securities, 93
S.H. Kress and Company, 317, 343, 676
Sidney Blumenthal & Co., Inc., 348, 477
Siemens and Halski, 444
Signature Hosiery Company, 512, 787
Signs of the times (Foulke), 793
Simmons, 702
Simms Petroleum Company, 787
Sistema Insull, 797
Skelly Oil, 368
Sloan, Lawrence H., 146
Smith (A.O.) Corporation, 203
Smith, Edgar Lawrence, 60, 61, 509-510
Socony-Vacuum Corporation, 203, 627
Sorte, valor da análise e, 114-115
Southern Pacific Company, 340-341, 456
Southern Railway, 339-340, 908-909
Spear and Company, 907
Standard Corporation Records, 139-140
Standard Oil Company of Indiana, 203, 626, 768

Standard Oil Company of Nebraska, 768, 787
Standard Oil Company of New Jersey, 190, 203, 626
Standard Oil Group, 132, 137, 770, 785
Standard & Poor's Corp., 139
Standard Statistics Bond Guide, 346
Standard Statistics Company, Inc., 104, 135, 586-587, 607, 752, 911
Starbucks, 100
Stavrou, Chris, 828
Steel and Tube Company of America, 897
"Steel Sinkers", 372
Stewart Warner Corporation, 589, 803
St. Joseph Lead Co., 625
St. Louis-San Francisco Railway Company, 104-105, 108, 318-320, 323, 333, 859
St. Louis Southwestern Railway Company, 319, 328
Stock market profits (Shabacker), 915
Stokely Brothers and Company, 795, 800
Stone, Sheldon, 174-175
Studebaker Corporation, 129-130, 358-359, 677-678, 767, 789, 808
Subavaliação, 55
de ativos garantidos, 340-341
estrutura de capital especulativa e, 718-720
exageros de mercado devidos a, 897-899
pela administração, lucratividade avaliação e, 560, 562
Subsidiárias, 93-95
endividamento intercorporativo, 798
prejuízos de, importância de, 609-612
relatórios consolidados e (*ver* Relatórios consolidados)
Suécia, 219
Suíça, 218-219
Sunbeam, 98
Supervalorização, 55
Supervisão de participações em investimentos, 391-399
em tempos de depressão, 396
fontes de informação sobre investimento e, 396-399
inspeção periódica de, 391-392
margens excepcionais de segurança e, 395-396
trocas e, 394-395
Survey of Current Business, 137, 141
Swensen, David, 821, 830

Swift and Company, 344, 523, 587
Syracuse System, 357

T

Tchecoslováquia, 219
Técnica analítica, limitação por natureza e objetivos do compromisso, 123-124
Templeton, John, 418
Tempo como elemento na análise de títulos, 118
Tempo de investir em ações ordinárias, 78-79
Texaco, 408-410
"Texaco, Icahn Make a Deal" (Arndt), 410
Texas Company, 690
Texas Fuel Company, 408
Texas Gulf Producing Company, 630
Texas Gulf Sulphur Co., 625, 691-692
"The Adelphia Story" (Leonard), 411
The Adventure Company, Ltd., 143
The Commercial and Financial Chronicle, 140
The common stock theory of investment: its development and significance (Bosland), 49, 60, 509
The Discovery Company, Ltd., 143
The dominion companies act (Lighthall), 355
"The Dow Theory" (Rhea), 915
The ebb and flow of investment value (Mead e Grodinski), 474, 520
"The effect of direct charges to surplus on the measurement of income" (Hosmer), 803
The French plan (French), 120
The Gabriel Company, 687
The investment value of goodwill (Bloomberg), 760
The memoirs of the Dean of Wall Street (Graham), 47
The modern corporation and private property (Berle e Means), 320, 778
The Outlet Company, 342
The Pittston Company, 859
The theory of dividends (Preinreich), 511
The theory of investment value (Williams), 61, 511, 679
"The undistributed profits tax and the investor" (Graham), 540
The undistributed profits tax (Buehler), 540
The Vaness Co., 859
Third Avenue Railway, 357
Tidewater Associated, 626

Tighe, Laurence G., 927
Time Warner, 411-412
Tintex Company, Inc., 595
Title Guarantee and Trust Company, 250-251
Título(s), 167-182
  abordagem pragmática, 172-173
  adequadas, falta de, 204
  amortização do desconto sobre, 592-593
  colapsos de, causas de, 200-204
  com garantia colateral, 245-246
  como investimento de valor fixo, 183-185
  como investimento seguro, rejeição da regra por Graham e Dodd, 86
  compras com base em tempos de depressão, 197-207, 404
  com preço baixo, limitação do lucro sobre, 471-472
  conversíveis (*ver* Ativos conversíveis)
  de alta qualidade (*ver* Títulos de alta qualidade)
  de cupom zero, 420
  de empresas estrangeiras, 220
  de empresas subsidiárias, 347-348
  de governos estrangeiros, 217-219
  de hipoteca, 335-337
  direitos legais dos detentores de títulos e, 352
  dispositivos de proteção e (*ver* Dispositivos de Proteção)
  especulativa(s), 72, 472-473
  evitar prejuízo e, 185
  evolução de padrões de investimento e, 169-170
  exclusão pela legislação de Nova York, 215-216
  exigências de capital de giro e, 368-369
  Federal Land Bank, 333-334
  ferrovias, políticas financeiras equivocadas implementadas por, 205
  fundos de investimento, dispositivos de proteção para, 370-376
  imobiliárias, 246-252
  investimento *vs.* especulação e, 170-172
  investindo *vs.* especulando e, 145
  longevidade de *Análise de investimentos* e, 180-182
  Oaktree Capital Management, metodologia de investimento em, 173-178
  obrigações de equipamentos, 243-245

padrões de investimento para, 213-223, 243-252
pontos de vista conflitantes sobre financiamento de, 204-205
proscrições e, 170
rendimento, 323-328
senso comum e, 178-180
"subjacente", 194-196
subordinação à dívida bancária em caso de reestruturação, 366
subvalorizada(s), mercado de exageros devido a, 897-899
vencimento próximo, perigo de, 798-799
Títulos com preços baixos, limitação do lucro sobre, 471-472
Títulos de alta qualidade, 68-72
    futuro das taxas de juros e dos preços dos títulos e, 69-71
    segurança dos juros e do principal e, 68-69
    valor do dólar e, 72
Títulos de cupom zero, 420
Títulos de empresas estrangeiras, 219-220
Títulos de empresas subsidiárias, 347-348
Títulos de governos estrangeiros, 217-219
Títulos de poupança do governo dos Estados Unidos, 69, 911
    superioridade de, 392-394
    vantagens de, 911
Títulos de renda, 323-328
    cálculos de margem de segurança para, 326-328
    grau de investimento de, 324-325
    pagamentos de juros sobre, 323-324
    privilegiados, 328
    volume crescente de, 325-326
Títulos do governo dos Estados Unidos, 829
Títulos especulativos nos anos 1980, 86-87
Títulos "fantasiosos", 397
Títulos financeiros como elemento na análise de títulos, 52
"Títulos hipotecários de primeiro arrendamento", 251
Títulos imobiliários, 246, 252
Títulos negociáveis, lucros com a venda de, na conta de receitas, 573-576
Títulos, preços de, taxas de juros e, 69-71
Títulos privilegiados, 351-363

dispositivos escriturais ou de contratos sociais projetados para proteger o detentor de, 351-352
Títulos privilegiados especulativos, 471-483
    capital de giro e, 475-478
    diferenças com ações ordinárias, 473-475
    estrutura de capital e, 482-483
    fundos de amortização e, 475-478
    limitação do lucro em títulos com preço baixo, 471-472
    pontos de vista sobre títulos e, 472-473
    preços de ações preferenciais e, 478-482
Tobacco Products Corporation of New Jersey, 338, 373, 601-603
Tobacco Products Corporation of Virginia, 733-735, 862
Toledo, St. Louis and Western Railroad Company, 858
Tonopah Mining, 58
Trico Products Corporation, 135, 706-707
Trinity Buildings Corporation of New York, 252, 329, 354
Trocas, 394-395
Trouncing the dow: a value-based method for making huge profits (Lee), 423
Trust and corporation problems (Seager e Gullick), 894
Tubize Chatillon Corporation, 753-754
Tung Sol Lamp Company, 899

U

Union Carbide and Carbon Corporation, 338
Union Pacific, 55, 195, 201, 333, 536, 605, 871-872, 910
Union Pacific Railroad-Oregon Short Line, 444
United Aircraft and Transport Corporation, 445
United Biscuit, 445
United Cigar Stores, 137, 343, 347, 598, 602, 734-735, 862
United Cigar-Whelan Stores, 579
United Drug Company, 347-349, 578
United Engineering and Foundry, 135
United Fruit, 135
United Gas Corporation, 798
United Light and Power Company, 716
United Light and Railways Company of Delaware, 865
United Merchants and Manufacturers, 581

United Railway Company, 898
United Savings Bank of Tacoma, 92
United Shipyards, 769, 787, 897
United States and Foreign Securities Corporation, 857
United States and International Securities Corporation, 857
United States Cast Iron Pipe, 319
United States Coal Commission, 98, 139
United States Express Company, 158
United States Fidelity and Guaranty Corporation, 338
United States Industrial Alcohol Company, 330, 584, 801-802
United States Leather Company, 134
United States Lines Company, 320
United States Radiator Corporation, 368-369
United States Realty and Improvement Company, 252, 329, 354
United States Rubber Company, 584-585, 587, 808-809, 903-904
United States Steel Corporation, 66, 132, 135-137, 198, 203, 372, 443, 529, 532, 573-574, 579, 581, 677-679, 683, 750, 810, 813-815, 865, 921, 923-924
United States Tobacco Company, 321
United States Treasury Bonds, 55, 118
United States Victory Bonds, 910-911
United Steel Works Corporation, 444
Universal Pictures Company, 475
Uruguai, 219
Utah Power and Light Company, 578
Utah Securities Corporation, 578
Utica, Clinton and Binghamton Railroad, 329
Utilization of corporate profits in prosperity and depression (Curry), 536

V

Valor contábil, 749-760
　cálculo do, 749-751
　das ações ordinárias, tratamento das ações preferenciais e, 751-752
　das ações preferenciais, 753-755
　exagero por meio de pirâmides, 862-863
　importância prática de, 756-760
　valor dos ativos circulantes e valor dos ativos em numerário, 754-755
Valor de investimento, valor intrínseco e, 154-155

Valor de liquidação:
　ações sendo negociadas abaixo de (*ver* Ações ordinárias abaixo do preço de liquidação)
　comprar abaixo de, 743-744
　definição de, 761
Valor dos ativos circulantes, 754-756, 761-776
　ações negociadas abaixo do valor de liquidação e (*ver* Ações ordinárias abaixo do preço de liquidação)
　valor de liquidação e, 761
　valor realizável dos ativos e, 762-764
Valor dos ativos em numerário, 754-756
Valor especulativo, valor intrínseco e, 154-155
Valor intrínseco, 739-740
　lucratividade e, 107-108
　preço *vs.*, 106-107
Valor intrínseco, papel no trabalho do analista, 108-109
　Flexibilidade do conceito, 109-110
Valor realizável de ativos, 761, 764
Van Sweringen, M.J., 857, 860
Van Sweringen, O.P., 857, 860
Ventures, Ltd., 908
Verizon, 416
Vermont, 218
Virginia Transportation Company, 859

W

Wabash Railroad, 245, 328, 333, 608-609
Wabash Railway et al. v. Barclay et al., 319
Waldorf System, 137
Wall, Alexander, 793
Walmart Stores, 95, 412-413, 560
Walt Disney, 84, 560-561
"Want to win at fund investing? Learn from Longleaf" (Goldberg), 405
Ward Baking, 906-907
Warner Bros. Pictures, Inc., 315, 426
Warrants, ativos com, 442, 447, 821-822
　comportamento dos preços de, 442-443
　desfazer de, 446
　dispositivo de resgate e, 443, 445
　pirâmides e, 863-864
　separabilidade dos componentes especulativos de, 443
Warren Brothers Company, 604
Washington Mutual (WaMu), 88-90, 99

Waste Management, 98
Weetabix, 935-936, 939
Western Auto Supply Company, 800
Western Pacific Railroad Corporation, 608
Western Union Telegraph Company, 331
Westinghouse Electric and Manufacturing Company, 122, 440-441
Westmoreland Coal Company, 735, 790-791
West Penn Electric Company, 313, 315
Westvaco Chlorine Products Corporation, 338
West Virginia Pulp and Paper, 368
Wheeling and Lake Erie Railway Company, 604, 607, 859
Wheeling Steel Corporation, 366-368
Where are the customers' yachts? (Schwed), 51
Whitbread, 936
White Motor Company, 762-764, 767, 781, 788-790
White Motor Securities Corporation, 762
White Rock Mineral Springs Company, 438, 441
White Sewing Machine Company, 442, 444
Willet and Gray, 137
Williams, John Burr, 61, 511, 679
Willys-Overland Company, 375, 478
Wilson and Company, 368, 587
Winn-Dixie Stores, 412-413
"With Icahn agreement, Texaco emerges from years of trying times" (Potts), 409
Woolworth, 128
WorldCom, 747, 748, 934
Wright Aeronautical Corporation, 105, 109, 893
Wright-Hargreaves Mines, Ltd., 725-726
W.T. Grant, 345

X

Xcel Energy, 93-95

Y

Yahoo!, 95
Yale, Universidade de, 830, 831, 927
Youngstown Sheet and Tube Company, 367, 589, 621-622, 679, 702, 897

Este livro foi impresso pela Gráfica Grafilar
em fonte Minion Pro sobre papel Pólen Soft 70 g/m²
para a Edipro na primavera de 2023.